제10판

民法總則

민법총칙

김증한 저 · 김학동 증보

박영사

제10판 머리말

선친의 책자에 대한 개정작업을 시작한 것이 엊그제 같은데 벌써 거의 20년이 흘렀습니다. 민법총칙부터 채권총론까지는 개정작업을 빨리 마치고 싶은 마음에 2년 터울로 부지런히 개정판을 냈으나, 마지막인 채권각론에 이르러서는 좀 더 충실하게 하려는 마음에 작업이 크게 늦어졌습니다. 그리고 민법 재산편 전반에 걸쳐 개정과 집필을 하고 나니 부족한 점이 많음을 깨닫고 곧바로 다시 개정작업을 시작했으나, 그 부족함을 메우기가 어려워 다시 상당한 시간이 걸렸기 때문입니다.

이번 개정작업을 하면서 놀란 것은 그동안의 판례와 논문의 증가입니다. 지난 개정판 이후에 나온 판례와 논문은 그 이전의 것에 비하여 월등히 많아졌습니다. 더욱이 이전에는 주로 민법학의 골격에 관련된 것이었으나, 근래의 판례와 논문은 보다 깊은 혹은 보다 세밀한 문제에 관한 것이었습니다. 이는 시대의 변화와 아울러 우리 법학의 발전에 기인하는 것입니다. 이 책자에서는 새로운 판례와 논문을 가능한 한 상세히 소개하고자 하였으나, 과연 얼마나 해냈는지 두렵습니다. 그래도 미진한 부분은 장차의 과제로 남기고 일단 작업을 마무리하였습니다.

이번 개정에서는 거의 모든 부분에서 내용을 보완하였고, 그래서 보완된 부분을 개별적으로 지적하기는 어렵습니다. 굳이 지적한다면 자연인에서는 태아, 법인에서는 법인 아닌 사단, 물건에서는 구성부분, 법률행위에서는 착오에서의 새로운 유형(「성질의 착오」 이외에, 「공통의 착오」·「유인된 착오」 등), 무효 · 취소에서는 유동적 무효 등이 있습니다. 또한 소멸시효와 관련해서는 새로운 판례가 많이 나와 자연스레 내용이 많이 보완되었습니다.

이번 개정에서 내용의 보강 이외에 서술방식에서 유념한 것은 다음의 두 가지입니다. 첫째 문장을 일상어로 바꾸고 설명을 쉽게 하고자 하였습니다. 둘째 판례를 보다 충실히 소개하고자 하였습니다. 특히 판례의 소개에서는 단지 추상적인 법리뿐만 아니라 가능한 한 사안의 개요와 판단의 근거도 소개하였습니다. 그렇게 하는 것이 관련되는 법규나 개념의 실제적 의미를 이해하는 데 필요할 뿐만 아니라, 법규나 개념의 형식논리만으로는 구체적 사안을 해결하기 어렵다는 점을 깨닫는 데 도움이 되리라고 생각하였기 때문입니다.

근래 새로운 교과서류가 상당히 많이 나왔습니다. 그런데 그 내용은 대부분 기성의 책자에서 다루는 것입니다. 그래 이러한 사항에 관한 것은 새로운 책자의 소개를 略하고, 새로운 사항에 관한 것만을 소개하고자 하였습니다. 그리고 특히 민법(혹은 이중 재산편) 전반을 설명한 책자는 교과서라기보다 학원에서의 시험대비 교재이므로, 전혀 소개하지 않았습니다.

끝으로 지적할 점으로, 행위무능력자에 관한 민법규정이 이미 개정되었으나 이 책자가 나오기까지는 시행되지 않아, 일단 개정 이전의 제도를 소개하면서 개정된 것은 작은 글씨로 부언하였습니다.

이 책을 내는 데 있어서는 사법시험(53회)에 합격하였으나 아직 졸업하지 못해 재학 중에 있던 서울시립대 법학부 沈鉉禹 군과 權宰湖 군(현재는 사법연수원 44기로 법조인의 길을 준비하고 있음)이 많은 도움을 주었습니다. 이 자리를 빌어 장래의 두 법조인에게 감사의 말을 전합니다. 그리고 이 책의 교정을 전적으로 맡아준 박영사 羅敬善 차장께도 감사드립니다.

2013년 6월 1일

김 학 동

제 9 판 머리말

先親께서 別世하신 지 벌써 6년이 지났습니다. 그간 先親의 冊子를 보완하여 당신의 학문적 뜻을 살릴 것을 충고해 주신 여러 恩師님과 先輩教授님의 애정어린 말씀이 있었으나, 본인의 게으름과 菲才로 인하여 이를 따르지 못하다가 이제야 이를 실천에 옮기게 되었습니다.

先親께서는 1983년의 '新訂版'부터는 그 이전의 教科書體制를 바꾸어 보다 간략한 講義用 教科書로 수정하셨으나, 이번 改訂版에서는 그 이전의 교과서체제로 다시 환원하였습니다. 따라서 이 개정판은 1983년 이전의 교과서를 토대로 하여 이를 보완 · 수정한 것입니다.

이전의 교과서를 토대로 하였다고 하나, 그간 斯學의 成長과 判例의 蓄積 등으로 인하여 새로 설명해야 할 내용이 적지 않았습니다. 그리하여 理論의 基本骨格은 그대로 유지하면서도 상당히 많은 부분을 새로이 서술하였습니다. 先親의 見解를 수정한 것으로는 條理의 法源性, 제60조의 '제3자'의 범위, 無權代理의 效果 등이 있습니다. 그 외에 이 책은 實定法解釋을 중심으로 하는 教科書라는 점을 고려하여, 法學史는 후일 다른 책자에서 다루기로 하고 이를 일단 삭제하였습니다.

이 책은 원래 1958년에 先親과 安二濬 博士께서 共編著로 내셨던 「新民法總則」에서부터 출발한 것이며, 그 후 이 책이 수차례 개정판을 거듭하다가, 1972년에 先親의 單獨著述로 바꾸어 간행되게 되었던 것입니다. 그리고 그 후에 다시 위에서 말한 바와 같이 體制를 완전히 새롭게 바꾼 新訂版이 간행되었습니다. 이러한 복잡한 과정 때문에, 사실 이번 개정판을 몇 번째 판으로 할지를 결정하기 어려웠습니다. 생각 끝에 著者의 名義를 고려하여 1972년의 책을 제1판으로 계산하기로 하고, 그 이후의 7회의 改訂回數(1976년, 1977년, 1978년, 1980년 1월, 1980년 10월, 1983년, 1989년)를 더하여, 이 改訂版을 제9판으로 하였습니다.

斯學의 成長으로 理論이 더욱 精緻化되어 상당한 부분을 바꾸고 보완하였으나, 글을 마치고 나니 先親이 지녔던 學問的 苦惱와 깊이가 오히려 退色되고 變貌되어 버리지 않았나 싶어 송구스러운 심정입니다. 이 책의 출간을 하나의 始作이라고 생각하고 앞으로 더욱 열심히 工夫할 것을 다짐합니다.

이 책이 나오기까지 나를 키우시고 가르쳐 주신 여러 恩師님과 親知분께 이 자리를 빌어 감사드립니다. 그리고 나의 學問的 視野를 넓혀 준 獨逸留學을 지원해 준 Alexander-v-Humboldt 財團 그리고 나의 독일생활과 연구를 지도해 준 Wolfram Müler-Freienfels 교수, Rainer Frank 교수께도 감사의 말씀을 드립니다. 아울러 책의 校正과 索引 등을 도와 준 金大植, 民炳基 군과 박영사 편집부의 李寶榮 씨에게 감사드립니다.

1994년 12월

金 學 東

머 리 말

1972년에 「民法總則」을 낸 지 11년이 지났다. 이 책은 그 改訂版이 아니라는 뜻에서 책 이름을 「新稿 民法總則」이라고 하였다.

그 동안에 나는 民法教科書에 대한 觀念이 많이 달라졌다. 그것은 實務者들에게도 도움을 줄 수 있도록 最新의 判例까지도 최대한 풍부하게 引用하는 것이 좋다고 過去에는 생각했었지만, 그러한 것은 '코멘타르'가 할 일이고, 教科書는 民法學의 基礎理論을 初學者에게 理解시키는 데 使命이 있다고 생각하는 것이다. 그래서 舊著에서 장황하게 늘어 놓았던 外國의 立法例에 대한 언급을 최소한으로 줄이고 現行法을 理解하는 데 꼭 필요한 범위에 그치기로 하였다. 또 우리 나라의 判例도 필요한 최소한의 것만 보기 쉽게 정리해서 언급하는 것으로 하였다. 그 결과 책의 페이지 數는 많이 줄었다. 그렇지만 필요한 것은 빠짐없이 망라되었다고 믿는다.

內容에 있어서는 慣習法의 설명이라든가, 第48條의 解釋이라든가, 消滅時效完成의 效果와 같은 問題에 관해서는, 모두 前부터 주장해 온 것을 變更한 것은 없다. 그리고 주로 獨逸書를 따라서 우리 나라나 日本의 多數說과는 다른 見解를 취한 것이 많은 것도 舊著에 있어서와 마찬가지이다. 權利의 分類, 社團法人 設立行爲의 法律的 性質 따위가 그 주된 例이다.

이 책은 대체로는 韓國放送通信大學 教材인 「民法總則」을 많이 토대로 했지만 舊著 중 '民法의 歷史'와 '法學史'의 두 章은 그대로 넣었다. 나 자신이 民法 공부를 한 經驗과 民法을 가르쳐 온 經驗에 비추어 꼭 필요하다고 생각하기 때문이다. 나 자신이 學校에 다닐 때에는 民法 강의를 듣기 전에 먼저 '로마法'의 강의를 들었고, 다음에 '西洋法制史'의 강의를 들은 것이 民法을 이해하는 데 크게 도움이 되었는데, 근래의 學生들 중에는 로마法이나 西洋法制史의 강의를 듣지 못한 사람이 상당히 있는 것으로 생각되기 때문에 그 要點만을 추려서 總則 책의 첫머리에 넣은 것이다. 1979년에 낸 「債權總論」도 역시 꼭 필요한 것만 되도록 간결하게 敍述하는 方針을 취했었다.

判例의 引用은 원칙적으로 法院行政處에서 간행한 「大法院判決要旨集」에 의하였다. 그리고 學生들이 직접 「大法院判決集」을 가지고 判例를 찾아보는 것은 매우 어려운 일이기 때문에 되도록 本文 안에서 引用하도록 하였다.

「債權各論」은 原稿가 半 이상 되어 있으면서도 1981년 여름부터 民事法 改正作業에 매여서 中斷되고 있는 상태이다. 그러나 되도록 빨리 나머지를 完成해서 책을 내려고 생각하고 있다. 「物權法」은, 1983년의 民法 改訂으로 가장 많이 바뀌는 部分이 物權法이기 때문에, 우선 今年 여름 안으로 法改正에 맞춘 改稿를 해서 내려고 생각하고 있다.

이 책을 내면서, 前에 「民法總則」, 「物權法」, 「債權總論」을 낼 때에 크게 도와 주었던 金龍潭 判事, 徐 敏 敎授, 田秀安 判事, 李銀榮 敎授가 지금은 모두 매우 바쁜 몸이 되어서 이 책을 내는 데는 직접 도움을 받지는 못하였다. 다음에 「債權各論」을 낼 때에는 크게 도움을 청하려고 생각하고 있다.

이 책의 刊行에 있어서는 博英社 編輯部의 李鍾雲 部長과 李邦源 氏가 校正과 索引作成에 있어서 크게 도와 주었다. 이에 그 勞苦에 衷心으로 謝意를 表한다.

1983년 3월

金 曾 漢

머 리 말

1960년에 「新物權法(上卷)」을 내면서 그 머리말에서 나머지 部分도 그와 같은 式으로 내겠다고 말하였는데, 1970년에 「物權法(上)」과 同(下)를 舊版을 改稿해서 내고, 지금에 와서야 겨우 이 「民法總則」을 낸다.

이 책의 敍述 要領도 대체로 「物權法(上)·同(下)」와 비슷하다. 즉 되도록 國內의 여러 著書를 忠實하게 引用하였고, 判例를 最大限으로 引用하였다.

內容에 있어서는 慣習法의 說明이라든가, 第48條의 解釋이라든가, 授權行爲의 性質이라든가, 消滅時效完成의 效果와 같은 問題에 관해서는, 安二濬 敎授와의 共同編著로 내었던 「新民法總則」에 있어서와 대체로 같은 主張을 취하였으며, 그 밖에 주로 獨逸書를 따라서 우리 나라나 日本의 多數說과는 다른 見解를 취한 것이 많다. 權利의 分類, 法律行爲의 分類, 社團法人 設立行爲의 法律的 性質 따위가 그 주된 例일 것이다.

지나치게 獨逸의 學說만 따른 것 같기도 하지만, 우리 나라의 實情에 明白히 不適合한 것이 아니라면 굳이 排斥할 理由도 없으리라고 생각한다.

法學史에 관해서는 著者 자신이 學生時代에 必要性을 痛感했던 것이기 때문에 특별히 一個章을 넣었다.

이 책의 原稿를 脫稿하는데 힘은 들었지만, 이것으로 滿足스럽게 느끼는 것은 물론 결코 아니고, 지금부터 民法學의 初年生이라는 기분으로 數年 또는 十數年 아니면 그 이상의 歲月을 두고 더욱 硏究를 하면서 다듬어 나가면 좀더 나은 內容이 될까 하는 것이 著者의 지금의 心情이다. 널리 江湖諸賢의 指導鞭撻과 同學의 先輩 · 同僚 · 後進들의 助言을 바라 마지 않는다.

이 책을 내는 데 있어서 法學碩士 徐 敏 君, 法學碩士이며 이번에 司法硏修院을 修了한 金龍潭 君, 司法硏究院生 明魯昇 · 卞東杰 · 金尙哲의 諸君, 法學士 安正姬, 法學碩士 具貞淑의 兩孃, 그리고 法學士 鄭燦亨 君 등이 原稿淨書, 校正, 索引作成 등의 일에 크게 수고를 해 주신 데 대하여 깊은 謝意를 表하며, 특히 徐 敏 君이 本人의 寓居에서 起居하면서 一切의 責任을 專擔해 주지 않았던들 이렇게라도 책이 나오지 못하였을 것이라는 것을 特記하지 않을 수 없고, 또 이 複雜한 組版을 맡아서 끝내 주신 民衆書館 工務局의 諸氏에게도 아울러 感謝하여 마지 않는다.

1972년 3월 20일

서울大學校 法科大學 硏究室에서

金 曾 漢

編著者의 말

光復後 이미 13년, 그간 우리 겨레의 가장 시급한 과제의 하나인 基本法典의 制定事業이 착착 진행되어 이번에 基本法典 중의 基本法典인 民法이 制定 公布된 것은, 光復後 우리 겨레가 경험하는 최대의 慶事 최대의 자랑의 하나가 아닐 수 없다. 이 民法典의 制定은 관계한 起草委員들의 희생적인 勞苦가 기초가 되고, 그 위에 國會의 여러 議員 및 委員 특히 民法案審議小委員會 委員들의 晝夜兼行의 努力이 보태어진 외에, 學界를 비롯하여 各界의 힘이 합하여져서 이루어진 것이다. 法典의 制定에 있어서 이와 같이 各界의 힘이 結集되었다는 점에 있어서도 또한 이 民法典의 획기적인 의의를 가지고 있다.

이 民法典의 解釋上 問題되는 점을 밝히고 그 知識을 보급시켜 同法典의 施行을 위한 터전을 마련하는 것은 우리 法律學教授들의 임무이다. 아직 新民法에 대한 연구가 불충분함을 自認하면서도 急速히 新民法의 解說을 중심으로 하는 民法講義를 公刊하는 뜻은 여기에 있다.

그러나 民法典이 施行되기까지에는 근 2년의 기간이 있고, 그 때까지는 아직 依用民法이 계속하여 效力을 가질 것이므로, 學生들은 依用民法을 전혀 등한시할 수는 없을 것이다. 또 이미 依用民法에 잘 통하고 있는 旣成 法曹人 및 法科上級學生들에게는 新舊 民法을 비교하여 연구하는 것이 新民法에 通曉하는 첩경일 것이다. 그러므로 本書는 新民法과 依用民法의 양자에 의거하여, 모든 문제에 관하여 양자의 異同을 밝히면서 설명하였다.

編著者들은 往年에 物權法, 擔保物權法, 債權各論을 간행한 바 있다. 그것들은 대체로 일본의 我妻教授의 民法講義를 토대로 하여, 우리 現行法令과 다른 점을 우리 法令과 맞추고 朝鮮高等法院判例와 大法院判例를 加하여서 엮은 것이었다. 本書도 대체로는 같은 방침에 따랐다. 그러나 新民法에서 依用民法과 달라진 점이 적지 아니하니, 그러한 곳에서는 그와 같은 방법을 취할 수 없는 곳이 많을뿐더러, 그 밖에도 我妻教授와 다른 견해를 취한 점이 상당히 있다. 編著者들은 상당한 기간 合宿하면서 모든 문제를 共同檢討한 것이기는 하지만, 워낙 단시일간에 서둘러서 쓴 것인 만큼 잘못된 점이 적지 않을 것이다. 江湖諸賢의 많은 叱正鞭撻을 바라 마지 않는다.

끝으로 本書의 간행에 있어서 校正의 勞苦를 전담하여 준 金容俊 군에게 深甚한 謝意를 표한다. 金 군은 지금 서울大學校法科大學 3학년에 在學中인 학생으로 작년도의 高等考試司法科에 수석으로 합격하였으며, 합격 당시의 연령은 아직 20 미만의 未成年者로 考試制度 창설 이래의 기록이라고 한다. 金 군이 앞으로 꾸준히 法學의 길로 精進하여 주기를 바란다.

1958년 2월 23일

서울大學校 法科大學 研究室에서

編著者 識

(金曾漢 · 安二濬)

차　　례

제1부 서　　론

제2부 본　　론

제1장 권　　리

제 2 장 권리의 주체

제3장 물 건

제 4 장 법률행위

제5장 기　　간

제6장 소멸시효

약 | 어 | 표

〈법령〉

가소규 ………… 가사소송규칙
가소법 ………… 가사소송법
가족관계등록법 ………… 가족관계의 등록 등에 관한 법률
민소법 ………… 민사소송법
민집법 ………… 민사집행법
비송법 ………… 비송사건절차법
채무자회생 및 파산에 관한 법률 ………… 통합도산법

〈외국용어〉

BGB ………… Bürgerliches Gesetzbuch
BGH ………… Bundegerichtshof
BGHZ ………… Entscheidungen des Bundegerichtshofs in Zivilsachen
JZ ………… Juristischenzeitung
MünchKomm ………… Münchener Kommentar zum BGB, Bd. I, 3. Aufl., 1993.
NJW ………… Neue Juristische Wochenschrift
Rn ………… Randnote
RG ………… Reichsgericht
RGZ ………… Entscheidungen des Reichsgerichts in Zivilsachen

판 | 례 | 인 | 용 | 례

대판 1970. 3. 28. 71다2193[30-2, 민 160]

대법원판결 1970년 3월 28일 선고, 71다2193 사건, 대법원판결집 30권 2집 민사 160면 (단 대법원판결집 32집부터는 면수를 민사, 형사, 행정(특별) 등으로 나누지 않고 일련번호를 기재하였으므로, 32권 이후부터는 "민"의 표기를 삭제) 게재

대판(전) 1983. 12. 13. 83다카1489[공 721, 168]

대법원 전원합의체 판결 1983년 12월 13일 선고, 83다카1489 사건, 법원공보 721호 1489면 게재

대판 1978. 12. 26. 77다907[요지 제108조, 21]

대법원판결 1978년 12월 26일 선고, 77다907 사건, 대법원판결요지집 민사 · 상사편 Ⅰ (민법) 제108조 판례번호 21 게재

서울고판 1984. 12. 24. 84나2211[하판집 1984-4, 276]

서울고등법원판결 1984년 12월 24일 선고, 84나2211 사건, 하급심판결집 1984년 제4권 276면 게재

서울고판 1980. 7. 24. 79나3851[고판집 1980, 민 2, 210]

서울고등법원판결 1980년 7월 24일 선고, 79나3851 사건, 고등법원판례집 1980년 민사편 2권 210면 게재

조고판 1940. 6. 7. 민집(록) 27,114[총람 제109조, 7]

조선고등법원판결 1940년 6월 7일 선고, 민사판결집(록) 제27권 114면, 판례총람 제109조 판례번호 7 게재

日大判 소 15(1940). 12. 13. 민 2381

日本大審院判決 소화 15년(1940년) 12월 13일 선고, 대심원 민사판례집 2381면 게재

日最高判 소 35(1960). 10. 21. 민 2661

日本最高裁判所判決 소화 35년(1960년) 10월 21일 선고, 최고재판소민사판례집 2661면 게재

참 | 고 | 문 | 헌

〈국 내〉

강 봉 석 민법총칙(제3판) 2010

고 상 용 민법총칙(제3판) 2003

곽 윤 직 민법총칙(신정판) 1992 (최신판은 제8판(김재형 공저)이나, 1992년 판의 내용이 가장 풍부하여 이번 판까지는 이를 참고함)

김 기 선 한국민법총칙(제3판) 1991

김 상 용 민법총칙 2009

김 용 한 민법총칙론(재전정판) 1993

김주수/김상용 민법총칙(제6판) 2011

김 준 호 민법총칙 2012

김 현 태 민법총칙 1973

명 순 구 민법총칙 2005

백 태 승 민법총칙(제4판) 2009

서 광 민 민법총칙 2007

송 덕 수 민법총칙 2011

오 시 영 민법총칙 2008

윤 형 열 민법총칙(제3판) 2009

이 영 준 민법총칙(개정증보판) 2007

이 은 영 민법총칙(제5판) 2009

정 기 웅 민법총칙(제2판) 2012

정환담/송오식 민법총칙 2009

장 경 학 민법총칙(제3판) 1992

최 식 민법총론 1964

홍 성 재 민법총칙(제4판) 2012

황 적 인 현대민법론 Ⅰ(증보판) 1985-1986

곽 윤 직 채권각론(신정제6판) 2003

김 기 선 한국채권법각론(제3판) 1988

김 상 용 채권각론 2009

김 형 배 채권각론: 계약법 1998
김 주 수 채권각론(제2판) 1997
이 은 영 채권각론(제5판) 2007

명 순 구 대한민국민법 1 2008
민의원 법제사법위원회 민법안심의소위원회, 민법안심의록, ('민법안심의록'으로 약칭) 1957

〈일 본〉
星野英一 民法講座 I (民法總則) 1987
我妻 榮 新訂 民法總則 1965
川島武宣 民法總則(法律學全集) 1965
川島武宣 近代社會と法 1959

〈독 일〉
Brox, Allgemeiner Teil des Bürgerlichen Rechts, 17.Aufl. 1993
Enneccerus/Nipperdey, Allgemeiner Teil des Bürgerlichen Rechts, I. Band, 15.Aufl., 1.Halbb. 1959 / 2.Halbb. 1959
Flume, Allgemeiner Teil des Bürgerlichen Rechts, I. Band, 1.Teil, 1977 / 2.Teil, 1983 / II. Band, 3.Aufl. 1979
Larenz/Wolf, Allgemeiner Teil des Bürgerlichen Rechts, 9.Aufl. 2004
von Tuhr, Allgemeiner Teil des Deutschen Bürgerlichen Rechts, I. Band, 1910 / II. Band 1.Hälfte, 1914 / 2.Häalfte, 1918
Lehmann / Hübner, Allgemeiner Teil des Bürgerlichen Gesetzbuches, 16.Aufl. 1993
Münchener Kommentar, I. Band, Allgemeiner Teil des BGB, 3.Aufl. 1993
Medicus, Allgemeiner Teil des BGB, 5.Aufl. 1992
Rüthers, Allgemeiner Teil des BGB, 6.Aufl. 1986
Soergel, Bürgerlichen Gesetzbuch(Kommentar, I. Band, 12.Aufl. 1988
Staudinger Kommentar, I. Band, Allgemeiner Teil, erlautert von Brandl und Coing, 11.Aufl. 1957

제1부 서　　론

제 1 절 민법의 의의

Ⅰ. 민법의 의의 [1]

1. 민법은 형식적 의미에서는 민법전(1958. 2. 22. 법률 471호)을 뜻하며, 실질적 의미에서는 보통 사람들 간의 일상적 · 통상적 생활관계를 규율하는 일반사법을 총칭한다. 민법이 규율하는 이러한 생활관계에는 재산적 생활관계와 신분적 생활관계가 있다.

2. 법은 공법과 사법, 일반법과 특별법, 실체법과 절차법 등으로 구별되는바, 민법은 이 중에서 사법 · 일반법 · 실체법에 속한다. 아래에서는 민법의 의의를 밝히기 위하여 공법과 사법, 일반법과 특별법, 실체법과 절차법 등의 구별을 살펴본다. 그리고 법은 도덕 · 관습 등과 함께 사회규범에 속하는바, 법과 기타의 규범과의 차이도 함께 살펴본다.

Ⅱ. 법과 기타의 규범 [2]

사람들 간의 공동생활에는 일정한 질서가 필요하다. 이러한 질서의 유지를 위해서는 사람들에게 일정한 행위를 명하거나 금지하는 규범이 필요하다. 그러한 규범으로는 도덕 · 관습 · 법 등이 있다. 이하에서 법의 표지 및 법과 다른 규범과의 차이 · 관련성 등을 살펴본다.

1. 법이 무엇인가 하는 문제는 법철학상의 근본문제이다. 따라서 이에 관한 상론은 생략하고 일반적으로 인정되는 법의 표지만을 든다면, 법은 우선 사람의 외부적 행동에 향해진 규범이다(즉 내심의 나쁜 마음도 외부의 행위로 나타나지 않는 한 법적으로 문제되지 않는다). 또 법은 특정한 자에 대한 것이 아니고 불특정의 다수인에 대한 규범이다(다만 모든 자에 대한 것일 필요는 없고, 한정된 일정한 범위일지라도 불특정 다수인에 대한 것이면 족하다). 법은 또 受範者의 의사를 불문하고 적용되는 것이다. 끝으로 수범자가 이를 自意로 따르지 않는 경우에 국가는 사회질서의 유지를 위하여 법위반자에 대하여 일정한 제재를 가하거나 법규범에 따르도록 강제하고 이를 실현할 필요가 있다. 이런 점에서 국가에 의한 제재 혹은 강제 역시 법의 주요한 징표이다.

2. 도덕은 사람의 내면적인 心性에 향해진 것이라는 점에서, 그리고 그에 대한 위반에 대하여 국가적 제재가 가해지지 않는다는 점에서 법과 구별된다. 관습은 사람의 외적 행위에 향해진 것이라는 점에서 법과 같으나, 그에 대한 위반에 대하여 국가적 제재가 가해지지 않는다는 점에서 법과 구별된다.

3. 그러나 법은 도덕 및 관습과 밀접하게 관련되어 있다. 우선 많은 법이 도덕에 기초하고 있다(특히 형법). 도덕적 명령 중 사회질서 유지를 위하여도 지켜져야 할 규범들은 법규범으로 된다. 이러한 것을 사회윤리(Sozialmoral)라고 한다. 그리고 사회윤리가 바뀌면 법의 변경을 가져온다. 그러나 법규범이 사회윤리에 영향을 미치는 경우도 있다(헌법상의 남녀평등 이념이 그 예라고 할 수 있다).

관습과 법의 관련성은 특히 밀접하다. 우선 법의 상당 부분은 관습에 기원한다(영국·미국 등 불문법주의 국가의 법은 바로 관습법에 기초해서 내린 재판례로 이루어졌으며, 독일·프랑스 등 성문법주의 국가의 민법도 로마시대의 재판례로부터 추출된 추상적 공통적 내용을 입법화한 것이다). 뿐만 아니라 오늘날에도 관습이 법적 확신을 획득한 때에는 법으로 된다([13]). 그 외에도 관습은 법률행위 해석의 한 기준이 되어(106조) 법률행위의 내용을 결정하는 기능을 한다.

[3] ## Ⅲ. 공법과 사법

1. 의의 및 구별표지

(1) 사람의 사회생활관계를 규율하는 법규범은 公法(öffentliches Recht, droit public)과 私法(Privatrecht, droit privé)으로 나뉘는바, 민법은 이 중 사법이다.

(2) 법을 공법과 사법으로 나누는 것은 대륙법 국가에서는 가장 기본적인 법의 분류이다. 공법과 사법의 구별표지로는 법이 보호하는 법익이 공익이냐 사익이냐(이익설), 권리관계의 주체가 국가나 공공단체이냐 사인이냐(주체설), 법이 규율하는 법률관계의 성질이 상하관계이냐 평등관계이냐(성질설) 등 여러 가지가 있으나, 어느 하나만으로는 양자를 적절히 구별할 수 없다. 그리하여 근래에는 여러 가지 점을 종합적으로 고려하여 양자를 구별한다. 즉 일응 주체를 기준으로 하면서, 아울러 법률관계의 성질도 함께 고려한다. 그리하여 공법은 국가 또는 공공단체의 공권력의 발동에 관한 법이며, 따라서 이는 불평등관계를 규율하는 성질을 가지는 법이라고 할 수 있다. 반면에 사법은 사인 상호간의 관계에 관한 법이며, 따라서 이는 평등관계를 규율하는 성질을 가지는 것이다. 그러나 그러한 기준은 언제나 타당한 것은 아니다. 즉 국가와 공공단체·국가와 국가 간의 관계는 평등한 것이지만, 이러한 평등관계를 규율하는 것도 공법에 속한다. 그러나 이와 달리 국가 등이 사인과 매매 혹은 임대차계약을 체결하는 경우에, 양자간의 관계는 평등한 관계로서 이를 규율하는 것은 사법에 속한다. 그 외에 공법과 사법의 구별이 의심스러운 경우에는, 이러한 표준 이외에도 그 법이 제1차적으로 보호하는 법익이 국가 내지 사회 전체의 이익인가 개인의 이익인가 하는 점도 고려된다.

공법·사법의 구별표지를 무엇으로 하건 간에, 헌법·행정법·형법·소송법 그리고 국제법은 공법으로, 민법·상법은 사법으로 분류하는 데는 거의 이견이 없다.

(가) 공법과 사법의 구별표지에 따른 학설의 내용과 문제점을 살펴보면,

(a) 이 익 설 공익의 보호를 목적으로 하는 것이 공법, 사익의 보호를 목적으로 하는 것이 사법이라는 것이다. 그러나 사익의 보호가 동시에 공익의 보호가 되고 공익의 보호가 동시에 사익의 보호가 되는 것이 오히려 보통이므로, 보호하는 법익을 기준으로 하여 공법과 사법을 구별하는 것은 적절치 않다.

(b) 주 체 설 국가 또는 공공단체 상호간 및 이들과 그 구성원 사이의 관계를 규율하는 것이 공법, 개인 상호간의 관계를 규율하는 것이 사법이라고 하는 것이다. 그러나 국가 또는 공공단체가 개인과 대등한 지위에서 개인과 매매 · 임대차 등의 계약을 체결하는 경우에, 이러한 계약관계는 사법의 규율을 받는 것이 적절하다. 이 견해는 이런 점에서 문제가 있다.

(c) 성질설(법률관계설) 대등자 사이의 평등관계를 규율하는 것이 사법, 권력자와 복종자 사이의 상하관계를 규율하는 것이 공법이라는 것이다. 그러나 국제법은 공법이지만 대등한 국가 상호간의 관계를 규율하는 것이고, 사법에서도 친권자와 그 자녀의 관계와 같이 지배 · 복종의 성질을 가진 관계가 있다. 이런 점에서 이 견해 역시 문제가 있다.

(d) 그 외에 사람의 생활관계를 국민으로서의 생활관계, 즉 국가를 구성하고 그 국민으로서 보호를 받는 관계와, 인류로서의 생활관계, 즉 국가와는 직접적으로 관계없이 국가라는 조직이 없더라도 인류로서 영위되어야 할 생활관계로 구별하고, 전자를 규율하는 것이 공법, 후자를 규율하는 것이 사법이라고 설명하기도 한다.

(나) 공법과 사법의 구별은 근대 자연법 사상에 기한 것이다. 로마법도 공법과 사법의 구별을 알고 있었으나, 아직 불완전했으며(이러한 점은 불법행위의 효과로서 손해배상 이외에 징벌적 효과도 인정한 점에서 잘 나타난다) 또 이를 추상화시키지 않았었다. 그러나 시민 상호간의 관계에 국가가 관여하는 것을 배척하고자 하는 자연법 사상은, 사적자치의 원칙에 따라 자율적으로 규율되어야 할 시민 상호간의 관계에 관한 법을 다른 법과 구별할 것을 요구하였다. 이에 기하여 민법전이 독립적인 법전으로 입법화(이의 효시는 프랑스민법이다. 이보다 이전에 제정된 또 하나의 근대 민법전인 프로이센 일반란트법은 아직 이를 구별하지 않았다)되면서, 양자의 구별이 대륙법계의 기본요소로 되었던 것이다. 독립적인 민법전을 가지지 않는 영미법은 따라서 공법 · 사법의 구별을 알지 못한다.

2. 양자의 구별필요성 [4]

법은 법률상 쟁송이 행정사건인가 민사사건인가에 따라 재판관할을 달리한다. 즉 민사사건은 지방법원이 관할하나, 행정사건은 행정법원이 관할한다(행정소송법 9조). 따라서 예컨대 회사가 사원을 징계한 데 대하여 그 징계의 효력을 다투는 경우에는 지방법원에 소를 제기해야 하지만, 국가가 공무원을 징계한 데 대하여는 행정법원에 소를 제기해야 한다. 이와 같이 실정법이 공 · 사법의 구별을 전제로 하고 있으므로, 양자의 구별은 실제적인 의미를 가진다.

그 외에 공법과 사법은 그 기본원리를 달리한다. 즉 사법에서는 사적자치의 원칙을 기본원리로 하며, 공법에서는 각 경우에 따라 차이가 있지만 일반적으로는 적법절차에 기한 공공이익의 실현을 기본원리로 한다. 이러한 기본원리의 차이로 인하여 일정한 법률관계를 규율하는 법이 없는 경우에 공 · 사법의 구별이 실제적 작용을 한다. 즉 그 법률관계가 사법의 적용을 받는 것(사법적 법률관계)인 때에는, 당사자의 의사를 고려해서

법률관계의 내용을 판단해야 하고, 각자는 법이 금지하지 않는 한 자유롭게 행위(법률관계를 설정)할 수 있다. 그러나 그것이 공법적 법률관계인 때에는, 공공의 이익을 고려해서 법률관계를 판단해야 하고, 법률규정이 없는 때에는 국민에게 불이익을 주는 공권력의 행사는 허용되지 않는다.

원래 공법과 사법은 지도원리를 달리한다고 하는 대륙법의 이론은, 행정사건을 司法法院의 관할로 하지 아니하고 행정법원이라고 하는 특별법원의 관할로 하는 이른바 행정재판제도와 밀접한 관계를 가졌던 것이다. 그리고 이러한 제도는 결과적으로 정부의 활동을 법의 통제 밖으로 해방시키는 작용을 했다고 말할 수 있다. 독일에서는 공법관계 사건은 일반행정법원(Allgemeines Verwaltungsgericht), 노동법원(Arbeitsgericht), 사회법원(Sozialgericht), 재정법원(Finanzgericht)이라는 특별법원의 관할로 한다는 제도가 현재에도 유지되고 있다.

[5] 3. 사회법 — 공법과 사법의 교착 · 혼합

(1) 이전에는 당사자간의 자유로운 규율에 맡겨졌던 문제들에 관하여 국가의 개입이 증대되면서, 공법과 사법의 어느 한 쪽으로 분류하기 어려운 법영역이 생겨났다. 이러한 법영역을 사회법(Sozialrecht)이라고 한다.

사회법이라는 개념은 학자에 따라서 반드시 같은 뜻으로만 쓰이고 있지는 않지만, 대체로 말해서 자본주의의 폐단을 시정하기 위하여 형식적인 개인의 자유와 평등을 지양하고 국가권력의 후견적 간섭에 의하여 배분적 정의의 실현을 목적으로 하는 법을 총칭한다. 이에는 노동법 · 경제법 · 사회보장법 등이 포함된다.

노동법(Arbeitsrecht)은, 자본제 생산의 발달로 노동자(근로자)라고 하는 사회계층이 생기게 되었는데 노동자와 사용자 간의 관계는 종래의 사법을 가지고는 적절히 규율할 수 없게 되면서, 이에 대처하기 위하여 생성 발전된 법체계이다. 즉 이전에는 근로자의 근로시간 · 임금 기타 근로조건의 결정은 — 그것이 개인과 개인 간의 평등한 생활관계에 관한 것이므로 — 전적으로 당사자(근로자와 사용자)의 자유로운 계약에 의하여 규율되었다. 그러나 그러한 결과는 근로자에게 일방적으로 불리한 계약의 체결을 낳았고, 이는 급기야 사용자와 근로자 간의 갈등과 근로자의 생존의 위협을 초래하였다. 그리하여 국가는 근로자와 사용자간의 관계를 계약자유의 원칙에 맡기지 않고, 이들 관계에 관여하게 되었다. 즉 근로조건의 최저한을 법으로 보장하는 동시에, 근로자가 사용자와 대등한 지위에 서서 사용자와 근로조건 등을 협상할 수 있도록 근로자의 단결권 및 이에 기한 쟁의권 · 단체교섭권 등을 보장해 주었다. 그러면서 점차 근로자와 사용자 간의 관계를 규율하는 법이 민법의 한 부분에서 벗어나 노동법이라는 별개의 법영역으로 독립하였다. 그리고 여기에서는 당사자의 자치라는 민법의 기본원리가 아니라 근로자의 생존권 보장이라는 이념이 그 기본원리로 되었다.

경제법(Wirtschaftsrecht)이라는 개념은 원래 제1차 세계대전 후의 독일에서 공황대책을 비롯한 많은 경제통제입법에 대하여 독일학자들이 붙인 것이었다. 그런데 오늘날 자본주의의 발달로 독점적 혹은 寡占的 기업이 다수 출현하면서 계약의 자유를 제한하고 어느 정도 경제의 통제를 가하는 것이 거의 모든 나라에 공통한 현상으로 되면서, 그러한 법규를 아우르는 법분야를 가리키는 것으로 되었다. 즉 원래 계약자유의 원칙은 당사자 쌍방이 다른 상대방을 선택할 수 있는 가능성을 전제로 한 것이다. 그러나 독과점적 기업에서는 상대방은 다른 당사자를 선택할 가능성이 없으므로 그 기업과 거래하지 않을 수 없는데, 그렇게 되면 그 계약내용은 기업에 일방적으로 유리한 내용이 될 수밖에 없다. 뿐만 아니라 그러한 기업은 국가경제에 미치는 영향도 지대하다. 따라서 위와 같은 폐단을 방지하기 위하여 또 국가경제를 위하여 국가가 독과점적 기업에 간섭하면서, 경제법이라는 새로운 법영역이 성장·발전된 것이다.

그 밖에 과거에는 각자가 해결해야 하는 문제로 여겨졌던 고령자 내지는 질병자·실업자(소위 사회적 약자)의 생활배려가 국가적 임무로 여겨지면서 이들을 위한 사회보장제도에 관한 법이 많이 등장하였는바, 이와 같이 사회적 약자의 후생복지의 증진을 목적으로 하는 법을 사회보장법(Sozialversicherungsrecht)이라 하며, 이 역시 사회법의 한 내용으로 되었다.

(2) 사회법은 이와 같이 원래는 당사자의 자치에 맡겨졌던 영역에 국가의 공권력에 기한 개입이 증대하면서 생겨난 것으로서, 따라서 이는 공법도 사법도 아니고, 양자의 중간영역에 속한다고 해야 한다. 그리고 이러한 사회법의 등장으로 공법과 사법의 구별이 더욱 어렵게 되었다. 그러나 이러한 현상에 기하여 공법과 사법의 구별을 부인하는 것은, 적어도 실정법이 공법과 사법의 구별을 전제하고 있는 한 타당치 않다. 그러므로 예컨대 노동법은 사인인 근로자와 사용자 간의 평등한 관계를 규율하는 것인 점에서, 이는 사법에 속한다고 하고, 따라서 근로관계에 관한 다툼은 민사소송에 의해야 할 것이다(그러나 경제법은 사법에 속한다고 보기 어려운 점이 많다). 그러나 이를 사법에 속한다고 하더라도, 노동법에서는 사적 자치의 원칙이 아니라 근로자의 생존권 보장이라는 이념이 기본원리로 작용하므로, 노동관계를 규율함에 있어서는 당사자의 의사보다는 근로자의 생존권 보호라는 점을 고려하여야 할 것이다. [6]

이와 같은 공법과 사법의 교착은 비단 사회법이라고 하는 중간적 법영역에 한하지 않는다. 오늘날에는 국가가 적극적으로 생활배려 활동의 주체가 되거나 기타 사인간의 경제생활에 개입하는 경우가 증대하고 있다. 사법과 공법의 구별은 앞서 본 바와 같이 시민의 자유공간을 확보하려는 근대 대륙법에서 발달한 역사적 산물로서, 오늘날과 같이 국가에 의한 배려행정이 증대하는 상황에서 근대의 공법·사법의 엄격한 구별이론을 그대로 견지하는 것은 타당치 않다. 단지 실정법이 이의 구별을 전제로 하고 있는 한도에서만 양자의 구별은 의미가 있는 것이다. 따라서 오늘날에는 예컨대 국가와 사인 간의 법률관계이더라도 그것이 국가의 공권력 발동에 관한 것인지 사경제적 주체에 관한 것인지를 구별하여 개별적으로 그에 적용될 법을 결정하는 것이 타당하다.

우리 법질서의 공법·사법의 준별태도는 민법상의 손해배상제도에도 영향을 미치고 있다. 즉 민법은 위법행위자에 대한 징벌은 사법의 일이 아니라는 관점에서, 손해배상법을 단지 손해의 전보를 목적으로 하는 것으로 이해하고, 따라서 손해배상의 범위를 단지 그 위법행위로 인하여 입은 손해에 한정시키고 있다. 그리하여 예컨대 그 위법행위가 부당한 목적이나 의도에 기하여 행해졌는가 하는 점은 손해배상의 범위에 영향을 주지 못한다. 그러나 이러한 태도는 위법행위를 억제하는 데 결코 바람직하지 못하다. 공 · 사법 구별의 완화 경향과 아울러, 위법행위에 대한 징벌적 손해배상의 인정도 적극적으로 고려함이 타당하지 않을까?

[7] ## Ⅳ. 일반사법과 특별사법

1. 일반법과 특별법

(1) 일반법이란 법이 적용되는 지역적 범위나 인적 범위 혹은 법이 규율하는 사항의 범위에 특별한 제한이 없는 것이다. 반면에 그러한 점에 제한이 있는 것이 특별법이다. 즉 전국에 공통하게 적용되는 법은 일반법이고, 특정 지역(예컨대 서울특별시)에만 적용되는 법은 특별법이다. 또 모든 국민에게 공통하게 적용되는 법은 일반법이고, 특정의 신분을 가진 자(예컨대 공무원 · 군인)에게만 적용되는 법은 특별법이다.

(2) 법률은 각 분야마다 일반법과 특별법이 존재한다. 즉 예컨대 사법의 영역에서는 민법이 일반법이고, 상법 · 근로기준법 · 이자제한법 · 주택임대차보호법 등이 특별법이다. 형사법에서는 형법이 일반법이고, 국가보안법 · 특정범죄가중처벌법 · 경범죄처벌법 · 군형법 등이 특별법이다. 민사소송법에서는 민사소송법이 일반법이고, 소송촉진 등에 관한 특례법 · 소액사건심판법 등이 특별법이다. 그러나 어떤 법률이 일반법이냐 특별법이냐 하는 점은 언제나 고정된 것이 아니고 다른 것과의 관련 속에서 결정된다. 즉 예컨대 상법은 민법과의 관계에서는 특별법이지만, 무역보험법 · 중소기업기본법 등과의 관계에서는 일반법이다. 다만 민법 · 형법 · 민사소송법 등은 지역 · 사람 · 사항(법률관계) 등에 관하여 아무런 제한 없이 적용되는 것이므로 언제나 일반법이 된다. 반면에 소위 행정법규는 대부분 특별한 사항이나 사람 등에게만 적용되므로 특별법이 된다(예컨대 국토기본법은 국토에 관한 계획 및 정책의 수립 · 시행에 관해서는 일반법적 성격을 가지지만, 이와 관련해서 민법상의 소유권을 제한하게 되므로 민법에 대해서는 특별법이 된다).

(3) 민법과 특별법과의 관계에는 「특별법이 일반법에 우선한다」는 원리가 지배한다.

[8] ### 2. 일반사법으로서의 민법

민법은 사법 중 모든 자에게 적용되는 것이다. 즉 민법은 어떤 특정 부류의 사람들의 특정한 생활관계를 규율하는 것이 아니라, 평균적 사회인의 일상의 생활관계를 규율하는 것이다. 바꾸어 말하면 특별한 직업을 가진 사람으로서 또는 특별한 기능을 가진 사람으로서가 아니라, 일반 보통의 사회인으로서 다른 사람들과 공동생활을 해나가는 데 필요한 규범을 그 내용으로 삼고 있는 것이다.

(1) 민법이 규율하는 생활관계는 경제생활에 관한 것(재산적 생활관계)과 친족생활에 관한 것(신분적 생활관계)으로 나눌 수 있다. 물건을 소유하고, 그 물건을 매매하거나 타인에게 대여하고, 타인을 고용하여 자기의 가사나 공장운영을 돕게 하는 것, 혹은 타인의 물건을 손상

시켜 그 주인에게 손해를 입힘으로써 그 손해를 배상해야 하는 것 등은 경제생활에 관한 것이다. 이와 달리 사람이 태어나서 그 부모와 친자관계를 맺고, 부 또는 모의 친권에 복종하고, 친권자가 없는 자는 누군가의 후견을 받으며, 장성해서는 배우자를 만나서 혼인하고 자녀를 낳으며, 사후에는 재산을 상속인에게 남겨주는 것 등은 친족생활에 관한 것이다. 민법은 이러한 경제적 및 친족적 생활관계가 평화적으로 원만하게 이루어지게 하기 위하여 각자가 지켜야 할 규범을 정하고, 분쟁이 일어난 경우에 이것을 해결하는 규정을 세우는 것이다.

(2) 민법에 대한 특별법(특별사법)의 대표적인 것은 상법이다. 상법은 사인 중 특히 상인에게 적용되는 것이다. 그러나 상인의 모든 법률관계가 아니라 상인의 영리적인 상행위에 관한 법률관계에 적용된다. 즉 상인이 영업을 위하여 금전을 차용한 경우에는 상법의 규율을 받는다. 그러므로 상인도 예컨대 신분관계에서는 물론이고, 그 외에 영업과는 상관없이 주택을 사거나 혹은 개인적 용도를 위하여 금전을 차용하는 경우에는 민법의 규율을 받는다. 상법과의 관계에서 유념할 점은, 당사자 중 1인의 행위가 상행위인 때에는 전원에 대하여 상법을 적용한다는 점이다(상법 3조). 따라서 상인이 영업을 위해서 금전을 차용한 경우에는, 대출자가 단순한 사인이더라도 그 소비대차계약에는 상법이 적용되고 따라서 그 채무의 소멸시효기간은 상법 제64조에 의하여 5년이 된다.

(3) 원래 사법은 곧 민법이었다. 즉 민법이 사법의 모두였다. 그런데 시간이 지나면서 특정 부류의 사람들 혹은 특수한 법률관계에만 적용되는 법들이 등장하면서, 민법은 사법의 일반법으로 된 것이다. 그러므로 민법은 사법의 기초이다. 특별사법은 민법을 전제로 하면서, 단지 일정한 사항에 관하여 이와 다른 규율을 하기 위하여 만들어진 것이다. 이런 점에서 민법의 이해는 특별법 이해의 전제이며, 민법상의 규정과 개념을 모르고는 특별법을 이해할 수 없다.

V. 실체법과 절차법 [9]

1. 실체법은 누가 누구에게 어떠한 권리를 가지고, 누가 누구에게 어떠한 의무를 지느냐를 정하는 것이다.

> 예컨대 갑은 을에게 10만원을 지급할 의무가 있다(을은 갑으로부터 10만원을 받을 권리가 있다), 병은 정을 위하여 3일 동안 일을 해 줄 의무가 있다(정은 병에게 3일간 일을 해 달라고 요구할 권리가 있다), 무는 기에게 자기가 쓰던 피아노를 인도해 줄 의무가 있다(기는 그것을 청구할 권리가 있다)는 등이, 실체법의 내용이다.

이와 같이 원래 법은 「하여야 한다」(sollen)고 하는 이른바 當爲를 그 내용으로 하는 것이고, 「어떠 어떠하다」(sein)는 事實을 기술하는 것이 아니다. 그런데 당위의 법칙은, 사실은 그대로 되어 있지 않은 경우가 있기 때문에 법칙으로서의 의미를 가지는 것이다. 이와 같이 사실이 당위와 일치하지 않을 때에는, 이것을 일치시키도록(즉 법을 실현시키도록) 하지 않으면 안 된다. 그러면 어떠한 방법이나 절차를 밟아서 이것을 실현시키느냐? 실체법이 규정하는 내용을 실현시키는 절차를 규정하는 법이 절차법이다.

2. 민법은 실체법이며, 그 내용을 실현시키는 절차법은 주로 민사소송법 · 민사집행법이다.

민법에는 「이러 이러한 때는 이러 이러한 효과가 생긴다」라는 식의 假言的 판단으로 되어 있는 규정이 많다. 예컨대 제5조는 「① 미성년자가 법률행위를 함에는 법정대리인의 동의를 얻어야 한다. ② 전항의 규정에 위반한 행위는 취소할 수 있다」고 하고, 제108조는 「상대방과 통정한 허위의 의사표시는 무효로 한다」고 규정한다. 이것은 미성년자가 법정대리인의 동의 없이 법률행위를 하였다는 사실이 입증되면, 혹은 상대방과 통정하여 허위의 의사표시를 하였다는 사실이 입증되면, 그 의사표시는 취소할 수 있거나 무효로 된다는 뜻이다. 따라서 실제의 법률분쟁에 있어서 중요한 작업은, 과연 그러한 사실이 있느냐를 확정하는 것이다. 이러한 사실의 확정은 바로 사실심의 재판과정에서 행해지며, 그러한 절차를 규율하는 것이 민사소송인 것이다. 따라서 민사소송에서는 진실한 사실의 발견이 그 지도원리이다.

사실의 확정에서 중요한 의미를 가지는 것은 立證責任이다. 이는 그 사실을 자신이 입증하지 못하는 경우에 불이익 — 그러한 사실이 존재하지 않는 것으로 취급된다는 불이익 — 을 진다는 것이다. 예컨대 갑이 을에게 돈을 꾸어주었는데 을이 이를 갚지 않는다고 하여 갑이 을의 대금채무의 이행을 소구한 경우에, 갑이 을에게 돈을 꾸어주었다는 사실에 대한 입증책임은 갑이 부담하는바, 따라서 만약 갑이 이에 관하여 법관이 확신을 가질 정도의 입증을 하지 못한 경우에는 갑은 돈을 꾸어준 적이 없는 것으로 취급되는 것이다.

입증책임은 원칙적으로 일정한 권리를 주장하는 자가 진다. 즉 권리를 주장하는 자는 그 권리의 일반적인 성립요건을 입증해야 한다. 이에 대하여 그러한 권리의 성립을 방해하는 사유 혹은 권리를 소멸시키는 사유는 상대방이 진다. 즉 예컨대 갑이 을에 대하여 차용금반환을 소구한 경우에, 갑은 을에게 금전을 대여한 사실, 이행기의 도래 사실 등을 입증해야 한다. 이에 대하여 을은 예컨대 그 대차계약이 착오에 기한 것이라는 점 혹은 이미 변제하였다는 점을 입증하여 갑의 권리를 부인할 수 있다. 그 밖에 민법의 문언은 입증책임의 문제를 고려하여 만들어졌으므로, 문언에 의해서 입증책임이 정해진다([40] 참조).

제 2 절 민법의 법원

[10] Ⅰ. 법원의 의의

1. 法源이라는 말은 여러 가지 뜻으로 쓰이지만, 민법의 법원이라고 할 때는 현행의

구체적인 민사법규범을 알 수 있게 하는 인식수단 혹은 민법(실질적 의미에서의)을 담고 있는 그릇을 의미한다.[1] 달리 말한다면 法院이 재판을 함에 있어서는 법에 의하여야 하는데, 그 재판의 규준이 되는 법이 존재하는 형식, 즉 「법의 존재형식」 내지 「법의 현상형태」가 법원이다.

2. 법원에는 문자로 표시된 成文法과 그렇지 아니한 不文法의 두 가지가 있다. 성문법은 국가에 의하여 제정된 것이기 때문에 제정법이라고도 부른다. 민법 제1조가 말하는 「법률」은 성문법이고, 관습법 · 판례법 · 조리 등은 불문법이다.

성문법과 불문법을 모두 법원으로 하고 있음은 어느 나라에서나 공통한 것이지만, 어느 편이 주된 법원으로 되어 있느냐는 나라에 따라 다르다. 성문법을 주된 법원으로 하는 것을 성문법주의라고 한다. 우리나라 및 유럽의 대륙법계가 이러한 입장이다. 이에 반하여 영국 및 미국의 대부분의 州에서는 영국에서 성립한 관습법과 이것을 기초로 보통법원에서 성립한 판례(이러한 법을 보통법(common law)이라고 한다), 그리고 중세를 지나서 형평재판소가 형평의 원리에 기해서 내린 판례(이러한 법을 형평법(equity)이라고 한다)가 주된 법으로 되어 있다. 이러한 법제를 불문법주의, 보다 적확하게는 판례법주의라고 부른다.

성문법주의와 불문법주의는 각각 그 장점과 단점을 지니고 있다. 성문법주의는 법규의 내용이 명확하고 법규 상호간에 일정한 체계가 갖추어져 있어서 국가의 실정법이 전체적으로 통일 · 정비되어 있으며, 나아가 법적 해결에 관한 원리가 확립되어 있어서 어떠한 사건도 실정법에 의한 해결이 가능하다는 장점을 가지고 있다. 그러나 법규는 대부분 추상적 문언으로 되어 있으므로 과연 그 의미가 무엇인지를 알기 어렵고, 특히 사회경제적으로 차이가 있는 사건도 법리적으로 볼 때 공통한 때에는 동일한 법규가 적용되어 동일하게 규율됨으로써, 구체적 타당성을 훼손하고 법률의 내용을 硬化시킬 우려가 있는 등의 단점을 지니고 있다. 불문법주의는 이와 정반대의 장단점을 가지고 있다.

Ⅱ. 법 률 [11]

1. 「민사에 관하여 법률에 규정이 없으면 관습법에 의하고, 관습법이 없으면 조리에 의한다」(1조). 그러므로 법률이 제1차적인, 주된 법원이며, 이런 점에서 우리 나라는 성문법주의이다.

2. 「법률」은 형식적 의미에서는 국회의 의결을 거쳐 제정된 법령으로서, 법률의 상위에 있는 헌법 및 법률의 하위에 있는 명령 · 조례 · 규칙 등과 구별되는 것이다. 그리고 실질적 의미에서는 성문의 제정법 전반을 뜻한다. 이 중에서 본조에서의 법률은 후

---

1) 법원은 그 외에도 법의 성립근거, 법의 평가원천, 법인식의 원천 등을 의미한다. 이는 각기 법사회학, 법철학, 법사학의 분야에서의 법원의 의미이다. 즉 예컨대 법철학에서는 일정한 법이 정당한가 하는 점이 관심사이며, 따라서 법철학에서의 법원은 법의 정당성을 평가하는 원천을 의미한다. 법원의 의의 기타 각 법원의 내용에 관하여는 김학동, 법원의 의의 및 관습법, 김형배교수 화갑기념논문집(1994), 66면 이하 및 판례의 법원성, 저스티스 26권 2호(1993), 7면 이하 참조.

자의 의미이다(이런 점에서 185조에서의 「법률」의 의미와는 다르다). 따라서 민사에 관한 것인 한 어떤 형식의 제정법이든 민법의 법원이 된다.

3. 구체적인 성문법의 예

(1) 헌 법 헌법 중에서도 재산권보장에 관한 규정(헌법 23조) 및 경제질서에 관한 규정(헌법 119조 이하)은 민법의 중요한 법원이 된다. 그 외에도 헌법상의 기본정신 역시 중요한 법원이 된다. 법률의 해석에 있어서 그리고 특히 재판의 준거가 될 법률이 흠결되어 이를 보충함에 있어서 이러한 헌법규정 및 헌법상의 정신이 궁극적인 기준이 되는 것이다.

(2) 법 률 법률 중에서 가장 중요한 법원은 형식적 의미의 민법, 즉 민법전이다. 그 외에 민사에 관한 특별한 사항을 규율하는 특별법이 무수히 존재하는바, 이러한 법률 역시 민법의 법원이다.

(3) 조 약 비준·공포된 조약 역시 민사에 관한 것은 법률과 동일한 효력을 가지는 민법의 법원이 된다.

(4) 명령·규칙 및 조례·규칙 이들은 모두 형식적으로 법률의 하위에 있는 것이며, 전자는 국가기관이 후자는 지방자치단체가 제정한 것이다. 그리고 전자 중에서 명령은 행정부가 제정한 것이고, 규칙은 입법부 혹은 사법부가 제정한 것이다. 후자 중에서 조례는 지방의회가, 규칙은 지방자치단체장이 제정한 것이다. 이러한 명령이나 조례·규칙 등이 민사에 관한 사항을 규율하는 때에는 그것 역시 민법의 법원이 된다.

법률로서 민법의 법원을 이루는 것으로는, 민법총칙과 관련되는 것으로서 부재선고 등에 관한 특별조치법·공익법인의 설립 운영에 관한 법률 등이 있고, 물권법과 관련되는 것으로서 집합건물의 소유 및 관리에 관한 법률·입목에 관한 법률·가등기담보 등에 관한 법률·공장 및 광업재단저당법·자동차저당법·중기저당법·항공기저당법·농어촌발전특별법·신탁법·외국인토지법·농지법·특허법·상표법·저작권법·광업법·수산업법·도로법·하천법·공익사업을 위한 토지 등의 취득 및 보상에 관한 법률·환경보전법·부동산등기법·유실물법 등이 있고, 채권법과 관련되는 것으로서 이자제한법·주택임대차보호법·실화책임에 관한 법률·신원보증법·국가배상법·자동차손해배상보장법·원자력손해배상법·공탁법 등이 있고, 친족법과 관련되는 것으로서 가족관계의 등록 등에 관한 법률 등이 있다.

명령으로서 민법의 법원을 이루는 것으로는 각종의 특별법에 관한 위임명령(예: 이자제한법 1조 1항 최고이자율에 관한 규정) 및 집행명령(예: 농지법시행령 등과 같은 각종의 시행령)이 있으며, 규칙으로서 민법의 법원을 이루는 것으로는 대법원규칙인 부동산등기법시행규칙·공탁사무처리규칙·가사소송규칙 등이 있다.

[12]
4. 문제되는 것

법원인지 여부가 문제되는 것으로서,

(1) **단체의 정관** 국가나 지방자치단체가 제정한 것이 아니고 사적 단체가 제정한 정관이나 규약이 법원이 되는가? 판례는 이를 자치법규라고 한다.[2] 이러한 정관은 다수인에게 적용되며, 더욱이 이의 구성원에게는 그의 의사를 불문하고 적용된다는 점에서, 법과 유사한 면을 가지고 있다. 그러나 이에 위반하더라도 단체로부터의 제재를 받을 뿐이고 법적 제재를 받는 것은 아니므로 법원이 아니라고 해야 하지 않을까?

(2) **행정행위** 행정기관이 일정한 사항에 관하여 행한 처분 즉 행정행위는, 당해 사건에 관한 것이고 일반적으로 타당한 것이 아니므로, 이것도 법원이 되지 않는다.

(3) **단체협약** 단체협약이란 사용자(혹은 사용자단체)와 노동조합이 근로조건의 기준에 관하여 체결한 합의이다(노동조합 및 노동관계조정법 31조는 단체협약을 서면으로 작성하여 당사자 쌍방이 서명 또는 날인하여야 한다고 규정한다). 이는 노동조합과 사용자 사이의 계약이나, 현행법상 근로조건 등에 관한 부분은 사용자와 개별 근로자 사이의 근로계약에 직접 효력을 미친다(즉 단체협약에 정한 근로기준 기타 근로자의 대우에 관한 기준에 위반하는 취업규칙이나 근로계약 부분은 무효이고, 그 부분은 단체협약에 정한 기준에 의하도록 되어 있다(동법 33조)). 이러한 단체협약의 소위 규범적 효력 때문에 이의 성질에 관하여 법규범설과 계약설이 대립한다(다만 각 견해도 그러한 규범적 효력의 근거를 어디에서 찾느냐에 따라서 다시 여러 가지 견해로 나뉜다). 우리의 학설에서는 이는 노동조합과 사용자 사이의 계약에 불과하다고 하고, 규범적 효력은 법(앞서 말한 법규정)이 정책적 관점에서 부여한 것이라고 하는 것이 다수의 견해이다(이를 계약설 중 수권설이라고 한다).[3]

Ⅲ. 관 습 법 [13]

1. 의 의

(1) 관습법은 사회의 관행에 의하여 발생한 慣習律이 사회에서 법적 확신의 지지를 받게 된 것, 즉 사회의 중심세력이 법규범으로서 승인하고 강행하게 된 관습이다.

㈎ 관습법은 입법기관의 법정립행위에 의해서가 아니라 사회생활 속에서 자연적으

---

2) 대판 2000. 11. 24. 99다12437. 이의 사안은 사단법인의 정관에 회장의 重任을 금지하는 규정이 있는데 이 규정이 '보궐선거로 당선된 회장'에게도 적용되는지가 문제되자 총회에서 위 규정은 보선회장에게는 적용되지 않는 것으로 해석하기로 하는 다수결의 결의가 있은 경우로서, 판결은 정관은 이를 작성한 사원뿐만 아니라 그 후에 가입한 사원이나 사단법인의 기관 등도 구속하는 점에 비추어 볼 때 그 법적 성질은 계약이 아니라 자치법규로 보는 것이 타당하다고 하고, 따라서 이의 해석에서는 객관적인 기준에 따라 그 규범적인 의미 내용을 확정하는 법규해석의 방법으로 해야 하는 것이고, 작성자의 주관이나 해석 당시의 사원의 다수결에 의한 방법으로 자의적으로 해석되어서는 안 되고, 따라서 사원총회의 결의라는 방법으로 행해진 해석은 그 사단법인의 사원이나 법원을 구속하는 효력이 없다고 한다. 그러나 그와 같은 해석방법은 불특정다수인에 대한 의사표시에도 타당한 것으로서([463]), 따라서 그러한 해석방법을 위해서 정관을 자치법규라고 할 필요는 없다.

3) 김유성, 노동법 Ⅱ(2001), 159면; 박상필, 한국노동법(1989), 434면; 임종률, 노동법 제10판(2012), 138면. 이에 대하여 김형배, 노동법 제20판(2011년), 855면은 역시 이의 성질을 계약이라고 하면서, 이는 노동조합 조합원의 의사를 기초로 하는 점에서 집단적 계약이되, 개별계약에 우선하는 효력이 있다는 점에서 규범계약이라고 한다(소위 집단적 규범계약설).

로 형성된 법규범이다. 그러므로 관습법은 가장 근원적인 법의 발현형식이다. 다만 근대국가 이후 국가가 제정법을 거의 완비하면서 관습법은 그 중요성을 크게 상실하였다. 그러나 아무리 성문법을 완비하더라도 관습법의 생성을 막지는 못한다. 이는 사회생활의 유동성에서 오는 필연적 결과이다.

㈏ 관습법이 성립하기 위해서는 사람들이 오랜 세월에 걸쳐 동일한 행위를 되풀이하고 있고(관행의 형성), 그러는 동안에 사람들이 그와 같이 행위하여야 한다고 의식하게 되었어야 한다(법적 확신의 획득). 즉 사회의 거듭된 관행이 법적 구속력을 가지는 것으로 일반인이 인식하고 확신하기에 이르렀어야 한다.

(2) 관습법은 관행 및 법적 확신을 요소로 하는 점에서, 후자를 갖추지 못한 「사실인 관습」과 구별된다.[4] 다만 사실인 관습도 법규범인 점에서([476] 참조) 관습법과 본질을 같이하고, 단지 법적 확신 유무에 의한 강행적 효력 여부에 차이를 가진다.

[14] 2. 관습법의 효력

(1) 민법전의 태도 민법 제1조는 법률에 규정이 없는 경우에 관습법에 의한다고 규정한다. 따라서 민법에 의하면 관습법은 단지 보충적 효력을 가질 뿐이다.

(2) 대등적 효력 유무 그러면 법률의 규정이 있는 경우에는 그와 다른 관습법은 성립할 수 없는가? 즉 제정법과 대등한 효력의 관습법은 인정되지 않는가? 일부의 견해는 제1조의 명문규정을 근거로 관습법의 그러한 효력을 부인한다(보충적 효력설).[5] 판례도 이러한 입장이다.[6] 그러나 사회생활이 유동하는 이상 관습법은 부단히 발생하는 것이며, 성문법을 아무리 완비시키더라도 관습법의 성립을 저지할 수는 없다. 따라서 관습법에게 어떠한 효력을 인정할 것인가는 입법정책에 의하여 좌우될 수 없다. 이런 점에서 제1조는 입법의 한계를 넘은 것이다. 실제로 보더라도 법률의 규정에 반하는 관

4) 대판 1983. 6. 14. 80다3231[집 31-3, 민 31]. 다만 이 판례는 사실인 관습을 법규범으로 보지 않는 점에서 본서와 다르다.

5) 곽윤직, 30, 31면; 김기선, 24면; 김상용 23면; 이영준, 25면.

6) 전술한 80다3231; 대판(전) 2005. 7. 21. 2002다1178. 후자의 사안은 종중이 남녀 및 출가 여부(여성의 경우)에 따라 차등을 두어 종중의 재산을 분배하자 여성이 자신도 종중의 회원임을 확인해 달라는 소를 제기한 경우이고, 이에 대하여 종중은 남성만이 종원이 된다는 것이 관습법이라고 주장하였다. 판결은 관습법의 요건으로는 일정한 관습이 법적 확신을 획득해야 하는데 근래 가족생활과 제사문화의 변화 등으로 여성이 종중 임원으로 활동하는 종중이 생기고 있으므로 여성에게 종원의 자격을 부여하지 않던 종래의 관습에 관하여 법적 확신이 흔들리고 있다는 점, 관습법이 법규범으로서의 효력을 가지기 위해서는 헌법을 최상위 규범으로 하는 전체 법질서에 반하지 않아야 하는데 위와 같은 관습은 남녀평등의 헌법이념에 맞지 않을 뿐만 아니라 거의 모든 영역에서 여성에 대한 차별을 철폐하고 남녀평등의 원칙을 실현하는 방향으로 변화해 가는 오늘날의 우리 법질서에도 맞지 않는다고 하여, 이의 관습법으로서의 효력을 부인한다.

습법이 형성되어 법적 효력을 인정받은 예가 존재한다. 양도담보 · 명인방법에 의한 부동산의 양도 · 내연의 처 등이 그 예이다.[7] 그럼에도 관습법의 대등적 효력을 부인하는 것은 실제와 맞지 않는다.

보충적 효력설에서는 관습법에 대등적 효력을 인정할 필요성은 주로 물권법 및 상법에서 나타나는데, 법률은 이러한 영역에서 예외적으로 관습법에 대등적 효력을 인정하였으므로(민법 185조, 상린관계에 관한 224조 · 229조 · 234조 등, 그리고 상법 1조) 위와 같은 점은 문제되지 않는다고 할지도 모른다(그리고 앞에서 든 양도담보 · 명인방법에 의한 부동산의 양도 등은 이러한 규정에 의하여 대등한 효력이 인정된 것이라고 설명할 수도 있을 것이다).[8] 그러나 법원은 개개의 법규에 관한 것이 아니라 이를 담고 있는 그릇 내지 존재형식을 의미하는 것이다. 따라서 민법 중에서 어느 법규는 관습법의 대등적 효력을 인정하고 어느 법규는 이를 부인할 수 있는 것이 아니라, 사인 간의 법률관계를 규율하는 법률 전반에 걸쳐 그러한 효력을 인정하거나 부인할 수 있을 뿐이다. 그렇다면 민법 물권편 혹은 상법상의 위와 같은 규정은 私法 전반에 관하여 관습법의 대등적 효력을 인정한 것이 된다. 그리고 이러한 규정은 관습법이 제정법을 개폐하는 실제 현상을 수용한 것으로서, 따라서 보충적 효력설의 근거가 아니라 오히려 대등적 효력설의 근거가 될 것이다.

더 근본적 문제로서, 관습법에 보충적 효력만을 인정하는 것이 민주주의의 기본원리인 국민주권사상(헌법 1조 2항)에 부합하는지 의문이다. 왜냐하면 관습법은 국민이 사회생활 속에서 스스로 정립한 것인데, 보충적 효력에 의하면 국가권력의 원천인 국민이 직접적으로 정립한 관습법이, 국민이 간접적으로 국민의 대표기관을 통하여 정립한 제정법보다 언제나 열위에 서게 되기 때문이다. 그 외에도 헌법재판소는 헌법에 관해서도 관습헌법을 인정하면서 이는 성문헌법과 동등한 효력을 가진다고 하는데,[9] 사적 자치의 원칙이 지배하는 민법에서 관습법의 대등적 효력을 부인하는 것은 위와 같은 헌법이론에 반하는 것이 아닐까? 이런 점들을 고려할 때, 관습법에 제정법과 대등한 효력을 인정하는 것이 타당할 것이다(대등적 효력설).[10] 요컨대 관습법은 사회적 수요를 고려한 새로

---

7) 보충적 효력설 중에는 이러한 현상을 판례법으로 이해할 수 있다고 하는 견해가 있다(곽윤직, 31면). 그러나 후술하는 바와 같이 관습법과 판례법은 그 성립기반을 달리하는 것으로서([20]), 위의 예들은 분명 사회에서 형성된 관습을 기초로 한 것이다.

8) 보충적 효력설 중에는 제185조는 물권에 관하여 단지 보충적 효력을 인정하는 것이라고 하는 견해가 있다(곽윤직, 물권법(신정수정판)(2000년), 26면). 이에 관하여는 물권법 부분에서 논한다(물권 [22]).

9) 헌재결정(전) 2004. 10. 21. 2004헌마554,566은, 헌법 제1조 제2항이 천명하는 국민주권사상에 근거해서, 국민은 최고의 헌법제정권력이기 때문에 헌법전에 포함되지 아니한 헌법사항을 관습의 형태로 직접 형성할 수 있다고 하고, 이러한 관습헌법은 성문헌법과 마찬가지로 주권자인 국민의 헌법적 결단의 의사의 표현으로서 성문헌법과 동등한 효력을 가진다고 한다.

10) 동지: 김용한, 21면; 백태승, 18면; 장경학, 53면; 황적인, 11면.

운 입법을 마련하지 않음으로써 형성된 것이다. 즉 입법자의 임무태만에서 비롯된 것이다. 그럼에도 입법의 불비를 이유로 관습법의 효력을 부인하고 법원은 이를 재판의 기준으로 삼지 못한다고 하는 것은 올바른 법의 해석 운영이 아닐 것이다.

그 외에도 관습법에 대등적 효력을 인정치 않게 되면 뒤에서 보는 바와 같이 제106조가 규정하는 사실인 관습과 제1조가 규정하는 관습법 간의 효력순위상의 모순을 설명할 수 없다([476] 참조). 왜냐하면 관습법은 법적 확신을 갖춘 점에서 사실인 관습과 구별되는데, 제106조가 사실인 관습에 대하여 임의법규에 우선하는 효력을 인정함에도 그보다 구속력이 강한 관습법에 보충적 효력을 인정하는 것은 모순이 되기 때문이다. 이러한 모순을 해소하는 길은 사실인 관습이 임의법규에 우선하는 데 대응하여, 그보다 구속력이 강한 관습법은 강행법규에 우선한다고 하는 것이다.

(가) 관습법에 대하여 기존의 성문법을 개폐하는 효력을 인정할 것이냐, 아니면 단지 성문법이 없는 부분에 관해서만 보충적 효력을 인정하는 데 그칠 것이냐 하는 점은 그 시대의 정치사회적 상황과 법사상에 영향받는 것이다. 근세의 민법전의 역사를 보건대, 18세기 말로부터 19세기 초에 걸쳐서 훌륭한 대법전이 편찬된 것은 국가의 중앙권력의 강대와 자연법론의 융성으로 말미암아 촉진된 것인데, 이 두 개의 원동력은 모두 관습법에 대하여 敵意를 보이는 것이었다. 왜냐하면 국가의 중앙권력의 강화는 사회의 법적 규범의 원천을 국가가 독점하려고 하는 것이므로, 사회생활 속에서 저절로 관습법이 성립하는 것을 좋아하지 않는다. 또 자연법론은 때와 곳에 따라서 영향을 받지 않는 萬代不易의 법의 존재를 주장하는 것이므로, 그러한 법을 법전 속에 담은 이상 그 밖에 관습법과 같은 것이 발생할 여지가 없다고 생각하였던 것이다. 과연 그 당시에 편찬된 대법전(1786년 오스트리아의 요세프법전, 1794년 프로이센 일반란트법, 1804년 프랑스민법 등)은 모두, 관습법의 효력을 부인하는 뜻을 법전 속에 직접 또는 간접으로 규정하였다. 그러나 그 후 19세기의 법사상에서는, 역사법학의 주장이 차츰 자연법학파의 주장을 뒤엎는 동시에 국가를 법률의 유일한 원천이라고 하는 사상도 부정하였으므로, 관습법의 지위가 다시 인정되기에 이르렀다. 그 결과 19세기의 최후를 장식하는 독일민법전의 편찬에서는, 대논쟁의 결과 관습법의 효력을 학설에 맡기고 법전에는 아무런 규정을 두지 않기로 하였으며, 20세기의 스위스민법은 제1조에서 관습법이 성문법을 보충하는 효력을 가지는 점을 명언하였다. 이와 같이 19세기의 역사법학파의 융성은 관습법의 부정으로부터 이의 보충적 효력을 명언하기까지의 진보를 낳았다. 그러나 근래의 법사상은 한층 더 관습법의 지위를 중요시하여 보충적 효력에서 진일보하여 대등한 효력을 인정하고 있으며, 그리스민법 제1조는 그러한 뜻을 명언하였다(그리스 민법 1조). 따라서 이와 같은 근래의 법사상에서 보면, 우리 민법은 벌써 시세에 뒤떨어진 것이라고 하지 않을 수 없다.

생각건대 사회생활이 유동하는 이상 관습법은 자연적으로 부단히 발생하는 것이고, 이러한 사회적 현상은 사실로서 존재하는 것이다. 물론 어느 학파가 융성하느냐 혹은 관습법의 효력을 부정하는 법문이 존재하느냐 하는 점에 따라서 관습법이 직접 정면으로 적용되느냐 하는 차이가 있지만, 그것은 형식이나 지속의 문제일 뿐이고, 관습법이 종국에 있어서 성문법을 개폐하게 되는 데는 차이가 없는 것이다. 그러므로 제1조에도 불구하고 관습법이 성문법을 개폐하는 사실을 정면으로부터 직시하여, 이에 성문법과 대등한 지위를 주어야 할 것이다.

(나) 구민법(따라서 일본민법)은 관습법에 관하여 아무런 규정도 두지 않는다. 이는 이 법이 제정되던 19세기 말의 법사상에 영향받은 것이라고 할 수 있다. 그런데 우리 민법은 20세기 후반에 제정되었음에도 관습법에 보충적 효력을 인정한다. 이는 스위스민법(동법 1조)을 본받은 것으로 말해진다. 그러나 이러한 입법은 분명 시대에 역행하는 것이다.

(다) 관습법의 효력에 관하여 민법전이 어떠한 태도를 취하거나 또는 어떻게 규정하거나, 민법의 해석에 있어서 이에 크게 구애되지 않는 것은 외국에서도 공통하게 볼 수 있는 사실이다. 예컨대 프랑스민법은 관습법의 효력을 전적으로 부정하는 입장임에도 불구하고 관습법을 매우 중요한 법원으로 인정하는 데 대해서는 프랑스학자들 사이에 전혀 이론이 없다.[11] 또 스위스민법 제1조는 명문으로 관습법에 대하여 보충적 효력만을 인정하나, 관습법의 성문법 개폐력을 인정하는 학자가 많다.[12] 일본에서도 법사회학의 입장에서 관습규범이 강행법규까지도 空文化시키는 경우가 있을 수 있는 것은 당연하다고 주장하는 학자가 있다.[13]

3. 관습법의 종류 [15]

(1) 관습법의 종류 관습법은 그것이 어떠한 사실에 관한 것이냐에 따라서 보충적 관습법과 대등적 관습법으로 나눌 수 있다. 전자는 성문법의 불명확 또는 흠결을 보충하는 내용을 가진 것이고, 후자는 성문법이 있는 사항에 관하여 성문법과 다른 내용을 가진 것이다. 대부분의 관습법은 법률을 보충하기 위하여 형성된다. 그러나 사회사정의 변화로 기존의 법률규정의 준수가 극히 중대한 불편을 가져오는 경우에는, 그러한 법률규정과 달리 규율하기 위하여 그와 다른 관습법이 형성되게 된다. 보충적 관습법은 성질상 성문법에 대하여 보충적 효력밖에 가지지 못한다. 성문법과 대등한 효력을 가지는 관습법은 대등적 관습법에 한한다.

(2) 성문법과의 우열관계 보충적 관습법은 법률과 충돌되지 않으므로, 양자 간의 순위는 문제되지 않는다. 그러나 대등적 관습법은 법률과 충돌되므로 양자 간의 순위가 문제된다. 그러면 그 순위는 어떠한가? 여기에는 「신법은 구법에 우선한다」는 일반원칙이 적용된다. 즉 앞의 예에서와 같이 기존의 법률규정과 달리 규율하기 위하여 관습법이 성립된 경우에는 관습법이 우선한다. 그러나 관습법의 내용이 불충분하거나 불합리한 면을 가지고 있어서 이를 수정하기 위하여 법률이 제정된 경우에는 법률이 우선한다.

---

11) Planiol et Ripert, Traité Elémentaire de Droit civil, tom. 1, p.5; Colin et Capitant, Cours Elémentaire de Droit Civil Français, tom.1, p.27; G. Marty et P. Raynaud, Droit civil, Ⅰ, n* 114; Henri et Léon Mazeaud et Jean Mazeaud, Leçons de Droit civil, tom. 1, n* 92.

12) A. Egger, Kommentar zum Schweizerischen Zivilgesetzbuch, Ⅰ.Bd. Einleitung und Perdonenrecht, S.57; Meier-Hayoz, Art. Ⅰ ZGB, Berner Kommentar zum Schweizerischen Zivilrecht, Einleitung, S.143.

13) 川島武宜, 民法總則 24.

[16] ### 4. 관습법의 성립 및 적용

(1) 관습법에 보충적 효력만을 인정하는 입장에서는, 관습법의 성립요건으로 법률에 반하지 않아야 한다고 한다.[14] 그러나 관습법의 대등적 효력을 인정하는 입장에서는 헌법에 반하지 않으면 된다. 그 밖에 판례는 그러한 요건뿐만 아니라, 나아가 정당성과 합리성이 있다고 인정될 수 있는 것이어야 한다고 한다.[15] 이는 관습법이 헌법에 부합하는가 하는 점을 넘어 자칫 법관이 법적 확신의 주체인 국민의 정의관 · 법률관을 평가한다는 의미로 되지 않을까?

(2) 관습법은 관행이 사회에서 법적 확신을 획득함으로써 성립된다. 다만 과연 어떠한 관행이 있는지, 그것이 법적 확신을 획득하였는지 하는 점은 판결을 통하여 드러난다. 그러나 이러한 판결은 단지 그러한 점을 확인하는 것이지 그로 인하여 비로소 관습법이 성립되는 것은 아니다.[16]

(3) 관습법은 *法源*으로서, *法院*은 소송당사자의 원용 없이도 이를 고려해야 한다. 다만 법원은 관습법의 존재나 내용을 알지 못할 가능성이 있으므로, 당사자는 이를 주장 · 입증할 사실상의 필요가 있다.

[17] ## Ⅳ. 판 례 법

1. 의 의

판례는 판결례이다. 그리고 판결은 개별적 · 구체적 사건에 대하여 법원이 내린 판단이다. 따라서 판결은 당해 사건에 대하여만 구속력을 가진다. 그런데 주요사실을 같이 하는 동종의 사건에 관하여 동일한 내용의 판결이 반복 집적되어(다만 뒤([20])에서 보는 바와 같이 다수의 판결의 반복이 반드시 필요한 것은 아니다) 장래 동종의 사건에서도 그와 동일하게 판단되리라고 인식되는 경우에는, 그 판례는 선례로서의 규범력을 가진다. 이때 그러한 판결 속에 담겨있는 추상적인 규범이 판례법이다(예컨대 126조의 표현대리가 성립되기 위해서는 본인에게 과실이 있어야 하는가 하는 문제에 관하여 이를 부인하는 판결이 반복된 경우에, 「본인의 과실은 126조의 표현대리의 성립요건이 아니다」라고 하는 것이 판례법이다).

---

14) 대판 1983. 6. 14, 80다3231; 대판(전) 2005. 7. 21, 2002다1178. 그런데 전자는 「법령」에 저촉되지 않아야 한다고 하고, 후자는 「전체 법질서」에 반하지 않아야 한다고 하여, 헌법이나 법률은 물론이고 이의 하위법규에도 반하지 않을 것을 관습법의 요건으로 보는 듯한 표현을 한다.

15) 전술 2002다1178.

16) 곽윤직, 28면은, 법을 정립하고 집행하는 것은 종국적으로 국가뿐이므로 관습법의 성립시기는 법원이 판결에서 관습법의 존재를 인정한 때이고, 다만 사회에서 법적 확신을 얻은 때에 소급하여 관습법이 존재한 것으로 된다고 한다. 백태승, 16면도 이와 대체로 같은 입장이다.

2. 法 源 性 [18]

제1조는 판례를 법원으로 규정하지 않는다. 그러면 판례법은 법원이 아니라고 할 것인가? 일부 견해는 이의 법원성을 부인한다. 그 근거는 제1조 이외에도, 상급법원의 판단은 단지 당해 사건만을 기속한다는 법원조직법 제8조에서 구한다. 그리고 법원은 실제로는 과거에 내려진 판단을 대부분 그대로 따르나, 이는 그렇게 해야 할 법적 의무 때문은 아니고 평등취급의 원칙 및 법적 안정성 · 신뢰보호의 고려 등 때문이고, 이런 점에서 단지 「사실상의 구속력」을 가질 뿐이라고 한다.[17]

그러나 이는 의문이다. 법의 근원은 일반인의 법적 확신이다. 즉 일반인이 일정한 사항을 따라야 하는 것으로 인식하는 경우에, 그것이 바로 법규범이다. 관습법이 법으로 승인되는 것은 바로 법적 확신 때문인 바, 그렇다면 판례도 그것이 단지 법원에서의 관행에 그치지 않고 그 판례와 관련을 가지는 법구성원의 권역에서 법적 확신을 획득한 경우, 즉 앞으로도 그와 같이 판결되리라고 여겨지고 그리하여 그것이 법규범으로서 존중되고 사람들이 이를 행위의 표준으로 삼게 된 경우에는 법원이 된다고 해야할 것이다. 즉 관습이 법적 확신의 획득으로 법원이 되는 것처럼, 판례 역시 법적 확신의 획득으로 법원이 된다고 해야 할 것이다.[18]

그 외에 판례의 법원성을 부인하는 근거로는, 첫째 三權分立의 원칙상 법원은 법을 제정할 권한을 가지지 않는다는 점, 둘째 법원성을 인정하면 이후의 판결이 이에 따라야 하는바 그럼으로써 판결이 사회변화에 즉응하지 못하고 판결을 응고시킬 우려가 있다는 점, 셋째 판결이 기존의 판례를 따르는 것은 단지 그것이 정당하기 때문이고 따라서 만약 그것이 정당하지 않다고 여겨지면 언제든지 이를 따르지 않아도 된다는 점, 넷째 판결이 비록 흠결된 법을 보충하거나 새로운 법을 형성하는 경우에도 이는 기존의 법을 토대로 새로운 문제와 관련하여 법을 발견한 것이지 결코 기존의 법을 떠나서 새로이 법을 창설한 것은 아니라는 점 등을 생각할 수 있다.

그러나 첫째 삼권분립의 원칙은 법원이 입법정책적인 의사결정을 하지 못한다는 데 본질이 있는 것이며, 법의 흠결 혹은 사회사정의 변화로 생긴 법과 현실의 괴리를 보충하거나 메우는 것을 금하는 것은 아니다. 둘째 판례의 법원성을 인정한다면 법관은 당연히 이미 정립된 판례법이 정당하지 않다고 여겨지는 경우에 이를 폐기할 권한도 가지는 것이다. 따라서 법원성을 인정하는 것은 결코 판결을 응고시킬 위험을 수반하지 않는다. 셋째 법원은 법률이 사회여건에 맞지 않는 경우에는 이를 그에 맞도록 해석한다. 즉 기존의 법률을 그대로 적용하는 것 역시 그것이 정당하다고 판단되기 때문인 것이다. 따라서 기존의 판례를 따르는 이유가 그것이 정당하기 때문이라는 점은 판례에 한하지 않고 법률에 대하여도 마찬가지이다. 따라서 이러한 점이 법률의 법원성을 부인하는 근거가 되지 않는 것처럼, 이는 또한 판례의 법원성을 부인하는 근거도 되지 않는다. 넷째 판례의 법원성을 부인하는 것은 법관을 단순히 법을 적용하는 기계, 법을 발성하는 입으로 보는 데 기초한 것이다. 법률은 많은 경우에 구체적 문제에 관하여 아무런

17) 곽윤직, 33, 34면; 김용한, 24면; 이영준, 27면.

18) 고상용, 14면; 김기선, 25면; 김상용, 25면.

결정도 내리지 않고 있다. 또 때로는 사회여건에 적합치 않은 규정을 담고 있다. 이러한 경우에 법관은 분명 기존의 법에는 없는 새로운 규범을 창설하거나 기존의 법과는 다른 법을 창설하는 것이다.

이런 점에서 판례의 법원성을 부인하는 것은 충분한 설득력을 가지지 않는다. 실제로는 판례가 법으로 인정되고 있음은 특히 제2조나 제103조에서 잘 나타난다. 즉 이러한 규정은 그 자체 구체적인 내용을 가지고 있지 않다. 판례에 의하여 비로소 그 내용이 확정된다. 이때 단지 「신의성실에 반하는 권리행사는 허용되지 않는다」는 추상적 규범만이 아니고, 이에 관한 구체적 판례의 내용(예컨대 「법정지상권의 부담을 지는 토지소유자가 건물양수인에 대하여 건물철거를 청구하는 것은 신의칙에 반하여 허용되지 않는다」(대판(전) 1985. 4. 9. 84다카1131,1132)고 하는 구체화된 규범) 역시 법이라고 해야 할 것이다. 그러나 이러한 소위 일반조항뿐만 아니라 기타의 규정들도 그 내용이 불명확한, 따라서 법적용 과정에서 그 내용이 확정되어야 할 필요가 있는 경우가 많다. 이때 판례에 의하여 확정된 구체적 내용 역시 법이라고 해야 할 것이다(전술의 표현대리의 요건에 관한 판례). 만약 법원에 의하여 구체화된 법의 의미 내용을 법이 아니라고 하게 되면, 법의 내용은 불명확한 그리고 때로는 공허한 것으로 남아 있게 될 것이다.

법원은 비록 입법을 위하여 필요한 일반적인 정보기구를 가지지 않으나, 반면에 재판과정에서 당사자들의 다툼을 통하여 사회경제적 변화 및 당시의 사회적 수요가 매우 상세히 현출된다. 그리하여 법원은 시대와 사회의 요구에 맞게 법의 의미를 정립하는 데 적절한 위치에 있다. 더욱이 우리 민법전은 우리의 사회현실 및 법의식을 토대로 한 것이 아니고 서구의 그것을 토대로 하여 제정된 것으로서, 우리의 사회현실 및 법의식에 맞게 그 내용이 채워지거나 때로는 수정되어야 한다. 이러한 작업은 바로 법원에서 구체적 사건의 재판을 통하여 행해진다. 이런 점에서 법원에게는 단지 개별적 사건의 합리적인 해결을 넘어서 사회와 시대의 의식과 수요에 맞는 법을 찾아내고 방향을 제시하는 역할이 요구된다. 이러한 점을 고려할 때, 법원이 재판을 통해서 내린 판단에는 보다 큰 의미가 주어져야 할 것이다. 판례의 법원성의 인정은 법원으로 하여금 우리의 시대와 사회에 맞는 법의 발견과 정립을 촉구하는 의미도 가지는 것이다.

[19] 3. 판례법의 내용

그러면 판례의 내용 중 어떤 부분이 판례법으로서 기속력을 가지는가? 소송당사자들은 일정한 사실관계(권리의무의 성립요건인 사실)를 토대로 일정한 권리의무의 존부를 주장하고, 법원은 일정한 이유 내지 근거에 기해서 그러한 권리의무의 존부를 판단한다. 그러면 권리의 존부 자체에 대한 판단만이 판례법을 이루는가, 아니면 그러한 판단에 이르게 된 이유 내지 근거도 판례법을 이루는가? 즉 예컨대 갑으로부터 부동산을 매수하고 인도받은 을이 매매계약 후 10년이 지나서 갑에 대하여 이전등기의 이행을 청구한 사안에서, 판례는 「부동산매수인의 등기청구권은 채권적인 것이나 이미 인도받아 점유하는 경우에는 권리 위에 잠자는 것이 아니다」(그 외에도 몇 가지 이유가 더 있으나([927] 참조) 여기에서는 생략한다)는 점을 이유로 그러한 경우에 「을의 등기청구권은 소멸시효에 의하여 소멸하지 않았다」고 하여 을의 청구를 인용하는바, 권리존부에 대한 판단인 후자만이 판례법의 내용이 되는가, 아니면 그러한 판단의 이유인 전자도 판례법의 내용이 되는가? 판례법과 판결의 기판력은 다른 것이기는 하다. 그러나 기판력은 단지 그 판결의 주문에 포함된 것, 즉 소송물로 주장된 법률관계의 존부에 관한 판단의 결론에만 미친다. 즉 예컨대 부동산소유권 이전등기절차의 이행청구에 관한 확정판결의 기판력은 그 소송물이었던 이전등기청구권의 존부에만 미친다(판결이유에서 설시된 그 전제가 되는 법률관계의 존부, 즉 위의 예에서 그 목적부동산의 소유권 자체의 존부에까지 미치는 것은 아니다).[19] 그리고 법이론은 설명하기를, 기판력이 주문에만 생기게 한 것은 그것이 당사자의 소송목적에 대한 해결이고 당사자 간의 주된 관심사이기 때문이라고 한다.[20] 그렇다면 법원이 소송에서 주된 관심을 쏟는 것도 역시 법률관계의 존부에 대한 판단이다. 이런 점에서 볼 때 판례법의 내용을 이루는 것은 일정한 사실관계 하에서의 권리의무의 존부에 관한 판단에 국한된다고 하는 것이 타당하지 않을까? 대법원의 판결에서 원심판결의 이유는 부적절하더라도 그것이 판결 결과에 영향을 미치지 않는 때에는 원심판결을 파기하지 않고 그대로 인용하는 점, 그리고 대법원의 전원합의체에 의한 판단이 필요한 판례의 변경은 — 물론 이는 판례법의 변경과는 다른 것이지만 — 권리의무의 존부에 대한 판단을 변경하는 경우에 한한다는 점도 이러한 해석을 뒷받침하는 것이 아닐까?

개개의 판결에 대하여 선례로서의 구속력을 인정하는 판례법주의 국가에서는 선례의 구속력이 미치는 범위는 매우 중요한 문제이다. 이를 살펴보면, 우선 선례로서의 구속력을 가지는 것은 현재 다투어지는 사건과 주요사실이 동일한 사건에 관해서 이다(즉 주요사실을 통해서 사건의 동일성 여부가 결정된다). 다음으로 선례로서의 구속력을 가지는 것은 판결이유(ratio decidendi)에 한정되고, 부수적 의견(obiter dictum, 傍論)은 구속력을 가지지 않는다. 판결이유란 판결에 도달하는 데 필요불가결한 기초를 이루는 원칙을 말한다. 부수적 의견이란 판결을 함에 있어서 재판관이 왕왕 예시나 또는 비교하기 위해서 당해 사건에 대한 판결에 필요치 않은 것에 대한 언급이다.[21] — 제정법주의 국가에서의 판례법의 의미와 판례법주의 국가에서의 선례의 구속력과는 다른 것이다. 즉 판례법주의 국가에서는 이전의 판결 자체가 구속력을 가지지만, 제정법주의 국가에서는 대부분 개개의 판결이 아니라 다수의 유사한 판결들로부터 추출된 공통원리가 구속력을 가지는 것이다. 다만 판례법주의 국가에서의 선례의 구속력의 범위는 장차 우리 법에서의 판례법의 범위를 판단함에 있어서 참조자료가 될 것이다.

4. 법원으로서의 판례법 [20]

(1) 판례의 반복성 요부 법원성을 획득하기 위해서는 언제나 동일한 판례의 반복이 있어야 하는가? 판결 중에는 이전까지 다툼 있던 법률적 문제에 관하여 이를 종국적으로 해결하려는 것이 있다. 이러한 판결 중에서도 특히 헌법정신 기타 일반적 법원리에 입각하여 내려진 판결 혹은 전체법질서의 체계적 관련으로부터 도출된 판결은, 동일한

19) 대판 1996. 11. 15. 96다31406; 대판 2000. 2. 25. 99다55472.

20) 이시윤, 신민사소송법 제6증보판(2012) 604면; 정동윤/유병현, 민사소송법 제3판(2009), 711면. 그 외에 호문혁, 민사소송법 제10판(2012), 683면은 그 이유가 소송에서의 쟁점을 명확히 하고 그 쟁점에 심리를 집중하도록 하는 데에 있다고 한다.

21) 서희원, 영미법 강의(1978), 7면, 19면.

판결이 반복되기 전에 또 그에 상응하는 법구성원의 관행이 형성되기 전에, 지배적인 견해에 의하여 정당한 법의 발견으로 여겨지는 경우가 있다. 이러한 판결은 판례의 반복 없이도 법원성을 획득한다고 함이 타당할 것이다.

(2) **관습법과의 구별** 일부 견해는 판례의 법원성을 부인하면서, 다만 확립된 판례는 법적확신을 갖추고 있으므로 관습법으로서 법원성을 가진다고 한다.[22] 또 이와는 반대로 일부 견해(관습법에 관한 보충적 효력설 중 일부)는 양도담보, 명인방법에 의한 부동산물권변동 등과 같이 관습법이 제정법을 개폐하는 현상은 판례법으로 이해하면 된다고 한다.[23] 그러나 관습법과 판례법은 규범의 성립근원이 다르다. 관습법은 사회에서의 관행에 기초한 것이고 따라서 관행이 법형성적 요소이다. 이에 반하여 판례법은 법원의 판례의 반복에 기한 것이며, 사회의 관행은 부차적인 것에 불과하다. 따라서 관습법을 판례법에, 혹은 판례법을 관습법에 포섭시키는 것은 부당하다.

판례는 농작물의 귀속과 관련해서, 타인의 토지에 무단히 농작물을 재배한 경우에도 그 농작물은 경작자에게 귀속된다고 한다.[24] 그리고 이러한 판례가 상당히 반복됨으로써, 이제 「타인의 토지에서 재배된 농작물은 비록 경작자에게 그 토지사용에 관한 권원이 없더라도 경작자의 소유로 된다」고 하는 판례법이 형성되었다고 할 수 있다. 그런데 이는 부합에 관한 규정(256조)에 명백히 반하는 것이다. 따라서 이는 — 이의 타당성 여부는 별론으로 치고 — 법률을 넘은 판례법의 한 예가 될 것이다(이의 타당성은 [384]에서 살핀다). 그리고 이는 법률을 넘은 해석([45])의 예이기도 하다.

[21] ## V. 조 리

(1) 민법 제1조는 법률이나 관습법이 없는 경우에는 「조리에 의한다」고 규정한다. 조리는 사물의 본성이다.

(2) 다수의 견해는 위의 규정에 따라서 조리를 하나의 독립한 법원이라고 한다.[25] 그런데 법원은 법의 존재형식이다. 따라서 법원이라고 하기 위해서는 그 안에 구체적인 내용을 가진 법규범이 담겨져 있어야 한다. 그러나 조리는 단지 사물의 본성으로서, 그 자체가 구체적 내용을 가지는 것이 아니다. 단지 실정법규(제정법이나 관습법 등)를 해석하고 이를 사건에 적용함에 있어서 고려되는 요소일 뿐이다. 이런 점에서 조리가 법원이 되는지는 의문이다. 뿐만 아니라 재판에서 준거할 제정법이나 관습법 · 판례법이 없는 경우에 최종적으로 재판의 준거가 되는 것은 조리가 아니라 전체 실정법질서 그리고 그에 내재되어 있는 일반적 법원리(그러한 것으로서는 헌법상 나타난 인간의 존엄과 가치, 개인의 자유, 평등의 원칙, 재산권의 보장과 공공복리를 위한 제한 등의 원리, 그리고 민법상 나타난 사적자치의 원칙, 신의성실의 원칙, 사

22) 이영준, 전게부분. 그 외에 김주수 · 김상용, 16면; 장경학, 58면도 이와 유사한 입장이다.
23) 곽윤직, 31면. 다만 이 견해는 그러면서도 판례는 법원이 아니라고 하여 서로 모순되는 서술을 한다.
24) 대판 1963. 2. 21. 62다913; 대판 1968. 6. 4. 68다613,614; 대판 1979. 8. 28. 79다784 등.
25) 김기선, 26면; 김용한, 28면; 김현태, 25면; 이영섭, 73면; 장경학, 60면.

(회질서 등이 있다) 등이다. 제1조가 재판의 준거가 없는 경우에 조리에 의하도록 규정한 취지는, 그러한 경우에 법관은 당해 사건에 관한 법규정과 법적 성격이나 기타의 점에서 유사성을 가진 규정으로부터 단순히 논리적 연역을 통하여 재판해서는 안 되고, 전체 법질서와 일반적 법원리, 그리고 당해 사건의 특성 등을 사물의 본성에 맞게 분석 · 교량하여 재판해야 한다는 데 있다. 즉 재판의 기준이 되는 것은 전체 법질서 등이고, 조리는 단지 그러한 기준을 해석하고 당해 사건에 적용함에 있어서 고려되는 요소인 것이다. 이런 점에서 조리는 법원이 되지 않는다고 하는 것이 타당할 것이다.[26] 그리고 최종적인 재판의 준거가 되는 전체법질서나 그에 내재한 일반적 법원리 등은 앞서 말한 제정법 · 관습법 · 판례법 등에 내재되어 있는 것이므로 이 역시 독립한 법원이 아니다.

제 3 절 민법의 연혁 및 체제

Ⅰ. 민법전의 제정과정 [22]

우리 민법전은 1958년 2월 22일에 법률 제471호로서 공포되어 1960년 1월 1일부터 시행되었으며, 전문 1111개 조와 부칙 28개 조로 되어 있다. 아래에서 우리 민법전의 제정과정을 살펴본다.

1. 민법전 제정 이전

우리나라 민법의 근대화는 갑오경장 시기인 1894년 무렵에 비롯된다. 우선 내각관제 · 재판소조직법 등 행정 · 사법 두 개 府의 근대적 조직이 이루어지는 등 공법관계의 혁신이 이루어졌으며, 1895년에는 법관양성소가 설치되고, 같은 해에 법률기초위원회규정이 공포되어 동위원회는 형법 · 민법 · 상법 · 治罪法 · 소송법 등의 法條를 起草하는 임무가 부여되었다. 그리하여 민사에 관하여는 맨먼저 早婚의 금지 · 再嫁의 자유 등 주로 신분법상의 개혁이 시작되었으며, 재산법이라고 할 수 있는 것으로 외국인의 토지 · 산림 · 광산의 점유와 매매가 금지되었다. 다음에 1898년에는 전당포에 관하여 전당업에 관한 규정, 전당물에 관한 규정 등이 정해졌다. 그러나 서구식 민법이 본격적으로 이 땅에 도입된 것은 한일합방 이후의 일이다. 즉 1910년 한일합방이 되자 일본은 정치적 지배에 따르는 법률적 지배의 첫 조치로서 내려진 「조선에 시행할 법령에 관한 건」(1910. 8. 29. 긴급칙령, 1911. 3. 25. 법률 35호로 전환)에 의거하여 「조선에 있어서의 법령의 효력에 관한 건」(制令(법률사항을 내용으로 하는 조선총독의 명령) 1호)을 발포하고, 뒤이어 일정 당시 우리나라 민사에 관한 기본법이었던 「조선민사령」(1912년 제령 7호)을 제정하였다. 이에 의하면 우리 나라의 민사에 관한 사항은 민사령 기타의 법령에 특별한 규정이 없는 한 일본민법을 依用[1]하게 하는 한편(민사령 1조), 특히 민법. 중

26) 동지: 고상용, 12면; 곽윤직, 23면; 이영준, 30면.

1) 조선민사령은 민사에 관하여는 「다음에 의한다」라고 하여 이것을 근거로 하여 일본의 법령들이 이 땅에 효력을 미쳤었다. 그래서 이러한 형식으로 효력이 미치는 관계를 일반적으로 「依用」이라고 불렀다.

능력 · 친족 · 상속에 관한 규정은 우리 나라에 의용하지 않고 전면적으로 우리의 관습에 의하도록 하였었다(민사령 11조). 그러나 그 후 3차에 걸친 조선민사령의 개정으로 능력 · 친족 · 상속에 관해서도 일본민법의 의용은 점차 그 범위를 넓혀갔다. 이것이 우리가 구민법이라고 부르는 일본민법인데, 일본민법은 1804년의 프랑스민법과 1888년에 공표되었던 독일민법 제1초안을 모범으로 삼았던 것이었다.

일정시대에 이 땅에 의용되던 일본민법전은 광복 후에는 개정전 헌법 제100조의 규정과 그 이전의 군정법령 제21호(1946. 11. 2.)에 의하여 대체로 그대로 효력을 지속하였다.

2. 민법전 편찬의 경과

(1) 1948년에 정부가 수립되자, 정부는 곧 법전편찬위원회를 설치하여 기본법전의 편찬에 필요한 자료를 조사 · 수집케 하고 그 초안을 기초 · 심의케 하였다. 민법전의 起草에 착수한 것은 1948년 12월 15일의 일이었다. 동 위원회는 이 사업에 착수하자 먼저 그 기초작업으로서, 재산법 분야에서는 107개 항목으로 이루어진 「민법전편찬요강」을, 또 신분법 분야에서는 49개 항목으로 이루어진 「민법친족상속편찬요강」을 각각 작성하였으며, 그것을 기점으로 하여 이 커다란 작업을 계속 추진하였다. 그런데 이 사업은 미처 일단락을 짓지 못한 채 6 · 25동란이 발발하여, 기초위원의 피납 혹은 기초자료의 분실 등으로 인하여 일시 중단상태에 빠지고 말았다. 그러나 동란 중의 혼란 속에서도 모든 곤란을 극복해 가면서 이 사업은 재차 계속되었으며, 드디어 1953년 7월 4일에 민법안의 기초가 완료되었다. 이 법전편찬위원회의 초안은 곧 정부에 제출되고(1953. 9. 30.), 정부는 다시 이에 대하여 자구수정 등의 점에서 약간의 정리를 하여 국무회의에 상정하고, 그 의결을 거쳐(1954. 9. 30.), 1954년 10월 26일에는 드디어 정부제출 민법안으로서 국회에 제출되었다.

(2) 국회에서는 즉시(1954. 10. 28.) 이것을 법제사법위원회에 회부하였으며, 동위원회에서는 그 해 11월 6일 민법안심의소위원회를 구성하여 예비심사를 전담케 하였다. 동 위원회는 1957. 9. 3. 정부제출 민법안의 심의를 완료하였다. 동 위원회의 심의의 결과는 342개 항목에 달하는 수정안으로서 작성되었으며, 이 수정안은 법제사법위원회 자체의 수정안으로 채택되어 정부제출 민법안과 함께 국회의 본회의에 회부되었다.

(3) 여기에 한 가지 특기할 것은 민법안심의소위원회의 심의 도중에 주로 서울에 있는 각 대학의 민사법 담당교수들이 우리 나라의 입법사상 처음이라고 할 수 있는 그들의 공동 노작에 의한 입법의견서를 제출하였다는 사실이다. 즉 그들은 민사법연구회를 조직하여 재산법의 분야에 국한된 것이기는 하지만, 168개 항목에 달하는 의견을 「민법안의견서」라는 책자로 정리하여 국회에 제출하였다. 여기에서 제시한 입법의견은 비록 법제사법위원회의 심의에서는 충분히 고려될 시간적 여유가 없었지만, 학계가 국회에서의 법제정의 과정에 있어서 지대한 공동관심을 표명한 효시로서, 하나의 획기적인 사실이었다고 지적하지 않을 수 없다.

(4) 국회의 본회의에 회부된 정부제출 민법안과 법제사법위원회의 수정안은 드디어 1957년 11월 5일에 본회의에 상정되었다. 그리고 이 두 개의 법안에 대하여 3개의 수정안이 제출되었다. 즉 현석호 의원 등은 재산법에 관하여 위에서 말한 민사법연구회가 작성한 「민법안의견서」의 내용을 골자로 한 수정안을, 정일형 의원 등은 신분법에 관하여 주로 여성단체연합회의 건의를 반영한 수정안을, 그리고 이영희 의원 등은 종중에 관한 법률관계를 성문화하자는 내용의 수정안을 각각 제출하였다. 그 해 11월 21일부터 민법안 심의는 제2독회에 들어갔으며, 심의의 결과 위에서 말한 여러 수정안 중 현 의원 등이 제출한 재산법에 관한 수정안은 반 이상이 채택되었으나 정 의원, 이 의원 등의 수정안은 대부분이 폐기되고, 그 나머지는 법제사법위원

회 수정안이 그대로 채택되었다. 이리하여 제2독회를 마치고 법제사법위원회에서의 자구수정 및 조문정리가 완료되어 통과된 민법안은 1958년 2월 7일에 정부에 이송되었으며, 그 해 2월 22일에 공포되었다(법률 471호). 법전편찬위원회에서 민법전의 기초에 착수한 때로부터 기산하여 약 10년의 세월을 거쳐 마침내 우리의 자주적인 민법전 제정이라고 하는 위대한 국민적 대사업은 그 종지부를 찍은 셈이다.

민법전은 우리의 일상적인 재산과 신분에 관한 실체관계를 규율하는 민사법규의 대부분을 그 속에 담고 있으므로, 실질적 의미의 민법의 주요한 法源이 그 속에 존재하는 것임은 말할 것도 없다. 다만 주의할 것은 민법전 속에 규정되고 있는 법규의 모든 것이 민사법규는 아니라는 점이다. 예컨대 법인의 기관인 이사 · 감사 · 청산인들에 대한 벌칙규정(97조)은 광의의 형벌법규이며, 채권의 강제집행의 방법에 관한 규정(389조)은 민사소송법규이다. 이러한 법규들은 편의상 민법전 속에 규정된 것이다. 그러나 이러한 소수의 예외를 제외하면 민법전의 규정은 모두 민사법규이다.

Ⅱ. 민법전의 개정 [23]

1. 개정경과

(1) 민법전은 그 시행 이후 현재에 이르기까지 모두 19차례 개정되었다. 이 중 대부분은 단편적인 개정이었으며, 비교적 대폭적인 개정은 제5차, 제6차, 제7차, 제12차 그리고 제18차 개정이다. 이중에서 제6차 및 제18차 개정은 재산법 분야의 개정이나, 나머지는 가족법 분야의 개정이다.

(2) 개정의 경과를 소개하면,

1) 제1차 개정(1962. 12. 29.)은 혼인에 의한 法定分家에 관한 제789조 1항의 신설이었다.

2) 제2차(1962. 12. 31.) 및 제3차(1964. 12. 31.) 개정은 법률행위로 인한 부동산 물권변동에 있어서의 등기에 관한 경과규정(부칙 10조 1항)의 개정이었다. 즉 민법이 법률행위로 인한 부동산물권변동에 관하여 구민법과 달리 형식주의를 취함에 따라, 원래의 부칙 제10조 1항은 민법 시행일 전에 행해진 법률행위로 인한 부동산물권변동은 민법 시행일부터 3년 내(즉 1962. 12. 31.)까지 사이에 등기하지 않으면 그 물권변동의 효력을 잃는다고 규정하였었다. 그러나 실제로는 등기가 많이 행해지지 아니하므로, 민법은 이의 개정으로 그 기간을 5년으로 연장하였으며(제2차 개정), 다시 6년으로 연장하였던 것이다(제3차 개정).

3) 제4차 개정(1970. 6. 18.)은 서면에 일자의 확정을 청구하는 경우의 비용부담에 관한 규정(부칙 3조 3항)의 개정이었다.

4) 제5차 개정(1977. 12. 31.)은 대체로 여성의 지위향상을 주안점으로 하는 가족법 분야의 비교적 대폭적인 개정이었다.

5) 제6차 개정(1984. 4. 10.)은 재산법 분야에서 특히 문제로 되고 있던 것들의 한정적인 개정이었다.

6) 제7차 개정(1990. 1. 13.)은 남녀평등 이념의 실현을 위한 가족법 분야의 대폭적인 개정이었다.

7) 제8차 개정(1997. 12. 13.)은 국적법 등 다른 법률의 개정으로 인한 제781조 1항 및 제163조 2호의 개정이고, 제9차 개정(1997. 12. 13.) 역시 다른 법률의 개정으로 인한 문구의 수정이었다.

8) 제10차 개정(2001. 12. 29.)은 이사에 대한 직무집행정지(52조 의2) 및 직무대행자(60조 의2)에 관한 규정의 신설, 그리고 민사소송법 중 일부가 민사집행법으로 됨으로 인한 제318조 · 제354조 · 제1037조의 개정이었다.

9) 제11차 개정(2002. 1. 14.)은 헌법재판소의 불합치결정에 기한 상속의 단순승인(1019조, 1026조) 및 상속회복청구권의 행사기간(999조) 등의 개정이었다.

10) 제12차 개정(2005. 3. 31.)은 친족에 관한 폭넓은 개정이었다.

11) 제13차 개정(2005. 3. 31.)은, 채무자 회생 및 파산에 관한 법률의 개정에 의한 개정(937조 3호 및 1098조 — "파산자"를 "파산선고를 받은 자"로 개정)이고, 제14차 개정(2005. 12. 29.)은 부칙(법률 6591호) 4항(한정승인에 관한 특례)의 신설이었다. 제15차 개정(2007. 5. 17.)은 호적법을 대신하는 가족관계의 등록 등에 관한 법률에 의한 개정(812조, 814조, 836조, 859조, 878조 등)이었다.

12) 제16차 개정(2007. 12. 21.)은 기간계산에 관한 제161조(기간의 말일이 「공휴일」인 경우 이외에 「토요일」인 경우를 추가) 및 가족법 중 혼인적령(801조, 807조), 이혼(836조의2, 837조, 839조의3) 등에 관한 규정의 개정 혹은 신설이었다.

13) 제17차 개정(2009. 5. 8.)은 이혼절차에 관한 제836조의2에 제5항 신설이었다.

14) 제18차 개정(2011. 3. 7.)은 성년 연령의 하향, 그리고 특히 무능력자제도 및 후견제도의 대폭적 수정을 내용으로 하는 것이다.

15) 제19차 개정(2011. 5. 19.)은 제909조의2(친권자의 지정), 제912조 2항, 제927조의2(친권상실과 친권자의 지정 등)의 신설, 제931조의 개정 등이다.

[24] 2. 중요 개정내용

개정 내용 중 중요한 것을 가족법 분야와 재산법 분야로 나누어 소개한다.

(1) 가족법 분야

(가) 제5차 개정 여성의 지위향상을 주안점으로 하는 개정이다. 개정내용을 일별하면, 성년자가 혼인함에는 부모의 동의를 요하지 않도록 한 점(808조), 혼인에 의한 성년의제제도의 도입(826조의2), 부부재산 중 어느 당사자에 속하는지 불명한 재산에 대한 공유추정(830조 2항), 협의이혼의 경우 가정법원의 확인을 받도록 한 점(836조 1항), 친권에 관한 부모의 공동행사(909조), 공동상속에서의 특별수익자의 반환의무의 수정(1008조 단서의 삭제), 재산상속에서의 여자(1009조 1항 · 2항) 및 처(동조 3항)의 상속분의 확대 그리고 유류분제도의 신설(1112조~1114조) 등이다.

(나) 제7차 개정 남녀평등 이념의 실현을 위한 개정이다. 개정내용을 사항별로 나누어 살펴보면,

(a) 친족의 범위 ① *父系*와 *母系*를 동일하게 8촌 이내로 하고, 인척은 4촌 이내로 하였다(777조). ② 자매의 직계비속 및 직계존속의 자매의 직계비속을 혈족에 포함시켰다(768조). ③ 배우자의 일방이 사망한 후 생존 배우자가 재혼하면 인척관계가 소멸하도록 하였다(775조 2항)

(b) 호주제도 ① 호주상속제도를 호주승계제도로 바꾸고(980조), 나아가 호주상속비용(938조), 호주상속에서의 태아의 지위(988조), 대습상속(990조), 호주상속인의 분묘 등의 승계규정(996조)을 삭제하였다. 또한 호주승계권은 포기할 수 있도록 하고(991조), 여호주의 家에 그 가의 계통을 승계할 남자가 입적하면 그 여호주는 가족이 되고 호주상속이 개시되던 제도를 없앴다(792조, 980조 4항 각 삭제). ② 호주의 한정치산 · 금치산선고청구권 (9조, 12조), 입적동의권(784조 1항), 가족에 대한 거소지정권(798조) 및 부양의무(797조)를 부인하고, 호주의 직계비속 장남자의 去家를 금지하던 규정(799조)을 삭제하였다. 이로써 호주가 가지는 권리나 의무는 대폭 축소되었다.

(c) 당사자의 의사와는 관계 없이 친자관계가 인정되던 *繼母子* 및 *嫡母庶子* 간에도 법률상 당연히 친자관계가 생기지는 않는 것으로 하고 인척관계로 하였다(773조, 774조 각 삭제).

(d) 혼인관계 ① 부부의 동거 장소는 부부의 협의에 의하여 정하도록 하고, 협의가 성립하지 않으면 가정법원이 정하도록 하였고(826조 2항), ② 공동생활비용은 특약이 없는 한 공동부담하도록 하였다(833조). ③ 기혼자가 금치산 또는 한정치산의 선고를 받은 경우에는 배우자가 후견인이 되도록 후견인의 순위를 바꾸었다(934조). ④ 약혼해제사유로서, 종전의 「폐병」 대신에 「불치의 정신병」을 삽입하였으며, 「2년 이상의 생사불명」을 1년 이상으로 하였다(804조 3항 4항).

(e) 이혼하는 경우 ① 子의 양육에 관한 사항은 부모가 협의하여 정하도록 하였다(837조 1항). ② 그에 따라 자를 양육하지 않는 부모는 면접교섭권을 가지되, 경우에 따라서는 이를 제한 또는 배제할 수 있도록 하였다(837조의2). ③ 이혼배우자의 재산분할청구권을 새로이 인정하였다(839조의2).

(f) 입양제도 ① 우선 家를 위한 양자제도를 폐지하여, 사후양자 · 婿養子 · 유언양자의 각 제도가 폐지되었다(867조, 868조, 880조 각 삭제). ② 또한 호주의 직계비속 장남자도 양자가 될 수 있도록 하였다(875조 삭제). ③ 미성년자가 양자가 됨에 대하여 후견인이 동의하는 경우 또는 후견인이 피후견인을 입양하는 경우에는 가정법원의 허가를 얻도록 하였다(871조 단서, 872조). ④ 부부공동입양제도를 부부 평등으로 하고, 부부의 일방이 양자가 될 때에는 다른 일방의 동의를 얻도록 하였다(874조).

(g) 친권의 행사에 있어서 부모의 평등을 보장하였다. 즉 부모가 친권을 공동으로 행사하는 중에 의견이 일치하지 않으면 가정법원이 정하도록 하였다(909조 2항 단서). 또 혼인외의 출생자가 인지되거나 부모가 이혼한 경우에는 부모의 협의로 친권을 행사할 자를 정하고, 협의가 이루어지지 않으면 가정법원이 정하도록 하였다(909조 4항).

(h) 재산상속 ① 상속인의 범위를 4촌 이내의 방계혈족으로 제한하고(1000조 1항), 배우자가 사망하였는데 직계비속이 없는 경우에 생존 배우자는 그 망인의 직계존속과 공동상속하도록 하였다(1003조 1항). ② 직계비속 간에 상속분의 차등을 완전히 없애고(재산상속을 하는 호주상속인에게 5할을 가산하도록 하는 것도 없어졌다), 단지 배우자만은 5할을 가산하도록 하였다(1009조 1항 · 2항). ③ 공동상속인 중에 피상속인의 재산의 유지 또는 증가에 특별히 기여한 자가 있으면 상속개시 당시의 재산가액에서 그 기여분을 공제한 것을 상속재산으로 보도록 하였다(1008조의2). ④ 상속인이 없는 재산의 청산에 있어서 일정한 기간 내에 상속권을 주장하는 자가 없으면, 가정법원이 피상속인과 생계를 같이하고 있던 자의 청구에 의하여 상속재산을 분여할 수 있도록 하였다(1057조의2).

(다) 제12차 개정 제4편 친족 중 제2장 호주와 가족, 제3장 혼인, 제4장 부모와 자, 제5장 후견, 제6장 친족회 등에 관한 폭넓은 개정과, 특히 제8장 호주승계의 폐지 등을 내용으로 한다. 그 외에 제5편 상속에 관한 규정의 부분적 개정(1004조, 1008조의2 1항, 1030조, 1034조, 1038조, 1038조, 1057조, 1058조 등)이 있었다.

(라) 제16차 개정 ① 남녀의 약혼연령 및 혼인적령을 동일하게 18세로 개정(801조, 807조), ② 이혼숙려기간의 도입(836조의2 2항 및 3항 신설), ③ 협의이혼시 자녀 양육사항 및 친권자지정 합의의 의무화(836조의2 4항 신설, 837조 2항 이하의 개정 혹은 신설), ④ 자녀의 면접교섭권 인정(837조의2 1항), ⑤ 재산분할청구권 보전을 위한 사해행위취소권 신설(839조의3 신설)

(2) 재산법 분야

(가) 제6차 개정 특히 문제로 되고 있던 것들의 한정적인 개정이다. 그 내용은, 특별실종에 있어서 그 기간의 단축과 그 사유로서 항공기실종의 추가(27조 2항), 구분지상권 규정의 신설(289조의2, 290조 2항), 전세권의 우선변제적 효력 인정(303조 1항 후단), 건물전세권의 최단존속기간 신설(312조 2항), 건물전세권의 법정갱신 인정(312조 4항), 전세금증감청구권 규정의 신설(312조의2) 등이다.

(나) 제18차 개정 이의 주요 내용은 다음과 같다.

(a) 성년 연령의 하향(4조)

(b) 행위무능력제도로서 기존의 금치산 · 한정치산제도 대신에 성년후견 · 한정후견(양자를 제한능력자라 고 함) · 특정후견제도의 도입(9조, 12조 및 14조의2)

(c) 제한능력자의 능력의 확대(10조, 13조 및 14조의2)

(d) 제한능력자의 후견인이 되는 자, 후견인의 동의권 · 대리권의 범위 등의 수정(930조 및 938조, 959조의4 및 959조의11 신설),

(e) 피후견인의 보호규정 도입(947조 및 947조의2 신설),

(f) 친족회를 폐지하고 후견감독인제도의 도입(940조의2부터 940조의7까지, 959조의5 및 959조의10 신설)

(g) 후견계약제도의 도입(959조의14부터 959조의20까지 신설)

(h) 제3자 보호를 위한 성년후견의 등기(959조의15, 959조의19, 959조의20)

[25] Ⅲ. 민법의 체제

1. 체제의 특성

민법전은 판덱텐체계를 취하는바, 이는 개념의 精緻性 · 논리적 체계성 이외에도 민법전의 체계와 관련해서 다음과 같은 특성을 가진다. 첫째 공통적인 것을 먼저 규정하고 개별적인 것을 뒤에 규정한다. 이러한 점은 모든 법률관계에 공통하는 점을 규정하는 「총칙」편의 존재, 물권 및 채권편(그리고 채권의 제2장 계약)에서 각기 총칙을 먼저 두고 있는 점 등에서 나타난다. 둘째 「물권」과 「채권」을 엄격히 구별한다. 이는 물권과 채권을 별도의 편에서 규정한 점에서 뿐만 아니라, 물권의 발생요건으로는 채권에서와 달리 등기 · 인도와 같은 공시방법이 요구되지 않는 점, 그리고 권리의 실질이 유사하더라도 그것이 물권이냐 채권이냐에 따라 그 내용이나 효력에 차이가 있는 점(동일하게 타인의 물건을 빌려쓰는 경우임에도 그것이 전세권이냐 임차권이냐에 따라 구체적인 법률관계에 차이가 있는 점을 상기할 것)에서 나타난다.

민법전의 체계에는 두 가지가 있다. 그 하나는 인스티투치온체계(Institutionensystem) 또는 로마식 편별법이라고 불리는 것이며, 다른 하나는 판덱텐체계(Pandektensystem) 또는 독일식 편별법이라고 불리는 것이다. 전자는 로마 고전시대의 가이우스(Gaius)의 「법학제요」(Institution)에서 비롯된 편별법이며, 인 · 물건 · 소송의 3편으로 나누어진다. 근대의 민법전 중에서는 프랑스민법전이 대체로 이 편별법을 채용하였다. 후자는 19세기에 독일의 보통법학이 창안한 것이다. 즉 원래 로마법대전(Corpus Iuris Civilis)의 한 부분인 「판덱텐」(이는 로마에서의 구체적 사건에 대한 학자들의 견해를 집대성한 것으로서, 로마법대전의 중심을 이루는 것이다. 學說彙纂(학설휘찬)이라고도 한다)이 13세기 이래 주석학파에 의하여 심도있게 연구되었으며, 그 결과 15세기에 이르러 유럽 대륙에 소위 「로마법의 계수」가 일어나고, 나아가 독일에서는 이를 독일의 보통법(즉 각 란트마다 가지는 법이 특별법이라면, 로마법(주로 판덱텐에 담겨진 법)은 모든 란트에 일반적으로 통용되는 법이라는 의미에서)이라고 하여 이를 현행법으로서 적용하였다. 이러한 현상을 독일 보통법 시대에서의 현대적 관용(usus modernus pandectarum)이라고 하고, 이 시대의 법학을 판덱텐법학(보통법학)이라고 한다. 19세기에 들어 판덱텐 법학은 전성시대를 謳歌하였으며, 이 무렵 하이제(Heise)에 의하여 민법의 전 체계를 이론적으로 고찰한 결과 창안된 것이 판덱텐체계이다(1807년). 이 편별법은 그 후의 대부분의 판덱텐교과서에 의하여 채용되고, 이러한 교과서가 19세기 독일 민법학의 중추를 이루었던 만큼 그 후의 독일 민법전의 편별을 지배하게 되었다.

판덱텐체계는 인스티투치온체계보다 논리적이고 체계적이다. 이러한 체계는 실제의 수많은 법적 소재를 추상화함으로써 얻어진 精緻한 개념과 정의를 전제로 하는 것이다. 따라서 이 체계는 법학의 고도의 발전(이는 실로 독일의 19세기의 판덱텐법학에 힘입은 것이다)에 기초하여 구축된 것이다.

이 체계는 개념의 명료성과 함께, 동일한 규정을 관련된 부분에서 중복하여 규정하는 번잡을 피할 수 있는 점에서 체계상의 장점을 가진다. 또 법률상의 개념과 정의를 논리적으로 연역함으로써 입법 당시에는 생각하지 못하였던 새로운 법적 현상에 대하여도 대처할 수 있다는 점 역시 장점이라고 할 수 있다. 그러나 반면에 개념과 법규정의 전문성 · 기술성 때문에 일반인이 그 의미를 알기 어렵다는 점, 그리고 일반적 · 추상적 규정이 구체적 경우에 어떻게 제한 혹은 수정되는지를 다시 규정해야 하는 단점(따라서 마땅히 제한규정이 있어야 함에도 그러한 규정이 없는 경우에(즉 법률의 공백) 부당한 결과를 낳을 수 있다)을 가진다. 특히 실제생활에서는 서로 크게 다른 사안들이 그 개념적 징표가 공통하다는 점 때문에 동일하게 취급될 위험이 있다는 점은 이 체계의 중대한 문제점이다.

이러한 위험에 빠지지 않기 위해서는, 민법의 개념과 규정은 선험적 존재가 아니라 수많은 유사한 사례를 토대로 하여 서로 공통한 점들을 추출하여 정립된 것이라는 점, 따라서 한편으로는 공통요소로 흡수되지 않는 예외적 경우가 있을 수 있다는 점, 그리고 다른 한편으로는 각 사례마다의 사회경제적 차이가 捨象되어 있다는 점을 언제나 명심하여야 한다. 그리하여 개념의 논리적 조작에 빠지지 말고, 당해 법제도나 규정의 취지 · 각 경우의 사회경제적 차이 등을 고려하여 실질에 맞는 해결을 기해야 할 것이다. 그리고 그러한 과정에서 신의성실의 원칙 · 선량한 풍속 등이 중요한 기능을 할 것이다.

2. 민법의 체계적 성질 [26]

판덱텐체계를 취하는 우리 민법은 실제로는 동일한 생활관계에서 일어나는 법률문제를 분석 · 해부하여 여러 가지 제도에 나누어 규율하고 있다.

계약을 예로 해서 보면, 우선 계약이 성립하기 위해서는 당사자들의 의사표시가 합치해야 한다. 이와 같은 계약의 성립요건은 채권 편의 계약 총칙(제3편 제2장 제1절 제1관, 527조 이하)에서 규정한다. 다음으로 그러한 의사표시가 착오에 기한 것이거나 혹은 진의 없이 행해진 것이라면, 계약은 유효하게 성립하는가 하는 점이 문제되는데, 민법은 이런 문제를 총칙 편의 법률행위 중 의사표시(제1편 제5장 제2절, 107조 이하)에서 규정한다. 다음으로 계약이 유효하게 성립하면 계약의 효력이 문제되는데, 이 중에서도 각 계약에 특수한 것은 서로 공통한 것이 없으므로 채권 편의 계약 각칙(제3편 제2장 제2절 이하, 554조 이하)에서 규정한다. 그러나 계약의 효력 중에서는 예컨대 매매계약 · 임대차계약과 같이 쌍무계약에만 공통한 것(예컨대 부동산의 매수인이 매매대금을 지급하지 않으면 매도인은 등기서류의 교부를 거절할 수 있는가(동시이행의 항변권), 만약 매매목적물이 매도인의 잘못 없이 멸실되면 매수인은 대금을 지급해야 하는가(위험부담)하는 문제)과, 그 외에 나아가 예컨대 증여계약 · 사용대차계약 등과 같이 소위 편무계약에도 공통한 것(예컨대 매매나 증여 혹은 임대차나 사용대차 등에 의해서 갑이 을에게 물건을 인도하기로 하였는데 갑이 보관을 잘못하여 그 물건이 멸실된 경우에 갑은 어떤 책임을 지는가, 만약 갑이 인도하였으나 을이 이를 받지 않아 갑이 다시 가져와 보관하다가 갑의 잘못 없이 물건이 손상되었다면 어떠한가, 또 만약 어떤 계약에 기해서 갑이 을에 대하여 금전채권을 가지는데 을이 이를 지급치 않으면 갑은 어떤 조치를 취할 수 있는가, 갑은 을에 대한 채권을 타인에게 양도할 수 있는가, 이를 위해서는 어떻게 해야 하는가 하는 등의 문제)이 있는데, 후자와 같이 널리 모든 채권에 공통한 것은 채권 편 중 총칙(제3편 제1장, 373조 이하)에서 규정하고, 전자와 같이 쌍무계약에만 공통한 것은 다음의 계약 총칙(제3편 제2장 제1절 536조 이하)에서 규정한다. 또 다른 예로서, 갑이 지방의 부동산을 을을 통하여 관리하려는 경우에, 우선 갑은 을에게 관리를 부탁하고, 이에 기해서 을은 그 부동산을 병에게 임대할 것이다. 이때 그 일을 맡긴 갑(위임인 =본인)과 이를 맡은 을(수임인= 대리인) 간의 내부관계는 계약 중 하나인 위임계약(680조 이하)에서 규정하고, 을이 갑을 대신해서 병과 임대계약을 체결하는 관계는 갑 · 을의 병에 대한 외부관계로서 총칙 편의 법률행위 중 대리(114조)에서 규정한다. 또 을이 병에게 임대차계약상의 의무를 소홀히 하여 그에게 손해를 가하거나 혹은 나아가 제3자에게 손해를 가할 수 있는데, 이러한 문제는 — 갑의 외부관계이지만 대리에서 규정하는 것이 아니고 — 이행보조자의 과실로 인한 채무불이행 문제로서 혹은 불법행위 문제로서, 각기 채권 편의 총칙(391조) 혹은 채권 편의 불법행위(사용자책임, 756조)에서 규정한다. 그 외에 미성년자는 어떻게 계약을 체결하는가 하는 점은 총칙 중 자연인의 행위능력 부분(3조 이하)에서 규정하고, 미성년자가 이를 위반하여 행한 행위의 효력은 법률행위 중 취소 부분(140조 이하)에서 규정한다.

이와 같이 동일한 생활관계에서 생기는 다양한 문제들이 서로 그 위치를 달리하는 별개의 제도로 규율되는 반면으로, 민법전의 모든 규정들은 일정한 전체적 틀 속에서 체계적으로 조직되어 있다. 즉 민법전의 1111개 조는 단순히 독립적 · 개별적인 규정들이 병렬적 · 집합적으로 존재하는 것이 아니며, 이들 규정들은 입법자가 주의깊게 숙고하여 배열한 것이다. 따라서 각 규정간에는 상하관계 · 최(혹은 차)근친관계 · 대립관계 등이 존재한다. 민법전의 이러한 구성적 특성 때문에, 민법전의 전체적 체계 — 그리고 나아가 전문적이고 기술적인 법개념과 용어 — 에 대한 완전한 이해 없이는 구체적 문제의 해결이 불가능하다(이러한 점은 특히 초학자에게 어려움을 준다. 민법을 공부함에 있어서는 개념의 정확한 이해와 아울러, 언제나 서두의 규정과 말미의 규정을 서로 관련시켜 사고하는 것이 필요하다).

[27]
3. 총칙의 내용 개관

총칙은 민법 전반에 타당하는 기본적인 개념과 제도를 규율한다.

(1) 사회에서의 구체적 생활관계는 어떤 사람의 다른 사람 혹은 물건에 대한 관계로 구성된다. 그리고 이러한 관계는 많은 경우에 사람과 사람간의 일정한 의사의 교환에 의하여 이루어진다. 따라서 법의 기본요소는 권리주체로서의 사람, 권리객체로서의 물건, 법률관계를 낳게 하는 수단인 의사표시 · 법률행위이다. 민법총칙은 바로 이러한 세 가지 기본요소를 규정한다.

(2) 뿐만 아니라 총칙은 이러한 개념이 모든 법률관계에서 공통하게 문제되는 사항들만을 규정한다. 즉 예컨대 모든 법률행위(부동산의 양도이건, 저당권설정계약이건, 임대차계약이건, 위임계약이건)에 있어서, 만약 미성년자가 단독으로 그 행위를 하였다면 그 효력은 어떠한가, 만약 당사자 일방이 착오에 빠져 그 행위를 하였다면 그 효력은 어떠한가 하는 문제가 생긴다. 총칙은 그와 같은 문제만을 규율한다. 반면에 각종의 법률행위에 특수한 성립요건 혹은 효력발생요건, 그리고 이의 구체적인 내용은 각기 상이하므로, 그러한 사항들은 제2편 이하에서 규율한다.

(3) 이와 같이 총칙은 단지 법률관계의 기본요소만을 규정하고, 그 중에서도 특히 모든 법률관계에 공통한 추상적인 사항만을 규정하므로, 그 내용은 무미건조하고 일응 공허한 것으로 느껴진다. 그러나 다른 한편으로 총칙은 근본적인 가치에 대한 결단

을 담고 있다. 예컨대 착오에 기한 행위는 취소할 수 있다는 규정은 단순히 법률행위의 유효요건을 규정할 뿐만 아니라, 자신의 진정한 의사에 기하지 않은 약속에는 구속되지 않는다는 가치적 결단을 표현하는 것이다.

제 4 절 민법의 기본원리

Ⅰ. 서 [28]

민법의 각 규정은 제1차적으로는 당해 법률관계의 합리적인 규율을 목적으로 한다. 그러나 이러한 규정들의 밑바탕에는 민법전 전반을 지배하는 이념 혹은 민법의 모든 규정을 관통하고 있는 가치가 자리하고 있다. 이러한 이념 내지 가치를 민법의 기본원리라고 한다.

민법의 기본원리는 각 규정의 해석에 있어서뿐만 아니라, 법률규정이 없는 사항을 규율하는 경우에 중요한 기능을 한다. 즉 법률의 해석이나 흠결의 보충에 있어서 민법의 기본원리가 최종적인 그리고 가장 중요한 기준이 된다. 특히 사회사정의 변화로 법률의 문언에 따라 해석한다면 실제적으로 부당한 결과를 낳게 되는 경우에, 민법의 기본원리를 고려하여 사회사정에 맞는 법을 찾아내게 된다([43] 이하 참조).

그러면 우리 민법의 기본원리는 무엇인가? 우리 민법은 사적 자치를 최상의 이념으로 하면서, 필요한 범위에서 신뢰의 보호 및 공공복리 혹은 사회적 형평의 이념에 기하여 이를 수정 혹은 제한한다. 이하에서 각 원리의 내용 및 근거를 살펴본다.

Ⅱ. 사적 자치의 원칙 [29]

1. 의 의

私的自治의 原則이란 각자의 생활관계는 스스로의 의사에 의하여 규율 · 결정하도록 하며, 국가는 단지 그러한 결정을 존중하여 그에 따른 법률효과의 발생에 조력함을 원칙으로 한다는 것이다. 이것은 사상적으로는 개인을 최고의 가치로 여기는 근대의 개인주의 · 자유주의에 기초한 것이며, 사회경제적으로는 자본주의 사회에서의 자유경쟁의 원리를 법적으로 표현하는 것이다.

이 원칙은 인간의 자유로운 의사에 대한 깊은 신뢰에 바탕을 둔 것이다. 즉 인간은 이성을 갖춘 존재로서 합리적인 판단능력을 가지기 때문에, 이러한 인간들 간의 상호 협의와 타협에 의하여 만들어진 약정은 그들의 이해관계를 가장 합리적으로 조절한다는 데 대한 신념에 기한 것이다.

사적자치의 원칙은 자유롭고 독립적인 개인을 기본적 요소로 삼는 「개인주의」에 바탕한 것이다. 자본주의의 폐단이 심화되면서 특히 제2차 세계대전을 전후해서 독일 · 일본 등에서는 통제법 체제하에서 이른바 「단체주의」가 강조되었다. 그러나 민주주의는 본시 개인의 자유와 평등을 기본이념으로 삼는 것인 만큼, 우리가 민주주의를 지향하는 한 개인주의는 어디까지나 유지되지 않을 수 없는 것이고, 개인주의를 부정하는 단체주의는 취할 수 없는 것이다.

[30] 2. 구체적 내용

(1) 사적자치의 원칙의 구체적 내용으로는 먼저 근대민법의 3대 원칙으로 칭해지는 계약자유의 원칙 · 소유권 보장의 원칙 · 자기책임의 원칙과, 이러한 원칙의 전제인 인격평등의 원칙을 들 수 있다.

(가) **인격평등의 원칙** 사적자치의 원칙의 기초에 있는 개인주의는 먼저 모든 사람이 법 앞에 평등하다는 것을 전제로 한다. 물론 구체적인 개개의 사람은 재력 · 재능 등 여러 가지 점에서 차이가 많지만, 법의 세계에 등장할 때에는 모두가 평등한 인격자(Person)로 파악된다. 그러므로 사적자치의 원칙은 무엇보다 먼저, 모든 인간은 평등하게 권리의무의 주체가 되며, 그리하여 누구나 사회생활에 참여하여 자신의 의사에 따라 권리의무를 가질 수 있다는 인격평등의 원칙을 내용으로 한다.

(나) **계약자유의 원칙** 사적자치의 원칙이 가장 활발히 작용하는 영역은 계약인바, 따라서 이 영역에서 이 원칙은 계약자유의 원칙으로 나타난다. 계약자유의 원칙은 각자는 과연 계약을 맺을 것인가 여부(계약체결의 자유)부터, 누구와 계약을 맺을지(상대방 선택의 자유), 어떠한 내용의 계약을 맺을지(내용의 자유) 그리고 어떠한 방식에 의할지(방식의 자유) 등을 자유로이 결정한다는 것이다.[1)]

(다) **소유권 보장의 원칙** 민법은 각 인격자에게 일정한 이익을 향유할 수 있도록 보장한다. 이것이 곧 「권리」이다(권리의 개념에 관해서는 [57] 참조). 따라서 권리는 사법의 기초를 이루는 개념이며, 사법은 권리의 체계로 구성되어 있다. 그런데 권리 중에서 가장 대표적인 것은 물건에 대한 전면적이고 배타적인 지배권을 내용으로 하는 소유권이다. 근대법은 이러한 소유권 개념을 확립하고, 각자에게 그가 획득한 물건에 대한 소유권을 보장함으로써, 각자는 자신이 획득한 물건을 박탈당하지 않을 뿐만 아니라, 어느 누구의 간섭을 받지 않고 그 소유물을 자유롭게 사용 · 수익하고 또 처분할 수 있도록 하였다. 그리하여 소유권 보장의 원칙이 사적자치의 원칙의 한 내용으로 되었다.

1) 계약자유의 원칙의 의의에 관해서는, 이주흥, 계약자유의 헌법적 의미, 민사판례연구 제13집(1991년), 391면 이하 참조.

(라) **자기책임의 원칙** 사적자치의 원칙은 불법행위 영역에서 자기책임의 원칙으로 나타난다. 자기책임의 원칙은 때로는 자기결정의 원칙에 대응하는 것으로서, 자신의 의사에 기하여 내린 결정에 대해서는 스스로 책임을 진다고 하는 의미(즉 예컨대 자유로운 의사에 기하여 계약을 맺은 이상 그것이 자신에게 손해가 되더라도 이를 지켜야 한다는 것으로서, 따라서 자기결정의 원칙에 대한 裏面을 이루는 것)이지만, 불법행위 영역에서는 자신의 행위로 타인에게 손해를 가하더라도 자신에게 책임사유가 있는 때에 한하여 (손해배상)책임을 진다는 것이다.

사적자치의 원칙의 중심에 있는 자유는 이른바 시민사회 내에서의 자유인 것이며, 따라서 무제한의 자유일 수는 없다. 그것은 타인의 자유와 조화될 수 있는 — 타인의 재산을 존중하고 약속을 지키고 타인의 생활권에 부당하게 간섭하지 않는 — 범위 내에서만 인정될 수 있는 자유이다. 그러한 조화를 깨뜨리는 자는, 그로 말미암아 타인에게 가한 손해를 배상하지 않으면 안 된다. 그러나 책임을 지는 것은 자기에게 책임사유(고의 또는 과실)가 있는 경우에 한한다. 이와 같이 과실이 있는 경우에 한해서 책임을 진다는 의미에서 자기책임의 원칙은 「과실책임의 원칙」이라고도 불린다. 그런데 이러한 과실책임의 원칙은 그 이면에서 보면, 타인에게 손해를 가하지 않도록 충분한 주의만 하면 모든 자유로운 활동이 보장된다고 하는 것이다. 이런 점에서 이 원칙은 과실을 책임의 요건으로 함으로써 그러한 경계를 넘지 않는 한도에서 자유로운 활동을 보장하려는 것이다.

(2) 사적자치의 원칙의 구체적 내용으로는 그 밖에 단체의 영역에서의 단체설립의 [31]
자유 및 단체활동의 자유, 상속의 영역에서의 유언의 자유 등을 들 수 있다.

(가) 단체의 설립 및 활동의 자유는 누구나 자유로이 단체를 설립하거나 기성의 단체에 가입할 수 있으며, 또한 모든 단체는 자유로이 활동할 수 있다는 것이다. 유언의 자유는 누구든 사망시에 자신의 재산을 임의로 처분할 수 있다는 것이다. 그런데 민법은 법인설립에 관하여 허가주의를 취하고(32조), 유언과 관련해서는 유류분제도를 인정함으로써(1112조 이하), 위와 같은 자유를 크게 제한한다. 이 중에서 전자의 정당성은 법인 부분에서 다루고([249]), 여기에서는 유류분제도에 관해서 살펴본다.

(나) 유류분은 상속인을 위하여 반드시 남겨두어야 할 재산이다. 이는 대륙법국가의 입법에서 대부분 인정된다. 그러나 이는 재산의 주요부분이 대대로 물려내려오는 토지이고 따라서 재산은 家에 속하는 것으로 인식되던 고대사회에서 유래한 것이 아닐까 생각된다. 그런데 오늘날에는 재산의 내용이 토지 이외에 주식 · 무체재산권 등으로 확대되었을 뿐만 아니라, 그러한 재산은 각자의 노력과 능력에 기한 것으로서 따라서가 아니라 개인에게 속하는 것으로 인식된다. 더욱이 근래의 사회윤리는 부모가 모은 재산을

자식에게 물려주는 것보다는 사회에 환원하는 것을 바람직한 모습으로 여긴다. 그럼에도 유류분제도를 인정하는 것은 — 사적자치의 원칙에 부합하는지 여부를 떠나서 — 사회관념과 시대정신에 반하는 것이 아닐까?[2)]

(3) 그 외에 국가는 개인에게 자유로운 활동영역을 널리 인정한다. 예컨대 영업의 자유, 의사표현의 자유, 보다 근본적인 것으로 일반적인 행동의 자유 등이 인정된다. 그러나 이러한 자유는 사적자치의 범주에 포함되지 않는다. 사적자치는 자유로운 의사에 기하여 내려진 결정에 따라서 일정한 법률효과가 발생되는 경우에 관한 것인데, 위와 같은 자유는 단지 사실적 행위에 관한 것으로서 아무런 법률효과도 발생시키는 것이 아니기 때문이다.

[32] 3. 법률적 근거

우리 법에는 사적자치의 원칙을 직접적으로 명언하는 규정은 없다. 그러나 앞서 말한 바와 같이 사적자치의 원칙은 인간의 자유의사를 최상의 가치로 삼는 원리인데, 헌법은 국민의 기본권을 규정함에 있어서 그 첫머리에 인간으로서의 존엄과 가치를 천명하고(동법 10조), 개별적 기본권으로 자유권을 가장 먼저 규정한다(동법 11조 이하). 그리고 재산권 혹은 경제질서와 관련해서 「국민의 재산권」을 보장하고(23조 1항) 「개인과 기업의 경제상의 자유와 창의」를 존중하는 것을 경제정책의 기본으로 한다고 규정한다(119조 1항). 이러한 헌법상의 규정들은 사인간의 생활관계에서는 사적자치의 원칙을 최상의 원리로 삼는다는 것을 간접적으로 표현하는 것이라고 할 것이다.

또한 민법전에도 사적자치의 원칙을 명언하는 규정은 없으나, 정신적인 판단능력이 부족한 자의 행위는 취소할 수 있도록 하는 행위무능력제도(5조~17조), 내심의 의사와 불일치하는 의사표시는 무효 혹은 취소할 수 있도록 하는 의사표시제도(107조~110조) 등은 사적자치의 원칙을 간접적으로 표현하는 것이다. 왜냐하면 이러한 제도는 각인의 법률관계는 각인의 온전한 의사에 기하여 규율된다는 점에 기초한 것이기 때문이다. 그 외에 법률행위의 요건으로서 법률행위의 구체적 내용, 특히 급부의 적절성을 문제삼는 규정이 존재하지 않는 것(다만 104조 및 607조 · 608조는 예외로서, 이는 바로 뒤에서 보는 바와 같이 사회적 형평이라는 이념에 기한 것이다[37])도 마찬가지이다. 왜냐하면 이는 법률행위의 내용은 각인의 자유로운 의사결정에 맡겨지며 국가는 이에 간섭하지 않는다는 점에 기한 것이기 때문이다.

2) 이에 대해서 김용한, 친족상속법(2003), 429면은, 피상속인이 생존 유가족의 생활상태를 잊고 유산을 전적으로 타인에게 유증한다든가 사회단체에 출연한다면 오히려 부양가족을 거리에 내모는 사회적 폐단을 일으킬 염려가 있으며, 따라서 유류분제도는 가족생활에서의 도의 및 가족의 생활보장적 차원에서 그리고 사회정책적 차원에서 요청되는 것이라고 하여, 이 제도를 긍정적으로 평가한다.

4. 사적자치 원칙의 역사(변천) [33]

(1) 근대사회에서의 功過 봉건사회에서는 사람은 신분적 예속관계 속에서 생활하였으며, 그리하여 물건은 단체의 소유에 속하고 각 개인은 단체의 일원으로서 물건을 사용 · 수익할 뿐이었다. 또한 생활관계의 대부분이 타인의 신분적 지배하에 예속되었으므로, 각자가 자유로이 맺을 수 있는 계약의 범위는 협소하였다. 그러나 근대 사회에 이르러 앞서 말한 인격평등의 원칙 · 소유권보장의 원칙 · 계약자유의 원칙 등은 이러한 봉건적 구속을 타파하고 각인의 창조적 활동을 북돋우는 데 결정적 기여를 하였다. 특히 자유로운 거래를 통한 상품거래는 대량생산을 가능하게 하고 수요를 창출하였을 뿐만 아니라, 상품에 대한 수요와 공급을 조절하였다. 그리고 이러한 조절이 원만하게 이루어지도록 하기 위하여 「거래의 안전」이라는 새로운 요청이 제기되었다. 그와 동시에 토지 기타의 생산수단과 노동력과의 결합도 생산수단의 소유자와 노동력의 보유자 간의 자유로운 계약에 의하여 이루어졌다. 이와 같이 사회의 발전과 더불어 계약의 영역이 확장되고, 모든 경제활동이 각 개인의 창의에 찬 자유롭고 활발한 활동에 의하여 전개되었다. 이와 같은 인류문화의 발전의 과정을 메인(Henry Sumner Maine, 영국의 법제사가 · 비교법학자)은 「신분으로부터 계약으로」(from status to contract)라는 표어로 표현하였다.

그러나 이러한 사회경제의 발전과 변화는 동시에 사적자치 원칙이 전제하였던 각인의 동질성 · 힘의 균형성을 무너뜨렸으며, 그리하여 이 원칙에 입각한 힘의 자유로운 행사는 커다란 사회문제를 야기하였다.

원래 사적자치의 원칙은 「자유로운 시장에서의 자유경쟁」을 통하여 「각인의 사적 이익을 실현」토록 하려는 것이었다. 즉 「각인의 이익실현」이라는 근본적 목적을 「자유로운 시장에서의 자유경쟁」이라는 수단을 통하여 달성토록 하려는 것이었다. 그리고 사적 이익은 이러한 수단을 통하여 가장 잘 실현될 수 있고 또 그렇게 하는 것이 가장 바람직하다고 생각했었던 것이다. 왜냐하면 각인에게 자유로운 의사 · 힘의 행사를 許與하더라도 자유로운 시장에서 이는 타인의 의사 · 힘과 직면하게 되고, 그리하여 양자 간의 타협에 의하여 급부와 반대급부 간에 적절한 조절이 이루어진다고 믿었었기 때문이다.

이러한 신뢰는 모든 시민은 동질성을 가진다는 점, 즉 시민은 모두 평등한 권리주체로서 자유시장에 참여할 수 있을 뿐만 아니라, 자신의 이익을 도모하고 지킬 정신적인 분별능력과 자유시장에 내다 팔 재화, 즉 상품(기업주는 생산시설, 근로자는 노동력)을 가지고 있다는 점을 전제로 하는 것이었다. 그런데 자본주의 경제의 발달과 함께 경제적 불균형이 심화됨으로써, 시민의 동질성 — 따라서 자유로운 경쟁이 보장된 시장 — 이라는 전제가 붕괴되었다. 즉 무산의 근로자는 당장의 생존을 위하여 사용자가 제시하는 조건으로라도 근로계약을 맺을 수밖에 없었으며, 그러한 사정은 무주택자의 주택임대차계약, 당장의 곤궁을 타개할 방도가 없는 무자력자의 소비대차계약에서도 마찬가지였다. 그러한 상태에서는 사적 자치는 경제적 강자가 경제적 약자를 지배하기 위한 수단으로 전락하였으며, 貧者는 富者의 횡포 밑에 압박당하는 결과를 가져오게 되었다. 다른 한편으로는 수공업자에 의한 개별적 생산에 대신하여 대규모 공장에 의한 대량적 생산이 보편화되면서(특히 독점적 기업이 등장하면서), 그리고 그러한 기업이 제공하는 물품이나 서비스가 생활에 필수적인 것이 되면서, 다른 물품공급자를 찾을 길 없는 소비자는 하는 수 없이 기업자가 제시하는 조건으로 이를 공급받을 수밖에 없게 되었다.

[34] **(2) 상대적 원리** 이와 같이 사적자치 원칙이 전제했던 모든 시민의 동질성 · 자유로운 시장이 붕괴되면서, 이 원칙은 각인의 이익의 적절한 조절을 실현하지 못하였을 뿐만 아니라 여러 가지 사회적 문제와 폐단을 낳았다. 그리하여 20세기 들어 사적자치 원칙은 많은 제약을 받게 되었고, 급기야는 이의 정당성이 의문시되기까지 하였다.

(가) 프랑스혁명 당시에는 「소유권은 신성불가침(inviolable et sacré)」이라고 생각되었었다(사소유권 절대의 사상). 그러나 각 개인의 재력의 차이가 점점 커짐에 따라 이러한 사상은 가진 자를 보호할 뿐이고, 그렇지 못한 자에게는 도리어 압박을 가하는 구실을 하게 되었다. 이제 계약자유의 원칙은 빈부의 격차가 커지면서 형식상의 자유에 불과하게 되었고, 그리하여 빈자는 부자의 횡포 밑에 압박당하는 결과를 가져왔다. 특히 생산수단의 소유자와 근로자 간의 계약을 당사자들의 자유에 맡기는 것은 필연적으로 근로자가 자본가에게 착취당하는 결과를 가져왔다. 이와 같이 계약자유의 원칙이 여러 가지 폐단을 나타내게 되자, 생활관계의 형성을 당사자의 자유에만 일임할 수 없게 되어, 강자의 횡포를 억제하고 약자를 보호하기 위하여 국가가 필요한 간섭을 하지 않을 수 없게 되었다. 그리고 소유권 내지 사유재산권은 오로지 그 권리자 개인만을 위해서가 아니라 동시에 사회 공공의 이익과 조화되어야 한다고 생각하게 되었다. 끝으로 사회의 발달은 위험성이 큰 설비나 기구를 탄생시켰는데, 이러한 설비가 안고 있는 위험성이 현실화한 경우에도 이의 운영자가 주의를 다한 이상 과실이 없으므로 책임을 지지 않는다고 하는 것은 심히 불공평하다. 그리하여 일정한 경우에는 가해자에게 과실이 없더라도 배상책임을 지게 함으로써 그러한 불공평을 완화하는 길이 마련되게 되었다.

(나) 그러면 사적 자치의 원칙은 정당한가? 사적자치의 원칙은 인간의 자유의사를 최상의 가치로 삼는 근본적 가치결단에 기한 것으로서, 이 안에는 인격의 존중이 침전되어 있다. 그리고 사적자치 원칙은 각인의 인격의 자유로운 전개를 가능케 해 주는 것이다. 또한 각자는 자신의 이해관계를 가장 잘 통찰하고 자신의 이익을 도모하는데 가장 적합한 위치에 있기 때문에, 각자에게 자신의 생활관계를 규율하도록 하는 것이 가장 적절하고 실제적이라는 점은 예나 지금이나 변함없이 타당하다. 이와 같은 사적자치 원칙의 가치 그리고 특히 이것이 이룩해 놓은 경제발전에 대한 경험에 입각하여, 오늘날

에도 대부분의 국가는 여전히 이를 기본원리로 삼으면서, 이것이 낳은 폐단을 시정하기 위하여 필요한 범위에서 종래 당사자에게 일임하였던 생활관계에 국가가 직접 개입하는 방법을 택하고 있다.

(다) 사적자치의 원칙은 당사자 간의 힘의 대등성을 전제로 하는 것이므로, 사실상의 힘의 균형이 무너진 생활관계에서는 사적 자치의 원칙이 배제되고 국가적 간섭이 행해지지만, 힘의 균형이 존재하는 경우에는 여전히 이 원칙이 지배한다. 따라서 이러한 상태에서 자유로운 의사에 의하여 결정된 법률관계는 그것이 비록 비합리적이라도 국가는 당사자의 의사결정을 존중하여야 한다. 또한 대등한 힘의 관계가 붕괴된 영역에서 국가적 간섭을 행함에 있어서도, 사적자치 원칙을 최상 원리로 삼은 정신에 따라, 국가는 직접적으로 적절한 이익의 분배를 실현하기보다는, 가능한 한 대등한 힘을 갖추도록 뒷받침하여 그러한 상태에서 양 당사자가 자유로운 의사교환에 의하여 자신들의 법률관계를 규율하도록 해야 한다(독점을 억제하고 경쟁을 유도하려는 독점규제 및 공정거래에 관한 법률, 근로자에게 단결권을 보장하여 이들이 사용주와 대등한 지위에서 근로조건을 결정하도록 하려는 노동조합 및 노동관계조정법 등은 바로 이러한 점에 기한 것이다). 그러나 다른 한편으로는 노동문제 · 주택문제 등과 같이 인간다운 생활과 직접 관련있는 영역에서는 사적자치 · 자유로운 시장경제의 원리에 의해서가 아니고 생존권적 이념에 의한 규율이 요구된다.

5. 현대에서의 사적자치 원칙의 모습 [35]

사적자치의 원칙의 구체적인 모습은 계약의 자유 · 소유권의 자유 · 단체의 자유 등이 어떻게 제한되고 있는가를 봄으로써 보다 선명히 나타난다. 그러나 이러한 점의 고찰은 각 권리와 관련하여 살펴보는 것이 적절하므로, 여기에서는 현대에서의 사적자치의 원칙의 전반적인 특성을 근대에서의 그것과 비교하면서 개관하고자 한다.

(1) 국가적 개입의 증대 근대에서는 국가는 대립하는 사적 이익의 조정을 각자에게 맡겼었다. 그러나 현대에서는 자본가와 노동자 · 제작자와 소비자 · 주택소유자와 임차인 · 금전의 貸主와 借主 등의 대립되는 이익을 조절하기 위하여 국가가 적극적으로 이에 개입한다. 그러한 개입의 형태로는 우선 立法權에 의한 것이 있다. 즉 국가는 특별법을 통하여 이들의 관계를 규율한다. 오늘날 특별법이 증대하고 있는 현상은 입법에 의한 국가적 개입의 확대를 보여주는 것이다. 다음으로 司法權에 의한 개입으로서, 법관이 당사자가 합의한 계약내용을 개정(398조 2항은 이를 명언한다. 그러나 그 외에도 법관은 신의성실의 원칙의 적용을 통하여 그러한 결과에 이른다)하거나 의사표시의 해석을 통하여 법률관계를 합리적으로 규율하는 것이다. 그 외에 조정제도의 이용 확대도 이러한 현상으로 들 수 있다. 국가적 개입의 주종을 이루는 것은 行政權에 의한 개입이다. 국가는 특히 국민생활에 영향을 미치는 물품이나 서비스의 가격을

결정함에 있어서 행정청의 허가를 받도록 하거나, 계약조건의 변경이나 이에 관한 분쟁을 특별한 행정위원회(예: 공정거래위원회)의 결정이나 구제에 의하도록 한다. 또 공사 · 공단 등의 공공기업체를 설립하여 직접 사회경제과정 안에 들어가 새로운 시장을 만들거나 혹은 시장의 방향을 규제한다. 더욱이 오늘날의 대량생산 내지 대규모 공장에 의한 폐해는 예전과 비교할 수 없이 커지고 그 결과도 사후적 구제에 의해서는 치유될 수 없는 경우가 적지 않다. 예컨대 생활방해로 인한 폐해의 경우에 그것이 개인간의 조그만 문제인 경우에는 손해배상 · 방해배제 등의 사법적 구제에 의한 해결에 맡겨도 되지만, 대규모 공장으로부터 나오는 생활방해(소위 공해)의 경우에는 그 영향범위나 피해가 광범 · 심각할 뿐만 아니라 사회 전체에 미치는 영향도 지대하다. 따라서 국가는 사전에 이러한 폐해를 예방하기 위하여 공해방지시설의 설치를 강제하고 그 위반에 대하여 제재를 가하는 것이다(그 외에 단지 특정한 물건에 물질적 하자가 있는 경우와, 대량적으로 제작되는 물건(예 가전제품 · 식품 등)에 하자가 있는 경우를 비교). 이런 점에서 사후적 · 개별적 개입에 그치는 사법적 개입을 넘어, 행정권에 의한 사전적 · 전면적 개입이 강하게 요구되는 것이다. 그리고 이와 같은 행정권의 개입이 일반화되고 확대되면서, 이제 국가는 과거와 같이 — 마치 운동경기의 심판처럼 — 개인적 거래관계의 바깥에서 단지 그것이 규칙에 맞게 행해지는가를 판정하는 것이 아니라 그의 내부에 들어가 내부로부터 이를 지탱해주는 역할을 하게 되었다.

[36] **(2) 법의 가치관련성** 근대법은 권리주체의 사회경제적 지위의 차이를 고려치 않고 모든 시민을 동질적인 존재로 파악하였었다. 그러나 오늘날 각종의 특별법은 당사자의 사회경제적 지위나 사실적 상태(사용주이냐, 근로자이냐, 대주이냐, 차주이냐)를 고려하여 규율한다. 또 그 법률관계의 내용(자본가와 자본가와의 관계이냐, 자본가와 자본수요자와의 관계이냐, 그 주체가 대기업이냐 중소기업이냐)을 고려한다. 그리고 이를 규율하는 각기의 법도 그 보호하는 이익이나 가치(거래 안전, 자본의 충실, 경제적 약자의 보호 등)를 달리한다. 이러한 점은 권리의 객체에 관해서도 마찬가지이다(예컨대 토지이냐 아니냐, 개별생산물이냐 대량생산품이냐 등에 따라 규율이 다르고, 토지의 경우에도 농지이냐 택지이냐 등에 따라 다르다). 이와 같이 현대법이 근대법에서는 고려대상에서 제외되었던 권리의 주체 및 객체의 사회경제적 차이를 고려하여 이를 서로 상이한 가치기준에 따라 별도로 규율하면서, 법은 각 경우에 있어서 어떠한 이익 · 가치를 어느 정도 보호할 것인가 하는 가치판단 · 정책판단에 의하여 정해지게 되었다. 그럼으로써 이제 법은 가치중립적인 것이라는 근대적 시각 대신에, 법은 가치관련적인 것이라는 인식이 당연한 것으로 승인되었다. 이와 함께 법률분쟁의 해결에 있어서 법률가는 단순한 법개념의 논리적 귀결에 의해서가 아니라, 법에 담겨진 가치판단 · 정책적 의미와 그 사안의 사회경제적 과정(즉 당사자나 객체의 사실상의 차이나 사회경제적 의미 등)을 종합적으로 고려해야 한다. 그리고 이러한 법의 운영과정을 통하여 법률가는 단순한 논리의 조작이 아니라, 법률상의 가치판단이라는 이름 아래 새로운 사안에 대하여

다분히 법창조적 활동을 하게 된다.

근대법은 권리주체나 객체의 사회경제과정에서의 사실상의 차이를 고려치 않고 모든 시민 · 모든 물건을 동등하게 파악하는 점에서 추상적 성질을 가졌다. 그러면 이와 같은 추상성 즉 실제적 면의 捨象은 근대법에서 어떠한 의미를 가지는가? 이는 자신의 행위의 결과를 예측가능 · 계산가능하게 함으로써 상품교환의 원활하고 순조로운 진행을 담보하려는 데 그 목적이 있었다. 예컨대 빌려준 돈이 언제 반환되는가, 판 상품의 대금을 언제 받을 수 있는가, 산 상품을 언제 받을 수 있는가 하는 점 등에 대한 계산가능성이 보장될 때 비로소 투자가 가능하고 경제가 원활히 돌아가는 것이다. 만약 법이 채무자의 인적 사정을 고려하여 혹은 목적물의 사회경제적 의의를 고려하여 계약내용을 임의로 수정할 수 있다고 한다면 상품이나 자본의 소유자는 자신의 행위의 결과를 예측할 수 없을 것이며, 그렇게 되면 투자나 상품교환은 밑바닥에서부터 동요된다. 근대법은 그러한 결과를 막기 위하여 사회경제의 구체적 과정, 즉 당사자나 목적물의 사회경제적 의의를 법의 영역에서 축출했던 것이다.

근대법이 논리를 중시하고 법을 논리적 체계로 구성했던 태도 역시 예측가능성을 담보하는 데 기여하였다. 논리는 언제나 논리 그 자체의 객관적 원칙을 가지며, 따라서 논리적 해결은 행동의 결과를 예측가능하게 한다. 형식적인 법의 논리만에 의하여 구체적 사안을 해결하게 되면 실질적으로 불합리한 결과를 낳을 수도 있다. 그러나 그것은 근대법의 시각에서는, 사회경제과정 내부에 존재하는 불합리이고 법 자체의 불합리는 아니었다. 즉 현실의 사회경제과정에서의 갖가지 불합리는 어디까지나 경제사회 내부의 문제이고, 그로부터 절연된 법의 문제는 아니었다. 그것은 법의 밖에 있는 문제인 것이었다.

여기에서 법의 해석은 법을 논리적으로 분석하고 이를 체계화하는 것이고, 법의 적용은 단지 이러한 법을 구체적 사안에 논리적 · 기계적으로 대입시키는 것이라고 하는 槪念法學이 풍미하고, 이러한 조류 아래 근대 시민법학의 精緻한 논리적 체계가 꽃을 피웠던 것이다. 이러한 개념법학은 오늘날에는 비난의 대상이 되고 있지만, 이는 근대사회의 요구에 기한 시대적 산물로서 실질적 · 긍정적 역할을 수행했던 것이다. 또 이와 같은 법의 형식성은 필연적으로 節次의 適法性을 중시하고, 반면에 內容의 正當性을 문제삼지 않았다. 그리하여 적법한 절차에 기하여 제정된 법은 정당성을 문제삼지 않고 적용력을 가졌으며, 여기에서 법률 자체를 절대시하는 法實證主義가 등장했던 것이다.

이제 현대법이 가진 근대법과 다른 특성을 생각할 때 오늘날에는 형식성 · 논리성에만 의존하지 않고, 법에 담겨져 있는 가치판단 · 정책적 판단 그리고 나아가 권리의 주체나 객체의 사회경제적 의미를 고려하여 실제와 부합하도록 법을 운영 · 해석하여야 할 것이다. 그리고 이를 위해서는 신의성실의 원칙이나 권리남용 금지의 원칙이 보다 중요한 역할을 할 것이다.

Ⅲ. 수정원칙 [37]

사적자치의 원칙은 근대법 이래 민법의 최상의 기본원리로 자리하고 있다. 그러나 자유로운 힘의 행사가 가져다 준 사회적 폐단을 경험한 19세기 이후에는 이 원칙은 — 여전히 최상의 원리이지만 — 많은 제약을 받게 되었다. 그리하여 계약의 자유 및 소유권의 보장은 상대적인 것으로 되었다. 이와 같이 사적자치의 원칙을 제약하는, 이보다는 하위에 있지만 역시 민법 전반을 지배하는 이념 내지 가치로는 다음 두 가지를 들 수 있다.

1. 공공의 복리 내지 사회적 형평

헌법은 재산권을 보호하는 규정과 함께 「재산권의 행사는 공공복리에 적합하도록 하여야 한다」고 규정한다(23조 2항). 또 경제질서에 관한 제119조 2항은 「국가는 균형있는 국민경제의 성장 및 안정과 적절한 소득의 분배를 유지하고, 시장의 지배와 경제력의 남용을 방지하며, 경제주체간의 조화를 통한 경제의 민주화를 위하여 경제에 관한 규제와 조정을 할 수 있다」고 규정한다.

이러한 공공복리 적합의무의 사상이 민법전에 나타난 것으로는 권리남용 금지의 원칙을 첫머리에 규정한 것(그리고 여기에서 요건으로 주관적 가해의사를 탈락시킨 것), 그리고 소유권의 내용으로서 「소유자는 법률의 범위 내에서 그 소유물을 사용 · 수익 · 처분할 권리가 있다」고 규정하여 법률에 의한 제한을 당연한 것으로 한 것 등이 있을 뿐이다. 이러한 사상은 주로 민법전 밖에 있는 특별법에서 주로 표현되고 있다. 토지의 이용이나 거래 등을 규율하는 법률은 그 대표적인 것이다. 그리하여 민법은 이러한 특별법에 의하여 많은 제한을 받는다. 뿐만 아니라 비록 민법규정의 적용을 제한하는 명문규정이 없더라도, 민법규정대로의 규율이 헌법 · 특별법 등에서 표현된 공공복리의 이념에 반하는 경우에는 민법규정을 이 이념에 합치하도록 해석하여야 한다. 따라서 이러한 이념은 분명 민법 전반을 지배하는 또 하나의 이념이라고 하지 않을 수 없다.[3)]

[38] 2. 신뢰의 보호

(1) 사회생활에서 일방이 타방에게 일정한 신뢰를 준 경우에, 그러한 신뢰가 보호되지 않는다면 사회생활은 평화롭고 원만하게 이루어질 수 없다. 여기에서 민법은 타방의 신뢰를 보호하기 위한 규정을 다수 두고 있다.

그러한 규정으로는 우선 신의성실의 원칙을 들 수 있다. 이 원칙은 과거에는 단지 채권법상의 의무이행에 관한 것으로 여겨졌으나, 오늘날에는 민법 전반을 지배하는 원칙으로 이해되고 있다. 우리 민법이 이 원칙을 민법전의 첫머리에 규정한 것은, 이 원칙을 민법 전반을 지배하는 기본원리로 高揚시키고자 하는 취지에 기한 것이다.

신뢰보호의 원칙은 법률행위 분야에서 중요한 작용을 한다. 즉 의사와 표시가 불일치하더라도 — 따라서 의사표시가 자기결정에 기하지 않은 경우에도 — 표의자를 그러한 표시에 매이도록 한 것은, 그 표시가 의사에 기한 것으로 알았던 상대방의 신뢰를 보호

---

3) 곽윤직, 78면은 공공복리를 민법의 최고원리라고 한다. 그러나 이는 헌법규정에 반하는 것이다.

하기 위한 것이다. 신뢰보호의 원칙이 표현된 또 다른 것으로는 선의의 제3자 보호규정(107조 2항, 108조 2항, 109조 2항, 110조 3항 등), 표현대리제도(125조, 126조, 129조), 선의취득제도(249조~251조), 영수증 소지자에 대한 변제의 보호(470조, 471조) 등이 있다.

(2) 앞서 말한 제3자 보호규정이나 표현대리제도 · 선의취득제도 등은 거래의 안전을 위한 것이다. 그리고 거래가 크게 확대된 오늘날에서는 거래안전 역시 중요한 이념 내지 가치라고 할 수 있다. 그러나 거래안전을 어느 정도 보호할 것인가 하는 점은 입법자의 결단에 의하여 정해진다. 무능력을 이유로 한 취소에서는 선의 제3자의 보호규정이 없는 점(5조 2항 참조), 때로는 보호되는 범위를 선의의 제3자에 한정하지 않는 점(54조 1항, 60조(단 이의 타당성은 다투어지고 있다([299] 참조), 548조 1항), 특히 선의취득을 부동산에는 인정하지 않는 점 등은 이를 말하는 것이다. 그러므로 거래의 안전 자체를 사적자치의 원칙을 제한하는 또 하나의 이념으로 보는 것은 적절치 않을 것이다.

제 5 절 민법의 해석

Ⅰ. 해석의 의의 [39]

1. 법의 해석이란 각종의 법원에 관하여 그 내용을 확정하는 것이다.

(1) 법의 해석은 법을 「적용」하는 데 있어서 전제가 된다. 법의 적용이란 구체적 생활관계에 추상적인 법규범을 적용하여 법적 가치판단을 내리는 것이다. 이를 위해서는 한편으로 구체적인 사실이 밝혀져야 하며, 다른 한편으로 추상적인 법규범의 내용이 확정되어야 한다. 법의 해석은 바로 이러한 법적용의 전제로서 법의 내용을 확정하는 것이다.

(2) 법의 해석은 성문법에서뿐만 아니라, 관습법이나 판례법에서도 필요하다. 관습의 내용을 확인하고, 그것이 사회의 법적 확신의 지지를 받고 있느냐 여부를 판단하는 것이 관습법의 해석이고, 개개의 판결에 내재하는 공통적인 요소를 추출하여 이를 일반적인 법규범으로 구성하는 것이 판례법의 해석이다. 그러나 성문의 법규의 해석이 가장 중요하고도 또한 어려운 일이다.

2. 법률의 「해석」은 주로 법률의 의미를 「확정」하는 것으로 나타나지만, 그에 그치는 것이 아니고 뒤에서 보는 바와 같이 법률을 「보충」하거나 혹은 「형성」하는 것도 포함한다.

[40] Ⅱ. 해석의 기준

1. 해석의 기준과 방법

해석의 기준이 되는 것으로는 여러 가지가 있으며, 해석기준에 따라서 해석방법이 구별된다.

(1) 법률문언 우선 법률상의 문언, 보다 엄격히 말하면 그 문언의 객관적인 의미(法文의 語義)가 기준이 된다. 법문의 의미를 파악함에는 일반적인 문법 및 언어관행과 아울러, 법률상의 전문용어의 의미 및 특수한 표현방법의 의미도 고려되어야 한다. 이와 같이 법문의 의미를 기준으로 하는 해석방법을 文理的 解釋이라고 한다.

법률에는 언어의 일반적인 의미와는 달리 법률에 특유한 의미로 사용되는 용어가 있다(전문용어). 그러한 예로는 무효 · 취소 · 철회 · 해제 · 해지, 선의 · 악의, 「대항하지 못한다」, 그리고 추정 · 간주 등이 있다. 무효 등에 관한 설명은 뒤로 미루고([833], [862], [864]) 여기에서는 그 외의 용어의 의미를 살펴보면, 선의는 어떤 사정을 알지 못하는 것이며, 악의는 이를 알고 있는 것이다. 대항하지 못한다는 것은 법률행위의 당사자가 제3자에 대하여 법률행위(혹은 이의 무효 혹은 취소)의 효력을 주장하지 못한다는 것을 뜻한다(따라서 제3자가 이의 효력을 주장할 수는 있다. 다만 무효 · 취소에 관한 107조 이하에서는 문언대로 해석할지 여부가 문제된다([579] 참조)). 추정과 간주는 모두 어떠한 사실(혹은 법률관계)이 불명확한 경우에 법이 일정한 사실이 있는 것으로 가정하여 그에 따른 법률효과를 발생시키는 것이다(「… 으로 본다」라고 표현된 것이 간주규정이다). 양자의 차이는 반증을 허용하는가 여부이다. 즉 추정은 반대의 증거가 제출되면 가정된 법률효과가 전복되지만, 간주는 그렇지 않다. 다만 간주 중에는 반증이 있더라도 가정된 법률효과가 전혀 전복되지 않는 것과(15조가 이에 해당한다), 특별한 절차를 거치면 전복할 수 있는 것이 있다(실종선고의 효과에 관한 29조가 이에 해당한다[220]).

또 법률상의 표현방식이 특수한 의미를 가지는 경우가 있다. 예컨대 법률이 일정한 법률요건을 규정함에 있어서 본문에 적시된 요건과 단서에 적시된 요건은 입증책임에 관하여 의미를 가진다. 즉 본문은 권리의 발생요건을 규정하는 것으로서 권리를 주장하는 자가 그에 대한 입증책임을 지며, 단서는 권리의 제한 혹은 장애사유를 규정하는 것으로서 상대방이 입증책임을 진다. 또 「시효로 인하여 소멸한다」라는 문구가 있으면 그 기간은 소멸시효기간이고, 단지 일정한 기간 내에 권리를 행사하여야 한다고 규정한 경우에는 그 기간은 제척기간이다. — 다만 법문이 그러한 구별의 절대적 기준이 되지는 않는다. 입증책임과 관련된 예를 들면, 제125조 및 제129조는 표현대리의 요건 중 상대방에 관한 것을 단서에서 규정하고(제3자의 고의 또는 과실), 제126조는 본문에 규정한다(신뢰의 정당이유). 그러나 양 경우에 입증책임을 달리하는 것은 균형에 맞지 않기 때문에 문언과 달리 해석된다([798] 참조). 그리고 소멸시효와 제척기간의 구별에 관하여도 적지 않은 예외가 있다([918] 참조).

[41] **(2) 다른 규정과의 관계** 법질서는 개별적 규정의 단순한 집합체가 아니고 통일성 있는 조직체로서, 각 규정은 다른 규정과 일정한 관계(상하관계 · 대립적 관계 · 보충적 관계 등)를 가진다. 그러므로 법률을 해석함에는 해석의 대상인 규정 자체뿐만 아니라 이의 다른 규정과의 관계도 고려해야 한다. 즉 예컨대 실정법은 헌법을 최상위로 하여 무수히 많은 법률, 명령 · 규칙

등으로 이루어지는데, 이들 간에는 각기 상하관계가 있어서 후자는 전자에 위반할 수 없다(따라서 상위법령에 위반하는 하위법령은 무효가 된다). 그리고 법률행위가 내용상의 결함으로 무효 또는 취소되는 경우에 그 법률행위에 기해서 이미 급부를 한 때에는 그 급부물을 반환받게 되는데, 그 내용을 규율하는 것이 제741조 이하의 부당이득반환제도이다. 그런데 제141조 단서는 무능력자가 취소한 경우에 그 반환범위를 규정하고, 제746조는 불법원인으로 급부한 때에는 반환을 청구하지 못하도록 규정한다. 이러한 규정들은 제741조 이하의 부당이득반환규정(일반규정)에 대한 특별규정이고, 따라서 특별규정이 적용되는 사항에는 일반규정이 적용되지 않는다. 그 외에 보충적 관계의 예로서, 무능력을 이유로 취소하는 경우에, 취소에 관한 제140조 이하와 아울러 무능력자 상대방의 보호를 위한 보충적 제도로서 제15조가 적용된다. 이와 같이 다른 규정과의 관계를 기준으로 하는 해석방법을 體系的 解釋이라고 한다.

(3) 입법자의 의사 입법자는 일정한 입법정책상의 의사에 기해서 법률을 규정한다. 그러므로 법률을 해석함에는 이러한 입법자의 의사도 고려되어야 한다. 다만 우리 민법에 관한 입법자료는 극히 빈약해서,[1] 입법자의 의사가 해석의 기준으로 작용하는 예는 극히 적다(예컨대 민법제정과정에서 착오를 이유로 한 취소의 경우에 계약체결상의 과실책임을 인정하자는 수정안이 제출되었으나 국회에서 부결되었는 바, 이런 점에서 본다면 그러한 책임을 부인하는 것이 입법자의 의사에 부합할 것이다. 그럼에도 이에 관해서 논의가 있고, 본서는 이를 인정한다([618])). 입법자의 의사를 해석의 기준으로 하는 해석방법을 歷史的 解釋이라고 한다.

(4) 법률의 목적 법률은 일정한 목적을 달성하기 위하여 제정된다. 그러므로 법률을 해석함에는 법률의 목적이 고려되어야 한다. 이와 같이 법률의 목적을 기준으로 하는 해석방법을 合目的的 解釋이라고 한다.

(5) 일반적 법원리 등 모든 법률은 전체적인 법질서의 한 부분을 이루고 있는데, 전체 법질서에는 일정한 일반적 법원리가 내재되어 있다(법원 중 조리에 관한 부분([21])에서 말한 바와 같이, 헌법상의 인간의 존엄과 가치가 가장 대표적인 일반적 법원리가 될 것이다). 또한 민법의 모든 규정의 밑바탕에는 일정한 이념 내지 가치(기본원리)가 자리하고 있다. 개별적인 법률을 해석함에는 이러한 일반적 법원리와 민법의 기본원리를 고려해야 한다.

2. 기준 상호간의 관계 [42]

(1) 이러한 해석의 기준 상호간에 고정적인 서열이 존재하는 것은 아니다. 다만 일

---

1) 그러한 것으로는 민의원 법제사법위원회 민법안심의소위원회, 민법안심의록, 1957; 민사법연구회, 민법안의견서, 1957; 국회사무처, 국회정기회의속기록 제29호 이하, 1957 등이 있다. 이러한 자료를 토대로 해서 민법전의 입법과정을 상세히 소개한 문헌으로는, 명순구, 실록 대한민국 민법, 2008.

반적으로는 이 중에서 법문이 1차적인 기준이 된다. 그러므로 예컨대 법문의 객관적 의미가 입법자의 의사와 부합하지 않는 경우에는 전자에 따라 해석해야 할 것이다.

(2) 그러나 법문은 절대적인 해석기준은 아니다. 우선 법률의 객관적 의미가 불명확한 경우에는 다른 기준에 의해서 해석하지 않을 수 없다. 뿐만 아니라 법률에 공백이 있는 경우, 그리고 법률의 문언대로 해석한다면 실제적으로 타당하지 않은 결과를 가져오는 경우에도 마찬가지이다. 이러한 경우에는 법문 이외의 기준을 고려해서 해석해야 한다. 민법은 사인간의 법률관계를 규율하는 것으로서 형법과는 달리 법률에 엄격히 매이지 않으므로, 해석의 기준으로서 법문이 차지하는 비중은 형법에 비하여 크지 않다. 그리하여 실제로는 다른 기준에 따라 해석하는 경우가 적지 않다. 법문 이외의 기준에 의하여 해석하는 경우 중 후2자의 경우는 별개로 고찰하고, 여기에서는 먼저 법률의 객관적 의미가 불명확한 경우를 살펴 본다.

(3) 성문의 법규는 문자로 표시되어 있기 때문에 일견 극히 명료한 것 같지만, 그 문자는 추상적인 것으로서 따라서 구체적인 사실에 부딪혀 그 의미를 확정하려고 하면 의외로 많은 불명한 점을 간직하고 있다. 예컨대 제109조는 취소의 요건으로 「법률행위의 『내용』의 중요부분」에 착오가 있을 것을 요구하는데, 법률행위의 『내용』이 어떤 것이냐 하는 점은 그러한 문언만으로는 알 수 없다. 이를 알기 위해서는 입법 당시에 입법자와 학자들이 무엇을 법률행위의 내용으로 이해하였는가 하는 점을 검토해야 한다. 더욱이 제103조는 「선량한 풍속 기타 사회질서에 위반한 사항을 내용으로 한 법률행위는 무효로 한다」고 규정하는데, 「선량한 풍속」이니 「사회질서」니 하는 문자는 그 자체 구체적이고 고정적인 내용을 가지는 것이 아니고, 당시의 사회 일반인의 법의식이나 사회경제적 사정을 고려해서 판단될 수밖에 없는 것이다. 그러므로 법문이 해석의 제1차적 기준이라고 하지만, 법문 자체로부터 그 의미가 명료히 밝혀지는 것은 거의 없고, 입법자의 의사나 법률의 목적 등 다른 기준을 고려해야 비로소 그 의미가 밝혀질 것이다. 즉 해석이라고 하는 조작을 통하여 여러 가지 기준을 고려하지 않고 의미가 명료히 되는 성문법규는 단 1개조도 없다고 하여도 과언이 아니다.

[43] 3. 법률의 공백

법률의 공백(흠결)이란 법률이 일정한 사항을 규율하는 규정을 두지 않는 경우이다. 이는 특히 법률의 목적이나 입법자의 의사를 고려할 때 마땅히 있어야 할 규정이 결여된 경우에 존재한다. 이러한 법률의 공백은 입법자가 그 사항을 규율하는 규정을 두지 않음으로써 법률 제정시부터 존재할 수도 있으나(원시적 공백), 법률 제정시에는 공백이 없었으나 그후의 사정의 변화로 사후적으로 공백이 생길 수도 있다(후발적 공백). 법률의 공백의 경우에는 법률의 목적이나 입법자의 의사 혹은 신의칙을 고려하여 그 사항과 유사한 사항에 관한 규정을 유추적용할지 여부를 판단해야 한다.

그런데 공백이 있는가 여부 자체가 어려운 해석의 문제가 될 수 있다. 즉 예컨대 법률이 일정한 경우에 예외규정을 두면서 문제된 사항에는 예외규정을 두지 않은 경우에, 입법자가 그러한 사항을 고려치 못하여 그렇게 한 것이라면 이는 법률의 공백에 해당하지만, 그러한 사항에는 예외를 인정하지 않으려는 취지에 기하여 그렇게 한 것이라면 이는 법률의 공백이 아니다. 따라서 입법과정 특히 입법자의 의사 그리고 법률의 목적 등을 고려하여 법률의 공백 여부를 판단해야 한다. 그러나 후자의 경우에도 뒤에서 말하는 바와 같이 만약 예외를 인정하지 않는 것이 돌이킬 수 없는 부당한 결과를 낳을 경우에는 법문을 넘은 해석을 해야 할 것이다.

4. 법문을 넘는 해석 [44]

법률의 규정이 있음에도(즉 법률에 공백이 있는 것이 아님에도) 그 법문과 달리 해석할 수 있는가?

(1) 법률이 충돌되는 경우 우선 법률에 서로 모순되거나 충돌되는 규정이 있는 경우에는 어느 한 규정과 달리 해석하지 않을 수 없다. 이는 주로 신 · 구 민법의 차이를 고려치 않고 구민법상의 규정을 현행 민법에 그대로 답습한 경우 혹은 민법과 상법 간의 조화를 고려치 않고 규정한 경우에 타당할 것이다. 법인에의 출연재산의 귀속시기에 관한 제48조의 해석([262] 참조)은 전자의 예이고(그 외에 민법이 합유에 관하여 제272조를 신설하면서, 구민법상의 규정인 제706조 2항을 그대로 둠으로써 양자의 관계에 관하여 다툼이 있는 것도 이의 예이다), 법인의 변경등기 혹은 이사의 대표권제한의 등기 등의 효력에 관한 제54조 1항 · 제60조에 관한 해석([296], [299])은 후자의 예이다. — 이러한 해석은 법의 충돌로 인한 것이므로, 이는 법문을 넘는 해석이라기보다는 법문을 조화시키는 해석이라고 하는 것이 적절할 것이다.

(2) 법률이 명료한 경우 그러면 그 외의 경우, 즉 법률이 서로 충돌되는 규정 없이 명료한 경우에는 법문을 넘는 해석은 허용되지 않는다고 할 것인가? 법률의 해석은 전체 법질서 안에 담겨진 가치평가를 고려할 때 「정당」하다고 평가되도록 하여야 한다. 그러므로 만약 법문에 따른 해석이 실제적으로 타당치 않은 결과를 낳을 때에는, 법문과 다른 해석을 허용해야 할 것이다. 그러한 경우는 주로 사회경제적 사정의 변화에 기인한다. 즉 사회의 변화로 생성된 절실하고 보호가치 있는 거래의 수요가 법이 허용하지 않는 제도를 요구하는 경우이다. 동산의 양도담보(물권법 [928]), 부동산물권변동에서의 명인방법에 기한 공시(물권법 [143] 이하) 등은 이러한 해석의 예일 것이다(이런 점에서 관습법에 대등적 효력을 인정하는 해석도 [45]

(이러한 예라고 할 수 있다). 또 신의성실의 원칙과 같은 상위의 법윤리적 요구 혹은 헌법상의 원리 기타 일반법원리에 반한다고 평가되는 경우에도 법문을 넘는 해석을 할 수 있다. 부동산 2중양도를 일정한 경우에 반사회적 행위라고 하는 것([512])은 이러한 예일 것이다. 그 외에 권원없이 재배된 농작물의 소유권 귀속(물권법 [234]), 관습법상의 법정지상권(물권법 [565] 이하. 물론 이는 관습법에 기한 것인 점에서 법문을 넘는 해석은 아니라고 할 수도 있겠지만, 과연 그러한 관습법의 존재가 엄밀히 검토되었는지, 따라서 과연 이의 근거가 관습법인지 의문이다) 등은 우리의 법감정이나 사회현실을 고려하여 법문과 달리 해석한 예라고 할 수 있을 것이다. 이와 같이 우리의 법해석을 보면 실제로는 법문을 넘는 해석이 상당히 많이 인정된다. 그럼에도 추상적 이론으로는 법문을 넘는 해석에 대하여 극히 소극적 태도를 취하는 입장이 적지 않은 것같다.

법률에의 충실은 당연한 명제이다. 이는 법률이 주권자인 국민의 대표자에 의하여 만들어졌다는 점, 따라서 법률은 곧 국민의 의사라는 점에 기초한 것이다. 그러므로 법문을 넘는 해석은 극히 신중히 해야 한다. 그러나 사회사정의 변화로 혹은 법에 내재된 일반법원리 혹은 기본원리와의 충돌로 인하여 법문대로의 해석이 오히려 국민의 일반적 법의식에 반한다면, 법문을 넘는 해석이 마땅히 올바른 해석방법이 될 것이다. 그렇게 하지 않는다면, 이는 자칫 법률에의 맹종이 될 수 있다. 그리고 법문을 넘는 해석은 법률의 경시를 뜻하는 것은 아니다. 이러한 해석은 그것이 사회여건에 비추어 볼 때 그리고 전체법질서에 비추어 볼 때 타당하다고 판단되는 경우에 한정되고, 또 그렇게 해석함에는 충분히 설득력있는 근거를 제시해야 한다.

법률의 공백을 보충하는 것을 「법률 內在的 법형성」이라고 한다면, 법문을 넘은 해석은 「법률 踰越的 법형성」이라고 할 수 있다.

[46]

5. 실제적 논의

이상은 해석방법에 관한 추상적 설명이다. 이하에서는 민법의 해석과 관련하여 실제로 문제되고 첨예하게 견해가 대립되는 것을 살펴 본다.

(1) 그러한 것으로서 우선 현행 민법이 구민법과 다름에도 불구하고 현행 민법이 일응 구민법의 규정을 그대로 답습한 것으로 여겨지는 경우에, 그러한 규정의 구속력을 인정할 것인가 하는 점이다. 이러한 대표적 예는 재단법인의 출연재산 귀속시기에 관한 제48조, 그리고 조합에서의 업무집행방법에 관한 제706조 2항이다(그 외에 이사의 대표권에 관한 60조도 이의 한 예이다([299])). 우선 이러한 규정의 구속력을 인정하게 되면 다른 규정과 충돌하게 되고, 또한 이와 반대되는 새로운 규정을 둔 입법자의 의사에 반하게 된다. 더 근본적으로 법문을 1차적인 해석기준으로 삼는 것은 그것이 입법자의 심사숙고에 기한 가치적 결단이기 때문이다. 그렇다면 위와 같은 규정에는 구속력을 부인하는 것이 타당할 것이다. 그렇지

않다면 법해석은 법문에의 맹종에 빠지게 될 것이다.

(2) 다음으로 민법전이 일정한 원리를 바탕으로 하고 있으나 그러한 원리를 구체적으로 명언하는 규정은 두지 않은 경우에, 명문화되지 않은 원리를 구속력 있는 것으로 삼을 것인가 하는 점이다. 이러한 문제의 대표적 예는 대리권 수여행위의 성질, 따라서 원인계약의 무효 · 취소시 대리권이 소멸하는가 하는 점이다. 위와 같은 원리는 비록 명시되지는 않았지만 간접적으로 여러 규정에서 나타난다. 따라서 이의 구속력을 부인하게 되면 후자의 규정들을 올바로 해석하지 못할 것이다. 이런 점에서 해석의 기준으로서의 법문에는 명문규정뿐만 아니고 그것이 터잡고 있는 원리도 포함된다고 하는 것이 타당할 것이다.

Ⅲ. 각종의 해석방법 [47]

해석방법은 그 기준에 따라 여러 가지로 구별된다.

1. 유권해석과 학리해석

이는 해석의 주체를 기준으로 한 구별로서, *有權解釋*은 국가기관이 법규정의 의미를 밝히는 것이고, *學理解釋*은 법학자들이 학문적인 견지에서 법규정의 의미를 밝히는 것이다. 전자에는 다시 해석기관에 따라 입법해석(예: 물건의 의의에 관한 민법 98조), 사법해석(법원이 구체적인 사건에 적용될 법규정의 의미를 해석하는 것이 이에 해당한다. 이러한 법원의 해석은 최종적인 구속력을 가진다), 행정해석 등이 있다.

2. 논리해석에서의 몇 가지 해석기술 [48]

논리해석이란 민법이 하나의 논리적 체계로 구성되어 있다는 점을 전제로 하여 각 조문을 그 안의 적절한 지위에 두어 전 체계와 조화하는 내용을 주려고 하는 해석방법이다. 이는 당해 법문의 객관적 의미만을 고려하는 문리해석에 대응하는 것이다(그러므로 논리해석과 문리해석은 해석의 기준에 따른 구별로서, 논리해석은 체계적 해석에 해당하는 것이라고 할 수 있다). 이러한 논리해석은 그 해석기술에 따라 다음과 같이 구별할 수 있다. — 이하의 각기 두 가지 해석기술은 일응 유사한 갑 · 을 두 가지 사항 중 갑에 관해서만 규정하는 경우에 그 규정을 을의 사항에도 적용할 것인가 하는 점에 관한 것이므로, 결과에서는 일응 서로 동일하다. 그러나 양자는 그 방법 내지 근거에 차이가 있으므로 구별해야 한다.

(1) 확대해석과 축소(제한)해석 　전자는 법규정의 의미를 그 문언보다 넓게 해석하는 것이고, 후자는 그 문언에 한정시키는 것이다. 일반적 · 원칙적 규정은 확대해석이 허용되나, 예외적 규정은 제한적으로 해석해야 한다(예컨대 태아는 불법행위로 인한 손해배상청구권(762조) 등 일정한 권리에 관하여 출생한 것으로 본다고 규정하는바, 만약 이러한 규정을 예외규정으로 해석한다면 이를 명문규정이 없는 다른 사항에 확대해석 혹은 유추해석하는 것은 엄격히 제한될 것이다. 그러나 위 규정을 태아보호를 위한 취지를 표명한 일반규정으로 해석한다면 위와 같은 유추해석

이 널리 허용될 것이다). 다음으로 당사자에게 이익이 되는 규정은 확대해석할 수 있지만, 당사자에게 불이익을 주거나 의무를 부과하는 규정은 제한해석해야 한다(예컨대 단독행위는 법률의 규정이 없어도 원칙적으로 허용되지만, 그것이 타인에게 의무를 부과하는 때에는 법률의 규정이 있는 경우에 한하여 할 수 있다).

[49] (2) 유추해석과 반대해석 유추해석은 일정한 사항(갑 사항)을 규율하는 규정은 있으나 그와 유사한 다른 사항(을 사항)을 규율하는 규정은 없는 경우에, 갑 사항과 을 사항이 유사하고 따라서 갑 사항을 규율하는 법규정의 입법취지를 고려하여 이러한 규정을 을 사항에도 적용하도록 하는 해석이다. 이의 대표적인 예는 권리능력 없는 사단도 그 실체에서는 사단법인과 동일하므로, 후자에 관한 규정을 전자에 적용할 것으로 해석하는 것이다(그 외에 공동대리(공동대표)와 관련해서 상법 제12조(그리고 동법 208조 2항 및 이를 준용하는 389조, 562조 4항)는 수동대리의 경우에는 공동대리가 적용되지 않는다고 규정하는바, 공동대리의 취지 및 그러한 제한에 의해서 제3자에게 불이익을 줄 수 없다는 점에서 볼 때, 이러한 규정은 민법상의 대리에도 적용된다고 하는 것([295], [718])도 이에 해당한다). 반대해석은 갑 사항과 을 사항의 차이를 고려해서 갑에 관한 규정을 을에게는 적용하지 않도록 하는 해석이다. 형법에서는 유추해석이 금지된다. — 그 외에 반대해석과는 달리 갑에 관한 규정을 당연히 을에게도 적용해야 한다고 하는 해석을 물론해석이라고 칭하기도 한다.

(가) 유추해석과 확정해석은 어떤 규정을 그것이 명언하지 않는 경우에도 적용하는 점에서 유사하나, 후자는 단지 법문 자체를 넓게 해석하는 것이고 전자는 법의 취지를 고려해서 명문규정이 없는 사항에 이를 적용하는 것이다.

(나) 유추해석과 구별할 것은 「準用」이다. 유추해석은 해석의 한 방법임에 대하여, 준용은 입법기술의 한 방법이다. 즉 준용이란 일정한 사항을 규율하는 규정을 두고, 그 규정을 그와 유사한 다른 사항에도 적용하도록 하는 것이다. 이는 동일한 규정을 중복적으로 규정하는 번잡을 피하고 법규정을 간결하게 하기 위한 입법기술인 것이다. 준용은 두 사항이 유사성을 가진다는 점에 기한 것이므로, 이러한 점에서 유추해석과 유사성을 가진다.

[50] Ⅳ. 법에서의 두 가지 가치

1. 일반적 확실성과 구체적 타당성

법의 해석과 적용에는 두 가지 사명이 있다. 하나는 사람에 따라서도 사건에 따라서도 그 결과가 달라지지 않는 일반적 확실성을 기하는 것이고, 다른 하나는 각 경우의 구체적 사정에 부합하는 타당한 결과를 낳도록 구체적 타당성을 기하는 것이다. 그런데 이 일반적 확실성과 구체적 타당성이라는 법해석의 2대 사명은 서로 쉽게 조화되지 않는다. 한편을 존중하면 다른 편이 희생되는 경향이 강하다. 따라서 해석의 이상은 일반적 확실성과 구체적 타당성을 조화시키는 것, 보다 정확히 말하면 일반적 확실성을 위협하지 아니하면서 구체적 타당성을 최대한으로 발휘하는 것이라고 할 수 있다.

2. 법에서의 개념과 논리 [51]

법학에서는 무수히 많은 개념이 정립되어 있으며, 이러한 개념을 논리적으로 풀이하여 구체적 사례에 대한 법적 해결을 도출한다. 이와 같이 법에서 개념과 논리성을 중시하는 이유는, 한편으로 유사한 사건이 재판마다 달리 판단되는 것을 방지하기 위해서이고(일반적 확실성·법적 안정성), 다른 한편으로 해석이나 재판의 결과에 설득력과 합리성을 보장하기 위해서이다(그 외에 특히 19세기에서 개념과 논리가 중시된 이유는 전술하였다([36])). 결코 개념과 논리성이 법의 본질적 요구이기 때문이 아니다. 따라서 법의 해석이나 구체적 사안의 판단에 있어서 지나치게 개념과 논리에 매이는 것은 타당치 않다. 일응 유사한 사안 — 따라서 동일한 법개념 혹은 법규정에 포섭될 사안 — 이더라도 세부적인 사항에 차이가 있어서 양자를 서로 달리 취급할 실제적 필요가 있는 경우에는, 이를 달리 취급해야 할 것이다. 이는 결코 법적 안정성을 파괴하는 것이 아니다. 양자를 달리 취급할 설득력 있는 이유가 있다면 그 후의 판결은 이를 추종하게 되고, 그리하여 다시 이러한 상이한 취급이 법적 안정성을 획득하게 되는 것이다.

제 6 절 민법의 효력범위

Ⅰ. 때에 관한 효력의 범위 [52]

대부분의 법률은 그 효력발생시기 이후에 발생한 사항에 대해서만 적용되는 것을 원칙으로 한다. 이것을 「법률 불소급의 원칙」이라고 한다. 이 원칙은 법률의 소급으로 인하여 사회생활상 일어나는 혼란과 분규를 막고, 또 구법시대에 발생한 법률관계 특히 기득권을 존중·보전하기 위한 것이다. 특히 우리의 생명·자유 및 재산에 가장 중대한 영향을 미치는 형벌법규에서는 죄형법정주의의 이상을 관철하기 위하여 이 원칙이 엄격히 적용되며, 이는 헌법에 의하여 특히 명언되어 있다(헌법 13조 1항. 그러나 행위자에게 유리한 때에는 새 입법이 소급효를 인정할 때도 있다(형법 1조 2항, 아울러 동조 3항 참조)).

이와 같이 법률 불소급의 원칙은 법에서의 일반적 원칙이기는 하지만, 그것은 반드시 입법을 구속하는 것은 아니다. 법률은 필요에 따라서 소급효를 인정할 수 있다(헌법 13조는 형벌 및 참정권 제한·재산권 박탈에 관하여만 소급입법을 금지하므로, 그 외의 사항에 관하여 신법에 소급효를 주어도 헌법위반으로 되지 않는다). 신법의 적용으로 관계인이 유리하게 되든가 또는 기득권의 침해가 없는 경우, 그리고 특히 긴급한 사회정책적 필요가 있는 경우가 그러하다. 우리 민법은 부칙에서 「본법은 특별한 규정이 있는 경우 외에는 본법

시행일 전의 사항에 대하여도 이를 적용한다」고 규정하여, 원칙적으로 소급효를 인정한다(부칙 2조). 이는 민법과 구민법이 그 내용에 있어서 실질적으로는 큰 차이가 있는 것이 아니므로, 하루 속히 타율적인 일본민법을 依用하는 상태를 벗어나서, 자주적인 민법이 획일적으로 적용되도록 하려는 의도에 기한 것이라고 생각된다. 그러나 이에 대한 예외를 인정하여 「이미 구법에 의하여 생긴 효력에 영향을 미치지 아니한다」고 한다(동조 단서. 그러므로 민법에 의할지라도 실질적으로는 법률불소급의 원칙을 채택한 것과 거의 마찬가지 결과로 될 것이다).

사람은 그 당시의 법률에 좇아서 행동하는 것이고, 또 그에 기해서 법률효과가 발생하면 그에 기초해서 다시 새로운 사실관계가 구축되어 가므로, 법률에 소급효를 주면 사람의 豫期를 헛되이 하고, 이미 마무리된 사실관계를 법률적으로 부활 환원하지 않으면 안 되게 된다. 따라서 입법정책으로서는 이러한 불합당에도 불구하고 소급효를 인정할 필요가 있는 경우에 한하여, 소급효를 인정하는 것이 현명한 조치일 것이다.

[53] Ⅱ. 사람에 관한 효력의 범위

(1) 민법은 인민주권의 효과로서 모든 한국인에게 — 그 거주하는 장소를 묻지 아니하고 — 적용되는 것이며, 또 그 영토주권의 효과로서 대한민국의 영토 내에 있는 모든 사람에게 — 외국인에게도 — 적용되는 것이다. 그러나 이 이론을 관철하면, 각국의 민법이 통일되어 있지 아니한 오늘날에 있어서는, 屬人的인 법률과 屬地的인 법률의 충돌을 일으키고 섭외적 사항에 관하여 불편이 많으므로, 각국이 모두 일정한 섭외사항에 관하여는 외국법규의 적용을 인정하고 있다. 우리나라에서는 국제사법이 이 문제를 해결하고 있다. 이에 의하면 예컨대 사람의 권리능력 및 행위능력은 그의 본국법에 의하며(동법 11조, 13조), 혼인의 성립요건도 각 당사자에 관하여 그 본국법에 의한다(동법 36조. 따라서 이러한 사항에 관해서는 국내에 있는 외국인에게 우리 민법이 적용되지 않는다). 이와 달리 동산 및 부동산에 관한 물권은 그 목적물의 소재지법에 의한다(동법 19조. 따라서 외국에 있는 한국인이 외국의 토지를 취득함에 있어서는 우리 민법이 아니라 그 나라의 법률의 적용을 받는다).

(2) 헌법은 성별 · 종교 또는 사회적 신분 등에 의하여 법률상 다르게 다루는 것을 금하였으므로(헌법 11조 참조), 민법은 계급 · 직업의 다름에 의하여 그 적용을 제한받지 않는다.

[54] Ⅲ. 곳에 관한 효력의 범위

민법은 대한민국의 영토 전체에 적용되는 것을 원칙으로 한다. 그러므로 이론적으로 말하면 북한의 지역도 대한민국의 영역에 포함되므로(헌법 3조 참조), 여기에도 민법의 효력이 미쳐야 할 것이다. 그러나 현실적으로는 사실상 대한민국의 국권은 북한에는 미치지 않고 있으므로, 민법도 그 효력을 북한 지역에 미치는 것을 정지당하고 있는 셈이다. 장차 대한민국이 북한의 지역을 회복하여 남북통일을 이루는 날에는 새삼스럽게 민법을 북한지역에 시행하기 위한 입법조치를 취할 필요 없이, 민법은 당연히 이 지역에도 적용된다.

제2부 본 론

제 1 장 권 리

제 1 절 권리의 의의

Ⅰ. 법률관계 [55]

1. 의 의

사회생활은 어떤 사람의 다른 사람 혹은 물건과의 관계로 이루어져 있다. 이러한 생활관계 중 법률의 규율을 받는 것을 법률관계라고 한다. 예컨대 갑이 을에게 특정 물건을 주기로 하거나 어떤 일을 해 주기로 약속한 경우 중에서 법률이 그러한 약속에 관여하는 경우, 즉 갑이 그러한 약속을 지키지 않는 경우에 법이 이의 실현을 강제하거나 손해배상책임을 부과하는 경우가 법률관계이다. 이에 반하여 법률의 규율을 받지 않는 생활관계(즉 법률이 그러한 약속에 관여하지 않는 경우)는 비법률관계라고 할 수 있다.

어떤 생활관계가 법률관계인지 여부는 당사자들이 그 약속에 관하여 법적 구속력을 부여하려 하였느냐 하는 점에 매인다(만약 쌍방의 의사가 다른 경우, 즉 예컨대 갑은 사교적 의미로 한 약속인데 을이 이를 법적 의미로 이해한 경우에는 의사표시의 해석이 문제되고, 때로는 비진의표시의 문제로 된다. 이에 관해서는 [454] 참조).

법률관계와 비법률관계의 경계라고 할 수 있는 것으로서, 호의관계와 不提訴特約(소위 신사협정)이 있다. 전자는 일방이 호의로 타방에게 이익을 주는 경우이다(예컨대 갑이 이웃의 을이 외출하는 동안 을의 아이를 돌봐주거나, A가 자동차를 운전함에 있어서 행선지가 같은 B를 태워주는 경우). 이 경우에 당사자들은 서로간의 약정에 법적 구속력을 부여할 의사를 가지지 않으므로, 이는 비법률관계에 속한다(즉 위의 예에서 갑은 호의로 아이를 돌봐주는 행위를 하는 것이므로 그러한 행위를 할 법적 의무를 지지 않는다. 그러므로 아이를 돌보는 데 있어서 위임계약에서와 같이 선관주의의무(681조)를 지지 않는다). 그런데 자동차운전자가 대가 없이 호의로 타인을 동승시켰는데(소위 호의동승) 과실로 그 동승자에게 손해를 가한 경우에, 운전자는 자동차손해배상보장법에 의하여 그 동승자에게 손해배상책임을 지게 된다(채권각론 [867] 참조). 이와 같이 호의관계에서도 그 과정 중에 타방 당사자에게 손해를 가한 경우에 — 불법행위책임이 아니라 채무불이행에 준하는 — 손해배상책임이 인정될 수 있는바, 이때에는 호의관계가 법률관계와 유사한 면을 가지게 된다. 다음으로 부제소특약은 당사자가 계약을 체결하면서 이에 위반하더라도 법원에 소(강제이행 혹은 손해배상의 청구)를 제기하지 않기로 하는 특약을 부가하는 것이다. 이 경우에는 당사자는 그 계약에 법적 구속력을 부여하고 다만 강제력을 탈락시키는 것이므로, 이는 법률관계가 된다(당사자가 약정한 대로 급부한 경우에 그 수령자는 급부물에 관하여 부당이득반환의무를 지지 않는바, 이는 바로 급부의 수령이 법적 원인에 기한 것이라는 점 때문이다). 다만 이에 위반하더라도 법적 강제력 내지 법적 책임이 생기지 않는 점에서 비법률관계와 흡사하다. 이에 관한 보다 상세한 설명은 채권총론 참조(호의관계는 [3], 부제소특약은 [87]).

[56] 2. 내 용

법률관계는 권리와 의무로 구성된다. 즉 예컨대 갑이 을에게 X물건을 판 경우에, 갑은 을에 대하여 대금을 지급할 것을 요구할 수 있는 권리를 가지고, 을은 갑에 대하여 그 물건을 이전할 것을 요구할 수 있는 권리를 가진다. 그리고 갑과 을은 각기 그에 상응하는 의무를 진다.

(1) 법률관계는 하나의 권리와 이에 대응하는 하나의 의무로 이루어질 수도 있으며, 일련의 권리 · 의무의 복합으로 이루어질 수도 있다. 앞에서 든 X물건의 매매의 경우는 전자의 예일 것이다(이 경우에는 갑 · 을은 각기 대금청구권과 물건이전청구권을 가지며, 그에 상응하는 의무의 이행으로 양자 간의 법률관계는 종료된다). 후자의 예로는, 갑이 을에게 1년 동안 X물건을 빌려주기로 한 경우(임대차계약)가 있을 것이다(이 경우에는 갑은 임대물을 을에게 인도해야 할 뿐만 아니라, 그 이후에도 계속해서 이를 을이 사용하기 적합한 상태로 만들어 주어야 한다(수선의무). 또 을은 계속하여 차임을 지급해야 하고, 아울러 항시 목적물을 계약목적에 맞도록 사용해야 한다).

(2) 법률관계는 어떤 사람의 다른 사람에 대한 관계로 이루어질 수도 있고, 어떤 사람의 물건에 대한 관계로 이루어질 수도 있다. 앞에서 든 예 중에서 갑이 을에게 어떤 일을 해 주기로 약속한 경우가 전자의 예이고, 특정 물건을 주기로 약속한 경우가 후자의 예이다. 다만 뒤의 경우에도 만약 법이 그러한 약속(매매계약)만으로는 물건의 소유권이 이전되지 않고 인도 혹은 이전등기를 해야 비로소 이전되는 것으로 하는 때에는(물권변동에 관한 소위 형식주의 입법. 우리도 이러한 입장이다(186조, 188조). 이와 달리 매매계약만으로 소유권이 이전한다고 하는 입법을 의사주의라고 한다), 인도나 이전등기 전까지는 갑과 을은 각기 상대방에 대하여 대금의 지급 및 목적물의 이전을 요구할 수 있을 뿐이므로 전자에 해당한다.

민법상의 권리의 구별 중 가장 중요한 것은 「채권」과 「물권」의 구별이다. 그런데 이러한 구별은 법률관계가 사람에 대한 것이냐 물건에 대한 것이냐 하는 점에 기초하는 것이다. 그러므로 물권 · 채권이라는 개념 혹은 양자의 준별은 독일 민법학의 산물이기는 하지만, 이는 법률관계의 실질적 내용(특정한 사람에 대한 관계에 관한 것이냐 물건(따라서 때로는 모든 사람)에 대한 관계에 관한 것이냐)의 차이에서 비롯된 것으로서, 따라서 채권과 물권의 구별은 어느 정도 보편성을 가지는 것이라고 할 수 있다.

[57] ## Ⅱ. 권리 · 의무의 의의

1. 권 리

(1) 의 의 권리의 의의에 관해서는 무엇을 이의 중심적 요소로 보느냐를 둘러싸고 의사설과 이익설이 제기되었다. 의사설은 권리를 법에 의하여 주어진 의사의 힘 내지 권리자의 의사에 맡겨진 힘이라고 한다. 이 견해는 개인의 자유로운 영역의 확

보를 권리개념의 중심에 두는 것이다. 다음으로 이익설은 권리를 법에 의하여 보호되는 이익이라고 한다. 이 견해는 권리자의 생활이익의 보호라는 권리의 목적을 권리개념의 중심에 두는 것이다.

그런데 의사설은 의사능력이 없는 자도 권리를 가진다는 점을 설명하지 못하고, 이익설은 권리자에게 아무런 이익도 없는 권리(예: 친권)도 존재한다는 점을 설명하지 못한다. 이러한 이론적 난점이 지적되면서, 오늘날에는 권리는 「일정한 이익을 향수하도록 하기 위하여 법에 의하여 부여된 힘」이라고 하는 견해(權利法力說)가 일반화되었다.

그러나 이와 같은 정의는 추상적 · 형식적이어서 권리의 기능이나 핵심을 흐리게 하는 면이 있다. 권리는 단순한 힘 · 권능이 아니고, 권리자의 의사에 맡겨진 힘이다. 즉 권리의 행사 여부는 권리자의 자유의사에 달려 있다(시효제도의 존재이유의 하나로 '오랜 세월 동안 자기의 권리를 주장하지 아니한 자는 권리 위에 잠자는 자로서, 법률의 보호를 받을 가치가 없다'는 점을 드는 것은 이런 점에서 부당하다([912] 참조)). 권리법력설에 의하면 자칫 힘과 이익만을 권리의 요소로 이해할 수 있으나, 자유의사도 이의 중요한 요소임을 간과해서는 안 된다(물론 권리법력설은 권리를 「법에 의하여 특정인에게 부여된 힘」이라고 하는바, 특정인에게 부여된 힘이라고 하기 위해서는 그 행사가 그의 의사에 의존하는 것이어야 한다. 이런 점에서 보면 위 견해도 자유의사를 권리의 요소로 보고 있다).

로마법은 訴權의 체계로 구성되어 있었다. 즉 법은 분쟁의 당사자가 어떠한 경우에 어떤 소를 제기할 수 있는가 하는 점을 규율하였다. 이를 실체법적인 권리의 체계로 재편하는 작업은 주석학파에 의하여 준비되고,[1] 개인의 자유를 근본으로 삼는 계몽주의적 자연법이론에 의하여 발전되었다.[2] 사법을 이와 같이 실체법적 권리체계로 구성하는 작업이 진전되면서, 권리의 개념이 논의되었다. 이에 관하여 사뷔니는 실제의 생활관계에서는 우선 각인에게 귀속되는 힘이 존재하는바 이것을 권리라고 부른다고 하면서, 권리는 「자신의 (자유로운)의사가 지배하는, 그리고 그에 대한 사회의 동의가 주어진 영역」이라고 정의하였다.[3] 사뷔니의 이러한 권리개념은

1) 이러한 작업의 대표적 학자는 도넬루스로서, 그는 소는 각 주관적 권리에게 주어진 법적수단, 즉 각 사권의 보호에 봉사하는 수단(remedium Iuris)이라고 하여, 사법을 소의 체계가 아니라 실체적 권리의 체계로 구축하고자 하였다.

2) 자연법이론은 권리의 본체를 인격의 자유로 이해하였으며, 사법적 법률관계는 각 개인의 권리의 상호 대립관계로 파악하였다. 그리고 각 개인의 권리는 오직 권리자의 자유로운 행위를 통해서만 변경될 수 있다고 하였다.

3) 개인의 자유라는 관점에 입각한 이러한 권리의 정의는 그의 법 자체의 본질에 대한 견해와 부합하는 것이다. 즉 Savigny는 법은 「각 개인의 의사에게 그것이 다른 어떤 자의 의사에도 구속받지 않고 지배할 수 있는 범위를 배분하는 것」이라고 하여, 법의 본질은 각인에게 도덕적 율법을 지시하는 데 있는 것이 아니고, 각인에게 그의 자유의 영역을 확보해 주는 데 있다고 하였다. 그의 이러한 법개념 · 권리개념은 자연법사상 그리고 특히 칸트의 법철학에 영향을 받은 것으로서, 그는 이러한 사고에 기하여 사법(민법)을 권리를 중심으로 구성하였다. 그는 또한 위와 같은 권리개념을 토대로 하여, 「人」이란 이러한 권리를 가질 수 있는 주체라고 하여 권리능력이라는 개념을 정립하였다. 따라서 그는 일응 권리능력이란 개념을 탈인격화 · 법기술화시켰으나, 그의 인 개념에는 도덕적으로 자유로우며 책임질 수 있는 존재라는 의미(철학적 인개념)가 담겨 있었다. 이런 점에서 그는 이러한 인개념이 인적 결합체에 차용되는 것에 대하여 부정적 태도를 취하여, 법인에 관하여 소위 법인의제설을 취하였던 것이다(후술 [240] 참조).

그 후 소송법과 실체법의 분리를 완결시킨 빈트샤이트에 의하여 계승되어, 위와 같은 의사설이 제기되었다. 그런데 그 후 법을 서로 대립하는 이익 중 어느 쪽을 더 보호할 것인가에 대한 가치판단으로 파악하는 이익법학이 등장하였으며, 이의 대표적 학자인 예링은 권리개념에 관하여 위와 같은 이익설을 제기하였다.

이와 같은 권리의 개념은 권리 중 가장 중요한 소유권을 염두에 두고 논의된 것인데, 실체적 권리체계의 완성과 함께 다양한 형태의 권리가 등장하면서, 모든 형태의 권리에 들어맞는 定義로서 권리법력설이 많은 지지를 얻게 되었던 것이다.

[58] (2) 권리유사 개념

(가) 반사적 이익 등 권리는 법에 의하여 특정인에게 부여된 힘이므로, 법규로부터 반사적으로 얻는 이익이나, 법규에 의한 일반적 허용은 권리가 아니다. 예컨대 법규에 의하여 목욕탕 영업은 기존의 목욕탕과 일정한 거리를 두도록 된 경우에, 이미 목욕탕 영업을 하는 갑은 위 법규에 의하여 일정한 반사적 이익(일정 거리에서 독점적으로 목욕탕 영업을 할 수 있는 이익)을 가지나, 그에게 그 지역에서 독점적으로 목욕탕 영업을 할 힘이 허용된 것은 아니다. 따라서 갑의 목욕탕 옆에 을이 새로이 목욕탕 영업을 하려는 경우에, 갑은 을에 대하여 목욕탕 영업의 금지를 소구할 수는 없는 것이다. 또 평화스럽게 길을 산책하는 것이 허용되어 있다고 하더라도 그것이 산책할 권리인 것은 아니다.

(나) 권한 · 권능

(a) 권능은 권리의 내용을 이루는 각개의 법률상의 힘을 말한다. 예컨대 소유자는 소유물을 마음대로 사용하거나 수익하거나 처분할 수 있는데, 이때 소유권은 권리이고, 여기에 담겨진 사용권 · 수익권 · 처분권 등이 권능이다. — 다만 물권에서는 소유권 등 각종의 물권이 하나의 포괄적 · 통일적인 권리가 되고, 사용권 · 수익권 · 처분권 등은 그로부터 나오는 개별적 권능에 불과한 것으로 파악되나, 채권에서는 그에 담긴 개개의 권능이 곧 독립한 하나의 채권으로 파악된다. 즉 예컨대 매매계약에 기해서 매도인은 대금채권을 가지며, 이에 기하여 매수인의 채무이행시까지 자신의 이행을 거절하는 권능, 매수인의 채무불이행시 손해배상을 청구하는 권능, 상계로 채권을 소멸시키는 권능 등을 가지는데, 이러한 각종의 권능이 곧 하나의 권리로 파악된다(예: 동시이행의 항변권, 손해배상청구권, 상계권 등). 이와 같이 권리마다 그 내포에 차이가 있는바, 이러한 점은 권리와 권능의 구별을 어렵게 만든다.

(b) 권한이란 타인을 위하여 일정한 행위를 하고 그로 인한 법률효과를 그 타인에게 발생케 할 수 있는 법률상의 자격을 말한다. 대리인의 대리권, 법인의 이사의 대표권 등이 이에 해당한다. 이때 권한을 가지는 자는 이의 행사에 의하여 스스로 어떠한 이익을 얻는 것이 아닌 점에서 권리와 차이를 가진다. 달리 말하면 권리는 이익을 요소로 하므

로, 어떤 행위를 할 수 있지만 그 행위가 자신에게 아무런 이익을 주지 않는 것은 권리가 아니다(이는 뒤에서 살핀다([698])).

(다) 끝으로 권리는 구체적으로 어떠한 것을 할 수 있는 힘이므로, 단순한 법적 지위(예: 권리능력 · 행위능력. 대리권도 이에 해당한다)는 권리가 아니다.

(3) 특수한 문제 [59]

(가) 권리는 힘을 요소로 하므로, 권리가 방해당하는 때(물권의 침해 또는 채무불이행)에는 소에 의하여 권리를 실현할 수 있어야 한다. 그러나 이 점에 관해서는 예외가 있어서, 소에 의해서 구제될 수는 없으나 역시 권리로 인정되는 예가 있다. 그러한 것을 소위 불완전채권이라고 한다(이의 상세는 채권총론 [85] 이하).

(나) 권리는 법에 앞서 존재하는 것인가, 아니면 법이 권리에 앞서 존재하는 것으로서 법이 개인 또는 단체에게 권리를 부여 혹은 인정한 것인가? 자연법적 사회계약론은 전자의 입장을 취하였다. 그러나 법실증주의는 후자의 입장을 취한다. 그 밖에 양자는 동시에 존재한다는 견해도 있다(기르케, 예링 등이 이러한 입장이다). 그런데 흥미로운 것은, 외국어 중에는 법을 뜻하는 단어와 권리를 뜻하는 단어가 동일한 경우가 있다는 점이다. 독일어에서의 Recht와 프랑스어에서의 droit가 그 예이다(그리하여 독일에서는 법을 objectives Recht라고 하고, 프랑스에서는 법을 droit objectif라고 한다). 이는 법과 권리는 동시적인 것이라는 일반적 법사상을 보여주는 것은 아닐까?

(다) 사회에서 발생하는 구체적인 법률분쟁은 권리의 존부 혹은 그 내용을 둘러싸고 일어난다. 즉 일방이 일정한 권리를 가진다고 주장하는 데 대하여 타방이 그러한 권리를 부인하면서 분쟁이 생기는 것이다. 그러므로 권리의 존부와 내용의 확정은 법률분쟁을 해결하는 관건을 이룬다. 달리 말하면 법률적 분쟁은 바로 권리의 존부나 내용에 의하여 결정된다. 그런데 권리의 존부나 내용은 시대와 사회에 따라서 달라진다. 예컨대 과거에는 갑의 건물로 인하여 이웃 을의 건물에 드는 햇빛이 상당히 차단되는 경우에 을에게 손해배상청구권이 인정되는 경우가 없었으나(어쩌면 과거에는 그러한 방해가 거의 없었기 때문에 그럴 것이다), 근래에는 을의 그러한 청구권이 인정되고 있다(보다 상세한 설명은 채권각론 [946] 참조). 그리하여 「일조권」이라는 전에는 알지 못했던 새로운 형태의 권리가 생겨나게 되었다. 그 외에 성명권이나 사생활권(소위 프라이버시권) 등도 근래 새롭게 형성되는 권리라고 할 수 있다(채권각론 [936], [937] 참조).

2. 의 무 [60]

(1) 의무란 법률상의 구속, 즉 의무자의 의사 여하를 불문하고 반드시 따라야 하는 것으로 법에 의하여 강요되는 것을 말한다. 따라서 의무를 이행치 않는 경우에는 일정한 제재(손해배상의무 혹은 강제집행)가 가해진다.

법에 의하여 이익이 부여되는 것이 권리라면, 그에 대응하여 법에 의하여 구속을 받는 것이 의무이다. 그러므로 의무는 권리와 서로 대립하여 존재하는 것이 보통이다. 그러나 대립하는 권리가 없는 의무도 있고(예: 공고의무(88조, 93조), 등기의무(50조~52조, 85조, 94조) 등. 또 불법행위요건으로서의 과실은 주의의무를 전제로 하는 것인바, 이러한 주의의무), 반대로 대립하는 의무가 없는 권리도 있다(예: 취소권 · 해제권 · 추인권 등과 같은 형성권).

의무의 내용은 적극적으로 일정한 행위를 하는 것(작위의무) 혹은 소극적으로 일정한 행위를 하지 않는 것(부작위의무)이며, 그러한 행위에는 사실적인 행동 자체(노무의 제공) · 사실적인 결과의 발생(물건의 제작) · 법률적 결과의 발생(물건에 대한 소유권의 이전) 등이 있다.

[61] (2) 의무와 구별되는 것으로서 책무(Obliegenheit)가 있다.[4] 이는 일정한 행동을 할 것이 요구되나, 상대방이 그에 상응하여 그러한 행동을 할 것을 요구할 권리를 가지지는 않는 것이다. 따라서 이의 불이행의 경우에 손해배상의무 혹은 강제집행이 가해지지는 않고 단지 책무자가 법적 불이익을 받거나 유리한 지위를 상실당할 뿐이다. 결국 책무자는 법적 불이익을 피하려면 이를 행해야 하는 것이다. 이의 예로는 승낙연착의 통지(528조)가 있다. 즉 청약자는 그러한 통지를 할 의무를 지지는 않으나, 만약 이를 하지 않는 경우에는 일정한 불이익을 입는바, 청약자는 따라서 이러한 통지를 할 책무를 지는 것이다(채권각론 [34] 참조).

제 2 절 권리의 분류

[62] ### Ⅰ. 지배권 · 청구권 · 형성권 · 항변권

1. 분류방법

권리는 여러 가지 기준에 따라서 분류할 수 있다. 이 중에서 가장 일반적으로 행해지는 기본적 분류는 권리의 작용인 「법률상의 힘의 차이」를 기준으로 한 지배권 · 청구권 · 형성권 · 항변권 등의 분류이다. 그런데 청구권은 원래 단순한 권능에 불과할 뿐만 아니라, 때로는 지배권으로부터 분출되기도 한다. 그리고 항변권은 일종의 형성권이다. 그러므로 위의 각 권리는 법률상의 힘에 차이가 있기는 하지만, 같은 평면에서 동일한 기준에 따라 구별한 것이라고는 할 수 없을 것이다. 다만 이러한 4개의 권리는 가장 기본적인 권리의 형태이므로, 이를 먼저 개별적으로 살피고, 다음으로 각 기준에 의한 권리의 분류를 살핀다.

4) 학자에 따라서는 이를 간접의무라고도 한다(곽윤직, 98면).

독일에서는 — 물론 독일에서도 학자에 따라 분류방법이 다양하지만 — 기본적인 권리의 분류로 일반적으로 지배권과 형성권을 나누고, 청구권은 이와 차원을 달리하는 것으로서 별도로 분류한다.[1] 그리하여 사람을 객체로 하는 권리가 지배권의 하나로 인정되기도 한다. 그러나 사람을 지배권의 객체로 인정하는 것은 우리의 언어감각으로는 생소하다. 이런 점에서 독일에서의 분류방법이 적절한지는 의문이다. 보다 적절한 권리의 분류방법은 더 연구하기로 한다.

2. 지 배 권 [63]

(1) 의의 및 효력 지배권(Herrschaftsrecht)이란 타인의 행위를 개재시키지 않고 일정한 객체에 대하여 직접 지배력을 발휘할 수 있는 권리이다.

(가) 지배권의 효력으로는 대내적 효력과 대외적 효력이 있다. 전자는 객체에 대한 직접적 지배력을 말하고, 후자는 제3자는 권리자의 지배를 침해해서는 안 된다는 효력을 말한다. 전자의 면으로서 예컨대 소유자는 소유물을 마음대로 사용 · 수익 · 처분할 수 있으며, 후자의 면으로서 소유자는 지배상태를 방해하는 모든 자에 대하여 방해제거를 청구할 수 있으며, 위법한 침해에 대하여 손해배상청구권을 가진다.

(나) 객체에 대한 직접적인 지배력이 있다면, 그러한 권리는 누구에 대해서도 주장할 수 있을 것이다. 이런 점에서 지배권은 절대권의 성질을 가진다.

(다) 하나의 객체에 관해서는 동일한 이익 내지 내용을 가지는 지배권이 오직 하나만 성립할 수 있다. 그러므로 지배권은 배타성을 가진다. 즉 예컨대 소유권은 사용가치와 교환가치를 모두 지배하는 권리이므로, 하나의 물건에는 오로지 하나의 소유권이 성립한다. 물건의 사용가치를 지배하는 용익물권도 마찬가지이다. 그러나 교환가치를 지배하는 저당권은 하나의 물건의 교환가치 중 일부분(저당 채권액)만을 지배하는 것이므로 하나의 물건에 여러 개의 저당권이 성립할 수 있다. 다만 수개의 저당권 간에는 순위가 있어서, 후에 성립한 저당권은 전에 성립한 저당권이 지배하고 남은 교환가치만을 지배한다.

(2) 종 류 재화를 객체로 하는 지배권으로는 다음과 같은 것이 있다(그 외에 사람을 객체로 하는 것(예컨대 권리자 자신을 객체로 하는 인격권, 다른 사람을 객체로 하는 부부 사이의 권리, 친권자의 자녀에 대한 권리 등)은 지배권의 범주에 포함시키지 않는다. 다만 그렇게 하게 되면 이러한 권리는 지배권 · 청구권 · 형성권 · 항변권의 어느 것에도 속하지 않게 되어, 이와 같은 권리의 분류가 타당한가 하는 의문을 낳게 한다).

(가) 물건을 객체로 하는 것 물권이 이것이다. 물권의 가장 대표적인 것은 물론 소유권이지만, 그 밖에 지상권 · 지역권 · 전세권 · 유치권 · 질권 및 저당권이 있고, 점유권도 이에 속한다.

(나) 무체물을 객체로 하는 것 이는 *精神的 勞作物*에 대한 권리이다. 저작권 및 특허권 · 실용신안권 · 상표권 · 의장권과 같은 공업소유권 등이 이에 해당한다. 이러한

1) 독일에서의 학설에 관하여는 김증한, 권리의 개념과 분류에 관한 약간의 고찰, Fides, 12(1966); 동, 권리의 개념과 분류, 법정 22권 5호(203호)(1967. 5.), 8면 이하.

권리를 무체재산권이라 한다.

[64] ### 3. 청 구 권

(1) 의 의 청구권(Anspruch)이란 특정인이 다른 특정인에 대하여 일정한 행위(급부)를 요구하는 권리이다.

청구권은 어떤 실질적인 권리를 기초로 하며, 그러한 권리로부터 분출되거나 또는 그러한 권리의 내용을 이루는 것이다. 즉 어떤 실질적인 권리 없이 청구권이 독립하여 존재할 수는 없다.[2] 예컨대 소유권은 그 자체 지배권이나, 타인에 의하여 지배상태가 침해된 경우에 그 소유권으로부터 물권적 청구권이라는 청구권이 분출되어 나온다. 또 매도인의 대금채권이 이행기에 달하면 대금청구권이 나오고, 그 후 매수인의 채무불이행이 있으면 손해배상청구권이 나온다. 그 외에도 친족권에서 유아가 타인의 지배하에 있는 경우에 유아인도청구권이, 상속권이 침해된 경우에 상속회복청구권이, 인격권이 침해된 경우에 손해배상청구권이 나온다. 그리고 청구권은 이와 같이 그 기초가 되는 권리와 불가분적으로 결합되어 있기 때문에, 기초가 되는 권리와 분리해서 청구권만을 양도하지는 못한다.

(2) 청구권과 채권과의 관계 이와 같이 청구권은 다른 권리로부터도 나오는 것이기 때문에 「청구권=채권」이 아니라는 점은 명백하다. 또한 청구권은 권리의 작용에 착안한 개념이나 채권은 권리의 내용에 착안한 개념이므로, 양자가 동일한 것일 수는 없다. 그런데 채권은 청구권을 본질적 요소로 하며, 나아가 채권은 — 물권과는 달리 다양한 권능이 총체적으로 하나의 채권으로 포괄되지 않고 개개의 권능이 독립적인 하나의 권리(채권)로 파악되기 때문에 — 하나의 청구권만으로 이루어진 경우가 많다. 그리하여 「채권=청구권」으로 생각하기 쉽다. 그러나 매도인의 대금채권을 예로 해서 보면, 매도인은 대금청구권 이외에도 급부를 수령하고 보유할 수 있는 권능, 이의 불이행시에 강제집행을 구하는 권능, 그리고 때로는 동시이행의 항변권을 가진다. 더욱이 아직 이행기가 도래하지 않은 상태에서는 매도인은 대금지급채권을 가지지만 청구권을 가지지는 않는다. 이러한 점을 생각하면 채권=청구권이 아님을 보다 분명히 이해할 수 있다.

이러한 관계는 「지배권=물권」이 아닌 것과 마찬가지이다. 즉 지배권을 내용으로 하는 것으로는 물권뿐만 아니라 다른 권리(예: 무체재산권)도 있으며, 반면에 물권에는 지배적 권능 이외에도 청구적 권능도 수반된다. 또한 지배권은 권리의 작용에 착안한 개념이고 물권은 권리의 내용에

2) 이런 점에서 독일에서는 청구권을 하나의 권리로 볼 것인가 하는 점이 다투어진다. 학설의 내용에 관하여는 김증한, 전게서 참조.

착안한 개념이므로, 양자가 동일한 것일 수는 없다. 그런데 물권에서는 언제나 지배권 이외에도 다양한 권능이 존재하기 때문에 물권=지배권이 아님을 쉽게 알 수 있음에 반하여, 채권에서는 그 내용이 1개의 청구권인 경우가 많기 때문에 채권=청구권으로 오해할 가능성이 많은 것이다.

(3) 주의할 것은, 청구권이라는 말로 칭해지나 그 실질은 청구권이 아니라 형성권인 것이 있다는 점이다. 그러한 것으로 우선 지상권소멸청구권(287조) · 전세권소멸청구권(311조) · 공유물분할청구권(268조) · 지료증감청구권(286조) · 지상물매수청구권(283조 2항, 285조 2항) · 부속물매수청구권(316조, 646조, 647조) · 매매대금감액청구권(572조) · 차임증감청구권(627조) 등이 있다. 즉 위의 권리 중 예컨대 지상물 혹은 부속물의 매수청구권을 보면, 이는 상대방에 대하여 어떤 행위를 해 달라고 청구하는 것이 아니며, 그 청구권의 행사만으로 곧 — 상대방의 승낙을 요하지 않고 — 매매관계가 성립한 것과 동일한 법률관계를 발생시키는 것이므로, 이는 형성권인 것이다.

4. 형 성 권 [65]

(1) 형성권(Gestaltungsrecht)은 권리자의 일방적인 의사표시에 의하여 법률관계의 변동, 즉 이의 발생 · 변경 · 소멸을 일어나게 하는 권리이다.

(2) 이는 그 효과에 따라서 ① 권리를 취득 내지 발생시키는 것(지상물매수청구권 · 차임증감청구권 등), ② 권리를 소멸시키는 것(취소권 · 해제권 · 해지권 · 상계권 등), ③ 권리의 작용을 변경시키는 것(항변권. 이에 관하여는 뒤에서 다시 한번 설명한다), ④ 권리의 내용을 변경시키는 것(선택채권에서의 선택권, 기한을 도래시키기 위한 최고권) 등이 있다.

(3) 형성권에는 권리자의 의사표시만으로 효력이 생기는 것과, 법원의 재판에 의하여 비로소 효력이 생기는 것이 있다. 무능력자의 법률행위에 대한 법정대리인의 동의권(5조, 10조) · 법률행위의 취소권(140조 이하) 혹은 추인권(143조 이하) · 계약의 해제권 및 해지권(543조 이하) · 약혼해제권(805조) · 재산상속포기권(1041조) 등은 전자의 예이다. 후자는 당사자 혹은 제3자에게 미치는 법률효과가 지대하여 권리의 발생요건의 존부를 법원의 판단에 의하도록 하려는 취지에 기한 것으로서, 채권자취소권(406조) · 친생부인권(846조) · 혼인취소권(816조 이하) · 재판상이혼권(840조) · 입양취소권(884조 이하) · 재판상파양권(905조) 등이 이에 해당한다(그 외에 상법상의 주식회사결의취소(동법 376조), 결의무효 및 부존재확인(동법 380조) 등도 이에 해당한다). 이 경우의 판결은 형성판결이다.

5. 항 변 권 [66]

(1) 항변권(Einrede)은 청구권의 행사에 대하여 그 작용을 저지하는 효력을 가지는 권리이다. 즉 상대방의 권리를 부인하거나 변경 · 소멸시키는 것이 아니라, 상대방의 권리의 존재를 승인하면서 그 권리의 작용에 일방적인 변경을 일으키는 것이다(다만 영구적 항변권은 실질적으로 소멸시키는 것과 차이가 없다). 이런 점에서 항변권은 특수한 형성권이다.

항변권은 이와 같이 상대방의 권리의 존재를 전제로 한다. 따라서 권리의 성립을 방해하거나 이를 소멸케 한 사실을 주장하는 것은 항변권의 행사가 아니다.

항변권의 행사 여부는 항변권자의 의사에 달려 있다. 따라서 항변권은 권리자에 의하여 주장 · 원용되어야 비로소 법원이 이를 고려할 수 있다. 항변권의 원용은 소송상 하는 것이 보통이다. 그러나 반드시 소송상 행해져야 하는 것은 아니고, 소송외에서도 원용될 수 있다. 따라서 소송외에서 원용되었음이 입증되면 법관은 이를 고려할 수 있다.

(2) 항변권은 상대방의 권리행사를 무력화시키는 것인바, 그것을 일시적으로 무력화시키느냐 또는 영구히 무력화시키느냐에 따라서 연기적 항변권과 영구적 항변권으로 구별된다.

(가) 연기적항변권은 상대방의 권리행사를 일시적으로 무력화시키는 것이다. 예컨대 기한유예의 항변권, 동시이행의 항변권(506조), 보증인의 최고 · 검색의 항변권(437조) 등이 이에 해당한다.

(나) 영구적항변권은 상대방의 권리주장을 항구적으로 배제하는 것이다. 소멸시효가 원칙적으로 청구권에 관해서만 인정되고 있는 법제하에서는 소멸시효의 항변권이 이에 해당한다(우리 민법상 소멸시효 완성의 효과가 무엇이냐에 관해서는 다툼이 있느나, 어느 견해에 의하건 시효의 원용에 의하여 권리자체가 소멸한다([974] 이하 참조)). 또 실효의 원칙에 의하여 권리가 실효되었다는 항변권 역시 마찬가지이다. 이 항변권의 행사에 의하여 상대방의 권리 그 자체가 소멸하는 것은 아니고, 소송상 실현할 수 없는 권리(자연채무 혹은 불완전채무)로 남는다.

[67] (3) 구별할 것

(가) 이 의 異議(Einwendung)는 넓게는 타인의 행위에 대하여 반대 또는 불복의 의사를 표시하는 뜻으로 쓰인다(451조, 639조, 706조). 그러나 좁게는 상대방의 권리를 부인하는 것, 즉 그 권리가 발생하지 않았거나 혹은 발생하였으나 이미 소멸하였다고 주장하는 것이다. 이런 점에서 「권리부정의 항변」이라고도 불린다. 항변권이 상대방의 권리의 존재를 승인하면서 그 작용을 저지시킬 뿐인 것과 차이가 있다. 그리고 항변권은 권리자가 이를 원용하지 않는 한 법관은 이를 고려할 수 없다. 이에 반하여 이의가 없더라도 법관은 직권으로 권리의 불발생 또는 소멸 여부을 고려해서 판단해야 한다.[3)]

이러한 이의는 다음과 같이 나뉜다.

(a) 권리장애의 이의(leugnende od. rechtshindernde Einwendung) 이는 상대방의 권리가 외형상으로는 성립하였으나 실제로는 그 유효요건이 갖추어지지 않아 권리가 발생하지 않았음을 주장하는 것이다. 예컨대 외형상 매매계약이 체결된 것은 사실이지

---

3) 실체법상의 항변권과 소송법상의 항변에 관해서는, 김상일, 항변(Einwendung)과 항변권(Einrede), 비교사법 8권 1호(통권 14호)(2001), 121면 이하; 김영희, 항변과 항변권, 민사법학 42호(2008), 43면 이하.

만, 이 매매계약은 사회질서에 반하는 것으로서 무효라고 주장하는 경우이다.

(b) 권리소멸의 이의(rechtsvernichtende Einwendung) 이는 권리가 발생하였지만 나중에 그것이 소멸하였다고 주장하는 것이다. 예컨대 소비대차계약이 유효하게 체결되었으나, 차용금을 이미 반환함으로써 차용금반환청구권이 이미 소멸하였다고 주장하는 경우이다.

(나) **민사소송법상의 항변** 이는 민사소송법상 방어방법의 일종으로서, 상대방의 신청 또는 주장의 단순한 부인이 아니고, 상대방의 신청 또는 주장을 배척하기 위하여 별개의 사항을 주장하는 것이다. 이에는 실체법상의 효과와 관계없는 이른바 소송상의 항변(소송요건 흠결의 항변, 증거항변)과 실체법상의 효과와 관계있는 항변이 있다. 앞서 말한 권리장애의 이의 혹은 권리소멸의 이의를 주장하는 것이 후자의 항변이다.

Ⅱ. 기타의 분류 [68]

1. 재산권 · 인격권 · 가족권 · 사원권

이는 권리의 내용인 이익을 기준으로 분류한 것이다.

(1) 재 산 권 이는 재산적 이익을 내용으로 하는 권리이다. 물권 · 채권 · 무체재산권 등이 이에 속한다. 전 2자는 뒤에서 살피고 여기에서는 무체재산권만을 살펴보면, 이는 저작 · 발명 등의 정신적 · 지능적 창조물을 독점적으로 이용하는 것을 내용으로 하는 권리이다. 특허권 · 실용신안권 · 의장권 · 상표권 · 저작권 · 프로그램저작권 등이 이에 속한다. 이러한 권리에 관하여는 특별법이 있다.

무체재산권 역시 지배권 · 절대권으로서, 대내적으로는 객체를 자유로이 사용 · 수익하는 효력과 대외적으로는 어떠한 자에 대하여도 권리자의 지배상태를 침해해서는 안 된다는 효력을 가진다. 따라서 이의 침해에 대하여는 방해배제청구권과 손해배상청구권을 가진다.

(2) 인 격 권 이는 권리의 주체와 분리할 수 없는 인격적 이익의 향수를 내용으로 하는 권리이다. 구체적으로는 생명 · 신체 · 정신의 자유에 대한 권리 등을 그 내용으로 한다. 정신적 자유에 대한 권리에는 명예 · 신용 · 정조 · 성명 · 초상 · 학문이나 예술에 의한 창작 · 사생활 등의 보호가 포함된다. [69]

이러한 인격권이 침해된 경우에는 피해자는 침해제거를 청구할 수 있는 외에, 그로 인하여 입은 손해의 배상을 청구할 수 있다.

인격권은 자연인 이외에 법인도 — 그 성질이 허용하는 한에서 — 가진다(예컨대 명예권 또는 신용권, 성명권 등). 死者도 인격권을 가지는가? 사자의 인격 역시 존중되어야 하며, 비록 사후에도 그 자에 대한 왜곡적인 표현은 허용될 수 없다고 할 것이다. 따라서 사자 역시 인격권을 가진다고 할 것이다.[4)]

인격권은 그 내용을 명확히 규정하기 어려우며 또 그 경계가 불분명하다는 특성을 가진다. 특히 후자의 점은 사생활의 보호라는 인격권에 있어서, 타인의 표현의 자유와 충돌하는 경우에 그러하다. 추상적으로 말한다면, 이를 알리는 것이 공공의 정당한 이익을 위하여 필요한가 하는 점이 인격권의 경계를 긋는 기준이 된다고 할 수 있다.

독일민법은 단지 성명권에 관하여 규정을 두고 있다(동법 12조). 인격권에 관하여 가장 포괄적인 규정을 둔 것은 스위스민법이다. 동법은 「자신의 인격적 관계에 관하여 부당하게 침해를 받은 자는 그 방해의 제거를 소구할 수 있다」(28조 1항)고 규정한다. 이에 반하여 우리 민법은 인격권에 관한 규정을 전혀 두고 있지 않다.

인격권이 침해되는 예로는 전화나 서신의 도청·盜信, 타인의 사진의 무단사용, 개인의 사생활이나 신용 등에 관한 허위사실의 유포 등이 있다. 특히 언론에 의해서까지 공공연히 행해지는 경우로는 강제로 피의자의 얼굴을 공개(그것도 강제로 얼굴을 쳐들어서)하는 경우이다. 오늘날에 특히 문제되는 것은 개인의 인적 사항에 관한 정보가 무단히 유출되는 경우이다.

[70] (3) 가 족 권 이에는 친족권과 상속권이 있다. 전자는 친족관계에서의 일정한 지위에 따르는 이익을 향수할 것을 내용으로 하는 권리이다. 후자는 사망한 사람의 재산을 포괄적으로 승계받는 권리이다. 친족권은 의무적 색채가 강하다는 특색을 가진다. 상속권은 일정한 가족관계가 있는 자에게 권리가 주어진다는 점에서 가족권으로 분류되나, 재산적 이익을 주된 내용으로 한다(이전에는 재산의 상속 이외에 호주의 상속이 있었으나, 민법개정(2005. 3. 31.)으로 폐지되었다).

[71] (4) 사 원 권 단체의 구성원이 그 구성원이라는 지위에 기하여 단체에 대하여 가지는 권리를 통틀어서 사원권이라고 한다. 민법의 사단법인에서의 사원의 권리, 주식회사에서의 주주의 권리 등이 그 예이다. 이는 법인 부분에서 살핀다([315]).

[72]

2. 절대권·상대권

이는 권리에 대한 의무자의 범위를 표준으로 한 분류이다.

(1) 절대권은 특정인에 대한 권리가 아니고, 따라서 모든 사람에게 주장할 수 있는 권리로서 「對世權」이라고도 한다. 이에 대하여 상대권은 특정인을 의무자로 하여 그 자에 대해서만 주장할 수 있는 권리이며, 「對人權」이라고도 한다. 절대권은 지배권의 당연한 속성이다. 왜냐하면 지배권은 객체에 대한 배타적 지배를 내용으로 하는 것으로서 누구에게나 주장할 수 있기 때문이다. 그러므로 물권·무체재산권 등과 같은 지배권은 절대권에 속한다. 반면에 청구권은 특정인에 대하여 일정한 행위를 요구하는 것이므

4) 독일의 판례는 이를 인정하여, 사자의 인격이 침해된 경우에 가장 근친의 친족에게 금지청구권을 인정한다(BGHZ 15, 259; 50, 133(소위 Mephisto사건)).

로, 상대권은 청구권의 당연한 속성이다. 그러므로 채권은 상대권에 속한다.

(2) 절대권은 모든 사람에 대하여 주장할 수 있는 것이기 때문에, 권리의 존재를 공시할 것이 요청된다. 물권에서 공시의 원칙이 지배하는 것은 이 때문이다. 채권에 관해서는 일반적으로 공시방법이 요구되지 않지만, 예외적으로 채권에 제3자에 대한 대항력을 인정하기 위해서는 공시방법이 갖추어져야 한다. 부동산임차권이 등기된 경우에 제3자에 대한 대항력을 가지는 것이 그 대표적 예이다(621조, 임차권의 물권화).

(3) 절대권 · 상대권은 특히 제3자에 의하여 그 권리가 침해된 경우에 차이를 나타낸다. 즉 예컨대 절대권인 소유권이 침해된 경우에(예: 갑의 토지 위에 을이 무단히 들어온 경우), 소유자는 그 침해자가 누구이든 방해제거를 청구할 수 있다. 또 그러한 침해는 위법하고(왜냐하면 소유권은 모든 자에게 주장할 수 있으므로), 침해자에게 과실이 인정되므로(왜냐하면 절대권은 권리의 존재가 공시되어 있으므로), 침해행위는 통상 불법행위가 되어 소유자는 손해배상을 청구할 수 있다. 이에 반하여 상대권인 채권이 침해된 경우에, 채권자는 스스로 방해제거를 청구할 수 없다(예컨대 갑이 을로부터 토지를 매입하였으나 아직 이전등기하지 않은 상태에서 병이 그 토지를 침입하여 무단히 사용하는 경우에, 갑은 직접 병에 대하여 방해제거를 청구할 수 없고 단지 을에게 병의 방해를 제거해 줄 것을 청구할 수 있을 뿐이다). 또 그 침해행위는 특별한 사정이 없는 한 불법행위가 되지 않아 채권자는 손해배상을 청구하지 못한다(채권을 침해하는 것은 일반적으로 위법성이 없을 뿐만 아니라, 갑의 채권의 공시가 없으므로 병에게 과실이 인정되지 않기 때문이다). 다만 근래에는 물건의 점유를 내용으로 하는 채권(특히 임차권)에서는 방해제거청구권이 인정되기도 하고, 또 채권의 침해도 위법하고 고의가 인정되어 불법행위로 되는 경우가 있다(채권총론 [98] 이하 참조).

3. 물권 · 채권 [73]

양자는 모두 재산권의 일종이나, 물권은 물건을 직접으로 지배하는 것을 내용으로 하는 권리이고, 채권은 특정인(채권자)이 다른 특정인(채무자)에 대하여 일정한 행위(급부)를 요구하는 것을 내용으로 하는 권리이다.

양자는 재산적 이익을 내용으로 하는 점에서 동일하나, 권리의 주된 작용 및 의무자의 범위 등에 있어서 각기 지배권 · 절대권, 청구권 · 상대권이란 점에서 차이를 가진다. 또 배타성 유무에 차이를 가진다. 그리고 양자의 이러한 차이로부터 물권에서는 권리의 존재를 공시할 것이 강제되나, 채권에서는 그렇지 않다. 그 외에 권리가 충돌하는 경우에 그러한 권리 간에 순위가 있는지 여부에서도 차이를 가진다. 이 점은 후술한다([102]).

물권 · 채권의 구별은 민법에서 가장 기본적인 권리의 분류이나, 앞서 다룬 각종의 권리의 구별(지배권 · 청구권, 절대권 · 상대권)을 통하여 그 차이가 설명되었으므로, 여기에서는 설명의 중복을 피하기로 한다.

[74] ### 4. 일신전속권 · 비전속권

(1) 이는 권리와 그 주체와의 긴밀의 정도를 표준으로 하는 것으로서, 一身專屬權은 권리의 성질상 타인에게 귀속될 수 없는 것, 즉 양도 · 상속 등으로 타인에게 이전할 수 없는 권리를 말한다. 비전속권은 타인에게 귀속될 수 있는 것, 즉 양도성과 상속성이 있는 권리를 말한다. 가족권 · 인격권 등과 같은 비재산권은 일신전속권이다. 재산권은 원칙적으로 비전속권이다(449조 참조). 다만 예컨대 일정한 노무를 할 것을 내용으로 하는 채권에서는 그 일을 하는 자가 누구이냐가 중요한 의미를 가지므로, 예외적으로 일신전속권으로 된다(그 외에 임차권, 종신정기금채권 등도 그러하다).

(2) 일신전속권은 통상적으로 이와 같이 타인에게 귀속될 수 없는 권리, 즉 「귀속상의 일신전속권」을 뜻하나, 그 외에 권리자 이외의 타인에 의하여 대신 행사될 수 없는 권리인 「행사상의 일신전속권」도 존재한다. 친권이 이에 속한다. 이러한 권리는 채권자대위권의 객체가 될 수 없다.

[75] ### 5. 주된 권리 · 종된 권리

다른 권리에 대하여 종속관계에 서는 권리, 즉 다른 권리를 기초로 하여 존재하고 따라서 그 권리가 소멸되면 아울러 소멸되는 권리를 「종된 권리」라고 하고, 이에 대하여 그 종된 권리가 의존하게 되는 권리를 「주된 권리」라고 한다. 원본채권과 이자채권, 주채무자에 대한 채권과 보증인에 대한 채권 등이 각기 주된 권리 · 종된 권리이다. 그 외에 저당권도 피담보채권에 대하여 부종성을 가지므로 이에 준한다고 할 수 있다.

[76] ### 6. 기성의 권리 · 기대권

권리발생요건 중 중요부분은 갖추어졌으나 아직 일부가 갖추어지지 않은 경우에, 장차 남은 요건이 갖추어지면 권리를 취득할 수 있다는 현재의 기대상태에 대하여 법이 주고 있는 보호를 「기대권」이라고 한다. 이에 대하여 권리의 발생요건이 모두 갖추어져 성립한 권리를 「기성의 권리」라고 할 수 있다. 어떠한 경우에 기대권이 인정되느냐에 관하여는 다툼이 있으나, 적어도 조건부 혹은 기한부 법률행위에서 생기는 조건부 권리(148조, 149조) 혹은 기한부 권리(154조), 소유권유보부 매매에서의 매수인의 지위 등을 기대권으로 인정하는 데는 거의 이견이 없다. 또 상속개시 전의 추정상속인의 지위도 마찬가지이다. 특히 문제되는 것은 부동산을 매수하고 인도받아 점유하고 있으나 아직 이전등기를 하지 않은 부동산매수인의 지위를 기대권으로 인정할 것인가 여부이다. 이는 물권법에서 상술한다(물권법 [126] 이하).

제 3 절 권리의 행사와 그 한계

I. 서 설 [77]

1. 권리의 행사

(1) 의 의 어떤 자가 권리를 가지고 있다는 것은 단지 이를 행사하여 일정한 이익을 얻을 잠재적인 가능성으로서의 힘을 가지고 있다는 것을 의미한다. 권리자가 그 내용인 이익을 실제로 향수하기 위해서는 이 잠재적인 힘을 현실화하는 과정이 필요하다. 이를 현실화하여 권리의 내용인 이익을 실제로 향수하는 것이 권리의 행사이다.

(2) 모 습 권리행사의 모습은 권리의 종류에 따라서 다르다.

(가) 소유권 기타의 물권에서는 권리의 객체인 물건을 직접 지배하는 것으로 나타난다. 소유자가 목적물을 점유하고 사용 · 수익하는 것은 물론, 목적물에 대한 완전한 지배가 어떠한 사유로 방해당한 경우에 그러한 방해의 제거를 청구하는 것도 또한 소유권의 행사이다.

(나) 채권에서는 채무자에 대하여 그 내용인 급부를 청구하는 것이 채권의 행사이다. 채무자가 이행을 하지 않는 경우에 채권자가 강제집행을 구하고, 채무자에 대한 채권을 가지고 채무자의 자신에 대한 채권과 상계하는 것 등도 또한 채권의 행사가 된다.

(3) 권리의 행사는 권리자 자신이 하는 것이 원칙이다. 그러나 권리자가 스스로 행사하도록 해야 할 필요가 있는 권리(이른바 「행사상의 일신전속권」)가 아니면, 타인으로 하여금 행사하게 할 수 있다.

2. 권리행사의 자유와 그 한계 [78]

(1) 권리는 권리자의 의사에 맡겨진 힘이므로, 권리의 행사 여부는 권리자의 자유에 맡겨져 있는 것이 원칙이다. 또한 권리는 그 주체인 개인의 이익을 목적으로 하는 점에서도 그러하다.

(2) 근세의 개인주의적 법사상에서는 권리 특히 개인의 자유와 재산에 관한 권리(私權)는 법 이전의 天賦不可讓의 것으로서, 따라서 국가에 의해서도 침해될 수 없는 절대적인 것으로 여겨졌다. 이러한 사상은 봉건제도를 타파하고 개인의 존엄을 높이는 데 있어서 한없이 큰 공적을 남겼다. 그러나 이러한 사상이 권리의 절대 불가침성을 강조한 것은 그 때문에 사회공동생활이 어떻게 되거나 상관없다고 생각한 것은 아니고, 그

렇게 함으로써 사회 전체의 향상과 발전이 기해진다고 생각하였기 때문이었다. 그런데 19세기 말부터 부의 편재로 인한 사회사정의 변화에 직면하여, 권리의 절대 불가침성을 강조해서는 사회 전체의 향상 발전을 기할 수 없음을 인식하였다. 그리하여 20세기에 들어서는 권리의 사회성 · 공공성이 강조되기에 이르렀다. 즉 권리는 법에 의하여 인정되는 것인데, 법은 개인의 이익의 보호와 아울러 사회 공동의 이익을 보호하고 사회 전체의 향상 발전을 도모해야 한다. 그렇다면 권리의 행사가 사회 공동의 이익을 해치는 경우에도 법이 그러한 권리의 행사를 허용하여 그의 실현에 조력하는 것은 법의 임무에 반하는 것이다. 그리하여 권리의 행사는 그것이 사회 공동의 이익과 조화되는 한에서만 허용된다고 하는 권리의 사회성 · 공공성이 당연한 명제로 승인되고, 권리행사에는 일정한 한계가 있는 것으로 생각되게 되었다.

(3) 이러한 권리의 공공성 · 사회성 이념을 표현하는 기본적 규정은 헌법 제23조 2항이다. 민법상의 신의성실의 원칙 및 권리남용 금지의 원칙에 관한 규정 역시 이러한 정신의 구체적 표현이다. 더욱이 민법은 그러한 규정을 첫머리에 둠으로써 이러한 이념을 민법의 기본원리로 고양시켰다.[1] 그 외에 각 특별법은 이러한 이념에 입각하여 권리의 취득이나 행사에 관하여 각종의 제한을 가하고 있다.

[79] Ⅱ. 신의성실의 원칙

1. 총 설

「권리의 행사와 의무의 이행은 신의에 좇아 성실히 하여야 한다」(2조 1항).

(1) 의 의 신의성실의 원칙이란 각인은 사회공동생활의 일원으로서 서로 상대방의 신뢰를 헛되이 하지 않도록 성의있게 행동하여야 한다는 명제이다. 본조는 이러한 명제를 천명하는 것이다.

원래 신의와 성실은 도덕 · 윤리상의 요구인데, 본조에 의하여 이러한 요구가 법적인 요구로 높여졌다. 그리고 이 원칙은 신의성실에 부합하지 않는 권리행사나 의무이행에는 법적 조력을 허용치 않음으로써 궁극적으로 구체적인 법률관계를 정의와 형평의 이념에 따라 결정할 것을 명하는 것이다.

나아가 이 원칙은 사적자치를 제약하는 공공복리 및 신뢰보호의 원리([37] [38])를 실현하는 수단이 된다. 즉 예컨대 계약문언대로 한다면 위와 같은 이념에 반하는 결과를 낳

1) 신의성실의 원칙은 민법뿐만 아니라 공법 및 소송법에도 적용된다. 이 원칙의 소송법에의 적용을 긍정한 판결로는 대판 1984. 10. 23. 84다카855[공 742, 1848], 세법에 관한 것으로는 대판 1985. 4. 23. 84누593[공 754, 800].

을 경우에, 신의성실의 원칙을 통하여 그러한 결과를 방지하게 되는 것이다. 더 나아가 이 원칙은 법률을 보충하고 때로는 수정하는 기능을 한다([43] 이하). 이런 점에서 볼 때 제 2 조는 민법의 다른 규정과 동등한 위치에 있는 것이 아니라, 그보다 상위에 위치하며, 다른 규정의 적용을 제한할 수 있는 근거규정이라고 할 수 있다.

(2) **연혁 및 발전** 신의성실의 원칙은 로마법에 기원하는 것이지만, 근대법에서는 의무이행의 영역에 적용될 뿐이었다. 근대의 개인주의적 · 자유주의적 세계관에 의하면 권리의 행사는 절대 자유이고 본질적으로 무제약성을 가지는 것이므로, 권리의 행사에는 이 원칙이 인정되지 않았던 것이다. 그러나 19세기 들어 자유로운 힘의 사용 즉 자유로운 권리행사가 낳은 사회적 폐단을 경험하면서, 권리는 개인의 이익을 위한 것이지만 이는 사회 전체의 이익과 조화되도록 행사되어야 한다고 하는 권리의 공공성 · 사회성을 깨닫게 되었다. 그리하여 20세기에서는 의무의 이행뿐만 아니라 권리의 행사도 신의성실의 원칙에 맞도록 할 것이 요구되었으며, 제2조는 이러한 점을 명언하는 것이다.

그러나 이 원칙은 개인주의적 · 자유주의적 법사상을 근본적으로 부인하고 제한하려는 것이 아니라, 그로 인하여 발생하는 폐단을 시정하여 그것을 내부에서 보수하려는 것이다.

신의성실의 원칙의 起源은 로마법에서 찾아 볼 수 있다. 즉 로마법에서의 「善 및 衡平」(bonum et aequum)을 기조로 하는 일반적 악의의 항변(exceptio doli generalis — 원고의 주장이 악의에서 행해진 것이거나 원고의 주장을 인정하는 것이 신의형평상 부당하다고 여겨지는 경우에 피고가 이를 이유로 청구를 거절할 수 있다는 원리) 및 誠意訴訟(actiones bonae fidei — 방식서 내용 중 청구표시(intentio)에 'ex fide bona'(성의[=신의성실]에 기하여)라는 문구가 기재된 소송으로서, 여기에서는 심판인은 피고가 원고에게 무엇을 지급해야 하는지를 신의칙에 따라 결정할 수 있는 전권을 가진다. 이는 심판인은 방식서에 기재된 사항에 관해서만 심리 판결할 수 있는 嚴正訴訟(iudicia stricta)과 대립된다)이 이 원칙의 淵源을 이룬다. 그리고 이러한 로마법이 프랑스민법의 「계약은 선의로서 이행하지 않으면 안 된다」라는 규정(1134조 3호)에 계승된 것이 근대법에서의 이 원칙의 최초의 표현이라고 할 수 있다. 독일민법은 한편으로 법률행위의 해석과 관련하여 「계약은 거래의 관행을 고려하여 신의성실의 요구에 좇아서 이를 해석하여야 한다」고 규정하고(157조), 다른 한편으로 채무의 이행과 관련하여 「채무자는 거래의 관행을 고려하여 신의성실의 요구에 좇아서 급부를 할 의무를 부담한다」고 규정한다(242조). 그러나 이 원칙은 단지 채권관계 혹은 의무이행의 면에서만 타당하는 원리에 그칠 것은 아니다. 그리하여 스위스민법은 그 첫머리에서 「각인은 권리의 행사 및 의무의 이행에 관하여 신의와 성실에 좇아서 행동하여야 한다」고 규정하여(동법 2조 1항), 이 원칙을 사법 전체에 걸치는 기본원리로 삼았다. 우리 민법도 바로 스위스민법의 태도를 따른 것이다.

2. 신의성실의 판단기준 [80]

(1) 이 원칙은 권리자 혹은 의무자는 어떻게 행동해야 하는가 하는 문제에 관하여 방향을 제시하는 것이다. 그러나 이는 단지 「신의에 맞게 성실히」 권리를 행사하거나 의무를 이행하여야 한다고 규정할 뿐, 무엇이 신의성실에 맞는지를 규정하지 않는다. 이와 같이 구체적이고 명확한 구성요건을 명언하지 않고 단지 극히 추상적인 요건만을

규정하는 것을 「일반조항」(Generalklausen) 혹은 백지규정이라고 한다(2조 이외에 「선량한 풍속 기타 사회질서」에 위반하는 법률행위를 무효로 하는 103조가 이에 해당한다). 그러므로 이의 내용은 「구체화를 필요로 하는」, 즉 개별적 사건에 즉응해서 법관에 의하여 정해질 수밖에 없는 것이다.

그러나 「신의」와 「성실」이라는 기준은 내용이 빈 공허한 것이 아니다. 또한 무엇이 신의성실에 부합하는가 하는 점에 관해서는 각자가 생각을 가질 것이나, 이러한 각자의 주관적인 법의식이 곧 이의 기준이 되는 것은 아니다. 신의와 성실에는 비록 추상적이지만 일정한 기준이 존재한다. 법질서의 일반적 원칙, 그 시대와 사회의 정의관 · 윤리관 등이 이의 궁극적인 기준이다. 다만 그 구체적인 내용은 선험적으로 존재하는 것이 아니고 개별적 사건을 통하여 형성된다. 법관은 개개의 사건에서 위와 같은 기준에 따라서 권리행사나 의무이행의 적절성을 판단함으로써 신의성실의 구체적 내용을 형성해 가는 것이다. 법관은 「올바르고 공평하게 사고하는 자」의 대변인으로서 과연 무엇이 신의성실에 맞는가를 판단하는 것이다. 개별적 사건을 통하여 사회 일반인의 정의관을 찾아내고 구체화시키는 것이 법관의 임무이다. 그럼으로써 법관은 법률을 그 시대와 사회에 맞도록 진화 · 발전시키며, 「살아 있는 법」을 찾아내는 것이다.

이런 점에서 볼 때 무엇이 신의성실에 부합하는가의 판단은 법관의 재량에 맡겨져 있기는 하나, 이때의 재량은 「기속재량」인 것이다. 법관 역시 자신의 주관적인 정의관이 아니라 사회의 객관적 정의관에 따라서 신의성실에 부합하는지를 판단해야 하는 것이다.

> 신의칙에 기한 판단과 관련하여 주의할 것은, 세심하고 오랜 숙고와 경험을 통하여 만들어 놓은 법적 가치판단이나 법제도의 의미를 충분히 이해하지 못한 채 성급하게 주관적인 공평성에 기한 판단에 빠지는 것을 경계해야 한다는 점이다. 그러한 판단은 특히 법에 대한 문외한이나 초보자가 빠지기 쉬운 것으로서, 이는 자칫 선입관에 기한 판단이거나 법이 고려하는 다른 이익을 간과한 일면적인 판단일 수 있다.

[81] **(2) 제103조와의 관계** 제103조는 선량한 풍속 기타 사회질서에 위반하는 법률행위는 무효라고 하는바, 따라서 이 규정도 법과 도덕의 조화를 기하는 점에서 본조와 공통된다. 그리고 이런 점에서 양 규정은 그 구체적 요건이 정해지지 않은 일반조항이라는 점에서도 공통성을 가진다. 그러나 제2조는 권리의 행사와 의무의 이행에 관한 것이므로, 신의성실은 권리의무관계가 있는 자, 즉 채권관계 기타 법적으로 특별한 결합관계에 있는 자(이러한 특별결합관계는 유효한 계약관계가 있는 경우뿐만 아니라, 예컨대 아무런 계약관계 없이 타인의 물건을 보관 · 관리하는 경우 혹은 타인의 물건을 사용하는 경우에도 존재할 수 있다. 왜냐하면 후자의 경우에 사무관리제도에 의하여 일정한 권리와 의무가 발생하기 때문이다) 사이에서 행동의 표준이 되는 것이다. 즉 이러한 관계가 있는 자들 간에서 상호간의 신뢰가 파괴되지 않도록 행동할 것을 요구하는 것이다. 이런 점에서 신의성실의 내용은 주관적 · 개별적 입장에서 정해진다고 할 수 있다. 반면에 제

103조는 법적으로 특별한 결합관계가 없는 자 사이에 적용되는 것이고, 여기에서의 풍속이나 질서라는 관념은 이러한 자들 간에서의 행동의 표준이 된다(선량한 풍속이나 사회질서에 반하는 내용의 계약을 체결한 경우에는 그 계약은 무효가 되고, 따라서 계약체결자 간에 아무런 특별결합관계 — 따라서 권리의무 — 가 생기지 않는다는 점을 생각할 것). 즉 이는 사적 자치의 한계를 긋는 것으로서, 사회생활에 참여하는 모든 자에게 공동생활의 평화와 질서를 유지하기 위하여 부과되는 최소한의 요구이다. 이런 점에서 이의 내용은 객관적 · 사회 일반적 입장에서 정해진다고 할 수 있다. 다른 각도에서 말하면, 법적으로 특별관계가 없는 자들 간에서의 행동의 표준인 「선량한 풍속 기타 사회질서」는 동일한 법질서 아래 있는 사람들 간의 공동생활에서 모든 자에게 부과되는 최소한의 요구를 할 뿐이나, 특별결합관계가 있는 자들 간에서의 행동의 표준인 「신의성실」은 그보다 더 높은 것을 요구한다.

3. 이 원칙의 기능 [82]

(1) 신의성실의 원칙의 궁극적인 기능은 구체적 법률관계에서 당사자들의 구체적인 권리의무의 내용을 결정하는 데 있다. 민법이 신의성실의 원칙을 권리의 행사와 의무의 이행에 관하여 규정한 것은 이 때문이다.

그런데 이러한 기능은 대부분 법률의 해석 혹은 법률행위의 해석을 통하여 수행된다. 즉 법률의 의미는 그 자체 명료한 것은 드물고 대부분 해석을 통하여 밝혀져야 하는데, 신의성실의 원칙은 법률의 해석에서 언제나 고려될 명제이다. 그러한 점은 법률행위에서도 동일하다. 그러므로 신의성실의 원칙은 우선 법률 혹은 법률행위를 해석(이는 소위 규범적 해석의 의미이다)하는 기능을 가진다고 할 수 있다(해석기능). 그런데 때로는 구체적 법률관계에 적용될 법규가 존재하지 않는 경우가 있는바, 이 경우에 법관은 가능한 한 당해 사건과 유사한 경우를 규율하는 법률규정을 유추하여 재판해야 하지만, 유추할 법률규정이 없는 경우에는 궁극적으로 신의칙을 기준으로 하여 재판해야 할 것이다. 그리고 이러한 점 역시 법률행위에서도 동일하다(즉 법률행위에서도 어떤 사항에 관하여 아무런 의사도 가지지 않아, 법관이 신의칙에 기하여 의사를 보충해야 한다). 그러므로 신의성실의 원칙은 다음으로 법률 혹은 법률행위를 보충하는 기능을 가진다고 할 수 있다(보충기능). 그러면 나아가 구체적 법률관계에 적용될 법률규정이 있는 경우에도, 신의성실의 원칙을 근거로 그 법률의 적용을 제한하거나 수정할 수 있는가(수정기능)? 이에 관해서는 항을 나눠 살핀다.[2)]

---

2) 양창수, 주해민법 Ⅰ, 97면은, 정당한 신뢰에 좇아 행위할 것을 요구하는 것이 「일반적인 신뢰책임을 인정하는 데까지 극단화되어서는 안 된다」고 하면서, 그러한 예로 필자(김학동, 신뢰책임의 체계, 저스티스 20(1987), 50면 이하)를 든다. 그리고 송덕수, 96면도 이와 같은 서술을 한다. 그러나 이러한 지적은 너무도 뜻밖이다. 필자가 위 글을 쓴 취지는, 신뢰책임의 전형인 표현대리에 관해서 우리 학설과 판례가 지나치게 거래안전 보호에 치우쳐 본인보호에 소홀한바, 이러한 태도의 문제점을 지적하는 논거로서 양 이익의 균형을 강조하는 독일의 신뢰책임이론을 소개한 것이다([778] 참조). 이 견해가 어떤 근거로 위 글을 필자의 이러한 취지와는 반대로, 필자가 신의성실의 원칙을 근

[83] **(2) 법률 수정의 기능** 당해 사건에 적용될 법률규정이 있으나 그 규정을 그대로 적용한다면 평형에 반하는 혹은 법의 일반적 원리에 반하는 결과를 낳는 경우에, 법관은 이 원칙에 기하여 그 법률의 적용을 제한하거나 수정할 수 있다고 할 것인가?

(가) 우선 법규는 그 자체 선험적으로 타당하는 명제를 명언하는 것이 아니다. 이는 대부분 과거의 수많은 사안에 대한 선결례들을 토대로 하여 이에 공통한 점들을 추출하여 간단한 법문으로 추상화시킨 것이다. 따라서 그 공통성은 예외를 허용하지 않는 수학적 공통분모가 아니라, 예외를 허용하는 관념적 공통분모인 것이다. 또 법은 대부분 서로 대립되는 이익 중 어떤 쪽을 중시할 것인가 하는 이익형량에 관한 결단이다. 이때 그러한 결단은 양 이익이 충돌되는 전형적인 사례를 전제로 하여 내려진 것이다. 따라서 구체적 사례가 그 전형적 경우와 다른 경우에도 그러한 결단을 일률적으로 적용하는 것은 법의 맹목적인 추종이 될 우려가 있다. 이러한 점을 고려할 때 법률규정 그대로의 적용은 때로는 제한될 수 있음을 시인하지 않을 수 없다. 더욱이 시대의 변화로 사회여건이 바뀌고 이에 따라 국민의 법의식이 법률규정과 다른 판단을 요구할 때에는, 국민주권의 원칙상 그러한 법률규정은 마땅히 수정되어야 하는 것이다. 물론 그러한 경우에 원칙적으로는 법률의 개정에 의하여 문제를 해결해야 하나, 법률개정이 이루어지기 전까지는 신의칙에 근거하여 타당한 법을 형성해 가야 한다(그러한 예는 보통거래약관에 관한 독일 판례의 발전(독일의 약관법은 바로 약관에 관하여 축적된 판례를 입법화한 것이다), 가등기담보에 관한 일본 판례의 발전(일본의 가등기담보법 역시 가등기담보에 관하여 축적된 판례를 입법화한 것이다) 등에서 대표적으로 보여진다).

이와 같이 법률의 적용이 제한 혹은 수정될 필요가 있는 경우에, 신의성실의 원칙이 그러한 제한 · 수정의 근거가 된다. 왜냐하면 신의칙의 궁극적 기준은 바로 일반적 법원리나 사회 일반인의 윤리관 · 정의관이기 때문이다. 그리고 이런 점에서 신의성실의 원칙은 실정법규의 미비성뿐만 아니라 경직성 · 낙후성을 보완하고 수정하는 기능을 하며, 법을 실제의 사회사정 및 법의 일반원리, 정의 · 형평에 맞도록 발전시켜 나가는 데 근거가 되는 것이다.

(나) 이러한 수정기능과 관련해서 주의할 점은,

(a) 이의 운영에 있어서는 신중을 기해야 할 뿐만 아니라, 당해 사건의 특수한 사정 그리고 그렇게 해야 할 설득력 있는 근거 등을 충분히 제시해야 한다.

(b) 법률규정에는 이의 엄격한 적용을 요구하는 정도에 커다란 차이가 있는바, 법률

거로 해서 신뢰책임을 법률행위책임과 불법행위책임 이외의 제3의 일반적 책임으로 구성하려는 주장 — 이러한 주장은 위 글에서 전적으로 참조했던 Canaris, Die Vertrauenshaftung im deutschen Privatrecht(1971)의 책자에서도 보이지 않는다(필자의 소견으로는 이 책자는 독일민법전에 산재된 신뢰보호를 위한 규정들을 귀납적으로 고찰하여 나름대로 공통한 원리를 구축하려는 시도로 이해됨) — 을 피력하는 것으로 파악하였는지 이해되지 않는다.

이 특별한 목적 때문에 법률규정을 특히 엄격히 적용할 것을 요구하는 경우에는 이 원칙은 원칙적으로 적용될 수 없다. 기판력(민소법 216조),[3] 기간의 준수(예: 제소기간에 관한 민소법 396조, 427조), 유가증권의 유효요건, 유언의 방식(1065조 이하) 등에 관한 규정이 이에 해당한다. 다만 이러한 규정에서도 신의성실의 원칙이 전적으로 배제되지는 않는다(방식을 결한 경우에 관한 이 원칙의 적용례는 [444] 참조).

이에 대하여 법의 흠결이 있는 경우에는 원칙적으로 실정법을 유추해석하여 해결해야 하며, 추상적인 신의칙에 의하여 해결하는 것은 법적 안정성을 해하거나 「법률에 의한 재판」을 침해하는 결과가 되어 부당하다고 하는 견해가 있다.[4] 물론 이 원칙을 남용하여 법적 안정성을 파괴하거나 법규정을 경시해서는 안 될 것이다. 그러나 법적 안정성은 동일한 것은 동일하게 취급할 것을 요구하는 것일 뿐이다. 동일한 것을 달리 취급한다면 법적 안정성은 파괴될 것이나, 유사한 사안이지만 구체적인 점에서 양자를 달리 취급토록 하는 차이가 있어서 양자를 달리 취급하는 것은 법적 안정성을 파괴하는 것이 아니다. 법적 안정성과 획일성 — 특히 두 사안이 동일한 개념에 포섭된다는 점에서 양자를 동일하게 취급하는 논리적 획일성 — 과는 다른 것이다. 법적 안정성은 결코 간과되어서는 안 되겠지만, 논리적 획일성도 역시 경계해야 할 것이다.

4. 적용상의 문제 [84]

(1) 고의 · 과실의 문제 본조는 구체적 요건을 규정하지 않는 백지규정이므로, 본조의 요건을 개별적으로 논할 수는 없다. 다만 요건과 관련해서 고의 · 과실의 문제만을 살핀다.

신의칙에 반한다고 하기 위해서는 행위자에게 고의나 과실이 있어야 하는가? 원칙적으로 이를 긍정하면서, 다만 상대방의 이익을 보호할 필요가 절실한 때에는 예외적으로 이를 요하지 않는다고 하는 견해가 있다.[5] 그러나 신의칙은 잘못에 대한 제재가 아니라 당사자 간에 형평에 반하는 결과가 생기는 것을 방지하는 데 목적이 있다. 따라서 고의나 과실은 요건이 아니라고 하는 것이 타당할 것이다. 이러한 점은 권리남용에 있어서 권리행사자의 주관적인 의도는 문제되지 않는다는 점과도 부합한다.

(2) 강행규정성 본조는 강행규정이다. 따라서 법관은 소송당사자에 의하여 원용되지 않더라도 이를 직권으로 고려해야 한다.[6] 즉 법관은 원고의 권리행사가 신의칙에 반하여 권리남용에 해당된다고 판단한 경우에는, 비록 피고가 그러한 관점을 주장하지 않더라도 이를 고려해야 한다.[7] [85]

3) 대판 1961. 1. 26. 4293민상190[집 9, 민 3]은, 판결이 확정된 이상, 그것이 설사 당사자가 법원을 기망하여 얻어진 것이더라도, 재심의 소 기타 법적 절차에 의하여 취소될 때까지는 유효하게 존속한다고 한다.

4) 이영준, 64면.

5) 이영준, 72면.

6) 대판 1989. 9. 29. 88다카17181; 대판 1995. 12. 22. 94다42129; 대판 1998. 8. 21. 97다37821.

7) 전술의 97다37821은, 신의성실의 원칙에 반하는 것은 강행규정에 위배되는 것으로서 당사자의 주

그러나 법관은 당사자들에 의하여 재판에 제시된 사실만에 기초하여 신의성실 위반 혹은 권리남용 여부를 판단할 수 있을 뿐이다. 따라서 만약 피고가 원고의 권리행사가 권리남용이라고 생각한 경우에는, 그는 그러한 점을 추단하게 만드는 사정을 소송에 드러내어야 한다. 그리하여 원고에게 그에 대하여 자신이 취할 바를 취할 기회를 주어야 한다. 법관은 이와 같이 하여 주장된 사실들로부터 그것이 권리남용인가 하는 점에 대하여 결정을 내리는 것이다.[8)]

[86] (3) 파생적 원칙의 우선적용 신의칙은 그 요건이 백지로 되어 있고, 이의 궁극적 기준인 일반적 법원리 · 사회의 정의관 등은 극히 추상적인 것이므로, 이의 해석이나 적용은 자칫 법적 안정성을 파괴할 우려가 있다. 그런데 법원은 오래 전부터 무수히 많은 판례를 통하여 무엇이 신의칙에 적합한 것인가를 판단해 왔으며, 이를 통하여 유사한 事例群에 관하여 보다 구체적인 요건을 형성 발전시켜 왔다. 이를 신의성실의 원칙의 파생원칙이라고 한다. 사정변경의 원칙, 실효의 원칙, 모순행위 금지의 원칙 등이 이에 해당한다. 이러한 원칙은 법관이 신의성실 여부를 판단함에 있어서 중요한 자료를 제공한다. 따라서 당해 사건이 이러한 파생원칙의 사례군에 속하는 경우에는, 법관은 특별한 사정이 없는 한 그 파생원칙을 우선적으로 적용해야 할 것이다. 이런 점에서 신의성실의 원칙은 그 자체로는 추상적인 것이지만, 이미 상당한 정도로 구체화된 기준을 가진 것이라고 할 수 있다. 당해 사건에 관한 판례가 없는, 따라서 기존의 판례가 법관의 판단에 기준을 제시하지 못하는 경우에 비로소 법관은 최종적으로 추상적인 신의칙을 준거로 하여 재판하게 된다. 이하에서 개별적인 파생원칙을 살핀다.

[87]
5. 사정변경의 원칙

(1) 법률행위(계약)는 암묵리에 일정한 사정을 기초로 하여 행해진다. 즉 그러한 사정이 있기 때문에 그러한 내용의 법률행위를 행하는 것이다. 그러므로 만약 그 후 그 기초가 되었던 사정이 크게 변경된 경우에는, 약정한 바대로 법률행위의 효과를 인정하는 것이 부당할 수 있다. 이런 경우에 신의칙에 기하여 법률행위를 파기할 수 있도록 하거나(해지권 · 해제권) 이의 내용을 변경된 사정에 맞도록 수정(수정권)할 수 있도록 하는 것이 사정변경의 원칙이다. 우리 민법에는 이 원칙에 기한 것이라고 여겨지는 규정이

장이 없더라도 법원이 직권으로 판단할 수 있으므로, 원심법원이 직권으로 신의칙에 의하여 신용보증책임을 감액한 데에 변론주의를 위배한 위법이 없다고 한다.

8) 대판 1973. 10. 23. 73다995,996[집 21-3, 민 111]은, 권리남용의 항변이 있는 경우에는 사실심인 원심으로서는 이에 대한 입증의 기회를 부여하고 석명권을 행사하여 개개의 권리남용 요건의 구비 여부를 심리한 후 판단해야 한다고 하면서, 그러한 항변이 있은 당일 그대로 변론을 종결한 채 판결을 선고한 원심을 파기하였다.

산재하고 있으나(218조, 286조, 557조, 559조, 628조, 661조, 689조 등), 이 원칙을 직접 명언하는 규정은 없다. 그러나 사정변경의 원칙에 입각한 다수의 개별적 규정에서뿐만 아니라, 신의성실의 원칙이 민법 전체를 지배하는 기본원리로서 중요성이 증대한 점에서, 이 원칙을 신의성실의 원칙의 파생원리로 인정해야 할 것이다. 판례 중에는 화폐가치의 현저한 변동을 이유로 매도인이 대금증액을 청구한 사안에서,[9] 혹은 매수인이 해제권을 행사한 사안에서,[10] 이를 배척한 것이 있지만,[11] 계속적 보증계약에서는 사정변경의 원칙에 기해서 해지권과 계약의 수정권을 인정한다(이러한 판례는 [90]에서 소개함).[12]

사정변경의 원칙은, 계약은 암묵리에 "그 계약이 체결된 때의 사정이 그대로 존속하는 한에서만 효력을 가진다"고 하는 약관(clausula rebus sic stantibus)을 포함하고 있으며, 따라서 그 사정이 변경된 때에는 계약은 이제 구속력을 가지지 않는다고 하는 이론에 기초한 것이다. 그러나 다른 한편으로는 로마법 이래 "계약은 지켜지지 않으면 안 된다"(pacta sunt servanda)고 하는 원칙이 지배하였다. 그리고 근대법은 개인의사에 절대적 가치를 부여하고 법률행위 자유의 원칙을 존중하는 입장에서, 사정변경의 원칙을 적대시하였다. 그러나 그 후 점차 법률행위는 사인간의 관계를 합리적으로 처리하는 수단이라는 점이 중시되면서, 이 원칙이 일반적으로 승인되었다. 그리고 특히 20세기에 들어와 세계대전 특히 화폐가치의 극심한 변동과 사회의 동요를

9) 대판 1955. 4. 14. 1953민상231 [공 87, 7]

10) 대판 1963. 9. 12. 63다452 [집 11-2, 131]; 대판 1991. 2. 26. 90다19664[공 894, 1082]. 전자의 사안은, 1948. 11. 29.에 임야의 매매계약을 체결하고 계약금으로 100원만을 지급했던 매수인이 10여년이 지난 후에 소유권이전등기의 이행을 구하는 소를 제기하자, 매도인이 소송계속 중인 1962. 6. 5.에 매수인의 잔대금 미지급 및 계약체결 이후의 급격한 경제변동으로 인한 부동산가격의 현저한 차이를 이유로 한 사정변경의 원칙 등에 기해서 위 매매계약을 해제한 경우이다. 판결은, 「매매계약을 맺은 때와 그 잔대금을 지급할 때와의 사이에 장구한 시일이 지나서 그 동안에 화폐가치의 변동이 극심하였던 탓으로 매수인이 애초에 계약할 당시의 금액표시대로 잔대금을 제공한다면 그 동안에 앙등한 매매목적물의 가격에 비하여 그것이 현저하게 균형을 잃은 이행이 되는 경우라 할지라도, 매도인으로 하여금 사정변경의 원리를 내세워서 그 매매계약을 해제할 수 있는 권리는 생기지 않는다」고 하였다. 후자의 사안 역시 매수인이 매매계약 후 상당 기간이 지나 이전등기를 소구한 경우인데, 판결은 「매매계약이 체결된 후에 9년이 지났고 시가가 올랐다 하더라도 그것만으로는 피고가 이 사건 매매계약을 해제할 만한 사정변경이 있었다고 볼 수 없다」고 하였다. 따라서 이 판결은 사정변경의 원칙의 적용 자체를 부정하는 것이라기보다는 이 원칙을 적용할 만한 정도의 사정의 변경이 존재하지 않기 때문에 이의 적용을 부인한 것이라고 이해할 수도 있다. 참고로 1945-1953년 사이의 도매물가 등귀율은 약 390배에 달한다고 한다. 그 외에 대판 1955. 2. 10. 1954민상109; 대판 1955. 4. 14. 4286민상231; 대판 1956. 3. 10. 1955민상234,235 등.

11) 다만 대판 1996. 11. 12. 96다34061은, 임차인에게 임차부분에 대한 영구적인 무상사용을 보장하기 위하여 실질적으로 차임불증액의 특약을 하였더라도, 그 후 그 특약을 그대로 유지시키는 것이 신의칙에 반한다고 인정될 정도의 사정변경이 있다고 보여지는 경우에는 형평의 원칙상 임대인에게 차임증액 청구를 인정해야 한다고 하여, 이론적으로는 사정변경의 원칙을 긍정한다. 그러나 그러한 정도의 경제사정의 변동이 있었다고 볼 사정이 없다고 하여, 결과적으로는 이 원칙의 적용을 부인한다.

12) 대판 1984. 10. 10. 84다카453(다만 이 판결은 실제로는 해지권을 부인하였음); 대판 1990. 2. 27. 89다카1381; 대판 1992. 5. 26. 92다2332; 대판 1992. 11. 24. 92다10890; 대판 1998. 6. 26. 98다11826.

겪으면서, 사정변경의 원칙이 적용되는 범위가 넓어져 왔다.

우리 민법의 사정변경의 원칙에 상응하는 외국법의 제도로는 독일에서의 「행위기초론(Geschäftsgrundlage)」,[13] 프랑스에서의 「불예견론(imprevision)」,[14] 영미법상의 「계약목적 부도달의 법리(Frustration)」[15] 등이 있다. 각국마다 계약의 파기 또는 수정의 주된 근거를 어디에 두느냐에 따라서 서로 상이한 제도로서 발전하였던 것이다.

[88] (2) 내　용　먼저 통설에 따라 요건과 효과를 보면,[16]

(가) 첫째 요건으로서, 계약(그 외의 법률행위에서도 마찬가지이지만, 주로 계약에서 문제되므로 이렇게 표시한다)의 기초였던 사정이 중대하게 변경되었어야 한다.

(a) 우선 당사자가 계약체결에서 기초했던 「객관적 사정」이 계약체결 이후에 변경되었어야 한다. 따라서 당사자들이 계약 당시에 생각했던 사정이 실제와 다른 경우(예컨대 주식의 거래에서 매도인 매수인 모두 신문의 誤報에 기하여 주식가격을 실제와 다르게 생각하고 대금을 결정한 경우)에는 객관적 사정이 변경된 것이 아니므로 사정변경의 원칙이 적용되지 않는다(물론 이 경우에는 사정변경이 있은 것도 아니므로, 이 점에서도 이 원칙이 적용될 여지가 없다). 이 경우에는 공통의 착오의 문제가 된다([610]). — 독일에서의 행위기초론은 주관적 행위기초가 상실된 경우와 객관적 행위기초가 상실된 경우를 포괄하는데, 우리 민법에서의 사정변경의 원칙은 후자만을 내용으로 한다고 할 수 있다.

(b) 객관적 사정이 「중대하게 변경」되었어야 한다. 즉 보통사람이 계약 당시에 예상할 수 없을 만큼 현저하게 변경되었어야 한다. 어느 정도의 변경이 중대한 변경인가 하는 점은 신의칙과 공평을 고려하여 판단해야 한다.

(c) 사정변경이 당사자(이 원칙을 근거로 해지권 등을 행사하는 자)의 「책임사유」에 기인하지 않았어야 한다.[17]

(나) 둘째 요건으로서, 위와 같은 사정 변경으로 인하여 계약내용대로 구속력을 인정

---

13) 독일의 행위기초론은 Oertmann(Die Geschäftsgrundlage, Ein neuer Rechtsbegriff, 1921)에 의하여 제창되고, 제2차 세계대전 후에 Larenz에 의하여 발전되고 심화된 이론이다. 이것은 2002년의 채권법 개정에서 입법화되었다(동법 제303조). 독일의 행위기초론에 관하여는 이영준, 사정변경의 원칙에 관한 연구, 사법논집 5권(1974), 67면 이하; 김형배, 행위기초론 — 구체적 사안에 대한 적용과 관련하여, 법학논집(고려대) 27집(1992), 1면 이하; 백태승, 독일 행위기초론의 발전과 최근동향, 저스티스 제25권 제 1 호(1992), 51면 이하 참조.

14) 이에 관해서는 정상현, 프랑스민법상 불예견이론과 우리 민법에의 시사점, 민사법학 41호(2008), 483면 이하 참조.

15) 이에 관해서는 김학동, 영미법상의 Frustration법리, 계약법의 특수문제(사법연구회)(1983), 87면 이하 참조.

16) 사정변경의 원칙의 의미와 요건을 전반적으로 판시하는 것은 대판 2007. 3. 29. 2004다31302인바, 그 내용은 통설과 동일하다.

17) 대판 1980. 4. 22. 80다414 [공 634, 12811]은, 환지구역에 포함된 토지에 대한 매매계약이 체결되었으나 약 10년이 지난 후에야 위 환지처분이 끝나서 그에 대한 소유권이전등기가 지연되어 그 사이에 세법의 개정으로 매도인이 재산상 예기치 못한 손해를 본 경우에, 그러한 지연 내지 변화는 매수인의 귀책사유가 아니므로 이른바 사정변경에는 해당하지 않는다고 하는바, 이는 마치 사정변경이 채무자의 책임사유에 기한 것임을 요건으로 하는 입장으로 이해된다.

하는 것이 신의칙과 공평에 반하는 결과가 되어야 한다. 이것이 결국에는 요건의 중핵이 되는 것으로서, "계약은 지키지 않으면 안 된다"고 하는 계약적 정의 혹은 계약에의 충실(계약준수 원칙)과의 조화를 생각하여 신중히 판단해야 할 것이다. 예컨대 매매계약 후 가격이 예기할 수 없을 정도로 폭등하였더라도, 그러한 사정변화가 매도인의 이행지체 중에 생긴 것인 때에는 원칙적으로 해제권은 발생하지 않는다고 해야 한다.[18)]

(다) 사정변경의 원칙의 효과로, 당사자에게 계약을 해지 또는 해제할 권리 혹은 계약내용을 변경된 사정에 맞도록 수정할 권리가 인정된다.

(3) 검 토 이 원칙이 신의성실의 원칙의 한 파생원리로서 우리 민법의 한 원칙으로 받아들여야 함은 당연하다. 문제는 이의 적절한 운영이다. [89]

이의 운영에서는 한편으로는 이의 적용을 남발하거나 혹은 지나치게 탄력적으로 운영함으로써 법적 안정성을 파괴하지 않도록 유념해야 하지만, 그러나 다른 한편으로는 법적 안정성 혹은 계약충실성을 중시하여 지나치게 경직되게 운영함으로써 실제적 타당성을 외면하지 않도록 유념해야 할 것이다. 그런데 이러한 상반되는 가치 중에서 우리의 이론과 실무는 전자에 기울어져 있는 것이 아닌가 하는 생각이 든다. 이는 우선 화폐가치의 현저한 변동의 경우에 해제권을 부인한 판례에서도 나타지만, 사정변경의 원칙을 인정하는 대표적 사례라고 하는 근보증에서도 해지의 의사표시가 특약에 의한 사전구상채무의 발생 후에 행해졌다는 이유로 해지의 효력을 부인한 판례([90] 주 29의 2002다1673)도 이의 한 예일 것이다. 이러한 태도는 학설에서도 마찬가지인 듯하다. 즉 학설은 요건으로 사정이 「중대하게」 혹은 예견할 수 없이 「현저히」 변경되었어야 하고, 또 그러한 변경이 「당사자의 책임사유」에 기인하지 않았어야 한다고 한다. 전자의 요건에 의한다면 이 원칙은 오늘날과 같이 완만하지만 상당히 누적된 물가상승으로 인한 급부의 불공정을 해결할 수 없게 된다. 또한 후자의 요건에 의한다면 귀책사유 있는 당사자는 생존을 위협할 정도의 불공정도 감수해야 한다.[19)]

사정변경의 원칙은 사회경제사정과 밀접하게 관련된다. 그리고 이 원칙은 사회경제

---

18) 대판 2007. 3. 29. 2004다31302는, 계약의 성립에 기초가 되지 아니한 사정이 변경되어 일방당사자가 계약 당시 의도한 계약목적을 달성할 수 없게 됨으로써 손해를 입게 된 경우에는, 그 계약의 효력을 그대로 유지하는 것이 신의칙에 반한다고 볼 수 없다고 한다. 이의 사안은 지방자치단체로부터 매수한 토지가 공공공지에 편입되어 매수인이 의도한 음식점 등의 건축이 불가능하게 된 경우로서, 판결은 이는 매매계약을 해제할 만한 사정변경에 해당하지 않고, 매수인이 의도한 주관적인 매수목적을 달성할 수 없게 되어 손해를 입었다 하더라도 매매계약을 그대로 유지하는 것이 신의칙에 반한다고 볼 수도 없다고 한다.

19) 백태승, 전게서, 65면 및 화폐가치변동과 계약법, 민사법학 제9 · 10호(1993년), 196면 이하는 이러한 문제점을 강조한다.

의 격변기에 특히 많이 문제된다. 독일에서 행위기초론이 세계1차 대전 이후의 극심한 물가상승에 직면하여 발전되고[20] 또 판례에서 수용되었던 것은 이러한 점을 잘 보여준다.[21] 그러나 오늘날에는 대부분의 시민들의 생활이 규격화된 보수에 전적으로 의존하고 종래와 같이 친지 등에 의한 비제도적 후견이나 보험이 사라짐으로써, 사회의 격변이 아니라 완만한 물가상승도 시민들의 생활에 커다란 타격을 가한다. 그럼에도 사정변의 원칙의 종래의 모습에만 집착하여 이러한 변화에 대처하지 못한다면 이 원칙은 살아있는 것이 못될 것이다. 독일의 판례는 오늘날의 완만한 속도의 인플레를 전형적인 행위기초의 상실 사례로 인정한다.[22] 그리고 일부의 학설은 당사자가 사정변경을 예견하였거나 또는 예견할 수 있었을 경우와 그 사정변경이 당사자의 귀책사유에 기인한 경우에는 사정변경의 위험을 부담해야 하므로(위험분배관점) 행위기초론의 적용이 배제되어야 한다고 하지만, 판례는 이를 절대적 요건으로 보지 않고, 예컨대 당사자의 생존을 위협하는 경우에는 위와 같은 사정이 존재한다 할지라도 예외적으로 이 원칙의 적용을 인정한다.[23] 즉 요컨대 사정변경으로 인하여 당사자를 계약에 구속시키는 것이 기대 불가능한 때에는 행위기초론이 적용된다고 한다. 그리하여 행위기초론의 요건으로 이제 기초였던 사정의 변화 · 상실은 점차 탈락하고, 「감내할 수 없고 또한 법과 정의에 부합되지 않아 당사자에게 기대할 수 없는 결과를 피하기 위하여 불가피」한 경우에 적용된다고 한다.[24] 독일에서의 이러한 행위기초론의 운영과 변화는 우리의 사정변경의 원칙의 운영에 좋은 참조가 될 것이다.

[90] (4) 사정변경의 원칙에 관한 판례를 살펴보면

(가) 사정변경의 원칙의 전형적 사례는, 매매계약을 체결하였으나 대금이 미지급되고 따라서 이전등기도 행해지지 않은 채 오랜 기간이 지나 그 사이에 화폐가치가 크게 상승한 경우에, 이를 이유로 매도인이 대금의 증액을 청구하거나 매수인의 이전등기 청구에 대하여 매도인이 매매계약을 해제하는 경우일 것이다. 이러한 판례는 앞에서 소개하였다([87] 주 9, 10의 1953민상231 및 63다452; 90다19664 등).

(나) 사정변경의 원칙의 대표적 적용례는 계속적 보증계약에서, 그 보증계약을 해지하거나 혹은 보증인의 보증책임을 감액하는 것이다. 전자는 사정변경의 원칙에 기해서 계약의 해지권을

20) Oertmann이 행위기초이론을 주창하고 정립한 것도 1921년이다.

21) 1922년 '비큐나 방적 사례'(Vigogne-Spinnerei-Fall : RGZ 103, 328)에서 처음 채택되었으며, 그 이후 많은 판례가 이를 따랐다(예컨대 OGHZ 1, 62; BGH NJW 1976, 565, 566; BGHZ 2, 176, 188 f.).

22) 백태승, 전게서, 64면에 의하면, 현재의 독일판례의 태도는 퇴직금 등 생존 · 후생관계 계약은 40%의 물가상승, 기타 장기계약에서는 150%의 물가상승을 금전채무액의 수정을 정당케 하는 한계점으로 보고 있다고 한다. 그 외에 63면은, 사회의 안정 이후에 계속된 행위기초론의 대표적 판례로서 1973년의 '원유가 인상사례'(Olpreissteigerungsfall: BGH, JR 1979, 60)를 소개한다.

23) BGH JR 1956, 416; FamRZ 68, 247, 249; RGZ 163, 965.

24) BGH NJW 1976, 565, 566; 1962, 29; 1958, 1772. 이상의 독일 판례는 백태승, 전게서, 54면 이하에서 재인용하였음.

인정하는 것이고, 후자는 계약내용을 수정하는 것이다.

(a) 우선 회사의 임원이나 직원의 지위에 있기 때문에 회사의 요구로 부득이 회사와 제3자 사이의 계속적 거래로 인한 회사의 채무에 대하여 보증인이 된 자가 그 후 회사로부터 퇴사하여 임원이나 직원의 지위를 떠난 경우에, 사정변경을 이유로 보증계약을 해지할 수 있다.[25] 해지권이 인정되기 위한 보다 상세한 요건으로는, ① 이사의 지위에서 부득이 회사의 채무에 대하여 보증하였어야 한다.[26] ② 계속적 거래관계로 인하여 발생하는 불특정한 채무를 보증하였어야 한다. 따라서 채무가 특정되어 있는 확정채무에 대하여 보증한 경우에는 해지할 수 없다.[27] ③ 계속적 보증인 한, 보증한도액이나 보증기간이 한정되어 있더라도 해지권이 인정된다.[28] ④ 해지의 의사표시를 하였어야 한다.

그런데 마지막의 해지의 의사표시 시기와 관련하여 특기할 판례로서, 주채무자의 구상의무를 보증한 대표이사가 직을 사임하였으나 잔무처리를 하느라 한 달 여 지나서 비로소 보증계약을 해지하였는데, 그 사이에 주채무자와 구상권채권자의 특약에 기해서 구상권채권자에게 사전구상권이 확정된 사안에서, 대표이사의 보증계약 해지의 통지가 있기 전에 그의 구상금채무가 확정된 때에는 더이상 사정변경을 이유로 보증계약을 해지할 수 없다고 한 것이 있다.[29]

(b) 계속적 보증계약에서 주채무가 보증 당시 보증인이 예상했던 것보다 크게 상회하고, 그 주채무 과다발생의 원인이 주채무자의 자산상태가 현저히 악화되었음에도 채권자가 그러한 사정을 알지 못하는 보증인에게 아무런 통보나 의사타진 없이 거래규모를 확대함에 연유하는 경우에, 보증인의 책임을 합리적인 범위 내로 제한된다.[30]

---

25) 대판 1990. 2. 27. 89다카1381; 대판 1992. 5. 26. 92다2332; 대판 1992. 11. 24. 92다10890; 대판 1998. 6. 26. 98다11826.

26) 따라서 예컨대 대주주로서 경영에 관여해 오던 이사가 보증계약을 체결하였다가 회사 경영진 내부의 마찰로 사임한 경우에는 해지할 수 없다(대판 1995. 4. 25. 94다37073).

27) 대판 1991. 7. 9. 90다15501. 그 외에 대판 1994. 3. 22. 92다42934; 대판 1994. 12. 27. 94다46008; 대판 1998. 12. 22. 98다34911 등.

28) 대판 1992. 11. 24. 92다10890. 대판 1990. 2. 27. 89다카1381; 대판 1994. 3. 22. 92다42934 등도 같은 입장이다.

29) 대판 2002. 5. 31. 2002다1673. 이의 사안은, A회사의 은행에 대한 대출금채무에 관하여 신용보증기금(갑)이 신용보증을 하였는데, A회사가 1997. 11. 초경부터 자금사정이 악화되어 은행에 대한 대출금채무를 변제하지 못하였으며, 12. 1. 1차 부도가 났다가 12. 10. 최종 부도가 났다. A회사의 대표이사 을은 A의 갑에 대한 구상금채무에 관하여 근보증을 섰는데, 1997. 10. 20. 대표이사직을 사임하였고, 다만 그 후 잔무처리를 하다가 1997. 12. 8. 갑에게 사임 사실을 알리면서 연대보증을 해지한다는 통지를 하였다. 그 후 갑이 A의 채무를 대위변제하고, 을에 대하여 구상채무의 이행을 청구하였다. 이에 대하여 을은 사정변경의 원칙을 이유로 면책을 주장하였다. 그런데 A와 갑 간의 신용보증약정서에 의하면, 갑은 보증채무를 이행한 때뿐만 아니라, A의 신용상태가 크게 약화되어 객관적으로 채권보전이 필요하다고 인정되는 경우에 별도의 통지나 최고 없이 갑의 보증채무 이행 전에 구상금을 상환할 수 있다고 되어 있다. 판결은, 보증계약이 해지되기 전에 주채무 내지 구상금채무가 확정된 경우에는 보증인은 사정변경을 이유로 보증계약을 해지할 수 없는데, 위 약정서는 민법 제442조 제1항의 사전구상권의 사유와 절차에 관한 특칙이다. 그런데 A의 사전구상채무에 대한 을의 연대보증채무는 늦어도 1997. 12. 1.에 발생하였으므로, 그 이후 을은 사정변경을 이유로 연대보증계약을 해지할 수 없다고 하였다.

30) 대판 1998. 6. 12. 98다8776; 대판 1988. 11. 8. 88다3253[공 838, 1532]; 대판 1984. 10. 10. 84다카453[집 32-4, 민 54]; 대판 1987. 4. 28. 86다카2023[공 802, 883]; 대판 1995. 12. 22. 94다42129 등도 이와 同旨이나, 책임을 제한할 만한 사정이 인정되지 않는다고 하여 감액을 부인한다.

[91] ## 6. 실효의 원칙(Verwirkung)

(1) 의 의 실효의 원칙이란 권리자가 자기의 권리를 상당기간 행사하지 않았고 그 때문에 의무자가 더 이상 권리행사가 없으리라고 신뢰한 경우에는, 후에 이르러 권리를 행사하는 것은 신의칙에 반하여 허용되지 않는다는 것이다. 실효의 원칙은 우리 민법이 명언하고 있지는 않으나, 판례와 학설에 의하여 일반적으로 인정되고 있다.

(가) 이 원칙은 권리행사의 지체, 즉 뒤늦은 권리행사가 신의칙에 반하는 경우에 관한 것이다. 그러므로 이 원칙은 일정한 기간의 경과를 요소로 하고, 이런 점에서 소멸시효 · 제척기간 등과 공통성을 가진다. 그런데 후자에서의 기간은 법이 규정하는 것으로서 고정적인 데 대하여, 여기에서의 기간은 불행사에 대한 상대방의 신뢰와 신의칙 등을 고려해서 탄력적으로 정해진다. 이런 점에서 이 원칙은 권리행사기간에 관한 경직된 제정법상의 규정(엄정법)이 유연한 형평법에 의하여 보충되고 驅逐되는 현상이라고 할 수 있다(보다 상세한 양자의 비교는 [923] 참조).

(나) 실효의 원칙은 권리자가 의무자에게 권리를 행사하지 않으리라는 신뢰를 주었음에도 후에 이르러 그 신뢰에 반하게 권리행사를 하는 것이므로, 일응 모순행위 금지의 원칙과 공통성을 가진다. 그러나 실효의 원칙은 시간의 경과를 필수적인 요소로 함에 반하여 후자에서는 그렇지 않은 점, 후자에서는 권리자의 (모순되는) 적극적 행위가 필요함에 반하여 전자에서는 권리자의 소극적인 방치만으로도 족한 점, 전자에서는 의무자의 신뢰(더 이상 권리행사가 없으리라는 점에 대한 신뢰)가 필수적인 요건이나 후자에서는 이 점이 반드시 요구되지는 않는다는 점 등에 차이를 가진다.

실효의 원칙은 독일의 판례와 학설에 의하여 형성 · 발전된 것으로서, 초기에는 그 근거를 묵시적인 포기의 의사표시에서 구하는 이론도 적지 않았으나, 오늘날에는 이를 신의성실의 원칙의 한 파생원칙으로 보는 데 이견이 없다. 이 원칙은 화폐가치의 급락이라는 예외적 상황에서 태동하였으나(즉 그러한 경우에 — 처음에는 증액판결로 대처하였으나 이를 개별적인 판결로 취급하는 것이 무리라는 관점에 기해서 — 1925년에 대금의 증액을 청구하도록 하는 증액법(Aufwertungsgesetz)이 제정되었다. 그런데 이 법에 따른 증액을 뒤늦게 청구한 사례에서 이 원칙이 제기되었다), 그 후 상표 등의 장기간의 불사용의 경우(상표법 그리고 저작권 · 특허권), 근로자가 단체협약상의 임금보다 적은 임금을 수령하고 아무런 이의를 제기하지 않은 경우 혹은 사용자가 근로자의 근로계약상의 의무위반이 있음에도 해고를 하지 않다가 뒤늦게 이를 이유로 해고한 경우(노동법) 등에 적용이 확대되었으며, 그리하여 민법의 일반적 법제도로 발전되었다.[31)]

[92] ### (2) 요 건

(가) 시간의 경과 권리자가 권리를 상당히 오랫동안 행사하지 않고 있다가 후에

31) 실효의 원칙의 형성과정에 관해서는, 김학동, 독일에서의 실효의 원칙 — 그 형성과정을 중심으로 하여, 서울시립대 논문집 16권(1982), 143면 이하. 이 원칙의 구체적 내용에 관해서는, 동, 실효의 원칙, 판례월보 152호(1983. 5.), 12면 이하/153호(1983. 6.), 10면 이하 참조.

이르러 새삼스럽게 행사하였어야 한다. 다만 권리 불행사의 시간의 정도는 개별적인 경우에 따라 다르다. 특히 그 권리가 중대한 것으로서 권리자에게 상당한 숙고기간이 요구되는 경우에는 그 기간은 매우 장기가 될 것이다.

(나) **권리의 불행사와 상대방의 신뢰** 지체된 권리행사가 신의칙에 반한다고 보이는 특별한 사정이 존재해야 한다. 이러한 특별사정이 존재한다고 하기 위해서는, 첫째 권리자가 상당한 기간 동안 권리를 행사하지 않음으로 인하여 의무자가 이제는 더 이상 권리행사가 없으리라는 기대 혹은 신뢰가 생겼고, 둘째 의무자가 그러한 기대 · 신뢰 위에서 실제로 어떤 대책(만약 그렇게 신뢰하지 않았다면 그에게 닥칠 법적 불이익을 피하기 위하여 취했을 대책)을 취하지 않았거나 그와 상반되는 새로운 조치를 취했어야 한다.[32)]

(다) 위의 두 요건은 서로 상관적으로 고려된다. 예컨대 의무자의 신뢰를 강하게 하는 사정이 존재하는 경우에는 시간의 경과의 정도는 단축된다.

(라) 위의 요건 이외에는 반드시 요구되는 요건은 없다. 당사자의 주관적 사정 특히 권리자의 귀책사유는 반드시 요구되지는 않는다. 다만 권리자가 권리를 행사하기 위하여 그가 할 수 있었던 모든 것을 다한 경우에는 실효는 인정되지 않을 것이다.[33)]

(3) 이 원칙의 효과는 뒤늦은 권리행사가 허용되지 않는다는 것이다. 즉 이 원칙의 효과로서 실효된 권리가 소멸되는 것이 아니라 단지 그의 행사가 저지될 뿐이다.

(4) 실효의 원칙에 관한 판례를 살펴보면,[34)] [93]

(가) 실효의 원칙의 대표적 적용례는, 부당해고 후 상당기간이 지나서 해고무효확인소송을 제기한 경우이다. 즉 부당하게 징계처분을 받은 자가 퇴직금 등을 수령하고 나아가 상당기간 이에 대한 이의를 제기하지 않다가 후에 이르러 이의 무효확인소송을 제기한 경우에, 그러한 청구는 실효의 원칙에 의하여 허용되지 않는다.[35)] 이와 관련해서 특히 흥미 있는 판례로서, 동일한 사유로 갑 이외에도 수인이 해고당하였고 그 중 일부의 자가 이에 대한 무효확인소송을 제기하였는데, 그에 대한 판결이 서로 엇갈리다 드디어 이를 무효라고 하는 확정판결이 있게 되자 비로소(해고부터 10년 후) 갑이 해고무효확인소송을 제기한 사안에서, 판결은 권리행사의 지체가 「권리자의 단순한 주관적 동기」에서 비롯된 경우에는 그러한 권리행사의 지체는 실효의 원칙의 적용에 장애가 되지 않는다고 하면서, 그러나 위 사안에서는 단순한 주관적 동기에 기하여 권리

32) Soergel, §242 Rn. 332; Larenz/Wolf, §16 47.

33) Soergel, §242 Rn. 339; Boehmer, Grundlagen Rechtsordnung, 2. Buch, 2. Abteilung, §27 B V 1.

34) 이하의 판례의 상세는 김학동, 실효의 원칙에 관한 판례분석, 사법연구(청헌법률문화재단) 7집(2002), 109면 이하 참조.

35) 대판 1990. 8. 28. 90다카9619; 대판 1992. 5. 26. 92다3670[공 924, 2013]; 대판 1992. 12. 11. 92다23285[공 937, 452] 등 다수. 다만 이를 금반언의 원칙의 적용으로 판시한 것이 적지 않다. 이는 초기의 판례의 일반적 태도였으나(대판 1989. 9. 29. 88다카19804[집 37-3, 150]; 대판 1990. 11. 23. 90다카25512[공 888, 177] 등), 근래에도 계속된다(대판 2000. 4. 25. 99다34475).

행사를 지체한 것이라고 할 수 없다고 하여 실효를 부인하였다.[36] 그러나 위와 동일한 사유로 해고당한 자가 승소판결 확정 후 2년이 경과하여 제기한 소송에서는 실효의 원칙의 적용을 긍정하였다.[37] 그리고 사용자와 근로자 사이의 고용관계의 존부를 둘러싼 노동분쟁은 사용자의 입장에서는 물론 근로자의 입장에서도 신속히 해결되는 것이 바람직하므로, 여기에서는 실효의 원칙이 다른 법률관계에서보다 더욱 적극적으로 적용되어야 할 필요가 있다고 한다.[38] 실효기간은 사안에 따라서 큰 차이가 있는바, 길게는 해고 후 10년 이상 지나 제소하였음에도 실효를 부인한 사안이 있는가 하면(특수한 사정이 있는 앞의 사안), 짧게는 7-8개월 후 제소하였음에도 실효를 인정한 사안도 있다.[39]

(나) 그 외에 판례가 실효의 원칙의 문제로 명언하지는 않으나, 사안의 실질상 실효의 문제로 볼 수 있는 경우를 살펴보면, 우선 피용자가 경력을 은폐하였으나 사용자가 그 피용자의 용서를 비는 각서를 받은 후 계속 고용하다가, 후에 이르러 그러한 사유를 이유로 해고하는 것은 부당하다.[40] 매매계약에 기하여 대금의 일부만을 수령한 후 양 당사자가 계약의 실현을 방치하였다가 상당기간 후에 비로소 매수인이 소유권이전등기를 청구하는 경우에는 실효의 원칙은 적용되지 않는다.[41] 또 법정요건을 결한 자에 대하여 허가 혹은 임명행위가 있은 후 상당기간이 경과한 후에 요건 흠결을 발견하여 위 행위를 취소한 경우에, 그러한 취소처분행위는 신의칙에 반하지 않는다.[42] 귀속재산이 관리청 아닌 기관의 처분승인에 기하여 사인 갑에게 처분되어 갑이 이를 장기간 점유사용하였는데, 그 후 17년이 지나 국가가 갑에 대하여 토지이전을 청구하는 경우,[43] 전속계약기간 동안 계약에 위반하여 작품을 타인에게 납품한 사실을 알고도 전속계약기간 동안에는 이를 이의하지 않다가 계약종료 후 1년 6개월 후에 이르러 전속계약 위반을 이유로 손해배상을 청구하는 경우[44] 등은 신의칙에 반하지 않는다.

[94]
7. 모순행위 금지의 원칙

(1) 이는 일정한 행위를 한 자가 후에 이와 모순되는 주장을 한 경우에, 그러한 주장은 허용되지 않는다는 원칙이다. 이 원칙은 윤리적 성격이 특히 강한 것이다.

이의 요건으로는 이전의 행위와 모순되는 행위를 할 것이 요구된다. 그 외에 일반적으로는 상대방이 이전의 행위에 기하여 일정한 신뢰가 발생하고 이에 기하여 자신의 생활관계를 구축하였을 것이 요구되나, 이는 반드시 필요한 요건은 아니다. 단지 모순된 행위가 있을 뿐 그에 대한 상대방의 신뢰는 발생하지 않은 경우에도 이 원칙이 적용

36) 대판 1990. 8. 28. 90다카9619[공 882, 2018].
37) 대판 1992. 1. 21. 91다30118[집 40-1, 37]; 대판 1992. 10. 13. 92다24462[공 933, 3131]. 실효기간이 단기인 경우로는 대판 1991. 5. 28. 91다9275(8개월); 대판 1991. 10. 25. 90다20428(7개월) 등이 있다.
38) 대판 1992. 1. 21. 91다30118.
39) 대판 1991. 5. 28. 91다9275(8개월); 대판 1991. 10. 25. 90다20428(7개월).
40) 대판 1988. 12. 13. 86다204,86다카1035[민 36-3, 94].
41) 대판 1992. 2. 28. 91다28221[공 918, 1157]; 대판 1992. 6. 12. 92다12384,12391[공 925, 2144].
42) 대판 1988. 4. 27. 87누915[집 36-1, 345]; 대판 1989. 4. 11. 87다카131[집 37-1, 200].
43) 대판 1986. 11. 25. 85다카2397[집 34-3, 민 129].
44) 대판 1993. 2. 9. 92다33176[공 941, 945].

될 수 있다.[45] 다만 상대방의 신뢰가 있은 경우에는 이 원칙이 보다 용이하게 적용될 것이다. 비록 상대방에게 신뢰가 발생하였더라도 그가 다른 사정을 고려하였더라면 진실한 사실을 알 수 있었을 경우에는, 상대방의 신뢰는 보호되지 않는다(즉 모순되는 행위가 허용된다)(아래에서 소개하는 임차인이 임대차관계의 존재를 감춘 경우(아래의 주 48 참조)에 이 원칙의 적용 여부가 달라지는 것은 이러한 점으로 설명할 수 있을 것이다). 결국 이의 판단에서는 일반적으로 모순의 정도 · 상대방의 신뢰 및 신뢰의 정당성 등이 종합적으로 고려되며, 특히 모순의 정도가 강한 경우에는 상대방의 신뢰 여부 혹은 그 정당성은 문제되지 않는다고 할 수 있다.

(2) 모순행위 금지의 원칙에 관한 판례를 살펴보면,[46] [95]

(가) 강행법규에 위반한 자가 스스로 강행법규 위반을 이유로 자신의 행위의 무효를 주장하는 경우에, 그러한 주장이 신의칙에 위배되는 권리행사라는 이유로 이를 배척한다면 그러한 규정을 둔 입법취지 내지 목적 — 예컨대 사립학교법 제28조의 사립학교의 존립 및 목적수행에 필수적인 교육시설을 보전함으로써 사립학교의 건전한 발달을 도모하려는 목적 — 을 완전히 몰각시키는 결과가 되므로, 특별한 사정이 없는 한 그러한 주장이 신의성실 원칙에 반한다고 할 수 없다.[47]

(나) 이 원칙이 문제된 사례로 대표적인 것은 채무자가 소멸시효의 완성을 이유로 채무이행을 거절하는 경우인데, 이는 소멸시효 부분에서 살핀다([981]).

(다) 그 밖에 개별적 사안으로서 특히 흥미로운 것은, 임차인이 임대차관계의 존재를 감춘 경우, 즉 은행이 건물 위에 저당권을 취득함에 있어서 그 건물에 임대차관계가 존재하는지를 확인하러 갔는데, 임차인이 건물주인의 부탁을 받아 임대차관계 자체 혹은 보증금의 존재를 감추었고, 이에 기하여 은행이 그 건물의 담보가치를 높게 평가하여 저당권을 취득했는데, 후에 그 건물이 경매되어 경락인이 건물의 명도를 청구하자 임차인이 건물명도와 보증금반환의 동시이행을 주장한 경우에, 이러한 임차인의 주장은 신의칙에 반한다고 한다.[48] 그 외의 판결로는 농

---

45) 그러한 예로서 자경의사가 있는 것처럼 하여 농지를 매입한 이후 증여세를 회피하기 위하여 위 농지매매는 자경의사 없이 행해진 것으로서 무효라고 주장한 경우를 들 수 있다(대판 1990. 7. 24. 89누8224[집 38-2, 843]).

46) 이에 관한 판례에 관해서는 황병일, 모순행위금지의 원칙, 변호사(서울지방변호사회 발간) 29집(1999), 124면 이하; 전경근, 강행법규 위반과 모순행위 금지, 고시연구 27권 10호(319호)(2000. 10.), 37면 이하; 권혁재, 금반언 원칙의 실체법적 · 소송법적 적용에 관한 유형별 고찰, 민사법이론과 실무 7집(2004), 181면 이하.

47) 사립학교법에 위반한 경우로서, 대판 1997. 3. 14. 96다55693(이의 내용은 [303]의 주 24 참조); 대판 2000. 6. 23. 2000다12761,12778 등. 그러나 대판 2000. 6. 9. 99다70860은, 학교 자체가 형해화되어 사실상 교육시설로 볼 수 없는 특별한 사정이 있는 경우로서, 무효 주장이 신의칙에 반하지 않는다고 하였다. 그 외에 대판 1995. 11. 21. 94다20532(국토이용관리법에 위반한 경우); 대판 1996. 11. 22. 96다37084(상법 제731조 제1항에 위반하여 피보험자의 서면동의 없이 타인의 사망을 보험사고로 하는 보험계약을 체결한 경우); 대판 2003. 4. 22. 2003다2390,2406(의료법 위반의 경우. 이의 내용은 뒤에서 단속법규와 관련해서 소개한다([496]의 주 4)); 대판 2007. 11. 29. 2005다64552(신탁업법에 위반하는 수익율 보장약정). 대판 1968. 9. 6. 68다1323(농지개혁법을 위반하여 상환완료 전에 수분배농지를 처분하고 인도해 준 경우).

48) 대판 1987. 5. 12. 86다카2788[공 803, 973]; 대판 1987. 11. 24. 87다카1708[공 816, 164]. 이와 달

지개혁법 제27조에 위반하여 비자경농지를 매수한 후 매수인이 위 농지를 계속해서 경작한 경우에, 매도인이 위 법의 위반을 이유로 매매계약의 무효를 주장하는 것은 신의칙에 반한다.[49)] 또 농지매수인이 농지개혁법 소정의 소재지 증명을 받을 수 없게 되자 매매계약의 무효를 들어 이미 지급한 계약금 · 중도금의 반환을 청구하는 것은 신의칙에 반한다.[50)]

사실상 1인회사인 주식회사의 주식 전부를 양도한 대표이사가 아직 퇴임등기가 행해지지 않았음을 이용하여, 위 양도 이후의 회사의 주주총회 결의에 대하여, 상법 제386조 1항에 의하여 대표이사로서의 권리의무를 계속 보유하고 있다는 이유로 그 결의의 부존재확인을 구하는 것은 신의칙에 반한다.[51)] 그러나 주주총회에 참여하였던 자가 그의 결의방법에 하자가 있음을 이유로 이의 취소를 구하는 것은 신의칙에 반하지 않는다.[52)]

갑(피고)이 기존의 건물을 헐고 그 토지 위에 새 건물을 신축하면서 구 멸실건물 위에 근저당권을 가지고 있던 을과, 멸실건물에 대한 근저당권의 효력이 신축건물에 미치는 것으로 하기로 합의하고, 갑은 이 등기를 새 건물에 대한 등기로 전용하기 위하여 구건물의 표시를 변경하였다. 그 후 을이 저당권을 실행하여 경매절차가 행해졌는데, 여기에서 갑은 아무런 이의를 제기하지 않았으며, 그리하여 이 경매절차에서 병이 경락받고 정이 이를 전득하였다. 그런데 정이 갑에 대하여 건물명도를 청구하자, 갑이 멸실건물과 신축건물은 별개의 건물로서 멸실건물에 대한 저당권에 기하여 행해진 위 경매는 신축건물에는 효력이 미치지 않는다고 주장한 경우에, 이러한 주장은 신의칙에 반하지 않는다고 한다.[53)] 또 동일 부동산에 2중의 보존등기가 행해진 경우로서, 2차 보존등기상 소유자로 등기된 갑이 위 등기부에 을을 저당권자로 하는 등기를 설정하고는 후에 이르러 갑이 을의 저당권등기 및 이로 인한 경매신청등기가 무효라고 주장한데 대하여, 판결은 갑에게 나무랄 만한 점은 있으나 위의 등기가 갑에 대하여는 유효라고 할 수는 없다고 한다.[54)] 위 두 개의 사안은, 갑의 행동이 신의칙에 반하는 점이 있을지라도 부동산등기의 효력에 관한 일반원칙상 신의칙을 고려할 수 없다는 점에 기한 것(즉 법이 특별한 목적 때문에 법률규정을 엄격히 적용할 것을 요구함으

리 대판 1987. 1. 20. 86다카1852[집 35-1, 30]는 임차인의 주장이 신의칙에 반하지 않는다고 한다. 그런데 전자의 사안은 임차인이 경매과정에서도 이를 숨겨 경락인이 경매과정에서 이를 알 수 없었던 경우이나, 후자의 사안은 경매과정에서 임대차관계가 조사 · 보고된 경우로서, 판결은 이 경우에는 은행은 임대차관계를 알고 있었을 것이라고 하여 그렇게 판단하였다.

49) 대판 1977. 11. 22. 77다1947[집 25-3, 민 333].

50) 대판 1987. 4. 28. 85다카971[집 35-1, 304]. 그러나 농지소유자 갑이 재일동포 을에게 농지를 매각하고 을은 다시 병에게 매각하였는데 을이 위 증명을 받지 못하고 사망하자 병이 갑에 대하여 이전등기를 신청하였는데, 이에 대하여 갑이 위 농지매매계약은 농지개혁법 위반으로 무효라고 주장하여 이전등기를 거절한 데 대하여, 갑의 거절은 신의칙에 반하지 않는다고 한 판결도 있다(대판 1991. 9. 10. 91다19432[공 907, 2521]).

51) 대판 1992. 8. 14. 91다45141[공 929, 37]. 또 대판 1991. 12. 13. 90다카1158[집 39-4, 265]은 주식을 전부 양도한 자가 마침 주권을 양수인에게 교부하지 않은 상태를 이용하여 주식양도 후의 주주총회의 결의의 부존재확인을 구하는 것 역시 신의칙에 반한다고 하였다.

52) 대판 1979. 3. 27. 79다19[집 27-1, 민 228]. 대판 1978. 8. 22. 76다1747[집 26-2, 민 290]도 동지(학교법인의 이사회의 결의에 하자가 있은 경우). 또 대판 1977. 4. 26. 76다1440,1441[요지 제2조 三, 28]은, 전혀 소집한 바도 없고 결의한 바도 없는 주주총회 결의에 관하여 이를 찬동 · 추인한 자가 주주총회결의 부존재확인청구를 하는 것은 신의칙에 반하지 않는다고 하였다.

53) 대판 1980. 11. 11. 80다441[집 28-3, 민 165]. 동지 대판 1992. 3. 31. 91다39184[공 920, 1414](이 사안은 새 건물의 소유자가 구건물의 경락인에 대하여 그 등기의 무효를 주장한 것임).

54) 대판 1968. 4. 24. 68다219[집 16-1, 282].

로써 신의칙의 적용이 제한되는 경우)으로 여겨진다.

그 외에 신의칙에 반한다고 한 사례로는, 공매로 인한 매득금 중에서 체납세금과 체납처분비용으로 충당하고 남은 잔여금을 환불청구하고 이를 수령한 자가 그 후 다시 공매처분의 무효를 주장하는 행위,[55] 갑 · 을의 불법행위로 손해를 입은 병이 갑에 대하여 손해배상청구의 소를 제기하였는데, 병은 그 후 을로부터 손해배상액을 지급받고 더 이상 손해배상청구를 하지 않기로 합의하였음에도 이러한 사정을 말하지 않고 확정판결을 받아 갑에 대하여 행하는 강제집행행위,[56] 무효인 공정증서상의 채무자가 경매절차에서 공정증서의 무효를 주장하지 않고 오히려 채무의 변제를 주장하고 또 경락대금까지 배당받았다가, 후에 이르러 비로소 공정증서의 무효를 주장하는 경우[57] 등이 있다.

그러나 동일인이 서로 다른 소송에서 상이한 주장을 하는 것은 신의칙에 반하지 않는다.[58] 그리고 미성년자가 법정대리인의 동의 없이 행한 행위를 취소하는 것은 신의칙에 반하지 않는다.[59]

8. 개별적 적용례 [96]

앞서 살핀 파생적 원칙에 포섭되지 아니하여 추상적 일반적인 신의성실의 원칙이 적용되는 사례는 매우 다양하여, 이의 구체적인 적용례를 망라하는 것은 불가능하다. 다만 이 원칙은 권리의 행사에도 적용되기는 하지만, 의무의 이행에 많이 적용된다. 특히 채권법이 주된 적용분야이다. 그 중에서도 특히 계속적 채권관계에서 많이 문제된다. 이하에서 몇 가지 판례를 소개한다.

(a) 채무자가 이행을 지체한 것이 극히 소액에 불과한 경우에, 이를 이유로 매도인이 매매계약을 해제하는 것은 신의칙에 비추어 허용되지 않는다.[60] 그러나 채무변제액이 극히 일부가 부족한 경우, 채권자가 담보를 위하여 행해진 소유권이전등기의 말소청구를 배척하는 것은 신의칙에 반하는 것이 아니다.[61]

(b) 계속적 채권관계 계속적 채권관계에서는 당사자 상호간에 고도의 신뢰관계가 요구되므로, 이러한 신뢰관계를 파괴하는 사정이 생긴 때에는 채권관계를 원래대로 유지할 수 없

55) 대판 1973. 6. 5. 69다1228[집 21-2, 민 45].
56) 대판 1984. 7. 24. 84다카572[집 32-3, 207].
57) 대판 1992. 7. 28. 92다7726[집 40-2, 255].
58) 대판 1991. 3. 12. 90다17507[집 39-1, 257]; 대판 1992. 10. 27. 91다20876[공 934, 3236]; 대판 1990. 10. 23. 89누8057[공 886, 2454]; 대판 1981. 10. 13. 81다653[공 670, 14487](이 판결은 금반언은 실체법상의 법률효과이므로 단순한 사실행위(종전 소송에서의 증언과 배치되는 소제기)에는 효과가 없다고 하였다).
59) 대판 2007. 11. 16. 2005다71659,71666,71673(이의 내용은 뒤에서 소개한다([156]의 주 4).
60) 대판 1966. 5. 31. 66다626[집 14-2, 민 49]; 대판 1971. 3. 31. 71다352,353,354[집 19-1, 민 30]. 그외에 대판 2002. 5. 10. 2002다12871,12888은, 채무자가 채무 총액 69,384,761원에서 248,816원이 부족한 69,135,945원(부족비율 0.35%)을 공탁한 경우에(더욱이 공탁시에 채권자와 채무자 간에 지연손해금율을 둘러싸고 다툼이 있었고 그것이 위와 같은 부족의 원인인 경우), 그러한 공탁은 유효하다고 한다.
61) 대판 1977. 2. 8. 76다1173[요지 제2조 三, 27](원리금 691,096원 중 796원이 부족한 경우).

다. 따라서 이러한 계속적 채권관계에서는 신의칙의 적용이 많다. 다만 판례에 나타난 사례는 주로 계속적인 보증관계에 관한 것이다. 이 중 사정변경의 원칙에 관한 것이 아닌 것을 소개하면, 갑이 을의 허리디스크를 치료하는 시술을 하였는데, 을이 그로 인하여 병세가 더 악화되었다고 하면서 갑에게 만일 병원의 치료를 받게 해 주지 않으면 무면허 의료행위로 형사고발하겠다고 하여 갑이 을의 병원치료비를 보증해 주었는데 그럼에도 을이 그 후 갑을 형사고발한 경우에, 보증인의 주채무자에 대한 신뢰가 깨어졌음을 이유로 갑은 위 보증계약을 해지할 수 있다고 하였다.[62)][63)]

다음으로 신용카드이용계약에 관한 것으로서, 거래약관상 회원이 「카드의 분실 · 도난으로 인한 모든 책임이 카드회원에게 귀속된다」고 되어 있더라도, 회원이 분실 등의 사실을 지체없이 통지하였음에도 불구하고 카드회사가 가맹점에 대한 통지를 게을리하거나 가맹점이 분실카드 여부의 확인이나 서명의 대조 등을 게을리한 경우에는, 신의칙상 그로 인한 책임을 회원에게 물을 수 없다.[64)] 카드대금에 대한 보증채무와 관련된 것으로서, 갑이 신용카드회원 을의 채무를 위하여 신용카드회사 병과 보증계약을 맺었는데, 을이 카드이용대금을 지체하자 병이 을에게 거래정지를 내렸음에도(그 후 을이 대금을 지급하자 위 정지조치를 해제하였는데, 을이 다시 대금을 지체하였음) 병이 이러한 사정을 갑에게 알리지 않은 경우에, 갑의 보증채무액이 경감된다.[65)] 보증계약에서는 모든 카드이용대금에 관하여 회원과 연대하여 책임을 진다고 되어 있더라도, 보증인의 보증채무의 범위는 회원의 월간이용한도액으로 해석된다(즉 이는 신의칙의 적용 자체의 예가 아니라 신의칙을 적용한 의사표시 해석의 예이다).[66)]

(c) 기타의 경우　　불법점유를 한 자가 그 불법점유 상태를 계속하면서 영업을 하였다면 얻을 수 있었던 상실이익의 배상을 청구하는 것은 신의칙에 반한다.[67)] 변호사의 수임료(보수금)가 사건처리의 경과와 난이도, 의뢰인이 승소로 인하여 얻게 될 이익, 의뢰인과의 관계, 변호사회의 보수규정 기타 제반 사정에 비추어 과다한 경우에는, 상당한 보수금을 넘는 부분에 관한 보수금 약정은 신의칙에 반하여 무효이다.[68)] 사용자책임에서의 사용자의 구상권의 범위는 배상액 전부가 아니라 신의칙상 상당하다고 인정되는 범위로 제한된다.[69)]

---

62) 대판 1986. 9. 9. 86다카792[공 787, 1384].

63) 그 외에 대판 1978. 3. 28. 77다2298[집 26-1, 민 237]은, 갑의 동생 을이 A의 상해가 갑의 불법행위로 인한 것인 줄 잘못 알고 A의 병원 병에 대한 치료비를 보증한 경우에, 을의 착오는 동기의 착오로서 따라서 착오를 이유로 취소는 인정되지 않는다고 하면서, 신의칙을 이유로 한 해지를 인정하였다. 이는 화해계약에서 분쟁의 대상이 아닌 사항(전제사항)에 관하여 착오가 있은 경우인데, 이러한 판례의 대부분이 착오를 이유로 취소할 수 있다고 한 것([486] [612] 등에서의 대판 1990. 11. 9. 90다카22674; 대판 1997. 4. 11. 95다48414 등)과 — 비록 결과에서는 유사하지만 — 차이가 있다. 양자를 달리 취급하는 것이 타당한지는 좀더 연구하기로 한다.

64) 대판 1986. 3. 11. 85다카1490[집 34-1, 115]. 그 외에 대판 1986. 10. 28. 85다카739; 대판 1986. 12. 23. 85다카551.

65) 대판 1989. 11. 28. 89다카8252[공 864, 136].

66) 대판 1986. 2. 25. 84다카1587[공 774, 523]. 그 외에 대판 1986. 5. 27. 85다카111; 대판 1987. 7. 7. 87다카314.

67) 대판 1964. 9. 8. 64다95[요지 제2조 三, 9].

68) 대판 1972. 2. 29. 71다2722[집 20-1, 민 128]; 대판 1992. 3. 31. 91다29804.

69) 대판 1987. 9. 8. 86다카1045[집 35-3, 9].

Ⅲ. 권리남용 금지의 원칙 [97]

1. 총 설

「권리는 남용하지 못한다」(2조 2항).

(1) 의 의 권리의 남용이란 외형상 권리의 행사와 같이 보이지만, 구체적인 경우에 즉응하여 관찰할 때에는 권리의 사회성에 반하여 권리의 행사로서 시인될 수 없는 행위를 말한다.

권리의 행사는 신의에 좇아 성실히 행사되어야 하는바(2조 1항), 신의성실이라는 한계를 넘은 권리행사가 바로 권리남용인 것이다. 따라서 권리남용 금지의 원칙은 신의성실 원칙의 裏面이고, 권리남용인지 여부의 기준은 바로 신의성실인 것이다. 그리고 권리남용 금지의 원칙 역시 신의성실의 원칙과 마찬가지로 권리의 사회성 · 공공성 이념에 기한 것이다.

권리남용 금지의 원칙과 신의성실의 원칙은 동일한 이념에 기초한 것이고 민법의 전 분야에 걸쳐 적용되는 일반원칙이지만, 그 發生史的 면에서 보면 전자는 물권법 분야에서, 후자는 채권법 분야에서 주로 문제되었으며, 이러한 사정은 오늘날에도 마찬가지이다.

(2) 역사적 경과 근대법까지는 「권리를 행사하는 자는 어느 누구도 해하지 않는다」라는 원칙이 지배했으며, 따라서 일반원칙으로서의 권리남용 금지의 원칙은 인정될 여지가 없었다. 다만 오로지 타인에게 손해를 가하기 위한 목적으로 행해지는 권리행사의 경우에, 「시카네의 금지」로서 — 그것도 몇 개의 개별적인 경우에 관하여 — 규율되었을 뿐이다(독일민법 226조는 단지 이러한 시카네 금지의 원리를 일반화하여, 「권리의 행사가 타인에게 손해를 가하는 것만을 목적으로 하는 경우에는 이는 허용되지 아니한다」고 규정한다). 그러나 20세기 들어 권리의 사회성 · 공공성이 강조되면서, 권리남용 금지의 원칙은 신의성실의 원칙과 함께 민법 전반에 적용되는 일반원칙으로 되었다. 이러한 이유에서 민법 제2조는 제1항에서 신의성실의 원칙을 규정하고, 이어서 제2항에서 권리남용 금지의 원칙을 규정하는 것이다.

2. 요 건 [98]

(1) 권리의 행사 통상적으로는 적극적인 권리의 행사가 있어야 한다. 예컨대 토지소유자가 자신의 토지 위에 지어진 타인의 건물의 철거를 청구하거나, 타인의 토지 이용에 지장을 주는 정도로 자신의 토지 경계에 높은 담벽을 쌓는 것 등이 이에 해당한다. 반면에 토지소유자가 그의 토지를 사용치 않고 방치하는 경우에는 권리남용이 되지

않는다. 그러나

(가) 「소극적」인 권리의 불행사도 권리남용이 될 수 있다. 신의칙상 적극적인 권리행사가 요구되는데 이를 행사하지 않는 경우가 그러하다.

(나) 엄격히는 권리의 행사가 아니라 「법적 지위」의 행사인 경우도 포함된다. 예컨대 1인회사로서 실질적으로 회사의 재산이 회사대표자 개인의 재산이면서도, 회사의 독립한 인격성을 이유로 회사의 채무에 대하여 책임을 회피하려는 경우(법인격남용)에는 역시 권리남용에 해당한다(법인격 남용에 관해서는 뒤에서 상술한다([236])).

(2) 신의칙 위반 권리행사가 신의칙에 반해야 한다. 언제 신의칙에 반하는가 하는 점에 관하여는, 신의칙 자체가 구체적 기준을 가지지 않은 것이기 때문에 명확한 기준이 없고, 구체적 경우에 즉응해서 판단될 수밖에 없다. 일응 말한다면 타인을 가해할 의사가 있는 경우, 그 권리를 인정한 사회적 목적에 부합하지 않거나 사회상규에 반하는 경우, 정당한 이익이 없는데도 권리를 행사하는 경우 등이 권리남용으로 인정될 것이다.

(가) 권리자의 주관적 의도나 고의 · 과실은 문제되지 않는다. 따라서 가해목적이 없는 경우 혹은 자신의 권리행사가 신의칙에 반하는지 여부를 알지 못한 경우에도 권리남용이 될 수 있다.

(나) 어떠한 권리행사가 신의칙에 반하는가를 판단함에는 여러 가지 사정들이 종합적으로 고려되어야 한다. 고려될 사항으로는 가해의사, 권리자가 권리행사에 의하여 얻는 이익과 상대방이 권리행사에 의하여 받는 불이익의 교량, 건물철거의 요구인 경우에는 그 건물의 견고성, 경계침범의 경우에는 그에 대한 인식 여부 및 권리행사의 시기 등이 있다. 다만 가해의사가 있는 경우에는 그것만으로 그 권리행사가 신의칙에 반한다고 인정되겠지만, 예컨대 권리행사로 인한 권리자와 상대방의 이익과 불이익의 불균형성만으로는 쉽게 인정되지 않을 것이다.

[99] ### 3. 효　과

권리행사가 남용으로 인정되는 경우에는 그 권리행사로 생기는 정상적인 법률효과가 발생하지 않는다. 그 외의 구체적인 효과는 그 행사된 권리의 형태에 따라 다를 것이다. 일응 유형화한다면, (i) 그 권리가 청구권이면 법은 이의 실현에 조력하지 않는다. (ii) 형성권이면 본래 발생해야 할 효과가 발생하지 않는다. (iii) 남용의 결과 타인에게 손해를 주면 위법한 행위로서 손해배상의 책임을 진다. (iv) 권리의 박탈. 그러나 이러한 효과는 법률의 규정이 있는 때 한하여 인정된다(예: 924조). 왜냐하면 권리남용 금지의 원칙은 권리행사의 제한이지 권리 그 자체의 제한은 아니기 때문이다.

4. 판례의 고찰 [100]

(1) 판례의 경향 이 원칙의 구체적 적용례에 앞서서 이에 관한 판례의 경향을 개관하면, 일찍부터 많은 판례가 권리남용이라고 하기 위해서는 권리행사자에게 가해의사가 있어야 한다고 하였다.[70] 이러한 주관적 요소 이외에 객관적 요소(권리행사가 사회질서에 위반된다고 볼 수 있는 경우)를 동시에 요구한 것[71]도 이와 같은 입장이라고 할 수 있다. 이와 달리 오직 객관적 요소만을 기준으로 한 것,[72] 혹은 주관적 요소와 객관적 요소를 선택적으로 요구한 것[73]은 극히 일부에 불과하다. 이와 같이 남용의 요건으로 주관적 요소를 중시하는 태도는 그 이후에도 계속되고 있다(더욱이 가해의사가 없다고 할 수 있는지 의문스러운 경우임에도 이를 부인하여 권리행사를 허용한 사례도 있다(후술 주 78의 대판 1975. 10. 7. 75다1571; 주 85의 대판 1987. 10. 26. 87다카1279 등).[74] 가해의사를 요건으로 삼지 않은 것은 상계[75] 등의 경우에 간혹 있을 뿐이다.

이러한 판례의 태도는 정당한가? 권리의 행사를 쉽게 남용으로 인정한다면 타인의 권리를 존중치 않는 것을 방치 나아가 조장할 우려가 있고, 따라서 이의 인정은 신중해야 한다. 그러나 신중을 넘어서서 주관적인 가해의사를 필수적인 요건으로 삼는 것은 이를 요건으로 규정하지 않는 민법규정에 정면으로 반한다. 더욱이 신의칙과 권리남용금지의 원칙을 첫머리에 둠으로써 권리의 사회성 · 공공성을 강조하고 더 근본적으로 공공복리를 민법의 기본원리로 삼은 전체 법질서의 가치판단에도 반한다. 이런 점에서 판례의 태도는 재검토되어야 하지 않을까?

---

70) 대판 1959. 7. 23. 4291민상789,806[요지 제2조 一, 4]; 대판 1959. 12. 10. 4291민상730,731[요지 제2조 二, 7]; 대판 1962. 3. 22. 4294민상1484; 대판 1962. 9. 27. 62다424[집 10-3, 민 277]. 대판 1980. 5. 27. 80다484; 대판 1987. 3. 10. 86다카2472; 대판 1987. 9. 8. 87다카924.

71) 대판 1962. 3. 8. 4294민상934[집 10-1, 민 181]; 대판 1964. 7. 14. 선고 64아4.

72) 대판 1959. 10. 29. 4292민상352[요지 제2조 一, 7](권리행사가 사회관념상 피해자가 인용해야 할 정도를 초과하는지 여부); 대판 1961. 10. 19. 4293민상204[집 9, 민 50]; 대판 1962. 1. 31. 4294민상695 등.

73) 대판 1962. 2. 22. 4294민상1202[요지 제2조 一, 10]. 대판 1983. 10. 11. 83다카335.

74) 특히 이러한 흐름의 지도적 역할을 하는 판례는 대판 1986. 7. 22. 85다카2307[공 784, 1099]로서, 그 후의 많은 판례들이 이를 참조 · 인용하고 있다. 이 판결은 법원의 가처분결정에도 불구하고 건물신축공사를 진행한 것으로서, 이 점에서는 결과가 타당하다고 할 수 있다. 이 판결의 내용은 뒤에서 소개한다(주 85). 대판 1993. 5. 14. 93다4366은, 그와 같은 주관적 요건은 권리자의 정당한 이익을 결여한 권리행사로 보여지는 객관적인 사정에 의하여 추인할 수 있다고 한다. 대판 2003. 11. 27. 2003다40422; 대판 2010. 2. 25. 2009다79378; 대판 2010. 12. 9. 2010다59783 등도 이와 同旨.

75) 대판 2003. 4. 11. 2002다59481. 오금석, 상계권의 행사가 신의칙에 반하거나 상계에 관한 권리남용에 해당하기 위한 요건, 대법원판례해설 44호(2004), 93면 이하, 106은, 이 판결은 주관적 요건과 관련해서 일반적인 권리의 남용과는 달리 상대방에게 고통을 주고 손해를 입히려는 의사는 필요하지 않음을 밝혀 준 최초의 대법원판결이라는 점에서 그 의의가 크다고 평가한다.

[101] ## (2) 구체적 고찰

(가) **건물철거청구** 남용 여부가 문제된 대표적 경우는 토지소유자가 소유권에 기한 물권적청구권으로서 자신의 토지 위에 세워진 타인의 건물 등의 철거를 요구하는 경우이다. 따라서 먼저 이러한 경우에 관한 판례를 살펴본다.[76)]

(a) 먼저 지적할 점은, 지방자치단체가 공공목적의 시설을 건립하기 위하여 그 토지를 매수함에 있어서 토지소유자와의 합의가 이루어지지 않았고 그리하여 후자의 신청에 의하여 법원의 공사금지가처분결정이 내려졌는데 그럼에도 불구하고 매수 및 공사를 진행한 경우에, 토지소유자의 그 완성건물에 대한 철거청구 및 토지인도청구는 권리남용이 되지 않는다고 한다.[77)]

(b) 자신의 토지 위에 신축된 공공건물 혹은 다수인과 관련된 건물의 철거청구를 권리남용이 아니라고 한 것이 적지 않다. 우선 타인의 토지 위에 학교가 설립되어 이미 오랫동안 학교부지로 이용되어 왔음에도 토지소유자의 건물철거를 요구한 경우에 그렇게 판시한 것이 있다.[78)] 그 외에도 주택단지[79)] 시청사,[80)] 국립재활원[81)] 등이 신축된 경우, 혹은 기간산업도로가 건설된 경

76) 판례 사안의 상세는 김학동, 토지소유자의 방해제거청구권과 권리남용, 김기수교수 화갑기념논문집(1992), 57면 이하 참조.

77) 대판 1986. 7. 22. 85다카2307[공 784, 1099]; 대판 1990. 5. 22. 87다카1712[공 876, 1333]. 이 중 전자의 사안을 소개하면, 갑의 토지 및 그 주변 지역의 토지가 주택단지로 지정되어 서울시가 그 지역의 토지를 매수하여 택지를 조성하고 주택을 신축하여 분양하였는데, 토지매수에 응하지 않았던 갑이 자신의 토지를 분양받은 사람들을 상대로 건물철거 및 토지인도를 청구하였다. 그런데 특기할 사실은, 서울시가 위 토지를 매수하는 과정에서 갑이 토지감정가격이 부적절하다고 하여 매수협의에 불응했으며, 갑의 신청으로 주택단지 조성공사금지의 가처분결정이 내려졌음에도 불구하고 서울시는 갑의 토지를 제외한 채 주택단지 조성공사를 할 수는 없다는 이유로 공사를 계속하여 다수인에게 분양된 것이다. 이에 대하여 판결은 「권리행사가 남용으로 되기 위해서는 주관적으로 권리행사의 목적이 오직 상대방에게 고통을 주고 손해를 입히려는 데 있을 뿐 행사하는 사람에게 아무런 이익이 될 수 없는 경우이어야 하고, 객관적으로는 그 권리행사가 사회질서에 위반된다고 볼 수 있어야 하는 것이며, 이와 같은 경우에 해당되지 않는 한 비록 그 권리의 행사에 의하여 권리행사자가 얻는 이익보다 상대방이 입을 손해가 현저히 크다 하여도 그러한 사정만으로는 권리남용이라 할 수 없다」고 하였다.

78) 이러한 판례로서 특히 흥미 있는 것으로는 대판 1988. 12. 27. 87다카2911[공 842, 229]이다. 이의 사안은, 을(경기도)이 갑 소유의 토지(다만 이 토지는 아직 소유권보존등기가 행해지지 않았다)를 포함하여 둘레의 17필지의 토지(갑의 위 토지를 제외한 토지는 을의 소유) 위에 학교를 세워 운영하고 있었으며, 갑의 토지는 학교부지인 위 17필지의 중앙에 위치하고 있었으며, 위 학교는 이미 50년에 걸쳐 갑의 토지를 학교부지로 사용하여 왔었다. 갑은 위 토지를 1986. 1. 13.에 소유권보존등기를 하고 같은 날 병에게 이전하였으며, 병은 그 토지 위에 학교교사가 있음을 알면서도 이를 매입하여 곧 을에 대하여 학교건물철거 및 토지인도를 소구한 것이다. 또 대판 1975. 10. 7. 75다1571[집 23-3, 민 37](10년 전부터 학교교사 등으로 사용되어 오던 갑의 토지를, 을이 이러한 사정을 알면서 이를 매입하여 토지인도를 청구한 사안으로서, 특히 여기에는 갑이 위 토지를 을에게 매각한 것은 갑의 아들이 위 학교의 건물을 파괴한 죄로 징역형이 선고된 직후라는 사정이 있었다).

79) 전술 대판 1986. 7. 22. 85다카2307.

80) 대판 1990. 5. 22. 87다카1712[공 876, 1333]. 이 사안은, 市가 이 사건 토지를 매수하여 시청사를 신축하기로 하고 위 토지를 매수하고자 하였는데, 마침 위 토지에 관하여 을이 특별법에 기하여 부당하게 소유자로 등기하였는바, 그리하여 시가 을과 토지에 대한 매수협상을 진행하자 위 토지의 소유자 갑이 그러한 사정을 알고 시에 대하여 을에게의 토지대금 지급을 보류할 것을 건의하고 아울러 을에 대하여 소유권이전등기의 소를 제기하였으며, 이 소송에서 위 토지에 대한 처분금지 가처분결정이 내려졌다. 그럼에도 시는 을과의 매수합의를 마치고 건물신축공사를 진행하여 공사를

우,[82] 이에 대한 철거요구는 권리남용이 아니라고 한다. 다만 타인의 토지 위에 수로나 제방이 건축된 경우에 관하여는 이의 철거요구를 권리남용이라고 한 판례가 있다.[83]

(c) 이와는 달리 권리행사자의 이익보다 상대방의 손해가 현저히 크다는 이유에서 권리남용임을 인정한 사례도 있다.[84] 그러나 이러한 사정만으로는 남용으로 인정되지 않는다고 한 것도 상당히 많다.[85] 특히 원래 1필의 토지가 후에 분필되었는데 실제 점유해 오던 토지의 경계가 지적도와 맞지 않고 토지의 경계가 불명확하여 결과적으로 건물이 경계를 침범한 사안에서, 건물 중 경계를 침범한 부분에 대한 철거청구를 권리남용이 아니라고 한 판례도 있다.[86]

(d) 그 외에 갑의 토지 위에 건물을 신축하여 그 건물을 위한 법정지상권을 가졌던 을이 위 건물을 병에게 매각한 경우에, 갑이 병에 대하여 위 건물의 철거를 청구하는 것은 신의칙에 반한다고 한다.[87]

(나) 기 타 권리남용은 곧 신의칙에 위반하는 것으로서, 신의칙에 관한 판례는 곧 권리남용에 관한 것이기도 한 것이 적지 않다. 따라서 앞의 신의성실에 관한 판례 이외의 것으로 몇 가지 소개한다.

(a) 권원없이 토지를 점유한 자가 당초 황무지였던 토지를 개간하여 熟田(해마다 농사짓는 밭)으로 만들어 그 산물로서 생계를 유지한다 하여도, 토지소유자가 그 토지를 과수원으로 사용하기 위하여 그 인도를 구하는 것이라면 이는 권리남용이라고 할 수 없다.[88] 농지개혁법 실시 당시 농지를 경작하던 선량한 농민들이 서면상의 계약없이 地主와의 情誼 때문에 소작토지에 관한 분배신고를 하지 않은 채 농경을 위하여 농가를 짓고 10여 년간이나 지주로부터 아무 이의를 받음이 없이 그 토지를 사용하여 온 경우에, 지주가 지가가 오르자 농가의 철거를 청구하는 것은 권리남용에 해당한다 할 수 없다.[89]

(b) 임대차의 해지에 관한 것으로서, 임차인의 차임지체를 이유로 36일 간의 유예기간을 주고 해지한 경우, 차지상에 임차인 소유의 고층건물이 서 있다는 이유만으로 위 해지권 행사가 권

완료한 것이다.

81) 대판 1966. 9. 27. 66다1368[집 14-3, 민 111].

82) 대판 1987. 1. 20. 86다카1252[공 795, 304]; 대판 1991. 3. 27. 90다13055[공 896, 1261].

83) 대판 1972. 12. 26. 72다756[집 20-3, 민 210]. 이와는 달리 서울고법 1963. 5. 20. 62다321은 권리남용임을 부인하였다.

84) 대판 1964. 11. 10. 64다720[집 12-2, 민 158]; 대판 1965. 12. 21. 65다1910[집 13-2, 민 296]; 대판 1968. 1. 31. 67다2534,2535[집 16-1, 민 45]; 대판 1973. 10. 23. 73다995,996[집 21-3, 민 111]; 대판 1982. 9. 14, 80다2859[공 693, 1001]; 대판 1983. 10. 11. 83다카335[공 717, 1657].

85) 이 중 흥미 있는 판례는 대판 1987. 10. 26. 87다카1279[공 814, 1780]이다. 이의 사안은 병이 선대로부터 갑의 토지 위에 약 40년간 계속하여 나무를 심어 수익을 올려 왔으며, 갑은 이 토지를 계속하여 방치해 왔고 병의 점유사실조차 알지 못했다. 그런데 병과 한 동네에 살면서 위와 같은 사정을 잘 알고 있던 을이 갑에게 위 토지를 매각할 것을 권유하여 소유권을 양수받았다(대금 72만원). 그리고는 병에 대하여 위 토지를 1200만원에 매수할 것을 요구하였다(나무의 가격은 275만원). 병이 이에 불응하자 을은 병에 대하여 나무의 제거를 소구하였다. 그런데 판결은 위 대판 1986. 7. 22. 85다카2307의 판결을 인용하면서 권리남용성을 부인하였다.

86) 대판 1991. 6. 14. 90다10346,10353[집 39-3, 40].

87) 대판(전) 1985. 4. 9. 84다카1131,1132[집 33-1, 174]; 대판 1988. 10. 24. 87다카1604[공 837, 1463].

88) 대판 1962. 9. 27. 62다424[집 10-3, 민 277].

89) 대판 1966. 1. 25. 65다2424[요지 제2조 二, 17].

리남용이라고 할 수는 없다.[90] 임차인이 임대인의 동의없이 임차물을 전대한 경우에는, 그것이 임차인의 임대인에 대한 배신행위라고까지는 볼 수 없더라도 임대인은 해지할 수 있다.[91] 임차인이 건물을 임차하여 상당한 부분을 증 · 개축하였다 하여도 특별한 사정이 없는 한 그 건물의 소유권이 임차인에게 귀속되지 않으므로, 임대인으로부터 건물을 양수한 자가 소유권에 기하여 이의 명도를 구하는 것은 권리남용이 되지 않는다.[92]

(c) 갑(여)은 을과 혼인신고(1932년)를 마치고 혼인생활을 하다가 가출하여 병과 내연관계(1944년)를 맺고 자식도 출산하면서 다른 이름으로 병과 혼인신고(1957년)를 하였다. 그런데 정(여)은 갑의 가출 후 을과 내연관계를 가졌으며, 을이 사망하자(1973년) 갑의 사망신고를 하는 한편 을이 사망신고가 되어 있지 않음을 이용하여 을과 혼인신고를 하였다. 그러자 갑이 을의 재산상속을 목적으로, 을과 정 간의 혼인의 무효를 확인하는 소를 제기하였다. 이에 대하여 판결은 을 · 정 간의 혼인신고가 무효이기는 하지만, 갑이 이제 와서 위 혼인의 무효를 주장하는 것은 신의에 좇은 권리행사라고 할 수 없다고 하였다.[93] 법정대리인인 친권자가 그 子인 갑(미성년자) 소유의 부동산을 장남 을에게 증여한 경우, 그 당시 갑의 나이가 19년 5월로서 수개월 후 성년이 될 나이였고 갑이 위 행위를 강력히 반대했으며, 위 행위가 오직 을을 위한 것이었고 갑은 이로부터 아무런 대가도 받지 못하였다면, 그 행위는 소위 이익상반행위에는 해당하지 않으나 친권의 남용에 의한 것이라 할 것이므로, 위 행위의 효과는 갑에게 미치지 않는다.[94]

(d) 채권자가 채권의 확보를 위하여 제 3 자의 부동산을 채무자에게 명의신탁하도록 적극 권유하고 그 절차까지 주선한 다음 위 부동산에 대하여 강제집행을 실시하는 것은 신의칙에 반한다.[95]

(e) 그 외에 대리권 남용에 관한 판례는 뒤에서 살핀다([729] 이하).

제 4 절 권리의 충돌 · 경합 · 보호

[102] ## Ⅰ. 권리의 충돌

(1) 의 의 동일한 객체에 관하여 수개의 권리가 존재하여 모든 권리가 만족을 받을 수 없는 경우에, 이를 권리의 충돌이라고 한다.

(2) 권리 상호간의 순위 이러한 경우에 어느 권리가 우선하는가? 이는 물권

90) 대판 1962. 4. 18. 4294민상981[집 10-2, 민 136].
91) 대판 1972. 1. 31. 71다2400[집 20-1, 47]. 이에 관한 일본의 판례를 소개하면, 日最判 昭 28(1953). 9. 25 民集 7,9,970은, 임차인의 전대가 임대인에 대하여 배신적 행위라고 인정되는 경우에 한하여 임대인의 해지권이 생긴다고 한다.
92) 대판 1983. 2. 22. 80다589[집 31-1, 민 112].
93) 대판 1983. 4. 12. 82므64[집 31-2, 가사 48]. 그리고 이와 동일한 사안에서 위의 갑의 장남이 다시 위 혼인의 무효확인을 구하는 소를 제기한데 대하여, 마찬가지로 신의칙에 반한다고 하였다(대판 1987. 4. 28. 86므130[집 35-1, 574]).
94) 대판 1981. 10. 13. 81다649[집 29-3, 민 138].
95) 대판 1981. 7. 7. 80다2064[집 29-1, 민 177].

과 채권에 있어서 서로 다르다.

(가) 물권과 채권 간에는 물권이 우선한다(단 채권에 대항력이 있는 경우에는 그렇지 않다).

(나) 물권 상호간에는 일정한 순위가 있다. 즉 우선 일반적 순위로서, 같은 종류의 권리 간(예컨대 소유권과 소유권 간, 지상권과 지상권 간, 저당권과 저당권 간)에는 먼저 성립한 물권이 우선한다(여기에서 먼저 성립하였는가 하는 점은 등기 선후에 의하여 결정된다). 따라서 물권의 성질상 한 개의 물건 위에 두 개의 물권이 성립할 수 없는 것인 때에는(소유권, 용익물권이 이에 해당한다), 하나의 물권이 성립하면 이제는 또 다른 물권이 성립할 수 없다. 다음으로 소유권과 제한물권은 병존하나, 양자 간에는 언제나 제한물권이 우선한다. 끝으로 제한물권 중 용익물권과 담보물권은 각기 물건의 다른 가치를 지배하는 것이므로 일응 서로 병존하지만, 담보물권이 실행되면 일응 먼저 성립한 물권이 우선한다고 할 수 있다(예컨대 갑의 토지에 을이 저당권을 설정한 후 병이 지상권을 설정한 경우, 을의 저당권이 우선한다. 이의 구체적 법률관계는 아래의 사례 중 ⓓⓔ에서 설명한다).

(다) 채권 상호간에는 아무런 순위도 없다. 즉 채권은 그 발생원인 · 발생시기의 선후 · 채권액의 다소 등을 불문하고 서로 평등하다. 따라서 먼저 채무자로부터 변제를 받는 자가 만족을 얻을 뿐이다(先行主義). 다만 파산의 경우에 예외가 인정된다(그 외에 경매에서 배당에 참가한 채권자 상호간에서도 그러하다).

우선 수인의 채권이 존재하는 예로서, ① 갑이 을 · 병 등으로부터 순차적으로 금전을 차용한 경우, ② 갑이 부동산을 을에게 매각하고 다시 병에게 매각한 경우, ③ 갑이 을 및 병에게 같은 날에 일정한 노무를 제공하기로 약정한 경우를 보면, 어느 경우에나 을과 병의 채권 간에 우선순위가 없으며, 모두가 평등하다. 달리 말하면 갑은 누구에게 먼저 변제하건 자유이고, 먼저 변제받는 채권자가 만족을 얻는다. 다만 채권의 만족을 받지 못한 자는 당연히 갑에 대하여 채무불이행을 이유로 손해배상을 청구할 수 있다.

수개의 물권이 설정되거나 혹은 물권과 채권이 병존하는 예로서, ⓐ 갑이 을 · 병 · 정 · 무 등으로부터 차례로 금원을 차용하고 자신의 X부동산 위에 정 및 무에게만 저당권을 설정시켜 준 경우에, 정 · 무는 을 · 병에 우선하여 X부동산의 환가대금으로부터 우선변제받는다. 그리고 정 · 무 사이에서는 정이 먼저 우선변제받는다(을 · 병이 평등함은 전술하였다). ⓑ 갑이 을에게 부동산을 매각한 후 다시 병에게 매각하였으며, 그런데 병에게 먼저 이전등기를 해 준 경우에, 병이 소유권을 취득하고, 따라서 을은 더 이상 소유권을 취득할 수 없다(갑의 을에 대한 채무는 이행불능이 된다). ⓒ 갑의 부동산에 을이 지상권을 설정한 경우에, 갑의 소유권과 을의 지상권 사이에는 후자가 우선하므로 그 지상권이 존재하는 동안에는 갑은 위 부동산을 점유 사용하지 못한다. ⓓ 갑의 부동산에 을의 지상권이 설정되었더라도, 갑은 그 후 병으로부터 금전을 차용하고 담보로서 위 부동산에 저당권을 설정할 수 있다. 이 경우 을의 지상권과 병의 저당권은 서로 병존한다. 그리고 병의 저당권이 실행되더라도, 을의 지상권은 병의 저당권보다 먼저 성립하였으므로 아무런 영향을 받지 않는다(즉 병의 저당권 실행으로 그 부동산을 경락받은 사람은 을의 지상권의 부담을 안은 상태로 부동산의 소유권을 취득한다). ⓔ 갑의 부동산에 을의 저당권이 설정되었더라도, 병은 그 후 위 부동산에 지상권을 설정할 수 있다. 이 경우에도 역시 을의 지상권과 병의 저당권은 서로 병존한다. 그런데 을의 저당권이 실행되면, 그의 저당권이 병의 지상권보다 먼저 성립하였으므로 병의 지상권은 존속하지 못한다.

[103] ## Ⅱ. 권리의 경합

하나의 생활사실이 수개의 법규가 정하는 요건을 충족함으로써 수개의 권리가 발생하는 경우가 있다. 이를 권리의 경합이라고 한다. 이때 권리자는 수개의 권리를 각기 행사할 수 있는가? 이는 경합의 형태에 따라 다르다. — 다만 아래와 같은 논의는 소송물(재판에서의 심판의 객체)을 사법상의 실체적 권리로 보는 이론(舊訴訟物 이론)에 입각한 것이다. 이와 달리 소송물을 실체적 권리가 아니고 「일정한 급부를 요구할 수 있는 법률상의 지위」로 보는 이론(新訴訟物 이론)에 의하면 이러한 논의 내지 견해대립은 생길 여지가 없다(채권각론 [755] 참조).

1. 법조경합의 경우

이는 권리를 발생시키는 법규가 일반법 · 특별법의 관계에 있는 경우이다. 이 경우에는 특별법에 기한 권리만이 발생되고, 따라서 권리자는 이 권리만을 행사할 수 있을 뿐이다. 예컨대 갑이 을의 불법행위로 인하여 손해를 입었는데 을이 공무원인 경우에, 갑은 일응 민법상의 사용자책임에 관한 규정(756조) 및 국가배상법에 의한 규정(동법 2조)에 의하여 손해배상청구권을 취득한다. 그러나 국가배상법은 민법의 특별법이다. 따라서 피해자는 단지 국가배상법에 기한 손해배상청구권만을 가진다.

[104] ### 2. 청구권경합의 경우

이는 권리를 발생시키는 법규가 일반법 · 특별법의 관계에 있지 않아 각 법규에 기하여 수개의 권리가 병존적으로 발생하고, 그 수개의 권리가 각기 별개로 행사될 수 있는 경우이다. 이때에는 권리자는 어느 권리를 행사해도 된다. 또 양자를 모두 행사할 수도 있다. 다만 어느 권리의 행사에 의하여 목적을 달성한 경우, 다른 권리도 소멸한다. 예컨대 갑이 을의 택시를 탔는데 을의 과실로 교통사고가 나서 상해를 입은 경우에, 갑은 을에 대하여 위임계약 위반을 이유로 채무불이행에 기한 손해배상청구권을 행사할 수도 있고, 불법행위에 기한 손해배상청구권을 행사할 수도 있다. 또 양자를 모두 행사할 수도 있다(다만 양 권리의 관계에 관한 이러한 설명은 양자의 손해배상청구권에 관하여 다수설에 따라 청구권경합설을 취하는 입장에 기한 것이다. 이에 관해서 법조경합설을 취하는 때에는, 오직 채무불이행을 이유로 손해배상을 청구할 수 있을 뿐이다).

[105] ## Ⅲ. 권리의 보호

1. 총 설

권리자가 권리로부터 실제로 이익을 얻기 위해서는 권리가 실현되어야 한다. 의무자가 임의로 그의 의무를 다한 때에는 권리자는 궁극적 목적을 달성하고, 권리자와 의무자 간의 관계는 원만히 해결된다. 그런데 의무자가 의무를 이행치 않거나 기타 권리가 침해된 때에는 그에 대한 구제가 필요하게 된다. 권리의 침해에 대한 구제가「권리의 보호」의 문제이다.

옛날에는 권리자가 자기의 힘으로 권리를 구제하는「私的救濟」가 원칙이었다. 그러나 이러한 방법은 실력 있는 권리자에게만 도움이 될 뿐만 아니라, 자칫 사회적 불안을 야기한다. 그리하여 근대국가는 권리의 보호 · 구제를 국가의 주된 임무로 삼아, 한편으로 재판제도를 완비하고 다른 한편으로 권리가 실현되지 않은 모든 경우에 이의 구제를 국가에 호소토록 하였다. 그리고 사적 구제는, 예외적으로 부득이한 경우를 제외하고는, 원칙적으로 금지하였다.

2. 사권의 국가적 보호 [106]

위에 말한 바와 같이 사적 구제는 예외적인 권리보호의 방법이고, 권리침해가 있는 때에는 국가에 그 보호를 구해야 하는 것이 원칙이다. 국가가 권리를 보호하는 제도는 우선 크게 (민사)소송절차와, 조정 등 기타의 분쟁해결절차로 나뉜다.

(1) 소송절차 이는 사법상의 법률관계에 관하여 분쟁이 있는 경우에 법원이 대립하는 당사자 기타 이해관계인을 관여시켜 그 법률적 당부를 판단함으로써 분쟁을 해결하는 절차이다. 달리 말하면 분쟁당사자가 소를 제기하여 사법상의 권리의 보호를 청구한 경우에 법원이 법이 정한 절차에 따라 당사자들의 주장을 듣고 당해 분쟁에 법을 적용하여 그 주장의 당부를 심판하는 절차이다. 기타의 분쟁해결절차와는 그 절차 및 판단기준에 있어서 엄격히 법에 매인다는 점에서 차이가 있다.

소송절차는 다시 판결절차 · 강제집행절차 · 부수절차(이는 일반적으로 모든 사건에 관해서 행해지는 것으로서, 따라서 통상소송절차라고 한다)와, 특수한 사건에서만 행해지는 특별소송절차로 나뉜다. 이 중 가장 중요한 것은 판결절차이므로, 이하에서는 판결절차와 기타의 절차를 나누어 살핀다.

㈎ 판결절차 이는 판결에 의하여 구체적인 법률효과의 확정(원고의 청구의 당부의 확정)을 목적으로 하는 소송절차(소에 의하여 개시되고 판결에 의하여 완결되는 소송절차)이다. 법원은 이 절차에서 먼저 구체적 사건의 내용을 확정하고(사실문제), 다음에 이 확정된 사실에 적용할 법이 무엇인가를 찾아서 그 법을 적용하여(법률문제), 판결을 내리는 것이다.

ⓐ 판결절차에서는 당사자(처분권)주의와 변론주의가 지배한다. 전자는 민사소송은 당사자의 신청에 의하여 개시되고 법원은 당사자가 신청한 사항에 대해서만 심판할 수 있다는 것이다. 후자는 소송의 해결 또는 심리에서의 자료의 수집을 당사자의 권능과

책임으로 한다는 것, 혹은 보다 좁게는 주요사실의 존부는 당사자의 어느 누군가의 진술이 있는 한에서만 법원은 이를 판결의 기초로 삼을 수 있다는 것이다.

(b) 판결에는 다음의 세 가지가 있다.

(i) 이행판결은 피고에게 일정한 이행 또는 부작위를 명하는 판결이다.

(ii) 확인판결은 권리 또는 법률관계의 존부, 증서의 진부 등을 확인하는 판결이다.

(iii) 형성판결은 법률관계의 발생 · 변경 또는 소멸을 일으키는 판결이다.

[107] (나) 기타의 절차

(a) 강제집행절차　이는 국가가 강제력을 행사하여 의무이행을 실현하는 절차이다. 권리자는 이를 통하여 궁극적으로 권리를 구제받게 된다. 권리자가 국가에 대하여 강제집행을 청구하기 위해서는 자신의 권리가 확정된 모습으로 나타나야 하는데, 이의 공적 증서가 채무명의이다. 확정판결이 그 대표적인 것이지만, 그 밖에 공정증서 · 지급명령 등도 이에 해당한다. 강제집행의 방법은 권리의 종류(금전채권 이냐 여부) 또는 대상인 재산의 종류(동산 · 부동산 · 선박) 등에 따라 나누어진다.

(b) 부수절차　이는 앞에서의 판결절차 혹은 강제집행절차에 부수하여 행해지는 것을 말한다. 판결절차에 부수하여 행해지는 증거보전절차, 강제집행절차에 부수하여 행해지는 가압류 · 가처분절차(집행보전절차) 등이 이에 해당한다. 이 중 실제상 중요한 의미를 가지는 것은 후자이다. 이는 장래의 강제집행을 위하여 채무자의 재산을 확보하기 위한 것이다. 즉 권리자가 채무명의를 획득하고 강제집행에 착수할 때까지 채무자가 자기의 재산을 은닉하거나 처분함으로써 장차 채무명의를 얻어도 집행이 불능 혹은 현저히 곤란하게 될 염려가 있는 경우에, 일시적으로 채무자의 재산을 확보하고 그러한 위험을 예방하도록 하는 제도이다. 이 중 가압류는 금전채권(혹은 금전으로 환가할 수 있는 채권), 가처분은 그 외의 채권, 특히 특정물의 급부나 인도를 목적으로 하는 채권의 집행 보전을 목적으로 하는 것이다.

(c) 특별소송절차　소액사건심판절차, 독촉절차(금전 기타 대체물이나 유가증권의 일정한 수량의 지급을 목적으로 하는 청구에 관하여 인정된 절차로서, 채권자의 일방적인 신청에 기하여 법원이 지급명령을 내리고, 그에 대하여 일정기간 내에 채무자의 이의가 없으면 지급명령이 확정되어 채권자는 이에 기해서 강제집행을 할 수 있게 된다), 가사소송절차, 파산절차, 회사정리절차 등이 이에 해당한다.

[108] (2) 기타의 분쟁해결방법

(가) 조 정　이는 법관과 특별한 지식 · 경험이 있는 자로 구성되는 조정위원회가 분쟁당사자 간의 주장을 서로 양보하도록 주선하고, 필요한 경우에는 중재의견을 제시하여 당사자를 설득함으로써 그 합의에 의하여 분쟁을 합리적이고 원만한 해결로 이끌어 나가는 것이다. 조정은 첫째 분쟁을 간편하고 신속하게 해결하여 번잡한 재판절

차의 시간과 비용을 절약하고, 둘째 당사자가 서로 양보하는 결과 재판의 경우와 같이 당사자 간의 대립을 뒤에까지 남기지 않으며, 셋째 법규의 엄격한 적용으로부터 생기는 불합리를 배제함으로써 구체적으로 타당한 해결을 도모할 수 있다는 장점이 있어서, 최근 이 제도의 이용이 크게 증대되고 있다. 그러나 그 반면에 재판에서와 같은 확실성이 없다는 단점도 있다.

조정에 관한 법률로는 우선 「민사에 관한 분쟁」의 조정(그러나 가사소송법의 적용을 받는 이른바 「가사조정」은 제외됨)에 관하여 포괄적으로 규정하고 있는 「민사조정법」이 있다. 동법에 의하면 민사분쟁(가사사건을 제외한)의 당사자는 법원에 조정을 신청할 수 있고(동법 2조), 또한 제 1 심 受訴法院도 필요하다고 인정하는 경우에는 당사자 쌍방의 동의가 있는 때에 訴訟繫屬 중의 사건을 결정으로 조정에 회부할 수 있도록 하고 있다(동법 6조, 그 밖에 동법 7조, 29조 등 참조). 그 밖의 법률로는 가사소송법 · 노동조합 및 노동관계조정법 등이 있으며, 이들은 각각 일정한 가사사건 · 노동쟁의사건의 조정에 관하여 규정하고 있다.

(나) 중 재 이는 당사자가 스스로 선임한 私人인 제 3 자에게 분쟁에 대한 판단을 하게 하여, 그 판단(중재판정)에 복종할 것을 약속(중재계약)함으로써 다툼을 해결하는 것이다. 중재절차에서는 당사자를 설득해서 중재인의 중재판정에 따르도록 하여야 할 필요가 없으며, 당사자의 반대가 있어도 그 반대를 무릅쓰고 강행적인 해결을 꾀할 수 있는 점에서 조정과 다르다. 그러나 이 방법에 의할 수 있는 것은 당사자의 합의가 있는 때에 한하기 때문에, 당사자에 의한 자치적인 분쟁해결방법이라고 할 수 있다. 중재에 의한 해결도 조정에서 처럼 간이 · 신속하게 또한 싼 비용으로 구체적 타당성 있는 해결을 얻을 수 있다는 것이 장점이다. 중재에 관한 법률로는 중재법 · 노동쟁의조정법 등이 있다.

이 중재제도는 분쟁이 생긴 생활관계의 성질에 따라 그 생활관계에 관하여 특별한 지식과 경험이 있는 자에 의하여 분쟁을 해결하는 제도이므로, 거래관계에서의 분쟁, 그 가운데서도 상사거래관계에서의 분쟁의 해결에 유용하다. 특히 국제적인 상사거래관계에서 생기는 분쟁에 관하여는 중재제도만이 그 해결을 담당하는 데 적합하다고 하여도 과언이 아니다. 국제적 상사거래관계에 관한 지식과 경험을 국내의 통상법원의 법관에게 기대하는 것은 매우 어렵기 때문이다.

(다) 그 외에 非訟事件도 이의 하나라고 할 수 있다. 이는 법원이 사인의 법률관계에 관한 사항을 간이한 절차로 처리하는 것이다. 법률적 분쟁이 있는 경우에 행해지는 것이 아닌 점에서 소송사건 그리고 조정 · 중재사건과 차이를 가진다. 호적 · 등기 등 公簿의 관리, 공탁의 취급, 후견인 · 부재자재산관리인 등의 선임 · 감독 등이 이에 해당한다.

[109]
3. 사적 구제

사적 구제는 원칙적으로 금지되고, 다만 법률이 허용하는 예외적 경우에 한하여 인정될 뿐이다. 민법이 허용하는 경우는 다음과 같다.

(1) 정당방위 이는 타인의 불법행위가 행해지는 경우에 자기 또는 제3자의 이익을 방위하기 위하여 부득이 타인(여기에서의 타인은 불법행위자에 한정되지 않는다)에게 가해행위를 하는 것이다. 제761조 1항은 이러한 정당방위에 의한 가해행위는 그 위법성이 없어져서 불법행위가 성립되지 않고, 따라서 가해자는 손해배상책임을 지지 않는다고 규정한다.

(2) 긴급피난 이는 급박한 위난이 닥친 경우에 이를 피하기 위하여 부득이 타인에게 가해행위를 하는 것이다. 긴급피난은 그 위난이 타인의 불법행위로 인하지 않은 점에서 정당방위와 구별된다(예컨대 갑이 을의 폭행이 있자 이를 피하려다 병의 물건을 깨뜨린 경우에는 정당방위가 되고, 갑이 길을 걷다 나무가 쓰러지자 이를 피하려다 동일한 결과가 생긴 경우에는 긴급피난이 된다). 제761조 2항은 이때에도 위법성이 없어져서 불법행위가 성립되지 않는다고 규정한다.

(3) 자력구제 자력구제는 권리자가 적극적으로 자기의 권리를 실현하는 것으로서, 단지 현재의 침해에 대한 방어인 정당방위 · 긴급피난과 다르다(후2자는 이런 점 때문에 자신의 이익을 지키기 위한 것임에도 사적구제의 성질이 옅으나, 자력구제는 사후에 자기의 권리를 회복하는 것이므로 사적구제의 성질이 뚜렷하다).

민법은 점유자에 대하여 자력구제를 인정한다(209조). 이에 의하면 점유자가 점유물을 침탈 또는 방해당하는 경우에는 자력으로 이를 방위할 수 있으며, 이미 침탈당한 경우에는 직시 혹은 가해자를 추적하여 이를 탈환할 수 있다.

그러면 점유자 이외의 권리자는 전적으로 자력구제가 허용되지 않는가? 이에 관한 상론은 점유권 부분으로 미루고, 결론만을 말한다면 다른 방법으로는 권리실현이 기대될 수 없는 경우에 예외적으로 이를 허용함이 타당할 것이다(물권법 [323]).

제 2 장 권리의 주체

제 1 절 총 설

Ⅰ. 권리주체와 권리능력 [110]

(1) 권리의 주체 권리는 법에 의하여 허용된 법적 힘이고, 특정인에게 부여되는 것인바([57] 참조), 법에 의하여 그러한 법적 힘이 인정된 자를 권리의 주체라고 한다. 이에 대하여 법적 명령에 의한 구속을 받는 자를 의무의 주체라고 한다.

(2) 권리능력 권리의 주체가 될 수 있는 지위 또는 자격을 가리켜서 「권리능력」 또는 「인격」이라고 한다.

권리능력은 이와 같이 권리를 가질 수 있는 지위 또는 자격이고, 권리보유의 가능성에 불과한 것이다. 따라서 권리능력 자체가 권리는 아니다. 그리고 권리능력자라고 당연히 권리를 가지는 것은 아니고, 일정한 권리취득원인(상속과 같은 법률의 규정 혹은 법률행위)이 있는 경우에 비로소 권리를 가지게 된다.

(3) 의무능력 의무능력은 의무를 가질 수 있는 지위 또는 자격이다. 현대의 법제에서는 권리를 가질 수 있는 자는 동시에 의무도 질 수 있으며, 과거의 법제에서의 노예와 같이 의무만을 부담하고 권리를 가질 수 없는 자는 없다. 따라서 권리능력을 가지는 자는 동시에 의무능력도 가지는 것이다. 우리 민법이 「권리와 의무의 주체」라고 말하는 것도(3조) 바로 이 때문이다. 따라서 「권리의무능력」이라고 하는 것이 보다 더 정확할지 모르지만, 권리능력을 가지는 자는 언제나 동시에 의무능력도 가진다고 하는 것을 염두에 두기만 한다면, 구태여 「권리의무능력」이라고 하지 않고, 단순히 「권리능력」이라고 해도 무방할 것이다.

Ⅱ. 권리능력자 [111]

1. 권리능력자

제3조는 「사람」은 생존한 동안 「권리와 의무의 주체가 된다」고 규정하고, 제34조

는 「법인」은 목적의 범위 내에서 「권리와 의무의 주체가 된다」고 규정한다. 그러므로 우리 민법상 권리능력을 가지는 것은 살아있는 사람(자연인)과 법인의 둘이다.

(1) 자 연 인 자연인이란 모든 살아 있는 사람을 말한다.

(가) 제3조는 권리의무의 주체로서 단지 「사람」이라고 규정한다. 이는 사람은 누구나 아무런 제한없이 평등하게 권리능력을 가진다는 것, 즉 모든 사람은 연령 · 성 · 종교 · 계급 · 가문 그리고 나아가 정신적 · 신체적 결함 여하를 묻지 않고 모든 권리의무를 가질 수 있다는 것을 전제로 하는 것이다.

모든 사람은 평등한 권리능력을 가진다는 원칙이 인정되기까지는 긴 역사를 거쳤다. 고대의 이른바 대가족제도하에서는 家長만이 완전한 권리능력을 가지고, 가장권에 복하는 가족원과 노예는 극히 제한적인 권리능력을 가지거나 혹은 전혀 권리능력을 가지지 못하였다. 또 중세의 장원제도하에서는 대부분의 농민은 토지에 예속되어 어느 정도까지는 토지의 부속물로서 영주의 권력에 복하였다. 그런데 먼저 교환경제의 발달로 이러한 가족원 · 노예 · 농민 등은 점차로 교환이나 매매의 당사자로 되었다. 그리고 도시제도와 공장제도의 발달로 이들은 한편으로 공장주에게 고용되어 임금을 얻는 주체로 되었고 다른 한편으로 생활자료를 구입하는 주체가 되었다. 이와 같은 사회경제사정의 변천으로 점차 모든 사람에게 권리능력이 인정되게 되었는데, 이에 더하여 근대의 개인주의와 인문주의의 발달은 이들에게 모든 범위에서 평등한 권리능력을 인정하게 만들었다. 그 결과 프랑스혁명을 轉機로 해서, 모든 개인은 사회생활을 영위함에 있어서 스스로 재산을 가지고, 계약관계의 주체가 되고, 일정한 친족관계에 서고, 자신의 생명과 신체의 안전을 보호받을 자격이 있다고 하게 되었으며, 그리하여 연령 · 성 · 종교 · 계급 · 가문 등에 의한 권리능력의 불평등이 완전히 철폐되기에 이르렀다.

(나) 입법례 중에는 모든 자연인은 똑같이 평등한 권리능력을 가진다고 하는 근대법의 이러한 근본원칙을 명언하는 것이 있다(오스트리아민법 16조 · 프랑스민법 8조 · 스위스민법 11조 등). 우리 민법 제3조는 이를 명언하지 않고 「생존한 동안」이라고 하여 직접적으로는 단지 권리능력을 가지는 시기를 규정하지만, 이는 위와 같은 근본원칙은 현대의 문명국가의 법의식에 비추어 볼 때 자명한 것이라는 전제하에서 이를 구태여 명언하지 않은 것이다. 위 규정이 아무런 제한없이 단지 「사람」을 권리의무의 주체로 인정하는 것은 이러한 점을 간접적으로 표현하는 것이다.

(다) 모든 자연인은 평등하게 권리능력을 가진다는 근본원칙의 현대법에서의 의미는, 외국인도 여기에 포함된다는 점이다. 이는 뒤에서 다시 말한다([134]).

[112] (2) 법 인 법인이란 자연인이 아니나 법률에 의하여 권리의무의 주체가 되는 것이다. 법인에는 사람의 집단(결합체)인 사단법인과 일정한 목적을 위하여 바쳐진 재산의 집단인 재단법인의 두 가지가 있다([245] 참조).

단체가 이를 구성하는 개인의 증감·변동 등에 관계없이 계속해서 어떤 범위의 권리의무의 주체가 되는 현상은 어느 정도까지는 거의 모든 시대와 민족에 공통한 것이었다. 다만 그 구성이나 활동 등을 법률적으로 어떻게 다루느냐, 그리고 이 단체를 금지 내지 억제하려고 하느냐 조장하려고 하느냐 하는 데 관한 태도에 있어서만 지역과 시대에 따라 달랐을 뿐이다. 한 마디로 말한다면 근대의 개인주의·자유주의가 최고조에 달한 시기에서의 민법은, 권리를 가지는 것을 개인에 한정하고 단체는 가능한 최소한도에서 예외적으로 개인에 의제되는 것으로 하였다([240] 참조). 그러나 19세기에 이르러 경제의 발달로 단체도 개인과 더불어 권리의 주체로 인정되게 되었다. 이러한 기운을 촉진한 先驅는 자본집중의 필요에 응하여 설립된 각종의 회사이다. 그러나 그 후 이러한 자본적 집단에 대항하는 노동단체, 각종의 직업단체, 학술이나 친목을 위한 단체 등 다양한 형태의 단체가 급속히 발달하면서 단체의 중요성이 증대되었다. 그 결과 마치 자연인은 누구든 태어나면서부터 당연히 권리능력을 가지는 것과 마찬가지로, 각종의 단체도 사회생활에서 독립적인 작용을 담당하는 한 당연히 권리능력의 주체로 인정되지 않으면 안 된다고 하는 것이 지배적인 법사상으로 되었다.

다만 사회에는 수많은 다양한 인적·물적 결합체가 존재하는데, 이러한 결합체가 모두 법인이 되는 것은 아니고 일정한 절차(특히 주무관청의 허가 및 법인설립등기)를 거쳐서 법인격을 획득한 것만이 법인이 된다. 따라서 그러한 절차를 거치지 않은 결합체(법인 아닌 사단·재단)는 법인이 아니고, 따라서 실질적으로는 그 결합체의 재산이 법적으로는 그 결합체 자체의 것이 아니고 이의 구성원(사단의 경우. 재단의 경우에는 재산의 명의인)의 것이 된다.

(3) 민법은 이와 같이 자연인 및 법인에게만 권리능력을 인정하므로, 예컨대 어떤 자가 자신의 재산을 愛犬에게 주고자 하더라도 그 재산을 그 애견의 소유로 하지는 못한다(따라서 그 재산을 특정인의 소유로 하고, 그 특정인으로 하여금 그 재산을 애견을 위해서만 사용하도록 할 수밖에 없다(즉 신탁의 방법)).

2. 권리능력제도의 사회적 의의 [113]

(1) 모든 사람에게 평등한 권리능력을 인정한 것은, 모든 개인에 대하여 타인의 지배에 속하지 않는 자주 독립의 지위를 보장하려는 이상에서 나온 것이다. 이런 점에서 권리능력(법인격) 평등의 원칙은 민법의 최상의 원리인 사적자치의 원칙과 서로 연결되는 것이다. 왜냐하면 사적자치의 원칙은 바로 각인의 인격의 자유로운 전개를 보장하기 위한 것인바, 따라서 이를 위해서는 먼저 모든 사람에게 평등한 권리능력이 주어져야 하기 때문이다(그러므로 인격평등의 원칙은 사적자치의 원칙의 전제라고 할 수 있다). 권리능력은 문화적으로는 인류문화의 발전에 자주 독립의 한 주체로서 참여할 수 있음을 의미하고, 사회경제적으로는 누구나 소유권을 가지고 또 자유롭게 계약을 체결할 수 있음을 의미하는바, 이는 위의 두 가지 원칙의 연관성을 보여주는 것이라고 할 수 있다.

(2) 근대 시민사회에서는 각 개인이 사회에서 주도적 지위를 점했었으나, 오늘날에는 개인의 재산권은 점차로 사회적 통제를 받고 개인의 자유는 점차로 단체적 규칙에 의하여 위축되고 있다. 그 결과 개인을 중심으로 하는 사법관계가 차츰 각종의 단체나 각종의 기업조직을 중심으로 하는 법률관계에 의하여 대치되고, 사회의 주도적 지위의 담당자는 점

차로 개인으로부터 단체 내지 조직으로 옮아가고 있다. 이러한 현대사회에서 법이 유념해야 할 점은 다수의 폭력 · 집단의 횡포로부터 이름없는 개인을 보호하는 것이다. 이러한 점은 「인간의 평등성」이라는 이념을 출발점으로 함으로써 진정한 해결이 가능할 것이다. 이런 점에서 평등한 권리능력의 원칙의 가치는 극히 큰 것이며, 현대사회의 폐해를 시정하는 길은 이러한 근본이념을 바탕으로 하여 찾아져야 할 것이다.

권리 자체가 이미 법에 의하여 허용된 힘을 내용으로 하는 것이므로, 이러한 권리를 가질 수 있는 권리능력자 역시 법에 의하여 정해지는 것이다. 그러므로 모든 사람이 권리능력을 가지는 것은 어디까지나 법에 의하여 인정된 것이고, 결코 사람이 사람이기 때문에 당연히 권리능력을 가지게 되는 것은 아니라고도 할 수 있다.[1] 그러나 권리능력은 인간의 본질상 당연히 인정되는 속성이며, 결코 법률에 의하여 좌우될 수 없는 것이다. 모든 사람에게 권리능력이 인정된 것은 법에 기한 것이라는 점을 강조하는 것은, 이러한 점을 소홀히 할 우려가 있다.

모든 인간을 평등하게 권리능력자로 본 근대법의 태도에 대하여, 이는 사람의 실제적 면에서의 차이를 간과하고(즉 구체적 인간을 보지 않고) 단지 추상적 인간만을 보았다는 점에서 비판을 가하는 경향이 있다. 그러나 모든 인간에게 평등하게 권리능력을 인정한 것은 그 이전까지 인간에게 가해졌던 봉건적 속박을 철폐시키는 데 결정적 공헌을 하였으며, 이러한 공은 아무리 높이 평가해도 지나침이 없을 것이다. 더욱이 근대법이 범한 오류는 「사실상 대등한 지위의 결여」를 간과한 것이지, 그보다 앞선 「모든 인간의 평등성」 및 「각자에게 자유로운 활동공간의 보장」이라는 이념 자체는 아니었다. 이런 점에서 「모든 인간의 평등한 권리능력」은 오늘날에도 여전히 지배적인 원리인 것이다.

[114] Ⅲ. 권리능력과 구별할 개념

1. 행위능력

자연인 및 법인이 권리능력자라고 하나, 이는 단지 이러한 자들이 권리의무를 가질 수 있는 지위에 있다는 것을 의미할 뿐이다. 이러한 자들이 현실로 권리나 의무를 취득하는 행위(예컨대 매매나 증여)를 스스로 할 수 있느냐 하는 것은 이와 별개의 문제이다. 이러한 문제를 규율하는 것이 행위능력이다.

[115] 2. 당사자능력

(1) 권리능력은 실체법상의 개념이다. 이에 대하여 당사자능력이란 소송법상의 개념으로서, 민사소송의 당사자가 될 수 있는 자격을 말한다.

(2) 민법상의 권리능력자는 모두 당사자능력을 가진다(민소법 47조). 그 외에 민법상의 권리능력을 가지지 않는 「법인 아닌 사단 또는 재단」도 그의 대표자(또는 관리인)의 이름으로 소송상 당사자가 될 수 있으므로(민소법 48조), 당사자능력을 가진다.

1) 곽윤직, 134면은 이러한 점을 강조한다.

3. 등기능력 [116]

이는 부동산등기법상의 개념으로, 자신의 이름으로 등기할 수 있는 지위 · 자격을 말한다. 권리능력자(자연인 및 법인)는 당연히 등기능력을 가진다. 그 외에 법인 아닌 사단 혹은 재단도 대표자나 관리인이 있는 때에는 등기능력을 가진다(부동산등기법 30조 1항. [345] 참조).

Ⅳ. 강행규정성 [117]

권리능력 또는 행위능력의 존부는 그 시대의 사회사상에 입각하는 것일 뿐만 아니라 사회의 거래관계에 직접의 영향을 미치는 것이므로, 이러한 능력의 유무 · 광협 · 始終 등에 관한 법률의 규정은 모두 강행규정이고, 따라서 개인의 의사로 좌우할 수 없다. 특정인을 권리능력이 없는 노예로 삼는 계약, 행위능력을 제한하는 계약 등은 모두 무효이다.

그러나 이와 혼동해서는 안 되는 것은, 개인 간의 계약으로 어떤 특정한 행위를 하지 않을 구속을 가하거나, 혹은 특정인에게는 일정한 권리를 이전치 않기로 하는 것이다. 이러한 계약은 직접으로 권리능력이나 행위능력을 제한하는 것은 아니므로 유효하다.

총칙의 제2장 「인」은 자연인에 한하지만, 그 밖의 경우에는 「인」은 자연인 및 법인 양자를 포함한다(예컨대 본인(114조, 115조, 116조, 119조, 120조, 121조, 123조, 124조, 126조, 130조, 131조, 134조, 135조 등), 타인(125조, 130조, 131조, 135조, 741조, 745조, 750조, 753조, 754조 등), 경매인(363조), 매도인 · 매수인(568조 이하), 보증인(428조, 430조 이하), 임대인 · 임차인(623조 이하), 도급인 · 수급인(664조 이하),위임인 · 수임인(680조 이하), 임치인 · 수치인(693조 이하) 등).

제2절 자 연 인

제1관 권리능력

Ⅰ. 권리능력의 始期 [118]

1. 출 생

제3조는 「사람은 생존한 동안 권리와 의무의 주체가 된다」고 규정하므로, 권리능력의 始期는 사람으로서 생존하기 시작하는 때이다. 그리고 통설은 「출생한 때」를 생존하기 시작한 때라고 한다. — 구민법은 「사권의 향유는 출생에서 시작된다」고 규정하므로, 출생시가 권리능력의 시기임은 명백하다(독일민법(동법 1조) 및 스위스민법(동법 31조 1항)은 「출생의 완료」로 권리능력이 시작된다고 하여, 이러한 점을 더욱 명료히 규정한다). 그런데 우리 민법은 단지 「생존」이라고 하는바, 따라서 태아도 생명체라는 점을

생각한다면 과연 출생을 권리능력의 시기로 보는 것이 타당한가 하는 의문이 들 수 있다(물론 법문의 변화가 이러한 점을 고려한 데 기한 것인지는 알 수 없으나, 법문만을 객관적으로 이해한다면 위와 같은 의문이 생긴다. 다만 762조 · 1000조 3항 등은 태아를 「출생」한 것으로 본다고 규정하는 점에서 보면, 그렇지 않다). 이 문제는 태아의 법률상의 지위와 관련되므로, 상론은 뒤로 미루고 여기에서는 통설에 따라 설명한다.

(1) 그러면 어느 때를 출생한 것으로 보느냐? 이에 관해서 종래에는, (i) 산모가 분만에 앞서서 진통을 느끼는 때(왜냐하면 이때 태아가 모체로부터 분리되기 시작하므로)(진통설), (ii) 태아의 일부가 모체로부터 밖으로 드러난 때(일부노출설), (iii) 태아가 모체로부터 전부 노출된 때(전부노출설), (iv) 태아가 모체로부터 완전히 분리되어 자기의 폐로 독립하여 호흡하게 된 때(보통 첫 울음이 있을 때)(독립호흡설) 등의 견해가 대립되었다.

그런데 오늘날 학설은 일치하여 전부노출설을 취하여, 출생이 완료한 때 권리능력을 취득한다고 한다. 이는 물리적으로 전부노출의 시점을 쉽게 확인할 수 있어서 권리능력의 始期에 관하여 명확성을 기할 수 있다는 점에 기한 것이다.[1)]

[119] (2) 언제 출생한 것으로 보느냐 하는 점은, 태아가 출생과정에서 사망한 경우에 과연 그 아이가 권리능력을 일시적으로 나마 취득하느냐 하는 문제와 관련되고, 따라서 상속관계에 중대한 영향을 미칠 수 있다. 전부노출설에 의하면 태아가 모체에서 전부 노출한 시점에 살아 있어야(出産) 권리능력을 취득한다. 따라서 일부노출시에 이미 사망한 경우뿐만 아니라, 이때는 생존했으나 전부 노출되는 시점에는 사망한 경우(死産)에는 전혀 권리능력을 가지지 못한다. 그러나 출산 직후 사망한 경우에는 살아있는 동안 권리능력을 가진 것으로 된다.

살아서 출생한 이상 신체적 혹은 정신적으로 결함이 있느냐 여부를 불문하고 평등하게 권리능력을 가진다. 따라서 기형아 · 조산아 · 식물인간 등도 권리능력을 가진다. 인공수정아도 마찬가지이다.

예컨대 갑의 부인 을이 태아 병을 분만하는 과정에서, 을의 진통이 시작된 때 혹은 병이 노출되기 시작한 때에는 병이 살아있었으나, 병이 전부 노출된 때에는 사망하였다고 하자(死産). 출생시기에 관한 진통설 혹은 일부노출설에 의하면 병은 출생하였던 것으로 된다. 그러나 전부노출설 혹은 독립호흡설에 의하면 병은 출생하지 않은 것으로 된다. 이러한 견해가 실제상 큰 차이를 낳는 경우는, 을이 병을 분만하는 도중에 갑이 사망하였는데, 그 당시 갑의 유족으로 을이나 병 이외에 母 정이 있는 경우이다. 즉 위 경우에 일부노출설에 의하면 일단 을과 병이 갑의 상속인이 된다. 다만 그 후 병이 사망했으므로, 을이 병의 상속인이 된다(결국 을이 갑의 모든 재산을 상속한다). 반면에 전부노출설에 의하면 을과 정이 상속인이 된다(피상속인에게 자녀(직계비속)가 있으면 그의 부모(직계존속)는 상속인이 되지 않으며(1000조 1항 1호), 배우자는 자녀 혹은 부모와

1) 참고로 형법에서는 진통설(분만개시설)을 취하는바(대판 1982. 12. 21. 81도2621), 이는 형법에서는 사람의 생명과 신체의 안전을 보호법익으로 하기 때문이다.

동순위로 상속인 이 되므로(1003조)).

2. 출생의 증명 [120]

(1) 출생의 사실은 1개월 내에 관련기관(시·구·읍·면)에 신고함으로써 가족관계등록부(가족관계의 등록 등에 관한 법률 44조. 이는 종래 호적법에 의하여 규율되던 호적부를 대신하는 것으로서, 이하에서는 「가족부」로 약칭한다)에 등록해야 한다.

(2) 그러나 권리능력의 취득은 출생이라는 사실에 기해서 결정되는 것이지, 가족부의 기재로 결정되는 것은 아니다. 달리 말하면 가족부의 기재는 출생의 증거자료에 불과하고, 출생사실을 결정하는 창설적 효력을 가지는 것이 아니다. 따라서 예컨대 가족부에 갑이 1980. 2. 1.에 출생한 것으로 기재되어 있으나 실제로는 3. 15.에 출생하였다면, 갑은 3. 15.에 권리능력을 취득한 것으로 된다(따라서 갑이 2000. 3. 1.에 부모의 동의없이 그의 X부동산을 을에게 처분하였다면, 갑은 실제의 출생시기를 입증하여 그 처분행위를 취소할 수 있다).

다만 가족부의 기재는 사실상의 추정력을 가진다. 따라서 그와 다른 시기에 출생하였음을 주장하는 자는, 의사나 조산원의 증명 기타의 자료에 의하여 이를 입증해야 한다(만약 입증하지 못하면 가족부에 기재된 때 출생한 것으로 여겨진다).

Ⅱ. 태아의 권리능력 [121]

1. 보호필요성

(1) 사람은 출생시부터 권리능력을 가진다고 하게 되면, 태아는 권리능력을 가지지 못한다. 그런데 이러한 원칙을 예외없이 관철하면 태아에게 불이익하거나 人情에 반하는 경우가 생긴다(앞의 예에서와 같이 父가 사망한 후 태아가 출생하였는데 그 아이에게 상속권을 인정하지 않는 것, 혹은 태아 중에 父가 타인에게 살해당하였는데 태아의 출생 후에 그에게 손해배상청구권을 인정하지 않는 것 등). 출생시를 권리능력의 始期로 해석하는 것은 권리능력의 발생시기에 관하여 명확한 기준을 가질 필요가 있기 때문이지, 태아는 출생의 완료까지는 보호할 필요가 없다는 점 때문은 아니다(태아를 일반적으로 권리주체로 하는 경우에는, 과연 태아가 포태되었는가 여부 및 언제 수임되었는가 하는 점을 명확히 하기 어렵다는 점을 상기할 것). 그래서 각국의 법률은 모두 권리능력의 시기에 관하여 다소의 예외를 두어 태아에게도 이를 인정하고 있다.

근래 태아도 출생한 사람(태아도 생명체라고 한다면, 사람이라는 용어에는 출생자뿐만 아니라 태아도 포함된다. 따라서 출생자와 태아와의 구별을 용이하게 하기 위하여 출생자를 「성체」라고 표현하기도 한다)과 마찬가지로 인간생명체로서 본질을 같이 하고 단지 그 형상을 달리할 뿐이므로, 태아인 상태에서도 권리능력을 가진다고 하는 견해가 제기된다(이 견해는 태아가 후에 살아서 태어나는지 여부를 불문하고 권리능력을 인정하는 점에서, 살아서 출생할 것을 전제로 태아에게도 권리능력을 인정하는 해제조건설([129])과 다르다. 이러한 견해를 편의상 「독립인격설」이라고 칭한다).[2] 그리고 만약 그렇게 해석하지 않으면 예컨대 태아 중에 타인의 불법행위로 사망한 경우에, 가장 보호되어야 할 생명적 법익이 침해되었음에도 아무런 보호도 받지 못하는 불합리가 생긴다고 한다(더욱이 태아가 사망할 정도로 임산부를 강하게 상해한 자가 그보다 가볍게 폭행하여 태아가 살아서 출생한 경우보다 경미한 책임을 지게 되는 모순이 생긴다).

---

2) 김천수, 태아의 법적 지위, 비교사법 10권 2호(통권21호)(2003), 21면 이하. 그 외에 김영규, 분만계약의 당사자와 태아의 권리능력, 판례월보 320호(1997. 5.), 55면 이하.

이 견해는 우리 민법이 「생존」을 권리능력의 요건으로 규정하므로, 이러한 해석은 우리 민법에도 부합한다고 한다. 이 견해는 태아는 출생을 전제로만 보호된다는 소위 '출생 도그마'를 극복하고, 생명체 · 인격체로서의 태아와 성체의 본질적 동질성, 과학기술의 발전 등에 따라 종래의 패러다임은 변화되어야 한다고 한다. 이러한 견해의 취지에는 본서도 찬동한다. 그러나 기존의 견해가 태아에게 제한적 권리능력을 인정하는 것은 앞서 말한 바와 같이 태아는 출생의 완료까지는 보호할 필요가 없다는 점 때문이 아니라 권리능력의 시기에 관한 명확한 기준을 위해서이다. 그리고 제3조는 단지 「생존」이라고 하지만, 태아에게 권리능력을 인정하는 규정에서는 「출생」이라고 하는바(762조, 1000조 3항 등), 따라서 우리 민법도 구민법(그리고 독일민법이나 스위스민법)에서와 마찬가지로 태아는 원칙적으로 출생한 때부터 권리능력을 가진다는 입장이라고 해야 한다. 더 근본적으로 패러다임의 변화는 사회 일반인의 법의식 · 정의감과 관련되는데, 과연 우리의 법의식이 그러한 정도로 진보되었는가 하는 의문이 든다. 특히 이 문제는 낙태 · 인공수정 · 인간복제 등의 문제와도 관련되는바, 따라서 보다 신중하게 검토해야 할 것이다. 이런 점에서 일단은 통설의 입장을 따른다. 다만 태아의 생명권의 보호를 확대하기 위하여 출생한 것으로 본다는 규정의 의미, 그리고 이의 유추적용 문제 등에 관하여 보다 탄력적인 해석을 하고자 한다.

[122] **(2) 보호의 방법**

(가) 입법주의 태아를 보호하는 방법으로는 두 가지 입법주의가 있다.

(a) 일반적 보호주의 이는 모든 법률관계에 관하여(스위스민법 31조 2항), 또는 태아의 이익을 위하여 일반적으로 태아를 출생한 것으로 보는 것이다(로마법 · 프로이센법 등). 이러한 입법은 보호범위가 망라적이어서 보호에 흠결이 생길 우려가 없다는 장점이 있다. 다만 구체적으로 어떠한 법률관계에 관하여 태아의 어떠한 이익을 보호할 것인가가 명확하지 않은 결점이 있다고 말해진다.

(b) 개별적 보호주의 이는 중요한 법률관계에서만 개별적으로 태아를 출생한 것으로 보는 것이다. 독일민법(동법 1923조 2항 · 1972조, 2108조) · 프랑스민법(동법 725조, 906조 2항) 등이 이에 속한다. 이러한 입법은 태아에게 권리능력이 인정되는 범위가 명료하다는 장점은 있지만, 망라적이 아니어서 자칫 필요한 보호규정을 두지 않음으로써 태아보호에 공백이 생길 우려가 있다는 단점 내지 결함이 있다.

(나) 민법의 태도 우리 민법은 개별적으로 몇 가지 법률관계에 관하여 태아를 「이미 출생한 것으로 본다」고 규정(혹은 그러한 규정을 준용)한다(762조, 1000조 3항, 1001조 · 1064조 · 1118조 등에 의한 1000조 3항의 준용). 이러한 법문의 형태에서 볼 때 우리 민법은 개별적 보호주의를 취한 것으로 보인다. 이는 이러한 입법의 위와 같은 단점에도 불구하고 권리능력 유무를 둘러싼 법률관계의 명확을 기한다는 취지에 기한 것이다.

[123] **2. 권리능력이 인정되는 경우**

(1) 불법행위에 기한 손해배상청구권 제762조는 불법행위 부분에서 「태아

는 손해배상의 청구권에 관하여는 이미 출생한 것으로 본다」고 규정한다. 따라서 태아는 출생 전이라도 불법행위로 인한 손해배상청구권을 가진다. 그런데 본조의 의미 혹은 적용범위는 명료하지 않다.

(가) 먼저 이 규정의 적용 여부가 문제된 판례를 살펴보면,

(i) 갑이 운전과실로 임신 중인 을을 치어 그 충격으로 태아 병이 미숙아로서 조산되어 이로 인하여 제대로 성장하지 못하고 사망한 경우에, 본조의 적용을 긍정한다.[3] (ii) 그러나 갑의 불법행위로 임산부 을이 사망하고 그 당시 임신 8개월이었던 태아도 모체와 같이 사망한 경우,[4] 혹은 갑이 임산부 을을 폭행하여 을은 단지 상해를 입었으나 태아가 사망한 경우에,[5] 태아는 출생하지 않았다는 이유로 본조의 적용을 부인한다. (iii) 그런데 갑의 운전과실로 을(남)이 상해를 입었는데 그 당시 병(을과 사실혼 관계에 있던)이 을의 아들(정)을 포태 중이었으며, 사고 후 7개월이 지나 정이 태어났고, 그리하여 정이 을의 부상으로 인한 정신적 고통을 이유로 독자적으로 갑에 대하여 위자료를 청구한 경우에, 본조의 적용을 긍정한다.[6]

(나) 위의 판례 중 (i)과 (ii)는 태아가 가해행위의 대상인 경우(즉 태아에게 불법행위가 가해진 경우)이지만, (iii)는 그렇지 않다. 그런데 (ii)의 경우에는 태아가 출생에 이르지 못하였음을 이유로 본조의 적용이 부인되고, 반면에 태아가 출생한 (iii)의 경우에는 본조의 적용이 인정되었다. 그렇다면 판례는 불법행위의 형태는 고려치 않고 오로지 태아의 출생 여부만을 기준으로 본조의 적용 여부를 판단하는 입장이라고 할 수 있다. 과연 그러한 태도가 타당한지 의문이다. 특히 가해행위가 태아에게 행해졌음에도 불구하고 태아의 손해배상청구권을 부인하는 것이 본조의 취지에 맞는지 의문이다. 뿐만 아니라 그렇게 해석하게 되면 태아의 생명권은 전혀 고려치 않는 것이 된다. 이 문제는 태아는 출생해야 비로소 권리능력을 가지느냐 하는 문제와도 관련되므로 신중히 판단해야 한다. 그러나 태아에게 권리능력을 인정하는 근본적 이유는, 태아도 사람으로서의 생명권을 가진다는 점에 기해서일 것이다. 그렇다면 적어도 태아에게 가해행위가 행해진 경우에는 태아의 출생 여부를 불문하고 본조의 적용을 인정하는 것이 타당하지 않을까? 그리고 그렇게 해석하는 것은 「태아는 손해배상의 청구권에 관하여는 출생한 것으로 본다」는 본조의 문언에

3) 대판 1968. 3. 5. 67다2869.

4) 대판 1976. 9. 14. 76다1365.

5) 대구고판 1976. 10. 28. 76나702. 이는 모가 태아의 상속인의 지위에서, 태아가 태어났다면 얻었을 수익금의 지급을 청구한 경우이다.

6) 대판 1993. 4. 27. 93다4663(태아도 손해배상청구권에 관하여는 이미 출생한 것으로 보는바, 부가 교통사고로 상해를 입을 당시 태아가 출생하지 아니하였다고 하더라도 그 뒤에 출생한 이상 부의 부상으로 인하여 입게 될 정신적 고통에 대한 위자료를 청구할 수 있다).

도 부합할 것이다.

(다) 본조의 적용과 관련하여 참조할 만한 독일의 판례를 소개하면,[7] 태아의 모가 夫가 운전하던 차를 타고 가던 중 맞은 편에서 오던 차와 충돌하여 모가 중상을 입었으며, 그로 인하여 태아가 뇌손상을 입은 상태로 출생하여 평생 마비상태에 빠진 경우,[8] 태아의 모가 병원에서 매독균에 감염된 피를 수혈받았으며 그리하여 태아가 매독균 보유자로 출생한 경우,[9] 태아의 父가 운전 중에 상대방의 차선 위반으로 그 차와 충돌하여 중상을 입었는데 태아의 모가 사고소식을 듣고 정신적 충격을 받아 심한 장애와 통증을 겪었고, 그리하여 태아가 뇌가 손상된 상태로 출생하여 중증장애로 된 경우[10] 등에 있어서 태아의 손해배상청구권을 인정한다.

[124] **(2) 상속 및 유증** 이는 다음의 세 가지로 나뉜다.

(가) **상속**(1000조 3항) 태아도 상속권을 가진다. 그러므로 예컨대 갑이 사망한 당시에 갑의 유족으로 그의 모 을, 처 병, 그리고 아직 태아인 정이 있은 경우에, 정도 상속권을 가진다. 그러므로 을은 상속인이 아니고, 병과 정만이 상속인이 된다(제1의 상속순위인 직계비속이 있으면 제2의 상속순위인 직계존속은 상속권을 가지지 않으므로(1000조 1항 참조). 만약 태아에게 상속권이 인정되지 않았다면, 을과 병이 상속인이 되었을 것이다).

(나) **대습상속**(1001조에 의한 1000조 3항의 준용) 대습상속이란 상속인이 피상속인보다 먼저 사망하였으나 그에게 자녀가 있는 경우에, 피상속인의 사망시 그 자녀가 상속인의 상속권을 취득하는 것을 말한다. 그러므로 예컨대 갑의 자녀로 을과 병이 있었으며, 을이 갑보다 먼저 사망하였고 을의 자녀로 정과 태아인 무가 있었는데, 이러한 상태에서 갑이 사망한 경우에, 무도 정과 함께 을의 상속권을 (대습)상속받는다.

(다) **유증**(1064조에 의한 1000조 3항의 준용) 유증에 관해서도 태아는 출생한 것으로 되므로, 예컨대 갑이 태아 을에게 제1065조 이하의 방식에 따라서 자신의 일정한 재산을 준다는 내용의 유언을 한 경우에, 을은 유증을 받을 수 있다.

[125] **(3) 유 류 분** 유류분은 상속인을 위하여 상속재산의 일정 부분을 법률상 반드시 남겨놓아야 하는 것이다. 제1118조는 대습상속에 관한 제1001조를 유류분에 준용한다. 이에 기해서 학설은 태아에게도 유류분권이 있다고 한다.[11]

[126]
3. 보충의 문제

그러면 민법이 규정하는 경우 이외에도 태아의 보호를 위하여 예외적으로 권리능력을 인정할 것인가? 먼저 일반론을 살피고, 다음으로 문제되는 경우를 살핀다.

---

7) 판례의 보다 상세한 내용은 이준현, 가해자의 불법행위로 인한 태아의 손해배상청구권, 전북대 법학연구 24집(2006), 13면 이하 참조.

8) BGHZ 58,48.

9) BGHZ 8, 243.

10) BGHZ 93, 351.

11) 김용한, 친족상속법(보정판, 2003), 431면; 김주수/김상용, 친족상속법(제9판, 2010), 711면.

(1) 다수의 견해는, 민법은 개별적 보호주의를 취하여, 위에 열거한 경우에 한하여 예외적 · 제한적으로 태아를 출생한 것으로 보는 것이므로, 이를 다른 경우에 유추적용하는 것은 타당치 않다고 한다.[12] 이는 즉 예외규정은 엄격히 해석해야 한다는 원리에 기한 것이다. 그리고 다만 보호규정이 없음으로 인하여 태아의 이익보호에 결정적 결함이 생기고 다른 방법으로는 이를 해결할 수 없는 경우에는, 법률의 공백이 있는 것이므로 해석에 의하여 이를 보충할 수 있을 뿐이라고 한다. 법규정의 형태(3조는 권리능력의 始期에 관한 일반규정이고, 따라서 제762조 등은그에 대한 예외규정이므로)를 보면 그렇게 해석하는 것이 타당할지 모른다. 그러나 민법이 태아에게 원칙적으로 권리능력을 인정치 않는 것은 단지 법률관계를 명료히 하려는 취지 때문이다. 그렇다면 규정의 형태에 매여 태아의 보호에 소홀해서는 안 될 것이다. 이런 점에서 볼 때 위와 같은 태아의 보호규정은 예외규정이 아니라 예시규정에 불과하고, 따라서 태아를 보호할 필요가 있는 경우에는 이를 유추적용하는 것이 타당할 것이다(제9판에서의 견해를 변경한다).[13]

(2) 문제되는 경우 [127]

(가) 증　여　　증여에는 증여자의 생존시에 그 효력이 발생하는 통상의 증여(生前贈與)와 증여자의 사망시에 효력이 발생하는 특수한 증여(死因贈與)가 있는바, 양자를 나누어 살펴 본다.

(a) 생전증여　　증여자는 아직 출생하지 않은 태아에게 증여할 수 있다고 할 것인가? 판례는, 증여는 계약이므로 수증자의 승낙을 요건으로 하는데, 태아인 동안에는 법정대리인이 없어서 법정대리인을 통하여 수증을 받는 것이 불가능하다는 이유로, 이를 부인한다.[14] 학설도 대체로 이를 부인하는데,[15] 이는 한편으로 증여자는 태아의 출생을 기다려 증여할 수 있고, 만약 증여자가 중병 등으로 그 때까지 기다릴 여유가 없는 때에는 유증에 의하여 동일한 결과를 기할 수 있다는 점 때문일 것이다. 그러나 일정한 권리에 관하여 태아를 출생한 것으로 볼 것이냐 하는 문제는 실체법적인 것이고, 이것이 긍정되면 태아의 그러한 권리의 보호를 위하여 절차법적으로 당연히 그 권리에 관하여 태아에게 법정대리인이 인정된다고 해야 할 것이다. 그렇지 않으면 태아를 출생한 것으로 인정하는 것이 무의미해지기 때문이다. 그러므로 우선 태아에게 법정대리인이 없다는 점을 이유로 이를 부인하는 것은 수긍할 수 없다(이와 같은 이유에서 태아의 지위에 관하여 일부 견해는 해제조건설을 취하는바, 이러한 견해도 수긍할 수 없다). 다음으로 증여자에게 갑자기 사망의 위험(급사)이 닥쳐 유증의 방식을 취할 여

12) 김용한, 103면; 이영준, 850면.
13) 동지; 곽윤직, 116면.
14) 대판 1982. 2. 9. 81다534.
15) 김용한, 95면; 장경학, 177면; 이영준, 850면.

유가 없는 때에는, 이를 긍정할 필요가 있다. 이런 점에서 태아의 수증능력을 인정해야 하지 않을까(제9판에서 이를 부인하였는바, 견해를 바꾼다)?

(b) 사인증여 증여자는 나아가 태아에게 사인증여도 할 수 있다고 할 것인가? 일부 견해는 사인증여에는 유증의 규정이 준용되는바(562조), 따라서 유증에 관한 제1064조도 사인증여에 준용된다는 이유로 이를 긍정한다.[16] 이에 대하여 일부 견해는 유증은 단독행위임에 대하여 사인증여는 계약으로서 그 성질을 달리하므로 유증의 방식에 관한 규정은 사인증여에 준용되지 않는다는 점, 그리고 사인증여를 하고자 하는 자는 유증을 하면 되므로 예외적 규정을 적용할 필요가 없다는 점 등을 이유로, 이를 부인한다.[17] 생각건대 유언에 관하여 엄격한 방식을 요구하는 이유는, 이는 상대방이 없는 단독행위이고 또 많은 경우에 유언자의 사망 이후에 그 내용이 밝혀지므로 이의 진정성이 문제된 경우에 이를 입증할 길이 없기 때문에, 이의 진정성을 확보하기 위해서이다. 그런데 증여는 상대방과의 합의에 기해서 성립하는 계약이므로 위와 같은 어려움이 없고, 따라서 여기에 엄격한 방식을 요구할 필요는 없다. 이런 점에서 사인증여에는 유증에 관한 방식에 필요치 않다고 하는 것이 타당하다([449]). 판례도 이러한 입장이다.[18] 그러나 사인증여에 유언에서의 방식 규정이 준용되는가 하는 문제와, 태아에게 사인증여의 수증능력을 인정할 것인가 하는 문제는 전혀 다른 문제이다. 증여자가 갑자기 사망의 위험에 처하여 유증의 방식을 취할 여유가 없는 경우에, 생전증여에 관해서뿐만 아니라 사인증여에 관해서도 태아의 수증능력을 인정하는 것이 타당할 것이다(제9판에서와 결론은 동일하나, 그 근거, 따라서 그 의미를 달리 한다). 이에 의하면 위와 같은 특수한 사정하에서 행해진 사인증여는 유언의 방식을 갖추지 못하였더라도 유효하게 된다. 이런 점에서 앞에서 소개한 긍정설과 차이를 가진다(즉 긍정설은 유언에 관한 규정이 준용된다고 하므로 유언의 방식에 관한 규정도 준용되고, 따라서 사인증여도 유언의 방식을 취해야 유효로 되기 때문이다).

[128] (나) **인지청구권** 제858조는 「父는 包胎중에 있는 子에 대하여도 이를 인지할 수 있다」고 한다. 그러나 태아에게 인지청구권을 인정하는 규정은 없다. 그러면 태아는 출생 전에는 父에 대하여 인지청구를 할 수 없다고 할 것인가? 태아는 일반적으로는 출생 후에 인지청구를 하면 될 것이다. 이런 점에서 제864조는 父나 母가 사망한 경우에 子는 일정 기간 내에 인지청구의 소를 제기할 수 있도록 하고 있으며, 특히 위 규정은 그러한 소의 제기기간을 종래 1년에서 2년으로 개정(2005. 3. 31.)하였는바, 그 취지는 이러한 기간 연장으로 실제상 태아의 보호에 부족함이 없게 되리라는 점에 기한 것이다(물론 그 밖에 태아인 동안

16) 고상용, 82면.

17) 김상용, 139면; 이영준, 849면.

18) 대판 1996. 4. 12. 94다37714,37721; 대판 2001. 9. 14. 2000다66430,66447(판례의 내용은 [449] 주 19 참조).

(에는 소를 제기할 법정대리인이 없다는 점이 고려되었을 것이다). 이와 같이 민법이 개정을 통하여 태아보호의 공백을 채우고자 하였음에도 다시 태아의 인지청구권을 인정하는 것은 법의 취지에 정면으로 배치되는 것임을 부인할 수 없다. 그러나 이 규정에 의한 사후의 인지청구소송과 태아인 상태에서의 인지청구는 별개로서, 후자를 인정함으로써 태아의 인격권 보호뿐만 아니라 (상속)재산의 유탈을 방지하는 실을 거둘 수 있을 것이다. 이런 점에서 태아의 인지청구권을 인정하는 것이 타당하지 않을까?[19)]

Ⅲ. 태아의 법률적 지위 [129]

1. 일정한 경우에 태아는 「이미 출생한 것으로 본다」고 하는 것은 구체적으로 어떠한 의미인가? 즉 그러한 경우에 태아는 어떠한 법률상의 지위를 가지는가?

(1) 이에 관해서 종래에는 두 견해가 대립하였는바, 먼저 이를 살펴본다.

㈎ **정지조건설** 태아로 있는 동안에는 권리능력을 취득하지 못하고, 후일에 살아서 출생하면 그 권리능력 취득의 효과가 문제의 사실(불법행위 또는 상속)이 발생한 시기까지 소급하여 생긴다고 하는 견해이다.[20)] 즉 태아의 출생을 정지조건으로 하여 권리능력을 인정하려는 것이다(다만 정지조건은 조건이 성취된 때부터 효력이 생기므로 소급효가 없으나(147조 1항), 여기에서는 소급효가 있으므로, 이를 정지조건이라고 하는 것은 엄격히는 부적절하다). 예컨대 갑이 배우자 을과 태아 병 그리고 母 정을 남기고 사망한 경우에, 일단 을과 정이 상속하고, 만약 후에 병이 출생하면 소급해서 정 대신 병이 상속하게 된다(즉 상속관계를 고치게 된다). 이 견해에 의하면 태아인 동안에는 권리능력이 없기 때문에, 법정대리인도 있을 수 없고, 이미 개시된 상속에 있어서는 출생한 후에 비로소 상속회복을 청구할 수밖에 없게 된다. 판례는 정지조건설을 취한다.[21)]

㈏ **해제조건설** 태아는 이미 출생한 것으로 보는 범위에서 문제된 사실이 발생한 때로부터 제한적인 권리능력을 가지고, 다만 후일에 사산한 경우에는 그 때에 소급하여 권리능력을 상실한다고 하는 견해이다.[22)] 즉 태아의 사산을 해제조건으로 하여, 태아인 동안에도 제한된 범위에서 권리능력을 인정하려는 것이다(해제조건도 소급효가 없으므로(147조 2항) 이를 해제조건이라고 하는 것 역시 부적절하다). 이 견해에 의하면 위의 예에서 갑의 사망시에 을과 병이 상속하고, 만약 후

19) 김상용, 140면; 이영준, 849면 등은, 태아에 관한 보호규정은 예외규정이라는 점을 근거로 유추적용을 부인한다.

20) 김기선, 85면; 김상용, 142면; 김주수 · 김상용, 89면; 방순원, 37면; 이영준, 851면.

21) 대판 1976. 9. 14, 76다1365. 그러나 이의 사안은 모가 사망하여 태아도 출생하지 못한 경우로서, 따라서 어느 견해를 취하느냐에 따라서 법률관계에 차이가 생기지 않는다(이 점은 판결도 명언한다). 오히려 태아인 동안에는 법정대리인이 없다는 이유로 그의 수증능력을 부인한 대판 1982. 2. 9, 81다534(앞의 주 14)가 이러한 입장의 판례라고 할 수 있다.

22) 고상용, 78면; 곽윤직, 142면; 김용한, 97면; 김현태, 83면; 장경학, 180면.

에 병이 사산하게 되면 병 대신 정이 상속하게 된다. 이 견해에 의하면 태아 중에도 권리능력이 있기 때문에 법정대리인도 있을 수 있고, 상속에 있어서는 다른 생존자와 공동상속인이 되게 된다.

(다) 이상의 견해는 태아는 살아서 출생해야 권리능력을 취득하고, 만약 사산한 때에는 아무런 권리능력도 가지지 못한다는 점에서는 공통하다. 차이가 나는 것은 단지 태아인 상태에서의 법률관계이다(즉 전자의 견해에 의하면 태아는 이 기간에도 권리능력을 가지나, 후자의 견해에 의하면 그렇지 않다). 태아가 출산 혹은 사산한 이후에는 어느 견해에 의하든 차이가 없다(단지 각 견해에 따라서 법률관계를 수정해야 하는 경우가 달라질 뿐이다. 즉 출생한 때에는 정지조건설이 이전의 법률관계를 수정해야 하고, 사산한 때에는 해제조건설이 수정해야 한다).

[130] (2) 먼저 위의 견해를 검토하고, 다음으로 이러한 견해의 한계와 그 해결책을 살펴본다.

(가) 위의 두 견해는 각각 장 · 단점이 있다. 즉 해제조건설에 의하면 태아인 동안에도 그 법정대리인에 의하여 재산의 관리나 기타 권리보전수단을 취할 수 있기 때문에, 태아를 보다 더 두텁게 보호할 수 있다. 그러나 태아가 사산된 경우에는 그러한 법률관계가 소급하여 당초부터 무효가 되기 때문에, 상대방 또는 제3자에 대하여 뜻하지 않은 손해를 줄 염려가 있다. 그 외에 쌍둥이인 경우에 복잡한 법률문제가 생긴다. 정지조건설에 의하면 이와는 반대로, 상대방 또는 제3자에게 뜻하지 않은 손해를 줄 염려는 없지만, 태아의 보호를 소홀히 하는 결과가 된다.

그러면 어떤 견해가 타당한가? 법문은 「태아는 … 이미 출생한 것으로 본다」고 하므로, 태아인 상태에서도 당해 사항에 관해서 권리능력을 인정하는 해제조건설이 법문에 부합한다. 뿐만 아니라 그러한 규정은 태아 보호를 위한 것이므로, 상대방 또는 제3자의 이익보다 태아의 이익을 보호하는 방향으로 해석하는 것이 법의 취지에 맞는다. 또 출산율은 사산율에 비하여 압도적으로 높기 때문에, 해제조건설을 취함으로써 상대방 또는 제3자에게 손해를 줄 가능성은 정지조건설을 취함으로써 태아에게 불이익을 줄 가능성보다 훨씬 적다. 이런 점에서 해제조건설을 취하는 것이 타당하다고 생각한다. 정지조건설을 취한 판례는 그 근거를 말하지 않으나, 태아의 법정대리인에 관한 규정이 없다는 점(앞의 주 14 81다534)이 근거로 작용하였을 것으로 추측된다. 그러나 태아는 이미 출생한 것으로 본다는 규정은 실체적인 것이고, 따라서 이의 법정대리인에 관한 규정이 없으면 해석에 의하여 이를 정하면 될 것이다. 그럼에도 법정대리인 규정이 없다는 점을 내세워 「태아는 … 이미 출생한 것으로 본다」는 규정을 무의미하게 만드는 것은 본말을 전도한 해석이 아닐까?

(나) 그런데 위의 두 견해는 태아가 살아서 출생한 경우에 비로소 권리능력을 인정하

는 것으로서, 따라서 이에 의하면 태아가 만약 사산한 때에는 아무런 권리능력도 인정되지 않는다. 그러나 그러한 결과는 불법행위의 경우에 실제상 중요한 문제를 낳는다. 즉 예컨대 불법행위로 태아가 곧 사망한 경우와 일시적으로 출생하였다가 사망한 경우에 그 법률관계가 크게 달라지는바, 그러한 구별취급이 타당한지 의문이다(특히 의술의 발달로 통상적으로는 거의 살아서 출생할 가능성이 없는 경우임에도 임신중절수술로 일시적으로 출생한 경우를 생각하면, 그러한 의문은 더욱 커질 것이다).[23] 더 근본적으로 태아도 생명체인데 출산에 이르지 못하였다고 하여 아무런 권리능력도 인정치 않는다면, 이는 법이 무엇보다 보호해야 할 가치를 내치는 것이 될 것이다. 이런 점에서 — 앞서 말한 소위 독립인격설([121]의 주 2)과 같이 태아를 전반적으로 출생자와 마찬가지로 권리능력자로 인정하지는 않더라도 — 태아가 직접 불법행위의 대상이 된 경우에는, 태아의 출산 · 사산을 불문하고 손해배상청구권을 가진다고 하는 것이 타당할 것이다.

2. 이러한 입장에 기해서 태아인 동안의 그의 법률적 지위 내지 법률관계를 정리하면, [131]

(1) 해제조건설이 말하는 바와 같이 태아인 상태에서도 태아는 문제된 사항에 관하여 권리능력을 가진다. 그러므로

(가) 태아는 문제된 권리(불법행위로 인한 손해배상청구권, 상속권 등)를 가진다.

(나) 태아를 위한 법정대리인이 있어야 하는데, 이에 관한 규정이 없으므로 제909조 이하가 유추적용되어 태아의 부모가 그의 법정대리인으로 된다. 다만 이에 의하면 예컨대 父가 사망한 후 태아의 출생 전에 상속재산을 분할하는 경우에 모와 태아의 재산적 이해관계가 충돌하므로, 태아를 위한 특별재산관리인을 둘 필요가 있다. 그런데 이에 관한 규정이 없으므로 제921조를 준용해야 할 것이다.

(다) 태아의 법률관계는 아직 불확정한 상태이므로, 법정대리인의 권한은 단지 현재의 권리관계를 보전하는 범위에 한정된다.

(2) 태아가 살아서 태어나지 못하면, 원칙적으로 이미 가졌던 권리가 소급해서 소멸한다. 다만 불법행위가 태아에게 행해진 경우에는, 그로 인한 손해배상청구권은 그대로 존속한다.

근래 의학의 발달로 인위적인 방법에 의한 임신(인공수태)이 가능해지면서, 종래에는 알지 못했던 새로운 법률문제가 많이 생기고 있다. 다만 그러한 법률문제는 대부분 친족법에 관한 것이고,[24] 태아와 관련된 것으로는 태아로 되는 始期가 문제될 뿐이다. 이 문제를 간단히 살피면,

---

23) 그러한 예는 대판 1997. 2. 11. 96다5933.

24) 인공수태로 인하여 생기는 법률문제 중에서 실제상 중요한 것은, 인공수정으로 출생한 子의 친족법상의 지위이다. 이중에서도 실제 다툼이 있는 경우는, 夫 갑의 동의하에 처 을이 제3자의 정자를 제공받아 인공수태하여 병이 출생되었고 그리하여 병을 갑 · 을 간의 친생자로 신고하였는데, 후에 갑 · 을이 이혼하게 되자 친생자관계부존재확인소송을 제기한 경우이다. 종래의 판례 중에는 위의 경우에 병은 제844조에 의하여 친생자로 추정된다고 한 것도 있고(서울고판 1986. 6. 9. 86르53),

자연수태의 경우에는 착상한 때(즉 정자와 난자가 수정되어 모의 자궁에 착상된 때) 임신이 되고 태아가 생긴 것으로 여겨지는데, 인공수태의 경우 중에서도 체외수정의 경우에는 먼저 정자와 난자를 모체 밖(시험관)에서 수정시키고 그렇게 해서 생긴 受精卵(胚)을 모(다만 제3자(대리모)인 경우도 있다)의 자궁에 이식함으로써 착상에 이르게 되는바, 이 경우에도 착상시부터 태아로 되는가 하는 점이 문제된다. 생물학적으로는 이미 수정란은 인간의 자질을 전면적으로 갖춘 것이라는 점에서, 그리고 나아가 수정란도 인간으로서의 존엄을 가지는 윤리적 인격체로서 존중받아야 한다는 점에서, 수정되었을 때부터 태아로 인정되어야 한다는 견해가 제기된다.[25] 그러나 태아를 출생한 것으로 보아 법의 보호를 줄 것인가 하는 문제는 모의 자궁에 수정란이 착상된 때부터 생기는바, 따라서 체외수정의 경우라고 태아의 시기를 달리 볼 실제적 필요는 없을 것이다.

[132] Ⅳ. 권리능력의 終期

1. 사 망

사람은 생존한 동안 권리능력을 가지므로, 생존의 종료 즉 사망으로 권리능력을 상실한다. 현대법에서는 권리능력의 소멸원인은 오직 사망뿐이다. 실종선고는 실종자의 권리관계를 확정하기 위하여 일정한 범위에서 그 자를 「사망」한 것으로 의제하지만, 이로써 그 자의 권리능력이 소멸하는 것은 아니다.

(1) 사망시기 그러면 언제 사망한 것으로 할 것인가? 민법에서는 호흡과 혈액순환의 영구적 정지 혹은 「심장의 기능이 회복 불가능한 상태로 정지된 때」를 사망시로 보는 것이 통설이다. 그런데 근래 의학의 발달로 심장이식수술 등이 행해지면서, 뇌의 기능이 정지된 환자의 심장이나 장기 등을 이식하는 것을 법적으로 허용하려는 취지에서, 사망의 시기를 뇌의 기능이 정지된 때(腦死)로 보아야 한다는 견해가 제기되고 있다. 그런데 이러한 사회적 수요에 부응하여 장기의 적출 · 이식의 요건과 절차를 규율하는 법률(장기등 이식에 관한 법률)이 제정되었으나, 이는 장기이식을 일정 범위에서 합법화하려는 것일 뿐이고 뇌사를 사망으로 인정하려는 것이 아니다(이러한 점은 법문 중에도 나타난다. 즉 동법 21조 1항은 「뇌사자가 이 법에 따른 장기 등의 적출로 사망한 경우」라고 하고, 2항은 「뇌사자의 『사망』시각」은 뇌사판정을 한 시각으로 한다고 하는 바, 이는 뇌사 자체를 사망으로 보지 않는 것을 전제로 한 것이다). 그러므로 실정법도 통설과 같은 입장이라고 할 수 있다.[26]

(2) 사망의 시기는 구체적으로 수많은 법률문제, 예컨대 상속상의 여러 문제(960조 이하) · 생존배우자의 재혼의 가능 및 시기(810조, 811조) · 보험금청구권의 발생 및 시기(상법 727조, 730조) · 연금상의

갑이 생식불능인 경우에는 동조가 규정하는 친생자 추정의 범위에 들지 않는다고 한 것도 있었는데(서울가법판 2002. 11. 19. 2002드단53028. 이의 사안은 을이 병을 대리해서 갑을 상대로 친생자관계부존재확인의 소를 제기한 경우), 근래의 판례는 그러한 인공수정에 동의한 父가 子에 대한 친생을 부인하는 것은 신의칙에 반한다고 한다(대구가법판 2007. 8. 23. 2006드단22397. 이의 사안은 父가 子를 상대로 소를 제기한 경우).

25) 문국진, 인공수태의 법의학적 문제, 대한법의학회지 10권 2호(1986), 70면 이하.

26) 동지: 오시영, 111면. 그러나 고상용, 85면은, 뇌사 판정이 있으면 뇌사는 사망으로 인정된다고 한다.

여러 문제(공무원연금법 · 군인연금법 등) 등과 관련되는 것으로서, 출생과 비교할 때 훨씬 중요한 문제이다. 사망시기와 관련된 것을 살핀다.

(가) **사망의 증명** 사망의 시기는 통상 가족부의 기재에 의한다. 그러나 출생의 경우와 마찬가지로 가족부의 기재는 사실상의 추정의 효력을 가질 뿐이고 이로써 실제적인 사실을 좌우하지 못한다. 따라서 실제의 사망시기를 증명함으로써 이를 뒤집을 수 있다.

(나) **증명곤란을 덜어 주는 제도** 사망 여부나 사망시기는 그 증명 · 확정이 매우 곤란한 경우가 있다. 이러한 경우에 대비한 제도로서 실종선고, 인정사망, 동시사망의 추정 등이 있다. 이 중 전2자는 뒤에서 살피고([217] 이하, [232]), 여기에서는 후자만을 항을 나누어 살핀다.

2. 동시사망의 추정 [133]

2인 이상이 동일한 위난으로 사망한 경우에 누가 먼저 사망하였는가를 확정하는 것은 특히 상속문제와 중대한 관련이 있다. 그럼에도 불구하고 그 입증은 거의 불가능한 경우가 많다. 따라서 만약 이에 관하여 아무런 규정을 두지 않는다면, 사실상 먼저 이익을 차지한 자가 보호된다고 하는 불합리한 결과나 다툼을 낳게 된다. 이러한 사정을 고려하여, 민법은 이러한 경우에 「동시에 사망한 것으로 추정한다」는 규정을 두었다(30조).

(1) 이 규정은 사망한 것으로 「보는」 것이 아니라 추정하는 것이므로, 반증을 들어 뒤집을 수 있다.

(2) 민법은 「동일한 위난」으로 사망한 경우만을 규정하는데, 이에 대하여 「상이한 위난」으로 사망한 경우에도 유추적용함이 타당하다는 견해가 있다.[27] 생각건대 이 규정은 예외규정으로서 제한적으로 해석해야 할 것이다.[28] 다만 상이한 위난으로 사망한 경우에 사망의 시기가 확정되지 못하면 결국은 그와 같이 해결할 수밖에 없을 것이다(다만 이는 위 규정의 유추적용에 의한 법률상의 추정에 기한 것이 아니고, 단지 다른 사실의 입증이 없으므로 인한 사실상의 추정에 기한 것이다).

V. 외국인의 권리능력 [134]

1. 내외국인 평등의 원칙

외국인이라 함은 한국의 국적을 가지지 않은 자이다. 그러므로 외국인 중에는 외국의 국적을 가지는 자와 어느 나라의 국적도 가지지 않은 자(무국적인)가 있으며, 한국인 가운데에서도 한국의 국적만을 가지는 자와 외국의 국적도 아울러 가지는 자(이중국적

27) 고상용, 90면; 곽윤직, 149면; 김주수 · 김상용, 94면; 장경학, 186면.
28) 이영준, 857면.

인)가 있다. 국적의 득실은 국적법에 정해져 있다.

외국인의 권리능력을 인정하는 범위는 시대에 따라서 변천해 왔다. 외국인과의 교섭이 드물었던 시대에서는 외국인에게 권리능력을 인정하지 않는 것이 오히려 원칙이었다. 그러나 교통의 발달과 사회문화의 진보로 오늘날에는 경제적 · 문화적 활동이 세계적 규모로 행해지고 있으며, 그 결과 외국인에게도 내국인과 평등한 권리능력을 인정하는 것이 현대법의 원칙으로 되어 있다(평등주의). 그러나 국가에 따라서는 상호주의를 취하는 나라도 있다. 우리 민법은 외국인의 권리능력에 관하여 아무런 규정도 두지 않지만, 헌법은 외국인의 법적 지위를 국제법과 조약의 범위 내에서 보장할 것을 규정하고 있다(헌법 6조 2항). 따라서 민법도 역시 내외국인 평등주의를 취하는 것으로 새겨야 할 것이다. 그러나 오늘날 경제적 또는 군사적 이유에서 외국인이 취득할 수 있는 권리를 제한하는 것이 불가피한 경우가 있다.

[135] 2. 외국인의 권리에 대한 제한

많은 특별법에서 외국인이 취득할 수 있는 권리를 절대적으로 또는 상호적으로 제한하고 있다.

(1) 절대적 제한 외국인이 소유 또는 임차하는 항공기는 항공법에 의하여 등록할 수 없다(항공법 6조). 그리고 도선사나 공증인이 되는 권리도 없다(도선법 6조, 공증인법 12조. 그 외에 예컨대 1999. 2. 8.의 개정 이전의 구 광업법 6조는 외국인은 우리 나라에서 광업권을 가질 수 없도록 제한하였으나, 이제는 그러한 규정이 삭제되었다).

(2) 상호주의에 의한 제한 외국인의 토지소유권에 관해서는 한국인에 대하여 토지에 관한 권리의 향유를 금지 또는 제한하는 국가의 국민인 경우에는 동일 또는 유사한 금지 또는 제한을 할 수 있다(외국인토지법 2조). 저작권 · 특허권 · 상표권 · 의장권 · 실용신안권 등 무체재산권(저작권법 3조, 특허법 25조, 상표법 5조, 의장법 4조, 실용신안법 3조)에 관해서도 상호주의에 의하며, 그 외에 수산업에 관한 권리(수산업법 5조 3항), 국가 또는 공공단체를 상대로 하는 손해배상청구권 등에 관해서도 역시 그러하다(국가배상법 7조).

제2관 행위능력

제1항 총 설

I. 총 설 [136]

1. 의의 및 취지

(1) 사적자치의 원칙상 각인은 자신의 의사에 따라 법률행위를 할 수 있다. 이는 각자는 스스로의 이익을 가장 잘 계산하고 판단할 수 있는 정신능력을 가지고 있다는 점에 기초한 것이다. 그런데 만약 어떤 자가 그와 같은 정신능력·판단능력을 가지지 못한다면, 그는 자신의 이익을 지키지 못하고 손해를 자초하는 행위를 할 것이다. 따라서 이러한 자는 스스로 단독으로 법률행위를 하지 못하도록 하고, 타인의 도움을 받아 행위하거나 혹은 타인이 대신 행위하도록 해야 할 것이다. 이것이 행위능력제도의 취지이다.

(2) 정신능력이 부족한 자가 만약 타인의 도움을 받지 않고 스스로 단독으로 법률행위를 한 경우에는, 그 행위의 구속으로부터 벗어날 수 있도록 해야 한다. 이와 같이 정신능력의 부족으로 단독으로 유효하게 법률행위를 하지 못하는 사람을 행위무능력자(제한능력자)라고 한다. 이런 점에서 행위능력은 단독으로 법률행위를 유효하게 행할 수 있는 지위 내지 자격이라고 할 수 있다(그러므로 행위능력 역시 권리능력과 마찬가지로 단순한 법적 자격 내지 지위이다).

2. 획일적 기준 [137]

행위능력이 정신능력의 부족으로 인하여 생길 손해를 방지하기 위한 것이라면, 각자의 구체적인 정신능력을 고려하여 개별적으로 행위능력 유무를 판단해야 할 것이다. 그런데 정신능력은 사람에 따라 또 시간에 따라 다르다(예컨대 20세가 넘어도 덜 성장한 자가 있는가 하면, 이보다 일찍 성장한 자도 있다. 또 어떤 때는 명확한 판단을 하나 어떤 때는 판단이 흐려지는 자가 있다). 그러므로 그와 같이 한다면 행위자가 행위의 구속에서 벗어나기 위해서는 각 행위시마다 정신능력이 부족했음을 입증해야 하고, 상대방으로서는 행위자의 정신능력 여부를 일일이 조사해야 한다. 이는 행위자 스스로에게도 불편하고 그의 상대방에게도 마찬가지이다. 이러한 불편을 막기 위해서 민법은 각인의 성장 정도 혹은 행위 당시의 상태를 불문하고, 일정한 획일적인 기준을 통하여 행위능력 유무를 결정한다.

[138] Ⅱ. 정신능력을 기초로 한 제도 비교

사람의 정신능력을 기초로 하는 개념으로는 행위능력 이외에 意思能力, 責任能力이 있다. 이하에서 각 제도의 내용과 차이를 살펴 본다.

1. 의사능력

(1) 의 의 의사능력을 대부분의 견해는 「자신의 행위의 의미나 결과를 정상적인 인식력과 예기력으로 합리적으로 판단할 수 있는 정신적 능력」이라고 정의한다.[1] 판례도 마찬가지이다.[2] 그리고 행위능력을 의사능력을 획일화한 제도라고 설명하기도 한다.[3] 그런데 위와 같은 정의나 설명으로는 여기에서의 정신적 능력의 내용이 무엇인지 알 수 없다.[4] 더욱이 뒤에서 보는 바와 같이 행위능력과 의사능력은 인정되는 연령에 큰 차이가 있고, 또 이를 결여한 경우의 행위의 효력에도 차이가 있으므로, 위와 같은 설명은 부적절하다. 그러므로 먼저 의사능력의 개념을, 특히 이의 정신능력의 내용이 행위능력에서의 그것과 어떻게 다른가 하는 점에 초점을 두어 살펴본다.

(가) 우선 행위능력은 20세부터 인정되나, 의사능력은 7세 전후부터 인정된다. 그리고 민법은 행위무능력자를 「限定治産者」·「禁治産者」라고 칭하는바, 이러한 용어를 보면 행위능력은 재산적 법률행위(거래행위)에 관련된 정신능력이다. 그 외에도 의사무능력자의 행위는 행위무능력자의 단독의 행위와는 달리 무효이다. 이런 점에서 볼 때 행위능력에서의 정신능력은 자신의 행위의 사회경제적 의미, 즉 행위의 경제적 이해득실을 분별할 수 있는 능력을 내용으로 한다. 그런데 의사능력은 7세 전후에서 인정되므로, 여기에서의 정신능력은 행위능력에서 보다 크게 낮은 것이라고 해야 한다. 이런 점

1) 곽윤직, 150면; 고상용, 114면; 김상용, 150면; 백태승, 135면. 이영준, 857면은 「자기의 행위의 결과를 인식·판단하여 정상적인 의사결정을 할 수 있는 정신능력」이라고 하는데, 차이를 알 수 없다.

2) 대판 2002. 10. 11. 2001다10113; 대판 2006. 9. 22. 2006다29358; 대판 2009. 1. 15. 2008다58367. 2001다10113은 70세인 갑이 두 차례에 걸쳐 동네사람(A, B)과 함께 금융기관을 방문하여 돈을 대출받고 그 담보로 자신의 주택에 근저당권을 설정한 사안에서(위 계약서의 서명부분은 A·B가 대필하였고, 그 대출금 역시 A·B가 사용하였음), 갑은 어릴 때부터 지능지수가 낮아 정규교육을 받지 못한 채 가족의 도움으로 살아왔고, 신체감정결과 지능지수는 73, 사회연령은 6세 수준으로서 이름을 정확하게 쓰지 못하고 간단한 셈도 불가능한바, 그러한 갑이 위와 같은 행위(대출 및 근저당권 설정)의 법률적 의미와 효과를 이해할 수 있는 의사능력을 갖추었다고 볼 수 없다고 하여 무효라고 하였다. 2008다58367도 유사하게 약 65세이나 지능이 64이고 사회적 연령은 7세 수준인 사람을 다른 사람이 동행하여 소비대차계약을 체결한 사안이다. 이 사건에서는 부당이득반환범위가 문제되었는바, 이에 관한 내용은 뒤에서 소개한다([871]).

3) 곽윤직, 152면; 백태승, 140면. 그 외에 고상용, 116면; 김상용, 152면도 이와 유사하다.

4) 다만 전술한 2006다29358, 2008다58367 등은, 의사능력이 인정되기 위해서는 그 행위의 '일상적인 의미'뿐만 아니라 '법률적인 의미나 효과'도 이해할 수 있을 것을 요한다고 한다.

에서 의사능력은 단지 행위의 사회적 의미를 이해할 수 있는 정신능력을 내용으로 한다고 하는 것이 타당하지 않을까?[5] — 독일민법은 행위능력이 제한되는 경우를 두 단계로 나누어, 7세 미만자(및 정신장애자)는 행위무능력자, 7세 이상 18세 미만자는 제한적 행위능력자라고 칭하는바(동법 104조 이하. 상세는 [146] 참조), 양자의 구별기준이 되는 것이 우리의 의사능력이라고도 할 수 있다.

(나) 다만 제1063조는 금치산자도 의사능력이 회복된 때에는 유언을 할 수 있다고 규정하는데, — 이런 점에서 의사능력은 단순히 학문상의 개념이 아니고 실정법상의 개념이다 — 동조에서의 의사능력의 의미를 위와 같이 이해하는 것(따라서 7세 정도가 되면 단독으로 유언을 할 수 있다고 하는 것)은 실제적으로 부당하다. 오히려 여기에서의 의사능력은 행위의 사회경제적 의미를 이해할 수 있는 정신능력을 뜻한다고 해야 할 것이다. 그런데 그렇게 하게 되면 동일한 용어가 경우에 따라서 전혀 다른 의미를 가지게 되는 모순이 생긴다. 양자의 모순을 어떻게 조율할지는 좀더 연구하기로 한다.

(2) 효 력 의사무능력자가 행한 행위의 효력은 어떠한가? 의사무능력자 [139]
도 행위무능력자의 일부이므로 예컨대 유아에게도 18세 내지 19세의 미성년자와 마찬가지로 제 5 조가 적용된다고 하고, 따라서 유아도 부모의 동의를 얻어 행위할 수 있고 만약 그러한 동의없이 행한 행위는 취소할 수 있을 뿐이라고 할 것인가? 법률행위는 그것이 행위자의 의사에 기한 것이기 때문에 그에 따른 법률효과가 발생하는 것이다. 그런데 의사능력을 결여한 자의 행위는 법률세계에서는 진정으로 그의 「의사」에 기한 것이라고 할 수 없다. 즉 의사능력 없는 자의 행위는 법률상의 행위로서의 의미를 가진다고 할 수 없다. 따라서 이러한 행위는 무효 — 보다 엄격히는 부존재 혹은 불성립 — 라고 해야 할 것이다. 그리고 여기에서의 무효의 효력은 절대적이다. 즉 의사무능력자 · 상대방 모두 무효를 주장할 수 있으므로, 제112조가 적용되지 않는다(즉 의사무능력자에게 전달된 의사표시는 단지 상대방이 이를 주장할 수 없는데 불과한 것이 아니고, 전적으로 도달이 없는 것으로 된다).[6] 그 외에 무효인 행위에 기해서 받은 급부물의 반환범위에 관해서도 행위무능력자와는 달리 특별한 사정이 없는 한 현존이익이 없는 것으로 취급하는 것이 타당하지 않을까?[7]

---

5) 이준현, 의사무능력자의 법률행위, 인권과 정의 404호(2010. 4), 94면 이하, 104면 이하는 앞의 주의 판례에 대하여, 행위의 일상적 의미조차 이해하지 못하는데, 더 나아가 행위의 법률적 의미와 효과의 이해를 요구하는 것은 무의미하다고 하면서, 따라서 단지 행위의 일상적 의미를 이해하지 못하는 자는 의사무능력자라고 하는바, 이는 대체로 본서와 같은 취지가 아닐까?

6) Larenz/wolf, §25 12. 이에 대하여 김주수 · 김상용, 99면; 장경학, 190면은 상대방은 무효를 주장할 수 없고 의사무능력자만이 이를 주장할 수 있다고 한다(편면적(상대적) 무효).

7) 대판 2002. 10. 11. 2001다10113; 대판 2009. 1. 15. 2008다58367 등은, 의사무능력자의 경우에도, 급부물이 금전인 때에는 이익이 현존하는 것으로 추정된다는 점에 기해서, 무능력자가 현존하지 않

[140] **(3) 개별적 판단** 의사능력 유무는 각 경우에 개별적으로 행위자의 정신능력을 고려해서 판단한다.[8] 즉 의사능력은 획일적 기준에 의하여 그 유무가 결정되는 것이 아니다. 그리하여 성년자이더라도 행위 당시에 7세 전후의 아이와 같은 정도의 정신능력을 가진 때에는(즉 단지 행위의 경제적 이해득실이 아니고 행위 자체의 사회적 의미조차 분별하지 못하는 때에는), 그는 의사무능력자로서 따라서 그러한 상태에서 행한 행위는 무효가 된다. 문제되는 점을 살펴보면,

(가) 행위의 무효를 주장하기 위해서는 행위시에 자신이 의사무능력 상태였음을 입증해야 한다.

(나) 행위무능력자가 동시에 의사능력을 가지지 않은 경우에, 그는 행위무능력을 이유로 행위를 취소할 수 있을 뿐이냐, 그 외에 의사무능력을 이유로 무효를 주장할 수도 있다고 할 것이냐? 일부 견해는 전자로 해석한다.[9] 그러나 의사무능력자의 행위는 어떠한 경우에도 무효로 해야 한다. 이런 점에서 양자를 모두 인정하는 것이 타당할 것이다.[10] 전자의 방법은 자신의 의사무능력을 입증할 필요가 없는 점에서 편리하며, 후자의 방법은 취소권이 소멸된 경우에 도움이 될 것이다.

[141] **2. 책임능력**

(1) 의 의 이는 불법행위법상의 개념으로서, 「행위의 책임을 辨識할 지능」(753조)을 말한다. 즉 단순히 자신의 행위가 사회적 · 윤리적으로 잘못된 것이라는 점뿐만 아니라, 나아가 그로 인하여 자신에게 어떠한 법적 책임이 부과된다는 점을 변식할 수 있는 정신능력을 내용으로 하는 것이다.

책임능력도 획일적인 기준에 의하지 않고, 각 경우에 구체적으로 판단된다. 대체로 13세~15세 정도에 이른 청소년은 책임능력이 인정된다.[11]

[142] **(2) 효 력** 민법은 책임무능력자가 타인에게 손해를 가한 경우에는 손해배상책임을 지지 않는다고 규정한다(753조, 754조). 이는 불법행위의 성립요건으로 고의 · 과실을 요구하는데(과실책임), 고의 · 과실이 있다고 하기 위해서는 그 전제로서 위와 같은 정신능력이 있어야 한다는 데 기한 것이다(그러므로 무과실책임이 인정되는 경우에는 책임능력은 요구되지 않는다).

음을 입증해야 한다고 한다. 이의 내용과 비판은 [871] 참조.

8) 대판 2002. 10. 11. 2001다10113; 대판 2009. 1. 15. 2008다58367.

9) 이영준, 858면.

10) 곽윤직, 153면; 장경학, 191면.

11) 판례에 나타난 예로는 13세 6개월(대판 1971. 4. 6. 71다187[요지 제753조, 5]), 13세 3개월(대판 1969. 7. 8. 68다2406[집 17-2, 민 279])된 자에 대하여 책임능력을 인정한 것이 있는가 하면, 13세 5개월(대판 1977. 5. 24. 77다354[집 25-2, 민 74]; 대판 1978. 7. 11. 78다729[공 593, 10998]), 14세 2개월(대판 1978. 11. 28. 78다1805[집 26-3, 민 272])된 자에 대하여 책임능력을 부인한 것이 있다.

책임능력 유무에 관한 판례를 보면, 보다 年少함에도 책임능력이 긍정된 것도 있고 그 반대인 것도 있어 그 기준이 명확하지 않다. 이는 책임능력이 각 경우에 개별적으로 판단되는 것이라는 점에서 당연한 것이다. 그런데 책임능력 유무의 판단에서는 그 외에 어떠한 책임이 문제되는가 하는 점도 고려될 수 있다. 즉 예컨대 미성년자(가해자)의 감독자(부모가 그 대표적 예)의 손해배상책임(755조 참조)이 문제된 경우에는 가해자의 책임능력이 부인되어야 감독자의 책임이 인정되므로 가해자의 연령이 경계선에 있는 때에는 그의 책임능력을 부인하고, 반대로 그의 사용자의 책임(756조)이 문제된 경우에는 가해자의 책임능력이 긍정되어야 사용자의 책임이 인정되므로 그의 책임능력을 긍정하게 될 것이다. 그러나 이러한 법운영은 책임능력의 의미를 왜곡시킬 우려가 있으므로 바람직한 것은 아니다. 다만 이는 미성년자에게 책임능력이 없는 경우에 한해서 그의 감독자의 배상책임을 인정하는 입법적 문제점(채권각론 [797] 참조)을 다소나마 해소하는 의미를 가진다.

Ⅲ. 무능력자 개관 [143]

1. 무능력자의 종류

일반의 성년자는 통상적으로 자신의 행위의 결과를 예견할 정신능력을 가진다. 그리하여 민법은 적극적으로 행위능력을 가지는 자를 규정하지 않고, 소극적으로 이를 가지지 못하는 자를 규정한다.

(1) 우리 민법상 무능력자에는 미성년자 · 금치산자 · 한정치산자의 셋이 있다. 미성년자는 연령을 기준으로 하여 당연히 무능력자로 되는 것이며, 한정치산자와 금치산자는 법정의 요건과 절차에 의한 선고로써 무능력자가 되는 것이다.

이 세 가지 무능력자에 대한 행위능력의 제한은 같지 않다. 미성년자와 한정치산자에 대한 제한은 가볍고, 금치산자에 대한 그것은 무겁다. 즉 앞의 둘은 보호기관(친권자 · 후견인)이 본인을 대리하여 행위할 수 있을 뿐만 아니라, 본인 자신이 보호기관의 동의를 얻어 행위를 할 수 있다. 이에 반하여 금치산자는 언제나 보호기관(후견인)이 대리하여 행위를 하는 수밖에 없고, 본인 자신은 보호기관의 동의를 얻어서도 유효한 행위를 할 수 없다.

(2) 세 가지 무능력자에 대한 보호의 태양을 개관하면 다음과 같다.

	능력의 범위	보호자	보호자의 권능
미성년자	특정행위만 단독으로 할 수 있다(5조, 6조, 8조)	법정대리인(친권자 또는 후견인, 911조, 938조)	동의권과 대리인
한정치산자	위와 같다(10조)	법정대리인(후견인, 938조)	위와 같다
금치산자	단독으로 할 수 있는 행위는 없다(13조)	위와 같다	대리권뿐

[144] ## 2. 무능력자의 행위의 효과

(1) 취 소 무능력자가 단독으로 한 행위는 취소할 수 있다(5조 2항, 10조, 13조). 즉 전혀 효력을 낳지 않는 것이 아니고, 일단 효력을 발생하나 무능력자 측에서 이를 취소하는 경우에 처음부터 무효로 된다. 따라서 이의 효력 여부는 무능력자 측에 의하여 결정된다(단 법정추인의 사유(145조)가 존재하는 경우 혹은 취소기간(146조)이 경과한 경우에는 취소할 수 없다).

(가) 이러한 효력은 상대방의 신뢰 여부 및 그 정당성 여하를 불문하고 생긴다. 즉 상대방이 미성년자임을 몰랐고 알 수 없었던 경우에도 혹은 능력자라고 믿었고 그러한 믿음이 정당하더라도, 무능력자는 자신의 행위를 취소할 수 있다(다만 무능력자가 사술을 쓴 때에는 그렇지 않다(17조)).

(나) 취소의 효과는 선의의 제3자에 대해서도 대항할 수 있다. 제5조 2항 및 제13조는 단지 취소할 수 있다고 할 뿐이고, 「선의의 제3자에게 대항하지 못한다」(107조 2항, 108조 2항, 109조 2항, 110조 3항 등 참조)는 규정을 두지 않기 때문이다. 따라서 예컨대 미성년자 갑이 소유물을 부모의 동의없이 을에게 팔고 을이 다시 병에게 판 경우에, 갑은 을과의 사이에서 위 매매계약을 취소하고 나아가 병에 대하여 그의 선·악을 불문하고 이의 반환을 요구할 수 있다(그 물건이 동산으로서 병이 선의취득의 요건을 갖춘 경우에는 그렇지 않으나, 이는 선의취득에 의한 결과이고, 취소의 효력을 제3자에 대하여 대항할 수 있는가 하는 문제가 아니다).

(다) 무능력자가 행위를 취소한 경우에는, 그 법률행위에 기해서 받은 것은 법률상 원인을 결하게 되므로 이를 반환해야 한다. 그런데 그 반환범위에 관하여 특칙이 인정되어 「받은 이익이 현존하는 한도에서」 반환하면 된다(141조 단서. 이의 문제점은 후술한다([871])).

(라) 취소 혹은 그 효과에 관한 위와 같은 점들은 무능력자 보호를 상대방 혹은 거래안전의 보호에 우선시킨다는 가치평가에 기한 것이다.

(2) 그러면 무능력자의 행위를 취소할 수 있는 것으로 하는 입법은 타당한가? 무능력제도의 취지가 판단능력의 부족으로 손실을 입는 것을 방지하기 위하여 단독으로는 법률행위를 할 수 없도록 하는 것임에도, 무능력자가 단독으로 행한 행위를 취소해야 비로소 무효로 하는 것, 그리하여 취소를 하지 않으면 그 행위에 구속되도록 하는 것은 제도의 취지와 배치되는 것이 아닐까? 그 외에 동의를 얻어 행위하도록 한 행위를 동의없이 하였음에도 이를 일단 유효로 하는 것이 타당한가 하는 의문이 든다. 참고로 독일민법은 무능력자의 행위는 무효로 하면서, 다만 무능력자 측에서 이를 추인하면 비로소 효력이 발생하도록 한다(이와 같이 독일법에서 무능력자의 행위는 — 예컨대 법률행위가 반사회적인 것이어서 무효인 경우에 그 법률행위는 확정적으로 무효가 되는 것과는 달리 — 무효이나 추인이 있으면 유효로 되므로, 그 행위는 유동적 무효가 된다([844] 참조)).

[145] ## 3. 무능력자에 관한 개정민법

(1) 민법은 무능력자에 관한 규정을 크게 개정하였다. 우선 성년자의 연령을 19세로 하였으며, 다음으로 무능력자의 형태와 그 행위능력의 내용을 크게 개정하였다. 그리고 이러한 개정

에 따라서 무능력자와 관련된 규정 모두가 개정되었다(민법총칙 중에서는 111조, 112조, 127조, 135조, 140조, 141조, 179조, 180조). 그러나 이러한 개정된 규정은 2013. 7. 1.부터 시행되므로, 현재로서는 개정 전의 규정에 따라서 설명하고, 다만 개정내용은 부가적으로 설명하기로 한다.

(2) 개정내용의 구체적 내용은 관련 부분에서 살피고, 여기에서는 먼저 개정의 취지와 방향을 소개한다.

㈎ 우선 현행민법은 행위능력제도를 정신적 판단능력이 부족한 자로 하여금 '단독으로 유효하게 행위할 수 없도록' 하는 제도로 파악하고 그러한 자를 「무능력자」라고 칭하는데, 이는 무능력자를 사회적 낙오자로 생각하게 만들 우려가 있다. 그리하여 개정 민법은 행위능력제도를 위와 같은 자에게 도움을 주는 제도(후견제도)로 파악하고, 이와 같이 타인의 도움(후견)을 받는 자를 「피후견인」(10조, 13조) 혹은 「제한능력자」(15조 이하)라고 한다.

㈏ 현행민법은 미성년자 이외의 무능력자의 형태로 한정치산자 · 금치산자만을 두고 있으며, 또한 이들의 행위능력을 획일적으로 제한한다. 그런데 개정민법은 정신능력 부족의 정도 혹은 후견을 필요로 하는 내용에 차이가 있다는 점을 고려해서, 우선 피후견인의 형태를 다양화하였다. 즉 한정치산자 · 금치산자에 상응하는 피한정후견인 · 피성년후견인을 두는 외에, 피특정후견인 및 피임의후견인 등을 두었다(다만 후2자는 행위능력 자체를 제한하는 것은 아니다). 다음으로 각 형태마다 행위능력 또는 후견의 범위를 획일화하지 않고 개별적으로 정할 수 있도록 하였다(예컨대 938조 2항).

㈐ 후견인제도, 즉 후견인이 되는 자 및 그의 임무에 관해서도 많은 변화가 있다. 즉 현행민법은 후견인을 1인으로 하고, 일정한 자가 순위에 따라 당연히 후견인이 되도록 하고 있으나, 개정민법은 후견인을 여러 명 둘 수 있고, 또 법인도 후견인이 될 수 있도록 하였으며(930조 2항, 3항), 법원이 후견인을 선임하도록 하였다(936조). 다음으로 현행 민법은 재산관리를 후견인의 주된 직무로 파악하여 법률행위에 대한 동의 또는 대리를 그의 중심적 권한으로 하는데 대하여(다만 현행 민법에서도 금치산자에 대해서는 후견인은 금치산자의 요양, 감호에 관하여 (일상의) 주의의무를 부과하고 있다(947조)), 개정민법은 후견인의 직무를 피후견인의 신상보호에도 미치도록 하였다(938조 3항, 947조, 947조의2 등). 그리고 현행민법은 후견인에게 포괄적인 대리권을 인정하나, 개정민법은 성년후견인을 제외하고는 그렇지 않다.

그리고 후견인의 적절한 후견을 위하여 후견감독인제도를 신설하였다.

㈑ 현행민법은 한정치산 등의 선고에서 본인의 의사를 고려하지 않으며, 그리하여 무능력자제도는 재산다툼을 둘러싸고 이해관계가 대립되는 자의 재산권을 박탈하기 위한 수단으로 악용되는 사례가 적지 않았으며, 이는 이 제도에 대한 부정적 인식을 더욱 심화시켰다. 이에 개정민법은 후견개시의 심판에서 본인의 의사를 고려하도록 한다(9조 2항, 12조 2항).

4. 무능력자제도에 관한 입법례 [146]

(1) 독일민법은 18세를 성년 연령으로 하면서(동법 2조), 행위무능력을 두 단계로 나누어 7세 미만자를 (절대적) 행위무능력자(Geschäftsunfähigkeit)(동법 104조 1호), 7세 이상자를 제한적 무능력자(Beschränkte Geschäftsunfähigkeit)라고 한다(동법 106조). 그 외에 「정신활동의 병적 장애로 인하여 자유로운 의사결정을 할 수 없는 사람으로서 성질상 그 상태가 일시적이 아닌 사람」을 행위무능력자라고 하면서(동법 104조 2호), 이러한 자의 의사표시는 무효라고 한다(동법 105조 1조). 아울러 「의식상실의 상태 또는 정신활동의 일시적 장애상태에서 행한 의사표시」도 — 그러한 상태의 자는 무능력자가 아니지만 — 무효라고 한다(동법 2항). 다음으로 제한적 무능력자는 원칙적으로 법정대리인의 동의를 얻어 행위하도록 하고(동법 107조. 다만 우리 민법 5조 1항 단서 · 6조 · 8조 등과 유사하게, 일정한 행위는 예외적으로 단독으로 할 수 있도록 한다(107조 · 110조 · 112조)), 동의없이 체결한 계약은 법정대리인의 추인이 없는 한 효력이 생기지 않는 것으로 한다(동법 108조). 그리고 미성년자의 법정대리인 이외의 보호기관으로서, 성년자가 신체적 질병 또는 신체적 · 정신적 장

애로 그의 사무의 전부나 일부를 처리할 수 없는 경우에는 법원이 보좌인(Betreuer)을 선임할 수 있으며, 피보좌인은 보좌인의 동의를 얻어 행위할 수 있다고 한다(동법 1903조 1항, Betreuungsgesetz(1990. 9. 12.) — 이 법은 독일민법 6조 · 114조를 폐지하고 또 104조 3호를 삭제하여, 기존의 금치산제도에 갈음하여 보좌인제도를 도입하였다).

(2) 스위스민법은 미성년자를 연령에 의하지 않고 판단능력을 기준으로 구별하여, 판단능력이 있는(urteilsfähig) 미성년자는 법정대리인의 동의를 얻어 행위할 수 있게 하고(동법 19조), 심신상실자와 심신박약자를 동일하게 다룬다(동법 17조, 369조, 370조는 양자를 동일하게 Entmündigung이라고 한다).

(3) 프랑스민법은 모든 경우에 미성년자에 대한 법정대리인의 동의는 인정하지 않지만, 추인으로 그 행위를 유효하게 할 수 있도록 하고, 우리 민법의 경우와 같이 심신상실자와 심신박약자를 구별한다(동법 1124조, 1384조).

(4) 그 외에 일부 입법은 낭비자를 무능력자로 하고(프랑스민법 513조, 스위스민법 17조, 370조), 특히 음주벽을 무능력의 원인으로 하는 것(스위스민법 370조)도 있다. 우리 민법은 대체로 프랑스의 제도에 가깝다고 할 수 있다.

[147] Ⅳ. 무능력자제도의 사회적 의의

1. 무능력자제도는 정신능력이 부족한 자의 보호를 목적으로 하는 제도이다. 물론 일정한 범위의 자를 획일적으로 무능력자로 함으로써 이러한 자와 거래하는 상대방을 경계시키는 점에서, 이 제도는 동시에 상대방도 보호하는 것이기도 하다. 그렇지만 무능력자이냐 어떠냐를 조사하는 것은 반드시 용이하지는 않고, 또 조사하는 것 자체가 벌써 거래의 민활을 방해하는 것이므로, 이 제도는 상대방 및 사회 일반인의 이익을 희생시키면서 본인을 보호하는 제도라고 하는 것은 부인할 수 없다.

[148] 2. 무능력자제도는 개인 본위의 법률사상에서 출발한 것으로서, 따라서 이의 해석 · 적용에 있어서는 제도의 취지에 반하지 않는 한 거래안전과의 조화를 꾀하여야 한다는 견해가 있다.[12] 즉 현대의 거래는 외형을 보고 신속하게 행해지며 또 광범한 범위에 걸쳐서 서로 긴밀한 결합을 이루고 있는바, 이러한 관계 속에 존재하는 어느 한 사람이 무능력자라고 해서 그 행위를 무효로 한다면, 거래관계의 긴밀하고 광범한 결합이 파탄을 일으키게 되고 그 미치는 영향은 헤아릴 수 없을 만큼 중대한 것으로 된다. 그래서 오늘날에는 거래의 안전을 위하여 한 개인의 정신능력의 유무는 어느 정도까지는 무시되지 않으면 안 된다는 것이다(이러한 현상은 불법행위법에서 가해자의 고의 · 과실을 불문하고 배상책임을 지우는 무과실책임이 확대되는 현상과 공통하는 것이라고 한다).

그러나 무능력자제도는 정신능력이 부족하여 자유경쟁의 장에서 손해를 보게 되는 것을 막기 위한 것이다. 즉 사적자치의 원칙을 실질적으로 실현하기 위한 것이다. 더욱이 거래이익을 어느 정도 보호할지는 입법정책이 정할 문제인데, 우리 민법은 무능력자의 보호를 거래안전의 보호에 우선시키고 있다([144] 참조). 무능력자제도를 개인 본위의 사상에 기한 것이라고 하는 것은 이 제도의 의미를 충분히 이해하지 못한 것일 뿐만 아니라,

12) 곽윤직, 156면.

나아가 이러한 부정적 시각에 기해서 이 제도를 거래의 안전과 조화되도록 운영하는 것은 민법이 내린 가치판단에 반하는 것이다(무능력자제도의 의미에 대한 이러한 견해의 차이는 행위능력 규정의 적용범위(예컨대 단체적 행위 혹은 대량적 거래에서의 적용 여부)와 관련된다([151] 참조)).13)

Ⅴ. 적용범위 [149]

1. 신분법상의 행위

(1) 민법총칙의 행위능력에 관한 규정은 무능력자의 신분법상의 행위에도 적용되는가? 무능력자제도 중 한정치산 · 금치산은 그 문자로도 알 수 있는 바와 같이, 재산적 판단능력을 표준으로 한 것이다. 성년 연령도 주로 그러한 정신능력을 표준으로 하여 만 20세로 정하여진 것이다. 따라서 이와 같이 재산적 행위에 관한 정신능력을 표준으로 하는 총칙상의 규정을 그대로 신분법상의 행위에 적용할 수는 없다. 왜냐하면 혼인 · 입양 · 유언 등의 신분상의 행위에는 각각 필요한 정신능력의 정도가 다를 터이기 때문이다. 뿐만 아니라 신분법상의 행위는 본인 스스로의 의사가 필요하므로, 타인이 대리할 수 없는 경우가 많다. 이러한 관점에서도 각 행위마다 그 성질을 고려하여 필요한 정신능력을 개별적으로 정해야 한다.

그리하여 민법은 신분법상 행위의 능력에 관하여는 따로이 개별적으로 규정하고 있다. 즉 약혼(800조~802조) · 혼인(807조~808조) · 이혼(835조) · 인지(856조) · 입양(866조, 869조~873조) · 유언(1061조~1063조) 등에 관하여 이것을 단독으로 할 수 있는 연령, 또는 미성년자나 금치산자가 부모 또는 후견인의 동의를 얻어서 할 수 있는지 여부 등을 개별적으로 규정한다. 또 금치산자의 친생부인소송은 법정대리인이 친족회의 동의를 얻어서 제기할 것으로 하고(848조), 미성년자의 친권의 대리(948조)에 관하여 특히 규정을 두고 있다. 그 외에 15세 미만자의 입양의 승낙은 부모 또는 후견인이 대리하여야 할 것으로 하고(869조), 또 파양의 협의에 있어서 동의 또는 대리를 요하는 경우를 개별적으로 규정(899조, 900조, 902조)하고 있다. 다만 상속의 승인 · 포기에 관하여는 총칙의 취소에 관한 규정이 적용된다는 뜻을 명언하고 있다(1024조 2항). — 이와 같이 미성년자의 신분법상의 행위에 관하여 개별적으로 부모의 동의 要否 및 그에 위반한 경우의 효력 등을 규정한 것은, 신분법상의 행위에는 총칙상의 행위능력 규정이 적용되지 않음을 전제로 하는 것이다(왜냐하면 만약 총칙상의 행위능력 규정이 신분법상의 행위에도 적용된다면, 예컨대 부모의 동의를 얻어야 하는 행위에 관하여 개별적으로 이를 규정할 필요가 없을 것이기 때문이다). 그리고 예컨대 미성년자가 혼인함에는 부모의 동의를 얻어야 하는 것은 제5조 1항이 아니라 제808조의 적용에 기한 것이다(또한 부모의 동의없이 혼인한 경우에 그 효과에도 5조 2항이 아니라 819조가 적용된다).

13) 이영준, 865면.

(2) 이러한 개별적인 규정이 없는 경우에는, 일반적으로 신분법상의 행위에서는 본인 스스로의 의사가 존중되어야 하기 때문에, 무능력자도 구체적인 경우에 의사능력만 있으면 원칙적으로 단독으로 행위를 할 수 있다고 할 것이다. 즉 총칙상의 행위능력에 관한 규정은, 신분법상 특별한 규정이 있는 경우는 물론 그러한 규정이 없는 경우에도, 가족법상의 행위에는 적용되지 않는다(이런 점에서 신분법상 부모의 동의를 얻도록 하는 규정(예컨대 801조, 808조)은 5조 1항의 특별규정은 아니다). 한정치산자의 가족법상의 행위에 관해서는 특별한 제한규정이 없으므로 단독으로 행위할 수 있다고 하는 것은 이 때문이다([171]).

[150] ## 2. 무능력자가 무산자인 경우

(1) 무능력자제도는 정신능력이 불충분한 자가 그로 인하여 불이익을 받지 않게 하려는 제도이다. 따라서 이 제도는 정신능력이 불충분한 자가 그 소유재산을 처분하는 등의 법률행위를 하는 경우에 그 실익이 있다. 이와 달리 정신능력이 불충분한 무산자가 스스로 생활자료를 획득하기 위하여 법률행위를 함에 있어서는 이 제도는 거의 실익이 없다. 이러한 자를 위해서는 노동입법 기타의 사회정책적 입법에 의한 국가의 적극적 보호가 필요하다. 이런 점에서 무산자가 생활자료를 획득하기 위하여 하는 법률행위에는 원칙적으로 행위능력에 관한 규정은 적용이 제한된다고 할 것이다. 후술하는 바와 같이 법정대리인은 미성년자의 근로계약을 대리할 수 없도록 하고, 미성년자는 독자적으로 임금을 청구할 수 있도록 하는 근로기준법 제67조, 제68조는 이러한 점을 보여주는 것이다.

(2) 그 외에 무능력자에게 보호자(법정대리인)가 없는 경우에, 그러한 무능력자가 생활에 필수적인 것을 취득하기 위하여 행하는 계약(필수계약)에는 무능력자에 관한 규정이 적용되지 않는다는 견해가 있다.[14] 이러한 이론은 영미법에서 발달한 것인데, 이러한 경우의 무능력자 보호는 무능력자제도의 취지를 고려하여 해결하면 충분하므로, 이 이론을 우리 민법에 적용할 필요는 없지 않을까?[15]

[151] ## 3. 단체적 행위 등

단체적 행위(예컨대 사단법인 설립행위, 그리고 설립중인 사단법인의 제3자와의 행위) 혹은 집단적 · 대량적으로 행해지는 거래(예컨대 의사의 교환 없이 일응 단순히 사실적 행위만으로 계약 유사의 법률관계가 성립한다는 소위 사실적 계약관계)에서도 무능력자에 관한 규정이 제한 혹은 배제된다고 할 것인가? 다수의 견해는 이를 긍정한다.[16] 이는 무능력자제도는 개인본위적 사상에서 출발한 것으로서 거래안전의 이익과 조화되도록 해석해야 한다는 입장에 기

14) 고상용, 151면; 김주수 · 김상용, 103면; 장경학, 195면.

15) 이영준, 865면.

16) 고상용, 152면; 곽윤직, 157면; 김상용, 157면; 장경학, 197면.

한 것이라고 할 수 있다. 그러나 이러한 영역에서도 정신능력이 부족한 자는 보호되어야 한다. 뿐만 아니라 단지 거래안전의 보호를 위하여 무능력자의 보호를 후퇴시키는 것은 우리 민법의 정신에 반할 것이다. 그러므로 이러한 영역에서도 무능력자 규정의 적용을 긍정하고, 다만 거래안전의 보호는 취소의 소급효를 제한하는 방법(즉 취소의 효과로 시 단지 장래에 향해서만 그 행위의 효력을 상실시킨다고 함으로써)으로 실현하는 것이 타당할 것이다(이에 관하여는 후술 [841] 참조).

제2항 미성년자

Ⅰ. 성 년 기 [152]

1. 만 20세로 성년이 되며(4조. 민법전의 개정 부분([23])에서 소개한 바와 같이 2011. 3. 7.의 개정에 의하여 19세로 성년이 되지만, 이는 2013. 7. 1.부터 시행되므로 일단 현행민법에 따라 서술한다), 성년에 달하지 않은 자가 미성년자이다.

일반적으로 기간의 계산에서는 初日을 산입하지 않지만(157조), 연령 계산에서는 출생일을 산입한다(158조). 성년이냐 여부는 통상 가족부의 기재에 의하여 판단하지만, 이는 사실상의 추정에 불과하므로 실제 출생일을 증명하여 이를 뒤집을 수 있다.

2. 혼인에 의한 성년의제 [153]

미성년자가 혼인을 하면 성년으로 의제된다(826조의2). 따라서 혼인한 미성년자는 친권에 복하지 않을 뿐만 아니라, 성년자와 마찬가지로 행위능력을 취득한다(다만 혼인에 의하여 성년자로 의제되는 범위는 사법상의 법률관계에 한한다. 따라서 예컨대 각종의 선거법 · 지방자치법 · 미성년자보호법 등과 같은 공법의 적용을 받는 법률관계에서는 20세 미만의 자는 혼인하더라도 여전히 미성년자이다). 그러므로 단독으로 유효하게 법률행위를 할 수 있을 뿐만 아니라, 법정대리인이 그의 행위를 대리할 수 없다. 이러한 규정을 둔 취지는, 만약 혼인을 한 자를 미성년자로 보면 부부관계에 제3자(夫 또는 처의 법정대리인)가 관여하는 부당성(즉 혼인생활 독립의 존중)과 복잡한 법률관계가 생긴다는 불편, 그리고 사람은 혼인함으로써 성숙된다는 점 등에 있다.

여기에서의 혼인은 법률혼에 한하며 사실혼은 포함하지 않는다. 왜냐하면 사실혼까지 포함시킨다면 성년시기가 불명확하고 법적 안정성을 해치기 때문이다.[1] 그리고 일단 혼인으로 성년의제된 후 20세 미만 중에 혼인이 해소된 때에도 성년의제의 효과는 존속된다.

---

1) 이에 대하여 고상용, 122면은, 사실혼이라고 해서 정신적 성숙이 낮은 것은 아니며, 위와 같은 근거는 타당치 않다고 하여, 사실혼도 포함시킨다.

[154] Ⅱ. 미성년자의 행위능력

1. 원 칙

(1) 미성년자가 법률행위를 하려면 원칙적으로 법정대리인의 동의를 얻어야 한다(5조 1항. 미성년자에게 의사 능력이 있어야 함은 물론이다). 그 외에 법정대리인은 미성년자를 대리하여 행위할 수 있다. 즉 예컨대 미성년자의 물건을 처분하고자 하는 경우에, 미성년자가 법정대리인의 동의를 얻어서 스스로 매매계약을 맺거나, 법정대리인이 미성년자를 대리하여 매매계약을 맺는다.

법정대리인은 미성년자에게 일정한 행위를 하는 데 동의한 경우에도 여전히 그 행위를 대리할 수 있다(만약 미성년자와 법정대리인이 중첩적으로 행위한 경우에는, 채권행위로서는 양자가 모두 유효하지만 물권행위는 먼저 행해진 것만이 유효하다).

법정대리인은 일단 준 동의를 철회할 수 있다. 다만 철회는 소급효가 없으므로, 만약 미성년자가 동의에 기해서 이미 법률행위를 하였다면 그 행위는 전적으로 유효하고 따라서 취소할 수 없다.

(2) 미성년자가 위 규정에 위반하여 법정대리인의 동의없이 단독으로 한 행위는 무효가 아니고 단지 취소할 수 있음은 전술하였다([144]). 취소할 수 있는 자는 미성년자 및 법정대리인이다(140조). 미성년자도 취소권자이므로 그는 법정대리인의 동의없이 단독으로 취소할 수 있으며, 이때에는 그 취소행위를 더 이상 취소할 수 없다. 취소의 상대방 및 방법 등에 관하여는 후술한다([868] 이하).

판례는 미성년자가 행한 행위를 취소하는 경우에, 그 행위에 법정대리인의 동의가 있었다는 점의 입증책임은 상대방에게 있다고 한다.[2] 이는 미성년자 보호를 위하여 취소의 주장을 용이하게 하도록 하려는 취지에 기한 것으로 이해된다.

[155] 2. 예 외

미성년자는 다음의 경우에는 예외적으로 법정대리인의 동의없이 단독으로 법률행위를 할 수 있다.

(1) 권리만을 얻거나 의무만을 면하는 행위(5조 1항 단서) 미성년자로 하여금 단독으로 행위할 수 없도록 한 취지는 정신능력의 부족으로 스스로 손해보는 행위를 하는 것을 방지하기 위해서이므로, 이러한 행위를 하지 못하게 할 필요는 없는 것이다.

이에 해당하는 예로는 무주물선점, 부담없는 증여를 받는 행위, 미성년자 측에서

---

2) 대판 1970. 2. 24, 69다1568[요지 제 5 조, 9]. 판례는 미성년자 소유의 토지가 미성년자명의의 소요 문서에 의하여 타인에게 이전등기된 경우에는, 그 등기는 법정대리인의 동의를 얻어 적법히 경료된 것으로 추정된다고 한다(대판 1969. 2. 4, 68다2147[집 17-1, 민 162]).

한 증여계약의 해제(555조), 친권자에 대한 부양료 청구[3] 등이 있다. 또 담보물권이 설정된 토지의 소유권을 증여받는 행위 역시 이에 해당한다(왜냐하면 담보물권의 존재로 인하여 단지 이익의 감소가 생길 뿐 의무를 지는 것은 아니므로).

이러한 행위에 속하는가 여부는 오로지 법률적 측면에 의하여 판단되는 것이지 경제적 측면에 의하여 판단되는 것이 아니다. 따라서 경제적으로 유리한 매매계약을 체결하는 행위는 여기에 속하지 않는다. 또 부담부 증여를 받는 행위 · 상속을 승인하는 행위 등도 이러한 관점에서 역시 본조에 해당되지 않는다. 그 외에 채무의 변제를 수령하는 것도 이익을 얻는 것이기는 하지만, 한편으로는 채권을 상실하게 되므로 이에 해당하지 않는다. 그러나 권리도 의무도 발생치 않는 소위 중성적 행위는 이에 해당한다. 대리행위(이의 법률효과는 단지 타인에게 귀속되고 행위자에게는 귀속되지 않는다)가 그 예이다.

그 외에 행위능력에 관한 규정은 준법률행위(의사의 통지나 관념의 통지)에도 원칙적으로 준용되므로, 권리만을 얻게 하는 준법률행위 역시 단독으로 할 수 있다고 해야 한다. 선점이 그 예이다.

(2) 처분이 허락된 재산의 처분행위(6조) 법정대리인이 범위를 정하여 처분 [156]
을 허락한 경우에, 미성년자는 그 재산의 처분행위를 단독으로 할 수 있다. 재산의 「처분」에는 「사용 · 수익」도 포함된다(예컨대 어떤 물건을 팔아도 된다고 허락한 경우에는 이를 임대하는 것도 단독으로 할 수 있다). 문제되는 점을 살펴 보면,

(가) 허락은 명시적으로는 물론 묵시적으로도 할 수 있다. 특히 판례는 19세 2개월인 자가 신용카드를 발급받아 이를 사용하여 소득의 범위 내에서 식료품 · 의류 등 생활용품을 구입한 경우에, 법정대리인은 그러한 거래에 관하여 묵시적인 허락을 한 것이라고 한다.[4]

---

3) 대판 1972. 7. 11. 72므5[집 20-2, 민 148].

4) 대판 2007. 11. 16. 2005다71659,71666,71673〈미성년자의 신용카드사용사건〉. 이의 사안은 1982. 8. 26.생으로 영어 과외를 통하여 월 60만원 상당의 수입이 있던 갑이 2001. 10. 15. 신용카드를 발급받고 근 2개월 동안 가맹점으로부터 합계 2,197,880원 상당의 재화와 용역을 신용구입(신용카드 사용한도액은 1,000,000원이나, 위 대금의 지급은 할부임. 그 외에 카드회사로부터 1,380,000원의 현금서비스를 제공받음)하였으며, 위 카드이용대금 중 일부를 변제하였는데, 그 후 카드회사와의 신용카드 이용계약(신용카드 발급) 및 가맹점과의 신용구매계약은 법정대리인의 동의 없이 한 것이므로 취소한다고 하면서, 카드이용대금 지급채무의 부존재확인 및 이미 지급한 이용대금의 반환을 청구한 경우이다. 이에 대하여 카드회사는, 법정대리인의 동의 없이 신용구매계약을 체결한 미성년자가 사후에 법정대리인의 동의 없음을 이유로 이를 취소하는 것은 신의칙에 위반된다는 점 및 제6조에서의 법정대리인의 처분 허락이 있었다는 점 등을 이유로 취소의 부적법을 주장하였다. 판결은 전자의 점은 배척하고, 그러나 위 처분 허락은 묵시적으로도 행해질 수 있으며, 이의 판단에서는, 미성년자의 연령 · 지능 · 직업 · 경력, 법정대리인과의 동거 여부, 독자적인 소득의 유무와 그 금액, 경제활동의 여부, 계약의 성질 · 체결경위 · 내용, 기타 제반 사정을 종합적으로 고려해야 한다고 하면서, 갑의 청구를 배척하였다. 위 판례와 유사한 사건으로 대판 2005. 4. 15. 2003다

(나) 여기에서 「범위」는 「재산의 범위」를 의미하고 「사용목적」은 이에 해당하지 않는다. 따라서 법정대리인이 사용목적까지 정하여 처분을 허락한 경우에도, 그 목적과 달리 처분할 수 있다.[5] 처분을 허락할 수 있는 재산의 범위는 무능력자제도의 목적에 반할 정도로 포괄적인 것이어서는 안 된다.

(다) 처분이 허락된 재산의 처분행위로 인한 후속적 조치(예: 물건의 하자에 대한 담보책임의 주장) 역시 단독으로 할 수 있다. 그러나 처분이 허락된 재산으로 취득한 물건을 다시 처분하는 행위(예: 처분을 허락받은 돈으로 산 물건을 매각하는 행위)를 단독으로 할 수 있는지 여부는 처분을 허락한 취지를 고려하여 판단해야 할 것이다.

[157] (3) 허락된 영업에 관한 행위(8조) 법정대리인이 미성년자에게 일정한 영업을 허락한 경우에, 미성년자는 그 영업에 관해서는 성년자와 동일한 행위능력이 있다. 따라서 그 영업에 관한 행위를 단독으로 할 수 있다.

(가) 요건: 영업의 허락

(a) 여기서 「영업」이라 함은 널리 영리를 목적으로 하는 독립적 · 계속적 사업을 말하며, 상업 이외에 공업 · 농업 · 자유업 등도 포함된다. 그러나 종속적인 근로자(예: 공무원 · 노동자)로 되는 것은 이에 포함되지 않는다.[6]

(b) 법정대리인이 영업을 허락함에는 영업의 종류를 「특정」하여야 한다. 종류를 특정하지 아니한 허락(예컨대 어떠한 영업을 하여도 상관없다고 하는 허락)은 미성년자 보호의 취지에 반한다. 그러나 1개의 영업을 다시 제한하여 허락하는 것(예: 학용품의 소매는 허락하지만, 100만원 이상의 거래는 법정대리인의 동의를 요한다고 하는 것)은 미성년자의 영업상의 활동을 견제할 뿐만 아니라, 거래의 상대방에게 뜻하지 않은 손해를 미칠 염려가 있다. 따라서 영업의 종류별로 허락해야 한다(종류를 특정만 하면 영업의 종류가 2개 이상으로 되어도 무방하다).

(c) 영업 허락의 「방법」에는 특별한 형식은 필요치 않다. 그러나 그 영업이 상업인 때에는 상업등기를 해야 한다(상법 6조, 34조 이하). 따라서 이때에는 제3자는 상업의 허락이 있었다는 것을 알 수 있다. 그러나 상업 이외의 영업의 경우에는, 이 영업에 허락이 있었음을 공시할 방법이 없으므로, 제3자는 허락의 유무를 알 수 없다. 이 점은 거래의 안전을

60297,60303,60310,60327이 있는데, 여기에서는 미성년자 갑이 카드회사와 카드이용계약만을 취소하였는 바, 판결은 갑과 가맹점들 간의 신용구매계약은 그대로 유효한데 이들로부터 구매한 재화를 갑이 보유하므로, 위 취소에도 불구하고 갑에게 부당이득이 있다고 하여 카드대금반환청구를 배척하였었다. 그리하여 앞의 2007년 사건에서, 갑은 가맹점들과의 신용구매계약도 취소하였으나, 이번에는 제6조에 근거해서 그 청구를 배척한 것이다.

5) 이에 대하여 김상용, 161면은 처분이 허락된 재산의 범위 · 그 처분으로 미성년자가 취득한 물건의 종류 등 제반요인을 고려하여 그의 유효성을 판단해야 한다고 한다.

6) 동지: 이영준, 870면. 이에 대하여 고상용, 124면; 김용한, 109면; 장경학, 207면 등은 근로자도 포함한다고 한다. 그러나 이 경우에는 민법 제920조 혹은 근로기준법 제65조가 적용된다고 해야 할 것이다.

위하여 고려를 요하는 점이다.

(나) 효 과 영업의 허락이 있으면 미성년자는 영업에 관해서는 성년자와 동일한 행위능력을 가지게 된다.

(a) 「영업에 관하여」라 함은 이 영업을 하는 데 직접 · 간접으로 필요한 행위를 널리 포함한다.

(b) 「성년자와 동일한 행위능력이 있다.」 따라서 그러한 행위에 관해서는 법정대리인의 동의를 요하지 않을 뿐만 아니라, 법정대리인의 대리권이 소멸한다. 즉 보통의 경우에는 법정대리인은 동의를 준 행위를 자기가 대리할 수도 있으나, 영업에 관해서는 그렇지 않다. 이러한 효과를 준 것은 미성년자로 하여금 독립해서 영업을 할 수 있게 하기 위해서이다.

(c) 미성년자가 단독으로 할 수 있는 범위는 「영업에 관한」 행위에 한한다. 따라서 그 영업으로부터 얻은 재산의 처분은 이에 해당하지 않는다. 다만 영업을 위하여 새로운 물건을 구입하는 것은 영업에 관한 행위가 된다. 그러나 영업의 허락과 함께 그로부터 얻은 재산의 처분도 허락한 경우(그러한 경우가 많을 것이다)에는 단독으로 처분행위를 할 수 있다.

(4) 근로계약 및 임금청구 근로기준법은 법정대리인은 미성년자의 근로계약 [158]
을 대리할 수 없으며(동법 67조 1항), 미성년자는 독자적으로 임금을 청구할 수 있다고 규정한다(동법 68조).

(가) 근로계약에 관하여 법정대리인의 대리를 금지한 의미는 무엇인가? 미성년자는 근로계약에 관해서도 법정대리인의 동의를 얻어야 하나, 다만 이의 체결은 스스로 해야 한다는 것인가?[7] 아니면 법정대리인의 동의 없이 단독으로 근로계약을 체결할 수 있다는 것인가?[8] 이 규정은 단지 법정대리인에 의한 근로계약의 대리를 금지할 뿐이라는 점, 그리고 그 취지는 부모가 자녀의 의사와 상관없이 근로계약을 체결하여 노무를 강제하고 그로 인한 소득을 취함으로써 자녀를 자기를 위한 희생물로 삼는 것을 막기 위해서라는 점 등에서 볼 때에는 전설이 타당하다. 그러나 이 규정은 무산의 무능력자가 스스로 생활자료를 획득하기 위하여 법률행위를 함에 있어서는 무능력자제도는 실익이 없다는 점에 기한 것으로 이해하는 것이 적절하다. 민법이 이미 법정대리인은 미성년자 본인의 행위를 목적으로 하는 채무를 부담하는 경우에 본인의 동의를 얻어야 한다고 규정(920조 단서)함에도 근로기준법이 다시 법정대리인의 대리를 금지한 점에서 볼 때 더욱 그

7) 이런 의미로 해석하는 입장으로는, 고상용, 125면; 곽윤직, 168면; 김주수/김상용, 112면; 김상용, 163면; 김형배, 근로기준법(1986), 63면.

8) 이런 의미로 해석하는 입장으로는, 김용한, 111면; 이영준, 871면; 장경학, 209면.

려하다(왜냐하면 단지 자녀를 희생물로 만드는 것을 막기 위한 취지라면 민법의 위 제한규정으로 족하고, 그 이외에 굳이 근로기준법이 법정대리인의 대리를 금지하는 규정을 둘 필요가 없으므로). 이런 점에서 볼 때 후설이 타당하다고 생각된다.

(나) 미성년자가 독자적으로 임금을 청구할 수 있다는 의미는, 법정대리인은 임금의 청구를 대리할 수 없으며, 미성년자만이 단독으로 임금을 청구할 수 있다는 것이다.[9)]

(다) 근로계약에 기하여 받은 임금 그리고 이에 기해서 획득한 재산을 처분함에는 다시 원칙으로 돌아와서 법정대리인의 대리나 동의에 의한다고 할 것인가, 아니면 미성년자가 단독으로 할 수 있다고 할 것인가? 근로계약에는 행위능력에 관한 규정의 적용이 제한된다는 점, 그리고 근로계약에 관하여 법정대리인의 대리를 배제하고 또 미성년자 스스로 임금을 청구할 수 있도록 한 취지 등을 고려할 때, 법정대리인의 동의 없이 단독으로 처분할 수 있다고 함이 타당할 것이다.[10)]

[159] (5) 기 타

(가) 대리행위 및 취소행위를 단독으로 할 수 있음은 전술하였다([154]. 그 외에 [866]).

(나) 신분법상의 행위에는 총칙편의 행위능력에 관한 규정이 적용되지 않으므로, 부모 등의 동의를 요한다는 특별규정(예: 약혼 · 혼인에 관한 801조 · 808조, 입양에 관한 869조 등)이 없는 때에는 미성년자는 단독으로 신분법상의 행위를 할 수 있다([149]).

(다) 그 외에 미성년자라도 법정대리인의 허락을 얻어 회사의 무한책임사원이 된 경우에는 그 사원자격에 기한 행위는 단독으로 할 수 있다(상법 7조).

[160] 3. 동의와 허락의 취소 또는 제한

(1) 동의 · 허락의 취소 미성년자가 법률행위를 하기 전에는 법정대리인은 제5조 · 제6조의 동의나 허락을 취소할 수 있다(7조). 여기서 말하는 취소는 소급효가 없으므로 그 법적 성질은 「철회」이다. 취소는 동의나 승낙을 받은 미성년자 또는 그 상대방에 대하여 한다. 다만 이를 미성년자에게 한 경우에는, 이를 가지고 선의의 제3자에게 대항할 수 없다고 할 것이다(8조 2항 단서의 유추적용).

(2) 영업허락의 취소와 제한 법정대리인은 영업의 허락을 취소 또는 제한할 수 있다(8조 2항 본문).

(가) 여기서의 취소 역시 소급효를 가지지 않으므로 「철회」를 의미한다. 영업의 제한이라 함은 허락하였던 여러 개의 영업 중에서 일부를 금하는 것이다. 영업허락의 제한도 역시 장래에 향해서만 효력이 있다.

(나) 후견인이 영업의 허락을 취소 또는 제한하는 때에는 친족회의 동의를 얻어야 한

9) 반대설 없음. 판례도 동지(대판 1981. 8. 25. 80다3149[공 666, 14296]).

10) 김상용, 163면은 반대.

다(945조).

(다) 영업허락의 취소나 제한은 선의의 제3자, 즉 미성년자와 거래한 선의의 상대방에게 대항하지 못한다(8조 2항 단서). 상업의 허락을 취소 또는 제한하는 경우에는 지체없이 등기를 말소하거나 변경등기를 해야 한다. 이러한 말소등기나 변경등기가 있기 전에 미성년자와 거래한 선의의 제3자에 관하여는 상법 제40조, 제37조가 적용된다. 따라서 본조가 적용될 여지가 없다.

Ⅲ. 법정대리인 [161]

1. 법정대리인이 되는 자

미성년자의 법정대리인은 제1차로는 친권자이고, 제2차로는 후견인이다.

(1) 친권자는 미성년자의 부모이다(911조). 부모는 공동으로 친권을 행사한다. 부모의 의견이 일치하지 않을 때에는 당사자의 청구에 의하여 가정법원이 이를 정한다(909조 2항). 혼외자가 인지된 경우 및 부모가 이혼한 경우에는 부모의 협의로 친권자를 정하며, 협의가 이루어지지 않으면 법원이 친권자를 지정한다(동조 4항). 특히 子의 복지를 위하여 필요한 때에는 법원은 친권자를 변경할 수 있다(동조 6항).

(2) 친권자가 없거나 친권자가 대리권을 행사할 수 없을 때에는 후견인이 법정대리인이 된다(928조, 938조). 후견인은 1인으로서(930조), 부모가 유언으로 지정한 자(931조), 지정하지 않은 때에는 가까운 친족이 맡는다(932조. 그 순위는 직계혈족, 3촌 이내의 방계혈족).

2. 법정대리인의 권한 [162]

(1) 동의권 · 대리권 · 취소권

(가) 법정대리인은 미성년자에게 일정한 행위를 동의하여 그로 하여금 이를 행하게 할 수 있다(동의권). 일정 범위의 재산의 처분 및 영업에 관한 허락도 그 성질은 동의이다. 동의의 방식에는 제한이 없다. 따라서 묵시적으로도 행해질 수 있다.[11)]

(나) 또 법정대리인은 미성년자를 대리하여 재산상의 행위를 할 수 있다(대리권). 미성년자에게 의사능력이 없는 경우에는 그의 재산적 행위는 오로지 이 방법에 의하여 행해질 수밖에 없다. 법정대리인은 일단 동의를 준 행위를 대리할 수 있다는 점, 그러나 영업을 허락한 경우 그 영업에 관한 행위에 관해서는 그렇지 않다는 점은 전술하였다([154], [157]).

11) 대판 2004. 4. 11. 2000다3095은, 미성년인 딸이 도피중이던 父의 채무에 관하여 채권자에게 지불각서를 작성 · 교부함에 있어서 母가 그 자리를 함께 하면서 주민등록등본을 첨부하여 준 경우, 母는 딸의 위 의사표시에 대하여 법정대리인으로서 묵시적으로 동의한 것으로 된다고 한다.

(다) 그 외에 법정대리인은 미성년자가 동의없이 행한 행위를 취소할 수 있다(취소권)(140조).

[163] **(2) 권한에 대한 제한** 법정대리인의 이러한 권한에는 일정한 제한이 있다. 여기에는 친권자 · 후견인에 공통한 것과 후견인에 특유한 것이 있다. 실제적으로 중요성이 큰 것을 먼저 살핀다.

(가) **이해상반행위에 대한 제한** 법정대리인인 친권자와 미성년의 子 사이에 이해상반되는 행위를 함에는 친권자는 법원에 그 자의 특별대리인의 선임을 청구해야 한다(921조 1항). 친권에 복종하는 수인의 미성년의 子 사이에 이해상반되는 행위를 함에도 마찬가지이다(동조 2항). 따라서 그러한 행위에 관해서는 친권자의 대리권이 제한되고, 법원이 선임한 특별대리인이 이를 대리하게 된다.

ⓐ 이해상반의 판단기준과 관련해서, 오로지 행위 자체 또는 행위의 외형만을 고려해서 판단해야 한다고 하는 견해와(형식설),[12] 행위를 하기에 이른 친권자의 의도 · 목적 · 동기(예컨대 친권자 자신의 개인적인 용도에 충당할 목적으로 자녀의 이름으로 돈을 빌리는 것인가 하는 점) 또는 그 행위의 실질적 효과(예컨대 결과적으로 자녀의 생활의 유지 · 향상에 사용하는 것인가 하는 점)를 고려해서 판단해야 한다는 견해가 대립된다(실질설).[13] 형식설은, 이해상반 여부의 판단은 친권자가 문제된 법률행위를 하기 전에 이를 위한 특별대리인의 선임 단계에서 행해지는 것이라는 점(그러므로 아직 구체적으로 행위가 이루어지지 않은 상태에서 그 행위의 동기나 결과 등을 미리 예상해서 실질적으로 이익 · 불이익을 판단하는 것은 곤란하다는 점), 행위의 동기는 외형상 나타나지 않는 것이 보통인데 이를 고려하여 판단하게 되면 거래안전을 해하게 된다는 점 등을 근거로 한다. 실질설은, 제921조의 취지가 친권자의 자의적인 권한 행사로 인한 미성년 자녀의 불이익을 방지하는 데 있는데, 행위의 외형만에 의해서는 이해상반 여부를 판단할 수 없다는 점을 근거로 한다. 판례는 형식설을 취한다.[14]

형식설에 의하면 실질적으로 이해상반되는 행위임에도 제921조의 적용이 부인될 수 있다. 반면에 실질설에 의하면 제921조의 적용범위가 지나치게 확대되거나 아니면

12) 김주수 · 김상용, 친족상속법(제9판)(2010), 387면; 박병호, 가족법교재, 서울대(1996), 207면; 양수산, 친족상속법(1998), 472면; 이경희, 가족법(4정판)(2004), 226면; 배성호, 이해상반행위와 대리권남용, 저스티스 제77호, 70면 이하; 윤장원, 민법 제921조 소정의 이해상반행위 해당여부, 판례연구(부산판례연구회) 14집, 401면 이하; 윤진수, 친권자와 자녀 사이의 이해상반행위 및 친권자의 대리권남용, 민사재판의 제문제, 제11권(2002), 733면 이하; 이균용, 제3자의 채무를 담보하기 위한 물상보증행위와 이해상반행위 등, 민사판례연구 제16집, 259면 이하.

13) 고형규, 특별대리인 및 재산관리인의 선임, 재판자료(1983), 126면; 김유미, 민법 제921조의 이해상반행위에 관한 몇 가지 문제, 박병호교수 화갑기념논문집 I (1991), 513면 이하, 515면; 최효섭, 친권행사에서의 이해상반행위, 사법연구자료 18호(1991), 93면; 한봉희, 친권자와 자간의 이해상반행위, 고시연구 1993. 8., 188면.

14) 대판 1993. 4. 13. 92다54524; 대판 1994. 9. 9. 94다6680; 대판 1996. 11. 22. 96다10270 등.

불명확해질 우려가 있다(이에 관한 구체적 사례는 뒤에서 소개한다).[15)]

(b) 그러면 이해상반 여부(921조의 적용범위)의 판단을 어떻게 할 것인가? 원래 대리권은 본인 [164]
을 위하여 행위하고 그 법률효과를 본인에게 귀속시킬 수 있는 형식적 지위로서, 따라서 대리행위가 본인의 이익을 위한 것인가 하는 점은 대리권(혹은 대리행위의 효과)과는 무관한 것이다. 제124조 역시 제921조와 마찬가지로 본인의 이익을 보호하기 위한 취지에 기한 것임에도 단지 형식적 각도에서 자기계약 혹은 쌍방대리를 금지한 것은 그 때문이다([720] 참조). 그럼에도 다시 제921조가 이익상반이라는 실질적 내지 사회경제적 기준에 의하여 대리권을 제한하는 것이 대리권의 본질에 부합하는가 하는 의문이 든다.

그러나 이러한 입법적 문제점은 별론으로 치고, 이미 제124조에서 금지되는 자기계약 및 쌍방대리를 제921조가 다시 「이해상반」이라는 요건을 덧붙여 제한하는 이상(921조에서의「친권자와 子 사이의 행위」 및 「친권에 따르는 수인의 子 사이의 행위」는 각기 124조에서의 「대리인과 본인 사이의 행위」 및 「대리인이 당사자 쌍방을 대리하는 행위」에 해당한다. 그러므로 921조가 없더라도 124조에 의하여 그러한 행위는 금지된다), 이의 해석에서는 이해상반이라는 실질적 면을 고려해서 동조의 적용 여부를 판단하는 것이 타당할 것이다. 또한 형식설은 이해상반 여부의 판단은 문제된 법률행위를 하기 전에 행해지는 事前的인 것이라고 하지만(즉 921조를 순수하게 절차법적 규정으로 본다), 실제로는 제921조는 미성년이었던 子가 성년이 된 후에 과거의 친권자의 대리행위의 효력을 부인하는 근거가 된다. 그러므로 이해상반 여부는 대리행위가 행해진 이후에 사후적으로 그 행위의 효력을 부인할 것인가 하는 점을 결정하는 기준으로 작용한다(이런 점에서 위 규정은 분명 실체법적 성질을 가진다). 이런 점에서 실질설이 타당하다. 다만 행위의 동기 혹은 더 나아가 이의 사후적 결과까지 고려하여 이해상반 여부를 판단하게 되면 법적 불안정이 너무 크므로, 오직 행위 자체의 실질만을 고려해서 이를 판단하는 것이 타당할 것이다.[16)] 이렇게 해석하게 되면 제921조는 때로는 제124조보다 대리권이 제한되는 범위를 축소하고, 때로는 제124조보다 확대한다(이의 구체적 예는 아래의 (ii) 참조). 그리고 이러한 견해에 의하면 제921조는 이론적으로는 비록 대리의 본질과 모순되는 면이 있지만, 실제적으로 타당한 규정이 된다.

(c) 현재까지는 이해상반행위에 관한 대리권의 제한은 친권자에 관해서만 가해졌는데, 근래의 개정(2011. 3. 7.)에 의해서 후견인에게도 가해지게 된다(949조의 3 참조).

(i) 먼저 이해상반 여부에 관한 판례를 살펴보면, 이해상반행위의 대표적 예는 상속재산의 분할이다(父가 사망하고 母가 미성년의 子와 공동상속한 父의 재산을 분할한 경우).[17)] 그 밖에 母가 자신의 영업자금을 마련하기 위하여 금전을

15) 그 외에 각 견해의 문제점에 관해서는, 김학동, 민법 제921조에서의 이해상반행위, 사법연구(청헌법률문화재단) 9집(2004), 65면 이하 참조.

16) 대판 2002. 1. 11. 2001다65960은 형식설을 취하면서도 실질적 기준을 약간 고려한 것이라고 평가된다(앞의 배상호, 윤장원, 윤진수 등의 논문). 이의 내용은 뒤에서 소개한다.

17) 대판 1987. 3. 10. 85므80; 전술의 92다54524; 대판 2001. 6. 29. 2001다28299 등. 특히 대판

차용하고, 그 채무의 담보로 미성년인 자를 대리하여 그의 부동산에 저당권을 설정한 행위,[18] 친권자가 미성년의 子로부터 그의 토지를 증여받은 경우[19] 등도 이해상반행위에 해당한다. 그러나 母가 자신의 오빠의 채무를 담보하기 위하여 자의 부동산에 저당권을 설정한 행위,[20] 모가 자신이 대표이사로 있는 주식회사의 채무보증을 위하여 자신과 미성년인 子의 공유재산을 담보로 제공한 행위[21] 등은 이해상반행위에 해당하지 않는다고 한다.

(ii) 본서의 견해에 의하면, 母가 오빠의 채무 혹은 자신이 대표이사로 있는 회사의 채무를 담보하기 위하여 미성년의 子의 부동산에 저당권을 설정하는 행위(앞의 주 20 및 주 21)는, 자기계약은 아니지만 실질적으로 모와 자 간에 이해가 상반되는 행위로서 따라서 제921조에 의하여 대리가 허용되지 않는다(그러므로 921조는 124조보다 적용범위가 넓다). 그러나 상속재산의 분할은 그 내용에 따라서는 자기계약에 해당하더라도 자에게 이익이 되는 경우에는 이해상반행위가 아니고 따라서 제921조에 의하여 대리가 허용될 것이다(이 경우에는 921조는 124조보다 적용범위가 좁다).

(iii) 근래 완화된 형식설을 취하는 것으로 평가되는 대판 2002. 1. 11. 2001다65960 살펴보면, 母(갑)가 사업을 경영하면서 을에게 채무를 지게 되었는데, 갑은 성년의 子(병)를 대리해서 을과 사이에서 병이 자신의 위 채무를 인수한다는 계약을 체결하고, 갑 자신은 그 채무의 연대보증인으로 되었다. 그리고 갑은 병의 채무를 담보하기 위하여 자신 및 미성년의 子(정)가 공동소유하는 토지에 근저당권을 설정하였다. 후에 이르러 정이 을에 대하여 위 저당권의 무효를 주장하면서 저당권등기의 말소를 청구하였다. 형식설에 의한다면 피담보채무는 — 원래는 갑의 채무이지만 이를 병이 인수하였으므로 — 갑의 것이 아니므로, 갑이 자신의 채무를 위하여 정의 토지에 저당권을 설정한 것이 아니고, 따라서 자기계약이 아니어서 제921조가 적용되지 않을 것이다. 그런데 판결은 다음과 같이 동조를 적용하였다. 즉 채권자 을이 저당토지 중 정의 공유지분에 저당권을 실행한다면 갑의 책임이 경감되고, 이와 달리 갑에 대한 연대보증책임을 추구한다면 갑은 을을 대위하여 정의 공유지분에 대한 저당권을 실행할 수 있게 되어 결국 갑과 정 사이에 이해의 충돌이 발생할 수 있으므로, 갑의 위와 같은 근저당권설정행위는 이해상반행위로서 무효라고 한다. 그런데 그러한 근거로 이해상반행위임을 긍정한다면 비단 이 사안에서만 그러한 결론을 취할 것이 아니다(예컨대 주 20에서의 91다32466에서도 마찬가지로 이해상반행위임을 긍정해야 한다). 그렇다면 근본적으로 형식설을 재검토하였어야 하지 않을까? 생각건대 이 사안은 母가 실제로는 자신의 채무임에도 이를 성년의 子인 병이 인수토록 하고 나서 정과 공유하는 부동산에 저당권을 설정한 것이다. 이 판결이 이 경우를 이해상반행위로 인정한 것은 — 앞서 판시한 근거보다는 — 이와 같은 회피수단(병에 의한 채무 인수)을 써서 제921조의 적용을 회피하였다는 점 때문은 아닐까?

[165] (나) 후견인의 권한에 대한 제한 (a) 후견인이 다음의 사항에 관하여 대리를 하거나 동의를 함에는 친족회의 동의가 있어야 한다(950조 1항): (i) 영업을 하는 일, (ii) 借財 또

2011. 3. 10. 2007다17482은, 강행법규인 민법 제921조에 위배되는 상속재산 분할협의에 참가한 공동상속인 중 1인이 상속재산 분할협의가 무효라고 주장하는 것은 모순행위금지의 원칙이나 신의칙에 반하는 것이라고 할 수 없다고 하고, 본조에 의하여 무효가 되는 것은 상속재산 분할협의 전체라고 한다.

18) 대판 1971. 7. 27. 71다1113.

19) 대판 2002. 2. 5. 2001다72029.

20) 대판 1991. 11. 26. 91다32466.

21) 대판 1996. 11. 22. 96다10270.

는 보증을 하는 일, (iii) 부동산 또는 중요한 재산에 관한 권리의 득실변경을 목적으로 하는 행위를 하는 일, (iv) 소송행위를 하는 일.

(b) 그러면 후견인이 이를 위반하여 한 행위의 효과는 어떠한가? 우선 후견인이 예컨대 친족회의 동의 없이 피후견인의 부동산을 처분한 경우에, 이는 대리권을 넘은 것으로서(무권대리) 무효가 됨은 당연하다. 문제는 여기에도 제126조의 표현대리 규정을 적용하여 그 요건이 갖추어지면 유효라고 할 것인가 하는 점이다. 판례는 이를 긍정한다.[22] 그러나 우선 일반론으로서 법정대리에도 표현대리 규정을 적용하는 것이 타당한지 의문이다(표현대리의 요건으로 상대방의 신뢰의 정당성 이외에 본인의 귀책가능성(과책성)도 필요하다는 점에서([776], [800] 참조)). 더 중요한 점은, 제950조는 피후견인의 이익에 특히 중요한 영향을 미치는 몇 가지 행위에 관하여 후견인의 권한을 배제한 것으로서, 따라서 이는 강행규정이다. 판례는 일반적으로 강행규정에 위반한 행위에 관해서는 표현대리의 성립을 부인한다.[23] 이는 강행규정에 위반한 행위를 일반적인 거래보호제도인 표현대리를 통하여 유효로 하게 되면 강행규정을 둔 취지가 말살된다는 점에 기한 것이다. 따라서 위 판례는 강행규정에 위반한 행위에 관한 판례의 태도와 부합하지 않을 뿐만 아니라, 특히 무능력자 보호를 거래안전에 우선시키는 민법의 가치판단에도 반하는 부당성이 있다(달리 말하면 이 경우는 법정대리에의 표현대리 규정(특히 126조)의 적용 여부를 둘러싸고 논의되는 배우자 간의 월권대리([802] 참조)에서와 동일한 차원에서 살필 것이 아니다).[24]

(다) 그 외에 개별적인 제한으로는 다음과 같은 것이 있다. [166]

(a) 미성년자 본인의 행위를 목적으로 하는 채무를 부담하는 경우에는 미성년자의 동의가 있어야 한다(920조 단서, 949조 2항). 다만 이 규정은 근로기준법 제67조가 적용되는 범위에서, 그 적용이 배제된다.

(b) 제3자가 미성년자에게 증여한 재산에 관하여 법정대리인의 관리를 배제하는 의사를 표시한 때에는, 그에 관하여 법정대리인의 대리권이 배제된다(918조, 956조).

(라) 친권자는 중대한 사유가 있는 때에는 친권을 상실하거나 대리권을 상실하며(924조, 925조), 후견인이 부정행위 등을 한 때에는 해임된다(940조).

---

22) 대판 1997. 6. 27. 97다3828. 이 사안은 미성년자의 후견인이 아니라 한정치산자의 후견인이 한정치산자의 부동산을 처분한 경우이지만, 편의상 여기에서 다룬다. 다만 후견인은 한 부동산은 허위의 친족회 동의서를 만들어 처분하였고, 다른 부동산은 그러한 서류조차 없이 처분하였는바, 판결은 전자에 관해서만 표현대리의 성립을 인정한다. 이의 구체적 내용은 표현대리 부분에서 소개한다([797]).

23) 대판 1983. 12. 27. 83다548; 대판 1998. 12. 8. 98다44642(이상은 사립학교법 위반); 대판 1996. 8. 23. 94다38199(증권거래법 위반) 등.

24) 윤진수, 친족회의 동의를 얻지 않은 후견인의 법률행위에 대한 표현대리의 성립 여부, 민사법학 19호(2001), 138 이하도 이와 同旨.

제3항 한정치산자

[167] Ⅰ. 총 설

1. 의 의

(1) 한정치산자라 함은 심신이 박약한 자 또는 재산의 낭비로 자기나 가족의 생활을 궁박하게 할 염려가 있는 자로서, 가정법원으로부터 한정치산의 선고를 받은 자를 말한다(9조).

(2) 한정치산자는 그 선고가 내려진 때부터 무능력자로 된다. 따라서 행위자가 심신이 박약하여 한정치산 선고를 받을 만한 상태에 있었다고 하여도, 아직 이의 선고를 받은 사실이 없는 이상 무능력자가 아니고, 따라서 그의 행위는 무능력을 이유로 취소할 수 없다.[1] 다만 더 나아가 의사무능력 상태였다면, 그러한 점을 입증함으로써 그 행위를 무효로 할 수 있다.

[168] 2. 실질적 요건

심신이 박약하거나 재산의 낭비로 자기나 가족의 생활을 궁박하게 할 염려가 있어야 한다.

(1) 심신박약자　　심신박약이라 함은 정신장애의 정도가 금치산선고의 요건인 「심신상실」의 정도에는 달하지 않은, 그러나 통상인보다는 판단능력이 불완전한 것을 말한다. 가사소송규칙 제33조에 의하면, 가정법원이 사건을 심판할 경우에는 반드시 본인의 심신상태에 관하여 의사에게 鑑定을 시켜야 한다고 규정되어 있다. 그러나 법원은 이 감정에 기속되는 것은 아니며, 이를 판단의 자료로 삼을 뿐이다. 심신박약과 심신상실은 정도의 차에 지나지 않으며 양자 간의 명확한 구별은 매우 어려운 일이다. 그러므로 가정법원은 한정치산자로서 보호하는 것이 타당하냐 금치산자로서 보호하는 것이 타당하냐, 아니면 그러한 보호를 할 필요가 없느냐를 고려하여 심신박약 또는 심신상실 여부를 결정해야 할 것이다. 그러므로 금치산선고의 청구가 있어도 한정치산을 선고할 수 있을 뿐만 아니라, 한정치산선고를 청구한 경우에도 금치산선고를 할 수 있다.

(2) 낭 비 자　　낭비라 함은 앞뒤의 분별없이 재산을 탕진하는 버릇을 말한다. 낭비를 하고 있느냐 여부는 그 자의 지위 · 자산 등을 고려하여 결정한다. 소비의 목적이

---

1) 대판 1992. 10. 13. 92다6433.

나 금액의 다소는 문제되지 않는다. 또 반드시 비도덕적인 목적에 소비하는 것만이 낭비는 아니며, 교육 · 종교 · 자선 등을 위하여 소비하는 경우라도 낭비가 될 수 있다. 여기에서의 낭비자는 그의 낭비로 자기나 가족의 생활을 궁박하게 할 염려가 있는 자이다. 그러한 염려의 유무는 본인과 가족의 생활상태 · 재산 · 지위 등을 고려하여 판단된다.

3. 형식적 요건 등 [169]

(1) 요 건 본인 · 배우자 · 4촌 이내의 친족 · 후견인 또는 검사 중의 누군가의 청구가 있어야 한다(9조). 청구권자 중에 검사를 포함시킨 것은, 다른 청구권자가 없거나 또는 있더라도 청구를 하지 않는 경우에 본인의 이익과 거래의 안전을 위하여 공익의 대표자로서 참여할 여지를 둔 것이다. 후견인을 청구권자로 한 것은, 금치산자의 후견인 또는 미성년자의 후견인이 한정치산의 선고를 청구하는 경우를 생각한 것이다.

(2) 절 차 한정치산에 관한 심판사건은 가정법원의 관할이며(다만 가정법원이 설치되지 않은 지역에서는 해당 지방법원이 관할(법원조직법 부칙 참조)), 선고의 절차는 가사소송법 및 가사소송규칙에 규정되어 있다(가사소송법 2조 1항 나(1) i호).

(3) 가정법원이 위에 말한 실질적 · 형식적 요건을 갖추었다고 인정한 때에는 한정치산을 선고하여야 한다. 즉 선고는 필연적이다.

금치산자에게 후견인이 있는 경우에도, 금치산자와 한정치산자는 그 능력의 범위가 다르기 때문에, 금치산자보다 그 능력의 범위를 넓히기 위해서 한정치산선고를 받을 실익이 있음은 물론이다. 이와 달리 미성년자에게 후견인이 있는 경우에는, 미성년자와 한정치산자는 그 능력의 정도가 동일하므로, 미성년자에 대하여 한정치산선고의 청구를 허용할 실익이 없다고 하는 견해도 있다.[2] 그러나 성년을 바로 앞둔 미성년자에게 한정치산선고의 원인이 있는 경우에는 미리 한정치산선고를 받게 함으로써 보호상의 공백기를 메울 수 있다는 점을 생각한다면, 미성년자에 대한 한정치산의 선고는 실익이 있다고 보는 것이 타당하다.[3]

Ⅱ. 한정치산자의 행위능력 [170]

1. 한정치산자의 행위능력은 미성년자의 그것과 거의 동일하다.

2. 문제되는 점을 살펴보면, [171]

(1) 신분법상의 행위 미성년자 또는 금치산자의 신분법상의 행위에 관해서는 여러 가지 특별규정을 두어서 총칙의 규정을 배제한다는 뜻을 분명히 밝히지만, 한정치산자에 관해서는 따로 규정하는 바가 없다. 그러면 약혼(801조, 808조) · 결혼(807조, 808조) · 협의

---

2) 곽윤직, 171면.

3) 김용한, 121면; 이영준, 875면; 장경학, 218면.

이혼(835조) · 입양(871조, 872조) · 협의파양(900조, 902조) 등에 관해서, 한정치산자는 완전한 능력자로서 단독으로 행위할 수 있는가? 일부 견해는 미성년자에 관해서만 규정하고 한정치산자에 관해서는 규정하지 않는 것을 입법적 불비로 보고, 한정치산자는 미성년자와 동일하게 다루어야 한다고 하여, 이를 부인한다.[4] 그러나 행위능력은 재산적 행위에 관한 것일 뿐만 아니라, 신분법상의 행위는 성년인 한정치산자 본인의 의사에 맡기는 것이 적절하다. 민법이 한정치산자의 신분법상의 행위에 관하여 아무런 언급도 하지 않는 것은 이러한 뜻에 기한 것이라고 해야 한다. 따라서 한정치산자는 위와 같은 신분법상의 행위를 단독으로 할 수 있다.[5]

[172] **(2) 근로계약과 임금청구** 미성년자에 관해서 법정대리인의 대리를 금하고 독자적으로 임금을 청구할 수 있다고 규정하는 근로기준법 제67조 · 제68조를 한정치산자에 유추적용할 것인가? 다수의 견해는 미성년자에 대한 이러한 보호는 법정대리인의 관여를 받는 한정치산자에게도 동일하게 주어지는 것이 필요하다는 점에서, 유추적용을 긍정한다.[6] 그 취지에는 찬동한다. 그러나 행위능력제도는 정신능력이 부족한 자가 생활자료를 획득하기 위하여 행위하는 경우에는 적용되지 않으므로, 근로계약에 관해서는 한정치산자는 법정대리인의 관여를 받지 않는다고 해야 한다. 그렇다면 법이 명언하지 않는 한정치산자에게 위 규정을 유추적용할 필요 없이, 위와 같은 이유에서 동일한 결과를 인정하는 것이 적절한 해석방법이 아닐까?[7]

[173] Ⅲ. 후 견 인

1. 한정치산자에게는 후견인을 두어야 한다(929조). 후견인에는 한정치산자와 일정한 관계에 있기 때문에 당연히 후견인이 되는 자와(법정후견인), 법원의 선임에 의하여 후견인이 되는 자(선임후견인)가 있다(선임후견인도 본인의 의사에 의하여 선임된 것이 아닌 점에서 법정대리인임은 동일하다). 법정후견인이 되는 순위에 관해서는 제933조 내지 제936조가 규정한다. 법정후견인이 될 자가 없는 경우에 법원이 후견인을 선임한다(936조). 후견인은 피후견인(한정치산자)의 재산을 관리하며, 재산에 관한 법률행위를 대리한다(949조, 938조).

[174] 2. 후견인의 권한에 대한 제한은 미성년자에 대한 후견인의 그것과 대체로 같다([108]). 즉 부동산의 득실변경을 목적으로 하는 행위 기타 일정한 행위를 대리하거나 동의함에는 친족회의 동의를 얻어야 한다(950조). 후견인이 이에 위반하여 친족회의 동의를

4) 곽윤직, 172면.
5) 김용한, 115면; 김주수 · 김상용, 120면; 이영준, 875면; 장경학, 220면.
6) 고상용, 135면; 곽윤직, 172면; 김상용, 170면; 김주수 · 김상용, 120면; 이영준, 875면.
7) 김용한, 115면; 장경학, 219면은 유추적용을 부인한다.

얻지 않고 피후견인의 부동산을 처분한 경우에, 그 효과는 앞에서 살폈다([165]).

Ⅳ. 한정치산선고의 취소 [175]

한정치산자에 관하여 「한정치산의 원인이 소멸한 때」, 즉 심신박약의 상태를 벗어났다든가, 낭비의 버릇이 없어짐으로써 자기 또는 가족의 생활을 궁박하게 할 염려가 없게 된 때에는, 한정치산선고 청구권자(9조)의 청구에 의하여 가정법원은 한정치산선고를 취소하여야 한다(11조, 가사소송법 2조 1항 나 (1) i호).

한정치산선고가 취소되면 본인은 완전한 능력자로 복귀한다. 선고 취소의 효력은 소급하지 않고, 장래에 향하여 그 효력이 있을 뿐이다.

제4항 금치산자

Ⅰ. 총 설 [176]

1. 의 의

금치산자라 함은 심신상실의 상태에 있는 자로서 가정법원(가소법 2조 1항)으로부터 금치산의 선고를 받은 자를 말한다(12조). 심신상실의 상태에 있더라도 금치산선고를 받지 않으면 금치산자가 아니다. 미성년자나 한정치산자도 금치산선고의 대상이 된다.

2. 실질적 요건 [177]

본인이 「심신상실의 常態」에 있어야 한다(12조). 심신상실이라 함은 판단능력이 없음을 의미하며, 심신상실의 「상태」에 있다고 하는 것은 간혹 판단능력을 회복하는 수가 있을지라도, 대체로 심신상실이 보통의 상태라는 뜻이다. 법원이 심판을 함에 있어서는 본인의 심신상태에 관하여 의사에게 감정을 시켜야 하는 점, 의사의 감정의견은 단지 법원의 판단자료이며, 법원은 금치산제도의 취지를 고려하여 합목적적으로 심신상실의 상태 여부를 판단한다는 점 등은 한정치산선고의 경우에서와 마찬가지이다.

3. 형식적 요건 등 [178]

(1) 누군가 금치산선고를 청구해야 하는데, 그 청구권자는 한정치산선고에서와 동일하다(12조). 다만 본인이 청구하는 것은 의사능력이 회복되고 있는 동안에 한한다. 그리고 미성년자 또는 한정치산자에 대한 금치산선고의 청구는 원인이 있는 이상 당연히 인정되어야 한다. 왜냐하면 미성년자 또는 한정치산자의 능력에 비하여 금치산자의 능력

은 훨씬 좁기 때문이다.

(2) 금치산선고의 절차도 한정치산선고의 경우와 같다(가사소송법 2조 1항 나 (1) i호). 이 경우에도 역시 위에 말한 실질적 · 형식적 요건을 갖추면 법원은 반드시 금치산을 선고하여야 한다.

[179] Ⅱ. 금치산자의 행위능력

1. 금치산자의 법률행위는 언제나 취소할 수 있다(13조). 후견인의 동의없이 한 경우는 물론, 동의를 얻고서 한 행위일지라도 취소할 수 있다.

[180] 2. 그러나 금치산자의 신분법상의 행위에 관해서는 제13조가 그대로 적용될 수 없다. 즉 약혼(802조) · 혼인(808조) · 협의이혼(835조) · 입양(873조) · 협의파양(902조) 등에 관해서는 신분행위의 특수성을 고려하여, 부모 또는 후견인의 동의를 얻어 스스로 유효한 법률행위를 할 수 있게 하며, 특히 유언은 의사능력을 회복한 이상 단독으로 할 수 있도록 하고 있다(1063조).

[181] Ⅲ. 후 견 인

1. 금치산자에게는 후견인을 두어야 한다(929조). 후견인으로 되는 자는 한정치산자의 경우와 동일하다(933조~936조, [173] 참조).

[182] 2. 금치산자의 후견인은 금치산자를 요양 · 감호하고(947조), 그 재산을 관리하며, 재산에 관한 법률행위를 대리한다(949조, 938조).

대리권의 행사에 있어서는 미성년자의 후견인에 관해서와 같은 제한이 있다(949조, 950조, [165] 참조). 금치산자는 후견인의 동의를 얻더라도 유효한 행위를 할 수 없으므로 후견인에게 동의권은 원칙적으로 없다고 할 것이다. 다만 위에 말한 바와 같은 신분행위에 관해서는 금치산자도 동의를 얻어 유효한 행위를 할 수 있기 때문에, 그 한도에서는 동의권이 있다. 그리고 금치산자의 행위는 언제나 취소할 수 있으므로 후견인은 취소권을 가진다(140조 참조).

[183] Ⅳ. 금치산선고의 취소

금치산의 원인이 소멸한 때, 즉 심신상실의 상태에서 벗어난 때에는, 금치산선고청구권자(12조, 9조)의 청구에 의하여 가정법원은 금치산선고를 취소한다(14조, 11조). 그 절차와 효과 등은 한정치산선고의 취소에서와 같다([175] 참조).

V. 개정민법 [184]

1. 피한정후견인

개정민법에서 현행의 한정치산자에 상응하는 것은 피한정후견인인바, 그 내용을 살펴보면,

(1) 요 건 실질적 요건으로, 질병 · 장애 · 노령 그 밖의 사유로 인한 정신적 제약으로 사무를 처리할 능력이 부족하여야 한다(12조 1항). 절차적 요건으로서 위와 같은 사유로 법원에서 후견개시의 선고를 받았어야 한다. 법원은 후견심판을 함에 있어서 본인의 의사를 고려해야 한다(12조 2항, 9조 2항).

(2) 행위능력 모든 행위에 관해서 동의를 얻어서 행위해야 하는 것이 아니고, 법원이 후견인의 동의를 받아야 하는 행위의 범위를 정할 수 있다(13조 1항). 동의를 필요로 하는 행위에 대하여 후견인이 피후견인의 이익이 침해될 염려가 있음에도 동의를 하지 아니하는 때에는, 법원은 피후견인의 청구에 의하여 후견인의 동의를 갈음하는 허가를 할 수 있다(13조 1항). 동의가 필요한 행위를 동의 없이 한 경우에, 그 행위를 취소할 수 있다. 다만 일용품의 구입 등 일상생활에 필요하고 그 대가가 과도하지 아니한 것은 취소할 수 없다(13조 1항).

법원은 후견인에게 대리권을 수여하는 심판을 할 수 있다(959조의4). 법원은 이의 심판에서 본인의 의사와 본인의 정신능력을 고려해서 필요한 범위에서만 대리권을 수여할 것이다.

이와 같이 한정후견인은, 현재의 후견인과 같이 원칙적으로 동의권 및 대리권을 가지는 것이 아니고, 개별적으로 수여된 경우에 한하여 대리권을 가질 뿐이다. 그리고 현행의 한정치산자는 행위능력이 포괄적으로 제한되나, 피한정후견인은 필요한 만큼만 행위능력이 제한되는 것이다.

(3) 보호기관

(가) 후 견 인 후견인이 보호기관이 되는 점은 현행 민법과 동일하나, 후견인이 되는 자 및 그의 권한 등에 있어서 많은 차이를 가진다.

(a) 후견인은 여러 명을 둘 수 있고, 또 법인도 후견인이 될 수 있다(930조 2항, 3항). 이는 후견의 효율성과 전문성을 높히기 위해서이다. 후견인이 수인인데 행사방법을 정하지 않은 경우에, 대리의 일반법리에 따라 각자대리라고 할 것인가? 법문을 중시한다면 그렇게 해석해야 할 것이다. 그러나 그렇게 하게 되면 후견인을 수인으로 한 취지가 무의미해질 우려가 있다. 장차 논의될 문제이다.

(b) 일정한 자가 순위에 따라 당연히 후견인이 되는 것이 아니고, 법원이 후견인을 선임한다(959조의3, 936조). 특히 후견인의 선임에서는 본인의 의사를 존중해야 한다(936조 4항).

(c) 후견인은 단지 법원이 정한 행위에 관하여 동의권을 가질 뿐이고, 대리권은 법원의 심판에 의하여 개별적으로 수여된 경우에 가질 뿐임은 전술하였다. 이와 같이 후견인의 동의권 · 대리권은 당연히 인정되는 것이 아니고 그 범위도 전면적인 것이 아니다. 즉 — 성년후견인의 권한은 여전히 포괄적이지만 — 한정후견인의 권한은 선임시에 법원이 수여한 것에 한정되는 개별적인 것이 된다. 다른 각도에서 보면, 성년후견인은 당연히 법정대리권을 가지며, 따라서 주로 대리권 행사를 통해서 직무를 수행하는 데 반하여(10조, 938조), 한정후견인은 동의권 행사가 중요한 직무수행방식이며, 대리권을 가지기 위해서는 별도로 법원의 심판이 있어야 한다(959조의4).

(d) 법원은 미성년자의 신상에 관하여 결정할 수 있는 권한의 범위를 정할 수 있다(959조의4, 938조 3항). 이는 재산관리 이외에 신상보호도 후견인의 임무로 삼은 것이다.

(나) 후견감독인 후견인의 적절한 후견을 위하여 후견감독인제도를 신설하였다.

(a) 법원은 필요하다고 인정하면 후견감독인을 선임할 수 있다(959조의5). 이와 같이 후견감독인

은 필요한 때 선임하는 것이므로 필수의 보호기관은 아니다.

(b) 후견감독인은 후견인의 사무를 감독하고, 급박한 사정이 있는 경우에는 필요한 행위나 처분을 할 수 있다(959조의5 2항, 940조의6)

(c) 후견감독인은 현행의 친족회를 대신하는 것이라고 할 수 있다. 즉 친족회에 대신하여 후견감독인이 후견인에게 사무처리의 보고 · 재산목록의 제출 등을 요구하고 피후견인의 재산상황을 조사할 수 있으며(953조), 후견인이 피후견인의 부동산 처분 등 중요한 행위를 대리하거나 동의를 함에 있어서 후견감독인의 동의를 얻도록 하였다(950조 1항).

[185]
2. 피성년후견인

개정민법에서 현행의 금치산자에 상응하는 것은 피성년후견인인바, 그 내용을 살펴보면,

(1) 요 건 실질적 요건으로서, 질병 · 장애 · 노령 그 밖의 사유로 인한 정신적 제약으로 사무를 처리할 능력이 지속적으로 결여되었어야 한다(9조 1항). 절차적 요건으로, 법원은 후견심판을 함에 있어서 본인의 의사를 고려해야 한다(9조 2항).

(2) 행위능력 피성년후견인이 한 행위는 취소할 수 있다(10조 1항). 따라서 피후견인은 원칙적으로 후견인의 동의를 얻어서도 행위할 수 없다. 이런 점에서는 현행의 금치산자의 행위능력과 유사하다. 그러나 그에 대한 예외가 인정되는 점에서 차이를 가진다. 즉 우선 법원은 취소할 수 없는 법률행위의 범위를 정할 수 있다(10조 2항). 그러면 피후견인은 그러한 행위를 후견인의 동의없이 할 수 있는가? 이 점은 법문상으로는 불명확하지만, 법의 취지에서 보면 이를 긍정해야 할 것이다. 다음으로 그 밖에 일용품의 구입 등 일상생활에 필요하고 그 대가가 과도하지 아니한 법률행위는 성년후견인이 취소할 수 없다(동조 4항). 그러므로 이러한 행위에 관해서는 단독으로 행위할 수 있는 것이 된다. 이와 같이 피후견인이 후견인의 동의없이 행위할 수 있는 범위에서는 행위능력을 가지는 것이 된다.

그러면 이와 같이 취소할 수 없는 피후견인의 법률행위에 관해서 후견인은 대리권을 가지는가? 법문 자체로는 명확하지 않지만, 법문은 단지 피후견인의 행위를 취소할 수 없다는 것이므로, 피후견인이 행위하기 전에 후견인이 대리하는 것을 금하는 것은 아니라고 할 것이다. 후견인은 포괄적 대리권을 가지며(938조 1항) 이를 제한하는 규정이 없는 점에서도 그렇게 해석하는 것이 타당할 것이다.[1)]

(3) 보호기관 후견인이 되는 자는 한정후견인에서와 동일하다. 단지 그 권한에 차이가 있을 뿐이다. 그리고 후견감독인제도의 내용도 동일하다. 그러므로 여기에서는 후견인의 권한만을 살핀다.

(a) 성년후견인은 당연히 대리권을 가지며, 그 범위도 전면적 · 포괄적이다. 이는 피후견인이 동의없이 행한 경우의 취소권에도 타당하나, 단지 일정한 행위에 관해서는 취소권이 제한될 뿐이다.

(b) 후견인의 임무는 신상보호에도 미친다는 점은 한정후견인에서와 동일하다.

[186]
3. 피특정후견인

(1) 요 건 실질적 요건으로, 질병 · 장애 · 노령 그 밖의 사유로 인한 정신적 제약으로 일시적 후원 또는 특정한 사무에 관한 후원이 필요하여야 한다(14조의2 1항). 앞의 성년후견 및

1) 이에 대하여 구상엽, 개정민법상 성년후견제도에 대한 연구(서울대 박사논문, 2012), 73면은, 취소할 수 없는 행위는 피후견인이 독자적으로 처리할 수 있는 행위라고 할 수 있는바, 그러한 행위에 관해서 후견인의 간섭을 인정하는 것은 성년후견제도의 지도이념인 '필요성 · 보충성의 원칙'에 반한다고 하여, 그러한 행위에 관해서는 후견인의 대리권이 배제된다고 한다.

한정후견은 지속적인 보호를 받아야 하는 사람에게 행해지는 것인 데 대하여, 특정후견은 일시적인 도움 혹은 특정 사무에 대한 도움이 필요한 사람에게 행해지는 것이다.

절차적 요건으로 일정한 자의 청구에 의하여 법원이 특정후견의 심판을 한다. 피특정후견인 본인의 의사에 반하여 할 수 없다(14조의 2 2항). 특정후견의 심판에서는 후견을 받을 기간 또는 사무의 범위를 정해야 한다(동조 3항).

(2) **행위능력** 피특정후견인에게 후견인이 선임된 경우에, 후견인은 조언 등을 통해 피후견인의 판단을 도울 뿐이다. 그러므로 특정후견은 피후견인의 행위능력을 제한하는 것이 아니다. 특정후견인에게 대리권을 수여하기 위해서는 별도의 심판이 필요하다(959조 의11). 즉 특정후견인이 피후견인을 대리해서 법률행위를 하려면 법원의 심판을 통해서 대리권을 수여받아야 한다. 이와 같이 특정후견인은 성년후견인과는 달리 자동적으로 피후견인의 대리인이 되는 것이 아니다. 그리고 특정후견인에게 대리권이 수여된 경우에도 법원은 그의 적정한 대리권 행사를 위하여 법원이나 특정후견감독인의 동의를 받도록 명할 수 있다(959조 의2 2항). [187]

(3) **보호방법** 피특정후견인에게 도움을 주는 방법으로는 다른 경우와 같이 후견인의 선임(즉 후견인을 두어 그로 하여금 피후견인을 도와주도록 하는 것)도 있지만(959 조의9), 법원의 직접적인 보호조치도 가능하다(959 조의8). 따라서 앞의 두 경우와는 달리 반드시 후견인을 두어야 하는 것은 아니다. 이는 특히 일회적 후견이나 급박한 조치가 필요한 경우에 경제적이고 신속한 보호를 위하여 이용될 것이다. [188]

후견인의 선임의 경우에는 성년후견인에 관한 규정이 일부 준용된다(959조 의9 2항). 후견감독인에 관해서도 마찬가지이다(959조 의10).

4. 임의후견 [189]

(1) **의 의** 이는 피후견인이 스스로의 의사에 기해서 타인과 후견계약을 체결하여 그 타인에게 자신에 대한 후견을 맡기는 것이다. 이는 현재 판단능력이 부족한 경우뿐만 아니라 장래에 판단능력이 저하될 것을 대비하기 위해서도 이용될 수 있다.

(가) **후견계약**(959조의 14 이하) 이는 질병 · 장애 · 노령 그 밖의 사유로 인한 정신적 제약으로 사무를 처리할 능력이 부족한 상황에 있거나 부족하게 될 상황에 대비하여 자신의 재산관리 및 신상보호에 관한 사무의 전부 또는 일부를 다른 자(임의 후견인)에게 위탁하고 그 위탁사무에 관하여 대리권을 수여하는 계약이다(동조 1항).

이는 요컨대 자신의 재산관리 내지 신상보호에 관한 사무의 전부 또는 일부를 타인에게 위탁하고 그 위탁사무에 관하여 대리권을 수여하는 것을 내용으로 하는 것이다. 제한능력자(본인)가 단독으로 후견계약을 체결할 수 있는가 아니면 법정대리인이 본인을 대리해서 후견계약을 체결해야 하는가 하는 점은 논의의 여지가 있다.

(나) 후견계약은 공정증서로 체결해야 한다(동조 2항). 임의후견인은 후견계약의 내용에 따라서는 법정후견인 이상의 강력한 권한을 가지면서 피후견인의 재산과 신상에 영향을 끼칠 수 있는데, 그럼에도 후견계약의 체결이 당사자의 자유의사에 맡겨져 있기 때문에, 계약의 내용을 명확히 하도록 하기 위해서 이러한 제약을 둔 것이다.

공정증서로 체결된 후견계약은 등기되어야 한다(959조의 15 1항). 이는 후견계약의 체결 · 존속을 쉽게 확인할 수 있도록 하기 위해서 이다.

(다) 후견계약은 법원이 임의후견감독인을 선임한 때부터 효력이 발생한다(동조 3항).

(2) **국가의 관여** 임의후견은 이와 같이 임의후견인이 본인의 위탁에 의하여 본인의 사무를 도와주는 것(대리하는 것)이나, 때로는 법원이 이에 관여한다. [190]

(a) 즉 법원은 후견계약이 등기되어 있고 본인이 사무를 처리할 능력이 부족한 상황에 있다고

인정할 때에는 일정한 자의 청구에 의하여 임의후견감독인을 선임한다(동조의 15). 임의후견감독인은 임의후견인의 사무를 감독하며 그 사무에 관하여 가정법원에 정기적으로 보고하여야 한다(동조의 16). 임의후견인이 현저한 비행을 하거나 그 밖에 그 임무에 적합하지 아니한 사유가 있게 된 경우에는 법원은 일정한 자의 청구에 의하여 임의후견인을 해임할 수 있다(동조의 17 2항).

(b) 후견계약은 본인이 타인에게 후견을 맡기는 점에서 위임계약 과 유사하나, 이와 같이 국가기관이 관여하는 점에서 위임계약과 차이를 가진다.

[191] **(3) 후 견 인** 임의후견에서의 후견인은 본인이 직접 선임하였을 뿐만 아니라, 본인이 그로부터 어떤 후견을 받을지를 정한 것이다. 앞에서 살핀 후견인은 그 선임 및 권한이 본인에 의한 것이 아닌 점에서 법정후견인인 데 반하여, 여기에서의 후견인은 본인이 선임하고 권한을 부여한 것이므로 임의후견인이다.

제 5 항 무능력자 상대방의 보호

[192] Ⅰ. 서 설

무능력자가 법정대리인의 동의없이 행한 행위는 취소할 수 있다. 그런데 이와 같이 취소할 수 있는 행위는 취소 여부가 확정될 때까지는, 과연 그 행위가 취소되어 효력이 소급적으로 소멸될는지 여부가 불확실하다. 민법은 이러한 불확정한 상태를 해소하기 위하여 취소권 일반에 관하여 단기소멸(146조) 및 법정추인(145조)의 양 제도를 두고 있다. 그런데 민법은 더 나아가 무능력자의 취소와 관련하여 상대방에게 최고권을 주어 불확정상태를 빨리 해소시킬 수 있는 길을 인정하고, 또한 철회권 · 거절권을 주어 스스로 그 행위를 백지화시키는 길을 인정한다. 나아가 무능력자가 사술을 쓴 경우에는 무능력자 측에서의 취소의 길을 봉쇄한다.

우리 학설은 이러한 상대방보호를 위한 규정을 긍정적으로 평가한다. 즉 취소권 일반에 적용되는 단기소멸(146조) 및 법정추인(145조)은, 전자는 여전히 그 기간이 상당히 길고, 후자는 예외적인 경우로서 실효성이 크지 않은 점에서, 불확정상태의 빠른 해소에 충분치 않으며, 또 취소할 수 있는 행위의 상대방 중에서도 사기나 강박을 한 자는 오랜 불확정상태에 놓이더라도 자업자득이라고 할 수 있으나, 무능력자의 상대방에게는 그러한 자와는 달리 그에게 책임을 물을 만한 사정이 없다. 상대방은 오직 무능력자의 보호라는 목적을 위하여 희생되는 자이다. 따라서 그의 지위는 보다 두텁게 보호되어야 한다. 이런 점에서 위와 같은 규정을 둔 것이고, 따라서 이는 타당하다는 것이다.[1)]

그러나 취소원인 중의 하나인 착오의 경우에도 역시 상대방에게 책임을 물을 아무런 사정이 없다. 뿐만 아니라 상대방이 행위자의 착오를 인식할 가능성은 행위자의 무능력을 인식할 가능성보다도 적다. 그럼에도 불구하고 유독 무능력자의 상대방 보호를 위한 규정을 두는 것이 균

1) 고상용, 139면; 곽윤직, 177면; 김상용, 174면; 이영준, 878면.

형에 맞는지 의문이다.

무능력자의 상대방을 보호하기 위한 민법규정은 대체로 독일민법(동법 108조 2항(최고권) · 109조(철회권). 다만 독일민법에는 사술의 경우의 취소권 배제에 관한 규정은 보이지 않는다)을 모범으로 한 것이다. 그런데 독일민법에서의 무능력자(정확히는 제한적 능력자)의 행위는 착오(및 사기 · 강박)에 기한 행위와 같이 취소할 수 있는 것(동법 119조, 123조, 즉 일응 효력을 발생하는 것)이 아니라, 법정대리인의 추인이 있어야 비로소 효력이 발생하는 것이다(동법 108조 1항). 즉 유동적 무효인 것이다(유동적 무효에 관해서는 [844] 참조). 반면에 착오에 기한 행위는 착오를 안 후 지체없이 하지 않으면 취소할 수 없게 된다(동법 121조, 사기 · 강박에 기한 행위는 이를 안 후 1년(동법 124조)). 따라서 독일민법에서는 무능력자의 상대방을 보호하는 규정에도 불구하고 그 상대방은 착오(및 사기 · 강박)에서의 상대방보다 불리하다. 그런데 우리 민법에서는 무능력자의 행위를 착오에서와 같이 취소할 수 있는 것으로 하면서 여기에 착오에는 없는 상대방 보호규정을 두기 때문에, 무능력자의 상대방은 착오의 상대방보다 더 보호된다. 이는 결국 무능력자를 착오자보다 불이익하게 만드는 것이다. 그러한 결과는 무능력자 보호라는 이 제도의 목적에 부합하지 않을 것이다. 그러므로 이러한 규정이 입법적으로 타당한지 의문이다. 입법자는 독일민법과 우리 민법 간의 무능력자의 행위의 효과와 착오의 효과의 차이를 간과한 채 오직 무능력자에 관해서만 독일민법을 모범으로 하여 이를 입법화한 것이 아닐까? 우리 학설이 착오와의 균형성을 간과한 채 상대방 보호규정을 긍정적으로 평가하는 것은, 무능력자제도는 개인보호를 위하여 거래안전을 희생시키는 것이라는, 이 제도에 대한 부정적인 시각([148] 참조) 때문이 아닌가 생각된다. 그러나 무능력자제도는 전술([136], [147])한 바와 같이 사적자치 원칙의 출발점에서 요구되는 것이다. 그럼에도 굳이 상대방 보호규정을 두고자 한다면, 취소에 관한 규정(특히 착오에서의 취소기간의 장기성)의 개선이 선행되어야 할 것이다.

Ⅱ. 최 고 권 [193]

1. 의 의

이는 상대방이 무능력자 쪽에 대하여 취소 여부의 확답을 촉구하는 것이고, 이에 대하여 아무런 확답이 없을 때에는 경우에 따라서 취소 또는 추인의 효과를 일으킨다.

(1) 일반적으로 최고라 함은 어떤 자에 대하여 어떤 행위를 요구하는 것(예컨대 채권자가 채무자에 대하여 이행을 최고하는 것)을 말하며, 이는 법률의 규정이 없어도 필요하면 얼마든지 할 수 있는 것이다(그러므로 이러한 최고는 권리가 아니다). 그런데 민법은 무능력자의 상대방에게 특히 최고할 수 있음을 규정하면서, 이에 대하여 무능력자가 아무런 확답도 하지 않은 때에는 취소 또는 추인이라는 법률효과를 인정하고 있다.

(2) 최고에 의하여 생기는 법률효과는 최고자의 의사에 기한 것이 아니고 법률 자체에 기한 것이다. 따라서 최고의 성질은 준법률행위 중 「의사통지」이다.

이와 같이 여기에서의 최고는 일반의 최고와는 달리 법률규정에 의하여 최고 자체에 일정한 법률효과가 부여되는 점에서, 학설은 최고할 수 있는 지위를 일종의 권리라고 하고, 권리의 성질은 권리자의 일방적 행위에 의하여 법률관계의 변동을 일으키는 점에서 형성권이라고 한다.[2] 그러나 권리는 권리자가 일정한 이익을 향수하기 위하여 법이 인정한 힘이고, 더욱이 형

2) 곽윤직, 178면; 이영준, 878면; 장경학, 227면.

성권은 권리자의 의사표시에 의하여 법률관계의 변동을 일어나게 하는 것이다([57], [65] 참조). 그런데 최고의 효과로서 최고자 자신에게 불이익이 생길 수도 있고(15조 3항), 또 최고에 의하여 생기는 법률효과는 최고자의 의사에 기한 것이 아니고 법률에 기한 것이다. 이런 점에서 이를 권리, 특히 형성권이라고 하는 것이 타당한지 의문이다.

[194]

2. 요건 및 상대방

(1) 요 건 무능력자의 상대방이 최고권을 행사하려면, (i) 문제의 취소할 수 있는 행위를 가리키고, (ii) 1월 이상의 유예기간을 정하여, (iii) 추인하겠느냐 여부의 확답을 요구해야 한다(15조 1항).

만약 유예기간을 1월 미만으로 한 경우에는 최고로서의 효력이 없는가? 최고로서의 효력은 인정하되, 1월이 지나서 비로소 그 효력이 생긴다고 하는 것이 타당하지 않을까?

(2) 상 대 방 최고의 상대방은 최고를 수령할 능력이 있고, 취소 또는 추인을 할 수 있는 자에 한한다. 즉 무능력자는 그가 능력자가 된 후에만 최고의 상대방이 될 수 있고, 아직 능력자가 되지 못한 때에는 그의 법정대리인이 상대방이 된다(15조 2항). 따라서 능력자가 되지 못한 무능력자에 대하여 최고를 하여도 최고의 효과는 생기지 않는다. — 제112조는 의사표시가 무능력자에게 행해진 때에도, 법정대리인이 그 도달을 안 때에는 의사표시로써 대항할 수 있다고 규정하나, 여기에서의 최고에서는 그렇지 않다(즉 15조 2항은 112조에 대한 특칙이다).

[195]

3. 효 과

(1) 최고를 받은 자가 유예기간 내에 추인 또는 취소의 확답을 하면 각각 그에 따른 효과가 생긴다. 그러나 이것은 추인 또는 취소라는 의사표시의 효과이고, 최고 자체의 효과는 아니다.

(2) 최고 자체의 효과가 생기는 것은 유예기간 내에 확답이 없는 경우이다. 즉

㈎ 최고를 받은 자(법정대리인 또는 능력자로 된 후의 본인)가 유예기간 내에 확답을 발하지 않으면 문제된 행위를 추인한 것으로 본다(15조 2항).

ⓐ 위 기간 내에 확답을 「발」하면 되므로, 위 기간 내에 도달할 필요는 없다. 그러면 만약 기간 내에 확답(실제로는 취소의 의사표시)을 발하였으나 그것이 상대방에게 도달하지 않은 경우에는 어떻게 되는가? 위 규정이 추인으로 보는 것은 「확답을 발하지 아니한 때」인데, 이 경우에는 확답을 발한 것이므로 위 규정이 적용되지 않는다고 해야 한다. 추인으로 인정되는 경우를 제한하는 것이 타당하다는 점에서 볼 때에도 그렇게 해석하는 것이 타당할 것이다. 다만 발신자가 기간 내에 확답하였음을 입증해야 한다.

(b) 「본다」고 하므로, 무능력자 측에서 추인의 의사가 없었음을 이유로 그러한 효과를 뒤집을 수 없다(더욱이 여기에서는 일정한 절차를 밟아 뒤집을 여지도 없다).

(나) 그러나 최고를 받은 자가 법정대리인으로서 그가 단독으로 추인을 할 수 없고 특별한 절차를 밟아야 하는 경우에는, 취소한 것으로 본다(15조 3항). 여기에서 「특별한 절차」는, 예컨대 친족회의 동의를 필요로 하는 경우를 의미한다.

우리 민법은 최고에 대한 침묵의 효과를 추인으로 보나, 독일민법은 이와 반대로 추인이 거절된 것으로 본다(동법 108조 2항). 침묵의 효과에 관한 이러한 입법의 차이는 무능력자의 행위의 효력에 관한 차이(즉 우리 민법에서는 취소해야 비로소 효력이 배제되나, 독일민법에서는 추인하지 않는 한 효력이 생기지 않는다)에 기한 것이라고 할 수 있을지 모른다. 그러나 정신능력이 부족한 자의 행위임에도 최고에 답하지 않았다고 추인한 것으로 보는 것이 입법론상 적절한지 의문이다.

Ⅲ. 철회권 · 거절권 [196]

위에 말한 최고는 1월 이상의 유예기간을 두어야 할 뿐만 아니라, 행위의 효력 여부는 무능력자 측에 의하여 좌우된다. 따라서 무능력자의 상대방이 적극적으로 행위의 효력발생을 원하지 않는 경우에는 유용한 제도가 못된다. 그래서 민법은 상대방이 스스로 행위의 효력발생을 부인하여 그 구속으로부터 벗어날 수 있도록, 상대방에게 철회권과 거절권을 인정하였다. 전자는 계약에 관한 것이며, 후자는 단독행위에 관한 것이다.

1. 철 회 권

상대방은, 무능력자 측에서 추인을 하기 전에, 무능력자와 체결한 계약상의 의사표시를 철회할 수 있다. 그러나 상대방이 계약 당시에 무능력자임을 알았을 때에는 철회권은 인정되지 않는다. 이 경우에는 보호할 필요가 없기 때문이다.

철회의 의사표시는 법정대리인에 대해서뿐만 아니라, 수령능력이 없는 무능력자에 대해서도 유효하게 할 수 있다(다만 이때에는 112조가 적용된다).

2. 거 절 권 [197]

상대방은, 역시 추인이 있기 전에, 무능력자의 단독행위를 거절할 수 있다. 여기에서 말하는 단독행위는 그 성질상 채무면제(506조) · 상계(493조)와 같은 상대방 있는 단독행위를 가리키는 것이며, 유언(1060조) · 재단법인설립행위(43조)와 같은 상대방 없는 단독행위는 문제되지 않는다.

거절의 의사표시 역시 법정대리인뿐만 아니라 무능력자에 대해서도 할 수 있다.

거절은 상대방의 의사표시를 수령할 때 무능력자임을 알았더라도 할 수 있는가? 긍정하는 것이 타당하다. 왜냐하면 쌍방의 의사표시의 합치로 성립하는 계약에서는 무능력자뿐만 아니라 상대방도 의사표시를 하였기 때문에 철회를 금하는 것이지만, 단독행위의 경우에는 무능력자의 의사표시만이 있고 상대방은 단지 그 의사표시를 수령한 데 지나지 않으므로, 무능력자임을 알고 있었다고 해서 책임을 물을 수는 없기 때문이다.[3)]

[198] Ⅳ. 취소권의 배제

1. 입법이유

무능력자가 상대방으로 하여금 자기가 능력자임을 오신케 하거나 또는 법정대리인의 동의가 있는 것으로 오신케 하기 위하여 사술을 쓴 경우에는, 그러한 무능력자를 보호할 필요가 없는 것은 말할 나위도 없다. 이런 경우에 상대방의 구제로서는, 사기를 이유로 의사표시를 취소하거나(110조) 불법행위를 이유로 손해배상청구를 할 수 있지만(750조), 이러한 것들은 모두 상대방의 보호로서는 충분치 않다. 이러한 경우에는 무능력자의 행위를 취소할 수 없는 것으로 하면, 보호할 필요 없는 무능력자의 보호도 배제하게 되고 상대방으로서도 처음에 예기한 대로의 효과를 얻게 되므로, 문제가 가장 평면원할하게 해결된다. 이것이 제17조의 입법이유이다.

[199] 2. 내 용

(1) 다음과 같은 요건이 갖추어져야 한다.

(가) 능력자임을 믿게 하려고 하였거나(17조 1항), 또는 법정대리인의 동의가 있는 것으로 믿게 하려고 하였어야 한다(17조 2항). 제1항의 경우는 모든 무능력자를 포함하지만, 제2항의 경우는 금치산자를 포함하지 않는다. 금치산자는 법정대리인의 동의가 있어도 법률행위를 할 수 없기 때문이다.

(나) 위와 같은 목적을 위하여 詐術을 썼어야 한다. 문제가 되는 것은 어떠한 기망수단을 사술이라고 보느냐 하는 점이다. 판례는 적극적인 기망수단(예컨대 호적초본이나 법정대리인의 동의서를 위조하여 제시하는 경우)을 요한다고 한다.[4)] 그러나 그 외에 타인을 오신케 할 목적으로 보통인을 오신케 할 만한 방법으로 오신을 유발하거나 오신을 강하게 하는 것(소극적 기망수단)도 사술을 쓴 것으로 봄이 타당할 것이다.[5)] 무능력자가 사술을 썼다는 점에 대한 입증책임은 상대방에게 있다.[6)]

(다) 무능력자의 사술에 의하여 상대방이 능력자라고 믿었거나 또는 법정대리인의

3) 통설. 다만 이영섭, 132면은 반대.

4) 대판 1971. 6. 22. 71다940[집 19-2, 민 161]; 대판 1971. 12. 14. 71다2045[집 19-3, 민 162].

5) 통설. 다만 고상용, 146면은, 단순한 침묵 또는 黙秘까지도 사술에 해당한다고 보는데 대하여 의문을 제기한다.

6) 전술 71다2045.

동의가 있다고 믿었어야 한다.

(라) 상대방이 그러한 誤信으로 말미암아 무능력자와 법률행위를 하였어야 한다.

(2) 효과로서 행위를 취소할 수 없게 된다. 취소권 자체가 배제되는 것이므로, 무능력자 본인은 물론이고 그의 법정대리인이나 기타의 취소권자도 취소하지 못한다.

제3관 주 소

Ⅰ. 총 설 [200]

1. 의 의

주소는 「생활의 근거되는 곳」이며(18조 1항), 주소는 「두 곳 이상 있을 수 있다」(동조 2항).

(1) 무엇을 주소의 기준 내지 요건으로 할지 그리고 복수의 주소를 인정할지 등에 관하여 다음과 같은 입법주의가 나누어진다.

(가) **형식주의 · 실질주의** 주소를 정하는 기준으로서는 본적 등 형식적 기준에 따라서 획일적으로 정하는 형식주의와, 생활의 실질적 관계에 기하여 결정하는 실질주의가 있다. 오늘날의 생활관계는 다양하여 각지 · 각소에 산재되므로 거의 모든 나라들이 실질주의를 채택하고 있다.

(나) **의사주의 · 객관주의** 주소결정에 관하여는 定住의 「사실」만을 요건으로 하는 객관주의와, 그 외에 정주의 「의사」를 필요로 하는 의사주의가 있다. 프랑스민법(130조, 105조), 독일민법(9조, 11조), 스위스민법(23조 1항)은 의사주의를 채택하고 있는 것으로 해석된다.

(다) **단일주의 · 복수주의** 주소의 개수에 관하여는 단일주의와 복수주의가 있으나, 오늘날 생활관계가 다양하여 복수주의가 일반적인 입법례이다.

(2) 민법은 실질주의 및 복수주의를 취하고 있다. 그 밖에 주소의 요건에 관해서는 명언하지 않으나, 의사주의를 취하는 경우에는 의사무능력자를 위하여 이른바 법정주소를 두지 않으면 안 되는데, 민법은 법정주소에 관한 규정을 두고 있지 않으므로 객관주의를 취하고 있다고 할 수 있다. 요컨대 우리 민법에서는 생활의 근거라는 실질만 있으면 그 곳이 주소가 되고 그 외에 그 곳을 주소로 신고할 필요가 없으며, 또 그 곳을 주소로 하려는 의사가 있어야 하는 것도 아니다. 또 생활의 근거되는 곳이 여러 개인 때에는 그 여러 곳이 모두 주소가 된다.

[201] ## 2. 주소와 구별할 개념

주소와 구별할 개념으로 본적지 · 주민등록지 · 사업소 · 영업소 등이 있다.

(1) 본적지 또는 등록기준지 본적지라 함은 종래의 호적법상의 관념으로서, 친족법상의 「家」의 주소지를 말한다. 본적지는 재산법상 별 의미가 없고 단지 사람을 특정하는 의미를 갖는다. 현재는 호적제도가 폐지되어 호적부가 가족관계등록부로 대체되었으며(가족관계등록법 참조), 그리하여 종래의 본적지는 가족관계등록기준지로 되었다.

(2) 주민등록지 주민등록지는 30일 이상 거주할 목적으로 특정한 장소에 주소 또는 거주를 갖는 자가 주민등록법에 의하여 등록하는 장소를 말한다(동법 6조, 10조). 이와 같이 주민등록지는 위 법에 따라서 주민등록을 한 곳일 뿐이고, 실제로 그곳에서 생활해야 주민등록지로 삼을 수 있는 것은 아니다. 그리고 주민등록법은 주민의 거주관계 등 인구의 동태를 명확하게 파악하려는 행정목적을 위하여 만들어진 법이므로, 주민등록지는 공법상의 개념이다(그리하여 동법 23조는 주민등록지를 공법관계에서의 주소로 한다고 규정한다). 그러므로 여기에 사법적 법률효과가 부여되는 것은 이의 성질에 맞지 않는다. 그러나 법률 중에는 주민등록을 사법적 법률효과의 발생요건으로 규정한 것이 있다(주택임대차보호법 3조 참조). 그 외에 반증이 없는 한 주민등록지가 주소로 사실상 추정된다.[1)]

(3) 사무소 · 영업소 사무소는 사람이 사무를 집행하는 장소를 말한다(특히 법인에 관하여 40조, 49조, 51조 등 참조). 영업소라 함은 영업을 하는 장소로서 본점과 지점이 있다.

(4) 그 외에도 국제사법에서는 본국(동법 3조, 11조, 13조 등) · 법률행위지 (동법 15조, 17조, 11조, 37조 등) · 재산소재지(동법 19조, 민법 467조, 700조 및 민소법 10조 등도 참조) · 목적지(동법 22조) · 침해지(동법 24조)가 준거법으로서 중요한 기능을 담당한다.

[202] ## 3. 주소의 법률상의 효과

(1) 민법이 주소에 부여하는 법률효과로는 다음과 같은 것이 있다.

(i) 부재 및 실종의 표준(22조, 27조)

(ii) 채무이행의 장소를 정하는 표준(467조)

(iii) 상속의 개시지(981조, 998조)

(2) 다른 법률이 주소에 부여하는 법률효과로는 다음과 같은 것이 있다.

(i) 재판관할의 표준(민소법 2조 · 3조, 비송법 33조, 75조, 채무자회생 및 파산에 관한 법률 3조, 가소법 13조, 22조, 26조, 30조, 가소규 70조). 즉 예컨대 민사소송은 원칙적으로 피고의 주소가 있는 곳의 법원이 관할하므로, 원고는 그 법원에 소송을 제기해야 한다.

---

1) 곽윤직, 179면; 이영준, 883면.

(ii) 재판상의 기간의 伸張 및 부가의 표준(민소법 172조)

(iii) 문서의 송달장소(민소법 183조, 국세기본법 8조). 즉 예컨대 민사소송상의 서류나 세금고지서 등은 수령인의 주소로 송달해야 한다.

(iv) 국제사법상의 준거법을 정하는 표준(국제사법 3조 2항, 14조, 48조 2항). 다만 국제사법은 주소라는 용어 대신에 「常居所」라는 용어를 사용하면서, 일정한 사항에 관해서 상거소를 준거법으로 규정한다. 그런데 이는 민법상의 주소에 해당한다. 그리하여 예컨대 한국인 갑과 외국(K국)인 을이 우리 나라에서 계약을 체결하였는데 이들의 자국법이 행위능력에 관하여 달리 규정하는 경우에, 행위능력은 각자의 본국법에 의하나(국제사법 13조 1항 본문), 우리나라에 상거소가 있는 외국인에 대해서는 우리 법에 의하여 한정치산선고 혹은 금치산선고를 할 수 있다(동법 14조. 따라서 예컨대 갑은 21세이고 을은 18세인데 K국의 법에 의하면 19세 미만은 미성년자인 때에는 을은 자국법에 의하여 행위무능력자가 된다. 만약 갑과 을이 모두 30세이나 을이 우리 민법상의 금치산자의 요건을 갖춘 경우에, 우리 법에 의하여 금치산선고를 할 수 있다).

(v) 어음행위의 장소(어음법 2조 3항, 4조, 21조, 76조 3항, 수표법 8조)

(vi) 귀화 및 국적회복의 요건(국적법 5조 1호, 6조, 7조, 11조)

Ⅱ. 거소 · 현재지 · 가주소 [203]

1. 거 소

(1) 의 의 사람이 다소의 기간 계속해서 거주하지만, 토지와의 밀접의 정도가 주소만 하지 못한 장소를 居所라고 한다. 다른 곳에 주소를 가지는 경우도 있고, 전혀 주소를 가지지 않는 경우도 있다.

(2) 거소의 효과 다음의 두 가지 경우에 거소를 주소로 본다(즉 주소에 관하여 생기는 법률효과가 거소에 관하여 생긴다)

(가) 주소를 알 수 없는 경우(19조) 주소가 전혀 없는 경우와 있어도 알 수 없는 경우를 포함한다.

(나) 국내에 주소가 없는 경우(20조) 그러한 자가 대한민국의 국민이든 외국인이든 묻지 않는다.

2. 현 재 지 [204]

토지와의 관계가 거소보다도 더욱 얕은 장소를 거소와 구별하여 현재지라고 부르는 수가 있다. 예컨대 여행자가 일시 체재하는 곳이 그 예이다. 그러나 이론상 거소와 현재지를 구별하는 것은 가능하지만, 법률이 거소라고 하는 경우에 현재지를 배척하는 취지이냐 여부는 각 경우에 따라서 판단해야 한다(19조, 20조는 현재지도 포함한다. 민소법 2조의 거소는 현재지를 배척하는 취지일 것이다. 그러나 현재지라고 하는 말은 근래의 법률에서는 사용 되는 일이 거의 없다).

[205] ### 3. 가 주 소

당사자는 어떤 거래에 관하여 일정한 장소를 선정하여 假住所로 할 수 있다. 이 경우에는 그 거래관계에 관하여 가주소를 주소로 본다(21조). 따라서 주소에 관하여 생기는 效과가 가주소에 관하여 생긴다. 가주소는 당사자의 의사에 기하여 거래의 편의를 위해서 정해지는 것이며, 생활의 실질과는 관계가 없다. 따라서 엄격한 의미에서 주소의 일종은 아니다.

제4관 부재와 실종

[206] ### 제1항 서 설

어떤 사람이 주거를 떠나서 용이하게 돌아올 가능성이 없는 때에는, 그의 남겨진 재산의 朽廢를 방지하기 위해서도 또 잔존배우자나 상속인의 이익을 위해서도, 어떤 조치를 강구할 필요가 있다. 민법은 「부재와 실종」이라는 제도를 두어 이 문제를 해결하고 있다(22조~29조). 이 제도는 그러한 사람을 2기로 나누어, 제1기에서는 그가 아직 생존하고 있다고 추측하여 그의 잔류재산을 관리해 주면서 그가 돌아오는 것을 기다리고, 제2기에서는 일정한 절차에 따라서 사망한 것으로 취급하여 법률관계를 확정하고, 다만 후일에 돌아온 경우에 이전의 법률관계를 부활 환원한다는 방법을 취한다. 이 중 제1기를 「부재」라고 하고, 제2기를 「실종」이라고 한다.

부재 및 실종은 가정법원의 관할에 속한다(가소법 2조 1항 (나) (i) ii호, iii호).

부재자에 관하여 어떤 조치를 강구하는 일은 로마법 이래로 각국의 법률이 취하는 바이다. 근세의 대륙법에서는 대체로 프랑스민법과 독일민법이 나누어져, 전자는 부재자의 歸來의 가망성이 적어짐에 따라서 점차로 잔존자의 권리를 증가시키지만, 끝까지 부재자에 관하여 사망의 선고를 하지 않는 입장이다(동법 112~143조). 후자는 일정한 조건하에 사망 또는 실종의 선고를 하는 입장이다. 독일민법은 제1911조에 부재자관리인(Abwesenheitspfleger)에 관하여 규정하고, 사망선고(Todeserklärung)에 관하여는 실종법(Verschollenheitsgesetz 1951. 1. 15)에 규정하고 있다(특히 동법 2~9조 참조). 그리스민법은 대체로 독일민법과 같다. 즉 동법 제1701조에 독일민법 제1911조와 같은 취지의 규정(부재자 후견인)을 두고 제40조~50조에 실종선고(Verschollenheiterklärung)에 관하여 규정하고 있다. 스위스민법도 독일법과 대체로 비슷하다. 즉 동법 제393조 제1호에 부재자에 대한 후견(Beistandschaft)에 관하여 규정하고 제35조~제38조에 실종선고에 관하여 규정한다. 이탈리아민법도 대체로 독일 · 스위스 등과 비슷하다. 다만 관리인에 관한 규정과 사망선고 또는 실종선고에 관한 규정의 위치가 멀리 떨어져 있지 않고 제48조~제57조에 부재자관리인에 관하여 규정하고, 제58조~제68조에 사망추정선고에 관하여 규정한다. 독일의 사망선고의 효과도 사망한 것으로 추정하는 데 지나지 않으므로(독 실종법 9조), 이탈리아민법의 사망추정선고는 실질적으로 독일의 사망선고와 다른 바가 없다고 해도 무방할 것이다. 우리 민법의 규정은 후자의 군에 속한다.

제2항 부재자의 재산관리

I. 총 설 [207]

1. 부재자의 의의

부재자라 함은 종래의 주소 또는 거소를 떠나서 용이하게 돌아올 가능성이 없는 자이다(22조). 원래 부재자제도는 그의 잔류재산을 관리하기 위한 것이므로, 부재자인가를 판단함에 있어서는 그의 잔류재산을 관리할 필요성이 있는가 하는 점을 함께 고려하여야 한다.[1)]

부재자는 生死不明 여부와 무관하다. 즉 생사불명이어야 부재자가 되는 것은 아니다. 그리고 생사불명인 자도 실종선고를 받을 때까지는 역시 부재자이다.

부재자는 성질상 자연인에 한한다.[2)]

2. 부재자에 대한 민법의 태도 [208]

부재자제도는 그의 잔류재산을 관리하기 위한 것이다. 따라서

(1) 부재자에 관하여 법률상 당연히 그 재산을 관리할 권한이 있는 자(친권자·후견인)가 있는 경우에는, 부재자로서 특별한 조치를 강구할 필요는 없다. 또 이러한 법정의 재산관리인이 사망하거나 또는 권한이 소멸하더라도 친족편의 규정에 의하여 후임자가 정해지는 것이 보통이다. 따라서 이러한 경우에는 총칙편의 부재자에 관한 규정이 적용될 여지는 없다. 친족편에 의하여 후임자를 정할 길이 없는 경우에 한하여 총칙편의 적용을 받을 뿐이다.

(2) 총칙편의 부재자에 관한 규정이 적용되는 경우는 부재자에게 이러한 법정의 재산관리인이 없는 경우이다. 그러나 이때에도 부재자가 스스로 재산관리인을 두고 있는 경우에는 국가가 부재자의 재산관리에 간섭할 필요가 없다. 다만 이 경우에도 부재자가

---

1) 대판 1960. 4. 21. 4292민상252[요지 제22조, 4]는 해외 유학생이 해외에서의 소재가 분명할 뿐 아니라 그의 재산을 국내에 있는 사람을 통하여 직접 관리하고 있는 때에는 그를 부재자라고 할 수 없다고 한다.

2) 대결 1965. 2. 9. 64스9[요지 제22조, 7].

생사불명이 된 때에는 재산관리인이 부재자의 이익보호에 소홀할 우려가 있으므로 국가의 간섭이 필요하다. 여기에서 민법은 부재자가 스스로 관리인을 둔 경우와 그렇지 않은 경우를 구별하여, 후자의 경우를 주로 규율하고 전자의 경우에는 단지 부득이한 경우에 한하여 규율한다. 따라서 두 경우를 나누어 설명하는 것이 편의하다.

[209] Ⅱ. 부재자 자신이 관리인을 두지 않은 경우

1. 재산관리에 필요한 처분

가정법원은 이해관계인 또는 검사의 청구에 의하여 재산관리에 관하여 필요한 처분을 명하여야 한다(22조 1항 전문. 한정치산·금치산 선고의 청구권자와 다름을 주의).

(1) 「이해관계인」은 부재자의 재산을 관리하는 자가 없는 것에 법률상의 이해관계를 가진 자를 널리 포함한다(예컨대 부재자의 채권자·보증인 등. 그러나 친구·이웃 사람 등은 「법률상의 이해관계」를 가지는 것이 아니므로 이에 해당되지 않는다). 그리고 예컨대 부재자에게 부모 또는 자가 있는 경우에는, 부재자의 자매는 이에 해당되지 않는다([219] 주 1의 86스20 참조). 검사를 청구권자에 넣은 것은 공익에 관한 일이기 때문이다.

(2) 가정법원이 명할 수 있는 「재산관리에 필요한 처분」으로는 재산관리인의 선임(가소규 41조)·잔류재산의 경매(가소규 49조) 등이 있다. 그러나 가장 보통의 방법은 재산관리인의 선임이다. 그리하여 민법 및 가사소송규칙은 이에 관하여 상세한 규정을 두고 있다. 이하에서는 선임된 재산관리인에 관하여 살펴본다.

[210] 2. 재산관리인(管財人)

(1) 지위 등

(가) **법정대리인 유사** 관재인은 부재자의 재산관리에 필요한 법률행위를 부재자에 대신하여 행하며, 그 법률효과는 직접 부재자 본인에게 귀속된다. 이런 점에서 관재인의 지위는 대리인, 이 중에서도 부재자 본인의 의사에 기하여 선임된 것이 아닌 점에서 법정대리인에 유사하다. 그러나 대리인은 본인의 이름으로 법률행위를 하는 것이나, 관재인은 이를 관재인 자신의 이름으로 행하는 것이므로, 엄격히는 대리인은 아니다.

(나) 그 외에 관재인의 지위 혹은 직무에 관한 것으로서,

(a) 관재인은 언제든지 사임할 수 있으며, 가정법원도 언제든지 개임할 수 있다(가소규 41조, 42조).

(b) 관재인은 관리할 재산목록을 작성해야 하고(24조 1항, 가소규 47조, 48조), 재산의 관리 및 반환에 관하여 상당한 담보를 제공하는(26조, 가소규 45조, 46조) 등의 의무를 진다. 그 외에도 관재인은 부재자가 선임한 것이 아니므로 관재인과 부재자 사이에 사법상의 위임계약관계가 있는 것

은 아니지만, 직무의 집행에 관하여 수임인과 동일한 의무를 진다고 할 것이다.

(C) 가정법원은 관재인에게 부재자의 재산으로 상당한 보수를 지급할 수 있다(26조 2항). 그 외에도 관재인은 부재자를 위하여 지출한 필요비 및 그 이자의 반환, 과실 없이 받은 손해의 배상 등을 청구할 수 있다 할 것이다(688조).

(2) 권 한 관재인이 제118조에 규정한 권한을 넘는 행위를 함에는 법원의 허가를 얻어야 한다(25조). 따라서 관재인의 권한은 원칙적으로 관리행위에 한정되며, 처분행위는 법원의 허가를 받아야 비로소 할 수 있다. [211]

(가) 어떤 행위가 관리행위에 해당하는가 하는 점에 관하여는 종종 문제가 생긴다.[3] 화해가 부재자의 권리보존에 필요한 것이면 관리행위에 해당한다.[4] 그러나 재판상 화해는 법원의 허가를 받아야 하는 것으로서, 그렇게 하지 않은 경우에는 재심사유가 된다.[5] 그 외에 관재인이 부동산의 매각을 허가받은 경우에는, 이를 매도담보 또는 대물변제로 제공하거나 이에 저당권을 설정함에는 다시 법원의 허가를 받을 필요가 없다.[6]

(나) 법원의 허가는 장래의 처분행위에 대해서뿐만 아니라, 관재인이 권한없이 행한 기왕의 처분행위에 대하여도 행해질 수 있다. 이때에는 법원의 허가는 위 처분행위를 추인하는 행위로 된다(즉 관재인이 임의로 행한 처분행위에 관하여 후에 법원의 허가를 받아 이를 유효로 할 수 있다).[7] 그리고 이와 같이 관재인이 먼저 권한 초과의 처분행위를 하면서 상대방에게 법원의 허가를 받을 것을 약정하였는데 관재인이 이를 이행하지 않는 경우에는, 상대방은 허가신청절차의 이행을 소구할 수 있다.[8]

(다) 관재인이 법원의 허가를 받고 행한 처분행위는 그 후 실종선고 등이 내려지더라도 그 효력에 영향을 받지 않는다. 즉 예컨대 후에 실종선고로 인하여 그 처분재산이 부재자의 상속인의 소유로 되더라도, 이미 행해진 관재인의 처분행위는 그대로 유효하다. 다만 이는 선임 취소의 효과의 문제로서 살핀다([214]).

3) 부재자의 재산에 관한 임료청구 또는 손해배상청구(대판 1957. 10. 14. 4290민재항104[요지 제25조, 6]), 부재자의 부동산에 관하여 행해진 소유권이전등기의 말소청구나 이의 인도청구(대판 1964. 7. 23. 64다108[집 12-2, 민 67]) 등은 관리행위에 속한다.

4) 대판 1962. 11. 1. 62다582[요지 제25조, 11].

5) 대판 1968. 4. 30. 67다2117[집 16-1, 민 292]. 재판상의 인낙도 동일(대판 1968. 12. 3. 68다1981[집 16-3, 민 272]).

6) 대판 1957. 3. 23. 4289민상677[요지 제25조, 5].

7) 대판 1982. 9. 14. 80다3063[집 30-3, 민 25]; 대판 1982. 12. 14. 80다1872,1873[집 30-4, 민 115]. 그 외에 대판 1956. 10. 19. 4289민재항23[요지 제25조, 4]는, 법원의 허가에는 일정한 제한이 붙여질 수 있다고 하면서, 그러나 법원의 허가결정에 「금융기관에 담보로 융자함을 허용한다」는 제한이 있은 경우에, 관재인이 은행 아닌 자에게 담보를 제공하여 융자를 받더라도 이는 제한의 취지에 위배한 것이 아니라고 한다.

8) 대판 2000. 12. 26. 99다19278.

[212] **(3) 위반행위의 효력** 이는 두 가지로 나누어 살핀다.

(가) 우선 관재인이 법원의 허가 없이 처분행위를 한 경우이다. 그러한 행위는 권한을 넘은 것으로서 무효임은 자명하다.[9] 그러면 이러한 월권행위에도 제126조가 적용된다고 할 것인가? 법정대리에도 제126조가 적용된다고 하게 되면 이론상으로는 이를 긍정할 수 있다. 그러나 실제로는 상대방으로서는 그 행위에 관하여 법원의 허가가 있었는지를 알 수 있었기 때문에, 신뢰의 정당성이 인정되지 않아 표현대리의 성립이 부인될 것이다.

(나) 다음으로 관재인이 법원의 매각처분허가를 받은 재산을 부재자의 재산관리와 무관하게 처분한 경우이다. 즉 법원의 허가를 얻어 처분행위를 하였지만 그 처분행위가 부재자를 위한 것이 아닌 경우에, 그 행위는 유효한가? 예컨대 관재인이 부재자의 재산관리를 위하여 필요하다고 하면서 법원으로부터 X부동산의 매각처분에 관하여 허가를 받고는 부재자와 아무런 관계가 없는 남의 채무의 담보를 위하여 위 부동산에 근저당권을 설정한 경우에, 그 저당권설정행위는 유효한가? 판례 중에는 그러한 행위는 권한을 넘은 것으로서 무효라고 한 것이 있다.[10] 그러나 처분행위의 효력을 법원의 허가 여부뿐만 아니라 그것이 실제로 부재자의 이익을 위한 것인가 하는 점에 매이도록 하는 것은 처분행위에 법원의 허가를 거치도록 하는 법의 취지를 넘어서는 것이 아닐까? 또한 이는 지나친 간섭 내지 후견이 아닐까? 이런 점에서 위의 판례의 타당성은 의문이다.[11]

[213] ## 3. 관리의 종료

(1) 부재자를 위한 재산관리가 불필요하게 된 경우에는 관리를 종료시켜야 한다. 그리하여 민법은 「본인이 스스로 재산관리인을 정한 때」에는 법원은 일정한 자(본인, 재산관리인, 이해관계인 혹은 검사)의 청구에 의하여 그 명한 처분명령을 취소 — 대부분 관재인 선임명령의 취

---

9) 대판 1960. 4. 21. 4292민상252[요지 제25조, 8].

10) 대판 1976. 12. 21. 75마551[집 24-3, 민 470]. 즉 그러한 처분행위(근저당권설정행위)는 부재자를 위한 것이라 볼 수 없을뿐더러, 부재자를 위하는 뜻에서 한 법원의 처분허가 취지에도 어긋나므로 허용된 권한을 넘는 무효의 처분이라고 한다. 그리고 나아가 이와 같이 부재자와 아무런 관계가 없는 남의 채무의 담보만을 위하여 부재자 재산에 근저당권을 설정하는 행위는 보통 있을 수 없는 드문 처사라 할 것이니, 상대방으로서는 관재인에게 권한이 있다고 믿은 데 정당한 이유가 없다고 하여, 표현대리의 성립도 부인한다. 그런데 앞의 주 86에서 소개한 4289민상677의 사안도 부재자의 처인 재산관리인이 자녀의 교육비 등을 염출하기 위하여 처분한다는 이유로 법원의 매각허가를 받은 부동산을 자녀교육비와는 아무런 관련이 없는 타인의 채무에 대물변제한 사안인데, 판결은 매각허가를 받은 부동산을 대물변제함에는 다시 법원의 허가를 받을 필요없다고 하여 유효라고 한다. 양자는 서로 충돌되는 것이 아닐까?

11) 이와 달리 최공웅, 부재자재산관리인의 처분권한초과행위와 표현대리, 민사판례연구 1집(1979), 11면 이하는, 부재자의 재산관리제도의 취지를 근거로 위 판결에 찬동한다.

소 — 해야 한다고 규정한다(22조 2항). 그러나 그외에 「본인이 스스로 재산을 관리할 수 있게 된 때」 그리고 「본인에 대한 실종선고가 있은 때」 역시 더 이상 재산관리가 불필요하다. 따라서 이러한 경우에도 마찬가지로 명한 처분명령을 취소해야 한다(가소규 50조는 이러한 경우를 규정).

(2) 관재인의 선임결정이 취소되지 않는 한, 부재자의 사망이 확실시되더라도 그 관재인의 권한은 소멸하지 않는다.[12]

(3) **선임취소의 효력** 선임결정이 취소되더라도 취소의 효력은 장래에 향해 [214]
서만 생기는 것이며 소급효가 없다. 따라서 취소가 있을 때까지 관재인이 행한 행위는 유효하다.[13] 그러므로 관재인이 권한초과의 처분행위를 허가받고 그 선임결정이 취소되기 전에 처분행위를 한 경우에는, 비록 그것이 부재자에 대한 실종선고기간이 만료된 뒤에 행해진 것이더라도(따라서 처분행위가 부재자가 아니라 그의 상속인의 재산에 대한 것이 되더라도) 유효하고, 따라서 그 권한행사의 효과는 이미 사망한 것으로 되는 실종자의 재산상속인에게도 미친다.[14]

문제되는 것은, 관재인이 부재자에 대한 실종선고가 신청되어 곧 실종선고가 내려지리라는 사정 혹은 부재자가 사망하였다는 사실을 알면서도 법원의 허가를 얻어 부재자의 재산을 처분하는 경우에도 그 행위를 유효하다고 할 것인가 하는 점이다. 판례는 이를 긍정한다.[15] 판례의 태도는 취소에 소급효가 없다는 점에서 본다면 이론상으로는 타당하다. 그러나 그러한 행위를 유효로 하는 것이 부재자의 재산관리제도의 취지에 맞는지 의문이다. 더욱이 이는 다른 한편으로 관재인이 법원의 매각처분허가를 받은 재산을 부재자의 재산관리와 무관하게 처분한 경우에 그 처분행위는 권한을 넘는 것으로서 무효라고 하는 판례의 태도(그리고 표현대리의 성립도 부인 — 전술 주 10의 75마551)와 — 비록 모순되지는 않는다고 하더라도 — 조화되지 않는다. 생각건대 위와 같은 행위는 관재인이 법원의 허가를 부당하게 편취한 것으로서 신의칙에 반하는, 혹은 「부재자의 재산관리」라는 이 제도의 목적을 일

12) 대판 1967. 2. 21. 66다2352[집 15-1, 민 130]; 대판 1971.3.23. 71다189.

13) 대판 1966. 10. 4. 66다1587[요지 제22조, 9].

14) 대판 1970. 1. 27. 69다719[집 18-1, 민 21]; 대판 1975. 6. 10. 73다2023[집 23-2, 민 122]; 대판 1981. 7. 28. 80다2668[공 664, 14201] 등.

15) 대판 1971. 3. 23. 71다189[집 19-1, 민 241]. 이의 사안은 갑이 1949년에 행방불명되었고 그의 모 을이 재산관리인으로 선임되어 갑 소유의 이 사건 토지를 관리해 왔다. 그런데 1968. 9. 19.에 갑의 사망이 확인되었고, 따라서 이 사건 토지는 갑의 처 및 자식에게 상속될 것이었다. 그러자 을이 재산관리인 자격으로 법원의 허가를 얻어 1969. 1. 5.에 위 토지를 타인 병에게 매각하고 이전등기를 경료하였다. 그리하여 을의 병에게의 처분행위의 유효성이 문제되었다. 판결은, 법원에 의하여 부재자의 재산관리인으로 선임된 자는 그 부재자의 사망이 확인된 후라 할지라도 그에 대한 위의 선임결정이 취소되지 않는 한 관재인으로서의 권한이 소멸되는 것은 아니라고 하여, 을의 처분행위는 유효하다고 하였다.

탈한 권한남용이다. 따라서 이때에는 신의칙을 이유로 그 효력을 부인함이 타당할 것이다.

[215] Ⅲ. 부재자가 스스로 관리인을 둔 경우

(1) 원칙: 불간섭 부재자가 관리인을 둔 경우에는, 가정법원은 원칙적으로 부재자의 재산관리에 간섭하지 않는다.[16)]

부재자가 둔 재산관리인은 부재자의 수임인(680조)이며 또 임의대리인이므로, 권한의 범위는 양자 간의 계약에 의하여 정해진다.[17)] 다만 이것을 정하지 않은 경우에, 제118조의 적용이 있을 뿐이다. 그 밖에 관리인과 본인과의 관계에 관해서는, 일반적으로 위임과 임의대리의 규정이 적용된다.

[216] (2) 예외: 간섭 다음 경우에는 가정법원이 부재자의 재산관리에 간섭한다.

(가) 본인의 부재중에 본인이 둔 관재인의 권한이 소멸한 경우(22조 1항 후단). 이 경우에는 관재인이 없는 경우이기 때문이다. 이 경우에 법원이 명할 수 있는 처분, 그 방법, 선임된 관재인의 권한 등은 위에서 말한 바와 같다.

(나) 부재자의 생사가 불분명하게 된 경우(23조). 이 경우에는 관재인이 있음에도 법원의 간섭을 인정한 이유는, 관재인에 대한 부재자 본인의 감독이 미치지 못하게 되어 자칫 부적절한 재산관리가 행해질 수 있기 때문이다. 간섭의 방법으로서, 가정법원은 재산관리인, 이해관계인 또는 검사의 청구에 의하여 재산관리인을 개임할 수 있다(23조, 가소규 41조). 개임된 관재인의 지위 · 권한 등은 위에 말한 바와 같다.

제3항 실종선고

[217] Ⅰ. 의 의

실종선고란 부재자의 생사불명의 상태가 일정기간 계속된 경우에 가정법원의 선고

16) 대판 1973. 7. 24. 72다2136[집 21-2, 민 145]. 이는 갑(원고)이 1950. 9. 28.경 월북할 당시 자신의 부동산의 관리와 처분에 관한 대리권을 어머니 A에게 수여하였으며, 그리하여 A가 그 부동산을 을 등(피고)에게 처분하였는데, 후에 갑이 을에 대하여 위 부동산의 반환을 청구한 사안인데, 판결은 부재자로부터 재산처분권까지 위임받은 재산관리인이 그 재산을 처분함에 있어서는 법원의 허가를 받지 않아도 된다고 하여, 갑의 청구를 배척하였다.

17) 그러나 부재자로부터 재산관리처분권을 위임받은 사람이 법원으로부터 다시 재산관리인으로 선임된 경우에는 제25조에 따라 권한초과행위를 함에 있어서는 법원의 허가를 받아야 한다(대판 1977. 3. 22. 76다1437[집 25-1, 민 124]).

에 의하여 그를 사망한 것으로 의제하는 것이다. 실종선고에 의하여 상속인에게 상속이 개시되고 잔존배우자는 재혼할 수 있게 되는 등 실종자 및 주위의 이해관계자의 재산상 · 신분상의 법률관계가 확정된다.

이 제도는 특히 주위 사람들의 법적 불확실성을 해소하기 위하여 실제로는 살아있을지도 모르는 실종자를 사망한 것으로 취급하는 것으로서, 따라서 그 운영이나 효과에 있어서 신중을 기해야 할 것이다. 입법례 중에는 실종선고 혹은 사망선고를 하지 않거나 혹은 실종선고를 하더라도 단지 사망한 것으로 추정하는 것이 많은 것은 이러한 이유에서이다([206] 참조). 그런데 우리 민법은 실종선고를 인정할 뿐만 아니라, 이의 효과로서 사망한 것으로 간주한다. 이러한 입법 때문인지는 몰라도, 해석론 중에는 거래안전을 위하여 실종자의 이익을 희생시키고자 하는 견해가 제시된다. 과연 이러한 해석론이 타당한지 의문이다(이의 구체적 내용은 실종선고 취소와 관련되므로, 그 부분에서 살핀다[228]).

Ⅱ. 요 건 [218]

다음의 요건을 필요로 한다. 이 요건이 갖추어진 경우에는 법원은 반드시 실종선고를 하여야 한다.

1. 실질적 요건

(1) 부재자의 생사불명 부재자의 생사가 분명하지 않아야 한다. 생사불명이란 생존의 증명도 사망의 증명도 할 수 없는 것을 말한다.

(2) 실종기간의 경과 생사불명의 상태가 일정기간 계속되어야 한다. 이 기간을 실종기간이라고 한다. 실종기간 및 그 기산점은 통상적인 보통실종과 사망의 개연성이 높은 특별실종에 따라 다르다.

(가) 보통실종 실종기간은 5년이다(27조 1항). 이의 기산점은 부재자가 생존하고 있다고 알려진 최후의 시기(최후의 소식이 있은 때)이다.

(나) 특별실종 실종기간은 1년이다. 특별실종의 내용 및 기산점은 다음과 같다.

ⓐ 전쟁실종, 즉 「戰地에 임한 자」는 「전쟁종료」 때부터 기산한다. 전지에 임한 자이므로, 군인뿐만 아니라 종군기자나 일반인도 여기에 포함된다. 전쟁이 종료한 때라 함은 전쟁 자체가 끝난 때, 즉 예컨대 停戰 · 휴전선고 · 항복선언을 한 때를 말하고, 개개의 전투가 끝난 때를 말하는 것이 아니다. 6 · 25로 인한 한국전쟁의 경우 1953. 7. 27.의 휴전협정으로 전쟁이 종료한 것이 된다. 다만 단지 그 시기 중에 납북된 자는 전지에 임한 자가 아니다.

(b) 선박실종, 즉 「침몰한 선박중에 있던 자」는 「선박의 침몰」 때로부터 기산한다.

(c) 항공기실종, 즉 「추락한 항공기중에 있던 자」는 「항공기의 추락」 때로부터 기산한다.

(d) 그 외의 위난실종, 즉 「기타 사망의 원인이 될 위난을 당한 자」, 예컨대 지진 · 홍수 · 공장폭발 · 화재 등을 당한 자는 그 「위난이 종료」한 때부터 기산한다(27조 2항).

[219] 2. 형식적 요건

(1) 일정한 자의 청구 이해관계인이나 검사의 청구가 있어야 한다(27조 1항 · 2항). 이해관계인의 의의[1] 및 검사를 청구권자로 한 취지 등은 전술한 부재자의 재산관리([209])에서와 같다. 실종선고의 관할법원은 부재자의 주소지의 가정법원이다(가소 2조 1항 나 (1) 3호, 44조 1호).

(2) 공시최고 법원은 선고를 하기 전에 반드시 공시최고의 절차를 거쳐야 한다(즉 실종선고의 청구를 받은 가정법원은 6개월 이상의 공고를 하여 부재자 및 부재자의 생사를 알고 있는 자에 대하여 신고하도록 촉구하고, 이 공시최고기간이 지나도록 신고가 없는 때에 비로소 실종선고를 한다(가소규 54조, 55조, 26조).

[220] Ⅲ. 효 과

실종선고를 받은 자는 일정한 시기에 사망한 것으로 본다(28조).

1. 간 주

사망한 것으로 「본다」는 것은 「간주」한다는 것이다. 따라서 선고 후에 실종자가 생존한다(혹은 다른 시기에 사망하였다)는 사실이 밝혀지더라도 그러한 입증(반증)을 통하여 선고의 효과를 다투지 못한다. 사망이라는 효과를 뒤집으려면 실종선고 자체를 취소해야 한다. 즉 선고가 취소되지 않는 한 사망의 효과는 그대로 존속한다. 실종선고의 효과로서 많은 입법례는 사망한 것으로 「추정」하지만(독일실종법 9조, 스위스민법 38조 등), 우리 민법은 간주하는바, 대부분의 학설은 이러한 간주주의는 사람의 생사에 관한 법률관계를 획일적으로 다루는 점에서 타당한 입법이라고 한다.[2]

선고의 효과는 모든 사람에 대하여 생긴다. 즉 절대적 효력을 가진다.

---

1) 대판 1986. 10. 10. 86스20[집 34-3, 275]은, 부재자의 모가 있는 경우에는 부재자의 자매로서 제2순위 상속인에 불과한 자는 부재자에 대한 실종선고 여부에 따라 상속지분에 차이가 생긴다 하더라도 이는 부재자의 사망간주시기에 따른 간접적인 영향에 불과하고 부재자의 실종선고 자체를 원인으로 한 직접적인 결과는 아니므로, 여기에서의 이해관계인이 되지 않는다고 한다. 동지: 대결 1980. 9. 8. 80스27[공 644, 13226].

2) 본서도 제9판까지는 이러한 입장이었다.

2. 사망의 의제시기 [221]

(1) 실종기간 만료시 실종선고를 받은 자가 사망한 것으로 의제되는 시기는 실종기간이 만료한 때이다(예컨대 보통실종의 경우, 1965. 2. 1.에 행방불명이 되어 1975. 3. 1.에 선고의 청구가 있었고, 동년 12. 1.에 실종선고가 있었다고 한다면, 실종기간 5년은 1970. 2. 1.로서 만료하므로(157조, 160조), 이 날 오후 12시가 사망시기로 된다).

사망으로 의제되는 시기에 관해서는 다음의 네 가지 방법을 생각할 수 있다. 제1은 최후 소식시(스위스민법 38조 2항) 혹은 위험발생시(독일실종법 9조 3항(위험실종의 경우)), 제2는 실종기간 중간시(독일실종법 9조 3항(보통실종의 경우)), 제3은 실종기간 만료시(독일실종법이 제정되기 전의 독일민법 18조 2항), 제4는 실종선고시(독일민법 제1초안, 오스트리아민법의 구규정)이다. 이 중 제1의 방법은 사실에 반할 우려가 크고, 사망한 시기가 선고시보다 크게 소급하므로 법률관계가 복잡하게 되어 제3자에게 뜻하지 않은 손해를 주기 쉽다. 제2의 방법도 제1의 방법과 비슷한 결점이 있다. 제 4 의 방법은 사망의 시기가 소급하지 않으므로 법률관계가 가장 간단명료하다. 그러나 사망의 시기가 당사자의 신청시기와 법원의 절차의 遲速에 의하여 달라진다는 결점이 있다. 이에 반하여 우리 민법이 취하는 제3의 방법은 그와 같은 결점이 없을 뿐만 아니라, 사망의 시기가 소급하는 기간이 상대적으로 그리 길지 않은 점에서 비교적 결점이 가장 적다. 다만 위난을 만나서 행방불명으로 된 자에 관하여 위난으로 사망한 것으로 보지 않고 위난이 종료한 후 일정기간이 지난 후에 사망한 것으로 보는 것은 사실에 반하는 일이 많을 것이다.

(2) 사망시기의 소급 사망시기를 실종기간 만료시로 하더라도 사망의 시기 [222]
가 실종선고보다 상당 기간 앞으로 소급하므로, 그 사이(실종기간 만료 이후 선고시까지)에 행해진 행위의 효력이 문제될 수 있다. 그런데 이러한 문제는 대부분 부재자제도에 의하여 규율된다. 즉 부재자의 재산을 처분하기 위해서는 법원의 허가를 받아야 하고, 허가에 기해서 행한 처분행위는 후에 실종선고가 내려지더라도 유효하다. 반면에 법원의 허가 없이 행한 처분행위는 무효이다(이 경우 표현대리가 성립하지 않음은 전술하였다([212])). 따라서 실제로는 그러한 문제가 거의 생기지 않는다.

실종선고로 인한 사망시기가 소급함으로써 제3자가 뜻하지 않은 손해를 입을 수 있는바, 이러한 문제를 해결하기 위하여 제129조의 표현대리 규정을 유추적용해야 한다고 하는 견해가 있다.[3] 그런데 실종자의 재산을 처분하는 경우에는 앞서 본 바와 같이 부재자제도에 의하여 규율되므로, 실제로 선의의 제3자의 보호문제가 생기는 경우는 단지 제3자가 실종자의 재산에 대하여 일정한 행위를 한 때일 것이다. 즉 예컨대 부재자(채무자)의 채권자가 실종기간이 지난 후에 부재자의 잔류재산에 대하여 강제집행하였는데 그 후 부재자에 대하여 실종선고가 내려진 경우에, 그 강제집행은 상속인의 재산에 대하여 행해진 것이 되어 무효로 되므로 일응 제3자 보호의 문제가 생길 것이다. 그러나 표현대리는 대리인이 권한없이 본인의 법률행위를 대리한

---

3) 고상용, 99면; 장경학, 253면.

경우에 관한 것이므로, 이러한 경우에 표현대리가 적용될 수는 없다. 따라서 위 견해의 타당성은 의문이다.[4)]

[223] ### 3. 사망 의제의 범위

(1) 실종선고에 의하여 사망으로 의제되는 효과는, 종래의 주소를 중심으로 하는 실종기간 만료시까지의 사법적 법률관계에 미친다. 즉 (i) 실종자가 다른 곳에서 활동하는 경우에는, 그 곳에는 실종선고의 효과가 미치지 않는다(즉 다른 곳에서는 권리능력자로서 새로운 법률관계를 맺는다). (ii) 실종자가 후에 실종 전의 주소로 돌아온 경우에는, 비록 이전의 법률관계는 선고를 취소하지 않는 이상 부활하지 않지만, 돌아온 후의 새로운 법률관계는 선고를 취소하지 않더라도 유효하게 성립한다. (iii) 그 밖에 실종선고는 사법적 법률관계에 관한 것이므로, 공법(선거권이나 피선거권) 혹은 형법(범죄의 성립 여부 등)상의 법률관계에는 영향을 미치지 않는다.

(2) 따라서 실종자가 생존하고 있다면, 그는 여전히 권리능력을 가진다. 이런 점에서 실종선고는 실종자의 권리능력을 박탈하는 제도가 아님을 알 수 있다.

[224] ### 4. 생존의 추정

(1) 실종선고를 받은 경우에는 사망으로 보는 시기까지는 생존한 것으로 추정된다. 그러므로 실종자이더라도 실종선고가 없는 한 실종기간이 아무리 오래 경과하더라도 생존하여 있는 것으로 추정된다.[5)]

(2) 그러나 이 의미는 실종선고가 없는 한 실종자를 사망한 것으로 취급하여 그로 인한 법률효과를 확정할 수 없다는 것이고, 소송에서 예컨대 실종자가 사망하였을 개연성이 큰 경우에 법원이 그 상속인에게 실종자의 사망을 전제로 한 손해배상청구권을 인정할 수 없음을 뜻하는 것은 아니다.[6)]

그 외에 실종선고의 소송상의 효과에 관한 판례를 살펴보면,

① 부재자의 재산관리인에 의하여 소송절차가 진행되던 중 부재자에 대한 실종선고가 확정되면 그 재산관리인으로서의 지위는 종료되며, 상속인 등에 의한 적법한 訴訟受繼가 있을 때까지 소송절차가 중단된다.[7)]

---

4) 이영준, 895면은, 결과에서는 동지이나, 그 근거를 우리 민법은 거래안전보다는 구체적 타당성을 우선시켜 부동산물권변동에 관하여 공신의 원칙을 취하지 아니하였기 때문이라고 한다.

5) 곽윤직, 200면; 김용한, 139면; 김현태, 137면; 이영준, 896면. 대판 1960. 9. 8. 4292민상885[요지 제25조, 10] 역시 실종선고가 없는 한 실종자는 사망자로 간주되지 않는다고 한다.

6) 대판 1989. 1. 31. 87다카2954[집 37-1, 32]. 이의 사안은 강풍으로 배의 선원이 추락하여 실종되자 그의 유족이 실종자의 사망으로 인한 손해배상을 청구한 경우로서, 판결은 손해배상청구사건의 요건사실의 인정은 사실심 受訴法院의 판단에 의하는 것이므로, 법이 인정사망 · 위난실종선고 등의 제도를 마련해 놓았다 하더라도 그러한 제도에 의함이 없이 법원이 사망사실을 인정할 수 없는 것은 아니라고 한다.

7) 대판 1987. 3. 24. 85다카1151[공 800, 704].

② 그러나 실종선고가 확정되기 전까지는 실종기간이 만료된 실종자라도 소송상 당사자능력을 가진다. 따라서 그러한 실종자를 상대로 하여 제기된 소도 적법하다. 그러므로 그 실종자를 당사자로 하여 선고된 판결도 유효하며, 그 판결이 확정되면 기판력도 발생한다. 다만 위 소송이 실종자에 대하여 공시송달의 방법으로 소송서류가 송달되어 실종자를 피고로 하는 판결이 확정된 경우에는 실종자의 상속인은 실종선고의 확정 후에 실종자의 소송수계인으로서 위 확정판결에 대하여 소송행위의 추완에 의한 상소를 할 수 있을 뿐이다.[8]

Ⅳ. 실종선고의 취소 [225]

1. 의 의

실종선고의 취소는 실종선고를 처음부터 없었던 것으로 하는 것이다. 즉 실종선고로 인하여 발생했던 효력을 소급적으로 무효로 만드는 것이다. 실종선고가 내려지면 실종자는 사망한 것으로 「간주」되므로, 예컨대 실종자가 살아 돌아왔더라도 이로써 실종선고의 효력이 覆滅되어 상속인에게 돌아간 재산이 다시 생환자에게 복귀되지 않으며, 그렇게 하기 위해서는 이전에 내려졌던 실종선고를 없었던 것으로 해야 한다.[9] 이것이 실종선고의 취소이다. 이에 의하여 실종선고의 효과가 소급적으로 복멸되어 재산이 생환자에게 복귀된다.

2. 요건 및 절차 [226]

(1) 요 건

(개) 실질적 요건으로서, 다음 중의 하나가 증명되어야 한다(29조 1항 본문).

(a) 실종자가 현재 생존하고 있는 사실

(b) 실종기간이 만료한 때와 다른 때에 사망한 사실

(c) 실종기간의 기산점 이후의 어느 시기에 생존하고 있었던 사실. 제29조 1항 본문은 이것을 취소의 요건으로 규정하지는 않지만, 역시 이의 요건이 된다고 해야 한다. 왜냐하면 이러한 증명이 있으면, 이때부터 생사불명이 되어 새로 실종기간을 기산해야 하

---

8) 대판 1992. 7. 14. 92다2455[집 40-2, 203]. 이 사안은 사건 토지가 갑의 명의로 등기되어 있었고 갑이 사망한 후 그의 장남의 유처 을이 이를 상속하였는데, 을은 1945년 이래 생사불명이었고 1988년에 실종선고가 내려졌다. 그런데 갑의 종중이 1985. 6.에 위 토지는 종중의 소유이고 단지 갑의 명의로 등기되었을 뿐이라고 하여 을을 피고로 하여 이전등기의 소를 제기하였다. 이 소송에서 을에 대한 소송서류는 공시송달의 방법으로 송달되었으며 종중의 승소판결이 확정(이전등기 완료)되었다. 그러자 을의 상속인 병이 을의 실종선고절차를 취한 뒤, 위 종중으로의 이전등기는 死者를 당사자로 한 무효의 판결에 기한 것이라고 하여 이의 말소를 소구한 것이다. 이에 대하여 원심은 병의 청구를 받아들였으나, 대법원은 본문과 같이 판시하면서 원심을 파기하였다.

9) 대판 1994. 9. 27. 94다21542(실종선고 취소사유가 생겼다고 하더라도 실제로 실종선고가 취소되지 아니하는 한, 임의로 실종기간이 만료하여 사망한 때로 간주되는 시점과는 달리 사망시점을 정하여 이미 개시된 상속을 부정하고 이와 다른 상속관계를 인정할 수는 없다).

고, 따라서 사망시기가 다르게 되기 때문이다.

(나) 형식적 요건으로서, 본인 · 이해관계인 또는 검사의 청구가 있어야 한다(29조 1항 본문). 공시최고는 요건이 아니다.

(2) 절 차 실종선고의 취소는 선고의 경우와 마찬가지로 가정법원의 관할에 속하며, 그 절차는 가사소송법과 가사소송규칙에 의한다(가소법 2조 1항 (나) (1) iii호, 가소규 53조~59조).

[227] 3. 효 과

(1) 원 칙 실종선고가 취소되면 실종선고는 처음부터 없었던 것과 같이 된다. 즉 이 취소는 소급효를 가진다.

보다 구체적인 효과는 취소원인에 따라 다르다. (i) 실종자가 생존하고 있는 경우에는 그의 재산관계와 가족관계는 선고 전의 상태로 회복된다. 즉 실종선고를 원인으로 하는 상속으로 인하여 상속인에게 이전되었던 재산은 생존자에게 환원되고, 실종선고로 인하여 소멸한 신분관계는 부활한다. (ii) 실종선고에 의하여 사망한 것으로 의제되는 시기와 다른 시기에 사망한 경우에는, 그 시기를 표준으로 하여 다시 사망에 기한 법률관계가 확정된다. (iii) 실종선고의 기산점 이후에 생존이 증명된 경우에는, 일응 선고 전의 상태로 회복되나 이해관계인은 새로운 실종선고를 청구할 수 있다.

[228] (2) 예 외 이러한 효과를 철저히 하는 경우에는 실종선고를 믿고 행위한 자에게 불측의 불이익을 주게 된다. 그리하여 민법은 다음과 같이 취소의 효과를 제한한다.

(가) 「실종선고 후 그 취소 전에 선의로 한 행위의 효력에 영향을 미치지 아니한다」(29조 1항 단서).

(a) 요 건 본조가 적용되기 위한 요건은 다음과 같다.

(i) 법률행위가 「실종선고 후 그 취소 전」에 행해졌어야 한다. 따라서 실종선고 이전에 행해진 행위는, 그것이 실종기간 만료 전이건 후이건 불문하고 무효로 된다. 이와 같이 「실종선고 후」로 한 것은, 실종선고를 신뢰하여 이에 기초하여 자신의 법률관계를 구축한 자만이 보호받을 가치가 있기 때문이다.

(ii) 행위자가 「선의」이어야 한다. 즉 실종선고가 사실과 다르다는 점을 알지 못하였어야 한다. 선의 여부는 행위시를 기준으로 정해진다.

그러면 수인의 행위가 관련된 경우에 모든 관계당사자의 선의를 필요로 하는가? 우선 상대방 있는 단독행위의 경우, 즉 예컨대 상속인이 채무의 면제 · 해제 등을 한 경우에는 상속인의 선의만으로 족할 것이다.[10] 문제되는 것은 계약의 경우, 즉 예컨대 상속

10) 고상용, 107면; 곽윤직, 202면; 김용한, 143면; 황적인, 84면. 다만 채무면제의 경우에는 이의 상대방이 악의인 때에는 상대방은 악의의 수익자로서의 책임을 진다고 함이 타당할 것이다(김기선, 120

인이 상속재산을 양도한 경우(또 나아가 양수인이 이를 전매한 경우)이다. 이에 관해서는 견해가 대립된다. 즉 제1설은 모든 자의 선의를 필요로 한다고 한다.[11] 이에 대하여 제2설은 재산적 행위와 신분적 행위를 나누어, 후자에서는 양 당사자가 선의여야 하나 전자에서는 일방 당사자의 선의만으로 족하다고 한다. 즉 재산적 행위에 관해서는 일률적으로 효력을 결정할 필요가 없으며, 선의자에 대해서는 그 효력을 인정하고 악의자에 대해서는 무효로 하여, 관계당사자에 따라 개별적 · 상대적으로 그 효력을 정하는 것이 타당하다는 것이다.[12]

제2설은 선의의 거래자를 보다 더 보호하고자 하는 데 그 이유가 있다. 그러나 위 규정의 해석에서 그와 같이 거래이익을 보다 중시하는 것이 이 제도의 취지에서 볼 때 타당한지는 의문이다. 실종선고는 주위 사람들의 법률관계를 확정시키기 위하여 아직 생존할지도 모르는 실종자를 사망한 것으로 취급하는 부득이한 제도이고, 이의 취소는 실종자가 실제로 생존하고 있음이 밝혀져 그와 같은 조치를 없었던 것으로 하는 것이다. 그렇다면 그러한 조치로 인한 효과를 가능한 한 완전히 해소하여, 생존자가 이전에 쌓아올린 재산관계 · 신분관계는 가능한 한 그릇된 조치에 의하여 훼손되지 않도록 해야 할 것이다. 이런 점에서 실종선고 취소의 효과를 거래안전 보호와 조화되도록 제한적으로 해석하는 것은 실종선고제도의 취지에 맞지 않는 것이 아닐까? 다른 각도에서 보면, 제29조 1항 단서는 선의자에게 무효의 효력을 주장할 수 없게 하는 점에서 일응 의사표시에서의 선의 제3자의 보호규정(107조 2항, 108조 2항, 109조 2항, 110조 3항)과 공통점을 가지지만, 후자는 무효를 주장하는 자 스스로 결함있는 의사표시를 함으로써 제3자의 신뢰를 야기한 경우에 관한 것이다. 따라서 이 경우에는 그 표의자의 이익은 제3자 내지 일반적인 거래이익을 위해서 양보되어야 할 것이다(107조 이하가 거래보호를 위한 규정을 둔 것은 이러한 취지에 기한 것이며, 따라서 이러한 규정에서는 직접의 제3자의 선 · 악만이 문제되고 그 이후의 제3자(전득자)는 전자의 지위를 승계하는 것이므로, 만약 전자가 선의이면 후자는 선 · 악을 불문하고 규정의 적용을 받는다). 그러나 실종선고를 받은 생환자는 스스로 아무런 행위도 하지 않았음에도 잔존자의 보호를 위해서 자신의 이익을 희생당하는 자이다. 그렇다면 제29조 2항의 해석에서는 거래보호의 이익보다는 생환자의 이익을 중시하여 해석하는 것이 타당할 것이다. 이런 점에서 제1설이 타당하다고 생각한다.

(b) 효 과 위의 요건이 갖추어진 경우에는, 선의로 한 행위는 그 효력에 영향을 받지 않는다. 따라서 이와 양립할 수 없는 이전의 법률관계는 회복되지 않는다. 예컨대 실종자의 재산을 상속받은 자가 그 재산을 처분하였고 처분자 · 취득자 모두 선의

면; 김상용, 196면).

11) 곽윤직, 202면; 이영준, 890면; 장경학, 262면.

12) 김용한, 142면; 김주수 · 김상용, 149면; 황적인, 82면 이하. 그 외에 「선의」 여부를 상속인과 그로부터 상속재산을 취득한 상대방만을 기준으로 판단하여야 한다는 견해가 있다(고상용, 106면).

인 때에는, 비록 실종선고가 취소되더라도 그 처분행위는 유효하다. 또 배우자가 실종선고 후 재혼하였고 재혼의 양 당사자가 선의인 때에는, 재혼은 유효하고 따라서 그 배우자와 생환자 간의 이전의 혼인관계는 회복되지 않는다. 그러나 1방 혹은 쌍방이 악의인 경우에는 재혼은 무효이다. ― 이에 대해서는 본조항의 「선의로 한 행위」에는 신분상의 행위는 포함되지 않는다고 하여, 신분상의 행위와 재산적 행위를 달리 해석하는 견해가 있다.[13] 그러나 재산상의 행위와 신분상의 행위를 달리 규율하는 근거가 무엇인지 알 수 없을 뿐만 아니라, 혼인관계의 유지 혹은 해소를 그와 같이 도식적으로 결정하는 것이 타당한지 의문이다.

[229] (나) 실종의 선고를 직접원인으로 하여 재산을 취득한 자가 선의인 경우에는 그 받은 이익이 현존하는 한도에서 반환할 의무가 있고 악의인 경우에는 그 받은 이익에 이자를 붙여서 반환하고 손해가 있으면 이를 배상하여야 한다(29조 2항).

(a) 실종선고를 직접원인으로 하여 재산을 취득한 자라 함은, 상속인 · 受遺者 · 생명보험금의 수취인 등을 가리키며, 이들로부터 법률행위에 의하여 재산을 취득한 전득자는 포함하지 않는다.

(b) 이러한 자가 선의인 경우에는 받은 이익이 현존하는 한도에서 반환하면 되고, 악의인 경우에는 그 이익 전부 그리고 그에 대한 이자를 반환하고 나아가 손해가 있으면 그 손해까지 배상해야 한다. 이러한 반환범위는 부당이득에서의 수익자의 반환범위와 동일하다(748조 참조). 이는 본조의 반환의무의 성질은 부당이득의 반환이기 때문이다. ― 만약 입법자가 이러한 자의 반환범위를 일반적인 부당이득 반환범위와 동일하게 할 의도였다면, 굳이 제29조 2항을 둘 필요가 없었다. 이를 둔 의도는 일반적인 반환범위보다 경감하는 특칙을 두려는 데 있은 것으로 추측된다. 그리고 이의 내용이 만약 부당이득의 일반적인 반환범위(748조)보다 넓다면, 이 규정은 특칙이 되었을 것이다. 그러나 이 규정의 내용은 일반적인 부당이득 반환범위와 동일하다. 그런데 이와 유사한 문제는 제141조 그리고 제201조에서도 생긴다(즉 이러한 규정도 부당이득반환범위에 관하여 특칙을 둔 것으로 이해되는데, 실제로는 일반규정인 748조와 동일하다). 이런 점에서 이러한 규정들이 입법적으로 타당한가 하는 점이 종합적으로 검토되어야 할 것이다(141조 단서에 관해서는 [871]에서 살핀다).

13) 다만 이 견해도 다시 나누어져, 일부 견해는 실종선고 취소의 소급효에 의하여 前婚이 부활하고, 그 결과 後婚은 당사자의 선의 · 악의를 불문하고 언제나 重婚으로 된다고 한다. 그리하여 어느 혼인을 유지시킬 것인가는 3자간의 의사에 의하여 결정된다고 한다(고상용, 108면). 또 다른 견해는 일방 또는 쌍방이 악의인 경우에 전혼이 부활하는 결과 후혼이 중혼으로 되어, 전혼에 관하여는 이혼원인이 생기고(제840조 1호) 후혼은 취소할 수 있게 된다(제810조, 제816조, 제818조)고 한다(김용한, 149면).

(3) 일반적 법제도 실종선고의 취소의 경우에도 권리의 취득이나 소멸에 관 [230]
한 일반적 법제도는 그대로 적용된다.

(가) 즉 예컨대 갑에 대하여 실종선고가 내려지기 전에 그의 가족 을이 법원의 허가 없이 갑의 재산을 병에게 처분한 경우에, 만약 병이 선의취득 혹은 시효취득의 요건을 갖춘 때에는 이에 의해서 병은 이의 소유권을 취득한다. 그리고 이러한 권리취득은 실종선고의 취소에 의하여 영향받지 않는다. 그러므로 실종선고 취소의 효과는 위에서 살핀 특별규정에 의해서도 제한되지만, 이러한 일반적 법제도에 의해서도 제한된다. 다만 이러한 결과는 일반적인 권리취득원인 자체의 효과이고, 이것이 직접으로 실종선고 취소의 효과에 제한을 가하는 것은 아니다.

(나) 그 외에 일부 견해는 복귀자(실종자)의 취득자에 대한 부당이득반환청구권은 실종선고 취소시부터 10년의 소멸시효에 걸린다고 한다.[14] 그러나 실종선고에 의한 물권변동은 이의 취소에 의하여 소급적으로 무효가 되므로, 복귀자의 반환청구권은 소유권에 기한 것이다. 따라서 이는 소멸시효에 걸리지 않는다고 해야 한다([929] 참조). 또 일부 견해는, 실종자가 실종선고에 의하여 직접 재산을 취득한 자에 대하여 재산회복청구를 하는 경우에는 상속회복청구권의 제척기간(999조)의 적용을 받는다고 한다.[15] 그러나 상속회복청구권은 진정하게 상속이 개시된 경우에 관한 것이나, 이 경우는 실종선고의 취소로 인하여 상속 자체가 소급적으로 효력을 잃는 경우이다. 따라서 여기에 상속회복청구권에 관한 규정이 적용될 여지는 없다.[16]

> 예컨대 갑이 실종선고를 받았다가 생환하여 실종선고가 취소되었는데, 그의 처 을 및 아들 병이 갑의 X 및 Y부동산을 상속하여 각기 이를 나누어 가졌는데 을은 X부동산을 그대로 보유하나 병은 Y부동산을 정에게 양도한 경우를 살펴보자. 우선 제29조 2항이 규율하는 것은 을이 X부동산을 반환해야 하는 범위이고, 제29조 1항 단서가 규율하는 것은 병의 정에게의 양도행위가 유효한가(따라서 갑은 정에 대하여 Y부동산의 반환을 청구할 수 있는가) 하는 문제이다. 그리하여 우선 을이 선의이면 을은 단지 X부동산을 반환하면 되고, 그 동안의 부동산 사용에 대한 대가는 반환하지 않아도 된다. 다음으로 병 · 정 모두 선의이면, 갑은 정에 대하여 Y부동산의 반환을 청구할 수 없다. 그러나 이 중 누구든 악의이면 갑은 이의 반환을 청구할 수 있다(본서와 같이 1설에 의하는 경우. 만약 2설에 의한다면 병은 악의이더라도 정이 선의인 때에는 갑은 정에 대하여 이의 반환을 청구할 수 없게 된다). 그러나 이 경우에도 정이 취득시효의 요건을 갖춘 때에는 이에 의하여 소유권을 취득하며, 따라서 갑은 이의 반환을 청구할 수 없다.

14) 김상용, 200면; 백태승, 187면; 이영준, 899면.
15) 이영준, 899면; 백태승, 187면.
16) 동지: 김상용, 200면; 윤형렬, 117면.

[231] Ⅴ. 유사제도

1. 부재선고

「부재선고에 관한 특별조치법」은 실종선고와 유사한 제도로서 「부재선고제도」와 「특별실종선고제도」를 두고 있다. 전자는 대한민국의 군사분계선 이북 지역(종전에는 『미수복지구』라고 하였으며, 1953. 7. 28. 현재 행정구역으로서 아직 수복되지 아니한 함경남북도 · 평안남북도 · 황해도의 5개도와 경기도 및 강원도의 일부를 말한다)에서 이남지역으로 옮겨 새로 가족관계등록을 창설한 사람(종래 가호적제도에 의하여 호적을 새로 취득(就籍)한 자) 중 군사분계선 이북 지역의 殘留者에 대하여 행해지는 선고이고, 후자는 광복 후 6 · 25동란을 거쳐 휴전협정이 성립할 때까지의 사이에 행방불명된 자에 대하여 행해지는 선고이다. 이들 제도는 광복 이후의 국토분단과 6 · 25동란으로, 가족이 남북으로 헤어져 생사의 소식을 알 수 없거나 행방불명된 자가 많아서, 재혼 · 상속 등의 문제로 법률생활상의 불편을 초래하였는바, 이러한 문제를 해결하기 위하여 마련된 것이다. 그 중 후자는 위의 특별조치법의 시행일(1967. 1. 16.)부터 2년 내에 청구해야 하는 이른바 「限時的」 제도이어서, 그 기간의 경과로 이미 효력을 잃었다. 아직도 시행되고 있는 것은 부재선고제도뿐이다. 그러므로 여기에서는 이에 관해서만 간단히 설명한다.

(1) 의 의 부재선고는 위 특별법에 의한 일종의 실종선고로서, 군사분계선 이북지역에서 이남지역으로 옮겨 가족부에 등록(종래 가호적으로 호적을 취득)한 자 중 이북지역 잔류자로 표시된 자에 대하여 일정한 요건하에 법원이 부재선고를 함으로써 그의 사망을 의제하는 것이다. 즉 예컨대 이북에서 갑과 혼인하였던 을이 혼자서 이남으로 내려와 새로 호적을 취득함에 있어서, 갑에 대하여 부재선고를 하여 갑이 일정한 범위에서 사망한 것으로 의제하는 것이다. ― 부재자는 행방불명인 실종자에 비하여 이북에서 생존해 있을 개연성이 높다. 따라서 그럼에도 사망의제를 하는 이 제도는 남으로 내려온 자의 이익을 위해서이다. 이런 점에서 사망의제의 범위는, 실종선고가 모든 범위에 미치는 것과는 달리, 상속과 혼인에 한정된다(아래 (3) 참조).

(2) 요 건 가족부에 군사분계선 이북 지역에 거주하는 것으로 표시된 사람(잔류자)이어야 한다(동법 2조 2항). 형식적 요건으로는 가족 또는 검사의 청구가 있어야 한다(동법 3조). 이러한 청구가 있으면 가정법원은 1개월 이상의 기간을 정하여 공시최고를 해야 하고(동법 8조 1항), 이 공시최고기간 내에 신고가 없는 때에 부재선고를 하는 것이다(선고의 절차에 관해서는 위 법 및 가사소송법과 가사소송규칙 중의 실종에 관한 규정을 준용한다(동법9조)).

(3) 효 과 부재선고를 받은 자는 가족부를 폐쇄한다(동법 4조 전단). 이 경우 민법 제997조의 적용 및 혼인에 관하여는 실종선고를 받은 것으로 본다(동법 4조). 따라서 상속과 혼인에 관해서는 실종선고와 마찬가지로 잔류자는 사망한 것으로 본다. 사망으로 간주되는 시기는 부재선고를 받는 때라고 할 것이다.

(4) **부재선고의 취소** 부재선고의 취소에 관하여도 실종선고의 취소와 유사한 규정을 두고 있다(동법 5조 1항 본문). 또한 취소의 효과에 대한 제한(예외 규정)으로서, 민법 제29조 1항 단서와 동일한 규정(동법 5조 1항 단서) 및 민법 제29조 2항의 준용규정(동법 5조 2항)을 두고 있다.

2. 인정사망 [232]

(1) 인정사망이란 사망의 확인(시체의 발견·확인)은 없지만 사망한 것이 거의 확실하다고 생각되는 경우에, 관공서의 보고에 의하여 사망한 것으로 취급하는 제도를 말한다. 즉 수재·화재 기타 사변으로 사망한 것으로 여겨지는 자가 있는 경우에 이를 조사한 관공서는 그의 시·읍·면장에게 사망의 보고를 하여야 하고(가족관계의 등록 등에 관한 법률 87조), 이 보고에 의하여 가족부에 사망의 기재를 하는 것이다.

(2) 인정사망이 인정되는 경우는 대부분 특별실종사유에 해당하므로, 이는 실종선고와 유사한 제도라고도 할 수 있다. 그러나 실종선고는 사망을 의제함으로써 실체법적인 법률관계를 확정하는 것임에 대하여, 인정사망은 단지 가족부에 사망의 기재를 하기 위한 절차적 특례를 인정한 것으로서, 따라서 사망의제의 효과가 없다. 그러므로 실종선고에서는 취소에 의해서만 사망의제의 효과를 번복할 수 있는 데 반하여, 인정사망에서는 이러한 취소절차를 밟음이 없이 생존 또는 인정사망 시기와 다른 시기에 사망한 사실을 주장·입증하는 것이 허용된다.

제3절 법 인

제1관 서 설

I. 의의 등 [233]

1. 의 의

(1) 법인이란 자연인이 아니면서 권리의무의 주체가 되는 것이다. 민법이 규정하는 법인에는 사람의 집단인 사단법인과, 일정한 목적을 위하여 바쳐진 재산의 집단인 재단법인의 두 가지가 있다.

(2) 사적자치의 원칙은 법인의 영역에서도 타당한 것이다. 이 원칙은 여기에서는 한편으로는 법인의 설립의 자유 및 이미 설립된 법인에의 가입의 자유로 나타난다. 다

른 한편으로는 법인의 조직 및 활동에서의 자유로 나타난다. 그런데 우리 민법은 법인의 설립에 관하여 허가주의를 취함으로써 설립의 자유에 중대한 제한을 가한다(이의 정당성에 관하여는 [249] 참조).

[234] ### 2. 법인의 사회적 작용

(1) 사람의 사회생활은 크고 작은 각종의 단체 속에서 행해지고 있으며, 이는 어느 민족 어느 시대에서나 공통한 현상이다. 인류의 역사를 살펴보면, 한 개인이 법생활에서의 단위로 파악된 것은 근대에 이르러서이고, 고대에서는 씨족, 중세에서는 부락단체가 사회생활 내지 법생활에서의 단위로 생각되었다. 오늘날에는 개인이 법생활에서의 단위로 되어 있으나, 그 개인은 따로 떨어져 활동하는 것보다는 다수인이 결합하여 단체를 이루고 활동함으로써 개인보다도 훨씬 강한 힘을 발휘할 수 있다. 이러한 점은 특히 대자본을 필요로 하는 대기업에서 잘 나타난다. 그리고 이러한 단체(인적 결합체, 사단)는 이를 구성하는 개인과는 별개로 단일성을 가지고 그 구성원 개인의 증감 변동에도 불구하고 독립한 통일체로서 독자적인 사회적 작용을 담당하고 있다.

(2) 사회에는 사람의 결합체 이외에 일정한 목적을 위하여 바쳐진 재산의 집단(물적 결합체, 재단)이 하나의 활동주체로서 독립한 사회적 작용을 담당하고 있는 예도 적지 않다. 사인이 기부한 육영재단 · 병원, 어떤 학교의 동창생들이 모은 돈을 기금으로 하여 이루어진 장학재단, 어떤 독지가가 희사한 재산을 가지고 만든 학교법인 등이 그것이다. 이들 재산은 그 바쳐진 목적을 위하여 독립한 존재를 가지며, 그것에 의하여 이익을 받는 자의 증감변동이나 그것을 운용하는 자의 변동과는 관계없이 독립적인 존재를 가지며, 독자적인 작용을 한다.

[235] ## Ⅱ. 법인제도의 취지

1. 법인제도를 인정한 근거

(1) 독자적 實在 　인적 결합체인 단체나 일정한 목적에 바쳐진 재산의 집단은 이와 같이 사회생활에서 단체의 구성원 혹은 재산의 출연자와는 별개의 사회적 단위로 활동한다. 즉 단체의 재산은 그 구성원의 재산과는 별개의 독립된 재산으로 여겨지며, 또한 대내적으로 구성원 각자의 의사와는 별개의 독자적인 의사를 가지고 대외적으로 단체 자체의 행위를 행한다. 따라서 이러한 단체의 재산 및 의사 · 행위 등을 그 구성원의 그것으로 취급하는 것은 실제에 반한다. 이러한 점은 일정한 목적에 바쳐진 재산의 집단에서도 마찬가지이다. 이러한 점에 기하여 법질서는 단체나 재산의 집단에게 그 구

성원 혹은 관리자와는 별개의 독립된 권리능력을 인정한 것이다.

(2) 법기술적 필요성　만약 단체나 재산의 집단에게 독자적인 권리능력을 인정치 않으면 단체의 대내적 · 대외적 법률관계의 처리가 극히 곤란해진다. 예컨대 다수의 구성원을 가진 단체가 채권이나 채무를 가지는 경우에, 그러한 채권 · 채무는 단체 자신의 것으로 처리되지 못하고 각 구성원의 것으로 처리되어 그 권리행사에 많은 불편이 따른다(예컨대 단체는 단체 자신의 이름으로가 아니라 구성원 총원의 이름으로 권리를 행사해야 하고, 단체에 대한 채권자 역시 단체 자체에 대해서가 아니라 그 구성원에 대하여 권리행사를 해야 한다). 이러한 불편을 제거하고 단체를 둘러싼 대내외적 법률관계를 간명하고도 합리적으로 처리하기 위한 법기술적 필요에서 단체의 구성원이 아니라 단체 자체를 권리의무의 주체로 인정한 것이다.

(3) 조직의 공시　그 외에도 단체와 거래하려는 자는 그 단체의 목적이 무엇이고 누가 대표자로서 제3자와 행위하고 그 행위를 위해서는 내부적으로 어떤 절차를 거쳐야 하는가 하는 점들을 알고자 할 것이다. 이러한 사회적 수요를 충족시키는 길은 단체에 관한 사항을 등기함으로써 이를 공시하는 것이다. 법인제도는 바로 이를 위한 것이다.

2. 법인격의 남용 [236]

법인은 이의 구성원과는 별개의 독자적 실재이므로, 법인의 채무는 오로지 법인 자신의 채무이고 따라서 구성원은 그에 대하여 아무런 채무 혹은 책임도 지지 않는다. 그러면 법인으로서의 실체를 갖추지 못하면서 오로지 이러한 책임제한을 위하여 법인의 독자적인 법인격을 이용하는 경우에도(법인격의 남용) 법인의 독자적 인격성에 기초하여 법인의 재산과 사원의 재산의 별개성을 인정할 것인가? 법인을 구성원의 인격과는 별개의 법인격체로 인정하는 까닭이 법인은 그 구성원과는 별개의 존재로서 독립된 조직을 가지고 독자적으로 활동하기 때문이라면, 그러한 실체를 가지지 않는 법인에 대해서는 독립적인 법인격성을 부인하는 것이 마땅하다. 따라서 그와 같은 법인격 남용의 경우에는 법인의 재산과 사원의 재산의 별개성을 부인하여 법인의 채무에 대한 그 구성원의 책임을 인정해야 할 것이다(법인격부인론).[1)]

법인격부인론의 문제는 실제로는 회사에 관해서 생기므로, 이의 상세한 고찰은 상법학의 과제일 것이다. 따라서 여기에서는 간단히 이에 관한 판례를 소개하는 데 그치기로 한다.

---

1) 법인격부인론에 관한 문헌으로는, 송호영, 법인격부인론의 요건과 효과, 저스티스 66호(2002), 244 이하; 장재형, 판례에 나타난 법인격부인, 판례연구(서울지방변호사회) 15집 상(2001), 147 이하; 정찬형, 법인격부인론, 이재철박사 화갑기념논문집(1984), 371면 이하; 차한성, 법인격부인론, 민사판례연구 24권(2002), 568면 이하 등.

(a) 판례는 「회사가 외형상으로는 법인의 형식을 갖추고 있으나 이는 법인의 형태를 빌리고 있는 것에 지나지 아니하고 그 실질에 있어서는 완전히 그 법인격의 배후에 있는 타인의 개인기업에 불과하거나 그것이 배후자에 대한 법률적용을 회피하기 위한 수단으로 함부로 쓰여지는 경우에는, 비록 외견상으로는 회사의 행위라 할지라도 회사와 그 배후자가 별개의 인격체임을 내세워 회사에게만 그로 인한 법적 효과가 귀속됨을 주장하면서 배후자의 책임을 부정하는 것은 신의성실의 원칙에 위반되는 법인격의 남용으로서 심히 정의와 형평에 반하여 허용될 수 없다 할 것이고, 따라서 회사는 물론 그 배후자인 타인에 대하여도 회사의 행위에 관한 책임을 물을 수 있다고 보아야 할 것이다」고 한다.[2)] 즉 신의칙을 근거로 회사 채무에 대한 회사 대표자의 개인적 책임을 인정한다.

(b) 이와 같이 판례는 법인격 부인의 근거를 신의칙에서 구하는데, 이는 대리권 남용의 근거를 신의칙에서 구하는 것(다만 대리권 남용에서는 허위표시에서 근거를 구하는 것이 많은 학설과 판례의 태도이다([729] 이하 참조))과 궤를 같이하는 것이다. 그러나 대리권 남용의 근거를 대리권의 본질에서 구하는 것이 타당한 것과 마찬가지로([731] 참조), 법인격 부인의 근거 역시 법인의 본질에서 구하는 것이 타당하지 않을까?[3)]

(c) 법인격이 부인되는 요건으로는 특정 주주(혹은 다른 회사)의 회사에 대한 실질적 지배, 양자 간의 재산의 상호 混融(회계구분의 결여) 및 업무실태(기업거래활동)의 혼동, 회사의 자본 불충분, 회사의 회사법상 절차의 불준수 등이 요구된다. 그 외에 — 신의칙 혹은 권리남용에서 주관적 요건이 요구되지 않는 것과 마찬가지로 — 주주가 부당한 목적을 위하여 회사를 이용한다거나, 상대방이 회사의 자본이 충분하다고 신뢰하였다는 등의 주관적 요건은 요구되지 않는다.[4)]

---

2) 이의 최초의 판결은 대판 2001. 1. 19. 97다21604으로서, 이의 사안은 갑이 을회사로부터 아파트를 분양받았으나 을회사가 자금부족으로 공사도급업체 A에게 보수금을 지급치 못하여 아파트공사가 장기간 중단되자, 갑이 을회사 및 이의 대표이사 병에 대하여 분양계약을 해제하고 원상회복으로서 이미 지급했던 분양대금의 반환을 소구한 것이다. 그런데 을회사의 총 주식 5천주 중 주주명부상으로는 병이 2천주, 그와 친분관계에 있는 세 명이 각각 1천주씩 소유하고 있는 것으로 되어 있지만, 실질적으로는 병이 주식의 전부를 소유하고 있다. 동지의 판례로는 대판 2004. 11. 12. 2002다66892; 대판 2006. 7. 13. 2004다36130(두 판결의 사안은 기존회사가 채무면탈의 목적으로 그 형태와 내용이 실질적으로 동일한 신설회사를 설립한 경우로서, 기존회사의 채권자에게 두 회사 모두에 대한 채무이행청구를 긍정하였다); 대판 2008. 9. 11. 2007다90982(법인격을 부인하기 위한 요건을 상세히 살피면서, 그러한 요건이 갖추어져 있지 않음을 이유로 법인격 남용임을 부인하였음). 이들 판결에 앞선 대판 1988. 11. 22. 87다카1671도 실질적으로 법인격부인론에 관한 판결로 볼 수도 있으나, 이는 문제된 회사가 해상기업에서 상관습으로 인정되고 있는 편의치적을 위하여 설립한 것이고, 판결이 근거나 요건 등 일반적인 법인격부인론을 설시하지 않는 점에서 법인격부인론을 정면으로 인정한 것이라고 하기 어렵다.

3) 동지: 정찬형, 전게서, 404면. 이 견해는 미국의 학설 및 판례는 법인격부인론의 근거를 대부분 회사의 법인성의 한계에서 구한다고 소개하고, 나아가 우리나라에서도 법인격의 개념에 내재하는 한계에서 근거를 찾는 것이 타당하다고 하면서, 그 실정법적 근거는 상법 제171조 제1항에서 구하는 것이 합리적이라고 한다.

4) 대판 2006. 8. 25. 2004다26119은 단순히 母회사가 子회사의 독자적인 법인격을 주장하는 것은 법인격의 남용에 해당하지 않으며, 위와 같은 객관적 요소 이외에 자회사의 법인격이 모회사에 대한 법률 적용을 회피하기 위한 수단으로 사용되거나 채무면탈이라는 위법한 목적 달성을 위하여 회사제도를 남용하는 등의 주관적 의도 또는 목적이 인정되어야 한다고 한다.

Ⅲ. 법인의 본질 [237]

1. 법인은 그 구성원의 의사와는 독립된 단체 자신의 의사를 가지며, 일정한 자를 통하여 단체 자신의 행위를 수행한다(마치 자연인이 스스로의 의사를 가지고 스스로 행동하는 것처럼). 이런 점에서 단체는 단순한 구성원의 집합이 아니라 하나의 「통일적 전체」이고 「고유한 생명」을 가진 것이며, 자연인이 자연적 유기체라면 법인은 하나의 社會的 有機體이다. 그리고 사회에서 하나의 독자적 활동단위로서 활동하고 1개 독립의 사회적 작용을 담당하는 점에서, 권리능력의 주체임에 적합한 사회적 가치를 가진다. 법인격체 내지 권리능력자를 권리의무의 주체라는 면으로만 이해한다면, 법인은 이런 점에서 자연인과 아무런 차이가 없으며, 그와 동일한 실질을 가진다.

2. 그러나 법인은 사회생활에서 존재하는 인위적 조직체일 뿐이며, 자연적인 생명 [238]
체이고 더욱이 윤리적 의미에서의 인격체인 사람과는 본질적인 차이를 가진다. 이런 점에서 법인은 결코 자연인과 동일시될 수는 없는 것이다.

법은 한편으로는 「인」이란 의미를 「권리능력의 주체」라는 개념으로 파악하나, 다른 한편으로는 인간은 존엄성을 가진 윤리적 인격체임을 전제로 하여 그에게 다양한 권리를 인정한다. 그러나 법인에게는 후자와 같은 속성이 없으므로, 법인이 누릴 수 있는 권리의 내용은 자연인의 그것과는 다르다.

Ⅳ. 법인제도의 역사적 변천 [239]

1. 법인에 대한 입법정책

(1) 근대법의 태도 자연법이론은 단체의 설립이나 가입은 인간의 天賦的 自由權에 기한 것으로서 인간의 고유한 권리에 속한다고 하였다. 그러나 다른 한편으로 프랑스혁명 전후에는 개인주의 · 자유주의가 최고조에 달하여, 사단은 개인의 자유를 구속하고 사회의 진보를 방해하는 것이라고 해서 그 설립이 원칙적으로 부인되고, 개인 이외의 권리주체로는 국가만을 인정하였다(이는 절대군주제라는 정치적 야망과도 부합하는 것이었다). 부득이 필요한 경우에는 입법 혹은 특별한 면허에 의하여 그 설립을 허용할 뿐이었다(특허주의). 프랑스민법이 법인에 관한 규정을 두지 않은 것은 이러한 사단 부인의 태도를 나타내는 것이다. 이러한 사단 부인의 태도는 개인의 경제적 활동을 저지하고 있었던 봉건적인 여러 단체를 파괴하고 개인으로 하여금 그 능력을 발휘할 수 있게 하였으므로, 당시에 남아 있던 중세적 속박뿐만 아니라 아직도 경제적 세력을 가지고 있었던 동업조합 · 상사조합 등을 깨뜨리는 데 큰 도움이 되었다. 또한 그것은 근로자의 단결을 금지함으로써 신흥 상공업자의 이익을 위하여 훌륭한 역할을 하였다. 특히 프랑스혁명을 경험한 프로이센은 단체의 설립이나 가입의 자유를 인간의 본성적인 자유권의 한 면으로 이해하는 자연법 사상이 얼마나 위험한 것인가를 깨달았다. 그리하여 프로이센은 단체에 대하여 불신의 시각을 가지고 이를 통제하였다(이러한 태도는 특히 근대 이후 새로이 형성된 정치적 · 이념적 단체를 억제하는 데 이용되었다). 이러한 시각은 19세기 중반까지의 지배적인 경향으로서, 예컨대 이 시기에 제정된 작센민법전(1863년 5월)은 법인설립에 대하여 소극적인 태도를

취하였다(52조: 허가주의).

그러나 19세기 중엽에 이르러 이러한 태도는 회사설립의 필요성에 의해서 달라지지 않을 수 없었다. 즉 세계적 통상에 의한 상공업의 확대로 기업이 발흥하면서 대자본의 수요가 증대하였으며, 자본집중을 위하여 특히 투자자의 책임을 제한하는 주식회사의 설립의 자유가 강하게 요구되었다. 그리하여 국가는 회사에 대해서는 정책을 바꾸어, 일정한 규칙에 따라서 조직하면 자유로 설립할 수 있다는 이른바 「준칙주의」를 인정하였다. 우선 프랑스는 1867년에 회사에 관하여 준칙주의를 취하고, 1901년에는 다른 비영리법인에도 확장하였다. 독일은 민법에서는 허가주의를 취하면서, 1870년의 독일통일상법전은 회사와 영리조합에 준칙주의를 채용하였다. 그러나 이러한 입법은 곧이어 전혀 부정적인 결과를 초래하였다. 즉 주식회사 설립의 자유가 악용되어 포말회사의 범람을 겪게 되었다(1871년~1873년). 그리하여 영리법인에 대하여는 국가경제를 위하여 국가적 간섭이 필요하다는 인식이 일반화되었다. 반면에 비영리법인에서는 단체설립의 자유는 인간의 본성적 자유권에 속한다는 주장이 팽배하였고, 과거와는 달리 정치적 성격을 띠지 않은 다양한 목적의 단체가 주종을 이루면서 이의 설립의 자유는 당연한 명제로 인식되었다. 이러한 여건 속에서 제정된 독일민법전은 영리사단에 관해서는 권리능력의 취득을 위하여 인가(Verleihung)를 요구하면서(동법 22조), 비영리사단에 관해서는 이를 요구하지 않고 단지 등기만으로 권리능력을 취득한다고 하여(동법 21조)(준칙주의) 법인설립의 자유를 인정하고 있다. 그러나 재단법인의 성립에는 허가(Genehmigung)을 요구한다(동법 80조). 그 외에 스위스의 구채무법(1881년)은 회사 · 공익법인 모두 준칙주의에 따르는 것으로 규정하였으나, 그 후의 스위스민법은 비영리사단법인에 관하여 자유설립주의를 취하였다. 요컨대 18세기 이래 사단 부인에서 차츰 방임적 태도로 추이해왔다.

(2) 현대법의 태도 법인의 설립에 대한 국가불간섭주의는 법인의 해방을 선언하였으나, 그 후 자본주의가 고도로 발달함에 따라 입법태도는 다시 변하려는 경향을 보이고 있다. 즉 설립의 자유를 얻은 자본단체인 회사는 카르텔 · 트러스트 · 콘체른 등을 조직하여 시장을 독점하고 경제생활을 위협하고 있다. 여기에서 각국의 법률은 이를 금압 · 억제하는 태도를 보였다. 그러나 다른 한편으로는 카르텔 · 트러스트 등의 조직을 이용하여 이를 국가의 감독하에 두어, 당해 기업을 사회화 내지 합리화하는 길로 나아가, 그 결과 동일 기업단체를 어느 정도까지 강제적으로 결합시키는 현상도 나타났다. 그리고 이러한 두 경향은 세계대전에 의하여 다소 변형을 받았지만, 대체로 말해서 미국은 어디까지나 앞의 길로 나아가려고 하고, 영국과 戰前의 독일은 뒤의 길을 취하려고 하였다.

이와 달리 노동자의 단체인 노동조합은 위의 법인과는 다른 경과를 거쳐 현재에 이르고 있다. 프랑스혁명 직후에는 자유의 이름 밑에 노동조합의 설립이 금지되었다. 그후 각국에서 노동조합은 심한 탄압을 받았으나, 다년간의 노동운동의 성과로서 19세기 말부터 공인되게 되었다.

요컨대 20세기에서의 사단에 대한 법의 태도는 개인의 자유를 기조로 하는 방임주의는 아니다. 법은 사단이 내부적으로는 사단의 목적을 중심으로 하여 구성원의 행동을 자율적으로 규율하고 외부적으로는 개인의 결합에 의한 강대한 힘을 발휘한다고 하는 특질을 가지고 있음에 착안하여, 사회관계의 각각의 영역에서 혹은 이를 방임하고 혹은 억제하고 혹은 조장하거나 강제한다.

[240] 2. 법인이론

법인이론, 즉 법인의 본질에 관한 이론은 19세기에 독일을 지배했던 논쟁이다. 법인이론은 처음에는 단지 법인도 자연인과 마찬가지로 권리의무의 주체가 되는 점을 이론적으로 뒷받침하는 데 비중이 두어졌었으나,[5] 단체법을 중시하는 게르만법학자에 의하여 단체의 자연발생적 성립과 독자적 활동이 강조되면서,[6] 법인의 본질이 무엇이냐 하는 점이 논의의 초점을 이루게 되었다.

법인의 본질에 관한 이론은 법인에 대한 그 시대의 사상 및 입법정책과 밀접히 관련된 것으로서, 법인에 대하여 부정적인 태도를 취하였던 19세기 중엽까지는 권리의 주체는 자연인인 개인에 한한다고 하면서, 따라서 법인이 권리의 주체가 될 수 있는 것은 법률에 의하여 자연인에 의제되었기 때문이라고 하는 法人擬制說이 지배적이었다. 그리고 법인이 자연인에 의제된 것이라면 법인의 본체라고 할 것은 없다는 것으로 귀착된다고 하는 法人否認論이 제기되기도 하였다(이 입장에서는 다시 그렇다면 법인의 본체가 무엇이냐 하는 점을 둘러싸고 목적재산이라는 견해, 법인의 재산으로부터 이익을 향수하는 수익자라는 견해, 현실로 법인재산을 관리하는 관리인이라는 견해 등이 나누어졌다). 그러나 그 이후 법인설립의 자유를 요구하는 시대사상에 힘입어, 그리고 법인이 담당하는 중요한 사회적 기능과 법인의 인류문화 발전에서의 역할이 자각되면서, 법인이 권리의 주체가 되는 것은 법인도 자연인과 마찬가지로 사회에서 독립한 존재로서 활동하기 때문이라고 하여 법인의 실재성을 강조하는 法人實在說이 점차 지배적인 것으로 되었다. 그리고 이 입장에서도 법인의 본체가 무엇이냐 하는 점을 둘러싸고 법인은 하나의 사회적 유기체라고 하는 有機體說, 법인은 권리주체임에 적합한 법률상의 조직체라고 하는 組織體說, 그리고 그 외에 법인에게 독립한 법인격을 부여한 근거와 관련하여, 법인은 독립한 사회적 작용을 담당하는 점에서 권리능력의 주체임에 적합한 사회적 가치를 가지기 때문이라고 하는 社會的價値說 등이 제기되었다.

그러나 20세기 들어 독일에서는 법인이론이 새로운 국면을 맞았다. 즉 법에 의하여 법인설립의 자유가 승인되면서, 이를 위한 이념적 기반을 제공하는 데 힘을 쏟던 법인실재설의 열정은 퇴색하고, 반대로 법인의 실제적인 면을 직시하고자 하는 견해가 등장하였다. 이의 발단을 이룬 것은 1인회사의 경우에 법인의 채권자는 법인 사원의 재산에 대하여 책임을 물을 수 없는가 하는 점이었다. 이미 1935년의 판결[7]이 이를 긍정하였다. 다만 이 판결은 전통적 이론을 고려하여, 회피수단 금지 사상을 이 근거로 삼았을 뿐, 법인과 사원의 인격의 별개성을 직접 문제삼지는 않았다. 그러나 새로운 판결[8]은 1인의 유한회사의 사원의 책임에 관하여, 회사와 사원의 법적 별개성을 인정치 않고 회사채무에 대한 사원의 책임을 인정하였다. 그리하여 법인은 단지 법적 형상(Rechtsfigur)이며, 인위적으로 설정된 권리의무의 주체라는 주장이 다시 등장하였다. 오늘날의 법인이론은 다분히 정치적 요구의 색채를 띠고 있었던 과거의 단계를 벗어나, 법에서는 각자의 행동과 그에 대한 책임이 문제된다는 점에 바탕하고 있는 것이다.[9]

5) 사뷔니는 권리능력이란 개념을 권리의무의 주체가 될 수 있는 지위로 파악하는 한편, 법인에 관하여는 간단히 자연인에 의제되어 권리의무의 주체가 된다고 하였다. 그가 법인에 대하여 이와 같은 태도를 취한 이유는 전술([57] 주 3)하였다.

6) 이러한 단체이론의 대표자는 베젤러(Beseler) 및 기르케(Gierke)로서, 이들은 단체는 사회에서 중요한 역할을 담당하는 실재적 존재라고 하였다.

7) RGZ 146, 385.

8) BGHZ 61, 383.

9) 이상의 법인제도의 역사적 고찰은 주로 Hattenhauer, Grundbegriffe des Bürgerlichen Rechts, 1982, 19면 이하에 기초한 것이다.

[241] V. 법인의 종류

1. 공법인 · 사법인

(1) 종래 일반적으로 법인을 공법인과 사법인으로 구별하여 왔다. 법률에도 공법인 · 사법인의 구별을 전제로 하는 것이 있다(예: 상법 2조).

(가) 그러나 그 구별표준에 관하여는 학설이 갈라져 있다. (i) 법인의 준거법이 공법이냐 사법이냐, (ii) 법인의 설립이 강제적이냐 임의적이냐, (iii) 향유하는 권리가 공권이냐 사권이냐, (iv) 법인의 목적이 공익에 있느냐 사익에 있느냐, (v) 법인의 업무가 국가적 사무에 속하느냐 여부 등을 구별의 표준으로 삼았다. 그러나 지배적 견해는 어느 하나만을 표준으로 하여 양자를 구별하지 않고, 법인의 설립이나 가입이 강제되든가, 법인의 임원을 국가가 임명하거나 또는 임원이 공무원인 것과 같이, 법인의 설립이나 관리에 국가의 공권력이 관여하는 것을 공법인이라고 하고, 그 밖의 법인을 사법인이라고 한다.

(나) 양자의 구별실익은 (i) 공법인에 관한 쟁송은 민사소송이 아니라 행정소송이고, (ii) 공법인은 그 구성원으로부터 각종의 부담을 징수하는 데 있어서 민사소송법상의 강제집행절차에 의하지 않고 세법상의 특수절차에 의하며, (iii) 공법인은 민법상의 불법행위책임(사용자책임)이 아니라 국가배상법에 의한 손해배상책임을 지며, (iv) 형법상 공법인의 기관이나 피용자에 대하여는 직무에 관한 죄가 성립하고, (v) 공법인의 문서의 위조는 사문서의 위조가 아니라 공문서의 위조가 된다는 점 등에 있다.

[242] (2) 중간법인 현대에 들어 국가(및 지방자치단체)의 활동이 산업 · 경제 · 문화 등에 걸쳐 크게 확대되고 그리하여 다방면에 걸쳐 공적 간섭이 증가되면서, 국가는 공공사업을 능률적으로 수행하기 위하여 혹은 순수한 사법인이 담당하기 어려운 국가적 사업을 담당하도록 하기 위하여 특수한 형태의 법인을 설립하였다. 한국은행 · 수출입은행, 한국토지주택공사 · 관광공사 등 각종의 공사, 농업협동조합 기타의 조합 등이 그 예이다. 이러한 법인은 순수한 공법인도 사법인도 아닌 그 중간에 위치한다고 하여 이를 중간법인이라고 한다. 이러한 중간법인의 출현으로 공법인이냐 사법인이냐를 확연하게 구별하는 것이 더욱 어렵게 되었다. 이러한 법인에서는 그것이 공법인인지 사법인인지를 일률적 · 획일적으로 구별할 것이 아니라, 그 법인에 관하여 문제된 구체적 법률관계를 여러 면에서 검토하여, 그것이 공법관계이냐 사법관계이냐에 따라 각기 그 적용될 법규를 결정함이 타당하다. 즉 앞서 말한 한국은행 · 각종의 공사(공단) 등은 그 자체 공법인은 아니지만(따라서 예컨대 이의 구성원은 공무원이 아니므로 그에 대한 부당징계에 관한 쟁송은 민사소송에 의하고, 이의 구성원의 불법행위에 관해서는 민법상의 사용자책임(756조)이 인정된다), 특히 국가로부

터 위임받아 공권력의 발동으로 한 행위에 관해서는 공법인과 마찬가지로 취급해야 한다(즉 예컨대 토지주택공사가 택지를 조성함에 있어서 법률에 기하여 토지를 수용한 경우에는 그 행위는 행정처분으로서 그에 대한 쟁송은 행정소송에 의한다. 그 외에 의료보험공단의 보험급여결정, 근로복지공단의 장애급여결정 등도 이에 해당한다).

2. 영리법인 · 비영리법인 [243]

(1) 구 별 법인이 영리를 목적으로 하느냐에 따라서 영리법인과 비영리법인이 나뉜다(32조, 39조). ― 구민법은 법인을 「공익법인」과 「영리법인」으로 나누었는데, 민법은 위와 같이 나눔으로써 비영리 · 비공익을 목적으로 하는 단체도 민법상 법인이 될 수 있게 되었다.

(가) 영리법인 이는 영리를 목적으로 하는 사단법인이다. 즉 주로 구성원의 이익(사익)을 꾀하고, 법인의 활동으로 얻은 이익을 구성원 각인에게 분배하여 경제적 이익을 주는 것을 목적으로 하는 법인이다. 영리법인은 언제나 사단법인이다. 재단법인에는 이익을 귀속시킬 사원이 존재하지 않기 때문이다. 우리 민법도 영리재단법인이라는 것을 인정하지 않는다(32조, 39조).

영리법인은 상행위를 영업으로 하느냐 여부에 따라서 상사회사 · 민사회사로 나뉜다.

(a) 상사회사는 상행위(상법 46조 이하)를 영업으로 하는 것이다.

(b) 민사회사는 상행위 이외의 영리행위(농업 · 어업 · 광업 등)를 목적으로 하는 것이다. 상법상의 영리법인은 동법이 규정하는 상행위를 영업으로 하는 것이므로, 그러한 상행위 아닌 영리행위를 목적으로 하는 법인의 설립을 어떻게 하느냐가 문제된다. 이를 규율하는 것이 제39조이다. 이에 의하면 그러한 사단은 상사회사 설립의 조건에 좇아 사단법인으로 할 수 있고, 그리하여 설립된 사단법인에는 상사회사에 관한 규정이 준용된다. 상법은 회사는 상행위를 하지 않더라도 상인으로 보고(동법 5조), 영리를 목적으로 하는 사단을 「회사」라고 한다(동법 169조). 그러므로 민사회사와 상사회사를 구별할 실익이 없다.

(나) 비영리법인 이는 「학술 · 종교 · 자선 · 기예 · 사교 기타 영리 아닌 사업」(32조 참조)을 목적으로 하는 것이다. 학술 · 종교 · 자선 등과 같이 적극적으로 공익(사회일반 또는 불특정다수인의 이익)을 목적으로 하는 것 이외에, 친목 · 技藝 · 사교 등과 같이 공익도 영리도 목적으로 하지 않는 것도 이에 해당한다. 영리 아닌 사업을 목적으로 해야 하므로, 영리도 아울러 목적으로 하는 것은 영리법인이 된다. 그러나 비영리사업의 목적을 달성하는 데 필요하여 그 본질에 반하지 않을 정도의 영리행위를 하는 것(예컨대 입장료를 받는 전시회 개최, 입원 및 치료비를 받고서 하는 환자의 치료)은 비영리법인이다. 비영리법인은 사단법인이거나 재단법인이다.

(다) 영리법인 여부는 대체로 목적사업과 일치하지만, 반드시 그렇지는 않다. 즉 예컨대 미술 · 음악 등과 같은 문화사업을 목적으로 하는 법인이더라도, 그 활동을 통해

서 얻은 이익을 사원에게 분배한다면 영리법인이 된다. 반면에 목적사업이 교통 · 통신 · 보도 · 출판 · 의료 등과 같은 공공사업이고 그로부터 대규모의 경제적 이익을 얻더라도, 그 이익을 사원에게 분배하지 않는다면 비영리법인이 된다.

[244] (2) 구별실익 영리법인과 비영리법인의 구별실익은 적용법규에 있다. 즉 비영리법인에는 민법이 적용되고(다만 비영리법인 중에서 적극적으로 공익을 목적으로 하는 법인에 관하여는 「공익법인의 설립 · 운영에 관한 법률」이 특별한 규제를 하고 있다), 영리법인에는 상법이 적용된다(상법 4조 이하, 민법 39조 2항).

(가) 비영리법인에 관한 민법규정과 영리법인에 관한 상법규정의 중요한 차이는, 우선 전자에서는 법인설립에 관하여 허가주의를 취하나 후자에서는 준칙주의를 취한다는 점, 그리고 비영리법인에서는 사원 상호간에 이해대립이 심하거나 법인과 제3자간의 거래관계 내지 이해관계가 복잡하게 얽힐 가능성이 적기 때문에 법인에 대한 규율을 간단하게 하고 많은 문제를 정관에 맡기나, 영리법인에서는 사원 상호간 및 법인과 제3자간의 이해관계가 크게 대립되므로 이익조절의 필요에서 그 법률관계를 상세하게 규율한다는 점이다.

(나) 영리법인 여부는 영리목적 여하, 즉 사업에서 얻은 이익을 구성원 각인에게 분배하느냐 하는 점에 의해서 결정되므로, 법인이 기업적 조직을 갖추고 기업적으로 활동하고 그럼으로써 대규모의 경제적 이익을 얻더라도, 궁극적으로 그 이익을 사원에게 분배하지 않는 한 비영리법인이 되고(그러한 예는 교통 · 통신 · 보도 · 출판 · 의료 등의 공공사업을 목적으로 하는 법인에서 나타난다), 따라서 민법의 적용을 받게 될 것이다. 그러나 그러한 법인에서는 사원 상호간 및 법인과 제3자간의 이해관계가 대립할 가능성이 매우 크다. 그러므로 이러한 법인에는 상법을 적용하는 것이 타당하지 않을까? 요컨대 오로지 법인의 영리목적 여부만을 기준으로 할 것이 아니고, 그 외에 법인의 조직 및 활동도 함께 고려하여 적용법규를 결정하는 것이 적절하다. 그리하여 법인이 기업적 조직을 갖추고 일정한 계획에 따라 계속적으로 대가를 받고 급부를 시장에 제공하는 때에는, 비록 영리를 목적으로 하지 않더라도 영리법인과 마찬가지로 상법을 준용해야 할 것이다.

[245] 3. 사단법인 · 재단법인

사단법인은 일정한 목적을 위하여 결합된 인적 결합체를 본체로 하는 것이고, 재단법인은 일정한 목적에 바쳐진 재산을 본체로 하는 것이다. 전자에서는 구성원이 스스로 목적사업과 정관을 결정하고 이를 위한 활동방법을 결정하나, 후자에서는 설립자가 정한 정관에 따라 설립자가 정한 목적을 달성하기 위하여 활동한다. 이와 같이 사단법인은 구성원이 결정한 단체의사에 기하여 자율적으로 활동하나, 재단법인은 설립자의 의사에 구속되어 타율적으로 활동한다는 점에서 본질적 차이가 있다. 이러한 차이로부터 양자 사이에는 뒤에서 보는 바와 같이 설립행위 · 목적 내지 정관의 변경 · 의결기관 · 해산사유 등에 관하여 차이가 생긴다.

4. 일반법인 · 특수법인 [246]

(1) 민법과 상법에 의하여 설립되는 법인을 일반법인이라고 하고, 그 이외의 법률에 의하여 설립되는 법인을 특수법인이라고 할 수 있다. 이러한 구별은 법률상의 구별은 아니고(그러나 비송사건절차법 67조는 이러한 구별을 인정한다), 또 아직 일반화된 것은 아니지만, 특수법인이 증가하고 그 중요성도 커지므로, 이러한 구별은 실제상 의미를 가진다. 특수법인으로는 학교법인(이를 규율하는 것은 사립학교법), 의료법인(이를 규율하는 것은 의료법), 사회복지법인(이를 규율하는 것은 사회복지사업법), 재개발조합(이를 규율하는 것은 도시재개발법), 농업협동조합(이를 규율하는 것은 농업협동조합법) 등이 있다.

(2) 특수법인에는 그 설립근거가 된 특별법이 우선적으로 적용된다. 그러면 특별법에서 규정하지 않는 사항에는 어떤 법이 적용되는가? 특수법인은 대부분 영리를 목적으로 하지 않으므로, 원칙적으로는 민법이 적용된다고 해야 할 것이다. 그리고 그 법인의 성질에 따라서 이 중 사단법인 혹은 재단법인에 관한 규정이 적용될 것이다. 그러나 앞서 말한 바와 같이 특수법인이 기업적 조직을 갖추고 기업적으로 활동하는 경우에는 비록 영리를 목적으로 하지 않더라도 상법을 적용하는 것이 타당할 것이다.

Ⅵ. 사단과 사단법인 [247]

1. 사단법인의 기초가 되는 것은 수인이 공동의 목적을 위하여 결합한 인적 결합체(단체)이다. 그런데 인적 결합체는 단체성의 강약에 따라 사단과 조합의 두 가지 유형으로 나눌 수 있다. 사단은 단체성이 강한 것, 즉 단체로서의 단일성이 전면에 나타나고 그 구성원의 개성은 배후로 후퇴한 인적 결합체이고, 조합은 구성원의 개성이 전면에 나타나고 따라서 단체성이 약한 것이다(양자의 보다 상세한 구별은 뒤에서 살핀다([338] 이하)).

사단은 이와 같이 인적 결합체의 실질에 기한 개념으로서 조합과 대비되는 것이다. 이에 대하여 법인은 이러한 인적 결합체가 법적 요건을 갖춤으로써 하나의 권리주체(권리능력자)로 인정된 것이다. 즉 전자는 실질을 기준으로 하는 개념이고, 후자는 형식을 기준으로 하는 개념이다.

2. 사단법인이 되는 것은 대부분 그 실질이 사단인 인적 결합체이다. 그러나 법인이라는 개념은 형식을 기준으로 하는 것이므로, 법인이 되기 위해서는 그 실질이 사단이어야 하는 것은 아니다. 어떤 단체를 법인으로 하느냐는 입법정책의 문제이다. 상법

상의 합명회사는 그 실질이 조합이지만, 상법은 이를 법인(회사)으로 하고 있다.

3. 사회에는 사단(혹은 재단)의 실체를 가지면서도 법인격을 취득하지 않은 조직이 적지 않다. 그런데 민법은 총칙편의 「법인」 부분에서 법인만을 규율하고 법인 아닌 사단(혹은 법인 아닌 재단)에 관해서는 아무런 규정도 두지 않는다. 그리하여 이러한 법인 아닌 사단 · 재단의 법률관계를 어떻게 규율할 것인가 하는 문제가 생긴다. 이러한 문제는 뒤의 「법인격 없는 사단 · 재단」에서 살핀다([337] 이하).

제 2 관 법인의 설립

[248] Ⅰ. 허가주의

1. 법인설립에 관한 입법주의

법인설립에 대한 국가의 관여 정도에 따라 다음과 같은 입법주의가 구별된다.

(1) **자유설립주의** 법인의 설립에 관하여 아무런 제한을 가하지 않고 법인으로서의 실질만 갖추면 법인격을 인정하는 것이다. 이 입법주의를 취하는 입법례는 거의 없다(다만 스위스민법이 비영리법인의 설립에 관하여 이 주의를 채용한다(동법 60조)). 우리 민법은 법인은 「법률의 규정에 의함이 아니면 성립하지 못한다」고 규정함으로써 자유설립주의를 배제함을 명언한다(31조).

(2) **準則主義** 법률이 법인설립에 관한 요건을 미리 정해 놓고, 그 요건이 충족되면 당연히 법인이 성립하는 것으로 하는 것이다. 다만 그 조직내용을 공시하기 위하여 등기 혹은 등록을 필요로 하거나, 주무관청의 감독의 편의를 위하여 주무관청에의 신고를 요구한다. 인가주의와는 정관 · 규칙 등에 대한 관청의 사전심사가 필요 없다는 점에서 차이를 가지나, 실질적으로는 거의 차이가 없다. 상법은 각 회사마다 회사설립을 위한 요건으로 일정한 내용을 기재한 정관의 작성 및 설립등기를 요구하고(상법 178조 · 179조, 269조 · 270조, 289조 · 317조, 543조 · 549조), 「회사는 본점 소재지에서 설립등기를 함으로써 성립한다」(상법 172조)고 규정함으로써, 영리법인에 대하여는 준칙주의를 취한다. 그 외에 협동조합(협동조합기본법 15조 · 20조) · 노동조합(노동조합법 및 노동관계조정법 10조)에 이 주의가 채용되고 있다.

(3) **認可主義** 법률이 정한 요건을 갖추고, 주무관청의 인가를 얻음으로써 법인이 성립하는 것으로 하는 것이다. 준칙주의와의 차이는 앞에서 설명하였다. 허가주의와는 법률이 정한 요건을 갖춘 경우에는 반드시 인가를 해야 한다는 점에서 차이를 가진다. 변호사회(변호사법 65조), 약사회 · 한약사회(약사법 13조), 농업협동조합(농업협동조합법 15조), 상공회의소(상공회의소법 6조) 등이 인가주의에 의하여 설립된 법인이다.

(4) **許可主義** 법인의 설립에 관하여 주무관청의 자유재량에 의한 허가를 필요로 하는 것이다. 후술하는 바와 같이 민법상의 비영리법인 그리고 학교법인(사립학교법 10조), 의사회·한의사회 등(의료법 29조) 등에 관하여 이 주의를 취한다.

(5) **特許主義** 한 개의 법인을 설립하기 위하여 특별한 법률을 제정하는 것이다. 이것은 국가의 재정·금융·산업 등에 관한 정책을 통제 강화할 필요에서 국영기업에 대하여 형식적인 독립성을 주는 것이다. 한국은행, 한국토지주택공사·한국전력공사 등의 각종의 공사, 한국과학기술원, 한국마사회 등이 그 예이다.

(6) **强制主義** 법인의 설립 혹은 이에의 가입을 강제하는 것이다. 법인의 설립을 강제하는 예로는 변호사회(변호사법 68조)·약사회(동법 11조) 등이 있고, 가입을 강제하는 예는 상공회의소(상공회의소법 34조, 37조)가 있다.

2. 민법의 허가주의 [249]

(1) 제32조는 「학술, 종교, 자선, 기예, 사교 기타 영리아닌 사업을 목적으로 하는 사단 또는 재단은 주무관청의 허가를 얻어 이를 법인으로 할 수 있다」고 규정하여, 민법상의 비영리법인에 대하여 허가주의를 취한다.

(2) 법의 이러한 태도는 정당한가? 기본적으로 단체의 설립과 이에의 가입의 자유는 헌법이 규정하는 국민의 기본권 중의 하나인 結社의 自由(헌법 21조 1항)의 한 내용을 이룬다(특히 독일기본법은 단체설립의 자유를 방해하는 것을 금지하는 규정(9조 3항)을 두고 있는바, 이는 바로 단체설립의 자유의 중요성을 말하는 것이다). 이러한 기본권은 국가안전보장·질서유지 또는 공공복리를 위하여 필요한 경우에 한하여 제한할 수 있을 뿐이다(헌법 37조 2항). 따라서 법인설립의 자유를 제한하는 입법은 자유로운 법인의 설립이 위에 말한 헌법상의 기본권의 제한사유에 해당하는 경우에 비로소 그 정당성이 인정된다. 그러면 과연 자유로운 법인의 설립은 질서유지·공공복리 등을 위하여 제한될 필요가 있는가? 이는 법인설립의 자유를 인정하는 경우의 부작용, 법인제도의 기능 등을 고려하여 판단해야 한다.

우선 법인설립의 자유를 인정하는 경우에 생기는 부작용은 법인의 실질을 갖추지 못하였음에도 법인의 이름을 빌려 부당한 이익을 취하려는 점(특히 세금의 포탈, 책임의 부당한 회피(법인격의 남용) 등)이다. 그러한 위험은 재단법인·영리법인의 경우에 존재할 뿐이고 — 따라서 재단법인·영리법인의 경우에 허가주의를 취하는 것은 타당하다 — 비영리사단법인에서는 그러한 위험이 별로 없다. 다음으로 단체는 사회에서 자연발생적으로 성립하는 것으로서, 법이 이의 설립을 통제하더라도 이의 자유로운 성립이 억제되지는 않으며, 또 법이 이를 억제할 수도 없는 것이다. 반면에 그러한 단체에 법인격을 부여하는 법인제도의 중요한 기능은, 그와 같이 사회에서 필연적으로 성립하고 활동하는 단체의 목적과 조직 등을 외부에 알림으로써 그와 거래하는 제3자의 이익을 보호하는 것이다. 따라서 법이 단체에 대하여 기울여야 하는 배려는, 단체의 조직이 공시되지 않음으로써 생기는 법적 거래의 불확실성과 위험을 억제 · 제거하는 것이다. 그렇다면 법이 나아가야 할 방향은 가능한 한 단체의 조직을 공시하도록 법인설립을 쉽게 해 주는 것이다. 또 단체의 활동이 국가나 사회에 해악을 미치는 것을 방지하는 것은, 법인의 설립 자체의 통제를 통해서가 아니라, 오히려 단체를 가능한 한 법인화하도록 하여 그의 존재와 조직 · 활동을 국가가 파악함으로써 가능해지는 것이다.

이런 점에서 법인의 설립 자체를 통제하는 허가주의는 정당한 제한사유 없이 국민의 기본권을 침해할 뿐만 아니라, 그의 존재나 활동을 공개함으로써 거래이익을 도모하고 또 그 활동의 적절성을 감독할 가능성을 봉쇄하는 것으로서 전혀 그릇된 방향의 선택인 것이다. 그럼에도 불구하고 법인의 설립 자체를 단속하는 것은 경찰국가적 사고에 기한 것이라고밖에 할 수 없다. 그 외에도 시민 각자가 사회의 주도적 역할을 담당했던 소위 시민사회가 후퇴하고 이에 대신하여 집단이 그러한 역할을 담당하는 현대사회에서는, 각인은 바로 단체를 통하여 자유로운 인격을 전개 · 발전시킬 수 있으며 또한 자신의 이익을 지킬 수 있다. 뿐만 아니라 다수의 횡포가 자행되는 현대사회에서는 이름 없는 소수자의 이익을 보호하는 것이 법의 중요한 과제이며, 이를 위해서는 이익과 가치를 공동으로 하는 자들이 결합하여 자신의 이익을 옹호할 수 있는 길을 확보해 주어야 할 것이다. 이런 점에서 비영리법인의 설립의 자유는 시대적 요구인 것이다.[1)]

(3) 허가주의를 규정한 제32조가 이와 같이 그릇된 입법정책을 넘어 정당한 사유 없이 국민의 기본권을 침해하는 것이라면, 이는 違憲이라고 하지 않을 수 없다. 그렇다면 주무관청은 동조를 근거로 자유재량에 따라 허가 여부를 결정할 것이 아니라 법인의 요건을 갖춘 단체에 대하여는 원칙적으로 설립을 허가하고, 다만 헌법상의 제한사유가 있는 경우 및 민법 제38조에 기하여 공익을 해할 우려(그리고 그러한 우려가 명백한 경우에 한하여)가 있는 경우에 한하여 이의 설립을 불허해야 할 것이다. 이런 점에서 주무관청의 재량은 자유재량이 아니라 기속재량이라고 할 것이다.[2)]

1) 허가주의의 연혁에 관해서는 그 외에, 김진우, 비영리법인의 설립에 있어 허가주의에 관한 연혁적 고찰, 인권과 정의 383호(2008. 7.), 94면 이하 참조.

2) 대판 1996. 9. 10. 95누18437은 중개업자 중 일부가 임의가입하여 설립한 사단(한국공인중개사회)이 신청한 법인설립허가에 대하여 주무관청이 불허가처분을 한 데 대하여, 판결은 우선 허가는 주무관청에게 폭넓은 재량이 인정된다고 전제한 다음, 중개사 전원을 회원으로 하는 부동산중개업법상의 의무설립단체(전국부동산중개업협회)가 존재하는바, 양자는 그 회원이나 목적사업 등이 유사하여 실질상 차이가 없으며, 그럼에도 허가한다면 양자가 서로 대립하여 혼란과 분열을 초래할 우

Ⅱ. 사단법인의 설립 [250]

1. 요　건

(1) 목적의 非營利性　「학술 · 종교 · 자선 · 기예 · 사교 기타 영리아닌 사업」을 목적으로 해야 한다(32조). 영리아닌 사업이란 개개의 구성원의 경제적 이익을 목적으로 하지 않는 사업을 말하며, 반드시 공익을 목적으로 할 필요는 없다. 비영리사업의 목적을 달성하기 위하여 필요한 한도에서 그의 본질에 반하지 않는 정도의 영리행위를 하는 것은 상관없으며, 다만 이때 그 수익은 사원에게 분배되어서는 안 된다.

(2) 정관작성(설립행위)　사단법인을 설립함에는 2인 이상의 설립자가 법인의 [251]
근본규칙을 정하여, 이를 서면에 기재하고 기명날인해야 한다(40조). 이 서면을 定款이라고 한다. 이와 같이 사단법인의 근본규칙을 정하여 정관을 작성하는 행위를 사단법인의 설립행위라고 한다. 설립행위에 관한 보다 상세한 고찰은 다음 항으로 미루고, 여기에서는 정관에 기재할 사항을 살핀다.

(가) 필요적 기재사항　이는 정관에 반드시 기재해야 하는 사항이다. 따라서 이중 하나라도 빠지면 정관은 무효이다. 필요적 기재사항으로는,

(i) 목　적

(ii) 명　칭　명칭에는 특별한 제한이 없다(그러나 회사는 반드시 그 종류에 따라서 합명회사 · 합자회사 · 주식회사 · 유한회사의 명칭을 사용해야 한다(상법 19조)).

(iii) 사무소의 소재지　사무소가 수개 있을 때에는 이를 모두 기재하고, 또 주된 사무소를 정해야 한다.

(iv) 資産에 관한 사항　이는 자산의 구성 · 운영방법 · 회비 등에 관한 것을 말한다.

(v) 이사의 任免에 관한 사항　임면의 방법을 정하면 된다. 그 방법에 관해서는 주식회사에서와 같은 제한(상법 382조)이 없으므로, 총회의 결의에 의하지 않고 선임하도록 하거나 사원 아닌 자도 이사가 될 수 있도록 하여도 된다.

(vi) 사원자격의 득실에 관한 사항　이는 입사 · 퇴사 및 제명에 관한 것을 말한다.

(vii) 존립시기나 해산사유를 정한 때에는 그 시기 또는 사유　이에 관한 사항은 반드시 정해야 하는 것이 아니므로, 특히 이를 정한 때에만 기재하면 된다. 따라서 이를 정관에 기재하지 않더라도 정관이 무효로 되지 않는다.

(나) 임의적 기재사항　정관에는 위와 같은 필요적 기재사항 이외에도 사단의 근본규칙을 기재할 수 있다. 이것을 임의적 기재사항이라고 한다. 임의적 기재사항에 관

려가 있다는 점 등에서 볼 때 허가불허처분은 재량권을 일탈 혹은 남용한 것이 아니라고 하였다.

하여는 특별한 제한이 없다. 민법 가운데는 일정한 사항은 정관에 기재하지 않으면 효력이 없다고 규정하는 경우가 있다(예: 대표권에 관한 제한(41조)). 그러나 그러한 사항 역시 정관에 기재되지 않더라도 정관이 무효로 되지는 않으며, 따라서 그러한 사항은 여전히 임의적 기재사항이다. 그 외에 정관에 특별한 정함이 있는 경우에는 민법의 규정을 적용하지 않는다는 규정이 대단히 많은바(42조 2항, 58조 2항 59조, 62조, 66조, 70조 2항, 71조~73조, 78조, 80조, 82조 등), 이러한 사항들은 모두 임의적 기재사항이다.

임의적 기재사항도 정관에 기재된 이상 필요적 기재사항과 효력에 차이가 없다. 따라서 그의 변경은 역시 정관변경의 절차에 의하여야 한다.

(다) 판례는 정관의 성질을 법규범이라고 한다.[3] 그러나 이는 의문이다. 법률행위적 합의라고 하는 것이 타당하다([12]). 그 외에 정관의 작성에도 사적자치의 원칙이 적용되고, 따라서 그 내용이 강행법규 혹은 선량한 풍속 · 사회질서에 위반하지 않는 한 유효하다.[4]

[252] **(3) 주무관청의 허가** 주무관청의 허가가 있어야 한다(32조).

(가) 주무관청이란 법인이 목적으로 하는 사업을 주관하는 행정관청을 뜻한다. 법인의 목적이 두 개 이상의 관청의 소관사항인 경우에는, 각 관청이 법인의 존재와 활동을 알 수 있도록 하기 위해서 수개의 관청의 허가를 받아야 한다고 해야 할 것이다(제9판에서는 허가를 용이하게 하기 위해서, 주된 사업을 관장하는 관청의 허가를 얻으면 족하다고 하였었다. 그런데 그러한 목적은 허가의 자유재량성을 제한하는 방법에 의하는 것이 타당하므로, 견해를 바꾼다).[5]

(나) 통설과 판례는 법인설립의 허가를 관청의 자유재량으로 본다. 그러나 비영리사단법인의 설립을 관청의 허가에 매이게 하는 것은 위헌이므로, 법률규정이 개정되기 전까지는 단체의 목적 혹은 조직이 명백히 공익에 반하는 경우를 제외하고는 반드시 허가해야 하는 것이라고 함으로써 부당성을 해소해야 할 것이다. 이에 의하면 허가는 기속재량으로 된다.

[253] **(4) 설립등기** 주된 사무소의 소재지에서 설립등기를 하여야 한다. 그리고 민법은 「법인은 그 주된 사무소의 소재지에서 설립등기를 함으로써 성립한다」(33조)고 규정하므로, 설립등기는 법인의 성립요건이다. 구민법이 설립등기를 대항요건으로 하였던 것(구민법 45조 2항)을 고쳐서, 상법상의 회사와 마찬가지로(동법 172조) 성립요건으로 한 것이다(독일민법 21조 · 55조, 스위스민법 52조 · 60조 · 62조 · 63조).

---

3) 대판 2000. 11. 24, 99다12437.

4) 대판 1992. 11. 24, 91다29026; 대판 2009. 10. 15, 2008다85345.

5) 이에 대하여 김용한 159면은, 주된 사업을 관장하는 관청의 허가를 얻으면 족하다고 한다.

2. 설립행위 [254]

(1) 의 의 법인의 설립행위라는 용어는 넓게는 법인설립과정에서의 이러한 일련의 행위 전부를 가리키지만, 엄격하게는 이중에서 제2단계에서 법인의 근본규칙인 정관을 작성하는 것만을 가리킨다.

이러한 의미의 사단법인 설립행위는 사단법인의 설립이라고 하는 법률효과의 발생을 의욕하는 수인의 의사표시의 합치에 의하여 성립하는 법률행위이다. 이에 의하여 한편으로 새로운 사단법인이 창설되고(이 점이 다른 법률행위와는 다른 특수한 효력이다), 다른 한편으로 각 당사자에게 그 정관에 기재된 바에 따른 구성원의 권리의무를 발생시킨다.

(2) 성 질 그러면 이는 어떤 성질의 법률행위인가? [255]

(가) 우선 정관이라는 서면에 일정한 사항을 기재하고 기명날인해야 하는 점에서, 이는 요식행위이다.

(나) 이는 수인의 의사표시의 합치에 의하여 성립하는 점에서 계약의 성질을 가진다. 그런데 계약은 당사자 각자가 대립하여 상호간에 채권채무를 발생시키는 것을 목적으로 함에 반하여, 설립행위는 설립자(당사자) 전원이 합동하여 법인설립이라는 공동의 목적에 협력하는 것인 점에서 차이를 가진다. 즉 계약에서는 각 당사자가 대립되는 이해관계를 가지고 서로 상반되는 의사표시(예컨대 매매계약의 경우에 매도인은 "이 물건을 팔겠다"고 하고, 매수인은 "이 물건을 사겠다"고 한다)를 교환하므로(교환적 계약) 그 의사표시는 각 당사자에게 다른 의미를 가짐에 반하여, 설립행위에서는 모든 당사자가 법인의 설립이라는 같은 방향의 의사표시를 하므로 그 의사표시는 모든 당사자에게 동일한 의미를 가진다. 이런 점에서 다수의 견해는 계약과는 별개로 「합동행위」라는 제3의 법률행위 유형을 인정하고, 사단법인 설립행위를 합동행위라고 한다.[6] 그러나 합동행위라는 법률행위 유형을 인정할 필요가 없다고 보는 본서에서는(이는 뒤에서 상세히 살핀다([442])), 사단법인 설립행위도 계약이고, 다만 공동으로 단체를 창립하고 표의자는 스스로 그 단체의 구성원으로 되는 단체적 효과의 발생을 목적으로 하는 점에서, 통상적인 계약과는 다른 점이 있을 뿐이다(특수계약설).[7]

(3) 적용법규 법률행위에 관한 규정은 사단법인 설립행위에도 그대로 적용되는가? 우선 제124조는 대리인이 본인의 이익을 희생시키고 자신의 이익(자기계약의 경우) 혹은 어느 일방의 이익(쌍방대리의 경우)을 도모하는 것을 방지하려는 취지에 기한 것인데, 설립행위는 단체의 창립이라는 공통의 목표를 가지고 따라서 공통의 이해관계를 가지는 자 간의 [256]

---

6) 고상용, 184면; 곽윤직, 232면; 김기선, 141면; 김상용, 219면; 김용한, 157면; 김주수 · 김상용, 174면; 김현태, 170면; 방순원, 98면; 이영섭, 184면.

7) 이영준, 935면, 153면 이하; 장경학, 305면.

행위(달리 말하면 공동의 이익을 위하여 결합된 수인 간의 행위)이다. 그러므로 이 규정은 설립행위에는 적용되지 않는다고 해야 할 것이다(즉 예컨대 갑 · 을 · 병 등 다수인이 함께 법인을 설립하면서 갑이 을이나 병을 대리하여 정관작성행위를 하는 것도 유효하다). 그 외에 상법은 주식인수의 청약에는 제107조 1항 단서가 적용되지 않음을 명언한다(동법 302조 3항)

그런데 법인설립행위를 합동행위라고 보는 견해 중 일부는 그 외에 제108조도 적용되지 않는다고 하거나,[8] 혹은 더 나아가 의사표시의 결함에 관한 규정(5조 2항 및 107조~110조 등)도 적용되지 않는다고[9] 한다. 이러한 견해는 종래 설립행위의 성질을 계약이 아니라 합동행위로 파악하는 실익은 바로 합동행위에 이러한 규정의 적용을 배제함으로써 거래안전을 기할 수 있다는 점에 있다고 보았던 이론에 영향받은 듯하다. 그러나 제5장의 법률행위에 관한 규정(그리고 5조)은 이의 적용대상을 단지 법률행위라고 할 뿐이므로, 단지 법인설립행위가 합동행위라는 점은 법률행위에 관한 어떤 규정의 적용을 배제하는 근거가 되지 않는다. 더욱이 의사표시의 결함에 관한 규정은 결함있는 의사표시를 한 자로 하여금 그 의사표시의 구속에서 벗어나도록 하려는 것으로서, 이러한 법적 보호는 그 법률행위의 실질이 어떤 것이냐(즉 이해관계가 서로대립하는 자 간의 행위이냐, 공통의 이해관계를 가진 자 간의 행위이냐)를 불문하고 동일하게 주어져야 한다. 이런 점에서 그와 같은 규정은 설립행위에도 적용된다고 하는 것이 타당할 것이다. 다만 단체가 사회적으로 활동을 개시하여 다수인과 법률관계를 가지게 된 경우에도 무효 · 취소의 효력을 그대로 인정하게 되면 거래의 안전이 크게 위협받는바, 따라서 이의 소급적 효력을 제한해야 할 것이다. 즉 예컨대 설립자 중 1인이 착오에 빠져 설립행위를 한 경우에, 그는 착오를 이유로 취소할 수 있지만, 그의 취소로 인하여 설립행위 전체가 소급적으로 무효로 되지는 않으며(따라서 단체 자체는 그대로 존속하므로, 단체가 제3자와 이미 행한 거래행위는 그대로 유효하다), 따라서 그 표의자는 탈퇴의 형식으로 그 의사표시의 구속으로부터 벗어날 뿐이라고 할 것이다([841] 참조).

독일에서는 설립행위의 성질의 문제는 주로 설립자의 1인에 관하여 의사표시의 결함이 있는 경우에 법률행위 일반의 무효와 취소에 관한 규정이 적용될 것이냐와 관련하여 문제되었다. 그리고 판례는 처음에는 상법상의 법인에 관하여, 다음에는 민법상의 조합에 관하여도, 단체가 사회적으로 활동을 개시한 후에는 1인의 의사표시의 결함을 이유로 하여 소급적으로 법률행위를 무효로 할 수는 없고, 단지 장래적으로 즉 탈퇴의 형식으로 그 효과를 배제할 수 있을 따름이라고 하였으며, 이것이 대체로 확립된 판례법이라고 할 수 있다.[10]

---

8) 곽윤직, 232면.

9) 고상용, 187면; 김용한, 157면; 김주수 · 김상용, 174면.

10) Enneccerus-Nipperdey §106 Ⅱ; von Tuhr §34 Ⅰ. Larenz/Wolf §10 9; Lehmann-Hübner §61 Ⅱ 1 b도 법인이 성립한 후에는 무효 또는 취소의 원인은 오로지 장래에 향하여서만 주장할 수 있다고 한다.

3. 설립중의 사단법인 [257]

사단법인의 설립과정을 살펴보면, 이는 세 단계로 나누어진다. 즉 제1단계로 설립을 계획하는 자(발기인)들이 법인의 설립이라는 공동의 목적을 위하여 결합하며, 이에 의하여 이들 사이에 여러 가지 권리의무가 발생한다. 제2단계로 이들은 일부 구성원을 확정하고 장차 설립될 법인의 근본규칙을 정하는 등 법인의 설립과 활동에 필요한 여러 가지 인적 · 물적 기초를 갖추어 간다. 그리고 마지막 단계로 주무관청의 허가와 설립등기를 함으로써 법인격을 취득한다. 이 중 제1단계에 있는 것을 설립자(발기인)조합, 제2단계에 있는 것을 「설립중의 법인」이라고 한다.

(1) 발기인조합의 성질은 민법상의 조합이다. 이 조합이 정관 초안의 작성 · 사무소의 임차 · 필요한 서류의 작성 기타 법인설립에 필요한 준비행위를 한다. 발기인조합은 그 성질이 조합이므로, 그러한 행위는 발기인조합에 귀속되며, 발기인들은 이에 대하여 개인적으로 책임을 진다(712조 참조). 이와 같이 발기인조합은 설립중의 법인 혹은 설립후의 법인과는 성질을 달리하고 따라서 동일성이 없으므로, 이러한 단계에서 발기인조합(혹은 발기인 개인)이 취득한 권리의무가 당연히 설립중의 법인 혹은 법인에게 귀속되지는 않는다. 이러한 권리의무를 설립후의 법인에게 귀속시키기 위해서는 양수나 채무인수 등의 특별한 이전행위가 있어야 한다.[11)]

(2) 발기인조합이 그 조합계약의 이행으로서 정관을 작성하고, 법인의 최초의 구성원을 확정함으로써 법인의 실체를 갖추면 설립중의 법인이 된다. 이의 성질은 마치 법인의 태아라고도 말할 수 있는 것으로, 장차 설립될 법인의 前身이다. 그리고 설립중의 법인은 그 실질이 이미 하나의 사단이므로, 이론적으로는 이것도 일종의 「법인격 없는 사단」이라고 할 수 있다. 그러나 통상적으로 법인격 없는 사단은 법인격을 취득하지 않은 상태로 활동을 계속해가는 사단을 칭하는 것이므로, 이것과 법인격을 취득하는 과정에 있는 사단과는 구별하는 것이 타당하다. [258]

㈎ 설립중의 법인의 대표자가 법인을 위하여 취득한 권리의무는 후에 설립되는 법인에 당연히 귀속한다.[12)]

---

11) 대판 1990. 12. 26. 90누2536; 대판 1994. 1. 28. 93다50215; 대판 1998. 5. 12. 97다56020; 대판 2007다37394,37400 참조.

12) 대판 2008. 2. 28. 2007다37394,37400. 이의 사안은, 교회(갑)의 대표자(을)가 교회당으로 사용하기 위하여 신축건물을 분양받고 그 대금을 차용하면서 담보의 취지에서 대출채권자(병)의 이름으로 건물의 이전등기를 경료하였으며, 그 이후에 비로소 교회가 설립되어 개척예배를 올리고 교회 정관을 작성하였는데(을이 이때 교회의 대표자로 정식 선임됨), 교회가 병에 대하여 등기의 말소를 청구한 경우이다. 판결은 위 건물에 관한 분양계약을 체결할 당시에는 교회는 아직 법인으로서의 실체를 갖추지 못하여 법인 아닌 사단으로 성립되기 전이고, 따라서 을이 위 건물에 관하여 체결한

(나) 그러므로 법인설립과정에서 설립에 참여한 자(장차 설립될 법인의 대표자)가 자신의 이름으로 재산을 취득한 경우에도, 그 취득시기가 법인의 실체를 갖추기 전이냐 그 이후이냐에 따라서 법률관계가 달라진다. 따라서 발기인조합이 언제 설립중의 법인으로 되는가 하는 점은 실제적으로 중요한 의미를 가지게 된다. 특히 상법상의 회사와 관련해서는 정관작성시설, 발기인인수시설, 총액인수시설 등이 대립하는데, 판례는 발기인인수시설, 즉 정관이 작성되고 발기인이 적어도 1주 이상의 주식을 인수하였을 때라고 한다.[13] 다만 이러한 요건이 갖추어지기 전에 발기인 중 1인이 행한 불법행위에 관하여, 이는 설립 후 회사의 대표이사로서의 직무와 밀접한 관련이 있다고 보아 회사의 불법행위책임을 인정한 것이 있다.[14]

[259] Ⅲ. 재단법인의 설립

1. 요 건

(1) 재단법인의 설립요건은, 사단법인에서와 마찬가지로 (i) 목적의 비영리성, (ii) 설립행위, (iii) 주무관청의 허가, (iv) 설립등기 등이다.

(2) 이러한 요건 중에서 사단법인에서와 차이가 있는 것은 설립행위의 내용과 성질, 그리고 주무관청의 허가를 요건으로 하는 것의 정당성 등이다. 이 중에서 전자는 항을 나누어 살피고 여기에서는 후자만을 살피면, 재단법인은 사단법인과는 달리 공익적 사업을 위해서가 아니라 세금의 포탈 기타 부당한 목적을 위하여 설립할 가능성이 많고, 따라서 재단법인의 설립에서는 주무관청의 규율과 통제가 요구된다. 이런 점에서

분양계약이 교회를 대표하여 체결한 것이라거나 그 계약상의 지위가 별도의 이전행위 없이 바로 교회에 귀속되지 않는다고 하였다.

13) 대판 1985. 7. 23. 84누678; 대판 1990. 12. 26. 90누2536; 대판 1994. 1. 28. 93다50215. 90누2536의 사안은, 갑이 A 등 수인과 함께 회사를 설립하기로 하고 A가 공장부지로 사용하기 위하여 갑이 출자한 자금으로 토지를 구입하고, 나아가 위 수인이 1983. 2. 11. 정관을 작성하고 회사설립등기를 마쳤으나, 축산물작업장설치허가를 얻지 못하여 회사의 존립 자체가 어렵게 되자, 갑이 1983. 5. 17. 투자금의 회수를 확보하기 위하여 위 토지를 자신의 명의로 이전등기를 하였다. 그리고 갑이 위 회사의 청산인으로 취임하여 토지를 타인에게 매각하였다. 그런데 국세청이 위 토지를 갑이 직접 취득하였다가 양도하였다고 하여 양도소득세를 부과하자, 갑이 위 토지는 회사가 취득한 것이라고 하면서 과세처분의 무효를 소구하였으며, 그리하여 갑이 위 토지를 취득한 당시에 회사가 설립중의 회사로 되었는가 하는 점이 문제되었다. 판결은 위 회사의 정관은 설립등기일인 1983. 2. 11.에 작성되었고, 위 토지대금이 전부 지급된 1983. 1. 17. 현재나 갑이 금전을 출자한 1983. 2. 10.까지 위 회사가 설립중의 회사로서의 실체를 갖추었다고 인정할 자료가 없으므로, 설립중의 회사가 위 토지를 취득하였다거나 갑이 설립중의 회사에 자금을 출자한 것이라고 볼 수 없다고 하여, 갑의 청구를 배척하였다. 이 판결에 대한 비판으로는 한창희, 회사설립기간중의 행위의 귀속, 판례월보 252호(1991. 9.), 28면 이하; 임재호, 설립중의 회사로서의 실체가 갖추어지기 이전에 발기인이 취득한 권리의무의 귀속관계, 상사판례연구 5집(1992), 1면 이하.

14) 대판 1998. 5. 12. 97다56020.

주무관청의 허가를 요건으로 하는 것은 정당하다. 그리고 허가는 행정관청의 자유재량에 속하고, 목적이 수개의 관청의 소관사항인 때에는 수개의 관청의 허가를 받아야 한다고 할 것이다.

2. 설립행위 [260]

재단법인 설립행위는 일정한 목적 및 조직을 가진 재단법인을 성립시킬 것과 그 법인에 일정한 재산을 출연하는 것을 내용으로 하는 의사표시이다.

(1) 구성요소 재단법인의 설립자는 그와 같은 의사를 담은 정관을 작성하고, 나아가 현실로 일정한 재산을 출연하여야 한다. 왜냐하면 재단법인은 일정한 목적을 위하여 바쳐진 재산을 본체로 하는 것이므로, 그 목적을 달성하기 위한 물적 기초로서 반드시 재산이 있어야 하기 때문이다. 재단법인 설립행위를 사단법인에서와는 달리 (재산)출연행위라고 칭하기도 하는 것은 그 때문이다. 따라서 정관의 작성 및 재산의 출연이 설립행위의 구성요소이다.

(가) 정관의 작성 설립자는 법인의 근본규칙을 정하여, 이를 서면(정관)에 기재하고 기명날인하여야 한다(43조).

(a) 정관의 기재사항에는 사단법인의 정관에서와 마찬가지로 필요적 기재사항과 임의적 기재사항이 있다. 필요적 기재사항은 사단법인의 그것과 유사하지만, 사원에 관한 규정이 없는 점 그리고 법인의 존립시기나 해산사유가 필요적 기재사항이 아닌 점에 차이가 있다. 전자는 사원이 없는 재단법인에 있어서 당연한 것이다. 후자는 사단법인에서도 그것을 예정하지 않은 때에는 기재할 필요가 없는 것이고, 재단법인에서도 그것을 예정한 때에는 임의적 기재사항으로 이를 기재할 수 있는 것이므로, 실질적으로는 별로 차이가 없다.

정관의 작성에 관하여 주의할 점은, 유언으로 설립행위를 하는 경우에는 나아가 유언의 방식에 따라야 한다는 점이다(47조 2항).

(b) 정관의 보충 정관은 그 필요적 기재사항을 모두 기재한 경우에 한하여 유효하며, 이 중 하나라도 빠지면 정관으로서의 효력이 생기지 않는다. 그러나 설립자가 그 중 가장 중요한 사항인 목적과 자산만을 정하고, 그 밖에 명칭 · 사무소 소재지 · 이사 임면의 방법과 같은 비교적 경미한 사항을 정하지 않고 사망한 경우에, 이를 보충하여 설립자의 의사를 달성케 하는 것이 요망된다. 그리하여 민법은 그러한 경우에 이해관계인 또는 검사의 청구에 의하여 법원이 이러한 사항을 정하여 정관을 보충하도록 함으로써 법인을 성립시키는 길을 열었다(44조).

(나) **재산의 출연** 설립자는 일정한 재산을 출연하여야 한다.[15] 재산의 종류는 묻지 않는다. 확실한 것이면 채권이라도 좋다. 출연된 재산은 어느 때에 재단법인에 귀속하는가 하는 점은 별개의 항에서 다룬다([262] 이하).

[261] (2) 성 질

(가) 재단법인을 설립한다는 의사표시를 정관이라고 불리는 서면에 기재해야 하므로, 이는 사단법인 설립행위에서와 마찬가지로 요식행위이다. 따라서 단지 주위 사람에게 구두로 재단법인 설립의 뜻을 표명하는 것으로는 부족하다.

(나) 재단법인의 설립에서는 재산을 출연해야 하므로, 설립행위는 무상의 출연행위이다. 이런 점에서 재단법인 설립행위에는 증여(생전행위에 의한 경우) 및 유증(유언에 의한 경우)에 관한 규정이 준용된다(47조).

(다) 설립자는 재산을 재단에게 이전해야 하므로, 출연행위는 물권행위이다. 다만 설립의사를 표명할 당시에는 그 재산을 이전받을 법인이 존재하지 않으므로, 출연행위는 대부분 먼저 「장차 설립될 재단법인에 이 재산을 이전하겠다」는 내용으로 행해질 것이다. 그러므로 설립행위는 채권행위의 성질도 가진다. 그리고 채권행위와 물권행위는 외형상 하나의 행위로 행해질 수 있다.

(라) 재단법인의 설립에서는 설립자가 단독으로 법인의 근본규칙을 정하고 재산을 출연하므로, 이는 단독행위이다. 그리고 이러한 의사표시는 정관에 기재되면 족하고, 누군가에게 표시됨을 요하지 않는다(설립자가 법인에게 재산을 이전한다는 의사표시를 할 당시에는 법인은 아직 존재하지 않으므로, 법인이 그 의사표시의 상대방이 될 수는 없다). 그러므로 이는 상대방 없는 단독행위이다.

문제되는 것은 수인이 공동하여 재단법인을 설립하는 경우이다. 이 경우에는 수인이 근본규칙을 상의하고 합의에 이르면 함께 정관을 작성하게 되므로, 이를 계약으로 생각할 수도 있다. 그러나 수인의 설립자가 그러한 합의를 하고 합의된 바에 구속되는 것은 설립행위의 내용을 이루는 것이 아니고, 각자가 재산을 출연하고 법인을 설립하는 것만이 설립행위를 이룬다. 그러므로 이러한 경우에도 각자의 재단법인 설립행위는 단독행위이고, 단지 수인의 단독행위가 병존할 뿐이다.[16]

[262] 3. 출연재산의 귀속시기 등

(1) **출연재산의 귀속시기** 「생전처분으로 재단법인을 설립하는 때에는 출연

15) 대판 1971. 8. 31. 71다1176[집 19-2, 민 259]은, 재단법인의 재산기증자가 기부행위에 있어서, 소유명의만을 재단법인에 귀속시키고 실질적 소유권은 기증자가 보류한다는 부관을 붙여도 그 부관의 효력은 재단법인에 미치지 않는다고 한다.

16) 다수설. 이에 대하여 김기선, 145면; 방순원, 101면은 이를 합동행위라고 한다(사단법인의 설립행위가 필요적 합동행위임에 반하여, 이는 임의적 합동행위라고 한다).

재산은 법인이 성립된 때로부터 법인의 재산이 된다」(48조 1항). 그리고 「유언으로 재단법인을 설립하는 때에는 출연재산은 유언의 효력이 발생한 때로부터 법인에 귀속한 것으로 본다」(48조 2항). 여기에서 「법인이 성립된 때」는 설립등기를 한 때이고(33조), 「유언의 효력이 발생한 때」는 유언자가 사망한 때이므로(1073조 1항), 위 규정에 의하면 출연재산은 법인의 설립등기시 혹은 출연자의 사망시에 법인에게 귀속하는 것으로 된다.

이에 의하면 출연재산이 부동산인 경우에는 그에 대한 소유권이전등기 없이도 위 시기에 법인에게 귀속하게 된다. 그런데 민법은 법률행위로 인한 부동산물권변동은 등기하여야 그 효력이 생긴다고 규정한다(186조, 형식주의). 그리고 재단법인 설립행위는 법률행위임에 틀림없다. 따라서 제48조는 법률행위로 인한 부동산물권변동에 관한 형식주의의 원칙과 충돌된다. 그러면 제48조는 제186조의 원칙에 대한 예외규정인가?

(가) 종래 지배적인 견해는 이의 문언을 중시하여, 제48조는 법인의 재산충실이라는 취지에 기하여 제186조에 대한 예외를 인정한 것이라고 하였다.[17] 이 견해는 그 외에 다음과 같은 점을 근거로 든다. 첫째 제48조는 등기를 요하지 아니하는 부동산물권변동에 관한 제187조의 「기타 법률의 규정」에 해당된다. 둘째 만약 출연재산이 이전등기 없이도 법인에게 귀속된다고 하지 않게 되면 재단법인이 설립된 후에도 이전등기를 할 때까지는 전혀 재산이 없는 재단법인이 존재하게 되어 재단법인의 본질에 반하게 된다.

(나) 그러면 위와 같은 해석은 타당한가? 법은 특별한 필요가 있는 경우에는 형식주 [263]
의 원칙에 대한 예외를 인정할 수 있지만, 위 규정의 입법과정에서 볼 때 이는 형식주의에 대한 예외로서 규정된 것이라고 보기 어렵고, 또 실제적으로 보더라도 이를 예외규정으로 볼 특별한 이유를 발견할 수 없다. 우선 이의 입법과정을 보면, 제48조는 구민법 제42조와 흡사한 것인데, 구민법은 물권변동에 관하여 의사주의를 취하였으므로 그러한 규정은 물권변동에 관한 원칙에 부합하는 것으로서 당연한 것에 불과하였다. 다만 유언설립의 경우에, 일반원칙에 의하면 설립자의 사망 후 법인성립시까지는 출연재산이 상속인에게 속하므로 출연재산에서 생기는 과실 등의 이익을 상속인이 취하게 되는바, 그러한 부당한 결과를 막기 위하여, 그리고 만약 그러한 결과를 그대로 인정한다면 상속인이 법인설립을 지연시킬 위험이 있는바 특히 그러한 폐단을 막기 위하여, 일반원칙에 대한 예외로서 설립자의 사망시부터 출연재산이 재단법인에 귀속하도록 — 그럼으로써 출연재산으로부터 생기는 이득을 상속인이 아니라 재단법인에게 귀속시키도록 — 하였을 뿐이다. 따라서 구민법 제42조에서 창설적 의미를 가지는 것은 제2항이

17) 고상용, 192면; 곽윤직, 243면; 김기선, 148면; 김주수/김상용, 180면; 김현태, 175면; 방순원, 102면; 이영섭, 189면; 장경학, 312면.

다.[18] 그런데 현행민법은 물권변동에 관하여 형식주의를 취하므로, 제48조는 물권변동에 관한 원칙과 충돌된다. 따라서 만약 그럼에도 형식주의에 대한 예외로서 구민법에서와 같은 규정을 두고자 하였다면, 그러한 뜻이 입법과정에서 나타나고 이를 둘러싼 논의가 있었을 것이다. 그런데 그러한 점을 보여주는 자료는 전혀 보이지 않는다. 그렇다면 이 규정은 물권변동에 관한 원칙의 변화를 간과한 채 구민법상의 위 규정을 부주의하게 답습한 것이라고 보는 것이 옳고, 따라서 여기에는 구속력을 인정치 않는 것이 타당할 것이다([46] 참조). 다음으로 예외를 인정할 실제적 필요가 있는가 하는 점을 살펴보면, 출연부동산에 관하여 이전등기 없이도 법인에게 이전된다고 하게 되면, 그 등기 전에 설립자 측에서(아마도 설립자의 상속인인 경우가 대부분일 것이다) 출연부동산을 제3자에게 처분한 경우에 제3자는 그에 대한 소유권을 취득하지 못하게 되어 거래안전이 크게 훼손된다. 이의 부당성은 출연재산이 유가증권인 경우에 더욱 뚜렷하게 나타난다. 즉 민법은 지시채권의 양도에는 증서의 배서 · 교부(508조)를, 무기명채권의 양도에는 증서의 교부(523조)를 효력발생요건으로 규정한다. 이는 이러한 유가증권에 관하여는 거래의 안전이 특히 요구되기 때문이다. 그런데 만약 제48조의 문언대로 증서의 배서나 교부없이도 당연히 법인의 성립시에 법인에게 귀속한다고 한다면, 아무런 공시방법도 없이 무기명채권이 이전되는 결과가 되어 거래안전이 크게 위협받게 된다. 또 법인의 재산충실의 면에서 보면, 제48조를 물권변동에 관한 일반원칙에 대한 예외규정으로 보지 않더라도 이 규정에 의하여 출연재산은 설립등기시부터 혹은 설립자의 사망시부터 실질적으로 재단법인에게 귀속됨으로써 법인의 재산충실이 기해진다. 오히려 이러한 정도의 보호를 넘어, 출연자 측에서 출연부동산을 제3자에게 처분한 경우에 법인의 재산충실을 내세워 제3자의 보호(거래안전)를 희생시키는 것은 부당하다고 하지 않을 수 없다. 특히 법인으로서는 출연재산의 확보를 위하여 필요한 조치를 할 기회가 얼마든지 있었음에도 불구하고 이를 태만히 한 것인데, 그럼에도 그와 같은 보호를 주는 것은 법의 올바른 운영이 아닐 것이다. 이와 같은 점은 재단법인 설립에서의 재산귀속시기에 관하여 자국의 물권변동 원칙에 대한 예외를 인정하는 입법례가 없는 점에서 잘 나타난다(오히려 우리 민법과 마찬가지로 형식주의를 취하는 독일민법 82조 · 그리스민법 113조 등은 재단법인에서의 출연재산의 귀속과 관련해서 물권변동의 일반원칙과 조화되는 규정을 둔다).

18) 穗積陳重/富井政章/梅謙次郎, 民法正解 總則(1), 日本立法資料全集 別巻 95(復刷版第1刷, 平成 9년), 319면 이하. 이와 같이 일본민법 제42조에서 창설적 의미를 가지는 것은 제2항이나, 나아가 동조를 재단법인 설립에서의 출연재산의 귀속시기 문제를 전반적으로 규율하는 것으로 하고자 제1항에서 생전처분의 경우에 관해서도 의사주의 입장에서 볼 때 당연한 것을 규정하였던 것이다. 그 외에 일본민법 제42조의 입법취지에 관해서는 김학동, 재단법인에서의 출연재산의 귀속시기 — 해석론을 중심으로, 서울법학(서울시립대) 18권 1호(2010), 165면 이하 참조.

그 외에도 제187조에서의 「법률의 규정」은 당사자의 의사에 기하지 아니한 경우를 총칭하는 것이므로(물권법 [182] 참조), 법률행위인 재단법인 설립행위를 동조의 적용을 받는 것이라고 하는 것은 타당치 않다. 또 설립자는 이전등기 전까지는 출연부동산을 이전할 의무를 지고 그 반면으로서 재단법인은 설립과 동시에 출연부동산의 이전청구권을 가지는데, 재단법인의 이러한 권리 역시 재산권이다. 그러므로 재산 없는 재단법인이라는 재단법인의 본질에 반하는 현상이 생긴다는 비판 역시 부적절하다.

(다) 이와 같이 제48조가 제186조에 대한 예외로서 규정된 것이 아니라 의사주의를 [264]
취하였던 구민법에서의 규정을 부주의하게 답습한 것이라면, 이 규정은 제186조와 조화되도록 해석해야 할 것이다. 그리하여 그 이전에 아무런 형식도 필요치 않는 재산권(지명채권이 그 주된 것이다)은 제48조의 문언대로 법인의 성립 또는 설립자의 사망시에 당연히 법인에 귀속되지만, 부동산물권과 같이 그 이전에 등기를 요하는 것은 법인의 성립 또는 설립자의 사망시에 법인에게 출연부동산의 이전청구권이 생길 뿐이고, 출연부동산이 현실로 법인에게 이전하는 것은 등기를 한 때라고 해석해야 할 것이다. 이러한 입장에 의하면 재단법인이 이전등기를 하지 않은 상태에서 설립자 측에서 출연부동산을 제3자에게 처분한 경우에는 그 처분행위는 유효하고, 따라서 재단법인은 그 부동산을 취득하지 못하게 된다.[19]

판례는 제48조의 규정은 출연자와 법인과의 관계를 상대적으로 결정하는 기준에 불과하므로, 출연재산이 부동산인 경우에 출연자와 법인 사이에서는 법인의 성립 외에 등기를 필요로 하는 것은 아니지만, 제3자에 대한 관계에서는 출연행위는 법률행위이므로 출연재산이 법인에게 귀속되기 위해서는 등기를 필요로 한다고 한다.[20] 물권적 귀속을 출연자와 법인 간의 관계와 그의 제3자에 대한 관계를 나누어 규율하는 것은 구민법과 같은 의사주의의 이론으로서, 따라서 이러한 판례는 이론상 문제가 있다. 그러나 판례는 결과적으로 법인에게의 이전등기가 없는 한 출연부동산은 법인에게 귀속되지 않

19) 김용한, 171면; 이영준, 941면; 이은영, 266면.

20) 대판(전) 1979. 12. 11. 78다481,482[집 27-3, 민 212]. 이의 사안은 갑이 생존시에 소유토지를 재단법인의 설립을 위하여 출연하였고(1956. 4. 10.), 그 후 재단이 설립등기를 마쳤다(1960. 5. 9.). 그런데 재단법인이 위 토지에 관하여 이전등기를 하지 않고 방치하는 사이에 그것이 을에게 이전등기되고(1965. 3. 10.) 나아가 병 및 정 등에게 순차로 이전등기되었다. 그러자 재단법인이 병 및 정 등에 대하여 그 이전등기의 말소를 구한 것이다. 판결의 논거는, 제48조의 기능을 본문과 같이 상대적으로 파악하는 것이 일반적으로 출연자의 사상에 합치되는 동시에 거래의 안전에 기여하는 결과가 된다는 점, 법인으로 하여금 성립 후 출연재산에 대하여 제3자에 대한 관계에 있어서 권리의 확보에 필요한 조치를 신속히 취하도록 유도함으로써 법인의 재산충실의 결과를 기대할 수 있게 되어 현실적으로도 출연자와 법인 그리고 제3자의 이해관계가 적절히 조화될 수 있다는 점 등이다. 동지로서 대판 1981. 12. 22. 80다2762,2763; 대판 1993. 9. 14. 93다8054.

는다는 것으로서, 본서와 같은 입장이다.[21)]

[265] **(2) 귀속 전의 법률관계** 그러면 출연재산이 부동산인 경우에 이전등기를 하기 전까지의 법률관계는 어떠한가?

(가) 이의 소유권은 생전행위에 의하여 설립하는 경우(생전설립)에는 설립자, 유언에 의하여 설립하는 경우(유언설립)에는 상속인에게 속한다.

그러면 이에 대한 사용수익권은 누가 가지는가? 제48조 2항(엄격히는 이에 해당하는 구민법 42조 2항)은 앞서 말한 바와 같이 유언설립의 경우에 일반원칙에 따라 설립자의 사망 후 법인성립시까지 출연재산이 상속인에게 귀속된다고 하게 되면 생길 수 있는 문제점을 해소하기 위하여 특칙으로서 사망시부터 그 출연재산이 법인에게 귀속되도록 한 것이다. 제2항의 뜻이 그러하다면 생전설립의 경우에도 출연재산은 법인성립시부터 실질적으로 법인의 재산이 된다고 해야 한다. 이와 같이 제48조는 출연재산에 대한 소유권 자체(즉 형식주의 원칙에 대한 예외 인정)가 아니고 출연재산에 관한 실질적 이익이 법인에게 속하는 시기를 규율하는 의미를 가진다. 따라서 법인은 비록 이전등기시까지는 출연부동산의 소유권을 취득하지 않지만, 법인등기(생전설립의 경우) 혹은 설립자의 사망(유언설립의 경우)시부터 이에 대한 사용수익권을 취득한다. 그렇게 해석하는 것은 설립자의 의사와도 부합된다. 왜냐하면 설립자의 의사는 출연재산을 재단성립시부터 혹은 자신의 사망시부터 재단법인의 활동의 기반으로 사용할 수 있도록 하려는 것이기 때문이다.

이러한 점은 제47조가 제1항과 제2항에서 각기 생전설립의 경우에는 증여에 관한 규정을, 유언설립의 경우에는 유증에 관한 규정을 준용하도록 한 점에서도 도출된다. 즉 예컨대 유언설립의 경우에는 유증에 관한 규정이 준용되는바, 제1079조에 의하여 수증자(재단법인)는 유증의 이행을 청구할 수 있는 때(즉 유언자가 사망한 때) 이후의 과실취득권을 가진다. 또 제1080조, 제1081조의 내용은 대체로 점유자와 회복자와의 사이의 비용상환에 관한 규정과 흡사하다. 그러므로 형식적으로는 소유권이 상속인에 속하지만, 실질적 이익은 수증자에게 속하게 된다.

[266] (나) 그렇다면 이전등기시까지는 출연부동산의 소유권은 설립자(생전설립의 경우) 혹은 상속인(유언설립의 경우)에게 속한다고 하더라도, 이는 재단법인의 이익을 위하여 신탁적으로 귀속하는 것이 된다. 즉 법인의 설립등기 혹은 설립자의 사망 후에도 나아가 이전등기를 할 때까지는 그 소유권은 설립자 혹은 상속인에게 속하지만, 이는 재단법인의 이익을 위하여 신탁

21) 그런데 대판 1993. 9. 14, 93다8054은, 재단법인이 출연부동산에 관하여 이전등기를 마치지 아니하였다면 출연자의 상속인 중 1인으로부터 지분의 이전등기를 마친 「선의」의 제3자에 대하여 대항할 수 없다고 한다. 그러나 재단법인이 이전등기를 하지 않은 때에는 선 · 악을 불문하고 모든 제3자에 대하여 대항하지 못한다고 해야 할 것이다.

적으로 이들에게 남아 있을 뿐이다. 그러므로 법인의 설립등기 혹은 설립자의 사망 이후에는 재단법인이 과실취득권을 가진다고 하는 것(201조, 1079조 등의 유추적용)이 타당하다.

(다) 이렇게 해석한다면 재단법인은 그 성립시 혹은 설립자의 사망시부터 — 단지 설립자 혹은 상속인에 대하여 출연재산의 이전청구권을 가질 뿐만 아니라 — 그 출연재산에 대하여 실제적 지배력을 행사할 수 있게 된다. 판례가 출연자와 법인 간의 관계와 출연자와 제3자 간의 관계를 나누는 법리적 모순을 감수하고라도 제48조를 출연자와 법인 간의 상대적 관계를 규율하는 것이라고 한 것은 이러한 뜻에 기한 것으로(즉 이들 간에서는 설립등기 혹은 출연자의 사망시에 출연재산이 법인에게 이전되므로, 그로부터 생긴 이익 내지 과실은 법인에게 귀속된다고) 이해할 수 있지 않을까?

(3) 유언설립에서의 권리능력　제48조 2항은 유언설립의 경우에 출연재산은 [267]
유언의 효력발생시부터 법인에 귀속된다고 규정한다. 그런데 유언의 효력발생시에는 아직 법인이 존재하지 않는다. 따라서 위 규정은 존재하지 않는 권리주체에게 권리를 귀속시키는 모순을 안고 있다. 그러한 모순을 해소하려면 유언의 효력발생시에 법인이 성립한 것으로 간주하는 예외규정을 두었어야 했다. 입법자는 아마도 유언의 경우에는 유증에 관한 규정이 준용되는데, 유증에 관해서 태아는 출생한 것으로 보는바(1064조), 따라서 이에 의해서 설립중인 재단법인 역시 태아와 마찬가지로 출생한 것으로 보게 되므로 다시 그러한 예외규정은 필요치 않다(즉 설립중인 법인은 태아와 같이 취급되므로, 1064조가 설립중인 법인에도 적용된다)고 보았던 것이 아닌가 생각된다. 그러나 설립중인 법인을 태아와 같이 취급하는 것은 이론의 영역에서이다. 그런데 법인격의 인정은 입법의 일이다. 따라서 이론적 공통성을 근거로 해석에 의하여 법인격 유무를 결정할 수는 없다. 그러므로 위 규정에 앞서 유언의 효력발생시에 출연재산의 귀속에 관하여 법인이 성립한 것으로 간주하는 명문규정을 두는 것이 필요할 것이다.

(4) 설립행위의 철회　설립자는 법인의 성립시까지 설립의 의사표시를 자유로 [268]
이 철회할 수 있는가? 이는 독일민법의 제정과정에서 크게 다투어졌던 문제로서, 동법은 「재단이 허가받은 때에는 설립자는 재단설립행위에서 출연을 약속했던 재산을 이전할 의무를 진다」고 규정함으로써, 원칙적으로 허가 이전까지 철회를 인정한다(동법 82조. 설립자의 재산이전의무의 始期는 곧 철회의 終期를 의미한다). 우리 민법은 제527조가 청약에 구속력을 인정하지만, 이는 계약체결과정에서의 청약의 상대방을 보호하기 위한 것이므로 단독행위인 재단법인 설립행위에는 적용되지 않는다. 또 제47조는 증여에 관한 규정을 준용하지만, 이는 재단법인이 무상행위라는 점에 기한 것이고, 따라서 제555조가 재단법인 설립행위에 준용된다고 하는 것은 적절치 않다. 뿐만 아니라 만약 이의 준용을 인정한다면 생전설립의 경우와 유언설립의 경우(이 경우에는 555조가 준용되지 않으므로)를 달리 규율하는 불합리가 생기게 된다(그 외에도 555조는 증여자의 수증자에 대한 계약상의 의무 때문에 가해지는 제한인데, 재단법인 설립행

(위에서는 설립자에게 그러한 의무가 존재하지 않으므로 위 규정을 재단법인 설립행위에 준용하는 것은 맞지 않는다). 그러므로 현재로서는 철회를 부인할 실정법적 근거는 보이지 않는다. 그 외에도 일반론으로서 단독행위는 법률의 규정이 있는 경우에 한하여 철회가 허용된다고 하는 견해가 있는데, 이에 의하면 재단법인 설립행위에 관하여 철회를 허용하는 규정이 없으므로 철회할 수 없다고 하게 된다. 그러나 단독행위라고 언제나 법률규정이 있어야 허용되는 것은 아니고, 단지 단독행위가 상대방에게 불이익을 주는 것인 때에 한하여 그러하다. 그런데 재단법인 설립행위는 상대방 없는 단독행위이므로 상대방에게 불이익을 줄 여지가 없다. 따라서 현행법하에서는 철회를 허용해야 하지 않을까? 다만 재단이 법인격을 취득하기 전 혹은 설립허가를 받기 전이라도(특히 법인격없는 재단도 존재한다는 점을 상기할 것) 이미 재단으로서의 실체를 갖추고 구체적 사업을 개시한 때에는 신의칙에 기하여 철회할 수 없다고 해야 할 것이다. 그 외에 철회는 설립자가 할 수 있는 것이고, 따라서 설립자가 사망한 때에는 그 상속인은 철회할 수 없다(유언설립의 경우뿐만 아니라 생전처분의 설립이나 설립자가 설립과정에서 사망한 경우에도 동일).

제 3 관 법인의 등기

[269] Ⅰ. 서 설

1. 법인은 사회생활 속에서 하나의 실체로서 독자적으로 활동하지만, 그 조직을 일반 제3자는 쉽게 알 수 없다. 따라서 법인의 조직을 알리지 않으면 제3자는 뜻하지 않은 손해를 입을 염려가 있다. 그리하여 법인의 조직이나 내용을 등기케 함으로써 이를 일반에게 공시토록 하는 것이 법인의 등기제도의 취지이다. 그리고 법인의 설립을 극히 자유롭게 하는 주의를 취하는 경우에도 등기를 요구하는 것은 이러한 이유에서이다.

2. 법인등기의 절차는 비송사건절차법(60조 이하)에 규정되어 있다. 등기한 사항은 법원이 지체없이 공고하여야 한다(54조 2항).

[270] Ⅱ. 등기의 태양 및 효력

1. 등기의 태양

법인에 관하여 민법이 요구하는 등기는 다음과 같다.

(1) 설립등기 　이는 법인의 성립시에 하는 등기이다

(가) 법인설립의 허가가 있는 때에는 3주간 내에 주된 사무소의 소재지에서 설립등기를 하여야 한다(49조 1항. 3주간의 기간은 주무관청의 허가서가 도착한 날로부터 기산한다(53조, 155조 이하 참조)).

(나) 등기사항은 제49조 2항에 열거되어 있다. 즉 ① 목적, ② 명칭, ③ 사무소, ④

설립허가의 연 · 월 · 일, ⑤ 존립시기나 해산사유를 정한 때에는 그 시기 또는 사유, ⑥ 자산의 총액, ⑦ 출자의 방법을 정한 때에는 그 방법, ⑧ 이사의 성명 · 주소 ⑨ 이사의 대표권을 제한한 때에는 그 제한 등을 기재하여야 한다.

(2) 사무소의 설치 혹은 이전의 등기 이는 분사무소를 새로 설치하거나 혹은 기존 사무소를 이전하는 경우에 하는 등기이다.

(가) 법인이 분사무소를 설치한 때에는 주사무소 소재지에서는 3주간 내에 분사무소 설치의 등기를 하고, 그 신설된 분사무소 소재지에서는 역시 3주간 내에 앞에 말한 설립등기사항을 등기하여야 하며, 다른 기존의 분사무소 소재지에서는 그 신설하였음을 등기하여야 한다(50조 1항). 그러나 주사무소 또는 기존의 분사무소의 소재지를 관할하는 등기소의 관할구역 내에서 분사무소를 신설하는 경우에는 3주간 내에 그 분사무소 설치만을 등기하면 되고, 설립등기사항을 등기할 필요는 없다(50조 2항. 위의 3주간의 기간은, 등기사항이 관청의 허가를 요하는 것이면 그 허가서가 도착한 날로부터 기산한다(53조)).

(나) 법인이 사무소를 이전하는 때에는 구소재지에서는 3주간 내에 이전등기를 하고, 신소재지에서는 같은 기간 내에 신설등기사항을 등기하여야 한다(51조 1항). 동일한 등기소의 관할구역 내에서 사무소를 이전한 때에는 그 이전한 것을 등기하면 된다(51조 2항. 등기기간의 기산은 분사무소 설치에 관하여 설명한 것과 같다(53조, 54조 1항 참조)).

(3) 변경등기 이는 이미 등기된 사항을 변경하는 등기이다. 등기사항에 변경이 있는 때에는 3주간 내에 변경등기를 하여야 한다(52조).

(4) 해산등기 이는 법인이 해산한 경우에 하는 등기이다. 청산인은, 파산의 경우를 제외하고는, 그 취임 후 3주간 내에 해산사유와 연 · 월 · 일, 청산인의 성명과 주소, 청산인의 대표권을 제한한 때에는 그 제한 등을 주된 사무소와 분사무소의 소재지에서 등기하여야 한다(85조 1항). 등기사항에 변경이 생긴 경우에도 3주간 내에 변경등기를 하여야 한다(85조 2항, 52조 참조).

2. 등기의 효력 [271]

(1) 이에 관해서는 등기를 해야 효력이 생기도록 하느냐 여부에 따라 두 가지의 입법주의가 있다. 하나는 등기를 效力發生要件으로 하는 것이고, 다른 하나는 이를 對抗要件으로 하는 것이다. 전자에 의하면, 예컨대 법인이 사원총회에서 이사를 갑에서 을로 변경하기로 결의한 경우에, 이사의 변경을 등기함으로써 비로소 변경의 효력이 생긴다. 반면에 후자에 의하면 그러한 결의만으로 효력이 생기며, 다만 등기하지 않으면 그러한 변경을 제3자에게 대항할 수 없다. 구민법에서는 법인의 등기를 모두 대항요건으로 하였었는

데(설립등기에 관하여는 동법 45조 2항, 그 외의 등기에 관하여는 동법 46조 2항 단서), 민법은 설립등기를 효력발생요건으로 바꾸고, 그 밖의 등기는 그대로 대항요건으로 하였다(54조 1항). 그런데 설립등기를 효력발생요건으로 한다는 의미는 이때 비로소 법인이 성립한다는 것이므로, 설립등기는 법인의 성립요건이 된다.

(2) 등기 없이도 효력이 생기도록 하는 경우에는 등기를 이행하도록 강제하는 방법이 필요하다. 그리하여 민법은 설립등기 이외의 등기사항은 등기하지 않으면 제3자에게 대항하지 못하도록 한다(54조 1항).

(가) 위 규정은 등기하지 않은 경우에 대항하지 못하는 범위를 단지 「제3자」라고 하므로, 제3자의 선 · 악을 불문한다. 그러나 악의의 제3자에 대해서까지 대항하지 못하도록 하는 것이 타당한가 하는 점을 둘러싸고 논란이 있다. 이는 특히 이사의 대표권 제한에 관한 등기를 둘러싸고 문제되므로, 그 부분에서 살핀다([299]).

(나) 등기의무 있는 이사 · 청산인 등이 등기를 해태하면 과태료의 처벌을 받는바(97조 1호), 이것도 등기를 강제하기 위해서이다.

제 4 관 법인의 주소

[272] 법인의 법률관계에 관하여도 자연인과 마찬가지로 일정한 토지를 그 기준으로 법률효과를 결정할 필요가 있다. 그러므로 법인도 주소를 필요로 한다. 민법은 「주된 사무소의 주소지」를 주소로 하였다(36조). 주된 사무소라 함은 법인을 일반적으로 통솔하는 최고수뇌부가 있는 장소이다. 법인설립에 관하여는 이 주된 사무소의 소재지에서 등기를 하지 않으면 안 되는 것임은 위에 말한 바와 같다(49조 1항). 사무소가 수 개 있는 때에는 그 중추되는 사무소가 주된 사무소이다. 정관에 주된 사무소로 기재된 사무소와 사실상 주된 사무소의 기능을 하는 장소가 일치하지 않는 때에는 사무소가 이전되었다고 보아야 할 것이다.

주소로서의 효과는 자연인에 관하여 말한 바와 마찬가지이다([202] 참조).

제 5 관 법인의 능력

[273] I. 서 설

(1) 법인도 자연인과 마찬가지로 권리의 주체이나, 자연적인 생명체가 아니고 일정한 목적을 위하여 설립된 사회적 조직체이므로, 자연인을 통하여 행위할 수밖에 없다.

그러므로 법인에서는 자연인에서와 같이 연령 혹은 정신상태에 따라 판단능력에 차이를 가진다는 것은 있을 수 없다. 반면에 법인은 자연적 생명체가 아니므로 모든 권리를 향유할 수는 없을 것이다. 이런 점에서 법인의 능력에서 문제되는 점은 자연인의 그것과는 본질적으로 다르다.

(가) 법인의 능력에서 문제되는 것은, ① 법인은 어떠한 범위의 권리의무를 향유할 수 있느냐(권리능력), ② 이 권리의무를 향유하기 위하여 어떠한 종류의 행위를 할 수 있으며, 또 누가 어떠한 형식으로 법인의 행위를 할 것이냐(행위능력), ③ 법인은 스스로 불법행위를 행할 수 있느냐, 할 수 있다면 누구의 어떠한 행위가 법인의 불법행위가 되느냐(불법행위능력) 하는 점이다.

(나) 이러한 법인의 능력의 문제는 법인과 관련을 맺는 제3자에게 중대한 영향을 미친다. 그런데 오늘날 법인은 개인이 감당하기 어려운 중대한 기능을 담당하고 있으며, 또한 법인의 활동은 더욱 확대되고 있다. 더욱이 법인과 거래하는 제3자는 법인의 거대한 자력을 믿고 그와 법률관계를 맺는다. 따라서 이러한 법인의 사회적 작용의 중대성과 제3자의 신뢰를 보호하기 위해서는 법인의 능력은 보다 넓게 해석되어야 한다.

(2) 민법규정의 적용범위　　법인의 능력에 관한 민법의 규정은 비영리법인뿐만 아니라 영리법인을 포함하여 법인 전체에 적용된다. 즉 법인의 능력에 관하여 다른 법률이 특별한 규정을 두지 않은 경우에는 민법상의 능력에 관한 규정이 적용된다(권리능력에 관한 34조가 상법상의 영리법인에도 적용되는지를 둘러싸고 견해가 대립되나, 이는 뒤([276])에서 살핀다). 이런 점에서 여기에서 논하는 법인의 능력에 관한 이론은 모든 법인에게 적용되는 근본이론이다.

Ⅱ. 권리능력 [274]

제34조는 「법인은 법률의 규정에 좇아 정관으로 정한 목적의 범위 내에서 권리와 의무의 주체가 된다」고 규정한다. 학설은 이를 권리능력을 규정하는 것으로 이해한다. 그리고 이의 문언에 따라 권리능력은 법률의 규정 및 법인의 목적에 의하여 제한된다고 한다. 그리고 그 외에 법인은 자연인과 달리 육체를 가지지 않기 때문에 자연적 성질에 의하여 일정한 권리는 향유할 수 없고, 따라서 자연적 성질에 의하여 제한된다고 한다.

1. 성질에 의한 제한

법인이 자연인의 천연의 성질을 전제로 하는 권리를 향유할 수 없음은 자명하다. 따라서 생명권 · 친권 · 육체상의 자유권 등을 향유할 수 없다. 이에 반하여 자연인의 천연적 성질을 전제로 하지 않는 재산권 · 명예권 · 성명권 · 신용권 · 정신적 자유권 등은 향유할 수 있다. 재산상속권은 반드시 본질상 향유할 수 없는 것은 아니지만, 우리 민법상 재산상속인의 범위가 자연인에 한정되어 있으므로(1000조~1004조), 그 결과 법인은 재산상속권을 가지지 않는다. 그러나 유증을 받을 수는 있으므로, 포괄유증을 받음으로써 상속과 동일한 효과를 거둘 수 있다.

[275] 2. 법률에 의한 제한

권리주체가 권리능력을 가지는 것은 법률의 규정에 의해서 이다. 따라서 법률이 법인의 권리능력의 범위에 관하여 제한을 가한 때에는, 법인은 그러한 권리를 가질 수 없다. 제34조가 「법인은 법률의 규정에 좇아 … 권리와 의무의 주체가 된다」고 규정한 것은 이를 명언하는 것이다. 그러나 실제로는 법률이 일반적으로 법인의 권리능력을 제한하는 예는 없고, 다만 특수한 이유로 개별적으로 제한하는 예가 있을 뿐이다. 회사는 다른 회사의 무한책임사원이 되지 못한다고 하는 상법 제173조가 그 예이다. 그 외에 통설은 청산법인은 청산의 목적범위 내에서만 권리의무를 가진다고 하는 제81조도 이의 한 예라고 한다. 그러나 뒤에서 보는 바와 같이 목적은 권리능력을 제한하지 않는다고 하게 되면, 이 규정은 청산법인의 권리능력을 제한하는 것이 아니게 된다([329] 참조).

주의할 점은, 법률에 일정한 행위를 함에는 일정한 절차(예: 감독청의 허가)를 거치거나 특정한 방법(예: 특정인으로부터의 차금)에 의하도록 하는 규정 혹은 일정한 행위를 금지하는 규정이 많으나, 그러한 규정은 권리능력 자체를 제한하는 것은 아니라는 점이다(이러한 규정이 권리능력을 제한하느냐 여부는 특히 법인의 불법행위책임 여부의 판단과 관련하여 중요한 의미를 가진다([289])).

[276] 3. 목적에 의한 제한[1)]

(1) 권리능력의 제한 여부

㈎ 법인은 일정한 목적을 위하여 설립된 조직체로서 그 목적을 중심으로 활동한다. 그러므로 우리의 지배적인 견해는 법인의 권리능력은 목적에 의하여 제한된다고 한다. 그리고 민법이 「법인은 … 정관으로 정한 목적의 범위 내에서 권리와 의무의 주체가 된다」고 규정(34조)한 것은 이러한 점을 명언한 것이라고 한다.

이에 의하면 목적을 넘은 행위는 전적으로 법인의 행위로 될 수 없으므로, 표현대리가 성립할 수도 없다(왜냐하면 표현대리가 성립하게 되면 목적을 넘은 행위도 법인의 행위로 되기 때문이다). 뿐만 아니라 그러한 행위는 법인의 불법행위로 되지 않는다고 한다(주 9에서 소개하는 대판 1975. 12. 23. 75다1479은 이러한 점을 명언한다). 그러므로 이 견해는 거래의 안전을 해하거나 상대방 보호에 소홀하게 된다. 다만 이 견해는 동조가 규정하

---

1) 이에 관해서는 김학동, 법인의 권리능력은 제한될 수 있는가?, 경영법률 18집 1호(2007), 23면 이하 참조.

는 「목적의 범위 내」의 의미를 가장 넓게 해석함으로써 그러한 문제점을 해소한다. 즉 「목적의 범위 내」의 의미에 관해서 종래에는 (i) 「목적으로 기재된 사항」으로 이해하는 입장(협의설), (ii) 「목적을 달성하는 데 적당한 범위 전반」으로 이해하는 입장(광의설), (iii) 나아가 「목적에 위반하지 않는 범위 내」로 이해하는 입장(최광의설) 등이 나누어졌는데, 거래안전의 견지에서 그리고 또한 법인에게 광범한 활동의 기회를 준다는 취지에서 최광의설을 취한다.[2)]

(나) 이에 대하여 일부 견해는 제34조는 권리능력(즉 법인이 향유할 수 있는 권리의 종류)을 제한하는 것이 아니라 행위능력(즉 대표자가 할 수 있는 행위의 종류)을 제한하는 것이라고 하거나,[3)] 혹은 대표자의 대표권을 제한하는 것이라고 한다.[4)] 이 중 전자의 견해는 결과적으로 목적을 넘는 행위는 법인의 행위로 되지 않는다고 하는 점에서, 앞의 지배적 견해와 차이가 없게 된다. 그러나 후자의 견해는 목적을 넘은 행위는 원칙적으로 무효이지만 표현대리가 성립하면 유효가 되는 점에서(그리고 법인의 불법행위가 되는 점에서) 지배적 견해와 중요한 차이가 있다.

(다) 상법학에서는 제34조는 단지 민법상의 비영리법인에만 적용되고 상법상의 영리법인에는 적용되지 않는다고 함으로써, 영리법인에서는 목적이 권리능력을 제한하지 않는다고 하는 견해가 지배적이다.[5)] 다만 이 견해는 제34조는 권리능력을 목적의 범위 내로 제한하는 규정이라고 보는 것을 전제로 하는 것이므로, 이런 점에서는 민법학에서의 지배적 견해와 같은 입장이다.

(라) 판례는 법인의 권리능력은 목적에 의하여 제한된다고 하면서, 「목적범위 내의 행위라 함은 정관에 명시된 목적 자체에 국한되는 것이 아니라, 그 목적을 수행하는 데 있어 직접 · 간접으로 필요한 행위는 모두 포함」된다고 하여 광의설을 취하고, 다만 「목적수행에 필요한지의 여부는 행위의 객관적 성질에 따라 판단할 것이고 행위자의 주관

---

2) 김기선, 147면; 김용한, 171면; 이영준, 943면 이하; 장경학, 316면; 황적인, 112면.

3) 고상용, 200면; 이호정, 법인의 능력, 고시계 1982. 9., 15면 이하.

4) 이주홍, 민법주해 Ⅰ, 482면 이하. 이 견해는 목적에 의해서 법인의 권리능력을 제한하는 입법은 영미법에서의 Ultra Vires의 법리에 기한 것으로서, 일본민법(따라서 구민법) 제43조가 이를 법제화하였고 우리 민법도 이를 그대로 따른 것인데, 영미법에서도 이 법리가 거래의 안전을 해친다는 이유로 완화 내지 폐기되어 이제 이 법리는 능력이 아니라 권능의 문제로 인식되고 있는 상태임에도, 우리 법에서 이 법리를 그대로 고수하여 목적에 의해서 권리능력이 제한된다고 하는 것은 적절치 않다고 한다.

5) 강위두, 회사법 전정판(2000), 62면; 서돈각, 상법강의(상) 제3전정판(1985), 204면; 손주찬, 상법(상) 전정증보판(1998), 458면; 이철송, 회사법강의(2002), 66면; 정동윤, 회사법(1997), 50면; 정찬형, 회사법강의(1997), 61면; 최기원, 신회사법론 제7전정판(1998), 79면. 이에 대하여 영리법인에도 민법 제34조를 유추적용하여 권리능력의 제한을 인정하는 견해로는, 이병태, 상법(상) 전정판(1988), 408면; 정희철 · 정찬형, 상법원론(상)(1998), 421면.

적, 구체적 의사에 따라 판단할 것은 아니다」[6]고 한다. 그리고 판례에서 문제된 사건은 모두 회사가 목적을 넘은 행위를 한 경우이므로, 제34조는 상법상의 영리법인에도 적용된다는 것이 판례의 입장이다.

[277] (2) 검 토 그러면 목적이 권리능력을 제한한다고 할 것인가?

(가) 먼저 이에 관한 외국의 입법례를 보면, 독일민법 및 스위스민법에는 우리 민법 제34조와 같은 규정이 없을 뿐만 아니라, 목적에 의하여 법인의 권리능력이 제한되는가 하는 논의조차 없다. 반면에 영미법에서는 법인의 정관에 부여된 권능을 넘는 행위, 그 중에서도 정관에 의한 목적의 범위 외의 행위는 무효라고 하는 ultra vires 법리[7]가 지배한다. 우리의 통설이 법인의 권리능력이 목적의 범위 내로 제한된다고 하는 이유는 제34조(이는 일본민법 43조에 상응하는 것임)가 영미법상의 ultra vires 법리에 입각하여 제정된 것이라고 보기 때문인 것 같다.[8] 그러나 권리능력은 대륙법상의 개념이다. 그리고 이는 권리나 의무를 가질 수 있는 지위 내지 자격이다. 그러므로 이는 그 유무가 문제될 뿐 그 범위는 문제될 수 없는 것이다. 즉 법인이 스스로 권리의무의 주체가 될 수 있다면 권리능력을 가지는 것이고, 법인이 개별적 · 구체적으로 어떤 권리를 가질 수 없다고 해서 권리능력 자체가 제한되는 것이 아니다. 독일민법 · 스위스민법이 우리 민법 제34조와 같은 규정을 두지 않은 것, 그리고 목적이 권리능력을 제한하느냐 하는 논의가 없는 것은 이 때문이다(특히 스위스민법 53조는 「법인은 성 · 연령 · 친족관계와 같은 자연인의 천연의 성질을 요건으로 하지 않는 모든 권리의무를 향유할 수 있다」고 하여, 목적은 권리능력을 제한하지 않음을 간접적으로 규정한다). 뿐만 아니라 목적은 법인의 활동범위를 규율할 수는 있어도, 법인이 가질 수 있는 권리의무를 한정할 수는 없다. 달리 말하면 어떤 행위가 목적에 적합한가 하는 점은 판단할 수 있어도, 어떤 행위에 의하여 발생한 권리의무가 목적에 적합한 것인가 하는 점은 판단할 수 없다. 예를 들면 미술애호가들이 미술의 발전과 회원들의 친목을 위하여 결성한 사단법인은 미술품 전시를 위하여 공간을 임차할 수 있을 뿐만 아니라, 재료를 회원의 명의로 구입한 경우에 그 채무를 담보하기 위하여 보증을 서거나 혹은 어떤 회원의 개인적 어려움을 돕기 위하여 보증을 설 수도 있다. 따라서 단지 행위 자체(위의 예에서 보증행위) 또는 행위의 결과로부터 생긴 권리의무(위의 예에서 보증채무)를 기준으로 그것이 목적에 반하는지 여부를 판단할 수는 없다. 즉 목적은 법인이 할 수 있는 행위 또는 법인이 가질 수 있는 권리의무의 범위를 결정할 기준이 될 수 없다. 이런 점에서 목적은 권리능력을 제한하는 것이 아니

6) 대판 1988. 1. 19, 86다카1384; 대판 1999. 10. 8, 98다2488; 대판 2005. 5. 27, 2005다480 등 다수.

7) 이에 관해서는 이상원, 정관 소정의 목적에 의한 회사의 능력의 제한 — 영미법상 Ultra Vires 이론과 관련해서, 사법논집 제6집(1975), 245면 이하 참조.

8) 고상용, 200면; 이주홍, 전게서, 482면 이하; 김종률, 법인의 권리능력에 관한 일고, 저스티스 73호(2002), 210면 이하.

라고 하는 것이 타당할 것이다(그러므로 입법론으로서, 목적이 권리능력을 제한하는 것같이 규정하는 34조는 개정되어야 할 것이다).

(나) 그러면 제34조는 어떤 의미를 가지는가? 우선 목적이 행위능력을 제한한다고 해석하는 것은 목적이 권리능력을 제한한다고 하는 견해와 실질적으로 동일하게 되므로 부적절하다. 그러면 목적은 대표자의 권한(대표권)을 제한한다고 할 것인가, 아니면 단지 대표자의 의무를 부과할 뿐이라고 할 것인가? 법인은 일정한 목적을 위하여 설립된 것이므로 법인은 — 보다 구체적으로 법인의 행위를 담당하는 대표자는 — 목적달성을 위하여 행위해야 한다고 하는 점에서 볼 때에는, 전자로 해석하는 것이 타당해 보인다. 그러나 대표권을 제한하는 경우에는 그 내용이 명료해야 할 것이다. 그런데 법인의 목적은 매우 추상적이고 탄력적인 것이다. 그럼에도 목적이 대표권의 범위를 제한한다고 하는 것은 부적절할 것이다. 이런 점에서 후자로 해석하는 것이 타당하다.

목적이 권리능력을 제한하느냐 하는 문제는 목적을 넘은 행위의 효력과 관련된다. 즉 목적이 권리능력을 제한한다고 하거나 혹은 행위능력을 제한한다고 하게 되면, 그러한 행위는 법인의 행위가 될 여지가 전혀 없다(그리고 이러한 입장에서는 상대방은 법인에 대하여 불법행위책임도 물을 수 없다([289])). 반면에 목적이 대표권을 제한한다고 하거나 혹은 단지 대표자의 의무를 부과할 뿐이라고 하게 되면, 목적을 넘은 행위도 법인의 행위가 될 수 있다. 다만 이 중에서도 전자에 의하면 그 행위는 일단 대표권을 넘은 것이 되므로 표현대리의 성립에 의해서 비로소 그러한 결과에 이르나(따라서 상대방이 표현대리에 관한 주장 및 입증책임을 진다), 후자에 의하면 그 행위는 대표권의 범위 내에 속하므로 당연히 법인의 행위로 된다. 단지 대표자가 개인적 이익을 위하여 그러한 행위를 한 경우에 한하여 대표권 남용의 법리에 의하여 무효가 될 뿐이다(따라서 법인이 대표권 남용의 요건을 입증해야 한다).

판례가 법인의 목적범위를 넘은 것이라고 한 것으로는, 극장의 위탁경영계약을 체결함에 있어서 주식회사가 채무자의 장래의 손해배상채무에 관하여 행한 연대보증행위,[9] 건설공제조합 장소장이 비조합원의 차금행위에 대하여 한 보증행위[10]가 있을 뿐이다. 그러나 그 후 연대보증행위를 모두 목적범위 내의 행위로 인정한다.[11] 목적의 범위 내의 행위라고 한 구체적 예로

9) 대판 1974. 11. 26. 74다310[집 22-3, 민 93]. 이와 동일한 사안에 관한 대판 1975. 12. 23. 75다1479[집 23-3, 민 161]은, 연대보증이 회사의 목적범위에 속하지 않는다고 하게 되면 그 행위는 회사의 행위로 되지 않으므로 회사는 보증책임을 지지 않을 뿐만 아니라 불법행위로 인한 손해배상책임도 지지 않는다고 한다. 이는 목적이 권리능력을 제한한다는 이론에 기한 것이다.

10) 대판 1972. 7. 11. 72다801[요지 제34조, 12].

11) 특히 대판 1993. 6. 25. 93다13391은, 갑 회사의 대표이사 A가 회사의 영업과는 상관없이 자신의 아들 B가 대표이사로 있는 을 회사의 병 회사에 대한 채무에 관하여 연대보증을 한 경우에, 이를 법인의 행위로 보는 전제하에서(즉 그 행위가 권리능력을 넘은 것인지 여부를 살피지도 않음) 그 연대보증계약이 A의 개인의 이익을 도모할 목적으로 행해진 것이라는 점을 병 회사가 알았거나 알 수 있었다는 점을 인정할 자료가 없다고 하여 유효라고 한다.

는, 벽지제조업 · 국내외 수출업 등과 이에 부대하는 사업을 목적으로 하는 영리회사의 대표이사가 자신의 아들을 석방시키기 위한 방편으로 그 아들이 지고 있는 손해배상채무를 인수하는 행위,[12] 내빈 등의 접대를 위한 채무부담행위,[13] 특수 공익법인이 기존채무에 대한 채권양도를 승낙하는 행위,[14] 중소기업협동조합이 동법 제31조 1항 1호 소정의 생산 · 판매 · 구입 등의 사업에 수반되는 구매자금을 선급하거나 이를 위한 약속어음을 발행하는 행위,[15] 정리회사가 대출금채무에 대하여 행한 연대보증행위,[16] 증권회사가 행한 기업어음에의 지급보증행위[17] 등이 있다.[18]

[278] Ⅲ. 행위능력

1. 의　　의

법인이 그 권리능력의 범위에 속하는 권리를 현실로 취득하거나 혹은 이미 취득한 권리를 관리 · 처분하기 위해서는 현실로 행위를 할 필요가 있다. 그런데 법인은 자연적 생명체가 아니므로 자연인을 통하여 행위할 수밖에 없다. 여기에서 「누가 법인의 행위를 담당하는가」 하는 점이 문제된다. 그리고 그의 행위가 모두 법인의 행위가 되는 것은 아니므로, 「그의 어떠한 행위가 법인의 행위로 되는가」 하는 점이 문제된다. 이것이 행위능력에서 문제되는 것이다.

(a) 법인은 자연인을 통하여 행위할 수밖에 없으므로, 초기의 법인이론에서는 「법인이 스스로 행위할 수 있느냐」 따라서 「법인의 행위라고 할 것이 있느냐」 하는 점이 문제되었다. 그리고 의제설은 법인의 행위라고 하는 것은 없고, 법인은 그 외부에 존재하는 대리인의 행위에 의하여 권리의무를 취득할 수 있을 뿐이라고 하였다. 그러나 실재설에 이르러 법인도 구성원의 의사와는 별개의 단체의사 혹은 조직적 의사를 가지고 그에 따라 행동하므로 법인도 스스로 행위한다, 즉 법인의 행위가 존재한다고 하게 되었다.

(b) 자연인은 연령 혹은 정신건강에 따라 정신적 판단능력이 부족할 수 있으므로, 자연인의 행위능력은 스스로 단독으로 행위할 수 있느냐 하는 점에 의하여 정해진다. 그러나 법인에서는 정신적 판단능력의 부족이라는 현상은 생길 여지가 없으므로, 법인에서의 행위능력은 자연인에서의 그것과 전혀 다른 의미를 가진다.

---

12) 대판 1968. 5. 21. 68다461[집 16-2, 민 55].
13) 대판 1974. 6. 25. 74다7[공 494, 7947].
14) 대판 1976. 3. 23. 74다2088[집 24-1, 민 175].
15) 대판 1981. 1. 13. 80다1049,1050[공 652, 13627].
16) 대판 1999. 10. 8. 98다2488.
17) 대판 2005. 5. 13. 2003다57659,57666.
18) 그 밖에 郡 신용협동조합이 이사회의 결의없이 신용협동조합 중앙회로부터 트랙터 구입자금을 차용한 행위(대판 1991. 11. 22. 91다8821), 단기금융업을 영위하는 회사(대판 1987. 9. 8. 86다카1349) 혹은 버스회사가 타인의 차용금채무를 담보하기 위하여 어음에 배서한 행위(1987. 10. 13. 86다카1522), 정리회사 발행의 신주의 인수(대결 2001. 9. 21. 2000그98) 등도 마찬가지이다. 법인의 능력에 관한 판례는, 강봉석, 법인의 능력에 관한 판례연구, 사법연구(청헌재단) 6집(2001), 159면 이하 참조.

2. 법인의 행위 [279]

(1) 행위의 담당자　　법인의 행위를 현실로 담당하는 자는 대표기관이다. 즉 대표기관이 행한 행위가 법인의 행위로 된다. 누가 법인의 대표기관이냐는 정관에 의하여 정해진다. 일반적으로는 이사 및 임시이사 · 특별대리인 · 청산인 등이 대표기관이 된다.

(2) 행위의 형식(대표)　　법인의 행위로 되는 것은, 대표기관이 법인을 대표하여 행한 것에 한한다. 즉 대표기관이 법인의 행위로서(법인의 이름으로) 행한 것만이 법인의 행위로 된다.

민법은 대표기관과 법인과의 관계는 대리인과 본인과의 관계보다 더 밀접하다는 점을 나타내기 위해서, 대표기관은 법인을 「대표」한다고 한다. 즉 대리에서는 대리인은 본인과는 별개의 인격체로서 본인을 대신해서 그의 행위를 행하는 것임에 대하여, 대표에서는 대표기관은 법인의 한 구성부분으로서 따라서 법인의 행위를 대신 행하는 것이 아니라 법인의 행위 자체를 행한다는 것이다. 요컨대 대표기관은 법인과 법률상 별개의 인격체가 아니라 법인의 한 구성부분을 이루며, 따라서 그의 행위는 그 자체로서 법인 자신의 행위가 된다는 것이다. 그러므로 대표기관이 법인을 대표하여 행위하는 중에 타인에게 손해를 가하는 불법행위를 행하였거나 혹은 단순한 사실행위를 행한 경우에, 그것은 곧 법인 자신의 불법행위 · 사실행위로 된다. 즉 대리는 법률행위에 관해서만 인정됨에 반하여, 대표는 불법행위 · 사실행위에 관하여도 인정된다.

그러나 대리와 대표는 사실상 행위자와 그 행위의 효과가 귀속되는 자가 다르다는 점에서 그 실질을 같이 한다. 그러므로 대표에 관하여는 대리에 관한 규정이 준용된다(59조 2항). 따라서 그 형식 · 요건은 모두 대리에 관한 규정에 의한다. 그러므로 예컨대 대표행위에서도 대리행위와 마찬가지로 법인을 위하여 하는 것임을 표시해야 한다(114조). 보통 A회사 대표이사 갑, 혹은 B법인 을이라고 표시할 것이다. 또 대표권 없는 행위에 관하여는 무권대리에 관한 규정(표현대리도 포함)이 준용된다.

3. 법인의 행위로 되는 범위 [280]

(1) 법인은 성질 혹은 법률에 의하여 제한되는 권리를 제외한 모든 권리를 취득할 수 있다. 그러므로 대표기관은 이러한 권리를 취득하기 위하여 필요한 모든 행위를 할 수 있다. 그리고 이와 같이 법인이 할 수 있는 행위의 범위를 「행위능력의 범위」라고도 한다.

(2) 법인의 행위능력의 범위와 구별할 것은 대표기관의 대표권의 범위이다. 대표권

은 원칙적으로 법인이 할 수 있는 행위 전반에 미치므로(59조), 통상적으로는 「행위능력의 범위=대표권의 범위」로 된다. 그러나 대표권은 제한될 수 있는바(41조), 이때에는 양자의 범위가 달라진다.

[281] ## Ⅳ. 불법행위능력

1. 제35조 1항의 의의

「법인은 이사 기타 대표자가 그 직무에 관하여 타인에게 가한 손해를 배상할 책임이 있다」(35조 1항 본문). 이는 법리적으로는 대표자의 직무상의 행위는 곧 법인 자신의 행위이므로, 그 행위가 타인에게 손해를 가하는 불법행위인 때에는 이는 법인 자신의 불법행위로서 따라서 법인 자신이 손해배상책임을 진다는 점에 기한 것이다. 그리고 실질적으로는 피해자로 하여금 보다 충실하게 손해배상을 받도록 하려는 데 기한 것이다. 즉 대표자 개인은 자력이 부족하여 피해자는 그로부터 충분한 배상을 받지 못할 우려가 있는바, 여기에서 대표자의 행위는 법인의 목적을 달성하기 위한 것으로서 따라서 그로부터 법인이 이익을 얻는다면 그로부터 생긴 불이익도 법인에게 돌아가야 한다는 사상에 기하여, 피해자로 하여금 대표자 개인에 대하여뿐만 아니라 통상 상당한 자력을 가지는 법인에 대하여 손해배상책임을 물을 수 있게 한 것이다.

[282] ### 2. 요　　건

(1) 대표자의 행위　　이사 기타 대표자의 행위이어야 한다.[19] 대표자 아닌 자가 가해행위를 한 경우에는 법인은 단지 사용자책임을 진다(이에 관해서는 후술한다([290])).

그러면 엄격히 대표자의 행위에 한하여 법인의 불법행위책임을 인정할 것인가? 이와 관련된 독일의 이론을 살펴보면, 독일민법은 책임요건으로 「이사회, 이사 기타(정관에 따라 임명된) 대리인의 행위」임을 요구함에도(동법 31조), 독일의 판례는 대리인이 정관에 따라 임명되었는가 하는 점 자체보다 그 대리인의 기능을 중시하여, 어느 정도 독립성을 가지고 정관에 따른 임무를 수행하는 자(일반적인 업무의 조정과 관장을 통하여 그 대리인에게 중요하고 본질적인 법인의 기능을 독립적이고 자기책임적으로 수행하도록 맡겨진 자, 즉 법인을 이와 같은 방법으로 대표하는 자)의 행위에 대해서도 법인의 불법행위책임을 인정한다.[20] 우리 민법에서도 제35조의 취지를 고려하여, 일정한 사항에 관하여 독자적인 업무처리가 맡겨진 자의 행위에

19) 대판 1976. 7. 13, 75누254[집 24-2, 행 121]은 법인의 대표자인 이사장과 기타 이사 및 감사 등이 그 법인 산하 교회의 목사 또는 전도사의 자격으로 황당무계한 설교를 하여 신도들로부터 금품을 갈취 · 편취한 행위는 법인의 기관으로서의 행위라고 하여 법인의 불법행위책임을 인정한다. 그 외에 판례는 법인의 대표자였던 자가 재직 중에 행한 행위에 대하여도 본조의 책임을 긍정한다(대판 1978. 3. 14, 78다132[공 585, 10753]).

20) BGHZ 49, 19, 21; BGH NJW 1998, 1854, 1856(Larenz/Wolf, §10 88, 주 100 참조).

대해서도 법인의 불법행위책임을 인정하는 것이 타당하지 않을까?

(2) 직무에 관한 행위 가해행위가 직무에 관하여 행해진 것이어야 한다. [283]

(가) 통설은 여기에서의 「직무」는 「목적범위 내」를 뜻한다고 한다. 왜냐하면 목적은 권리능력을 제한하므로, 목적을 넘은 행위는 법인의 (불법)행위가 될 수 없기 때문이다. 그리고 이러한 점은 제35조 제2항이 「목적범위 외의 행위」에 관하여 법인의 불법행위책임을 부인하는 점에서도 나타난다고 한다(따라서 35조의 1항과 2항의 구별은 목적이 권리능력을 제한한다는 법적 근거라고 한다). 그러나 본서와 같이 목적이 권리능력을 제한하지 않는다고 한다면, 목적범위를 넘은 행위도 법인의 (불법)행위가 되므로, 직무를 목적범위 내로 한정할 이유가 없다. 또한 제1항과 제2항을 대표자의 행위가 목적범위 내인 경우와 외인 경우를 규율하는 것으로 보게 되면, 후자의 경우에 피해자는 자력 있는 법인에게는 불법행위책임을 물을 수 없게 되어 피해자 구제가 불충분하게 되는 부당성이 생긴다([289]). 이런 점에서 여기에서의 직무는 목적범위 내인지 여부를 불문하고, 법인의 업무로서 행해진 경우를 포괄하는 것이라고 하는 것이 타당할 것이다.

직무에 「관한」 행위라 함은, 직무행위 자체뿐만 아니라 행위의 외형상 직무행위라고 인정될 수 있는 것[21] 혹은 직무행위와 사회관념상 견련성을 가지는 행위를 말한다.[22] 그러나 대표자가 단지 직무수행의 기회를 이용하여 그의 직무와는 상관없는 행위를 한 경우에는, 이는 직무에 「관한」 것이 되지 않고 따라서 법인의 불법행위책임은 성립하지 않는다(대표자가 법인을 위하여 계약의 상담을 하는 기회에 상대방의 물건을 훔친 경우 혹은 대표자의 활동을 통하여 얻은 정보를 이용하여 타인을 협박하여 물품을 빼앗은 경우 등이 이러한 예가 될 것이다).

(나) 그러므로 행위의 외형상 법인의 대표자의 직무행위라고 인정할 수 있는 것인 때에는, 설사 그것이 대표자 개인의 私利를 도모하기 위한 것이었거나 혹은 법령의 규정에 위배된 것이었다 하더라도 직무에 관한 행위에 해당한다.[23] [284]

그러면 그와 같은 사정을 상대방이 알았거나 혹은 쉽게 알 수 있었던 경우에도, 행위의 외형이 법인의 대표자의 직무행위라고 인정할 수 있는 것인 한 상대방은 손해배상을 청구할 수 있다고 할 것인가? 그러한 상대방까지 보호하는 것은 제35조의 취지를 벗어난 것이다. 그러므로 이를 부인해야 할 것이다. 판례 역시 「대표자의 행위가 직무에

---

21) 예컨대 대표이사가 회사재산에 대한 압류를 불능케 하여 채권자에게 손해를 가한 경우(대판 1959. 8. 27. 4291민상395[요지 제35조, 1]), 상호신용금고의 대표이사가 정상적인 거래가 아니라 장부와 거래원장에 등재하지 아니하고 이른바 부외 거래를 한 경우(대판 1987. 11. 10. 87다카473), 조합장이 소정 절차를 밟지 않고 조합장 명의로 금전을 차용한 경우(대판 1974. 6. 25. 74다71) 등.

22) 대판 1974. 5. 28. 73다2014(이는 갑 회사의 전무이사인 A가 자신이 대표이사로 있는 B회사의 운영자금을 마련하기 위하여 자금사정이 좋은 갑 회사 명의의 수표를 위조하여 타인에게 담보로 제공하고 돈을 차용한 경우인데, 직무관련성이 부인되었음).

23) 대판 1969. 8. 26. 68다2320; 대판 2003. 7. 25. 2002다27088; 대판 2004. 2. 27. 2003다15280.

관한 행위에 해당하지 아니함을 피해자 자신이 알았거나 또는 중대한 과실로 인하여 알지 못한 경우」에는 법인에게 손해배상책임을 물을 수 없다고 한다.[24] 다만 상대방에게 단지 과실이 있는 경우에는 법인의 불법행위책임을 긍정하면서, 다만 과실상계에 기하여 그 배상범위를 감축한다.[25] — 이에 의하면 대표자가 사리를 위하여 대표행위를 한다는 사정을 상대방이 안 때 혹은 알았거나 알 수 있는 때에는, 상대방은 법인에 대하여 한편으로는 대표권 남용의 법리에 의해서 그 행위에 기한 채무의 이행(행위책임)을 청구하지 못하고, 다른 한편으로는 그것이 무효로 됨으로써 생기는 손해의 배상도 청구하지 못하게 된다. 그런데 여기에서 문제가 되는 것은, 다수설과 판례는 상대방의 악의 혹은 경과실을 대표권 남용의 요건으로 보는데([730]), 그렇게 되면 행위책임을 묻지 못하는 요건이 단지 불법행위책임의 감경요건과 동등해지는바, 그러한 결과가 타당한가 하는 점이다. 이의 타당성은 좀더 검토하기로 하고, 악의 혹은 중과실을 대표권 남용의 요건으로 보는 본서([732])에 의하면 행위책임의 배제요건과 불법행위책임의 배제요건이 대등하게 되므로, 일단 이러한 문제점은 생기지 않는다는 점만을 지적한다.

[285] **(3) 불법행위의 요건** 본조의 책임이 성립하기 위해서는 그 외에 불법행위의 일반적 요건이 갖추어져야 한다. 따라서 가해행위의 위법성 · 책임사유 · 손해의 발생 · 가해행위와 손해 간의 인과관계 등이 요구된다. 이와 관련해서 문제되는 점을 살펴보면,

(가) 대표자가 직무에 관하여 「타인에게 손해」를 가하였어야 한다. 여기의 타인에는 사원도 포함된다. 그러나 대표자의 직무상 불법행위로 사원이 직접 손해를 입은 것이 아니고, 그로 인하여 사단이 과다한 채무를 부담하게 됨으로써 결과적으로 사단의 경제적 이익이 침해되는 간접적인 손해를 입은 경우에는, 이의 사원은 제35조에 의하여 손해배상을 청구할 수 없다.[26]

[286] **(나) 책임사유와 책임능력** 책임사유인 고의 · 과실은 대표자를 기준으로 한다

24) 대판 1968. 1. 31. 67다2785; 대판 1983. 6. 28. 83다카217(다만 이는 엄격히는 법인의 사용자책임에 관한 것임); 대판 2003. 7. 25. 2002다27088; 대판 2008. 1. 18. 2005다34711(이상은 비법인사단의 대표자가 사원총회의 결의 없이 비법인사단의 재산을 처분한 경우); 대판 2004. 2. 27. 2003다15280; 대판 2004. 3. 26. 2003다34045(이 판결은 뒤에서 소개한다).

그외에 대판 1998. 12. 8. 98다44642은, 학교법인의 피용자가 이사회의 결의나 감독관청의 허가 없이 타인으로부터 금원을 차용한다는 사정을 상대방이 잘 알면서 이에 적극 가담하여 금원을 대여한 경우임.

25) 대판 1975. 8. 19. 75다666[집 23-2, 민 220]; 대판 1987. 4. 28. 86다카2534[공 802, 887](이 사안에서의 피해자(상대방)는 금융기관이다); 대판 2004. 2. 27. 2003다15280.

26) 대판 1999. 7. 27. 99다19384. 또 대판 1993. 1. 26. 91다36093은, 대표이사의 임무해태로 주주가 입은 간접손해에 대하여는 상법 제401조 제1항에 의한 손해배상을 청구할 수 없다고 한다.

(59조 1항에 의한 116조의 적용). 따라서 대표자에게 고의나 과실이 있어야 한다. 그러면 대표자에게 책임능력도 있어야 하는가? 통설은 이를 긍정한다. 이는 대표자의 고의나 과실이 요건인 점에 따른 당연한 귀결로 여기는 것이다. 이에 대하여 일부 견해는 제117조를 유추적용하여 대표자의 책임능력은 필요치 않다고 한다.[27] 생각건대 대표자는 법인의 (불법)행위를 담당할 뿐이고 그 행위의 효과를 귀속받지는 않는다. 그런데 책임능력은 불법행위책임을 부과받을 만한 정신능력이다. 달리 말하면 과실책임이 인정되기 위해서는 행위자에게 책임능력이 있어야 한다고 하는 것은, 행위자가 불법행위책임을 지는 경우이다. 왜냐하면 그러한 정신능력이 없는 자에게 과실이 있다고 하여 과실책임을 부과할 수는 없기 때문이다. 그런데 법인의 불법행위에서는 대표자가 이의 책임을 지는 것이 아니다. 따라서 대표자의 책임능력은 요구되지 않는다고 해야 할 것이다.

(4) 법인의 불법행위책임은 대부분 법인의 행위의 유효성이 부인된 후에 문제된다. 이하에서 [287]
는 이러한 점을 보여주는 대표적 사례를 소개한다. 그 외에 법인의 불법행위에 관한 판례는 앞의 설명 중에서 적지 않게 소개하였으므로, 여기에서는 특히 주목할 판례만을 소개한다.

㈎ 대표권 남용의 경우

ⓐ 예를 들어 갑 법인의 대표자 A가 갑의 영리목적과는 관계없이 순전히 개인의 이익을 위하여 을 은행의 한 지점(지점장 B)에서 갑 명의로 대출을 받았는데, B는 A가 私利를 위하여 행위한다는 사정을 알 수 있었음에도 은행의 여 · 수신 실적에 도움이 되므로 그 대출을 승인해 준 경우에, 1) 우선 그 대출행위가 갑 법인의 행위로 인정되는가 하는 점이 문제되는데, 이는 대표자가 대표권의 범위 내에서 한 행위이므로 원칙적으로 긍정되나, 만약 대표권 남용의 요건이 갖추어지면 그렇지 않다. 대표권 남용의 근거를 허위표시에서 구하는 견해는 상대방의 과실을 요건으로 하는바(즉 상대방이 과실로 남용사실을 모른 경우에도 대표권 남용으로서 무효가 된다고 한다), 이 견해에 의하면, 을 은행은 A의 대표권남용 사실을 모르는 데 과실이 있으므로(지 · 부지는 대리인을 표준으로 결정하므로(116조)), 위 대출행위는 갑 법인의 행위로 되지 않는다. 그러므로 을은 갑에 대하여 대여금채무의 이행을 청구하지 못한다. 2) 그렇게 되면 을은 대표자의 직무행위로 인하여 손해를 입게 되는바, 다음으로 갑에 대하여 불법행위를 이유로 손해배상을 청구할 수 있는가 하는 점이 문제된다. A의 행위는 비록 사리를 위한 것이지만 외형상 객관적으로 그의 직무에 관한 것이다. 그리고 을이 A의 행위가 사리를 위한 것임을 모른 것은 단지 경과실이지 중과실은 아니다. 그러므로 을은 갑에게 손해배상을 청구할 수 있다. 다만 B의 과실이 고려되어 차용금 전부가 손해배상범위로 되지는 않을 것이다(과실상계).[28]

27) 이영준, 873면. 그리고 만약 이를 요건으로 한다면 법인이 불법행위책임을 면하기 위하여 책임무능력자를 대표자로 임명하는 경우에 부당한 결과가 생긴다고 한다.

28) 이는 대판 2004. 3. 26, 2003다34045의 내용이다. 그리고 갑측의 과실을 20%라고 판단하였다. 이 판결은 나아가 을이 입은 통상의 손해는 대출원금 및 이에 대한 법정이자 상당액이고, 이 법정이자 상당액을 초과하는 대출이자 상당의 손해는 특별손해로서 갑이 그 사정을 알았거나 알 수 있었다고 볼 수 없다고 하여, 그에 대한 배상의무는 없다고 하였다. 그리고 상법 제54조의 상사법정이율은 상행위로 인한 채무나 이와 동일성을 가진 채무에 관하여 적용되는 것이고, 상행위가 아닌 불법행위로 인한 손해배상채무에는 적용되지 아니하므로, 법정이율은 연 5푼라고 한다. 그 외에 A는 을에게 대출금액 중 일부를 교부하였는바, 따라서 갑이 배상할 손해배상범위를 산정함에 있어는 피해자

(b) 위의 예에서, 대표권 남용의 근거를 신의칙 혹은 대리제도의 취지에서 구하는 견해에 의하면([730] 이하 참조) 대표권 남용의 요건으로 악의 혹은 중과실이 요구되는바, 위의 경우에 을에게 단순히 경과실이 있으므로 대표권 남용의 요건이 갖추어지지 않고, 따라서 위 대출행위는 갑의 행위로 된다. 따라서 이 견해에 의하면 법인의 불법행위책임은 문제되지 않는다.

(c) 만약 위의 예와 유사하나 을이 악의이거나 혹은 중과실이 있는 경우라면, 1) 대표권 남용의 근거를 신의칙 혹은 대리제도의 취지에서 구하는 견해에 의하더라도 위 대출행위는 갑의 행위로 되지 않는다. 2) 또한 을에게 중과실이 있으므로, 갑에 대하여 불법행위를 이유로 손해배상을 청구하지도 못한다.

(나) **퇴임 후 대표행위를 한 경우** 갑 회사의 대표이사 A가 그 직을 사임하고 퇴임등기를 하였는데, 5개월 후 A가 갑 회사의 대표이사 명의를 모용하여 을에게 갑 회사 명의의 당좌수표 1매를 발행 교부하였으며, 그런데 을이 위 수표금을 지급받지 못하였다. 1) 이 경우에 먼저 문제되는 것은 을이 갑 회사에 대하여 어음금지급을 청구할 수 있는가 하는 점이다. A는 대표권을 상실한 것이므로 일응 제129조의 표현대리 문제가 될 것 같지만, 이 경우는 회사가 대표자의 변경등기를 한 것이므로 등기(상법 37조)의 효력 문제가 된다. 이의 실제 사안에서도 을은 갑회사에 대하여 표현대리를 이유로 어음금의 지급을 소구하였으나, 판결은 등기의 효력 문제로 다루었다. 즉 판결은 을이 설령 A의 사임 사실을 알지 못하였다 하더라도 A의 퇴임등기가 이미 경료된 이상 을에게 위 등기가 경료된 사실을 알지 못하였음에 대하여 정당한 사유가 없는 한 갑 회사는 그 등기로서 을에게 대항할 수 있다고 하여, 을의 청구를 배척하였다(상법 37조 2항은 등기 후라도 제3자가 정당한 사유로 인하여 이를 알지 못한 때에는 선의의 제3자에게 대항할 수 없다고 규정). 2) 을의 어음금청구가 불가하다면, 다음으로 을은 갑에 대하여 불법행위책임을 이유로 손해배상을 청구할 수 있는가 하는 점이 문제된다. 판결은 갑 회사가 위 은행과의 당좌거래 개설약정을 철회하거나 대표이사 명의변경절차를 취하지 않았으나 이러한 사유만으로 바로 을의 손해가 갑회사가 위와 같은 조치를 취하지 않은 데 연유하였다고는 볼 수 없다고 하여, 이를 배척하였다.[29] 이는 가해행위와 손해 사이에 인과관계가 있어야 그에 대한 배상책임이 인정된다는 점에 기한 것이다.

(다) 노동조합의 간부들이 불법쟁의행위를 기획 · 지시 · 지도하는 등으로 주도한 경우에, 그러한 행위는 조합의 집행기관으로서의 행위라 할 것이므로 제35조 1항의 유추적용에 의하여 노동조합이 손해배상책임을 지며, 다른 한편 조합 간부들의 행위는 노동조합으로서의 행위 이외에 개인의 행위라는 측면도 아울러 지니고 있으므로 불법쟁의행위를 주도한 조합의 간부들 개인도 손해배상책임을 진다.[30]

[288]
3. 효 과

(1) 일반적 경우

(가) **법인의 책임** 이상의 요건이 갖추어지면 법인은 피해자에 대하여 손해를

을의 과실을 참작하여 산정된 손해액에서 과실상계를 한 다음 피용자 A의 변제금 중 사용자의 과실 비율에 상응하는 부분을 공제하여야 한다고 하였다(이러한 공제의 순서는, 피용자(A)가 피해자에게 금원을 지급한 것이 손해배상의 일부 변제조로 지급한 경우뿐만 아니라, 불법행위를 은폐하기 위한 경우에도 마찬가지라고 한다. 그리하여 원심이 먼저 과실상계를 하여 정한 손해배상금에서 A가 교부한 금액을 손익상계로서 공제한 것을 파기).

29) 대판 1972. 9. 26. 71다2197.

30) 대판 1994. 3. 25. 93다32828,32835.

배상하여야 한다.

(나) **대표자 개인의 책임** 대표자가 직무행위와 관련하여 타인에게 손해를 가한 경우에, 그것이 법인 자신의 불법행위로 인정되어 법인의 책임이 성립한다 하더라도, 그에 의하여 그러한 행위를 한 자 스스로의 책임이 지워지지는 않는다. 이러한 점을 고려하여 제35조 1항은 법인의 책임을 인정하면서도, 단서에서 「이사 기타 대표자는 이로 인하여 자기의 손해배상책임을 면하지 못한다」고 규정한다. 이에 기하여 피해자는 법인 뿐만 아니라 대표자 개인에 대하여도 손해배상을 청구할 수 있다.[31] 법인의 손해배상의무와 대표자 개인의 그것과의 관계는 부진정 연대채무이다.

(다) 이사(대표자)와 법인의 내부적 관계에서는 이사는 선량한 관리자의 주의로 그 직무를 집행해야 할 의무를 진다(61조). 그런데 이사가 제3자에게 불법행위를 하여 법인으로 하여금 배상책임을 지게 한 것은 이사로서의 임무를 그르친 것이 된다. 따라서 법인이 피해자에게 손해배상을 한 경우에는, 법인은 이사에 대하여 채무불이행을 이유로 손해배상을 청구할 수 있다(65조).

(2) 법인의 목적범위를 넘은 경우 「법인의 목적범위 외의 행위로 인하여 타 [289]
인에게 손해를 가한 때에는 그 사항의 의결에 찬성하거나 그 의결을 집행한 사원, 이사 및 기타 대표자가 연대하여 배상하여야 한다」(35조 2항).

(가) 통설은 대표자의 행위가 목적범위를 넘은 경우에는 법인의 불법행위가 되지 않으며, 그렇기 때문에 위 규정은 그 행위에 관여한 사원 · 이사 등에게 개인적 책임을 부과한 것이라고 한다. 즉 제1항은 대표자의 행위가 목적범위 내인 경우 그리하여 법인의 불법행위가 되는 경우를 규율하는 것이고, 제2항은 그렇지 않은 경우를 규율하는 것이라고 한다. 이러한 견해에 의하면 이 규정은 목적이 권리능력을 제한한다고 하는 근거가 될 것이다. 그러나 목적이 권리능력을 제한하는 것으로 보는 것 자체도 부당할 뿐만 아니라([277]), 위와 같이 해석하게 되면 대표자가 목적범위를 넘어 행위한 경우에 상대방은 자력 있는 법인에게는 손해배상책임을 물을 수 없게 되어 충분한 손해배상을 받지 못하는 부당성이 생긴다. 더욱이 대표자가 목적범위를 넘은 행위를 한 경우에는 그 잘못이 더 큼에도 오히려 그러한 행위는 법인의 행위가 아니라고 해서 법인의 불법행위책임을 배제하는 것은 불법행위제도의 취지에 맞지 않는다. 그외에도 예컨대 노동조합 간부가 불법쟁의를 주도한 경우에 관한 판례(전술한 93다32828)에서 보는 바와 같이, 그러한 행위는

31) 전술한 대판 1994. 3. 25. 93다32828,32835은, 노동조합의 불법쟁의에서 이를 주도한 조합 간부들의 행위는 노동조합 단체로서의 행위라는 면 외에 개인의 행위라는 면도 아울러 지니고 있다고 하여, 노동조합 이외에 조합 간부들 개인에 대하여도 손해배상책임을 지운다.

한편으로 노동조합 자신의 행위가 되고 다른 한편으로 간부 개인의 행위가 된다고 하여 양자의 책임을 모두 인정하는 것이 타당한데, 위의 견해에 의하게 되면 노동조합의 제1항에 의한 책임과 간부 개인의 제2항에 의한 책임이 선택적으로 밖에 인정되지 않는 부당성이 있다. 그러므로 대표자의 행위가 목적범위를 넘었느냐 여하를 불문하고 제1항에 의하여 법인의 불법행위는 성립하고, 제2항은 그중에서도 특히 목적범위를 넘은 경우에 법인 이외에 관련자에게도 개인적 책임을 부과한 것이라고 하는 것이 타당할 것이다.

(나) 대표자 등이 그 지위를 이용하여 목적범위를 넘은 행위를 한 경우에, 그 행위는 법인의 조직이나 신용을 바탕으로 한 것으로서 피해자를 보호할 필요성이 크다. 또 그 피해는 상당히 클 수 있다. 이런 점을 고려하여 이사 및 기타 대표자뿐만 아니라 단지 그 사항의 의결에 찬성하거나 그 의결을 집행한 사원들에게도 「연대하여」 손해배상책임을 과한 것이다. 여기에서의 연대채무 역시 부진정 연대채무이다.

[290] 4. 사용자책임과의 관계

대표자가 직무행위와 관련하여 타인에게 손해를 준 경우에는, 본조에 의하여 법인이 손해배상책임을 진다. 그러나 대표자 이외의 피용자가 사무집행과 관련하여 타인에게 손해를 준 경우에는, 법인은 제756조에 의하여 사용자로서 배상책임을 진다. 양자는 모두 자연적 의미에서 볼 때 타인의 행위에 대하여 책임을 지는 것이다. 그러나 법적으로는 대표자의 행위는 곧 법인 스스로의 행위이므로, 제35조에 기한 법인의 책임은 자신의 (불법)행위에 대한 책임(자기책임)임에 반하여, 피용자는 어디까지나 타인이므로 제756조에 의한 사용자책임은 타인의 불법행위에 대한 책임(타인의 행위에 대한 책임)이다. 그리고 이러한 차이 때문에 후자에서는 법인(사용자)은 피용자의 선임 · 감독상에 과실이 없는 경우에는 책임이 면제되나, 전자에서는 그러한 책임의 면제가 인정되지 않는다(756조 1항 단서와 35조를 비교).[32)]

32) 이영준, 951면은 제35조의 책임이 성립하는 경우에 사용자책임이 경합된다고 하나, 이는 의문이다. 대판 1978. 3. 14. 78다132[공 585, 10753]은 법인의 대표자였던 자에 의한 차용행위가 불법행위가 된다면, 이는 사용자의 배상책임이 아니고 본조에 의한 법인 자체의 불법행위가 된다고 한다.

제6관 법인의 기관

Ⅰ. 총　설 [291]

1. 의　의

법인은 사회생활에서 독립한 사회적 작용을 담당하는 實在라고 하더라도, 자연인과 같이 육체를 가진 존재는 아니다. 그러므로 법인이 사회에서 활동을 함에는 필연적으로 어떤 자연인의 행위를 통하여 법인의 의사를 결정하고, 그 의사에 기하여 내부의 사무를 처리하거나 외부에 대하여 행위하는 일정한 조직을 필요로 한다. 이러한 조직을 이루는 것이 법인의 기관이다.[1)]

2. 종　류 [292]

법인의 기관으로는 이사 · 사원총회 · 감사 등이 있다. 이사는 사단법인 및 재단법인에 반드시 두어야 하는 필수기관이며, 법인 내부의 일상 업무를 처리하고 또 외부에 대하여 법인을 대표한다. 사원총회는 사단법인에만 존재하는 것으로서, 사단법인의 최고 필수의 의사결정기관이다. 끝으로 감사는 양 법인에서의 감독기관이며, 반드시 두어야 하는 기관은 아니다.

법인의 기관에 관한 민법의 규정은 오로지 비영리법인에 관한 것이며, 상법의 규정에 비하여 훨씬 간단하다. 이는 대표기관과 구성원 간 그리고 구성원 상호간에 이해의 대립이 많지 않다는 점, 그리고 감독청의 감독을 받는다고 하는 점 때문이다.

Ⅱ. 이　사 [293]

1. 의　의

이사는 대외적으로 법인을 대표하고(대표기관), 대내적으로 법인의 사무를 집행하는(집행기관) 상설 필수의 기관이다(57조).

(1) 그러므로 이사의 직무권한은 대외적인 대표권과 대내적인 사무집행으로 나누어진다. 그 내용은 뒤에서 살핀다.

(2) 이사는 선량한 관리자의 주의로 그 직무를 행해야 한다(61조). 만약 이사가 이러한 의무에 위반하여 직무집행을 그르친 경우에는, 이사는 일반원칙에 따라서 법인에 대

1) 기관(Organ)이라는 개념은 법인의 본질에 관하여 유기체설을 제창한 Gierke가 쓰기 시작한 것이다(O. v. Gierke, Genossenschaftstheorie, Kapital 4, S. 614).

하여 채무불이행에 의한 손해배상책임을 져야 할 것이다(390조). 그런데 제65조는 더 나아가 「이사가 그 임무를 해태한 때에는 그 이사는 법인에 대하여 연대하여 손해배상의 책임이 있다」고 규정한다. 법문은 「그 이사」라고 하므로, 수인의 이사 중 일부의 이사만이 임무를 해태한 때에는 그 이사들만이 연대하여 배상책임을 진다. 이 규정은 이사에게 보다 무거운 배상책임을 부과함으로써, 이사 각자의 책임의식을 높여 충실하고도 적절한 임무수행을 하게 하여 법인의 이익을 보호하려는 취지에 기한 것으로 이해된다. 그러나 수인이 손해배상책임을 지는 경우에 그 책임의 성질은 일반적으로 (부진정)연대책임이므로(채권총론 [376]), 이는 당연한 것을 규정한 것이 아닐까?

[294] ## 2. 임 면

(1) 선임 및 퇴임 이사의 선임 및 퇴임은 정관에 의하여 정해진다(40조 5호, 43조). 다만 이에 관한 정관의 규정으로 불충분한 경우에는 민법의 대리와 위임에 관한 규정(127조, 128조, 689조 등)이 적용된다. 문제되는 것을 살피면,

㈎ 이사가 될 수 있는 자는 성질상 자연인에 한한다. 자격상실 내지 자격정지 이상의 형을 받은 자는 이사가 될 수 없다(형법 43조).

㈏ 이사의 선임행위의 성질은 법인과 이사 사이의 위임에 유사한 계약이다. 이사는 이 계약에 의하여 법인의 기관인 지위를 취득한다. 선임행위는 묵시적으로도 행해질 수 있다.[2)]

㈐ 이사의 사임행위는 상대방 있는 단독행위이다.[3)] 그러므로 법인의 승낙은 요구되지 않고, 사임의 의사표시가 수령권한 있는 기관에 도달됨으로써 효력을 발생한다.[4)]

㈑ **퇴임이사의 긴급업무처리권한** 이사에 관해서는 위임에 관한 규정이 준용되므로, 이사가 임기만료 또는 사임으로 그 자리를 떠나는 경우에도 후임자가 정해질 때

---

2) 대판 1970. 9. 17. 70다1256[요지 제57조, 10](대표자의 留任을 금지하는 규약이 없는 이상, 임기만료 후에 대표자의 改任이 없으면 그를 묵시적으로 다시 대표자로 선임한 것으로 해석할 것이다). 그 외에 이사의 선임에 당국의 인가를 받아야 하는 경우에, 인가를 받기 전에 전 이사로부터 사무인계를 받아 법인의 사무를 행하였다면, 그에게 대리권이 없음을 이유로 그 행위의 효력을 부인할 수 없다(대판 1958. 11. 20. 4290민상477[요지 제59조, 3]).

3) 대판 2006. 6. 15. 2004다10909.

4) 대판 1992. 7. 24. 92다749. 따라서 상대방에게 도달하여 효력을 발생한 후에는 철회할 수 없음이 원칙이나, 사임의사가 즉각적이라고 볼 수 없는 특별한 사정이 있을 경우에는 별도의 사임서 제출이나 대표자의 수리행위 등이 있어야 사임의 효력이 발생한다(앞의 대판 2006. 6. 15. 2004다10909). 학교법인의 이사가 사임을 함에 있어서 사임의 의사표시 외에 이사회의 결의나 관할관청의 승인을 요하지 않는다(대판 2003. 1. 10. 2001다1171). 그러나 주식회사의 이사가 대표이사에게 사표의 처리를 일임한 경우에는 사임 의사표시의 효과 발생 여부를 대표이사의 의사에 따르도록 한 것이므로 대표이사가 사표를 수리함으로써 사임의 효과가 생긴다(대판 1998. 4. 28. 98다8615).

까지는 업무를 처리할 의무와 권한을 가진다(691조).[5] 다만 임기가 만료되지 않은 이사가 남아 있어 다른 이사들이 정상적인 법인의 활동을 할 수 있는 경우에는 그렇지 않다.[6]

퇴임이사의 이러한 긴급업무처리권한의 범위는 긴급한 업무에 한정된다. 그러므로 예컨대 임기만료된 이사의 참여 없이는 후임의 정식이사를 선임할 수 없는 경우에는 후임 정식이사를 선임할 권한도 보유하지만,[7] 임기만료된 이사가 급박한 사정도 없이 임기가 남은 현임 이사를 해임하고 그 후임자를 선임하기 위한 회의를 소집하고 이를 제안하는 것은 직무의 한계를 넘은 것이다.[8]

(2) 이사가 수인인 경우 이사의 수에 관하여는 제한이 없으며(57조~58조 2항), 정관 [295]
에서 임의로 정할 수 있다(40조~43조).

(가) 각자대표의 원칙 이사가 수인인 경우에 「각자」 법인을 대표한다(59조 1항 본문). 따라서 이사가 수인이더라도 각 이사는 단독으로 대표행위를 할 수 있다. 이사가 수인인 경우에 과반수로 결정하도록 규정하는 제58조 2항은, 문언 자체가 명언하는 것처럼 내부적인 사무집행에 관한 것이다.

(나) 공동대표 그러나 법인은 수인이 함께 대표하도록 할 수 있다. 공동대표의 취지는, 대표행위를 함에 있어서 수인의 대표자가 함께 의사를 결정하도록 함으로써 대표행위의 적절성을 기하려는 것이다. 이런 점에서 공동대표로 하는 것은 대표권을 제한하는 것이고, 따라서 정관에 기재해야 효력이 생기며 등기해야 대항력이 생긴다(41조, 60조).

(a) 공동대표에서는 수인이 함께 대표자가 되는 것이므로, 언제나 수인을 대표자로 표시해야 한다. 이런 점에서 공동의 범위는 내부적인 의사결정뿐만 아니라 대외적인 대표행위에도 미친다. 다만 대표행위 자체를 수인이 함께 해야 하는 것은 아니다. 따라서 수인의 이사가 함께 대표행위에 관한 의사결정을 하고 어느 한 이사에게 실행행위를 위임하여, 그 이사가 혼자서 그러나 이사 전원의 이름으로 대표행위를 실행한 때에는, 적법한 대표행위가 된다.

(b) 공동대표에 위반한 경우에, 이는 권한을 넘은 것으로서 무권대리가 된다. 그러

---

5) 대판 1972. 4. 11. 72누86[집 20-1, 행 59].

6) 대판 1968. 9. 30. 68다515[집 16-3, 민 64]; 대판 1983. 9. 27. 83다카938[집 31-5, 민 14]; 대판 1988. 3. 22. 85누884). 그 외에 대판 2005. 3. 25. 2004다65336.

7) 대판(전) 2007. 7. 19. 2006두19297. 동지: 대판 1963. 4. 18. 63다15[집 11-1, 민 269]; 대판 1967. 2. 21. 66다1347[집 15-1, 민 117]). 그 외에 재건축조합장이 사임한 이후에 직무대행자가 선임되지 않은 상태에서 정관상 규정에 따라 행한 총회소집은 적법하다(대판 1996. 1. 26. 95다40915). 그리고 임기만료된 구이사가 종전의 직무를 수행할 수 있는 경우, 구이사가 다른 이사를 해임하거나 후임 이사를 선임한 이사회결의의 무효확인을 구할 법률상의 이익이 있다(대판 2000. 1. 28. 98다26187; 대판 2005. 3. 25. 2004다65336).

8) 대판 1982. 3. 9. 81다614[집 30-1, 민 76].

면 표현대리규정이 적용된다고 할 것인가? 공동대표는 대표권을 제한하는 것으로서, 따라서 위반행위의 효력 문제는 일반적인 표현대리제도가 아니라 대표권의 제한에 관한 법리에 의하여 규율된다. 따라서 만약 공동대표를 등기하지 않은 때에는 무권대리임을 제3자에게 대항할 수 없다(60조. 그 외에 제3자가 악의인 경우에도 대항할 수 없는가, 반대로 등기한 때에는 언제나 — 즉 제3자가 정당한 사유로 몰랐던 경우에도 — 대항할 수 있는가 하는 점은 후술한다([299])).

(c) 공동대표에서 요구되는 수인의 공동은 능동대리에 한정되고 수동대리에는 적용되지 않는다. 즉 제3자의 법인에 대한 의사표시는 이사 중 1인에 대하여 하면 된다. 법인의 공동대표의 제한에 의해서 제3자에게 불이익을 줄 수는 없기 때문이다([718] 참조). 독민 제28조 2항은 이 뜻을 명언한다. 그리고 우리의 상법 제208조 2항(및 이를 준용하는 389조, 562조 4항)도 이를 명언한다.

[296] (3) 등 기 이사의 성명 · 주소는 등기사항이며(49조 2항 8호), 이사를 임면한 경우 또는 이사가 퇴임한 경우에는, 이를 등기하지 않으면 제3자에게 대항할 수 없다(54조 1항). 즉 이사의 변경등기는 제3자에 대한 대항요건이지 효력발생요건은 아니다.[9)] 따라서 예컨대 이사의 선임 및 해임결의가 있으면 그때부터 이사변경의 효력이 생기며, 다만 이를 등기하지 않은 때에는 제3자에 대하여 선임 · 해임의 효력을 주장할 수 없다.

그러면 등기하지 않은 경우에는 악의의 제3자에 대하여도 대항하지 못하는가? 법문은 단지 「제3자」라고 하므로, 이를 긍정해야 할 것이다. 그러나 이의 타당성은 의문이다. 이 문제는 대표권 제한의 등기가 없는 경우에도 생기므로 상세는 이 부분에서 살피고([299]), 결론만을 말한다면 이를 부인하는 것이 타당하다.

그 밖에 문제되는 것은, 퇴임등기를 한 경우에는 법인은 언제나 제3자에 대하여 대항할 수 있는가 하는 점이다. 대항력 유무를 등기 여부에 따라 결정하도록 하는 민법의 문언에 의하면 이를 부인해야 할 것이다. 그런데 상법은 상업등기에 관하여 등기 이후라도 제3자가 「정당한 사유로 인하여」 등기사항을 알지 못한 때에는 제3자에게 대항할 수 없다고 규정하는 바(상법 37조 2항), 민법상의 법인에도 — 뒤에서 보는 바와 같이 등기하지 않은 경우에 대항할 수 없는 범위에 관하여 상법 제37조 1항을 유추적용하는 것과 마찬가지로 — 이를 유추적용하는 것이 타당하지 않을까? 그 외에 등기사항에 관해서는 원칙적으로 등기 여부에 따라 대항력 유무를 결정하므로, 표현대리에 관한 규정은 적용되지

---

9) 따라서 문교부로부터 취임인가 취소를 받은 학교법인의 이사가 그 변경등기 전에 발행한 어음에 대하여는 학교법인이 책임을 지지 않으면 안 된다(대판 1965. 6. 29. 65다848[요지 제54조, 2]). 또한 전직 이사가 사임등기 전에 한 차용행위에 대하여 법인이 책임을 져야 한다(대판 1966. 2. 28. 65다2630[요지 제54조, 3]).

않는다. 판례도 이러한 입장이다.[10)]

3. 이사의 대표권 [297]

이사의 직무권한은 대외적인 대표권과 대내적인 사무집행으로 나누어진다. 이하에서는 먼저 전자에 관해서 살핀다.

(1) 대　표　　이사는 대외적으로 법인을 대표한다. 즉 법인이 대외적으로 행위를 함에는 이사를 통해서 해야 한다. 이런 점에서 이사는 법인의 대표기관이다. 이사가 제3자와 행한 행위는 법인 자신의 행위로서, 그 행위의 효과는 모두 법인에게 귀속된다.

대표는 행위자와 그 법률효과의 귀속자가 다르게 된다는 점에서 대리와 본질을 같이 한다. 이런 점에서 법은 법인의 대표에 관해서 대리에 관한 규정을 준용한다(59조 2항). 그러므로 이사가 법인의 행위를 함에 있어서는 그것이 법인의 행위임을 표시해야 한다. 만약 이를 표시하지 않은 경우에는 그 행위는 이사 개인의 행위로 본다(115조).

(2) 대표권의 범위　　이사의 대표권은 원칙적으로 법인의 사무 전반에 미친다. [298]
즉 이사의 대표권은 포괄적 · 전면적인 것으로서 재판상 및 재판 외에서의 모든 행위에 미친다. 달리 말하면 이사는 법인의 행위능력의 범위에 속하는 모든 행위를 할 수 있다. 이러한 점은 대표의 본질에서 나오는 것이다. 왜냐하면 대리(임의대리를 중심으로 함)는 본인도 스스로 행위할 수 있는 행위를 대리인에게 행하도록 하는 것이나(따라서 대리권은 본인의 행위 전반에 미쳐야 하는 것이 아니다), 법인은 오로지 대표자를 통해서만 행위할 수 있을 뿐이기 때문이다.

㈎ 그러면 대표권의 범위는 제한할 수 없는가? 이는 입법정책에 의하여 정해진다. 법인의 이익을 위해서는 제한할 수 있다고 해야 하나, 제3자의 이익을 고려한다면 이를 부인해야 한다. 민법은 대표권이 제한될 수 있는 것으로 하면서도(41조).[11)] 그 제한은 정관에 기재해야 비로소 효력이 있으며(41조), 나아가 정관에 기재한 경우에도 이를 등기하지 않으면 제3자에게 대항할 수 없다고 하여(60조), 양자의 이익을 조절한다.

㈏ 그런데 제60조는 대표권의 제한을 등기하지 않은 경우에 대항할 수 없는 자를 단지 「제3자」라고 한다. 따라서 그러면 악의의 제3자에게도 대항할 수 없는가 하는 점이 문제된다. 뿐만 아니라 정관 혹은 법령에는 이사에게 일정한 행위를 금지하거나 혹은 어떤 행위를 함에는 일정한 절차를 거치도록 하는 조항이 적지 않다. 그러면 그러한

---

10) 대판 1972. 9. 26. 71다2197(이의 내용은 [287] ㈏); 대판 2009. 12. 24. 2009다60244. 후자 판결은 그 근거로서, 대표이사의 퇴임등기가 된 경우에 민법 제129조의 (유추)적용을 긍정한다면 상법 제37조가 상업등기에 공시력을 인정한 의의가 상실된다는 점을 제시한다.

11) 우리의 상법도 마찬가지로 대표권을 제한할 수 있는 것으로 한다(동법 제209조 2항, 제389조). 그런데 독일에서는 민법은 대표권을 제한할 수 있는 것으로 하지만(독일민법 제26조 2항), 회사법은 대표권을 제한할 수 없는 것으로 하고 있다(독일 주식회사법(Aktiengesetz) 제82조).

조항은 모두 대표권을 제한하는 것인가 하는 점이 문제된다. 항을 나누어 이러한 문제를 살펴본다.

[299] **(3) 대표권 제한과 등기** 대표권의 제한을 등기하지 않은 경우에, 제60조의 법문에 따라 악의의 제3자에게도 대항할 수 없다고 할 것인가? 위 규정은 구민법이 「선의의 제3자」(구민법 54조)로 규정했던 것을 수정한 것으로서, 이런 점에서 볼 때 민법의 취지는 일정한 사항을 등기하도록 명하고, 이를 태만히 한 경우에는 획일적으로 제3자에게 대항할 수 없도록 함으로써 등기의 勵行을 강제하려는 것이라고 생각할 수 있다. 그렇다면 문언대로 이를 긍정하는 것이 법의 취지에 부합할 것이다. 그 외에 변경등기의 효력에 관한 제54조 1항 역시 등기하지 않은 사항은 제3자(즉 선·악을 불문)에게 대항하지 못한다고 하는 규정과의 균형에서 볼 때에도 마찬가지이다. 왜냐하면 이 규정은 이사가 퇴임하였으나 퇴임등기가 되지 않은 경우에 적용되는 것으로서, 따라서 대리권의 제한과 동일한 평면에서 해석되어야 하기 때문이다. 이런 점에서 일부 견해는 이러한 입장을 취한다.[12] 판례도 마찬가지이다.[13]

그러나 이의 타당성은 의문이다. 우선 입법과정에서 볼 때 위 규정이 등기하지 않은 경우에 대항할 수 없는 제3자의 범위를 선·악을 불문하고 모든 제3자로 하려는 입법적 결단에 기한 것으로 볼 근거는 충분치 않다.[14] 그렇다면 법문의 구속력은 약하고, 따라서 다른 규정과의 조화·실제적 타당성 등을 고려해서 판단해야 할 것이다. 먼저 다른 규정과의 관계를 보면, 상법은 상업등기의 효력에 관하여 「등기할 사항은 등기와 공고 후가 아니면 '선의의 제3자'에게 대항하지 못한다」고 규정한다(상법 37조 1항). 이와 같이

---

12) 김용한, 184면.

13) 대판 1975. 4. 22. 74다410[집 23-1, 민 224]; 대판 1987. 11. 24. 86다카2484[집 35-3, 261]; 대판 1992. 2. 14. 91다24564[집 40-1, 98]. 학자에 따라서는 판례는 악의의 제3자에 대하여는 대항할 수 없다는 입장인 것으로 소개하나(곽윤직, 261면), 여기에서 소개되는 판례(대판 1962. 1. 11. 4294민상473[집 10-1, 민 224])는 구법시대의 판례이다.

14) 명순구, 실록 대한민국 민법(2008), 219면 이하에 의하면, 민법 제60조에 해당하는 민법원안 제56조는 — 구민법 제54조와 흡사하게 — 「이사의 대표권에 대한 제한은 선의의 제3자에게 대항하지 못한다」라고 되어 있었는데, 법제사법위원회 민법안심의소위원회(민법안심의록 상권, 48면)에서 대표권의 제한에 관하여 구민법에서는 없던 규정, 즉 이를 임의적인 정관기재사항으로 하는 제41조 및 이를 필요적 등기사항으로 하는 제49조 2항 9호 등을 신설하였는바, 따라서 위 규정도 수정되어야 한다고 하면서 원안에서의 『선의의』를 『등기하지 아니하면』으로 수정할 것을 제안하였고, 이러한 수정의견이 받아들여져 현재의 규정으로 된 것이다. 그 외에 구민법에서도 등기하지 않은 경우에 대항할 수 없는 자의 범위를 단순히 『타인』이라고 하였는바(동법 제45조 2항, 46조 2항 단서), 이런 점에서 보더라도 형행 민법은 구민법와 달리 등기 여부에 따라 대항력 유무를 획일적으로 결정하려는 의사를 가진 것은 아니었음이 엿보인다. 그러나 양창수, 법인 이사의 대표권 제한에 관한 약간의 문제, 민법연구 1(1991), 111면 이하, 117면은, 위 규정을 그와 같은 입법취지에 기한 것으로 여겨지는 자료로서 국회 속기록을 소개한다.

거래안전이 보다 중시되는 상거래에서도 등기하지 않은 경우에 선의의 제3자에게만 대항할 수 없도록 하는데, 거래안전이 덜 중시되는 민사거래에서 악의의 제3자에게까지 대항할 수 없다고 하는 것은 균형을 잃은 것이다. 다음으로 부동산의 등기는 물권의 귀속을 표상하는 것으로서 따라서 등기되어야 비로소 물권변동의 효력이 생기며, 실제 거래에서도 부동산거래에서 등기는 필수적인 참조사항인 데 반하여, 법인의 등기는 등기사항을 표상하는 것이 아니라 단지 이를 공시하는 것이고 그리하여 이는 대부분 대항요건에 불과하며, 또한 법인과의 거래에서 등기는 별로 참조되지 않는 것이 현실이다. 그럼에도 법문대로 해석한다면 법과 현실의 괴리가 심화될 것이다. 이런 점에서 상업등기에서와 마찬가지로 선의의 제3자에 대해서만 대항할 수 없다고 해석함이 타당하지 않을까?[15)]

그러면 등기한 경우에는 언제나 대항할 수 있는가? 법문에 의하면 그렇게 해석해야 할 것이지만, 이 규정의 입법과정 및 법인등기의 의미 등을 고려할 때 상업등기와 마찬가지로 제3자가 정당한 사유로 몰랐던 경우에는 대항할 수 없다고 하는 것이 타당할 것이다.

(4) 대표권의 제한인지가 문제되는 경우 [300]

(가) **총회의 의결** 민법은 이사의 대표권을 규정하면서 「특히 사단법인은 총회의 의결에 의하여야 한다」고 한다(59조). 그러면 총회의 의결은 대표권을 제한하는가? 즉 예컨대 총회에서 대표자에게 일정한 행위를 일정한 내용으로 하도록 의결한 경우에, 그러한 의결만으로 대표권 자체가 제한되는가?

다수의 견해는 위 규정의 문언을 중시하여, 이를 긍정한다.[16)] 이에 의하면 총회의 의결이 있으면 정관에의 기재나 등기가 없더라도 대표권이 제한된다. 그러나 이는 의문이다. 이 규정은 구민법(53조)에 있던 것이나, 민법은 대표권 제한에 관하여 정관에의 기재·등기 등과 같은 규정을 신설함으로써(41조·60조) 이에 관하여 중대한 변경을 가하고 이를 엄격히 규율한다. 따라서 위와 같은 구민법상의 규정은 대표권 제한에 관한 민법의 태

15) 동지: 곽윤직, 261면; 김상용, 240면; 김주수·김상용, 200면; 장경학, 333면. 다만 이들 견해는 그 근거로서 「악의의 제3자를 보호할 이유는 없다」는 점을 든다. 그러나 어떠한 범위의 제3자를 보호할 것인가 하는 문제는 입법정책상의 문제로서 때로는 법은 악의의 제3자까지도 보호할 수 있다. 또한 악의의 제3자는 보호할 필요가 없다는 점은 언제나 타당하는 명제가 아니다. 이러한 점은 부동산등기의 경우에 잘 나타난다(예컨대 부동산이 이미 타인에게 매각되었음을 알고서도 이를 2중으로 양수한 자 역시 유효하게 소유권을 취득할 수 있다). 따라서 위와 같은 점은 법문과 달리 해석하는 근거로는 부적절하다. 유사한 사항에 관한 다른 규정과의 균형이라는 법률해석에 관한 체계적 해석에서 근거를 찾아야 할 것이다. 그 외에 김학동, 등기되지 아니한 이사의 대표권제한의 대외적 효력, 판례월보 147호(1982. 12.), 139-141면 참조.

16) 곽윤직, 261면; 김용한, 184면; 이영준, 958면; 장경학, 333면.

도와 조화되지 않는다. 그렇다면 이 규정은 삭제되었어야 함에도 그대로 둔 입법상의 오류에 기한 것으로서,[17] 이 규정에 법적 구속력을 부여하는 것은 부적절할 것이다. 그러므로 단지 총회의 의결만으로는 대표권이 제한되지 않는다고 하는 것이 타당할 것이다.[18]

이렇게 해석하게 되면 총회의 의결은 대표권을 제한하지 않고 단지 이사의 대내적인 업무집행방법을 정할 뿐이라고 하게 된다. 따라서 이에 위반하여 행해진 행위도 대표권에 기한 것으로서 유효하고, 단지 이사가 법인과의 내부관계에서 의무위반으로 인한 손해배상책임을 질 뿐이다. 판례도 재산의 처분에 총회의 결의가 있어야 유효하다는 것을 대외적으로 주장하려면 그러한 취지의 대표권 제한을 등기해야 한다고 한다.[19]

[301] **(나) 정관상의 총회의결 규정** 정관 중에는 일정한 행위를 함에는 사원총회 혹은 이사회(임원회)의 의결을 거치도록 하는 규정이 적지 않다(앞서 살핀 사원총회의 결의는 정관에 아무런 제한규정이 없음에도 사원총회의 결의를 통하여 개별적으로 이사의 일정한 행위를 금지 혹은 제한하는 경우이고, 여기에서 사원총회의 의결을 거치도록 하는 것은 사전에 정관에 일정한 행위를 함에는 사원총회의 의결을 거치도록 하는 규정을 둔 경우이다). 그러면 그러한 규정은 대표권을 제한하는 것인가? 즉 이에 위반하여 대표자가 사원총회의 결의 없이 행한 대표행위는 대표권을 넘은 것으로서 법인의 행위로서 유효하지 않는가? 사원총회 혹은 이사회의 결의는 내부적 절차에 해당한다. 따라서 그러한 절차를 요구하는 규정은 일반적으로 내부적인 업무집행방법을 규율하는 것으로서 대표자에게 의무를 부과할 뿐이고, 대리권 자체를 제한하지는 않는다고 하는 것이 타당하지 않을까?[20] 다만 법인의 존립 자체에 영향을 미치는 중요한 행위에 관해서 사원총회의 특별결의를 거치도록 하는 규정은, 그러한 결의 없는 대표행위를 금지하려는 취지에 기한 것이므로 대표권을 제한하는 것이라고 해야 할 것이다.

[302] **(다) 법령상의 절차규정** 법령에도 일정한 행위를 함에는 사원총회 혹은 이사회(임원회)의 의결을 거치도록 하는 규정이 적지 않다. 비법인사단에서의 총유물의 관리 · 처분행위에 관하여 사원총회의 결의에 의하도록 하는 제276조 1항, 주식회사의 중요재산을 처분함에는 이사회의 결의를 거치도록 하는 상법 제393조 1항, 그리고 학교법인의 재산의 취득 · 처분 등에 관해서는 이사회의 의결을 거치도록 하는 사립학교법 제

---

17) 양창수, 전게서, 113면; 이호정, 사원총회의 결의에 의한 이사의 대표권의 제한, 고시계(1986. 8.), 103면 이하.

18) 동지: 양창수, 전게서, 127면 이하.

19) 대판 1975. 4. 22. 74다410; 대판 1987. 11. 24. 86다카2484; 대판 1992. 2. 14. 91다24564.

20) 동지: 양창수, 전게서, 127면 이하. 이 견해는 단지 일정한 법률행위에 대하여 사원총회나 이사회의 결의를 거치도록 하는 규정은 대표권을 제한하는 것이 아니라고 할 뿐만 아니라, 더 나아가 수인의 이사 중 일정한 자만이 대표권을 가지는 것으로 하거나 수인이 공동으로만 대표권을 행사할 수 있도록 하는 규정만이 대표권을 제한하는 것이라고 한다.

16조(이 법은 나아가 기본재산의 처분에는 관할청의 허가를 받아야 한다고 규정한다(동법 28조)) 등이 그 예이다. 그러면 이러한 규정은 대표권을 제한하는가? 이는 법령의 취지 내지 성질을 고려해서 개별적으로 판단해야 할 것이다. 이중에서 비법인사단에 관한 규정의 의미는 뒤에서 살피고([343]), 여기에서는 일응 임의규정인 경우와 강행규정인 경우를 나누어 살핀다.

(a) 임의규정 앞서 말한 바와 같이 사원총회 혹은 이사회의 의결은 내부적 절차이므로, 그러한 절차를 요구하는 것이 임의규정이라면 이는 대표권을 제한하지 않는다고 하는 것이 타당할 것이다. 판례도 상법이 규정하는 이사회 결의사항은 회사의 내부적 의사결정에 불과하다고 한다.[21) 따라서 판례는 일응 본서와 같은 입장이라고 할 수 있다. 그런데 판례는 나아가 「거래상대방이 그와 같은 이사회 결의가 없었음을 알았거나 알 수 있었을 경우가 아니라면 그 거래행위는 유효하다」고 한다. 이사회 결의사항이 회사의 내부적 의사결정에 불과하다면 이사회의 결의를 거치도록 한 것은 대표권을 제한하는 것이 아니고, 따라서 이사회의 결의를 거치지 않고 한 대표자의 재산처분행위는 대표권의 범위 내에 속하므로 원칙적으로 유효하다고 해야 한다. 그럼에도 판례가 상대방이 이사회 결의가 없었음을 알 수 없었을 경우에 한하여 유효하다고 하는 것은 이론적으로 타당치 않다. 그러면 판례가 그렇게 하는 이유는 무엇인가? 이는 만약 그러한 사정을 상대방이 알았거나 알 수 있은 경우에는 대표권 남용의 법리에 기해서(판례는 대표권 남용의 요건으로 상대방의 악의·과실을 든다([729] 이하 참조)) 상대방은 법인에 대하여 그 행위의 효력을 주장할 수 없다는 데 기한 것으로 이해된다. 이렇게 본다면 결과에서는 위와 같은 판시는 타당하다. 그러나 이는 이론상 별개인 대표권에 기한 행위의 효력 문제와 대표권 남용의 법리에 기한 효력 문제를 구별하지 않은 점에서 이론상 적절치 않다고 생각된다.

그 외에 판례 중에는 대표권이 이사회의 결의 등 내부적 절차 또는 내규에 의하여 「내부적으로」 제한될 수 있다고 한 것이 있다.[22) 그러나 대표권은 대외적 지위인바,

21) 대판 1978. 6. 27. 78다389; 대판 1993. 6. 25. 93다13391; 대판 1999. 10. 8. 98다2488; 대판 2003. 1. 24. 2000다20670; 대판 2005. 7. 28. 2005다3649 등(그리고 상대방이 이사회의 결의가 없었음을 알았거나 알 수 있었음은 이를 주장하는 회사측이 주장·입증하여야 한다고 한다). 그런데 대판 1997. 8. 29. 97다18059은, 「일반적으로 주식회사 대표이사는 회사의 권리능력의 범위 내에서 재판상 또는 재판 외의 일체의 행위를 할 수 있고, 이러한 대표권 그 자체는 성질상 제한될 수 없는 것」이라고 하면서, 나아가 그렇지만 「대외적인 업무 집행에 관한 결정 권한으로서의 대표권은 법률의 규정에 의하여 제한될 뿐만 아니라 회사의 정관, 이사회의 결의 등의 내부적 절차 또는 내규 등에 의하여 내부적으로 제한될 수 있으며, 이렇게 대표권한이 내부적으로 제한된 경우에는 그 대표이사는 제한 범위 내에서만 대표권한이 있는 데 불과하게 되는 것이지만 그렇더라도 그 대표권한의 범위를 벗어난 행위 다시 말하면 대표권의 제한을 위반한 행위라 하더라도 그것이 회사의 권리능력의 범위 내에 속한 행위이기만 하다면 대표권의 제한을 알지 못하는 제3자는 그 행위를 회사의 대표행위라고 믿는 것이 당연하고 이러한 신뢰는 보호되어야 한다」고 한다.

22) 앞의 주에서의 97다18059.

따라서 대표권이 내부적으로 제한된다고 하는 것은 대표권의 본질에 반하는 것으로서 모순이다.

[303] (b) 강행규정 위와 같은 법령상의 규정이 강행규정인 때에는, 이를 위반한 행위는 무효이다. 사립학교법상의 규정이 이에 해당한다. 판례도 이러한 규정은 공익적 사업을 목적으로 하는 학교법인의 재산충실 혹은 행위의 적절성을 보장하기 위한 것이므로, 이에 위반한 행위는 무효라고 한다.[23] 그리고 그러한 무효인 차용금채무의 담보를 위하여 부동산에 저당권을 설정한 경우에는 그 저당권도 무효이므로, 후에 그 저당권이 실행되어 위 부동산을 경락받은 자는 이의 소유권을 유효하게 취득하지 못한다고 한다.[24]

그러면 이러한 규정은 대표권을 제한하는 것인가? 이 문제는 규정위반의 행위에 제126조가 적용된다고 할 것인가 하는 문제와 관련된다. 생각건대 강행규정은 그 규정에 위반하는 행위의 효력 자체를 부인하는 것이므로, 단지 대표권을 제한하는 것이 아니라고 할 것이다. 그러므로 그 위반행위는 단지 대리권을 넘은 경우가 아니다. 따라서 그 위반행위에 제126조는 적용되지 않는다고 할 것이다. 판례도 위와 같은 법령위반의 경우에 상대방은 표현대리의 성립을 주장하여 법인에 대하여 그 계약의 이행을 청구할 수 없다고 한다.[25] 그 외에 이와 같이 표현대리가 성립될 여지가 없으므로, 상대방은 단지

---

23) 대결 1983. 11. 16. 83마138; 대판 1991. 10. 11. 91다14604(학교법인이 감독청의 허가절차를 거치지 않고 은행으로부터 대출을 받으면서, 그 물상보증인이 된 자에게 물상보증으로 인한 손해를 배상하기로 약정한 경우, 그러한 약정은 사립학교법 제28조 소정의 의무부담행위에 해당하므로 이는 무효이다); 대판 1997. 3. 14. 96다55693; 대판 1998. 12. 8. 98다44642; 대판 2000. 6. 9. 99다70860.

24) 이에 관한 대표적 판례인 대판 1997. 3. 14. 96다55693의 내용을 소개하면, 사립학교 A의 경영자(대표자) 갑이 소유 부동산을 그 소유명의는 그대로 자신 앞으로 둔 채 이를 학교의 교지 등으로 사용하기 위하여 출연하였는데, 갑이 을로부터 금원을 차용하고 그 담보로서 위 부동산에 근저당권을 설정하였다. 그런데 이 근저당권이 실행되어 병이 이를 경락받았으며, 병은 다시 정으로부터 금전을 차용하면서 정에게 위 부동산에 근저당권을 설정하였다. 그런데 갑이 정을 상대로 앞의 근저당권이 무효이므로 이의 실행으로 경락받은 병은 유효하게 소유권을 취득하지 못하고 따라서 정의 근저당권설정등기는 무효라고 하면서 이의 말소를 청구하였다. 이에 대하여 정은 강행법규를 위반한 갑이 스스로 그 무효를 주장하는 것은 권리남용이라고 항변하였다. 판결은, 사립학교법 제28조 등은 강행법규이므로 이에 위반한 행위는 무효이고, 강행규정을 위반한 자 스스로가 무효를 주장함이 권리남용 내지 신의성실원칙에 위배된다는 이유로 그 권리행사를 배척한다면 그러한 규정을 둔 입법취지를 완전히 몰각시키는 결과가 된다고 하여, 항변을 배척한다. 권리남용에 관한 동지의 판례로는 대판 1994. 12. 22. 94다12005.

25) 대판 1983. 12. 27. 83다548; 대판 2000. 9. 5. 2000다2344. 이 판결은, 학교법인을 대표하는 이사장이라 하더라도 이사회의 심의·결정을 거쳐야 하는 재산의 처분 등에 관하여는 법률상 그 권한이 제한되어 이사회의 심의·결정없이는 이를 대리하여 결정할 권한이 없다는 점을 근거로 제126조의 표현대리의 성립을 부인한다. 그 외에 대판 1996. 8. 23. 94다38199은, 증권거래법 제52조 제1호를 위반한 투자수익보장약정은 무효라고 하면서, 아울러 표현대리의 성립도 부인한다. 또 대판

불법행위를 이유로 손해배상을 청구할 수 있을 뿐이다. 또 강행규정에 위반하여 행한 의무부담행위를 후에 추인하더라도 효력이 생기지 않는다.[26] 그 외에 里 또는 郡의 농업협동조합(단위 농협)의 자금차입은 농협 중앙회로부터 하도록 하는 규정(농업협동조합법(구) 111조, 153조 등)에 위반하여 개인으로부터 금전을 차용한 경우에, 그러한 차금행위는 무효라고 하는 판례[27]도 이의 한 예라고 할 수 있다.

총회의 의결을 요구하는 규정이 강행규정인 예는 공익법인에서뿐만 아니라 사법인에서도 보인다. 즉 상법 제374조는 주식회사에서 영업의 양도 등 일정한 행위를 함에는 정관변경의 특별결의(출석 의결권의 2/3)를 거치도록 규정하는바, 이것도 강행규정으로서 이에 위반한 행위는 무효라고 할 것이다.[28]

(라) **기타의 대표권 제한** 그외에 대표권을 제한하는 사유 혹은 제한하는지가 문 [304]
제되는 사유를 살핀다.

(a) 목 적 일부 견해는 목적이 대표권을 제한한다고 한다. 그러나 앞에서 말한 바와 같이 이러한 제한은 구체적인 행위에 대한 것이 아니므로 대표권을 제한하는 것이 아니다([276] 이하).

(b) 복임권의 제한 이사는 원칙적으로 스스로 대표권을 행사하여야 하며, 정관 또는 총회의 의결로 금지되지 않는 경우에 한해서 특정한 개개의 행위에 관해서만 타인으로 하여금 대리시킬 수 있다(62조). 이사는 그 지위가 임의대리인과 같지만, 그의 대표권은 그 범위가 광범하고 또 계속되는 점에서 법정대리인의 그것과 비슷하다. 그리하여 민법은 그 복임권에 관하여 법정대리인과 임의대리인과의 중간적인 것으로 한 것

1957. 5. 16. 4290민상72[집 5-2, 민 1](서울시장이 법령에 위반하여 시의회의 의결이나 내무부장관의 승인을 거치지 않고 시의 중요재산을 처분한 경우).

26) 대판 1994. 12. 22. 94다12005; 대판 2000. 9. 5. 2000다2344. 그 외에 대판 1993. 8. 24. 93다22074은, 불교재산관리법(폐지) 제11조 제1항 소정의 주무장관의 허가를 받지 아니한 사찰재산의 처분행위는 사찰의 추인 여부에 불구하고 그 효력이 없다고 한다.

27) 대판 1962. 5. 10. 62다127; 대판 1963. 1. 17. 62다775; 대판 1968. 5. 14. 68다249 등. 그 외에 대판 1963. 1. 17. 62다833은, 郡 농업협동조합이 개인의 약속어음의 지급보증을 위하여 한 배서양도행위에 관해서도 마찬가지로 판시한다. 판례는 개인으로부터의 차금행위는 법이 규정하는 조합의 「사업능력」 밖의 행위이므로 무효라고 하는데, 차금행위 자체는 조합의 목적범위에 속하므로 「사업능력」이라는 용어는 권리능력을 뜻하는 것은 아니라고 생각된다. 따라서 판례의 태도는 위와 같은 규정을 강행규정으로 보아, 강행규정 위반을 이유로 위 차용행위를 무효라고 하는 것으로 이해할 수 있다. 그러나 농협 지부는 농협 중앙회로부터만 차용할 수 있도록 하는 규정은 단지 차용행위의 상대방을 제한하는 데 불과한 것인데, 그러한 규정에 위반한 행위까지 무효라고 하는 것이 타당한지 의문이다.

28) 대판 1991. 11. 8. 91다11148. 그러므로 영업의 일부 혹은 중요재산의 양도는 상법 제374조의 적용을 받는가 단지 상법 제393조의 적용을 받는가 하는 점이 중요한 문제로 되고, 이에 관하여 많은 판례가 나오고 있다(그러한 판례로서 대판 1994. 10. 28. 94다39253; 대판 1997. 6. 13. 96다48282; 대판 2004. 7. 8. 2004다13717 등).

이다(120조, 122조 참조). 이사는 이 대리인의 선임 · 감독에 관하여 책임을 지지 않으면 안 된다(122조를 적용할 것은 아니다). 그리고 이렇게 선임된 복대리인은 비록 본인(법인)을 대리하지만, 법인의 대표기관은 아니다.

(c) 이익상반의 경우 법인과 이사의 이익이 상반하는 사항에 관해서는 이사는 대표권이 없으며, 「특별대리인」으로 하여금 법인을 대표케 한다(64조). 이러한 제한은 제921조 등과 같은 취지이다. 이의 내용과 문제점은 뒤에서 살핀다([308]).

[305] **(5) 의무위반과 대표권 남용** 이사(기타 법인의 대표자)는 업무수행에 있어서 선관주의의무를 지지만(61조), 이는 이사와 법인과의 내부관계에 관한 것이고, 외부관계에서 이사의 대표행위의 효력은 내부관계에서의 의무위반 여부와는 무관하게 오로지 그 행위가 이사의 대표권에 기한 것이냐 하는 점에 의존한다. 즉 이사가 선관주의의무를 다하지 않아 법인에게 손해를 가하는 대표행위를 한 경우에, 이사는 내부관계에서 법인에 대하여 채무불이행책임을 지지만, 그 행위가 이사의 대표권의 범위에 속하는 것인 한 이는 법인의 행위로서 유효하다.

이러한 점은 이사가 선관주의의무에 위반하여 개인적 이익을 위하여 법인에게 불리한 대표행위를 한 경우에도 일응 타당하다. 그러면 그와 같은 사정을 상대방이 알았거나 쉽게 알 수 있었던 경우에도 마찬가지로 해석할 것인가? 이를 긍정하게 되면 악의의 상대방마저도 법인에게 그 행위의 효과를 주장할 수 있게 되는바, 그러한 결과는 일반인의 법감정에 반할 것이다. 그리하여 그러한 결과를 막기 위하여 대표권 남용의 법리가 형성 발전되었다. 그런데 이는 대리권 남용의 법리와 동일한 것이므로 대리권 남용 부분에서 상론한다([729] 이하 참조).

[306] **4. 사무집행**

(1) 이사는 법인의 사무를 집행한다(58조 1항). 법인의 대표가 대외적 권한이라고 한다면, 이것은 대내적 권한이다.

(2) 이사가 수인인 경우에는 정관에 다른 규정이 없는 한 다수결로 결정한다(58조 2항). 그리고 이사는 사무를 집행함에 있어서 정관 및 총회의 의결에 좇아야 한다(59조 1항 단서는 대표가 아니라 사무집행에 관한 것이다).

(3) 이사의 사무 중 중요한 것은 다음과 같다. 그러나 물론 이에 한하는 것은 아니다.

(a) 등 기 등기의 종류와 내용은 앞([165] 이하)에서 설명하였다. 이사가 이를 게을리하면 과태료에 처해진다(97조 1호).

(b) 재산목록의 작성 · 비치 (i) 재산목록이란 법인의 적극 · 소극의 총재산의 명

세서이다. 이에 의하여 법인의 재산상태를 명료하게 하며, 이를 일반 제3자에게 알리는 동시에 이사 개인의 재산과 법인의 재산과의 혼동을 방지하려는 것이다. (ii) 이사는 법인성립시의 재산을 분명히 하기 위하여 기본재산 목록을 작성하고, 또 매년 초의 3개월 내에 전년도 말의 상태를 명료하게 하기 위하여 매년도 재산목록을 작성해야 한다. 다만 특히 사업연도를 정한 법인에서는, 매년도 재산목록은 사업연도 말의 재산상태를 명료하게 하도록 작성해야 한다. 이 경우에 작성해야 할 시기는 다음 연도 초의 3개월 내에 작성하면 된다고 해야 할 것이다(55조 1항 후단의 문자는 목록작성의 시기가 연도 말이라는 뜻으로 보이지만, 매년도 재산목록을 작성하는 뜻이 전년도 말의 재산상태를 명료히 하는 데 있으므로, 이와 같이 해석하는 것이 타당하다). (iii) 작성한 재산목록은 언제나 사무소에 비치하여 열람할 수 있도록 해야 한다(55조 1항). (iv) 재산목록의 작성 및 비치의 임무를 해태하거나, 또는 부정의 기재를 한 때에는 과태료에 처해진다(97조 2호).

(c) 사원명부의 작성　총사원의 명부를 작성해서 사무소에 비치하여 두고, 또 사원의 변경이 있을 때마다 정정하지 않으면 안 된다(55조 2항). 과태료의 제재는 재산목록의 경우와 마찬가지이다(97조 2호).

(d) 총회의 소집　사원총회는 사단법인의 최고기관이지만 소집하지 않으면 활동을 개시할 수 없는 것이므로, 이사는 적어도 매년 1회 통상총회를 소집할 의무를 진다(69조). 그 밖에 이사는 필요에 따라서 임시총회를 소집할 수 있다(70조 1항). 또 일정수의 사원이 청구하는 때에는 이사는 임시총회를 소집해야 한다(70조 2항).

(e) 총회의사록의 작성 · 비치　총회의 議事에 관하여는 의사록을 작성 · 비치해야 하는데, 이에는 의사의 경과 · 요령 및 결과를 기재하고, 의장 및 출석한 이사가 기명날인해야 한다(76조 1항, 3항). 그리고 이사는 의사록을 주된 사무소에 비치해야 한다(76조 3항). 의사록에 관한 의무를 해태한 때에도 이사는 과태료의 처분을 받는다(97조 5호).

(f) 청산인으로 되는 것　법인이 해산한 경우에는 이사는 원칙적으로 청산인이 된다(82조).

(g) 파산신청　법인이 그 채무를 완제할 수 없게 된 때에는 이사는 지체없이 파산신청을 해야 한다(79조). 이에 위반하면 과태료의 제재를 받는다(97조 6호).

5. 특수한 대표자 [307]

(1) 임시이사

(가) 이사는 필수의 기관이지만, 한번 법인으로서 성립한 경우에는 이사가 일시적으로 한 사람도 없게 되거나 결원이 되어도 법인이 소멸하는 것은 아니다. 사원이 한 명도 없게 된 것은 사단법인의 해산사유가 되는 점과 다르다. 이는 사원은 법인의 존립의 기

초임에 대하여, 이사는 법인의 활동의 기초라는 점에 기인한다.

(나) 그러나 이사가 없게 되거나 결원이 생긴 경우에는 법인의 활동이 마비되어 법인 혹은 제3자에게 손해가 생길 수 있다. 이를 막기 위하여 제63조는 이사의 결원 등으로 인하여 손해가 생길 염려가 있는 때에는 이해관계인[29]이나 검사의 청구에 의하여 임시이사를 선임하여야 한다고 규정한다. 따라서 이사의 결원이 있더라도 그로 인하여 손해가 생길 염려가 없는 때에는, 법원은 임시이사를 선임하지 않아도 된다.

(다) 임시이사는 정식의 이사가 선임될 때까지의 임시적인 것이며, 정식의 이사가 임명된 때에는 그 권한은 당연히 소멸된다. 그러나 임시이사도 그 때까지는 역시 법인의 대표기관이다. 따라서 임시이사가 적법한 절차에 따라 행한 정관의 변경은 유효하다.[30]

[308] (2) **특별대리인** 특별대리인은 법인과 이사와의 이익이 상반하는 사항에 관하여 법원이 선임한 임시적 기관이다(64조). 선임을 청구할 수 있는 자는 임시이사와 마찬가지로 이해관계인 또는 검사이다.

(가) 대표에 관해서는 대리에 관한 규정이 적용되므로, 제124조에 의하여 법인과 대표자 간의 거래(자기계약 · 쌍방대리 등)가 금지된다. 그런데 제64조는 더 나아가 「법인과 이사의 이익이 상반하는 사항」에 관해서는 대표권이 없다고 규정한다. 그러나 대리는 이익과는 무관한 제도이다. 즉 대리는 본인의 행위를 대신해서 행할 수 있는 형식적 지위로서, 대리행위가 실제로 본인에게 이익이 되느냐 하는 점은 대리적 효과의 발생에 영향을 주지 않는다(즉 대리행위가 대리권의 범위에 속하는 한, 그것이 대리인 자신의 이익을 도모하기 위한 것이더라도 대리적 효과가 발생한다). 제124조가 대리행위가 본인과 대리인 간에 이해가 상반되는 사항에 관한 것이냐 하는 실질적 기준에서가 아니라 대리행위가 본인과 대리인 간의 행위이냐 하는 형식적 기준에 의하여 자기계약을 금지하는 것, 달리 말하면 자기계약인 한 그것이 본인에게 실제적으로 이익이 되는지 여부를 불문하고 금지하는 것은 그러한 이유 때문이다([719] 이하 참조). 그럼에도 다시 실질적 개념인 이익상반을 기준으로 대표권을 제한하는 것은 대리의 본질과 맞지 않는다. 이런 점에서 입법론으로서 이 규정의 타당성은 의문이다. 이러한 문제점은 제921조에서와 동일하지만([163] 이하 참조), 양자의 의미는 크게 다르다. 즉 제921조는 특히 미성년 자녀의 이익을 위하여 거래의 안전을 희생시키는 것이므로 민법의 일반적 가치판단과 부합하고 또 거래안전이 희생되는 경우는 극히 제한적이므로 실제적으로 부당성이 약하지만, 제64

29) 본조에서의 이해관계인이란 임시이사가 선임되는 것에 관하여 법률상의 이해관계가 있는 자를 말하며, 이에는 이사 · 사원 · 채권자 등을 포함하며, 따라서 그 법인의 최후 이사였다가 퇴임한 자도 이에 해당한다(대판 1976. 12. 10. 76마394[집 24-3, 민 375]).

30) 대판 1963. 12. 12. 63다449[집 11-2, 민 285].

조는 만약 이를 문언대로 해석하게 되면 법인의 이익을 거래의 안전에 우선시키는 것이 되어 법의 일반적 가치판단과 맞지 않을 뿐만 아니라 이의 실제적 부당성은 매우 크다. 이런 점에서 본조에서의 「법인과 이사의 이익이 상반하는 사항」을 단순히 법인과 이사 간의 행위(자기계약)를 뜻하는 것으로 해석하는 것이 타당할 것이다. 참고로 독일민법에서의 특별대리인을 보면, 이는 「일정한 사항」에 관하여 이사회(독일민법에서는 「이사」가 아니라 「이사회」가 대표권을 가진다(동법 26조))와는 별도로 대표권을 가지는 자이고, 이러한 특별대리인은 정관에 의해서 정해진다(동법 30조 참조. 즉 독일에서의 특별대리인은 이해상반과는 전혀 무관하며, 통상의 대표자와는 별도로 정관에 의하여 일정한 사항에 관해서만 대표권을 가지는 자이다).

(나) 수인의 이사가 있고 그 일부 이사가 법인과 거래하는 경우에는, 다른 이사가 법인을 대표하면 되므로 특별대리인을 선임할 필요가 없다.

(다) 특별 「대리인」이라고 하지만, 역시 법인의 대표기관이다. 다만 그 권한은 당해의 사항에 한정된다.

(3) 직무대행자 그외에 이사가 그 직무집행을 정지당함으로써 사실상 직무를 행할 수 없는 경우에 이해관계인의 신청에 의하여 법원이 가처분의 형식으로 이사의 직무를 대행하도록 선임된 자를 직무대행자라고 한다.[31] 직무대행자는 이사의 직무를 대행하지만, 대표자가 아니다. 그의 권한은 제60조의2가 규정한다. [309]

6. 이 사 회 [310]

(1) 이사가 수인 있는 경우에는 전술한 바와 같이, 정관에 다른 규정이 없으면 법인의 사무집행은 이사의 과반수로써 결정한다(58조 2항). 여기서 법인의 업무집행에 관한 의사를 결정하기 위하여 이사 전원으로 구성되는 기구를 이사회라고 한다. 법인에는 이러한 이사회를 두는 것이 보통이다. 다만 민법에서는 이사회는 당연한 법인의 기관이 아니다. 주식회사에서는 이사회가 상설의 필요기관이다(상법 390조 이하 참조).

(2) 그러나 정관에서 이사회가 일정한 사항에 관하여 의결하도록 한 때에는, 이사회는 하나의 기관으로서 그러한 사항에 관하여 의결권을 가진다(즉 일정 사항에 관한 의결기관이 된다). 그러한 예는 재단법인(특히 학교법인)에서 많이 나타난다. 이러한 경우에 이사회의 소집과 결의 및 의사록의 작성 등에 관해서는, 정관에 특별한 규정이 없는 한 사원총회에 관한 규정(71조~76조)을 준용함이 타당할 것이다. 따라서 임시이사회를 개최함에 있어서 정관에 정한 소집절차를 밟지 아니한 경우에는, 그 이사회에서의 결의는 효력이 없다.[32]

---

31) 대판 1961. 11. 16. 4293민재항431[집 9, 민 76].

32) 대결 1968. 12. 9. 68마1083(설사 그 이사회에서 출석한 이사들의 만장일치로 결의되었고 불출석한 이사가 반대의 표결을 하였더라도 이사회의 결의에 영향이 없었다 하더라도, 이사회의 결의는 당연히 무효라고 한다); 대판 1987. 3. 24. 85누973(이것도 전자의 판례와 유사하게 판시함); 대판 1992. 7. 24. 92다749; 대판 2000. 2. 11. 99두2949(이는 이사회가 정당한 소집권자에 의하여 소집

[311] ## Ⅲ. 사원총회

1. 총 설

(1) 의 의 사원총회는 사단법인을 구성하는 사원의 전원으로 구성되는 의사결정기관이며, 정관의 변경 · 법인의 해산 등을 비롯하여 사단법인에 관한 모든 근본적 의사를 결정하는 기관이라는 데서 최고의 의결기관이라고 한다.

사원총회는 사단법인에서의 필요기관이다. 재단법인에는 사원이 없으므로 사원총회가 있을 수 없다.

(2) 총회의 종류 사원총회에는 「통상총회」와 「임시총회」의 두 가지가 있다.

(가) 통상총회 이는 매년 일정한 시기에 소집되는 사원총회이다. 이사는 매년 1회 이상 통상총회를 소집하여야 한다(69조). 그 시기는 정관에 규정되는 경우가 많은데, 정관에 규정이 없으면 총회에서 결정할 수 있으며, 총회도 결정하지 않은 경우에는 이사가 임의로 결정할 수 있다.

(나) 임시총회 이는 비정규적으로 열리는 총회이다.

(a) 이는 ① 이사가 필요하다고 인정한 때(70조 1항), ② 감사가 필요하다고 인정한 때(67조 1호), ③ 총사원의 5분의 1 이상으로부터 회의의 목적사항을 제시하여 청구한 때(70조 2항)의 세 가지 경우에 소집된다.

(b) 이 중 마지막인 사원의 총회소집 청구에서 5분의 1이라는 정수는 정관으로 증감할 수 있으나, 사원으로부터 전혀 이 권리를 박탈할 수는 없다(70조 2항 단서는 「이 '정수'는 정관으로 증감할 수 있다」고 규정함으로써, 이러한 권리 자체를 박탈할 수는 없음을 간접적으로 표현한다). 사원으로 하여금 총회의 구성원인 실을 거두게 하기 위한 불가결의 권리이기 때문이다. 이것을 「소수사원권」이라고 한다.

사원의 소집청구가 있음에도 불구하고 2주간 내에 이사가 소집절차를 밟지 아니한 때에는, 그 청구를 한 사원이 법원의 허가를 얻어서 스스로 소집할 수 있다(70조 3항).

[312] ### 2. 총회의 권한

사원총회는 사단법인의 최고의 의사결정기관이므로, 정관으로 이사 기타의 임원에 위임한 것을 제외하고는 법인의 모든 사항에 관하여 결의할 권한을 가진다(68조). 총회는 의결기관일 따름이므로 외부에 대하여 법인을 대표할 권한은 없다. 총회의 권한과 관련해서 문제되는 점을 살펴 보면,

(1) 전권사항 정관변경(42조)과 임의해산(77조 2항)은 반드시 총회의 결의에 의해야

된 것이 아닌 경우임).

한다. 정관에 의해서도 총회의 이 권한을 박탈할 수 없다(이사회 또는 평의원회의 결의 내지 회장의 의사에 의하여 이러한 것을 할 수 있다고 정관에 정하여도 이것은 무효이다). 이를 사원총회의 專權事項이라고 한다.

(2) 고 유 권　　총회의 권한으로서 가장 문제가 되는 것은, 총회는 어떠한 범위까지 각 사원에게 불이익을 강요할 수 있느냐 하는 것이다. 사단은 그 구성원에 대하여 다소간에 이를 강제할 힘을 가지는 것을 본질로 한다. 총회는 다수결에 의하여 활동하는 것이며, 소수파는 이에 복종해야 하는 것도 그 본질이라고 할 수 있다. 그리고 사단에 입사하는 것은 그 강제를 받을 것을 認容한 것이라고 하지 않으면 안 된다. 그러나 그렇다고 하더라도 사단의 강제력에는 일정한 한계가 있다고 하지 않으면 안 된다. 다수결원리에도 한계가 있기 때문이다. 즉 예컨대 다수결에 의하더라도 임시총회 소집청구권과 같은 소수사원권을 전적으로 박탈하는 결의는 허용되지 않는다. 또 일부 사원의 의결권을 빼앗거나 또는 결의의 기회를 잃게 하는 결의도 허용되지 않는다. 요컨대 각 사원은 그의 동의 없이는 총회의 결의로도 빼앗기지 않는 권리를 가진다. 이것을 「固有權」이라고 한다. 독일민법은 사원의 고유권은 동의 없이는 빼앗을 수 없다고 규정한다(동법 35조). 우리 민법에는 그와 같은 규정은 없으나, 사단의 본질상 그와 같이 해석하여야 한다. 그러나 고유권이 무엇이냐는 중요하고도 곤란한 문제이다. 이는 특히 법인이 영리법인이냐 여부에 따라서 크게 차이가 있는데, 비영리법인에서는 위의 예에서와 같이 총회를 통하여 사단의 운영에 참여하는 권리는 모든 사원에 공통한 고유권에 속할 것이다. 그 이외에 어떠한 권리가 고유권에 속한다고 할지는 사단의 목적, 가입 · 탈퇴의 難易, 그 제한이 가입할 때의 정관의 규정에 의한 것이냐 아니면 그 후에 다수결로 변경된 규정에 의한 것이냐 여부 등 여러 가지 점을 고려해서 결정해야 할 것이다(고유권의 문제는 회사에서 이른바 다수파의 횡포로서 나타나는 것이므로, 상세는 상법학의 연구에 맡긴다).

3. 총회의 결의 [313]

(1) 총회의 성립　　총회의 결의가 행해지기 위해서는 먼저 총회가 성립해야 한다. 이를 위해서는,

(가) 총회가 적법한 절차에 의하여 소집되어야 한다.[33] 총회를 소집함에는 적어도 기일의 「1주간 전에 그 회의의 목적사항을 기재한 통지를 발하고 기타 정관에 정한 방법에 의하여야 한다」(71조).

ⓐ 법문상 1주간 전에 통지를 발송하면 충분하다.[34]

---

33) 대판 1968. 12. 9, 68마1083[집 16-3, 민 282](적법한 소집절차 없이 임시이사회를 개최한 경우, 그 결의는 당연히 무효이다).

34) 대판 1999. 6. 25. 99다10363은 2인의 공동대표자가 있는 사단에서 그 중 1인이 총회를 소집하였으

(b) 회의의 목적사항을 기재한 통지를 발한다는 것은, 이른바 의사일정을 기재한 통지를 발하면 되는 것이고, 찬부를 결정할 자료까지 통지할 필요는 없다. 심의사항으로서 「기타」라고 기재된 경우에 어떠한 사항까지 포함하느냐는, 의제로서 구체적으로 제시된 사항과의 관련 · 그 사항의 경중 · 그 법인의 관행 등을 고려하여 결정해야 할 것이다.[35)]

(c) 통지의 방법은 전원에의 통지, 신문의 광고, 기관잡지에의 기재 등과 같이 정관에 정해진 경우가 많다. 정관에 아무런 규정이 없는 경우에는, 사원에게 알릴 수 있는 적당한 방법을 이사가 택해야 할 것이다.

(나) 총회에 일정한 수의 사원이 참석해야 한다. 총회성립에 필요한 출석수를 議事定足數라고 한다. 의사정족수에 관하여 민법 또는 정관에 특별한 규정이 있으면 그것에 의한다(42조(정관변경), 78조(해산결의) 등이 규정하는 것은 의사정족수가 아니라 의결정족수이나, 그러한 정족수가 충족되지 않으면 그러한 결의가 이루어질 수 없으므로, 이는 동시에 의사정족수도 규정한다고 할 수 있다). 그러면 그러한 규정이 없으면 어떠한가? 다수설은 총회의 결의에 관한 제75조 1항은 의결정족수를 정한 것이지 의사정족수를 정한 것은 아니라고 하면서, 2인 이상의 사원의 출석으로 총회가 성립한다고 한다.[36)] 그러나 총회가 성립한다는 의미를 목적사항을 논의하기 위한 모임이 열렸다는 것으로 이해한다면, 적어도 결의를 위한 전제인 「사원 과반수의 출석」이 있어야 총회가 성립한다고 하는 것이 타당하지 않을까?

제74조의 규정에 의하여 결의권을 가지지 않는 사원도 총회에 참석할 권한은 있으므로,[37)] 의사정족수에는 포함된다고 할 것이다.

[314] **(2) 결 의** 각 사원에게 결의에 참가할 기회가 부여되고 또 결의에 참가해야 한다.

(가) 결 의 권 각 사원은 원칙적으로 평등한 결의권을 가진다(73조 1항).[38)] 이 점은 자본단체인 주식회사에서 주식 1개에 대하여 의결권 1표로 하는 것(상법 396조)과 현저하게 다른 것이다(농업협동조합법은 조합원의 결의권을 그의 출자좌수와 관계없이 1인 1표로 하는 바(동법 28조, 127조 등 참조), 이는 위 조합이 자본단체가 아닌 성격을 나타내는 것이다).

(a) 결의권 평등의 원칙은 정관으로 변경할 수 있다(73조 3항). 그러나 일부사원으로부터

며, 또한 정관에서 정한 총회소집통지보다 2일 늦게 통지하여 성립한 총회에서 행한 결의는 유효라고 하였다.

35) 대판 1996. 10. 25. 95다56866은, 재건축조합의 조합장이 '경과보고, 조합장 선임, 기타 사항'을 목적으로 하는 임시총회의 소집통지를 하였는데, 임시총회에서 조합장 이외의 임원(이사 및 감사)을 선출한 경우에 관하여, 「기타 사항이란 회의의 기본적인 목적사항과 관계가 되는 사항과 일상적인 운영을 위하여 필요한 사항에 국한된다」고 하여 위 선출행위는 무효라고 하였다.

36) 곽윤직, 268면; 김용한, 191면; 김현태, 194면; 이영준, 968면.

37) 최기원, 주해민법 I, 729면.

38) 재단법인의 의결기관인 이사의 표결권은 이를 위임 또는 포기할 수 없는 인격권이다(대판 1957. 3. 22. 4290행상9[요지 제58조, 1]).

결의권을 아주 빼앗는 것은 허용되지 않는다. 결의권은 사원의 고유권이기 때문이다.

(b) 다만 사단법인과 어느 사원과의 관계사항을 의결하는 경우에는, 그 사원은 결의권이 없다(74조. 그러나 임원선거 등에 있어서 自選 투표는 유효하다고 해석된다).

(나) **결의사항** 결의할 수 있는 사항은, 정관에 다른 규정이 없는 한 그 소집을 할 때 미리 통지한 사항에 한한다(72조).

(다) **결의권의 행사방법** 사원은 서면이나 대리인으로 결의권을 행사할 수 있다. 그러나 정관으로 달리 규정할 수 있다(73조 2항 · 3항).

(라) **결의방법** 민법은 정관변경과 해산에 관한 결의방법에 관하여 특별규정을 두었으나(42조, 78조), 이러한 특별규정이 없는 때에는 정관에 다른 규정이 없는 한 사원 과반수의 출석과 출석사원의 의결권의 과반수로써 의결한다(75조 1항). 출석사원수를 계산함에 있어서는 서면 또는 대리인으로써 결의권을 행사하는 사원은 출석한 것으로 본다(75조 2항).

(마) 총회의 의사에 관하여는 의사록을 작성하여, 이것을 주사무소에 비치하여야 한다(76조).

결의의 법률적 성질은 다면적 법률행위의 하나라고 할 것이다([443] 참조).[39] 상법은 주주총회의 결의에 하자가 있는 경우에 관하여 결의취소의 소(상법 376조), 결의무효확인의 소(상법 380조), 결의의 취소 · 변경의 소(상법 381조)를 규정하고 있다.

4. 사 원 권 [315]

(1) 사원 자신은 기관이 아니다. 그러나 사원은 사단법인의 존립의 기초를 이루고, 최고의 기관인 총회를 구성하는 자이다. 그리고 그 지위에는 여러 가지 권능(또는 권리)과 의무가 수반된다. 권능은 이른바 共益權과 自益權으로 대별된다. 공익권은 사단의 관리 · 운영에 참여하는 것을 내용으로 하는 것이며, 결의권 · 소수사원권 · 업무집행권 · 감독권 등이 이에 속한다. 자익권은 사원 자신의 이익의 향수를 내용으로 하는 것이며, 영리법인에서는 이익배당청구권 · 잔여재산분배청구권 등으로, 비영리법인에서는 사단의 설비를 이용하는 권리 등으로 나타난다. 또 의무로서는 회비납부의무가 그 주요한 것이다.

(2) 위와 같은 사원으로서 가지는 권리와 의무의 총체를 「사원권」(Mitgliederschaft)이라고 부르는 것이 보통이다. 그러나 그 개념의 구성은 학자에 따라서 같지 않다. 사원권이라는 개념 자체를 부인하는 견해, 사원권을 사원이 가지는 권리 · 의무의 단순한 집합물로 이해하는 견해, 이들 권리 · 의무를 포괄하는 하나의 단일한 권리로 이해하는

39) 대판 2000. 11. 24. 99다12437은 정관을 자치법규로 봄으로써, 사원총회의 결의라는 방법으로 행해진 정관의 해석은 구속력이 없다고 한다(이의 사안은 전술하였음([12]의 주 2).

견해 등이 있으나, 그보다는 사원인 지위, 즉 사원이 사단에 대하여 가지는 권리의무의 기초가 되는 법적 지위라고 이해하는 것이 타당할 것이다. 이에 의하면 사원권은 재산권 · 가족권(친족권) 또는 인격권의 어느 것에도 속하지 않는 전혀 특수한 권리이다.[40)]

(3) 사원권의 내용은 각종의 법인에 따라서 매우 다르다. 영리법인 중의 합명회사에서는 사원의 공동사업이라는 실질이 현실에서도 관철되어 있으므로, 공익권 · 자익권이 모두 현저하게 나타나지만, 주식회사에서는 주주는 회사의 사업 수행에는 극히 냉담하며 다만 이익배당을 내용으로 하는 재산(주식)을 소유하는 것처럼 생각하는 경향이 강하므로, 공익권은 실제상의 의의가 적고 자익권만이 강하게 나타난다. 이와 달리 비영리법인에서는 자익권의 관념은 약하고, 특히 순수한 공익법인에서는 자익권은 거의 의의를 가지지 않는다.

이와 같이 사원권의 내용이 여러 가지인 데에서부터 그 이전성의 유무에 차이가 생긴다. 공익권이 중요한 내용을 이루는 것에서는 상속 · 양도가 인정되지 않는 경우가 많다. 합명회사는 그 좋은 예이다(상법 197조 참조). 비영리법인도 원칙적으로 그렇다고 할 것이다. 그리하여 민법은 「사단법인의 사원의 지위는 양도 또는 상속할 수 없다」고 규정한다(56조). 그러나 이는 강행규정은 아니다.[41)] 이에 반하여 자익권이 주요한 내용을 이루는 것에서는 상속 · 양도를 허용한다. 주식회사에서의 주주의 지위가 그 좋은 예이다(상법 335조 참조). 특히 주주의 지위는 株券에 化體되어 가장 민활한 거래의 객체로 된다.

[316] Ⅳ. 감　　사

1. 의의와 임면

監事는 정관 또는 사원총회의 결의로 둘 수 있는 임의기관으로서(66조), 법인의 감독기관이다. 그 자격, 선임방법 · 선임행위의 성질, 해임 · 퇴임 등은 이사의 경우와 같다([294] 참조). 그러나 감사의 성명 · 주소는 등기사항이 아니다. 그것은, 감사는 이사와는 달리 외부에 대하여 법인을 대표하는 기관이 아니므로 제3자의 이해에 영향을 미칠 염려가 없기 때문이다.

---

40) 대판 1994. 5. 10. 93다21750은, 사원이 사단의 사업내용에 대하여 조직적인 반대운동을 벌였음을 이유로 한 제명처분은 무효라고 한다. 또 대판 2004. 11. 12. 2003다69942은, 단체의 임원들에 대한 명예훼손이 그 단체의 명예나 신용을 손상시켰고 그것이 정관상 제명사유에 해당하더라도, 이를 이유로 한 제명처분은 부당하다고 한다.

41) 대판 1997. 9. 26. 95다6205는, 1921년에 일정 지역에 거주하던 주민 47명이 주위의 산을 대부받아 여기에 조림사업을 시행하여 성공함으로써 국가로부터 위 임야를 양여받았는데, 1977년에 이르러 그 후손들이 송계를 조직하고 정관을 작성한 경우에 관하여, 사원의 지위는 규약이나 관행에 의해서 상속될 수 있고, 위 공동체(사단)는 이미 일정 시대부터 실체가 존재하였던 것이라고 하였다.

2. 직무권한 [317]

(1) 감사의 직무권한은 법인의 내부에서 이사의 사무집행을 감독하는 것이며, 외부에 대하여 법인을 대표할 권한은 없다. 법인에 대하여 그 직무를 충실히 수행해야 할 의무를 지는 것은 이사와 마찬가지이다([293] 참조). 감사가 수인이 있는 경우에도 감독기관의 성질상 각자 감독권한을 행사한다.

(2) 민법이 열거한 감사의 직무는 다음과 같다(67조). 그러나 감사의 직책을 다하기 위하여 필요한 때에는 그 이외의 행위도 할 수 있다고 할 것이다.

(i) 법인의 재산상황을 監査하는 일

(ii) 이사의 업무집행 상황을 감사하는 일 　　단지 이사의 부정행위를 단속할 뿐 아니라 부적당한 행위도 감독할 의무가 있다.

(iii) 재산상황 또는 업무집행에 관하여 부정 또는 불비한 일을 발견한 때에는 이를 총회 또는 주무관청에 보고하는 일

(iv) 앞에서 말한 일을 보고하기 위하여 필요한 때에는 총회를 소집하는 일

제7관 정관의 변경

I. 서 설 [318]

1. 정관의 변경이란 법인이 그의 동일성을 유지하면서 그 조직을 변경하는 것이다.

2. 정관은 법인의 목적과 조직 등 법인의 근본규칙을 정하는 것이고, 법인은 이러한 정관을 기초로 하여 성립하고 활동한다. 그러면 법인이 성립한 후에 이러한 정관을 변경할 수 있다고 할 것인가? 이는 법인의 종류에 따라 다르다.

사단법인은 인적 결합을 본체로 하는 것으로서, 그 조직이나 활동은 모두 구성원의 자주적 의사결정에 의한다. 따라서 사단법인에서는 근본규칙인 정관을 자주적으로 변경할 수 있고, 정관이 변경되더라도 법인의 동일성은 유지된다. 즉 자율적 탄력성을 가지는 사단법인에서는 원칙적으로 정관을 변경할 수 있다. 이에 반하여 재단법인은 설립자가 결정한 근본규칙에 따라서 운영되는 타율적 조직이며, 법인의 조직이나 활동을 자율적으로 결정하는 기관을 가지지 않는다. 따라서 재단법인에서는 원칙적으로 정관을 변경할 수 없다고 해야 할 것이다. 그러나 정관의 변경을 전혀 인정하지 않는다면 재단법인에게 사회적 실정에 알맞는 활동을 기대할 수 없게 된다. 이런 점을 고려하여 민법은 일정한 제약 하에 정관의 변경을 인정하고 있다.

[319] ## Ⅱ. 사단법인의 경우

1. 요건 등

(1) 사원총회의 결의 정관의 변경은 총회의 전권사항이다([312]). 정관변경을 위한 결의에는 사원의 3분의 2 이상의 동의가 있어야 한다(42조 1항). 다만 이 정수는 정관으로 달리 정할 수 있다(42조 1항 단서). 정관변경은 총회의 전권사항이므로 여기에서의 「다른 규정」은 「정수」만에 관한 것이다.

(2) 주무관청의 허가 주무관청의 허가를 필요로 하는 것은 설립시에 허가를 필요로 하는 것에 대응하는 것이다(42조 2항).

(3) 효력발생시기 사원총회의 결의와 주무관청의 허가가 있으면 정관변경의 효력이 발생한다. 다만 변경사항이 등기사항인 경우에는(49조 2항), 그 변경을 등기하지 않으면 정관의 변경을 가지고 제3자에게 대항하지 못한다(54조).

[320] ### 2. 문 제 점

(1) 변경금지규정 정관에 그 정관을 변경할 수 없다고 하는 규정이 있는 경우에도 그 정관을 변경할 수 있느냐? 사단법인의 본질상 그 경우에도 변경을 할 수 있고, 다만 그 절차로서 전 사원의 동의를 요한다고 해석하는 것이 정당할 것이다(통설). 그렇게 해석하지 않으면 時勢의 변천에 따라서 자주적 활동을 하는 사단의 특질이 상실되기 때문이다.

(2) 목적의 변경 법인의 목적도 변경할 수 있느냐? 사단법인의 목적의 변경에는 전 사원의 동의를 요한다고 규정하는 입법례도 있다(독일민법이 그 예이다(동법 33조 참조)). 그러나 그러한 규정이 없는 우리 민법에서는 목적 역시 정관의 다른 사항과 마찬가지의 절차로 변경할 수 있다고 해석하는 것이 타당할 것이다(통설). 다만 불찬성인 사원은 언제나 퇴사할 권리를 가진다고 해야 한다. 사원은 일정한 목적을 예정하여 사원으로 된 것이기 때문이다.

[321] ## Ⅲ. 재단법인의 경우

1. 변경의 태양

재단법인에서의 정관변경은 그 사유와 범위에 따라 다음과 같이 나누어진다.

(1) 설립자가 정관에서 그 변경방법을 정하고 있는 경우(45조 1항). 이때에는 변경의 요건도 정관에 정해진 바에 의한다. 다만 이때의 정관변경은 단순히 정관내용의 실행에

지나지 않는다고 할 수 있다.

(2) 사소한 사항의 변경(45조 2항). 즉 정관에 그 변경방법이 규정되어 있지 않더라도, 「재단법인의 목적달성 또는 재산의 보전을 위하여 적당한 때」에는, 명칭이나 사무소의 소재지와 같은 법인의 본질에 관계가 적은 사항은 이를 변경할 수 있다.

(3) 중요사항의 변경(46조). 즉 「재단법인의 목적을 달성할 수 없는 때」에는 일정한 제약 하에 목적 기타의 정관의 규정을 변경할 수 있다. 이는 항을 나누어 설명한다.

2. 중요사항의 변경 [322]

(1) 원래 재단법인의 목적달성이 불능하게 된 때에는 해산하는 것이 마땅하겠으나, 그보다는 정관을 변경시켜서라도 존속시키는 것이 사회적으로 유리하고 설립자의 의사에도 맞는 경우가 있을 것이다. 민법은 이런 점에서 목적 등 중요사항도 변경할 수 있도록 하였다.

(2) 요　　건

(가) 목적의 달성이 불능하게 되었어야 한다.

(나) 변경을 할 수 있는 자는 설립자 또는 이사이다. 사원이 없으므로 사원총회의 결의로써 할 수는 없고, 설립자 또는 그 관리책임자인 이사가 하는 것이다.

(다) 주무관청의 허가를 얻어야 한다. 이는 정관변경의 경우에 일반적으로 필요한 것이므로, 목적과 같은 사항을 변경하는 데 이를 얻어야 하는 것은 당연하다. 그럼에도 제46조가 주무관청의 허가를 규정한 것은, 허가 여부를 심사함에 있어서 다음에 말하는 「설립의 취지를 참작」해야 한다는 점을 말하기 위해서이다. 판례는 여기에서의 허가는 법률행위의 효력을 보충해 주는 것이지 일반적 금지를 해제하는 것이 아니므로, 그 법적 성격은 인가라고 한다.[1)]

(라) 설립의 취지를 참작해서 변경해야 한다. 그러므로 목적의 변경은 반드시 유사한 것으로만 할 수 있는 것은 아니지만,[2)] 설립의 취지에 어긋나서는 안 된다.

(마) 변경할 수 있는 정관의 규정은, 목적에 관한 규정을 비롯하여 변경이 필요한 모든 규정이다.

(3) 효력발생　　정관변경의 효력은 허가시에 생긴다. 변경된 사항이 등기사항이면, 등기하여야 이를 제3자에게 대항할 수 있다(54조).

---

1) 대판(전) 1996. 5. 16. 95누4810.

2) 동지: 곽윤직, 236면. 반대: 김기선 157면.

[323] ### 3. 기본재산의 처분

본래 재단법인은 일정한 목적에 바쳐진 재산을 실체로 하여 그에 대하여 법인격이 부여된 것이므로, 만약 기본재산을 처분한다면 재단법인의 실체가 없어지고 재단법인은 그의 목적을 더 이상 수행할 수 없게 될 것이다. 따라서 과연 기본재산의 처분이 가능한가 하는 점이 문제된다.

민법은 이에 관하여 특별한 규정을 두고 있지 않다. 생각건대 재단법인이 사회경제적 실정에 맞는 활동을 기대하기 어려운 경우를 고려하여 재단법인의 목적의 변경까지 허용하는 법의 취지에서 볼 때, 기본재산의 처분 역시 가능하다 할 것이다. 다만 기본재산의 처분은 정관의 변경을 가져오므로, 당연히 주무관청의 허가를 받아야 한다. 그러므로 주무관청의 허가가 없으면 그 처분행위는 무효이다.[3] 판례는 허가없이 경매가 행해진 경우에도 마찬가지라고 한다.[4] 그리고 기본재산을 감소시키는 경우뿐만 아니라 이를 증가시키는 경우에도 정관의 변경을 초래하므로 주무관청의 허가를 받아야 한다고 한다.[5] 그 외에 어떤 부동산이 재단법인에게 명의신탁되어 기본재산에 편입되었더라도 명의신탁자는 관할청의 허가 없이는 명의신탁 해지를 원인으로 하는 소유권이전등기를 청구할 수 없다고 한다.[6]

제 8 관 법인의 소멸

[324] ### Ⅰ. 서 설

법인의 소멸이란 법인이 권리능력을 상실하는 것이다.

1. 법인이 존속할 수 없는 사정(해산사유)이 생긴 경우에는 법인은 소멸하게 된다. 그런데 법인에는 자연인의 사망의 경우와 같이 상속이라는 것이 없으므로, 그러한 사정이 생기더라도 그것만으로 법인이 소멸(권리능력의 상실)한다고 할 수는 없고, 법인의 재

---

3) 대판 1966. 11. 29. 66다1668[집 14-3, 민 251]; 대판 1974. 6. 11. 73다1975. 대판 1965. 1. 19. 64다747은, 기본재산의 처분에 대한 허가는 단지 그에 관한 이사의 대표권제한이 아니고 효력발생요건이라고 한다.

4) 대판 1965. 5. 18. 65다114[집 13-1, 민 137](「재단법인의 기본재산에 대하여 강제집행을 실시함에 있어서 주무관청의 허가를 받지 않은 경우에는 그 재산이 경락된 경우에도 그 효력이 없다」).

5) 대판 1969. 7. 22. 67다568; 대판 1982. 9. 28. 82다카499.

6) 대판 1991. 5. 28. 90다8558(교회가 교인의 헌금으로 매수한 토지를 목사의 명의로 이전등기하였다가 이를 담보로 금전을 대출받기 위하여 재단법인 앞으로 이전등기하였는데, 명의신탁을 해지하고 이전등기를 청구한 경우); 대판 1995. 5. 9. 93다62478(학교법인의 경우). 다만 이러한 경우에는 관할청은 허가를 거부할 수 없다고 한다(대판 1997. 12. 26. 97누14538).

산관계를 정리하여 더이상 아무 권리의무도 가지지 않게 된 때 소멸한다고 해야 한다.[1] 왜냐하면 그렇게 하지 않으면 법인의 권리의무가 아직 남아 있음에도 이를 귀속시킬 주체가 존재하지 않는 모순이 생기게 되기 때문이다.

2. 그러므로 법인의 소멸은 자연인의 사망과 같이 어떤 순간에 이루어지는 것이 아니고, 일정한 절차 — 해산 및 청산 — 를 거쳐 단계적으로 행해진다. 즉 법인이 존속할 수 없는 사정이 생기면 적극적 활동을 정지하고, 다음으로 재산을 정리해야 한다. 전자를 해산이라고 하고, 후자를 청산이라고 한다. 그리고 청산절차가 종료된 때 비로소 법인이 소멸한다.

Ⅱ. 해 산 [325]

1. 의 의

해산이란 법인에게 존속할 수 없는 사정이 생겨 그의 본래의 목적수행을 위한 적극적 활동을 정지하고 청산절차에 들어가는 것이다. 해산으로 법인의 권리능력이 곧 전적으로 소멸하는 것이 아니라, 청산에 필요한 한도로 제한될 뿐이다. 그러한 법인을 청산법인이라고 한다.

2. 해산사유 [326]

법인이 존속할 수 없는 사정을 해산사유라고 한다. 해산사유는 다음과 같다.

(1) 사단법인 · 재단법인에 공통한 것(77조 1항)

(가) 정관상의 해산사유 발생 정관에서 법인의 존립기간을 정한 때에는 법인은 그 기간이 도래함으로써 해산한다. 또 해산사유를 정한 때에는 그러한 사유가 발생하면 해산한다. 사단법인에서 법인의 존립기간이나 해산사유를 정한 때에는 이는 정관의 필요적 기재사항이다(40조 7호). 재단법인에서는 임의적 기재사항이다(43조 참조).

(나) 목적의 달성 또는 달성불능 법인은 일정한 목적을 달성하기 위하여 존재하고 활동하는 것이므로, 만약 목적을 달성하였다면 더 이상 존속할 필요가 없다. 목적달성이 확정적으로 불가능해진 때에도 마찬가지이다. 따라서 이러한 점도 해산사유가 된다. 목적을 달성(성공)했느냐 또는 달성불능이냐는 사회관념에 따라서 결정한다.

(다) 파 산 법인이 채무를 완제할 수 없는 상태, 즉 채무초과(소극재산이 적극재산보다 많은 것)가 된 때에는, 이사는 지체없이 파산을 신청하여야 한다(79조. 채무자회생 및 파산에 관한 법률(이하 통합도산법이라 칭한다) 294조는 채권자도 파산

---

1) 대판 1969. 4. 15. 68다1745[요지 제81조 4](설사 어업조합의 조합원이 한 사람도 없게 되었더라도 동 조합에 귀속된 재산관계가 청산된 흔적이 없는 이상 그 재산관계가 정리될 때까지 동 조합은 존속한다).

을 신청할 수 있도록 한다). 법인의 파산원인은 단순한 채무초과로써 족하며(통합도산법 306조 참조), 자연인에서와 같이 지급불능이어야 하는 것은 아니다(동법 305조 참조). 유형 · 무형의 재산, 노무 및 신용의 3자로 구성되는 변제력에 의해서도 지급할 수 없는 상태가 지급불능이며, 단순히 소극재산이 적극재산을 초과하는 채무초과만으로 곧 지급불능으로 되는 것은 아니다. 채무초과를 법인의 파산원인으로 하는 것은 법인의 자력은 재산의 총화에 그치는 것이 보통이고, 채무초과의 법인을 존속시키는 것은 제3자에게 손해를 미칠 염려가 있기 때문이다. 이사가 파산신청을 해태하면 과태료의 처분을 받는다(97조 6호).

(라) **설립허가의 취소** 법인이 목적 이외의 사업을 하거나, 설립허가의 조건에 위반하거나 기타 공익을 해하는 행위를 한 때에는, 주무관청은 설립허가를 취소할 수 있다(38조).[2] 여기에서의 취소원인의 초점은 공익을 해하는지 여부이므로, 목적 이외의 사업 혹은 조건위반이 공익을 해하지 않는 한 취소할 수 없다 할 것이다. 설립허가의 취소는 장래에 향하여 법인의 존재를 부인하는 것이다. 즉 그것은 소급효가 없다.

[327] (2) 사단법인에 특유한 것(77조 2항)

(가) **사원이 없게 된 때** 사원이 1명도 없게 된 경우를 말한다. 인적 결합을 본체로 하는 사단법인에서는 사원은 법인의 존립의 기초이므로, 이러한 해산사유는 사단법인의 성질상 당연한 것이다.

(나) **총회의 결의** 총회의 결의에 의한 해산을 「임의해산」이라고 하며, 이는 총회의 전권사항이다. 따라서 정관에서 총회로부터 이 권한을 빼앗거나 총회 이외의 다른 기관이 해산결의를 할 수 있는 것으로 하여도, 그러한 정관의 규정은 무효이다. 해산결의는 총사원 4분의 3 이상의 동의를 요하는 특별결의에 의한다. 그러나 이 정족수는 정관에서 다르게 규정할 수 있다(78조 단서는 42조 1항 단서 · 70조 2항 단서와는 달리, 정관에서 달리 정할 수 있는 것을 「정수」에 한정하지 않으나, 마찬가지로 해석해야 할 것이다). 제3자를 해할 염려가 있는 기한부 또는 조건부 해산결의는 할 수 없다.

Ⅲ. 청 산 [328]

1. 의 의

해산한 법인이 잔무를 처리하고 재산을 정리하는 것이 청산이고, 이와 같이 법인이 재산을 정리하여 완전히 소멸할 때까지의 절차가 청산절차이다. 그리고 법인이 해산하

---

2) 대판 1976. 7. 13. 75누254(교회의 목사가 기독교 교리에 전혀 없는 황당무계한 설교를 하여 신도들로부터 금품을 편취하는 등 종교적 활동에 빙자하여 불법행위를 한 경우). 그러나 법인의 일부 회원 사이에 회장선거 및 운영을 둘러싸고 불미한 일이 있었고, 징수한 회비의 대부분을 부당한 용도로 사용한 경우(대판 1982. 10. 26. 81누363), 감독관청에 제출할 서류를 기한보다 지연하여 제출한 경우(대판 1977. 8. 23. 76누145) 등은 본조의 취소사유가 되지 않는다.

여 재산을 정리하는 동안에도 법인으로서 존속한다(청산법인). 청산법인은 해산 전의 법인과 별개의 인격자가 아니라, 이전의 법인과 동일성을 가진다.

청산절차에는 두 가지가 있다. 그 하나는 파산으로 해산하는 경우이며, 이때에는 파산법이 정하는 절차에 따라 청산을 하게 된다. 다른 하나는 기타의 원인에 의한 해산이며, 이 경우에는 민법이 규정하는 청산절차에 의한다. 청산절차는 그 어느 것이나 모두 제3자의 이해관계에 중대한 영향을 미치기 때문에, 이에 관한 규정은 강행규정이다. 따라서 정관에서 다른 규정을 하고 있더라도, 그것은 효력이 없다.

2. 청산법인의 능력 [329]

「해산한 법인은 청산의 목적범위 내에서만 권리가 있고 의무를 부담한다」(81조). 제34조를 법인의 권리능력을 목적범위 내로 제한하는 규정이라고 해석하게 되면, 이 규정도 청산법인의 권리능력을 목적범위로 제한하는 것이라고 할 것이다. 판례는 이러한 입장이다.[3] 그러나 목적은 단지 이사의 의무를 부과할 뿐이라고 해석하게 되면([277] 참조), 청산법인도 해산 전과 동일한 권리능력을 가지고 다만 청산인의 대표자는 청산의 목적에 부합하는 행위만을 할 의무를 질 뿐이라고 하게 된다.

3. 청산법인의 기관 [330]

(1) 해산에 의하여 영향받는 기관은 이사뿐이다. 즉 해산 전의 이사는 해산과 더불어 당연히 그 직무권한을 잃고 청산인이 이에 대신하지만, 그 이외에는 법인의 기관에 변경이 없다. 즉 감사는 계속하여 청산인의 직무를 감독하고, 총회는 여전히 최고 의결기관인 지위를 잃지 않는다. 따라서 이하에서는 청산인에 관해서만 살핀다.

(2) 청 산 인

(가) 청산인은 청산법인에 있어서 마치 이사의 지위에 서는 기관이다. 즉 청산법인의 능력의 범위 내에서 청산법인의 사무를 집행하고 외부에 대하여 법인을 대표한다(87조 2항 참조). 따라서 이사가 수인인 경우의 사무집행의 결정방법(58조 2항), 이사의 대표권(59조), 그 대표권에 대한 제한의 대항요건(60조), 주의의무(61조), 대리인 선임(62조), 특별대리인의 선임(64조), 임무해태(65조), 총회의 소집(70조) 등에 관한 규정이 청산인에게도 준용된다(96조).

---

3) 대판 1980. 4. 8. 79다2036[집 28-1, 민 211]은, 재단법인이 소유 토지를 지방자치단체에 증여하기로 하였으나 아직 이전등기를 경료하지 않은 상태에서 해산하여 해산등기를 하였는데, 그 후 재단이 정관상의 규정과는 달리 위 토지를 타인에게 매각하고 이전등기를 경료한(그리고 그 이후 청산종결등기를 하였음) 사안에서, 청산의 목적이 권리능력을 제한한다는 입장에서 위 처분행위는 청산법인의 목적을 넘은 것으로서 무효라고 하면서, 위 정관규정을 대표권 제한이라고 보아 유효라고 한 원심을 파기하였다. 원심과 대법원의 판단은 청산의 목적이 권리능력을 제한하는 것이라고 할 것이냐 여부에 따른 법률효과의 차이를 잘 보여주는 것이다.

(나) 청산인이 되는 자는, (i) 정관 또는 총회의 결의로써 정한 자이지만(82조 단서), (ii) 이러한 자가 없는 때에는 원칙적으로 이사가 계속하여 청산인이 된다(82조 본문). (iii) 그러나 해산시에 이사도 없고 청산인이 될 자도 결정되지 아니한 때에는, 법원이 직권 또는 이해관계인이나 검사의 청구에 의하여 청산인을 선임할 수밖에 없다(83조).

청산인의 결원으로 손해가 생길 염려가 있을 때에는 법원은 직권 또는 이해관계인이나 검사의 청구에 의하여 청산인을 선임할 수 있다. 이것은 임시이사의 선임과 비슷하지만, 직권으로도 할 수 있는 점에서 법원의 권한이 한층 더 크다(63조, 83조, 비송법 118조).

(다) 청산인과 법인과의 법률관계 및 청산인의 임무종료의 사유 등도 대체로 이사의 경우와 마찬가지이지만, 중요한 사유가 있는 때에는 법원은 직권 또는 이해관계인이나 검사의 청구에 의하여 청산인을 해임할 수 있다(84조). 이것은 청산인에 특별한 규정으로서, 청산은 제3자에게 영향하는 바가 크기 때문에 법원의 감독권을 강화한 것이다.

[331] 4. 청산사무(청산인의 직무권한)

민법은 청산인의 직무로서 다음과 같은 것을 규정한다. 그러나 그의 직무권한은 여기에 열거된 것에 한하는 것은 아니다. 청산의 본질에서 보아 필요한 사항은 모두 그 직무권한으로 된다. 다음에 민법이 규정하는 것을 시간적 순서에 따라 설명한다.

(1) 해산의 등기와 신고　청산인은 그 취임 후 3개월 내에 해산의 사유 및 연·월·일, 청산인의 성명과 주소, 그리고 청산인의 대표권을 제한한 때에는 그 제한을 주된 사무소와 분사무소의 소재지에서 등기하고(85조 1항), 같은 사항을 주무관청에 신고하여야 한다(86조 1항). 청산 중에 해산등기사항에 변경이 생기면 3주간 내에 변경등기를 하여야 한다(85조 2항, 52조 참조). 그리고 청산 중에 취임한 청산인은 그 성명과 주소를 주무관청에 신고하여야 한다(86조 2항). 청산인이 이러한 등기를 해태하거나, 주무관청에 대하여 사실 아닌 신고를 하거나 사실을 은폐하면, 과태료의 처분을 받는다(97조 1호·4호). 파산에 의한 청산에 있어서는 등기는 법원이 직권으로 등기소에 촉탁하고(통합도산법 23조), 역시 법원이 주무관청에 통지하므로(통합도산법 314조), 청산인은 등기신청이나 신고를 할 필요가 없다.

(2) 현존사무의 종결(87조 1항 1호)　현재 진행 중인 사무를 완결시키는 것이다.

(3) 채권의 추심(87조 1항 2호)　변제기가 도래하지 않은 채권이나 조건부 채권과 같이 즉시로 추심할 수 없는 채권은 적당한 방법(양도 기타 환가처분 등)으로 환가하는 수밖에 없다(민집법 241조).

[332] (4) 채무의 변제(87조 2호)　절차의 신속한 종결과 제3자의 이익을 위하여 자세한 규정을 두고 있다.

(가) **채권신고의 독촉** (a) 청산인은 취임한 날로부터 2개월 내에 3회 이상의 공고로 일반 채권자에 대하여 일정한 기간 내에 그의 채권을 신고할 것을 최고하여야 한다. 신고기간은 2개월 이상으로 정해야 한다(88조 1항). 이 공고에는 채권자가 기간 내에 신고하지 않으면 청산으로부터 제외된다는 것을 표시(제척 공고)해야 한다(동조 2항). 제척공고는 법원의 등기사항의 공고와 동일한 방법으로 해야 한다(동조 3항).

(b) 알고 있는 채권자에 대하여는 각각 따로 채권신고의 최고를 해야 한다(89조).[4] 이 최고에서는 신고기간을 정할 필요는 없으며, 또 한 번만 하면 된다.

(나) **변 제** (a) 청산인은 위에서 말한 채권신고의 제척기간 내에는 채권자에게 변제하지 못한다(90조 본문). 그 기간 내에 변제할 수 있도록 하면 채권신고기간을 규정한 취지에 반할 뿐만 아니라, 만약 도중에 신고된 채권의 전부를 변제할 수 없는 상태가 생기면 채권자들의 공평을 해칠 염려가 있기 때문이다. 그런데 이에 의하면 채권신고기간 내에 변제기가 도래한 채권자는 그 기간이 경과할 때까지 채권의 만족을 얻지 못하게 됨으로써 손해를 보게 되는바, 법인은 그러한 채권자에게 지연손해배상을 해야 하는가? 이에 관하여 민법은 「그러나 법인은 채권자에 대한 지연손해배상의 의무를 면하지 못한다」(90조 단서)고 규정한다. 원래 손해배상의무는 채무불이행이 위법하고 또 채무자에게 귀책사유가 있는 경우에 발생하는 것인데, 이 경우에 법인이 채무이행을 지체한 것은 법률규 정 때문으로서, 따라서 위법한 것이 아니다. 그럼에도 불구하고 위 규정은 손해배상의무를 인정한 것으로서, 따라서 이는 예외적 규정이다. 이는 법인의 해산 및 청산은 법인의 사정으로 인한 것인바, 따라서 그에 의하여 채권자에게 불이익을 주지 않으려는 취지에 기한 것으로 이해할 수 있을 것이다.

(b) 청산중의 법인은 아직 변제기가 도래하지 않은 채권에 대하여도 변제할 수 있다(91조 1항). 즉 청산법인은 기한의 이익을 포기해서 변제할 수 있다. 그리고 조건 있는 채권, 존속기간이 불확정한 채권 기타 가액이 불확정한 채권에 관하여는 법원이 선임한 감정인의 평가에 의하여 변제하여야 한다(91조 2항).

(c) 청산인은 채권신고기간 내에 신고한 채권자에게만 변제하면 되고, 신고하지 않은 채권자는 청산에서 제외된다. 그러나 청산인이 알고 있는 채권자는, 비록 그가 신고하지 않았더라도 청산에서 제외하지 못한다(89조 단서). 만일에 이런 채권자가 변제를 수령하지 않으면 공탁하여야 한다(487조 이하 참조).

(d) 채권신고기간 내에 신고하지 않아 청산에서 제외된 채권자도, 법인의 채무를 전

4) 대판 1964. 6. 16, 64다5[요지 제89조, 1]은, 채권자가 법인의 해산결의 이전에 손해배상청구의 소를 제기한 때에는, 그는 제89조에서 말하는 청산인이 알고 있는 채권자에 해당한다고 한다.

부 변제하고도 남은 재산이 있고, 이 잔여재산을 아직 귀속권리자에게 인도하지 않은 경우에, 이러한 잔여재산에 대해서 변제를 청구할 수 있다(92조). 따라서 잔여재산이 없는 경우는 물론, 있더라도 그 귀속권리자에게 인도한 후에는 청구하지 못한다.

[333] **(5) 잔여재산의 인도**(87조 1항 3호) 이상과 같은 절차를 밟은 후에 잔여재산이 있는 경우에는 이를 귀속권자에게 인도한다. 잔여재산의 귀속권자는 첫째로 정관에서 지정한 자이다(80조 1항). 둘째로 정관에서 지정한 자가 없거나 또는 지정방법을 정관이 규정하고 있지 않은 경우에는, 이사 또는 청산인이 주무관청의 허가를 얻어서 그 법인의 목적과 비슷한 목적을 위하여 처분할 수 있다(동조 2항). 해산 전에는 이사가 처분할 수 있으나, 해산 후에는 청산인만이 처분할 수 있다. 그리고 사단법인에서는 주무관청의 허가 외에 총회의 결의가 있어야 한다(80조 2항 단서). 셋째로 위의 어느 방법으로도 처분할 수 없는 경우에는, 잔여재산은 국고에 귀속한다(80조 3항). 그 어느 경우에나 구성원에게 당연히 분배할 수 없는 점에 비영리법인의 특색이 있다(주식회사에서는 언제나 출자액에 따라 주주에게 분배된다. 상법 538조 참조).

(6) 파산신청 청산 중에 법인의 재산이 채무를 완제하기에 부족한 것이 분명하게 된 때에는, 청산인은 지체없이 파산선고를 신청하고 이를 공고하여야 한다(93조 1항). 이 공고에는 법원의 등기사항의 공고방법을 준용한다(93조 3항). 청산인이 파산신청을 해태하거나(97조 6호), 공고를 해태하거나 또는 부정한 공고를 하면 과태료에 처해진다(97조 7호).

법인의 파산관재인이 정해지면 청산인은 파산관재인에게 사무를 인계하여야 하며, 인계함으로써 청산인의 임무는 종료한다(93조 2항). 그러나 여기에서 파산관재인에게 인계되는 것은 어디까지나 파산재단에 관한 권리의무에 한정된다. 그러므로 그 밖의 사무에 관한 청산인의 임무는 여전히 계속된다.[5)]

[334] **5. 법인의 소멸**

(1) 이상의 청산사무가 종결된 때에는 청산인은 3주간 내에 등기하고, 주무관청에 신고하여야 한다(94조).

(2) 법인은 실제로 청산사무가 종결된 때 소멸한다. 청산사무가 종결된다는 것은 법인에게 아무런 권리나 의무도 존재하지 않게 되는 것을 뜻한다. 따라서 예컨대 청산종결의 등기가 경료되더라도 법인의 재산 중 일부에 관하여 청산이 완료되지 않은 때에는 청산사무는 종료되지 않은 것이고, 따라서 여전히 청산법인이 존속한다(만약 이 경우 법인이 소멸한다고 하게 되면, 그 재산을 법인에게 귀속시킬 수 없게 되는 불합리가 생기는 점을 상기할 것).[6)]

---

5) 곽윤직, 243면; 김용한, 208면.

6) 대판 1980. 4. 8. 79다2036[집 28-1, 민 211](이의 사안은 전술하였음(주 3)).

제9관 법인의 감독

Ⅰ. 법인의 감독 [335]

1. 비영리법인은 그 성질상 설립에서 소멸에 이르기까지 일반적으로 각종의 국가적 감독을 받는다.

(1) 업무감독　업무의 감독은 설립허가를 준 주무관청이 담당한다. 즉 주무관청은 법인의 목적에 따라 업무가 적절히 행해지는가 하는 점을 감독한다. 감독의 내용은 법인의 사무 및 재산상황의 검사 · 설립허가의 취소 등이다(37조, 38조).

(2) 해산 · 청산의 감독　법인의 해산과 청산의 감독은 법원이 담당한다. 즉 법원은 해산과 청산절차가 엄격 · 공정히 행하여지는가 하는 점을 감독한다. 감독의 내용은 필요한 검사 · 청산인의 개임 등이다(95조, 84조).

2. 업무집행과 해산 · 청산에 관하여 감독기관을 달리 한 것은, 업무집행은 법인의 목적이 다름에 따라서 감독의 내용을 달리 하기 때문에 처음에 설립의 허가를 준 주무관청이 계속하여 감독하는 것이 적당한 데 반하여, 해산 · 청산은 법인의 목적에 관계없이 다 같이 재산의 정리일 뿐만 아니라, 제3자의 이해에 영향하는 바가 크므로, 법원의 감독으로 하는 것이 적절하기 때문이다.

Ⅱ. 벌　　칙 [336]

1. 법인의 감독의 실효를 거두기 위하여 설립허가를 취소하고 청산인을 해임할 수 있는 권한을 감독기관에게 주고 있으나, 민법은 그 밖에도 벌칙을 두고 있다. 즉 법인의 이사 · 감사 또는 청산인이 그 직무를 충실하게 다하지 아니한 경우에는 과태료의 제재를 과한다. 상사법인인 경우에는 과태료뿐만 아니라, 징역 · 벌금까지도 과하나(상법 622조 이하 참조), 민법은 5만원 이하의 과태료에 처하는 데 그치고 있다(97조). 민법의 비영리법인보다도 상법의 영리법인의 활동이 훨씬 일반 제3자의 이해관계와 절실한 관련을 가지기 때문이다(학교법인의 경우에는 이사장에 대하여는 일정한 경우에 징역 또는 벌금에 처하게 되어 있다(사립학교법 73조)).

과태료는 일종의 질서벌이며 형사벌은 아니다. 따라서 과태료에 처하는 절차는 형사소송법에 의하지 않고 비송사건절차법(동법 247조 이하)에 의한다. 과태료사건의 관할은 그 처분을 받게 될 자의 주소지의 지방법원이다. 그 절차는 당사자의 진술을 청취하고 검사의 의견을 들어 「결정」의 형식으로 재판한다. 이 결정에 대하여는 즉시항고를 할 수 있다. 과태료의 재판은 검사의 명령으로 이를 집행한다.

2. 과태료의 처분을 할 수 있는 사항은 제97조에 열거되어 있다. 어떤 경우에 과태료에 처하느냐에 관하여는 각각 관계되는 곳에서 설명하였으므로, 여기에서는 열거하는 데 그친다.

(i) 법인에 관한 등기를 해태한 때

(ii) 재산목록 또는 사원명부의 작성 · 비치에 관한 의무(55조)에 위반하거나 또는 부정기재를 한 때

(iii) 주무관청 또는 법원의 검사 · 감독을 방해한 때(37조, 95조 참조)

(iv) 주무관청 또는 총회에 대하여 사실아닌 신고를 하거나 사실을 은폐한 때

(v) 총회의사록의 작성 · 비치의무(76조)에 위반하거나 또는 청산인이 채권신고기간 내에 변제를 한 때(90조 참조)

(vi) 파산신청을 해태한 때(79조, 93조 참조)

(vii) 청산인이 채권신고의 공고(88조)나 파산신청의 공고(93조)를 해태하거나 부정한 신고를 한 때

제10관 법인아닌 사단 · 재단

[337] ### Ⅰ. 총 설

1. 의 의

일정한 목적을 위하여 결합된 인적 결합체 혹은 일정한 목적에 바쳐진 재산이 그 구성원 혹은 설립자의 의사와는 별개의 의사를 가지고 사회에서 독립한 주체로서 활동하더라도(즉 법인으로서의 실체를 갖추었더라도), 주무관청의 허가를 받고 설립등기를 하지 않은 이상 법인격을 가지지 않는다. 이러한 상태의 사단 혹은 재단을 일컬어 법인 아닌 사단(법인격 없는 사단, 권리능력 없는 사단, 비법인사단) 혹은 재단이라고 한다.

이러한 사단이 생기는 이유는 법인격을 취득할 필요성을 별로 느끼지 않기 때문인 경우도 있지만, 대부분은 법인격 취득을 위한 요건, 특히 허가를 갖추기 어렵기 때문이다(그 외에 구민법에서는 법인이 되기 위해서는 적극적으로 공익을 목적으로 하는 것이어야 했으므로 비영리 · 비공익의 목적을 가진 연구단체나 친목단체 등은 법인이 될 수 없었으나, 현행민법은 영리 아닌 사업을 목적으로 하면 법인이 될 수 있는 것으로 하였으므로, 비영리 · 비공익이라는 법인의 목적 때문에 비법인사단으로 되는 경우는 생각하기 어렵다). 법인설립요건으로 허가주의를 취하는 민법의 문제점(기본권을 침해하는 점, 사단의 내부조직 특히 대표자의 성함과 권한 등을 공시할 수 없는 점 등)은 앞에서 살폈다.

2. 사단과 조합 [338]

법인 아닌 사단은 그 실체가 사단이어야 한다. 그런데 인적 결합체는 사단 이외에 조합도 있으므로, 법인 아닌 사단의 법률관계를 살피기에 앞서 사단과 조합의 구별을 살핀다.

(1) 실질적 차이

(가) **사 단** 이는 하나의 단체로서의 단일성이 전면에 나타나고, 단체 구성원의 개성은 단체의 목적과 조직의 배후로 후퇴한 인적 결합형태이다. 여기에서는 구성원의 개성은 단체의 존립이나 활동에 있어서 중요한 것이 아니다. 즉 구성원은 단지 총회에서 다수결원리를 통하여 단체의 내부적 의사형성에 참여할 뿐이고, 직접 대외적으로 단체의 의사를 표시하거나 활동하지 않는다. 단체의 행위는 대표기관에 의하여 행해지고, 그 법률효과는 단체 자체에 귀속하며 구성원에게 귀속하지 않는다. 또 단체의 자산이나 부채는 모두 단체 자체의 것이고, 구성원은 단체의 채무에 대하여 책임을 지지 않는다. 시각을 달리해서 보면, 단체와 거래하는 자는 구성원의 급부능력을 신뢰해서가 아니라 단체 자체의 그것을 신뢰해서 거래한다. 그리고 구성원의 탈퇴나 사망은 단체의 존립에 영향을 주지 않는다(다른 구성원이 있는 한).

(나) **조 합** 이는 개개의 구성원의 독립적 존재가 뚜렷하고, 그들을 단체적으로 구속하는 유대가 전혀 없거나 있더라도 표면에 나타나지 않는 형태이다. 즉 단체로서의 단일성보다 구성원의 개성이 전면에 나타나는 인적 결합형태이다. 여기에서는 각 구성원이 단체에 있어서 본질적 중요성을 가지며, 구성원 각자가 업무수행(단체의 의사형성 및 대외적 활동)에 공동으로 참여한다. 즉 조합의 의사는 조합원 전원의 합의에 의하여 결정하고, 대외적 행위는 조합원 전원 혹은 전원으로부터 대리권을 수여받은 자가 행하며, 그러한 행위의 법률효과는 구성원 스스로에게 귀속된다(물론 어느 조합원에게 업무집행권을 부여할 수도 있다(706조 참조)). 그리고 조합의 자산은 구성원 전원에게 合手的으로 귀속하고, 조합원이 조합을 위하여 부담한 채무에 대하여는 조합재산뿐만 아니라 조합원 각자의 전 재산으로 책임을 진다. 왜냐하면 조합과 거래한 자는 조합재산 자체를 신뢰한 것이 아니고 조합원 개인의 재산을 신뢰한 것이기 때문이다. 또한 조합원의 개성이 중시되므로, 조합원 중 1인의 사망이나 해지 등으로 조합이 해산한다.

(다) 이러한 사단과 조합의 차이는 실제적으로 그 구성원의 과다와 관련된다. 즉 사단은 주식회사 · 동창회 · 문중 등과 같이 대부분 그 구성원이 매우 많은 경우이고, 조합은 수인이 공동출자하여 같이 사업을 하는 경우와 같이 구성원이 소수인 경우이다. 그리고 사단에서는 구성원이

다수이기 때문에 사단의 의사는 구성원의 의사와는 분리될 수밖에 없다. 예컨대 동창회가 사무실을 개설하고자 하는 경우에, 이를 어디에 둘 것인가 하는 문제를 결정함에 있어서 구성원들이 모두 합의하여 이를 결정할 수는 없으며, 업무를 위임받은 자(이사)들이 다수결에 의하여 결정할 수밖에 없다. 반면에 조합에서는 조합원들이 같이 합의하여 그러한 문제를 결정할 것이다. 이와 같이 다수의 구성원을 가진 사단에서는 구성원 상호간에는 직접적인 밀접한 결합관계가 없고 단지 사단을 통하여 간접적으로 결합되며, 이들은 단지 총회라는 기구를 통하여 자신의 의사를 표명할 뿐이고 또 스스로가 아니고 기관을 통하여 대외적인 행위를 하도록 한다. 반면에 소수인으로 구성된 조합에서는 조합원 각자가 다른 조합원과 긴밀한 관계를 가지며, 조합의 업무에 관하여 이들 각자가 서로 상의하고 함께 타인과 거래한다.[1] 요컨대 사단에서는 각 구성권은 사단을 통하여 다른 구성권과 관계를 가질 뿐이나, 조합에서는 각 구성원이 다른 구성원과 밀접한 관계를 가진다. 그리하여 조합에서는 각 구성원들은 서로 계약관계를 맺고 있는 것으로 파악되나, 사단에서는 그렇지 않다.

주의할 것은 「조합」이라는 명칭이 붙어 있지만 「사단」으로서의 실질을 가지고 있는 것이 적지 않다. 노동조합 · 협동조합 · 토지개량조합 같은 것들이 모두 그러한 예이다.

[339] **(2) 법률적 차이** 양자의 법률적 차이를 비교한다면 다음과 같다.

(가) 소유형태 사단에서는 총유(275조~277조)이고, 조합에서는 합유(271조~274조)이다. 즉 사단의 재산은 실질적으로는 구성원이 아니라 사단 자체에 귀속되지만, 사단 자체는 법인격을 가지지 않으므로 이를 사단에게가 아니라 구성원 모두에게 전체적으로 귀속되는 것으로 할 수밖에 없는바, 민법은 이러한 공동소유형태를 총유로 규정한다. 조합은 구성원과 별개의 존재를 가지지 않으므로 이의 재산은 조합원 전원에게 귀속되는데, 다만 각자는 그 재산을 처분 또는 변경할 수 없는 등 공동목적을 위하여 제한을 받는바, 민법은 이러한 공동소유형태를 합유로 규정한다.

(나) 의사결정방법 사단에서는 다수결에 의하나(75조 1항), 조합에서는 원칙적으로 전원의 합의에 의한다(합유에 관한 272조 참조). 다만 제706조는 업무집행에 관하여 과반수로써 결정한다고 규정하는데, 이의 해석에 관해서는 견해가 대립된다(채권각론 [584] 이하).

(다) 대외적 행위 사단에서는 대표기관이 법인을 대표하여 행위하나, 조합에서는 원칙적으로 조합원 전원이 함께 행위하고, 다만 업무집행사원을 선임하여 그의 대리행위를 통하여 할 수 있다.

(라) 조 직 사단에서는 대표기관 · 의사결정기관 · 감독기관 등의 조직을 가지는데, 조합에서는 그러한 조직을 가지지 않는다.

(마) 채무에 대한 구성원의 책임 사단의 채무는 실질적으로 사단 자체의 채무이

1) 사단과 조합의 구별에 관해서는 대판 1992. 7. 10. 92다2431 참조. 이의 사안은 선어중매인 50여 명으로 구성된 A조합의 대표자가 사업자금 조달을 위하여 조합 명의로 발행한 어음이 부도되자 그 수취인이 조합원들에 대하여 어음금의 지급을 청구한 경우로서, 판결은 위 조합의 실질이 사단이라고 하여 그 청구를 배척하였다.

므로 오직 사단의 재산만으로 책임을 지고 구성원은 개인적 책임을 지지 않는다. 반면에 조합의 채무는 실질적으로 구성원의 채무이므로 각 구성원이 균분하여 개인적 책임을 진다(무한책임)(712조).

(바) **등기능력 및 당사자능력** 사단에서는 이러한 능력이 인정되나, 조합에서는 인정되지 않는다.

(사) 그 외에 사단에서는 사단의 근본규칙을 정하는 정관이 존재하나, 조합에서는 그러한 조합규약이 필수적이지는 않다. 그러나 조합에서도 설립시에 조합의 중요한 법률관계를 규율하는 계약(조합규약)이 체결된다. 그리고 사단에서는 사후적으로 정관을 변경하거나 새로운 규율을 하려는 경우에 다수결보다 엄격한 정관변경절차에 의해야 하나, 조합에서는 그러한 조합규약을 변경함에 있어서 특별한 절차가 요구되지 않는다(즉 필요한 경우에 통상의 조합계약에 의하여 조합규약을 변경할 수 있다).

3. 구별의 실제적 의미 [340]

비법인사단과 사단법인의 경계는 등기 여부이므로 단순하다. 그리고 양자는 대부분 동일한 법규의 적용을 받으므로 그 구별은 실제적 의미가 거의 없다. 반면에 비법인사단과 조합의 경계는 사단적 실체의 구비 여부이므로 매우 불명료하다. 그런데 양자는 전혀 다른 법규의 적용을 받으므로 그 구별은 실제적으로 중요한 의미를 가진다. 즉 예컨대 어떤 단체가 사단으로 인정되면 구성원은 단체의 채무에 대하여 개인재산으로 책임을 지지 않지만, 조합으로 인정되면 그와 반대로 된다. 그리고 어떤 단체가 사단으로 인정되면 제3자가 단체를 상대로 소송을 제기하는 경우에 대표자만을 피고로 하면 되지만, 조합으로 인정되면 구성원 모두를 피고로 해서 소송을 제기해야 한다(구성원의 주소를 알기 어려운 경우를 생각하면 이의 불편은 심히 크다). 그 외에도 단체의 대표자가 구성원의 동의 없이 단체의 재산을 처분한 경우에, 그 단체가 사단이라면 대표자는 원칙적으로 단체의 모든 행위를 할 수 있으므로 그 행위가 유효한 것으로 되기 쉬우나, 조합이라면 재산처분에 조합원의 합의가 있어야 하므로 그 행위는 무효가 될 여지가 크다. 그러므로 어떤 단체가 사단인가 조합인가, 혹은 단체는 어떤 요건이 갖추어진 때 사단으로 되는가(사단의 성립시기) 하는 점의 판단에 신중을 기해야 한다. 그런데 사회에 존재하는 단체는 그 실체가 극히 다양하므로, 이의 실체를 사단 혹은 조합의 어느 하나로 판단하기는 극히 어렵다. 이런 점에서 단체를 사단 혹은 조합의 어느 하나로 분류하고 그에 관한 법규를 일률적으로 적용하는 것보다는, 한편으로는 단체의 실체를 고려하고 다른 한편으로는 법규가 조합 혹은 사단에 관하여 달리 규율하는 취지를 고려하여, 문제된 사항에 적절한 법규를 적용하는 해결방법을 찾아보는 것이 필요하지 않을까?

[341] ## Ⅱ. 법인격 없는 사단

법인 아닌 사단에 속하는 것으로는 종중 · 동창회 등과 같은 각종의 친목단체, 학회 등 각종의 연구단체, 지역에서의 각종의 계, 주택조합(혹은 재개발조합) 등이 있다(이에 관한 판례는 뒤([346])에서 소개한다). 이하에서는 먼저 이러한 단체가 법인격 없는 사단으로 되는 시기를 살피고, 다음으로 법률관계 중에서 비법인사단에 공통하는 것을 살핀다. 그리고 끝으로 각 사단에 특유한 것을 살핀다.

1. 사단의 성립시기

학설[2]과 판례[3]는 대체로 대표의 선임방법 · 총회의 운영 · 재산의 관리 기타 사단으로서 중요한 점이 정관에 의하여 확정된 때, 즉 단체적 실체 내지 조직을 갖춘 때 비법인사단이 성립한다고 한다. 다만 종중에 관해서는, 이는 종족의 자연적 집단으로서 특별한 조직행위를 필요로 하는 것이 아니며, 종중의 대표자가 계속하여 선임되어 있지 아니하였다고 해서 종중의 성립과 존속을 부정할 수도 없다고 한다.[4] 또 성문의 규약이 있어야 하는 것은 아니라고 한 것도 있다.[5] 다만 종중의 규약이나 관습에 따라 선출된 대표자 등에 의하여 대표되는 정도로 조직을 갖추고 지속적인 활동을 하는 때에 비법인사단으로서 인정된다고 한 것도 있다.[6]

[342] ### 2. 법률관계

(1) 준용법규　민법은 물권편에서 법인 아닌 사단에서의 재산귀속관계를 규정할 뿐 기타의 법률관계에 관하여 아무런 규정도 두고 있지 않다. 그러면 이러한 사단의 법률관계에는 어떠한 규정을 (유추)적용할 것인가? 조합의 경우에는 조합원이 조합재산에 대하여 책임을 지므로(712조. 즉 조합채권자는 조합원 각자에 대하여 조합채무의 이행을 청구할 수 있다), 조합에 관한 규정을 적용하는 것이 제3자에게 유리할 것이다. 이런 점에서 입법례 중에는 조합에 관한 규정을 적용하도록 규정하는 것이 있다(예: 독일민법 54조. 물론 독일민법은 총유라는 공동소유형태를 인정하지 않는다). 그러나 비법인사단도 그 실질에서는 사단법인과 다르지 않는데, 여기에 조합에 관한 규정을 적용하는 것은 실질에 맞

2) 곽윤직, 221면; 이주홍, 민법주해 Ⅰ, 506면 이하; 황적인, 99면.
3) 대판 1967. 12. 18. 67다2202; 대판 1977. 1. 25. 76다2194; 대판 1998. 7. 24. 96누14937.
4) 대판 1988. 9. 6. 87다카514; 대판 1989. 4. 11. 88다카95.
5) 대판 1985. 10. 22. 83다카2396,2397.
6) 대판 1991. 8. 27. 91다16525; 대판 1983. 4. 12. 83도195; 대판 1993. 6. 22. 92도797(이러한 형사판결은 종중부동산의 소유명의자(명의수탁자)가 이를 처분한 경우에 횡령죄가 성립하는가 하는 점이 문제된 것이다).

지 않는다. 민법의 사단법인에 관한 규정 가운데서 법인격을 전제로 하는 규정을 제외한 나머지 규정은 사단이라는 실체를 전제로 하는 것이므로, 비법인사단에는 그러한 규정을 유추적용하는 것이 타당하다. 그러한 것으로서 중요한 것은 정관에 관한 규정, 능력에 관한 규정, 기관에 관한 규정 등이다.

(2) **재산귀속관계** 민법은 법인아닌 사단의 사원이 집합체로서 물건을 소유하는 경우에 그 소유형태를 「총유」로 규정하는 한편(275조), 총유물의 「관리 및 처분」은 사원총회의 결의에 의하고(276조 1항), 이의 「사용, 수익」은 각 사원이 정관에 좇아 할 수 있다고 규정한다(동조 2항). [343]

(가) 비법인사단의 재산은 실질적으로 그 사원이 아니고 사단 자체의 소유이다. 그러나 비법인사단은 권리의 주체가 될 수 없기 때문에, 형식적으로는 이를 사단 자체의 소유로 할 수밖에 없다. 그리하여 민법은 비법인사단의 소유형태로서 「총유」라는 공동소유형태를 인정하고, 비법인사단의 재산을 「사원 각자」의 공유 혹은 합유가 아니라 「사원 전체」의 총유에 속하는 것으로 한 것이다.

(나) 제276조 1항에 위반하여 비법인사단의 대표자가 총회의 결의없이 사단의 재산을 처분한 경우에, 그 행위의 효력은 어떠한가? 이 문제는 종중에서 처음 제기되었고, 근래에는 재건축조합에서 종종 제기되는데, 판례는 제276조 1항을 근거로 그러한 행위는 무효가 된다고 한다.[7] 다만 재건축조합에서 대표자가 총회의 결의 없이 행한 채무부담행위(예컨대 보증계약)는 위 규정이 규율하는 총유물의 처분행위에 해당하지 않는다는 이유로 유효라고 한다.[8]

그러나 이러한 판례이론은 의문이다.[9] 우선 제276조는 임의규정인데(275조 2항은 정관 기타 계약에 달리 규정

7) 대판 1989. 2. 14. 88다카3113; 대판 1994. 9. 30. 93다27703(이 판결은 총회의 결의가 있었음이 간접사실에 의하여 입증된다고 하여 유효라고 판단하였음); 대판 2000. 10. 27. 2000다22881(종중 재산의 처분에 관하여 총회에서의 이사회 위임결의없이 종중 회장이 종중 이사회를 개최하여 이사회 결의만으로 종중재산의 처분이 가능하도록 임의로 정관을 변경하고, 이에 따라 종중 재산을 처분한 경우); 대판 2008. 10. 9. 2008다41567(이상은 종중에 관한 것); 대판 1989. 3. 14. 87다카1574(교회에 관한 것); 대판 2001. 5. 29. 2000다10246; 대판 2002. 9. 10. 2000다96(이상은 재건축조합에 관한 것. 이의 사안은 [348]에서 소개한다).

8) 대판(전) 2007. 4. 19. 2004다60072,60089(제276조에서 말하는 「총유물의 관리 및 처분이라 함은 총유물 그 자체에 관한 이용 · 개량행위나 법률적 · 사실적 처분행위를 의미하는 것이므로, 타인 간의 금전채무를 보증하는 행위는 총유물 그 자체의 관리 · 처분이 따르지 아니하는 단순한 채무부담행위에 불과하여 이를 총유물의 관리 · 처분행위라고 볼 수는 없다」고 한다). 대판 2003. 7. 22. 2002다64780(대표자가 임의로 설계용역계약을 체결한 경우)도 이와 동지. 다만 후자는 총회의 결의를 내부적 의사결정에 불과하다고 하였으나, 전자는 총회의 결의는 대표권을 제한하는 것이라고 한다.

9) 이에 관한 상세는 김학동, 총유물의 처분행위, 서울법학(서울시립대) 제19권 제2호, 41면 이하 참조, 그리고 문준섭, 총회의 결의를 거치지 아니한 비법인사단의 채무보증행위의 효력, 재판실무연

(되지 않은 경우에 비로소 276조에 의한다고 규정함으로써, 이러한 점을 명언한다). 이 규정을 근거로 이에 위반한 행위를 무효라고 하는 것은 임의규정의 성질에 반한다. 더욱이 이 규정이 총유물의 처분뿐만 아니라 관리도 사원총회의 결의에 의하도록 하는바, 총회의 결의 없이 행한 것이 관리행위인 경우까지 이 규정을 근거로 그 행위를 무효로 하는 것이 부당하다는 점은 자명하다. 이런 점에서 볼 때, 이 규정의 취지는 총회의 결의 없는 행위(처분행위이건 관리행위이건)의 효력을 부인하려는데 있지 않다. 이 규정은 단지 총유에서는 하나의 소유권이 관리 · 처분의 권능과 사용 · 수익의 권능으로 갈라져, 전자는 일체로서의 공동체에 속하고 후자는 각 구성원에게 속한다는 총유의 특성(소유권능의 분열)을 표현할 뿐이다. 사원총회의 결의 없는 처분행위를 무효(소위 절대적 무효)라고 하는 근거를 제276조 1항에 두는 것은 이 규정의 의미를 오해한 것으로서 부당하다.

그러면 그러한 결의 없이 행한 행위의 효과를 어떻게 볼 것인가? 이는 사원총회의 결의가 어떤 의미를 가지는가 하는 점에 매인다. 만약 이것이 대표권을 제한하는 것이라면,[10] 그러한 행위는 — 법률에 위반해서 무효로 되는 것이 아니라 — 대표권을 넘은 것이 되어 무효가 될 것이다(따라서 표현대리가 성립하면 유효가 된다. 다만 이의 요건은 상대방이 입증해야 한다). 비법인사단은 사단법인과 그 실질을 같이 하므로(다만 비법인사단에서는 법인에서와는 달리 대표권의 제한을 등기할 방법이 없다는 차이가 있다), 양자를 동일하게 해석하는 것이 타당할 것이다. 그런데 사단법인에서 사원총회의 결의는 대표권을 제한하는 것이 아니고 단지 내부적 의사결정에 불과하다고 한다면([300]), 비법인사단에서도 이와 동일하게 해석할 것이다. 이에 의하면 사원총회의 결의 없이 행해진 행위도 사단의 행위로서 유효하게 된다.[11] 다만 대표자가 개인적 이익을 도모하기 위하여 그와 같이 행위한 경우에는 대표권 남용의 법리에 의하여 무효가 된다(대표권 남용의 요건에 관해서 판례는 상대방의 악의 혹은 과실로 족하다고 하지만, 본서에서는 중과실을 요건으로 한다([732]). 그 외에 대표권 남용에 관한 주장 및 입증책임은 사단이 진다. 즉 사단이 대표자의 악의나 중과실을 입증해야 그 행위의 효력을 부인할 수 있다).[12]

다만 위와 같은 해석은 비법인사단 일반에 관한 것이다. 이와 달리 사단의 특성상 재산처분에 총회의 결의가 요구되는 경우에는 제276조 1항이 아니라 이러한 사단의 특

구 2008(광주지방법원)(2009), 31면 이하; 이영욱, 비법인사단의 총유물 관리 · 처분행위와 채무부담행위, 판례연구(부산판례연구회) 19집(2008), 283면 이하 참조.

10) 김진현, 권리능력 없는 사단, 민사법학 제11, 12호(1995), 509면 이하, 534면; 이영욱, 전게서, 312면 이하 등은 이러한 입장이다.

11) 同旨: 문준섭, 전게서, 48면 이하.

12) 단순한 채무부담행위는 제276조에서의 총유물의 관리 · 처분행위에 해당하지 않는다고 하는 판례 중에서도 대판(전) 2007. 4. 19. 2004다60072,60089은 총회의 결의는 대표권을 제한하는 것이라고 한다(즉 재건축조합에서 일정한 사항에 관하여 조합 임원회의 결의를 거치도록 한 규약은 그 조합장의 대표권을 제한하는 규정에 해당한다고 한다). 그러나 대판 2003. 7. 22. 2002다64780은 총회의 결의를 내부적 의사결정에 불과하다고 한다. 이런 점에서 이 판결은 본서와 같은 입장이라고도 할 수 있지만, 본서는 채무부담행위에 한정해서가 아니라 비법인사단의 재산의 처분 · 관리행위 전반에 걸쳐 그와 같이 해석한다.

수성에 기해서 총회의 결의 없이 행해진 처분행위는 무효라고 해야 할 것이다. 先山을 주된 재산으로 하는 종중이 이의 예가 아닐까? 뿐만 아니라 이러한 종중재산의 처분에는 종원총회의 결의가 요구되는 것은 우리의 관습일 것이다. 판례에서 총회의 결의 없는 처분행위의 효력이 문제된 경우의 대부분은 종중에 관해서인바, 따라서 판례의 태도는 대부분 타당하다. 다만 그 근거를 손쉽게 법조문에서 찾음으로써 다른 비사단법인에 관해서도 동일한 결론을 내리고, 그럼으로써 채무부담행위도 처분행위와 마찬가지로 사단 자체 따라서 사원 전부에게 불이익을 낳게 함에도 양자를 달리 취급하는(보증계약에 관한 주 38의 2004다60072 및 설계용역계약에 관한 주 39의 2002다64780) 불합리에 봉착한 것이 아닐까?

(다) 사단의 재산이 사원의 총유에 속하므로, 사단의 채무 역시 사원 전체에게 총유적으로 귀속된다. 그 결과 비법인사단에 대하여 채권을 가지고 있는 자는 단지 사단재산에 대해서만 책임을 물을 수 있을 뿐이고 사원 개인의 재산에 대해서는 책임을 물을 수 없다.[13)]

(3) 보존행위 비법인사단의 보존행위는 사단 자신이 아니라 이의 구성원이 단독으로 할 수 있는가? 이를 긍정하는 견해도 있다.[14)] 그러나 판례는 이를 부인한다.[15)] [344]
우선 총유에서는 공유나 합유의 경우처럼 보존행위는 그 구성원 각자가 할 수 있다는 규정(265조 단서 또는 272조 단서)을 두지 않고, 오히려 관리행위도 사원총회의 결의에 의하도록 한 점(276조 1항)에서 볼 때, 이를 부인하는 것이 법문에 부합할 것이다. 실제적으로 보더라도 총유를 공유나 합유와 달리 규정한 것은 총유에서는 공유나 합유에 비하여 단체성이 강하고 구성원 개인들의 총유재산에 대한 지분권이 인정되지 않는 데에서 나온 것이므로, 총유물의 사용 수익 이외의 행위에 관하여 각자가 사단의 행위를 담당할 수 있도록 하

13) 이런 점에서 비법인사단의 재산귀속형태를 「총유」로 한 것은 사단의 채권자에게 불리하다. 이러한 점 때문에 곽윤직, 191면은, 비법인사단의 재산귀속형태를 「합유」로 하였었더라면 좋았을 것이라고 한다. 그러나 그렇게 하는 것은 사단의 실체에 맞지 않는다(곽윤직, 190면 역시 이러한 점을 지적하고 있다).

14) 이찬우, 총유물의 보존행위, 재판과 판례(대구판례연구회) 15집(2007), 259면 이하, 295면.

15) 대판(전) 2005. 9. 15. 2004다44971. 이는 종중의 대표자 갑이 적법한 절차에 의한 종중총회를 거치지 않고 총회의결서를 작성하여 종중의 토지를 매각하자, 종중총회에서 다른 종원 을을 종중의 대표자로 선임하고 위 토지를 환수하기로 결의하였으며, 이에 기해서 을이 보존행위로서 자신의 이름으로 매수인에게로의 이전등기의 말소를 청구한 사안이다. 판결은 「총유재산에 관한 소송은 법인 아닌 사단이 그 명의로 사원총회의 결의를 거쳐 하거나 또는 그 구성원 전원이 당사자가 되어 필수적 공동소송의 형태로 할 수 있을 뿐 그 사단의 구성원은 설령 그가 사단의 대표자라거나 사원총회의 결의를 거쳤다 하더라도 그 소송의 당사자가 될 수 없고, 이러한 법리는 총유재산의 보존행위로서 소를 제기하는 경우에도 마찬가지라 할 것이다」고 하여, 그 청구를 배척하였다. 이 판결 이전에는 이와 달리 비법인사단의 대표자 개인 또는 구성원 일부가 총유재산의 보존을 위한 소를 제기할 수 있다고 하였었다(대판 1980. 12. 9. 80다2045,2046; 대판 1992. 2. 28. 91다41507; 대판 1994. 4. 26. 93다51591 등).

는 것은 부적절하고, 또한 이를 허용한다면 구성원들의 이해관계가 나누어지는 경우에 자칫 분쟁의 연속을 낳을 우려가 있다(앞에서 소개한 판례사안에서도 그러한 점이 보여진다). 이런 점에서도 이를 부인하는 것이 타당할 것이다.

[345] (4) 등기능력 및 당사자능력 부동산등기법 제30조 1항은 「종중, 문중 기타 대표자나 관리인이 있는 법인 아닌 사단이나 재단에 속하는 부동산의 등기에 관하여는 그 사단 또는 재단을 등기권리자 또는 등기의무자로 한다」라고 규정한다. 따라서 대표자가 있는 비법인사단은 자신의 이름으로 등기할 수 있는 지위 · 자격, 즉 등기능력을 가진다. 또 민사소송법 제48조는 「법인 아닌 사단이나 재단으로서 대표자 또는 관리인이 있으면 그 이름으로 당사자가 될 수 있다」라고 규정한다. 따라서 대표자가 있는 비법인사단은 소송에서 자신의 이름으로 당사자가 될 수 있는 지위 · 자격, 즉 당사자능력을 가진다.

㈎ 법률이 비법인사단에게 등기능력 및 당사자능력을 인정한 것은 법률관계를 간편하게 처리하기 위해서이다. 예컨대 다수인이 있는 사단이 그가 소유하는 부동산을 등기하는 경우에, 그 구성원 모두의 이름으로 등기하는 불편을 덜기 위해서이다. 그런데 비법인사단에서는 대표자의 이름 등이 등기에 의해서 공시되지 않으므로, 예컨대 사단명의로 등기된 부동산을 사원 일부가 사단의 대표자라고 칭하면서 무단히 매각하는 경우에, 이를 매수하려는 상대방은 그가 대표자인지 여부를 알기 어렵고 따라서 불측의 손해를 입을 위험이 크다. 사단법인의 경우에는 등기에 의하여 내부조직 등이 공시되므로 위와 같은 위험이 적은 것과 비교된다. 위와 같은 위험을 방지할 길은 궁극적으로 법인설립을 쉽게 하여 법인의 내부조직을 공시토록 하는 것이다. 참고로 독일법은 비법인사단에 대하여 등기능력 및 당사자능력을 인정하지 않는다. 그러나 독일민법은 법인설립에 대하여 준칙주의를 취하기 때문에 그로 인하여 불편을 입는 단체는 우리 나라에서보다 많지 않을 것이다. 또 그 불편은 스스로 야기한 것이므로(쉽게 법인이 될 수 있음에도 그렇게 하지 않은 것이므로) 이를 해결하기 위한 입법조치는 문제되지 않는다.

비법인사단에서도 당사자능력과 등기능력이 인정되고, 나아가 비법인사단에게 여러 가지 권리가 인정되는바, 그러면 이런 점에서 비법인사단도 부분적으로 권리능력을 가진다고 할 수 있는가?[16] 권리능력은 추상적으로 권리의 주체가 될 수 있는 지위 내지 자격이다. 그러므로 이는 有無로 나뉠 뿐이고, 부분적으로 가진다는 것은 있을 수 없는 것이다. 비법인사단이라는 용어

16) 김진현, 전게서, 523면 이하는 이를 긍정한다. 이는 권리능력의 개념을 「자기의 이름으로 권리를 취득하고 의무를 부담하며, 이를 자기의 이름으로 행사할 수 있고, 그 권리와 의무의 강제적 실현을 위하여 자기의 이름으로 제소하거나 제소 당할 수 있도록 만들어 주는 법적 자격」이라고 하여, 소송법상의 당사자능력도 실체법상의 권리능력 개념 안에 포섭하여 이해하기 때문으로 보인다.

자체가 이미 이러한 사단은 권리능력을 가지지 않기 때문에 붙여진 것이다. 그럼에도 비법인사단이 부분적으로 권리능력을 가진다고 하는 것은 권리능력의 개념과 모순된다. 개별적으로 검토하더라도, 우선 등기능력이나 당사자능력은 등기절차 혹은 소송절차에서의 개념이나, 권리능력은 실체법상의 개념이다. 전자가 인정된다는 점을 이유로 후자도 (부분적으로지만) 인정된다고 하는 것은 양자를 혼동한 것이다. 다음으로 비법인사단도 일정한 권리를 가진다고 하는 것은, 비법인사단이 그러한 권리에 관하여 스스로 권리의 주체가 된다는 의미는 아니다(마치 死者도 명예권을 인정해야 한다는 주장이 사자도 그러한 권리에 관해서는 권리능력을 가진다는 의미가 아님을 상기할 것). 만약 이를 후자로 이해한다면 권리능력은 개개의 권리마다 별개로 그 유무가 결정된다고 해야 할 것이다. 이런 점에서 비법인사단이 부분적으로 권리능력을 가진다는 설명은 부적절하다.

3. 각 사단에서의 특수한 법률관계 [346]

(1) 판례에서 비법인사단으로 인정된 대표적 예는 종중이나, 그외에도 주택조합(혹은 재건축조합·재개발조합),[17] 提中,[18] 洑中,[19] 채권자들로 구성된 청산위원회,[20] 자활정착단체,[21] 친목계,[22] 전국해원노동조합 지부,[23] 자연부락,[24] 불교단체등록이 되어 있지 않은 사찰,[25] 낙농협동조합 지소가 업무규약·의결기관 등을 갖추어 지소 이름으로 독자적인 활동을 하여 온 경우,[26] 그리고 교회[27] 등이 있다(그 외에 선어중매인으로 구성된 조합의 예는 [338]의 주 1에서 소개하였음).[28] 이러한 사단의 법률관계를 살피기에 앞서 유념할 것은, 사단의 유형은 천차만별하므로 각 사단의 실질을 고려하여 법인규정의 유추적용 여부를 결정해야 하다는 점이다. 예컨대 공동의 활동을 위하여 인위적으로 결합된 사단에서는 단체적 조직이 보다 긴밀하게 짜여져

---

17) 대판 1994. 4. 26. 93다51591; 대판 1994. 6. 28. 92다36052; 대판 1996. 1. 26. 95다40915; 대판 1996. 10. 25. 95다56866 등.

18) 대판 1967. 12. 5. 67다2303[요지 제31조, 18].

19) 대판 1967. 12. 26. 67다2302[집 15-3, 민 422].

20) 대판 1968. 7. 16. 68다736[집 16-2, 민 247]; 대판 1992. 10. 9. 92다23087; 대판 1999. 4. 23. 99다4504는 부도난 회사의 채권자들이 조직한 채권단이 정관을 제정하거나 사단으로서의 실체를 갖추기 위한 일체의 조직행위가 없었으므로 비법인사단으로서의 실체를 갖추지 못하였다고 한다.

21) 대판 1969. 4. 22. 68다757[집 17-2, 민 23].

22) 대판 1969. 6. 10. 69다254[요지 제31조, 26]. 그러나 계원 64명이 정부의 인가를 얻어서 시행하는 공유수면의 매립과 국유 미개간지의 개척으로 농지를 조성하여 계원의 농지의 확보 운영 관리를 공동으로 하는 것을 목적으로 하는 계는, 사단의 경우처럼 그 사원 개성이 그 사단에 몰입된 것이라고 보기보다는 각 결원의 개성이 뚜렷하게 계의 운영에 반영되게 되어 있으므로 조합체로 보아야 한다(대판 1974. 9. 24. 74다573[집 22-3, 민 6]).

23) 대판 1977. 1. 25. 76다2194[집 25-1, 민 39].

24) 대판 1980. 1. 15. 78다2364[공 629, 12623].

25) 대판 1982. 2. 23. 81누42[집 30-1, 행 68].

26) 대판 1976. 7. 13. 74다1585[요지 제31조, 34].

27) 대판 1967. 12. 18. 67다2202; 대판(전) 2006. 4. 20. 2004다37775.

28) 그러나 거제도로 피난한 반공투사 유가족 53세대로 구성된 「북한애국투사유가족회」는 비법인사단성이 부인되었다(대판 1997. 9. 12. 97다20908). 그 외에 부도난 회사의 채권자들에 관한 대판 1999. 4. 23. 99다4504은 전술하였다.

있으므로, 이러한 사단에는 법인에 관한 규정이 대부분 유추적용될 것이다. 이에 반하여 인위적인 단체설립행위 없이 자연적으로 형성된 사단(종중이 그 대표적 예이다)에서는 단체적 조직이 매우 성기게 짜여져 있으므로, 이러한 사단에는 법인에 관한 규정 중에서도 적지 않은 규정이 준용될 수 없을 것이다. 종중의 성립, 종중총회의 소집 등에 관한 판례는 이러한 점을 보여주는 예라고 할 수 있다.[29]

[347] (2) 종 중

(가) 종중은 공동선조의 후손들에 의하여 선조의 분묘수호 및 봉제사와 후손 상호간의 친목을 목적으로 형성되는 자연발생적인 종족단체이다.[30] 종래의 판례는 종원의 자격을 성년 이상의 남자라고 하였는데, 근래에는 성년 여자도 종원이 된다고 한다.[31]

(나) 종중은 비법인사단의 대표적인 것이나, 그 특성상 사단법인과는 달리 규율되는 것이 적지 않다. 그러한 예로서, 종중은 자연적 집단으로서 종중이 성립하기 위해서는 종중구성의 결의 등 특별한 조직행위를 필요로 하거나 이를 규율하기 위한 성문의 규약이 있어야 하는 것은 아니다(이에 관한 판례는 [341]의 주 4, 5 참조). 종중이 매년 일정시기에 특별한 소집절차 없이 정기적으로 총회를 열어 종중재산의 관리에 관하여 결의해 온 경우에는, 소집절차 없이 열린 종중총회에서의 결의는 종중의 관례에 따른 것으로서 유효하다.[32] 총회가 적법히 소집된 이상 과반수의 출석이 아니더라도 총회는 유효하게 성립하며, 따라서 출석자의 과반수결의로 종중대표자를 선정하였음은 적법하다.[33][34]

(다) 종중재산에 관한 것 중 대표자가 총회의 결의 없이 행한 종중재산의 처분행위의 효력은 앞에서 살폈으므로, 그 외의 사항을 몇 가지 살펴 본다.

(a) 종중의 토지에 대한 수용보상금은 종원의 총유에 속하고 위 수용보상금의 분배는 총유물의 처분에 해당하므로, 정관 기타 규약에 달리 정함이 없는 한 종중총회의 분

29) 종중의 법률관계에 관한 판례의 소개는 김학동, 총유의 본질과 실제, 사법연구(청헌법률문화재단) 1집(1992), 113면 이하; 정긍식, 종중재산의 법적문제, 법제연구 4호(1993), 216면 이하; 허규, 종중·종중재산에 관한 제고찰, 사법논집 4집(1973), 5면 이하 참조.

30) 대판 1985. 10. 22. 83다카2396,2397; 대판 1988. 9. 6. 87다카514.

31) 대판(전) 2005. 7. 21. 2002다1178. 이 판결은 앞에서 소개하였음([14]의 주 6).

32) 대판 1970. 2. 24. 69다1774[집 18-1, 민 138].

33) 대판 1968. 2. 6. 67다1701,1702. 그 외에 판례는 종중은 자연적 종족집단으로서 일정한 자는 당연히 그 종원이 되고 일부 종원의 자격을 제한 혹은 박탈(割宗)할 수는 없다고 하며(대판 1981. 11. 24. 81다678, 81다카30), 더욱이 할종이라는 징계처분은 비록 그와 같은 관행이 있다 하더라도 이는 종중의 본질에 반하는 것으로서 그 관행은 위법이며 무효라고 한다(대판 1983. 2. 8. 80다1194). 종중에 관한 실태조사를 토대로 한 이덕승, 안동지방의 종중, 한국법사학회 제30회 학술발표회 발표(1994. 7. 1.)에 의하면, 종중에 따라서는 일정한 사유(예컨대 종중의 명예를 현저히 손상시키거나 선조제사에 일정 횟수 불참)가 있는 때에는 자격을 박탈한다는 규정이 있다고 한다.

34) 그 외에 실질과세주의에 따라 종중을 과세단위로 본다(대판 1983. 4. 12. 82누444[공 705, 832]).

배결의가 없으면 종원이 종중에 대하여 직접 분배청구를 할 수 없으나, 이를 종원에게 분배하기로 결의하였다면 종원은 종중에 대하여 직접 분배금의 청구를 할 수 있다.[35)]

(b) 종중이 종토 매각대금을 분배함에 있어서 해외 이민자인 종원은 지급대상에서 제외하기로 한 결의는 종원으로서의 권리의 본질적 부분을 부당하게 침해하는 것으로 무효이다.[36)]

(3) 주택조합 [348]

(가) 먼저 이러한 조합의 장이 무단히 행한 재산행위의 효력에 관한 판례를 살펴보면, 주택조합 혹은 재건축조합이 신축한 건물은 조합원 전원의 총유에 속하며, 총유물의 관리 및 처분에 관하여 재건축조합의 정관에 특별한 규정이 없으면 조합원 총회의 결의에 의해야 하므로(276조 1항), 조합의 대표자가 조합원에게 분양하고 남은 잔여 아파트 세대를 조합총회의 결의없이 처분한 경우에, 그 처분행위는 무효라고 한다.[37)] 그러나 조합의 대표자가 총회결의 없이 타인의 채무를 보증한 경우에, 보증행위는 총유물의 관리 · 처분에 관한 것이 아니므로 제276조 1항이 적용되지 않고 따라서 그 행위는 유효하다고 한다.[38)] 재건축조합이 재건축사업의 시행을 위하여 설계용역계약을 체결한 행위에 관하여도 마찬가지로 해석한다.[39)] 그 외에 주택조합의 대표자는 총회의 결의를 거치지 아니하고는 조합원 총유에 속하는 재산의 처분에 관하여 대리권을 가지지 않으므로 대표자가 총회결의없이 행한 처분행위에는 제126조의 표현대리 규정이 준용될 여지가 없다고 한다.[40)] 그러나 앞서 살핀 바와 같이 제276조 1항이 사단재산의 처분 혹은 관리에는 사원총회의 결의를 거치도록 하는 것은 강행규정이 아닐 뿐만 아니라 대표권을 제한하는 것도 아니고, 단지 내부적 의사결정방법을 규정한 것이다. 따라서 그러한 결의 없이 행해진 행위도 사단의 행위로서 유효하며, 다만 대표자가 개인적 이익을 도모하기 위하여 행위한 경우에 대표권 남용의 법리에 의하여 무효가 될 뿐이다.

(나) 재건축조합장이 사임하더라도 후임자의 선임시까지 직무수행권을 가지므로, 조합장이 사임 후 정관상의 소집절차에 따라 행한 총회소집은 적법하다.[41)] 사원총회가 그

---

35) 대판 1994. 4. 26. 93다32446.

36) 대판 2010. 9. 9. 2007다42310,42327. 다만 원심은 이와 같이 종중총회의 결의가 무효인 경우 법원이 합리적이라고 판단되는 분배를 직접 명할 수 있다고 한데 대하여, 이는 총유물의 처분에 관한 법리를 오해한 것이라고 하여 원심을 파기하였다.

37) 대판 2001. 5. 29. 2000다10246; 대판 2002. 9. 10. 2000다96; 대판 2007. 12. 13. 2005다52214 등.

38) 대판(전) 2007. 4. 19, 2004다60072,60089.

39) 대판 2003. 7. 22. 2002다64780.

40) 대판 2003. 7. 11. 2001다73626. 교회의 대표자가 교인총회의 결의 없이 교회재산을 처분한 경우에 관한 대판 2009. 2. 12. 2006다23312도 이와 마찬가지로 판시한다.

41) 대판 1996. 10. 25. 95다56866. 이 판결은 재건축조합의 구성원들은 총회의 결의 없이 조합과 시공

총유물에 관한 매매계약의 체결을 승인하는 결의를 하였다면, 그 대표자가 그 채무에 대하여 소멸시효 중단의 효력이 있는 승인 혹은 채무이행을 함에는 별도로 그에 대한 사원총회의 결의를 거칠 필요가 없다.[42] 집합건물의소유및관리에관한법률 제49조에 의하여 의제된 합의 내용인 재건축 결의의 내용을 변경함에 있어서는 그것이 구성원인 조합원의 이해관계에 미치는 영향에 비추어 재건축 결의시의 의결정족수를 규정한 동법 제47조 2항을 유추적용하여 조합원 5분의 4 이상의 결의가 필요하다. 그리고 재건축 결의의 내용을 변경하는 것도 같은 법 제41조 1항을 유추적용하여 서면합의에 의할 수 있다.[43]

[349] (4) 교 회

(가) 교회에서 주로 문제되는 것은, 교인들이 집단적으로 기존의 교회를 탈퇴하여 새로운 교회를 창설한 경우에, 기존 교회의 재산은 누구에게 귀속되느냐 하는 문제이다. 그런데 판례는 이러한 문제를 교회의 성질(즉 비법인사단인가 여부)과 관련시켜 판단한다. 즉 종래의 판례는 그러한 경우에 비법인사단인 교회가 2개로 분열된다고 하면서(교회의 분열), 재산귀속에 관해서는 교회재산은 분열 당시 교인들의 총유에 속한다고 하여, 탈퇴 교인도 기존의 교회 재산(교회당 건물)을 사용할 수 있다고 하였다.[44] 그런데 근래 태도를 바꾸어, 민법은 사단법인에서 구성원의 탈퇴나 해산을 인정할 뿐 구성원들이 2개의 법인으로 나뉘어 각각 독립한 법인으로 존속하면서 종전 사단법인에게 귀속되었던 재산을 소유하는 방식의 사단법인의 분열은 인정하지 않으며, 그 법리는 비법인사단에도 동일하게 적용된다고 한다. 따라서 탈퇴한 교인들은 기존 교회의 교인으로서의 지위를 상실하므로 기존 교회의 재산은 잔존 교인들의 총유로 된다(기존 교회는 잔존 교인들을 구성원으로 하여 실체의 동일성을 유지하면서 존속하며, 기존 교회의 재산은 그 교회에 소속된 잔존 교인들의 총유로 귀속된다)고 한다.[45]

이러한 결론 자체에는 찬성한다. 그러나 그 근거를 교회의 성질과 사단에서의 구성원의 탈퇴 가부에서 구하는 것이 타당한지는 의문이다. 왜냐하면 만약 그러한 논리대로 하게 되면 탈퇴 교인이 오히려 다수인 경우에 이들이 탈퇴에 앞서 총회에서 다수결을 통하여 기존 교회의 재산 전부 혹은 일부를 새로운 교회에게 이전하기로 하는 결의를 유효하다고 해야 하기 때문이다.

회사 사이에 체결된 공사도급계약의 무효확인을 구할 수 없다고 한다. 그 외에 총회소집통지에 열거된 회의 목적사항 말미에 기재된 '기타 사항'의 의미에 관한 판시내용은 후술한다.

42) 대판 2009. 11. 26, 2009다64383.

43) 대판(전) 2005. 4. 21, 2003다4969.

44) 대판 1985. 2. 8, 84다카730; 대판 1985. 9. 10, 84다카1262; 대판 1987. 6. 30, 86마478 등 다수. 다만 대판(전) 1993. 1. 19, 91다1226은, 분열 당시의 교인들뿐만 아니라 그 이후의 새로운 교인도 종전교회의 재산을 사용할 수 있다고 하였다. 초기에는 교회의 재산은 교회 교도들의 합유라고 하였었다(대판 1970. 2. 10, 67다2892,2893; 대판 1970. 2. 24, 68다615).

45) 대판(전) 2006. 4. 20, 2004다37775.

더 근본적 문제로서, 교인은 단지 神에 대한 신앙과 예배를 위하여 교회에 나오는 것인데, 교회 자체를 교인들이 일정한 사업을 위하여 결합된 단체(비법인사단)라고 하는 것이 타당한가 하는 의문이 든다. 그 외에도 사찰은 비법인재단이라고 하면서[46] 교회는 사단이라고 하는 것이 균형이 맞는지도 의문이다. 이런 점에서 교회의 성질에 대한 재검토가 필요하지 않을까?

(나) 그 외에 교회가 매매계약에 기해서 취득한 부동산을 대리권 없는 자가 교환계약을 체결하고 처분한 사안에 관하여, 판례[47]는 토지매매계약의 체결사실 및 잔금지급 사실을 교회주보에 의하여 교인들에게 보도함으로써 교회가 그 토지를 소유(총유)하게 되었다고 하고, 교회의 목사를 교회의 대표자라고 한다. 과연 그러한 판시가 타당한지 의문이다.

(5) 기 타 어촌계가 어업권의 소멸에 의하여 손실보상금을 받은 경우에, [350]
어촌계는 법인 아닌 사단이므로 그 손실보상금은 어촌계의 총유에 속하고, 따라서 이의 처분(각 계원들에게 분배될 보상금의 결정)은 정관에서 달리 정하지 않는 한 계원총회의 결의에 의해야 한다.[48]

4. 법인격 없는 재단 [351]

(1) 의 의 이는 일정한 목적을 위하여 출연된 재산이 사회적으로 독립한 존재를 가지고 정관 기타 재단법인의 실질을 갖추고 있으나, 아직 법인격을 취득하지 못한 재단을 뜻한다. 예컨대 어떤 자가 장학금에 사용하기 위하여 재산을 출연하고 정관을 갖추어 장학사업을 수행하고 있으나, 아직 법인격을 취득하지 못한 경우가 이에

46) 초기의 판례는 이를 권리능력 없는 사단 또는 재단이라고 하여 불명확한 태도를 취했으나(대판 1989. 10. 10. 89다카2902), 그 후에는 권리능력 없는 재단임을 명언한다(대판 1991. 6. 14. 91다9336; 대판 1994. 12. 13. 93다43545). 특히 93다43545는, 종래부터 존재하여 불교재산관리법(구)에 따라 불교단체등록을 한 사찰은 권리능력 없는 재단이므로, 비록 그 신도들이 사찰의 재산을 조성하는 데 공헌을 하였다 할지라도 사찰의 재산은 신도와 승려의 총유에 속하는 것이 아니라 권리능력 없는 사찰 자체에 속한다고 한다.

47) 대판 1989. 3. 14. 87다카1574. 이의 사안은, 甲 교회가 교회당을 신축하기 위하여 A의 소개로 K로부터 X토지를 매수하고 그로부터 교부받은 등기서류를 A에게 보관토록 하였는데, 교회가 다시 그보다 넓은 대지를 물색하던 중 교회 목사로부터 교회당부지 매매의 대리권을 수여받은 B가 A와 사이에서 위 X토지와 Y토지(A가 가등기담보를 받아 소유하게 된)를 맞바꾸기로 교환계약을 체결하였으며, 그런데 乙이 A로부터 X토지를 대물변제로 취득하여 이전등기를 경료하자, 교회 甲이 乙에 대하여 그 등기의 말소를 청구한 경우이다. 판결은 본문과 같이 판시하여, 甲의 청구를 인용하였다.

48) 대판 1992. 7. 14. 92다534. 이의 사안은 어민들이 조직한 어촌계가 그 지역에 방조제가 축조됨으로써 어업권이 소멸되어 농업진흥공사로부터 그에 따른 손실보상금을 지급받고 총회를 개최하여 여러 사정을 참작하여 그 보상금을 계원들에게 분배하기로 결의하였는데, 그 분배액에 불만을 가진 일부 계원이 조합이 해산된 경우에 있어서의 잔여재산분배에 관한 제724조 제2항을 유추적용하여 직접 어촌계에 대하여 자기 지분의 분배를 청구한 사안으로서, 판결은 그러한 청구를 배척하였다. 그리고 나아가 총회의 소집 또는 결의절차에 하자가 있거나, 그 결의의 내용이 각 계원의 어업 의존도, 멸실한 어업시설 등 제반 사정을 참작한 손실 정도에 비추어 현저하게 불공정한 경우에, 각 계원은 그 결의의 부존재 또는 무효확인을 소구함으로써 그 권리를 구제받을 수 있으나, 이 사안처럼 직접 손실보상금 중 위 민법규정에 의하여 산출한 자신들 몫의 금원지급을 구할 수는 없다고 한다.

해당한다.[49]

(2) 법률관계

(가) 법인격 없는 재단도 등기능력 및 당사자능력을 가진다(부등법 30조 1항, 민소법 52조).

(나) 그 외의 법률관계에 관하여는 재단법인에 관한 규정 중 법인격을 전제로 한 것을 제외하고는 이를 비법인재단에 준용한다.

(다) 특히 문제로 되는 것은 재산귀속관계이다. 재단에는 구성원이 없으므로 총유관계를 인정할 수 없음은 명백하다. 또한 법인격이 없으므로 재단 자신의 소유라고 할 수 없음도 명백하다.[50] 결국 대표자에게 신탁적으로 귀속한다고 해야 할 것이다. 그리고 재단의 의무에 대해서는 재단의 목적재산만이 책임을 진다고 할 것이다.[51]

재단이라는 용어는 일정한 목적에 바쳐진, 출연자의 사적 재산과는 독립된 별개의 재산이라는 민법상의 개념 이외에, 어떤 자의 사적 소유에 속하는 재산을, 채권자 기타 제3자의 권리를 보호하기 위하여, 법률상 그 자의 다른 재산과 구별하기 위해서도 사용된다. 예컨대 파산재단(통합도산법 382조 이하), 각종의 재단저당의 목적이 되는 재단(공장 및 광업재단저당법 2조, 10조 이하 등), 상속인 없는 상속재산(1053조) 등이 이에 속한다(그 외에 한정승인을 한 상속재산(1028조 이하)은 재단이라는 용어가 사용되지 않지만 이와 유사하다).

제11관 외국법인

[352] **Ⅰ. 외국법인의 의의**

법인으로서 내국법인이 아닌 것이 외국법인이다. 그런데 자연인은 국적법에 의하여 내외국인 여부가 결정되지만, 법인의 경우에는 그 내외성을 결정할 수 있는 통일된 법률이 없을 뿐 아니라, 구별의 표준에 관하여도 통일된 것이 없다. 종래 학설로는 (i) 주소지주의(주사무소 또는 영업중심지가 국내에 있느냐 여부를 기준), (ii) 설립준거법주의(법인설립의 준거법이 내국법이냐 여부를 기준), (iii) 정관작성지주의(정관작성지가 내국법이냐 여부를 기준), (iv) 설립자국적주의(설립자가 내국인이냐 여부를 기준) 등이 대립되었다. 입법례로서는 주소지주의와 설립준거법주의가 주로 채용되고 있다. 근래의 학설은 설립준거법주의와 절충주의가 대립되고 있다.[1)]

---

49) 그 외에 판례는 또 개인이 운영하는 학교는 비법인재단이 아니라고 한다(대판 1971. 9. 28. 71다424[요지 제31조, 27]; 대판 1974. 7. 26. 73다1044[요지 제31조, 30]. 그러나 유치원은 비법인재단이라 한다(대판 1968. 4. 30. 65다1651[집 16-1, 민 289]; 대판 1969. 3. 4. 68다2387[요지 제31조, 24]. 다만 대판 1965. 8. 31. 65다693[집 13-2, 민 106]은 이를 부인한다).

50) 이영준, 932면은, 법인격 없는 재단에 귀속한다고 하나, 이는 「법인격이 없다」(법인격이 없다는 점은 바로 권리 특히 재산권의 주체가 될 수 없다는 것임)는 점과 정면으로 배치되는 것이다.

51) 동지: 이영준, 933면. 이에 대하여 장경학, 301면은 대표자의 담보책임을 인정하여야 한다고 한다.

1) 설립준거법주의로는 곽윤직, 248면; 김기선, 136면; 장경학, 305면. 절충주의(설립준거법주의와 주

생각건대 오늘날 법인의 기능이나 그 조직내용을 본다면 어느 하나의 기준에만 의하여 그 내외성을 결정할 것이 아니라, 설립의 준거법과 주된 사무소의 소재지 즉 주소를 아울러 고려하여야 할 것이다. 그럴진대 첫째 우리 나라의 법률에 의하여 설립되고, 둘째 우리 나라에 주소를 가지는 법인만을 내국법인으로 보고, 그 밖의 법인을 모두 외국법인으로 보아야 할 것이다. 따라서 내국법인이라 하더라도 그 설립자의 전부 또는 일부가 외국인인 수도 있을 것이고, 반대로 한국인 일부 또는 전부가 외국에 주소를 두고 그 외국법에 의하여 법인을 설립하였을 경우에는 그것은 외국법인으로 보아야 할 것이다.[2)]

Ⅱ. 외국법인의 능력 [353]

외국법인을 어떻게 다룰 것인가에 관하여 민법은 아무런 규정도 두지 않는다(그러나 상법은 외국법인의 활동에 관하여 자세한 규정을 둔다 — 상법 614조 이하 참조). 따라서 민법은 자연인의 경우와 같이, 내외국법인을 평등하게 하는 것으로 해석된다. 오늘날 인류문화에 이바지하는 공익사업의 국제적 활동은 그것이 내국법인 · 외국법인의 어느 것에 의하여 전개되든 존중되어야 한다면, 민법의 태도는 수긍될 수 있다. 그러나 내외국법인 평등주의는 어디까지나 원칙에 불과하고, 외국인의 권리능력에서와 마찬가지로 법률 또는 조약에 의하여 어떠한 제한이 있어야 할 것은 불가피하다([135] 참조). 뿐만 아니라 내국법인이 그 실질에 있어서 출자액 또는 의결권의 과반수 이상이 외국인에 속하는 경우에는 그 법인의 능력을 제한하고 있는 예(구광업법(1999. 2. 8. 이전) 6조, 수산업법 5조 참조)는 이러한 필요성을 보여 주고 있다. 이러한 의미에서 입법기술상으로는 외국법인에 관하여 아무런 규정도 두지 않은 민법의 태도가 과연 현명한 것인지 의심스럽다.

외국상사법인 즉 영리법인인 외국법인에 관하여는 상법에 자세한 규정이 있으므로(614조 이하), 당연히 상법의 규정이 우선적으로 적용되게 된다.

소지주의의 절충)로는 김용한, 210면, 이영섭, 231면.

제3장 물 건

제1절 총 설

Ⅰ. 권리의 객체 [354]

(1) 권리는 일정한 대상을 필요로 하는바, 권리의 대상을 권리의 객체라고 한다.

(2) 권리의 객체는 권리의 종류에 따라 다르다. 물권에서는 물건, 채권에서는 특정인(채무자)의 행위(급부), 형성권에서는 법률관계, 무체재산권에서는 저작 · 발명 등의 정신적 창작물, 상속권에서는 상속재산 등이 각기 권리의 객체이다. 그 외에도 인격권에서는 권리주체 자신, 친족권에서는 일정한 친족관계에 서는 사람(친권에서는 친권에 복하는 자녀, 후견권에서는 피후견인 등) 등이 권리의 객체이지만, 근대법에서는 사람은 언제나 스스로 의사의 주체인 지위를 가지는 것이므로, 다른 권리주체의 의사에 절대적으로 복종하는 일은 없다. 이런 점에서 다른 권리의 객체와 차이가 있다.

Ⅱ. 민법의 규정 [355]

민법은 권리의 객체 중 물건에 관해서만 통칙적 규정을 총칙편에 두고 있다. 이는 한편으로는 권리의 객체 전부에 걸치는 공통의 원리는 찾기 어렵다는 점과, 다른 한편으로는 물건은 물권의 객체일 뿐만 아니라 채권의 목적물에도 관계되기 때문이다(독일민법은 물건에 관한 통칙적 규정을 제1초안에서는 물권편에 두었으나 제2초안 이래 총칙편에 두었다. 스위스민법은 물권편에 두고 있다). 그러나 물건에 관한 규정과 이론은 특히 물권이론에서 중요성을 가진다(뒤에서 살피는 물건의 개념, 물건의 개수 등이 그러하다). 물건의 개념과 종류를 살피기에 앞서, 물건에 대한 민법의 규율태도를 살펴본다.

(1) 물건은 그 종류나 상태에 따라 사회경제적 의미에 커다란 차이를 가진다. 예컨대 같은 소유권 혹은 임차권이더라도 그 객체가 부동산이냐 동산이냐에 따라 법률관계의 내용에 차이가 있다. 또 하나의 물건이 독립적으로 존재하는 경우와 다른 물건과 결합하여 사회경제적 기능을 수행하는 경우에 그 물건의 경제적 의미에는 커다란 차이가 있다. 그러나 민법은 기본적으로 이러한 차이를 고려치 않고 동일하게 규율한다. 이는

구체적인 법률관계의 차이를 捨象시키고 개념적으로 공통한 것을 추상화하여 동일하게 규율하는 민법의 추상적 성격의 한 표현이다. 이런 점에서 우리는 구체적인 법률관계를 판단함에 있어서는 물건이 가지는 사회경제적 의미를 간과하지 않도록, 그리하여 실제와 동떨어진 규율을 하지 않도록 유념할 필요가 있다. — 민법은 동산과 부동산의 법률적 취급을 달리 하지만, 이는 공시방법의 차이에 기한 것이지 사회경제적 의미의 차이에 기한 것이 아니다. 다만 다수의 물건이 결합하여 사회경제적으로 1체를 이루는 경우에 그 다수의 물건을 「1개의 물건」으로 취급하는 제도(예: 공장저당권)가 생기고 있다.

(2) 권리의 객체(물건)는 권리의 주체(人) 및 권리발생의 수단인 법률행위와 함께 민법의 3개 기본요소를 이룬다. 민법전은 물건을 기본적으로 단지 人이 지배력을 미치는 객체 · 대상으로 보는 입장에 서 있다. 즉 人이 주인적 위치에 서는 것이고, 물건은 오직 人의 지배대상일 뿐이라고 본다. 그러나 오늘날에는 다수의 생산시설과 재산으로 구성된 기업이 중요성을 가지면서, 위와 같은 관계가 때로는 轉位되고 있다. 즉 전에는 기업주가 이의 주인이고 기업은 기업주의 소유물로 인식되었으나, 이제 기업이 생활수단의 공급원일 뿐만 아니라 생활의 터전으로 되면서, 기업 자체가 기업재산은 물론 기업주로부터 근로자에 이르기까지 그 소속원을 지배하는 위치에 놓이게 된다. 나아가 기업은 국가경제의 기반으로서, 중요한 정치는 바로 기업을 위하여 전개되고 있다. 이에 관해서는 후술한다([364]).

제 2 절 물 건

[356] Ⅰ. 물건의 의의

민법은 「본법에서 물건이라 함은 유체물 및 전기 기타 관리할 수 있는 자연력을 말한다」고 규정한다(98조). 이러한 물건에 관한 정의는 자연과학적 관점이 아니라 법률적 관점에 기한 것으로서, 물건이 권리 — 특히 물건을 사용 · 수익 · 처분할 수 있는 소유권 — 의 객체라는 점에 기초한 것이다. 이하에서 물건이기 위하여 필요한 요건을 살펴본다.

1. 유체물 또는 자연력

물건에는 유체물과 무체물이 있다. 유체물이란 공간의 일부를 차지하고 사람의 감각에 의하여 知覺할 수 있는 형태를 가진 물질(고체 · 액체 · 기체)을 말한다. 이에 대하여 전기 · 열 · 빛 · 음향 · 향기 · 에너지 등과 같이 그러한 형태를 가지지 않는 것은 무체물이다. 권리도 무체물의 전형적인 것이다. 구민법은 유체물만을 물건으로 규정하였으나, 민법은 유체물뿐만 아니라 무체물도 물건에 포함시키고 있다. 그러나 모든 무체물이 물건으로 되는 것은 아니고 「관리할 수 있는 자연력」만이 법률상의 물건에 포함된다.

물건의 개념을 유체물에 한하느냐 또는 무체물도 포함시키느냐에 관하여는 입법주의가 나누어져 있다. 로마법(res incorporales) · 프랑스민법(동법 516조 이하) · 스위스민법(동법 713조) 등은 무체물도 포함시키고 있으나, 독일민법(동법 90조) · 구민법(동법 85조)은 물건을 유체물에 한정하였다. 과학이 발달함에 따라 사람의 힘으로 관리할 수 있는 자연력이 거래의 객체가 되고 있음은 주지의 사실이다. 무체물을 물건에 포함시키는 입법례는 이러한 거래상의 실제의 필요에 응한 것으로서 타당하다.

2. 관리가능 [357]

법률상의 물건은 사람이 관리할 수 있는 것에 한한다. 관리가 가능하다는 것은 지배가 가능하다는 것을 의미한다. 지배 내지 관리할 수 없는 물건은 이를 사용 · 수익 · 처분할 수 없으므로 권리(물권)의 객체가 될 수 없기 때문이다. 제98조는 무체물인 자연력에 관하여 이를 명언하고 있으나, 이는 유체물에 관해서도 요구되는 요건이다. 따라서 해 · 달 · 별 · 공기 · 해양 등은 유체물이지만 법률상의 물건의 개념에서 제외된다(주의할 것은 해양은 인위적으로 일정한 범위를 구획함으로써 지배할 수 있는 것이 되며, 어업권 등의 객체가 된다. 또 우주개발에 의하여 천체에 대한 지배가능의 한계도 동요되고 있다). 그러나 배타적 지배가능성 · 관리가능성이라는 개념은 상대적인 것이며 시대에 따라 변천하고 있음을 주의하여야 한다.

3. 외계의 일부 [358]

(1) 근대법은 사람에 대한 배타적 지배를 허용하지 않으므로, 사람 즉 人體는 물건이 아니다. 그러므로 물건이기 위해서는 외계의 일부이어야 한다. 인체의 일부인 이상 인위적으로 부착된 것(의치 · 의족 등)이더라도 역시 물건이 아니다.

(2) 그러나 인체의 일부가 분리된 것, 예컨대 머리털 · 이(치아) · 손톱 · 혈액 등은 물건이며, 분리 전의 사람의 소유에 속한다. 인체의 일부를 절단하는 계약이나 절단한 것의 처분행위도 사회질서에 위반하지 않는 한 유효하다.

(3) 시체(유해 · 유골)도 물건이다. 그러나 소유권의 객체가 되느냐에 관하여는 학설이 대립된다. 다수설은 이를 긍정한다. 다만 그 소유권의 내용은 보통의 소유권과 같이 사용 · 수익 · 처분(포기를 포함)할 수 없고, 오로지 매장 · 제사 등을 위한 권능과 의무를 내용으로 하는 특수한 소유권이라고 한다(특수소유권설).[1] 이에 대하여 소수설은 시체에 대한

1) 곽윤직, 294면; 김기선, 189면; 김용한, 216면; 이영섭, 236면; 장경학, 360면.

권리는 단지 매장 · 제사하는 것을 내용으로 하고, 또 양도 · 포기할 수도 없으므로, 이를 소유권이라고 할 수 없다고 하면서, 이를 관습법상의 관리권이라고 한다.[2] 판례는 전자의 입장이다.[3] 어느 설을 취하거나 실제적 차이는 없으나, 시체를 물건으로 보는 이상 특수소유권설을 취하는 것이 무방할 것이다.

그러면 위와 같은 시체에 대한 권리는 누구에게 속하는가? 시체를 소유권의 객체로 보는 입장에서는 종래 호주승계인에게 귀속한다고 하였으나(현재는 삭제된 분묘 등의 승계에 관한 996조와의 관계에서 보더라도 그러하다), 호주제도가 없어진 현재로서는 제사주재자에게 귀속된다고 해야 할 것이다. 판례도 이와 같은 입장이다.[4] 이에 대하여 시체에 대한 권리를 관습법상의 관리권으로 보는 소수설은, 이러한 권리는 관습상 상주에게 속한다고 한다.

死者(故人)가 생전에 자기의 시신의 처분방법에 관한 의사를 표명한 경우에(예: 대학병원에 기부하도록 하는 경우), 그러한 의사표시는 유효한가? 판례는, 그것이 선량한 풍속 기타 사회질서에 반하지 않는 이상 제사주재자는 그 의사를 존중해야 하지만, 이는 도의적 의무에 그치고 법률적 의무는 아니라고 한다.[5] 시신은 사자의 소유가 아니고 재사주재자의 소유이므로, 이는 법리적으로는 타당하다. 그러나 고인에 대한 제사 자체가 법적 의무에 기한 것이 아니고 도의 내지 관습에 기한 것이라는 점을 고려한다면, 제사주재자는 그 의사에 반해서는 안 된다고 하는 것이 타당하지 않을까(시신의 취급에 관하여는 경범죄처벌법(1항 6호)과 형법(159조~161조 참조)에 의한 특별한 제한이 있다)?

위에서 설명한 것은 유해 · 유골 이외에 유발에 관해서도 적용된다.

대판(전) 2008. 11. 20. 2007다27670 [사안] A가 B와 혼인하여 그 사이에 갑 등 3남 3녀를 두었는데, 10여 년 후 B와 떨어져 C와 44년에 걸쳐 동거하였으며, 그 사이에 을 등의 자녀를 두었다. A의 사망 후 을이 A의 유체를 공원묘지에 안장하였다. 그런데 갑이 그 유체를 선산에 미리 준비해 놓은 묘터에 모셔야 한다면서 이장을 요구하였고, 을이 이를 거부하자 을 등을 상대로 하여, A의 유체에 대한 소유권은 제사주재자에게 있고 A의 장남인 자신이 A의 제사주재자라고 하면서, A의 유체 인도를 구하는 소송을 제기하였다. 이에 대하여 을은, A의 생전 의사에 따라 그의 유체를 현재의 분묘에 안장한 것이므로 갑도 이에 따라야 한다고 항변하였다.

[판지] 다음과 같은 이유에서 갑의 청구를 인용하였다.

1) 유체의 귀속에 관하여 — 망인의 유체는 민법 제1008조의3 소정의 제사용 재산에 준하여 제사주재자에게 승계되고, 망인이 자신의 유체를 처분하거나 매장장소를 지정한 경우에는 선량한 풍속 기타 사회질서에 반하지 않는 이상 그 의사는 존중되어야 하지만, 이러한 의무는 도의적인 것에 그치고 제사주재자가 무조건 이에 구속되어야 하는 법률적 의무까지 부담한다고 볼 수는 없다.

---

2) 방순원, 138면. 이영준, 988면도 이러한 입장이라고 할 수 있다.
3) 대판(전) 2008. 11. 20. 2007다27670.
4) 대판(전) 2008. 11. 20. 2007다27670.
5) 전술의 2007다27670.

2) 제사주재자에 관하여 — 이는 우선적으로 망인의 공동상속인들 사이의 협의에 의해 정해져야 하되, 협의가 이루어지지 않는 경우에는 제사주재자의 지위를 유지할 수 없는 특별한 사정이 없는 한 망인의 장남(장남이 이미 사망한 경우에는 장남의 아들, 즉 장손자)이 제사주재자가 되고, 공동상속인들 중 아들이 없는 경우에는 망인의 장녀가 제사주재자가 된다.

3) 갑은 A가 C와 동거하였기 때문에 A와의 왕래나 부양을 하지 못하였을 뿐이고, 갑이 A의 생존시 A에 대한 부양을 거부하거나 사후 제사를 거부하겠다는 등의 의사를 표시한 바 없으므로, 갑에게 제사주재자의 지위를 유지할 수 없는 특별한 사정이 있다고 할 수 없다.

4. 독립한 물건 [359]

권리의 객체인 물건은 하나의 독립한 존재를 가지는 것이어야 한다. 독립한 물건 즉 하나의 물건이냐 여부는 일응 물리적 형태에 의하여 판단되지만, 궁극적으로는 사회관념에 따라서 결정된다. 즉 사회에서 하나의 독립한 거래객체로 인식되어야 독립한 물건이 된다. 독립한 하나의 물건인가 여부가 문제되는 경우는 다수의 물건이 결합된 경우이다. 이는 뒤에서 살핀다.

다만 「독립한 물건일 것」이라는 요건은 「물건」이 되기 위한 요건이 아니고, 「1개의 물권」이 성립하기 위한 요건이다. 민법은 1물1권주의를 취하기 때문에, 독립한 1개의 물건만이 1개의 물권의 객체로 된다. 물건의 일부나 구성부분 또는 물건의 집단은 원칙적으로 하나의 물권의 객체가 되지 못한다. 1물1권주의를 취한 이유는, ① 물건의 일부나 집단 위에 하나의 물권을 인정해야 할 사회적 필요나 실익이 없으며, ② 물건의 일부나 집단 위에 하나의 물권을 인정한다면 그 공시가 곤란하다는 점 등에 있다(이의 상세는 물권법 [16]).

어떤 것을 하나의 물건으로 보느냐는 물권관계에서만 문제되고 채권관계에서는 문제되지 않는다. 왜냐하면 물권은 1물1권주의의 원칙상 각 물건마다 공시방법을 갖추어야 하지만, 채권은 아무런 공시방법도 필요치 않기 때문이다.

Ⅱ. 물건의 결합 [360]

사회에는 여러 개의 물건이 결합 혹은 집합하여 외형상 1개의 물건으로 취급되거나 혹은 경제적으로 하나의 물건으로 거래되는 것이 적지 않다. 그런데 앞서 본 바와 같이 권리(엄격히는 물권)는 독립한 1개의 물건 위에 성립하므로, 그러한 물건이 법률상 1개의 물건이냐 하는 점이 문제된다. 이하에서 결합의 형태에 따라 물건의 종류를 나누어 본다. — 다만 원래의 부동산은 토지 및 건물 뿐인데, 이 중에서 건물은 다수의 물건의 결합으로 이루어지지만 건물 전체로서 1개의 물건이 되므로, 부동산에 관해서는 그와 같은 논의는 무의미하다. 그러므로 물건의 종류에 관한 이하의 설명은 동산에 관해서만 타당하다.

1. 단 일 물

단일물은 수개의 물건이 결합하여 물리적으로 1개의 물건으로 되는 것 중에서 그 결합된 구성부분(재료)이 개성을 잃은 것이다(달리 말한다면 단일물은 이러한 결합형태의 물건을 칭하는 것이다). 수십 혹은 수백 개의 종이가 결합하여 만들어진 1권의 책 혹은 노트, 수십 개의 부품이 결합하여 만들어진 라디오나 TV · 핸드폰 등이 이의 예에 속한다.

수개의 물건이 결합하였으나 그 구성부분이 독립한 형태를 가지지 않는다면, 그 구성부분이 1개의 물건으로 될 여지는 없다. 그러므로 이의 결합체인 단일물이 1개의 물건임은 당연하다.

[361] ## 2. 합 성 물

(1) 합성물은 수개의 물건이 결합하여 물리적으로 1개의 물건으로 되는 것 중에서 그 결합된 각 구성부분이 개성을 잃지 않고 있는 것인 점에서 단일물과 구별된다. 즉 결합된 구성부분들이 외형적 · 물리적으로 원래의 형태를 가지지 않는 것이 단일물이고, 그들이 외형적 · 물리적으로 원래의 형태를 가지고 있는 것이 합성물이다. 그러나 합성물이라고 하기 위해서는 각 구성부분이 결합하여 훼손하지 않으면 이를 분리할 수 없거나 그 분리에 과다한 비용을 요하는 것이어야 한다(257조 참조). 이런 정도의 결합이 아닌 것은 뒤에서 보는 집합물에 해당한다. 합성물의 예로는 자동차에 부착된 각종의 부품, 보석이 든 반지 등이 있다.

(2) 합성물에서는 구성부분이 독립한 형태를 가지므로 이를 각기 1개의 물건으로 하느냐 하는 점이 문제될 수 있다. 그런데 합성물을 이루는 구성부분은 결합의 정도가 상당히 공고하여 이를 쉽게 분리하기 어려운 것인바, 이러한 구성부분을 각기 1개의 물건으로 하는 것은 부적절하다. 따라서 합성물도 법률상 1개의 물건이 된다.

(3) 합성물이 1개의 물건이라면, 각 구성부분이 소유자를 달리하는 것이었더라도 각 부분에 대한 소유권을 그대로 존속시킬 수는 없고 합성물 자체에 1개의 소유권이 성립한다고 해야 한다. 이때 이를 누구의 소유로 하느냐 하는 것을 규율하는 것이 부합의 법리이다. 민법은 주된 물건의 소유자에게 이를 귀속시킨다(257조 1문). 즉 예컨대 갑의 X물건과 을의 Y물건이 결합하여 Z라는 새로운 물건이 만들어진 경우에, 이의 주된 재료는 X물건인 때에는 갑이 Z물건의 소유자가 된다(만약 재료의 주종을 구별할 수 없으면 갑과 을이 Z물건을 공유한다(257조 2문). 이는 1개의 소유권을 갑과 을이 나누어 가지는 것이다). 다만 을은 갑에 대하여 구상권을 가지게 된다(261조).

(4) 합성물(단일물 혹은 집합물도 마찬가지이지만 대부분은 합성물)을 구성하고 있는 부분, 달리 말하면 다른 물건과 결합함으로써 독립성을 잃고 합성물을 구성하는 것을 구성부분이라고 한다. 이는 항을 바

꾸어 뒤에서 살핀다.

3. 집 합 물 [362]

(1) 집합물은 다수의 물건이 집합하여 경제적으로 단일한 가치를 가지며 거래상으로도 일체로서 다루어지지만, 다수의 집합체가 합해서 1개의 물건이 되지 않고 이를 구성하는 물건들이 각기 독립한 물건으로 남는 것이다. 공장에 설치된 각종의 기계와 부품, 가게에 진열 또는 보관된 수많은 상품, 양식장이나 농장에서 사육되는 수많은 물고기 혹은 소 · 돼지 등이 그 예이다. 집합물 중에는 때로는 어느 물건이 다른 물건에 부합되어 있는 경우도 있지만(공장에 설치된 기계가 그 예이다), 이때에도 부합된 물건이 쉽게 분리될 수 있는 것인 한 합성물이 아니고 집합물이 된다.

(2) 집합물은 법률적으로는 원칙적으로 1개의 물건이 아니다. 그러나 법률 그리고 나아가 거래관행에 의하여 1개의 물건으로 취급될 수 있다.

(가) 집합물이 특별법에 의하여 등기 · 등록 등의 공시방법이 마련된 재단을 구성하는 때에는, 이는 전체로서 1개의 물건으로 다루어진다(공장재단 및 광업재단(공장 및 광업재단저당법 12조, 13조, 53조)).

(나) 이러한 특별법이 없는 경우에는 집합물을 1개의 물건으로 취급하기는 쉽지 않다. 그러나 하나의 기업을 조성하는 집합물은 서로 합해서 객관적으로 단일한 가치를 가지며, 물권적 거래 특히 담보거래의 객체로 되고 있다. 하나의 양식장에서 키우는 물고기 일단 혹은 하나의 농장에서 사육하는 소나 돼지 일단 등과 같이, 내용이 변경하면서도 전체로서 역시 1개의 독자적인 경제적 가치를 가지는 것이 하나의 양도담보의 객체가 되는 것이 그 예이다.[6] 물건의 본질은 법률적으로 관리할 수 있는 생활자료인 점에 있다. 그렇다면 물권법에서의 공시의 원칙에 어긋나지 않는 한, 경제적으로 일체를 이루는 집합물은 법률적으로도 이를 일체로 인정하는 것이 적합할 것이다. 이런 점에서 장차 한 상점의 상품 전부 혹은 도서관의 장서 전부 등도 하나의 물건으로 취급될 것으로 기대된다.

(다) 다만 집합물을 구성하는 개개의 물건은 법률적으로나 경제적으로나 그 개성을 잃는 것은 아니다. 따라서 개개의 물건은 집합물의 구성부분이라는 관계에서는 집합물 그 자체의 법률적 변동에 좇고, 개개의 물건으로서 독립성을 가지는 관계에서는 독립한 법률적 변동에 좇는다고 하여, 이원성을 가진다고 해야 할 것이다.

---

6) 대판 1990. 12. 26. 88다카20224(양만장에서 입식하는 뱀장어); 대판 1994. 12. 2. 93다62577; 대판 1996. 9. 10. 96다25463(이의 사안 및 문제점은 후술한다([397]); 대판 2004. 11. 12. 2004다22858(이상은 농장에서 사육하는 돼지 혹은 한우와 꽃사슴 등). 그외에 철강회사에 반입되는 연열코일 등 자재에 대한 것으로서 대판 1988. 10. 25. 85누941.

[363] ## 4. 구성부분

(1) 수개의 물건이 결합하여 경제상 하나의 물건으로 거래되는 경우에, 그 결합물을 구성하는 것을 구성부분이라고 한다.

(2) 구성부분은 이를 훼손하지 않으면 분리할 수 없거나 그 분리에 과다한 비용을 요하는 것(257조 참조)과 그렇지 않은 것으로 나눌 수 있다.

(가) 독일민법은 구성부분을 둘로 나누어, 훼손하거나 본질을 변경하지 않고서는 분리할 수 없는 것을 본질적 구성부분(wesentliche Bestandteile)이라고 하고(동법 93조), 일시적 목적만을 위하여 토지에 부착되어 있는 물건 및 일시적 목적만을 위하여 건물에 부가된 물건을 假裝的(혹은 비본질적) 구성부분(Scheinbe-standteile)이라고 한다(동법 95조). 우리 민법은 이러한 구별을 명언하지 않으나, 동산 간의 부합에 관하여 「훼손하지 아니하면 분리할 수 없거나 그 분리에 과다한 비용을 요하는 것」(257조)이라고 한 것은 위에서 말하는 본질적 구성부분과 비슷한 것이라고 할 수 있다.

(나) 무엇이 본질적 구성부분으로 되느냐는 주로 물건의 성질이나 결합의 정도에 의하여 정해진다. 즉 예컨대 자동차에 부착된 각종의 부품, 반지에 박혀있는 보석 등은 본질적 구성부분에 해당할 것이다(이와 달리 핸드폰에 부착시킨 커버는 비본질적 구성부분에 해당한다고 할 것이다. 그 밖에 자동차의 타이어는 다른 부품과는 달리 비본질적 구성부분이라고 할 수 있지 않을까?) 그러나 입법정책에 의하여 정해질 수도 있다. 그러한 예는 건물이다. 건물은 토지에 부착하지 않고서는 존재할 수 없다. 수목과 같은 토지의 산출물도 마찬가지이다. 이런 점에서 이는 본질적 구성부분에 속할 것이다. 그리하여 독일민법은 「『토지에 정착된 물건, 특히 건물 및 토지의 산출물』은 토지에 결합되어 있는 한 토지의 본질적 구성부분에 속한다」고 규정한다(동법 94조 1항). 그런데 우리의 법률은 건물을 하나의 독립한 부동산으로 취급한다(부동산등기법 참조). 또 수목도 등기함으로써 독립한 부동산이 될 수 있도록 한다(입목법 참조). 더 나아가 판례는 토지의 산출물인 수목 혹은 수목의 집단 그리고 나아가 미분리의 천연과실도 때로는 토지와 별개의 독립한 부동산으로 인정한다([381]). 그러므로 이러한 물건은 입법 또는 판례에 의하여 비본질적 구성부분으로 된 것이다(다만 건물은 언제나 그렇게 되지만, 수목 등은 등기 혹은 명인방법을 취함으로써 독립한 물건으로 된 경우에 비로소 그렇게 된다).

(3) 본질적 구성부분과 비본질적 구성부분의 차이는, 그 구성부분이 1개의 물건으로서 따라서 독립한 권리의 객체가 되느냐 하는 점이다. 즉 후자에서는 그렇게 되지만, 전자에서는 그렇게 될 수 없다. 그러므로 본질적 구성부분의 원소유자는 그에 대한 소유권을 보유할 수 없다. — 독일민법은 본질적 구성부분은 독립한 권리의 객체가 될 수 없다는 점을 명언한다(동법 93조). 그러나 그러한 규정이 없는 우리 민법에서도 이는 당연하다. 즉 예컨대 타인의 부동산에 물건을 부속시킨 경우에(예컨대 나무를 식재하거나 건물이 아닌 조형물을 정착시킨 경우), 그 물

건이 토지로부터 분리시키기 어려울 정도로 부합된 때(본질적 구성부분)에는, 이는 독립한 물건이 아니고 따라서 토지의 소유권에 속하나, 그 물건이 토지에서 쉽게 분리될 수 있는 때(비본질적 구성부분)에는, 이는 독립한 물건으로서 권원에 기해서 이를 부속시킨 자가 이의 소유권을 보유한다(256조 단서 참조. 여기에서의 「부속」이라는 용어는 부합시킨 정도가 분리가능할 정도로 느슨한 경우를 가리키는 것으로 이해된다). 다만 그 부착시킨 물건이 건물인 때 혹은 등기나 명인방법을 갖춘 수목인 때에는, 비록 물리적으로는 분리시키기 어렵더라도 비본질적 구성부분으로서 토지와는 독립한 물건이 된다.

5. 재산과 기업 [364]

(1) 재산이란 경제적 가치를 가지는 물건 및 권리 · 의무의 집합이다. 재산은 이를 집합시키는 중심(주체)이 개인인 경우에는 독립한 일체로서의 의의가 비교적 적다. 겨우 상속에서 문제가 되지만, 이 경우에도 개개의 권리의무로 분해해서 생각하더라도 그다지 불합당하지는 않을 것이다.

(2) 그러나 재산을 구성하는 중심이 하나의 기업인 경우에는, 재산은 고객관계 기타의 사실관계까지도 포함하여, 주체를 떠난 객관적으로 독립한 일체로서의 존재를 취득하며, 매매 · 임차 · 담보 등의 거래의 객체가 된다. 근래의 경제거래에서 기업은 그 주체로부터 떠나 객관적 조직을 가지고, 사람은 그 기업조직의 일부를 담당하는 양적 노동의 주체임에 지나지 않게 되었다. 이른바 「기업의 독립성」 획득의 경향이다. 그리고 독립성이 갖추어진 기업에서는 이를 구성하는 요소들은 하나의 기업재산으로서 독립의 경제적 가치를 가진다. 따라서 법률에서도 이러한 기업재산을 일체로 보아서, 그 안에 채권 및 물권이 존재하는 것을 인정해야 할 것이다. 앞에서 말한 집합물과 함께 앞으로의 중요한 연구과제이다.

Ⅲ. 물건의 분류 [365]

민법총칙이 규정하는 물건의 분류는 동산 · 부동산, 주물 · 종물, 원물 · 과실이지만, 이는 다음 절에서 다루고, 여기에서는 그 밖에 학자가 드는 분류를 간단히 설명한다.

1. 융통물 · 불융통물

(1) 사법상 거래의 객체가 될 수 있는 물건이 융통물이고, 그렇지 못한 물건이 불융통물이다.

(2) 불융통물에는 다음과 같은 것이 있다.

㈎ **公 用 物** 국가 · 공공단체의 소유에 속하며, 국가나 공공단체에 의하여 공적 목적에 사용되는 물건이다(관공서의 건물, 국공립학교의 건물 등). 공용물은 공공용물과 함께 국유재산법

상의 「행정재산」을 구성하며(동법 6조), 그 목적이나 용도에 장해가 없는 한도 내에서 사용 · 수익이 허가되는 예외를 제외하고는, 사법상의 거래가 허용되지 않는다(동법 7조, 27조 참조). 그러나 공용물이라도 공용폐지 후에는 사법상의 거래의 객체가 될 수 있다.[7)]

(나) **公共用物** 일반 공중의 공동사용에 供與되는 물건이다(도로 · 공원 · 하천 · 항만 등). 공공용물은 공용물과 달라서 반드시 국가 · 공공단체의 소유에 속해야 하는 것은 아니다. 따라서 사인의 소유에 속하는 공공용물도 있을 수 있다. 예컨대 도로부지는 사인의 소유에 속할 수 있다(도로법 3조). 공공용물도 공용폐지가 있을 때까지는 사법상의 거래의 객체가 되지 않는다.

(다) **禁 制 物** 법령에 의하여 거래가 금지된 물건이다. 소유 또는 소지까지도 금지되는 것과, 단지 거래만 금지되는 것을 포함한다. 아편 · 아편흡식기구(형법 198조 이하 참조), 음란한 문서 · 도서 기타의 물건(형법 243조, 244조 참조), 위조 · 변조한 통화와 그 유사물(형법 207조 이하 참조) 등은 전자의 예이고, 국보 · 지정문화재(문화재보호법 35조, 66조 등 참조) 등은 후자의 예이다. 그리고 매장문화재는 국가의 소유로 귀속되므로(민법 255조, 문화재보호법 48조) 이의 습득자 혹은 발견자가 유실물 습득 혹은 매장물 발견 등의 법리(민법 253조, 254조)에 의하여 이의 소유권을 취득하지 못한다.[8)]

[366] 2. 가분물 · 불가분물

물건의 성질 또는 가격을 현저하게 손상하지 않고도 분할할 수 있는 물건이 可分物이며(금전 · 곡물 · 토지 등), 그렇지 않은 물건이 不可分物이다(소 · 말 · 건물 등). 이 구별의 실익은 공동소유 · 다수당사자의 채권 등과 같이 1개의 물건에 관하여 수인이 물권 또는 채권을 가지는 경우에 나타난다(269조, 274조, 408조 이하).

[367] 3. 소비물 · 비소비물

소비물은 물건의 성질상 그의 용도에 따라 1회 사용하면 다시 동일한 용도에 사용할 수 없는 물건이다. 금전 등과 같이 한 번 사용하면 그 주체가 변하는 것은 소비물과 동일하게 다루어진다. 이에 반하여 물건의 용도에 따라 반복해서 사용 · 수익할 수 있는 물건은 비소비물이다. 이 구별의 실익은 주로 소비대차 · 사용대차 · 임대차에 관하여

---

7) 행정재산에 대한 공용폐지의 의사표시는 명시적 의사표시뿐 아니라 묵시적 의사표시라도 무방하지만, 행정재산이 본래의 용도에 제공되지 않는 상태에 놓여 있다는 사실만으로 관리청의 그에 대한 용도폐지의 의사표시가 있었다고 볼 수 없다(대판 1996. 12. 10. 95다37681; 대판 1997. 8. 22. 96다10737; 대판 2009. 12. 10. 2006다19528 등. 이들 판례는 행정재산이지만 국가가 점유 사용치 않던 토지를 20년 간 점유한 사람이 취득시효를 이유로 이전등기를 청구한 사안으로서, 판결은 위와 같은 이유로 청구를 배척한다).

8) 그러므로 발견자가 채권자와 매장문화재에 대한 대물변제약정을 체결하고 반환청구권의 양도 방식으로 점유를 인도하였더라도, 그 채권자는 매장문화재를 보관하고 있는 지방자치단체에게 소유권에 기한 인도를 청구할 수 없다(광주지법 순천지판 1995. 8. 30. 94가단14548).

생긴다(598조, 609조, 618조).

4. 대체물 · 비대체물 [368]

일반거래상 물건의 개성이 중요시되느냐 여부에 의한 일반적 · 객관적인 구별이다. 대체물은 물건의 개성이 중요시되지 않고 단순히 종류 · 품질 · 수량에 의하여 정해지고, 동종 · 동질 · 동량의 물건으로 바꾸어도 당사자에게 영향이 없는 물건이다(금전 · 서적 · 술 · 곡물 등). 비대체물은 그러한 대체성이 없는 물건이다(서화 · 골동품 · 소 · 말 · 건물 등). 구별의 실익은 소비대차 · 불규칙임치 등에 관하여 생긴다(598조, 702조).

5. 특정물 · 불특정물 [369]

구체적인 거래에서 당사자가 물건의 개성에 착안하여 지정된 물건을 거래의 객체로 삼은 것이 특정물이고, 물건의 개성이 아니고 물건의 품질이나 수량에 착안하여 그와 같은 종류의 물건을 거래의 객체로 삼은 것이 불특정물이다(그러므로 불특정물을 목적으로 하는 채권을 종류물채권이라고 한다). 그러므로 특정물은 다른 물건으로 바꾸지 못하는 물건이고, 불특정물은 동종의 다른 물건으로 바꿀 수 있는 물건이라고 할 수 있다. 위에 말한 대체물 · 비대체물이 객관적인 구별임에 대하여, 특정물 · 불특정물은 당사자의 의사에 기한 주관적인 구별이므로, 이는 엄격히 말하면 물건의 구별이라기보다는 거래방법의 구별이라고 할 수 있다. 특정물과 비대체물, 불특정물과 대체물은 대체로 일치하는 것이 보통이지만, 언제나 일치하는 것은 아니다. 예컨대 금전 · 유가증권과 같은 대체물도 封金으로서 또는 번호를 특정하여 거래할 때에는 특정물이 되고, 소 · 말 등이 대량으로 거래되는 경우에는 불특정물이 된다. 특정물 · 불특정물의 구별의 실익은 채권의 목적물의 보관의무(374조) · 채무변제의 장소(467조) · 매도인의 담보책임(570조 이하) 등에서 생긴다.

제 3 절 동산과 부동산

Ⅰ. 총 설 [370]

1. 의의 등

(1) 의 의 부동산이란 일정한 장소에 고정적으로 존재하여 이전할 수 없는 물건을 말하며, 토지 및 그 정착물이 이에 해당한다(99조 1항). 동산이란 장소를 이전할 수 없는 물건을 말하며, 부동산 이외의 물건이 이에 해당한다(동조 2항). 동산 · 부동산의 구별은 물건의 구별 중에서 가장 기본적이고 중요한 것이다.

(2) 구별이유 동산 · 부동산을 구별하는 이유로는 대체로 두 가지가 있다. 첫째 부동산은 동산에 비하여 경제적 가치가 훨씬 크므로 특별한 보호를 필요로 한다는 점, 둘째 동산은 언제나 그 장소를 전전함에 반하여 부동산은 용이하게 그 장소가 변하지 않으므로, 그 위에 존재하는 권리를 타인에게 공시하는 방법을 달리할 필요가 있다는 점이다.

그러나 오늘날에는 유가증권과 같이 동산이면서 중요한 가치를 가지는 것이 증대하면서, 첫째 이유는 실제적 의미를 상실하였다. 따라서 오늘날에는 장소적 이전가능성 유무로 인한 공시방법의 구별 필요성이 양자를 구별하는 근본이유라고 할 것이다. 그러나 동산이면서도 그의 공시방법을 부동산과 유사하게 등기 또는 등록에 의하는 것이 증대하고 있다(선박 · 중기 · 자동차 · 항공기 등).

[371] 2. 법률적 취급의 차이

동산과 부동산에 대한 법률적 취급의 차이를 간단히 살펴보면 다음과 같다.

(i) 공시방법이 다르다. 즉 부동산은 등기, 동산은 인도를 그 공시방법으로 한다.

(ii) 동산의 거래에는 공신의 원칙이 인정되나, 부동산의 거래에는 그것이 인정되지 않는다.

(iii) 그 위에 성립하는 물권에 차이가 있다(용익물권은 부동산 위에만 성립하며, 담보물권 중 저당권은 부동산 위에, 질권은 동산 위에 성립한다).

(iv) 무주물선점(252조) · 부합(256조, 257조) 등에서 법률효과가 다르다.

(v) 법정대리인이 무능력자의 행위에 동의를 함에 있어서 그 행위가 부동산의 득실변경을 목적으로 하는 경우에는 친족회의 동의를 얻어야 한다(950조 1항 3호. 다만 그 외에도 중요한 재산에 관한 권리의 득실변경을 목적으로 하는 경우에도 마찬가지이므로, 이러한 차이는 절대적인 것은 아니다).

(vi) 그 외에 재판관할 및 강제집행의 절차와 방법에 차이가 있다(민소법 20조, 민집법 78조 이하, 188조 이하 참조).

[372] Ⅱ. 부 동 산

1. 총 설

부동산은 「토지 및 그 정착물」이다(99조 1항). 이 중에서 「토지」의 의미는 설명할 필요가 없을 것이다. 그러므로 여기에서는 정착물의 의미를 살핀다.

(1) 토지의 정착물이란 토지에 고정적으로 부착되어 용이하게 이전될 수 없는 물건으로서, 계속적으로 일정한 토지에 부착시켜서 사용하는 것이 그 물건의 거래상의 성질로 인정되는 것이다. 건물이 정착물의 가장 대표적인 것이다. 그 밖에 수목 역시 일반적으로는 정착물이지만, 假植 중의 것은 정착물이 아니다. 따라서 가식 중의 수목은 동산

이다. 기계도 토지 또는 건물에 고정시켜진 때에는 정착물로 된다.

(2) 토지의 정착물은 원칙적으로 토지의 일부(즉 토지의 구성부분)를 이루고, 따라서 독립한 부동산으로 되지 않는다. 토지에 부착된 담장 · 다리 · 하수관 · 논둑[1] · 철도레일[2] 등이 그 예이다.[3] 이러한 것은 그 정착하는 토지에 관한 권리의 변동에 수반한다.

그런데 정착물 중에는 법률에 의하여 혹은 판례에 의하여 독립한 부동산이 되는 것이 있다. 건물 및 등기된 수목(혹은 수목집단)이 전자의 예이고, 명인방법을 갖춘 수목 혹은 미분리과실 그리고 농작물 등이 후자의 예이다.

(3) 이하에서는 부동산 중 독립한 물건을 살핀다.

토지가 독립한 부동산인 것은 모든 입법례에서 차이가 없으나, 건물 기타 토지에 부착하는 것의 취급은 각국의 법에 따라서 같지 않다. 유럽의 대륙법계 국가에서는 지상물은 토지에 따른다(superficies solo cedit)고 하는 로마법의 원칙[4]에 따라서 토지만을 부동산으로 하고, 건물과 같은 토지의 정착물은 토지로부터 독립한 부동산으로 다루지 않는다. 영국법은 로마법을 따른 것은 아니지만, 건물과 같이 토지에 정착된 것도 토지(land)의 일부로 하는 점에서는 유럽 대륙법계에서와 같다.[5] 그리하여 예컨대 독일민법은 동산과 토지(Grundstück)와를 대립시키고, 건물 및 토지의 산출물을 토지의 본질적 구성부분으로 삼는다(동법 94조). 스위스민법도 이와 비슷하다(동법 655조 · 667조). 프랑스민법은 토지와 일체를 이루는 건물 등은 성질에 의한 부동산(immeuble par natur), 토지에 종속하는 물건(민법의 종물에 가까운 것)은 용도에 의한 부동산(immeuble par destination)이라고 부른다(동법 517조 이하). 어느 것이나 건물을 독립한 부동산으로 하지 않는 점에서 우리 민법과 다르다.

어떤 물건에 다른 물건을 부착시켜 두 물건이 일응 결합되어 있는 경우를 칭하는 용어로는 부합(256조 본문, 257조)과 부속(100조, 256조 단서, 646조)이 있다(양자의 관계 내지 차이는 뒤에서 살핀다([388])). 그런데 제99조는 그외에 「정착」이라는 용어를 사용한다. 정착물에 관한 위의 설명에서 볼 때, 이는 일응 부속과 같은 의미이고 다만 부동산에 부착되었다는 점에서 차이가 있는 것으로 이해된다.

2. 토　　지 [373]

(1) 토지라고 할 때는 일정한 범위의 地面 및 정당한 이익 있는 범위 내에서의 地上 · 地下가 포함된다(212조). 따라서 암석 · 모래 · 지하수 등과 같은 토지의 구성물은 토지와는 별개의 독립한 물건이 아니며, 토지의 소유권은 당연히 그 구성물에도 미친다. 토지와 관련하여 문제되는 점을 살펴본다.

㈎ 미채굴의 鑛物도 본래는 토지의 구성부분으로 보아야 할 것이지만, 광업법은 국

1) 대판 1964. 6. 23. 64다120[요지 제99조, 6].
2) 대판 1972. 7. 27. 72마741[집 20-2, 민 160].
3) 대판 1970. 9. 22. 70다1494[집 18-3, 민 70]은, 임야에 있는 자연석을 조각하여 제작한 石佛은 임야의 일부를 구성하는 것이라고 할 수 없고, 임야와 독립된 소유권의 대상이 된다고 한다.
4) Gaius 2, 73.
5) Jenks' English Civil Law 4.ed. Vol. Ⅱ. p.481.

가경제상의 이유에서 일정한 종류(동법 3조)의 미채굴의 광물을 토지소유권으로부터 분리하여, 국가가 이를 채굴 · 취득할 권리를 부여할 권능을 가지며(동법 2조), 채굴되지 아니한 광물은 채굴권 없이는 채굴할 수 없다(동법 4조)고 규정한다. 따라서 자신의 토지에 광업법상의 광물이 존재하는 경우에, 그 토지소유자가 아니라 국가로부터 허가를 받은 자만이 이를 채굴할 수 있다. 그러므로 광업법의 적용을 받는 광물은 토지소유권의 내용에 포함되지 않는다. 그러면 미채굴의 광물을 토지와 독립한 부동산으로 볼 것인가? 일부 견해는 이를 국유에 속하는 독립된 부동산으로 본다.[6] 그러나 미채굴의 광물은 그 자체로는 토지의 일부이므로 독립한 부동산이 될 수 없으며, 따라서 이는 국가의 배타적인 채굴 · 취득의 허가권의 객체로 보면 좋을 것이다.[7]

(나) 바다 및 하천(하천법의 적용을 받는 하천)[8]은 토지가 아니다. 이에 관해서는 수산업법(8조, 16조) · 공유수면 관리 및 매립에 관한 법률(8조) · 하천법(33조) 등에 기하여 이용권 혹은 점용권이 성립할 수는 있어도 사적인 소유권은 성립하지 않는다. 따라서 토지가 하천부지로 된 때에는 토지에 대한 소유권은 당연히 소멸한다.

[374] **(2) 토지의 갯수** 토지는 무한히 연속하고 있으나, 편의상 인위적으로 구분하여 1구역(필)마다 地番을 붙여서 각 지번마다 독립한 부동산으로 한다(측량 · 수로조사 및 지적에 관한 법률(이하 「지적법」이라 약칭함) 2조, 66조, 부등법 15조 참조). 따라서 1필의 토지가 1개의 부동산이다.

1필의 토지를 수필로 분할하거나 수필의 토지를 1필로 합병하려면 분필 또는 합필의 절차를 밟아야 한다(지적법 79조 · 80조, 부등법 35조 이하 참조). 1필의 토지의 일부만을 분필절차를 밟지 않은 채 물권거래의 객체로 할 수 없다(즉 분필절차를 밟기 전에는 토지의 일부를 양도하거나 제한물권을 설정할 수 없다. 취득시효도 마찬가지이다). 만약 1필의 토지의 일부만을 거래하면서 분필절차를 밟지 않은 채 토지 전부에 관하여 이전등기를 경료한 경우에는, 매도하지 아니한 부분에 관하여 명의신탁관계가 성립한다.[9] 그러나 전세권은 1필의 토지의 일부 위에 설정할 수 있다(부등법 72조 1항 6호 참조. 따라서 전세권에서는 1물1권주의의 예외가 인정된다).

[375] ## 3. 건 물

(1) 독 립 성 법은 건물에 관하여 토지와는 별도의 등기부(건물 등기부)를 두고 있다(부등법 14조 1항). 따라서 건물은 언제나 토지와는 별개의 독립한 부동산이 된다. 그러므로 예컨대 갑의 토지에 을이 건물을 신축한 경우에, 그 건물은 을의 소유로 된다(원시 취득). 이는

6) 곽윤직, 304면; 김기선, 196면; 방순원, 144면; 장경학, 371면

7) 고상용, 277면; 김용한 223면; 이영준, 993면.

8) 하천은 그 규모에 따라 국가하천(유역면적 합계가 200제곱킬로미터 이상인 하천 등으로서 국가하천으로 지정된 것)과 지방하천(지방의 공공이해와 밀접한 관계가 있는 것으로서 시 · 도지사가 지정한 것)으로 구분한다(하천법 제7조).

9) 대판 1974. 9. 24. 74다1204; 대판 1988. 6. 28. 88다카3601; 대판 2008. 2. 14. 2007다63690 등.

을이 이의 지반인 토지에 대한 점유 사용권을 가지는지 여부를 불문하며(을에게 토지사용권이 없는 경우에, 갑은 단지 을에 대하여 소유권 침해를 이유로 건물철거를 청구할 수 있을 뿐이고 건물의 소유권을 취득하는 것은 아니다), 건물이 건축허가를 받고 적법하게 지어진 것이냐 여부를 불문한다(즉 소위 무허가건물이더라도 신축자의 소유로 된다). 또 예컨대 갑 소유의 토지와 그 지상의 건물을 을이 함께 양수하였음에도 을이 토지에만 소유권이전등기를 마치고 건물에는 이를 마치지 않은 경우에는, 을은 건물에 대한 소유권을 취득하지 못한다(그 외에 토지에만 저당권을 설정한 경우에는 그 지상의 건물에는 저당권이 미치지 않는다).

(2) 건물의 개수　　건물의 개수는 토지와 달리 등기부에 의하는 것이 아니라, [376]
물리적 구조 그리고 궁극적으로는 사회관념에 의하여 결정된다.[10] 즉

㈎ 독립한 1동의 건물은 비록 그에 대한 등기부가 마련되지 않더라도 독립한 부동산이 된다(신축 건물에 관해서 등기하지 않는 이유는 여러 가지가 있으나, 허가받지 않고 건물을 신축하였거나 준공검사가 나지 않는 등으로 인하여 등기할 수 없는 경우가 적지 않다). 따라서 예컨대 갑이 소유 토지에 건물을 신축하면, 비록 건물에 관한 보존등기를 행하지 않더라도 건물은 토지와는 별개의 부동산이 된다.

㈏ 1동의 건물이 그 구조상 구분된 수개의 부분이 독립한 건물로서 사용될 수 있고(집합건물) 그리하여 각 부분이 사회관념상 독립한 부동산으로 인정되는 경우에는(즉 각 부분이 독립하여 거래의 객체로 되는 경우), 그 구분된 각 부분이 법률상 1개의 건물이 된다(215조, 집합건물의 소유 및 관리에 관한 법률 참조).

㈐ 건물의 구성부분(차양·덧문 등)은 건물의 일부이고 독립한 물건이 아니다.

㈑ 1동의 건물로 등기되어 있는 것을 구분하여 그 일부만을 처분할 수는 없다. 다만 전세권의 경우에는 건물의 일부에 대하여도 전세권을 설정할 수 있는 예외가 인정된다는 점은 전술하였다.

(3) 건물의 始期　　건물은 토지 위에 여러 가지 동산(건축재료)을 부합시켜 만들어진 [377]
다. 따라서 그 초기에는 토지의 본질적 구성부분(부합물)으로서 독립성을 가지지 않는다. 그러면 신축중인 건물은 언제부터 토지의 부합물에서 벗어나 독립한 부동산이 되느냐? 이 문제는 특히 건물의 신축 중에 건축자가 바뀐 경우에 누가 완성된 건물의 소유자가 되는가 하는 문제와 관련된다. 왜냐하면 건물의 신축은 새로운 물건의 탄생으로서, 따라서 이의 신축자 — 즉 신축중인 건물이 독립한 건물로 되는 시점에 이를 건축한 자 — 가 법률의 규정에 의하여 당연히(즉 등기없이) 그에 대한 소유권을 취득하게 되기 때문이다.

㈎ 판례는 신축건물이 사회통념상 건물이라고 볼 수 있는 형태와 구조를 갖춘 때 독립된 건물로 된다고 하고, 그러한 구조는 기둥과 지붕 그리고 主壁이 축조된 때 갖추어진다고 한다.[11] 따라서 미완성건물을 인도받아 나머지 공사를 마치고 완공한 경우에도,

10) 대판 1961. 11. 23. 4293민상624[집 9, 민 90]; 대판 1990. 1. 12. 88다카28518; 대판 2001. 10. 12. 2000두1591.

그 인도시에 미완성건물이 사회통념상 독립한 건물이라고 볼 수 있는 것인 때에는 원래의 건축주가 소유권을 원시취득한다. 그러므로 예컨대 갑이 건물을 신축하던 중 자금이 부족하여 미완성의 건물을 을에게 양도하여 을이 건축공사를 완료하였으나 을이 대금을 지급치 않아 갑이 건물을 자신 명의로 보존등기한 경우에, 만약 미완성건물의 양도 당시에 그것이 사회통념상 독립한 건물로 인정되는 때에는 그 등기는 유효하다.[12)]

[378] (나) 위와 같은 기준은 건물이 사회관념상 전체로서 1개로 되는 것인 경우(단독건물)를 중심으로 발전된 것이다. 그러면 건물이 구분소유의 대상이 될 수 있는 구조인 경우(집합건물)에는 어떻게 할 것인가? 즉 집합건물을 건축하는 중에 건축주가 바뀌었고 그리하여 수인이 각기 일부 층만을 완성시킨 경우에, 구분소유될 각 부분을 분리해서 건물로서의 요건(기둥과 주벽·청정)이 갖추어졌는가를 판단할 것인가, 아니면 건물 전체를 기준으로 하여 이를 판단할 것인가? 종래의 판례 중에는 예컨대 지상 7층 건물로 설계되어 있으나 지상 1층만으로도 구분소유권의 대상이 될 수 있는 구조인 건물인데, 이 중 지하 1, 2층 및 지상 1층까지의 기둥과 천장(지붕) 그리고 주벽이 이루어진 상태(전체 공사진척도는 20-30%에 불과)에서 그 지반인 토지가 경매된 사안에서, 그 공작물을 독립된 건물로 인정(그리하여 토지의 경락인의 위 공작물에 대한 소유권 취득을 부인)한 것이 있다.[13)] 이의 사안은 위와 같은 점이 문제된 경우는 아니지만, 구분소유될 부분이 독립한 건물로서의 형태를 갖춘 때에는 그 부분에 대하여 건축자의 소유를 인정한 점에서는 일응 전자의 입장이라고 할 수도 있을 것이다. 그러나 근래 위와 같은 점이 문제가 된 사안에서, 판례는 명백히 후자의 입장을 취한다.[14)] 생각건대 구분소유를 예정하는 집합건물이더라도 법적으로 구분소유의 객체가 되지 전까지는 물리적 기준에 따라 1개의 건물이라고 해야 할 것이다. 그리고 구분소유의 성립시점은 건물 전체가 완성되어 당해 건물에 관한 건축물대장에 구분건물로 등록된 때이다.[15)] 이런 점에서 후자의 입장이 타당하다고 생각된다. 건물의 始期 문제는 실제적으로 보면, 수인의

11) 대판 1984. 9. 25, 83다카1858; 대판 1986. 11. 11, 86누173; 대판 1996. 6. 14, 94다53006 등.

12) 대판 1993. 4. 23, 93다1527,1534; 대판 2002. 3. 12, 2000다24184,24191; 대판 2002. 4. 26, 2000다16350 등.

13) 대판 2001. 1. 16, 2000다51872. 그외에 전술의 93다1527,1534; 대판 2003. 5. 30, 2002다21592,21608 등도 이와 유사하다.

14) 대판 2006. 11. 9, 2004다67691. 박용표, 집합건물공사 중 건축주가 변경된 경우 건물소유권의 원시취득자, 판례연구(부산판례연구회) 19집(2008), 231면 이하는, 이 판결은 종래의 판결을 변경한 것은 아니라고 한다. 김동윤, 구분소유의 대상이 될 수 있는 구조의 건물에 있어서 원시취득자의 확정, 사법(사법연구지원재단) 7호(2009), 137면 이하 역시, 이 판결과 종래의 판결들은 일견 모순되는 듯이 보이나, 양자는 그 사안을 달리하는 것이므로 판례변경이 있은 것은 아니라고 한다. 이에 대하여 이범상, 건물공사 중 건축주가 변경된 경우 건물소유권의 원시취득시기, 경영법무 132호(2007), 14면 이하는 이 판결은 사실상 종례의 판례를 변경한 것이라고 한다.

15) 이 점은 앞의 2004다67691도 판시하지만, 그 외에 대판 1999. 9. 17, 99다1345.

건축주가 건물의 일부씩을 완성시킨 경우에 각자가 지출한 건축비용을 어떻게 회수하도록 할 것인가 하는 것과 관련되고, 전자의 입장은 이러한 점을 고려한 것(즉 각자에게 자신이 공사한 부분에 대한 소유권을 인정함으로써 건축비용을 회수하도록 하는 것)이 아닌가 생각된다. 그러나 건축비용의 회수는 소유권의 귀속에 의해서가 아니라 부당이득에 의하여 해결해야 할 사항이다. 그렇다면 전자의 문제를 판단함에 있어서 후자의 문제를 고려할 필요는 없을 것이다.

대판 2006. 11. 9. 2004다67691 [사안] 갑이 소유 토지에 18층짜리 아파트를 신축하던 중 6층까지의 골조공사를 마친 상태에서 공사를 중단하였으며, 그 후 위 토지에 설정되었던 저당권이 실행되어 A가 이를 경락받았다. 을은 A로부터 위 토지와 공작물을 양수하고 공사를 계속하여 좌측 부분은 18층 골조공사를 마쳤으나 우측 부분은 7층까지의 골조 및 지붕공사를 마쳤다(건물 내부의 전기나 배관공사는 시공되지 않았음). 이러한 상태에서 병이 위 공작물을 양수하여 건물 전체를 완공하였다. 그런데 을이 자신이 공사를 마친 건물 부분에 관하여 소유권보존등기를 경료하자, 병이 위 건물은 전체로서 자신의 소유라고 하면서 을의 위 등기의 말소를 청구하였다.

[판지] 다음과 같이 판시하여, 병의 청구를 인용하였다 — 처음부터 여러 층으로 건축할 것으로 예정되어 있는 건물의 건축공사를 진행하던 중에 건축주의 사정으로 공사가 중단되었고, 중단 당시 이미 일부 층의 기둥과 지붕 그리고 둘레 벽이 완성되었다 하더라도, 제3자가 이러한 상태의 미완성 건물을 양수하여 나머지 공사를 진행하여 건물을 완공한 경우에는, 그 구조와 형태가 원래의 설계 및 건축허가의 내용과 동일하다고 인정되는 건물 전체를 하나의 소유권의 객체로 보아 그 제3자가 그 건물 전체의 소유권을 원시취득한다고 보는 것이 옳고, 전체 건물 중에서 건축공사가 중단될 당시까지 기둥과 지붕 그리고 둘레 벽이 완성되어 있던 층만을 분리해 내어 이 부분만의 소유권을 종전 건축주가 원시취득한다고 볼 것이 아니다. 또한 구분소유가 성립하는 시점은 원칙적으로 건물 전체가 완성되어 당해 건물에 관한 건축물대장에 구분건물로 등록된 시점이라고 할 것이므로, 건축공사가 중단될 당시까지 종전 건축주에 의하여 축조된 미완성 건물의 구조와 형태가 구분소유권의 객체가 될 수 있을 정도가 되었다고 하더라도 달리 볼 것이 아니다.

(4) 건물의 증축 건물이 증축된 경우에 그에 대한 귀속관계는 그 증축부분이 [379]
기존 건물과 독립성을 가지는가 여부에 따라 달라진다. 증축부분이 기존 건물과 독립성을 가지는가 여부는, 증축 부분이 기존 건물에 부착된 물리적 구조, 그리고 용도와 기능면에서 기존 건물과 독립한 경제적 효용을 가지는가 하는 점을 고려해서 판단한다.[16)]

증축부분이 독립성을 가지면 이는 신축자의 소유로 된다. 그러나 독립성을 가지지 않으면 그 증축 부분은 기존 건물에 부합하는 것으로서 이의 일부가 되고, 기존 건물의 소유자에게 귀속된다(256조 참조).

16) 대판 1988. 2. 23. 87다카600; 대판 1990. 1. 12. 88다카28518; 대판 1996. 6. 14. 94다53006; 대판 2002. 10. 25. 2000다63110 등. 그런데 이들 판례는 독립성 여부를 판단함에 있어서 고려할 사항으로 증축자의 의사를 든다. 그러나 이는 독립적인 고려사항이 아니라 경제적 효용 혹은 독립하여 거래의 객체로 되는가 하는 점을 판단함에 있어서 고려할 사항에 불과한 것이 아닐까?

예컨대 저당권이 설정된 2층 건물의 소유자가 1.2미터 정도의 간격을 두고 2층 건물을 증축(신축)하였는데, 양 건물이 대문을 공동으로 하고 통로로 연결되어 있더라도 서로 기능을 달리하는 구조이고 증축부분의 면적도 기존 건물에 준하는 경우에, 그 증축부분은 독립한 건물로 인정된다. 그러므로 경매법원이 증축부분을 경매신청된 기존건물의 부합물이나 종물로 보고 경매를 같이 진행하여 경락허가를 하였다 하더라도 증축부분에 대한 경락은 무효이고 따라서 그 경락인은 위 독립된 건물에 대한 소유권을 취득할 수 없다.[17] 이와 반대의 예로 지하 1층, 지상 7층의 주상복합건물을 신축하는 자가 불법으로 건물의 옥상 부분에 무허가로 최상층과 같은 면적의 공간을 증축하여 최상층의 복층으로 사용한 경우에, 그 증축부분은 독립성이 없어서 기존건물에 부합한다. 따라서 기존건물에 대한 저당권은 그 부분에도 미치므로, 기존건물에 대한 경매절차에서 그것이 경매목적물로 평가되지 않았더라도 경락인은 부합된 증축 부분의 소유권을 취득한다.[18] 다만 그로 인한 경락인의 손실이나 이득은 담보책임 혹은 부당이득 문제로 처리된다. 즉 예컨대 후자의 경우에 경락인은 증축부분을 대가없이 취득한 것이 되므로 기존 건물의 소유자에게 그 부당이득을 반환해야 한다. 전자의 경우에는 경매 목적물의 일부가 타인의 소유인 경우이므로, 경락인은 기존 건물주에게 담보책임을 물을 수 있다(578조, 571조)

[380] (5) 건물의 소멸 건물이 소멸 내지 붕괴되면 부동산은 아니게 된다. 그러므로 기존 건물을 헐고 같은 위치에 새로운 건물을 신축한 경우에, 신축 건물은 멸실 건물과는 별개의 새로운 물건이 된다. 따라서 저당권이 설정되어 있던 기존 건물을 헐고 새로 건물을 신축한 경우에, 저당권은 신축 건물에 미치지 않는다. 그러므로 예컨대 건물주(저당권 설정자)가 저당권자와 사이에서 기존 건물상의 저당권을 신축 건물에 미치는 것으로 합의하고 기존 건물에 관한 등기부에 그 표제부 표시를 신축 건물로 변경등기하더라도, 그 저당권등기는 무효이다(따라서 그 무효인 저당권등기에 기하여 진행된 임의경매절차에서 신축 건물을 경락받은 자는 그에 대한 소유권을 취득하지 못한다).[19]

[381] 4. 수목 및 미분리과실

(1) 수 목 수목은 원래는 그것이 자라고 있는 토지(地盤)의 정착물로서, 그 토지의 일부이고 독립한 부동산이 되지 않는다. 그러나 수목 특히 수목의 집단(山坂)은 토지에 자라고 있는 채로 토지와 분리해서 거래할 필요가 있다. 또 그렇게 거래되는 관행이 형성되었다. 그리하여 토지소유자가 토지소유권은 보유한 채 토지 위에 식재된 수목만을 처분한 경우에, 판례는 수목(혹은 이의 집단)에 명인방법을 갖춘 때에는 이로써 수목의 소유권이 양수인에게 넘어간다고 하여, 수목을 토지와 별개의 부동산으로 인정하였다. — 이와 같이 수목은, 건물은 등기하지 않더라도 당연히 독립한 부동산이 되는 것과 달

17) 대판 1988. 2. 23. 87다카600.

18) 대판 2002. 10. 25. 2000다63110.

19) 대판 1976. 10. 26. 75다2211; 대판 1993. 5. 25. 92다15574. 건물주가 위와 같은 합의를 하였음에도 후에 신축건물의 경락인에 대하여 소유권을 부인하는 주장을 하는 것은 신의칙에 반하지 않는다고 한 판례(대판 1980. 11. 11. 80다441; 대판 1992. 3. 31. 91다39184)는 앞에서 소개하였다([95]).

리, 명인방법(혹은 등기)을 갖추어야 비로소 독립한 부동산이 되는 것이다. 즉 예컨대 토지소유자 갑이 그 지상의 수목을 을에게 매각하였더라도, 만약 을이 그 수목에 관해서 특별한 조치를 취하지 않은 때에는 수목은 여전히 갑의 소유이고, 을은 단지 갑에 대하여 수목의 이전을 요구할 수 있는 채권을 가질 뿐이다. 따라서 갑이 이를 다시 병에게 팔고 병이 명인방법을 갖추면 병이 이의 소유권을 취득하고, 따라서 을은 갑에 대하여 채무불이행을 이유로 손해배상을 청구할 수 있을 뿐이다. 을이 그 수목이 자신의 것임을 표시하는 명인방법을 해 둔 경우에 비로소 그 수목은 토지의 일부가 아니고 독립한 물건으로서 을에게 소유권이 이전되는 것이다.

(가) 종래에는 수목에 관하여 명인방법이라는 공시방법이 행해졌는데, 그 후 등기라는 공시방법이 인정되었다(입목에 관한 법률(입목법) 1조 이하 참조). 명인방법은 시간이 지나면 알아보기 어렵거나 없어질 가능성이 있어서 공시방법으로서 불완전한바, 이러한 문제점을 해소하기 위하여 부동산의 원래의 공시방법을 마련한 것이다(물권법 [143] 이하 참조). 다만 등기는 입목법이 규정하는 일정한 범위의 수목의 집단에 대해서만 가능하나, 명인방법은 모든 종류의 수목의 집단 그리고 개개의 수목에 대해서 가능하므로, 이러한 공시방법이 여전히 이용될 여지가 있다.

(나) 수목의 집단을 입목법에 의하여 등기한 경우에는 그 입목은 독립한 소유권의 객체가 되어 이를 토지와 분리하여 양도할 수 있을 뿐만 아니라, 이에 저당권을 설정시킬 수도 있다(입목법 3조 2항). 이에 반하여 단지 명인방법을 갖춘 수목의 집단(혹은 개개의 수목, 미분리의 과실)은 오직 소유권의 객체가 될 뿐이고 저당권의 목적으로 하지는 못한다(다만 양도담보를 설정할 수는 있으므로, 이에 의하여 수목의 집단에 담보권을 설정시킬 수 있다).

(2) 미분리과실 나아가 판례는 과수의 열매 · 엽연초 · 상엽 등과 같은 미분리 [382]
의 과실에 대하여도 명인방법을 갖춤으로써 토지와는 별개로 독립한 거래의 객체로 된다고 하여, 이러한 것도 독립한 토지정착물로 인정한다. — 그러면 미분리의 과실은 부동산이냐 동산이냐? 부동산거래에 관한 원칙도 동산거래에 관한 원칙도 그대로 적용되지 않으므로 굳이 이것을 문제삼을 실익은 없지만, 성질을 따지자면 아직 토지의 정착물이므로 부동산이라고 해야 할 것이다.[20] 다만 이는 매우 가까운 장래에 쉽게 동산으로 될 것이 예상되기 때문에, 이것을 동산에 준하여 취급하는 수가 있다(민집법 189조 2항 2호).

5. 농 작 물 [383]

(1) 일반원칙 토지에서 경작 · 재배되는 각종의 농작물은 토지의 정착물로서

20) 김용한, 226면; 김현태, 228면. 이에 대하여 곽윤직, 310면은, 동산으로 다루는 것이 적당하다고 한다.

토지의 일부를 이루고 독립한 물건으로 되지는 않는다. 다만 정당한 권원에 기하여 타인의 토지에서 경작 · 재배한 경우에는, 그 농작물은 토지에 「부합」하지 않으므로(256조 단서) 경작자가 이에 대한 소유권을 보유하고, 따라서 마치 토지로부터 독립한 부동산인 것과 같이 다루어지게 된다.

이와는 달리 아무런 권원없이 타인의 토지에서 경작한 농작물은 부합에 의하여 토지소유자에게 귀속되므로(256조 본문), 경작자가 이에 대한 소유권을 보유하지 못할 것이다. 그런데 판례는 법률과 정면으로 배치되는 결과를 인정한다. 항을 나누어 판례이론을 살핀다.

[384] **(2) 특수한 판례이론** 판례는 아무런 권원없이 타인의 토지에서 농작물을 경작한 경우에도, 그 농작물의 소유권은 경작자에게 있다고 한다. 그리고 이러한 점은, 토지소유자가 경작자에게 방해배제청구권을 행사하였음에도 불구하고 경작자가 이에 응하지 않고 계속 경작한 경우에도 마찬가지라고 한다.[21)]

(가) 이러한 판례이론은 타당한가? 생각건대 이러한 문제는 대부분 토지소유자가 스스로 토지를 이용하지 않는 경우에 발생하는 것으로서, 따라서 경작자로서는 놀고 있는 땅을 이용한 경우이다. 그리고 위와 같은 판례이론은 그 정착물이 수목이 아니라 농작물인 경우에 한정되는데,[22)] 농작물은 파종부터 수확까지 불과 몇 개월밖에 안 걸리므로 이러한 결과를 인정하더라도 토지소유자의 이익을 중대하게 침해하지는 않을 것이다. 이러한 점을 고려할 때에는 이를 정당한 것으로 생각할 수도 있다. 그러나 타인의 토지를 무단히 사용하는 것은 분명 위법하다. 더욱이 소유자의 방해제거청구가 있음에도 불구하고 위법적 사용을 계속하였음에도 그 결실을 귀속시키는 것은 위법행위를 조장할 우려가 있다. 법률규정과 다른 해석은 그렇게 하지 않으면 부당한 결과를 막을 수 없는 부득이한 경우에 한정되어야 한다. 그러나 경작자의 노고의 결과를 토지소유자에게 귀속시킴으로써 생기는 부당이득 문제는 부당이득제도에 의하여 해결하면 되고, 굳이 이를 위하여 그 결과물을 경작자에게 귀속시킬 필요는 없다. 이런 점에서 판례이론의 정당성은 극히 의문스럽다(제9판에서 판례이론을 지지하였던 견해를 수정한다).[23)]

21) 대판 1963. 2. 21. 62다913[집 11-1, 민 119]; 대판 1967. 7. 11. 67다893[집 15-2, 민 178]; 대판 1968. 6. 4. 68다613,614[집 16-2, 민 118]; 대판 1979. 8. 28. 79다784. 다만 경작자에게 소유권이 귀속되기 위해서는 그 농작물이 성숙하여 독립한 물건으로서의 존재를 갖추었어야 한다(62다913; 79다784).

22) 판례는 수목의 경우에는 위와 같은 이론을 적용치 않고, 제256조에 의하여 임야소유자에게 귀속된다고 한다(대판 1970. 11. 30. 68다1995[집 18-3, 민 330]).

23) 동지: 곽윤직, 311면 및 立稻 기타의 농작물의 소유관계에 관한 판례연구, 서울대 법학 11권 1호, 111면 이하.

(나) 판례이론에 의하면, 토지소유자 아닌 자가 경작한 농작물은 결과적으로 언제나 — 즉 권원에 기한 경우에는 제256조 단서에 의하여, 권원없는 경우에는 판례에 의하여 — 그것이 부착된 토지와는 별개의 독립한 물건으로 된다. 그리고 여기에서는 미분리의 과실의 경우와는 달리 명인방법이 갖추어질 필요도 없다.

Ⅲ. 동 산 [385]

부동산 이외의 물건은 모두 동산이다(99조 2항). 토지에 부착된 물건도 정착물이 아닌 것(예컨대 假植 중의 수목)은 동산이다. 전기 기타 관리할 수 있는 자연력도 동산임은 물론이다. 선박 · 자동차 · 중기 · 항공기 역시 모두 동산이다. 다만 등기 · 등록에 의하여 그에 대한 권리를 공시토록 함으로써, 법률상 부동산과 같이 다루어진다. 구민법은 무기명채권(상품권 · 승차권 · 입장권 · 무기명국채 등과 같이 증권면상에 채권자를 표시하지 않고, 채권의 성립 · 존속 · 행사 등에 모두 원칙적으로 증권의 존재를 요건으로 하는 채권)을 동산으로 오해하였으나(구민법 86조 참조), 민법은 그러한 규정을 두지 않고 채권편에서 따로 규정하고 있다(523조~525조).

금전도 동산에 해당하나, 보통 물건이 가지는 개성을 가지지 않고 일정액의 가치를 표상하는 것이므로, 다른 동산과는 다른 특수성이 있다.

제 4 절 주물과 종물

Ⅰ. 의 의 [386]

1. 물건의 소유자가 어떤 물건의 常用에 供하기 위하여 자기 소유인 다른 물건을 그 어떤 물건에 부속하게 한 경우에, 그 어떤 물건을 「주물」이라고 하고, 부속된 다른 물건을 「종물」이라고 한다(100조 1항). 예컨대 배와 노, 자물쇠와 열쇠, 주택과 별채로 된 광, 시계와 시계줄 등은 주물과 종물의 관계에 있는 것이다.

2. 민법은 법적 명확성과 거래의 안전을 위하여 물권법질서를 1개의 물건에서 출발하고 있다. 그러나 복수의 물건이 각각 독자적 존재를 가지고 있더라도, 사회경제적 관계에서 한 쪽이 다른 쪽의 효용을 도와서 하나의 경제적 가치를 발휘하는 경우가 적지 않다. 그리고 이런 경우에 그 물건들은 서로 경제적 운명을 같이하는 것이 보통이다. 그리하여 민법은 그들의 결합을 파괴함이 없이 사회경제상의 의의를 다할 수 있도록 하기 위하여 그러한 물건들을 법률적으로도 운명을 같이하도록 하는바, 이것이 주물 · 종물의 제도이다.

[387] Ⅱ. 종물의 요건

(1) 주물의 常用에 이바지(供) 「供한다」는 것은 사회관념상 계속해서 주물의 경제적 효용을 다하게 하는 작용을 하는 것을 말한다. 따라서 일시적으로 어떤 물건의 효용을 돕고 있는 물건은 종물이 아니다. 또한 주물 자체의 효용과 직접 관계가 없는 물건은 종물이 아니다(예컨대 침구 · 식기 · 책상 등은 주택 안에 있고 때로는 주거생활에 이바지하지만, 주택의 종물은 아니다). 요컨대 「주물」 자체의 상용에 이바지하는 것이 아니고 「주물의 소유자나 이용자」의 상용에 이바지하는 것은 종물이 아니다.[1) 주물의 상용에 이바지한다고 하는 요건은 객관적으로 결정된다. 부속시키는 자의 의사는 객관적으로 나타나지 않는 한 영향을 미치지 않는다.

[388] (2) 주물에 부속 제100조 1항은 종물을 어떤 물건에 「부속」시킨 것이라고 한다. 부속시켰다고 하기 위해서는 장소적으로 상당한 정도로 가까운 관계가 있어야 한다.[2) 입법례에 따라서는 이것을 명문으로 규정하기도 하지만(독일민법 97조 1항 참조), 민법의 해석으로도 당연하다.

부속의 의미에 관한 민법의 태도에는 모순되는 점이 있다. 즉 부속이라는 용어는 제256조에서도 사용되는데, 이의 본문은 「부합」의 효과를 규정하면서, 그 단서에서 「부속」된 경우(물론 다른 요건으로 「타인의 권원」에 의할 것을 요구하지만)에는 「그러하지 아니하다」고 하여 예외규정을 둔다. 따라서 여기에서의 부속은 부합의 일종으로 이해된다. 그러므로 이 규정만을 본다면 부속물은 독립한 물건이 아니라 다른 물건의 (비본질적) 구성부분을 이루는 것으로 이해된다. 그런데 종물은 다음에서 보는 바와 같이 구성부분이 아니라 독립한 물건이다. 그러므로 결국 부속이라는 용어가 제100조에서와 제256조에서 상이한 의미로 사용되고 있다. 개정이 요구되는 것이다. 그 외에 「부속」이라는 용어는 임대차 종료시의 부속물매수청구권(646조 및 647조에서의 전차인의 부속물매수청구권)과 관련해서도 사용되는데, 여기에서도 부속물은 독립한 물건으로 이해된다(채권각론 [393] 참조).[3) — 참고로 독일민법은 종물은 구성부분이 아님을 명언하는 한편(동법 97조), 부합과 관련해서 우리 민법 제256조 단서와 같은 규정을 두지 않는다(동법 946조 참조).

[389] (3) 동일 소유자 주물의 소유자가 「자기 소유인 다른 물건」을 부속시켰어야

---

1) 대판 1985. 3. 26. 84다카269. 호텔에 설치 혹은 비치된 전기, 위생, 냉난방, 세탁, 전화교환, 공청, 방송, 소방, 승강기 등 시설로서 건물에 고정되어 있는 것은 부합물에 해당하고, 호텔의 각 방실에 시설된 TV · 전화기, 호텔세탁실에 시설된 세탁기 · 탈수기 · 드라이크리닝기, 호텔주방에 시설된 냉장고 제빙기, 호텔방송실에 시설된 VTR(비데오) · 앰프 등은 호텔의 경영자나 이용자의 상용에 공여됨은 별론으로 하고 주물인 호텔건물 자체의 경제적 효용에 직접 이바지하는 것은 아니므로 건물에 대한 종물이 아니라고 한다.

2) 대판 1956. 5. 24. 4288민상526[요지 제100조, 1]은 「특정의 주물에 부속된다고 인정할 만한 장소적 관계에 있음을 요한다」고 하고 「本屋과는 거리가 15척이나 떨어지고 또 목조와즙으로 건축된 물이 주물의 상용에 공하는 물이라고 해석하기 어렵다」고 한다.

3) 이러한 점은 판례도 명언한다(대판 1991. 10. 8. 91다8029; 대판 1993. 10. 8. 93다25738,25745).

하므로, 주물 · 종물 모두 동일한 소유자에게 속해야 한다.[4] 다만 이러한 요건은 종물 자체의 요건이 아니고, 제100조가 적용되기 위한 요건이다. 그리하여 예컨대 배와 노는 주물과 종물의 관계에 있는 것이지만, 갑이 자신의 배에 을의 노를 설치해 둔 경우에는 본조가 적용되지 않으며, 따라서 갑이 배를 병에게 팔더라도 노는 이전되지 않는다(다만 병은 선의취득에 의하여 노를 취득할 수 있다). 이는 동일한 법률적 운명을 따르게 함으로써 제3자의 권리를 침해하는 일이 없도록 하려는 취지일 것이다. 그러나 물건의 경제적 작용에 있어서의 객관적 결합은 소유자를 달리하는 물건에 관해서도 성립한다. 따라서 그러한 물건의 결합에도, 제3자의 권리를 침해하지 않는 범위 내에서, 물건 상호간의 경제적 효용을 중시하여 제100조 1항을 확장해석함으로써 주물 · 종물을 인정하는 것이 타당하다.

(4) 그 외에 민법이 규정하지 않는 요건으로서, [390]

㈎ 종물은 주물로부터 독립된 별개의 물건이어야 한다. 즉 종물은 주물의 구성부분이 아니다(독일민법 97조 1항은 이러한 점을 명언한다). 다만 종물(부속물)과 구성부분(부합물)은 주물 등의 처분에 따른다는 점에서 법률적 취급에 유사성이 있다. 판례(예컨대 앞의 주 1에서 소개한 84다카 269 및 주 4의 2007다36933,36940 등)가 어떤 물건이 종물인가 부합물인가를 명확히 구별하지 않는 것은 이 때문이다.

㈏ 주물과 종물은 어느 것이나 동산 · 부동산을 불문한다(독일민법 97조, 스위스민법 644조는 종물은 동산이어야 할 것으로 규정하는데, 이는 건물 기타 토지의 정착물을 모두 토지의 구성부분으로 취급하기 때문이다). 가방과 열쇠, 배와 노, 새와 새장 등은 양자가 모두 동산인 예이고, 주택과 별채로 되어 있는 창고는 양자가 모두 부동산인 예다.

Ⅲ. 종물의 효과 [391]

1. 「종물은 주물의 처분에 따른다」(100조 2항). 이는 종물은 주물과 법률적 운명을 같이 한다는 취지이다.

(1) 그러므로,

㈎ 주물에 관하여 매매 · 임대차 기타의 채권계약이 행해진 때에는, 그 효력은 다른 의사표시가 없는 한 종물에도 미친다. 즉 예컨대 주물을 매각하면 종물도 그 목적물이 된다.

㈏ 주물상의 저당권은 당연히 종물에 미친다(358조).[5] 저당권 설정 당시의 종물은 물론이려니와, 설정 후의 종물도 그러하다. 공시방법으로는 주물에 대한 등기로써 족하

4) 대판 2008. 5. 8. 2007다36933,36940. 이의 내용은 뒤([393])에서 소개한다.

5) 반면에 건물의 종물이 아닌 독립한 건물에는 건물에 대한 저당권이 미치지 않으며, 따라서 경매법원이 이를 기존 건물의 부합물이나 종물로 보고 경매를 진행하였다 하더라도 그 독립된 건물에 대한 경락은 당연무효이고 따라서 그 경락인은 이에 대한 소유권을 취득할 수 없다(대판 1988. 2. 23. 87다카600).

다. 부동산소유권의 양도, 부동산의 압류 등의 경우에도 마찬가지이다(독일민법 862조, 926조 참조). 그러나 질권에 관해서는 종물의 점유도 옮겨졌느냐 여부가 문제를 결정한다(329조 참조. 즉 예컨대 열쇠는 자물쇠의 종물이지만, 자물쇠와 함께 인도되지 않은 때에는 이에 대하여 질권은 성립하지 않는다).

(2) 위 규정은 강행규정이냐? 강행규정이 아니며 당사자가 반대의 특약을 하는 것은 무방하다(이견 없음). 따라서 종물만을 처분할 수도 있다.[6] 그러나 채권자는 다른 특별한 사정이 없이 종물만에 대하여 강제집행을 할 수 없다. 왜냐하면 이것을 인정한다면 물건의 경제적 가치를 부당하게 손상시킬 뿐만 아니라, 이것을 금지하더라도 개인의 권리를 부당하게 제한하는 결과로는 되지 않기 때문이다(공장 및 광업재단저당법 6조, 독일 민소법 592조, 프랑스 민소법 865조 참조).

[392] 2. 주물 · 종물의 이론은 물건 상호간의 관계에 관한 것이다. 그러나 그와 같은 견련관계는 권리 상호간에도 성립할 수 있다. 이러한 경우에는 제100조의 취지가 유추적용되어야 할 것이다. 예컨대 건물이 양도되면 그 건물을 위한 대지의 임차권도 건물양수인에게 이전한다.[7] 또한 원본채권이 양도되면 이자채권도 원본채권과 운명을 같이 한다.

[393] 3. 판례에 나타난 종물의 예로는 농지에 부속된 양수시설,[8] 본채에서 떨어져 축조되어 있는 창고(낡은 가재도구 등을 보관하는 방과 연탄창고) 및 공동변소,[9] 주유소의 주유기,[10] 백화점 건물의 지하 2층 기계실에 설치된 전화교환설비,[11] 횟집으로 사용할 점포 건물에 거의 붙여서 횟감용 생선을 보관하기 위하여 신축한 수족관[12] 등이 있다. 종물이 아니라고 한 예(즉 부합물이라고 한 것)로는 공장의 부대시설로서 공장 인근의 토지 위에 설치된 폐수처리시설,[13] 정화조,[14] 주유소 지하에 설치된 유류저장탱크[15]

---

6) 대판 1978. 12. 26. 78다2028[요지 제100조, 4](어선의 艤裝品이 선체의 종물이라 하더라도 특히 당사자가 선체와 기관만을 계약의 목적물로 하고 의장품은 그 계약목적물로 삼지 않기로 합의한 것이라면 의장품의 법적 운명은 선체와 별개로 된다.

7) 대판 1992. 7. 14. 92다527은, 건물에 대한 저당권의 효력은 그 건물의 소유를 목적으로 하는 지상권에도 미친다고 한다.

8) 대판 1967. 3. 7. 66누176[집 15-1, 행 45]. 이는 일본인의 소유이던 농지 및 이에 부속된 양수장 시설이 농지개혁법에 의하여 이를 경작하던 농민들에게 분배되었는데 지방의 귀속재산관리청이 위 양수장 시설이 귀속재산이라고 하여 이를 귀속재산처리법에 의하여 처분한 사안에서, 위 양수장 시설은 농지의 종물이므로 이는 주물인 蒙利農地를 분배받은 자의 소유이고, 따라서 이를 귀속재산으로서 처분한 행위는 당연무효라고 한다.

9) 대판 1991. 5. 14. 91다2779.

10) 대판 1995. 6. 29. 94다6345; 대결 2000. 10. 28. 2000마5527. 후자는 갑이 주유소로 사용하던 토지 및 건물에 대하여 경매절차가 진행되는 중에 그 지하에 설치된 유류저장탱크 및 지상의 주유기를 을에게 양도하였는데, 병이 위 토지 및 건물을 경락받은 경우에, 을은 위 시설물의 소유권을 취득하는가 하는 점이 문제된 경우인데, 판결은 위 시설은 토지의 종물 또는 부합물에 속한다고 하여 을의 소유권 취득을 부인하였다.

11) 대판 1993. 8. 13. 92다43142.

12) 대판 1993. 2. 12. 92도3234.

13) 대판 1997. 10. 10. 97다3750. 이 판결은 폐수처리시설이 공장저당법에 의하여 근저당권이 설정된 공장 토지와 그에 인접한 공장 토지가 아닌 타인 소유의 토지에 걸쳐서 설치되어 있는 경우에, 그러한 시설은 그것이 설치된 토지에 부합되었다고 보기보다는 공장저당의 목적인 공장에 속하는 토지

등이 있다(그 외에 호텔 방에 비치된 냉장고 · TV · VTR 등은 독립성을 가지나 호텔 자체의 상용에 이바지하는 것이 아니므로 종물이 아니라는 점은 주 1 참조). 그 외에 溜地의 부지에 대한 소유권과 유지의 유수이용권은 별개의 권리로서, 전자의 권리에 대한 양도행위가 없는 한 전자의 권리가 蒙利沓의 매매에 당연히 따른다고 할 수는 없다고 한다.[16]

부합물과 종물의 의의를 잘 보여주는 판례를 소개하면, 갑이 렌탈회사로부터 임차한 발전기 설비 · FLOOR DUCT 설비 · 소방설비 · 패널공사 · 전화설비 · 변전실설비 등의 렌탈목적물(렌탈기간 만료 후에는 렌탈목적물을 위 렌탈회사에게 반환하거나 갑이 매수하기로 하였음)을 공장건물에 설치하였으며(공장은 이러한 렌탈목적물을 설치 수용하는 구조로 건축되어 있음), 을이 위 건물을 매수하여 이전등기를 마치고 나아가 위 렌탈회사와 사이에서 임차인 명의를 자신으로 변경하였다. 그 후 위 건물이 병에게 이전되고 그 위에 저당권이 설정되었는데, 그 저당권의 실행으로 정이 이를 낙찰받았다. 그리하여 정이 건물뿐만 아니라 위 렌탈목적물(경매 후 위 렌탈계약기간이 종료하여, 을이 렌탈계약에 따라 렌탈회사로부터 위 렌탈목적물을 매수하였음)의 소유권을 취득하는가 하는 점이 문제되었다. 판결은, 위 렌탈목적물 중 일부는 건물에 부합하여 쉽게 분리할 수 없는 부합물이고 일부는 독립성이 있는 물건이라고 하고(다만 무엇이 부합물이고 무엇이 종물인지는 구별하지 않는다), 따라서 이 중 전자는 건물의 구성부분이 되므로 경락인 정이 이의 소유권을 취득하지만, 후자는 비록 독립한 물건이고 건물의 상용에 공하여진 것일지라도 건물의 소유자가 아닌 다른 사람의 소유이므로 이는 종물이 아니고, 따라서 건물에 대한 저당권의 효력이 미칠 수 없어 경락인 정이 당연히 그 소유권을 취득하는 것은 아니라고 한다. 다만 선의취득의 요건이 갖추어지면 이에 의해서 소유권을 취득하지만, 앞서 본 바와 같이 이 물건에는 저당권이 미치지 않으므로 경매의 목적물이 되지 않았고, 따라서 정으로서는 선의취득의 요건인 「거래행위를 통하여 이를 취득」한 것이 되지 않으므로, 선의취득에 의해서도 이의 소유권을 취득하지 못한다고 한다.[17]

제 5 절 원물과 과실

Ⅰ. 총 설 [394]

1. 의의 · 종류

(1) 과실이란 원물로부터 산출되는 수익이다. 그런데 과실이 원물로부터 산출되기까지에는 상당한 기간이 소요되는바, 그 사이에 원물소유자에 변동이 있는 경우에 과실의 분배에 관하여 다툼이 생길 염려가 있다. 민법은 이러한 경우 이의 귀속권자 및 귀속의 범위를 규정한다. 그러나 이는 임의규정으로서, 당사자의 합의에 의하여 이와 다르게 정할 수 있다.

와 건물, 기계 · 기구 등과 함께 일체를 이루는 기업시설로서 따라서 공장 위에 설정된 근저당권의 효력이 여기에 미친다고 한다.

14) 대판 1993. 12. 10. 93다42399.

15) 대판 1995. 6. 29. 94다6345.

16) 대판 1974. 6. 25. 73다1197[집 22-2, 민 115].

17) 대판 2008. 5. 8. 2007다36933,36940.

(2) 과실에는 원물로부터 자연적으로 산출되는 것과, 원물을 타인에게 이용시켜 그 대가로서 수익하는 것과의 두 가지가 있다. 전자는 천연과실이고, 후자는 법정과실이다. 양자는 물건으로부터 생기는 경제적 수익이라는 점에서는 공통하지만 그 본질은 같지 않으므로, 민법은 양자의 취급을 달리하고 있다.

[395] ### 2. 관련문제

원물과 과실에 관한 우리 민법의 규정은 극히 간단하다. 즉 첫째 민법은 물건의 과실을 인정할 뿐이고 「권리의 과실」(주식의 배당금 · 특허권의 사용료 등)이라는 개념을 인정하지 않는다(참고로 독일민법 99조의 1항은 물건의 과실에 관하여 규정하고, 2항은 권리의 과실에 관하여 규정한다). 또한 과실 이외에 물건의 사용으로부터 생기는 수익에 관해서는 규정하지 않는다(참고로 독일민법 100조는 각종의 과실(Früchte)을 포괄하는 개념으로 「수익」(Nutzung)을 규정한다). 둘째 과실의 귀속만을 규율할 뿐 그로부터 파생하는 문제는 규율하지 않는다. 즉 예컨대 갑이 토지에서 과실나무를 가꾸다가 수확하지 못한 채 토지를 을에게 처분한 경우에, 과실의 귀속권자를 규정할 뿐이고 과실취득에 지출된 비용의 상환 문제는 규정하지 않는다(참고로 독일민법 101조는 과실의 귀속을 규율하고, 나아가 102조에서 과실취득비용의 상환, 103조에서 부담의 분배 등을 규율한다).

우선 권리의 과실 혹은 과실을 포괄하는 수익 등에 관해서는 명문규정이 없더라도 과실에 관한 규정을 유추적용하는 것이 타당할 것이다(다음 항목에서의 물건의 이용에 관한 수취권 인정은 그 예이다). 다음으로 과실의 귀속으로 생기는 비용상환 등의 문제는 일반원칙에 의하여 해결하면 될 것이다(따라서 갑이 과실을 수확하지 못한 채 토지를 을에게 처분한 위의 예에서, 101조에 의해서 을이 과실의 소유권을 취득하지만, 아울러 부당이득 반환의 법리에 의해서 그동안 과실의 재배에 든 비용을 상환해야 한다).

[396] ## Ⅱ. 천연과실

1. 의 의

천연과실은 「물건의 용법에 의하여 수취하는 산출물」이다(101조 1항).

(1) 「용법에 의하여」라고 하는 것은 원물의 경제적 사명에 좇아서 수취된다는 뜻이다.

(2) 「산출물」이란 유기적으로 생산되는 것(과일 · 야채 · 동물의 새끼 · 우유 · 양모 등)에 한하지 않는다. 원물 그 자체로부터 무기적으로 나오는 것도, 원물이 곧 소모되지 않고 계속적으로 수취되어 경제상 그 수익이라고 인정되는 한, 산출물에 해당한다(예컨대 광구에서 채굴하는 광물, 일정한 시업방법에 의하여 輪伐되는 입목과 같은 것).

[397] ### 2. 귀 속

「천연과실은 그 원물로부터 분리하는 때에 이를 수취할 권리자에게 속한다」(102조 1항).

(1) 천연과실은 원물로부터 분리하지 않은 동안은 일반적으로 원물의 일부로서 원물소유권의 내용을 이루는 것일 뿐만 아니라, 과실의 산출에 힘쓴 노력의 다소를 정하는 것도 곤란하며, 또 이를 분할하는 것이 부적당한 것이 많다. 이런 점에서 민법은 원

물소유자(과실의 수취권자)에 변동이 있는 경우에, 법정과실에서와 같이 이를 전후의 소유자에게 배분치 않고 분리시의 원물소유자에게 귀속시킨 것이다.

천연과실의 귀속에 관하여는 게르만법의 생산자주의(씨를 뿌린 자가 거두어 들인다)와 로마법의 원물주의가 대립한다. 수취권자는 보통으로는 원물의 소유자이므로, 민법은 이 중 후자를 따른 셈이다.

(2) 수취할 권리자, 즉 수취권자의 내용은 총칙이 정하는 바는 아니다. 이것은 다른 규정에 의하여 정해진다. 소유자는 소유물을 수익할 권리를 가지므로(211조) 통상적으로는 원물의 소유자가 수취권자이지만, 소유자가 이를 타인에게 빌려준 사이에 과실이 산출된 때에는 그 타인, 즉 지상권자(279조) · 전세권자(303조) 혹은 임차인(618조)이 수취권자가 된다(256조 단서 참조). 그 외에 타인의 물건을 권원 없이 그러나 선의로 점유한 자도 수취권을 가진다(201조. 즉 예컨대 갑의 토지를 을이 자신의 토지로 알고 점유한 경우에, 을은 그 토지상의 과일나무에서 산출된 과일을 취득한다).

(3) 물건을 현실로 이용하는 것은 과실이 아니다. 그러나 과실의 수취권(즉 과실의 반환의무 유무)에 관해서는, 이를 과실과 마찬가지로 다루어 본조를 적용하는 것이 타당하다. 즉 예컨대 타인의 물건을 권원 없이 선의로 점유한 자는 그동안의 과실을 취득할 뿐만 아니라, 그동안 그 물건을 이용함으로써 얻은 이익도 그대로 보유할 수 있다(즉 그 이득을 반환할 의무를 지지 않는다. 201조 참조).

판례는 농장소유자 갑이 을로부터 금전을 차용하고 그 담보로 자신의 농장에서 사육하던 돼지 전부를 양도하되 자신이 그 돼지를 계속 점유 · 관리 · 사육하기로 하였는데, 2년 후 갑의 또 다른 채권자가 위 농장의 돼지를 압류하자(따라서 을이 양도담보를 설정할 당시의 돼지(母豚)는 이미 출하되어 없어졌으며, 병의 압류 당시 농장에 있는 돼지는 위 모돈으로부터 출산한 새끼돼지임) 을이 위 돼지는 자신에게 양도담보로 제공된 것이므로 압류는 부당하다고 하면서 제3자이의의 소를 제기한 사안에서, 양도담보의 목적물에 대한 사용수익권은 양도담보설정자(갑)에게 있으므로, 천연과실인 새끼돼지의 수취권은 원물인 모돈의 사용수익권을 가지는 갑에게 귀속된다고 하여, 을의 청구를 배척하였다.[1] 그러나 이와 같은 소위 내용이 변동하는 집합물에 대한 양도담보에서는 원물에서 산출되는 과실을 양도담보권자에게 이전하기로 하는 합의가 있다고 해야 하고(만약 그렇지 않다면 그와 같은 양도담보는 이용될 수 없을 것이다), 이런 점에서 새끼돼지에도 을의 양도담보가 미친다고 하는 것이 타당하지 않을까?[2)3)]

1) 대판 1996. 9. 10. 96다25463(원심은 새끼돼지는 모돈으로부터 산출된 천연과실이므로 모돈에 대한 양도담보가 새끼돼지에게도 미친다고 하여 을의 청구를 인용하였다).

2) 이 판결에 대한 비판으로는, 김재협, 집합동산양도담보와 과실수취권, 법조 46권 3호(1997. 03.), 159면 이하; 양창수, 내용이 변동하는 집합적 동산의 양도담보와 그 산출물에 대한 효력, 저스티스 30권 1호(1997), 107면 이하.

3) 그 외에 집합물에 대한 양도담보에 관한 판례는 다수 있으나(대판 1988. 12. 27. 87누1043; 대판 1990. 12. 26. 88다카20224; 대판 1999. 9. 7. 98다47283; 대판 2004. 11. 12. 2004다22858 등), 그 주제는 양도담보에 관한 것이므로 물권법에 미룬다.

[398] Ⅲ. 법정과실

1. 의 의

법정과실은 「물건의 사용대가로 받는 금전 기타의 물건」이다(101조 2항). 가옥사용의 대가인 집세, 금전사용의 대가인 이자, 토지사용의 대가인 지료와 같이 원물에 따라서 그 명칭이 다르지만, 이러한 것들이 법정과실이다. 그러나 원물과 과실은 모두 물건이어야 하므로, 노동의 대가, 권리사용의 대가 등은 과실이 아니다. 또한 원물사용의 대가를 받을 수 있는 권리도 과실은 아니다.

[399] 2. 귀 속

「법정과실은 수취할 권리의 존속기간 일수의 비율로 취득한다」(102조 2항). 임대가옥의 소유자 · 소비대차의 채권자 · 토지의 소유자 등이 변경된 경우에는 집세 · 이자 · 지료 등은 그 권리의 존속기간에 따라서 일수의 비율로써 분배하는 것이 가장 적당하기 때문이다.

누가 법정과실을 수취할 권리를 가지는가 하는 점은 천연과실에서와 마찬가지로 본조가 규율하는 것이 아니다. 본조는 단지 수취권자 간의 내부관계를 정한 것이다. 그리고 당사자 간의 합의로 이와 다르게 약정하는 것은 상관없다.

제 4 장 법률행위

제 1 절 총 설

제 1 관 권리의 변동

I. 서 설 [400]

1. 사람의 생활관계 중에서 법의 규율을 받는 것이 법률관계이며, 법률관계는 권리와 의무를 그 내용으로 한다는 점은 전술하였다([55]). 사회의 생활관계가 진전됨에 따라 법률관계도 변동한다. 그리고 법률관계의 변동은 권리의 변동, 즉 권리의 발생 · 변경 · 소멸로 나타난다. 이때 권리의 발생 · 변경 · 소멸을 법률효과라고 하며, 그러한 법률효과를 발생하게 하는 원인을 법률요건이라 한다. 그리고 법률요건을 구성하는 개개의 사실을 법률사실이라고 한다.

법률관계 · 권리의 변동 · 법률효과 · 법률요건 · 법률사실의 예를 들면, 갑이 을에게 '이 자동차를 2,000만원에 팔겠다'고 하였고, 그에 대하여 을이 '그러한 내용으로 이 자동차를 사겠다'고 답하였다고 하자. 이때 갑과 을의 행위가 각기 의사표시라고 하는 법률사실이다. 그리고 양자의 의사표시의 합치로 갑과 을은 매매계약을 체결한 것이 되는데, 이 매매계약이 법률요건이다. 그리고 매매계약에 의하여 갑과 을은 각기 대금을 청구할 권리와 자동차를 이전받을 권리, 그리고 그에 대응하는 의무를 가지게 되는데, 이것이 법률효과이다. 그리고 이에 의하여 갑과 을 간에 그러한 권리와 의무를 내용으로 하는 법률관계가 생기는 것이다.

2. 법률관계를 발생시키는 법률요건은 여러 가지가 있다. 즉 앞서 살핀 매매계약 이 [401]
외에도, 예컨대 갑이 을을 다치게 한 경우에, 갑은 불법행위를 이유로 을에 대하여 손해배상의무를 진다. 또 갑이 을의 토지를 장기간 점유해 온 경우에, 갑은 취득시효에 의하여 그 토지의 소유권을 취득한다. 이러한 불법행위 · 취득시효 등도 하나의 법률요건이다. 그 외에 부당이득 · 사무관리 · 소멸시효 · 첨부 · 선점 · 상속 등도 각기 법률요건이다. 그런데 이러한 법률요건들은 당사자의 의사에 기한 것이 아니다. 이에 반하여 앞서 든 매매계약이라는 법률요건은 당사자의 의사에 기한 것이다. 이와 같이 법률요건은 당사자의 의사에 기한 것과 그렇지 않은 것으로 나누어지는데, 이 중에서 당사자의 의사에 기한 법률요건을 법률행위라고 한다.

사회에서 실제로 행해지는 것은 매매계약이나 임대차계약 · 고용계약 · 소비대차계약 등과 같은 계약, 취소 · 해제 · 채무의 면제 등과 같은 단독행위 등이다. 그런데 이러한 모든 행위에 있어서 공통하는 점은, 각 당사자가 일정한 효과를 지향하는 의사를 표시한다는 점, 이에 의하여 당사자가 의욕한 바대로의 법률효과가 발생한다는 점 등이다. 이러한 공통한 점들을 추출하여 성립된 개념이 법률행위 및 의사표시이다. 이런 점에서 각종의 계약이나 단독행위는 가시적 · 실재적 · 구체적 개념이고, 법률행위 · 의사표시는 관념적 · 법이론적 · 추상적 개념이라 할 수 있다.

[402] Ⅱ. 권리변동의 모습

일정한 법률요건이 갖추진 경우에는 권리의 발생 · 변경 · 소멸이라는 법률효과가 발생하는바, 이의 모습은 다음과 같다.

1. 권리의 발생(취득)

(1) 원시취득(절대적 발생) 어떤 권리가 타인의 권리에 기함이 없이 특정인에게 새로 발생하는 것, 즉 타인의 권리를 이어받는 것(승계)이 아니고 새로운 권리를 가지게 되는 것을 말한다. 예컨대 가옥을 신축한 자는 그 가옥의 소유권을 원시적으로 취득한다. 선점(252조) · 습득(253조) · 시효취득(245조 이하), 그리고 인격적 · 신분권 등 가족권의 취득도 그 예이다. 유념할 것은 선의취득(249조 이하)은 거래행위에 기해서 물권을 취득한 경우에 성립하는 것이지만 원시취득이라는 점이다. 왜냐하면 선의취득은 목적물을 점유하지만 그에 대한 소유권(혹은 질권)을 가지지 않는 자가 이를 처분한 경우에, 상대방이 선의인 때에는 그 목적물에 대한 소유권을 취득하는 제도인바, 따라서 그 취득자는 전주의 권리를 이어받는 것이 아니고 새롭게 권리를 취득하는 것이기 때문이다.

[403] **(2) 승계취득**(상대적 발생) 어떤 권리가 타인의 권리에 기하여 특정인에게 승계적으로 발생하는 것, 즉 타인이 가졌던 권리(그 전부 혹은 일부)를 이어받는 것을 말한다. 매매 · 상속 등에 의하여 타인의 소유권 혹은 지상권 · 저당권 등을 취득하는 것이 그 예이다. 승계취득에는 이전적 승계와 설정적(창설적) 승계가 있다.

(가) **이전적 승계** 구 권리자의 권리가 그대로(따라서 권리 전부) 그 동일성을 유지하면서 신 권리자에게 이전되는 경우이다. 따라서 이는 권리의 주체만이 바뀌는 것이다. 이전적 승계에는 다시 특정승계와 포괄승계가 있다.

ⓐ 특정승계는 개개의 권리가 개개의 취득원인에 의하여 개별적으로 승계되는 경

우이다. 예컨대 갑이 소유 재산 중에서 X부동산을 을에게 매도함으로써(혹은 증여나 교환 등에 의하여) 을이 그에 대한 소유권을 취득하는 경우이다.

(b) 포괄승계는 하나의 취득원인에 의하여 다수의 권리가 일괄적으로 승계되는 경우이다. 예컨대 갑의 사망으로 그의 재산이 을에게 상속됨으로써 을이 갑의 재산 전부를 일괄적으로 취득하는 경우이다(그 외에 포괄유증 혹은 회사의 합병 등의 경우).

유념할 것은, 다수의 물건을 한꺼번에 타인에게 매각하는 것(영업의 양도가 그 대표적 예이다. 그 외에 집합물에 대한 양도담보도 이에 해당한다)은 포괄승계가 아니라 다수의 특정승계에 해당한다는 점이다. 즉 이 경우 매매계약(즉 채권계약)은 하나이지만, 그 목적물은 다수이고 따라서 각 물건마다 특정승계되는 것이다.

(나) **설정적 승계** 구 권리자가 신 권리자에게 자신의 권리(엄격히는 권능)의 일부를 내용으로 하는 권리를 설정해 주는 경우이다. 따라서 구 권리자는 권리를 그대로 보유하면서(다만 그 권리의 내용이 감축) 신 권리자가 새로이 권리를 취득하게 된다. 예컨대 갑이 소유 토지에 관하여 을에게 지상권 혹은 저당권과 같은 제한물권이나 임차권을 설정하는 경우이다. 일단 설정적 승계에 의하여 발생한 권리가 타인에게 승계되면, 이는 이전적 승계가 된다. 위의 예에서 을이 취득했던 지상권이나 저당권 또는 임차권을 병에게 양도하는 경우가 그러하다.

(3) **원시취득과 승계취득의 차이점** 원시취득은 기존의 권리에 기하는 것이 [404]
아니므로 취득 전의 권리상태는 취득된 권리에 영향을 미치지 않으나, 승계취득은 기존의 권리에 기하는 것이므로 여기에서는 後主는 前主가 가지고 있었던 권리 이상의 권리를 취득하지 못한다. 그러므로 전주가 무권리자이면 후주는 권리를 취득하지 못한다. 또 전주의 권리에 제한이나 하자가 있으면, 후주의 권리도 같은 제한 또는 하자를 가지게 된다. 즉 예컨대 A의 저당권이 존재하는 갑의 X토지를 을이 양수받거나 상속받은 경우에, 매매나 상속은 승계취득사유이므로 을은 A의 저당권이 부착된 X토지를 취득한다. 그러나 위와 같은 갑의 X토지를 병이 시효취득한 경우에, 취득시효는 원시취득사유이므로 병은 A의 저당권의 제한을 받지 않는 X토지를 취득한다.

원시취득과 승계취득의 구별은 그 발생원인이 법률의 규정에 의한 것이냐 법률행위에 기한 것이냐 하는 구별과는 다른 것이다. 즉 예컨대 상속은 법률규정에 의한 법률요건이지만, 이는 승계취득사유이다. 반면에 선의취득은 매매 등 거래행위의 경우에 인정되는 것이지만(즉 법률행위에 의한 취득), 이는 원시취득이다(다만 처분자에게 소유권이 없으므로 상대방은 이를 취득할 수 없을 것이지만, 법률이 거래안전을 위하여 소유권 취득을 인정한 것이므로, 이는 법률규정에 의한 법률요건이 된다). 그러나 대체적으로는 법률행위에 의한 취득은 승계취득이 되고, 법률규정에 의한 취득은 원시취득이 된다. 즉 예컨대 매매 · 교환, 지상권 혹은 저당권 설정 등은 승계취득이고, 취득시효 · 습득 등은 원시취득이다.

[405] ### 2. 권리의 소멸(상실)

권리가 권리주체로부터 이탈하는 것을 말한다. 이는 권리 자체가 소멸하느냐 여부에 따라 다음과 같이 구별할 수 있다.

(1) 절대적(객관적) 소멸은 권리 자체가 소멸하는 것이다. 목적물의 멸실에 의한 권리의 소멸이 그 대표적 예이나, 그 밖에도 소멸시효 · 권리의 포기 · 변제 등에 의한 권리소멸도 이에 해당한다.

(2) 상대적(주관적) 소멸은 권리 자체는 소멸하지 않고 권리의 주체만이 변경되는 것이다. 예컨대 매매로 매도인이 매매목적물에 대한 소유권을 상실하는 경우가 그것이다.

[406] ### 3. 권리의 변경

권리의 주체 · 내용 · 작용이 변하는 것을 말한다.

(1) 주체의 변경은 타면에서 보면 권리의 승계이다. 그 외에 공유물 분할에 의하여 권리주체의 수적 변경이 있게 된다.

(2) 내용의 변경에는 질적 변경과 양적 변경이 있다. 예컨대 물건의 인도를 목적으로 하는 채권이 채무불이행으로 인하여 손해배상청구권으로 변하는 것이 질적 변경이다. 그 외에도 선택채권에서의 선택(380조 이하) · 물상대위(342조, 370조) · 대물변제(466조)에 의해서도 질적 변경이 있게 된다.

이에 대하여 권리의 객체가 예컨대 첨부(256조 이하)에 의하여 확대되어 소유권의 내용이

≪권리변동의 도식≫

- 사권의 변동
  - 취 득 (발생)
    - 원시취득(예: 선의취득, 무주물선점 · 습득, 인격권 · 신분권의 취득) (절대적 발생)
    - 승계취득 (상대적 발생)
      - 이전적 승계
        - 특정승계(예: 매매)
        - 포괄승계(예: 재산상속, 포괄유증 · 회사의 합병)
      - 설정적 승계(예: 지상권 · 저당권의 설정)
  - 상 실 (소멸)
    - 절대적 상실(소멸)(예: 목적물멸실에 의한 소유권의 소멸)
    - 상대적 상실(소멸) — 권리주체의 변동과 동일
  - 변 경
    - 주체의 변경 — 이전적 승계와 동일
    - 내용의 변경
      - 양적 변경(예: 첨부)
      - 질적 변경(예: 물상대위 · 대물변제)
    - 작용의 변경(예: 대항력의 취득)

증가하는 것이 양적 변경이다. 소유권의 객체에 제한물권(지상권 · 전세권 · 저당권 등)이 설정되어 소유권의 내용이 감소하거나, 또는 이미 설정되어 있던 제한물권이 소멸하여 소유권의 내용이 증가하는 것도 이에 해당한다.

(3) 작용의 변경은 질적 변경의 일종이라고 할 수 있다. 저당권의 순위가 변경되는 것이 작용의 변경이다. 부동산임대차의 등기(621조 2항) · 채권양도의 통지(450조, 451조) 등에 의하여 권리가 제3자에게 대항할 수 있는 권리로 되므로, 이 경우에도 작용의 변경이 있는 것이다.

Ⅲ. 법률요건과 법률사실 [407]

1. 법률요건

일정한 법률효과를 발생케 하는 원인을 총괄해서 「법률요건」 또는 「구성요건」이라고 한다. 법규는 법률관계를 규정함에 있어서, 「이러 이러한 사실이 있으면 이러 이러한 효과가 생긴다」는 假言的判斷의 형식을 취한다. 이때 전자인 조건명제에서 요구되는 요건의 총체가 법률요건이며, 후자인 귀결명제에서 주어지는 효력이 법률효과이다.

법률요건에는 여러 가지 종류가 있으며, 이는 크게 당사자의 의사에 기한 것과 그렇지 않은 것으로 나누어진다는 점은 전술하였다([401], [402]). 그런데 사적자치가 지배하는 법제하에서는 당사자의 의사에 기한 법률행위가 가장 중요한 법률요건이다. 민법은 이러한 점에서 총칙편에서 법률행위에 관하여 상세한 규정을 두고 있다. — 주의할 점은 법률요건은 후술([432])하는 이른바 법률행위의 요건(성립요건 · 유효요건)과는 다른 것이다.

2. 법률사실 [408]

(1) 법률요건을 구성하는 개개의 사실을 법률사실이라고 한다. 예컨대 계약은 2개의 의사표시가 합치함으로써 성립하는바, 각 의사표시가 법률사실에 해당한다. 취득시효는 일정한 기간의 경과 · 일정한 상태의 점유 · 소유의 의사 그리고 때로는 선의 및 무과실 등을 요건으로 하는바, 이때 그 각 요건들이 법률사실이다. 법률요건은 1개의 법률사실로 이루어질 수도 있으나(예컨대 동의 · 추인 등의 단독행위), 대부분 2개 이상의 법률사실로 이루어진다(계약 · 취득시효 등).

(2) 법률사실은 사람의 정신작용에 기하였는가 기타 여러 가지 기준에 따라 다음과 같이 나누어진다.

A. 용태(Verhalten)(사람의 정신작용을 요건으로 하는 것)

(1) **외부적 용태**(äußeres Verhalten)=**행위**(Handlung)　　작위(Tun)와 부작위(Un-

terlassen)를 포함한다.

(가) 적법행위(rechtmäßiges Verhalten)

(a) 의사표시(Willenserklärung)

(b) 준법률행위(Rechtshandlung)(법률적 행위(juristische Handlung))

(ㄱ) 표현행위(의식내용의 표현)

(i) 의사의 통지

(ii) 관념의 통지

(iii) 감정의 표시

(ㄴ) 사실행위(Realakt)(비표현행위) 선점 · 습득 · 사무관리 등이 이에 해당한다

(나) 위법행위(Rechtswidriges Verhalten) 불법행위와 채무불이행이 이에 해당한다

(2) 내부적 용태

(가) 관념적 용태 선의 · 악의(29조 2항, 249조 참조)

(나) 의사적 용태 일정한 의사를 가지고 있느냐 어떠냐(197조, 469조, 734조 등 참조)

B. 사건(Ereignis) 사람의 정신작용을 요건으로 하지 않는 것

[409] Ⅳ. 개개의 법률사실 개관

법률사실 중 가장 중요한 의사표시의 개념은 다음 절에서 상술하고, 여기에서는 그 외의 법률사실의 개념을 살핀다. 그 중 의사표시와 유사한 점이 있으며, 드물지 않게 나타나는 법률사실이 준법률행위인바, 이를 중점적으로 고찰한다.

1. 준법률행위

(1) 의 의 행위자가 법률효과의 발생을 의욕하는 의사가 아닌 단순한 의사를 가지고 행위하였으나, 법률이 그 행위에 어떤 법률효과를 결부시키는 경우가 있다. 그 대표적인 예는 채권자의 채무자에 대한 이행의 청구이다. 채권자는 이 행위에서 단지 「채무자는 의무를 이행하라」고 하는 의사를 표시한 것이고, 어떤 법률효과의 발생을 의욕한 것이 아니다. 그런데 법은 이러한 이행청구가 있으면 그 때부터 이행지체의 책임을 발생시킨다(387조 2항). 그 외에도 지연배상에 갈음하여 전보배상을 청구할 수 있거나(395조) 계약을 해제(544조)할 수 있는 효과도 발생시킨다. 그러나 이행청구로 인하여 발생하는 이러한 법률효과는 채권자가 의욕한 것이 아니다. 또 다른 예는 무능력자의 상대방이 무능력자에 대하여 취소 여부의 확답을 최고하는 행위이다. 이때의 행위자의 의사는 단지 「확답을 하라」는 것이다. 그런데 무능력자 측에서 이에 대하여 아무런 확답을 하지 않는 경우에, 법은 행위자의 의사와는 전혀 상관없는 추인 혹은 거절이라는 법률효과를 부여한다(15조).

이와 같이 행위자가 단순한 의사를 표시하였음에도 법에 의하여 행위자가 의욕하지

않은 법률효과가 부여되는 행위, 따라서 행위자의 의사에 기하지 않은 법률효과를 발생시키는 행위를 통틀어 준법률행위라고 한다.

(2) 분 류 이것은 다음과 같이 분류할 수 있다. [410]

(가) **표현행위** 이는 행위자가 자신의 어떠한 의식 또는 의사를 적극적으로 표시하는 행위이다. 이는 다시 표시된 의사 혹은 의식의 내용이 무엇이냐에 따라 다음과 같이 분류된다.

(a) 의사의 통지 이는 무엇을 의욕하는 의사를 표시하지만, 그 의사(의욕한 바)가 어떠한 법률효과에 향해진 것이 아닌 것이다. 의사의 통지는 의사표시와 가장 흡사하다. 그러나 그 의사가 법률효과의 발생에 향해진 것이 아니라는 점, 따라서 그로부터 발생하는 법률효과는 의사에 기한 것이 아니라는 점에서 의사표시와 다르다. 앞에서 예로 든 채권자의 이행청구(이행최고), 무능력자의 상대방의 최고가 이에 해당한다. 그 외에 각종의 최고, 즉 청산인이 하는 채권신고의 최고(88조), 무권대리행위의 상대방이 하는 추인 여부 확답의 최고(131조), 선택채권에서의 선택의 최고(381조 1항), 제3자를 위한 계약에서 채무자가 하는 계약이익 향수 여부의 확답의 최고(540조), 해제권 행사 여부 확답의 최고(552조) 등도 이에 해당한다.[1]

(b) 관념의 통지 이는 무엇을 의욕하는 의사가 아니라, 어떤 객관적 사실에 대한 관념이나 표상을 표시하는 것이다. 사원총회 소집의 통지(71조), 시효중단사유로서의 채무의 승인(168조), 채권양도의 통지 또는 승낙(450조), 공탁의 통지(488조), 승낙연착의 통지(528조) 등이 이에 해당한다. 즉 예컨대 채무의 승인은 소멸시효를 중단시키는 효력을 발생시키지만, 채무의 승인 자체는 단지 채무가 존재한다는 사실을 말하는 것이다. 따라서 이의 법률효과는 당사자가 의욕한 바가 아닌 것이다.

(c) 감정의 표시 이는 용서와 같은 감정을 표시하는 것이다. 증여계약 해제권의 소멸사유로서의 용서의 의사의 표시(556조), 이혼청구권 소멸사유로서의 사후용서(841조) 등이 이에 해당한다.

(나) **사실행위**(비표현행위) 이는 어떠한 의사나 의식에 기해서 행해진 것이지 [411]
만, 그 의사나 의식의 내용을 직접 표시하지는 않는 행위로서, 법이 단지 그 행위가 행해졌다고 하는 점 자체에 기하여 그 행위에 일정한 법률효과를 결부시키는 것이다. 이것은 다시 다음과 같이 분류된다.

(a) 순수사실행위 이는 단지 일정한 행위의 결과에 대하여 법률효과를 부여하

---

1) 이영준, 167면은, 거절 즉 무능력자의 단독행위에 대한 거절(제16조 2항), 무권대리행위에 대한 거절(제132조) 등도 의사의 통지라고 하나, 이는 의사표시에 해당한다 할 것이다.

는 것이다. 즉 사실행위가 어떤 의사에 기한 것인지를 불문하는 것이다. 가공(259조)·매장물의 발견(254조)이나 유실물의 습득(253조)·주소의 설정(18조) 등이 이에 해당한다.

(b) 혼합사실행위 이는 그 행위가 일정한 의식작용(사실상의 의사)에 기하여 행해졌을 것을 요건으로 하여 그 행위에 법률효과가 부여되는 것이다. 즉 사실행위가 일정한 의사에 기하였어야 하는 것이다. 점유권 혹은 무주물 선점(252조)·소유권의 취득시효(245조 이하) 등은 일응 점유라는 사실행위에 의해서 성립하지만(취득시효는 그 외에 다른 법률사실이 더해져야 한다), 점유가 일정한 의사에 기한 것이어야 그에 기한 법률효과(점유권 혹은 소유권의 취득)가 발생한다. 즉 점유권에서는 점유가 「사실상의 지배의사」에 기했어야 하고, 선점·취득시효에서는 점유가 「소유의 의사」에 기했어야 한다. 또 사무관리(734조)는 타인의 사무를 관리하는 경우 중에서도 「타인을 위하여」 한다는 의사를 가지고 하였어야 성립한다.[2)]— 순수사실행위와 혼합사실행위의 차이를 매장물 발견과 무주물 선점의 차이를 예로 해서 설명하면, 매장물인 경우에는 단지 「발견」만으로 매장물 발견이라는 법률요건이 충족되나(다만 발견자가 소유권을 취득하기 위해서는 그 밖에 공고 등의 절차를 거쳐야 한다), 무주물인 경우에는 「점유」(선점)가 「소유의 의사」에 기하였어야 무주물 발견이라는 법률요건이 충족된다.

[412] (3) 법률행위 규정의 준용 여부 사실행위는 의식내용이 문제되지 않거나(순수사실행위) 그것이 표시된 것이 아니므로(혼합사실행위), 여기에는 법률행위 규정이 준용될 여지가 없다. 이에 반하여 표현행위에서는 의사나 관념이 직접 표시되었을 뿐만 아니라, 그것이 비록 법률효과의 발생에 향해진 것은 아니지만 법적으로 의미를 가진다는 것을 인식하면서 행해지는 것이다. 따라서 여기에는 법률행위 규정이 준용된다고 할 것이다. 예컨대 무능력자가 단독으로 표현행위를 한 경우에는 행위능력 규정을 준용하여 그 행위를 취소할 수 있다 할 것이다. 그 외에 의사표시의 결함에 관한 규정(107조~110조)·대리에 관한 규정(114조 이하)·의사표시의 도달에 관한 규정(111조) 등이 준용된다. 또 의사표시의 해석에 관한 것도 준용된다.

[413] ## 2. 기타의 법률사실

(1) 위법행위 법률이 허용할 수 없는 것으로 평가하는 법률사실이다. 말하자면 법질서에 위배하는 것으로 평가되는 행위이다. 민법상의 위법행위에는 채무불이행(390조 이하)과 불법행위(750조 이하)가 있다. 이에 의해서 행위자에게 불이익한 법률효과(손해배상채무)가 발생한다.

(2) 내부적 용태 내심의 의식과정 내지 심리적 상태이다. 법은 사람의 행위

2) 이영준, 169면은 사무관리를 「사실적 의사가 어느 정도 독립성을 가지는 행위」라고 하여, 이를 혼합사실행위와 구별한다.

를 규율하는 규범이므로, 행위로서 외부에 나타나지 않는 내부적 용태는 법률상 어떤 의미가 부여되지 않는 것이 원칙이다. 그러나 법률은 일정한 사항과 관련하여 예외적으로 내부적 용태에 대해서도 법률상의 의미를 인정하여, 이를 법률사실로 하고 있는 경우가 있다. 그러한 것으로서 다음의 두 가지가 있다.

(가) **관념적 용태**　일정한 사실에 대한 관념 또는 인식이 있느냐 여부의 내심적 의식을 말하며, 선의(어떤 사실을 알지 못하는 것) · 악의(어떤 사실을 알고 있는 것), 정당한 대리인이라는 신뢰(126조) 등이 그 예이다.

(나) **의사적 용태**　어떤 사람이 일정한 의사를 가지고 있느냐 여부의 내심적 과정을 말한다. 소유의 의사(197조) · 제3자의 변제에서의 채무자의 허용 또는 불허용의 의사(469조) · 사무관리에서의 본인의 의사(734조 2항) 등이 그 예이다.

(3) **사　건**　사람의 출생과 사망 · 실종 · 시간의 경과 · 물건의 자연적인 발생이나 소멸 등과 같이, 사람의 정신작용과는 관계없는 사실로서 법률에 의하여 법률상의 의미가 인정되는 것이다. 그 밖에 물건의 파괴 · 천연과실의 분리 · 부합 · 혼화 등은 자연력에 의하여 생길 수도 있고 사람에 의해서 행해질 수도 있는데, 후자의 경우에는 이는 사람의 정신작용에 의한 것이다. 그러나 그 효과는 자연력에 의한 것이건 사람의 행위에 의한 것이건 동일하다. 이는 그 효과가 물건의 파괴 등과 같은 결과에 기해서 생기기 때문이다. 이런 점에서 위와 같은 법률사실도 사건에 포함시킬 수 있다.

제2관　법률행위와 의사표시

제1항　의사표시

I. 총　설 [414]

(1) 의사표시란 일정한 법률효과의 발생을 원하는 내심의 의사(이를 내심의 효과의사 혹은 단순히 효과의사라고 함)를 외부에 표시하는 행위이다. ― 다만 이는 의사표시의 본질에 관한 의사주의 입장에서의 정의이다. 표시주의에 의하면 의사표시는 「일정한 법률효과의 발생을 의욕하여 이를 표시한 것으로 여겨지는 행위」라고 정의할 것이다. 그러나 일반적 · 전통적으로 행해지는 데 따라, 의사표시를 일단 위와 같이 정의한다.

(2) 법률행위는 1개 또는 수개의 의사표시(그리고 때로는 기타의 법률사실)로 이루어진다. 그러므로 법률행위는 의사표시를 불가결의 요소로 한다. 그리고 법률행위에 의하여 발생하는 법률

효과는 표의자가 의사표시에서 의욕한 것이다. 이와 같이 법률행위와 의사표시는 밀접 · 불가분의 관계에 있다.

[415] Ⅱ. 의사표시의 요소

1. 내부적 요소

(1) 의사표시가 성립하기 위해서는 우선 일정한 법률효과의 발생을 의욕하는 내심의 의사가 존재해야 한다. 내부적 요소로서의 의사와 관련하여 문제되는 점을 살펴보면,

(가) 의사표시에서의 의사는 일정한 법률효과의 발생에 향해진 것이다. 따라서 부모와 자식 간에서 혹은 우인 간에서 법률효과의 발생을 의욕치 않고 단지 도의상의 규율을 받고자 하는 의사로 하는 약속은 의사표시가 되지 않는다. 종교상의 약속이나 예의적인 약속 등도 마찬가지이다.

(나) 표의자는 실제로 위와 같은 법률효과적 의사를 가지고 있어야 하는가, 아니면 그러한 의사를 가진 것으로 상대방이 신뢰하였으면 족한가? 즉 객관적으로 볼 때 의사표시로 추단되는 표시행위가 있으면 되는가, 아니면 그러한 표시행위에 상응하는 내심의 의사가 있어야 되는가? 이 문제는 의사표시의 주관적 요건에 관한 견해와 관련되는 것으로서 뒤([427])에서 다시 상론하나, 결론을 말한다면 객관적으로 추단되는 때에는 의사표시가 된다고 할 것이다.

(다) 의사표시는 일정한 법률효과의 발생을 원하는 의사라고 하나, 그 법률행위에 의하여 발생하는 모든 법률효과를 의욕할 필요는 없다. 법률은 표의자가 의욕한 법률효과 이외의 효과를 그 법률행위에 연결시키는 경우가 있다(예컨대 매매계약의 경우에 담보책임, 토지소유권 이전의 경우에 그 위에 존재하는 지역권의 이전 등).

[416] (2) 표의자가 법률행위를 하는 데는 일정한 경제적 목적(예컨대 물건을 매입하는 경우에, 이를 계속 자신이 사용하려는 목적 혹은 이를 전매하여 이익을 보고자 하는 목적 등) 혹은 사회적 목적(조카의 생일선물로 시계를 매입하거나, 혹은 둘레에 도로가 개설된다고 해서 토지를 매입하는 것)이 있다. 그리고 표의자는 법률효과보다는 이러한 목적을 보다 선명히 인식한다. 이런 점에서 의사표시를 「일정한 법률효과의 발생에 향해진 의사」가 아니라 「일정한 경제적 목적에 향해진 의사」로 이해하려는 견해가 일시 있었다. 그러나 경제적 목적은 그 전제로서 일정한 법률효과의 발생을 필요로 하는 것이므로, 일정한 경제적 목적에 향해진 의사에는 필연적으로 일정한 법률효과의 발생에 향해진 의사가 포함된다. 뿐만 아니라 법은 표의자가 「법률효과의 발생을 의욕하였는가」 하는 점만을 문제 삼고, 그러한 의사가 있은 한 — 경제적 혹은 사회적 목적이 무엇이건 불문하고 또 그것이 그릇된 생각에서 나왔는가 하는 점을 고려하지 않고 — 그에 따른 법률효과를 발생시킨다. 그러므로 의사표시는

일정한 법률효과의 발생에 향해진 의사를 표시하는 것이라고 하는 것이 타당하다. 그리고 의사표시를 그와 같이 이해한다는 의미는, 그러한 의사표시를 하게 된 경제적 · 사회적 목적은 의사표시의 내용을 이루지 않고 단지 이의 동기 · 연유를 이룰 뿐이므로 법률효과 발생에 영향을 주지 않는다는 데 있다. 그리고 착오를 이유로 한 취소의 요건으로 법률행위의 내용에 착오가 있을 것을 요구하는 것은 위와 같은 의사표시의 개념과 연결된 것이다.

2. 외부적 요소 [417]

(1) 의사표시가 존재한다고 하기 위해서는 위와 같은 내심의 의사를 외부에 표시하여야 한다. 이와 같이 내심의 의사를 외부에 표시하는 행위를 표시행위(Erklärungsakt)라고 한다. 외부에 표명되지 않은 의사는 그 자체로서는 인식될 수 없으며, 따라서 법질서는 이에 어떠한 법률효과를 부여할 수 없는 것이다. 외부적 요소로서의 표시와 관련하여 문제되는 점을 살펴보면,

(가) 여기에서도 표의자가 실제로 내심의 의사를 표시하였어야 하는가, 아니면 내심의 의사를 표시하는 행위로 추단되는 행위가 있으면 되는가 하는 점이 문제된다. 이는 뒤에서 상론하나([422] 이하), 결론을 말한다면 후자라고 할 것이다.

(나) 표시행위는 단지 의사를 외부에 알리는 수단에 불과한 것이 아니고, 그에 의하여 의사를 완성시키는 것이다. 즉 표시에 의하여 표의자는 단순히 내부적 의사("내가 이러한 의사를 가지고 있다")를 표현할 뿐만 아니라, 그러한 의사에 직접적으로 효력을 부여("이러한 의사에 매인다")하는 것이다. — 한때 표시행위를 이와 같이 이해하는 입장을 의사표시의 본질에 관한 소위 效力主義라고 하고, 이를 종래의 의사주의나 표시주의와 구별하는 견해가 제기되었었다. 그러나 표시가 가지는 그와 같은 의미는 결코 새로운 것은 아니고, 효력주의는 단지 이를 강조하는 것일 뿐이다. 그러므로 근래에는 효력주의를 의사주의나 표시주의와는 다른 제3의 입장으로 파악하지 않는 것이 지배적이다([424]).

(2) 표시행위의 형태는 다양하다. 가장 직접적인 형태로는, 예컨대 물건의 매수를 [418]
청약받은 자가 청약자에게 「이를 사겠다」고 하는 회신을 보내는 것이다. 그러나 피청약자가 청약자가 보낸 물건에 이름을 쓰고 이를 사용한 경우에, 그러한 행위도 매수의 의사를 추단케 하는 것으로서 따라서 표시행위에 해당한다(그러므로 532조가 규율하는 소위 의사실현행위는, 표시행위가 청약자에게 행해진 것이 아닌 점에서 승낙은 아니지만, 이의 성질은 어디까지나 의사표시이다(채권각론 [38])).

이런 점에서 표시행위의 형태에 따라 명시적 의사표시와 묵시적 의사표시로 나누기도 한다. 전자는 의사의 내용을 직접적으로 밝히는 것, 즉 明言하는 것이고, 후자는 간

접적으로 행위를 통하여 의사가 추단되는 것이다.[1] 그러나 이러한 구별은 반드시 명확하지는 않다. 위의 예에서 피청약자가 승낙의 회신을 보내는 것이 명시적인 것임은 의문의 여지가 없다. 또 뒤에서 보는 바와 같이 침묵이 의사표시로 인정되는 때에는, 이는 묵시적 의사표시임도 의문이 없다. 그런데 위에서 든 단지 물건을 사용하는 행위는 의사의 내용 자체를 명언한 것이 아니므로 묵시적인 것이라고 할 수도 있지만, 행위자는 이를 통해서 자신의 의사를 적극적으로 그리고 명확히 표시한 것이므로 명시적인 것이라고도 할 수 있다.[2] 다만 의사표시는 법률에 다른 규정이 없는 한 명시적으로도 묵시적으로도 행해질 수 있으므로, 양자의 구별의 불명확성은 실제적으로 문제되지 않는다.

[419] ### 3. 침 묵

(1) 침묵은 단순한 부작위, 즉 외형상 아무런 동작도 행하지 않는 것이다. 침묵은 어떠한 의사도 표시하지 않는 것이므로, 원칙적으로 의사표시로 되지 않는다(긍정의 의사표시도 부정의 의사표시도 아니다). 따라서 예컨대 청약자가 물건의 송부와 함께 이의 구입을 청약하면서 '만약 구입의사가 없으면 반송하라, 반송하지 않으면 승낙한 것으로 본다'고 하였는데, 그 피청약자가 아무런 답도 하지 않은 채 물건을 창고에 넣어둔 경우에, 피청약자의 침묵은 승낙의 의사표시로 되지 않는다. 왜냐하면 침묵은 아무런 표시가치도 가지지 않을 뿐만 아니라, 청약자의 요구에 의하여 피청약자가 승낙 여부를 답할 의무를 지지 않기 때문이다(그러나 만약 피청약자가 그 물건을 사용한 때에는, 이는 침묵이 아니고 이를 구입할 의사를 추단시키는 행위(의사실현행위)로서 따라서 묵시적인 의사표시가 있은 것으로 된다).

[420] (2) 그러나 신의칙이나 거래관행 혹은 법률(상법 53조가 그 예)에 기하여 또는 당사자 간의 합의에 기하여 피청약자가 일정한 적극적인 행위(승낙 여부에 관한 답신 혹은 물건의 반송)를 할 것이 특히 요구되는 경우에는, 그의 침묵은 의사표시로 인정된다. 다만 그것이 어떠한 내용의 의사표시로 되는가는 구체적 사정에 따라 달라진다. 즉 예컨대 승낙을 거절할 의사인 경우에는 반송하는 것이 관습인 경우에는, 침묵은 승낙의 의사표시로 될 것이다. 상인 간의 거래에서는 침묵은 승낙으로 된다(상법 53조).

침묵이 의사표시로 되기 위해서는, 침묵자가 자신의 부작위가 일정한 의사표시로 이해됨을 인식해야 하는가? 이는 의사표시의 요건으로 표시의식이 요구되는가 하는 점과 관련되는 것으로서, 이를 요구치 않는 본서의 입장에 의하면 그러한 인식은 필요치 않다. 다만 인식할 수는 있었어야 한다.[3]

---

1) 명시적 의사표시와 묵시적 의사표시의 구별에 관해서는, 이호정, 묵시적 의사표시, 김증한교수 화갑기념논문집(1981), 58면 이하 참조.

2) 곽윤직, 339면은, 명시적 의사표시와 묵시적 의사표시는 표시행위가 가지는 표시가치의 대소에 의한 구별로서, 요식행위가 아닌 한 양자를 구별할 실익이 없다고 한다.

3) 이에 대하여 표시의식을 의사표시의 요건으로 요구하는 이영준, 137면은 반대. 그 밖에 이호정, 전

(3) 침묵은 때로는 법률에 의하여 일정한 의사표시로 의제된다. 예컨대 무능력자 상대방의 취소 여부에 대한 확답을 최고한 데 대하여 무능력자 측에서 아무런 답도 하지 않은 경우에, 법은 원칙적으로 무능력자의 행위를 추인한 것으로 본다(15조 1항 및 2항. 단 3항은 반대). 그러나 이러한 경우는 침묵이 법에 의하여 의사표시로 의제될 뿐이고, 그러한 의사표시가 존재하는 것은 아니다. [421]

Ⅲ. 의사표시의 본질(본체) [422]

1. 의사주의와 표시주의

(1) 의사표시는 이와 같이 내부적 요소(내심의 의사)와 외부적 요소(표시행위)로 이루어진다. 그러면 이 중 어느 쪽이 의사표시의 본체를 이루는가? 이 문제에 관해서 의사주의(Willenstheorie)와 표시주의(Erklärungstheorie)의 입장이 대립된다. 즉 의사주의는 법률행위 제도는 사적자치의 원칙에 기초한 것이라는 점, 그리고 의사표시에 따른 법률효과가 발생하는 것은 표의자가 그것을 의욕하였기 때문이고, 법이 그와 같은 법률효과를 발생시키는 것은 표의자의 의사를 존중해서 라는 점을 근거로, 내심의 의사를 의사표시의 본체라고 한다. 요컨대 의사주의는 개인의사 존중의 사상에 기초한 것이다. 이에 대하여 표시주의는 법률행위는 거래의 수단이라는 점, 상대방은 표시행위의 객관적 의미에 따라 표의자의 의사를 추단할 뿐만 아니라 상대방이 알 수 없는 순수한 내심의 의사는 의사표시의 효력을 좌우할 수는 있지만 그것이 법률행위의 내용을 결정하지는 않는다는 점 등을 근거로, 표시를 의사표시의 본체라고 한다. 요컨대 표시주의는 거래의 수요 내지 표시에 대한 상대방의 신뢰보호에 기초한 것이다(이런 점에서 표시주의는 표시를 의사표시의 본체라고 하지만, 표시에 따른 법률효과가 발생하는 근거는 표시에 대한 상대방의 「신뢰」이다). 다수의 입장은 표시주의의 입장에서 표시행위를 본체라고 한다.[4] 이에 대하여 일부 견해는 의사주의의 입장에서 내심의 의사를 본체라고 한다.[5]

(2) 의사주의와 표시주의의 대립은 독일에서 19세기부터 있어 온 것이다.[6] 그런데 [423]

게서, 63 · 64면은, 독일에서는 침묵이 의사표시로서의 내부적 요건도 갖추고 있어야 의사표시로 인정된다고 하면서, 침묵자에게 표시의식이 없는 경우에는 침묵이 의사표시로 인정되지 않는다는 것이 다수의 입장이라고 한다.

4) 곽윤직, 397면; 김기선, 240면; 김주수/김상용, 258면; 김현태, 249면; 장경학, 407면; 황적인, 144면.

5) 이영준, 145면 이하. 그 외에 김상용, 325면도 이러한 입장이라고 할 수 있다. 특히 이영준, 151면은, 自說이 개인의 의사가 우월적 지위에 있다고 하는 점에서는 의사주의이나, 다른 한편으로는 의사와 표시를 1체적인 것으로 보는 점에서 효력주의와도 접근되며, 의사에 하자가 있는 경우에도 자기책임의 원칙에 의하여 의사표시가 표시된 대로 효력을 발생한다는 점에서 의사주의와 다르다고 하여, 자설을 「신의사주의 이론」이라고 칭한다. 그러나 이는 오늘날의 의사주의가 일반적으로 취하는 이론이다. 그러므로 이를 별개의 견해로 주장하는 것은 의문이다.

6) 의사주의의 본질 및 이의 요건에 관한 독일의 의사주의 · 표시주의 이론에 관하여는 김학동, 독일에

당시의 견해 대립은 표시가 의사와 부합하지 않는 경우에 그 표시에 따른 법률효과를 발생시킬 것인가 여부를 둘러싸고 행해졌다. 즉 의사주의는 그러한 경우에는 의사가 존재하지 않으므로, 그 의사표시는 무효라고 하였다. 이에 반하여 표시주의는 그러한 경우에도 표시된 바대로의 법률효과가 발생한다고 하였다.

20세기에 들어 표시가 의사에 부합하지 않는 경우에 그 효과를 어떻게 할 것인가 하는 문제가 독일민법전의 제정으로 입법적으로 결정되면서, 양 견해의 논쟁은 잠시 열기를 잃는 듯 했다. 그러나 특히 사실적 계약관계 이론을 주장하는 학자들이 현대적 거래의 특성과 함께 오늘날에는 개인의 의사의 중요성이 축소되었다고 하는 점을 강조하면서, 다시 의사표시의 본질에 관한 논쟁에 불이 붙었다. 다만 오늘날의 논쟁은 19세기의 그것과는 — 근본적으로 의사를 더 중시할 것인가 표시(정확히는 표시에 대한 신뢰)를 더 중시할 것인가 하는 점에서는 동일하지만 — 구체적인 논쟁의 초점에 차이가 있다. 즉 표시가 의사와 불일치하는 경우의 그 효력 여부가 아니라, 법률행위의 효력발생근거 및 이의 주관적 요건이 논쟁의 초점으로 되었다. 그리고 이에 관한 이론은 사실적 계약관계의 인정 여부를 넘어, 법률행위의 해석에서 표의자의 의사를 어느 정도 중시할 것인가 하는 문제, 그리고 나아가 예컨대 법률행위책임과 불법행위책임 이외에 소위 신뢰책임이라는 제3의 책임영역을 인정할 것인가 하는 민법의 전체적 체계에 관한 문제에까지 영향을 미친다(단 의사주의 혹은 표시주의의 어느 한 입장에 선다고 위의 문제들에 관하여 논리 필연적으로 동일한 견해에 도달하는 것은 아니다).

[424] (3) 그 외에 의사주의 · 표시주의와는 다른 제3의 입장으로서 소위 효력주의(Geltungstheorie)가 제기되었다. 이 견해는 의사주의와 표시주의가 의사와 표시를 2원적으로 구별한다고 비판하면서, 양자는 1체로서 함께 의사표시의 본체를 이룬다고 하는 점을 강조하는 이론이다. 그러나 의사주의나 표시주의는 — 관념적으로 의사와 표시 중 어느 것을 중시할 것인가 하는 점을 둘러싸고 논란을 벌이기는 하였지만 — 궁극적으로 표시에 상응하는 의사가 없는 경우에 과연 표시에 따른 법률효과를 인정할 것인가 하는 실제적 문제를 해결하기 위하여 전개되었던 것이다. 그런데 효력주의는 이러한 문제에 대하여 아무런 대답도 하지 않는다. 이런 점에서 이 견해는 — 표시의 의미를 보다 명확히 하였다는 공로는 인정되지만 — 의사주의나 표시주의와는 다른 제3의 입장이 아니며, 따라서 독자적인 의미를 가지지 않는 것이라 할 것이다.

[425] ## 2. 검 토

법이 표의자가 의사표시에서 의욕한 바대로의 법률효과를 인정하는 것은 표의자의

서의 의사표시이론, 사법연구(청헌법률문화재단) 2집(1994), 72면 이하 참조.

의사를 존중해서이다. 달리 말하면 의사표시에 기해서 발생하는 법률효과는 당사자가 그것을 의욕하였기 때문이다. 그리고 법률행위 중에는 상대방의 신뢰는 문제되지 않고 오로지 표의자의 진의가 문제될 뿐인 것이 있다. 이런 점에서 내심의 의사는 분명 의사표시의 본체이다. 그러나 다른 한편으로 법률행위는 사적 거래의 수단으로서, 표의자의 입장뿐만 아니라 이의 상대방(수령인)의 입장도 아울러 고려해야 한다. 그런데 상대방은 표시행위의 객관적 의미에 따라 표의자의 의사를 추단하는바, 따라서 표시에 대한 상대방의 신뢰를 보호해야 한다. 이런 점에서 상대방의 신뢰의 기초인 표시도 의사표시의 본체라고 해야 한다. 실제적으로 보더라도 민법은 내심의 의사에 부합하지 않는 표시행위가 행해진 경우에 그 표시행위에 따른 법률효과가 발생하는 것으로 하는 점에서, 일응 표시행위가 본체임을 부인할 수는 없을 것이다. 그러나 민법은 그러한 경우에도 때로는 이를 무효로 하거나 취소할 수 있도록 하고 있다. 더욱이 의사표시에 그러한 병리적 현상이 있는 경우는 예외적인 경우인데, 그렇지 않은 통상의 경우, 즉 표시가 의사에 부합되는 경우에 표시에 따른 법률효과를 인정하는 것은, 상대방의 신뢰를 보호하기 위해서라기 보다는 표의자가 이를 의욕하였기 때문이라고 할 것이다. 이런 점에서 내심의 의사 역시 의사표시의 본체임을 부인할 수 없다. 이런 점에서 양자를 모두 본체로 보는 것이 타당할 것이다. 다만 우리 민법은 예컨대 비진의표시를 원칙적으로 유효로 하고(107조), 단독으로 한 무능력자의 행위를 일단 유효로 하면서 취소에 의하여 효력을 배제할 수 있도록 하는바(5조 2항), 이런 점에서 볼 때 민법은 표시를 보다 중시하는 입장이라고 할 수 있다. ―특히 표시행위를 본체로 보는 입장 중에는, 내심의 의사를 본체로 보는 견해는 개인의사 절대의 자연법적 사상을 배경으로 하는 것으로서, 이러한 자연법적 관념을 버리고 있는 현재에는 표시행위를 본체라고 해야 한다는 견해가 있다.[7] 그러나 우리 민법의 기본원리인 사적자치의 원칙은 바로 개인의사의 존중에 기초한 것이고, 이는 자연법적 사상이 아니라 우리의 헌법질서가 승인하고 민법이 그의 기초로 삼은 이념이 아닐까?

Ⅳ. 의사표시의 주관적 요건 [426]

1. 주관적 요소의 분석

의사표시의 과정을 심리적으로 분석하면 다음과 같은 요소로 나눌 수 있다.

(가) **효과의사**(Geschäftswille, Rechtsfolgewille) 이는 일정한 내용의 법률효과의 발생을 의욕하는 의사를 말한다. 이것이 흠결된 예로는 A가 X물건을 주문한다는 것을

7) 곽윤직, 397면.

실수로 Y물건을 주문한 경우이다. 왜냐하면 이때 A는 — 다음의 ㈏에서 말하는 '물건을 주문한다'는 표시의사는 가졌으나 — 'X물건'을 주문할 효과의사는 가지지 않은 것이기 때문이다.

㈏ **표시의식**(Erklärungsbewußtsein, 표시의사 Erklärungswille) 이는 적어도 어떠한 법률행위적 행위를 한다는 점에 대한 의식, 혹은 법률행위적 의사를 외부에 표시한다는 의사를 말한다. 앞의 ㈎의 예에서 A는 이러한 표시의식을 가진 것이다. 이를 흠결한 예로는, 포도주 경매장에서 B가 친구를 보고 손을 흔들었는데 마침 그러한 행동이 그 곳의 관습에 의하면 구매신청으로 인정되는 경우, 혹은 파티장에서 회람되는 문서가 물건의 주문서인데 C가 이를 다음 파티의 초대장으로 잘못 알고 서명한 경우 등이 있다.

㈐ **행위의사**(Handlungswille) 이는 사실상의 외부적 행동을 지배하는 의사이다. 앞의 ㈏의 예에서 B나 C는 이러한 행위의사를 가졌다. 이를 흠결한 예로는 D가 최면에 걸려 물품주문서에 서명한 경우, 혹은 다른 사람이 물품의 구매의사를 묻는데 E가 신체적 장애로 인한 반사적 동작으로 고개를 끄떡인 경우 등이 있다.

[427]

2. 주관적 요건

(1) 의사주의이건 표시주의이건 다음 점에 관해서는 의견이 일치할 것이다. 첫째 행위의사가 결여된 경우에는 법적 의미에서의 행위가 존재한다고 할 수 없고, 따라서 설령 상대방이 이를 의사표시로 오인하였다 하더라도, 그러한 동작에 따른 법률효과가 생기지 않는다고 해야 한다. 둘째 효과의사가 결여된 경우에는 표의자는 비록 표시된 것과는 다르지만 일정한 법률효과의 발생을 의욕한 것이고, 따라서 의사표시가 존재한다고 해야 한다. 다만 표의자가 그 의사표시에 구속되느냐 하는 점은 입법정책에 따라서 달라질 수 있을 것이다.

의사표시의 본질에 관한 입장에 따라서 견해가 대립되는 경우는 표시의식이 결여된 경우이다. 의사주의는 표시의식을 의사표시의 요건으로 본다.[8] 따라서 표시의식이 결여된 경우에는 의사표시가 성립하지 않으며, 표의자는 — 이를 취소할 필요 없이 — 이에 따른 법률효과에 구속되지 않는다고 한다(다만 표의자는 계약체결상의 과실책임을 진다). 이에 반하여 표시주의는 표시의식을 의사표시의 요건이라고 하지 않는다.[9] 따라서 이의 결여 시에도 의사표시는 성립하고, 따라서 표의자는 이에 따른 법률효과에 구속된다고 한다(다만 이를 취소함으로써 비로소 그 법률효과에서 벗어날 수 있다).

---

8) 전술 주 4의 학설인용 참조.

9) 전술 주 5의 학설인용 참조. 그 외에 의사표시의 본체에 관하여 필자와 마찬가지로 2원적 입장을 취하는 김용한, 277면 이하도 이 입장이다.

(2) 그러면 표시의식이 결여된 경우에 의사표시의 성립을 인정할 것인가? 비록 표의자에게 표시의식이 결여되었더라도 객관적으로 볼 때 의사표시로서의 가치를 가진 행위가 있는 이상 의사표시로 인정하는 것이 타당할 것이다. 특히 표시의식이 결여된 경우와 효과의사가 결여된 경우는 상대방의 입장에서도 구별하기 어려울 뿐만 아니라, 표의자의 입장에서 보면 그 표시행위에 따른 법률효과를 의욕하지 않은 점에서 동일한 바, 따라서 양자를 달리 취급하는 것은 타당치 않을 것이다. 무엇보다도 우리 민법은 다른 입법례에 비하여 표시주의에 보다 접근된 입장인바(이의 대표적 예는 농담(戱言)도 상대방이 이를 의사표시로 이해한 때에는 의사표시의 효력을 인정하는 107조이다(이의 내용은 [564] 참조). 그 외에 무능력자의 행위를 단지 취소할 수 있는 것으로 하는 점도 이의 예이다), 그렇다면 상대방의 입장에서는 동일하게 보이는 표시의식 결여의 경우와 효과의사 결여의 경우를 구별하는 것은 우리 법의 태도에도 부합하지 않을 것이다. 이런 점에서 표시의식은 의사표시의 주관적 요건이 아니라고 하는 것(즉 표시의식 없이 표시행위가 행해진 경우에도 의사표시의 성립을 인정하는 것)이 타당할 것이다. [428]

다만 상대방의 신뢰뿐만 아니라 표의자의 이익도 보호되어야 하는바, 따라서 표시의식 없는 행위가 의사표시로 인정되기 위해서는 표의자가 자신의 행위가 상대방에 의하여 의사표시로 이해될 수 있음을 알 수 있었어야 한다고 해야 할 것이다. 이런 점에서 표시의식은 의사표시의 주관적 요건은 아니나, 표의자에게 의사표시책임을 돌릴 만한 사정 — 過責性(Zurechenbarkeit) — 이 있어야 의사표시로 인정된다고 할 것이다.[10)]

이에 의하면 위의 포도주 경매사건의 경우, 예컨대 B가 외지인이거나 경매에 경험이 없어서 경매에서의 관습을 알지 못하였다면, B로서는 자신의 거수행위가 의사표시로 이해되리라는 것을 알 수 없었고 또 이를 모른 것을 탓할 수 없을 것이다. 그러므로 그의 행위는 의사표시로 인정되지 않을 것이다. 그러나 C가 물품주문서를 파티초대장으로 잘못 알고 서명한 경우에, C로서는 문서의 의미를 쉽게 분별할 수 있었으므로 그 행위에 대하여 의사표시책임을 지울 만한 잘못이 있었다고 할 수 있다. 그러므로 그의 행위는 의사표시로 인정될 것이다.

제2항 법률행위

Ⅰ. 의　의 [429]

1. 법률행위는 의사표시를 요소로 하는 사법상의 법률요건이다.

(1) 법률행위는 의사표시를 불가결의 요소로 한다. 법률행위는 때로는 1개의 의사

10) 다만 과책성의 내용에 관하여 독일에서는, 표의자의 과실을 요구하는 견해와 과실까지는 요구하지 않고 잘못된 의사표시로 인한 위험을 표의자가 부담해야 한다는 것으로 족하다는 견해가 대립된다. 학설의 내용에 관하여는 김학동, 전게서(주 6), 154면 이하 참조.

표시만으로 이루어진다(예: 취소, 철회, 해제). 그러나 대부분의 경우에는 그 외의 다른 법률사실과 합하여 이루어진다. 예컨대 계약은 2개 또는 그 이상의 의사표시로 이루어진다. 또 재단법인설립행위는 단독행위이지만, 법인설립의 의사표시(정관 작성) 이외에 재산의 출연도 이의 요소이다. 따라서 의사표시와 법률행위는 동일한 것이 아니다. 요컨대 의사표시는 법률사실에 불과하고, 의사표시 이외에 필요한 법률사실들이 갖추어짐으로써 비로소 법률행위라는 법률요건이 성립하는 것이다.

(2) 법률행위는 법률요건으로서, 이에 기하여 일정한 법률효과가 발생한다. 법률행위에 기하여 발생하는 법률효과는 언제나 직접으로 권리의 변동을 일으키지는 않으나, 간접적으로 권리의 변동에 관계된다(예: 동의·허락).

[430] 2. 각인은 법률행위를 통하여 자신이 원하는 법률효과를 발생시킨다. 이런 점에서 법률행위는 사적자치의 원칙을 실현하는 수단이다.

독일에서 법률행위(Rechtsgeschäft)라는 용어가 사용되기 시작한 것은 18세기 말경 이래의 일이며, 법률행위에 관한 고전적 이론을 수립한 것은 Savigny이었다. 그리고 Savigny는 법률행위와 의사표시(Willenserklärung)를 동의어로 썼고, 의사표시에서의 핵심을 이루는 것은 의사(Wille)라고 하였다. 그의 이론을 학자들은 의사설 혹은 의사주의라고 부른다. 이에 대립하여 1870년대에는 표시설 내지 표시주의가 대두하였다. 의사설은 효과의사가 없으면 표시행위가 있더라도 그것은 무효라고 하는 데 반하여, 표시설은 의사표시의 상대방의 신뢰를 보호하려는 의도하에서 착오로 인한 의사표시도 표시가 있는 이상 효력을 가져야 한다고 주장하였다.[1] 그 외에 의사주의와 표시주의의 의미는 전술하였다.

우리 민법전의 법문을 보면 「법률행위」 내지 「행위」라는 용어와 「의사표시」라는 용어는 언제나 정확하게 구별하여 사용하고 있다고는 할 수 없다(114~116조, 118조, 124~126조, 136조, 142조, 147조 등). 이것은 아마 독일 보통법의 학자가 처음에 의사표시와 법률행위를 명확하게 구별하지 않았던 데서 영향받은 것일 것이다. 프랑스민법전에서는 의사표시라는 개념이 쓰이지 않고 있다.[2]

[431] Ⅱ. 법률행위의 효력근거

이는 의사표시의 본질 문제와 궤를 같이하는 것이다.

(1) 우리 법질서는 근본원리인 사적자치의 원칙에 기해서, 당사자가 그 법률행위를 통하여 의욕한 바대로의 법률효과가 발생되도록 한다. 이런 점에서 법률행위가 효력을 발생하는 근거는, 우선 당사자가 그러한 효력의 발생을 의욕하였기 때문이다.

(2) 그런데 민법의 규정을 보면 때로는 당사자가 표시된 바와 같은 의사를 의욕하

1) 독일에서의 법률행위와 의사표시에 관한 이론의 역사에 관하여는 Flume, S.29ff. 참조.

2) 그러나 학자들은 l'acte juridique를 종종 문제삼고 있다(예: Capitant, Introduction à l'étude du Droit Civil, p.246 이하). 그리고 프랑스민법전개정위원회에서는 법률행위에 관한 일반적 규정을 두려고 하였다(Travaux de la commission du code civil 1946/47).

지 않은 경우에도 표시된 바에 따른 법률효과를 발생시키는 경우가 있다. 의사와 표시가 불일치하는 경우가 그러하다. 이런 경우에는 당사자의 의사가 법률행위의 효력발생 근거라고 할 수 없다. 그러면 이런 경우에 그러한 효력이 발생하는 근거는 무엇인가? 법률행위는 사적자치를 실현하기 위한 제도이나, 동시에 재화교환의 수단이며 인간의 수요를 충족시키는 데 기여하는 도구이다. 따라서 법률행위법에서는 거래의 수요, 즉 신뢰의 보호 및 거래의 안전이 존중되어야 한다. 법률이 표의자의 자기결정에 기하지 않은 행위에 대하여도 그 표시에 따른 효과를 인정하는 것은, 사적자치 내지 자기결정은 법질서의 유일한 원리가 아니며, 신뢰의 보호와 거래의 안전도 법질서의 또 하나의 원리라는 데 기한 것이다.

오늘날 의사주의는 의사와 표시가 어긋나는 경우에도 법률행위적 효과를 인정하는 근거를, 자기결정의 원리의 裏面에 존재하는 상관물(Korrelat)로서 사적자치 원칙의 한 내용을 이루는 自己責任의 원리에서 구하려고 한다. 그러나 자기책임의 원리의 의미도 불명확할 뿐만 아니라 (필자의 이해로는 법률행위에서의 자기책임의 원리는 스스로 내린 의사결정에 대해서는 그것이 자신에게 이익이 되는지를 불문하고 책임을 져야 한다, 즉 그 의사결정에 따른 결과를 받아들여야 한다는 것이고, 불법행위법에서의 자기책임의 원리는 자신의 고의나 과실에 대해서는 책임을 져야 한다, 혹은 그 이면으로서 자신에게 고의나 과실이 없는 한 책임을 지지 않는다는 의미이다. 그런데 위 견해는 자기책임의 원리를 이와는 다른 것으로 이해하는 것 같다), 자기의 의사결정 없이 행해진 표시행위에 구속되는 근거를 궁극적으로 사적자치의 원리에서 구하는 것은 부적절하지 않을까? 특히 오늘날의 대량적 거래에서는 행위자가 구체적으로 어떠한 의사를 가졌는가보다도 그의 행위가 어떻게 여겨지는가에 의하여 그의 행위가 평가되고, 그리하여 표시에 따른 법률효과가 인정되는 경우가 확대될 것이다. 그러므로 개인의 의사에 지나치게 절대성을 부여하기 보다는 각인이 다른 자와의 관계에서 가지는 지위를 고려하는 시각이 필요하다.

그러나 다른 한편으로는 현대의 거래에서 비록 자기결정이 승인되는 영역이 과거보다는 축소되고 제한되지만, 사적자치는 여전히 우리 법질서의 최상의 기본원리이다. 또 법률행위가 효력을 발생하는 1차적 근거는 당사자가 그러한 효력의 발생을 의욕하였기 때문이다. 그 외에도 법률행위는 사적자치를 위하여 승인된 것임을 분명히 깨달아야, 당사자 간에 자기결정적 힘이 존재하지 않는 경우에는 사적자치의 원칙이 적용되지 않는다는 점을 간과하지 않을 것이다. 이런 점에서 사적자치의 원칙 내지 개인의사의 존중을 근대의 자연법 사상에 기한 것으로 폄하해서는 안 될 것이다.

Ⅲ. 법률행위의 요건 [432]

법률행위가 법률요건으로서 완전히 그 법률효과를 발생하기 위해서는 여러 가지 요건을 갖추어야 한다. 그런데 이론적으로 생각할 때 법률행위는 먼저 법률행위로서 「성립」하였는가가 문제되고, 그 다음으로 그것이 유효한가가 문제된다. 그러므로 법률행위의 요건은 「성립요건」과 「효력발생요건」의 둘로 나눌 수 있다.[3)]

3) 이영준, 172면은, 법률행위의 요건에 관한 이러한 구별은 입증책임에 그 구별실익이 있다고 한다. 즉 성립요건은 법률행위의 효과를 주장하는 당사자가 그 입증책임을 부담하고, 효력발생요건의 부존재는 법률행위의 무효를 주장하는 당사자가 그 입증책임을 부담한다고 한다.

1. 성립요건

법률행위라고 할 수 있을 만한 것이 있기 위하여 요구되는 최소한의 외형적 · 형식적인 요건이 법률행위의 성립요건이다. 모든 법률행위에 공통하게 요구되는 성립요건은, 외형적으로 볼 때 일응 ① 당사자, ② 객체(목적물), ③ 의사표시 등이 존재할 것이다. 이 중 그 하나를 결여하여도 법률행위는 성립하지 않는다.

[433] ### 2. 효력발생요건

이미 성립한 법률행위가 법률상 완전한 효력을 발생하는데 필요한 요건을 말한다. 이는 모든 법률행위에 공통한 일반적 효력발생요건과 각개의 법률행위에 특유한 특별효력발생요건으로 나눌 수 있다.

(1) 일반적 요건

(a) 당사자에 관한 것으로서, 당사자가 의사능력과 행위능력을 가질 것

(b) 법률행위의 목적(내용)에 관한 것으로서, 목적이 가능하고, 적법하고, 사회적 타당성을 가질 것

(c) 의사표시에 관한 것으로서, 의사와 표시가 일치할 것, 표의자에게 착오가 없을 것, 의사표시가 사기 · 강박에 기하지 않았을 것

(2) 특별요건

(a) 법인설립행위에 있어서 주무관청의 허가 및 등기

(b) 대리행위에 있어서 대리권의 존재

(c) 조건부 · 기한부 법률행위에 있어서 조건의 성취 · 기한의 도래

(d) 이상의 요건들은 총칙이 규정하는 것이다. 총칙 이외에서 규정된 특별요건으로는 요식행위에서의 일정한 방식의 준수, 물권변동에서의 등기 · 인도, 처분행위에서의 처분권한([438] 참조), 유언에서의 유언자의 사망 등이 있다.

(3) 효력발생요건 중에는 법률행위의 구성부분을 이루는 것과 법률행위의 밖에 위치하는 것이 있다. 일반적 요건은 전자에 해당하고 특별요건은 후자에 해당한다(그 외에 일반적 요건과 특별요건의 차이는 [838] 참조).

[434] ## Ⅳ. 법률행위의 종류

1. 재산행위 · 신분행위

(1) 의 의 법률행위로부터 발생하는 효과가 재산상의 법률관계에 관한 것인가 또는 신분상의 법률관계에 관한 것인가에 의한 분류이다. 뒤에 설명하는 채권행

위 · 물권행위 · 준물권행위 등이 재산행위에 해당한다. 신분행위로는 친족법상의 법률행위 · 상속법상의 법률행위가 있다. 다만 신분행위 중에는 재산관계에도 영향을 미치는 행위가 적지 않다(예컨대 부부간의 부부재산의 약정(829조) 및 대부분의 상속법상의 법률행위).

민법총칙편의 법률행위에 관한 규정은 실질적으로는 주로 재산행위를 전제로 한 것이다. 따라서 신분행위에는 적용되지 않는 것이 많다.

(2) 재산행위의 분류　　재산행위는 다시 다음과 같이 분류할 수 있다. [435]

(가) 출연행위 · 비출연행위　　재산행위는 다시 자기의 재산을 감소시키고 타인의 재산을 증가케 하는 出捐行爲와, 그렇지 않은 비출연행위로 나눌 수 있다. 여기에서의 재산에는 급부청구권도 포함되므로, 채권행위 역시 출연행위에 속한다. 대부분의 재산행위는 전자에 속한다. 비출연행위의 예로는 소유권의 포기 · 대리권수여행위 등이 있다.

(나) 유상행위 · 무상행위　　출연행위는 다시 유상행위와 무상행위로 나뉜다. 유상행위는 자기의 출연에 대하여 상대방으로부터도 그것에 대응하는 대가적 출연을 받는 행위를 말하고, 무상행위는 그러한 대가적 출연이 없는 행위를 말한다. 증여 · 사용대차 · 무이자소비대차 등이 무상행위에 속한다. 또 단독행위는 대부분 무상행위이다(예: 재단설립행위). 그러나 현상광고(675조)는 단독행위이지만, 보수는 완성된 일에 대한 대가이므로 유상행위이다. 매매 · 임대차 · 고용 등은 유상행위에 속한다. 유상행위에는 매매의 규정이 준용된다(567조).

2. 채권행위 · 물권행위 · 준물권행위 [436]

이는 재산행위 중에서, 그 발생하는 법률효과를 기준으로 한 구별이다.

(1) 채권행위(obligatorisches Rechtsgeschäft)　　이는 채권을 발생시키는 법률행위이다. 증여 · 매매 · 각종의 대차 등은 모두 채권행위이다. 채권은 채무자에게 일정한 급부를 요구할 수 있는 권리이므로, 채무자의 입장에서 보면 이는 채무자에게 일정한 의무를 부담케 하는 것이다. 그러므로 채권행위는 의무부담행위이다. 그리고 채권행위는 채무자가 그의 의무를 이행함으로써 비로소 그 목적을 달성하게 되는바, 이런 점에서 채권행위는 그로 말미암아 발생한 채무에 관하여 「이행」이라는 문제를 남기는 점에서 물권행위나 준물권행위와 다른 특색이 있다.

(2) 물권행위(dingliches Rechtsgeschäft)　　이는 물권을 변동(발생 · 변경 · 소멸)시키는 법률행위이다(예: 소유권의 양도행위, 지상권 또는 저당권과 같은 제한물권의 설정행위 등). 이는 통상적으로 일정한 채권행위에 기초해서 그 이행으로 행해진다. 그러나 채권행위와는 그 요소인 의사표시의 내용 및 그 법률효과에 차이를 가진다. 즉 예컨대 증여나 매매 등의 채권행위에서의 의사표시의 내용은 「나는

그대에게 이 물건의 소유권을 이전할 것을 약속한다」는 것이고, 따라서 이로부터는 단지 소유권을 이전할 채무가 발생하는데 대하여, 이에 기해서 행해지는 물권행위에서의 의사표시의 내용은 「나는 그대에게 이 물건의 소유권을 이전한다」는 것이고, 따라서 그 효과로서 소유권이 이전한다. 물권행위는 이와 같이 물권 자체를 변동시키므로, 처분행위이다. 그리고 이에 의하여 물권 자체가 변동되므로 이행이라는 문제를 남기지 않는다.

물권행위에 관해서는 형식주의와 의사주의로 입법례가 대립된다. 전자는 물권변동의 효력발생을 위해서는 물권행위 이외에 등기(부동산) · 인도(동산)가 필요하다는 입장이고, 후자는 물권행위만으로써 물권변동의 효력이 발생하도록 하는 입장이다. 민법은 물권변동에 관하여 형식주의를 취하고 있다(186조).

(3) **준물권행위**(quasidingliches Rechtsgeschäft) 이는 물권 이외의 권리(예: 채권 · 무체재산권 등)를 종국적으로 변동시키는 법률행위이다. 채권양도 · 무체재산권의 양도 · 채무면제 등이 이에 속한다. 이에 의하여 권리가 종국적으로 변동되므로, 이는 처분행위이고 이행이라는 문제가 남지 않는다. 이런 점에서 물권행위와 흡사하다. 단지 그 변동되는 권리가 물권이 아니라는 점에 차이가 있을 뿐이다.

[437] 3. 의무부담행위 · 처분행위

(1) 의　　의

(가) **義務負擔行爲**(Verpflichtungsgeschäft) 이는 일정한 급부를 할 의무를 낳게 하는 법률행위이다. 따라서 이는 권리의 목적물에 관한 법적 상태를 직접 변동케 하지 않는다. 채권행위가 이에 해당한다는 점은 전술하였다. 이의 대표적인 예는 매매계약으로서, 이에 의하여 매도인은 매수인에게 매매목적물을 이전할 의무를 지며, 매수인은 매도인에게 대금을 지급할 의무를 진다. 이에 의하여 매매목적물의 소유권이 변경되지는 않는다.

(나) **處分行爲**(Verfügungsgeschäft) 이는 기존의 권리를 변경 — 이전 · 부담 · 소멸 — 시키는 법률행위이다. 이에 의하여 권리자의 권리의 내용이 축소된다. 이의 대표적인 예는 소유권이전행위로서, 이에 의하여 양도인의 소유권은 양수인에게 이전한다. 제한물권 · 채권 또는 무체재산권을 이전하는 행위 역시 처분행위이다. 그 외에 소유자가 자신의 소유물에 저당권 기타 제한물권을 설정시키는 것 역시 소유권의 권능 중 일부를 축소시키는 것이므로, 이에 해당한다. 또 물권의 포기 역시 소유권을 소멸시키는 것으로서 이에 해당한다.[4)]

---

4) 이영준, 189면은 형성권(예컨대 상계권이나 해지권)의 행사도 행사자의 권리의 변경을 초래한다는 점에서 처분행위라고 한다. 그러나 형성권의 행사에 의하여 형성권 자체가 소멸되기는 하나, 이는

(다) 그러나 양자는 언제나 선택적 관계에 있는 것, 즉 모든 행위가 양자 중 어느 하나에 해당하는 것은 아니다. 법률행위 중에는 양자의 성질을 모두 가지는 것이 있다. 면책적 채무인수(453조 이하), 화해(731조 이하) 등이 그러하다.[5)]

(2) 차 이 의무부담행위와 처분행위의 차이는, 전자에서는 이의 유효를 위해서 행위자가 목적물에 대한 처분권한을 가질 필요가 없음에 반하여, 후자에서는 행위자에게 처분권한이 있어야 한다는 점이다(예컨대 물건의 소유자 아닌 자가 이를 매각하더라도 그 매매계약은 유효하나, 나아가 이를 이전한 경우에 그 물권행위는 무효이다). [438]

(가) 소유자는 대부분 처분권한을 가진다. 그러나 법률에 의하여 소유자의 처분권한이 박탈되는 경우가 있다. 그러한 예로는 파산선고를 받은 경우(이때에는 파산관리인이 처분권한을 가진다), 압류 또는 가압류를 당한 경우, 처분금지의 가처분을 받는 경우 등이 있다. 그 외에 유언자가 유언집행인을 임명한 때에는 상속인은 원칙적으로 상속재산을 처분할 권한을 가지지 않는다. 처분자에게 처분권이 있어야 하는 시점은 처분행위시가 아니고 그것이 효력을 발생하는 때이다.

(나) 소유자는 때로는 타인에게 자신의 물건의 처분을 허락할 수 있다(처분권의 수여). 독일민법은 이를 명문으로 규정하나(동법 185조 2항. 이러한 처분의 승낙을 Einwilligung이라고 한다), 그러한 규정이 없는 우리 민법에서도 사적자치의 원칙상 마찬가지로 해석해야 한다.[6)] 판례는 타인의 물건을 자기 것인 것처럼 처분하였으나 타인(소유자)이 그 처분행위를 추인한 경우에, 무권대리의 추인에 관한 규정(133조)을 유추적용하여 처분행위의 효력을 인정한다(이의 구체적 내용은 [821] 참조). 그러나 이는 무단의 처분행위에 대한 사후적인 추인이나, 여기에서 말하는 처분권의 수여는 사전적인 것인 점에서 차이가 있다.

처분권이 수여된 경우와 대리권이 수여된 경우와의 차이는, 후자의 경우에는 대리인이 본인의 이름으로 행위를 함에 반하여, 전자의 경우에는 처분권을 수여받은 자가 그 자신의 이름으로 행위를 한다는 점이다. 권리자는 타인에게 처분권을 수여하였더라도 처분권한을 여전히 보유한다. 따라서 비록 권리자가 스스로 처분행위를 하지 않기로 타인과 합의한 경우에도, 이를 위반하여 행해진 그의 처분행위는 유효하다.

양자의 그 외의 차이로서 처분행위에서는 우선순위가 있으나, 의무부담행위에서는 그것이 없다는 점이다(따라서 동일한 물건에 관하여 수개의 소유권이전행위가 행해진 경우에는 가장 먼저 행해진 것만이 효력을 가지나, 수개의 매매계약이 체결된 경우에는 그 행위 간에 우열이 없이 모두 동등한 위치에 선다). 또 처분행위는 재화의 귀속에 변경을 낳는 것으로서, 그러한 효과는 모든 자에 의

권리행사의 부수적 결과이지 권리행사에 의하여 직접 목적했던 법률효과는 아니므로, 이는 처분행위가 아니다(Larenz/Wolf, §23 37. 다만 독일에서도 이에 관해서는 견해가 대립한다).

5) Larenz/Wolf, §23 59; Flume, §5 d.

6) 이영준, 191면.

하여 존중되어야 할 것이다. 따라서 처분행위는 모든 자에 대하여 효력을 발생한다. 이에 반하여 의무부담행위는 오직 일정한 상대방에 대하여 의무를 발생시킨다. 즉 처분행위의 효력은 절대적임에 반하여, 의무부담행위의 효력은 상대적이다.

[439] ### 4. 단독행위 · 계약 · 합동행위 등

이는 법률행위의 요소인 의사표시의 모습에 따른 구별이다.

(1) 단독행위 이는 1개의 의사표시로 성립하는 법률행위이다.

(가) 단독행위는 이의 효력발생을 위해서는 상대방에게의 도달이 필요한가 여부에 따라 다음과 같이 나뉜다.

(a) 상대방 있는 단독행위는 의사표시가 상대방에게 도달한 때 효력을 발생한다. 동의 · 취소 · 추인 · 해제 및 해지 · 상계 · 채무승인 등이 그 예이다.

(b) 상대방 없는 단독행위는 의사표시가 있으면 곧 효력을 발생한다. 이에는 (i) 특정한 상대방을 상정할 수 없기 때문에 성질상 당연히 상대방 없는 단독행위로 되는 것(재단법인설립행위 · 권리의 포기)과, (ii) 법률이 일정한 이유에서(예컨대 일정 기간 의사표시의 내용이 공개되지 않도록 하기 위하여) 정책적으로 상대방 없는 단독행위로 한 것이 있다. 상대방 없는 단독행위는 상대방 있는 단독행위에 비하여 훨씬 드물고, 그 의사표시의 진실성 · 명백성 등을 확보하기 위하여 요식행위인 경우가 많다(유언이 그 대표적 예).

(나) 단독행위는 행위자가 자유로이 할 수 있는가? 대부분의 학설은 이를 일률적으로 긍정하거나[7] 혹은 부정한다.[8] 그러나 이는 단독행위의 내용에 따라 구별해야 할 것이다. 즉 직접으로 행위자의 법적 영역에만 관련되는 경우(예: 무주물 선점, 소유권 포기), 타인의 법적 영역에도 관련되나 그 타인에게는 단지 권능만을 부여하거나 혹은 타인에게 유리한 법적 지위를 주는 경우(예: 대리권수여, 상속재산의 거절)에는 자유로이 할 수 있다. 이에 반하여 법률행위가 타인에게 불리하게 작용할 수 있는 경우(예: 해지 · 취소 · 철회)에는 법률의 규정이 있거나 이에 관한 당사자 간의 합의가 있어야 한다.

[440] **(2) 계 약** 이는 두 개 이상의 의사표시의 합치에 의하여 성립하는 법률행위이다. 계약에는 채권계약 · 물권계약(준물권계약 포함) · 신분법상의 계약 등이 있다. 계약은 때로는 좁게 채권계약만을 뜻하는 경우가 있다.

(가) 계약이 성립하기 위해서는 수개의 의사표시의 내용이 합치해야 한다. 계약의 성

---

7) 곽윤직, 344면은, 법률행위 자유의 원칙상 단독행위의 자유도 인정되어야 한다고 한다(그런데 이 견해는 이어서 단독행위는 원칙적으로 법률의 규정에 의하여 인정되는 경우에만 그 효력을 발생한다고 한다).

8) 고상용, 306면; 이영준, 179면은, 법률에 특별한 규정이 있는 경우에 한하여 허용된다고 한다.

립요건은 채권각론편의 계약 총칙에서 규율되고 있지만(527조 이하), 그 내용은 모든 형태의 계약에 공통되므로 여기에서 간단히 설명한다.

(a) 계약이 성립하기 위해서는 우선 쌍방이 서로 청약의 상대방과 계약을 맺으려는 의사를 가졌어야 한다. 이를 主觀的 合致라고 한다. 따라서 예컨대 갑이 을과 계약을 맺고자 을에게 청약을 한 경우에는, 병이 우연히 이를 알고 갑에게 승낙하더라도 계약은 성립하지 않는다. 다만 갑의 청약이 을이라는 특정인에 중점을 두지 않고 누구든 불문한다는 것인 때에는 그렇지 않다.

(b) 다음으로 의사표시의 객관적인 내용이 일치해야 한다. 이를 客觀的 合致라고 한다. 위의 예에서 갑의 의사표시의 내용과 을의 그것이 불일치하는 경우에는 계약은 성립하지 않는다. 다만 문제되는 것은 의사표시의 모든 내용에 관하여 합치가 필요한가, 달리 말하면 사소한 사항에 관하여 불일치하는 때에도 계약이 성립하지 않는가 하는 점이다.

이는 계약의 성립을 위해서는 쌍방의 의사표시의 내용이 어느 정도 합치해야 하는가 하는 문제이다.

계약내용 중 당사자들이 의사를 교환한 사항이 불일치하는 때에는, 그것이 사소한 사항인가 여부를 불문하고 이를 긍정해야 할 것이다(달리 생각한다면 당사자들이 의견을 교환한 사항이라면 — 외부적으로는 달리 보일지라도 — 당사자들은 중요한 사항이라고 생각한 것이라고 할 수 있다). 판례가 계약성립의 요건인 의사표시의 객관적 합치가 있다고 하기 위해서는 「당사자의 의사표시에 나타나 있는 사항에 관하여는 모두 일치」[9]해야 한다고 하는 것은 이러한 의미라고 할 수 있다. 그러나 외부에 표시하지 않은 사항에 관하여 불합치가 있는 때에는 이를 부인하는 것이 타당할 것이다. 왜냐하면 계약의 내용이 되는 사항은 때로는 무수히 많고 다양할 수 있는데, 만약 이를 긍정한다면 사소한 사항에 관한 의사의 불일치로 인하여 계약이 성립하지 못하게 되어 오히려 당사자에게 불이익하고, 또 그러한 결과는 당사자가 원하는 바가 아닐 것이기 때문이다. 따라서 객관적으로 볼 때 그 불합치하는 사항이 계약의 중요부분이 아니어서 당사자가 그럼에도 계약체결에 합의하였으리라고 여겨지는 때에는, 계약이 성립한다고 하는 것이 타당할 것이다(참고로 독일민법 제155조는 「당사자들이 계약이 체결되었다고 생각하고 있으나 합의가 있어야 할 어느 사항에 대하여 실제로는 합의하지 않은 경우에, 그 사항에 관한 정함이 없이도 계약이 체결되었으리라고 인정되는 때에 한하여 그 합의된 바의 효력이 발생한다」고 규정하여, 위와 같은 뜻을 명언한다).

당사자들은 의사의 합치가 있었다고 생각하였으나 의사표시 해석의 결과 쌍방의 의사표시가 불일치하여 계약이 성립하지 않는 경우에, 당사자가 그러한 점을 알지 못하였다는 점에서 이를 「숨은 불합의」라고 한다. 이에 관하여는 후술한다([589]. 그 외에 채권각론 [19] 참조).

9) 대판 2003. 4. 11. 2001다53059.

[441] (나) 계약이 성립하는 모습으로 가장 일반적인 것은 청약과 승낙(527조 이하)에 의한 경우이다. 이는 예컨대 갑이 을에 대하여 물건을 살 것을 청하고, 이에 대하여 을이 그렇게 하자고 함으로써 성립하는 것이다. 이때 갑의 의사표시를 청약이라고 하고, 을의 의사표시를 승낙이라고 한다. 갑은 일단 청약하면 그에 구속되며(즉 이를 철회할 수 없으며(527조)), 을은 일정한 기간(이를 승낙기간이라 한다. 528조, 529조) 안에 승낙하여야 한다. 승낙기간을 넘어 승낙을 하면 계약은 성립하지 않는다. 다만 그러한 승낙은 새로운 청약으로 여겨져(530조), 이에 대하여 청약자가 승낙을 하면 계약이 성립된다.

그 외의 계약성립의 모습으로는 교차청약에 의한 경우(533조) 및 의사실현에 의한 경우(532조)가 있다. 전자는 예컨대 갑이 을에게 물건의 매입을 청약하였는데 을이 이를 모르는 상태에서 갑에게 이의 매각을 청약한 경우이고, 후자는 예컨대 갑이 을에게 물건을 살 것을 청약하면서 그 물건을 송부하였는데 을이 그 물건에 이름을 쓰고 이를 사용한 경우이다(채권각론 [38] 참조).[10)]

[442] **(3) 합동행위** 우리의 다수설[11)]은 수인의 의사표시의 합치를 요소로 하는 법률행위의 유형으로 계약 이외에 합동행위를 인정한다. 즉 계약은 서로 대립하는 두 개 이상의 의사표시가 합치하는 것으로서 따라서 이로부터 서로 방향을 달리하는 채권채무가 발생하는 데 대하여(예컨대 매매계약에서 각 당사자는 매도인과 매수인이라는 대립적인 관계에 서고, 그 효과로서 각자 대금청구권과 목적물이전청구권이라는 대립되는 권리가 발생한다), 합동행위는 평행적 · 구심적으로 방향을 같이하는 두 개 이상의 의사표시가 합치하는 것으로서 따라서 이로부터 서로 방향을 같이하는 채권채무가 발생한다는 것이다. 즉 합동행위에서는 수개의 의사표시가 각 당사자에게 동일한 의미를 가지고, 또한 동일한 법률효과를 가져오는 점에서 계약과 구별된다고 한다. 그리고 합동행위의 예로서 사단법인 설립행위를 든다(즉 설립자 전원이 합동하여 법인설립이라는 공동의 목적에 협력하며, 법인의 설립 및 이의 사원의 지위 획득이라는 동일한 내용의 법률효과가 생긴다). 그리고 사단법인 설립행위를 합동행위라고 봄으로써 여기에 제124조 그리고 나아가 의사표시의 결함에 관한 규정들(무효 · 취소 등에 관한 5조 2항 및 107조~110조 등)의 적용을 배제하는 실익이 있다고 한다.

그러면 계약과는 별개의 제3의 법률행위 유형으로 합동행위라는 개념을 인정하는 것이 타당한가? 계약은 대부분 대립되는 이해관계를 가진 자 간의 의사합치이다(이를 交換的 契約이라고 한다). 그러므로 계약과 합동행위의 차이점에 관한 위와 같은 설명은 일응 타당하다. 그

10) 독일학자들은 의사표명(Willensäußerung)의 방법에는 의사표시와 의사실현(Willensbetätigung)의 둘이 있다고 설명한다(Lehmann/Hübner §24 Ⅳ 2; Enneccerus/Nipperdey §145 Ⅱ A 3; v. Tuhr §61 Ⅰ 2; Lange §37 Ⅲ 3; Flume §§5,6). 이 중 의사실현(행위)은 표시의 목적을 가지지 아니하고 의사를 실현하는 행위를 말한다.

11) 고상용, 184면; 곽윤직, 345면; 김기선, 141면; 김상용, 219면; 김용한, 157면; 김주수/김상용, 263면; 김현태, 170면; 방순원, 98면; 이영섭, 184면.

러나 우선 계약이라는 개념 자체는 원래 「수개의 의사표시의 합치」를 본질적 징표로 하는 법률행위 유형이며, 그 의사표시가 서로 대립적 · 교환적인 것이냐 평행적 · 구심적인 것이냐 하는 점은 계약개념에서는 의미를 가지는 것이 아니다. 이와 같이 의사표시의 실질적인 내용을 捨象시킴으로써 비로소 의사표시라는 추상적인 개념이 추출 · 형성될 수 있었던 것이다. 따라서 위 견해가 설립행위를 계약이 아니라고 본 전제, 즉 「계약은 당사자 각자가 대립하여 서로 다른 방향의 채권 · 채무를 발생케 하는 것을 목적으로 하는 것」이라는 계약개념에 대한 이해는 적절치 않다. 만약 의사표시의 실질적 내용을 고려하여 법률행위의 유형을 나눈다면 그 유형은 보다 다양하게 분류될 것이다. 특히 조합계약을 계약의 한 형태라고 보기 어려울 것이다. 다음으로 법률상의 개념은 단순히 논리적 측면뿐만 아니라 실제적 필요성을 고려해서 정립되는 것이다. 그런데 합동행위 개념을 인정하는 견해는 그 실익으로 법률행위에 관한 일부의 규정이 적용되지 않는다는 점을 드나, 이는 의문이다. 왜냐하면 법인설립행위에 참여한 자가 무능력자인 경우 혹은 착오나 사기 · 강박에 빠졌던 경우에는, 교환적 계약에서와 마찬가지로 의사표시의 구속에서 벗어날 수 있도록 해야 하고, 따라서 무효 · 취소에 관한 법률행위 규정은 사단법인 설립행위에도 적용되어야 하기 때문이다. 단지 단체적 행위의 특수성을 고려하여, 이미 법인이 제3자와 거래를 개시한 경우에 무효 · 취소의 소급효만을 제한하면 될 것이다([841] 참조). 계약에서와 달리 합동행위에서는 적용이 배제되는 것은 제124조인데, 이는 자기계약 · 쌍방대리 금지의 취지 자체로부터 도출되는 것이다(즉 합동행위의 개념을 끌어들이지 않더라도 이의 취지에 기해서 법인설립행위에는 124조가 적용되지 않을 것이다). 이런 점에서 합동행위를 인정하는 것은 실익이 없을 뿐만 아니라, 오히려 법률의 근거없이 법률행위에 관한 규정의 적용을 배제하는 부당한 결과를 낳는다. 이런 점에서 합동행위라는 개념을 인정치 않는 것이 타당할 것이다.[12)]

참고로 합동행위 개념에 관한 학설의 변천을 소개하면, 이는 19세기 말 독일에서 제기된 것인데(1892년 쿤쩨(Kuntze)에 의하여 처음 주장됨), 사단법인 설립행위[13)] 뿐만 아니라 공동대리인에 의한 대리행위 및 공유자의 공유물의 처분행위 등을 포함하는 잡다한 개념으로서 그 내용이 불명확하였으며, 그리하여 이러한 이론은 오래 가지 못하고 사라졌다. 그런데 이 개념이 일본을 통하여 우리 학계에 수용되었으며, 마치 이를 인정하는 것이 독일에서의 지배적인 경향인 것처럼 설명되고 있다. 그러나 오늘날 독일의 지배적인 견해는 사단법인 설립행위를 계약으로 보면서 이의 특수성을 강조하는 것이다.[14)]

---

12) 이영준, 935면, 180면 이하; 장경학, 305면.

13) 원래 독일에서 최초로 사단법인 설립행위를 계약이 아니라고 본 학자는 기르케로서, 그는 이의 특수성을 강조하여 이를 사회법적 창설행위(sozialrechtlicher Konstitutivakt)라고 하고, 이것은 법률행위에 포함되지 않는다고 하였다.

14) 법인설립행위의 특수성을 나타내기 위하여 학자에 따라서는 이를 설립계약(Gründungsvertrag)이

[443] **(4) 결 의** 계약과는 다른 행위유형으로 決議(Bewußt)를 들 수 있다. 이는 사단(사원총회 혹은 이사회)에서의 단체적 의사를 형성하기 위하여 행해지는 의사표시이다. 여기에는 다수인의 의사가 참여하며, 이런 점에서 이를 계약과 함께 「다면적 행위」(mehrseitige Rechtsgeschäft)라고도 할 수 있다. 결의와 계약과의 차이는, 결의에는 다수결원리가 적용되어 모든 의사표시의 내용이 합치될 필요가 없다는 점, 이에 찬성하지 않은 자도 구속한다는 점(다만 이를 위해서는 결의가 정관에 따라 행해졌어야 한다)이다. 또 결의는 이에 참여한 자간의 상호관계에 관한 것이 아니라 단체의 의사를 형성하는 것이다. 따라서 이는 단지 단체의 구성원을 구속하는 대내적 효력을 가질 뿐이고, 대외적으로 어떤 효력을 가지는 것이 아니다. 단체의 대표자가 그 결의에 기하여 제3자와 법률행위를 함으로써 비로소 단체와 제3자간의 법률관계가 발생된다.

[444]

5. 요식행위 · 불요식행위

(1) 법률행위의 요소인 의사표시가 서면 기타 일정한 방식에 따라서 행해져야 하는 것이 要式行爲이며, 그렇지 않은 것이 不要式行爲이다. 법률행위 자유의 원칙의 한 내용인 방식의 자유에 따라, 보통의 법률행위에는 방식이 요구되지 않는다. 다만 법률이 일정한 목적을 위하여 일정한 방식을 요구하는 경우가 있다.

요식행위에 관해서 좀 더 살펴보면,

(가) 방식의 취지 방식을 요구하는 목적 내지 취지로는, (i) 당사자로 하여금 특히 신중하게 행위하도록 하기 위하여(보증을 서면에 의하도록 하는 입법(독일민법 766조가 그 예이다)에서는 보증이 이에 해당한다), (ii) 법률관계를 명확히 하기 위하여(법인의 설립행위 · 유언 · 혼인 · 인지 · 입양 등), (iii) 외형을 신뢰하여 신속 · 안전하게 거래할 수 있도록 하기 위하여(어음 · 수표) 등이 있다.

(나) 위반의 효과와 신의칙 이와 같이 법은 일정한 목적을 위하여 방식을 요구하는 것이므로, 그러한 규정은 강행규정이다. 따라서 이에 위반한 행위는 무효이고, 그러한 결과가 일응 형평의 원리에 반하더라도 신의칙을 이유로 이를 유효로 하는 데는 신중을 기해야 한다. 그러나 (i) 방식을 요구하는 취지 혹은 개별적인 요식행위의 특성을 고려하여 이러한 엄격성을 달리해야 한다. 즉 예컨대 그 취지가 신중을 기하도록 하려는 것인 때(보증인이 주채무를 이행한 한도에서는 방식의 하자가 치유된다고 하는 독일민법 766조 2문은 이의 예라고 할 수있다), 혹은 유효로 하는 것이 당사자의 의사에 부합하는 때(재단법인 설립에서의 정관의 보충에 관한 44조는 이의 예라고 할 수 있다)에는 엄격성을 완화한다. (ii) 나아가 당사자가 일정한 방식을 취하지 않으면 무효라는 점을 알고 이를 악용하여 방식을 회피한 경우와 같이, 특히 당사자에게 비난할 만한 사정이 있는 경우에는 신의칙을 적용하여 무방식의 행위에 대하여도 효력을 인정해야 한다.[15]

라고 한다(Larenz/Wolf, §10 3; Flume §33 2; Brox, Rn. 689).

15) 이에 관한 독일의 판례로는, 법률행위의 효력을 낳게 하지 않으려는 자가 처음부터 뒷문을 열어 두기 위하여 방식의 준수를 방해한 경우, 행위자가 처음부터 뒷문을 열어 두려고 하지는 않았으나 자신의 경제적 우위성 혹은 직업상의 힘 등을 이용하여 상대방에게 방식을 준수하지 못하도록 위협한 경우 등이 있다(Larenz, Lehrbuch des Schuldrechts, Bd. I., 14판, 147면 이하 참조).

(2) 요식행위와 구별할 것 요식행위는 방식이 법률행위의 구성부분을 이루고, 따라서 방식이 갖추어져야 비로소 법률행위가 완성되는 것(즉 방식이 갖추어지지 않으면 그 법률행위 자체가 아직 행해지지 않은 것으로 되는 것)을 말한다. 그러므로 [445]

(가) 단지 방식이 갖추어지지 않으면 법률행위의 효력이 발생하지 않는 것, 즉 법률행위의 효력발생요건으로 법률행위 이외에 일정한 행위(예컨대 물권변동에서의 등기 · 인도) 혹은 관청의 허가가 요구되는 것은 요식행위가 아니다. 이러한 행위에서는 등기나 인도 혹은 허가가 없더라도 법률행위 자체는 완성되고 다만 효력이 발생하지 않을 뿐이기 때문이다(그러므로 물권행위는 요식행위가 아니며, 또한 등기나 인도는 물권행위의 방식이 아니다).

(나) 법률행위를 서면에 의하지 않은 경우에는 철회할 수 있는 경우가 있는데(예컨대 증여에 관한 555조), 이러한 법률행위는 서면에 의하지 않더라도 효력이 발생하는 것이므로, 이는 요식행위에 해당하지 않는다.

6. 유인행위 · 무인행위 [446]

(1) 재산의 출연행위는 언제나 일정한 「법률상의 원인」[16]에 기하여 행해진다. 이때 법률상의 원인이 존재하지 않는 경우에는 그 법률행위의 효력이 발생하지 않는 것이 有因行爲이고, 그렇지 않은 것이 無因行爲이다. 즉 유인행위는 법률행위의 효력 여부가 법률상 원인의 유무와 운명을 같이 하는 것이고, 무인행위는 전자가 후자와 절연된 것이다.

행위자는 일반적으로 일정한 법률상의 원인에 기하여 법률행위(출연행위)를 하는 것이므로, 법률행위는 통상 유인행위이다. 그러나 모든 행위를 유인행위로 한다면, 원인이 없는 경우에는 그 출연행위가 무효로 되므로 거래의 안전을 해하게 된다. 여기에서 법률은 특히 거래안전을 기할 필요가 있는 경우에, 이러한 법정책적 이유에서 출연행위를 무인행위로 한다. 따라서 어떤 행위를 유인으로 하느냐 무인으로 하느냐 하는 점은, 논리나 당사자의 의사가 아니라 법률정책에 의하여 결정되는 것이다.

(2) 무인행위의 예 [447]

(가) 무인행위의 대표적 예는 어음행위 · 수표행위이다. 어음(수표도 마찬가지)은 일정액의 금

---

16) 출연행위는 더 나아가 일정한 경제적 목적 내지 원인에 기하여 행해진다. 예컨대 매매계약은 그 물건을 사서 이를 자신이 계속 사용하려는 목적 혹은 이를 전매하려는 목적 혹은 상대방의 경제적 곤궁을 덜어 주려는 목적 등에 기하여 체결될 수 있다. 이러한 경제적 목적은 여기에서의 법률상의 원인에는 해당하지 않는다. 법률상의 원인은 오직 법률적 시각에서 볼 때 그 행위를 한 근거 내지 원인을 말한다. 예컨대 물건을 이전한 경우에 있어서 그 원인행위인 매매계약 혹은 증여계약 등이 이에 해당한다. 그러나 「법률상의 원인」이라는 개념은 반드시 명료한 것은 아니다. 1설은 이는 대체로 제741조에서의 「법률상 원인」과 일치한다고 한다(이영준, 192면).

전 지급을 목적으로 발행하는 유가증권이다. 이는 금전채무자가 금전채권의 양도성을 확보하기 위하여 그 금전채무를 발생시킨 원인행위가 어떤 사유로 무효로 되거나 혹은 소멸하더라도 그에 영향받지 않고 증서상의 채권자 혹은 이의 소지인에게 어음금을 지급하겠다는 뜻에서 발행하는 증서이다(어음법 1조 2호(환어음) · 75조 2호(약속어음), 수표법 1조 2호 등은 어음 및 수표에 기재할 필수적 사항으로서 「일정한 금액을 지급할 뜻의 무조건의 위탁」을 규정한다). 즉 예컨대 갑이 을에게 금전을 대출하여(혹은 물품을 매각) 금전채권을 가지게 되었는데 그후 갑이 자금이 필요하게 된 경우에, 갑은 을에 대한 위 대금채권을 병에게 양도하여 이를 현금화할 수 있을 것이다. 그런데 만약 어떤 사유로 갑과 을 간의 위 소비대차계약(혹은 매매계약)이 무효가 된다면(혹은 취소 · 해제된다면) 병은 갑으로부터 양수한 금전채권을 잃게 될 것이다. 그렇게 된다면 병으로서는 갑으로부터 금전채권을 양수하는 데 주저할 것이고, 이는 다시 갑이 을에게 금전을 대출하는 것을 주저하게 만들 것이다. 여기에서 갑으로 하여금 안심하고 자신에 대한 금전채권을 취득토록 하고 나아가 그 금전채권을 손쉽게 양도할 수 있도록 하기 위하여, 금전채무자 을이 갑과의 원인행위(위에서의 소비대차계약 혹은 매매계약)의 효력과는 무관하게 일정액의 금전을 지급하겠다는 내용의 어음을 발행하는 것이다. 이와 같이 원인행위의 효력이 어음의 효력에 영향을 주지 않음으로써 어음의 유통성을 보장한 것이 어음제도이다. 따라서 어음발행의 원인인 금전채무가 어떤 사유로 소멸한 경우에 어음채무도 소멸한다고 하는 것은 어음제도의 본질에 맞지 않는다. 이에 기해서 법은 어음채무는 원인계약상의 채무의 법률적 운명에 영향받지 않도록 한 것이다.

[448] (나) 그 외에 무인행위인가 하는 점이 다투어지는 것으로는 대리권수여행위 및 물권행위가 있다. 즉 예컨대 갑이 을에게 부동산 처분의 일을 위임하면서 그에 관한 대리권을 수여하였는데 갑이 자신의 무능력을 이유로 혹은 을의 사기를 이유로 위임계약을 취소한 경우에, 대리권수여행위(수권행위)의 효력은 위임계약의 효력에 의존하고 따라서 위임계약의 취소에 의하여 당연히 소급적으로 무효가 되는가 하는 점이 다투어진다. 그리고 이에 의존한다고 하게 되면(유인설) 을이 이미 행한 대리행위는 무권대리가 되어 무효가 되고(다만 이 입장에서도 다른 이유로 그 행위는 그대로 유효하다고 한다([753])). 이에 의존하지 않는다고 하게 되면(무인설) 을의 대리행위는 유권대리로서 유효하게 된다. 다음으로 갑이 을에게 부동산을 팔기로 하는 매매계약을 체결하고 매매대금 수령 후 부동산을 이전하였는데 갑이 위와 같은 이유로 매매계약을 취소한 경우에, 물권행위(소유권을 이전하는 행위가 물권행위이다([436] 참조))의 효력은 매매계약의 효력에 의존하고 따라서 소유권 이전의 효력이 소급적으로 무효가 되는가 하는 점이 다투어진다. 그리고 이에 의존한다고 하게 되면(유인설) 그 취소에 의하여 소유권은 당연히(즉 을에게 행해진 이전등기를 말소하지 않더라도) 갑에게 복귀되고, 따라서 갑은 소유권에 기한 물권적청구권에 기해서 을에게 그 부동산의 반환을 청구하게 된다(따라서 그 반환청구권은 소멸시효에 걸리지 않는다). 반면에 이에 의존하

지 않는다고 하게 되면(무인설) 그 취소에 의하여 을은 단지 부동산을 원인없이 취득한 것이 되어 부당이득반환의무를 지게 되고 이의 소유권은 이 의무를 이행함으로써(즉 이전등기를 말소하거나 새로운 이전등기를 함으로써) 비로소 갑에게 복귀된다(다만 이러한 설명은 매매계약에만 취소사유가 있고 물권행위에는 취소사유가 없는 경우를 전제로 한 것이다. 이와 달리 예컨대 물권행위시(대체로 소유권이전등기 교부시)에도 갑이 여전히 무능력자였거나 아직 기망상태에 있었던 때에는 물권행위 자체도 그 흠결로 인하여 취소되고, 따라서 결과적으로 유인설에서의 설명과 같아진다). 이에 관한 상세한 고찰은 관련부분으로 미룬다([702], 물권법 [72] 이하). 다만 여기에서 한 가지 지적할 점은, 위임계약과 수권행위라는 개념 그리고 채권행위와 물권행위라는 개념은 일반인에게는 전혀 생소한 것으로서, 후자의 법률적 운명을 전자의 그것과 차단하기 위하여 법학이 창안한 기술적 · 전문적 개념이라는 점, 따라서 무인설을 취하면 보다 더 거래안전을 기할 수 있게 된다는 점이다.

수권행위 및 물권행위에서는 어음행위에서와 달리 무인성 여부에 관하여 견해가 대립되는 이유는, 어음제도는 원인행위의 효력에 영향받지 않도록 하기 위하여 만들진 것으로서 따라서 무인성이 일반인의 통상적 의사에 부합함에 반하여, 이러한 행위에서는 그렇지 않기 때문일 것이다. 즉 일반적으로는 원인계약상의 의무를 수행하기 위하여 대리권이 수여되고, 매매계약의 이행으로서 물권행위가 행해진다. 그러므로 일반인은 원인계약과 수권행위, 채권행위와 물권행위 등의 법률적 운명의 차단(무인성)은 물론이고, 양 행위의 구별조차 알지 못한다. 그러나 법률은 다양한 사회현상을 적절히 그리고 효율적으로 규율하기 위하여 법률에 특수한 개념과 제도를 창안한다(여기에서 다루는 「법률행위」라는 개념도 이의 한 예이다). 이러한 개념은 일반인에게는 생소할 것이다. 그러한 점이 가장 현저하게 나타나는 것이 위의 두 법률행위이다. 그러나 법률행위의 무인성 여부는 앞서 말한 바와 같이 당사자의 의사가 아니라 법률정책에 의하여 결정되는 것이다. 따라서 이러한 행위의 무인성 여부는 법이 거래안전을 위하여 원인계약 · 채권행위와 수권행위 · 물권행위를 별개의 행위로서 구별하고, 이에 기초해서 후자의 법률적 운명을 전자의 그것에 의존치 않는 것으로 하였는가 하는 점을 고려해서 판단해야 할 것이다.

7. 기타의 분류 [449]

(1) 생전행위 · 사인행위 행위자의 사망으로 그 효력이 생기는 법률행위를 사후행위 또는 死因行爲라고 하고, 기타의 보통의 행위를 生前行爲라고 한다. 우리 민법상 유언(1073조)과 사인증여(562조)가 사인행위이다.

(가) 유언은 유언자가 자신의 사망시에 자신의 재산관계나 신분관계에 관하여 일정한 법률효과를 발생시키도록 하는 상대방 없는 단독행위이다. 사인증여는 증여자가 상대방(수증자)과의 사이에서 자신의 사망시에 자신의 재산을 상대방에게 무상으로 이전하기로 약속하는 계약이다. 양자는 모두 표의자의 사망으로 효력이 발생하는 점에서 공통하나, 사인증여는 증여계약의 일종으로 수증자와의 의사의 합치가 있어야 하는 점에서 단독행위인 유증과 구별된다(그 외에 사인증여는 증여의 일종이므로 재산행위이나, 유언은 재산관계(이를 유증이라고 한다)뿐만 아니라 신분관계에 관해서도 행해질 수 있으므로(인지, 후견인의 지정 등) 신분행위의 성질도 가질 수 있다는 점에서 차이가 있다).

(나) **유언에서의 방식** 유언은 상대방 없는 단독행위이므로 제3자가 그 내용을 전혀 알지 못할 수 있다. 그런데 유언의 眞僞는 유언자가 사망한 후에 다투어지므로, 이를 판단하기 극히 어렵다. 그리하여 유언이 표의자(亡人)의 진의에 기한 것임을 확실히 함으로써 유언이 날조(위조)되거나 혹은 변조되는 것을 방지하기 위하여, 법은 유언에 관하여 엄격한 방식을 요구한다.

(a) 그 방식으로는, (i) 자필증서(1066조), (ii) 녹음(1067조), (iii) 공정증서(1068조), (iv) 비밀증서(1069조), (v) 口授證書(1070조 — 유언자가 증인에게 유언의 취지를 말하고 그 말을 받은 자가 이를 필기하는 것) 등이 있다.

(b) 그러면 유언의 방식에 흠결이 있는 때에는 유언은 언제나 무효라고 할 것인가? 판례는 민법이 유언의 방식을 엄격하게 규정한 것은 유언자의 진의를 명확히 하고 그로 인한 법적 분쟁과 혼란을 예방하기 위한 것이므로, 법정된 요건과 방식에 어긋난 유언은 그것이 유언자의 진정한 의사에 합치하더라도 무효라고 하지 않을 수 없다고 한다.[17] 유언의 방식을 요구하는 취지에서 볼 때, 유언은 요식행위 중에서도 특히 엄격히 해석되어야 함은 분명하다. 그러나 방식 자체는 목적이 아니고 단지 위조·변조를 방지하고 유언자의 진의를 확실히 하기 위한 수단으로 요구되는 것이다. 더욱이 유언은 특히 표의자의 진의가 존중되어야 하는 것이다. 그렇다면 흠결된 방식의 유언이 망인의 진의에 기한 것임이 다른 방법에 의하여 명백히 밝혀지는 경우에는 예외적으로 유언의 효력을 인정하는 것이 타당하지 않을까?[18]

17) 대판 2006. 3. 9. 2005다57899; 대판 2006. 9. 8. 2006다25103,25110(소위 연세대 사건); 대판 2007. 10. 25. 2007다51550,51567; 대판 2009. 5. 14. 2009다9768(年月만 기재하고 日의 기재가 없는 자필증서의 효력을 부인). 연세대 사건을 소개하면, 사회사업가인 갑이 을은행에 예탁된 자신의 금융자산 120 여억원을 연세대에 기증한다는 내용의 유언장을 작성하였는데(1997. 3. 8. 작성, 2003. 11. 5. 사망), 여기에 유언자의 날인이 없었다. 그리하여 갑의 상속인들(원고, 갑의 직계존·비속이 없고, 갑의 형제·자매)이 을은행을 상대로 예금반환청구소송을 제기하였으며, 이에 연세대가 자신에게 예금청구권이 있다고 하면서 독립당사자참가를 하였다. 판결은 본문과 같이 판시하면서 원고의 청구를 인용하였다. 제1심(서울중앙지법판 2005. 7. 5. 2003가합86119)도 이와 동일하게 판시하였는데, 그 이유로서 자필증서에 의한 유언 방식은 제3자의 관여가 없는 가장 간편한 방식으로서 그에 따른 위·변조의 위험이 그만큼 많아지고 진의의 확인도 어렵게 되므로 그 형식의 엄격성이 더욱 요구되며, 따라서 유언자의 서명 등 필적으로부터 그 진의에 의하여 작성된 것이 명백한 경우에는 날인이 불필요하다는 참가인의 주장은 부당하다는 점, 갑은 1998년 및 2002년에 참가인에게 장학금으로 각 120만원을 기부하였을 뿐 그 밖에 참가인과 사이에 특별한 교류가 없었으며, 갑은 사망 무렵까지 사회복지사업을 위한 공익적인 재단법인을 설립하기 위한 준비절차를 진행하고 있었던 점 등을 들고 있다. 그외에 이 판결은 위와 같은 유언장 작성으로 사인증여로서의 청약의 의사표시는 있었으나, 유언장을 은행의 대여금고에 보관해 둔 채 사망하여 위 의사표시가 발신조차 되지 않았으므로, 갑과 참가인 사이에 사인증여계약이 성립되었다고 할 수 없다고 하였다. 유언의 방식에 관한 판례의 검토에 관해서는, 김영희, 유언에 관한 형식적 엄격주의와 유언자의 진의, 민사판례연구 30권(2008), 391면 이하; 현소혜, 요식행위의 해석과 암시이론: 특히 유언의 해석을 중심으로, 민사법학 45-1호(2009), 255면 이하.

18) 앞에서 소개한 판례 중 2005다57899와 2007다51550은 구수증서에 관한 것인데, 전자의 판결은 「서

(다) **사인증여와 방식** 사인증여에는 유증에 관한 규정이 준용된다(562조). 그러면 유언의 방식에 관한 규정도 준용되는가? 유증에서 엄격한 방식을 요구하는 이유는, 그것이 상대방 없는 단독행위이고 따라서 자칫 위조 · 변조되어도 이를 확인하기 어렵다는 점 때문이다. 그런데 사인증여는 계약으로서 상대방과의 합의에 의하여 성립하므로, 그 내용이 다른 방법에 의하여 확인되면 족하다. 이런 점에서 이를 부인하는 것이 타당하다. 판례도 이러한 입장이다.[19)]

(2) **신탁행위** 현행법상 신탁행위에는 두 가지가 있다. 하나는 신탁법에서 말 [450]
하는 이른바 「신탁」(trust)을 설정하는 법률행위이고, 다른 하나는 로마법의 신탁(fiduca)을 기초로 하여 독일법학이 만들어 낸 관념인 신탁행위이다. 민법학에서 주로 다루는 것은 후자이다.

(가) **민법학상의 신탁행위** 민법에서 말하는 신탁행위는, 당사자 일방(신탁자)이 어떤 경제적 목적(채권의 담보 또는 채권의 추심 등)을 달성하기 위하여 타방(수탁자)에게 그 목적달성에 필요한 정도를 넘는 권리를 이전하면서, 수탁자에게 그 이전받은 권리를 경제적 목적을 넘어서 행사하지 않을 의무를 부담케 하는 법률행위를 말한다. 예컨대 채권담보를 위하여 부동산을 양도하거나 또는 채권추심을 위하여 그 채권을 양도하는 경우이다(양도담보). 이러한 신탁행위는 어떤 경제적 수요를 충족하기 위한 법적 수단이 아직 마련되어 있지 않은 경우에 이용되나, 경우에 따라서는 기존의 제도에 따르는 불이익이나 제한을 회피하고자 하는 탈법적 목적을 위하여 이용되는 수도 있다.

(나) **신탁법상의 신탁행위** 신탁법에 의하면 신탁이란 당사자 일방(위탁자)이 타 [451]
방(수탁자)에게 재산권을 이전하고, 그 재산권을 특정한 목적을 위하여 또는 일정한 자의 이익을 위하여 관리 · 처분케 하는 법률관계를 말한다(동법 1조). 그리고 이러한 신탁관계를 설정하는 법률행위(계약 또는 유언)가 신탁행위이다(동법 2조). 신탁의 목적으로는 재산의 관리(관

면이 유언자의 진의에 따라 작성되었음이 분명하다고 인정되는 등의 특별한 사정이 없는 한 민법 제1070조 소정의 유언취지의 구수에 해당한다고 볼 수 없다」고 하여, 엄격성을 완화하는 듯한 판시를 한다(그러나 이의 사안에서는 효력을 부인). 그리고 후자의 판결은 방식을 갖춘 것으로 인정한다. 그 외에 인천지판 1992. 10. 9. 91가합17999(확정)은, 자필증서에서 연월일, 성명을 자서하고 날인하였으나 주소의 기재만이 누락된 경우에 유언의 효력을 긍정하였다.

19) 대판 1996. 4. 12. 94다37714,37721; 대판 2001. 9. 14. 2000다66430,66447. 전자의 사안은, 갑이 사망하고 그의 토지에 관하여 상속인 을이 이전등기를 마쳤는데, 갑은 생존시 위 토지를 병에게 매도하였으며 그리하여 병이 이를 점유 사용하다가 자신의 재산 전부를 정에게 무방식으로 포괄적으로 사인증여하였었다. 그리하여 병의 사인증여가 유효한가 하는 점이 문제되었는데, 판결은 사인증여에는 유언의 방식에 관한 규정이 준용되지 않는다고 하여 이를 유효하다고 하였다. 다만 정은 병의 친척이지만 상속인은 아닌바, 포괄유증의 효과에 관한 제1078조는 포괄적 사인증여에 준용되지 않고 따라서 정은 위 포괄적 사인증여에 기해서 병의 매매계약에 기한 이전등기청구권을 승계받지 못한다고 하여, 정의 을에 대한 이전등기청구를 배척하였다.

리신탁)나 채권의 담보(담보신탁) 이외에도, 공익목적을 위한 이른바 「공익신탁」도 인정된다(동법 65조 이하). 이 신탁법상의 신탁은 원래 영미법에서 발달한 것이며, 우리나라에 도입된 역사도 짧다. 아직은 이 제도가 널리 이용되지는 못하고 있으며, 특히 공익신탁은 대륙법계의 재단법인제도에 의하여 압도당하고 있는 실정이다. 신탁에 관한 법률로는 신탁법 이외에도 담보부사채신탁법 등이 있다.

제 2 절 법률행위의 목적

[452] ### 1. 총 설

(1) 법률행위의 목적이란 행위자가 그 법률행위에 의하여 발생시키려고 하는 법률효과를 말하며, 법률행위의 내용이라고도 한다.

(2) 법률행위는 당사자가 어떤 법률효과를 의욕하는 의사를 표시한 경우에 법률이 이를 시인하여 그 효과가 발생하도록 조력하는 제도임은 전술하였다([429] 이하). 그러나 법률은 모든 법률행위를 시인하는 것이 아니라, 일정한 이상에서 볼 때 타당하다고 인정되는 것에 대해서만 조력하는 것이다. 그리하여 민법은 선량한 풍속 기타 사회질서에 위반하는 사항을 내용으로 하는 법률행위, 당사자의 궁박 등으로 인하여 현저하게 공정을 잃은 법률행위 등은 무효로 한다(103조, 104조). 강행법규에 반하는 법률행위도 마찬가지이다(105조). 그 밖에 법률행위의 목적이 실현불가능한 경우에는 그에 따른 법률효과가 발생하지 않는 것으로 한다. 이런 점에서 법률행위의 목적에 관해서는 1) 사회적 타당성, 2) 공정성, 3) 적법성, 4) 가능 등이 요구된다. 그 외에 목적의 확정성도 요건으로 설명되지만, 목적을 확정하는 것은 곧 법률행위의 해석이다. 따라서 이를 별개의 법률행위의 유효요건으로 설명할 필요는 없고, 단지 법률행위의 해석을 살피면 족할 것이다. — 민법총칙은 법률행위의 목적과 관련하여 그 내용에 관하여 더이상 아무런 적극적인 규정(특히 급부 내지 대가의 정당성에 관한 규정)을 두고 있지 않다. 이러한 태도는 각인의 생활관계는 스스로의 의사에 기하여 규율 · 결정하도록 한다는 사적자치의 원칙에 기초한 것이라는 점은 전술하였다([29] 이하).

2. 본절의 편성

(1) 본절은 법률행위의 목적에 관한 위와 같은 요건을 살피는 것이다. 그런데 이러한 요건을 갖추었느냐를 판단하기 위해서는 먼저 법률행위의 목적이 어떠한 것인가를

확정해야 한다. 법률행위의 목적을 확정하는 것을 법률행위의 해석이라고 하는바, 따라서 법률행위의 목적에 관한 위와 같은 요건에 앞서서 먼저 법률행위의 해석을 살핀다.

(2) 근래에는 법률행위가 당사자 간의 개별적 협상을 통해서가 아니라 일방이 반복적 · 계속적인 계약에 대비해서 작성한 약관(보통거래약관)을 통하여 행해지는 경우가 많아졌다. 그리하여 그러한 계약을 규율하는 법률(약관의규제에 관한 법률)이 제정 시행되고 있다. 이 법률의 주된 내용은 약관에 특유한 무효원인 및 해석에 관한 특칙이다. 이런 점에서 마지막 부분에 보통거래약관을 살핀다.

제1항 법률행위의 해석

Ⅰ. 서 설 [453]

1. 해석의 의의

(1) 법률행위의 해석이란 법률행위의 내용을 확정하는 것이다. 법률행위의 내용은 이의 요소인 의사표시에 의하여 결정되는 것이므로, 법률행위의 해석은 곧 의사표시의 해석이다. 그러나 의사표시가 그 본체적인 효과를 발생하는 것은 법률행위를 구성한 연후의 일이므로, 의사표시의 해석이라고 할 필요없이 법률행위의 해석이라고 하면 충분하다.

(2) 의사표시는 일정한 언어나 동작 등의 외부적인 표시행위를 통하여 행해진다. 그런데 표시행위의 의미는 불명확한 경우가 적지 않다. 뿐만 아니라 의사표시의 내용이 一義的이어서 일응 명확한 것 같지만, 표의자의 의사는 그와 다른 경우도 있다. 여기에서 표시행위를 이루는 언어 · 동작 등의 애매 · 불완전한 것을 명료 · 완전하게 하고 비법률적인 것을 법률적으로 구성하여 법률행위의 내용, 즉 그 법률행위에 기하여 발생될 법률효과의 내용을 확정하는 것이 법률행위 해석의 임무이다.[1]

(3) 법률행위의 해석은 법률행위의 요건의 존부 판단에 선행하는 문제이다. 법률행위의 요건(법률행위의 목적의 가능 · 적법 · 사회적 타당성뿐만 아니라, 의사와 표시의 일치, 계약의 경우 의사표시의 합치 등. 그 외에도 도달 여부, 대리행위에서의 현명 여부 등)이 갖추어졌는지 여부는 먼저 법률행위의 해석에 의하여 법률행위의 내용을 확정함으로써 판단될 수 있기 때문이다.

(4) 법률행위의 해석에서는 당사자의 의도를 될 수 있는 대로 달성되도록 해야 한

1) Flume, §16 1 a(S.291)은, 해석의 목적은 사뷔니가 말한 것처럼 「죽은 문자에 침전되어 있는 살아 있는 생각을 우리 앞에 다시 재현시키는 것이다」고 한다.

다. 즉 법률행위 가운데 모순되는 사항은 되도록 통일적으로 해석하고, 행위의 내용은 될 수 있는 한 가능 · 유효하도록 해석해야 한다.

[454] ## 2. 해석의 기능

(1) 법률행위의 해석은 실제로는 대부분 표의자의 내심의 의사와 상대방의 의사(표시행위에 대한 상대방의 이해)가 불일치하는 경우에 문제로 된다. 그리고 그 불일치하는 태양에 따라 법률행위의 해석은 의사표시의 존재(법률행위의 성립) 여부를 결정하기도 하고, 의사표시의 내용을 결정하기도 한다. 또한 의사표시의 존부 또는 내용이 결정됨에 따라 비진의표시인가 여부 혹은 착오인가 여부 그리고 누가 착오자로 되는가 하는 점 등이 결정된다. 이런 점에서 「해석은 착오에 우선한다」고 말해진다.

법률행위의 해석에 관한 몇 가지 예를 들면,

ⓐ 임차부동산이 경매되었음에도 임차인 갑이 보증금을 전혀 배당받지 못하여 갑이 임대인 을의 아들 병에게 보증금을 어떻게 할 것인지를 따지자, 병이 갑에게 '보증금은 자신이 책임지고 해결하겠으니 걱정하지 말라'고 답하였다. 그런데 병이 그렇게 답한 것은 단지 을의 보증금 반환을 촉구하겠다는 의사에 기한 것이었으나, 갑은 이를 을의 보증금 미반환시 병이 이를 대신 반환하겠다는 의미로 이해하였다. 이때에는 병의 행위가 의사표시인가 하는 점이 문제된다.[2)]

ⓑ 갑이 을에게 X물건을 1,500만원에 팔겠다는 청약서를 보내어 을이 이를 승낙하였는데, 갑은 대금을 1,800만원이라고 쓸 것을 잘못 쓴 것이었다. 혹은 갑이 유언에서 X부동산을 을에게 준다고 적었는데, 갑은 병을 을로 잘못 알고 그렇게 쓴 것이었다. 이 경우에는 갑과 을의 행위는 모두 법률행위적 의사에 기한 것이므로 의사표시임은 분명하다. 따라서 이때에는 갑의 내심의 의사와 그 표시된 바(갑의 표시에 대한 을의 이해 내지 의사) 중 무엇을 의사표시의 내용으로 할지가 문제된다.

ⓒ 어부 갑이 잡은 생선을 수산물가공업자 을에게 Kg당 일정 가격으로 팔기로 하는 계약을 체결하였는데, 갑은 그 중량을 어획된 상태의 생선 전부에 대한 것으로 생각하였으나 을은 가공할 수 없는 부분을 제외한 가공가능한 부분에 대한 것으로 생각하였다. 이 경우에도 갑과 을의 행위는 모두 의사표시임은 분명하고 또 목적물 · 대금 등도 모두 합의하였지만, 중량의 계산방법에 관하여 서로 다른 생각을 하였다. 따라서 이때에도 무엇을 의사표시의 내용으로 할지가 문제된다. — 그런데 이 경우에는 ⓑ의 경우와는 달리 표시행위만으로는 이의 의미를 알 수 없는 바, 이런 경우에는 행위 당시의 사정뿐만 아니라 관습이나 임의법규 등이 그 의미를 밝히는 데 중요한 역할을 한다([472] 이하 참조). 즉 예컨대 어획물거래에서의 중량의 계산방법에 관한 거래관행이 가공 가능한 부위만을 기준으로 하는 때에는, 혹은 합의된 대금이 시중에서의 가공 가능한 부위의 가격인 때에는, 을의 의사에 따라 해석될 것이다. 그러므로 그러한 내용의 매매계약이 성립하고, 따라서 갑은 착오를 이유로 취소할 수 있을 뿐이다(만약 대금 혹은 거래관행을 고려할 때 그와 반대로 갑의 의사에 따라 해석된다면, 을이 착오에 빠

2) 이는 대판 1999. 11. 26, 99다43486의 사안이다. 판결은 병의 말의 객관적 의미는 임대차보증금반환의무를 법적으로 부담할 수는 없지만 사정이 허락하는 한 그 이행을 사실상 하겠다는 취지라고 해석하였다(따라서 병의 그러한 의무 부인). 그 외에 의사표시인가 하는 점이 문제된 사례는 [491] (2) 참조.

진 것이 된다). 그러면 만약 어획물거래에서의 중량계산방법에 관한 위와 같은 해석기준이 없다면 어떻게 되는가? 이때에는 누구의 의사를 기준으로 해서 중량을 계산할 수 없으므로 결국 의사표시가 불일치하는 것으로 되어 계약이 성립하지 않게 된다(숨은 불합의). 따라서 착오의 문제는 생길 여지가 없다.

ⓓ 위의 ⓒ의 가상적 사례와 유사한 영국의 판례를 소개하면, A가 B에게 인도의 봄베이로부터 영국의 리버풀로 가는 Peerless라는 배에 선적된 인도산 목화를 매각하는 계약을 체결하였는데, 불행히도 같은 이름의 배가 두 척 있었으며(하나는 10월, 다른 하나는 11월에 봄베이에서 출항할 예정), B는 Peerless를 10월에 출항하는 배를 뜻하는 것으로 생각하였으나, A는 11월에 출항하는 배를 뜻하는 것으로 생각하였다. B는 목화가 예상했던 것보다 두 달 후에 리버풀에 도착하자 이의 인수를 거절하였으며, 그리하여 A가 계약위반을 이유로 제소하였다. 이에 대하여 법원은 양자 간에 합의가 없었다는 점을 근거로 하여, 즉 당사자들이 거래의 핵심적 요소 중 하나인 목화를 운반하는 선박의 동일성에 관하여 합의에 도달하지 않았다는 점에서, B의 승소판결을 내렸다.[3] 이러한 판단에는 두 배 중 어느 쪽의 배에 선적될 목화를 목적물로 하였는지에 관하여 해석의 표준이 될 만한 것이 없다는 점(따라서 계약의 성립을 인정할 수 없다는 점)이 고려된 것이다.[4]

(2) 법률행위의 해석은 법률행위의 내용을 확정할 뿐만 아니라, 그외에 다양한 문제와 관련 [455]
된다. 그러한 예를 몇 가지 들면,

ⓐ 명의모용의 경우에, 법률행위의 해석은 누가 그 계약의 당사자인가 하는 점뿐만 아니라 계약의 유효 여부 및 부당이득반환청구의 가부 등을 결정한다. 즉 예컨대 갑이 을의 이름으로 병과 대리점계약을 맺고, 나아가 병으로부터 금전을 차용하고(마찬가지로 을의 이름으로) 그 대여금채무의 담보로서 보험회사 정과 사이에서 마찬가지로 을의 이름으로 보증보험계약(병을 피보험자로 하는)을 체결하였는데, 갑이 병에 대한 채무를 불이행하여 정이 병에게 대위변제하였다. 그런데 정이 위와 같은 사정을 발견하고, 병에 대하여 위 보험계약이 무효이므로 자신이 지급한 보험금은 법률상 원인 없이 행해진 것이라고 하면서 부당이득금반환을 청구하였다. 이 경우에는 보험계약의 당사자를 누구라고 할 것이냐 하는 점에 따라, 보험계약의 효력 그리고 따라서 정의 부당이득반환청구의 당부가 달라진다. 즉 만약 보험계약의 당사자를 정과 갑이라고 하게 되면, 정과 갑 간에는 유효한 보험계약이 존재하고 따라서 정은 보험계약에 기하여 보험금을 지급한 것이므로 그 부당이득반환청구는 부당하게 된다. 그런데 판결은 보험계약의 당사자는 정과 을이고, 그런데 갑이 아무런 권한도 없이 을의 이름으로 계약을 체결하였으므로 위 보험계약은 무효라고 하고, 따라서 병이 정으로부터 보험금을 지급받은 것은 법률상 원인 없이 이득을 취한 것이 된다고 하여, 정의 청구를 인용하였다.[5]

ⓑ 타인의 채무를 변제한 경우에, 법률행위의 해석은 그 변제가 제3자의 변제인가 하는 점, 그리고 따라서 구상권의 존부를 결정한다. 예컨대 대리운전자 A가 B의 차량을 대리운전하다 교통사고를 내어 A의 보험자 갑이 일단 피해자에게 보험금을 전부 지급하였는데, 보험금 중 책

3) Raffles v. Wichelhaus, 2 Hurl. & C. 906, 159 Eng. Rep. 375 (Ex. 1864).

4) 이 판결에 대하여 Howard O. Hunter, Mordern Law of Contracts, Revised Ed., (Warren Gorham Lamont, 1993) p. 19-6은, 이 사건에서 법원은 이행시기의 중요성을 고려하였을 것이라고 설명한다. 즉 10월에 출항하는 배에 선적된 목화와 11월에 출항하는 배에 선적된 목화의 시장가격에는 적지 않은 차이가 있는바, 법원은 매매목적물이 단기시장(volatile market)에서의 상품이냐 아니면 장기투자를 위한 것이냐 하는 점도 고려해서 청구의 타당성 여부를 판단하였을 것이라는 것이다. 이러한 설명은 목적물의 시장가격이 해석의 한 자료가 된다는 의미이다.

5) 대판 1995. 9. 29. 94다4912.

임보험금에 관해서는 갑에게 지급의무가 없고 B의 차량에 관한 보험자 을이 이의 지급의무를 지는 경우에, 우선 갑의 책임보험금 지급이 제3자의 변제인가 하는점이 문제된다. 그리고 만약 갑이 자신에게 책임보험금지급의무가 있는 것으로 알고 자신의 채무로서 이를 지급하였다면 이는 제3자의 변제가 아니고, 따라서 그로 인하여 을의 채무가 소멸하지 않았으므로 갑은 을에 대하여 구상권을 가지지 않는다(따라서 갑은 단지 피해자에게 비채변제로서 부당이득반환을 청구할 수 있을 뿐이다). 그러나 갑의 책임보험금 지급이 을의 채무로서 행한 것이라면 이는 제3자의 변제에 해당하고, 따라서 갑은 乙에 대하여 구상권을 가진다.[6)]

ⓒ 채무불이행시 일정 금액을 배상하기로 하는 약정에도 불구하고 채무자가 채무를 이행하지 않은 경우에, 법률행위의 해석은 그 약정이 손해배상액의 예정인가 아니면 위약벌인가 하는 점을 결정하는데, 이는 나아가 그 액이 부당하게 과다한 경우에 법원이 이를 감액할 수 있는가 하는 점도 결정한다.[7)]

[456] 3. 해석의 성질

(1) 법률행위의 해석은 단지 표의자가 어떤 표시행위를 하였는가 하는 점을 결정하는 것이 아니고, 그러한 표시행위의 의미를 결정하는 것이다. 그러므로 이는 사실의 확정이 아니라 사실에 대한 법률적 판단이다. 즉 당사자가 어떠한 언어 · 문자 등을 썼느냐 하는 점, 그리고 나아가 행위 당시에 어떠한 사정이 존재하였느냐, 어떠한 관습이 존재하느냐 하는 점은 객관적인 사실의 문제이다. 그러나 이것을 증거에 의하여 확정하더라도, 그것만으로는 법률행위의 내용은 밝혀지지 않는다. 이 확정된 사실을 기초로 하여 표시행위의 의미를 밝히는 것이 법률행위의 해석인 것이다. 따라서 법률행위의 해석은 사실에 대한 법률적 가치판단이며, 이러한 점에서 이는 사실문제가 아니라 법률문제인 것이다.[8)]

(2) 법률행위의 해석이 법률문제라면, 이에 대한 다툼은 상고이유가 된다고 해야 한다. 그러나 과연 그렇게 하는 것이 정책상 타당한지 검토해 볼 문제이다.[9)]

---

6) 대판 2010. 2. 11. 2009다71558.

7) 대판 1993. 3. 23. 92다46905(백화점 수수료위탁판매 매장계약에서 임차인이 매출신고를 누락하는 경우 판매수수료의 100배에 해당하고 매출신고 누락분의 10배에 해당하는 벌칙금을 임대인에게 배상하기로 하는 약정은 위약벌에 해당하고, 아울러 공서양속에 반하지 않는다고 한다).

8) 고상용, 429면; 곽윤직, 395면; 김주수/김상용, 270면; 장경학, 432면. 이에 대하여 이영준, 355면 이하는 이를 법률문제라고 하는 것은 의사표시의 성질을 법에 유사한 것으로 보는데 기한 것이라고 비판하고, 해석은 표의자의 실제의 의사 또는 가상적 의사를 확정하는 것이므로 사실문제라고 한다. 다만 보통거래약관은 불특정다수인에게 적용되는 점에서 법유사성을 가지므로 이의 해석은 법률문제라고 한다.

9) 독일의 판례는 법률행위의 해석을 법률문제라고 하면서도 일정한 해석(보통거래약관 · 법인의 정관 · 유가증권상의 의사표시 등)을 제외하고는, 법률행위의 해석은 원칙적으로 사실심 법관에게 유보되며, 상고심에서는 오직 법률적 규범 · 일반적 사고법칙 혹은 경험법칙의 잘못된 적용만이 심사될 수 있다고 한다(Larenz/Wolf, §28 130(이에 관한 판례 및 학설은 이의 주 154, 155 참조)). 이영준, 358면은 법률행위의 해석을 사실문제라고 하면서도, 이는 상고이유가 된다고 한다.

4. 법률의 해석과의 관계 [457]

법률행위의 해석과 법률의 해석은, 그 대상이 전자는 통상 1회성 · 개별성을 가지는 법률행위에 대한 것이고 특정의 표의자와 그 상대방에 대한 관계를 규율하는 것인데 대하여, 후자는 불특정 다수인에게 적용될 규범으로서 보편성을 가지는 법률에 대한 것인 점에서 차이가 있다. 그렇지만 그 작업의 면에서는 사용된 표현방법의 의미가 불명료한 경우에 그 의미를 명확히 하는 것인 점에서 유사성을 가진다. 그리고 법률은 불특정 다수인을 수범자로 하므로, 뒤에서 살피는 불특정 다수인에 대한 의사표시에서와 많은 공통점을 가진다. 특히 법문의 객관적 의미를 중시하는 문리적 해석, 다른 규정과의 관계를 고려하는 체계적 해석, 법률의 목적을 고려하는 합목적적 해석 등은 법률행위의 해석에서도 그대로 타당할 것이다. 다만 법률의 해석에서는 그 의미를 파악하기 위하여 입법자의 의사나 입법과정도 고려해야 하지만(역사적 해석), 불특정 다수인에 대한 법률행위에서는 표의자가 법률행위를 하게 된 과정을 상대방으로서는 알 수 없으므로 그러한 점은 고려되지 않는다.

Ⅱ. 해석의 본질 및 방법 [458]

1. 기본적 입장

(1) 표시주의와 의사주의의 대립

(가) 법률행위의 해석에서는 표의자의 내심의 의사(숨은 眞意)를 탐구하여 이를 법률행위의 내용으로 할 것인가, 아니면 표시행위가 가지는 객관적 의미를 탐구하여 이를 법률행위의 내용으로 할 것인가? 법률행위의 해석에 관하여 일반적 규정을 두는 입법도 있지만(예컨대 독일민법은 「의사표시의 해석에서는 실제의 의사를 추구하여야 하고, 표현의 자구적 의미에 매여서는 안 된다」(동법 133조), 「계약은 거래관행을 고려하여 신의성실이 요구하는 바에 따라 해석되어야 한다」(동법 157조)고 규정하고, 프랑스민법은 「계약에서는 문언의 문자적 의미에 구애되기 보다는 계약당사자의 공통된 의사가 무엇이었는지를 탐구하여야 한다」(동법 1156조)고 규정한다),[10)11)] 우리 민법은 이에 관하여 아무런 규정도 두지 않는다. 그리하여 의사표시의 본질에 대한 이해에 따라서 견해를 달리한다.[12)]

10) 이영준 131면, 285면은, 이러한 규정들은 법률행위의 해석은 내심의 의사를 추구하는 것임을 표현한 것이라고 한다. 그러나 이는 표시의 문언적 의미만을 고려해서는 안된다는 당연한 명제를 규정한데 불과한 것이 아닐까?

11) 「국제물품 매매계약에 관한 국제연합협약(United Nations Convention on Contracts for the International Sale of Goods, CISG)」, 「유럽계약법원칙(Principles of European Contract Law, PECL」 등도 법률행위 내지 계약의 해석에 관한 규정을 두고 있다. 이에 관해서는 김재형, 유럽계약법원칙(PECL): 계약의 해석, Jurist 400호(2004. 1.), 79면 이하; 윤진수, 계약 해석의 방법에 관한 국제적 동향과 한국법, 비교사법 12권 4호(2005), 27면 이하.

12) 이와는 달리 남효순, 법률행위의 해석의 쟁점 — 법률행위 해석의 본질 및 방법에 관하여, 서울대 법학 제41권 1호(2000), 146면 이하, 147면은, 법률행위 해석의 본질 내지 목표는 의사표시의 본질

즉 표시주의에 기울어진 다수설은 표시행위의 객관적 의미를 탐구하는 것을 해석의 본질 혹은 목표라고 하고, 이러한 소위 규범적 해석이 원칙적인 해석방법이라고 한다.[13] 이 견해는 내심의 의사는 법률행위의 효력 유무를 좌우하는 일이 있을 뿐이고 그것이 법률행위의 내용에 영향을 미치는 일은 없다고 한다(즉 진의와 다른 표시가 있는 경우에 착오를 이유로 취소됨으로써 법률행위의 효력이 배제될 수는 있을지라도, 그러한 진의에 따라 해석되지는 않는다). 이는 수령자의 입장에서 해석해야 한다는 것이다. 이에 대하여 의사주의 입장(그리고 소위 효력주의)에서는 표의자의 내심의 의사를 탐구하는 것을 해석의 본질이라고 하고, 이러한 소위 자연적 해석이 원칙적인 해석방법이라고 한다.[14] 그러나 표시주의 입장에서도 당사자 간에 의사의 합치가 있었으나 이를 잘못 표시한 경우에는 내심의 의사에 따라 해석해야 한다는 점을 부인할 수 없을 것이다. 그리고 의사주의 입장에서도 표의자의 내심의 의사를 알 수 없는 경우에는 표시행위의 객관적 의미를 법률행위의 내용으로 해야 할 것이다. 이런 점에서 양 견해의 실제적 차이는 그리 크지 않다고 할 수 있다.

판례는 「법률행위의 해석이란 당사자가 그 표시행위에 부여한 객관적인 의미를 명백하게 확정하는 것으로서 서면에 사용된 문구에 구애받을 것은 아니지만, 어디까지나 당사자의 내심적 의사의 여하에 관계없이 그 서면의 기재 내용에 의하여 당사자가 그 표시행위에 부여한 객관적 의미를 합리적으로 해석하여야 하는 것」[15]이라고 하여, 일응 표시주의에 기울어진 입장을 취한다.[16] 특히 「만약 의사표시 해석에 있어서 당사자의 진정한 의사를 알 수 없다면, 의사표시의 요소가 되는 것은 표시행위로부터 추단되는 효과의사 즉 표시상의 효과의사이고 표의자가 가지고 있던 내심적 효과의사가 아니므로, 당사자의 내심의 의사보다는 외부로 표시된 행위에 의하여 추단된 의사를 가지고 해석함이 상당하다」[17]고 한 것도 있다.

론에 따라 차이를 가지지 않는다고 한다.

13) 곽윤직, 386면; 김용한, 269면; 김주수/김상용, 271면; 장경학, 426면; 황적인, 152면.

14) 고상용, 362면; 이영준, 288면 이하.

15) 대판 1994. 3. 25. 93다32668; 대판 1999. 11. 26. 99다43486(이의 내용은 전술하였다([454])) 등. 판례는 뒤이어서 「당사자가 표시한 문언에 의하여 그 객관적인 의미가 명확하게 드러나지 않는 경우에는 그 문언의 내용과 그 법률행위가 이루어진 동기 및 경위, 당사자가 그 법률행위에 의하여 달성하려는 목적과 진정한 의사, 거래의 관행 등을 종합적으로 고려하여 사회정의와 형평의 이념에 맞도록 논리와 경험의 법칙, 그리고 사회일반의 상식과 거래의 통념에 따라 합리적으로 해석하여야 하는 것이다」고 판시하는데, 이는 해석의 자료에 관한 서술이다.

16) 그외에 표시주의 입장을 취한 것으로서, 대판 1994. 3. 25. 93다32668; 대판 1996. 10. 25. 96다16049 등은 「법률행위의 해석이란 당사자가 그 표시행위에 부여한 객관적인 의미를 명백하게 확정하는 것」이라고 한다. 그리고 대판 1990. 11. 13. 88다카15949; 대판 1991. 4. 9. 90다카16372 등은 「의사표시의 해석은 그 서면의 기재내용에 의하여 당사자가 그 표시행위에 부여한 객관적 의미를 논리칙과 경험칙에 따라 합리적으로 해석하여야」 한다고 한다.

17) 대판 2002. 2. 26. 2000다48265.

(나) 생각건대 법률행위는 사적자치를 실현하는 법률적 수단이며 동시에 재화교환의 수단이다. 더욱이 법률행위 중에는 특히 당사자의 진의가 중시되는 것도 있고 반대로 상대방의 신뢰가 중시되는 것도 있다. 이러한 법률행위의 특성을 고려함이 없이 의사표시의 본질에 대한 이해에 기초해서 일반적으로 표의자의 진의 혹은 표시행위의 객관적 의미 중 어느 하나를 탐구하는 것을 해석의 목표 혹은 원칙적 해석방법이라고 하는 것은 타당치 않을 것이다. 법률행위의 유형과 특성을 고려하여, 특히 표의자의 진의가 중시되는 경우에는 표의자의 진의를 탐구하고, 상대방의 신뢰보호가 요구되는 경우에는 표시행위의 객관적 의미를 탐구하는 것이 타당할 것이다.[18] 다만 법률행위 중에는 상대방 있는 법률행위가 주종을 이루는바, 이런 점에서 규범적 해석이 — 의사표시 해석의 원칙적 방법이라기 보다는 — 주종을 이루는 해석방법이라고 할 수 있을 것이다.

(2) 의사가 합치하는 경우 [459]

(가) 진의와 표시 중 어느 것을 탐구할 것인가 하는 문제는 표의자와 그 수령자 간의 의사가 다른 경우에 생긴다. 만약 양자 간의 의사가 합치되는 때에는 그 합치된 의사에 따라 해석해야 한다. 표시는 의사를 외부에 알리는 수단이므로, 표시가 어떠하든(즉 그 의미가 불명확하거나, 혹은 명확하지만 합치된 의사와 다르거나) 양 당사자의 의사가 합치하였다면 그것을 의사표시의 내용으로 보는 것(그리하여 합치된 의사에 따른 법률효과를 발생시키는 것)이 타당하기 때문이다. 그러므로 해석에서는 먼저 표시된 바에 구애되지 않고 법률행위의 내용에 관하여 당사자 간에 의사가 합치되었는지를 살펴야 한다. 판례가 타인 명의로 계약을 체결한 경우에 「누구를 당사자로 할 것인지에 관하여 행위자와 상대방의 의사가 일치한 경우에는 그 일치하는 의사대로 당사자를 확정」[19] 해야 한다고 하는 것은 이러한 점을 보여주는 것이다.

(나) 이러한 점은 특히 의사가 합치되었음에도 불구하고 그와 다르게 표시한 경우에 의미를 가진다. 즉 예컨대 갑이 을로부터 ○○동 120번지(X토지)를 매수하는 계약을 체결하고 이를 인도받았는데, 갑과 을이 매매계약서에 목적물을 ○○동 121번지(Y토지)로 기재하여 Y토지에 이전등기를 한 경우에, 그 표시에도 불구하고 합의된 바에 따라 X토지를 매매한 것으로 해석된다. 이와 같이 그릇된 표시가 아니라 합의된 바에 따라 해석

18) 남효순, 전게서, 149면 이하는, 예컨대 유언에서뿐만 아니라 다른 모든 법률행위에서 표의자의 진의는 중시되어야 하고, 또 유언에서도 표의자의 진의를 알 수 없는 때에는 표시된 바에 따라 해석해야 하므로, 진의가 중시되는 의사표시이냐 여부 혹은 상대방 있는 의사표시이냐 여부에 따라서 해석방법을 달리하는 것, 즉 해석방법에 관한 자연적 해석과 규범적 해석의 구별을 부인한다. 물론 그러한 지적도 타당하다. 그러나 예컨대 유언과 교환적 계약에서 모두 표시가 진의와 다름이 밝혀졌다면, 후자에서는 표시의 의미대로 해석하지만 전자에서는 진의대로 해석하게 될 것이다. 이런 점에서 법률행위의 특성에 따른 차이 자체를 부인하는 것은 좀 많이 나간 것이 아닐까?

19) 대판 1995. 9. 29. 94다4912; 대판 1995. 10. 13. 94다55385; 대판 1996. 7. 30. 95다1019 등 다수.

되는 법리를 falsa demonstratio non nocet(그릇된 표시는 아무 害(효력)도 없다)라고 한다(誤表示無害의 원칙). 이러한 법리는 의사주의에서는 물론 표시주의에서도 인정할 것이다. 왜냐하면 표시주의는 표시된 바대로 해석한다는 것이 아니고 표시의 객관적 의미, 즉 상대방의 입장에서 본 표시의 의미에 따라 해석한다는 것인데, 위의 경우에는 상대방이 그 표시된 바대로 이해한 것이 아니기 때문이다. 판례도 이러한 법리를 인정한다.[20)]

이와 같이 위의 경우에 그릇된 표시가 아니라 당사자 간에 합치된 의사(진의)에 따라 해석하므로, 누구도 표시와 진의가 다르다고 하여 착오를 이유로 취소할 여지가 없다.

(다) 합의된 바와 달리 표시한 경우는 대부분 당사자가 그러한 점을 의식하지 못하였기 때문이다. 즉 양 당사자의 실수로 잘못 표시한 경우이다. 그런데 합의된 바와 달리 표시하는 경우 중에는 당사자들이 의식적으로 그렇게 한 경우도 있다. 예컨대 갑이 실제로는 을의 은행에 대한 특정 채무를 보증하면서 편의상 을의 은행에 대한 모든 채무를 보증하는 것(근보증)으로 하는 계약서를 작성한 경우이다.[21)] 이때에도 물론 합의된 바에 따라 해석된다.

[460] 2. 자연적 해석

(1) 상대방 없는 법률행위, 그리고 상대방 있는 법률행위 중에서도 특히 표의자의 진의가 중시되는 법률행위에서는 표의자의 진의를 탐구하여 이를 의사표시의 내용으로 삼아야 한다. 왜냐하면 전자에서는 표시행위를 신뢰할 상대방이 없으므로 신뢰보호가 문제되지 않고, 후자에서는 상대방의 신뢰보다는 표의자의 진의를 보호해야 하기 때문이다. 이러한 해석방법을 자연적 해석이라고 한다.

(2) 자연적 해석에서는 표시행위 자체보다도 의사표시의 동기와 경위 등 표시행위에 나타나지 않는 사정이 보다 중요한 해석의 자료가 된다. 그리고 그 고려될 사정에는 아무런 제한이 없다. 즉 법관은 행위 당시의 사정(당사자가 알 수 있었던 것이었는지 여부를 불문)뿐만 아니라 그 이후의 사정까지 고려해서 표의자의 진의를 탐구해야 한다. 예컨대 유언자가 조카에게 「서가」를 유증한다고 하는 유언을 하였는데, 유언자의 이전까지의 언어사용례를 고려할 때 이것이 창고(포도주 저장고)를 뜻하는 것인 때에는, 이에 따라 유언을 해석해야 한다. 그리고

20) 대판 1992. 11. 24. 92다31514; 대판 1993. 10. 26. 93다2629,2636; 대판 1996. 8. 20. 96다19581,19598. 즉 위와 유사한 사안에서, X토지를 목적물로 한다는 쌍방 당사자의 의사 합치가 있은 이상 위 매매계약은 X토지에 관하여 성립한 것으로 보아야 한다고 한다. 그리고 96다19581은, 한편으로 Y토지에 관하여 위 매매계약을 원인으로 하여 갑 명의로 소유권이전등기가 경료되었더라도 이는 원인이 없이 경료된 것으로서 무효이고, 다른 한편으로 갑은 X토지에 관해서 이전등기를 하지 않았으므로 그에 대한 소유권을 취득하지 못한다고 한다.

21) 대판 1995. 10. 13. 94다4882. 대판 1994. 11. 25. 94다8969도 이와 유사.

이 경우에 조카가 그러한 사정을 몰랐으며 이를 문언 그대로 서재라고 이해하였다 하더라도, 그의 이해는 고려되지 않는다.

3. 규범적 해석 [461]

(1) 의의 등 통상적으로 상대방 있는 법률행위에서는 표시행위가 가지는 객관적 의미를 탐구하여 이를 의사표시의 내용으로 삼아야 한다. 왜냐하면 한편으로는 상대방은 표의자가 표시행위에 나타난 바와 같은 의사를 가진 것으로 신뢰하였을 것인바 이러한 신뢰를 보호해야 하고, 다른 한편으로는 표의자가 자신의 의사를 상대방이 오해하지 않도록 적절한 표현수단을 택하는 것은 표의자의 일이므로 부적절한 표현수단을 택함으로써 상대방에게 신뢰를 야기한 이상 그로 인한 결과를 감수해야 하기 때문이다.[22] 이러한 해석방법을 규범적 해석이라고 한다.

(가) 규범적 해석은 표시행위의 객관적 의미를 밝히는 것이므로, 일응 표시행위에 사용된 문언 자체의 객관적 의미가 해석의 1차적인 기준이 될 것이다. 그러나 규범적 해석에서도 여러 가지 해석의 자료를 고려해야 하므로, 문언의 의미가 언제나 해석의 기준이 되는 것은 아니다. 당사자가 기도하는 목적 기타 해석의 자료에 비추어 볼 때 문언과는 다른 의미로 해석되는 때에는, 문언과 달리 해석해야 한다. 판례도 이러한 점을 명언한다.[23] 이런 점에서 규범적 해석은 반드시 문언에 따른 해석을 뜻하는 것은 아니다(그러므로 표시행위의 문언과는 달리 표의자의 진의에 따라 해석하는 것이 언제나 자연적 해석이 되는 것은 아니다).

(나) 규범적 해석에서는 — 자연적 해석에서와는 달리 — 행위 당시의 사정만을 고려해야 한다. 왜냐하면 규범적 해석은 표시행위에 대한 상대방의 이해를 기준으로 해석하는 것인데, 상대방으로서는 행위 당시의 사정을 기초로 해서 표시행위를 이해하였을 것이기 때문이다.

(2) 표시에 대한 정당한 신뢰 규범적 해석은 반드시 상대방이 이해했던 표시행위의 의미대로 해석하는 것은 아니다. 상대방이 문언을 그대로 믿었더라도, 만약 문언에 나타나지 않은 사정(특히 상대방이 알 수 있는 사정)을 고려할 때 문언과 달리 해석하는 것이 타당한 때에는 그렇게 해석해야 한다. 왜냐하면 상대방의 신뢰는 그것이 정당한 것인 한에 [462]

---

22) 이영준, 297면은 규범적 해석의 근거를 자기책임의 원칙에서 구한다. 자기책임의 원칙의 의미가 무엇인지는 불분명하지만, 진의와 다른 표시에 매이는 것은 자신이 야기한 신뢰에 대해서는 책임을 져야 한다는 신뢰책임의 원리에 기한 것이 아닐까?

23) 대판 1994. 3. 25. 93다32668; 대판 1999. 11. 26. 99다43486 참조. 다만 판례는 문언 이외의 사정을 고려하는 경우를 「문언에 의하여 그 객관적인 의미가 명확하게 드러나지 않는」 경우로 한정하지만, 문언의 의미가 명확한 경우에도 법률행위의 경위나 당사자의 목적 · 사실인 관습 등이 해석의 자료로 고려되어야 할 것이다.

서 보호받는 것이기 때문이다. 요컨대 규범적 해석은 표시행위 자체 혹은 상대방이 이해하였던 표시행위의 의미가 아니라, 상대방이 신의칙에 따라 표시행위를 이해하였더라면 가졌을 의미에 따라 해석하는 것이다.

(가) 이런 점에서 상대방 있는 의사표시에서도, 표의자가 의사와 달리 표시(誤記)하였음을 상대방이 안 때에는, 표시된 바가 아니라 내심의 의사에 따라 해석해야 한다.

(나) 문제는 상대방이 알지는 못하였으나 신의칙상 요구되는 주의를 다하였다면 알 수 있었던 경우이다. 이 경우에도 상대방이 표시된 바를 그대로 신뢰하였다면 그러한 신뢰는 정당한 것이 아니므로 보호받지 못한다고 해야 할 것이다. 또한 제107조는 상대방이 표의자의 진의(戱言의 진의)를 안 경우뿐만 아니라 알 수 있은 경우에도 비진의표시를 무효로 하고 있다. 이런 점에서 단지 상대방에게 과실이 있는 경우에도 마찬가지로 내심의 의사에 따라 해석하는 것이 타당하지 않을까(제9판에서는 상대방에게 중과실이 있는 경우에만 그렇게 해석해야 한다고 했으나, 107조를 고려해서 견해를 바꾼다)?[24)]

[463] **(3) 상대방의 특정 여부** 규범적 해석에서도 의사표시의 상대방이 특정되었는가 여부에 따라, 해석에서 고려될 자료의 범위 및 표시행위에 대한 이해의 표준 등 구체적인 해석방법을 달리해야 한다. 왜냐하면 특정 여부에 따라서 표시행위의 의미를 이해하는 상대방의 범위가 다르기 때문이다. 그리하여

(가) 상대방이 특정된 경우(통상적인 계약의 경우)에는, 표의자와 상대방 사이에 존재하는 여러 가지 사정 — 예컨대 법률행위의 경위 · 당사자의 목적 등 표시행위에는 나타나지 않는 사정 — 을 전반적으로 고려해야 한다. 다만 상대방이 알 수 있었던 사정만이 고려된다. 그리고 상대방의 이해가능성을 기준으로 표시행위의 의미를 해석해야 한다. 왜냐하면 상대방이 특정된 이상 일반인 내지 제3자의 이익까지 고려할 필요는 없기 때문이다.

(나) 그러나 상대방이 불특정 다수인인 경우(예: 현상광고, 유가증권상의 의사표시, 법인의 정관)에는, 법률행위가 행해진 경위와 같이 표시행위 자체에 나타나지 않은 사정은 원칙적으로 고려되지 않는다. 왜냐하면 이 경우에는 제3자가 알 수 있었던 사정만이 고려되어야 하기 때문이다. 다만 표시행위의 의미가 불명확한 경우에 그러한 사정이 고려될 수 있을 것이다. 그리고 표시행위의 의미를 해석함에 있어서는 표시행위의 직접 상대방뿐만 아니라 그 후의 거래참여자 내지 제3자의 이익도 고려해야 한다. 따라서 여기에서는 평균적인 거래참여자의 이해가능성이 해석의 기준으로 된다. 판례는 사단법인의 정관,[25)] 보통거래약관(보통거래약관에서는

24) 동지: 이영준, 396면, 299면. 이와 달리 송덕수, 착오론(1991), 47면은, 상대방이 표의자의 진의를 안 경우에 한하여 진의에 따라 해석해야 하고, 단지 이를 알 수 있었을 경우에는 표시된 바에 따라 해석해야 한다고 한다.

25) 대판 2000. 11. 24, 99다12437은, 사단법인의 정관의 성질을 자치법규로 보는 데 기해서, 이의 해석은 객관적인 기준에 따라 의미 내용을 확정하는 법규해석의 방법으로 해야 하는 것이고, 작성자의

(이러한 해석원리를 객관적 통일적 해석이라고 칭한다)[26] 등에서 이러한 점을 명언한다. — 이와 같이 약관의 해석에서는 개별적인 법률행위의 해석과는 다른 특성이 있으므로, 약관의 해석은 뒤에서 별도로 살핀다. 여기에서의 설명은 일응 개별적인 법률행위를 중심으로 하는 것이다.

(4) 법률행위의 특성의 고려 규범적 해석에서도 법률행위의 특성을 고려해 [464]
서 때로는 보다 엄격히 문언에 따라 해석하거나, 반대로 문언을 엄격히 해석해야 한다. 전자에 관한 판례로서, 처분문서에서 문언의 객관적인 의미가 명확한 경우에는 이를 기준으로 해석해야 한다고 한다.[27] 후자에 관한 판례로서, 계약의 내용이 상대방에게 중대한 책임을 부과하는 것인 때에는 문언의 내용을 엄격하게 해석해야 한다고 한다.[28] 또 당사자 일방이 작성한 약관의 내용으로서 상대방의 법률상의 지위에 중대한 영향을 미치는 경우에도 엄격하게 해석해야 한다고 한다.[29]

이와 같이 문서의 성질 혹은 문언의 내용을 고려해서 문언에 충실하게 해석하거나 문언을 엄격히 해석하는 것은 타당하다. 그런데 일부 견해는 일반적인 해석의 방법으로서, ⓐ 합리해석의 원칙, 즉 법률행위의 문언에 구애되지 않고 합리적으로 당사자의 진의를 탐구해야 한다는 원칙, ⓑ 객관적 통일적 해석의 원칙, 즉 사람에 따라서 달리 해석되지 않아야 하고, 평균인의 이해가능성을 기준으로 해서 해석해야 한다는 원칙, ⓒ 효용해석의 원칙, 즉 표시행위가 여러

주관이나 해석 당시의 사원의 다수결에 의한 방법으로 해석해서는 안된다고 한다(이 판결의 내용은 [12]에서 소개하였음). 정관의 성질을 자치법규로 본 점은 의문이나, 이 판결은 불특정 다수인에 대한 의사표시의 해석의 특성을 보여주는 것이다.

26) 대판 1995. 5. 26. 94다36704은, 가족운전자 한정운전 특별약관상의 배우자에 부첩관계에 있는 상대방도 포함되는가 하는 점이 문제된 사안에서, 「보통거래약관 및 보험제도의 특성에 비추어 볼 때 약관의 해석은 일반 법률행위와는 달리 개개 계약당사자가 기도한 목적이나 의사를 기준으로 하지 않고 평균적 고객의 이해가능성을 기준으로 하되 보험단체 전체의 이해관계를 고려하여 객관적 획일적으로 해석하여야 할 것」이라고 하면서, 그러한 자는 포함되지 않는다고 해석함이 상당하다고 한다. 해석방법에 관한 동지의 판례로서, 대판 1996. 6. 25. 96다12009; 대판 2009. 1. 30. 2008다68944(자동차종합보험의 가족운전자 한정운전 특별약관에 정한 기명피보험자의 母에는 기명피보험자의 법률상의 모가 아닌 기명피보험자의 父의 사실상의 배우자는 포함되지 아니한다).

27) 대판 1995. 2. 10. 94다16601; 대판 2001. 2. 27. 99다23574; 대판 2002. 2. 26. 2000다48265; 대판 2005. 5. 27. 2004다60065 등. 예컨대 94다16601은, 「처분문서는 그 성립의 진정함이 인정되는 이상 법원은 그 기재내용을 부인할 만한 분명하고도 수긍할 수 있는 반증이 없는 한 그 기재 내용대로의 의사표시의 존재 및 내용을 인정」해야 한다고 한다. 이와 달리 예컨대 대판 1990. 12. 21. 90다6583은, 매매계약 체결시 매수인이 위 토지상에 집을 지을 수 있도록 진입로를 개설하여 주기로 한 특약의 해석과 관련해서, 「당사자 사이의 약정의 내용을 해석함에 있어서는 그 문언의 내용, 그와 같은 약정이 이루어진 동기와 경위, 그 약정에 의하여 달성하려고 하는 목적, 당사자의 진정한 의사 등을 종합적으로 고찰하여 사회정의와 형평의 이념에 맞도록 논리와 경험칙에 따라 합리적으로 해석」해야 한다고 하는 것과 비교하면, 처분문서의 해석의 특성을 쉽게 알 수 있을 것이다.

28) 대판 1962. 4. 18. 4294민상1236[집 10-2, 민 160]; 대판 1993. 10. 26. 93다3103; 대판 2001. 1. 19. 2000다33607.

29) 대판 2001. 3. 23. 2000다71555; 대판 2006. 9. 8. 2006다24131(이들 판결은 약관법 제6조 제1항, 제7조 제2호의 규정 취지에 비추어 엄격히 해석해야 한다고 한다).

가지 의미를 가지는 경우 당사자에게 가장 효용이 있는 의미로 해석해야 한다는 원칙, ⓓ 신의성실 해석의 원칙, ⓔ 작성자불리 해석의 원칙, 즉 의심스러운 경우에는 작성자에게 불리하게 해석해야 한다는 원칙, ⓕ 제한해석(축소·엄격해석)의 원칙, 즉 권리자의 권리를 제한하거나 의무자의 책임을 면제 혹은 축소하는 약정은 제한적으로 해석해야 한다는 원칙 등을 제시한다.[30)]

그러나 이 중에서 합리해석 및 신의성실 해석(그런데 양자는 너무나 당연한 점을 말하는 것으로서, 과연 독립한 해석방법이라고 할 수 있는지도 의문이다)을 제외하고는 보통거래약관에 특유한 해석원리로서, 가족법상의 법률행위는 물론 협상을 통하여 개별적으로 행해지는 재산적 법률행위에서는 일반적으로 적용될 수 없는 해석방법이 아닐까? 특히 작성자불리 원칙이나 제한해석 원칙은 약관이 기업에 의하여 일방적으로 만들어진다는 점에 기해서 인정되는 것인데, 예컨대 양 당사자가 협상을 통하여 합의된 바를 토대로 계약서를 작성함에 있어서는 그 내용을 명료하게 하는 데 관하여 양 당사자가 동일한 책임을 진다고 해야 하고, 따라서 그러한 해석방법을 이러한 법률행위 유형에 적용하는 것은 부당할 것이다(그 외에도 약관에서는 상대방이 불특정 다수인이라는 점 때문에 평균인의 이해가능성을 기준으로 해서 해석해야 하는바, 이러한 의미의 객관적 통일적 해석원칙 역시 약관에 특유한 해석방법이다. 다만 위 견해는 이의 의미를 달리 보는 것 같다).[31)] — 물론 약관의 해석에 특유한 해석원칙이 존재한다고 할 것인가, 여기에서의 해석원칙도 해석의 일반원칙(다만 그 계약체결과정 혹은 상대방의 면에서의 차이 때문에 특수한 점이 있을 뿐인)의 적용결과가 아닌가 하는 의문도 든다. 그리고 약관의 해석은 앞서 살핀 불특정 다수인에 대한 법률행위의 해석에 다름아니라는 점에서도 그러하다. 그러나 뒤에서 보는 바와 같이 약관법은 약관의 해석에 관하여 상세한 규정을 두는바, 약관의 해석은 이 법에서 규율하는 해석방법을 칭하는 것이라고 이해하면 될 것이다.

[465] Ⅲ. 보충적 해석

1. 의 의

보충적 해석은 당사자의 의사에 의하여 규율될 사항임에도 당사자들이 그에 관하여 아무런 의사도 가지지 않았고 그리하여 아무런 규율도 하지 않은 경우, 즉 의사표시에 공백이 존재하는 경우에, 만약 당사자들이 이를 규율하였다면 어떻게 규율하였을 것인가를 탐구하여 이를 의사표시의 내용으로 보충하는 해석방법이다.[32)]

30) 남효순, 160면 이하.

31) 보통거래약관의 해석에 관해서는, 이주흥, 일반거래약관에 대한 해석통제, 곽윤직선생 고희기념논문집 제2권(1995), 305면 이하, 309 이하.

32) 보충적 해석에 관해서는 김진우, 계약의 공백보충, 비교사법 8권 2호(통권15호)(2001), 413면 이하; 엄동섭, 법률행위의 보충적 해석, 이영준박사 화갑기념논문집 I (1999), 81면 이하; 윤진수, 법률행위의 보충적 해석에 관한 독일의 학설과 판례, 재판자료 제59집(1992), 87면 이하. 보충적 해석의 의미를 이해하는 데 도움을 주기 위하여 이에 관한 독일에서의 지도적 판례를 소개하면, 1) 의원교환사건(Praxisaustauschfall) [BGHZ 16, 71] — 갑과 을이 서로 개업하던 의원을 교환하기로 하였는데 을이 교환계약의 무효를 주장하자, 갑이 이의 유효확인 및 을이 종전의 개업지 부근에서 개업하는 것을 금지하여 달라는 부작위를 청구하였다. 2심은 위 교환계약에는 을의 복귀금지(Rückkehrverbot)에 관한 내용이 포함되어 있지 않다는 이유로 그 청구를 기각하였으나, 위 판결은 보충적 해석에 의하여 이를 인정하였다. 2) 호밀조항(Roggenklausel) [BGHZ 81, 135] — 갑이 1958년 을에게 장기의 지상권을 설정함에 있어서 지료를 일정 금액으로 하되 화폐가치 하락에 대비코자 금전 대신 일정량의 호밀을 청구할 수 있도록 하였는데(대용권), 예상과는 달리 물가지수는 크게(96.2%) 상승하였으나 호밀가격은 조금(5.1%) 상승하였다. 갑이 20년이 지나 약 10년간의 물가상승에 따른 지료의 증액을 청구한 데 대하여, 위 판결은 — 행위기초론에 의해서가 아니라 — 보

(1) 보충적 해석은 의사표시에 공백이 있는 경우, 즉 문제되는 사항에 관하여 당사자가 아무런 의사도 가지지 않은 경우에 행해지는 것이다. 의사표시의 공백이 생긴 원인은 문제되지 않는다. 공백은 의식적으로도 또 무의식적으로도 생길 수 있다. 또 공백은 법률행위시부터 존재할 수도 있고, 법률행위 당시에는 문제되지 않아 규율하지 않았던 사항이 나중에 문제된 경우와 같이, 공백이 사후에 생길 수도 있다. 의사표시에 공백이 있는가 하는 점은 자연적 해석에 의하여 확정된다.

(2) 보충적 해석은 당사자가 아무런 의사도 가지지 않은 사항에 대한 것이므로, 보충적 해석이 탐구하는 것은 실제 있었던 의사가 아니고 假定的意思이다. 이런 점에서 보충적 해석은 당사자가 가졌던 실제의 의사를 탐구하는 자연적 해석 및 규범적 해석과 대비된다(자연적 해석은 표의자의 내심의 의사를, 규범적 해석은 표시행위의 수령자가 가졌던 의사를 탐구하는 것이다).[33] 요컨대 보충적 해석은 공백인 사항을 가정적 의사로 보충하는 해석방법이다 [466]

유념할 것은, 법률행위의 내용 중 어떤 사항에 관하여 아무런 정함도 없는 경우에 언제나 의사표시의 공백이 있는 것은 아니라는 점이다. 예컨대 대금을 약정하지 않은 경우 혹은 부동산 매매에서 세금을 누가 부담할 것인가 하는 점을 약정하지 않은 경우에, 이는 그러한 점을 관행에 따른다는 의사일 것이다. 따라서 이러한 경우는 의사표시에 공백이 있는 것이 아니다. 물론 이러한 경우에도 표의자의 생각과 상대방의 생각이 다른 경우에는 의사표시의 해석이 문제되지만, 이 경우에는 — 상대방 있는 의사표시이므로 — 규범적 해석방법이 적용될 것이다.

민법 중에는 보충적 해석을 명언하는 규정이 있다. 예컨대 제137조는 법률행위의 일부가 무효인 경우에, 「그 무효부분이 없더라도 법률행위를 하였을 것이라고 인정될 때」에는 나머지 부분은 유효라고 하고, 제138조는 무효인 법률행위가 다른 법률행위의 요건을 구비하고 「당사자가 그 무효를 알았더라면 다른 법률행위를 하는 것을 의욕하였으리라고 인정될 때」에는 다른 법률행위로서 효력을 가진다고 한다.[34] 그런데 이는 당사자가 실제로 가졌던 의사가 아니라 가정적 의사를 추단한 것이다. 따라서 위 규정들은 보충적 해석의 예라고 할 수 있다.[35]

충적 해석에 의하여 갑의 청구를 인용하였다.

33) 자연적 해석과 규범적 해석을 보충적 해석과 대비하기 위하여 전2자를 「고유한 해석」(엄동섭, 82면) 혹은 「해명해석」(남효순, 147면 주 3)이라고 하는 견해도 있다.

34) 대판 2010. 7. 15. 2009다50308(알박이사건)은, 매매계약이 약정된 매매대금의 과다로 말미암아 불공정행위로서 제104조에 의하여 무효인 경우에 무효행위의 전환에 관한 제138조가 적용될 수 있다고 하면서, 가정적 의사를 고려해서 매매대금을 결정하는 한편, 이를 넘은 금액에 관해서만 무효라고 하여 매매계약의 효력을 인정한다(이 판결의 내용은 뒤에서 소개한다([524]).

35) 대판 1996. 2. 27. 95다38875; 대판 1998. 2. 10. 97다44737; 대판 1999. 3. 26. 98다56607; 대판 2002. 9. 4. 2002다18435 등은, 법률행위의 일부에만 유효 혹은 취소사유가 있는 경우 「나머지 부분이라도 이를 유지하려는 당사자의 가정적 의사가 인정되는 경우」에는 그 일부만의 취소가 가능하다고 하여, 일부무효(취소)의 법리는 가정적 의사에 기한 것임을(따라서 보충적 해석의 경우임을) 명언한다.

[467] 2. 해석의 방법

(1) 보충적 해석에서는 합리적인 사람이라면 문제된 사항을 어떻게 규율할 것인가를 탐구한다. 즉 여기에서는 양 당사자의 이익상태를 고려하여 공평에 맞는 규율을 찾아내도록 해야 하며, 따라서 특히 신의성실의 원칙이 중요한 기능을 한다. 판례는 보충적 해석에 의하여 「보충되는 당사자의 의사란 당사자의 실제 의사 내지 주관적 의사가 아니라 계약의 목적, 거래관행, 적용법규, 신의칙 등에 비추어 객관적으로 추인되는 정당한 이익조정 의사를 말한다」고 하는바,[36] 이는 위와 같은 의미로 이해할 수 있다.

(2) 그러나 보충적 해석에서도 가능한 한 당사자의 목적이나 존재하는 규율내용을 고려하여 당사자가 원하였으리라고 추측되는 것으로 보충해야 한다. 그리고 당사자의 가정적 의사를 탐구함에는 법률행위 당시의 사정뿐만 아니라 보충하는 시점에서의 사정도 고려해야 한다(즉 고려되는 사정의 기준시기는 행위시가 아니라 보충시이다).[37]

[468] 3. 성　　질

보충적 해석이 탐구하는 것은 실제의 의사가 아니고 가정적 의사이고, 이는 합리적 사람이라면 가졌을 것으로 여겨지는 것이다. 그러므로 보충적 해석의 결과는 객관적 기준에 의하여 규범적으로 도출되는 것으로서, 당사자의 실제적 의사와는 무관한 것이다. 이런 점에서 일부 견해는 보충적 해석은 법률행위의 해석이 아니라 객관적인 법의 적용 혹은 법관에 의한 법형성이라고 한다. 즉 보충적 해석은 「해석」을 통하여 법률행위를 보충하는 것이 아니라, 법률행위에 의하여 성립된 법률관계에 객관적인 법을 적용하는 것 혹은 법관에 의한 법형성이라고 한다(법적용설).[38] 그러나 보충적 해석은 비록 가정적 의사이기는 하지만, 당사자가 가졌을 의사를 탐구하는 것이다. 더욱이 법은 불특정 다수인에게 적용되는 것인데, 보충적 해석은 당해 사안에서의 개별적 · 구체적 사정을 고려해서 표의자의 의사를 확정하는 것으로서 당해 사건에 고유한 것이다. 이런 점에서 이를 법적용이라고 하는 것은 부적절하지 않을까?

[469] 4. 보충규정과 보충적 해석

의사표시에 공백이 있지만 그에 관하여 임의규정이 있는 경우에도 보충적 해석이 허용되는가? 이 문제는 실제로는 임의규정이 보충규정(이의 의미는 [481] 참조)인 경우에 문제된다. 왜냐하면 해석규정은 당사자가 의사를 가졌던 사항에 관하여 달리 규율하지 않는 한 일정한 내용으로 해석하도록 한 것이기 때문이다.

36) 대판 2006. 11. 23, 2005다13288. 이의 사안 및 문제점은 뒤에서 살핀다([471]).

37) 엄동섭, 96면.

38) 김진우, 420면 이하; 엄동섭, 87면, 88면; 이은영, 429면.

(1) 보충규정은 당사자의 의사가 결여된 경우를 규율하는 것이다. 이런 점에서 보충적 해석이 행해지는 경우와 동일하다. 그런데 보충규정은 당사자 간의 공평한 규율을 위한 것이므로, 그와 달리 규율하는 바가 없는 한 이 규정이 적용되어야 한다. 따라서 원칙적으로 이를 부인해야 할 것이다. 즉 법관이 보충규정의 적용을 배척하고 당사자의 가상적 의사를 판단하여 보충적 해석을 행하는 것은 허용되지 않는다.[39]

(2) 그러면 보충규정과 달리 규율하는 것이 거래관행으로 된 경우에도 보충적 해석이 허용되지 않는다고 할 것인가? 만약 그러한 거래관행이 이미 관습으로 되었다면, 제106조에 기하여(즉 관습이 임의법규에 우선되므로) 보충규정은 배제될 것이다. 나아가 관습으로까지 발전되지는 않았지만, 경제사정의 변화 때문에 보충규정상의 규율이 실제와 맞지 않는 결과를 낳는 경우에도 마찬가지로 해석해야 할 것이다.

(3) 그 외에 문제된 법률행위의 형태가 보충규정이 예정하는 행위유형과 다른 경우에, 여기에는 보충규정이 적용되지 않으므로 보충적 해석이 허용될 것이다.[40]

5. 보충적 해석의 한계 [470]

보충적 해석은 의사표시에 공백이 있는 경우에 행해지는 것이다. 당사자가 문제된 사항을 규율하고 있는 경우에는, 비록 그것이 양 당사자에게 공평한 규율이 아니더라도 보충적 해석은 행해질 수 없다.[41] 바보같은 혹은 올바르지 않은 계약을 보충적 해석을 통하여 합리적인 혹은 올바른 계약으로 수정하려 해서는 안 된다.[42] 해석자는 이익상태에 맞는 공평한 규율을 기한다는 이름 아래 당사자의 의사를 무시해서는 안 된다.[43] 즉 보충적 해석은 법률행위의 내용을 공평에 맞도록 수정하는 데 이용되어서는 안 된다. 위와 같은 경우에는 일단 당사자의 의사에 따라 법률행위의 내용을 해석 확정하고, 다음 단계에서 그러한 규율이 신의칙에 반한다는 이유로 그에 따른 법률효과의 발생을 부인해야 할 것이다.[44] 당사자의 합의에도 불구하고 이를 공평에 맞도록 수정하는 것은 해석의 한계를 벗어난 것으로서, 따라서 오직 법률에 특별규정이 있는 경우(손해배상 예정액의 감액(398조 2항)·손해배상액의 감액청구(765조) 등이 그 대표적 예이지만, 신의성실의 원칙(2조)도 이의 한 예이다)에 한하여 허용될 뿐이다.

---

39) 이영준, 306면.

40) 이영준, 307면.

41) 엄동섭, 91, 92면.

42) Flume §16 4 d(S.326). 그 외에도 Staudinger/Dilcher, §§133 · 157, Rn.40,44; Soergel/Siebert/Knopp, §157, Rn.114.

43) 대판 2010. 7. 15. 2009다50308은 이러한 점을 강조한다.

44) 이영준, 344면 이하. 이에 대하여 고상용, 378면은, 신의칙을 적용하여 법률행위의 문언을 수정하여 양당사자의 이익균형을 이루도록 해석하는 것이 타당하다고 한다. 그러나 이는 법률행위의 「해석」이 아니지 않은가?

또 보충적 해석에 의하여 법률행위의 내용이 확장되거나 변경되어서는 안 된다. 즉 예컨대 어느 일방 당사자의 경솔로 인하여 일정한 사항을 규율하지 않았음에도 보충적 해석을 통하여 이를 법률행위의 내용에 포함시켜서는 안 된다.[45)]

[471] 6. 보충적 해석과 착오취소

당사자는 보충적 해석에 의하여 확정(보충)된 의사표시 내용이 자신의 의사와 다르다고 하여 착오를 이유로 의사표시를 취소할 수 있는가? 이는 특히 보충된 의사가 어느 일방 당사자에게 불리한 경우에 문제된다.

(1) 보충적 해석은 의사표시에 공백이 있는 경우, 즉 표의자가 문제된 사항에 관하여 아무런 의사도 가지지 않은 경우에 행해지는 것이므로, 여기에서는 의사와 표시가 불일치하는 착오는 존재하지 않는다. 더욱이 보충적 해석에 의한 가정적 의사는 객관적 기준에 의하여 도출된 것으로서, 따라서 당사자는 그 결과를 받아들여야 할 것이다. 그러므로 원칙적으로 이를 부인해야 한다.[46)]

(2) 예컨대 갑이 을(국가)에게 건물을 기부채납함에 있어서 양자는 이는 부가가치세의 부과대상이 아니라고 생각하였으나 후에 갑에게 부가가치세가 부과된 경우에, 갑은 착오를 이유로 위 행위를 취소할 수 있는가? 판례는 이 경우를 공통의 착오에 해당한다고 하면서, 이때에는 보충적 해석을 적용하여 가상적 의사에 따라 법률행위의 내용을 확정(해석)해야 한다고 한다.[47)] 공통의 착오에 관한 고찰은 관련 부분으로 미루고([610] 이하) 여기에서는 위의 사안과 직접 관련된 것만을 살펴 보면, 판례는 이 경우를 보충적 해석이 적용되는 경우로 보지만, 갑과 을은 문제된 사항(부가가치세의 부과대상인지 여부)에 관하여 의사를 가지지 않은 것이 아니고 잘못된 의사를 가졌던 것이다. 그러므로 이 경우를 보충적 해석의 적용례로 보는 것은 의문이다. 더욱이 판례는 보충적 해석을 적용함으로써 갑으로 하여금 그 해석결과에서 벗어나지 못하게 하는바, 과연 그것이 실제적으로 타당한지 의문이다. 요컨대 어떤 사안이 보충적 해석이 적용될 경우인가 하는 판단은 단순히 이론적 문제로 그치는 것이 아니고 당사자로 하여금 그 약정 혹은 해석결과에서 벗어날 수 있는가 하는 문제와도 관련된 것으로서, 따라서 실제적 의미가 크다고 할 수 있다.

45) Flume, §16 4 d(S.326f).

46) 동지: 엄동섭, 100면.

47) 대판 2006. 11. 23. 2005다13288. 이의 사안은 갑과 을이 위와 같은 착오에 기해서 허가의 조건을 정하였는데 부가가치세가 부과되자, 갑이 이를 납부한 후 을에 대하여 부당이득반환을 청구한 경우로서, 원심은 갑과 을이 착오 없이 계약을 체결하였다면 을이 부가가치세를 부담함을 전제로 계약 내용을 정하였을 것으로 보는 것이 당사자의 진정한 의사에 부합한다고 하여, 갑의 청구를 인용하였다. 그러나 대법원은 당사자의 의사를 그와 같이 보는 것은 수긍할 수 없다고 하여, 이를 파기하였다.

Ⅳ. 해석의 자료 [472]

1. 의 의

(1) 해석의 대상이 되는 것은 표시 자체, 즉 표시행위로서의 가치를 가지는 행위이다.[48] 그러나 표시행위의 의미를 해석함에 있어서는 표시 자체 외에도 여러 가지 점들이 참조되어야 한다. 이와 같이 해석에서 참조되는 사항을 해석의 자료 혹은 보조수단이라고 한다.

(2) 해석의 자료로 가장 중요한 것은 물론 표시 자체이다. 그러나 표시의 의미는 불명확할 수 있을 뿐만 아니라, 당사자가 그 표시에 특유한 의미를 부여하였을 수도 있다. 그리고 표의자와 수령자가 그 의미를 달리 이해하였을 수도 있다. 그러므로 해석에서는 표시 이외에, 목적 기타 표시행위 당시의 사정, 관습, 임의법규 등도 고려되어야 한다. 이하에서는 이 중 전자만을 살피고, 후2자는 항을 나누어 살핀다.

(3) 법률행위의 해석에서는 신의성실의 원칙이 중요한 작용을 한다. 그런데 이 원칙이 해석의 자료인가 하는 점이 문제되므로, 이 문제도 여기에서 살핀다.

2. 목적 기타 표시행위 당시의 사정 [473]

(1) 해석에서는 단지 표시의 문언적 의미뿐만 아니라, 당사자가 그 법률행위에 의하여 달성하려고 한 경제적 또는 사회적 목적, 과거 표의자와 수령자간에 행해졌던 상담이나 주고 받은 문언 · 안내서, 표의자가 표시행위를 한 장소 · 시간 등과 같은 표시행위 당시의 사정 등을 고려하여야 한다. 판례가 「당사자가 표시한 문언에 의하여 그 객관적인 의미가 명확하게 드러나지 않는 경우에는 그 문언의 내용과 그 법률행위가 이루어진 동기 및 경위, 당사자가 그 법률행위에 의하여 달성하려는 목적과 진정한 의사, 거래의 관행 등을 종합적으로 고려하여 사회정의와 형평의 이념에 맞도록 논리와 경험의 법칙, 그리고 사회일반의 상식과 거래의 통념에 따라 합리적으로 해석하여야 한다」[49]고 하는 것은 이러한 의미이다.

(2) 해석의 자료로서 표시행위 당시의 사정이 고려되어야 한다는 점은 자연적 해석

48) 이영준, 284면; 이은영, 419면은, 의사표시의 본질에 관한 견해에 따라서 해석의 본질 내지 목표뿐만 아니라 해석의 대상도 달리 본다고 한다(즉 의사주의는 표의자의 진의, 표시주의는 표시행위의 객관적 의미를 대상으로 한다). 그러나 예컨대 유언의 해석(따라서 자연적 해석)에서도 일단 표시된 문구를 대상으로 삼아, 이를 그 문언대로 해석할 것인가 유언자의 언어사용례를 고려해서 문언이 아니라 진의에 따라 해석할 것인가를 판단할 것이다. 이런 점에서 법률행위 해석의 대상은 의사표시의 본질론을 불문하고, 표시행위라고 할 수 있지 않을까?

49) 대판 1994. 3. 25. 93다32668; 대판 1999. 11. 26. 99다43486 등 다수.

에서나 규범적 해석에서나 동일하다. 그러나 그 참작되는 자료의 범위는 해석방법에 따라 차이를 가지며, 특히 규범적 해석 중에서도 상대방이 특정되었느냐 여부에 따라서 차이가 있다는 점은 앞에서 설명하였다([460], [463]).

그외에 특히 要式行爲에서는 표시 자체가 방식에 의해야 하므로, 원칙적으로 방식에 나타난 표시 이외의 사정은 해석의 자료로 이용될 수 없다. 다만 이러한 점은 방식이 제3자의 이익을 보호하기 위한 경우에는 엄격히 적용되나, 방식이 계약당사자의 보호에 있는 경우에는 방식에 나타나지 않은 사정도 고려된다고 할 것이다.[50)]

[474] ### 3. 신의성실의 원칙(조리)

(1) 독일민법 제157조는 「계약은 거래관행을 고려하여 신의성실의 원칙에 좇아서 해석하여야 한다」고 규정한다. 우리 민법에는 이러한 규정이 없으나, 마찬가지로 신의성실의 원칙은 법률행위의 해석에 있어서 고려될 사항이다. 이런 점에서 학설은 대체로 신의성실의 원칙을 해석의 한 표준, 즉 해석의 자료라고 한다.[51)] 그러나 신의성실의 원칙은 구체적 내용을 가지는 것이 아니다. 그러므로 이는 당사자의 목적 · 사실인 관습 · 해석규정 등과 같은 해석자료와 동일한 평면에 있는 것으로서 그 자체 해석의 기준이 되는 것이 아니라, 이러한 자료들을 참조하여 의사표시를 해석함에 있어서 작용하는 고려의 명제일 뿐이다.

예컨대 청약자 갑이 을과의 계약서상에는 매매대금을 12만원이라고 기재하였으나, 갑과 을의 계약상담과정에서 이의 대금을 21만원으로 약정하였고 당시의 이의 시세도 21만원 정도인 경우에는, 을은 갑의 오기사실을 쉽게 알 수 있었을 것으로 판단되며, 따라서 계약대금은 21만원으로 해석된다. 이때 그러한 해석의 자료가 되는 것은 상담내용 등과 같은 당시의 거래사정이며, 신의칙을 고려할 때 이러한 사정이라면 을은 갑의 오기사실 및 그의 진의를 쉽게 알았다고 판단되므로 그와 같이 해석하는 것이다.

(2) 신의칙은 자연적 해석이나 규범적 해석에서 모두 작용함은 물론이다. 그러나 신의칙이 특히 크게 작용하는 것은 보충적 해석에서 이다.

[475] ## Ⅴ. 사실인 관습

제106조는 「법령 중의 선량한 풍속 기타 사회질서에 관계없는 규정과 다른 관습이 있는 경우에 당사자의 의사가 명확하지 아니한 때에는 그 관습에 의한다」라고 하여, 해

50) 대판 1962. 4. 18. 4294민상1236은 요식행위의 경우가 아니고 단지 계약내용이 서면으로 작성된 경우에 관한 것이나, 이러한 경우에는 당사자의 내심의 의사 여하를 불문하고 「그 서면의 기재내용」에 의하여 당사자의 참된 의사를 탐구하도록 합리적으로 해석하여야 한다고 한다.

51) 곽윤직, 393면; 이영준, 342면, 백태승, 370면.

석의 자료(기준)로서 사실인 관습을 규정한다.

1. 의 의

사실인 관습은 일정 영역의 거래참여자들이 통상적으로 따르는 언어상 · 사업상의 관습 · 관행이다.

(1) 사실인 관습은 용어 그대로 단순한 관행 · 관례로서, 아직 법적 확신을 획득하지 못한 것이다. 이런 점에서 후자의 요소를 갖춘 관습법과 구별된다.

(2) 판례 중에는 「기업의 내부에 존재하는 특정의 관행이 근로계약의 내용을 이루고 있다고 하기 위하여는 그러한 관행이 기업 사회에서 일반적으로 근로관계를 규율하는 규범적인 사실로서 명확히 승인되거나 기업의 구성원에 의하여 일반적으로 아무도 이의를 제기하지 아니한 채 당연한 것으로 받아들여져서 기업 내에서 사실상의 제도로서 확립되어 있다고 할 수 있을 정도의 규범의식에 의하여 지지되고 있어야」[52] 한다고 하여, 관행과 관습을 구별하는 한편, 관습의 요소로서 누구도 이의를 제기하지 않을 정도의 규범으로 승인될 것을 요구한 것이 있다. 그러나 이는 의문이다. 판례 중에는 이와 달리 「사실인 관습은 법령으로서의 효력이 없는 단순한 관행으로서 법률행위의 당사자의 의사를 보충함에 그치는 것이다」고 하여,[53] 이와 달리 판시한 것도 있다. 생각건대 관행을 통상적으로 이를 따르는 거래참여자들의 영역의 규모에 따라서 관습과 단순한 관행을 구별하는 것은 타당할지 모른다. 그러나 누구도 이의를 제기하지 않을 정도의 규범력은 강행성을 가지는 관습법의 요소가 아닐까? 즉 사실인 관습은 일정 권역의 사람들이 통상적으로 행위의 기준으로 삼는 것으로 족하고, 따라서 당사자들이 그와 달리 행위할 수 있는 것이 아닐까?[54]

(3) 관습의 존재와 내용은 법원에서 재판을 통하여 확인된다.

2. 성 질 [476]

(1) 사실인 관습은 법규범인가? 일부 견해는 이는 단지 사람들이 통상적으로 행위를 함에 있어서 기초로 하는 것이기 때문에, 의사표시 해석에서 고려되는 사실상의 요소에

52) 대판 2002. 4. 23. 2000다50701(임금협약일 이전에 퇴직한 자에게까지 임금인상분 및 이에 해당하는 퇴직금을 소급하여 지급해 오던 노사관행은 사실인 관습이 아니라고 하여, 종전의 노사관행에 따른 퇴직금의 지급청구를 배척한 사안). 대판 1993. 1. 26. 92다11695도 이와 동지(轉籍(근로자를 그가 고용된 기업으로부터 다른 기업으로 적을 옮겨 다른 기업의 업무에 종사하게 하는 것)은 근로자의 동의를 얻어야 효력이 생기는 것이므로 그러한 동의 없이 전적시키는 관행이 근로계약의 내용을 이룬다고 하기 위해서는 관행이 규범적인 것으로 승인되어야 한다고 한 사안).

53) 대판 1983. 6. 14. 80다3231.

54) 이영준, 334면도 판례에 의하면 관습법과 사실인 관습과의 차이가 모호해진다고 비판한다.

불과하고 법규범은 아니라고 한다.[55] 판례 중에는 앞서 본 바와 같이 상충되는 것이 있다.[56] 그러나 사실인 관습은 당사자의 의사가 불분명한 경우에 해석의 기준이 됨으로써 당사자의 권리의무를 결정하는 기준으로 작용한다. 더욱이 사실인 관습은 일반인들이 사회생활을 함에 있어서 하나의 기준으로 작용한다. 사실인 관습을 해석의 한 자료로 삼는 것은 이 때문이다. 그렇다면 이는 법규범이라고 해야 할 것이다(제9판에서의 견해를 수정함).[57]

(2) 사실인 관습을 법규범이라고 보게 되면, 민법규정에 의할 때 관습법과 사실인 관습이 적용순위의 면에서 모순이 생기게 된다. 왜냐하면 제1조에 의하면 관습법은 법률에 대하여 보충적 효력을 가질 뿐인데, 법률에는 강행법규와 임의법규가 모두 포함되므로, 결국 3자의 적용순위는 「강행법규 — 임의법규 — 관습법」의 순으로 된다. 그런데 제106조는 사실인 관습이 임의법규에 우선한다고 규정하므로, 이에 의하게 되면 「강행법규 — 사실인 관습 — 임의법규 — 관습법」의 순으로 된다. 그리하여 결국 사실인 관습과는 달리 법적 확신을 갖춘(즉 규범성이 강한) 관습법이 사실인 관습보다 적용순위에 있어서 후위에 서는 부당성이 생기게 되기 때문이다. 이러한 모순과 부당성은 바로 제1조가 관습법에 대하여 단지 보충적 효력을 인정하는 데서 생기는 것인바, 이러한 모순을 해소하기 위해서도 관습법에 대하여 법률(따라서 강행법규)과 대등한 효력을 인정하는 것이 타당할 것이다.[58]

[477] 3. 해석자료로서의 사실인 관습

(1) 사실인 관습은 앞서 본 바와 같이 일정 영역의 거래참여자들 안에서 존재하는 언어상 · 사업상의 관행이다. 모든 자는 그가 속한 거래영역에서 통용되고 있는 관습을 토대로 하여 생활하며, 또 그 거래에서 그 용어가 가지고 있는 의미에 따라 이를 사용한다. 따라서 표의자가 어떠한 점에 관하여 구체적인 언급을 하지 않고 행위한 경우 혹은 일정한 용어를 사용한 경우에, 실제 표의자가 생각하였던 바를 확인하는 데 있어서는 이러한 관습이 고려되어야 한다. 이러한 이유에서 제106조는 관습을 법률행위 해석의 기준으로 규정한 것이다.

(2) 제106조는 관습을 해석의 한 기준으로 삼을 뿐만 아니라, 임의법규와 다른 관습

55) 김상용, 436면; 이영준, 333면.
56) 전술한 대판 2002. 4. 23. 2000다50701은 이를 법규범으로 보나, 대판 1983. 6. 14. 80다3231은 그와 반대이다(이 판결의 구체적 내용은 뒤에서 소개한다).
57) 곽윤직, 392면; 이은영, 432면; 장경학, 430면.
58) 이러한 모순을 해소하기 위한 해석도 다양한바, 장경학, 전게부분은, 관습법과 사실인 관습은 성질이 같은 것일 뿐만 아니라 효력상 차이도 없다고 한다. 그리고 곽윤직, 전게부분은, 양자는 법으로서 존재하는 형식의 면에서는 다르지만 법의 적용의 기준이라는 면에서는 다르지 않다고 한다.

이 있는 경우에는 관습에 의한다고 하여, 관습이 임의법규에 우선함을 명언하고 있다. 이는 당사자들은 임의법규보다는 관습에 가까이 있고, 따라서 관습에 의하는 것이 당사자의 의사에 적합하다는 점에 기한 것이다. 즉 당사자들은 자신이 속해 있는 거래영역에서의 관습을 쉽게 알고 있거나 무의식 중에 이를 기초로 해서 행동한다. 반면에 임의법규는 알지 못하는 것이 통상적이다. 따라서 당사자들은 임의법규보다는 관습에 따라 행위하므로, 이를 기준으로 한 해석이 당사자의 의사에 부합한다. 이러한 이유에서 관습을 임의법규에 우선시킨 것이다.

4. 적용요건 [478]

(1) 사실인 관습이 해석의 기준으로 적용되기 위해서는 다음과 같은 요건이 갖추어져야 한다.

(가) 관습이 강행법규 혹은 사회상규에 반하지 않아야 한다.

(나) 당사자의 의사가 명백하지 않아야 한다. 만약 당사자가 관습에 의하지 않겠다는 의사를 명백히 한 경우에는 관습에 의할 수 없다. 반대로 관습에 의할 것을 명백히 한 경우에는 그 관습은 이미 법률행위의 내용이 되므로, 본조에 의할 필요 없이 당연히 관습에 의하게 된다. 그러므로 본조에 의하여 관습이 해석의 표준으로 되는 것은, 당사자가 관습에 의한다는 혹은 의하지 않는다는 의사를 명확히 표시하지 않은 경우이다.

(다) 당사자가 관습을 알고 있을 필요는 없다. 당사자는 무의식 중에 관습에 따라 행동하기 때문이다.

(라) 표의자와 상대방이 장소적 · 계급적 혹은 직업적으로 다른 권역에 속하여 양자 [479]
의 관습이 공통하지 않는 경우에는 어느 관습에 의할 것인가? 자연적 해석에서는 표의자가 속한 권역에서의 관습에 의할 것이다. 그러므로 이 문제는 규범적 해석에서 문제된다.

이에 관하여 학설은 크게 나뉜다. 일부 견해는 상대방이 표의자의 권역에서의 관습을 알았는가 혹은 알 수 있었는가 하는 점을 문제삼지 않고 언제나 어느 쪽의 관습도 기준이 되지 않는다고 한다.[59] 이와 달리 일부 견해는 표의자가 속하는 권역에서의 관습이 기준이 된다고 하거나,[60] 상대방이 속하는 권역에서의 관습이 기준이 된다고 한다.[61] 그러나 이러한 견해들은 신의칙상의 주의의무를 고려하지 않는다는 점에서, 그리고 나아가 제2설 및 제3설은 어느 1방에게 기울어진 점에서 수긍하기 어렵다.

59) 곽윤직, 391면.
60) 이영준, 337면.
61) 고상용, 368면.

우선 상대방은 신의칙에 따라 표시의 의미를 이해해야 한다는 점에서 볼 때, 상대방이 표의자의 권역에서의 관습을 알았거나 혹은 쉽게 알 수 있었던 경우에는 표의자의 권역에서의 관습에 의하는 것이 타당할 것이다. 그렇지 않은 경우에는 어느 쪽의 관습에도 의할 수 없지만(왜냐하면 상대방이 표의자 측의 관습을 알기 어려운 경우에는 신의칙에 의하더라도 상대방에게 표의자 측의 관습을 고려해서 표시행위를 이해할 것을 요구할 수 없고, 또한 표의자 측의 관습에 의하게 되면 상대방의 신뢰보호를 깨뜨리게 되기 때문이다), 다만 표의자가 상대방 측의 관습을 알았거나 쉽게 알 수 있었던 경우에는 상대방 측의 관습을 기준으로 해야 할 것이다. 왜냐하면 이 경우에는 표의자는 상대방의 표시행위에 대한 이해를 고려해서 표시행위를 할 것이 기대되기 때문이다. 그 외에 계약에서 일정한 장소가 특히 중요성을 가지는 경우에는, 그 장소에서의 관습에 의할 것이다.

[480] (2) 사실인 관습을 해석의 기준으로 적용하기 위해서는 당사자가 사실인 관습을 입증해야 하는가? 이는 관습이 직권조사사항인가 하는 문제이기도 하다. 이 문제는 사실인 관습의 성질론과 관련되는바, 이는 법규범이므로 직권조사사항이라고 해야 할 것이다.[62] 다만 이의 존부가 명확하지 않은 점을 고려할 때, 당사자가 이를 주장 · 입증할 필요가 있다고 할 것이다.[63]

[481] Ⅵ. 임의법규

제105조는 「법률행위의 당사자가 법령 중의 선량한 풍속 기타 사회질서에 관계없는 규정과 다른 의사를 표시한 때에는 그 의사에 의한다」고 규정한다.

1. 의 의

(1) 위 규정에서 「선량한 풍속 기타 사회질서에 관계없는 규정」이 임의규정이다. 또한 당사자가 임의규정과 다른 의사를 표시한 때에는 그 의사에 의하므로, 임의규정은

62) 동지: 곽윤직, 390면; 이은영, 432면. 이영준, 334면은, 이는 법규범이 아니라는 이유에서 직권조사사항이 아니라고 한다.

63) 대판 1983. 6. 14. 80다3231도 이러한 입장이다. 이 판결은, 법령과 같은 효력을 갖는 관습법은 법원이 직권으로 이를 확정하여야 하나 그러한 효력이 없는 사실인 관습은 그 존재를 당사자가 주장 입증하여야 한다고 해할 것이나, 사실상 관습의 존부 자체도 명확하지 않을 뿐만 아니라 그 관습이 사회의 법적 확신이나 법적 인식에 의하여 법적 규범으로까지 승인되었는지의 여부를 가리기는 더욱 어려운 일이므로, 법원이 이를 알 수 없을 경우에 「결국은 당사자가 이를 주장 입증할 필요」가 있다고 한다. 다만 대판 1976. 7. 13. 76다983은, 사실인 관습은 일종의 경험칙에 속하는 것이고 경험칙은 일종의 법칙이므로, 어떠한 경험칙의 유무를 판단함에 있어서는 당사자의 주장이나 입증에 구애됨이 없이 법관 스스로 직권에 의하여 이를 판단할 수 있다고 한다. 그런데 앞의 80다3231은 사실인 관습법을 법규범이 아니라고 하면서도 관습법과 사실인 관습을 구별함이 없이 당사자에게 주장 입증할 「책임」이 있다고 하지 않고 그럴 「필요」가 있다고 하는 점에서, 반드시 두 판결이 상충된다고 할 수는 없지 않을까?

당사자에 의하여 그의 적용이 배척될 수 있는 규정이다. 임의법규는 강행법규와 구별되는 것인데, 이의 차이는 강행법규 부분에서 살핀다([493] 이하).

(2) 위 규정은 당사자의 의사가 임의규정과 다른 때에는 당사자의 의사가 임의규정에 우선한다는 점을 말하는바, 이를 뒤집어 보면, 당사자가 임의규정과 다른 의사를 표시하지 않은 경우에는 임의규정에 의한다는 뜻이 된다. 따라서 본조는 임의규정이 법률행위 해석의 표준이 된다는 점을 간접적으로 규정한 것이다. — 이에 대해서는 법률행위의 해석은 법률행위의 목적을 확정하는 것인데 대하여, 법률의 적용은 이 확정된 법률행위에 법률(임의규정이든 강행규정이든)을 적용하는 것이므로 양자는 구별해야 한다고 하면서, 따라서 임의규정은 해석의 기준이 아니라고 하는 견해가 있다.[64] 그러나 법률 자체가 당사자의 의사가 불명료한 경우에 이를 일정한 의사로 추정하는 경우에, 그에 따른 해석은 물론 법률의 적용이지만, 그렇다고 그 법률이 해석의 기준이 되는 것을 부인할 수는 없지 않을까?

(3) 법관은 당사자의 의사가 불분명한 경우에는 법률상 규정된 의사로 해석하게 된다. 따라서 그와 다른 의사였음(혹은 다른 의사로 이해하였음)을 주장하는 자가 그러한 점의 입증책임을 지게 된다.

2. 해석규정과 보충규정 [482]

(1) 의 의 임의규정 중에는 당사자의 표준적 · 통상적 · 합리적인 의사를 추측하여 규정한 것과, 당사자들이 정하지 않은 문제에 관하여 당사자에게 공평한 결과를 낳게 하기 위하여 규정한 것이 있다. 전자는 당사자의 의사가 불명료한 경우에 이 규정을 적용해서 이를 일정한 의사로 해석하게 되므로, 이를 解釋規定이라고 한다. 후자는 당사자가 문제된 사항을 규율하지 않은 경우에 이 규정을 적용해서 의사를 보충하게 되므로, 이를 補充規定이라고 한다. 해석규정은 당사자의 통상의 의사를 규정한 것이므로 그에 따른 법률효과는 사적자치에 소급된다. 이에 반하여 보충규정은 당사자 간의 공평한 규율을 위한 것이므로, 그에 따른 법률효과는 당사자들의 의사 즉 사적자치에 소급하는 것이 아니고, 직접 법률상의 지시 · 평가에 소급하는 것이다

해석규정의 예로는 종류채권에서의 품질(375조 1항) · 손해배상액 예정으로서의 위약금(398조 4항) · 매매계약에서의 비용부담(566조) · 동일기한(585조) · 대금지급장소(586조) 등에 관한 규정이 있다. 보충규정의 대표적 예는 대리권 혹은 복임권의 범위에 관한 규정(118조, 120조-123조), 매도인의 담보책임에 관한 규정(570조 이하)이며, 그 밖에도 정관변경 혹은 해산 등의

64) 이영준, 327면. 김상용 416; 백태승, 370면.

특별결의에서의 정족수(42조 및 78조) · 저당권의 효력범위(358조) · 손해배상의 방법(394조) · 수임인의 비용상환청구권(688조), 그리고 부부재산의 약정(829조)에 관한 규정이 이에 해당한다. 어떤 규정이 해석규정인가 보충규정인가를 판단하는 것은 쉽지 않다. 법문 중에 「추정한다」라는 문자가 사용된 경우에는 이는 해석규정이고, 「다른 규정이 없는 때」 혹은 「특별한 규정이 없는 한」이라고 표현된 경우에는 보충규정이지만,[65] 실제로는 그러한 용어가 사용된 법문은 별로 없으므로 결국 법규의 내용과 취지를 고려해서 판단해야 한다.[66] — 그 외에 추정규정과 대비되는 간주규정도, 당사자의 의사가 불명료한 경우에 이를 일정한 의사인 것으로 규정한다(예컨대 115조는 대리인이 자신의 행위가 본인을 위한 것임을 표시하지 않은 경우에 그 의사표시를 자신을 위한 것으로 해석하는 것 역시 의사표시가 불명료한 경우에 그 의미를 규정하는 것이라고 할 수 있다). 그러나 간주규정은 그와 다른 의사임을 주장하지 못하도록 하는 것이므로, 이는 임의규정이 아니라 강행규정이다.

[483] (2) 차 이 그러면 해석규정과 보충규정은 실제적으로 어떤 차이를 가지는가?[67]

(가) 양자는 규정의 취지에 차이 — 통상의 의사이냐 공평한 규율이냐 — 가 있으므로, 당사자가 그 규정과 다른 의사인 경우에 착오를 이유로 취소할 수 있는가 여부가 달라진다. 즉 우선 해석규정은 당사자가 통상 그러한 의사를 가졌을 터이기 때문에 그와 같이 규정한 것이므로, 만약 표의자가 해석규정상의 의사와 다른 의사였던 경우(그런데 의사표시가 해석규정에 따라 해석된 경우)에는, 표의자는 착오를 이유로 의사표시를 취소할 수 있다. 이에 반하여 보충규정은 당사자들이 규율하지 않은 사항(즉 아무런 의사도 가지지 않은 사항)을 보충적으로 규율하는 것이므로, 이런 점에서 우선 착오가 존재할 여지가 없다. 뿐만 아니라 이러한 규정은 당사자간의 공평한 규율을 위한 것이므로, 표의자가 그와 다른 의사임을 이유로 취소하는 것은 허용되지 않는다. 즉 예컨대 매매계약의 목적물에 하자가 있는 경우에 법률은 하자담보책임을 규정하는바, 이는 당사자들이 통상적으로 그러한 책임을 지울 의사를 가지기 때문이 아니고, 그러한 책임을 지우는 것이 공평하기 때문에 둔 규정이다. 이런 점에서 하자담보책임은 의사표시책임이 아니라 법정책임이다(다만 그것이 의사표시에 기해서 발생한 채무를 이행하지 않은데 대한 책임이라는 면에서 채무불이행책임이라고 할지 여부가 문제된다. 이의 상세는 채권각론 [216] 이하 참조). 그러므로 당사자가 담보책임이라는 법률효과를 의욕하지 않은 경우 혹은 그와는 다른 책임을 지울 의사였던 경우에, 그의 착오는 법률의 착오에 해당하고, 따라서 이를 취소할 수 없다. — 이런 점에서 볼 때 보충규정이 과연 임의규

65) 곽윤직, 393면.

66) 이에 대하여 이영준, 327 · 326면은, 해석규정으로 이해되는 것도 당사자의 약정이 결여된 경우에 적용된다는 점에서는 보충규정이 되고, 반대로 보충규정으로 이해되는 것도 당사자의 의사가 불명료한 경우에 적용된다는 점에서는 해석규정이 되므로, 양자를 나누는 것은 이론상 불가능하다고 한다.

67) 곽윤직, 393면은 양자를 구별하면서도 양자를 구별할 실익은 없다고 한다.

정에 속하는가 하는 의문이 들 수 있다. 그런데 보충규정은 당사자가 당해 문제에 관하여 아무런 의사도 가지지 않은 경우(즉 아무런 규율도 하지 않은 경우)에 적용되는 것으로서, 따라서 당사자가 이와 다른 의사를 가진 때에는 적용되지 않는다(즉 당사자의 의사에 의해서 이의 적용을 배제할 수 있다). 그러므로 이는 여전히 임의규정인 것이다.

(나) 그 외에도 해석규정은 자연적 해석 및 규범적 해석에서 표의자의 의사가 불명료한 경우에 적용되는 것이고, 보충규정은 의사표시에 공백이 있는 경우에 보충적 해석에 앞서 적용되는 것이다.

Ⅶ. 구체적인 해석례 [484]

의사표시의 해석에 관한 사례는 극히 많고 다양하다. 여기에서는 특히 자주 문제되는 사례를 몇 가지 유형으로 나누어 살피고, 다음으로 개별적 사례를 살핀다.

1. 손해배상액의 합의와 확대손해

(1) 교통사고 기타 불법행위로 인하여 손해가 생긴 경우에, 가해자와 피해자는 손해배상액에 관하여 합의하고, 나아가 피해자는 그 불법행위와 관련하여 장차 더 이상 민사상 · 형사상 책임을 묻지 않는다는 약정(권리포기 약정, 부제소합의)을 하는 경우가 많다. 그러면 그후 예컨대 상해 정도가 예상보다 중하거나 혹은 약정 후 상해가 확대되어(후발손해) 실제 손해액이 합의금보다 커진 경우에, 피해자는 배상액의 합의 및 권리포기 약정에도 불구하고 실제 손해액의 배상을 청구할 수 있는가? 판례 중에는 그러한 청구를 배척한 것도 있지만,[68)69)] 이를 인용한 것이 적지 않다. 그런데 후자의 판례 중에는 배상액합의 및 포기약정의 효력 자체를 부인함으로써 그러한 결과에 이른 것도 있고, 효력 자체는 문제삼지 않고 단지 그것이 후발손해에는 미치지 않는다고 하여 그러한 결과에 이른 것도 있다. 뿐만 아니라 전자의 입장을 취한 판례도 그 근거를 제각기 달리 한다. 즉 일부 판례는 그러한 배상액합의 및 포기약정이 적힌 합의서는 예문에 불과하다고 하여 구속력을 부인한 것도 있고,[70)] 그러한 합의는 불공정행위라고 하여 무효

68) 예컨대 대판 2000. 1. 14. 99다39418; 대판 2000. 3. 23. 99다63176.

69) 그 외에 대한 2003. 10. 10. 2003다19206; 대판 2007. 3. 15. 2004다64272 등도 손해배상의 합의는 엄격히 해석되어야 한다고 하여 후발손해에 대한 배상청구를 부인하나, 이는 합의의 대상인 손해의 범위가 문제된 경우이다.

70) 대판 1999. 3. 23. 98다64301(중학교를 졸업한 피해자가 직장동료인 가해자의 구속상태를 해소해 주기 위해서 사고 직후 손해배상액에 합의하였는데, 합의액이 동일 사고로 인한 다른 피해자의 합의금과 비교할 때 매우 불합리한 경우). 그러나 대판 1966. 10. 4. 66다1479는 단순히 합의서가 미리 인쇄해 두었던 것이라는 이우만으로 예문으로 인정되지는 않는다고 한다.

라고 한 것도 있고,[71] 그러한 합의는 착오에 기한 것이라고 하여 취소를 인정한 것도 있다.[72] 다만 후자의 입장을 취한 판례는 대체적으로 공통되게, 「후발손해가 합의 당시의 사정으로 보아 예상이 불가능한 것으로서 당사자가 후발손해를 예상하였더라면 사회통념상 그 합의금액으로는 화해하지 않았을 것이라고 보는 것이 상당할 만큼 그 손해가 중대한 것일 때에는, 당사자의 의사가 이러한 손해에 대해서까지 그 배상청구권을 포기한 것이라고 볼 수 없」다고 하여,[73] 후발손해에 대한 배상청구를 인정한다. 이와 같이 후발손해에 대한 배상청구 가부에 관한 판례의 태도는 일응 혼돈상태인 것으로 보인다. 그리하여 학설은 이러한 판례의 문제점을 지적하면서, 그에 관하여 단일한 기준을 제시한다. 그러한 것으로서, 불공정행위의 요건이 갖추어진 경우에 한하여 합의를 무효라고 하여 후발손해에 대한 배상청구를 인정하는 견해(불공정행위설),[74] 합의에 피해자를 구속시키는 것이 신의성실의 원칙에 반하는 경우에 권리남용을 이유로 그 효력을 배제하여 그러한 청구를 인정하는 견해(권리남용설),[75] 사기를 이유로 한 취소를 인정하여 마찬가지 결과에 도달하는 견해(사기설)[76] 등이 있다.

---

71) 대판 1987. 5. 12. 86다카1824(이의 사안은, 해외파견 근무중 교통사고로 사망한 피해자 A의 父 갑이 가해회사 을의 직원이 제시한 합의서에 날인하였는데, 그 합의금이 A의 사망에 따른 손해배상금보다 훨씬 적은 금액이고, 그런데 갑은 시골에서 날품팔이로 생계를 유지하는 66세의 노인으로서 교육을 받지 못하였고 경험이 없으며 사고경위도 알지 못한데다가 아들이 사망했다는 비보에 큰 충격을 받아 경황이 없는 상태에서, 을회사의 규모나 신용에 비추어 그 직원들의 말을 진실한 것으로 믿고 위 합의서에 날인한 경우이다). 그리고 대판 1979. 4. 10. 78다2457; 대판 1999. 5. 28. 98다58825(양자의 사안은 불공정행위에서의 [524] 주 86에서 소개함). 그러나 대판 2002. 10. 22. 2002다38927은 불공정행위를 부인하였다(이의 사안은 [524]의 주 87에서 소개함).

72) 대판 1971. 4. 30. 71다399(이의 사안은 사고 다음날 가해자 측에서 6주일간 치료하면 완치되며, 운전수의 형사사건에 대한 정상을 유리하게 하기 위하여 필요하다고 하여 70,000원을 손해배상액으로 하였는데, 치료기간이 1년이 걸리고 치료비로 897,300원이 든 경우); 대판 1981. 4. 14. 80다2452[총람 제109조, 46]; 서울고판 1984. 1. 17. 83나2858[하판집 1984, 민 1, 1]; 서울고판 1982. 5. 7. 81나4054[고판집 1982, 민 246] 등).

73) 대판 1997. 4. 11. 97다423; 대판 1999. 6. 22. 99다7046; 대판 2000. 3. 23. 99다63176; 대판 2001. 9. 4. 2001다9496; 대판 2001. 9. 14. 99다42797; 대판 2002. 10. 22. 2000다65666 등. 그 외에 후발손해가 합의 당시에 예상할 수 없었던 것이라고 하여 손해배상청구를 긍정한 예로는, 대판 1970. 8. 31. 70다1284[집 18-2, 민 288]; 대판 1977. 4. 12. 76다2737; 대판 1980. 11. 25. 80다1568[공 648, 13403]; 대판 1984. 12. 26. 84다카1483; 대판 1988. 4. 27. 87다카74[공 1988, 900]; 대판 1995. 4. 25. 94다58513 등.

74) 강승준, 불법행위로 인한 손해배상에 관한 합의와 민법 제733조, 민사판례연구 20권(1998), 262면 이하, 310면.

75) 송덕수, 불법행위의 경우의 손해배상에 관한 합의의 해석, 민사판례연구 12권(1990), 89면 이하, 114면, 121면.

76) 최인섭, 불법행위에 의한 손해배상에서의 합의의 효력부인에 대한 대법원판례의 비판적인 검토 — 대법원 2000. 3. 23. 선고 99다63176 판결 —, 경기법조(수원지방변호사회) 제10호(2003년), 189면 이하, 212, 213면. 다만 이 견해는 사기를 이유로 한 취소의 요건이 갖추어지지 않은 경우에는 신의성질의 원칙에 의한 해결을 주장한다.

(2) 검 토 후발손해에 대한 배상청구를 인정한 판례의 태도는 일응 혼돈 상태로 보이지만, 이는 다음과 같이 분류될 수 있다. 첫째 사고 직후 상해의 정도 등 손해의 내용을 알 수 없는 상황에서 가해자 측의 상해 정도에 대한 예상 내지 평가를 듣고 경솔하게 합의한 경우에, 합의 자체의 효력을 부인하여 후발손해에 대한 배상청구를 인정하는 것이다. 둘째 합의 당시에 그러한 특수한 사정이 없었으나 후에 불측의 후유장해가 생긴 경우에, 합의의 효력은 인정하면서 그러나 그 효력은 합의 당시에 예견할 수 있었던 손해에 미칠 뿐 그때 예견할 수 없었던 후유장해에는 미치지 않는다고 하여 후유장해로 인한 손해배상청구를 인정하는 것이다. 이런 점에서 볼 때 판례는 합의 당시의 구체적 사정을 고려하여 합의의 효력 여부를 판단하는 것으로서, 전체적으로 일응의 기준을 가지고 있다고 할 수 있다. 그러면 각 경우에 배상청구를 인정하는 근거는 타당한가? 먼저 후자의 경우를 보면, 이는 보충적 해석의 적용으로서 우선 이론적으로 타당하다. 왜냐하면 당사자는 합의 당시에 예상할 수 있었던 손해를 전제로 해서 그러한 약정을 한 것이고, 따라서 예상할 수 없었던 후유증에 대하여는 당사자들이 아무런 규율도 하지 않은 것이므로(즉 후발적으로 의사표시의 내용에 공백이 생기게 된 것), 보충적 해석이 행해져야 할 경우이기 때문이다.[77] 그리고 합리적인 사람이라면 후유증을 예상하였더라면 합의된 배상액으로 화해하지는 않았을 것이고, 따라서 그러한 손해에 대한 배상청구를 인정하는 것이 실제적으로도 타당하다.[78] [485]

그러면 전자의 경우는 어떠한가? 물론 각 경우의 구체적 사실관계에 따라서 무효의 근거가 달라질 수는 있다. 그런데 손해배상의 합의는 손해배상을 둘러싼 다툼을 차단하고 간결하게 해결하기 위하여 행해지는 것인바(이러한 점은 피해자뿐만 아니라 가해자에게도 마찬가지이다. 왜냐하면 가해자도 ― 실제 손해액이 합의금액보다 많은 경우에도 단지 손해의 정도를 잘못 알고 ― 위와 같은 취지에 기해서 합의를 제안한 것이기 때문이다), 따라서 합의서를 단지 예문에 불과하다고 하는 것 혹은 불공정행위나 사기를 근거로 효력을 부인하는 것은 이러한 합의의 취지 혹은 당사자의 의사에 맞지 않는다. 피해자가 실제 손해에 대한 배상을 청구하는 경우는 언제나 합의금이 그보다 크게 작은 경우인데, 그렇게 합의한 이유는 실제 손해를 잘못 알았기 때문이다. 그러므로 합의의 효력을 부인하는 근거는 착오에서 구하는 것이 타당할 것이

77) 대판 1984. 12. 26. 84다카1483은, 후발손해가 합의 당시에 예견할 수 없는 것이라면, 피해자가 그와 같은 후유증이 생길 것을 예상하고도 합의액 이외의 손해배상청구를 포기하는 것은 경험과 논리에 비추어 볼 때 믿을 수 없다고 하여, 이러한 점을 명백히 한다.

78) 곽윤직, 채권각론, 334면, 467면; 이은영, 채권각론, 640-641면 등도 이러한 판례의 태도에 찬성한다. 그런데 이 견해는 이러한 판례의 태도를 「한정적 해석론」이라고 한다(최인섭, 전게서도 마찬가지). 「한정적 해석론」이라는 용어는 당사자의 의사의 해석을 엄격히 한다는 의미에서 붙여진 용어인 것으로 추측되나, 이는 의사표시 해석에서의 독자적인 해석방법이 아니다. 그러므로 그보다는 이러한 판례의 해석방법을 보충적 해석론이라고 칭하는 것이 타당할 것이다.

다. 그런데 문제는 그러한 착오는 손해 내지 손해배상액의 정도에 관한 것으로서, 따라서 취소사유가 아닌 동기의 착오에 해당한다는 점이다. 그러나 피해자가 그러한 착오에 빠진 것은 손해의 정도에 관한가해자 측의 예상 때문인바, 따라서 그 착오는 상대방에 의하여 유발된 것이다. 그러므로 비록 그 착오가 동기의 착오일지라도 유발된 착오의 법리에 기해서 취소를 인정하는 것이 타당할 것이다([604] 참조).

[486] **(3) 손해발생원인에 관한 착오** 이상은 불법행위로 인한 상해 혹은 손해액의 정도를 잘못 알고 손해배상액에 합의한 경우, 따라서 합의된 손해배상금이 실제 손해액에 미치지 못하는 경우이다. 그런데 손해배상액 합의의 효력이 문제되는 경우 중에는 손해발생원인에 관하여 착오를 일으켜 합의를 한 경우도 있다. 예컨대 운전과실로 다른 차량을 충돌한 사람이 그 사고가 전적으로 자신의 과실로 인한 것으로 알고 손해배상액을 합의하였는데, 후에 그 사고에 타방 운전자의 과실도 기여한 경우이다.[79] 이러한 경우는 앞의 경우와는 법률적 문제가 전혀 다르지만, 손해배상액 합의의 효력이 문제되는 점에서 공통성을 가지므로 여기에서 살핀다.

손해배상액의 합의는 화해계약이지만, 이 중 손해의 정도를 잘못 안 경우는 분쟁의 대상인 사항에 관하여 착오가 있는 것이고, 손해발생원인을 잘못 안 경우는 분쟁 이외의 사항(전제사항)에 관하여 착오가 있는 것이다. 따라서 전자의 경우는 제733조 본문이 적용될 사안이나, 후자의 경우는 동조 단서가 적용될 사안이다. 다만 이는 동기의 착오에 해당하는바, 따라서 취소를 인정할지, 인정한다면 그 근거는 어디에서 구할지 등이 문제된다. 판례는 근거를 말하지는 않으나 대부분 취소를 인정한다.[80] 다만 이를 부인한 경우도 약간 있다.[81] 그러한 해석의 근거는 소위 공통의 착오의 법리([610] 이하)에서 구할 수 있을 것이다. 그리고 이를 근거로 한다면 취소를 부인하는 판례도 설명될 것이다(이는 [612]에서 상세히 살핀다).

[487] 2. 당사자의 확정

(1) 갑(행위자)이 을(명의자)의 이름으로 병과 계약을 체결한 경우에, 갑과 을 중 누구가 그 계약의 당사자인가 하는 점이 문제된다. 이에 관하여 판례는 「『타인의 이름을

79) 대판 1997. 4. 11. 95다48414.

80) 앞에서 든 95다48414 이외에, 의사가 의료과실로 환자가 사망한 것으로 잘못 알고 손해배상액의 합의를 한 사안으로서, 대판 1990. 11. 9. 90다카22674; 대판 1991. 1. 25. 90다12526; 대판 2001. 10. 12. 2001다49326 등. 즉 예컨대 2001다49326은, 의사의 치료행위 직후 환자가 사망하여 의사가 환자의 유족에게 거액의 손해배상금을 지급하기로 합의하였는데, 그 후 환자의 사망이 의사의 치료행위와는 전혀 무관한 것으로 밝혀진 경우이다.

81) 대판 1979. 3. 27. 78다2493; 대판 1981. 9. 8. 81다98(이의 사안은 설명의 편의상 [612]의 주 55로 미룬다).

임의로 사용하여』 계약을 체결한 경우에는 누가 그 계약의 당사자인가를 먼저 확정하여야 할 것으로서, 행위자 또는 명의인 가운데 누구를 당사자로 할 것인지에 관하여 행위자와 상대방의 의사가 일치한 경우에는 그 일치하는 의사대로 행위자의 행위 또는 명의인의 행위로서 확정하여야 할 것이지만, 그러한 일치하는 의사를 확정할 수 없을 경우에는 계약의 성질, 내용, 목적, 체결경위 및 계약체결을 전후한 구체적인 제반사정을 토대로 상대방이 합리적인 인간이라면 행위자와 명의자 중 누구를 계약당사자로 이해할 것인가에 의하여 당사자를 결정하고, 이에 터잡아 계약의 성립 여부와 효력을 판단함이 상당」하다고 한다.[82] 그런데 이러한 판시에서 보이는 바와 같이, 이러한 법리는『타인의 이름을 임의로 사용』한 경우를 중심으로 전개되었던 것인데, 그 이후 그러한 문구가 탈락되고 타인의 이름으로 행위한 경우에 일반적으로 이러한 법리를 적용하고 있다.[83] 그런데 그러한 경우 중에는 행위자가 명의인 모르게 이름을 도용한 경우도 있고, 반대로 명의인의 동의를 얻어 한 경우도 있다(이상은 뒤에서 유형화하여 소개한다). 더 나아가 행위자가 대리인으로서 행위한 경우도 있다(앞의 주의 2003다44059). 그 외에 대리인이 현명의 방법으로 본인 명의로 행위한 경우(서명대리)도 그러한 경우에 해당한다. 그런데 전2자는 행위자가 타인의 명의로 자신의 행위를 한 경우이고, 후자는 타인의 명의로 그 타인의 행위를 한 경우로서, 그 실질이 크게 다르다. 그리고 전자에서 동의를 얻은 경우 중에는 그 행위가 매매계약인 경우도 있고 소비대차계약 혹은 전세계약인 경우도 있는데, 각 경우마다 당사자가 누구인가 하는 점이 중요성을 가지는지 여부 혹은 그 정도에 차이가 있다. 이와 같이 타인의 이름으로 행위한 경우에도 그 유형이나 경위가 다양하고, 유사한 유형에서도 당사자의 중요성에 차이가 있는데, 그럼에도 불구하고 단지 타인의 이름으로 행위하였다는 극히 피상적인 공통점에 기해서 이를 함께 규율하는 것이 타당한지는 의문이다. 특히 대리의 경우(즉 행위자가 타인의 명의로 그 타인의 행위를 한 경우)는 현명 여부에 따라 그 법률효과를 달리 규율하는데(114조, 115조, 그리고 상법 48조 등). 대리의 경우까지 위와 같은 법리를 적용하는 것은 법규정을 무시하는 것이다. 각 경우의 판단의 당부는 다음 기회에 검토하기로 하고, 여기에서는 일단 행위를 유형화할 수 있는 경우와 그렇지 않은 경우를 나누어, 누가 당사자가 되는지를 살펴본다. 다만 대리인이 대리의 표시로서 본인의 이름을 사용한 경우(서명대리)는 뒤의 대리 부분에서 살핀다([739] 참조).

---

82) 이러한 판시는 대판 1995. 9. 29. 94다4912에서 비롯된 것으로 보이며, 이와 동지로서 대판 1995. 10. 13. 94다55385; 대판 1996. 7. 30. 95다1019 등.

83) 대판 1996. 11. 26. 96다32003; 대판 1998. 3. 13. 97다22089; 대판 2003. 12. 12. 2003다44059(전세계약의 경우).

[488] (2) 구체적 고찰[84)]

(가) 먼저 유형화할 수 있는 경우로서,

(a) 명의모용의 경우, 즉 예컨대 갑이 자신의 이름으로 사업자등록을 할 수 없어서 무단히 을의 이름으로 A와 대리점계약을 체결하고 나아가 이의 담보를 위하여 병과 보증보험계약을 체결한 경우에, 병은 을을 보험계약의 상대방인 주채무자로 알고 을과 계약을 체결하는 것으로 알았으므로 보험계약의 상대당사자는 을이 된다.[85)]

(b) 명의차용의 경우, 즉 예컨대 갑이 개발공사 병이 조성한 연립주택부지를 분양받고자 하나 분양자격이 없어서 을의 명의를 빌려 분양받은 경우에, 분양계약의 당사자(매수인)는 을이다(타인 명의에 의한 계약체결에 관하여는 채권각론 [20] 참조).[86)]

(c) 차명대출의 경우, 즉 예컨대 갑이 금융기관 병으로부터 금전을 차용함에 있어서 을의 동의를 얻고 을 명의로 대출계약을 맺었으며 병이 그러한 사정을 알고 있는 경우에, 원칙적으로 을이 대출계약의 당사자가 된다.[87)] 다만 특수한 사정이 있는 때에는 을을 당사자로 한 것은 비진의표시 혹은 허위표시가 되고, 따라서 갑이 당사자가 된다(이에 관한 상세한 고찰은 허위표시 부분([573]) 참조).[88)]

---

84) 이에 관해서는 김명숙, 타인의 이름을 사용한 법률행위 — 판례를 중심으로 —, 고려대 안암법학 27호(2008), 185면 이하; 김진우, 도급계약에 있어 계약당사자의 확정과 계약인수, 사법(사법연구지원재단) 3호(2008), 259면 이하; 박영복, 타인 명의를 빌려 체결한 계약, 고시계 50권 9호(2006. 9.), 18면 이하; 윤진수, 계약 당사자의 확정에 관한 고찰, 판례실무연구 Ⅱ(1998) 358면 이하; 송덕수, 타인의 명의를 사용하여 행한 법률행위, 사법연구(청헌법률문화재단) 2집(1994), 335면 이하.

85) 대판 1995. 9. 29. 94다4912(이 사안은 앞에서 소개하였음([455]). 그 외에 명의모용의 예로는 대판 1995. 10. 13. 94다55385; 대판 1996. 7. 30. 95다1019(이는 갑이 A로부터 입수한 을의 사업자등록증사본, 인감도장 및 인감증명서를 이용하여 을 명의의 리스보증보험청약서 및 약정서를 위조한 후 이를 병에게 제출하여 보증보험계약을 체결한 경우임); 대판 1996. 11. 26. 96다32003(갑이 대출기관 병으로부터 대출받은 금원의 상환이 연체되어 더 이상 자신 명의로 대출받기 어렵자, 허무인인 을의 명의를 모용하여 을의 인감증명서, 재직증명서, 군무원신분증을 위조하여 병으로부터 을 명의로 대출을 받은 경우임).

86) 대판 1989. 11. 14. 88다카19033(다만 갑과 을의 내부관계에서는 명의신탁관계가 성립한다고 한다). 그 외에 갑이 단위농협의 1인당 영농자재 외상공급 한도를 회피하기 위하여 을의 승낙을 받고 을 명의로 단위조합 병과 영농자재 구매약정을 맺은 경우(대판 1996. 9. 24. 96다21492. 대판 1997. 6. 27. 95다19959도 이와 유사), 입찰자격이 없는 회사가 입찰자격이 있는 회사의 명의를 빌려 입찰에 참가하여 낙찰받고 기계공급계약을 체결한 경우(대판 1993. 4. 27. 92다43432), 종합건설면허가 없는 영세업체가 면허대여료를 지급하고 그 면허를 빌려 그 이름으로 공사를 시공한 경우(대판 2007. 9. 6. 2007다31990), 그 명의자가 당사자가 된다. 또 갑이 을의 이름으로 병과 상품공급계약을 맺었지만 병이 그 계약의 실질적 당사자가 갑이라는 점을 안 경우에는, 갑과 병 간에 갑을 계약당사자로 하기로 하는 의사가 일치되었으므로 갑이 당사자가 된다(대판 1999. 6. 25. 99다7183). 그런데 타인의 이름으로 계약을 체결하였던 행위자가 후에 그 타인의 사업자등록 명의를 자기 앞으로 변경한 경우에는, 그 행위자는 그 타인의 채무를 중첩적으로 인수한 것으로 된다(대판 2001. 5. 29. 2000다3897).

87) 이러한 사례의 시초는 학교법인이 사립학교법상의 제한규정 때문에 그 학교의 교직원 A의 명의를 빌려서 은행으로부터 금원을 차용한 경우이다(대판 1980. 7. 8. 80다639). 그러나 이러한 예의 대부분은, 갑이 병으로부터의 기존 대출금이 많아서 더 이상 자신의 명의로 대출받을 수 없자 을에게 그의 이름으로 대출받아줄 것을 부탁하여, 을이 자신의 이름으로 은행과 대출계약을 맺은 경우이다(대판 1996. 9. 10. 96다18182; 대판 1997. 7. 25. 97다8403; 대판 1998. 9. 4. 98다17909).

88) 그 외에 비진의표시 등을 문제삼지 않고 당사자 문제를 판단한 것으로는 대판 1992. 6. 12. 92다10722(갑이 금융기관 병으로부터 금전을 대출받음에 있어서 을이 금원대출의 편법인 어음할인거래

(나) 개별적 사례로서, [489]

(a) 종래 타인의 이름으로 체결된 계약 중 대표적인 것은 예금계약 및 부동산매매계약인데, 이에 관해서는 특별법(금융실명거래및비밀보장에관한법률, 부동산실권리자명의등기에관한법률)이 규율한다. 그러므로 이에 관한 것은 생략한다. 그리고 대출계약 · 보험계약 · 도급계약 등에서도 그러한 계약이 많지 행해지지만, 이에 관한 판례는 대부분 앞의 유형에 포함되므로 별도로 다루지 않는다. 뿐만 아니라 타인의 이름으로 계약을 체결하는 것이 강행법규를 회피하기 위한 것인 때에는 이는 탈법행위로서 무효가 되므로(이러한 판례는 [500]의 주 25), 당사자의 확정 문제는 생길 여지가 없다.

(b) 타인의 이름으로 체결된 계약 중에서도 사안에 따라 특수한 규율을 하는 것은 임대차계약이다. 이에 관한 판례로서, 갑이 건물을 매수하여 처 을의 명의로 이전등기를 경료하고 이를 병에게 임대함에 있어서 편의상 임대차계약서에 임대인을 을 명의로 기재한 경우에, 임대인은 갑이 된다.[89] A가 B로부터 금전을 차용하여 이를 임차보증금으로 하여 C와 임대차계약을 맺었는데, A가 B에 대한 차용금채무를 담보하기 위하여 자신이 B인 것 같이 행세하면서 임차인 명의를 B로 하여 임대차계약을 맺었으며, 그리하여 C가 A와 B가 동일인인 것으로 안 경우에(즉 A가 임차인 명의자인 B인것으로 알고), A가 임대차계약의 당사자이므로 B는 위 임대차계약기간 종료시 C에 대하여 보증금의 반환을 청구할 수 없다.[90] — 임대차계약에서는 누가 당사자인가 하는 각도에서가 아니라, 대부분 이와 같이 누가 보증금의 반환채권을 가지는가 하는 각도에서 문제된다.[91] 이러한 판례는 장차 관련 부분에서 소개하기로 한다.

(c) 그외의 사례로서, ⓐ 지입차주가 지입회사의 승낙하에 지입회사 명의로 지입차량의 할부구입계약 및 그 할부대금의 지급보증을 위한 할부판매보증보험계약을 체결하면서 그 할부대금을 완전히 자신이 부담하기로 한 경우에, 지입회사가 보증보험계약의 당사자가 된다.[92] ⓑ 소위 수출대행계약, 즉 수출업자 갑이 물자를 수출함에 있어서 수출대금 회수의 편의상 다른 수출업자 을 명의의 신용장에 의하여 수출을 하되 수출에 따르는 경제적 책임은 물론 수출행위 자체도 갑이 담당하는 경우에는, 수출에 따르는 수입권과 수출보상금 등의 수입은 갑에게 귀속한다.[93] ⓒ 수출업자 갑이 무역등록이 없으므로 무역등록업자 을에게 수수료를 지급하고 을 이름으로 해상운송업자 병과 화물운송계약을 체결한 경우에, 병의 선하증권 발행으로 인한 손해배상책임자는 갑이다.[94]

3. 소위 例文解釋 [490]

사회에서 많이 행해지는 거래(예컨대 은행과의 근저당권설정계약 · 부동산임대차계약 등)에서는 일방 당사자가 미리 작성 · 인쇄한 계약서가 사용되는 경우가 많다. 그런데 이러한 계약서에는 한 쪽 당사자에게 일방적으로 유리한 조항 혹은 다른 쪽 당사자가 예측치 못한 조항이 들어가 있는 경우가 적지 않다. 이의 대표적인 예는 포괄근저당권설정계약의 경우이다. 즉 예컨대 을이 은행 병으로부터 금전을 차용함

약정에 필요한 사업자등록을 갖고 있어서 을의 명의로 금원대출약정을 하였는데, 병이 을은 단지 명의를 빌려준 자에 불과하다는 사실을 잘 알고 있었으며, 이러한 편법의 사용이 병과의 약정에 따른 것인 경우에는, 갑이 대출계약의 당사자가 된다).

89) 대판(전) 1981. 5. 26. 80다2367.

90) 대판 1974. 6. 11. 74다165[공 492, 7911](대리와 관련된 점은 [739] 주 6 참조).

91) 예컨대 대판 1994. 8. 23. 94다18966; 대판 2002. 1. 25. 2001다30285 등. 그외에도 대판 1993. 4. 27. 92다55497; 대판 1996. 5. 10. 96다7274.

92) 대판 1998. 3. 13. 97다22089.

93) 대판 1964. 12. 29. 64다1246.

94) 대판 1974. 9. 10. 74다457.

에 있어서 갑이 당해 대출금채무를 담보하기 위하여 자기 부동산 위에 근저당권을 설정하였는데, 근저당권설정계약서에 「갑은 을이 병 은행의 본점 또는 지점에 대하여 현재 또는 장래 부담하게 될 일체의 채무」를 담보한다는 조항이 기재되어 있는 경우이다. 그러면 을이 병은행에 대하여 위 채무 이외에 이미 다른 채무를 지고 있었던 경우에(물론 갑이 그러한 사실을 알지 못하였음), 갑은 위 계약서 문언대로 을의 그 다른 채무에 대하여도 담보책임을 지는가? 판례 중에는 「계약서가 부동문자로 인쇄된 일반거래약관의 형태를 취하고 있다 하더라도 이는 처분문서라 할 것이므로, 그 진정성립이 인정되는 때에는 은행의 담보취득행위가 은행대차관계에 있어서 이례에 속하거나 관례를 벗어나는 것이라고 보여지는 등의 특별한 사정이 없는 한 그 계약문언대로 의사표시의 존재와 내용을 인정하여야 한다」고 한 것도 많으나,[95] 이와 달리 위와 같은 조항은 이른바 「예문」에 지나지 않는 것으로서 당사자가 진정으로 이에 구속당할 의사가 없는 것이라고 하여, 그러한 조항의 구속력을 부인하는 해석을 한 것도 적지 않다.[96] 후자와 같은 해석을 소위 예문해석이라고 한다.[97] 그 외에 예문해석 이론을 통하여 구속력을 부인한 것으로는, 불법행위의 피해자가 일정액의 손해배상금을 받으면서 그 외의 손해배상청구권을 포기한다는 약정,[98] 부동산매매계약서 중 대금재정산조항("면적이나 대금총액에 착오가 있을 때는 등기부상의 면적과 평당 가격으로 재청산한다"는 조항)[99] 혹은 비용상환청구권 포기조항(매매계약의 해제 여부와 관계없이 매수인은 목적부동산에 들인 필요비나 유익비의 상환을 청구하지 않으며 이를 위한 유치권도 주장하지 않는다는 조항)[100] 등이 있다.

이러한 예문해석 이론은 의사표시의 해석을 통하여 부당한 약관의 효력을 부인하는 것으로서, 결과적으로는 타당하다. 그러나 예컨대 은행은 계약서에 기재한 바와 같이 근저당권의 피담보채무의 범위를 「은행의 본점 또는 지점에 대한 현재 또는 장래 부담하게 될 일체의 채무」로 하려는 의사를 가졌을 것이고, 상대방 있는 의사표시에서의 원칙적 해석방법인 규범적 해석에 의한다면 갑도 그러한 의사를 가진 것으로 해석될 것이다. 그렇다면 위와 같은 문구를 단지 예문에 불과하다고 하는 것은 당사자의 실제의 의사 혹은 의사표시 해석의 원칙과 배치되는 것이 아닐까?[101] 어떠한 조항이 공평에 반하는 것이더라도 그것이 당사자의 의사에 기한 것으로 인정되는 한, 해석의 방법으로가 아니라 정면으로 신의성실의 원칙을 통하여 이의 구속력

---

95) 대판 1994. 9. 30. 94다20242; 대판 1997. 6. 24. 95다43327; 대판 2003. 4. 11. 2001다12430 등. 일찍이 대판 1970. 9. 22. 70다1611도 계약서의 용지가 미리 부동문자로 인쇄된 것이고 그 계약서 조항의 기재내용을 자세히 조사하여 본 일이 없었던 것이었다는 사실만으로서는 계약서 기재조항의 효력을 부정할 수 없다고 하였다. 그리고 예컨대 대판 1990. 11. 27. 90다카10077은 일반거래약관 형태로 이루어진 포괄근저당권설정계약에 관하여 피담보채무를 제한하는 개별약정이 없었다고 하여 갑의 책임을 인정하였다.

96) 대판 1984. 6. 12. 83다카2159[집 32-3, 77](이 판결이 포괄근저당권에 관하여 최초로 예문해석을 인정한 것임); 대판 1986. 11. 11. 86다카1152[공 791, 18]; 대판 1987. 4. 28. 82다카789[집35-1, 300]; 대판 1990. 6. 26. 89다카26915[공 878, 1568]; 대판 1991. 7. 23. 91다12776[공 904, 2228] 등.

97) 예문해석에 관해서는 손지열, 약관에 관한 판례의 동향, 민사판례연구 10권(1988), 480면 이하; 권오승, 이른바 예문해석의 문제점, 민사판례연구 15권(1993), 1면 이하; 김영갑, 약관규제의 법리와 수정해석의 문제, 법조 46권1호(484호), 80면 이하 참조.

98) 대판 1999. 3. 23. 98다64301(이의 사안은 전술하였음([484]). 다만 대판 1970. 12. 29. 70다2494는 철도사고의 피해자가 철도청에 제출한 각서 중 배상청구권포기조항에 대한 것을 예문이 아니라고 하였다.

99) 대판 1979. 11. 27. 79다1141. 이 판결이 예문해석을 최초로 도입한 것이다.

100) 대판 1989. 8. 8. 89다카5628.

101) 동지: 이영준, 353면. 그 외에 예문해석의 문제점에 관해서는 전술한 주 *의 문헌 참조.

을 부인하는 것이 올바른 해석방법일 것이다. 특히 은행과의 포괄근저당계약과 같이 약관법이 적용되는 경우에는, 종래의 예문해석이 아니라 약관법의 적용을 통하여 불공정한 조항의 구속력을 배제해야 할 것이다.102) 개인 간에서 개별적으로 행해지는 교통사고에서의 손해배상액 및 부제소의 합의와 같이 약관법이 적용되지 않는 경우에 위와 같은 예문해석의 문제점을 유념해야 할 것이다. 그런데 판례는 약관법이 제정된 이후에도 은행의 포괄근저당계약에 관하여 예문해석 이론을 그대로 적용하고 있다(이의 상세는 [549] 참조).

4. 개별적 해석례 [491]

(1) 사실인 관습 혹은 거래관행을 고려한 판례로서, ⓐ 파계(破稧)는 아니 된 채 계에 관한 거래관계가 종료하면 계원은 급부금을 탄 뒤에 아직 물지 못한 계금을 계주에게 지급하여야 하고, 한편 계주는 급부금을 타지 못한 계원으로부터 받은 계금을 이자없이 그 계원에게 돌려 주어야 하는 사실인 관습이 있다.103) ⓑ 꽁치의 냉동을 위한 임치계약에서 출고시에 임치인이 이의없이 꽁치를 반환받으면 수탁자의 책임은 면제된다고 하는 사실인 관습이 있다.104) ⓒ 보세운송업계에서는 보세운송업자가 콘테이너에 적재된 수입화물을 荷主의 보세장치장까지 운송한 경우에, 즉시 화물반출작업이 가능한 때를 제외하고는 콘테이너와 콘테이너를 실은 샷시를 보세장치장에 둔 채 견인차만 회송하여 갔다가 하주가 3일 이내에 화물의 통관절차를 마치고 화물을 반출하였을 때에는 별도로 사용료를 받지 아니하나, 3일이 경과하였을 때에는 시간에 따라 운송료 외에 별도로 샷시의 사용료를 받는 사실상의 관습이 있다.105) ⓓ 증권회사의 직원이 아니면서도 사실상 투자상담사의 역할을 하는 자는 유가증권 매매의 위탁 권유 등과 관련하여 증권회사를 대리하여 예탁금을 수령하거나 위탁매매계약을 체결할 권한을 가지고 또 그것이 증권업계의 일반적인 관행이라고 볼 수 없다.106)

(2) 의사표시인지 여부에 관한 것으로서, ⓐ 어떠한 의무를 부담하는 내용의 기재가 있는 문면에 '협조를 최대로 한다'라고 기재되어 있는 경우에, 특별한 사정이 없는 한 그러한 의무를 법적으로 부담할 수는 없지만 사정이 허락하는 한 그 이행을 사실상 하겠다는 취지로 해석함이 상당하다.107) ⓑ 증권회사의 직원이 고객의 요청에 기하여 '증권투자로 인한 손실에 대하여 책임을 지겠다'고 하는 취지의 각서를 작성한 경우에, 이는 책임부담의 법적 의무를 부담하겠다는 의사표시로 해석된다.108) ⓒ 상호신용금고의 직원이 친척을 추천하여 신용대출을 해줌에 있어서 대출관계서류에 "회수책임"이라고 기재한 경우에, 이는 대출금채무에 대하여 민법상의 보증을 한다는 의미로 볼 수 없다.109)110)

102) 동지: 김영갑, 전게서.

103) 대판 1962. 11. 15. 62다240[집 10-4, 민 241].

104) 대판 1967. 12. 18. 67다2093,2094[집 15-3, 민 370].

105) 대판 1991. 4. 26. 91다1523. 이 판결은 보세운송업자와 하주 사이에 이와 같이 사용대차 및 임대차계약이 묵시적으로 성립되었다고 보아, 통관절차가 끝나기 전에 보세장치장에서 발생한 화재로 샷시가 소실된 경우 하주에게 위 샷시의 반환불능으로 인한 손해배상책임을 인정하였다.

106) 대판 1992. 5. 26. 91다32190.

107) 대판 1994. 3. 25. 93다32668 참조; 대판 1996. 10. 25. 96다16049 등 다수.

108) 대판 1999. 2. 12. 98다45744. 그러나 그러한 의사표시는 비진의표시로서, 고객이 그러한 점을 알았으므로 무효가 된다.

109) 대판 1992. 5. 26. 91다35571. 수출회사가 주거래은행으로부터 화환어음의 매입대금을 환수당할 형편에 처하게 되자 그 대표이사가 무역중개업자에게 보증서를 작성하여 주면 이를 주거래은행에 제출하여 선적서류 등을 반환받는 데 사용할 것이며 주거래은행이 무역중개업자에게 책임을 묻는 일

(3) 문언대로 해석한 경우로서 주목할 것으로, ⓐ 갑이 매수하여 을 명의로 등기해 둔 토지를 병에게 매각함에 있어서 병의 부탁으로 을이 매매계약서의 매도인란과 영수증에 갑과 함께 서명 날인한 경우에, 을의 의사는 위 매매계약상의 매도인으로서의 의무를 갑과 공동으로 부담하겠다는 뜻으로 해석된다.[111] ⓑ 영수증에 「총완결」이라는 문언을 부기한 경우, 그 작성경위가 그렇게 쓰지 않으면 돈을 주지 않겠다고 하기에 당시 궁박한 사정에 비추어 우선 돈받기 위하여 거짓 기재한 것이라는 이유만으로는 총완결이란 의사표시가 당연무효라고 할 수 없다.[112] ⓒ 음식점 경영을 위하여 임대차계약을 체결하면서 종업원이나 고객의 부주의로 인한 경우는 물론 그 밖에 모든 경우의 화재에 대하여도 임차인이 그 손해를 부담하기로 특약을 하였다면, 위의 모든 경우에는 불가항력의 경우도 포함된다.[113]

(4) 신용카드이용계약에 관한 판례는 신의칙 부분에서 소개하였음([96]).

(5) 그 외에 ⓐ 친권자 본인이 부상을 입어 손해배상에 관하여 가해자 측과 합의한 경우에, 미성년자인 자녀들의 고유의 위자료에 관한 것도 그 합의에 포함되었다고 해석된다.[114] ⓑ 갑이 자신의 토지를 도로부지로 사용해 온 市를 상대로 부당이득금반환소송을 제기하여 제1심에서 147만원의 승소판결을 받은 뒤 위 토지를 시에게 126만원에 매도하기로 하는 매매계약을 맺었는데, 이 계약서에 갑은 시에 대하여 가지는 그간의 부당이득금반환청구권 등 일체의 권리를 주장하지 않기로 하는 조항이 있은 경우에, 위 조항 중 갑이 주장하지 않기로 한 권리 중에는 위 승소판결을 받은 청구권(147만원의 지급)은 포함되지 않는다.[115] ⓒ 당사자 간에 체결된 계약사항에 이의가 생겼을 때에 어느 일방당사자의 해석에 따른다고 하는 조항은, 재판 외에서 적용한다는 취지로는 해석될지 모르나 그것이 재판관의 해석권까지 구속하는 조항이 될 수는 없다.[116]

제 2 항 목적의 적법

[492] Ⅰ. 총 설

법률행위의 목적이 강행법규에 위반하는 때에는 그 법률행위는 무효이다. 제105조는 간접적으로 이러한 점을 규정하고 있다.

민법은 사적자치의 원칙에 기초하고 있지만, 이는 무제한적인 것이 아니라 법질서

은 없을 것이라고 부탁하자 무역중개업자가 수출회사에게 보증서를 작성 교부하여 준 경우, 보증서의 작성은 수출대금의 지급을 보증할 의사로 한 것이 아니다(대판 1994. 3. 22. 93다36271).

110) 임대인의 아들이 임차인에게 '보증금은 자신이 책임지고 해결하겠으니 걱정하지 말고 기다리라'고 한 경우에 관한 대판 1999. 11. 26. 99다43486은 앞에서 소개하였다([454]). 그 외에 대판 2000. 11. 10. 98다31493 참조.

111) 대판 2000. 10. 6. 2000다27923.

112) 대판 1969. 7. 8. 69다563[집 17-2, 민 299].

113) 대판 1979. 5. 22. 79다508[요지 제105조, 24].

114) 대판 1975. 6. 24. 74다1929[집 23-2, 민 146].

115) 대판 1976. 7. 27. 76다1179[요지 제105조, 20]).

116) 대판 1974. 9. 24. 74다1057[집 22-3, 민 29].

의 테두리 내에서 인정되는 것이다. 강행법규는 바로 사적자치의 한계를 긋는 것이고, 따라서 강행법규를 위반한 행위는 사적자치의 한계를 넘는 것으로서 무효인 것이다.

Ⅱ. 강행법규의 구별 [493]

1. 강행법규와 임의법규

강행법규는 임의법규와 대립되는 것으로서, 민법은 임의법규를 「선량한 풍속 기타 사회질서에 관계없는 규정」(105조, 106조 참조)이라고 표현한다. 따라서 강행법규는 「선량한 풍속 기타 사회질서에 관계있는 규정」이다. 양자의 구별표지는 이와 같이 내용면에서는 선량한 풍속 기타 사회질서에 관계있는가 하는 점이지만, 효력면에서는 당사자의 의사에 의하여 그 적용을 배제할 수 있는가 하는 점이다. 즉 강행법규는 당사자의 의사에 의하여 그 적용을 배제할 수 없는 것임에 대하여, 임의법규는 이를 배제할 수 있는 것이다. 그 외의 차이로서, 전자는 사적자치의 한계를 긋는 것임에 반하여, 후자는 사적자치를 보충하는 것(사적자치에 의하여 당사자 간의 관계를 규율하지 않았거나 불명확하게 규율한 경우에 이를 보충하는 것)이다.

2. 양자의 구별 [494]

(1) 이러한 차이로 인하여 강행법규와 임의법규의 구별은 중요한 문제가 된다. 그런데 법은 어떤 규정이 강행법규인가 여부를 명언하는 경우도 있지만(예: 608조), 그렇지 않은 경우가 대부분이다. 양자의 구별에 관하여 일반적 원칙은 없으며, 구체적으로 각 법규마다 그의 취지를 고려하여 개인의 의사에 의하여 그 적용의 배제를 허용할 것이냐 여부를 판단하여 결정하는 수밖에 없다. 다음과 같은 것들은 대체로 강행법규이다.

(가) 친권 · 상속순위 · 혼인 등과 같은 신분관계에 관한 법규는 일반적으로 강행법규이다. 사회질서에 관계되는 사항이기 때문이다. 따라서 상속순위(984조, 1000조)를 변경하는 계약, 중혼을 하는 계약(810조) 등은 무효이다.

(나) 물권의 종류 · 내용 등에 관한 규정과 같이, 직접 제3자의 이해에 관계되는 법규도 강행법규이다. 민법은 물권에 관하여 이를 명언한다(185조). 이에 반하여 채권편의 규정은 대부분이 임의법규이다.

(다) 유질계약금지(339조) · 이자제한법 · 공무원연금법상의 급여를 받을 권리의 처분금지(공무원연금법 32조) 등과 같이, 법률이 특히 일정한 자를 보호하려는 취지에서 정한 법규도 강행법규이다. 지상권과 임차권에 관해서는 지상권자 · 임차인을 보호하기 위한 규정이 편면적 강행법규임을 명언하는 규정이 있다(289조, 652조).

(라) 농지법(구 농지개혁법) · 농업협동조합법 · 수산업법 · 수산업협동조합법 · 산림기본법

(구 산림법)·광업법 등과 같이, 국가의 경제정책과 직접 관계되는 법률 중에는 강행법규가 많다.

[495] (2) 임의법규의 강행법규화 원래 계약자유의 원칙은 모든 사람의 경제력이 비등비등하다는 전제 위에서 발달한 것인바, 이러한 전제가 존재하는 경우에는 임의법규였던 것이 양 당사자의 경제적 힘이 균형을 잃게 됨에 따라 강행법규화하는 경향이 있다. 임의법규는 사회에서 행해지는 통상적·합리적인 계약의 내용에 따라 만들어진 것이 많으므로, 양 당사자의 경제적 힘이 균형을 잃지 않는 동안에는 계약의 내용이 대개의 경우 임의법규와 일치한다. 그런데 이 균형이 상실되면 경제적 강자는 우월적인 힘을 이용하여 임의법규를 배제하는 약관을 강요하고, 경제적 약자는 이를 참고 받아들일 수밖에 없게 된다. 그래서 근래에 와서는 경제적 약자의 입장을 고려하여, 원래는 임의법규였던 것을 강행법규로 하여 당사자 간의 합리적 규율을 기하는 예가 있다. 전술한 지상권자·임차인의 보호를 위한 제289조, 제652조가 그 예이다.

[496] (3) 판례에 나타난 강행법규 위반으로 인한 무효의 예로서 대표적인 경우는, 일정한 법률행위를 하는 데 관청의 승인 등을 요하는데도 불구하고 그러한 승인 없이 법률행위를 한 경우이다. 그런데 이 중에는 위반행위의 무효 여부가 문제된 경우가 있다. 따라서 이러한 경우는 뒤에서 단속법규를 설명한 다음에 소개한다.

(4) 그 밖에 무효 여부가 문제된 경우로서, (i) 증권회사의 직원이 고객과의 사이에서 자신에게 주식투자를 일임하면(일임매매약정) 그 투자금에 대하여 최소한 투자원금에 고율의 이자를 더한 수익을 보장(그리고 거래관계가 종료되는 경우에는 그 다음 날부터 원금과 보장수익에 고율의 지연손해금을 더한 금액을 지급)한다는 약정(투자수익보장약정)을 한 경우에, 투자수익보장약정은 증권거래법상의 강행규정에 위반하여 무효이나, 일임매매약정은 비록 증권거래법에 위반되지만 무효가 아니다.[1] (ii) 지방재정법(구), 예산회계법(구) 등은 지방자치단체가 사경제의 주체로서 사인과 사법상의 계약을 체결함에 있어서는 위 법령에 따른 계약서를 따로 작성하는 등 일정한 요건과 절차를 이행할 것을 규정하는바, 그러한 요건과 절차를 거치지 아니한 계약 또는 예약은 설사 지방자치단체와 사인간에 예약이 체결되었다 하더라도 효력이 없다.[2] (iii) (구)부동산중개업법(현 공인중개사의 업무 및 부동산 거래신고에 관한 법률)은 중개수수료의 한도를 규정하는바, 이러한 규정은 이를 초과하는 수수료 약정 부분에 대한 사법상의 효력을 제한함으로써 국민생활의 편의를 증진하고자 함에 그 목적이 있으므로 이를 초과하는 부분은 무효이다.[3] (iv) 의료인 아닌 자의 의료기관 개설을 금지하는 의료법 제30조 2항에 위반한 경우, 즉 의사 갑과 의료인이 아닌 을이 각기 의료기술과 건물을 출자하여 병원을 공동경영하기로 하는 동업계약을 체결하면서 갑의 경업을 금지하는 약정을 한 경우에, 위 규정은 의료인이 아닌 자가 의료기관을 개설하여 운영하는 경우에 초래될 국민보건위생상의 중대한 위험을 방지하기 위한 강

1) 대판 1996. 8. 23. 94다38199(이의 사안은 일부무효 부분에서 소개한다([853])).
2) 대판 1989. 4. 25. 86다카2329; 대판 1993. 6. 8. 92다49447; 대판 1993. 11. 9. 93다18990; 대판 2004. 1. 27. 2003다14812.
3) 대판 1976. 11. 23. 76다405; 대판 1987. 5. 26. 85다카1146; 대판 2002. 9. 4. 2000다54406,54413.

행법규로서 이에 위반하는 약정은 무효이고, 따라서 이에 포함된 경업금지약정도 무효이다.[4)]

(5) 판례는 강행법규에 위반하는 행위에 관해서는 표현대리의 성립을 인정하지 않는다는 점은 전술하였다([165] 주 23).

Ⅲ. 단속법규 [497]

1. 의 의

(1) 團束法規란 국가가 일정한 행위를 금지하거나 또는 이를 함에는 관청의 허가 기타 일정한 요건을 갖추도록 함으로써 행위 자체를 억제 또는 제한(단속)하는 것을 목적으로 하는 법규이다. 그러므로 단속법규는 대부분 이를 위반한 경우에 처벌한다는 규정을 둔다. 단속법규는 당사자의 의사에도 불구하고 적용되는 점에서, 강행법규에 속한다(다만 일부 견해는 단속법규를 강행법규와 대립시킨다(아래 (2) 참조)).

(2) **효력법규와의 관계 등** 단속법규는 이와 같이 행위 자체를 제한하는 데 목적이 있지만, 이 중에는 그에 위반하는 법률행위는 무효로 되는 것이 있다. 이러한 규정을 효력법규라고 한다. 그런데 강행법규 · 단속법규 · 효력법규의 구별 내지 관계에 관하여 견해가 일치하지 않는다. 즉 다수의 견해는 단속법규와 효력법규를 합하여 강행법규로 본다.[5)] 이에 대하여 일부 견해는 단속법규를 강행법규와 대치시키고, 단속법규 중 그에 위반한 법률행위가 무효로 되는 것을 「효력법규」, 그렇지 않은 것을 「단순한 단속법규」라고 한다.[6)] 후설은 그 이유로서, 강행법규는 자기결정에 따른 법률관계의 규율을 제한하려는 데 근본적 취지가 있으므로, 일정한 법률행위를 「금지」하는 것이 아니고 단지 효력을 부여하지 않는 것임에 반하여, 단속법규는 행위 자체를 금지하려는 데 목적이 있는 것으로서, 따라서 양자를 같은 범주에 넣는 것은 타당치 않다는 데 그 이유가 있다. 강행법규와 단속법규는 분명 그와 같은 차이가 있으나, 강행법규는 당사자의 의사에 의하여 그 적용을 배제할 수 없는 것을 가리키는 것이며, 이런 점에서 단속법규를 강행법규의 한 형태로 보는 것이 타당하며 또한 간편하다.

2. 효 력 [498]

단속법규 중에서도 교통법규와 같이 사실적 행위의 단속을 목적으로 하는 경우에는 행위의 효력 문제는 생길 여지가 없다. 그러나 거래행위를 단속하는 법규는, 그것에 위

4) 대판 2003. 4. 22. 2003다2390,2406(갑과 을 간의 동업관계가 파행으로 치닫자 갑이 다른 병원을 개설하여 치료행위를 한 데 대하여, 을이 갑에 대하여 계약위반을 이유로 손해배상을 청구한 경우). 이 판결도 법령에 위반되어 무효임을 알고서도 법률행위를 한 자가 강행법규 위반을 이유로 이의 무효를 주장하는 것은 신의칙 또는 금반언의 원칙에 반하지 않는다고 한다.

5) 곽윤직, 361면; 장경학, 436면; 김주수/김상용, 286면; 황적인, 159면 등.

6) 이영준, 214면 이하; 김기선, 236면.

반한 경우에 단지 행위자를 처벌할 뿐이냐, 아니면 그 행위의 사법상의 효력도 부정하느냐 하는 문제가 생긴다. 그런데 단속법규는 대부분 이 문제를 규정하지 않는다. 따라서 해석으로 결정하지 않으면 안 되는데, 그것은 매우 어려운 문제이다.

(1) 추상적으로 말하면, (i) 단속법규는 일정한 행위가 현실로 행해지는 것을 금지 내지 제한하는 것을 직접의 목적으로 하는 것이므로, 그것에 위반하는 행위의 사법상의 효력에는 영향이 없는 것이 원칙이다. (ii) 그러나 현실적 문제로서는, 단지 처벌할 뿐이고 사법상의 효력은 인정하여 그 결과의 실현에 국가가 조력한다면, 처벌을 두려워하지 않고 위반행위를 하는 자도 있을 수 있으므로, 행위의 사법상의 효력까지도 부인하는 것이 그 행위의 금지 내지 제한이라는 목적에서 보아 보다 더 적절한 경우가 적지 않다. (iii) 그 반면에 행위의 사법상의 효력을 부인하는 것은 거래의 안전을 해할 뿐만 아니라, 스스로 법에 반하여 행한 행위를 무효라고 주장하여 의무를 면하려고 하는 자의 주장을 인정하는 것이 되므로, 당사자의 신의에 반하고 공정을 해하는 결과로 된다.[7)]

(2) 그러므로 각각의 단속법규에 관하여 입법의 취지, 위반행위에 대한 사회윤리적 비난의 정도, 일반거래에 미치는 영향, 당사자 간의 신의 · 공정 등을 종합적으로 검토하여 결정하는 수밖에 없다.

[499] 3. 개별적 판결례

(1) 행정법규 특히 경찰법규는 단순한 단속법규이며, 그에 위반하는 행위는 원칙적으로 무효로 되지 않는다. 예컨대 무허가음식점이 행한 유흥영업행위 또는 음식물판매행위(식품위생법 32조, 59조, 60조 참조), 허가 없이 숙박업을 하는 행위(숙박업법 4조, 9조 참조), 허가를 받지 않고 개설한 시장에서의 영업행위(시장법(구) 4조, 10조 참조), 공무원의 영리행위(국가공무원법 64조 참조), 행정청의 허가를 받지 않고 전당포 영업을 하는 행위(전당포영업법 2조, 6조, 27조 참조. 과거에는 고물상 영업도 행정청의 허가를 받도록 하였으나(고물영업법 2조, 5조, 32조) 현재는 그러한 제한이 폐지되었다) 등은 유효하다.

(2) 판례에서 실제로 자주 문제되는 것은, 일정한 법률행위를 하는 데 관청의 승인 등을 요하는데도 불구하고 그러한 승인 없이 법률행위를 한 경우, 법률이 특히 엄격한 표준을 정하여 일정한 자격을 갖춘 자에 대해서만 일정한 업무를 허용하는 데 그 자격을 갖추지 않은 자가 거래행위를 한 경우 등이다.

(a) 종래 가장 문제가 된 것은 농지개혁법(구) 제19조 2항이 규정하는 「소재지관서의 증명」을 얻지 않고 한 매매에 관해서이다. 판례는 그러한 매매는 무효라고 한다.[8)] 다만 소유권 취득의 효력은 생기지 않지만 채권계약으로서의 효력은 있다고 하여, 책임사유로 증명을 받지 못한 경우에 손해배상을 청구할 수 있다고 한다.[9)] 그 외에 소재지관서의 증명은 농지매매의 성

7) 이영준, 219면은 광업권 · 어업권 · 증권업권 등의 명의를 대여하는 무효인 계약에 의하여 명의를 빌린 자가 채취한 물건 또는 취득한 권리를 제3자에게 매각하거나 이전하는 법률행위의 효력과 관련하여, 이를 거래안전을 이유로 유효하다고 하는 것은 법질서상의 자기모순 금지의 원칙에 반하여 타당하지 않다고 하여 이를 무효라고 하면서, 거래안전은 선의취득에 의하여 해결하면 족하다고 한다.

8) 대판 1958. 5. 8. 4290민상540,541; 대판 1964. 6. 2. 63다944.

9) 대판(전) 1964. 10. 1 64다563; 대판 1965. 9. 7. 65다1293. 그 외에 소재지관서의 증명이 없더라도

립요건이 아니므로 반드시 매매계약체결 당시에 있어야만 하는 것은 아니고 계약체결 후에 추완하여도 무방하다고 한다.[10] 농지매수인 자신이 농가가 아니어서 소재지관서의 증명을 발급받을 수 없다는 등의 이유를 들어 그 농지매매계약의 무효를 주장하는 것은 신의칙에 위배된다.[11]

(b) 농지개혁법상의 증명 없이 행한 농지매매의 효력과 대비되는 것은 국토이용법상의 허가 없이 행한 거래행위이다. 그런데 이에 관해서 판례는 유동적 무효라는 특이한 효력을 인정하는바, 따라서 이는 무효 부분에서 살피기로 한다([844] 이하).

(c) 사립학교법은 학교법인이 「의무를 부담하거나 권리를 포기」하고자 할 때에는 감독청의 허가를 받도록 규정하는바(동법 28조 1항), 학교법인이 감독청의 허가를 받지 않고 한 차용행위는 무효이다.[12] 그리고 학교법인이 스스로 강행법규에 위반하는 행위를 한 후 그러한 점을 내세워 자신의 행위의 무효를 주장하는 경우에, 만약 신의칙 위반을 이유로 이를 배척한다면 위와 같은 규정을 둔 입법취지가 몰각되므로, 이를 권리남용에 해당되거나 신의성실원칙에 반한다고 할 수 없다.[13]

(d) 德大契約이란 광업권자가 광물의 채굴에 관한 자기의 권리를 제3자(이 제3자를 덕대라고 한다)에게 주고 그 제3자는 자기의 자본과 관리하에 광물을 채굴하고 그 대가(일반적으로 분철료라고 한다)를 지급할 것을 약정하는 계약을 말한다. 이는 주로 광업권의 임대차의 형식을 취한다. 이것은 광업경영에 대한 국가적 감독을 곤란하게 하고 그 책임의 소재를 불분명하게 하므로, 광업법(구) 제13조에서 말하는 광업권 양도의 절차를 잠찰하는 탈법행위에 해당하며, 따라서 실제로는 수십 년간 성행되어 오는 덕대계약은 종래 무효로 판시되어 왔다.[14] 이에 의하면 이러한 법률행위는 효력규정인 단속법규에 위반하는 것이 된다. 그러나 덕대계약을 일반적으로 무효로 하는 것은 현실의 요청에 부합하지 않는다. 그리하여 광업법은 粗鑛權 제도를 신설하였다(광업법 47조 내지 61조). 그러나 판례는

매매당사자 간에서의 채권계약은 유효하므로, 매도인은 채무이행으로 농지를 인도할 의무가 있다고 한다(대판 1967. 6. 27. 66다2616). 그리고 매매계약의 이행으로 이전된 매수인의 점유는 매도인에 대한 관계에 있어서 권원없는 것이 아니라고 한다(대판 1979. 8. 28. 79다1077). 농지를 이중으로 매도한 경우에 먼저의 농지매매에 관하여 소재지관서의 증명이 없다는 이유만으로는 배임죄의 성립을 부정할 수 없다고 한다(대판 1991. 7. 9. 91도846).

10) 대판 1964. 12. 15. 63다1017; 대결 1967. 1. 24. 63사24; 대판 1987. 4. 28. 85다카971. 그 외에 농지가 전전 매매된 경우에는, 각 중간매매에 관해서 증명이 있어야 한다고 한다(대판 1966. 1. 25. 65다2156; 대판 1969. 3. 23. 65다28; 대판 1965. 5. 18. 65다59; 대판 1966. 2. 22. 65다2300). 농지매매에 관한 소유권이전등기가 종료되었으면, 매매증명은 그 이전 당시에 제출된 것으로 추정된다고 한다(대판 1969. 6. 24. 69다469; 대판 1992. 4. 10. 91다34127).

11) 대판 1987. 4. 28. 85다카971.

12) 대판 1987. 4. 28. 86다카2534; 대판 2000. 9. 5. 2000다2344. 다만 반드시 기본재산의 매매 등 계약성립 전에 감독청의 허가를 받아야만 하는 것은 아니고, 매매 등 계약성립 후에라도 감독청의 허가를 받으면 그 매매 등 계약이 유효하게 된다(대판 1998. 7. 24. 96다27988). 그러나 명목상으로는 학교법인의 교육용 재산이지만 실제로는 학교교육에 사용되지 않는 재산을 감독청의 허가없이 처분한 경우에는 그렇지 않다(대판 2002. 9. 27. 2002다29152).

13) 대판 1997. 3. 14. 96다55693; 대판 2000. 6. 9. 99다70860. 다만 후자의 판결은, 명목상으로만 학교법인에 직접 사용되는 재산으로 되어 있을 뿐 실제로는 학교교육에 직접 사용되는 시설 · 설비 및 교재 · 교구 등이 아니거나 학교 자체가 형해화되어 사실상 교육시설로 볼 수 없는 경우와 같은 특별한 사정이 있는 때에는 그렇지 않다고 한다(그러나 이 판결에서는 그러한 특별한 사정이 부인되었다. 이러한 특별한 사정이 인정된 것은 앞의 대판 2002. 9. 27. 2002다29152이다).

14) 대판 1962. 2. 22. 4294민상168; 대판 1962. 2. 15. 4294민상986; 대판 1966. 7. 5. 66다423.

여전히 광업권자가 조광권자나 광업대리인이 아닌 자에게 채굴의 권리 및 광업의 관리를 일임하여 광물을 채굴 수익하게 하는 계약은 광업자영주의를 규정한 강행법규인 광업법 제11조에 위배되어 무효라고 한다.[15]

(e) 어업권의 임대차를 금지하는 수산업법 제33조의 취지와 마을어업권의 경우 계원이 아닌 자도 일정한 요건을 갖춘 때에는 마을어업권을 행사할 수 있다고 규정하는 동법 제37조 제1항 취지에 비추어 볼 때, 어촌계가 마을어업권이 아닌 어업권에 관하여 어촌계원이 아닌 자와 사이에 체결한 어업권행사계약은 무효이다.[16] 어업권의 이전 · 분할 · 변경을 금지한 (구)수산업법 제29조 제1항의 규정은 단속규정에 불과할 뿐 그 위반행위의 사법상의 효력까지를 부인하는 효력규정은 아니다.[17]

(f) 하천을 점용하려고 할 때에는 관리청의 허가를 얻어야 하므로(하천법 26조), 이의 허가를 얻지 않고 하천의 점용권을 양도하는 행위는 무효이다.[18] 그러나 하천부지점용권의 양도허가를 받아서 개간한 토지의 일부를 양도하는 계약은 하천법 제5조에 의하여 무효로 되지는 않는다.[19]

(g) 외자관리법(구)에 위반하여 주무부장관의 허가없이 한 외자매각처분은 무효이다.[20]

(h) 주류제조장의 대지 건물을 양도하려면 감독관청인 세무서장의 사전승인을 받도록 하는 주세법 제38조에 위배하여 행한 양도계약은 무효로 되지 않는다.[21]

(3) 그 외에 법규위반행위의 효력이 문제된 경우로서, (i) 동일인에 대한 일정한도를 넘는 자금운용 혹은 대출을 금지하는 단기금융업법 제11조 또는 상호신용금고법 제12조 등은 단속규정으로서, 따라서 이를 위반한 행위도 유효하다.[22] (ii) 원사업자가 수급사업자의 의사에 반하여 하도급대금을 물품으로 지급하는 것을 금지하는 하도급거래공정화에관한법률 제17조는 이에 위반하는 계약의 사법상의 효력을 부인하는 것은 아니다.[23] (iii) 금융실명거래및비밀보장에관한법률에서 비실명거래행위를 금지하고 비실명거래자에게 실명전환의무를 부과하며, 이를 위반하는 경우 금융기관의 임원 또는 직원에 대하여 과태료 부과처분을 하고, 실명전환의무위반자에게 과징금 부과처분을 하도록 규정하고 있더라도, 비실명금융거래계약의 사법상 효력에는 영향이 없다.[24]

---

15) 대판 1995. 5. 23. 94다23500(판결은 나아가 위와 같은 목적을 위한 탈법적인 방법으로 광업권자와 채굴자의 공동명의로 광업권등록을 하기로 하는 약정도 무효라고 한다).

16) 대판 2007. 5. 31. 2007다8174.

17) 대판 1992. 9. 22. 92다24769.

18) 대판 1962. 3. 22. 그 외에 허가없이 하천을 점유하는 자가 타인에게 하천을 점용할 수 있도록 임대차계약을 체결한 경우, 그 계약은 무효이다(4294민상1051).

19) 대판 1968. 6. 4. 68다337.

20) 대판 1966. 10. 18. 66다1348. 그 외에 대판 1962. 4. 4. 4294민상1104. 그러나 대판 1979. 10. 10. 79다1409은, 공공차관의도입및관리에관한법률(구) 제19조 제2항에 의하여 경제기획원장관의 허가를 요하는 시설을 허가없이 매각한 경우, 채권적인 권리 · 의무는 발생하며, 또 허가를 정지조건으로 한 양도계약도 유효하다고 한다.

21) 대판 1973. 7. 10. 68다2283. 대판 1962. 1. 18. 4294민상660[총람 제103조, 45].

22) 대판 1987. 12. 8. 86다카1230.

23) 대판 2000. 7. 28. 2000다20434; 대판 2003. 5. 16. 2001다27470.

24) 대판 2001. 12. 28. 2001다17565.

Ⅳ. 탈법행위 [500]

1. 의의 및 효과

(1) 의 의 직접 강행법규에 위반하지는 않지만, 강행법규가 금지하는 것을 회피수단에 의하여 실질적으로 실현하는 행위를 脫法行爲라고 한다. 예컨대 공무원 또는 군인의 연금을 받을 권리(연금수급권)는 대통령령으로 정하는 금융기관의 담보에 공여할 수는 있으나, 그 밖에는 이를 담보로 하는 것이 금지되어 있다(공무원연금법 32조, 군인연금법 7조). 그런데 이 연금수급권의 담보금지규정에 직접 위반하는 것을 피하기 위하여, 채권자에게 연금증서를 교부하고 대리권을 수여하여 연금을 변제에 충당케 하고 아울러 원금과 이자의 완제가 있을 때까지 추심위임을 해제하지 않겠다는 특약을 한다면, 그것은 연금수급권을 담보로 하는 것과 동일한 효과를 발생하는 것으로서 탈법행위가 된다.[25)]

(2) 효 과 법률에는 명문의 규정으로 탈법행위를 금지하는 예도 있다(이자제한법 4조, 농지개혁법(구) 17조). 그러나 이러한 명문규정이 없더라도 탈법행위는 정면으로 강행법규에 위반하는 것은 아니지만, 법규의 정신에 반하고 법률이 인용하지 않는 결과의 발생을 목적으로 하기 때문에 무효이다. 그리고 행위의 일부만이 탈법행위로 되는 경우에 그 행위의 전부를 무효로 하느냐 일부만을 무효로 하느냐는, 특별한 규정이 있는 경우에는 그에 의하고(예: 이자제한법 2조 3항은, 제한을 초과하는 이자부분만이 무효라고 규정), 그러한 규정이 없는 경우에는 일부무효의 법리에 의하여 결정한다.

2. 탈법행위의 한계 [501]

그러면 강행법규가 금지하는 것을 회피하는 행위는 모두 탈법행위로서 무효로 할 것인가? 이는 강행법규의 취지를 고려하여 판단해야 할 것이다. 그리하여 강행법규의 취지가 그 규정에 위반하는 결과를 절대로 인정하지 않으려는 것인 때에는, 모든 회피수단은 탈법행위로서 무효가 된다. 그러나 강행법규의 취지가 단지 「특정한 행위 즉 일정한 수단 · 형식에 의하여」 그러한 결과에 달하는 것만을 금지하려는 것일 때에는, 금지된 것과는 다른 수단에 의하여 그러한 결과에 도달하더라도 그러한 회피수단은 탈법행위가 아니고 따라서 유효하다고 할 것이다. 그러한 예로서, 채무자가 담보를 위하여 동산의 소유권을 채권자에게 이전하나 목적물은 계속 점유하는 讓渡擔保가 있다. 이는

25) 대판 1997. 5. 16. 96다43799은, 세무서에 근무하는 갑이 자신의 처 을 명의로 국가와 국유재산 매매계약을 체결한 경우, 이는 국유재산에 관한 사무에 종사하는 직원이 그 처리하는 국유재산의 양수를 금지하는 국유재산법을 회피하는 탈법행위로서 무효라고 한다. 대판 1994. 10. 21. 94도2048; 대판 1996. 4. 26. 94다43207 등도 이와 동지.

동산 위에 질권을 설정하려면 목적물을 질권자에게 인도해야 한다는 제332조와 유질계약을 금지하는 제339조의 강행법규를 회피하는 것으로서, 일응 탈법행위로 보인다. 그러나 판례는 일찍부터 양도담보의 유효성을 인정하여 왔다. 현재의 거래계의 합리적인 수요와 이에 대한 민법의 질권제도의 불완전성을 고려한다면, 문제의 두 개의 강행규정은 담보의 수단으로 질권을 설정하는 경우에만 적용되고, 그 밖의 수단에 의하는 경우에는 적용되지 않는다고 해석해야 할 것이다.

요컨대 탈법행위가 행해지는 것은 사회의 새로운 사정에 입각한 경제적 필요가 그 이전의 강행법규를 불편한 것으로 여기는 경우에 많이 생겨난다. 따라서 탈법행위의 범위를 결정함에 있어서는, 강행법규가 가지는 이상과 새로운 경제적 필요를 비교 검토하여 판정해야 한다. 그리고 경제적 약자의 보호를 유일한 목적으로 하는 법규에서는 그 탈법행위를 무효로 하는 취지가 비교적 강하게 유지됨에 반하여, 경제거래의 안전을 주된 목적으로 하는 법규에서는 그 탈법행위는 비교적 좁게 인정될 것이다. 연금담보를 목적으로 하는 탈법행위는 무효로 다루어짐에 반하여, 동산 양도담보는 유효로 인정되는 근본적 이유도 여기에 있는 것이다. 그러나 이와 같이 법규와 사회적 · 경제적 사정이 맞지 않는 것을 근본적으로 해결하는 길은 새로운 사회적 · 경제적 사정에 알맞는 입법조치를 강구하는 데 있음은 말할 것도 없다.

제3항 목적의 사회적 타당성

[502] ### Ⅰ. 총 설

1. 제103조의 취지

법률행위의 목적이 강행법규에 반하지는 않더라도, 「선량한 풍속 기타 사회질서에 위반한 사항을 내용으로 하는 법률행위는 무효로 한다」(103조).

(1) 사적 자치는 무제한적인 것이 아니고 법질서의 테두리 내에서 인정되는 것이다. 법률은 법질서의 전체적 이상에 비추어 허용될 수 없는 사적 자치의 한계를 강행법규에 의하여 설정한다. 그러나 그러한 허용될 수 없는 경우를 법률이 모두 망라하여 규정하는 것은 도저히 불가능하다. 여기에서 한편으로는 법률이 사적 자치의 한계를 개별적으로 규정하면서, 다른 한편으로 제103조는 비록 법률의 규정이 없더라도 법질서의 전체적 이상에 비추어 볼 때 허용되지 않는, 선량한 풍속 기타 사회질서에 위반하는 행위는 무효라고 명언한 것이다. 따라서 동조는 강행법규를 무효로 하는 것과 함께 사적

자치의 한계를 긋는 것이다. 그리고 양자의 이러한 공통성에 기하여, 민법은 강행법규를 「선량한 풍속 기타 사회질서」에 관계있는 규정이라고 하고, 반사회적인 행위를 「선량한 풍속 기타 사회질서」에 반하는 것이라고 하여, 공통한 표현을 사용한 것이다. 다만 강행법규는 국가가 입법정책에 기하여 제정하는 것으로서 따라서 사회 일반인의 윤리관과는 무관할 수 있다는 점에서, 반사회성과 차이를 가진다.

(2) 법률행위가 반사회성을 이유로 무효가 되면 그 법률행위에 기해서 재산을 급부 [503]
하거나 노무를 제공하기로 한 자는 그 의무에서 벗어난다. 그런데 만약 그럼에도 재산을 급부하거나 노무를 제공한 때에는(불법원인급여), 이의 반환을 청구하지 못한다(746조. 예컨대 노름에서 져서 금전 혹은 물건을 넘겨주기로 한 경우에, 그러한 약정은 무효이므로 이를 넘겨주지 않아도 된다. 그러나 이를 넘겨준 때에는 이의 반환을 청구하지 못한다). 이는 법률의 이상에 반하는 행위를 한 자가 다시 자신이 그러한 행위를 하였음을 이유로 법률의 보호를 받는 것은 허용될 수 없다는 점에 기한 것으로서, 제103조와 같은 취지에 기한 것이다. 즉 제103조는 반사회적 행위를 하고 그 실현을 바라는 자에 대하여 법이 조력을 거부하는 것이고, 제746조는 그러한 행위의 결과를 복구하려는 자에 대하여 조력을 거부하는 것이다(채권각론 [721]). — 그런데 부당이득 반환이 부인되는 746조에서의 「불법」은 단지 강행법규 위반이 아니고 사회적 타당성이 없는 것에 한한다. 이는 일반인의 윤리관이나 사회질서에 반하는 것이 아니라 단지 국가의 입법정책에 반하는 경우까지 그에 기한 급부물의 반환을 불허하는 것은 타당치 않다는 점에 기한 것이다(채권각론 [722]). 그러므로 단지 강행법규에 반하는 경우에는, 그에 기해서 급부한 것의 반환을 청구할 수 있다. 그리고 이런 점에서 강행법규에 위반한 행위가 나아가 반사회적인 것이기도 하느냐 하는 점이 종종 문제된다.[1)]

1) 이에 관한 판례를 몇 개 소개하면, 부동산실권리자명의등기에관한법률은 명의신탁약정(부동산에 관한 물권의 실권리자가 타인(명의수탁자)과의 사이에서 대내적으로는 실권리자가 부동산에 관한 물권을 보유하기로 하고 다만 그 등기는 타인의 명의로 하기로 하는 약정)을 무효로 하고 있지만, 그러한 약정이 반사회적 행위에 해당하지는 않으므로 그에 기하여 경료된 타인 명의의 등기는 불법원인급여에 해당하지 않고, 따라서 실권리자는 그 등기의 말소를 청구할 수 있다(대판 2003. 11. 27. 2003다41722). 어업권의 임대차를 금지하는 구 수산업법 33조의 취지에 비추어 볼 때 위 규정에 위반하는 행위는 무효라고 하더라도 반사회적인 행위라고 볼 수는 없으며, 따라서 어업권을 임대한 어업권자는 임차인이 양식어장(어업권)을 점유 · 사용함으로써 얻은 이익의 반환을 청구할 수 있다(대판 2010. 12. 9. 2010다57626,57633). 구 담배사업법 소정의 등록도매업자가 아닌 자가 담배사재기를 위하여 한국담배인삼공사로부터 담배를 구입하고 그 대금을 지급한 경우에, 그 계약은 강행법규에 위반된 것이지만 반사회적 행위는 아니므로 이미 지급한 담배구입대금의 반환을 청구할 수 있다(대판 2001. 5. 29. 2001다1782). 그러나 윤락행위 및 그것을 유인 · 강요하는 행위는 반사회적 행위이므로, 윤락행위를 할 자를 모집하는 자가 성매매의 유인수단으로 지급한 선불금은 불법원인급여에 해당하여 그 반환을 청구할 수 없다(대판 2004. 9. 3. 2004다27488,27495).

[504] ## 2. 신의성실의 원칙과의 관계

(1) 사회적 타당성 원칙은 뒤에서 말하는 바와 같이 신의성실의 원칙과 마찬가지로 일반조항으로서 궁극적으로 그 기준은 전체 법질서와 사회관념 · 윤리관에 있으며, 재판을 통하여 그 내용이 채워지는 것이라는 점에서 공통하다. 또 이들을 매개로 하여 헌법 기타 다른 법률에서의 평가기준이 私法 안으로 들어오게 된다는 점에서 동일한 기능을 한다.

(2) 그런데 신의성실의 원칙은 권리의 행사와 의무의 이행에 관하여 요구되는 것이므로, 권리의무관계(특별결합관계)가 있는 자들 간에서 상호간의 신뢰를 파괴하지 않도록 행동할 것을 요구하는 것이다. 이에 반해서 사회적 타당성 원칙은 사적 자치의 한계를 긋는 것으로서, 그와 같은 특별결합관계가 없는 자들 간에서 요구되는 행동의 표준이고, 따라서 공동사회생활의 평화와 질서를 유지하기 위하여 모든 자에게 부과되는 최소한의 요구이다. 이런 점에서 사회적 타당성의 원칙에서 요구되는 정도는 신의성실의 원칙에서보다 낮다. 그 외에도 신의성실의 원칙은 법률 그대로의 적용이 형평에 반하는 결과를 낳는 경우에 이를 수정하는 기능을 가지나, 사회적 타당성의 원칙은 사적자치의 한계를 긋는 것이므로 이러한 기능을 가지지 않는다.

[505] # Ⅱ. 무효의 요건

1. 반사회성

무효가 되기 위해서는 「선량한 풍속 기타 사회질서에 위반」해야 한다.

(1) 「선량한 풍속」이란 사회의 일반적 도덕관념을 말하며, 「사회질서」란 국가 · 사회의 공공적 질서를 가리키는 것이다. 그러나 선량한 풍속을 유지하는 것은 국가사회의 일반적 이익에 적합하는 것이고, 또 국가사회의 일반적 이익을 존중하는 것이 시대의 도덕관념에 맞는 것이므로, 선량한 풍속과 사회질서와는 그 범위가 대부분 일치할 뿐만 아니라, 이론상으로도 명료하게 구별할 수 없다. 그러므로 구태여 양자를 구별할 필요 없이 일괄하여 사회적 타당성이라고 생각하면 될 것이다(공공의 질서와 풍속의 둘을 따로 들고 있는 입법례는 적다. 프랑스민법 1133조는 bonnes moeurs ou l'ordre public라고 말하고 있지만, 독일민법 138조와스위스채무법 20조는 모두 die guten Sitten이라고 하고, 영미법에서는 public policy라고 한다).[2)]

[506] (2) 어떤 경우에 선량한 풍속 혹은 사회질서에 위반한다고 평가되는가? 즉 「반사회성」을 판단하는 기준은 무엇인가? 이는 전체 법질서에 내재하는 윤리적 가치 그리고 그

---

2) 프랑스민법의 해석으로서 ordre public은 널리 개인의 의사표시에 대하여 지켜져야 할 사회 내지 국가의 이익 혹은 질서를 가리킨다고 하고, 그 범위는 강행법규나 가족 도덕을 포함하며, bonnes moeurs는 선량한 사람들의 풍속을 의미한다고 한다(Planiol-Ripert, Traité pratique de Droit civil français, T.Ⅳ, n* 235 et s.)

시대의 지배적인 윤리관이다.[3)] 그리고 윤리관은 시대에 따라 부단히 변천하는 것이다. 그러므로 제103조는 그 요건이 구체화되지 않은, 단지 추상적인 기준만을 가진 「一般條項」인 것이다. 그리고 일반조항으로서의 동조의 구체적인 내용은 개개의 경우에 재판을 통하여 채워진다(이런 점에서 동조는 재판을 통하여 그 내용이 채워질 것을 필요로 하는 백지규정이다). 그러나 동조는 비록 구체적인 요건을 규정하지는 않으나, 전체 법질서의 윤리적 가치 · 지배적인 윤리관이라는 추상적 기준을 가진 것으로서, 법관은 구체적 사건에 즉응하여 개인적 · 주관적인 정의관이나 윤리관에 기해서가 아니라 이러한 기준에 기하여 반사회성 여부를 판단해야 한다.

이와 같이 선량한 풍속 혹은 사회질서는 추상적이고 탄력성 있는 개념이므로 그 구체적 내용을 열거하는 것은 불가능하지만, 다음과 같은 것은 대체로 선량한 풍속 기타 사회질서에 반한다고 할 것이다.

① 인륜도의에 반하는 것(첩계약 혹은 처와 이혼하여 혼인이 해소되면 혼인하기로 하는 약정 등)

② 정의관념에 반하는 것(범죄 기타의 부정행위를 권유하거나 또는 이에 가담하는 계약 등)

③ 개인의 신체적 · 정신적인 자유를 극도로 구속하는 것(윤락행위등 방지법은 이른바 윤락행위를 금지하고 있지만, 이 법률에 해당되지 않더라도 인신매매적인 창기고용계약은 사회적 타당성을 결한다고 해야 할 것이다)

④ 개인의 정신적 · 경제적 자유를 극도로 제한하는 것(영업상의 자유경쟁은 원칙적으로 허용되지만 일정한도를 넘는 경업피지계약, 자기가 장래 취득하게 될 전재산을 양도하겠다는 계약 등은 사회적 타당성을 결한다고 해야 할 것이다)

⑤ 심히 사행적인 것(도박계약 등)

(3) 반사회성 여부를 판단하는 기준시기는 법률행위시인가 이의 효력발생시인가? [507]
이 문제는 불공정행위에서의 급부의 불균형의 판단기준시기와도 관련된다([518]). 이 규정의 취지가 반사회적 행위자를 탓하는 것이 아니고 그러한 행위의 법률효과를 승인하지 않는데 있다는 점에서 보면, 효력발생시기를 기준으로 하는 것이 타당해 보인다. 그러나 윤리관의 변화가 당사자에게 소급적으로 불리하게 작용해서는 안된다. 즉 행위 당시에 사회적 타당성이 있다고 평가되었던 것이 이의 효력시에 윤리관의 변화로 부당한 행위로 평가되어서는 안된다. 만약 그 행위에 기한 권리의 행사가 신의칙에 반하는 때에는, 본조를 이유로 행위 자체를 무효로 할 것이 아니라 단지 제2조에 기해서 그 권리행사를 허용하지 않으면 될 것이다. 이런 점에서 원칙적으로 행위시를 기준으로 하는 것이 타당할 것이다. 문제되는 것은, 원래는 반사회적 행위였으나 윤리관의 변화로 타

3) 다만 양자는 언제나 일치하는 것이 아니다. 전체 법질서는 한편으로는 그 시대와 사회에서의 윤리관을 토대로 하여 이를 실정법화하기도 하지만, 한편으로는 장래 지향해야 할 윤리적 가치를 앞서서 실정법화하고 사회를 선도하기도 한다. 이러한 점은 특히 가족법관계에 관한 법률(예: 남녀평등에 관한 규정)에서 나타난다. 인간의 존엄성과 기본권에 관한 헌법규정 역시 법치국가가 실현되지 못한 우리 사회에서는 그러한 면을 가진다고 할 수 있다.

당한 행위로 평가되는 경우이다. 소급효는 당사자에게 이익이 되는 때에는 허용된다는 점에서 볼 때, 이러한 경우에는 유효로 된다고 해야 한다. 다만 행위시에 무효였던 것이므로, 위와 같은 변화로 당연히 유효로 되는 것이 아니라 무효행위의 전환에 의하여(즉 138조의 요건이 갖추어진 경우에 한하여) 유효로 된다고 할 것이다.[4]

[508] ## 2. 내용의 반사회성

(1) 제103조는 반사회적인 사항을 「내용」으로 하는 법률행위는 무효라고 한다. 그러나 이 규정은 취소의 요건으로 「법률행위의 내용」에 착오가 있을 것을 명언하는 제109조 1항에서와 같이 반사회성이 법률행위의 「내용」에 있는 경우에 한하여 무효로 하려는 것이 아니고, 반사회적인 결과를 야기하는 법률행위는 무효로 하려는 것이다. 그러므로 그러한 결과를 야기할 수 있는 것인 한 법률행위의 내용 이외의 점에 반사회성이 있는 경우에도 무효라고 해야 한다(참고로 외국의 입법례를 보면, 독일민법 138조 1항은 단순히 「선량한 풍속에 반하는 법률행위는 무효이다」고 규정한다. 그외에도 스위스채무법 20조, 프랑스민법 1131조, 1133조 참조. 우리 민법도 원안에서는 단순히 「선량한 풍속 기타 사회질서에 위반한 법률행위는 무효로 한다」고 하였으나, 국회의 심의과정에서 「내용으로 하는」이라는 문구가 삽입되었다. 이러한 문구는 자칫 무효의 요건으로 법률행위의 내용에 반사회성이 있을 것을 요구하는 것으로 오해하게할 여지가 있으므로, 타당성이 의문이다). 판례도 이와 같은 입장이다.[5]

(2) 판례는 반사회성을 이유로 무효가 되는 경우를 다음과 같이 유형화한다(이 중 ② 이하는 법률행위의 내용 자체는 사회질서에 반하지 않는 경우이다).

① 법률행위의 목적 자체가 사회질서에 반하는 경우(예컨대 범죄를 하기로 하는 계약을 맺은 경우).

② 법률행위의 내용을 법률상 강제함으로써 사회질서에 반하는 경우(예컨대 영업양도인이 후에 동종의 영업을 하는 경우에 과도한 위약금을 지급하기로 약정하는 경우).

③ 금전적 이익과 결합하기 때문에 사회질서에 반하는 경우(예컨대 공무원이 뇌물을 받고 정당한 직무를 행하기로 약정하는 경우).

④ 조건을 붙였기 때문에 사회질서에 반하는 경우(예컨대 범죄를 하는 것 또는 범죄를 그만두는 것을 조건으로 하여 금전을 주기로 약정하는 경우).

⑤ 동기가 사회질서에 반하는 경우(예컨대 노름을 위하여 돈을 차용하거나, 살인을 위하여 칼을 구입하는 경우). 다만 이 경우에 언제나 무효가 되는가 하는 점이 문제되는데, 이 문제는 반사회성을 이유로 무효라고 하기 위해서는 상대방도 반사회성을 인식하였어야 하는가(주관적 인식) 하는 문제와 관련되므로, 뒤에서 동기의 불법 부분에서 살핀다.

---

4) Larenz/Wolf, §41 28 29. 이영준, 257면 이하는, 법률행위의 내용이 반사회적인 경우에는 행위시를 기준으로 한다고 하면서, 주위사정에 의하여 반사회적인 경우에는 효력발생시를 기준으로 한다고 한다.

5) 대판 1984. 12. 11. 84다카1402; 대판 1992. 11. 27. 92다7719; 대판 2000. 2. 11. 99다56833. 이 중 99다56833의 사안은, 재단법인의 고문인 갑이 그 재단이 시행하는 공사의 도급을 받아 시공하던 乙의 약점을 알게 되자 을의 위법사실에 대하여 조치해 달라는 진정서를 행정기관에 제출하고는, 그 진정을 취하하는 대가로 을로부터 공사대금의 일부를 받기로 약정한 경우로서, 그 약정은 반사회질서적인 조건 또는 금전적 대가가 결부됨으로써 반사회질서적 성질을 띠게 되는 경우라고 한다.

3. 주관적 인식의 문제 [509]

(1) 반사회성을 이유로 법률행위를 무효라고 하기 위해서는 행위자가 이의 반사회성을 인식하였어야 하는가? 반사회적 행위를 무효로 하는 것은 행위자에게 비난가능성이 있기 때문이 아니라, 그러한 법률효과를 인정하는 것이 전체 법질서에서 보아 적절치 않기 때문이다. 이러한 점을 고려하면 그와 같은 주관적 인식은 필요치 않다고도 할 수 있다. 그러나 자신의 행위가 반사회적임을 모르는 자에 대하여 그 행위의 결과를 부인하는 것은 타당치 않을 것이다. 이런 점에서 그러한 인식을 요건으로 하는 것이 타당할 것이다.[6)]

(2) 다만 이러한 인식은, 법률행위의 내용 자체가 반사회적인 때(예컨대 첩계약 혹은 도박행위)에는 당연히 존재한다고 해야 한다. 왜냐하면 책임능력보다 분별력이 높은 행위능력을 가지는 당사자가 그러한 행위의 반사회성을 알 수 없었다고 하는 것은 있을 수 없기 때문이다(만약 행위자가 반사회성을 의식할 수 없었다면, 그의 행위능력 혹은 나아가 의사능력 자체가 결여된 것으로서 따라서 무능력을 이유로 행위의 효력을 부인할 수 있을 것이다). 그러므로 그러한 행위에서는 주관적 인식 유무가 문제될 여지가 없다. 이것이 문제가 되는 경우는 행위 자체는 반사회적인 것이 아니나, 그러한 행위를 하는 목적 내지 동기에 반사회성이 있는 경우이다. 이는 소위 동기의 불법의 문제로서 항을 나누어 살펴본다.

Ⅲ. 동기의 불법 [510]

반사회적인 동기에 기하여 법률행위를 한 경우에, 그 행위는 곧바로 반사회적인 것으로서 무효로 되는가? 예컨대 갑이 사람을 해칠 목적으로 을로부터 약을 산 경우 혹은 갑이 도박에 사용할 의도로 을로부터 돈을 빌린 경우에, 그러한 매매 혹은 대출행위는 무효이고 따라서 을은 대금의 지급 혹은 차용금의 반환을 청구할 수 없는가?

(1) 다수 견해는 동기도 표시됨으로써 법률행위의 내용으로 되고 따라서 이러한 경우에 한하여 그 법률행위는 무효라고 한다(제1설).[7)] 이에 대하여 일부 견해는, 동기에 불법이 있음에도 표시되지 않았다는 이유로 법률행위를 유효하다고 한다면 민법이 반사회적 행위를 무효로 하는 취지는 현저히 손상될 우려가 있다는 이유에서, 동기가 표시되지 않았더라도 상대방이 이를 알았거나 알 수 있었을 경우에는 그 행위는 무효라고 한다(제2설).[8)] 또 다른 일부 견해는 동기의 위법성의 정도 · 상대방의 관여 내지 인식의 정도 혹은 양당사자의 이익이나 거래안전 등을 종합적 · 상관적으로 고려하여 판단할

---

6) 이영준, 253면.
7) 곽윤직, 375면; 김현태, 275면; 방순원, 177면; 이영섭, 302면.
8) 김용한, 267면; 김기선, 241면; 장경학, 450면.

것이라고 한다(제3설).[9] 판례는 동기가 표시되거나 상대방에게 알려진 경우에는 무효가 된다고 한다.[10] 그러나 단지 법률행위의 연유 · 동기에 반사회성이 있는 경우에는 그 행위는 무효가 아니라고 한 판례도 있다.[11]

[511] (2) 검 토 이러한 견해는 대체로 동기의 착오에 관한 것과 일치한다. 아마도 대부분의 견해는 동기의 불법의 문제를 동기의 착오와 동일한 것으로 이해하고, 양자를 동일하게 취급하는 듯하다. 그러나 착오에서는 취소의 요건으로 법률행위의 내용에 착오가 있어야 하지만, 반사회적 행위에서는 법률행위의 내용에 반사회성이 있어야 무효가 되는 것이 아니다. 그러므로 동기의 불법에서, 동기의 착오에서와 같이 동기가 표시됨으로써 법률행위의 내용이 되었느냐 하는 점을 기준으로 해서 이의 무효 여부를 판단하는 것은 잘못된 접근일 것이다.

동기의 불법이 법률행위를 무효로 하는가 하는 문제는 무효의 요건으로 행위자에게 반사회성에 대한 인식이 있어야 하는가 하는 문제와 관련된다. 앞서 본 바와 같이 반사회성에 대한 행위자의 인식(가능성)이 무효의 요건이라고 한다면, 여기에서도 행위자가 동기의 불법(상대방이 반사회적 행위를 한다는 점을 알면서 그 행위에 조력한다는 점)을 알았거나 혹은 쉽게 알 수 있었던 경우(즉 중과실로 모른 경우. 왜냐하면 악의 여부는 내심의 사정이므로 입증에 어려움이 있고, 따라서 행위 당시의 사정을 고려할 때 쉽게 알 수 있었다고 판단되는 경우에는 악의와 동일하게 취급하는 것이 타당하므로)에 무효가 된다고 해야 할 것이다(이에 의하면 위의 예에서 을이 갑의 약을 사는 의도 혹은 돈을 차용하는 의도를 알았거나 혹은 쉽게 알 수 있었던 경우에는 그 매매계약 혹은 소비대차가 무효가 되고 따라서 갑은 대금 혹은 차용금을 청구하지 못한다). — 이는 결과적으로 앞의 제2설과 유사하지만(다만 이 견해는 경과실로 모른 경우에도 무효라고 하나, 본서는 중과실로 모른 경우에 무효라고 하는 차이가 있다), 동기의 불법과 동기의 착오에서 관건이 되는 것이 무엇인지에 대한 이해를 달리하는 점에서 차이가 크다.

[512] Ⅳ. 구체적 판결례

먼저 반사회적 행위 중 몇 가지 유형을 살피고, 다음으로 개별적 사례를 소개한다.

1. 유형적 사례

(1) 부동산의 2중양도

민법 시행 후 초기의 판례는 2중양도를 반사회적인 행위가 아니라고 하였었다.[12]

---

9) 고상용, 341면; 김주수/김상용, 295면.

10) 앞의 주 5에서 소개한 84다카1402; 92다7719; 99다56833 등.

11) 대판 1972. 10. 31. 72다1271,1272[집 20-3, 민 80]는, 갑이 소유부동산을 A명의로 이전한 것은, 강행법규인 부정축재처리법을 잠탈하기 위하여 한다는 의도 또는 목적이 그 원인의 일부를 이루고 있기는 하나, 이는 단지 법률행위의 연유, 동기 혹은 수단에 반사회성이 있는 데 불과하므로 이로써 법률행위를 무효로 할 수 없다고 한다.

12) 대판 1967. 12. 5. 66다2451,2452[요지 제103조, 43]. 특히 대판 1965. 6. 15. 65다596은, 갑이 해방 전에 소유토지를 面에 매도하여 면이 국가보조와 蒙利地 소유자의 부담으로 저수지를 완성하였는데, 갑

그러나 1969년의 판결[13]이 2중매수인이 매도인의 배임행위에 적극 가담한 경우에 이를 반사회적 행위라고 한 이후 많은 판례가 이를 따르고 있다.[14]

(가) 판례상 2중양도가 반사회적 행위로 인정되기 위한 요건으로는, 첫째 제1양수인(을)이 부동산을 명도받아 점유하고 있을 것, 제2양수인(병)이 그러한 사정을 알면서도 아직 을에게 소유권이전등기가 행해지지 않았음을 기화로 양도인(갑)에게 이를 다시 양도할 것을 적극적으로 권유하여 양도인의 배임행위에 적극 加功하였을 것이 요구된다.[15]

(나) 2중양도를 무효라고 한 것은, 비록 이전등기를 하지 않았으나 오랫동안 매수부동산을 명도받아 점유하고 있는 을을 보호하기 위해서이다. 그러한 목적을 달성하기 위해서는 갑이 병에게로의 이전등기를 말소하여 이의 부동산을 자신에게로 회복시킨 후, 을에게 이전등기하도록 해야 한다. 그런데 2중양도가 반사회적 행위라면 제746조가 적용되어, 이미 병에게로의 이전등기가 경료되었다면 동조에 의하여 갑은 병에게 이전등기의 말소를 청구할 수 없는 것이 아닌가 하는 문제가 생긴다. 이에 관하여 초기의 판례는, 급부원인에 불법이 있다 하더라도 급여자는 부당이득반환채권이 아닌 물권적청구권(반사회적 행위에 기하여 소유권이전등기를 경료하더라도 그 등기원인이 무효이어서 원소유자는 소유권을 상실하지 않으므로, 소유권에 기한 반환청구권)에 기하여 이전등기의 말소(이미 급부한 물건의 반환)를 청구할 수 있다고 하였었다.[16] 그러나 그 후 태도를 바꾸어 제746조는 부당이득반환청구뿐만 아니라 소유권에 기한 반환청구도 허용치 않는 취지라고 하여, 반사회적 행위에 기하여 부동산을 처분한 자는 이의 취득자에 대하여 이미 이전한 부동산의 반환을 청구할 수 없다고 하였다.[17]

그런데 이러한 판례의 논리를 그대로 따른다면, 2중양도를 반사회적 행위로 무효라고 하더라도 을은 점유해 온 부동산을 취득할 수 없게 되어, 이를 무효라고 한 의의가 상실된다. 그리하여 판례는, 처분자가 소유권취득자로부터 부동산의 회복을 청구하지는 못하나, 2중양도의 경우에 을이 갑을 대위하여 병 앞으로 경료된 소유권이전등기의

이 그 토지가 자기 명의로 남아 있는 것을 기화로 몽리자들로부터 用水料를 징수하여 막대한 이득을 얻으려고 을에게 2중으로 매도한 사안을, 반사회적이라고 할 수 없다고 하였다.

13) 대판 1969. 11. 25. 66다1565[집 17-4, 민 46].

14) 대판 1972. 4. 28. 72다343[집 20-1, 민 261]; 대판 1975. 11. 25. 75다1311[집 23-3, 민 99]; 대판 1977. 1. 11. 76다2083[공 554, 9870]; 대판 1981. 1. 13. 80다1034[공 652, 13626] 등 다수.

15) 다만 대판 1981. 12. 22. 81다카197[공 675, 215]은, 제2양수인이 양도인의 행위에 적극 가담하는 행위는 「타인과의 매매사실을 알면서 매도를 요청하여 매매계약에 이르는 정도로 족하다」고 하였다.

16) 대판 1960. 9. 15. 4293민상57[집 8, 민 140];][공 565, 10173].

17) 대판 1979. 11. 13. 79다483[집 27-3, 민 140]. 그러나 이의 사안은 2중양도의 경우가 아니라, 父가 첩에게 증여한 부동산을 그의 상속인이 그 처분행위의 무효를 이유로 이의 반환을 청구한 경우이다.

말소를 청구할 수는 있다고 하였다.[18] 그런데 갑의 병에 대한 이전등기말소청구권을 부인하면서 을이 갑의 그러한 권리를 대위할 수 있다고 하는 것은 이론상 모순이다. 이런 점에서 이러한 판례의 태도 역시 문제가 있다. 그리하여 다른 근거에 기하여 그러한 결과를 인정하려는 주장이 제기되고 있다.[19]

(다) 2중양도가 무효로 되는 범위로서, 갑 · 을 간의 제1의 법률행위는 매매에 국한되지 않고, 증여인 경우,[20] 양도담보인 경우[21] 등도 포함된다. 또 갑 · 병 간의 제2의 법률행위도 매매에 국한되지 않고, 증여,[22] 매도담보,[23] 나아가 강제경매에 의한 경락[24] 등도 포함된다(즉 예컨대 갑이 을에게 부동산을 매각한 후 이를 병에게 증여하거나 담보목적으로 양도한 경우도 반사회성을 가질 수 있다). 그 외에 2중양도가 무효로 되면 제2양수인으로부터 그 부동산을 다시 매수한 전득자도 소유권을 취득하지 못한다.[25]

[513] (2) 극도의 자유제한

(가) 국가기관에 의한 강박 법률행위의 성립과정에서 강박이 있은 경우에, 판례는 먼저 일반적으로 강박이 의사결정의 자유를 완전히 박탈하는 정도에 이르지 아니하고 이를 제한하는 정도에 그친 경우에는 단지 강박을 이유로 취소할 수 있을 뿐이고, 법률행위의 성립과정에서 강박이라는 불법적 방법이 사용되었다는 것만으로 그 법률행위가 반사회적인 것으로 되지는 않는다고 한다.[26] 그리고 나아가 그러한 점은 그 강박을 한 주체가 국가인 경우에도 마찬가지라고 한다. 즉 국가기관이 헌법상 보장된 국민의 기본권을 침해하는 위헌적인 공권력을 행사하여 피강박자가 그에 외포되어 자유롭지 못한 의사표시를 하였다고 하더라도, 그 의사표시의 효력은 의사표시의 하자에 관한

18) 대판 1980. 5. 27. 80다565[공 636, 12879].

19) 그러한 예로서, 이용훈, 반사회적 2중양도와 불법원인급여, 방순원선생 고희기념논문집(1984), 25면 이하; 윤진수, 부동산의 2중양도와 원상회복, 민사법학 6호(1986), 161면 이하 등은, 2중매매가 반사회성을 가지는 경우에는 병이 을의 갑에 대한 채권을 침해하는 것으로서, 따라서 불법행위로 인한 손해배상의 방법으로 금전배상 이외에 원상회복(부동산을 2중양도 전의 상태로 회복)을 인정하는 방법으로 해결하는 것이 타당하다고 한다. 손해배상의 방법으로 원상회복을 일반적으로 허용하는 것이 타당하다는 점은 본서도 취하는 입장이다(채권각론 [881] 참조). 그러나 판례는 이와 다른 입장이고, 학설 역시 소극적이다.

20) 대판 1972. 4. 28. 72다343[집 20-1, 민 261].

21) 대판 1975. 8. 19. 74다2243[요지 제103조, 66].

22) 대판 1983. 4. 26. 83다카57[집 31-2, 민 121].

23) 대판 1984. 6. 12. 82다카672[공 734, 1266].

24) 대판 1985. 11. 26. 85다카1580[집 33-3, 194]. 이는 병이 갑과 직접 매매계약을 체결하는 대신에 갑이 자신에게 채무를 부담하고 있는 것처럼 거짓으로 꾸며 가장채권에 기한 채무명의를 만들고, 그에 따른 강제경매절차에서 병이 갑의 부동산을 경락 취득하는 경우이다.

25) 대판 1979. 7. 24. 79다942[공 618, 12150].

26) 대판 1984. 12. 11. 84다카1402; 대판 1996. 10. 11. 95다1460; 대판 1999. 7. 23. 96다21706; 대판 2002. 9. 10. 2002다21509; 대판 2002. 12. 27. 2000다47361 등.

민법의 일반원리에 의하여 판단되어야 하고, 그 강박행위의 주체가 국가 공권력이고 그 공권력 행사의 내용이 기본권을 침해하는 것이라고 하여 그 강박에 의한 의사표시가 반사회성을 띠게 되어 당연히 무효로 된다고는 볼 수 없다고 한다.[27] 그러나 헌법이 국민의 기본권 보장을 국가의 최상의 의무로 규정함에도 국가가 행한 고문이나 불법감금 등 국민의 기본권을 유린하는 행위를 반사회적 행위가 아니라고 하는 것이 — 반사회성 판단의 최후의 기준인 — 전체 법질서 내지 국민의 법감정에 맞는 것인지 의문이다.

국가기관에 의한 강박의 예는 특히 1980년 초 비상계엄하에서 사회정화사업의 일환으로 실시된 강제조치에 의하여 재산을 국가에 헌납한 사례에서 주로 나타나는바, 그러한 강제헌납행위의 효력과 관련된 그외의 쟁점들을 소개하면,[28] 강박에 의하여 행해진 행위가 증여인 경우에, 증여는 당사자 일방만이 급부를 하는 것이므로 불공정행위를 이유로 무효가 되지 않는다고 한다.[29] 그리고 표의자는 강박에 의해서나마 증여를 하기로 하고 그에 따른 증여의 의사표시를 한 것이므로 증여의 내심의 효과의사가 결여된 것이 아니고, 따라서 비진의표시로서 무효가 되지도 않는다고 한다([565]).[30]

(나) **해외연수비용의 반환약정** 기업체에서 비용을 부담하여 직원을 해외에 파견 [514]
하여 위탁교육이나 훈련을 시키면서, 장차 일정한 기간(의무근무기간) 이상 근무하지 아니한 때에는 그 부담한 교육비용 혹은 임금의 전부 또는 일부를 반환하도록 하는 약정은 유효한가? 이는 그러한 약정이 근로기준법이 금지하는 위약금 약정 혹은 손해배상의 예정(동법 제20조)에 해당하는가 하는 점에 매인다. 이에 관하여 판례는 초기에는, 해외연수비(해외파견 훈련비)를 근로자의 기술습득을 위하여 든 것으로 보는 전제에서, 위와 같은 약정은 사용자가 미리 근로자에게 대여하였던 연수비를 상환하기로 하는 것이므로(근로자는 그 상환방법으로 약정기간 사용자에게 근무하는 것이고, 따라서 그 기간 동안 근무하면 상환의무가 없어지는 것이다) 동법에서 금지된 위약예정에 해당하지 않는다고 하여 유효라고 하였다.[31] 그런데 근래에는 연수비의 성질 혹은 내용을 고려해서 그 효력을 판단한다. 즉 반환약정 중 교육비용을 반환하도록 한 부분은 유효하지만, 임금반환을 약

27) 대판 1996. 12. 23. 95다40038; 대판 2002. 12. 10. 2002다56031.

28) 이에 관한 상세는, 김학동, 국가기관의 강압에 의한 재산헌납의 효력에 관한 판례 고찰, 중앙대 법학논문집 제31집 1호(2007), 185면 이하 참조.

29) 대판 1993. 3. 23. 92다52238; 대판 1993. 7. 16. 92다41528,41535; 대판 1993. 10. 26. 93다6409.

30) 대판 1993. 7. 16. 92다41528,41535; 대판 2000. 4. 25. 99다34475(이의 사안은 1980년의 비상계엄 시기에 재산을 강제헌납한 경우는 아니고, 안기부에 강제연행되어 사직을 종용받은 경우임)

31) 대판 1974. 1. 29. 72다2565; 대판 1980. 7. 8. 80다590; 대판 1982. 6. 22. 82다카90 등. 그러나 대판 1992. 2. 25. 91다26232은, 기업체가 비용을 부담하여 직원을 해외에 파견하여 교육훈련을 시키는 목적은 교육훈련을 마치고 돌아온 직원이 습득한 지식과 기능을 기업체를 위하여 활용하고자 함에 있고 이를 위하여 일정한 기간 근무하게 할 필요가 있는 사정 등을 이유로, 위와 같은 약정은 유효하다고 하였다.

정한 부분은 기업체가 근로자에게 근로의 대상으로 지급한 임금을 채무불이행을 이유로 반환하기로 하는 약정으로서 실질적으로는 위약금의 약정이므로 무효라고 한다.[32] 그외에 해외연수가 출장업무에 해당하는 경우(해외연수의 기간이 매우 단기이고 빈번하게 이뤄졌으며, 연수기간의 대부분이 업무와 관련된 정보수집이나 견본확보 및 시장조사를 위해 소요되는 등의 사정이 있는 경우),[33] 혹은 해외연수(교육훈련)가 아니라 단순히 근로장소의 변경에 해당하는 경우(근로자가 사용자의 업무명령에 따라 관련 기업에서 본연의 업무에 종사한 경우)[34] 등에는, 그러한 연수비용의 반환을 약정하는 것은 근로기준법에 위반되는 것으로서 무효라고 한다.

[515] **2. 개별적 사례**

판례에 나타난 반사회적 행위의 구체적 내용을 살펴본다.

(1) 人倫에 반하는 행위 첩계약은 처의 동의 유무에 관계없이 무효이다.[35] 正妻의 사망 또는 이혼시에 혼인신고하기로 하는 혼인예약,[36] 장래의 부첩계약의 사전승인,[37] 혼인예약 중 동거 거부시 금원을 지급키로 하는 계약[38] 등도 무효이다.

그러나 이혼함에 있어서 처에게 금품을 증여하거나 부양방법을 약정하는 계약은 공서양속에 반하는 것이 아니다.[39] 또 첩에게 재산을 공여하기로 한 행위는, 불륜관계의 계속을 위해서가 아니라 첩의 생활을 유지하고 자녀의 성장을 보장하는 범위에서는 유효하다.[40]

(2) 정의관념에 반하는 행위

(가) 행위 자체가 범죄행위에 해당하는 경우

(a) 정의관념에 반하는 법률행위는 반드시 형사법규에 저촉되는 범죄행위에 국한되는 것은 아니다.[41] 그러나 범죄행위는 정의관념에 반하는 경우가 많다. 그러한 예로서, 사용자가 노동조합 간부에게 동 조합원인 노무자들로부터 임금인상 등의 요구가 있을 때 이를 적당히 무마하여 달라는 청약을 하고 그에 대한 보수를 지급하기로 하는 약정,[42] 이른바 담합입찰을 내용으로 하는 계약,[43] 밀수입의 자금으로 사용하기 위한 소비대차 또는 그를 목적으로 한 출자행위,[44] 귀속기업체 관리권을 양도함에 있어서 그 알선에 대한 보수를 약정하는 행위,[45] 당사자의 일방이 상대방에게 공무원의 직무에 관한 사항에 관하여 특별한 청탁을 하게 하고 이에 대한 보수로 돈을 지급하기로 하는 약정,[46] 도박으로 돈을 잃은 자가 잃은 돈을 회복하려고 딴 사

---

32) 대판 1996. 12. 6. 95다24944,24951; 대판 1996. 12. 20. 95다52222 등 다수.
33) 대판 2003. 10. 23. 2003다7388.
34) 대판 2004. 4. 28. 2001다53875.
35) 대판 1960. 9. 29. 4293민상302[집 8, 민 149].
36) 대판 1955. 7. 14. 4288민상156[집 2-6, 민 11]; 대판 1955. 10. 13. 4288민상245[요지 제103조, 9].
37) 대판 1967. 10. 6. 67다1134[집 15-3, 민 195].
38) 대판 1963. 11. 7. 63다587[요지 제103조, 30].
39) 조고판 1932. 12. 20. 민집 19, 276.
40) 대판 1980. 6. 24. 80다458[집 28-2, 민 53].
41) 대판 1972. 10. 31. 72다1455,1456[집 20-3, 민 88].
42) 대판 1956. 5. 10. 4289민상115[요지 제103조, 11].
43) 조고판 1933. 10. 13. 민집 20, 377.
44) 대판 1956. 1. 26. 4288민상96[요지 제103조, 10].
45) 대판 1959. 1. 15. 4291민상216[집 7, 민 14].
46) 대판 1971. 10. 11. 71다1645[집 19-3, 민 33].

람을 유인한 후 수사경찰관과 결탁하여 도박현행범으로 감금하고 위협하여 잃은 돈의 몇 배에 달하는 부동산에 관하여 가등기를 받은 행위[47] 등은 모두 범죄행위를 내용으로 하는 법률행위로서 무효이다.

(b) 그러나 범죄행위를 구성하는 법률행위라고 하여 모두 반사회적 행위인 것은 아니다. 예컨대 상속세를 면탈할 목적으로 피상속인의 사망 후에 피상속인 명의로부터 타인에게 소유권이전등기를 경료하는 경우,[48] 강행법규인 부정축재처리법을 잠탈할 의도로 행해진 소유권이전행위,[49] 매수인이 주택건설을 목적으로 하는 주식회사를 설립하여 여기에 출자하는 형식을 취하면 양도소득세가 부과되지 않을 것이라고 제의하여 매도인이 이를 믿고 그러한 형식의 매매계약을 체결한 경우[50] 등은 반사회적 행위가 아니다.

(나) 부동산의 2중양도행위 역시 정의관념에 반하는 것이지만, 이에 관하여는 이미 살폈다.

(다) 경매법원이 경매부동산을 싼 값으로 평가하고 이에 기하여 경락된 경우, 경매법원이 경매법상의 절차에 따라 적법하게 경매를 진행하였다면, 그것이 공서양속의 원칙을 어긴 위법한 경매라 할 수 없다.[51] 확정판결의 집행을 하지 않는다는 취지의 계약은 사회질서 위반이 아니다.[52]

(라) 변호사 아닌 자가 소송사건을 떠맡아 자기의 비용과 노력으로 타인을 승소시켜 주고 그 타인으로부터 대가를 받기로 하는 약정은 강행법규인 변호사법(구) 제48조에 저촉되는 것이며, 이러한 법률행위는 그 자체가 반사회적 성질을 띠므로 무효이다.[53] 그러나 변호사는 係爭 권리를 양수할 수 없다고 하는 규정(동법 17조 1항)은, 변호사의 일반적 품위를 손상시킬 우려가 있으므로 그러한 행위를 단속하기 위하여 둔 것이고 그러한 행위의 효력을 부인하기 위한 규정은 아니므로, 이에 위반한 행위는 유효하다.[54] 또 변호사의 성공사례금 약정 역시 유효하다.[55]

(마) **과다한 체납금** 日數로 부당한 이자를 계산한 후 복리로 체납금을 징수하도록 한 토지개량계 규약,[56] 연체 水利費를 고율의 복리로 부과 징수케 한 수리계 계약[57] 등은 무효이다.

47) 대판 1974. 7. 23. 74다157[공 497, 8009].
48) 대판 1964. 7. 21. 64다554[집 12-2, 민 44].
49) 대판 1972. 10. 31. 72다1271,1272[집 20-3, 민 80](판결은 그와 같은 의도는 단지 법률행위의 연유에 불과하므로 그러한 행위는 무효가 아니라고 한다).
50) 대판 1981. 11. 10. 80다2475[집 29-3, 민 180].
51) 대판 1967. 1. 18. 66마1120[요지 제103조, 40]. 그 외에 대판 1967. 1. 16. 66마1189[요지 제104조, 31]도 동지.
52) 조고판 1917. 11. 16. 민집 4, 980.
53) 대판 1978. 5. 9. 78다213[공 589, 10873].
54) 대판 1962. 1. 31. 4293민상859[요지 제98조, 2].
55) 대판 1971. 7. 6. 71다960[요지 제104조, 45]. 특히 대구고판 1963. 9. 20. 63다146은, 변호사가 승소판결 확정 후 계쟁 목적물의 반을 보수로 취득하기로 한 계약을 불공정행위가 아니라고 한다. 다만 대판 1993. 2. 9. 92다30382은 변호사의 보수금은 원칙적으로 약정액 전부이지만, 그 약정액이 제반 사정에 비추어 신의칙에 반하게 부당히 과다한 때에는 예외적으로 상당하다고 인정되는 범위로 된다고 한다(승소사례금으로 5,000만원을 약정하였으나 당사자 간의 화해에 따른 소취하로 소송이 종료된 사안에서 보수금은 2,000만원이 상당하다고 함). 그 외에 성공사례금이 과다하다고 하여 일부 무효라고 한 것으로는 서울고판 1973. 1. 12. 71나2041. 참고로 독일의 판례를 보면, 변호사에게 승소할 경우 부가하여 사례금을 지급하기로 하는 약정은 반사회적인 행위로서 무효라고 한다(BGHZ 34, 64). 대판 2002. 7. 9. 2001두809은 성공보수금의 약정에서 보수금 소득의 실현시기는 수임사건의 승소판결 확정시라고 한다.
56) 대판 1962. 3. 22. 4294민상715[집 10-1, 민 224].

그러나 도급계약에서 공사완공이 지연되면 매일 공사금의 100분의 2에 해당하는 위약금을 지급키로 한 약정은 반드시 무효라고 할 수는 없다.[58)]

(3) **도박 등 사행행위** 도박대금을 대여하는 행위,[59)] 도박으로 인한 채무의 변제방법으로 토지를 양도하는 계약,[60)] 도박 빚을 토대로 하여 그 노름 빚을 변제하기로 약정한 계약[61)] 등은 무효이다.

(4) **개인의 자유를 극도로 제한하는 행위** 이는 개인의 정신적 또는 신체적 자유를 극도로 구속하는 경우, 혹은 경제상의 자유를 지나치게 구속하는 경우이다. 이에 해당하는 사례 중에서 국가기관에 의한 강박 및 해외연수비용의 반환약정에 관한 판례는 앞에서 소개하였다. 그 외에 우선 정신적 자유를 과도하게 구속하는 경우로서, 어떠한 일이 있어도 상대방과 이혼하지 않겠다는 취지의 각서를 써 준 경우가 있다.[62)] 다음으로 정신적 자유를 구속하는 경우로서, 환경위생협회에서 협정한 요금 및 공휴일을 준수함과 동시에 종업원의 유인고용을 하지 않기로 하고 이를 위반한 때에는 위약금을 지급한다는 약정은 그 협회 회원의 영업상 활동의 자유를 일방적으로 제한하는 것이다.[63)] 또 전술 주 56, 57의 과다한 체납금을 징수키로 한 규약 역시 독점적 지위를 남용하여 자유를 제한하는 것으로서 무효로 되는 것이다.

(5) 그 외에 ⓐ 사찰의 존립과 존재의의를 상실케 하는 증여는 무효이다.[64)] ⓑ 투기목적의 미등기전매계약은 반사회적인 것이 아니다.[65)] ⓒ 행정기관에 진정서를 제출하여 상대방을 궁지에 빠뜨린 다음 이를 취하하는 조건으로 거액의 급부를 제공받기로 하는 약정은 반사회적인 것이다.[66)]

[516] Ⅴ. 불공정한 법률행위

1. 총 설

「당사자의 궁박, 경솔 또는 무경험으로 인하여 현저하게 공정을 잃은 법률행위는 무효로 한다」(104조). 그와 같은 행위를 불공정한 법률행위라고 한다. 이 규정은 궁박 등으로 인하여 손해를 보게 되는 당사자를 보호하기 위한 것으로서, 유질계약을 금지하는 제339조, 대물반환의 예약에 관한 제607조 · 제608조 그리고 이자제한법 등과 동일한 취지에 기한 것이다.

(1) 사적자치의 원칙은 절차상의 적법성만을 문제 삼으며, 내용상의 정당성은 문제 삼지 않는다. 즉 당사자가 타인의 부당한 간섭없이 자유로운 의사에 기하여(또 의사와 표시가 합치되게)

57) 대판 1963. 9. 26. 63다277[집 11-2, 민 151].
58) 대판 1964. 5. 26. 63다919[요지 제103조, 32].
59) 대판 1959. 7. 16. 4291민상 260[요지 제103조, 14].
60) 대판 1959. 10. 15. 4291민상262[요지 제103조, 17].
61) 대판 1966. 2. 22. 65다2567[요지 제103조, 37].
62) 대판 1969. 8. 19. 69므18[집 17-3, 민 28].
63) 대판 1964. 5. 19. 63다915[요지 제543조, 16].
64) 대판 1970. 3. 31. 69다2293[집 18-1, 민 295].
65) 대판 1993. 5. 25. 93다296.
66) 대판 2000. 2. 11. 99다56833.

법률행위를 한 이상, 그 내용이 한쪽 당사자에게 일방적으로 불이익하더라도 이는 스스로의 자기결정에 기한 것으로서, 따라서 그 행위의 효력은 문제될 여지가 없다. 그러므로 제104조는 사적자치의 원칙에서는 일응 예외적인 규정이라고 할 수 있다. 그런데 사적자치를 원칙으로 하면서도 불공정한 법률행위를 무효로 하는 규정을 둔 입법례가 적지 않다(예: 독민 138조 2항, 스위스 채무법 21조). 그 이유는 무엇인가? 이는 행위자가 상대방의 궁박 등을 이용였다면 그 점에서 이는 절차상의 적법성이 결여된 것이라는 데 기한 것이다. 그리하여 위의 입법례는 주관적 요건으로서 「궁박 등을 이용」하였을 것(unter ausbeutung der Zwangslage)을 요건으로 명언한다(그러므로 불공정한 법률행위를 무효로 하는 것은 사적자치의 원칙에 대한 예외가 아니다). 그리고 상대방의 궁박 등을 이용하였다면 이는 반사회적이라고 할 수 있다. 그리하여 그와 같은 규정을 반사회적 행위를 무효로 하는 규정과 같은 조문에서 함께 둔다.

(2) 그런데 우리 민법은 위의 입법례와는 달리 궁박 등을 「이용」한다는 주관적 요소 [517]
를 요건으로 명언하지 않는다. 또한 반사회적 행위를 규율하는 제103조와는 별도로 제104조가 독립적으로 불공정행위를 규율하고 있다. 그러면 이와 같은 우리의 규정을 어떻게 이해할 것인가? 이 문제는 이 규정의 해석, 특히 무효의 요건으로 궁박의 이용이라는 주관적 요건을 요구할 것인가 하는 점과 결부된다. 우리의 지배적인 견해는 본조가 규정하는 불공정한 법률행위는 성질상 반사회적인 것으로서 이는 반사회적 행위의 한 예이며, 따라서 본조는 제103조와 궤를 같이하는 것이라고 한다.[67] 판례 역시 동일한 입장이다.[68] 그리고 이러한 이해에 기초하여 위와 같은 주관적 요건을 요건으로 삼는다.

우리 민법의 다른 입법례와의 입법적 차이만으로, 우리 민법은 불공정행위를 반사회적 행위와는 입법취지를 달리하는 별개의 것으로 파악하려는 입법자의 적극적 의도에 기초한 것이라고 단정할 수는 없다. 그런데 우리 민법에는, 다른 입법례에는 없는 내용상의 정당성을 문제삼은 규정이 또 있다. 우선 제607조 · 제608조가 그것이다. 뿐만 아니라 제104조가 규정하는 불공정행위는 고율의 이자를 금하는 것과 궤를 같이하는 것으로서, 후자가 금전적 폭리(Geldwucher)를 규율하는 것이라면 전자는 물건적 폭리(Sachwucher)를 규율하는 것이라고 할 수 있다. 그런데 우리 나라는 다른 나라에는 없는 이자제한법을 가지고 있다. 이와같이 우리 법은 단지 불공정행위에 관해서 뿐만 아니라 여러가지 점에서 다른 입법례와 차이를 가지고 있다.

그러면 우리 법에 특유한 규정들을 어떻게 이해할 것인가? 우리 민법은 그 제정시점인 20세기 중반의 사회관념과 법인식에 기초하고 있다. 즉 우리 민법은 근대법적 원

67) 곽윤직, 381면; 김용한, 263면; 김주수/김상용, 300면; 김현태, 276면; 장경학, 454면.

68) 대판 1964. 5. 19. 63다821[집 12-1, 민 91]; 대판 1965. 11. 23. 65사28[요지 제103조, 36].

리에 대한 수정필요성에 기초하여, 사적 자치의 원칙을 최상의 기본원리로 삼으면서도 이를 제한하는 사회적 형평의 이념을 또 하나의 기본원리로 삼고 있다. 그렇다면 위와 같은 규정들은 사회경제적 불평등을 보다 적극적으로 해소하고자 하는 우리 사회의 수요와 시민의 인식에 기초한 것이라고 할 수 있지 않을까? 이렇게 본다면 민법이 불공정행위를 반사회적 행위와는 별개로 규정하고, 그 내용에서도 궁박 등을 「이용」한다는 주관적 요소를 요건으로 하지 않은 것은, 불공정행위를 반사회적 행위의 한 예로 보지 않고 사회경제적 불평등의 해소라는 취지에 기한 것이라고 할 수 있지 않을까?[69)]

[518] ## 2. 요 건

(1) 객관적 요건

㈎ 현저한 불공정 「현저하게 공정을 잃은 법률행위」이어야 한다.

ⓐ 공정을 잃었다는 의미는 급부와 반대급부가 불균형하다는 것이다. 어느 정도 불균형할 때 현저히 불공정하게 되는가 하는 점에 관하여는 확정적인 표준은 없다. 구체적인 경우에 즉응하여 다른 사정들과 관련하여 결정될 수밖에 없을 것이다. 판례는 「현저한 불균형」은 단순히 시가와의 차액 또는 시가와의 배율로 판단할 수 있는 것은 아니라고 하고,[70)] 이의 판단에서는 피해 당사자의 궁박·경솔·무경험의 정도가 아울러 고려되어야 하고, 당사자의 주관적 가치가 아닌 거래상의 객관적 가치에 의하여야 한다고 한다.[71)]

ⓑ 불공정한 법률행위는 쌍무계약에서 주로 행해질 것이다. 그러면 증여나 소유권의 포기와 같이 일방만이 급부를 하거나 혹은 재산을 잃는 행위도 불공정행위가 될 수 있는가? 판례는 불공정행위는 「자기의 급부에 비하여 현저하게 균형을 잃은 반대급부를 하게 하여 부당한 재산적 이익을 얻는 행위」를 의미하는 것이라고 하여, 일방이 아무 대가없이 타방에게 일방적으로 급부하는 행위는 불공정행위가 될 수 없다고 한다.[72)] 그러나 이는 의문이다. 입법례에 따라서는 불공정행위를 급부와 반대급부 간에 불균형이 있는 것으로 규정한다(독일민법 138조 2항은 불공정행위를 「급부의 대가로 자신 또는 제3자에게 그 급부와 현저히 불균형한 재산적 이익을 약속」하는 것이라고 규정한다). 그러나 우리 민법은 단지 「현저하게 공정을 잃은」 것을 불공정행위로 규정한다. 그렇다면 급부와 반

69) 고상용, 349면, 350면도 결과에서는 제103조와 제104조는 별개의 제도라고 하여, 같은 취지이다. 그런데 355면은 주관적 요건으로 궁박 등을 이용하려는 의사는 아니지만 궁박 등의 사정을 인식하고 불균형한 이익을 취득하였어야 한다고 한다.

70) 대판 2006. 9. 8. 2006도3366(이는 피고인이 토지를 가액의 약 10배의 대금으로 매각한 사안에서 부당이득죄의 성립을 부인하였음); 대판 2010. 7. 15. 2009다50308.

71) 대판 2010. 7. 15. 2009다50308.

72) 대판 1993. 3. 23. 92다52238; 대판 1993. 7. 16. 92다41528,41535; 대판 1993. 10. 26. 93다6409; 대판 2000. 2. 11. 99다56833.

대급부 간의 불균형을 요건으로 삼는 것은 법률상의 근거가 없는 것이다. 뿐만 아니라 일방만이 급부를 하는 경우에는 쌍방 간의 이익의 불균형의 정도가 더 클 것이다. 이런 점에서 일방만이 급부하는 행위도 불공정행위가 될 수 있다고 해야 할 것이다.[73)]

(c) 불공정 여부를 판단하는 기준시기는 언제인가? 궁박의 이용이라는 주관적 요소를 불공정행위의 요건이 아니라고 한다면, 이 규정의 취지는 당사자의 비난가능성에 대한 제재가 아니라 궁박 등으로 인한 불공정을 막기 위한 데 있다고 하게 된다. 이런 점에서 본다면 불균형의 기준시는 이행기라고 해야 할 것이다. 그러나 위와 같은 주관적 요건 문제를 떠나서, 행위시에 불공정하지 않았음에도 불공정을 이유로 행위의 효력을 부인하는 것은 적절치 않을 것이다. 또 반사회성 여부의 기준시기를 행위시라고 한다면 — 비록 반사회적 행위와 불공정행위는 별개의 것이라고 하더라도 — 불공정 여부도 동일하게 판단하는 것이 타당할 것이다. 이런 점에서 그 기준시는 행위시라고 할 것이다. 그리고 그와 같이 해석하는 것은 본조와 같은 이념에 입각한 제607조 · 제608조가 대물변제 예약 당시를 기준으로 하는 것과도 부합한다.[74)]

(나) **손실자의 궁박 등** 「당사자의 궁박, 경솔 또는 무경험」이 있어야 한다. [519]

(a) 「궁박」은 급박한 곤궁을 의미하는 것으로서, 경제적인 궁박에 한정되는 것이 아니고, 정치적 · 물리적 궁박 혹은 나아가 명예의 침해와 같은 정신적 궁박도 포함한다.[75)] 「급박한 곤궁」이 있느냐 여부는 당사자의 신분과 재산상태 및 당사자가 처한 상황의 절박성 정도 등 제반정황을 종합하여 판단해야 한다.[76)] 법문은 「당사자」의 궁박 등을 요구한다. 그러나 당사자 스스로 궁박상태에 있는 것이 아니고 그와 상당한 관계에 있는 타인이 궁박상태에 있는 경우에도, 그로 인하여 당사자가 궁박상태에 빠져 불

73) 이영준, 270면.

74) 통설. 이에 대하여 김주수/김상용, 301면은 행위시 및 이행기 모두를 기준으로 함이 타당하다고 한다. 일부 학설은 대판 1965. 6. 15. 65다610[집 13-1, 민 193]을 토대로, 판례는 이의 기준시점을 이행기로 보고 있다고 한다(곽윤직, 382면; 김주수/김상용, 301면; 김현태, 277면 등). 그러나 이 판결이 이행기를 기준으로 판단한 것은 급부와 반대급부의 현저한 불균형 여부가 아니라, 그러한 판단의 전제인 피담보채권액의 산정이다. 즉 차용금에 이자지급의무가 붙은 경우에 이자의 액수를 이행기시를 기준으로 하여 산정한 것이고, 이 이자액 및 원금액의 합산액이 대물변제 목적물의 가액과 비교할 때 현저히 균형을 잃었는지 여부는 행위시를 기준으로 판단하고 있다. 이는 대판 1984. 4. 10. 81다239[집 32-2, 61]에서도 나타난다. 이러한 점은 민일영, 불공정한 법률행위의 요건으로서의 급부의 불균형에 관한 일고, 사법연구(청헌법률문화재단) 2집(1994), 298면 이하에서 상세히 검증하고 있다.

75) 대판 1974. 2. 26. 73다673; 대판 1996. 11. 12. 96다34061; 대판 1999. 5. 28. 98다58825.

76) 대판 2010. 7. 15. 2009다50308. 대판 1970. 11. 24. 70다2065[집 18-3, 민 304]는, 일제시 남작으로 만석꾼이던 집안이 광복 후 불과 1년 만에 몰락하였다고 하여 궁박상태에 있었다고 하는 것은 경험칙에 반한다고 한다. 그러나 건물철거소송의 패소확정판결에 의하여 건물을 철거당함으로써 생업을 중단케 된 사정은 궁박에 해당한다고 한다(대판 1973. 5. 22. 73다231[집 21-2, 민 17]).

공정한 행위를 한 때에는 본조가 적용된다고 할 것이다.

(b) 「무경험」은 단순히 그 행위영역에서의 거래경험 및 지식의 결여를 의미하는 것이 아니라, 거래 일반에 관한 경험 및 지식의 결여를 의미한다고 해석해야 할 것이다.

(c) 민법은 그 외에 「경솔」로 인한 경우도 이에 포함시키고 있다. 그러나 일반적으로 경솔로 인한 결과는 행위자가 감수하는 것이 거래관념에 부합한다. 따라서 이를 무효의 한 원인으로 규정한 것은 입법적으로 문제가 있다. 이는 「선천적 경솔」로 축소해석함이 타당하지 않을까 생각된다.[77]

[520] **(다) 궁박과 불공정 간의 인과관계** 본조는 궁박 등으로 「인하여」 현저하게 공정을 잃었을 것을 요구한다. 따라서 궁박 등과 그 불균형한 법률행위의 체결 간에 인과관계가 있어야 한다. 따라서 예컨대 급부자가 자신의 궁박에도 불구하고 상대방의 어려운 사정을 돕기 위해서 불균형한 법률행위를 하였다면, 이러한 인과관계가 부인될 것이다. 이 요건은 다음의 주관적 요건과 관련되므로 다시 언급한다.

[521] **(2) 주관적 요건** 위의 객관적 요건 이외에 주관적 요건으로서 행위자는 상대방의 궁박 등을 알았거나 혹은 더 나아가 이를 이용하였어야 하는가? 학설은 일치해서 이를 긍정한다. 다만 그 내용에서 차이가 있을 뿐이다. 즉 다수의 견해는 행위자가 상대방의 궁박 등의 사정을 알고 이를 이용하였을 것을 요구한다.[78] 이에 대하여 일부 견해는 궁박 등을 이용하려는 의사까지는 필요치 않고 단지 이를 인식하였으면 족하다고 한다.[79] 판례는 본조는 「약자적 지위에 있는 자의 궁박, 경솔 또는 무경험을 이용한 폭리행위를 규제하려는 데 그 목적이 있는바, 피해 당사자가 궁박, 경솔 또는 무경험의 상태에 있었다고 하더라도 그 상대방 당사자에게 위와 같은 피해 당사자측의 사정을 알면서 이를 이용하려는 의사, 즉 폭리행위의 악의가 없었다면 불공정 법률행위는 성립하지 않는다」고 하여,[80] 다수의 견해와 같은 입장이다. 그 외에 일부 견해는 제104조의 요건이 갖추어지지 않은 경우(특히 주관적 요건이 갖추어지지 않은 경우)에는 제103조에 의하여 법률행위를 무효로 할 수 있다고 한다.[81]

---

77) 이영준 275, 276면. 참고로 독일민법을 살펴보면, 동법은 법개정(1976. 7. 29.)에 의하여 제138조 2항에서 경솔(Leichtsinn)을 삭제하고 「판단능력의 결여나 현저한 의사의 허약」(Mangel an Urteilsvermögen oder der erheblichen Willensschwäche)을 요건으로 규정하였다.

78) 곽윤직, 383면; 김주수/김상용, 302면; 김현태, 278면; 장경학, 456면.

79) 이영준, 276면; 고상용, 355면.

80) 대판 1988. 9. 13. 86다카563; 대판 2002. 9. 4. 2000다54406,54413. 그외에 대판 1991. 7. 9. 91다5907; 대판 1996. 11. 12. 96다34061; 대판 1999. 5. 28. 98다58825; 대판 2010. 7. 15. 2009다50308 등 다수.

81) 고상용, 343, 344면; 곽윤직, 382면; 김용한, 264면; 이영준, 277면.

그러나 본조는 단지 궁박 등으로 「인하여」라고 함으로써 궁박 등과 급부의 불균형 간에 인과관계가 있을 것을 요구할 뿐이다. 따라서 그와 같이 해석할 법률적 근거가 없다. 이러한 해석은 「이용하여」를 요건으로 규정하는 독일민법 등 외국의 입법례에 영향 받은 것이 아닌가 생각된다. 그러나 주관적 요건에 관한 우리 민법과 외국 입법과의 차이가 불공정행위를 무효로 하는 이유 내지 입법취지의 차이에 기한 것으로 이해한다면, 외국의 입법례나 이론에서 벗어나 우리의 법문에 맞게 주관적 요건은 필요치 않다고 함이 타당하지 않을까? 실제적 각도에서 보더라도, 인식 또는 이용을 요건으로 하게 되면 이의 입증의 어려움 때문에 피해자가 구제받지 못할 우려가 있다.

(3) 입증책임 등 [522]

(가) 법률행위가 불공정행위로서 무효라고 주장하는 자는 스스로 급부의 현저한 불균형, 궁박 · 경솔 · 무경험, 이러한 요건과 법률행위 간의 인과관계 등을 증명하여야 한다. 급부가 현저하게 불균형하다고 하여 곧 그것이 경솔하게 이루어졌다고 추정되거나 궁박한 사정이 있은 것으로 인정되는 것이 아니다.[82]

(나) 매도인의 대리인이 매매계약을 체결한 경우, 매도인의 경솔 · 무경험은 그 대리인을 기준으로 하여 판단해야 하고, 궁박상태에 있었는지 여부는 매도인 본인의 입장에서 판단해야 한다.[83]

3. 효 과 [523]

이상의 요건을 갖춘 불공정한 법률행위는 「무효」이다. 따라서 무효로 된 채권행위를 아직 이행하지 않은 경우에는 이행할 필요가 없게 된다. 이미 이행된 경우에는, 반사회적 행위의 경우와는 달리 불법원인은 폭리자 쪽에만 있으므로, 제746조 단서의 적용에 의하여 피해자는 급부한 것의 반환을 청구할 수 있게 된다(물론 불공정행위는 반사회적 행위가 아니라는 입장에 의하면 여기에는 746조가 적용될 여지가 없다).

4. 구체적 판례 [524]

(1) 먼저 각 요건에 관한 판례를 살피면,

(가) **궁박 등** 구속상태로부터 조속한 解禁을 바라고 있던 처지라고 하여, 이를 본조의 곤궁상태에 있었다고 할 수는 없다고 한다.[84] 또 단지 생활이 곤란하다는 사정은 궁박한 사정

82) 대판 1969. 7. 24. 69다594[집 17-2, 민 373].

83) 대판 1972. 4. 25. 71다2255; 대판 2002. 10. 22. 2002다38927(이의 사안은 다음의 주 87에서 소개함). 동지: 대판 1970. 1. 27. 69다719[집 18-1, 민 21](부재자 재산관리인이 부재자의 재산을 매도하는 경우, 매도인의 궁박상태 여부는 부재자 본인의 입장에서 판단되어야 하며, 매도 당시 부재자가 이미 사망하여 매매목적물의 소유권이 객관적으로 그 상속인에게 이전된 경우에는 그 상속인의 입장에서 이를 판단하여야 한다).

84) 대판 1974. 2. 26. 73다673[집 22-1, 민 76]. 그러나 대판 1996. 6. 14. 94다46374은, 수사기관에 불

에 해당하지 않는다고 한다.[85] 교통사고 며칠 후에 손해의 정도를 잘 모른 채 약간의 손해배상액을 받고 더 이상의 손해배상청구권을 포기하기로 합의한 경우는 사안에 따라 다르다. 즉 夫가 교통사고로 사망한 후 5일만에 전업주부로서 가사를 담당하던 처가 친지와 보험회사 담당자의 권유에 따라 보험회사와 사이에 보험약관상 인정되는 최소금액의 손해배상금만을 받기로 하고 한 부제소합의를 불공정행위로 인정하였으나,[86] 가정주부인 처가 夫의 사망 이틀 후의 불안정한 심리상태에서 사고의 뒷처리에 경험이 없이 사고로 인한 손해배상 및 위자료로서 12만원을 수령하면서 위와 같은 합의를 한 경우에 궁박이 부인되었다.[87] 그 외에 불공정행위임을 인정하는 판례는 거의 대부분 궁박 등의 사정을 구체적으로 적시한다. 그러나 단지 농촌에 거주하는 79세의 노인이라는 점만을 제시하면서 불공정행위임을 긍정한 것이 있다.[88]

(나) **급부의 불균형** 불공정행위로 인정된 경우 중에는, 시가의 1/8 정도의 가격으로 매매한 경우[89]부터 700만원 상당의 건물을 267만원에 매도한 경우,[90] 시가 400만원 내지 800만원의 부동산을 200만원에 매도한 경우[91]에 이르기까지 그 폭이 다양하다. 또 시가의 1/2에 부동산을 매각한 경우에 불공정행위로 인정한 것도 있다.[92] 그러나 반면에 평당 1,200환 내지

법구금된 상태에서 5억여 원에 경락받은 토지지분 편취에 따른 손해배상으로 지분반환 외에 2억 4천만 원을 추가지급키로 한 합의를 불공정행위로 인정하였다.

85) 전술 대판 1955. 7. 7. 4288민상66.

86) 대판 1999. 5. 28. 98다58825. 그 외에 대판 1979. 4. 10. 78다2457(피해자의 가족들이 농촌에서 농사만 짓고 당해 사고와 같은 변을 처음 당하는 무경험한 상태에서 가장을 잃어 경제적 · 정신적으로 경황이 없는 궁박한 상태에서, 손해배상금으로 얼마를 받을 수 있을지 모르면서 경솔하게도 사고 후 불과 1주일밖에 안 되는 시기에 받을 수 있는 금액의 1/8도 안 되는 150만원을 합의금으로 수령하면서 그러한 합의를 한 경우); 대판 1987. 5. 12. 86다카1824(이의 사안은 [484] 의 주 71에서 소개하였다).

87) 대판 1967. 6. 20. 67다672[요지 제104조, 33](판결에서는 실제의 손해액의 정도는 나타나지 않음). 그 외에 대판 2002. 10. 22. 2002다38927. 후자의 사안은 갑이 운전중 과실로 동승해 있던 처 A가 사망하여 을 등(갑의 자녀들인 원고)을 대리해서 보험회사 병과 사이에서 손해배상액의 합의 및 더 이상의 권리의 포기 약정을 한 경우인데, 갑은 초등학교 졸업의 학력에 불과하지만 당시 운전 17년 및 농업 7년 정도의 경력을 가지고 있었고 을 등은 모두 성년이었으며, 위 합의는 사고 후 5개월이 지나 합의가 이루어졌고, 갑은 사고가 전적으로 자신의 과실에 기인하고 A도 안전벨트를 하지 않아 과실상계로 손해배상액이 감액되리라는 점 등을 고려해서 그러한 합의를 하게 된 것이라는 점에서 볼 때, 합의 당시 — 경솔과 무경험은 대리인을 기준으로 하고 궁박은 본인의 입장에서 판단하는 바 — 대리인인 갑은 경솔과 무경험의 상태에 있지 않았고, 본인인 을 등은 급박한 궁박상태에 있지 않았다고 하여, 불공정행위를 부인하였다.

88) 대판 1992. 2. 25. 91다40351[공 918, 1144]. 이 사안은 감정원의 감정가격 5,143만원의 30%에도 못 미치는 1,500만원에 토지를 매각한 경우인데, 판결은 다른 사정은 더 적시함이 없이 단지 농촌에 거주하는 79세의 노인이라는 점만을 제시하면서 불공정행위라고 하였다.

89) 대판 1977. 12. 13. 76다2179[공 578, 10529].

90) 대판 1979. 4. 10. 79다275[공 612, 11933](처분자가 무학문맹인 67세의 노파로서 나이어린 외손녀 하나만을 데리고 가옥 일부를 임대한 수입으로 생계를 이어 오며, 고혈압으로 보행이 자유롭지 못하는 등의 병세와 정신이 혼미함에도 가난하여 치료조차 받지 못하다가, 이러한 사정을 잘 아는 이웃 사람에게 다른 생활대책도 없이 유일한 생활근거인 부동산을 매각한 경우).

91) 대판 1954. 12. 28. 4287민상141[요지 제104조, 3](처분자가 국회의원선거에 출마하여 선거비용을 급하게 마련하여야 할 상태에 있었던 경우).

92) 대판 1964. 12. 29. 64다1188[요지 제104조, 25](처분자가 무지한 부녀자로서 남편을 여의고 아무런 생업도 없이 어린 3남매를 부양할 길조차 없어 방황하다가 아이들을 고아원에 맡기고 그 자신은

1,500환 가량인 토지를 시가의 1/3 내지 1/4 수준인 평당 400환씩에 판 경우,[93] 그리고 임야를 시가의 1/2 내지 1/5의 가격으로 매도한 경우[94]에 불공정행위가 아니라고 한 것이 있다.[95]

(2) 개별적 사례

(가) 소위 알박이사건, 즉 갑(재건축 조합)이 재건축사업을 실시하는 토지의 일부를 을(조합 갑에 근무하던 사람임)이 매수한 후, 갑이 위 부분을 매수하지 않고서는 재건축사업을 더이상 진행할 수 없다는 사정을 알고서 그 매수대금(1억 9천만원)보다 훨씬 고액(9억원)에 이를 매각한 경우(다른 토지의 매매대금은 2억원 정도)에, 불공정행위임을 인정한다.[96]

(나) 양도담보의 경우에는, 목적물이 채무액을 크게 초과하는 경우에도 불공정성을 부인한다.[97] 이는 아마도 그러한 경우에도 채무자는 변제함으로써 담보물을 회수할 수 있으며, 설령 그렇게 하지 못한 경우에도 담보물의 가액과 채무액과의 차액(정산금)을 반환받게 된다는 점을 고려한 것으로 생각된다.[98] 그러나 채무자로서는 담보물 자체를 상실하는 것 자체가 커다란 불이익일 수 있으며, 그 담보물이 채무자에게 커다란 주관적 가치를 가지는 경우에 특히 그러하다. 이런 점을 고려할 때, 그러한 결과가 과연 타당한지 의문이다.

걸식하는 상태에 있었던 경우).

93) 대판 1966. 7. 12. 66다936[집 14-2, 민 140].

94) 대판 1955. 7. 7. 4288민상66[집 2-5, 민 18].

95) 그 외에 대판 1965. 4. 27. 65다123[요지 제104조, 26]은 쌀 15가마를 차용하면서(이율 연 8할) 쌀 29.5가마에 해당하는 토지를 대물변제하기로 한 경우에, 망부의 장기간에 걸친 신병 치료비에 충당하기 위한 것으로서 궁박한 사정이 인정됨에도 불구하고, 차용액(쌀의 원본과 이자의 합계)과 토지의 시가를 비교할 때 위 행위가 폭리행위에 해당한다고 볼 수는 없다고 하였다.

96) 대판 2010. 7. 15. 2009다50308. 판결은 나아가 매매계약이 이와 같이 불공정한 법률행위에 해당하여 무효인 경우에도 무효행위의 전환에 관한 제138조가 적용될 수 있다고 하고, 따라서 당사자 쌍방이 위와 같은 무효를 알았더라면 대금을 다른 액으로 정하여 매매계약에 합의하였을 것이라고 인정되는 경우에는, 그 대금액을 내용으로 하는 매매계약이 유효하게 성립한다고 한다. 그리고 이때 매매대금은 가정적 의사를 고려해서 결정해야 하는데, 법원은 가정적 의사를 함부로 추단하여 당사자가 의욕하지 아니하는 법률효과를 계약의 이름으로 불합리하게 강요하지 않도록 신중을 기해야 한다. 그리고 아울러 계약 당시의 시가와 같은 객관적 지표는 가정적 의사의 인정에 있어서 하나의 참고자료로 삼을 수는 있을지언정 그것이 일응의 기준이 된다고 말할 수 없다고 하고, 결론적으로 6억4150만원의 매매대금으로 결정하였다(을은 처음에는 토지의 보상가격을 평당 2,200만원으로 요구하였으나, 제2심의 조정에서는 평당 5,000원을 제시하였는바, 위 대금은 후자를 기초로 한 것임).

97) 대표적인 것은 대판 1970. 7. 21. 70다964[집 18-2, 민 158]이다(50만원을 대여하면서 시가 1천만원이 넘는 부동산을 담보의 목적으로 이전등기하기로 한 약정 또는 채권자의 형편에 따라 그 권리를 제3자에게 양도할 수 있다고 한 약정은 본조에 위반되는 무효의 계약이라고 할 수 없다고 한다). 그 외에 대판 1956. 6. 14. 4289민상173[집 4-2, 민 52].

98) 이러한 점은 대판 1967. 7. 4. 67다723; 대판 1967. 9. 19. 67다1460에서 엿보인다. 67다723은, 갑이 구속되기 직전의 궁박한 상태에서 215,000원의 수표금채무 변제를 위하여 시가 2,042,500원 상당의 부동산 소유권을 을에게 취득토록 하는 약정과 함께, 일정 기한까지 수표금을 지급지 못하는 때에는 위 부동산의 소유권을 을에게 완전히 이전하기로 한다는 약정을 한 경우에, 후자의 약정은 불공정행위로서 무효라 할 것이나 전자의 담보제공 약정은 현저히 불공정하다고 할 수 없다고 한다. 그리하여 을에게로의 소유권이전등기는 위 담보권을 표상하는 한도에서는 유효하고, 따라서 갑은 을로부터 위 부동산을 매수하고 이전등기한 전득자에 대하여 등기말소를 청구하지 못한다고 한다.

제 4 항 목적의 가능

[525] ### Ⅰ. 총 설

1. 무효사유로서의 원시적 불능

(1) 해석에 의하여 확정된 법률행위의 목적이 그 법률행위 당시에 이미 실현될 수 없는 때에는(원시적 불능), 그 법률행위는 무효이다. 민법은 그러한 점을 명언하지 않으나(스위스민법 20조은 이러한 점을 명문으로 규정한다), 원시적 불능의 경우에 계약체결상의 과실책임을 하는 제535조는 이러한 점을 간접적으로 말하는 것이다. 왜냐하면 동조는 손해배상범위를 신뢰이익의 손해로 규정하는데, 그러한 손해는 법률행위가 유효라고 믿음으로 인하여 생긴 것으로서 따라서 이는 법률행위가 무효임을 전제로 하는 것이기 때문이다.

(2) 원시적 불능을 목적으로 하는 계약의 효력은 채권각론 부분에서 규정한다. 그러나 원시적 불능을 목적으로 하는 법률행위가 무효라면, 「목적의 가능」은 법률행위의 일반적인 유효요건이 된다. 그러므로 이러한 요건도 여기에서 살핀다.

(3) 「목적의 가능」을 법률행위의 유효요건이 삼는 경우에 그 「가능」은 법률행위 당시를 기준으로 하는 것이다. 그러므로 법률행위 당시에 목적의 실현이 가능하였다면, 그 법률행위는 유효하다. 따라서 불능으로 된 시기가 언제이냐에 따라서 법률효과가 달라진다. 법률행위 이후에 불능으로 된 경우의 법률효과는 뒤의 「후발적 불능」 부분([536])에서 살핀다.

[526] #### 2. 불능의 효과와 입법정책

(1) 법률행위가 원시적 불능을 목적으로 하는 경우에, 그러한 목적은 처음부터 달성할 수 없다는 점 때문에 그 법률행위가 논리상 당연히 무효로 되는 것은 아니다. 이는 입법정책에 의해서 결정된다. 즉 법률은 그러한 법률행위도 유효하게 성립한다고 하면서, 그 불능이 채무자의 책임사유로 인한 것인 때에는 채무자에게 채무불이행을 이유로 하는 손해배상책임을 부과할 수도 있다. 즉 예컨대 갑이 을에게 X물건을 매각하였는데 갑이 계약 전날 실수로 이를 멸실시킨 경우에, 계약 당시에 목적물이 존재하지 않으므로 갑이 이를 이전할 수는 없지만, 법률은 계약이 유효하게 성립한다고 하고 갑에게 채무불이행책임을 부과할 수 있다. 그러나 우리 민법은 이를 무효로 하고 있다.

(2) 그러면 원시적 불능을 목적으로 하는 법률행위를 무효로 하는 우리의 입법정책은 타당한가? 이를 무효로 하게 되면, 예컨대 매매목적물이 매매계약 전날 멸실된 경우(원시적 불능)와

그 다음날 멸실된 경우(후발적 불능)에 그 법률관계, 특히 매도인의 손해배상책임의 내용이 크게 달라진다(무효라고 하게 되면(535조) 같은 계약체결상의 과실책임을 지고 따라서 손해배상범위가 신뢰이익의 손해에 한정되지만, 유효로 하게 되면 같은 채무불이행책임을 지고 따라서 손해배상범위가 이행이익의 손해에까지 미친다). 과연 법률행위의 시기가 불능으로 된 시점보다 전인가 후인가 하는 우연한 사정에 따라서(그것도 때로는 극히 사소한 시간적 차이밖에 없음에도) 법적 취급을 달리하는 것이 정당한지 의문이다. 더욱이 불능으로 된 시기를 명확히 하기 어려운 경우(예컨대 선박으로 운송중인 물건을 매각하였는데 그 선박이 매매계약에 즈음하여 침몰한 경우)에는 법률관계의 규율에 커다란 어려움을 준다. 그외에도 제531조는 승낙통지를 발송한 때 계약이 성립한다고 하므로, 예컨대 승낙통지가 멸실보다 전이냐 후이냐 하는 매도인과는 무관한 사정에 의하여 매도인의 책임이 달라지게 되는 불합리가 있다. 이런 점에서 볼 때 우리의 위와 같은 입법정책은 타당성이 의문이다. 불능으로 된 시기를 문제삼지 말고 법률행위의 효력을 인정하면서, 법률행위의 내용 · 불능에 대한 당사자의 기여 정도 등 구체적 사정을 고려해서 불능으로 인한 불이익 내지 책임을 양 당사자에게 공평하게 분담시키는 것이 타당하지 않을까? — 독일민법은 종래 「불능의 급부를 목적으로 하는 계약은 무효이다」는 규정(개정 전의 동법 306조)을 두었으나, 근래의 개정에서 「급부가 채무자 또는 모든 사람에게 불능인 경우에는 그 급부에 대한 청구권은 배제된다」고 규정함으로써(동법 275조), 원시적 불능에 관한 입법정책을 크게 수정하였다. 원시적 무효와 후발적 무효를 구별치 않고 규율하는 영미법상의 Frustration제도 역시 이러한 입장이라고 할 수 있다.

3. 일부무효의 예외 [527]

민법은 매매목적물의 일부가 계약 당시 이미 멸실된 경우에 담보책임을 인정한다(574조). 매매목적물에 하자가 있는 경우에도 마찬가지이다(580조). 이러한 규정들은 원시적 불능을 목적으로 하는 법률행위는 무효라고 하는 일반원칙에 대한 예외를 인정한 것이 된다. 왜냐하면 처음부터 매매목적물의 일부가 부족하거나 하자가 있다면 이는 법률행위의 일부가 양적 혹은 질적으로 원시적 불능인 경우인데, 이 경우에 담보책임을 인정하는 것은 매매계약 전부가 유효하게 성립한다는 것을 전제로 하여 그 부족 혹은 하자의 정도에 상응하여 대금을 감액시키는 것이기 때문이다.

다만 이러한 예외로부터, 일반적으로 원시적 불능이 무효가 되는 것은 전부불능의 경우에 한하고 일부불능의 경우에는 원칙적으로 무효가 되지 않는다고 하는 것은 타당치 않다. 왜냐하면 위 규정이 적용되는 경우는 일부불능의 경우 중 일부에 불과하고, 또 위와 같은 담보책임은 모든 계약에서 인정되는 것은 아니기 때문이다.

Ⅱ. 불능의 표준과 형태 [528]

1. 불능의 표준

(1) 법률행위의 목적이 불능이냐 여부는 일응 물리적 기준에 의하지만, 궁극적으로는 사회관념에 의하여 결정된다. 즉 물리적으로는 가능하더라도, 사회관념상 불능으로 여겨지는 때에는 불능이 된다(예컨대 바다 밑에 가라앉은 보석을 찾아 내는 것을 내용으로 하는 경우). 사회관념은 시대에 따라 변화

하는바, 특히 과학기술이 비약적으로 발달한 현재에 있어서는 과거와 비교할 때 불능의 개념에 적지 않은 차이가 있을 것이다.

(2) 불능은 법률행위시부터 불능일 수도 있고 그 이후에 비로소 불능으로 될 수도 있는데, 법률행위가 무효로 되는 것은 전자의 경우에 한한다.

(3) 불능은 확정적인 것이어야 한다. 일시적으로 불능이더라도, 가능으로 될 가능성이 있는 것은 불능이 아니다.

[529] 2. 불능의 형태

불능의 일반적 혹은 통상적 형태는 목적달성이 물리적으로 불가능한 경우이다. 이를 사실적 불능이라고 할 수 있다. 그러나 불능 여부는 궁극적으로 사회관념에 의하여 결정되므로, 그러한 경우 이외에도 불능이 될 수 있다. 이에 해당하는지 여부가 문제되는 특수한 형태의 불능으로는 다음과 같은 것이 있다.

(1) **법률적 불능** 이는 법률행위 목적의 실현이 물리적으로는 가능하지만 법률에 의하여 제한되는 경우이다. 이 경우에도 사회관념에 비추어 볼 때 목적의 실현이 불가능하므로 불능에 속하고, 따라서 그 법률행위는 무효가 된다.

법률적 불능의 대표적 예는 불융통물을 거래한 경우이다. 문화재보호법에 의하여 양도가 금지되는 지정문화재인 토지를 허가없이 매각한 경우가 이에 해당한다. 그러면 토지가 매매계약 당시에는 지정문화재였으나 그후 지정문화재에서 해제된 경우에는 무효였던 매매계약이 당연히 자동적으로 유효한 계약으로 전환되는가? 불능 여부의 판단 기준시기는 법률행위시이므로, 이를 부인해야 한다. 판례도 같은 입장이다.[1)]

[530] (2) **경제적 불능** 이는 법률행위의 목적을 실현하는 것이 물리적으로 가능하기는 하지만, 이를 실현하는 것이 채무자에게 커다란 경제적 손실을 초래하여 그에게 이를 기대하는 것이 불가능한 경우이다. 경제적 불능은 채무자의 개인적 사정으로 인한 것이므로 사회관념상 불능은 아니고, 따라서 불능의 범주에 포함되지 않는다. 물론 이 경우에 채무자는 계속 채무를 이행할 의무를 진다고 하는 것은 채무자에게 가혹하고, 이런 점에서 이를 (후발적) 불능으로 인정하여 채무자로 하여금 원래의 채무에서 벗어나게 하면서, 손해배상의무를 통하여 채권자와 채무자간의 이해를 조절하는 것이 타당

1) 서울고판 1970. 5. 21. 69나2956. 이는 국가가 매매계약 당시 지정문화재이던 토지를 개인에게 매각하였는데, 위 매매계약이 있고 얼마 후 지정문화재에서 해제되자 매수인(갑)이 위 토지의 이전을 청구한 사안이다. 판결은 위 매매계약은 법률상 당연무효이므로 그 뒤 지정문화재에서 해제되었다는 이유만으로 유효한 계약으로 전환되지는 않는다고 하면서, 그 해제 전에 국가가 갑에 대하여 위와 같은 이유로 매매계약을 해약한다고 통고한 이상 그 뒤에 지정문화재로부터 해제되었다고 하더라도 새로운 계약 없이 이전의 무효인 계약이 자동적으로 유효화할 수는 없다고 한다.

하다고도 할 수 있다. 그러나 그렇게 한다면 불능에 대한 법적 취급이 크게 동요될 우려가 있다. 이런 점에서 이를 불능으로 인정하는 것보다는, 가능으로 하면서 구체적 사정을 고려해서 신의칙에 의하여 의무의 내용을 수정하는 것이 타당할 것이다(이러한 경제적 불능은 법률행위 이후에 생기는 것이므로, 사정변경의 원칙이 적용될 수 있을 것이다).[2)]

(3) 객관적 불능 · 주관적 불능 이는 법률행위의 목적을 실현할 수 없는 자 [531]
의 범위를 기준으로 한 불능의 구별이다. 즉 누구도 이를 실현할 수 없는 경우가 객관적 불능이고, 당해 채무자만이 실현할 수 없는 경우가 주관적 불능이다. 예컨대 일정한 물건을 이전하기로 하는 계약에서, 그 물건이 멸실되어 존재하지 않아 누구도 이를 이전할 수 없는 경우가 객관적 불능이고, 물건은 존재하나 채무자가 그에 대한 소유권을 가지지 않아 이를 이전할 수 없는 경우가 주관적 불능이 된다. 주관적 불능의 또 다른 예로는, 어떠한 일을 함에는 특별한 기술이 요구되는데 채무자가 그러한 기술을 가지지 못한 경우를 들 수 있다.

객관적 불능이 여기에서의 불능에 속함은 자명하다. 그러면 주관적 불능도 마찬가지라고 할 것인가? 우선 이 경우에는 사회관념에 비추어 볼 때 목적의 실현이 가능하다. 실제적으로 보더라도 이를 불능으로 인정하게 되면 예컨대 매매목적물이 타인의 소유인 경우에 그 매매계약은 무효가 되고, 따라서 그러한 사정을 알면서도 계약을 체결한 매도인까지도 단지 신뢰이익의 손해배상책임을 지게 되는 바, 그러한 결과는 부당하다. 뿐만 아니라 제569조는 타인의 권리의 매매를 유효하다고 하고, 나아가 제570조는 그러한 매매의 경우에 담보책임을 인정한다. 그러므로 주관적 불능을 무효로 하는 것은 우리 민법과 배치된다.[3)] 따라서 주관적인 원시적 불능은 법률행위의 효력에 영향을 주지 않으며, 채무자가 책임사유로 이행치 못하는 경우에는 채무불이행을 진다고 해야 한다.

판례 중에는 서울시가 갑과 토목공사계약을 체결하면서 공사의 대가로 공사지역의 임야에 대한 사용권을 부여하기로 하였는데, 그 임야가 계약체결 당시부터 제3자의 소유여서 이의 사용권을 부여하지 못하자 갑이 채무불이행을 이유로 손해배상을 청구한 사안에서, 임야가 타인 소유여서 사용권 부여가 원시적으로 이행불능이므로 위 공사계약은 유효하게 성립할 수 없다고 하여 단지 신뢰이익의 손해배상책임을 인정한 것이 있다.[4)] 이는 주관적인 원시적 불능도 무효라는 입장으로 이해되는데, 그 타당성은 의문이다. 이 경우는 타인의 임야에 대한 사용권을 주기로 한 것으로서 제569조가 적용되어

2) 이영준, 206면.
3) 이영준, 204면.
4) 대판 1975. 2. 10, 74다584.

계약은 유효하고, 채무자는 담보책임(570조의 준용)을 진다고 해야 할 것이다.

[532] ## Ⅲ. 원시적 불능의 효과

1. 무 효

(1) 법률행위의 목적이 그 성립 당시에 이미 실현할 수 없는 경우에, 그 법률행위는 무효이다. 따라서 법률행위에서 기도했던 법률효과는 발생하지 않는다.

(2) 불능은 법률행위의 목적 전부에 있을 수도 있고 그 일부에 있을 수도 있다. 전자를 전부불능(예: 전소된 가옥을 매도 또는 임대하기로 한 경우), 후자를 일부불능이라고 한다(예: 매수 또는 임차하기로 한 가옥의 일부가 소실된 경우, 주택임대차계약의 기간을 강행규정에 반하게 6개월로 한 경우). 이 중에서 전부불능의 경우에 그 법률행위 전부가 무효로 됨은 의문의 여지가 없다. 그러면 일부불능의 경우에는 법률행위의 일부만이 무효로 되는가 전부가 무효로 되는가? 이에 관해서는 일부무효에 관한 규정(137조)이 적용된다. 다만 이 규정 이외에 일부무효에 관한 특별규정이 있다(예: 151조 3항, 312조, 591조, 651조 등). 이에 관하여는 후술한다([847] 이하).

[533] ### 2. 계약체결상의 과실책임

법률행위가 무효이더라도, 그 법률행위에서 기도했던 법률효과가 아닌 다른 법률효과(당사자가 기도하지 않았던)가 발생할 수는 있다. 민법은 그러한 것으로서 계약체결상의 과실책임을 인정한다(535조).

(1) 요 건 이러한 책임의 발생요건으로서,

(가) 일방의 고의 · 과실 일방(급부자)이 「불능」을 알았거나 알 수 있었어야 한다.

(a) 여기에서의 고의 · 과실은 불능의 사실에 관한 것이고, 채무불이행에서와 같이 불능의 발생에 관한 것이 아니다. 따라서 예컨대 갑이 을에게 물건을 매각하였으나 그 물건이 계약 직전에 멸실된 경우에, 갑이 그 멸실사실을 알 수 있은 때에는 비록 그 멸실이 갑의 잘못으로 인한 것이 아니더라도 이 책임이 인정된다. 이와 같이 여기에서의 고의 · 과실은 채무불이행에서의 그것과 차이를 가진다. 이러한 점은 이 책임의 본질에 비추어 볼 때 당연한 것이다. 왜냐하면 한편으로 이 책임은 불능임을 알 수 있었음에도 계약을 체결한데 대한 책임이고, 다른 한편으로는 매매계약 체결 전에는 매도인(갑)은 목적물이전의무를 지지 않으므로 설령 자신의 실수로 이를 멸실시켰더라도 이는 목적물 보존에 관한 선관주의의무 위반(과실)이 되지 않기 때문이다.

(b) 고의 · 과실의 판단기준시기는 계약체결시이다(동조 1항 1문 참조). 즉 계약체결시에 알 수 없었던 때에는, 그 이후에 알았더라도 책임을 지지 않는다.

(나) **상대방의 선의 · 무과실** 상대방이 불능을 알았거나 알 수 있었을 경우에는 책임은 성립하지 않는다(동조 2항). 이는 불능을 알 수 있었던 자는 보호할 필요가 없다는 점에 기한 것이다. 채무불이행에서는 채무자에게 책임사유가 있는 이상 책임이 인정되고, 채권자의 과실은 단지 배상범위에 영향을 미칠 뿐인 것(과실상계)과 차이가 있다. 그러나 이러한 요건이 타당한지는 의문이다. 이는 특히 급부자가 고의이고 상대방에게는 단지 근소한 과실이 있는 경우에 그러하다. 가해자에게 책임사유가 있음에도, 피해자의 과실을 기화로 책임을 전적으로 배제하는 것은 손해배상제도의 원리에 맞지 않을 것이다. 이런 점에서 입법론으로는 단지 채무불이행에 관한 과실상계 규정을 준용하는 것이 타당하지 않을까?

(2) 효 과 급부자는 상대방이 계약의 유효를 믿었기 때문에 입은 손해(신 [534]
뢰이익의 손해)를 배상해야 한다. 손해배상의 범위를 이와 같이 신뢰이익에 한정한 것은, 이 책임은 계약이 무효인 경우, 즉 당사자가 급부의무를 지지 않는 경우에 성립하는 책임으로서, 급부의무가 존재하지 않는 이상 급부의무가 이행되지 않았기 때문에 생긴 손해(이행이익의 손해)를 배상범위로 할 수는 없다는 점에 기한 것이다.

신뢰이익의 손해에 속하는 것으로는 목적물을 조사하기 위하여 든 비용, 대금지급을 위하여 미리 융자를 받은 경우에 그에 대한 이자, 제3자로부터의 유리한 청약을 거절하였기 때문에 입은 손해 등이 있다. 채무가 이행되지 않았기 때문에 생긴 손해, 예컨대 목적물의 이용이나 전매로 얻었을 이익의 상실로 인한 손해는 배상범위에 속하지 않는다. 신뢰이익은 통상적으로 이행이익에 미치지 않는다. 만약 예외적으로 후자보다 다액인 때에는, 이행이익을 한도로 한다.

(3) 전통적인 손해배상책임의 발생원인(근거)은 채무불이행(계약책임)과 불법행위 [535]
이다. 그리고 양자는 가해자와 피해자 간의 계약관계 유무에 의하여 구별된다. 계약체결상의 과실책임제도는 19세기의 독일민법학이 창안한 제3의 손해배상책임의 근거이다. 이는 요컨대 계약을 체결하였으나 그것이 어떤 사유로 무효 혹은 취소된 경우에(우리 민법은 이 책임을 원시적 불능으로 무효가 된 경우에 관하여 규정하지만, 이는 착오의 경우를 중심으로 해서 발전된 것이다), 그 당사자는 계약상의 채무는 지지 않더라도 상대방이 계약의 유효를 믿고 이를 체결함으로써 입게 된 손해는 전보해 주어야 한다는 사상에 기한 것이다. 이와 같이 이는 한편으로는 계약을 체결한 경우에 성립하는 것인 점에서 불법행위와 차이가 있고, 그러나 그 계약이 유효하게 성립하지 않아 계약상의 채무를 지지 않는 경우에 성립하는 것인 점에서 채무불이행과 차이가 있다. 그런데 이 제도는 비교적 근래에 생성되었고, 그리하여 어떤 경우에 이를 인정할 것인가(착오 혹은 비진의표시로 인하여 취소 또는 무효로 된 경우에도 이를 인정할 것인가, 계약을 체결하지 않았으나 이를 위하여 접근한 경우에도 이를 인정할 것인가 등), 그리고 이에 기한 손해배상채무에는 어떤 규정을 적용할 것인가(예컨대 소멸시효는 어떠한가, 피용자에게 잘못이 있는 경우에 사용자에게 면책을 인정할 것인가 등) 하는 점이 충분히 논의되고 규율되지 못하고 있다. 다만 이러한 문제에 대한 고찰은 이 제도를 규율하는 부분으로 미룬다(채권각론 [43] 이하).

[536] Ⅳ. 후발적 불능

1. 후발적 불능이란 법률행위의 목적이 성립 당시에는 실현가능하였으나 그 이후에 불가능하게 된 경우이다. 예컨대 갑이 을에게 물건을 매각하였는데, 며칠 후 그 물건이 멸실된 경우이다.[5] 불능으로 법률행위가 무효로 되는 것은 원시적 불능의 경우이므로, 후발적 불능의 경우에는 법률행위는 유효하게 성립한다. 따라서 위의 경우에 갑과 을은 법률행위에 기한 의무를 진다.

[537] 2. 그러면 사후의 불능(멸실)은 법률행위에 어떠한 영향을 미치는가? 이는 그 불능이 채무자의 고의 혹은 과실에 기하였는가 여부에 따라서 달라진다.

(1) 불능이 매도인 갑의 고의 · 과실에 기한 경우에는 양 당사자의 의무는 존속하며, 채무불이행(이행불능)에 따른 효과가 생긴다. 즉 갑은 목적물이전의무 대신 손해배상의무를 진다(390조). 여기에서의 손해배상의 범위는 이행이익의 손해, 즉 채무자가 채무를 이행하였더라면 얻었을 이익을 얻지 못함으로 인하여 입은 손해이다. 그외에 매수인 을은 계약을 해제할 수 있다(546조).

(2) 불능이 갑의 고의 · 과실에 기하지 않은 경우에는 갑은 목적물이전의무를 면한다. 그러면 그의 대금지급청구권은 어떻게 되는가 하는 점이 문제되는데, 이를 규율하는 것이 위험부담의 법리이다. 이에 의하면 갑의 대금지급청구권은 원칙적으로 소멸한다(537조). 단 을의 고의 · 과실로 멸실된 경우에는 소멸하지 않는다(538조).

(3) 조건부 법률행위에서 조건의 성취 전에 불능이 된 경우의 문제는 뒤에서 살핀다([889]).

---

5) 대판 1978. 2. 14. 77다2088은, 갑이 서울시에게 공작물을 신축하여 기부채납하고 서울시로부터 토사채취를 허가받기로 하는 계약을 체결하였는데, 기부채납이 있은 얼마 후 하천의 하상이 낮아져 서울시가 더 이상 토사채취의 허가를 해줄 수 없다고 하자 갑이 손해배상을 청구한 사안에서, 만약 하상이 낮아진 사정이 위 계약체결 당시 이미 존재하였다면 후발적 이행불능(즉 채무불이행)을 이유로 한 손해배상을 청구할 수 없다고 한다.

제 5 항 보통거래약관

Ⅰ. 총 설 [538]

1. 의의 및 사회적 작용

(1) 계약을 체결함에 있어서 통상적으로는 쌍방 당사자가 개별적으로 협상과 흥정을 통하여 계약조항을 정한다. 그런데 1방 당사자가 다수인과 반복적 · 계속적으로 계약을 체결하는 경우에, 신속하고 간편하게 계약을 체결하기 위하여 위와 같은 개별협상을 통해서가 아니라 사업자가 사전에 일방적으로 계약조항을 정하고, 상대방은 단지 이를 받아들여 그와 계약을 체결할지 여부를 결정할 뿐인 경우가 적지 않다. 그러한 계약조항을 보통거래약관 혹은 간단히 약관이라고 한다. 따라서 이는 쌍방 당사자 사이에서 개별적 흥정을 거쳐 합의된 계약조항과 대립되는 개념이다.

보통거래약관은 정형화된 부동문자로 작성되는 것이 보통이다. 다만 이러한 계약조항은 아직 약관이 아니고, 그것이 계약의 내용으로 편입되어야 비로소 약관으로 된다. 그 외에 계약내용으로 편입되지 않고 단지 거래내용에 관한 모범으로서 만들어진 문서를 書式(Formular)이라고 하는데, 이것도 약관이 아니다.

(2) 보통거래약관은 대량적 · 반복적 · 계속적으로 행해지는 현대의 거래에서 계약의 [539]
체결을 신속 · 간이하게 행할 수 있도록 하는 점에서 중요한 사회적 작용을 한다. 그 외에도 이는 법적 규율이 충분치 않은 새로운 계약형태에 관하여 표준적인 규칙을 마련하는 작용을 하며, 또 약관 내용이 공개되는 점에서 거래의 합리화를 가능하게 하고, 거래위험을 사전에 예측 · 산정할 수 있게 한다. 이와 같이 보통거래약관은 여러 가지 긍정적인 작용을 하지만, 반면에 이를 작성하는 기업주가 경제적 우위를 이용하여 자신에게 유리한 내용의 약관을 만들 우려가 있다. 또 약관이 이용되는 경우에는 상대방은 사실상 약관의 내용을 충분히 검토하고 개별적으로 이를 결정할 기회를 가지지 못하고(사실상의 계약내용 결정의 자유 상실), 특히 거래목적물이 생활필수품인 경우에는 소비자 대중은 약관이 자신에게 일방적으로 불리하더라도 이에 의한 계약체결을 거절할 수 없다(사실상의 체약자유 상실). 그러므로 이러한 부작용을 제거하고 약관내용의 합리성 · 공정성을 기할 필요가 있다. 이러한 필요에 기하여 약관의 규제에 관한 법률(이하에서는 '약관법'이라 칭함)이 제정 시행되었다(1987. 7. 1. 시행). ― 약관법이 제정되기 이전에는 판례는 소위 예문해석 이론을 통하여 불공정한 조항의 효력을 부인하였었다([490] 참조). 이 이론은 의사표시의 해석을 통하여 부당한 약관을 단순한 예문에 불과하다고 하여 이의 구속력을 부인하는 것인데, 부당한 약관이라도 당사자가 이를 계약내용으로 삼고자 하는 의사를 가진 때에는 이를 단순히 예문에 불과하다고 하는 것은 적절치 않을 것이다. 따라서 약관법이 제정된 이후에는 적어도 약관법의 적용을 받는 약관에 관해서는 — 실제로 당사자가 구속력을 인정할 의사 없이 정한 약관이 아닌 한 — 예문해석 이론에 의해서가 아니라 약관법을 적용하여 이의 구속력을 부인하는 것이 타당할 것이다. 그런데 판례 중에는 약관에 대하여 여전히 예문해석론을 전개하는 것이 있다([549]).

[540] ## 2. 규제의 근거와 그 방법

(1) 약관에도 사적자치의 원칙이 지배하므로, 그것이 강행법규에 위반하거나 혹은 반사회적이지 않는 한 당사자의 의사가 존중되어야 할 것이다. 그런데 약관법은 뒤에서 보는 바와 같이 그 해석에서나 효력 유무에 관하여 개별계약에서보다 매우 엄격한 규제를 가한다. 그러한 규제의 근거는 무엇인가? 사적자치의 원칙이 당사자에게 계약의 내용을 자유로이 결정하도록 하는 이유는, 모든 개인은 자신의 이익을 분별할 이성을 가진 존재로서, 따라서 계약체결과정에서의 쌍방의 자유로운 협상과 흥정을 통하여 계약의 공정성이 확보된다는 점에 있다([29] 참조). 그런데 약관을 통한 계약체결에서는 자유로운 협상과 흥정의 과정이 원천적으로 결여되어 있다. 더욱이 사적자치의 원칙은 각자의 힘의 균형을 전제로 하는 것인데, 약관에 의한 계약체결의 경우는 실제적으로 사업자가 경제적 우위에 있을 뿐만 아니라, 특히 거래목적물이 생활필수품인 경우에는 상대방(소비자)은 약관의 내용은 고사하고 계약체결 여부를 선택할 여지도 전혀 없다. 그러므로 이러한 특성을 가지는 약관에서는 과연 약관이 공정한지, 즉 사업자가 고객의 이익이나 기대를 고려함이 없이 자신의 이익만을 도모함으로써 사적자치의 한계 즉 이 원칙이 허여하는 자유로운 공간을 벗어났는지 여부를 심사해야 한다. 그리하여 법은 법관에게 그러한 심사를 맡긴 것이다. 그리고 이런 점에서 볼 때 약관에 대한 이러한 규제는 사적자치의 원칙에 반하는 것이 아니다. 판례도 이러한 점을 명언한다.[1)]

[541] (2) 약관에 대한 규제는 먼저 편입통제와 내용통제로 나뉜다. 편입통제는 약관이 계약의 내용으로 되기 위한 요건으로 사업자가 이를 고객에게 명시 · 설명하도록 함으로써 기업의 일방적 의사만으로 약관이 효력을 얻게 되는 것(약관의 계약편입)을 억제하는 것을 말하고, 내용통제는 계약의 내용으로 된 약관의 내용이 일방(고객)에게 불리하지 않도록 규율하는 것이다. 내용통제는 다시 해석의 기준을 제시함으로써 약관이 고객에게 불리하게 해석되지 않도록 하는 해석통제와, 약관의 내용이 불공정한 경우에 이의 효력

1) 대판 2005. 2. 18. 2003두3734; 대판 2010. 10. 28. 2008다83196.

자체를 부인하는 효력통제로 나뉜다(이런 점에서 약관의 규제는 3단계로 되어 있다고 한다). 전자를 간접적 내용통제라고 하고, 후자를 직접적 내용통제라고 한다(그 이유는 [550]에서 설명된다). ― 그 외에 내용통제에는 구체적인 계약관계를 전제로 하지 않고 오로지 약관조항 자체의 불공정성을 심사하여 그 효력 유무를 결정하는 소위 추상적 내용통제와, 구체적 계약관계에서 당사자의 권리의무를 확정하기 위한 선결문제로서 약관조항의 효력 유무를 심사하는 구체적 내용통제로 나뉜다. 전자는 공정거래위원회가, 후자는 법원이 각기 담당한다. 이하에서 살피는 것은 후자임은 물론이다.

Ⅱ. 약관의 의의 및 성질 [542]

1. 의 의

약관이란 「그 명칭이나 형태 또는 범위를 불문하고 계약의 1방 당사자가 다수의 상대방과 계약을 체결하기 위하여 일정한 형식에 의하여 미리 마련한 계약의 내용」을 말한다(약관법 2조 1호). 약관인지 여부는 약관법의 적용 여부를 결정한다. 이의 요소를 상세히 살펴보면,

(i) 계약의 내용에 관한 것이다.[2)]

(ii) 다수의 상대방과 계약을 체결하기 위한 것이다(일반성). 특정한 상대방과 계약을 체결하기 위하여 준비한 계약조건은 약관이 아니다.[3)]

(iii) 일방 당사자가 작성한 것이다(일방성). 따라서 사업자가 상대방과의 협의에 의하여 마련한 것은 약관이 아니다.[4)] 사업자는 반드시 私人이어야 하는 것은 아니다. 따라서 예컨대 지방자치단체,[5)] 한국공항공단,[6)] 한국전력공사[7)] 등이 작성한 것도 다른 요

2) 예탁금회원제 골프장의 회칙 등 회원권의 양도 · 양수 절차와 같은 당사자의 권리 의무에 관한 규정은 약관에 해당한다(대판 1999. 4. 9. 98다20714; 대판 2000. 3. 10. 99다70884)

3) 대판 1999. 7. 9. 98다13754,13761은, 건설회사가 상가 및 그 부지를 특정인에게만 매도하기로 하는 내용의 상가매매계약서는 다수계약을 위해 미리 정형화된 계약조건이 아니므로 여기에서의 약관에 해당하지 않는다고 한다.

4) 대판 2000. 12. 22. 99다4634은, 사업자와 고객 사이에 교섭이 이루어진 조항은 약관 작성상의 일방성이 없으므로 여기에서의 약관에 해당하지 않는다고 한다. 다만 이 경우 원칙적으로 개개의 조항별로 교섭의 존재 여부를 살펴야 하고, 약관 조항 중 일부의 조항이 교섭되었더라도 교섭되지 아니한 나머지 조항들은 약관으로서 약관규제법이 적용된다고 한다. 그외에 대판 2001.11.27. 99다8353; 대판 2003. 10. 11. 2002다39807.

5) 대판 1998. 12. 23. 96다38704(부산시가 택지공영개발사업에 의하여 조성된 택지를 분양함에 있어서 만든 택지공급계약서).

6) 대판 2003. 10. 24. 2001다82514,82521(한국공항공단이 정부로부터 무상사용허가를 받은 행정재산을 여러 임차인에게 전대하게 될 것을 예상하여 마련한 사용승인조건).

7) 대판 2002. 4. 12. 98다57099(한전이 전기공급에 관한 계약조건을 정한 전기공급규정).

소가 구비되면 약관이 된다. 그 외에 약관은 반드시 사업자가 스스로 작성한 것임을 요하지는 않는다. 따라서 공동의 이익단체 등 제3자가 작성한 것을 사용하는 경우에도 약관으로 된다.

(iv) 미리 마련한 것이다(사전성).

(v) 일정한 형식에 의하여 나타나는 것이다. 그러므로 단순히 말로 이야기한 것은 약관이 되지 않는다.

(vi) 명칭 · 형태 · 범위는 묻지 않는다. 외관상 계약서 자체에 포함되어 있는지 따로 독립되어 있는지, 서면으로 작성되어 있는지 게시판 등에 게시되어 있는지(예컨대 목욕탕 입구에 '손님이 맡기지 않은 물건의 도난, 분실에 대해서는 책임지지 않습니다'라는 문구를 게시한 경우), 조문의 형식을 취하고 있는지 여부 등을 묻지 않는다.

[543] ## 2. 성질(구속력의 근거)

약관법이 제정되기 전에는 약관의 구속력의 근거가 당사자의 의사이냐 상관습이냐, 그리고 따라서 약관의 성질이 계약이냐 법규범이냐 하는 점을 둘러싸고 견해가 대립되었었다. 그런데 약관법은 사업자에게 약관의 明示義務 · 說明義務를 과하고, 이러한 의무를 이행하지 않은 때에는 그 약관을 계약내용으로 주장하지 못하도록 규정하는바(동법 3조 참조), 이는 약관은 사업자가 이를 계약의 내용으로 삼을 것을 제의하고, 고객이 이에 동의함으로써 비로소 계약 안에 편입되어 이의 구성부분을 이루고 따라서 당사자간에 효력을 미친다는 점을 전제로 하는 것이다. 따라서 이러한 약관법하에서는 약관의 구속력은 이를 계약 내용으로 삼기로 하는 당사자간의 합의에 기해서 생긴다고 해야 한다. 그리고 이렇게 해석한다면 약관은 수범자(계약 상대방)의 의사 여부를 불문하고 구속력을 가지는 법규범이 아니라, 단순한 계약에 불과하게 된다(이런 점에서 약관은 입법자가 명시적으로 규범적 성격을 부여한 취업규칙(Tarifvertrag)과는 다르다).[8] 다만 행정관청의 인가를 받음으로써 명시의무가 면제되는 약관(약관법 3조 1항 단서 참조)에 관해서는 의문이 생길 수 있지만, 명시의무의 면제는 단지 거래형태의 특수성 때문에 알리는 방법에 있어서 예외를 인정한 것에 불과하므로, 마찬가지로 해석하는 것이 타당할 것이다.[9] 판례 역시 「보통보험약관이 계약당사자에 대하여 구속력을 가지는 것은 그 자체가 법규범 또는 법규범적 성질을 가진 약관이기 때문이 아니라 보험계약 당사자 사

8) 곽윤직, 채권각론, 22면; 김상용, 채권각론, 26면; 이은영, 채권각론, 50면 이하. 이에 대하여 상법학자들은 대체로 이를 법규범으로 본다. 다만 이 견해도 구속력의 근거와 관련해서 자치법으로 보는 견해(이병태, 전정상법(상), 1988, 57면)와, 상관습으로 보는 견해(강위두, 상법강의(상) 2009년, 26면; 서돈각, 상법강의(상), 1985, 68면)로 나뉜다. 그러나 근래에는 상법학에서도 이를 계약으로 보는 견해가 유력하게 제시되고 있다(이기수, 상법학(상), 1999, 28면; 정희철 · 정찬형, 상법원론(상), 1997, 53면).

9) 이에 대하여 곽윤직, 전게서, 22 · 23면은, 행정관청의 인가를 받은 이러한 약관은 당사자의 의사가 아니라 법률 자체가 구속력의 근거가 된다고 하여, 그 성질을 법규범으로 본다.

이에서 계약내용에 포함시키기로 합의하였기 때문이라고 볼 것인바」[10]라고 하여, 이와 같은 입장을 취한다. 다만 명시 혹은 설명되지 않은 약관은 계약에 편입되지 못하는 것이 아니고 단지 이를 계약의 내용으로 주장할 수 없을 뿐인바(동법 3조 4항), 이는 약관이 법규범적 성질도 가진다는 점에 기한 것으로 이해할 수 있을 것이다. 그리고 실질적으로 볼 때 약관이 다수의 거래관계에서 구속력을 가지게 됨으로써 규범으로서의 성질도 가지게 된다는 점을 부인할 수 없다.

Ⅲ. 편입통제 [544]

1. 약관의 명시 및 설명의무

(1) 약관법 제3조는 사업자에게 약관을 명시하고 나아가 중요내용을 설명하도록 하고 있다. 만약 이러한 절차를 생략하게 되면, 상대방은 약관의 내용을 잘 모른 채 이를 계약내용으로 삼게 될 우려가 있다. 이러한 우려를 막고 상대방을 보호하기 위하여 사업자에게 이러한 의무를 부과하는 것이다.

(가) **명시의무** 우선 사업자는 계약체결에 있어서 고객에게 약관의 내용을 계약의 종류에 따라 일반적으로 예상되는 방법으로 명시하고, 고객이 요구할 때에는 당해 약관의 사본을 고객에게 교부하여 이를 알 수 있도록 해야 한다(동법 3조 1항, 2항 본문). 다만 일정한 업종(여객운송업, 전기 · 가스 및 수도사업, 우편업, 공중전화 서비스 제공 통신업 등)의 약관에 대하여는 명시의무가 면제된다(종래에는 명시의무가 면제되는 업종을 대통령령으로 규정하도록 하였으나, 2011. 3. 29.의 개정에서 그 업종을 법에서 명시한다. 다만 이 경우에도 사업자는 영업소에 약관을 비치하여야 한다(시행령 2조)). 이러한 약관의 명시는 「계약을 체결할 때」 해야 한다. 다만 그 이전(예컨대 예약시)에 행해지더라도 상관없다.

(나) **설명의무** 사업자는 약관에 정해져 있는 중요한 내용을 고객이 이해할 수 있도록 설명해야 한다(동법 3조 2항 본문). 그러나 계약의 성질상 설명이 현저히 곤란한 경우에는 그렇지 않다(위의 단서).

(a) 여기서 중요한 내용이란 사회통념에 비추어 볼 때 고객이 계약체결 여부나 그 대가를 결정하는 데 직접적인 영향을 미칠 수 있는 사항을 말한다. 약관의 내용 중에서 무엇이 중요한 내용에 해당되는지에 대하여는 일률적으로 말할 수 없고, 구체적인 경우에 개별적으로 판단할 수밖에 없을 것이다.[11][12]

---

10) 대판 1989. 11. 14. 88다카29177; 대판 1990. 4. 27. 89다카24070; 대판 2000. 4. 25. 99다68027 등.

11) 대결 2008. 12. 16. 2007마1328(이의 내용은 뒤에서 소개함([552]의 주 31)).

12) 중요한 내용에 해당하는지 여부에 관한 판례를 몇 가지 소개하면, 대판 1994. 10. 25. 93다39942는, 자동차종합보험보통약관상 "보험증권에 기재된 피보험자 또는 그 부모, 배우자 및 자녀가 죽거나 다친 경우에는 보상하지 아니합니다"라는 면책조항에서의 "배우자"에 사실혼관계의 배우자도 포함된다고 하면서, 이러한 점은 설명의무의 대상이 되는 약관의 중요한 내용에 해당하지 않는다고 한다. 대판 1995. 12. 12. 95다11344는, 한국전력공사가 전기공작물의 고장 발생 등으로 전기공급 중

(b) 계약의 성질상 설명이 곤란한 경우인가 하는 점이 문제되는 경우로는 통신판매가 있는데, 판례는 이를 부인하는 입장으로 보인다.[13)]

[545] **(2) 명시 · 설명의무의 예외** 그러면 법에 규정된 경우를 제외한 모든 약관에 관하여 명시 · 설명의무를 지는가? 약관의 명시 · 설명의무를 지우는 근거는 상대방이 알지 못하는 가운데 약관에 정해진 중요한 사항이 계약 내용으로 되어 상대방이 예측하지 못한 불이익을 받게 되는 것을 피하고자 하는 데 있으므로, 비록 통상적으로는 명시 · 설명의무의 대상인 사항이더라도 이의 이행 여부가 계약체결 여부에 영향을 미치지 아니하였다고 볼 만한 특별한 사정이 있는 때에는 중요한 내용으로 되지 않고 따라서 이를 설명할 필요가 없다.[14)] 그러한 것으로는 ① 거래상 일반적이고 공통된 것이어서 보험계약자가 별도의 설명 없이도 충분히 예상할 수 있었던 사항,[15)] ② 이미 법령에 의하여 정해진 것을 되풀이하거나 부연하는 정도에 불과한 사항,[16)] ③ 상대방이나 그 대리인이 이미 약관의 내용을 충분히 잘 알고 있는 경우[17)] 등이 있다.

[546] (3) 사업자가 만약 약관의 명시 · 설명의무에 위반하여 계약을 체결한 때에는 당해

지 또는 그 사용제한 등의 조치를 한 경우에는 수용가가 입은 손해에 대하여 책임을 지지 않는다고 하는 전기공급규정상의 면책조항은 한전의 고의나 중과실로 인한 경우까지 적용되는 것은 아닌 것으로 해석하는 한 유효하다고 하면서, 그러한 면책규정은 약관의 중요한 내용에 해당하지 않는다고 한다. 대판 2004. 4. 27. 2003다7302는, 무보험자동차에 의한 상해보상특약에 있어서 보험금액의 산정기준이나 방법은 보험약관의 중요한 내용이 아니라고 한다.

13) 대판 1999. 3. 9. 98다43342,43359는, 통신판매 방식으로 체결된 상해보험계약에서 보험자가 보험약관의 개요를 소개한 안내문과 청약서를 보험계약자에게 우송한 것만으로는 보험자의 면책약관에 대한 설명의무를 다한 것으로 볼 수 없다고 한다. 서울지법판 2003. 5. 2. 2002가합62628은, 토익시험을 시행 주관하는 재단법인이 부정행위자 처리를 위한 근거로 마련한 「부정행위자처리규정」은 이 법에서의 약관이라고 하면서, 토익시험계약 체결과정의 특수성에 비추어 볼 때 응시자에게 위 규정의 내용에 대하여 설명을 하는 것이 현저히 곤란하다고 보아 설명의무가 면제된다고 한다. 그 외에 전자약관의 경우에도 문제되는데, 권오승, 한국의 약관규제, 경쟁법연구 8권(2002), 571면 이하, 574면은 설명의무가 면제되지 않는다고 한다.

14) 대판 2005. 10. 7. 2005다28808(보험사고의 내용이나 범위를 정한 보험약관임에도 명시 · 설명의무의 대상이 되는 보험계약의 중요한 내용으로 볼 수 없다고 한 사례).

15) 대판 1998. 4. 14. 97다39308; 대판 1998. 11. 27. 98다32564; 대판 1999. 3. 9. 98다43342,43359; 대판 2004. 11. 25. 2004다28245 등. 이중 98다32564의 내용을 소개하면, 보험계약 후 차량의 구조변경(이 사안은 트럭에 크레인을 정착한 경우임)이 있으면 신고해야 하고 이를 알리지 않으면 보험계약을 해제할 수 있도록 하는 약관조항은 거래상 일반적이고 공통된 사항이므로(또한 상법 제652조의 통지의무를 부연한 정도의 규정에 해당하므로) 설명의무가 없다고 한다(그 외에 트럭 소유자는 크레인을 정착하기에 앞서 보험회사의 보험모집원에게 크레인을 정착할 예정임을 알렸더라도, 보험모집원은 독자적으로 보험자를 대리하여 보험계약을 체결할 권한이 없을 뿐만 아니라, 고지 내지 통지의 수령권한도 없으므로, 그로써 통지의무를 이행한 것이 되지 않는다고 한다. 이 점에 관한 동지 판례로는 대판 1997. 5. 16. 97다9109).

16) 대판 2001. 7. 27. 99다55533; 대판 2003. 5. 30. 2003다15556; 대판 2010. 3. 25. 2009다91316, 91323(단 그러한 사항이 아니라고 함)

17) 대판 2001. 7. 27. 99다55533; 대판 2005. 8. 25. 2004다18903.

약관을 계약의 내용으로 주장할 수 없다(동법 3조 4항). 입법례 중에는 사업자가 명시 또는 설명하지 않은 약관은 당연히 계약의 내용에 편입되지 않는다고 하는 것이 있으나(독일민법 305조 3항), 우리 약관법은 단지 사업자가 그 약관을 계약의 내용으로 주장할 수 없을 뿐이라고 한다.[18] 다만 계약내용으로 주장할 수 없는 것은 사업자에 한하므로, 고객은 이를 계약의 내용으로 주장할 수 있다.

대판 1997. 9. 26. 97다4494 [사안] 갑이 보험회사 을과의 자동차보험계약에서 종업원이 주로 운전하는 차를 자신이 주운전자인 것으로 허위 기재하였는데, 갑의 종업원이 사고를 냈다. 이에 을은 위 자동차종합보험보통약관에 보험계약자가 고의 또는 중과실로 사실과 다르게 기재한 때에는 보험자는 보험계약을 해지할 수 있고, 이때에는 해지 이전에 생긴 사고에 대하여도 보상하지 않는다고 규정되어 있으며, 또 갑과 보험계약을 체결한 후 갑에게 보험약관을 우송하면서 주운전자를 허위로 기재하면 보험금을 지급받지 못하는 경우가 있으므로 기존의 계약 내용 중 잘못된 부분이 있으면 이를 즉시 수정신고해야 한다는 취지의 안내문을 동봉하였다고 하면서, 갑에 대하여 보험금지급의무 부존재확인의 소를 제기하였다. [판지] 을은 갑에게 주운전자 제도와 관련된 보험약관의 내용, 특히 부실신고의 경우에 입게 되는 계약해지의 불이익에 관하여 구체적이고도 상세한 설명을 해 주지 않았고, 을이 보험계약 체결 후 위와 같은 안내문을 갑에게 우송한 사정만으로는 부실신고한 경우에 입게 되는 불이익에 관하여 구체적이고도 상세한 설명을 하였음을 추인하기에는 부족하다고 하여, 을의 청구를 배척하였다.

2. 고객의 동의 요부 [547]

(1) 법은 사업자에게 약관의 명시 · 설명의무를 부과하면서도, 약관이 계약의 내용으로 편입되기 위한 요건으로 고객의 동의를 명언하지 않는다(독일민법 305조 2항 후문은 이를 명언함). 그러나 법이 약관의 명시 · 설명의무를 부과한 것은 상대방이 그 약관에 동의함으로써 그것이 계약내용으로 된다는 취지에 기한 것이다. 이런 점에서 상대방의 동의(당사자 간의 합의)가 필요하다고 하는 것이 타당할 것이다.[19] 다만 실제로는 상대방이 이의를 하지 않은 때에는 묵시적 동의가 있은 것으로 된다. — 이러한 동의는 명시적이어야 하는 것은 아니고 묵시적으로도 행해질 수 있다.[20]

(2) 약관 편입에 대한 동의는 약관 전체를 일괄하여 그 대상으로 하는 것이고, 약관의 개별조항을 대상으로 하는 것은 아니다. 따라서 고객이 이에 동의한 이상 구체적으로 약관의 개별조항의 내용을 알지 못한 경우에도 구속력이 생긴다.[21] 그리고 보험계약 [548]

18) 명시 · 설명의무를 다하지 않은 것으로 인정된 사례로서는 대판 1992. 3. 10. 91다31883; 대판 1994. 10. 14. 94다17970; 대판 1995. 8. 11. 94다52492; 대판 1996. 3. 8. 95다53546; 대판 1997. 9. 26. 97다4494 등이 있다.

19) 이은영, 전게서, 51면은 동의를 요건으로 하지 않고, 단지 「고객이 사업자의 불명시 · 불설명에 대하여 이의를 제기하지 않을 것」이 요구될 뿐이라고 한다.

20) 대판 1986. 10. 14. 84다카122.

21) 대판 1989. 11. 14. 88다카29177은, 보험계약자가 보통보험약관을 계약내용에 포함시킨 보험계약서

과 같이 동일 당사자 간에서 동종 계약이 주기적으로 반복해서 체결되는 경우에는, 종전의 약관이 도중에 상대방에게 불리하게 변경되었음에도 사업자가 새로운 보험계약 체결시에 그 변경사실 및 내용을 상대방에게 고지하지 않은 때에는 종전 약관에 따라 계약을 체결한 것으로 본다.[22)]

[549] ### 3. 개별약정의 우선

「약관에서 정하고 있는 사항에 관하여 사업자와 고객이 약관의 내용과 다르게 합의한 사항이 있을 때에는 그 합의사항은 약관보다 우선한다」(동법 4조). 약관이 당사자 사이에 구속력을 갖는 것은 그 자체가 법규범이기 때문이 아니라 당사자가 그 약관의 규정을 계약의 내용에 포함시키기로 합의하였기 때문이므로,[23)] 이는 당연한 규정이다.[24)] — 판례는 약관법의 시행 이후에도 근저당설정계약에서 피담보채무의 범위를 기존의 채무나 장래에 부담하게 될 모든 채무가 포함되는 것으로 기재되어 있으나 그러한 문언대로 해석하면 금융기관의 일반 대출관계에 어긋나고 당사자의 의사는 당해 대출금채무만을 피담보채무로 약정한 취지로 해석하는 것이 합리적인 경우에는 여전히 그러한 약관조항을 예문에 불과하다고 하여 구속력을 배제한다.[25)] 그러나 약관법의 적용을 받는 약관

를 스스로 작성한 때에는, 그 약관의 내용이 일반적으로 예상되는 방법으로 명시되어 있지 않다든가 또는 중요한 내용이어서 특히 보험업자의 설명을 요하는 것이 아닌 한 보험계약자가 위 약관내용을 자세히 살펴보지 아니하거나 보험업자의 설명을 듣지 아니하여 알지 못한다는 이유로 약관의 구속력에서 벗어날 수 없다고 한다. 이와 동지의 판례로서 대판 1992. 7. 28. 91다5624; 대판 1993. 3. 9. 92다38928. 그러나 대판 1990. 4. 27. 89다카24070은, 다만 당사자 사이에서 명시적으로 약관에 관하여 달리 약정한 경우 또는 약관의 내용이 일반적으로 예상되는 방법으로 명시되어 있지 않다든가 또는 중요한 내용이어서 특히 보험업자의 설명을 요하는 경우에는 위 약관의 구속력은 배제된다고 한다. 앞의 88다카29177; 89다카24070은, 「피해자가 배상책임 있는 피보험자의 고용인으로서 근로기준법에 의한 재해보상을 받을 수 있는 사람인 경우」를 면책사유로 규정하는 자동차보험계약의 약관(산재보험급여대상자에 대한 면책약관)은 상법 제659조의 보험자의 면책사유보다 보험계약자에게 불이익하게 면책사유를 변경한 것이거나 약관법 제7조 제2호의 불공정한 조항에 해당되지 않는다고 한다.

22) 앞의 84다카122. 이는 택시의 차주 갑이 1979. 8. 9.에 보험회사 을과 최초로 보험계약을 맺은 후 6개월마다 계약을 갱신하였는데, 이전에는 무한보상이었으나 그후 유한보상으로 약관이 변경되었음에도 이를 알리지 않은 경우이다.

23) 대판 1991. 9. 10. 91다20432; 대판 1997. 9. 5. 95다47398; 대판 1998. 9. 8. 97다53663. 그러나 개별약정이 불공정한 것인 때에는 무효이다(대판 1988. 4. 12. 88다2; 대판(전) 1991. 12. 24. 90다카23899 등).

24) 대판 2001. 3. 9. 2000다67235는, 금융기관의 여신거래기본약관에는 사업자에게 일방적 이율변경권을 부여하는 규정이 있으나, 개별약정서에 약정 당시의 이율을 거래기간 동안 일방 당사자가 임의로 변경하지 않는다는 조항이 있는 경우, 후자의 개별약정이 약관조항에 우선한다고 하여, 금융기관의 일방적 이율인상은 효력이 없다고 한다.

25) 대판 1990. 7. 10. 89다카12152; 대판 1991. 7. 23. 91다12776; 대판 1992. 11. 27. 92다40785; 대판 1996. 4. 26. 96다2286; 대판 1997. 5. 28. 96다9508; 대판 1997. 9. 26. 97다22768; 대판 2001. 9. 18. 2001다36962; 대판 2003. 3. 14. 2003다2109; 대판 2004. 2. 13. 2002다43882 등. 유사

에 대하여 예문해석을 하는 것은 의문이다. 위와 같은 경우에는 개별약정을 우선시킴으로써 해결하는 것이 타당할 것이다.

Ⅳ. 해석통제 [550]

1. 의의 및 취지

약관은 그 자체로는 계약의 초안에 불과하지만, 그것이 계약에 편입되면 계약의 내용을 구성하게 된다. 따라서 약관이 계약에 편입된 다음에는 원칙적으로 법률행위의 해석원칙에 따라 해석되어야 한다. 그러나 약관은 개별계약과는 달리 양 당사자의 자유로운 의사교환에 기초한 합의의 소산이 아니라 사업자가 일방적으로 작성하여 제시한 것이기 때문에, 그리고 그것은 다수의 고객에게 일반적으로 사용되는 것이기 때문에, 이를 일반 법률행위와 똑같이 해석할 수는 없다. 따라서 약관법은 약관의 해석에 관하여 몇 가지 특수한 원칙을 규정하고 있다. 그리고 여기에서의 해석은 단순히 약관의 의미와 내용을 명확하게 밝히는 데 그치지 않고, 불공정한 내용의 약관을 통제하는 기능도 담당하고 있기 때문에, — 뒤에서 살피는 효력통제가 직접적인 내용통제라면 — 이를 간접적인 내용통제라고 할 수 있다.

2. 개별적 해석방법 [551]

(가) 공정해석 우선 약관은 「신의성실의 원칙에 따라 공정하게」 해석되어야 한다(동법 5조 1항 전단). 신의성실의 원칙 이외에 『공정』을 해석의 기준으로 명언한 것은, 약관은 사업자에 의하여 일방적으로 작성된 것이기 때문에 약관을 해석할 때에는 그 작성자인 사업자의 이익뿐만 아니라 그 상대방인 고객의 정당한 이익과 합리적인 기대도 함께 고려하여야 한다는 점에 기한 것이다.

(나) 객관적 통일적 해석 약관은 「고객에 따라 다르게 해석되어서는 아니 된다」(동법 5조 1항 후단). 약관은 다수의 계약을 위하여 사전에 작성된 것이기 때문에, 모든 고객에 대하여 동일하게 통일적으로 해석되어야 하기 때문이다. 즉 약관은 다수의 거래에 공통적으로 적용되는 것이므로, 이를 해석함에 있어서는 약관을 작성한 사업자의 의도에 따라 주관적으로 해석할 것이 아니라 그 문언에 따라 객관적으로 해석되어야 하며, 또 고객의 종류에 따라 달리 해석되어서는 안 되고 통일적으로 해석되어야 한다. 달리 말하면 약관은 다른 한편으로 대량계약에 있어서 획일적인 처리를 목적으로 하는 것이므로, 약관을 해석하는 때에는 평균적인 고객의 이해를 표준으로 해야 하고, 또 단지 평균적

한 내용이나 예문이라고 하지 않은 것으로는 대판 2000. 3. 28. 99다32332.

인 고객이 인식할 수 있는 사정들만을 고려해야 한다. 약관규제법 제5조 제1항은 이러한 취지를 규정하고 있다. 판례도 이러한 점을 명언한다.[26]

(다) 작성자불리해석　「약관의 뜻이 명백하지 아니한 경우에는 고객에게 유리하게 해석되어야 한다」(동법 5조 2항). 약관은 경제적인 측면에서는 물론이고 전문적인 지식에 있어서도 우월적인 지위에 있는 사업자가 일방적으로 작성한 것이기 때문에, 그 약관의 내용에 불명확하거나 의심스러운 것이 있으면 그 위험은 사업자가 부담하는 것이 마땅하다.[27]

(라) 엄격해석　그 밖에 약관법에 명문으로 규정되어 있지 않지만, 일반적으로 승인되고 있는 약관의 해석원칙 중의 하나로서, 이른바 엄격해석의 원칙이 있다. 판례도 「계약의 내용이 당사자 일방이 작성한 약관의 내용으로서 상대방의 법률상의 지위에 중대한 영향을 미치게 되는 경우에는 약관법 제6조 1항, 제7조 2호의 규정취지에 비추어 더욱 엄격하게 해석하여야 한다」고 한다.[28] 이는 특히 법률에 규정되어 있는 사업자의 책임을 배제 · 제한하거나 고객의 권리를 제한하는 약관조항(사업자의 채무불이행책임이나 하자담보책임을 면책하는 조항이 그 대표적인 예이다)의 해석에서 중요한 의미를 가질 것이다.[29]

[552] Ⅴ. 효력통제

1. 무효사유

약관규제법은 약관의 효력통제에 관하여 2단계의 규제장치를 마련하고 있다. 즉 먼저 제6조에서 내용통제에 관한 일반조항을 규정하고, 다음으로 제7조 이하에서 실제로

---

26) 대판 1996. 6. 25. 96다12009; 대판 1998. 10. 23. 98다20752 등. 그 외에 이러한 해석례로는 대판 1996. 10. 11. 96다19307; 대판 1998. 2. 27. 97다46153(가정용자동차패키지보험 특별약관 중 무보험 자동차에 의한 상해조항에 기한 보상금 한도액에 관한 것); 대판 1993. 8. 24. 92다47236(입원서약서에서 환자 등이 부담하기로 한 「입원료 차액」의 의미에 관한 것); 대판 1991. 11. 26. 91다18682(자동차종합보험보통약관 제10조 제1항 제2호이 규정하는 면책사유 중 「소요」의 의미에 관한 것).

27) 판례 역시 「보통거래약관의 내용은 개개 계약체결자의 의사나 구체적인 사정을 고려함이 없이 평균적 고객의 이해가능성을 기준으로 하여 객관적 · 획일적으로 해석하여야 하고, 고객보호의 측면에서 약관 내용이 명백하지 못하거나 의심스러운 때에는 고객에게 유리하게, 약관작성자에게 불리하게 제한해석하여야 한다」고 한다(대판 1998. 10. 23. 98다20752; 대판 2005. 10. 28. 2005다35226; 대판 2007. 2. 22. 2006다72093 등).

28) 대판 2001. 3. 23. 2000다71555

29) 대판 1994. 11. 22. 93다55975는, 화재보험보통약관에서 「지진, 분화, 해일, 전쟁, 외국의 무력행사, 혁명, 내란, 사변, 폭동, 소요, 기타 이들과 유사한 사태」를 보험자의 면책사유로 규정하고 있는 경우, 보험제도 자체가 쉽게 예측하기 어려운 장래의 우연적, 돌발적 사고로 인한 손해를 담보하기 위한 것이므로 이러한 면책사유는 엄격하게 해석해야 하고, 따라서 원천봉쇄한 소위 범민족대회에 참석하려 하던 대학생들의 화염병 시위는 위의 면책사유인 「소요 기타 이에 유사한 사태」에 해당하지 않는다고 한다.

자주 문제되는 내용에 관하여 개별적으로 구체적인 판단기준을 제시하고 있다. 이 중 전자는 모든 약관에 적용되는 일반적이고 추상적인 평가기준으로서, 따라서 이는 독립적인 무효사유가 될 뿐만 아니라,[30] 제7조 내지 제14조의 개별금지조항의 적용에 있어서 평가기준으로 작용한다

(1) 일반적인 무효사유

(가) 「신의성실의 원칙을 위반하여 공정성을 잃은 약관 조항은 무효이다」(동법 6조 1항).

약관이 강행법규나 선량한 풍속 기타 사회질서에 반하는 경우에, 이는 사적자치의 한계를 벗어난 것으로서 무효가 되는 것은 자명하다. 위 규정은 더 나아가 약관의 내용이 그와 같이 사적자치의 한계를 벗어나지 않더라도, 신의성실의 원칙에 반하여 공정을 잃은 경우에는 무효로 하는 것이다. 왜냐하면 개별약정은 당사자들의 자유로운 합의에 기한 것이므로 주관적 공정성으로 충분하고, 그 내용이 비록 객관적으로 보기에 공정을 잃은 것처럼 보이더라도 당사자들 간에서 그러한 내용의 계약을 체결할 만한 특수한 사정이 있을 수 있기 때문에, 그것이 강행법규나 선량한 풍속 기타 사회질서에 반하지 않는 한, 그 계약의 효력을 부인할 수 없다. 그러나 약관은 당사자들의 합의에 기한 것이 아니라 사업자가 일방적으로 작성하여 제시한 것을 고객이 단순히 받아들인 것에 지나지 않기 때문에, 여기에서는 자칫 공정성을 잃고 사업자의 의사나 이익만이 반영되고 고객의 의사나 이익 혹은 기대는 전혀 반영되지 않을 개연성이 있다. 여기에서 — 개별계약에서는 당사자들의 합의에 맡겨두는 —「공정성」을 약관의 효력 기준으로 삼고, 신의성실의 원칙을 평가의 기준으로 삼은 것이다.

따라서 여기서 신의성실의 원칙이라 함은 당해 사업자가 일방적으로 약관을 작성하고 상대방은 구체적인 조항의 내용을 검토할 충분한 기회 없이 계약을 체결하게 되는 계약성립과정에 비추어, 약관의 작성자는 반드시 상대방의 정당한 이익과 합리적인 기대에 반하지 않고 형평에 맞게끔 약관조항을 작성해야 한다는 행위원칙을 가리킨다.

(나) 「약관의 내용 중 다음 각 호의 어느 하나에 해당하는 내용을 정하고 있는 조항은 공정성을 잃은 것으로 추정된다. (i) 고객에게 부당하게 불리한 조항,[31] (ii) 고객이 계

---

30) 이 규정을 무효의 근거규정으로 삼은 판례로는 대판 2010.10.28. 2008다83196.

31) 대결 2008. 12. 16. 2007마1328은, 사업자와 고객 사이에서 사업자의 영업소를 관할하는 지방법원으로 전속적 관할합의를 하는 내용의 약관조항이 고객에 대하여 부당하게 불리하다는 이유로 무효라고 보기 위해서는 그 약관조항이 고객에게 다소 불이익하다는 점만으로는 부족하고, 사업자가 그 거래상의 지위를 남용하여 이러한 약관조항을 작성·사용함으로써 건전한 거래질서를 훼손하는 등 고객에게 부당하게 불이익을 주었다는 점이 인정되어야 하고, 위의 약관조항이 고객에게 부당한 불이익을 주는 행위인지 여부는 그 약관조항에 의하여 고객에게 생길 수 있는 불이익의 내용과 불이익 발생의 개연성, 당사자들 사이의 거래과정에 미치는 영향, 관계 법령의 규정 등 제반 사정을 종

약의 거래형태 등 관련된 모든 사정에 비추어 예상하기 어려운 조항(소위 기습조항), (iii) 계약의 목적을 달성할 수 없을 정도로 계약에 따르는 본질적 권리를 제한하는 조항」(동법 6조 2항)

신의성실의 원칙은 그 내용이 매우 추상적이고 애매하기 때문에, 구체적인 경우에 어떤 약관조항이 여기에 반하는지 여부를 판단하기가 쉽지 않다. 위 규정은 이러한 곤란을 덜어 주기 위하여 일정한 조항은 공정을 잃은 것으로 추정하는 것이다.

[553] **(다) 공정성의 평가기준으로서의 임의규정** 임의규정은 당사자들이 그와 다른 약정을 하지 않은 경우에 적용되는 것이지만, 그 내용은 당사자들의 이익을 공정하게 고려한 것으로서 형평의 모범을 제시한다고 할 수 있다. 따라서 개별계약에서는 각 경우의 특수한 사정 혹은 당사자들의 주관적 공정성을 고려해서 이와 다른 규율을 인정해야 하지만, 약관에서는 임의규정이 — 신의성실의 원칙과 함께 — 공정성의 평가기준이 된다고 해야 한다. 판례 중에는 대규모 쇼핑몰의 임대분양계약 약관에 「"갑"(임대인)은 준공예정일에 "을"(임차인)이 입점할 수 있도록 최선을 다하여야 하며, 천재지변 또는 이에 상응하는 부득이한 사유로 인하여 지정한 날짜로 계약상의 개점이 어려울 경우 "갑"은 "을"에게 사전 통보하고, 이때 "을"은 이로 인한 이의를 제기하지 않는다」고 하는 조항은 사적자치의 영역에 속하는 위험부담에 관한 것이라고 하면서도, 그러한 조항은 사업자가 상당한 이유 없이 자신이 부담하여야 할 위험을 고객에게 이전하는 것으로서 이는 사적자치의 한계를 벗어나는 것이라고 하여 무효라고 한다.[32] 이는 임의규정인 제537조를 공정성의 기준으로 본 예라고 할 것이다.

[554] **(2) 개별적인 무효사유** 약관법은 무효사유를 개별적·구체적으로 열거하고 있다. 이것은 결국 신의성실의 원칙의 구체화라고 할 수 있다. 그런데 이러한 개별적 금지규정 중에는 별도의 규범적 평가를 요하지 않는 규정들(예컨대 동법 7조 1호, 9조 1호)과 이를 요하는 규정들(예컨대 동법 7조 2호, 3호)이 있다. 후자의 경우에는 「상당한 이유없이」 또는 「부당하게」 등과 같은 평가요소를 포함하고 있는데, 여기서 상당성이나 부당성을 판단하는 기준은 결국 다시 신의성실의 원칙으로 돌아갈 수밖에 없을 것이다.

(가) 면책조항 계약당사자의 책임에 관하여 정하고 있는 약관의 내용 중에서, (i) 사업자·이행보조자 또는 피용자의 고의 또는 중대한 과실로 인한 법률상의 책임을 배제하는 조항, (ii) 상당한 이유없이 사업자의 손해배상범위를 제한하거나 사업자가 부담하여야 할 위험을 고객에게 이전하는 조항, (iii) 사업자의 담보책임을 배제·제한하거나 그 담보책임에 따르는 고객의 권리행사의 요건을 가중하는 조항, 또는 계약목적물에

합하여 판단하여야 한다고 한다.

32) 대판 2005. 2. 18. 2003두3734.

관하여 견본이 제시되거나 품질 · 성능에 관한 표시가 있는 경우 그 보장된 내용에 대한 책임을 배제 제한하는 조항 등은 무효이다(동법 7조).

(나) **손해배상액의 예정** 고객에 대하여 부당하게 과중한 지연손해금 등의 손해배상의무를 부담시키는 약관조항은 무효이다(동법 8조). 그러한 예로서, 위약금에 관하여 택지분양시 분양가의 10%에 해당하는 분양신청금을 위약금으로 사업자에게 귀속시키는 조항이 있다.[33)]

(다) **계약의 해제 · 해지** 계약의 해제 · 해지를 정하는 약관의 내용 중에서, (i) 법률의 규정에 의한 고객의 해제권 · 해지권을 배제하거나 그 행사를 제한하는 조항, (ii) 사업자에게 법률에서 규정하고 있지 아니한 해제권 · 해지권을 부여하거나 법률의 규정에 의한 해제권 · 해지권의 행사요건을 완화하여 고객에 대하여 부당하게 불이익을 줄 우려가 있는 조항, (iii) 계약의 해제 또는 해지로 인한 고객의 원상회복의무를 상당한 이유없이 과중하게 부담시키거나 원상회복청구권을 부당하게 포기하도록 하는 조항, (iv) 계약의 해제 · 해지로 인한 사업자의 원상회복의무나 손해배상의무를 부당하게 경감하는 조항, (v) 계속적인 채권관계의 발생을 목적으로 하는 계약에서 그 존속기간을 부당하게 단기 또는 장기로 하거나 묵시의 기간연장 또는 갱신이 가능하도록 정하여 고객에게 부당하게 불이익을 줄 우려가 있는 조항[34)]은 무효이다(동법 9조).

(라) **채무의 이행** 채무의 이행을 정하는 약관의 내용 중에서, 상당한 이유없이 [555]
급부의 내용을 사업자가 일방적으로 결정하거나 변경할 수 있도록 권한을 부여하는 조항, 또는 사업자가 이행해야 할 급부를 일방적으로 중지할 수 있게 하거나 제3자로 하여금 대행할 수 있게 하는 조항 등은 무효이다(동법 10조).

(마) **고객의 권익보호** 고객의 권익에 관하여 정하고 있는 약관의 내용 중에서, 법률의 규정에 의한 고객의 항변권 · 상계권 등의 권리를 상당한 이유없이 배제 · 제한하는 조항, 고객에게 주어진 기한의 이익을 상당한 이유없이 박탈하는 조항, 고객이 제3자와 계약을 체결하는 것을 부당하게 제한하는 조항, 또는 사업자가 업무상 알게 된 고객의 비밀을 정당한 이유없이 누설하는 것을 허용하는 조항 등은 무효이다(동법 11조).

(바) **의사표시의 의제** 의사표시에 관하여 정하고 있는 약관의 내용 중에서, 일

---

33) 대판 1994. 5. 10. 93다30082. 이와 동지로는 대판 1998. 12. 23. 97다40131; 대판 1999. 3. 26. 98다33260.

34) 대판(전) 1995. 11. 16. 94다56852; 대판 1995. 10. 13. 94다19280,19297은, 분납 보험료의 연체시 곧바로 보험계약이 해지되거나 실효된다고 규정한 보험약관은 구 상법 제650조 · 제663조에 위배되어 무효라고 한다. 또 대판 1998. 1. 23. 96다19413; 대판 1999. 8. 24. 99다26481은, 계속적 채권관계에서 주채무의 거래기간이 연장되면 연대보증기간도 자동적으로 연장되는 것으로 규정한 약관조항은 약관법 제9조 5호에 위반되어 무효라고 한다.

정한 작위 또는 부작위가 있을 경우 고객의 의사표시가 표명되거나 표명되지 아니한 것으로 보는 조항(다만 고객에게 상당한 기한 내에 의사표시를 하지 아니하면 의사표시가 표명되거나 표명되지 아니한 것으로 본다는 뜻을 명확하게 따로 고지한 경우이거나 부득이한 사유로 그러한 고지를 할 수 없는 경우에는 그러하지 아니하다), 고객의 의사표시의 형식이나 요건에 대하여 부당하게 엄격한 제한을 두는 조항, 고객의 이익에 중대한 영향을 미치는 사업자의 의사표시가 상당한 이유 없이 고객에게 도달된 것으로 보는 조항, 고객의 이익에 중대한 영향을 미치는 사업자의 의사표시 기한을 부당하게 길게 정하거나 불확정하게 정하는 조항 등은 무효이다(동법 12조).

(사) 대리인의 책임가중　고객의 대리인에 의하여 계약이 체결된 경우 고객이 그 의무를 이행하지 아니하는 경우에는 대리인에게 그 의무의 전부 또는 일부를 이행할 책임을 지우는 내용의 조항은 무효이다(동법 13조).

(아) 소제기의 부당한 제한 등　소송 제기 등과 관련된 약관의 내용 중에서, 고객에게 부당하게 불리한 소송제기 금지조항 또는 재판관할의 합의조항, 상당한 이유 없이 고객에게 입증책임을 부담시키는 조항 등은 무효이다(동법 14조).[35]

[556] 2. 무효의 내용

(1) 원칙적 효력　약관법 제6조 내지 14조는 일정한 내용의 약관조항은 무효라고 규정하는바, 이는 그러한 조항은 전부 무효이며 또한 당연무효인 것이다. 그리고 어떤 약관조항이 무효로 되면 그러한 조항이 없는 것으로 되거나, 혹은 그 부분이 사실인 관습이나 임의규정 · 조리 등에 의하여 보충된다. 즉 예컨대 고객의 권리를 부당하게 배제하는 조항은 무효이고(동법 11조 1호), 따라서 고객은 그 권리를 가지게 된다. 또 위험부담에 관한 채무자주의를 규정하는 제537조와 달리 사업자는 아무런 위험부담도 지지 않는다는 약관조항은 무효이고, 따라서 제537조가 적용된다([553]의 2003두3734).

[557] (2) 일부무효의 특칙　약관의 전부 또는 일부의 조항이 사업자의 명시 · 교부 · 설명의무 위반으로 계약의 내용이 되지 못하는 경우나 법 제6조 내지 제14조의 규정에 의하여 무효인 경우, 계약은 나머지 부분만으로 유효하게 존속한다. 다만 유효한 부분만으로는 계약의 목적달성이 불가능하거나 그 유효한 부분이 한쪽 당사자에게 부당하게 불리한 경우에는 그 계약은 무효로 한다(동법 16조). 이는 법률행위의 일부분이 무효인 경우에 그 전부를 무효로하는 일부무효의 원칙(137조)에 대한 특칙이다.

35) 대결 1998. 6. 19. 98마853은, 대전에 주소를 둔 계약자와 서울에 주영업소를 둔 건설회사 사이에 체결된 아파트공급계약서상 「본 계약에 관한 소송은 서울민사지방법원을 관할법원으로 한다」는 조항은 민사소송법상의 관할법원의 규정보다 고객에게 불리한 관할법원을 규정한 것이어서, 사업자에게는 제소 및 응소에 큰 불편을 초래할 우려가 있으므로 이 규정에 의하여 무효라고 한다.

3. 소위 수정해석 [558]

(1) 앞서 말한 바와 같이 약관법 제6조 내지 14조는 일정한 내용의 약관조항은 무효라고 규정하는바, 이는 그러한 조항 전부가 무효라는 의미이다. 그러면 이러한 법문과는 달리 약관조항의 내용 중에서 위 규정에 반하는 부당한 부분만을 무효로 하고 위 규정에 합치하는 나머지 부분은 그대로 유효한 것으로 하는 소위 수정해석, 즉 약관조항의 의미를 부당한 부분을 배제한 나머지 부분으로 축소함으로써 그 조항을 유효로 하는 해석(효력유지적 축소해석)은 허용되는가?

먼저 이의 허용 여부를 살피기에 앞서 수정해석의 의미를 명확히 하기 위하여 이와 구별할 것을 살펴보면,

(가) 일부무효의 특칙은 약관에 담긴 여러 조항 중 일부가 무효인 경우에 다른 조항의 효력이 어떻게 되는가 하는 문제이다. 그러나 수정해석은 하나의 조항에 담긴 일부가 무효인 경우에 그 조항 자체의 효력을 부분적으로(질적 일부) 유효한 것으로 할 것인가 하는 문제이다.

(나) 수정해석은 약관조항이 一義的으로 해석되는 경우임에도 그 내용을 제한적으로 해석하는 것이다. 이와 달리 작성자불리해석의 원칙은 약관규정의 내용이 多義的으로 해석될 수 있는 경우에 그중에서 어떤 것을 선택할 것인가에 관한 것이다.[36]

(2) 우리의 판례는 이러한 수정해석을 행하고 있다. 이의 대표적 판결은 보험회사의 무면허운전에 대한 면책조항이다(이의 내용은 뒤에서 소개한다).[37)38)] [559]

---

36) 김동훈, 약관규제에 관한 최근 판례상의 쟁점, 법학논총(국민대) 18집(2006), 107면 이하, 124면은, 소위 한정적 유효론을 수정해석과 구별한다. 이는 예컨대 한국전력공사의 「당사가 전기공급을 중지하거나 그 사용을 제한하는 경우 수용가가 받은 손해에 대하여 그 배상책임을 지지 않는다」라는 약관에 대하여, 「한국전력공사의 고의, 중대한 과실로 인한 경우까지 적용된다고 보는 경우에는 약관규제법 제7조 1항(고의, 또는 중대한 과실의 경우의 책임배제조항)에 위반되어 무효라고 볼 수 밖에 없으나, 그 외의 경우에 한하여 한전의 면책을 정한 규정이라고 해석하는 한도 내에서는 유효하다」(대판 1995. 12. 12, 95다11344)고 하는 경우와 같이, 약관의 문언을 한정적으로 해석함으로써 이의 효력을 인정하는 것이다. 그외에 용역경비계약에서의 경비약관에 관한 대판 1996. 5. 14. 94다2169; 대판 1997. 2. 25. 96다37589), 아파트분양계약에서의 「공유대지의 증가나 감소가 있을 시 그에 상당한 금액을 서로 청구하지 않기로 한다」라는 면책조항에 관한 대판 1996. 10. 12, 94다56098 등이 이에 해당한다고 한다. 그러나 이러한 해석도 약관상의 문언을 축소해석함으로써 그 약관의 효력을 유지하는 것인 점에서, 수정해석의 범주에 넣을 수 있지 않을까?

37) 대판(전) 1991. 12. 24. 90다카23899. 그외에 대판 1998. 4. 28. 97다11898 판결; 대판 1999. 11. 26. 98다42189; 대판 2000. 5. 30. 99다66236 등.

38) 다만 위 판결과는 달리, 한국토지개발공사의 매매예약서 중 계약미체결시 분양신청금(대금의 10% 상당)을 공사에 귀속시킨다는 약관조항에 대하여 약관규제법의 규정(제6, 8조)을 적용하여 정면으로 무효라고 한 것이 있지만(대판 1994. 5. 10. 93다30082), 그후 동일한 조항에 대하여 약관법상 무효가 아니고 손해배상액의 예정으로서 부당히 과다하다는 이유로 1/3로 감액한 원심판결을 인용하였다(대판 1994. 10. 25. 94다18140). 그리하여 이후 위와 같은 약관조항의 효력에 관해서 판례

수정해석의 허용 여부는 독일법에서도 문제되었는데, 통설은 이를 부인한다고 한다. 그러나 우리 학설에서는 견해가 팽팽히 대립한다. 이를 부인하는 견해의 근거는「무효로 한다」는 법문, 그리고 그러한 해석은 부당한 조항을 상당한 정도로 유지시킴으로써 사업자를 옹호하는 결과가 된다는 점(달리 말하면, 이러한 해석을 부인하여 약관조항을 전부 무효로 하면 사업자는 처음부터 약관을 법이 허용하는 한도 내에서 작성하는 경우보다 더 불이익을 당할 수 있게 되어 부당한 약관을 함부로 사용할 수 없게됨으로써「예방의 목적」을 달성할 수 있다는 점) 등이다.[39] 이에 대하여 일부 견해는 이를 긍정한다.[40] 이론적으로는 부인설이 타당할지 모른다. 그러나 현실적으로 볼 때 조항 전부를 무효로 하는 것보다는 이중 부당하지 않은 부분의 효력을 인정하는 것이 실제로 타당한 경우에는 수정해석을 인정하는 것이 타당하지 않을까?

대판(전) 1991. 12. 24. 90다카23899 [사안] 갑이 보험회사 을과 맺은 자동차보험계약에 의하면, 운전자의 무면허운전시에 발생한 사고로 인한 손해는 보상하지 않는다고 규정되어 있다. 그런데 갑이 자신의 공장 앞길에 열쇠를 꽂아둔 채 차를 정차시켜 놓은 사이에, 갑의 종업원 A가 이를 무단 운전하여 가다가 병을 사망케 하는 사고를 냈다. 그런데 A는 운전면허가 없었고 또 술에 취한 상태였다. 갑이 병의 유족에게 손해배상금을 지급하고, 을에 대하여 보험금을 청구하였다. 이에 대하여 을은 위 보험계약 약관상의 면책조항을 근거로 보험금지급을 거절하였다. [판지] 위의 면책조항을 문언 그대로 무면허운전의 모든 경우에 적용하게 되면 절취운전이나 무단운전의 경우와 같이 자동차보유자의 지배관리가 미치지 못하는 경우에 그 운전자의 운전면허소지 여부에 따라 보험의 보호를 전혀 받지 못하는 불합리한 결과가 생기는바, 이는 보험계약자에게 부당하게 불리하고 보험자의 책임을 상당한 이유 없이 배제하는 것이 된다. 따라서 위 면책조항이 보험계약자의 지배 또는 관리가능성이 없는 무면허운전의 경우에까지 적용된다고 보는 경우에는 그 조항은 신의성실의 원칙에 반하는 것으로서 무효가 되므로, 위 면책조항은 무면허운전이 보험계약자의 지배 또는 관리가능한 상황에서 이루어진 경우(구체적으로는 무면허운전이 보험계약자나 피보험자 등의 명시적 또는 묵시적 승인 하에 이루어진 경우)에 한하여 적용되는 것으로 수정해석해야 한다고 하여, 을의 주장을 배척하였다.

가 나뉘는 바, 대판 1996. 9. 10. 96다19758; 대판 1998. 12. 23. 97다40131; 대판 1999. 3. 26. 98다33260 등은 이를 무효라고 하는데 대하여, 대판 1997. 3. 28. 95다48117; 대판 1997. 7. 22. 97다13306 등은 전부 무효는 아니라고 한다. 이런 점에서 이러한 판례는 수정해석을 포기한 것이라고 하기는 어렵다.

39) 김동훈, 약관의 내용통제와 수정해석, 인권과 정의 223호(1995. 3.), 76면; 이희영, 약관규제법 제8, 6조에 위배되는 약관의 효력, 대법원판례해석 21호(1994), 232면 이하. 장경환, 약관의 규제에 관한 법률 제6조(일반원칙)에 관한 고찰, 법학연구(충북대) 창간호(1989), 121면 이하, 144면은, 원칙적으로 이를 부인하면서, 다만 학설 · 판례의 다툼 혹은 거래관행의 부재 등으로 문제된 조항이 약관법에 반하는지가 불분명한 경우에는 예외적으로 허용할 수 있다고 한다(제한적 긍정설).

40) 손지열, 약관에 대한 내용통제, 민사재판의 제문제 10권(2000), 626면 이하; 양창수, 자동차보험약관의 무면허운전면책조항에 대한 내용통제, 이회창선생 화갑기념논문집(1995), 728면 이하, 742면. 후자 견해는 이론적 근거로서, 우리 약관규제법의 개별금지조항은 독일과 달리 대부분 평가가능성이 유보되어 있어서 어떤 약관조항이 무효로 될 것인가를 사전에 알기 어렵다는 점을 든다.

제 3 절 결함 있는 의사표시

제1항 서 설

Ⅰ. 의 의 [560]

결함 있는 의사표시란 표의자가 의사를 결정하고 이를 표시하기까지의 과정에서 어떠한 결함이 있는 모든 경우를 총칭한다. 이에는 의사와 표시가 불일치하는 경우(비진의표시, 통정허위표시, 착오에 의한 의사표시)와, 의사가 타인의 부당한 간섭에 의하여 형성된 경우(사기 혹은 강박에 의한 의사표시)가 있다.

의사와 표시가 불일치하는 경우와 타인의 부당한 간섭에 의한 경우를 함께 총칭하는 「결함 있는 의사표시」라는 용어는 일반적으로 사용되지는 않는다. 그러나 두 경우는 동일한 이유에서 의사표시의 효력이 생기지 않는 것이므로, 통일적으로 고찰할 필요가 있다. 이런 점에서 양자를 포괄하는 것으로 위와 같은 용어를 사용한다.[1] 그 외에 강학상으로 「하자 있는 의사표시」라는 용어가 사용되지만, 이는 사기 · 강박에 의한 의사표시만을 칭한다. 그러므로 위의 두 경우를 총칭하는 것으로 「하자 있는 의사표시」라는 용어는 부적절할 것이다. 한 가지 부언할 점은, 제110조는 사기 · 강박에 의한 의사표시를 「하자 있는 의사표시」라고 칭하지 않을 뿐만 아니라, 취소권자를 규정하는 제140조에서의 「하자 있는 의사표시」는 그 외에 착오에 의한 의사표시도 포함하는 것이다. 이와 같이 「하자 있는 의사표시」라는 용어는 그 의미가 경우에 따라 다르므로, 혼동을 피하기 위해서 본서에서는 사용하지 않기로 한다(구민법은 착오에 의한 의사표시를 무효로 하였으며(동법 95조), 취소권자로서 「하자 있는 의사표시를 한 자」라고 규정하였으므로(동법 120조), 하자 있는 의사표시는 민법상의 용어로서 사기 · 강박에 의한 의사표시를 뜻하였다).

Ⅱ. 의사주의와 표시주의의 대립 [561]

법률행위의 효력이 발생하는 것은, 사적자치의 원칙에 따라 당사자가 그의 자유로운 의사에 기하여 그러한 법률효과를 의욕하였기 때문이다. 따라서 만약 의사표시에 결함이 있다면, 사적자치의 원칙상 표시된 바에 따른 법률효과가 발생될 수 없을 것이다. 뿐만 아니라 사적자치 원칙은, 당사자들에게 법률관계의 규율을 맡기는 경우에 그들 간의 자유로운 경쟁에 의하여 급부와 반대급부 간에 적절한 조절이 기해진다는 점에 기한 것이다. 즉 법률행위 내용의 적절성은 의사표시가 온전한 자기결정에 기한 경우에 비로소 보장된다. 만약 예컨대 표의자가 실수로 대금을 잘못 말하였다면, 그에 따른 법률효과는 적절성을 결한다. 그럼에도 불구하고 표시대로의 법률효과를 인정한다면, 표의자

1) 이영준, 358면 이하에서는 이를 「비정상적 의사표시」라고 표현한다.

는 우연한 말실수로 때로는 파멸에 이르고, 반대로 상대방은 표의자가 誤記의 불운을 겪지 않았다면 결코 얻을 수 없었을 이익을 횡재하게 된다. 이런 점에서 의사표시가 온전한 자기결정에 기하지 않은 경우에도 표의자를 표시에 구속시킬 수는 없다. 그러한 결과는 사적자치의 원칙과 부합하는 것이 아니다.

그러나 반면으로 표의자에게 표시에 상응하는 의사가 존재하는지 여부는 표의자의 내면적 사실로서, 상대방으로서는 그러한 사정을 알 수 없다. 그럼에도 만약 그러한 사실만으로 의사표시를 무효로 한다면 상대방은 불측의 손해를 입게 된다. 이런 점에서는 표시가 의사와 부합하는지 여부를 불문하고 표의자로 하여금 그의 표시에 구속되도록 하여야 한다.

이와 같이 결함 있는 의사표시에 대하여 어떠한 법률효과를 부여할 것인가 하는 점은 매우 어려운 문제로서, 이를 둘러싸고 19세기 독일에서 意思主義와 表示主義가 대립되었다(이 문제가 의사주의와 표시주의간의 원래의 논쟁의 초점이었다(전술 [423] 참조). 다만 논쟁은 주로 착오의 경우를 둘러싸고 일어났다). 의사주의는 의사를 의사표시의 결정적인 요소로 보고, 따라서 표시에 상응하는 의사가 없는 경우에는 그 표시는 아무런 효과도 발생하지 않는다(무효이다)고 하였다. 이에 반하여 표시주의는 표시를 의사표시의 결정적인 요소로 보고, 따라서 표시에 상응하는 의사가 없는 경우에도 그 표시는 유효하다(표시된 대로의 법률효과가 발생한다)고 하였다.

[562] Ⅲ. 민법의 태도 개관

위의 양 견해는 표의자 또는 상대방의 이익 중 어느 하나에 일방적으로 기울어진 것으로서 적절치 않다. 그리하여 민법은 의사표시에 결함이 있는 경우에 이의 효과를 획일적으로 정하지 않고, 그 결함의 태양에 따라 표의자를 더 보호할 필요가 있는가 상대방을 더 보호할 필요가 있는가를 고려하여, 때로는 이를 무효로 하고, 때로는 이를 유효로 하고, 또 때로는 일단 효력을 발생시킨 후에 표의자가 이의 효력을 소멸(취소)시킬 수 있게 하였다. 이하에서 결함의 태양에 따른 법률효과를 간단히 개관한다.

(1) 유효인 경우 비진의표시의 경우에는, 비록 그 표시는 의사에 기한 것이 아니지만, 그러한 점을 알고 한 표의자를 보호할 필요는 없다는 점에서 원칙적으로 이를 유효하다고 하였다. 또 착오의 경우에는 그 착오가 법률행위의 내용에 관한 것이어야 비로소 취소할 수 있도록 함으로써, 단지 동기에 착오가 있는 경우에는 취소할 수 없도록 하였다. 즉 이 경우에는 그 표시된 법률효과 자체는 의사에 기한 것이란 점에서 전적으로 유효한 것으로 하였다.

(2) 무효인 경우 비진의표시에서 다만 표시가 진의가 아님을 상대방이 알았

거나 혹은 알 수 있었던 경우에는, 그러한 상대방을 보호할 필요가 없다는 이유에서 이를 무효로 하였다. 통정허위표시의 경우에는, 전혀 법률효과를 발생시킬 의사가 없었을 뿐만 아니라 상대방을 보호할 필요도 없으므로 언제나 무효로 하였다.

(3) 취소할 수 있는 경우 착오의 경우는 한편으로는 표의자가 표시가 잘못되었음을 알지 못하고 한 것이므로 그를 보호할 필요가 있지만, 다른 한편으로는 상대방은 표시된 바를 표의자의 의사로 신뢰한 것이므로 상대방을 보호할 필요가 있다. 그리하여 민법은 일단 그 법률행위의 효력을 발생시키고, 후에 표의자가 이를 취소함으로써 그 효력을 배제할 수 있도록 하였다. 사기나 강박의 경우는 표의자가 타인의 부당한 간섭으로 인한 것이므로 표의자를 보호할 필요가 크며, 이런 점에서는 이를 무효로 하는 것이 적절할지 모른다. 그런데 민법은 이 경우에도 착오와 동일하게 취소할 수 있도록 하였다. 다만 사기 · 강박이 제3자에 의한 것이고 상대방이 이를 알 수 없었던 경우에는, 상대방의 이익을 위하여 취소할 수 없도록 하였다.

제 2 항 비진의표시

Ⅰ. 총 설 [563]

제107조 1항은 「의사표시는 표의자가 진의 아님을 알고 한 것이라도 그 효력이 있다」고 규정한다. 이와 같이 「표의자가 진의 아님을 알고 한」 의사표시가 비진의표시이다. 즉 표의자 스스로 알면서 내심의 의사(진의)와 다른 표시행위를 하는 것이다. 이는 표의자가 의사와 표시와의 불일치를 알고 있는 점에서 착오에 의한 의사표시와 다르고 통정허위표시와 공통되나, 상대방과 그러한 점을 합의(통정)한 것이 아닌 점에서 이와 다르다(이런 점에서 비진의표시는 「단독의 허위표시」라고도 부를 수 있다).

Ⅱ. 요 건 [564]

1. 의사표시

비진의표시도 의사표시이므로, 객관적으로 볼 때 의사표시로 인정되는 행위, 즉 일정한 법률효과적 의사(법률효과의 발생을 의욕하는 의사)를 추단할 만한 가치 있는 행위가 있어야 한다.

(1) 그러므로 상대방이 표시된 바를 의사표시로 믿었더라도, 객관적으로 볼 때 그것이 법률행위적 의사에 기한 것으로 여겨지지 않는 경우에는 의사표시가 아니고, 따라서 제107조 1항이 적용되지 않는다. 임차인이 임대인의 아들의 「보증금은 자신이 책임

지고 해결하겠으니 걱정하지 말라」는 말을 보증금을 반환하겠다는 의미로 이해한 경우가 이러한 예일 것이다.[1)]

(2) 반면에 객관적으로 볼 때 표시가 법률효과적 의사에 기한 것으로 여겨지는 경우에는, 비록 표의자가 내심의 효과의사 없이 순수히 농담이나 사교적 언사로서 한 것(戱言)이더라도 의사표시가 되어 위 규정이 적용된다. 표의자로서는 상대방이 자신의 말을 희언으로 이해하리라고 예상 내지 기대하고 한 경우에도 마찬가지이다. — 독일민법은 「의사표시는 표의자가 표시된 바를 의욕하지 아니함을 내심에 유보하였다는 이유로 무효가 되지 아니한다」고 규정한다(동법 116조 1문. 그리하여 이를 心裡留保(Geheimer Vorbehalt)라고 한다). 이와 같이 내심으로 법률효과적 의사가 없다는 점을 감추고 행위하였더라도 그러한 이유로 무효가 되지 않는다고 하므로, 그러한 내심의 의사를 감추지 않은 경우에는 위 규정이 적용되지 않는다. 따라서 자신의 행위가 희언임을 상대방이 알리라고 생각하고 한 희언은 무효가 된다. 그런데 우리 민법은 단지 「진의 아님을 알고 한」 의사표시는 유효라고 규정할 뿐이고, 표의자가 희언을 한다는 내심의 의사를 감추었느냐 여부를 문제삼지 않으므로, 설령 자신의 행위가 희언임을 상대방이 알리라고 생각하고 하였더라도 상대방이 이를 진의로 알았다면 유효로 되는 것이다.

[565] 2. 진의와 표시의 불일치

표시가 내심의 의사(진의)와 일치하지 않아야 한다. 즉 표시에 상응하는 내심의 의사가 결여되었어야 한다.

(1) 여기에서의 진의는 「표의자가 진정으로 마음 속에서 바라는 것」을 뜻하는 것은 아니다. 따라서 의사표시의 내용이 표의자가 진정으로 마음 속에서 바란 것은 아니더라도 당시의 상황에서는 그것이 최선이라고 판단하여 한 경우에는, 표시된 바에 부합하는 내심의 효과의사가 있으므로 진의에 반하는 것이 아니다. 즉 예컨대 감원대상자로 선정된 직원이 직권면직당하는 것보다는 직급을 강등당하는 것이 낫다고 판단하여 직급강등에 동의한 경우에, 이는 진의에 반하는 것이 아니다.[2)] 또 불법감금되어 재산의 포기 혹은 증여를 강요받자 이를 거절하면 받게 될 다른 불이익을 피하기 위하여 재산을 증여한다는 의사표시를 한 경우도 마찬가지이다.[3)]

---

1) 법률행위의 해석에서 소개한 대판 1999. 11. 26. 99다43486의 사안이다([454]).

2) 대판 1996. 12. 20. 95누16059. 그외에 대판 1997. 12. 12. 97누13962; 대판 2000. 4. 25. 99다34475(양자 모두 사직하지 않으면 징계파면될 것이 염려되어 퇴직금 등을 고려해서 사직의 의사표시를 한 경우); 대판 2003. 4. 25. 2002다11458(명예퇴직을 신청한 경우).

3) 대판 1993. 7. 16. 92다41528,41535(계엄사령부 소속 합동수사본부에 끌려가 재산헌납을 강요받은 경우). 그 외에 대판 2002. 12. 27. 2000다47361은, 재미교포 갑이 을로부터 상속재산을 포기하지

(2) 비진의표시는 표의자가 「진의 아님을 알고 한 것」이므로, 표의자 스스로 위와 같은 불일치를 알았어야 한다.

(3) 표의자가 그러한 행위를 한 이유나 동기는 묻지 않는다. 따라서 앞서 본 바와 같이 상대방이 자신의 말을 진의 아님을 당연히 알 수 있으리라는 기대하에 하였더라도(희언), 상대방이 이를 진의로 받아들인 때에는 비진의표시로 된다.

Ⅲ. 효 과 [566]

1. 원 칙

진의 아닌 의사표시는 표시한 대로 효력을 발생한다(107조 1항 본문). 표의자를 보호할 필요가 없기 때문이다.

비진의표시를 유효로 하는 것은 독일민법에서도 마찬가지이지만, 우리 민법은 독일민법과 달리 표의자가 희언임을 숨겼는가 하는 점은 문제삼지 않고, 오로지 상대방의 입장에서 볼 때 의사표시로 여겨지는 한 의사표시로서의 효력을 인정하는 점에서, 표시주의에 보다 접근되었다고 할 수 있다. 이는 현대적 거래의 수요를 반영한 것으로 이해되고, 이러한 입법정책은 법률행위 이론에서도 고려되어야 할 것이다(이런 점에서 우리 민법에서는 의사주의의 공간은 더 협소할 것이다).

2. 예 외 [567]

(1) 무 효 「상대방이 표의자의 진의 아님을 알았거나 이를 알 수 있었을 경우에는 무효로 한다」(107조 1항 단서).

㈎ 「진의 아님을 알았을」 때에는 상대방을 보호할 필요가 없으며, 오히려 표의자의 진의를 존중하여 그 의사표시를 무효로 하는 것이 타당하기 때문이다.

㈏ 「알 수 있었을」이라 함은, 일반인의 주의를 하였다면 알 수 있었던 경우를 말한다. 이와 같이 악의가 아니라 단지 선의이나 과실 있는 경우에도 의사표시를 무효로 하는 것이 타당한가 하는 점은 논란이 있을 수 있다.[4] 그러나 상대방의 신뢰도 정당한 경우에만 보호받는다는 점에서 볼 때 타당하다. 또한 희언의 경우에도 상대방이 이를 희언임을 알리라는 표의자의 예상을 고려치 않고 의사표시로 인정하는 점에서 보더라도 그러하다. 즉 독일민법은 상대방이 악의인 경우에만 무효로 하지만(동법 116조 2문), 이는 표의

않으면 자신의 외화밀반출 등의 위법행위를 고발하겠다는 협박을 받고 겁을 먹고 재산상속포기서(자신의 상속재산을 을에게 증여한다는)를 작성 교부한 사안에서, 갑은 강박에 의해서지만 증여를 하기로 한 것이므로 이는 증여의 내심의 효과의사가 결여된 비진의표시가 아니라고 한다.

4) 곽윤직, 403면은 상대방이 과실로 진의를 알지 못한 경우에도 무효로 하는 것은 입법론으로서 부당하다고 비판한다.

자가 희언임을 숨긴 경우에 한해서 의사표시로 인정하기 때문이다. 이와 달리 우리 민법은 희언임을 숨기지 않은 경우에도 의사표시로 인정하므로, 그 의사표시가 진의 아님을 상대방이 알 수 있은 경우에도 무효로 하는 것이 타당할 것이다.[5)]— 이런 점에서 독일민법과 우리 민법은 결과에서는 거의 차이가 없을 것이다. 그러나 표의자의 의사가 아니고 그에 대한 상대방의 이해가능성을 중심으로 비진의표시의 효력을 결정하는 우리 민법이 더 적절하지 않을까?

(다) 상대방이 진의 아님을 알았거나 또는 알 수 있었느냐 여부는 행위 당시, 보다 엄밀히는 상대방이 표시를 안 때를 기준으로 결정된다.[6)]

(라) 알았거나 또는 알 수 있었을 이유에는 제한이 없다. 또한 상대방이 다수인 의사표시의 경우에, 그 중 일부만이 표시행위 이외의 사정으로부터 알았거나 또는 알 수 있었을 때에는 그 자에 대한 관계에서만 무효로 된다.

(마) 상대방의 악의 또는 과실의 유무는 무효를 주장하는 표의자가 입증하여야 한다.[7)]

(2) 제3자에 대한 효력 「전항의 의사표시의 무효는 선의의 제3자에게 대항하지 못한다」(107조 2항). 이것은 일반 제3자의 보호를 위하여 둔 규정이다. 이 경우의 「제3자」, 「선의」, 「대항할 수 없다」 등의 의미는, 허위표시의 무효를 선의의 제3자에게 대항할 수 없다고 하는 경우와 대체로 같으므로, 그 설명에 미룬다([576] 이하).

[568] **(3) 계약체결상의 과실책임** 비진의표시가 무효로 되는 경우에, 표의자는 계약체결상의 과실책임에 의하여 신뢰이익의 배상책임을 인정하는 견해가 있다.[8)] 이론상으로는 타당할지 모른다. 그러나 비진의표시가 무효로 되는 것은 상대방이 악의이거나 과실있는 경우이다. 그런데 계약체결상의 과실책임은 상대방의 선의 · 무과실을 요건으로 한다. 즉 상대방이 악의이거나 과실있는 경우에는 계약체결상의 과실책임을 물을 수 없다. 따라서 실제적으로는 표의자에게 그러한 책임이 인정될 여지가 없다.[9)]

---

5) 이영준, 367, 368면.

6) 동지: 곽윤직, 403면. 이에 대하여 이영준, 376면은 도달시가 기준이라고 한다. 의사표시의 효력발생시기는 도달시이므로 이론적으로는 그렇게 해야 할 듯하나, 도달만으로는 수령인이 의사표시의 내용을 알지 못하므로 의사표시가 진의인지 여부를 판단할 여지가 없으며, 의사표시를 안 때 비로소 이를 판단할 수 있다.

7) 대판 1992. 5. 22, 92다2295.

8) 고상용, 396면; 김용한, 283면; 이영준, 377면.

9) 곽윤직, 403면; 장경학, 464면.

Ⅳ. 적용범위 [569]

(1) 상대방 있는 의사표시뿐만 아니라 상대방 없는 의사표시에도 적용된다. 그리고 이 경우에는 단서의 적용이 없으므로, 언제나 유효로 된다.

(2) 그러나 혼인 · 입양 등과 같은 신분법상의 행위에서는 당사자의 진의가 절대로 필요하므로, 본조는 적용되지 않는다. 따라서 언제나 무효가 된다(815조, 883조 등은 이를 명언하나, 그러한 규정이 없는 경우에도 마찬가지이다).

(3) 상법은 주식인수의 청약에 관하여는 민법 제107조 1항 단서를 적용하지 않는다고 규정한다(상법 302조 3항). 이러한 명문규정이 없는 한, 단체적 행위에도 본조는 적용되며, 다만 단체가 사업을 개시한 후에는 무효의 효력이 장래에 향해서만 생긴다고 할 것이다. 이에 대하여 사단법인설립행위를 합동행위로 보는 견해는 사단법인설립행위에는 본조가 적용되지 않는다고 한다([256]의 주 9 참조).

(4) 공법상의 의사표시에는 적용되지 않는다.[10)]

Ⅴ. 구체적 사례 [570]

(1) 사직의 의사표시가 비진의표시에 해당하느냐 하는 점에 관해서는 구체적 사안에 따라 달리 판단한다. 앞([565])에서 소개한 바와 같이 그것이 최선이라고 판단하여 그러한 표시를 한 경우에 비진의표시가 아니라고 한다.[11)] 그러나 근로자가 사용자의 지시에 좇아 일괄하여 사직서를 제출한 경우에는, 비진의표시라고 한다(따라서 사직서에 기하여 해임한 것은 사용자의 일방적 의사에 기하여 근로계약관계를 종료시키는 것이므로 해고에 해당한다).[12)] 또 의원면직의 형식을 빌렸으나 실제로는 사용자의 지시에 의한 경우,[13)] 해외근로자가 재해의 치료를 위하여 귀국하기 위해서도 사직의 뜻을 표시해야 한다고 하는 강요에 의한 경우[14)] 등은 비진의표시라고 한다. 그 외에 공무원의 경우에는, 공법행위에는 본조가 적용되지 않는다는 점을 의원면직처분이 무효라고 하는 근거로 한다.[15)] 공법행위에 본조가 적용되지 않는 것은 그것이 공권력의 발동에 기한 것이기 때문인데, 사직서의 제출은 그러한 성질의 행위가 아닌 바, 따라

10) 판례는 귀속재산처리법에 의한 매수인의 매수신청 또는 임차인의 임차신청 및 그 포기의 의사표시(대판 1954. 2. 2. 4286행상11[집 1-7, 행 1]), 영업재개업신고의 의사표시(대판 1978. 7. 25. 76누276[집 26-2, 행 100]) 등은 공법상의 행위이므로 본조의 적용이 없다고 한다. 그 외에 공무원이 사직의 의사표시에 관해서는 뒤에서 살핀다.

11) [564] 주 2에서의 대판 2000. 4. 25. 99다34475; 대판 2003. 4. 25. 2002다11458 등.

12) 대판 1991. 7. 12. 90다11554(방송공사사건)(사직서에 기하여 의원면직처리될지 모른다는 점을 인식하였다는 사정만으로 그의 내심에 사직의 의사가 있는 것이라고 할 수 없다); 대판 1994. 4. 29. 93누16185.

13) 대판 1992. 5. 26. 92다3670(부산공동어시장 사건).

14) 대판 1992. 9. 1. 92다26260[공 930,2765]

15) 대판 1992. 8. 14. 92누909; 대판 1994. 1. 11. 93누10057(군인이 복무연장지원서와 함께 전역지원서를 동시에 제출한 경우); 대판 1997. 12. 12. 97누13962; 대판 2000. 11. 14. 99두5481; 대판 2001. 8. 24. 99두9971. 97누13962는 사직의 의사표시는 비진의표시가 아니라는 점도 근거로 한다.

서 그러한 근거가 타당한지 검토할 필요가 있지 않을까?[16] 다만 공무원의 징계에 관해서는 국가공무원법이 그 절차 및 징계사유 등을 규정하므로(예컨대 동법 78조) 의원면직처분은 공법행위의 성질을 가진다고 하지 않을 수 없다.

(2) 법인의 대표가 사익을 위하여 행한 대리행위(대표권 남용)는 비진의표시라고 한다. 이에 관한 판례와 문제점은 대리권 남용 부분에서 살핀다([729] 이하).

(3) 타인의 부탁을 받고 자신 명의로 대출받은 행위(차명대출)에 관하여 일부 판례는 비진의표시가 아니라고 하여 유효라고 한다. 그런데 차명대출의 대부분의 경우는 통정허위표시 문제로 취급되므로, 이에 관한 판례 및 문제점은 이 부분에서 살핀다([573]).[17]

(4) 그 외에 의사표시인가 여부가 문제된 경우 중에는 이를 긍정하면서 다만 비진의표시임을 이유로 무효라고 한 것이 있다. 이의 판례는 의사표시의 해석 부분에서 살폈다([454]).

제3항 허위표시

[571] Ⅰ. 의 의

제108조는 「상대방과 통정한 허위의 의사표시는 무효로 한다」고 규정한다. 여기에서 말하는 상대방과 통정한 허위의(진의 아닌) 의사표시가 허위표시이다. 통정하였다는 점에서 이를 통정허위표시라고도 한다. 채무자가 채권자의 강제집행을 면하기 위하여 타인과 공모하여 자기 소유의 물건을 그 타인에게 양도한 것으로 가장하는 행위가 그 전형적 예이다. 그리하여 이러한 허위표시를 요소로 하는 법률행위를 「假裝行爲」라고 한다.

[572] Ⅱ. 요 건

1. 진의 아닌 의사표시

이의 요건은 비진의표시에서와 동일하다. 즉

(1) 의사표시, 정확히는 객관적으로 볼 때 의사표시라고 인정할 만한 행위가 있어야 한다. 보통은 증서의 작성 또는 등기 등과 같이, 제3자가 보아서 의사표시가 있다고 인정할 만한 외형이 만들어진다.

(2) 표시가 진의에 부합하지 않아야 한다. 표시와 진의가 부합하는가 하는 점은 법률효과를 기준으로 하는 것이다. 그러므로

---

16) 그러나 이영준, 372면은 판례를 지지한다.

17) 그 외에 실질적으로 이에 관한 판례로서, 대판 1980. 7. 8. 80다639는, 학교법인이 사립학교법상의 제한규정을 피하기 위하여 그 학교의 교직원들의 명의로 금원을 차용한 경우, 교직원들은 주채무자로서 채무를 부담하겠다는 의사를 가지고 있었다고 해석하는 것이 상당하므로 의사와 표시의 불합치는 존재하지 않는다고 한다.

(가) 양도담보와 같은 신탁행위는 경제적 목적을 넘는 권리를 주지만, 그러한 법률효과의 발생에 대한 진의가 있으므로 허위표시에 해당하지 않는다. 이에 관하여는 후술한다([584]).

(나) 행위의 경제적 효과는 타인에게 귀속시키지만 그 법률상의 효과는 자신에게 귀속시키려는 의사인 때에는 진의와 표시가 불일치하는 것이 아니다. 이는 타인에게 자금을 제공하기 위하여 자신의 이름으로 소비대차계약을 체결하는 경우에 나타난다. 즉 예컨대 갑이 친지 을의 사업자금을 마련해 주기 위하여 은행 병으로부터 금전을 차용하는 경우에, 갑은 자신이 그 대출금채무를 지려는 것이므로 진의 아닌 의사표시가 아니다(그외에 갑이 을에게 주거를 마련해 주기 위해서 자신의 이름으로 병의 주택을 임차하는 경우도 이에 해당한다). 그런데 판례는 차명대출의 경우도 이런 경우라고 하여 허위표시가 아니라고 한다. 이의 내용과 문제점은 별도로 살핀다.

(3) 표의자 스스로 표시가 의사와 부합하지 않음을 알고 있어야 한다.

(4) 借名貸出의 경우 이는 예컨대 갑이 금융기관 병으로부터 금전을 차용하 [573]
고자 하나 동일인의 대출한도 제한으로 인하여 자신 명의로 대출받을 수 없게 되자 을에게 부탁하여, 을이 갑의 부탁에 따라 자신 명의로 병과 소비대차계약을 체결하고 대출금은 갑이 직접 병으로부터 수령하는 경우이다.[1] 이 경우에 판례는 때로는 을에게 채무부담의 의사가 없다고 할 수 없으므로 비진의표시가 아니라고 하고,[2] 때로는 을의 의사는 대출에 따른 경제적인 효과는 갑에게 귀속시킬지라도 그 법률상의 효과는 자신에게 귀속시킴으로써 위 대출금채무에 대한 주채무자로서의 책임을 지겠다는 것이므로 표시가 진의와 다르다고 할 수 없다고 한다(그리하여 을이 대출금채무자라고 한다).[3] 다만 을에 관해서는 신용조사를 한 바 없고 갑이 대출금 반환을 연체함에도 오로지 갑에 대하여 변제를 촉구할 뿐 을에게는 아무런 조치도 취하지 않거나(이러한 사정은 통정허위표시임을 인정한 사안에서 공통되는 것이다) 혹은 계약체결과정에서 병의 직원이 갑에게 타인 명의로 대출받을 것을 먼저 권유하고 대출금의 일정액을 사례금으로 요구하는 등의 특별한 사정이 있는 경우에는, 을은 채무부담의 의사 없이 형식상의 명의만을 빌린 것에 불과하므로 을 명의의 대출약정은 통정허위표시에 해당한다고(그러므로 그 대출계약의 실질적인 당사자는 금융기관과 실질적 주채무자인 갑이라고) 한다.[4][5]

1) 이에 관해서는, 김학동, 차명대출명의자의 책임에 관한 판례 검토, 서울법학(서울시립대) 15권 2호(2008), 1면 이하; 배종근, 차명대출명의자의 책임판단에 관한 대법원판례의 비판적 검토, 법조 593호(2006. 2.), 46면 이하; 곽종훈, 명의대여에 의한 대출약정과 통정허위표시, 민사재판의 제문제(민사실무연구회) 12권(2003), 191면 이하.

2) 대판 1996. 9. 10. 96다18182.

3) 대판 1997. 7. 25. 97다8403; 대판 1998. 9. 4. 98다17909; 대판 2003. 6. 24. 2003다7357.

4) 대판 2001. 5. 29. 2001다11765. 그 외에 대판 1996. 8. 23. 96다18076; 대판 2001. 2. 23. 2000다65864; 대판 2007. 11. 29. 2007다53013.

그러나 이러한 판례이론은 의문이다. 우선 타인에게 자금을 제공하기 위하여 스스로 소비대차계약을 체결하는 경우(위의 (2) (나)의 경우)와 타인의 부탁으로 명의만을 빌려주는 차명대출의 경우는 다르다. 후자의 경우에 을은 자신이 법적 책임을 지는 일은 없다는 갑의 말을 믿고 단지 명의만을 자신으로 하여 계약을 체결한 것이므로, 을은 법률상의 효과가 자신에게 귀속되리라고 생각하지 않은 것이다(물론 이는 내심의 의사이고, 표시상으로는 법률적 효과를 자신에게 귀속시킬 의사에 기한 것으로 여겨지지만, 내심으로도 그러한 의사를 가졌던 앞의 경우와는 분명 차이가 있다. 그럼에도 양 경우를 동일한 것으로 설명하는 것은 실제와 맞지 않는다). 다음으로 허위표시는 양 당사자가 서로 통정하여 하는 것이고, 차명대출에서의 계약당사자는 을과 병이다. 그런데 차명대출이 허위표시라고 한 사안에서의 특수한 사정은 단지 병의 의사와 관련된 것이고 을의 의사와는 무관한 것이다. 더욱이 그러한 사정은 소비대차계약 자체에 존재하는 것이 아니고, 계약 이전 혹은 그 이후(엄밀히는 갑의 대출금반환의 지체 이후)에 존재하는 것이다. 이와 같이 대출명의자 을의 의사와는 무관한 그리고 특히 대출계약 이후에 나타난 사정을 고려해서 그의 행위가 허위표시인지 여부를 판단하는 것은 전혀 잘못된 것이 아닐까?

생각건대 차명대출의 명의자(을)는 대출계약을 자신의 이름으로 한 점에서 스스로 이의 주채무자가 된다는 의사는 가졌을지라도, 나아가 그로 인한 책임은 부담하지 않는다는 의사였을 것이다(이런 점에서 판례가 통정허위표시임을 인정하는 경우에 「채무부담의 의사 없이 형식적으로 이루어진 것」이라고 하는 것도 타당성이 의문이다). 그런데 을이 갑과의 사이에서 자신이 채무자로 되지만 그로 인한 책임은 지지 않는다고 하는 언약에 기해서 병과 소비대차계약을 체결하였다면, 이는 표시된 바와 내심의 의사가 불일치하는 것과 유사하다(물론 비진의표시는 대부분 법률행위적 의사가 없는 경우이나, 이 경우는 그러한 의사는 있는 것이다). 그러므로 이 경우에 제107조 1항 2문을 준용하여 소비대차계약시 금융기관(병)이 을의 위와 같은 의사를 알았거나 알 수 있었던 경우에는 계약이 무효라고 하고, 그 외에 소비대차계약시에는 을의 의사를 몰랐더라도 그 이후에 병이 을에게 법적 책임을 지우지 않으리라는 신뢰를 야기하였다고 볼 특수한 사정이 있는 경우에는 신의칙을 근거로 을에 대한 채무이행 청구를 불허하는 것이 타당하지 않을까(판례에서 명의자의 책임이 부인된 사안을 보더라도, 이는 금융기관이 명의자에 대해서는 계약상의 주채무자로서의 책임을 지우지 않을 뜻을 나타낸 경우이다)?

[574] 2. 통 정

표의자가 진의와 다른 표시를 하는데 관하여 상대방과 通情하였어야 한다.

(1) 여기에서의 통정은 합의, 즉 의사의 합치를 의미한다.[6] 즉 모의까지는 요구되지 않지만, 의사표시가 진의 아님을 표의자와 상대방이 합의하였어야 한다. 그러므로 표의

5) 그 외에 대판 2002. 10. 11, 2001다7445; 대판 2007. 11. 29, 2007다53013 등도 회사가 동일인 대출한도를 회피하기 위하여 금융기관의 양해 하에 타인 명의로 대출계약을 체결한 사안인데, 그 타인이 회사로서 단지 형식상의 명의만을 빌려준 경우로서 통정허위표시로 무효라고 하였다.

6) 곽윤직, 406면; 이영준, 381면; 배종근, 전게서, 59면 이하.

자가 진의아닌 표시를 하는 것을 상대방이 알고 있는 것만으로는 허위표시가 되지 않는다. 다만 이러한 경우에도 제107조 1항 단서에 의하여 그 행위는 무효로 되므로, 허위표시의 효과와 결과적으로 같게 된다.

판례 중에는 앞에서 살핀 차명대출과 관련하여 통정을 합의라고 한 것도 있지만,[7] 단지 「양해」라고 한 것도 있다(즉 차명의 「대출약정은 금융기관의 『양해 하에』 그에 따른 채무부담의 의사 없이 형식적으로 이루어진 것에 불과하여 통정허위표시에 해당하는 무효의 법률행위」라고 한다).[8] 여기에서의 양해의 의미는 불명확하지만, 단지 상대방의 표시가 진의 아님을 알고 묵인하는 것을 뜻하는 것으로 오해될 우려가 있으므로 부적절하다.

(2) 허위표시를 한 이유는 묻지 않는다. 대부분은 제3자를 속이려는 목적으로 행해지나, 반드시 그러한 목적을 필요로 하는 것은 아니다.

Ⅲ. 효 과 [575]

1. 무 효

허위표시는 아무런 효력이 생기지 않는다. 즉 무효이다. 이러한 행위에 법률적 구속력을 인정할 필요가 전혀 없기 때문이다.

(1) 따라서 그 행위로 인하여 생긴 의무를 이행하고 있지 않으면 이행할 필요가 없다. 주의할 것은, 통정허위표시는 반사회적 행위는 아니므로 제746조의 적용은 없다. 그러므로 의무자가 의무를 이행하였다면, 그 급부물을 부당이득으로서 반환청구할 수 있다.

허위표시는 법률행위의 전부에 관하여 존재하는 경우가 보통이지만(예컨대 매매의사 없는 가장매매의 경우), 법률행위 일부에 관하여 존재할 수도 있다(예컨대 일정한 부관을 허위로 약정하는 경우). 이때에는 그 법률행위 자체는 유효하고, 허위표시인 부분만이 무효로 된다.[9]

(2) 채무자가 가장매매에 의하여 그의 재산을 은닉한 경우에, 채권자는 통정허위표시를 이유로 이의 무효를 주장하지 않고, 사해행위임을 이유로 채권자취소권을 행사할 수 있는가? 채권자로서는 어느 쪽에 의하여 채무자의 재산을 확보(보전)하든 자유라고 할 수 있으므로, 이를 긍정해야 할 것이다. 따라서 채권자가 후자를 선택한 경우에, 채무자는 그 행위가 허위표시로서 무효라는 이유로 취소권의 행사를 막을 수 없다

7) 대판 1998. 9. 4. 98다17909

8) 대판 1996. 8. 23. 96다18076; 대판 2001. 2. 23. 2000다65864; 대판 2001. 5. 29. 2001다11765 등.

9) 대판 1968. 4. 23. 68다329[집 16-1, 민 285]는, 토지소유자가 사업에 실패하여 토지를 타인에게 양도함에 있어서, 토지양도 사실을 가족이 알게 되면 실망이 클 것을 걱정하여 거짓으로라도 3년 내에 환매할 수 있다는 조항을 넣어 달라는 간청에 의하여 계약서에 그러한 환매특약을 기재한 경우, 그러한 환매특약은 당사자 쌍방이 통정하여 한 허위의 것이므로 효력이 없다고 하였다.

(채권총론 [299]).[10)]

[576] ## 2. 제3자에 대한 효력

「전항의 의사표시의 무효는 선의의 제3자에게 대항하지 못한다」(108조 2항).

(1) 의의 및 취지 이 규정은 허위표시에 의하여 만들어진 권리의 외형을 신뢰한 제3자를 보호하기 위한 것이다. 이러한 규정은 독일민법과 같이 公信의 原則을 일반적으로 채용하고 있는 법제에서는 필요없을 것이다(동법 117조 참조). 그러나 우리 민법은 부동산에 관해서는 공신의 원칙을 취하지 아니하므로(동산에 관해서는 선의취득을 인정하여 공신의 원칙을 취한다(249조)), 부동산 거래에서 매우 중요한 의의를 가진다. 즉 예컨대 갑과 을이 가장매매에 의하여 갑의 부동산을 을에게 이전하였는데 을이 병에게 이를 전매한 경우에(갑 · 을 간의 행위는 허위표시로서 무효이므로 을은 부동산의 소유권을 취득하지 못하고, 따라서 을은 타인의 부동산을 처분한 것이므로 무효가 되어 병은 그 부동산을 취득하지 못할 것이지만), 위 규정에 의하여 만약 병이 선의라면 유효하게 부동산의 소유권을 취득하게 된다. — 그러면 갑은 을에게 어떠한 조치를 취할 수 있는가? 갑과 을 간의 매매는 허위표시로서 무효임은 이 규정에 의해서 달라지는 것은 아니다. 따라서 을은 갑의 부동산을 처분한 것이므로 그 매매대금은 법률상 원인없이 취득한 것이 되고, 따라서 갑은 이를 부당이득으로서 반환청구할 수 있다. 그 외에 을은 갑과의 계약을 위반한 것이므로, 갑은 을에게 채무불이행을 이유로 손해배상을 청구할 수 있다.

[577] (2) 제3자 제3자라 함은 허위표시의 당사자와 그 포괄승계인(예컨대 상속인) 이외의 자로서, 허위표시인 행위를 기초로 하여 새로운 이해관계를 맺은 자를 말한다. 부동산의 가장양수인으로부터 다시 이를 양수한 자 혹은 그 위에 저당권을 취득한 자, 가장의 저당권설정행위에 기하여 성립한 저당권의 실행에서 저당부동산을 경락받은 자[11)] 등이 그 예이다. 그리고 가장양수인으로부터 가등기를 취득한 자,[12)] 가장의 채권양수인에 대한 압류채권자, 파산관재인[13)] 등도 이에 해당할 것이다. 그러나 채권을 가장양도한 경우의 채무자는 제3자에 해당하지 않는다.[14)] 그리고 예컨대 갑이 병으로부터 자금을 차

10) 대판 1961. 11. 9. 4293민상263[집 9, 민 65].

11) 대판 1957. 3. 23. 4289민상580[집 5-1, 민 31].

12) 대판 1970. 9. 29. 70다466[집 18-3, 민 94].

13) 대판 2010. 4. 29. 2009다96083.

14) 대판 1983. 1. 18. 82다594[집 31-1, 민 18]. 이의 사안은 갑회사에 대하여 퇴직금채권을 가지는 A가 허위표시로서 B에게 그 채권을 양도하였는데, 갑이 위 채무를 아직도 B에게 변제하지 않은 상태에서 위 퇴직금의 전부채권자 을이 갑에 대하여 전부채권을 청구한 경우로서, 갑은 A · B 간의 위 채권양도계약이 통정의 허위표시로서 무효라 하더라도 이로써 선의의 제3자에게는 대항할 수 없으므로 자신은 위 채권을 B에게 변제해야 한다고 하면서 을의 청구를 거절하였다. 이에 대하여 판결은, 통정의 허위표시로서 선의의 제3자에게 대항할 수 없다고 하는 법의는 갑이 위 계약이 무효임을 알지 못하고 채권을 B에게 변제하였을 경우에는 갑은 그 변제로서 위 채무를 면하게 된다는 뜻

용하여 부동산을 매수하면서 담보조로 그 부동산에 병 명의의 가등기를 경료하기로 약정하였는데, 채권자들의 강제집행을 우려하여 위 부동산을 을에게 가장양도한 후 병 앞으로 가등기를 경료한 경우에는, 병은 형식상으로는 가장양수인으로부터 가등기를 경료받은 것으로 되어 있으나 실질적인 새로운 법률원인에 의한 것이 아니므로 제3자로 볼 수 없다고 한다.[15)]

(3) 선 의 선의란 그 의사표시가 허위표시임을 알지 못하는 것을 뜻한다. [578]

(가) 제3자는 선의이면 되고 無過失은 요건이 아니다. 이 규정이 선의의 제3자를 보호하는 것은, 등기를 믿은 자를 보호함으로써 등기에 公信的 機能을 주기 위해서가 아니라(공신의 원칙이 적용되기 위해서는 선의 무과실이 요구된다), 의도적으로 허위의 외형(등기)을 만든 자는 보호받을 가치가 적고 따라서 선의의 제3자의 보호를 위하여 양보당해야 한다는 취지에 기한 것이다. 본조가 제3자의 선의만을 요구할 뿐 무과실을 요구하지 않는 것은 이러한 취지 때문이다.

(나) 선의 · 악의를 결정하는 표준시기는 법률상 이해관계가 생겼을 때이다.

(다) 선의의 제3자(병)가 목적물을 다시 전매한 경우, 그 전득자(정)가 전득시에 악의인 때에는 가장매도인(갑)은 정에 대하여 허위표시의 무효를 가지고 대항할 수 있는가? 대항하지 못한다. 왜냐하면 정은 선의의 제3자인 병의 권리를 승계하는 것이기 때문이다. 다만 악의인 정이 이 규정을 회피하기 위하여 병을 개입시킨 경우에는 그렇지 않다.

(라) 점유나 등기명의를 가지는 가장양수인 등으로부터 목적물을 전득한 제3자는 선의로 추정된다(200조 참조). 그러므로 이러한 제3자가 악의라는 사실은 그 무효를 주장하는 자가 입증해야 한다.[16)]

(4) 대항하지 못한다 「대항하지 못한다」는 것은 어떠한 효력을 주장할 수 없다는 것이다. 따라서 허위표시의 당사자는 선의의 제3자에 대하여 허위표시의 무효를 주장할 수 없다. 다만 무효를 주장할 수 없는 것은 허위표시의 당사자에 한하지 않고, 그의 채권자도 마찬가지이다. [579]

그러면 선의의 제3자는 허위표시의 당사자에 대하여 허위표시의 무효를 주장할 수 있는가? 법문은 선의의 제3자에게 「대항」하지 못한다고 하므로, 논리적으로는 이를 긍정해야 할 것같이 보인다. 그리하여 일부 견해는 문언에 따라 그와 같이 해석한다.[17)] 그

이지 채무자가 채무를 변제치 아니하고 있는 중 진실한 채권자가 밝혀진 경우에도 가장양수인에게 변제하라는 뜻이 아니므로, 갑이 위 채무를 아직도 B에게 변제하지 않고 있는 본건에서 갑이 선의의 제3자임을 내세워 을의 퇴직금 전부채권의 지급을 거절할 수 없다고 하였다.

15) 대판 1982. 5. 25. 80다1403[집 30-2, 민 35].

16) 대판 1978. 12. 26. 77다907[요지 제108조, 21].

러나 이 규정은 거래의 안전 내지 제3자의 신뢰를 보호하려는 데 취지가 있는 것이지, 제3자에게 유효 · 무효를 선택할 수 있도록 하려는 것은 아니다. 제3자와의 관계에서 그가 허위표시의 당사자와 행한 법률행위를 유효한 것으로 하면, 그는 자신이 기도했던 대로의 법률효과를 얻게 되며, 따라서 제3자의 보호는 이로써 족하다. 여기에서 더 나아가 제3자가 허위표시의 무효를 주장할 수 있도록 하는 것은, 자신의 행위가 허위표시를 기초로 한 것이라고 하는 우연한 사정을 기화로 자기가 한 약속에서 벗어날 수 있도록 하는 점에서, 더욱이 자신의 법률행위의 결과가 자기에게 불리하면 허위표시의 무효를 주장할 수 있게 만드는 점에서 부당하다. 따라서 선의의 제3자는 허위표시의 무효를 주장할 수 없다고 함이 타당하다.[18] 이렇게 해석한다면 허위표시는 제3자에 대한 관계에서는 표시된 대로의 효력이 생기게 된다.

[580] (5) 유추적용　본조가 적용되기 위해서는 진정한 권리자와 가장명의인 간에 통정에 의한 가장의 법률행위가 존재해야 한다. 그런데 이러한 「법률행위」는 존재하지 않지만, 진정한 권리자에게 책임이 귀속될 수 있는 방법으로 허위의 외관이 형성된 경우에, 이 규정을 유추적용하여 그 외관을 믿고 거래한 제3자를 보호함이 타당하다는 이론이 제기되고 있다. 그러한 예로서 갑이 건물을 신축하여 을 명의로 보존등기를 하였는데 을이 갑의 동의없이 병에게 그 건물을 처분한 경우(사례 1), 갑이 외관상 을의 신용을 증대시키기 위하여 자신의 부동산에 관하여 을 명의의 가등기를 경료해 주었는데, 을이 갑의 인감을 무단사용하여 가등기에 기하여 본등기를 하고 이를 병에게 처분한 경우(사례 2), 갑 남이 을 녀의 인장을 모용하여 을 소유의 부동산을 자신에게 이전하였으며, 을이 그러한 사실을 알고도 갑과 혼인한 사정으로 그 등기를 말소시키지 않고 방치하였는데, 갑이 위 부동산을 병에게 처분한 경우(사례 3) 등을 든다.[19]

이러한 이론의 취지에는 일응 찬동한다. 그러나 위의 제1의 사례는 단지 통정허위표시를 넘어서 명의신탁이 행해진 경우이고, 따라서 명의신탁의 법리에 의하여 제3자는 선의 여부를 불문하고 건물의 소유권을 취득한다고 해야 하지 않을까? 그리고 등기가 아니라 단지 가등기가 행해진 제2의 사례 역시 이에 준하여 취급하는 것이 타당하지 않을까? 그 외에 제3의 사례에서는 본조의 유추적용 이전에 갑의 무권대리행위에 대하

17) 곽윤직, 408면.
18) 이영준, 388면.
19) 이는 일본의 판례에서 발달한 것으로서, 장경학, 477면 이하가 일본의 판례를 상세히 소개하고 있다. 그리고 이영준, 392면; 김상용, 452면 등이 이를 지지한다. 다만 이영준, 전게부분은, 이에 의하여 마치 등기에 공신력을 부여함과 동일한 결과를 기하려는 것은 타당치 않다고 하면서, 따라서 진정한 권리자의 보호와 조화되는 범위 내에서만 유추적용을 긍정해야 한다고 한다.

여 을의 추인이 있었는지가 문제되지 않을까? 이런 점에서 본조의 유추적용에 앞서 다른 제도가 적용되는지를 심도있게 검토해야 하고, 다른 제도나 방법에 의해서는 적절한 결과에 달할 수 없는 경우에 비로소 본조를 유추적용해야 할 것이다.

3. 허위표시의 철회 [581]

허위표시의 당사자는 합의에 의하여 그 허위표시를 철회할 수 있다. 예컨대 갑과 을이 허위로 매매계약을 체결하고 이전등기를 마친 후에, 다시 갑 · 을이 합의하여 그 매매계약을 없었던 것으로 하여 소유권을 갑에게 복귀시킬 수 있다(다만 엄격히 말하면 허위표시는 무효이므로, 이는 철회가 아니다). 그러나 이때에도 선의의 제3자를 보호해야 할 것이다. 따라서 철회를 하더라도 허위표시에 기하여 만들어진 외형을 제거(등기의 말소, 증서의 반환이나 파기)하지 않은 동안에는 철회를 가지고 선의의 제3자에게 대항할 수 없다고 할 것이다.

Ⅳ. 적용범위 [582]

(1) 본조는 계약에 한하지 않고, 상대방 있는 단독행위(예: 채무면제)에도 적용된다. 그러나 상대방 없는 행위(예: 유언)에서는 서로 통모할 수 없으므로, 적용될 여지가 없다.[20] 다만 일부 견해는 예컨대 부동산의 공유자 전원이 합의에 의하여 1인을 제외하고 공유지분 포기를 가장하여 그 1인의 단독소유로 등기한 경우를 예로 들면서, 이 경우 이를 무효로 해야 하는바, 따라서 상대방 없는 행위에도 본조를 유추적용해야 한다고 한다.[21]

합동행위 개념을 인정하는 견해는 정관작성행위는 상대방 없는 합동행위이므로, 여기에는 본조의 적용이 없다고 한다.[22] 그러나 합동행위 개념을 인정치 않는 본서의 입장에 의하면, 정관작성행위는 계약이므로 여기에도 본조의 적용이 긍정되고, 다만 무효의 소급효가 제한될 뿐이다([256], [841] 참조).[23]

(2) 신분법상의 행위에서는 진의가 더욱 중시되므로, 본조의 적용에 의하지 않더라도 허위표시는 무효라고 해야 한다. 특히 본조의 적용에 의한다면 제2항에 의하여 선의의 제3자에 대한 관계에서는 유효라고 해야 하지만, 그렇게 하는 것은 신분관계의 본질상 부당하다. 따라서 신분법상의 행위에서는 모든 자와의 관계에서 무효라고 해야 한다.

(3) 공법상의 법률행위에는 적용되지 않는다. 판례에 의하면, 갑이 을에게 허위로 토지를 양도하였는데 을이 그에 관하여 소유권자로 사정받아 이를 병에게 양도한 경우

20) 고상용, 409면; 곽윤직, 409면; 장경학, 272면.
21) 김상용, 450면; 김용한, 294면; 이영준, 390면.
22) 곽윤직, 336면; 김용한, 272면; 장경학, 480면.
23) 고상용, 409면 이영준, 391면.

에, 병은 비록 갑 · 을 간의 양도가 허위표시임을 알았다 하더라도 완전히 소유권을 취득한다.[24] 또 갑이 타인과 통모한 가장채권에 기초해서 가집행선고부 지급명령을 받고, 그에 기초한 강제집행에서 부동산을 경락받은 경우에, 그 경락은 유효하고 따라서 갑은 유효하게 소유권을 취득한다.[25]

[583] Ⅴ. 유사행위

허위행위와 유사하나 이와 구별해야 할 행위로는 다음과 같은 것이 있다.

1. 은닉행위

예컨대 증여의 의사를 숨기고 매매행위로 가장하는 경우와 같이, 진실로 일정한 행위를 할 의사가 있으나 이를 감추고 다른 행위를 하는 것처럼 꾸미는 경우가 있다. 이때 그 감추어진 행위를 은닉행위라고 한다. 은닉행위도 표시된 행위를 할 의사는 없는 점에서는 일종의 허위표시이지만, 진실로 다른 행위(은닉행위)를 할 의사는 있는 것이기 때문에, 그 행위를 전적으로 무효라고 할 것이 아니라 그 은닉행위로서의 효력은 인정함이 타당하다. 다만 은닉행위 자체가 유효하기 위해서는 일정한 요건이 갖추어져야 하는 경우에는, 그러한 요건을 갖추어야 비로소 은닉행위로서의 효력이 생긴다.

[584] 2. 신탁행위

예컨대 추심을 위한 채권양도, 담보를 목적으로 하는 소유권 양도와 같이, 상대방에게 그 행위의 경제적 목적을 넘는 권리를 주고, 그로 하여금 그 목적의 범위 안에서만 그 권리를 행사케 하려는 행위를 신탁행위(민법학 상의)라고 한다([450] 참조). 신탁행위에서는 권리를 이전하려는 진의가 있다. 예컨대 양도담보에서는 채권담보라는 경제적 목적을 소유권 양도라는 법률적 수단을 통하여 달성하려는 것일 뿐, 소유권 양도라는 법률효과 그 자체는 진의인 것이다. 따라서 신탁행위는 허위표시가 아니다.

[585] 3. 소위 허수아비행위

예컨대 갑이 을로부터 값진 그림을 매수하려 하나 매수인으로 표면에 나서기를 꺼리는 경우, 갑은 타인 병을 매수인으로 내세우고 뒤에서 병을 조종하는 수가 많다. 이때 병의 행위를 이른바 「허수아비행위」(Strohmanngeschäft)라고 칭한다. 이 경우 병의 의사

24) 조고판 1918. 12. 17. 민집 5. 1601.

25) 대판 1968. 11. 19. 68다1624[집 16-3, 민 201]. 그 외에 대판 1978. 8. 22. 77다2087[집 26-2, 민 310]은, 기업공개촉진법에 의한 조정사채의 출자전환에 관해서는 기업의 자본적 기초의 안정을 위하고 그로 인하여 야기될 법률관계의 복합화를 방지하며 타주주 및 제3자의 이익을 보호하기 위하여 민법의 통정행위의 법리를 그대로 적용할 수 없다고 한다.

표시는 허위표시가 아니다. 병은 자기 이름으로 그림을 매수하여 대금지급채무를 지며, 자기 이름으로 그림에 대한 소유권을 이전받는 것이다. 그 후 갑과의 내부적 약정에 따라 갑에게 이를 이전할 의무를 부담한다.

Ⅵ. 구체적 사례 [586]

(1) 통정허위표시 여부는 법령상 혹은 사실상의 제한을 회피하기 위하여 행해지는 경우에 문제될 수 있다. 차명대출의 경우도 이의 한 예일 것이다. 이에 관한 판례는 앞에서 소개하였다([573]). 그 외에 회사가 지방자치단체와의 계약을 체결하기 위한 방편으로 위 단체의 방침에 따라 주주들로부터 사후에 원상회복을 약속하면서 주식포기각서를 받은 경우, 주식의 포기는 가장행위에 해당한다.[26)]

(2) 그 외에 개별적 사례로서, 성년자인 아들과 아내에게 동시에 대가없이 매매형식으로 부동산소유권이전등기를 경료한 경우,[27)] 매매의 당사자가 동서 간이며 매수인이 요구호대상자인데 그들 간에 매매를 원인으로 한 소유권이전등기가 경료된 경우,[28)] 미확정재산에 관하여 증여가 행하여진 경우,[29)] 貸主가 借主에게 私債를 대여함에 있어서 농협 예금취급소장과 통모하여 농협에 금전을 예금하고 농협이 차주에게 이를 대여한 것처럼 가장한 경우,[30)] 특별한 사정없이 동거하는 부부간에 토지를 매도한 경우[31)] 등에는 가장행위로 인정된다. 또 토지를 판 매도인이 등기까지 넘겨 준 훨씬 후에도 그 토지에 대한 임료를 수령하고 관리인을 임명하여 그 관리인으로부터 그 토지로부터 나오는 수익을 직접 받을 뿐 아니라, 타인에게 그 토지의 매각을 의뢰한 사실까지 있다면, 위 매매는 가장매매로 볼 여지가 있다.[32)] 그외에 갑이 동생인 을을 통해 농지를 매수하고는 농지증명을 발급받지 못하여 을 명의로 이전등기를 하여 두었다가, 후에 위 토지(당시 시가 2억여 원)를 병의 토지(당시 시가 2500만여 원)와 교환하기로 하는 계약을 체결하였는데, 그 계약이 위 토지의 소유권을 둘러싸고 다른 사람과 장기간 재판이 진행되어 타방의 승소판결에 기하여 위 토지에 대하여 강제집행이 행해질 것에 대비한 것으로 여겨지는 경우, 위 교환계약은 통정허위표시에 해당하다.[33)]

이에 반하여 채무자가 채권자에게 소유부동산을 매도의 형식으로 양도하는 경우에는 특별한 사정이 없는 한 채권담보 혹은 대물변제를 위한 것이라고 봄이 적합하고 이를 가장행위라고 보는 것은 타당치 않다.[34)] 또 갑이 전세입주자 등을 상대로 가옥명도소송을 제기하였다가 전세금반환채무를 인수한 사실이 판명되어 무조건 승소가 어렵게 되자, 타인 명의로 소송하면 무조건 승소할 수 있다는 말을 듣고 위 명도소송을 취하하는 한편 을 앞으로 소유권이전등기를 하였다

26) 대판 1998. 12. 23. 97다20649.
27) 대판 1963. 11. 28. 63다493[집 11-2, 민 265].
28) 대판 1965. 5. 31. 65다623[요지 제108조, 6].
29) 대판 1967. 2. 28. 66다2326[집 15-1, 민 185].
30) 대판 1973. 2. 13. 72다2067[요지 제108조, 16].
31) 대판 1978. 4. 25. 78다226[공 588, 10825].
32) 대판 1984. 9. 25. 84다카641[총람 제108조, 44].
33) 대판 2002. 5. 10. 2000다55171.
34) 대판 1958. 12. 11. 4290민상520[요지 제108조, 2]; 대판 1964. 6. 16. 64다138[요지 제108조, 5].

면, 그것만으로 곧바로 갑과 을과의 매매를 가장매매라고 단정할 수는 없다.[35)]

그 외에 갑으로부터 금전차용의 대리권과 함께 부동산의 등기서류를 교부받은 대리인 을이 그 부동산을 자기 명의로 이전등기하고 이를 담보로 병으로부터 금원을 차용하여 이를 유용한 경우, 병은 을을 부동산의 진정한 소유자로 믿고 담보권을 설정한 것이며, 또 을이 그 명의로 이전등기를 함에 있어서 갑이 이를 통정·용인하거나 이를 알고도 방치한 것이 아니므로, 을에게로의 소유권이전행위는 허위표시에 해당하지 않는다. 따라서 병 명의의 담보권의 유효를 위하여 제108조의 허위표시(및 126조의 표현대리)를 주장할 수 없다.[36)] 매매계약을 체결함에 있어서 조세감면규제법상의 감면제도를 활용하여 조세부담을 감면받기 위한 방책으로 매매대금을 증액하고 이행기를 늦추기로 한 경우, 증액하기로 약정한 매매대금을 약정기일까지 실제로 지급할 의사로 계약을 체결한 이상 통정허위표시로서 무효라고 할 수 없다.[37)]

제4항 착오로 인한 의사표시

[587] Ⅰ. 총 설

1. 의 의

(1) 착오로 인한 의사표시란 표시와 내심의 의사가 일치하지 않는 의사표시(표시로부터 추단되는 의사와 진의가 불일치하는 의사표시)로서, 표의자가 그러한 불일치를 알지 못하는 것이다. — 이와는 달리 동기의 착오를 취소사유로 포함시키는 입장에서는 동기의 착오도 포괄할 수 있도록 하기 위하여 착오를 「표의자의 인식과 실제의 사실이 일치하지 않는 의사표시」라고 한다.[1)] 그러나 후술하는 바와 같이 동기의 착오는 취소사유로 인정될 수 없다. 따라서 본문과 같이 정의하는 것이 타당하다.

착오로 인한 의사표시는 표의자가 표시와 의사의 불일치를 알지 못하는 점에서, 비진의표시 및 통정허위표시와 다르다.

[588] (2) 착오는 「객관적 사실」(따라서 현재까지의 사실)에 대한 인식이 잘못된 경우만을 뜻하는가, 아니면 「장래의 일어날 일」에 대한 인식(예견)이 잘못된 경우도 포함하는가? 사회적 의미에서의 착오는 전자만을 뜻한다. 그리고 영미법에서의 착오의 의미도 그와 같이 파악된다.[2)] 그런데 우리 민법상의 착오는 「내심의 의사와 표시상의 의사」 간의 불일치로 파악

35) 대판 1983. 12. 12. 83다316,83다카1002[공 721, 160].

36) 대판 1981. 12. 22. 80다1475[집 29-3, 민 264].

37) 대판 1992. 12. 22. 91다35540,35557.

1) 김용한, 295면; 장경학, 483면; 황적인, 177면.

2) 영미법에서의 착오는 계약을 체결할 당시에 존재하는 사실(fact)에 관한 것이어야 하고, 장래에 일어날 일(event)에 대한 예측(prediction) 혹은 판단(judgement)은 그것이 그릇된 것이더라도 착오에 해당하지 않는다고 한다(Restatement §151, ch. 6, Introductory note).

하므로, 착오의 대상이 무엇인가 하는 점은 착오의 개념에서 문제삼지 않는 듯하다. 그리하여 객관적 사실 이외에 「장래의 일어날 일에 대한 예견」의 잘못도 착오에 포함되는 것으로 이해하는 것 같다(주위에 고속도로가 생긴다는 예상 하에 토지를 매수한 경우를 (동기)착오의 예로 드는 것은 이러한 이해에 기한 것이다). 그 외에 나아가 목적물의 형태뿐만 아니라, 목적물과는 무관한 그 행위를 하게 된 「주위의 사정」에 대한 잘못된 인식도 포함된다고 한다.[3] 그런데 판례 중에는 착오를 현재의 객관적 사실에 관한 것이라고 한 것이 있다.[4] 이 문제는 착오의 범주 따라서 앞으로의 논의의 대상을 결정하는 문제로서 실제적 의미가 크다. 무엇이 우리의 법제에 타당한지 좀 더 검토하기로 한다.

2. 착오와 법률행위의 해석과의 관계 [589]

착오의 문제, 즉 착오가 있는가 여부 및 누가 착오에 빠진 것인가 하는 점은 법률행위의 해석에 의하여 의사표시의 내용이 확정된 이후에 판단된다([454]의 예를 참조).[5] 그러므로 「해석은 착오에 우선한다.」 이와 관련해서 문제되는 점을 살핀다.

(1) 숨은 불합의와 착오 계약에서는 쌍방의 의사표시의 내용이 합치되어 계약이 성립한 때 비로소 착오의 문제가 생긴다. 쌍방의 의사가 불일치하여(不合意) 계약이 성립하지 않는 때에는 착오의 문제가 생길 여지가 없다. 그런데 불합의 중에는 당사자가 불합의 사실을 아는 경우도 있지만, 이를 모르는 경우도 있다. 즉 예컨대 어부 갑과 수산물가공업자 을 간의 어획물매매에서 갑은 10Kg당 1만원에 팔겠다고 하였는데 을이 그 가격으로는 사지 않겠다(8천원에 사겠다)고 하여 거래가 성사되지 않은 경우에는, 당사자는 불합의 사실을 안다. 그런데 을이 갑의 청약에 승낙하였지만, 갑과 을이 무게의 계산방법을 달리 생각한 경우에(즉 갑은 어획물 전부의 무게를, 을은 가공할 수 없는 부분을 제외한 부분의 무게를 생각한 경우(법률행위 해석의 예에 관한 [454] ⓒ)), 당사자는 합의가 이루어져 계약이 성립하였다고 생각할 것이다. 그런데 만약 무게계산방법에 관

3) Larenz/Wolf, §36 1ff.

4) 대판 1972. 3. 28. 71다2193[집 20-1, 민 160]. 이의 사안은 판결선고 전에 이미 그 선고결과를 예상하고 법률행위를 하였으나 실제로 선고된 판결이 그 예상과 다른 경우로서, 판결은 제109조의 착오가 있다고 하려면 「법률행위를 할 당시에 실제로 없는 사실을 있는 사실로 잘못 깨닫거나, 아니면 실제로 있는 사실을 없는 것으로 잘못 생각하듯이 표의자의 인식과 그 대조사실과가 어긋나는 경우」여야 하므로, 「표의자가 행위를 할 당시에 장래에 있을 어떤 사항의 발생이 미필적임을 알아 그 발생을 예기한 데 지나지 않는 경우는, 표의자의 심리상태에 인식과 대조에 불일치가 있다고는 할 수 없어 착오로 다룰 수는 없다」고 한다.

5) 이러한 점을 보여주는 판례로서, 대판 2009. 4. 23. 2008다96291,96307(이의 내용은 [621] 주 72에서 소개)은 계약의 성립을 위한 의사표시의 객관적 합치 여부를 판단함에 있어서, 처분문서인 계약서가 있는 경우에는 특별한 사정이 없는 한 계약서에 기재된 대로의 의사표시의 존재 및 내용을 인정하여야 하고, 계약을 체결함에 있어서 당해 계약으로 인한 법률효과에 관하여 제대로 알지 못하였다 하더라도 이는 계약체결에 관한 의사표시의 착오의 문제가 될 뿐이라고 한다.

한 해석의 표준(시중가격 혹은 관습)이 존재하지 않는다면 어느 일방의 의사를 기준으로 중량을 계산할 수 없으므로, 결국 의사가 합치되지 않은 것으로 된다(반면에 만약 시중가격 혹은 관습을 고려할 때 어획물 전부의 무게를 기준으로 가격을 정한다고 해석된다면, 을에게 착오가 있는 것이 된다). 그런데 이 경우에 당사자는 합의가 있은 것으로 생각하므로, 이를 「숨은 불합의」라고 한다. 그리고 이 경우에도 계약은 성립하지 않고, 따라서 착오의 문제가 생길 여지가 없다. ― 숨은 불합의는 당사자가 의사의 합치로 계약이 성립한 것으로 알았으나 실제로는 그렇지 않은 경우이다. 이와 달리 계약내용 중 당사자 간에 의견교환이 없는 사항에 관하여 의사가 불합치하나 그럼에도 당사자가 계약을 체결하였으리라고 판단되는 경우에는 계약이 성립하므로([440] 참조), 이 경우는 숨은 불합의에 해당하지 않는다.

[590] (2) 당사자 간의 의사가 합치하는 경우에는 착오를 이유로 한 취소가 인정되지 않는다.

(가) 당사자 간에 의사가 합치되었음에도 불구하고 그와 다르게 표시한 경우가 그러하다. 이 경우에는 법률행위는 표시된 바가 아니라 합치되었던 당사자의 의사에 따라 해석되므로([459]), 착오가 되지 않는다.

(나) 판례는 상대방이 표의자에게 착오가 없었더라면 약정하였을 내용에 따른 채무를 이행할 의사가 있은 때에는 표의자는 그에 부합하는 청구를 할 수 있다고 하는 것이 당사자의 진정한 의사에 합치하므로, 표의자는 취소할 수 없다고 한다.[6] 이는 신의칙에 기한 취소권의 배제이지만, 결과적으로 쌍방의 의사가 합치하기 때문에 취소가 배제되는 예라고도 할 수 있다.

[591] Ⅱ. 착오의 규율

1. 입법의 어려움

착오는 표의자가 모르고 의사와 다른 표시를 하였다는 점에서, 비진의표시나 통정허위표시에서와는 달리 표의자를 보호할 필요 내지 이유가 있다. 조그만 말실수나 오기로 파탄의 결과를 감수해야 한다는 것은 참을 수 없는 고통이며, 이는 표의자 개인에게 불이익할 뿐만 아니라 사회적으로도 이롭지 못하기 때문이다. 그러나 반면에 상대방으로서는 표시를 신뢰하여 자신의 의사를 결정하고 이에 기초하여 자신의 생활관계를 구축하였는데, 그로서는 전혀 알 수 없었던 표의자의 주관적 사정에 의하여 이러한 신뢰와 생활관계가 붕괴된다면, 이 역시 참을 수 없는 고통이다. 여기에서 착오의 효과를 어떻게 할 것인가 하는 점은 사법의 가장 어려운 문제로 이미 오래전부터 다투어 왔으며, 19세기의 의사주의와 표시주의의 논쟁 역시 주로 이를 중심으로 하여 전개되었던 것이다.

---

6) 대판 1994. 6. 10. 93다24810(이의 사안은 [614] 주 64 참조).

2. 취 소 [592]

(1) 독일민법은 착오의 효과를 취소할 수 있는 것으로 하였다. 이는 의사주의와 표시주의의 어느 한 쪽에 기울어지지 않고, 상대방의 이익과 표의자의 이익을 조절하는 절충적 방법을 취한 것이다. 즉 한편으로 상대방의 이익을 보호하기 위하여 착오에 기한 의사표시는 일단 효력이 생기도록 하면서, 다른 한편으로 표의자의 이익을 보호하기 위하여 표의자가 이의 효력을 부인(취소)해야 비로소 무효가 되도록 한 것이다(동법 119조). 뿐만 아니라 취소와 관련해서, 그 요건을 엄격히 하여 의사표시의 내용에 착오가 있어야 하고, 또 착오가 없었더라면 그러한 의사표시를 하지 않았으리라고 인정되는 경우에 한하여 취소할 수 있도록 하였다. 그리고 나아가 착오 사실을 알고 지체없이 취소하도록 함으로써(동법 121조), 상대방의 불안정한 상태를 최소화하였다.

구민법은 착오를 무효사유로 규정하였으나(동법 95조), 이는 의사주의에 지나치게 기울어진 것으로서 부당하다는 비판이 있었다. 그리하여 민법은 독일민법과 마찬가지로 이를 취소사유로 하였다(109조 1항 1문).[7)]

(2) 입법의 취지 독일민법 그리고 우리 민법이 착오의 효과를 취소할 수 있 [593]
는 것으로 하면서, 나아가 「법률행위의 내용」에 착오가 있을 것을 취소의 요건으로 하였는바, 이는 그러한 요건을 표의자의 이익과 상대방의 이익을 조화시키기 위한 조절판으로 삼은 것이다. 그러므로 이는 취소에 기한 의사표시의 해석에 있어서 핵심적 역할을 한다. 그러므로 구체적인 취소의 요건에 앞서서 입법의 취지를 살핀다.

민법이 법률행위의 내용에 착오가 있는 경우에 한하여 취소할 수 있도록 한 것은, 우선 *法理的*으로 다음과 같은 근거에 기한 것이다. 즉 법률행위에서 그에 따른 법률효과를 발생시키는 근거는 표의자가 그러한 법률효과의 발생을 원했기 때문인바, 따라서 만약 그러한 의사(즉 법률효과의 발생에 향해진 의사)에 착오가 있는 경우, 즉 법률행위의 내용에 착오가 있는 경우에는 법률효과 발생의 근거가 존재하지 않고, 따라서 그 법률행위에서 벗어나도록 해야 한다. 그러나 그러한 의사는 있었으나 단지 그러한 의사를 가지게 된 연유에 착오가 있는 경우, 즉 법률행위의 내용이 아니라 단지 이의 동기에 착오가 있는 경우에는 법률효과 발생의 근거는 존재하므로, 그 법률행위에서 벗어나도록 할 근거가 없기 때문이다.[8)] 그러나 그 배후에는 보다 깊은 *政策的 考慮*가 담겨져 있다. 즉 법률행위를 하게 된

7) 이의 입법과정에 관해서는, 명순구, 316면 이하 참조.

8) 대판 1985. 4. 23. 84다카890는, 착오는 의사표시의 내용과 내심의 의사가 일치하지 않는 것을 표시자가 모르는 것이므로, 단순히 내심적 효과의사의 형성과정에 착오가 발생한 이른바 연유의 착오 또는 동기의 착오는 내심적 효과의사와 참뜻 사이에 착오가 있음에 그치고 이 내심적 효과의사와 표시와의 사이에는 그 불일치가 없으므로 제109조가 규정하는 의사표시의 착오에 관한 문제는 제기

동기는 극히 다양하고 분분한바, 법률행위의 효력 유무를 이에 의존케 한다면 법적 불안정성이 극히 크다. 뿐만 아니라 동기에 관한 판단은 각자가 부담할 위험에 속한다. 예컨대 어떤 토지가 장래 크게 등귀할 것이라는 예상은 스스로가 부담할 위험영역에 속하므로, 그에 관한 잘못된 생각이나 예측을 이유로 자신이 한 의사표시를 뒤집을 수는 없다는 것이다. 이런 점을 고려할 때 어떠한 사항이 법률행위의 내용에 속하는가 하는 판단에서는(이러한 판단은 때로는 극히 어렵다), 그 법률행위의 결과가 과연 표의자가 부담해야 할 위험에 속하는가 하는 점이 중요한 고려사항이 될 것이다.

[594] Ⅲ. 취소요건

1. 법률행위의 중요 내용에 관한 착오

취소의 요건으로 우선 「법률행위의 내용의 중요부분」에 착오가 있어야 한다. 이 요건은 「법률행위의 내용」에 착오가 있을 것과, 그 착오가 「내용의 중요부분」에 관한 것일 것으로 나눌 수 있다.

(1) 법률행위의 내용 법률행위의 내용이란 법률행위의 목적, 즉 당사자가 그 법률행위에 의하여 발생하려는 법률효과를 의미한다. 따라서 법률효과가 부여되는 것이 법률행위의 내용으로 된다. 예컨대 매매계약에서 당사자들은 일정한 물건을 얼마에 그리고 언제 어디에서 이전하기로 약정하고, 그에 따른 법률효과가 발생하므로, 계약에서 약정된 이러한 사항들(당사자, 목적물, 대금, 변제기, 인도장소 등)이 법률행위의 내용을 이루는 것이다. 그 외에도 당사자들이 합의함으로써 법률효과가 인정되는 사항(조건이나 기한, 운송방법 혹은 인도시 갖추어야 할 물건의 생태 등에 관한 사항들)은 모두 법률행위의 내용에 속한다.

(가) 내용은 동기에 대응하는 개념이다. 동기는 법률행위를 하게 된 사회적 · 경제적 목적 혹은 의사형성의 연유를 뜻한다(예컨대 어떤 물건을 산 경우에, 그 이유인 「물건의 가격이 오를 것이기 때문에」, 「다시 전매하여 이득을 얻기 위하여」, 「생일선물로 증여하기 위하여」 등). 이러한 동기는 법률효과와 관련된 것이 아니므로, 비록 이를 표시하여도 — 이를 조건으로 삼지 않는 한 — 법률행위의 내용이 되지 않는다.

(나) 착오는 반드시 객관적 사실에 관한 것이어야 하는 것은 아니다. 따라서 「장래의 일어날 일에 대한 예견」이 잘못된 경우도 착오에 해당한다(다만 이의 타당성은 검토를 요한다([588])). 이러한 점은 판례도 명언한다.[9]

(다) 민법은 취소의 요건으로 법률행위의 내용에 착오가 있을 것을 요구하므로, 동기

될 수 없다고 하는바, 이는 위와 같은 점을 말하는 것이다.

9) 대판 1994. 6. 10. 93다24810. 즉 부동산 양도시에 부과될 양도소득세 등의 세액에 관한 착오가 미필적인 장래의 불확실한 사실에 관한 것인 점에서 제109조에서의 착오에서 제외되는 것은 아니라고 한다.

에 착오(넓은 의미의)가 있는 때에는 취소할 수 없다. 그런데 실제로 문제되는 착오는 대부분 동기의 착오인데, 착오가 동기에 관한 것이라는 이유로 전적으로 취소를 불허한다면 실제상 부당한 결과가 생길 수 있다. 그리하여 동기의 착오의 경우에 전적으로 취소를 불허할 것인가, 허용한다면 어떤 경우에 허용할 것인가 하는 점이 문제되고, 이에 관해서 견해가 크게 대립된다. 이 문제는 뒤에서 살핀다([600] 이하).

(2) 내용의 중요부분 착오가 법률행위의 내용 중에서도 중요부분에 관한 것 [595]
이어야 취소할 수 있다. 이는 경미한 사항의 착오에 불과한 경우까지 거래안전을 파괴하면서 표의자를 보호할 필요는 없다는 취지에 기한 것으로서, 거래이익과 표의자이익을 조화시킨 것이다.

(가) 중요부분이란 그 법률행위의 전체적 취지를 고려할 때 그 착오 있는 부분이 상당한 비중을 가짐을 의미한다. 그리고 이는 만약 그러한 착오가 없었다면 그 법률행위를 하였을 것인가 여부에 의하여 판단된다. 문제가 되는 것은 그러한 판단의 기준이다. 우리의 통설과 판례[10]는 객관적 기준 및 주관적 기준에 의하여 판단된다고 한다. 즉 표의자가 그러한 착오가 없었더라면 그 의사표시를 하지 않으리라고 생각될 정도로 중요한 것이어야 하고(주관적 요건), 아울러 보통 일반인도 표의자의 입장에 섰더라면 그러한 의사표시를 하지 않았으리라고 생각될 정도로 중요한 것이어야 한다(객관적 요건)고 한다. 그리고 양 기준을 요구하는 이유를, 만약 표의자의 주관적인 의사만을 표준으로 한다면 자칫 경미한 사항에 관한 착오를 이유로 취소할 수 있게 되어 거래의 안전을 해하게 된다는 점을 든다. 그런데 무엇이 중요한 것인지는 법률행위의 목적에 따라서 그리고 당사자에 따라서 다를 수 있다. 예컨대 갑이 을의 갤러리에서 무명의 화가 A의 그림을 A와의 친분 때문에 통상의 몇 배 가격으로 매입하였는데 그것이 동명이인인 B의 그림인 경우에, 갑에게는 그것이 A의 작품이라는 점이 중요부분으로 된다. 그럼에도 위와 같이 엄격한 요건을 요구하게 되면, 자칫 표의자가 진정으로 중요하다고 여긴 사항에 착오가 있는 경우에도 취소할 수 없게 될 우려가 있다. 이런 점에서 객관적 기준과 주관적 기준 중 어느 하나를 충족하는 것으로 충분하다고 하고, 다만 후자는 그러한 점이 표시되었거나 기타 사정으로 알 수 있었음을 요구함이 타당하지 않을까? 참고로 독일민법 제119조 1항은 「표의자가 사실을 알았다면 그리고 사정을 합리적으로 판단하였다면 그러한 의사표시를 하지 않았으리라고 인정되는 경우」에 취소할 수 있다고 하여, 주관적 기준

10) 대판 1985. 4. 23. 84다카890[공 754, 780]. 그 외에 대판 1999. 2. 23. 98다47924; 대판 2006. 12. 7. 2006다41457은, 착오가 법률행위 내용의 중요부분에 있다고 하기 위해서는, 표의자에 의하여 추구된 목적을 고려하여 합리적으로 판단하여 볼 때 표시와 의사의 불일치가 객관적으로 현저해야 한다고 한다.

만을 규정한다.

(나) 중요부분에 착오가 있느냐 여부는 추상적 · 획일적으로 이를 결정할 수 없고, 각 경우의 구체적 사정을 고려하여 판단할 수밖에 없다. 판례는 착오로 인하여 표의자가 경제적인 불이익을 입지 않는다면 중요부분의 착오라고 할 수 없다고 한다.[11]

[596] 2. 중과실이 없을 것

착오가 「표의자의 중대한 과실」로 인한 때에는 취소하지 못한다. 이는 표의자에게 중과실이 있는 경우까지 상대방의 이익을 희생하면서 표의자를 보호할 필요는 없다는 취지에 기한 것으로서, 역시 표의자의 이익과 상대방의 이익을 조화시킨 것이다.

(1) 중대한 과실이란 표의자의 직업, 행위의 종류 · 목적 등에 비추어 보통 요구되는 주의를 현저히 결한 것, 즉 조금만 주의하였더라면 착오에 빠지지 않았으리라고 인정되는 것을 말한다. 중과실의 존재에 대하여는 상대방이 주장 · 입증책임을 진다.[12]

(2) 상대방이 표의자의 착오를 알면서 이를 이용한 경우에는 상대방은 착오자의 중과실을 원용할 수 없다.[13]

판례에서 중과실이 있다고 한 예로는, 비닐공장을 설치할 목적으로 건물을 임차함에 있어서 그 건물에 그러한 공장의 신설이 가능한지를 관할관청에 알아보지 않은 경우,[14] 자동차보험계약 체결에 있어서 보험회사가 피보험자가 무면허인지를 알아보지 않은 경우,[15] 우유운반용 화물자동차를 매입함에 있어서 우유운반의 용역계약이 갱신되었는지를 알아보지 않은 경우,[16] X임야를 살 의사였으나 Y임야를 X임야로 잘못 알고 매매계약을 체결한 경우에(동일성의 착오), 매수인이 임야도 · 임야대장 등을 통하여 목적물을 확인하지 않은 경우[17] 등이 있다. 이에 반하여 공용수용될 토지를 매수함에 있어서 매도인이 토지매매시 토지의 상태의 확인에 필요한 서류를 구비하여 주므로 스스로는 이를 알아보지 않은 경우(이 판결은 특히 성상의 착오를 인정한 점에서 의미가 크다([606] 참조)),[18] 재건축조합이 재건축아파트 설계용역계약을 체결함에 있어서 상대방의 건축사 자격 유무를 살피지 않은 경우[19] 등

11) 앞의 98다47924; 2006다41457.

12) 조고판 1941. 11. 7. 민집 28, 164[총람 제109조, 12].

13) 대판 1955. 11. 10. 4288민상321[총람 제109조, 16].

14) 대판 1992. 11. 24. 92다25830,25847[공 936, 232].

15) 서울고판 1990. 6. 8. 89나40930[하판집 1990-2, 40].

16) 서울고판 1980. 9. 22. 80나1873,1874[고판집 1980, 민 2, 298].

17) 대판 2009. 9. 24. 2009다40356,40363. 이 판결은 공인된 중개사나 신뢰성 있는 중개기관을 통하지 않고 개인적으로 토지거래를 하는 경우, 매매계약 목적물의 특정에 대하여는 스스로의 책임으로 토지대장 · 임야도 등의 공적 자료 기타 공신력 있는 객관적인 자료에 의하여 그 토지가 과연 그가 매수하기 원하는 토지인지를 확인하여야 할 최소한의 주의의무가 있다고 한다.

18) 서울고판 1980. 7. 24. 79나3851[고판집 1980, 민 2, 210].

19) 대판 2003. 4. 11. 2002다70884. 다만 이 사안에서 상대방이 자신이 미국에서 공부한 건축학 교수이고 '○○건축연구소'라는 상호로 사업자등록까지 마치고 건축설계업을 한다고 하여 재건축조합장이 이를 믿은 경우이다.

에는 중과실이 없다고 한다.

3. 상대방의 예견가능성 요부 [597]

민법이 규정하는 취소의 요건은 위와 같은 것들이다. 그러면 그 외에 상대방의 예견가능성, 즉 상대방이 표의자에게 착오가 있음을 알았거나 혹은 알 수 있었을 것을 요건으로 할 것인가? 상대방의 이익 더 나아가 거래의 안전을 고려한다면 이를 긍정하는 것이 타당하다. 그러나 표의자의 이익과 상대방의 이익을 어떻게 조절할 것인가, 즉 이의 조절을 위하여 무엇을 취소의 요건으로 요구할 것인가 하는 점은 입법정책에 의하여 결정될 문제이다. 그런데 우리 민법은 그러한 점을 요건으로 명언하지 않는다. 그러므로 이를 부인해야 한다. 다수의 견해도 이러한 입장이다. 그러나 동기의 착오는 동기의 표시 여부를 불문하고 일반적으로 취소사유가 된다고 하는 견해(동기의 착오([601])에 관한 제2설) 중 일부는 위와 같은 요건을 인정한다.[20] 이는 동기의 착오를 일반적인 취소사유로 인정함으로써 취소가 지나치게 쉽게 허용되는 결과를 막기 위해서 이러한 요건을 부가하는 것이다. 그러나 이는 법률에 반하게 동기의 착오도 취소사유로 인정하고는, 그러한 결과의 부당성을 막기 위하여 다시 법률이 요구하지도 않는 것을 취소요건으로 요구하는 것으로서, 2중으로 법률에 반하는 것이 된다.[21]

Ⅳ. 착오의 유형 [598]

1. 총 설

(1) 통설은 착오의 심리적 과정을 기준으로 (i) 표시의 착오, (ii) 내용의 착오, (iii) 동기의 착오 등 세 가지 유형으로 나눈다. 그런데 전2자와 후자는 동일선상의 구별이 아니다. 그리고 내용의 착오라는 용어는 자칫 착오가 법률행위의 내용에 관한 것이라는 의미로 이해될 우려가 있다. 그러므로 본서에서는 이를 의미의 착오라고 칭하면서, 전2자와 후자를 별도로 살핀다(그외에 본서는 「성질의 착오」와 「공통의 착오」를 독립적인 착오 유형으로 드는데, 그 이유와 내용은 관련 부분에서 설명한다).

통설이 착오의 유형으로 표시의 착오와 내용의 착오를 구별하는 것은 독일민법의 영향 때문이 아닌가 생각된다. 즉 독일민법은 「의사표시를 함에 있어서 내용에 착오가 있거나 혹은 그러한 내용의 표시 자체를 할 의사가 없었던」 자는 취소할 수 있다고 규정하고, 그리하여 대부분의 문헌이 이중 후자의 경우를 칭하는 「Erklärungsirrtum」과 전자의 경우를 칭하는 「Inhaltsirrtum」을 나누어 설명한다. 그런데 우리 민법은 독일민법에서와 같은 표시상의 착오를 별도로

20) 김용한, 300면; 김주수/김상용, 331면; 장경학, 492면. 다만 고상용, 427면; 김상용, 475면 등은, 동기가 표시되지 않은 경우에도 그의 착오는 취소원인이 된다고 하면서도, 상대방의 예견가능성은 요건이 아니라고 한다.

21) 이영준, 426면.

규정하지 않는다. 더욱이 독일에서는 동기의 착오를 위의 두 가지 유형과 동일선상에서 구별되는 착오 유형으로 설명되는 것이 아니라, 단지 고려되지 않는(즉 취소할 수 없는) 착오의 한 내용으로 설명될 뿐이다. 이런 점에서 통설과 같이 착오의 유형을 구별하는 것이 적절한지 매우 의문이다.

(2) 착오의 유형으로는 그 외에 어떤 사항에 관하여 착오가 있는가 하는 점을 기준으로 하여 동일성의 착오, 법률효과의 착오, 법률의 착오, 계산의 착오, 서명의 착오 등이 구별된다. 그러나 이러한 구별은 앞에서의 착오의 유형과는 다른 기준에 의한 것이다. 그러므로 양 구별은 교차적으로 행해진다. 즉 예컨대 목적물을 X라고 적을 것을 Y라고 적은 경우에, 전자의 구별에 의하면 표시상의 착오가 되고, 동시에 후자의 구별에 의하면 동일성의 착오가 된다. 그리고 X라는 용어가 Y도 내포한다고 생각하고 X라고 적었으나 객관적으로는 Y를 내포하지 않는 것으로 해석되는 경우에는, 의미상의 착오가 되고 동시에 법률효과의 착오가 된다. 이러한 착오의 구별은 뒤에서 「착오의 대상」으로서 살피기로 한다.

[599] 2. 표시의 착오 · 의미의 착오

(1) 표시의 착오 이는 글씨를 잘못 쓰거나(誤記) 말을 잘못한 경우(誤談)와 같이, 표시행위 자체를 잘못하여 의사와 표시의 불일치가 생기는 경우이다. 즉 표의자가 표시수단을 잘못 사용한 경우이다.

(2) 의미의 착오 이는 홍콩달러를 미국의 달러와 동일한 것으로 잘못 생각하여 100홍콩달러의 의사로 100달러라고 쓰는 경우와 같이, 표시행위의 의미를 잘못 이해한 경우이다. 즉 표의자가 표시수단은 제대로 사용하였으나, 그 표시수단의 의미를 잘못 이해한 경우이다. — 대부분의 학자는 이를 「내용의 착오」라고 칭한다. 그런데 「내용」이라고 하면 통상 「법률행위의 내용」을 뜻하고, 「동기의 착오」와 대비된다. 그런데 이러한 경우만이 법률행위의 내용에 관한 착오가 아님은 명백하다. 그러므로 본서에서는 이를 「의미상의 착오」라고 칭한다.

(3) 표시상의 착오와 의미상의 착오는 모두 법률행위의 내용에 관한 착오가 된다.

[600] 3. 동기의 착오

(1) 동기란 법률행위를 하게 된 연유이다. 따라서 동기의 착오란 법률행위적 의사를 형성하는 연유에 있어서 잘못된 표상을 가진 경우를 말한다. 즉 표의자가 의사결정에 의미를 가지는 일정한 사실 혹은 상황을 실제와 달리 인식한 경우이다. 예컨대 주위에 전철역이 개설되리라고 생각하여 토지를 고가로 샀는데 그렇지 않은 경우, 조카가 대학시험에 합격한 것으로 알고 이를 축하하기 위하여 시계를 샀는데 실제로는 조카가

불합격한 경우, 재고품이 없다고 생각하여 물건을 추가 주문했는데 재고가 있는 경우 등이다.

이와 같이 동기는 법률행위에 의하여 발생하는 법률효과와는 무관한 것이므로 동기의 착오는 법률행위의 내용에 관한 착오가 아니고, 따라서 이는 취소사유가 되지 않을 것이다. 그런데 동기의 착오의 경우에 전적으로 취소를 인정치 않게 되면 실제상 부적절한 결과가 생길 수 있다. 그리하여 대부분의 견해가 동기의 착오에서도 일정한 경우에는 취소를 인정한다. 다만 그 내용에 관하여 학설이 크게 갈린다. 이하에서 학설과 판례를 살피고 그 당부를 검토한다.

(2) 학설과 판례 [601]

(가) 먼저 학설을 소개하면,

(a) 종래에는 동기가 표시된 경우에는 취소할 수 있다는 견해가 주류를 이루었다(제1설).[22] 다만 그 표시는 명시적이어야 하는 것은 아니고 묵시적이라도 상관없다고 한다. 이는 동기의 착오는 법률행위의 내용의 착오가 아니므로 원칙적으로 취소가 인정되지 않는다는 점은 긍정하면서, 만약 동기를 표시하였다면 그 동기는 법률행위의 내용이 된다는 데 근거한 것이다.

(b) 그런데 근래에는 동기의 착오는 언제든지, 즉 표시되었는지를 불문하고 취소가 인정된다고 하는 견해가 제기되고 상당히 유력해졌다(제2설).[23] 이는 실제 거래에서 빈번히 생기는 착오는 동기의 착오인데 이를 취소사유로 하지 않으면 착오제도는 실제로 의미가 없다는 점, 표시상의 착오나 내용(의미)의 착오 역시 동기의 착오와 마찬가지로 상대방으로서는 알 수 없는데, 오직 동기의 착오에서만 동기가 표시되지 않는 한 상대방으로서는 이를 알 수 없다고 하여 취소를 부인하는 것은 불공평하다는 점 등을 근거로, 제109조의 법문에도 불구하고 그와 같이 해석해야 한다는 것이다. 다만 이에 의하면 취소가 널리 허용됨으로써 거래안전을 해할 위험이 큰바, 일부 학자는 이를 방지하기 위하여 상대방의 예견가능성을 취소요건으로 삼는다([597]).

(c) 그 외에 동기의 착오는 취소사유가 되지 않는다고 하고, 다만 「거래에 있어서 중요한 사람 또는 물건의 성질에 관한 착오」 및 이에 준하는 착오에 대하여는 본조를 유추적용하여 취소를 인정하는 견해가 근래 제기되었다(제3설).[24] 다만 이러한 해석의

22) 곽윤직, 413, 414면; 김기선, 261면; 김현태, 299면; 이영섭, 313면; 황적인, 185, 186면.

23) 고상용, 420면 이하; 김용한, 297면; 장경학, 489면. 그 외에 김상용, 464면은, 동기는 법률행위의 내용이 되지 않는다고 하면서도, 동기의 착오는 표시 유무를 묻지 않고 본조를 유추적용함이 타당하다고 하는바, 결과에 있어서 이 견해와 마찬가지이다. 또 김주수/김상용, 373면 역시 실질적으로 이 견해와 마찬가지이다.

근거는 제시되지 않고 있다.

(나) 판례는[25] 대체로 제1설과 유사하다. 즉 동기의 착오를 이유로 취소할 수 있기 위해서는 「동기가 표시되고 이를 법률행위의 내용으로 삼았어야 한다」고 하거나,[26] 「동기를 의사표시의 내용으로 삼을 것을 상대방에게 표시하고 의사표시의 해석상 법률행위의 내용으로 되어 있다고 인정되면 충분하고, 당사자들 사이에 별도로 그 동기를 의사표시의 내용으로 삼기로 하는 합의까지 이루어질 필요는 없다」고 한다.[27]

[602] (3) 검 토 학설의 문제점을 살펴 보면, 우선 제2설은 「법률행위의 내용」에 착오가 있는 경우에 취소할 수 있다고 하는 명문규정에 정면으로 반한다(그러면서 다시 민법이 요건으로 삼지 않는 「상대방의 인식가능성」을 취소요건으로 삼는 것은 2중으로 법에 반하는 것이다). 나아가 이러한 요건을 요구하는 입법취지([593] 참조)를 이해하지 못한 것이 아닌가 하는 의문이 든다. 다음으로 제1설을 보면, 동기(사람 혹은 물건의 성질 제외)는 설령 표시하더라도 법률행위의 내용으로 되지 않는다. 예컨대 「토지 주위에 고속도로가 건설되므로」 혹은 「조카의 생일을 축하하기 위하여」라는 동기를 표시하면서 매매계약을 맺었다 하더라도, 그러한 사정은 법률행위의 내용으로 되지 않는다. 왜냐하면 법률행위의 내용은 그로 인해서 발생하는 법률효과에 관한 것인데, 위와 같은 동기에 착오가 있더라도 법률효과에는 아무런 消長도 없기 때문이다. 따라서 제1설 역시 부당하다. 끝으로 제3설이 인정하는 예외는 독일민법 제119조 2항이 명언하는 것이다. 그런데 그러한 예외규정이 없는 우리 민법에서 그와 동일한 해석을 하기 위해서는 그 근거를 제시해야 하지 않을까?

[603] (4) 동기의 착오이나 취소가 인정되는 경우 그러면 동기의 착오는 전혀 취소사유가 되지 않고 따라서 표의자는 언제나 그 법률행위에 매인다고 할 것인가? 법률행위의 내용을 취소요건으로 규정한 입법자의 정책적 판단을 고려할 때, 동기의 착오의 경우에 일반적으로 취소를 허용하는 것은 부당할 것이다. 그러나 당사자나 목적물의 성질에 착오가 있는 경우에, 우리 학설은 이를 동기의 착오에 속하는 것으로 이해하지만, 이는 법률행위 내용의 착오에 해당하고 따라서 이 경우에는 취소를 인정해야 할 것이다. 또한 민법 전반을 지배하는 신의성실의 원칙에 비추어 볼 때 취소를 허용해야 할 특별한 사정이 있는 경우에는 개별적으로 취소를 인정해야 할 것이다. 동기가 상대방에

24) 이영준, 407면 이하.

25) 동기의 착오에 관한 판례는, 김학동, 동기의 착오에 관한 판례의 검토, 민사법학 38호(2007), 351면 이하 참조.

26) 대판 1954. 12. 9. 53다149; 대판 1996. 3. 26. 93다55487; 대판 1989. 1. 17. 87다카1271.

27) 대판 1989. 12. 26. 88다카31507; 대판 1997. 9. 30. 97다26210; 대판 1998. 2. 10. 97다44737; 대판 1995. 11. 21. 95다5516; 대판 2000. 5. 12. 2000다12259.

의하여 유발된 경우 혹은 쌍방이 공통되게 착오에 빠진 경우가 이에 해당한다. 끝으로 통상적으로는 동기에 해당하는 사항을 특히 조건으로 삼은 때에는, 조건의 법리에 의하여 그 의사표시에서 벗어나도록 해야 한다. 이 중에서 성질의 착오 및 공통의 착오는 독립적인 착오유형으로 보아 뒤에서 별도로 다루고, 여기에서는 그 외의 경우를 살핀다.

(가) **착오가 유발된 경우** 착오가 동기에 관한 것일지라도, 그러한 착오가 상대 [604]
방에 의하여 유발된 경우에는 신의성실의 원칙상 착오자에게 취소를 인정함이 타당할 것이다. X토지가 귀속재산이 아님에도 불구하고 공무원이 이를 귀속재산으로 알고 그 소유자 갑에게 이를 국가에 증여하면 다시 수의계약에 의하여 갑에게 불하하겠다고 하여 갑이 이를 믿고 국가에 증여한 경우가 그 예이다.[28] 판례는 이러한 경우를 하나의 사례군으로 파악하지 않을 뿐만 아니라 신의칙을 취소의 근거라고 하지 않지만, 이러한 판례는 적지 않다. 일부 견해는, 이 경우에도 동기는 법률행위의 내용이 되지 않으므로, 착오를 이유로 한 취소를 인정하는 것보다는 사기에 의한 취소 혹은 반사회성에 의한 무효에 의하는 것이 타당하다고 한다.[29] 그러나 이 경우는 대부분 상대방 측에게 기망에 대한 고의가 없고(물론 있으면 이를 이유로 한 취소도 가능), 또 반사회적이라고 하기는 어려울 것이다. 이런 점에서 그와 같은 방법에 의한 해결이 적절한지 의문이다.

그 외에 동기의 착오가 유발된 경우에 관한 판례로는, 공원지구 내의 휴게소 부지에 휴게소 시설을 건립한 자가 휴게소의 운영허가를 받기 위해서는 그 휴게소부지 및 그 지상의 시설을 市에 기부채납하면 되는데, 市 공무원이 그 부지 및 시설뿐만 아니라 공원지구에 속하는 토지 전부를 기부채납해야 한다고 하여 토지 전부를 기부채납한 경우,[30] 건물의 매수인이 매매계약 직후 건물이 건축선을 침범한 사실을 알았으나 매도인이 법률전문가의 자문에 의하면 준공검사가 난 건물이므로 철거되지 않는다고 하여 그 말을 믿고 매매계약을 해제하지 않은 경우[31] 등이 있다. 그 밖에 신용보증기금이 대출채무자의 신용상태에 관한 은행의 그릇된 거래확인서에

28) 대판 1978. 7. 11. 78다719[집 26-2, 민 209] — 갑은 일본인 을로부터 토지를 매수하여 1945. 10. 8.에 이전등기를 마쳤는데, 마침 귀속재산의 판단기준일인 1945. 8. 9.에는 아직 을의 명의로 등기되어 있어 위 토지가 귀속재산으로 처리되었다. 그리하여 갑은 귀속해제를 소청하여 승소판결을 받았다. 그리고 갑은 토지를 병에게 매각하였다. 그런데 공무원이 귀속재산을 색출하는 작업 중 병의 토지를 귀속재산인 줄 알고 병에게 본문에서와 같이 이의 증여를 권고하였다. 그러자 병은 토지가 귀속재산인 줄 알고 이를 증여하였다가, 그 후 사실관계를 알고는 증여계약을 취소하였다. 이에 대하여 판결은 병의 착오는 동기의 착오에 불과하나, 공무원측에서 동기를 제공하였으므로 그 동기는 중요부분을 이룬다고 하여 취소를 인정하였다.

29) 이영준, 406면.

30) 대판 1990. 7. 10. 90다카7460. 그 외에 대판 1991. 3. 27. 90다카27440도 이와 유사(市가 산업기지개발사업을 실시하기 위해 토지를 취득함에 있어서, 일부가 그 사업대상토지에 편입된 토지의 소유자에게 그러한 사실을 알리지 않아 소유자가 소유토지 전부가 사업대상에 편입된 것으로 잘못 알고 시의 협의매수에 응한 경우).

31) 대판 1997. 9. 30. 97다26210.

기하여 신용보증을 선 경우([636] (c) 참조)도 이의 예라고 할 수 있다. 그러나 목적토지가 갑의 부친 A의 소유자임에도 을이 갑에게 그 토지는 A의 소유가 아니라고 하면서 이의 매각을 권유하자, 갑이 을로부터 반환소송을 당하게 되면 아무런 보상도 받지 못한 채 이를 반환해야 할 것으로 착각하여 을에게 토지를 매각한 사안에서, 동기의 착오라고 하여 취소를 배척하였다.[32)]

[605] (나) 동기를 조건으로 삼은 경우 원래는 동기에 해당하는 사정을 조건으로 삼은 경우, 즉 예컨대 목적토지가 주택단지에 포함될 것으로 예상하고 매수하면서, 만약 주택단지에 포함되지 않을 때에는 매매계약을 없었던 것으로 하기로 약정한 경우에는, 그러한 사정은 법률행위의 내용을 이루게 된다. 일정한 사정이 있으면 계약을 파기할 수 있도록 한 경우(조카의 대학합격 축하선물로 시계를 사면서 만약 불합격이라면 계약을 파기할 수 있도록 하는 경우 — 합격 여부는 과거의 사실이므로 조건사실이 되지 않고 따라서 해제사유라고 해야 할 것이다)에도 마찬가지이다(다만 이런 경우는 해제권의 유보로도 볼 수 있다). 따라서 그러한 사정이 실제와 다른 때에는, 착오를 이유로 한 취소에 의해서가 아니라 조건 혹은 해제의 법리에 의해서 그 법률행위에서 벗어나게 된다(조건으로 한 경우에는 사실의 성취로 인하여 당연히 법률행위의 효력이 소멸하나, 해제사유로 한 경우에는 해제권을 행사함으로써 효력이 소멸한다).

[606] ## 4. 성질의 착오

(1) 의 의 여기에서의 성질은 법률행위의 내용인 물건 혹은 사람에 내재하는 성질 혹은 상태(性狀)를 말한다. 따라서 성질의 착오는 물건 혹은 사람의 성질이 표의자가 생각하였던 것과 다른 경우를 뜻한다. 금반지인 줄 알고 산 물건이 구리반지인 경우, 건축가능한 토지인 줄 알고 샀는데 건축이 불가능한 경우(이상은 물건의 성질에 관한 것), 어떤 자가 일정한 기술을 보유한 줄 알고 그와 위임계약을 맺었는데 그가 그러한 기술을 가지지 않은 경우, 상대방이 미혼인 줄 알고 고용했는데 기혼자인 경우(이상은 사람(당사자)의 성질에 관한 것) 등이 그 예이다.[33)]

동기는 일반적으로 법률행위를 하게 된 연유를 뜻한다. 이런 의미에서는 성질의 착오도 동기의 착오에 해당한다. 왜냐하면 예컨대 금반지인 줄 알고 샀는데 그것이 구리반지인 경우에, 매수인은 이를 금반지라고 생각했기 때문에 이를 산 것이므로 「금반지」라는 사정은 의사형성의 연유에 해당하기 때문이다. 그리하여 우리 학설은 성질의 착오를 독자적인 착오 유형으로 파악하지 않는다.[34)] 판례 중에는 토지가 공용수용될 것임을 모르고 매입한 경우에 이를 성질 혹은 성상에 관한 착오라고 한 것이 있지만,[35)] 그

---

32) 대판 1991. 11. 12. 91다10732.

33) 이에 관하여는, 김학동, 성질의 착오, 고시계 1994. 7., 149면 이하 참조.

34) 성질의 착오라는 용어가 사용된 것으로는 곽윤직, 417면; 이영준, 407면 이하; 송덕수, 착오론, 1991, 132면 이하 등이 있지만, 이를 독립된 착오의 유형으로 보지는 않는다.

35) 서울고판 1980. 7. 24. 79나3851[고판집 1980, 민 2, 210]. 그외에 대구고판 1973. 2. 15. 72나329[고판집 1973, 민 1, 100]. 이들 판례는 [609] (나)에서 소개한다.

외에 성질의 착오라고 한 예는 보이지 않는다(성질의 착오의 대표적 예라고 할 수 있는 법률적 장애의 경우도 동기의 착오라고 한다). 그런데 위와 같은 의미에서의 동기 중에는 앞서 말한 성질과 달리 물건이나 사람의 바깥에 존재하는 사정에 관한 것이 있다. 토지 주위에 고속도로가 생긴다고 하여 토지를 산 경우에, 「토지 주위에 고속도로가 생긴다」는 사정이 이에 해당한다. 이런 점에서 우선 개념상 두 경우를 구별할 수 있을 것이다. 그러면 성질의 착오를 동기의 착오와는 별개의 독립한 착오 유형으로 인정할 것인가 하는 점이 문제되는데, 이 점을 살피기에 앞서 먼저 성질의 착오가 아직 일반적으로 인정되는 개념이 아니므로, 이의 개념을 보다 명확히 하고자 한다.

(가) 물건의 성질에는 물건의 자연적 속성(Beschaffenheit)뿐만 아니라, 물건의 사용가능성 혹은 가치에 영향을 미치는 물건의 사실적(예: 도자기의 진품 여부) · 법적 관계(예: 법률적 장애)도 포함된다. 성질이 물건 자체를 특징짓는 것일 필요는 없다. 그러나 물건의 가격 혹은 물건의 소유권 등은 성질에 속하지 않는다. 왜냐하면 이는 물건 자체에 내재하는 것이 아니고 사회가 그에 대하여 내리는 경제적 가치(가격의 경우) 혹은 법적 귀속관계(소유권의 경우)에 불과하기 때문이다. 또 여기에서의 물건이란 민법 제98조에서의 물건뿐만 아니라 권리 · 기업 등 법률행위의 목적물이 될 수 있는 것을 모두 포함한다.

사람의 성질에는 나이 · 성별 · 임신 여부 · 전문지식 등과 같은 신체적 · 정신적 성질뿐만 아니라, 신용도 · 재산능력 · 전과사실 등과 같은 사람의 법적 · 사실적 관계 등이 포함된다.

(나) 성질의 착오는 물건 또는 사람의 위와 같은 성질을 잘못 알고 법률행위를 한 경우이다. 이런 점에서 이는 물건 혹은 사람 자체를 혼동한 동일성의 착오와 구별된다(즉 예컨대 X물건을 사려던 갑이 Y물건을 X물건으로 잘못 알고 산 경우에는 동일성의 착오가 되고, X물건이 금으로 되어 있어 갑이 X물건을 샀으나 그것이 구리로 되어 있는 경우에는 성질의 착오가 된다).

(2) 구별 및 성질 그러면 성질의 착오를 동기의 착오와는 별개의 독립한 착 [607]
오 유형으로 볼 것인가? 물건의 성질을 예로 해서 살펴보면, 물건은 거래에서 단지 일정 장소를 차지하고 있는 물체로서가 아니고, 일정한 성질을 가진 물질로 평가된다. 예컨대 X물건을 목적물로 하는 매매의 경우를 보면, 당사자의 의사는 단지 「일정한 공간에 존재하는 X물건」을 목적물로 하는 것이 아니고, 그 곳에 있는 「일정한 성질을 가진 X물건」을 목적물로 하는 것이다. 즉 당사자는 X물건이 일정한 성질을 가진다고 생각하여 약정한 대가를 주고 이를 사고자 한 것이다. 더욱이 동기는 물건 혹은 사람의 바깥에 존재하는 사정에 불과하나, 성질은 그에 내재하는 것으로서 이와 분리될 수 없다. 그러므로 물건 등의 성질 · 상태에 대한 표상 · 생각은 단순히 법률행위적 의사의 이전에 존재하는 의사형성의 연유에 불과한 것이 아니라, 법률행위적 의사의 구성부분을 이룬다고

해야 한다. 그렇다면 양자를 구별하는 것이 타당할 것이다.[36)]

성질에 대한 표상을 법률행위적 의사라고 하게 되면 성질에 관한 착오는 법률행위의 내용에 관한 착오가 되고, 따라서 그 착오는 성질에 관한 표상이 표시되었는지 여부를 불문하고 취소사유가 된다. 다만 이를 위해서는 취소의 또 다른 요건(즉 착오가 법률행위의 중요부분에 관한 것이고, 착오자에게 중과실이 없을 것)이 갖추어져야 함은 물론이다.

[608] (3) 판례에서 착오를 이유로 한 취소 여부가 문제된 경우 중 가장 대표적인 것은 매매목적물인 토지가 법령상 제한 때문에 매수인이 의도하였던 사용목적(예: 아파트 등 건물의 신축)대로 사용할 수 없게 된 경우이다(법률적 장애).[37)] 그런데 이는 바로 성질의 착오에 해당한다. 뿐만 아니라 뒤의 구체적 사례([636])에서 보는 토지의 현황경계에 관한 착오, 토지가 공용수용되는 것을 모른 경우, 도자기를 진품의 고려청자로 안 경우(이상은 목적물의 성질에 관한 착오), 채무자의 신용상태에 관한 착오, 상대방의 건축사 자격에 관한 착오(이는 중과실의 예로서 소개하였음([596] 주 19))(이상은 당사자의 성질에 관한 착오) 등도 성질의 착오에 해당한다. 이렇게 본다면 착오가 문제된 대부분의 사안은 성질의 착오에 해당한다고 할 수 있고, 이런 점에서 성질의 착오는 실제상 매우 중요한 문제라고 하지 않을 수 없다.

독일민법의 제정자는 법률행위적 의사는 오직 법률효과에 향해진 것이라는 당시의 이론에 입각하여,[38)] 물건 또는 사람의 성상에 대한 표상은 의사표시의 요소가 되지 않는다(따라서 동기에 해당한다)고 보았다. 그런데 성질에 관한 착오에 대하여 취소를 인정치 않는 것은 실제상 부적절하다는 점에서, 독일민법 제119조는 1항에서 취소요건으로 내용에 착오가 있을 것을 규정하면서, 2항에서 그에 대한 예외로서 성질의 착오는 의사표시의 내용에 대한 착오로 본다고 하여, 이를 이유로 한 취소를 인정하였다. 그런데 20세기 중엽 일부 학자[39)]가 성질에 관한 표상은 의사표시의 요소를 이룬다고 주장하면서, 이 문제가 다시 논의되었다. 다만 독일민법은 성질의 착오를 예외적으로 취소사유로 인정하는 규정을 두기 때문에 성질에 대한 표상이 의사표시의 요소인가 하는 점이 실제적 의미를 가지지 않으나, 우리 민법은 그러한 규정을 두지 않으므로, 이 문제는 실제적으로 중요한 의미를 가진다. 동기의 착오 중에서 취소 여부가 문제되는 경우의 대부분은

---

36) 김상용, 467면은, 성질의 착오가 거래상 중요한 의미가 있는 것인 때에는 법률행위의 내용의 착오가 되고, 그렇지 않은 때에는 동기의 착오가 된다고 한다. 그러나 이러한 구별은 성질의 착오가 왜 내용의 착오가 되는가 하는 점을 이해하지 않은데 기한 것이 아닐까? 독일민법 제119조 2항은 성질의 착오를 동기의 착오로 이해하는 전제에서, 그 성질이 거래상 중요한 것인 때에는 의사표시의 내용으로 보도록 하는 예외규정을 둔 것이다.

37) 이와 구별할 것은, 매매계약 당시 장차 도시계획이 변경되어 공동주택 등의 신축에 대한 인·허가를 받을 수 있을 것이라고 생각하였으나 그 후 생각대로 되지 않은 경우이다. 이 경우는 장래의 미필적 사실의 발생에 대한 기대나 예상이 빗나간 것에 불과할 뿐이므로 착오에 해당하지 않는다(대판 2007. 8. 23, 2006다15755).

38) 이에 관한 대표적 견해는 Zitelmann, Irrtum und Rechtsgeschäft, 1879년, 433면 이하.

39) Flume, Eigenschaftsirrtum und Kauf, 1948; Brox, Die Einrede des nichterfüllten Vertrags beim Kauf, 1948.

성질의 착오의 경우라는 사실은 이러한 점을 말해준다. 요컨대 독일민법과 같은 예외규정이 없는 우리 민법에서는 성질을 의사표시의 내용으로 인정함으로써 동일한 결과에 이르는 것이 적절할 것이다.

부언할 점은, 독일에서 성질에 대한 표상이 의사표시의 내용으로 되는가 하는 문제는 — 착오와 관련해서는 제119조 2항이 있으므로 실제적 의미가 없고 — 하자담보책임의 본질론과 관련해서 논의되었던 것이다. 즉 예컨대 갑이 을의 가게에 진열된 X물건이 아무런 흠도 없다고 생각하여 고가에 구입하였는데 거기에 숨은 하자가 있는 경우에, 갑은 단순히 「을의 가게에 있던 X물건」을 산 것라고 한다면 하자담보책임은 단순한 법정책임이 될 것이나, 갑은 「을의 가게에 있던 『흠없는』 X물건」을 산 것이라고 한다면 을이 인도한 X물건에 흠이 있다면 을은 채무를 다 하지 않은 것이 되고, 따라서 하자담보책임의 본질은 채무불이행책임이 되기 때문이다. 즉 하자담보책임의 본질에 관한 채무불이행책임설은 그 전제로서 성질에 관한 표상은 의사표시의 내용을 이룬다고 하였던 것이다. 그런데 우리나라에서 하자담보책임을 채무불이행책임으로 보는 견해 중에는, 성질에 대한 표상이 의사표시의 내용을 이루는지를 살피는 견해가 보이지 않는다(채권각론 [217]).

(4) 성질의 착오에 해당하는 사례에 대한 판례들의 개별적 소개는 뒤로 미룬다 [609]
([636]). 다만 여기에서는 이 중에서 검토할 만한 것을 몇 가지 살핀다.

(가) 법률적 장애의 경우에, 판례는 이를 동기의 착오라고 하고 동기가 표시된 때에는 취소할 수 있다고 한다. 따라서 동기가 표시되었는가 하는 점이 취소의 허용 여부의 결정적 기준이 될 것이다. 그런데 판례 중에는 그러한 점을 구체적으로 검토하지 않고 취소 여부를 판단한 경우도 적지 않고, 또 취소를 허용 혹은 배척하는 근거를 동기의 표시 여부가 아닌 다른 점(중요부분 혹은 중과실)에서 구하는 등, 서로 조화되지 않는 점이 적지 않다.[40] 물론 실제적으로 중요한 것은 취소의 허용 여부이고, 또 사안마다 쟁점이 다르므로, 그러한 부조화는 실제적 의미를 가지지 않을지도 모른다. 그러나 그와 같은 부조화의 이유 중에는 동기(토지를 어떤 용도로 사용할 것인가 하는 점)의 표시 여부를 취소의 허용 여부의 결정적 기준으로 삼는 것은 부적절하다는 점도 있지 않을까? 그렇다면 그러한 경우를 내용의 착오인 성질의 착오로 파악하는 것은 보다 조화있는 해결의 한 방법이 되지 않을까?

(나) 공용수용될 것임을 모르고 토지를 매입한 경우에, 판례는 이를 性狀의 착오라고 하면서 — 법률적 장애의 경우와는 달리 — 표시 여부를 문제삼지 않고 취소를 인정한다.[41] 그 외에 도로부지에 편입되었다가 해제된 토지를 아직도 도로부지에 편입되어 있는 줄로 알고 매매목적물을 도로로 표시하여 헐값으로 매도한 경우에도 마찬가지이

40) 이에 관한 판례의 상세는, 김학동, 법률적 장애에 관한 판례 고찰, 성균관법학 19권 2호(2007), 57면 이하 참조.

41) 서울고판 1980. 7. 24. 79나3851[고판집 1980, 민 2, 210].

다.[42] 이는 본서와 내용을 같이 하는 것으로서 타당하다. 다만 이 경우에는 언제나 취소를 인정하나, 앞에서의 법률적 장애의 경우에는 구체적 사정에 따라서 취소의 인정 여부를 달리한다. 그러면 달리하는 이유는 무엇인가? 판례는 이를 말하지 않고 있지만, 법률적 장애의 경우에는 단지 토지를 의도했던 목적대로 사용할 수 없을 뿐이고 따라서 취소를 불허하더라도 매수인으로서는 이를 용도에 맞게 사용함으로써 불이익을 해소할 수 있으나, 공용수용의 경우에는 토지 자체를 상실하게 됨으로써 어떤 목적으로도 이를 사용할 수 없게 되어 매수인은 회복할 수 없는 불이익을 입게 된다는 점 때문이 아닐까 생각된다. 이런 점에서 그러한 구별 취급은 타당하다고 할 것이다.

[610] ### 5. 공통의 착오

(1) 의 의 공통의 착오란 당사자 쌍방이 모두 동일한 내용의 착오에 빠진 경우이다. 예컨대 갑과 을이 어떤 그림이 유명한 화가 A의 작품으로 알고 이의 매매계약을 체결하였으나 사실은 그것이 A의 작품이 아닌 경우이다. 이는 계약당사자 일방만이 착오에 빠진 경우(위의 예에서 갑만이 그러한 착오에 빠졌고, 을은 착오에 빠지지 않은 경우) 혹은 당사자 쌍방이 모두 착오에 빠졌지만 그 착오가 서로 상이한 경우(위의 예에서 갑은 그림을 A의 작품으로 알았으나, 을은 이를 B의 작품으로 알았는데 그것이 A나 B의 작품이 아닌 경우) 등과 구별된다. 공통의 착오는 대부분 동기의 착오에 관한 것이지만, 언제나 그렇지는 않다. 매매목적물인 토지의 지번에 관한 착오[43]는 동일성에 관한 착오로서, 따라서 법률행위의 내용에 관한 착오에 해당한다. 그런데 후자의 경우에는 당연히 취소사유가 되므로, 공통의 착오는 주로 동기의 착오의 경우를 중심으로 해서 논의될 뿐이다.

공통의 착오는 학문상 일반적으로 사용되는 용어 내지 개념은 아니고,[44] 판례에서도 이러한 용어가 사용된 경우는 극히 적다.[45] 그러나 실제로는 판례의 사안 중에 공통

42) 대구고판 1973. 2. 15. 72나329[고판집 1973, 민 1, 100].

43) 대판 1996. 8. 20, 96다19581,19598. 동지: 송덕수, 매매목적토지의 지번에 관한 당사자 쌍방의 공통하는 착오, 고시계 42권 10호, 16면 이하

44) 이를 설명하는 교과서로는 김상용, 482면 이하(다만 이를 쌍방의 착오라고 칭한다); 송덕수, 308면 등. 그 외에 백태승, 411면도 이 용어를 언급한다. 이에 관한 논문으로는, 이상민, 당사자 쌍방의 착오, 민사판례연구 18호, 53면 이하; 송덕수, 계약당사자 쌍방의 공통하는 동기의 착오, 이화여대 사회과학논집 제9집, 53면 이하; 박동진, 쌍방의 공통된 동기의 착오, 민사법학 35호(2007), 339면 이하.

45) 그러한 것으로는 대판 2006. 11. 23, 2005다13288가 있을 뿐이다. 이의 사안은, 사인 갑이 국가와의 사이에서, 국유지인 대지 위에 건물을 신축하여 국가에 기부채납하고 대신에 위 대지 및 건물에 대한 사용수익권을 받기로 약정하였는데, 갑이 그 기부채납이 부가가치세 부과대상이 아니라고 생각하였으나 후에 위 세금이 부과되자 위 약정을 취소한다고 주장한 경우이다. 그러나 이 사안이 공통의 착오에 해당하는지 의문이다. 이런 점은 송덕수, 310면도 지적한다. 그 외에 이 판결에 대한 평석으로, 김백영, 공통착오에 의한 계약과 보충적 해석 및 부가가치세부담, 부산법조논집(부산지방변호사회) 3호(2008), 222면 이하; 송덕수, 공통의 동기의 착오에 관한 판례연구, 법조 638호

의 착오에 해당하는 것은 적지 않다(그러한 판례는 뒤에서 소개한다). 다만 아직 이의 개념이 정립되지 않아 그에 대한 이해가 일치하지 않는다(이러한 점은 [471] 주 47에서 소개한 판례(2005다13288)에서도 나타나지만, 공통의 착오의 해결방법을 둘러싼 학설의 내용에서도 나타난다).

영미법은 착오의 유형을 쌍방(mutual)의 착오와 일방적(unilateral) 착오로 나누어, 전자의 경우에 취소의 요건을 보다 완화하고 있다.[46] 그러나 독일민법[47] 그리고 이를 모범으로 한 우리 민법은 그러한 구별을 알지 못한다. 따라서 이에 의하면 공통의 착오가 동기에 관한 것인 때에는 취소할 수 없게 된다. 그러나 그러한 규율이 타당한지는 매우 의문이다.[48] 그러면 착오 규정을 공통의 착오에도 그대로 적용할 것인가, 어떤 방법으로 공통의 착오의 문제를 해결할 것인가?

(2) 학설에서는 공통의 착오의 해결방법으로 보충적 해석을 우선적으로 적용해야 [611]
한다는 견해와(즉 공통의 착오의 경우에는 의사표시에 공백이 있는 것이므로, 만약 당사자들이 그러한 착오에 빠지지 않았다면 가졌을 의사(가정적 의사)를 확정하여 그러한 내용(착오가 없었더라면 당사자들이 약정하였을 내용)으로 계약을 수정해야 한다는 견해),[49] 독일에서의 행위기초론에 의하여 해결하는 견해(즉 이 법리를 적용하여 먼저 공통의 (동기의) 착오가 없었더라면 당사자들이 약정하였을 내용으로 계약을 수정하고, 만약 그러한 해결이 어려운 때에는 계약에서 탈퇴(해제 혹은 해지)할 수 있도록 해야 한다는 견해)[50]가 대립한다.[51] 판례는 일응 전자의

(2009. 11.), 334면 이하. 그 외에 대판 1994. 6. 10. 93다24810(이의 사안은 [613]에서 소개)은 공통의 착오라는 용어를 사용하지는 않지만 실질적으로 이의 개념을 설명하고 규율방법을 언급한다.

46) 쌍방의 착오에 관하여 미국의 리스테이트먼트 제152조 1항은 「쌍방 당사자의 착오가 계약을 체결할 당시에 있어서 그 계약에서 바탕으로 하였던 기초적 전제에 관한 것으로서 합의된 급부의 교환에 중대한 영향을 미치는 경우, 그 계약으로 불이익을 입을 당사자는 제154조의 규정에 의하여 착오의 위험을 감수하지 않은 한 그 계약을 취소할 수 있다」고 하고, 일방적 착오에 관한 동 제153조는 「계약체결 당시의 일방 당사자의 착오가 그 계약에서 바탕으로 하였던 기초적인 전제에 관한 것이고 합의된 급부의 교환에 중대한 영향을 미치고 착오자에게 불이익을 주는 경우, 그 당사자가 제154조의 규정에 의하여 착오의 위험을 감수하기로 하지 않았으며, 또한 (a) 착오의 영향이 계약을 강제하는 것은 비도덕적이라고 할 정도이거나, 혹은 (b) 타방 당사자가 착오를 알았다고 할 만한 이유가 있거나 혹은 그의 과실이 착오를 유발한 경우에 한하여 착오자는 계약을 취소할 수 있다」고 한다. 영미법상의 공통의 착오에 관해서는, 김학동, 영미법상의 공통의 착오, 이화여대 법학논총 14권 3호(2010), 119면 이하 참조.

47) 다만 독일민법은 총칙의 착오 부분에서는 공통의 착오를 규정하지 않지만, 2002년의 채권법 개정에서 독일민법 제313조 2항에서 종래 판례 및 학설에서 쌍방의 공통의 동기착오(gemeinschaft-liches Motivirrtum)를 규율해 왔던 「행위기초의 장애」(Störung der Geschäftsgrundlage. 그 중에서도 주관적인 행위기초의 장애)의 법리를 명문화하여, 이에 의하여 공통의 동기의 착오를 규율한다. 독일민법 개정이유서(BT-Drucks. 14／6040 S. 176.)에 관한 설명은 박동진, 전게서, 345면 이하 참조.

48) 공통의 착오에 관한 논의가 공통의 「동기의」 착오의 경우로 한정되는 것은 이러한 이유에서이다.

49) 이영준, 386면; 윤진수, 법률행위의 보충적 해석에 관한 독일의 학설과 판례, 재판자료 제59집(1992), 87면 이하; 박동진, 전게서, 364면 이하도 대체로 이 입장이다. 다만 이 견해는 먼저 규범적 해석 혹은 자연적 해석에 의하여 당사자들이 착오에 빠지지 않았다면 가졌을 의사에 따라 해석해야 한다고 하고, 그러한 해석이 어려운 때 보충적 해석을 인정하는 점에서, 약간 차이를 가진다.

50) 김상용, 483; 동, 계약당사자 쌍방의 공통착오와 주관적 행위기초의 상실, 사법행정 36권 1호(1995. 1), 23면 이하; 송덕수, 교환목적토지의 소유권귀속에 관한 공통의 착오와 경계의 착오, 민사판례연구 21권(1999), 1면 이하; 이상민, 전게서, 67면.

51) 이러한 견해대립은 독일에서와 유사하다. 독일에서의 학설 내용은 엄동섭, 법률행위의 보충적 해석, 이영준박사 화갑기념논문집 I(1999), 101면 이하 참조. 그리고 이 글은, 독일의 판례는 동일한

입장인 것으로 보인다.[52] 그런데 그 내용을 보면, 공통의 착오에 대한 이해가 상이한 것이 아닌가 하는 의문이 든다. 그러므로 각 견해에 대한 검토는 생략하고 이의 해결방법을 찾아본다.

공통의 착오의 경우에, 먼저 쌍방 당사자가 착오에 빠지지 않았다면 가졌을 의사를 탐구하여 계약내용을 수정해석해야 할 것이다(보충적 해석설은 이를 보충적 해석이라고 하나, 이는 좀더 검토할 여지가 있다). 그리고 만약 쌍방이 그러한 내용의 계약체결을 원하는 때에는 쌍방의 의사가 합치하므로 계약이 성립하고, 따라서 이때에는 착오 문제는 생길 여지가 없다(여기까지는 모든 견해가 동일하다). 그러면 쌍방의 의사가 불합치하는 경우, 즉 어느 일방이 그러한 내용의 계약이라면 이를 체결하지 않았으리라는 의사인 때에는 어떻게 할 것인가(그와 같은 예로서, 신문에 보도된 주가를 기초로 한 주식매매의 경우([625] (2))가 있다)? 앞의 견해와 같이 착오는 문제삼지 않고 오직 보충적 해석에 따른 계약의 성립만을 인정할 것인가, 또는 뒤의 견해와 같이 행위기초론에 의하여 계약을 파기(취소가 아니라 해제)할 수 있다고 할 것인가? 우선 전자는 당사자에게 너무 가혹하다. 후자는 착오의 경우를 다른 법리에 의하여 규율하는 점에서, 그것도 우리나라에서는 생소한 이론이고 특히 그 나라의 사회사정에 따라 달리 규율될 법리에 의하는 점에서 타당성이 의문스럽다. 생각건대 위의 경우도 해석에 따른 법률행위의 내용이 당사자의 내심의 의사와 다른 것이므로 착오에 해당하고, 따라서 착오의 법리에 의하여 이를 규율하는 것이 타당할 것이다. 그런데 문제는 착오가 동기에 관한 것인 한 착오의 법리에 따라 취소가 허용되지 않는다고 해야 하는가 하는 점이다.

우리 민법 그리고 독일민법이 표의자와 상대방 모두에게 착오가 있는 공통의 착오에 관하여 아무런 규율도 하지 않는 것은, 단지 표의자의 의사표시만을 중심으로 해서 취소의 요건을 규율하였기 때문일 것이다. 더 나아가 일방의 착오와 공통의 착오를 전적으로 동일하게 규율하려는 취지는 아닐 것이다. 그리고 그 요건으로 법률행위의 내용의 중요부분에 착오가 있을 것을 요구하는 이유는 상대방의 신뢰를 보호하기 위해서 였다. 즉 표시된 바를 표의자의 의사로 알고 계약체결 여부 등을 결정한 상대방을 보호하기 위해서였다. 그런데 공통의 착오의 경우에는 표의자와 상대방이 모두 동일한 착오에 빠져 있었기 때문에, 일방의 착오에서와 같이 상대방의 신뢰보호를 위하여 그와 같은 엄격한 취소요건을 요구할 필요가 없다. 그렇다면 그와 같은 취소요건을 공통의 착오에

유형의 사안을 때로는 보충적 해석의 법리를 통해 해결하고 때로는 행위기초론에 의거하여 해결하기도 한다고 하면서, 그 예로서 BGHZ 81,135ff.와 BGHZ 77,194ff.는 모두 지료증액청구가 문제된 사안인데, 전자에서는 보충적 해석에 의하였으나(이의 내용은 [465] 주 32 참조), 후자에서는 행위기초론에 의하였다고 한다(이 사안에서는 물가변동에 대비한 약정이 없었음).

52) 대판 2006. 11. 23. 2005다13288.

그대로 적용하는 것은 법이 의도하는 것이 아니다. 달리 말하면 민법은 표의자의 의사표시만을 중심으로 착오를 규율하는바, 이는 공통의 착오의 경우를 고려치 않았기 때문이지, 일방의 착오와 공통의 착오를 동일하게 규율하려는 뜻에 기한 것이 아니다. 그리고 공통의 착오의 경우에는 상대방 보호를 위하여 둔 엄격한 취소요건을 그대로 요구할 필요가 없다. 그렇다면 일방의 착오와 공통의 착오를 달리 규율하였어야 할 것이고, 따라서 공통의 착오의 경우에 관하여 아무런 규율도 하지 않은 것은 입법적 공백에 해당한다. 그렇다면 해석에 의하여 그 공백을 보충하여, 공통의 착오의 경우에는 착오가 법률행위의 내용에 관한 것인지를 불문하고 쌍방 당사자에게 중요한 의미를 가지는 때에는 취소할 수 있다고 하는 것이 타당하지 않을까?

(3) 화해계약에서의 전제에 관한 착오 화해계약은 착오를 이유로 취소하지 [612]
못하지만(733조 본문), 「화해당사자의 자격 또는 화해의 목적인 분쟁 이외의 사항에 착오가 있는 때」에는 그러하지 아니하다(동조 단서). 후자와 같은 착오를 화해의 전제에 관한 착오라고 한다. 손해배상액의 합의를 한 경우 중에서 — 상해의 정도를 잘못 알고 합의한 경우가 아니라 — 손해발생원인을 잘못 알고 합의한 경우가 이에 해당한다([486]. 즉 예컨대 환자가 진료 후 얼마 안 돼 사망하자, 그를 진료했던 의사가 사망이 의료과실로 인한 것으로 알고 손해배상액의 합의를 하였는데 의사에게 과실이 없은 경우). 그런데 이러한 전제사항에 관한 착오는 동기의 착오이다. 왜냐하면 이러한 사항에 관하여 그릇된 생각을 하였기 때문에 화해계약을 체결한 것이기 때문이다. 따라서 이 경우에 제109조에 의하면 취소가 인정되지 않을 것이다. 그런데 판례는 대부분 취소를 인정한다.[53] 그 근거는 바로 위와 같은 공통의 착오의 법리에서 구할 수 있을 것이다.[54] 그리고 이러한 이해는 취소를 인정하지 않는 일부의 판례도 설명할 수 있을 것이다. 왜냐하면 취소를 인정한 경우는 가해자와 피해자(혹은 그의 상속인)가 화해의 당사자가 된 경우로서(즉 손해를 야기한 행위를 한 자(갑)가 그것이 자신의 과실로 인한 것인 줄 알고 피해자(을)와 손해배상의 합의를 하였는데, 후에 그것이 갑의 과실로 인한 것이 아님이 판명된 경우), 따라서 계약당사자에게 공통의 착오가 있은 것이다. 그런데 갑의 행위로 을이 상해를 입고 병원(병)에 입원하자 갑의 사용자(정)가 그것이 갑의 과실로 인한 것으로 잘못 알고 병과 사이에서 병원치료비를 보증한 경우에는, 취소를 인정하지 않는다.[55] 이 경우도 가해자와 피해자가 손해발생원인을 잘못 안 점에서는 동일하지만, 여

53) 대판 1990. 11. 9. 90다카22674; 대판 1991. 1. 25. 90다12526; 대판 2001. 10. 12. 2001다49326(이상은 의료과실로 알고 합의한 경우); 대판 1997. 4. 11. 95다48414(교통사고가 전적으로 자신의 운전과실로 인한 것으로 안 경우).

54) 양창수, 민법주해 XVI, 248면 이하도 이와 동지.

55) 대판 1979. 3. 27. 78다2493[집 27-1, 민 223](동기의 착오임을 이유로 취소를 배척). 그 외에 갑이 교통사고를 내어 피해자 을의 병원치료비를 보증하였는데 을은 교통사고와는 상관없는 지병 때문에 입원치료를 받은 경우(대판 1981. 9. 8. 81다98[총람 제109조, 47]에도 마찬가지이다. 그 외에 갑의 작업장에서 을이 상해를 입었는데 갑은 을이 자신의 피용인인 줄 잘못 알고 그의 치료비를 보

기에서는 착오에 빠진 피해자가 아니고 제3자인 병원이 계약(더욱이 체결된 계약도 보증계약)을 맺은 것으로서, 따라서 공통의 착오에 해당하지 않으므로 취소가 인정되지 않는 것이다.[56)]

[613] (4) 공통의 착오를 명언하는 판례는 앞에서 소개하였다([471]의 주 47). 이하에서는 공통의 착오임을 명언하지는 않으나 실질적으로 이에 해당하는 판례를 살펴본다.

(a) 세금과 관련된 것으로서, 부동산의 매도인이 납부해야 할 양도소득세를 매수인이 부담하기로 하였으나 후에 부과된 세금이 쌍방이 예상한 것보다 많이 나온 경우,[57)] 토지소유자가 양도소득세 때문에 이의 매각을 주저하자, 매수인이 주식회사를 설립하여 여기에 출자하는 형식을 취하면 양도소득세가 부과되지 않는다고 하여 그러한 형식에 의하여 토지를 매각하였으나 그것이 사실이 아니어서 양도소득세가 부과된 경우[58)] 등이 있다.

(b) 매매대금에 관한 것으로서, 市(갑)가 도로 부지로 사용하기 위하여 사인(을)의 X토지를 매수함에 있어서 양자는 그 대금을 공공용지의취득및보상에관한특례법에 따라 감정인의 감정평가액을 기준으로 정하기로 약정하였는데, 감정인이 X토지 위에 있던 공법상 제한을 간과하고 이를 평가하여 갑과 을이 이러한 평가액에 따라 매매계약을 체결한 경우가 있다.[59)] 가격의 착오는 원래는 취소가 인정되지 않는 가장 대표적인 경우이다. 그럼에도 취소를 인정한 것은 공통의 착오의 법리에 의해서 설명할 수 있을 것이다.

(c) 토지경계의 착오에 관한 착오,[60)] 매매목적물인 토지의 지번에 관한 착오,[61)] 현실적 경계와 실제적 경계가 불일치하는 경우[62)] 등도 법률행위의 내용의 착오로서 공통의 착오에 해당한다.

(d) 화해의 전제에 관한 사항에 대한 착오의 판례는 앞에서 살폈다.

[614] Ⅴ. 착오의 효과

1. 취 소

착오에 기한 의사표시는 취소할 수 있다. 이를 무효로 하지 않고 취소사유로 한 것, 즉 취소해야 법률행위가 무효로 되도록 한 것은 표의자와 상대방 간의 이익을 조절하기

증한 경우에 관하여는, 갑의 착오를 보증계약의 중요부분의 착오라고 하면서, 다만 갑에게 중과실이 있다는 이유로 취소를 배척한 것이 있다(부산지판 1989. 2. 28. 88가단34413[하판집 1989-1, 민 63]. 다만 해지는 인정하면서, 그러나 을의 퇴원시까지는 해지할 수 없다고 함).

56) 그런데 판례 중에는 보증계약에 관하여 착오를 이유로 한 취소가 아니라 신의칙에 기한 해지를 인정한 것이 있다(대판 1986. 9. 9. 86다카792; 대판 1978. 3. 28. 77다2298(이의 내용은 [96] 주 62, 63 참조). 특히 이 중 후자는 착오를 이유로 한 취소를 부인한 사안과 흡사하다. 이러한 판례의 타당성 여부는 좀더 연구하고자 한다.

57) 대판 1994. 6. 10. 93다24810. 보다 상세는 주 64 참조.

58) 대판 1981. 11. 10. 80다2475. 이 경우에는 상대방이 착오를 유인한 경우로서, 따라서 이런 점을 이유로 취소를 인정할 수도 있을 것이다.

59) 대판 1998. 2. 10. 97다44737. 김천수, 가격의 착오와 일부취소, 민사법학 제17호(1999), 305면 이하, 325면 이하는, 갑과 을의 착오는 공통의 동기의 착오에 해당하지 않는다고 하나, 의문이다. 그 외에 이 판결의 의문점은 [853] 주 34 참조.

60) 대판 1993. 9. 28. 93다31634,31641. 동지: 송덕수, 주 50 기재 논문, 1면 이하.

61) 대판 1996. 8. 20. 96다19581,19598. 동지: 송덕수, 주 44 기재 논문, 16면 이하.

62) 대판 1989. 7. 25. 88다카9364. 또 대판 1989. 8. 8. 88다카15413; 대판 1991. 1. 25. 90다12526 등.

위한 것이라는 점은 전술하였다([593]). 그 밖에 취소의 일반적 효과는 취소 부분([862] 이하)에서 상세히 살핀다. 여기에서는 착오를 위한 취소에 특유한 점만을 살핀다.

(1) 신의칙과 취소권 취소의 요건이 갖추어졌더라도, 취소의 주장이 신의칙에 반하는 때에는 취소할 수 없다고 해야 한다. 표의자가 취소하려는 데 대하여 상대방이 그 행위를 표의자가 생각했었던 바대로의 효과를 낳게 하여 그 행위를 그대로 유효하게 하자고 주장하는 경우가 그러한 예이다.63) 판례도 상대방이 표의자에게 착오가 없었더라면 약정하였을 내용에 따른 채무를 이행할 의사가 있은 때에는 취소할 수 없다고 한다.64)

(2) 취소권 배제의 특약 일부 견해는 제109조는 임의규정이고, 따라서 착오 [615]
를 이유로 한 취소를 배제하기로 하는 합의는 유효하고, 이때에는 취소권이 배제된다고 한다.65) 그러나 이 규정은 표의자는 언제 그리고 어떤 방법으로 자신의 의사표시에서 벗어날 수 있느냐 하는 점을 규율하는 것이므로, 강행규정이라고 해야 한다. 사전의 취소권배제 합의는 허용될 수 없다는 점에서도 그러하다. 다만 이 규정에 의하여 발생한 취소권을 사후에 포기할 수 있을 뿐이다.

(3) 취소기간 민법은 착오를 이유로 취소할 수 있는 기간을 특별히 규정하지 [616]
않는다. 그러므로 일반적인 취소기간의 규정(146조)이 적용되어, 추인할 수 있는 날로부터 3년, 법률행위를 한 날로부터 10년 내에 취소하면 된다.

그러나 이와 같이 장기의 취소기간을 인정하는 것은 입법론상 문제가 있다. 이에 의하면 우선 아무런 잘못없는 상대방의 지위가 오랫동안 불안정하게 된다. 뿐만 아니라 표의자로서는 착오사실을 발견하고도 수년 동안 취소가 자신에게 이익이 되는지 또 언제 취소하는 것이 가장 이익이 클지 등을 저울질하다가 적절한 때를 골라 취소 여부를 결정할 수 있다. 즉 표의자로 하여금 우연히 착오에 기하여 의사표시를 하였다는 점에 편승하여 부당한 이익을 취할 수 있도록 하는 부당성이 있다. 착오자에게 줄 보호는 착

---

63) 이영준, 428면. 그 외에 김상용, 478면도 신의칙에 기한 취소권의 배제를 인정하지만, 그 내용은 상이하다.

64) 대판 1994. 6. 10. 93다24810. 이의 사안은 갑이 을에게 부동산을 매각하면서 예상되는 액(이의 계산은 을측에서 담당)의 양도소득세를 을이 부담하기로 하는 특약을 하였는데 후에 그 예상액보다 고액의 세금이 부과되자 갑이 착오를 이유로 취소한 경우로서, 판결은 갑이 부담할 세금 액수가 예상액을 초과한다는 사실을 알았더라면 을이 초과세액까지도 부담하기로 약정하였으리라는 특별한 사정이 인정된다면 갑은 을에게 초과세액 상당의 청구를 할 수 있다고 해석하는 것이 당사자의 진정한 의사에 합치하므로, 매도인에게 위와 같은 세액에 관한 착오가 있었다는 이유만으로 매매계약을 취소하는 것은 허용되지 않는다고 한다. 이 판결은 한편으로 착오가 상대방에 의하여 유발된 경우이고, 다른 한편으로는 공통의 착오의 경우이므로, 각기 관련된 주제에서 소개된다.

65) 김상용, 477면; 송덕수, 303면.

오로 인하여 생각지도 못했던 효과를 감수해야 하는 데서 벗어나게 하는 것이고, 또 그것이 전부여야 한다. 이런 점에서 표의자가 착오 있음을 안 때에는 지체없이 취소하도록 함이 타당할 것이다(독일민법 121조 1항이 그와 같이 규정한다. 그 외에 2항은 취소원인을 안 경우가 아닌 때에는 의사표시 후 30년이 경과하면 취소할 수 없다고 규정한다). — 이와 같은 취소기간의 입법적 문제는 취소의 경우에 통일적으로 취소기간을 규율하기 때문에 생긴다. 그런데 착오의 경우와 사기 강박의 경우는 표의자를 탓할 만한 사정의 유무 등에서 차이가 있으므로, 양자를 동일하게 취급하는 것은 적절치 않다. 더욱이 무능력의 경우에는 행위자가 그러한 상태를 벗어나 실제로 자신의 과거의 행위를 취소할지 여부를 분별하는 데 상당한 시간이 걸릴 수 있다. 그럼에도 이 경우를 의사표시의 결함의 경우와 동일하게 취급하는 부당성은 매우 크다(더 근본적으로 무능력자의 행위를 취소할 수 있는 것으로 하는 것(그리하여 일정 기간이 지나면 그 행위에 구속되도록 하는 것)은 무능력자제도의 취지 자체에 반한다([144])).

[617] **2. 제3자에 대한 효과**

착오에 의한 의사표시의 취소는 선의의 제3자에게 대항하지 못한다(109조 2항). 이 규정의 취지 및 「선의」, 「제3자」, 「대항하지 못한다」 등의 의미는 허위표시의 부분에서 말한 바와 같으므로 생략한다. 다만 여기에서의 선의는 의사표시가 착오에 기한 것이라는 사실 및 이를 이유로 표의자가 취소하였다는 사실을 모르는 것을 뜻한다.

[618] **3. 계약체결상의 과실책임**

(1) 다수의 견해는 표의자가 취소한 경우에, 그에게 과실이 있는 때에는 계약체결상의 과실책임을 진다고 한다.[66] 표의자와 상대방의 이익조절의 구체적 내용은 법률정책의 문제인데, 우리 민법은 이러한 책임을 인정하고 있지 않을 뿐만 아니라, 민법제정 과정에서 표의자에게 경과실이 있는 경우에 배상의무를 인정하자는 수정안이 제출되었으나 국회에서 부결되었다.[67] 이런 점에서 보면 이를 부인하는 것이 우리 입법자의 의사에 부합할지 모른다. 그러나 계약이 원시적 불능을 목적으로 하기 때문에 무효인 경우와 착오를 이유로 취소함으로써 무효가 되는 경우는, 무효의 원인이 다를 뿐이고 그 실질에서는 동일하다. 그러므로 전자에 관해서 계약체결상의 과실책임을 인정한다면, 후자의 경우에도 이를 인정해야 할 것이다. 따라서 후자의 경우에 이를 인정하지 않는 것은 법률의 공백으로서, 해석에 의하여 이를 인정하는 것이 타당할 것이다. 뿐만 아니라 계약체결상의 과실책임은 착오를 이유로 한 취소의 경우를 중심으로 발전한 것이다.

66) 곽윤직, 420면; 김상용, 561면; 이영준, 437면; 장경학, 495면; 황적인, 198면. 독일민법 제122조는 — 착오를 이유로 취소한 경우뿐만 아니라 비진의표시가 무효로 된 경우에도 — 표의자의 과실 유무를 불문하고 신뢰이익의 배상의무를 지운다(동법 제122조).

67) 민사법연구회편, 민법안의견서(1957), 51면 참조.

즉 표의자가 착오를 이유로 취소하게 되면 계약이 소급적으로 무효로 되어 표의자는 아무런 채무도 지지 않게 되므로, 상대방은 채무불이행을 이유로 한 손해배상(이행이익의 손해)을 청구할 수 없게 된다(그 외에 불법행위의 요건이 갖추어지지 않을 가능성이 많으므로 불법행위를 이유로 한 손해배상청구도 하기 어렵다). 그렇게 되면 상대방은 그동안 계약체결을 위하여 들인 비용조차 배상받지 못하게 되는바, 과연 그러한 결과가 타당한가 하는 문제가 제기되었던 것이다. 그리고 여기에서 상대방이 그 의사표시를 유효라고 믿음으로 인하여 입은 손해(신뢰이익의 손해)만큼은 배상받을 수 있도록 하기 위하여, 전통적인 두 개의 손해배상책임(채무불이행을 이유로 한 것과 불법행위를 이유로 한 것) 이외에 제3의 손해배상책임으로서 계약체결상의 과실책임이 인정된 것이다([535] 및 채권각론 [43] 이하 참조). 따라서 취소의 경우에 이 책임을 부인한다면 이 책임의 의미가 반감될 것이다. 이런 점에서 제535조를 유추적용해서 착오자에게 과실이 있는 경우(즉 주의하였더라면 착오에 빠지지 않았으리라고 판단되는 경우)에는 신뢰이익의 배상책임을 인정하는 것이 타당할 것이다.

(2) 판결 중에는 착오를 이유로 취소한 경우에 취소자는 불법행위를 이유로 한 손해배상책임을 지지 않는다고 한 것이 있다.[68] 이는 직접적으로 계약체결상의 과실책임을 부인한 것은 아니지만, 취소자에게 아무런 손해배상책임도 인정하지 않는 점에서 실질적으로 그러한 책임을 부인한 것이라고도 할 수 있다. 그러나 계약체결상의 과실책임은 기존의 채무불이행책임 및 불법행위책임과는 별개의 제3의 책임이고, — 위 판결이 불법행위의 성립을 부인한 결정적 근거인 — 위법성은 이의 요건이 아니다. 그리고 손해배상의 범위는 — 위 판결이 부인한 — 위법행위로 인하여 발생한 모든 손해(채무불이행의 경우라면 이행이익의 손해)가 아니라 계약의 성립을 믿음으로 인한 손해(신뢰이익의 손해)에 그친다. 그렇다면 위 판결 [619]

68) 대판 1997. 8. 22, 97다13023. 이의 내용을 소개하면, 갑의 아파트 신축공사 중 일부 공사에 관하여 을이 도급금액 1,052,400,000원으로 공사를 낙찰받았으며, 을은 도급금액의 10%에 해당하는 계약이행보증금의 지급을 병(전문건설공제조합)이 발행하는 계약보증서를 갑에게 교부하는 것으로 대체하기로 하였다. 다만 을은 병에게 계약보증서의 발급을 신청하면서 도급금액을 500,000,000원으로 기재하여(그 이유는 건설업법에 따른 을의 도급한도액이 500,000,000원이었기 때문임), 병은 이를 을이 수급할 공사의 도급금액으로 알고 을에게 그러한 내용의 계약보증서(도급금액 500,000,000원, 보증금액 100,000,000원)를 발급하여, 을이 이를 갑에게 교부하고 도급계약을 체결하였다. 그런데 을이 갑에게 자신의 위 도급계약상의 수급인의 지위를 포기한다는 통보를 하여, 갑이 을과의 도급계약을 해지하고, 병을 상대로 주위적 청구로서 계약이행보증금(100,000,000원 및 이에 대한 지연이자)의 지급을, 예비적 청구로서 만약 병이 보증계약을 취소한다면 100,000,000원 상당의 계약보증금을 지급받지 못하는 손해를 입게 된다고 하면서 그에 대한 불법행위로 인한 손해배상을 청구하였다. 판결은, 먼저 위 보증계약은 병의 착오를 이유로 적법하게 취소되었다고 하여 주위적 청구를 배척하고, 다음으로 불법행위로 인한 손해배상책임이 성립하기 위해서는 행위의 위법성이 요구되는데, 병이 계약보증서를 발급하면서 을이 수급할 공사의 실제 도급금액을 확인하지 아니한 과실이 있다고 하더라도 제109조가 착오자의 착오를 이유로 한 의사표시의 취소를 허용하고 있는 이상, 병이 과실로 착오에 빠져 계약보증서를 발급한 것이나 그 착오를 이유로 보증계약을 취소한 것은 위법하다고 할 수 없다고 하여, 예비적 청구도 배척하였다.

은 착오를 이유로 한 취소의 경우에 계약체결상의 과실책임을 부인하는 것은 아니라고 할 수 있지 않을까? 다른 각도에서 보면 계약체결상의 과실책임은 손해배상책임의 일반적 근거인 채무불이행 혹은 불법행위의 요건이 구비되지 못하여 아무런 손해배상책임도 인정되지 않을 것에 대비해서 인정된 제3의 손해배상책임 근거인 것이다. 그러므로 한편으로는 착오를 이유로 취소한 경우에 착오자에게 불법행위책임을 배척하는 것이 그런 경우에 계약체결상의 과실책임까지 배척하는 것은 아니라고 할 것이고, 다른 한편으로는 착오취소의 경우에 이 판결이 불법행위를 이유로 한 손해배상책임을 부인한 것은,[69] 계약체결상의 과실책임을 인정해야 할 필요성을 간접적으로 말하는 것이 아닐까?

[620] Ⅵ. 착오의 대상

이는 착오가 어떤 점에 관한 것인가에 따른 분류이다. 착오의 대상이 무엇이냐에 따라서 그것이 취소사유가 되는가 하는 점이 달라질 수 있다.

1. 동일성의 착오

(1) 이는 표의자가 생각하였던 물건 혹은 사람과 실제의 물건 혹은 사람이 불일치하는 경우이다. 예컨대 갑이 X물건을 산다고 생각했는데 Y물건을 산 경우, 혹은 갑이 을과 계약을 맺는다고 생각했는데 실제로는 병과 계약을 맺은 경우이다. 그러한 착오는 표시상의 착오로 인하여 생길 수도 있고, 의미상의 착오로 생길 수도 있다.

(2) 계약 당사자 및 계약의 목적물은 법률행위의 내용 중 가장 중심적인 것이므로, 동일성의 착오는 물론 법률행위 내용의 착오에 해당한다.[70] 이때 취소가 가능하기 위해서는 착오가 중요부분이어야 한다. 물건의 개성에 중점을 둔 법률행위 혹은 상대방이 누구이냐가 중요성을 가지는 법률행위(예컨대 위임계약 · 신용매매) 등에서는 동일성의 착오는 중요부분의 착오로 될 것이다. 반면에 상대방이 누구이냐가 중요성을 가지지 않는 경우 혹은 종류물매매에서 동일한 종류에 속하는 물건 간의 착오인 경우에는 이의 착오는 중요부분의 착오로 되지 않을 것이다.

---

69) 엄동섭, 착오자의 과실과 손해배상책임, 민사판례연구 21권(1999), 31면은, 취소가 허용되므로 취소는 위법하지 않다는 것과, 착오에 빠져 결과적으로 상대방에게 손해를 입힌 것이 위법하다는 것은 별개의 문제라고 하고, 따라서 후자의 점에서 취소자의 가해행위의 위법성을 인정하여 불법행위를 이유로 한 손해배상책임을 인정하는 것이 타당하다고 한다. 그 외에 이기광, 착오에 의한 취소와 손해배상책임, 재판과 판례(대구판례연구회) 10집(2001), 107면 이하도 신뢰이익의 손해에 대한 배상책임을 인정하는 것이 타당하다고 한다.

70) 이영준, 410면은 동일성의 착오를 성질의 착오라고 한다.

2. 법률의 착오 [621]

법률의 착오의 의미는 불명확하고 견해도 나뉘는바, 이를 두 가지 의미로 나누어 살핀다.[71)]

(1) **법률상의 법률효과를 잘못 안 경우** 이는 법률이 당사자의 의사와는 관계없이 일정한 법률행위에 대하여 일정한 법률효과를 결부시켰는데, 당사자가 그러한 법률효과를 잘못 안 경우이다. 예컨대 민법은 당사자간에 면책특약이 없는 한 하자담보책임을 부과하는데(580조), 매도인이 목적물의 하자에 대하여 책임을 지기로 합의하지 않는 한 하자담보책임을 지지 않는다고 생각하고 그에 관한 합의를 하지 않은 경우이다(그외의 예로서, 상법은 합명회사의 신입사원은 가입 전의 회사채무에 대해서도 책임을 부과하는데(동법 213조), 가입자가 이전의 회사채무에 대한 책임을 부담하기로 하는 약정이 없으면 그러한 책임을 지지 않는다고 생각한 경우). 이 경우에 표의자는 그러한 법률효과가 자신의 의사와 다르다는 점에서 착오를 이유로 취소할 수 있는가? 민법상의 하자담보책임 — 그리고 나아가 보충법규에 의한 법률효과 — 은 당사자의 의사에 기초하는 것이 아니고 공평한 규율을 위한 것이다. 따라서 취소할 수 없다. 부언할 점은, 이러한 법률효과의 착오가 취소사유가 되는가 하는 문제는 임의법규 중 보충법규의 착오에 관해서만 생긴다. 왜냐하면 단순한 해석법규와 다른 의사를 가진 때에는, 이를 입증하여 실제 의사에 따른 법률효과를 발생시킬 수 있기 때문이다.

이에 관한 판례로서, 갑(양수인)과 을(양도인)이 전기공사업면허 등을 분할합병의 방식으로 양도하기로 하는 내용의 계약을 체결함에 있어서, 갑은 을의 채무를 승계 부담하지 않기로 합의하였으며, 그리하여 갑은 을의 채무를 부담함이 없이 전기공사업면허만을 양수하는 것으로 믿었으나, 그러한 합의가 상법 제530조의9에 위반한 것이어서 채권자에 대한 관계에서 효력이 없고 따라서 분할합병 방식에 의할 경우에는 양도인의 채무도 부담해야 하는 경우에 관하여, 우선 이를 법률효과에 관한 착오라고 하고, 그런데 그러한 착오는 중요부분에 관한 것이 아니라고 하여 취소를 배척한다.[72)] 그러나 이는 의문이다. 취소가 배척되는 근거는 중요부분이 아니라는 점이 아니라, 법률효과의 착오는 취소가 인정되지 않는다는 점 때문이 아닐까?

(2) **법률 자체를 잘못 안 경우** 이는 예컨대 토지매도인이 법인에게 출자하는 형식을 취하면 양도소득세를 면한다고 잘못 생각하고 매매계약을 맺은 경우 혹은 토지의 사용을 제한하는 법규가 있음에도 이를 모르고(혹은 매매목적물에는 그러한 제한규정이 적용되지 않는다고 잘못 알고) 매매계약 [622]

---

71) 이영준, 412면; 이은영, 519면 등은 다음의 법률효과에 관한 법률규정의 착오만을 법률의 착오로 이해하는 입장이다. 그러나 이은영, 전게서는 예컨대 양도소득세 부과 여부에 관한 착오 혹은 토지의 용도를 제한하는 규정에 대한 착오 등을 법률의 착오의 예로 든다. 이런 점에서 법률의 착오의 의미에 관한 학설의 분류는 무의미하다고 할 수 있다.

72) 대판 2009. 4. 23. 2008다96291,96307. 그외에 판결은 이를 일응 동기의 착오라고도 한다.

을 맺은 경우와 같이, 당사자가 법률의 규정 자체 혹은 이의 의미를 잘못 안 경우이다. 판례는 전자와 같은 양도소득세 부과 여부에 관한 착오를 법률의 착오라고 하는바,[73] 따라서 판례는 우선 법률의 착오를 위와 같은 의미로 사용하는 입장이라고 할 수 있다.[74] 그리고 이러한 의미의 법률에 관한 착오라도 그것이 법률행위의 내용의 중요부분에 관한 것인 때에는 표의자는 취소할 수 있다고 한다.

[623] ### 3. 법률효과의 착오

(1) 이는 표의자가 의사표시에서 의욕하였던 법률효과가 이의 해석을 통하여 실제 발생한 법률효과와 다른 경우이다. 예컨대 갑이 을에게 차임을 받고 집을 임대하여 오다가 이를 병에게 임대하기로 약정하면서, 병에게도 을의 임대차와 동일한 조건(즉 을과 동일한 차임)으로 임대하려는 의사로 병과 차임에 관하여 아무런 약정도 하지 않았는데, 차임에 관한 약정이 없으므로 갑은 무상으로 대여한 것으로 해석되는 경우이다. 법률효과는 당연히 법률행위의 내용이므로, 이는 물론 내용의 착오에 해당한다. 그러므로 그것이 중요부분의 착오인 때에는 취소가 가능하다.

착오는 표의자가 의욕한 것과 다른 법률효과가 발생하는 경우이므로(예컨대 갑이 X물건을 살 의사였으나 실수로 목적물을 Y물건으로 기재한 동일성의 착오의 경우에도, 갑이 의욕했던 바는 X물건의 매수였으나 실제 발생한 법률효과는 Y물건의 매수이다), 착오는 모두 법률효과의 착오라고 할 수 있다. 그러나 여기에서의 법률효과의 착오는 자신의 의사표시가 발생할 법률효과 자체에 관하여 착오가 있는 경우를 말한다.

[624] (2) 여기에서의 법률효과의 착오와 앞에서의 법률의 착오 중 전자는 모두 법률행위에 의하여 발생한 법률효과가 당사자의 의사와 다르다는 점에서 공통되지만, 그 법률효과가 표의자가 의사표시의 내용으로 삼은 것이냐 여부에 의하여 구별된다. 즉 표의자가 의사표시의 내용으로 삼은 법률효과와 다른 법률효과가 발생하는 경우에는 여기에서의 법률효과의 착오가 되고, 표의자가 의사표시의 내용으로 삼지 않았음에도 법률에 의하여 법률행위에 그러한 법률효과가 부여된 경우(그리하여 그러한 법률효과가 당사자의 의사와 다른 경우)에는 법률의 착오가 된다. 그러므로 담보책임에 관한 착오의 경우에도, 예컨대 매도인과 매수인이 권리의 하자에 대한 담보책임을 지지 않기로 합의하였으며, 매도인은 그러한 면책약정에 의하여 권리하자뿐만 아니라 물건하자에 대한 담보책임도 배제된다고 생각한 경우, 그런데

73) 대판 1981. 11. 10, 80다2475[집 29-3, 민 180](이의 사안은 [613]의 주 58). 그러나 대판 1994. 6. 10, 93다24810(이의 사안은 [613]의 주 57)도 양도소득세에 관한 착오이나, 판결은 이를 법률의 착오라고 함이 없이 취소를 인정하였다. 이는 공통의 착오의 경우로 이해된다.

74) 곽윤직, 414면; 송덕수, 297면 등은, 법률의 착오를 이러한 의미로 파악한다. 그러나 곽윤직, 전게서는, 매도인의 하자담보책임 규정이 없는 줄 알고 매매계약을 맺은 경우를 법률의 착오의 예로 드는데, 이는 본서에 의하면 법률의 착오의 예이다.

후자에 대한 면책약정이 없어서 물건하자에 대한 담보책임이 인정되는 경우는 여기에서의 법률효과의 착오에 해당한다(반면에 권리하자에 대한 면책약정을 하였으나 매도인이 하자를 알기 때문에 584조에 의하여 담보책임이 인정되는 경우에는, 법률의 착오가 될 것이다). 양자의 차이는 취소 可否의 점에 있으므로, 이의 구별은 실제적 의미를 가진다.

4. 계산의 착오 [625]

(1) 이는 표의자가 계산을 잘못한 경우 혹은 계산의 기초가 되는 사항에 관하여 착오가 있는 경우이다. 예컨대 단가 1,000원인 물건 500개의 매매대금을 계산함에 있어서 계산을 잘못하여 대금을 40만원이라고 하거나, 혹은 단가를 900원이라고 잘못 생각하여 대금을 45만원이라고 한 경우이다. 이때에는 만약 표의자가 계산의 기초를 표시하지 않고 단지 총액만을 표시한 경우에는, 이는 단순히 물건의 가액에 관한 착오로서 법률행위의 내용의 착오가 되지 않는다. 그러나 계산의 기초를 표시한 경우에는, 계산의 기초가 법률행위의 내용이 되므로, 내용의 착오에 해당한다.

(2) 그 외에 예컨대 갑과 을이 주식을 매매하고 그 대금을 신문에 보도된 주가를 기초로 하여 정하였는데 신문에 주가가 잘못 보도된 경우도, 역시 일종의 계산의 착오에 해당한다고도 할 수 있다. 그러나 이때에는 양당사자는 신문에 보도된 주가를 기초로 하여 대금(혹은 매매 계약 체결 여부)을 계산한 것인데 그 기초인 사실이 실제와 다른 것이므로, 공통의 착오에 해당한다. 따라서 이의 법리에 따라 해결하는 것이 타당할 것이다. 즉 먼저 계약체결에서의 위와 같은 의사를 토대로 실제의 주식 가격에 따라 대금을 해석 · 확정하고(계약체결의사는 확고하고 단지 그 대금을 신문상의 보도에 의할 의사였던 경우),[75] 다만 그러한 정도의 주가라면 거래하지 않았으리라고 할 만한 사정이 있는 때에는 공통의 착오를 이유로 취소를 인정하는 것이 타당할 것이다.

5. 기명 · 날인(서명)의 착오 [626]

(1) 이는 문서를 읽지 않거나 잘못 읽고 기명 · 날인 혹은 서명한 경우이다. 이는 두 가지 경우로 나눌 수 있다. 첫째 문서를 제대로 읽지 않아 그 내용을 실제와 다르게 이해하고 서명한 경우, 그리하여 표의자가 생각했던 바와 다른 법률효과(즉 문서에 기재된 바에 따른 법률효과)가 발생하는 경우이다. 예컨대 서류가 신원보증서로 알고 서명하였는데 그것이 이행보증보험약정서인 경우이다.[76] 이 경우에는 내용의 착오가 되고, 따라서 — 그것이 중요부분

75) 이영준, 414면은, 이러한 해결만을 인정하여, 정당한 주가를 대금으로 하고 취소는 인정되지 않는다고 한다. 그러나 예컨대 신문상의 주가가 정당한 주가보다 높은 경우에는 매도인이 그러한 가격으로는 주식을 팔지 않을 의사였다고 할 수도 있는 바, 만약 그러한 경우라면 공통의 착오를 이유로 취소를 인정하는 것이 타당하지 않을까?

76) 대판 2005. 5. 27, 2004다43824. 이의 사안은, A회사가 보증보험사(甲)와 보험계약을 체결함에 있어서 제3자를 연대보증인으로 세우기로 약정하였고, 그리하여 A회사의 대표자 B가 이행보증보험

이라면 — 취소할 수 있다.[77] 둘째 문서를 전혀 읽지 않고 또 그것이 무슨 내용의 문서인지를 모른 채 서명한 경우이다(다만 그 문서가 법률적 의미를 가지는 것임은 알면서 서명한 점에서, 뒤에서 살피는 사교적 서명과 다르다). 이 경우는 서명자는 문서의 내용에 관하여 아무런 의사도 가지지 않으므로 「의사와 표시」가 불일치할 여지가 없고, 따라서 착오에 해당하지 않는다. 그러나 문서의 내용을 알지 못하고 서명하였다면, 그는 문서의 효과가 자신에게 귀속되는 것을 감수해야 할 것이다. 그러므로 이 경우에는 착오를 이유로 취소할 수 없다고 할 것이다.

[627] (2) 서명 · 날인의 착오와 구별할 것으로서,

(가) 단지 사교적 의미의 문서로 알고 서명하였으나 그것이 법률적 의미의 문서인 경우이다(사교적 서명). 이 경우에도 서명자는 아무런 법률적 효과의사도 가지지 않았으므로 「의사와 표시」가 불일치할 여지가 없고, 따라서 착오가 되지 않는다. 그러면 이 경우에 서명자는 의사표시를 한 것이 되고 따라서 그 문서에 구속되는가? 이는 표시의식을 의사표시의 주관적 요건으로 볼 것인가 하는 점에 매인다. 앞서 살핀 바와 같이([428] 참조) 표의자에게 표시의식이 없더라도 과책성(책임질 만한 사정)이 있는 때에는 의사표시로 인정된다. 그러나 이때에도 제107조가 준용되어, 상대방이 진의아님을 알았거나 알 수 있었을 경우에는 무효가 된다.

(나) 만약 표의자가 상대방과의 상담을 통하여 법률행위의 내용을 합의하였는데 상대방이 이를 문서화하는 과정에서 합의된 바와 달리 기재하였고 표의자가 이를 모르고 문서에 서명한 경우이다(기록상의 오류). 이 경우에는 법률행위의 내용은 합의된 바에 따라 결정되고, 따라서 그 내용을 보지 않고 서명하였더라도 착오를 이유로 한 취소의 문제는 생기지 않는다.

약정서에 제3자의 서명을 받음에 있어서, 乙에게 신원보증을 부탁하면서 위 서류를 신원보증서류라고 속여 乙이 이를 신원보증서로 잘못 알고 서명 날인한 경우이다. 이 판결에서 강학상의 「기명날인(혹은 서명)의 착오」라는 개념이 처음으로 사용되고 있다. 다만 판결은 이를 표시상의 착오라고 한다. 그러나 표시상의 착오는 생각했던 것과 달리 표시하는 것(誤記 · 誤談 등)이다. 그런데 서명의 착오는 문서의 내용이 표의자가 생각했던 것과 다른 경우를 뜻하는 것이다.

77) 앞의 2004다43824. 이 판결에 대해서는 뒤에서 다시 살핀다([656] 주 42). 그 외에 서울고판 1983. 1. 18. 82나1839[고판집 1983, 민 54]은, 확정판결의 채무명의에 기한 집행채권 8,500,000원중 금 1,200,00원만을 수령한 채권자가 압류집행신청취하의 합의과정에서 문제된 서류가 단지 그 압류집행의 해제에 필요한 서류일 뿐 채무자에 대한 손해배상채권(위의 집행채권)까지 포기한다는 내용이 기재된 줄 모르고 착오로 날인한 사안에서, 착오를 이유로 한 취소를 인정한다. 이와 달리 대판 2006. 12. 7. 2006다41457은, 주채무자의 차용금반환채무를 보증할 의사로 공정증서에 연대보증인으로 서명 · 날인하였으나 그 공정증서가 주채무자의 기존의 구상금채무 등에 관한 준소비대차계약의 공정증서였던 경우에, 착오가 중요부분에 관한 것이 아니라고 하여 취소를 불허한다.

6. 백지보충의 남용의 경우 [628]

이는 문서의 발행자가 문서의 일정한 사항을 백지로 하여 이를 상대방에게 교부하면서 그 백지를 일정한 내용으로 보충하기로 약정하였는데, 후에 상대방이 백지를 약정에 반하게 보충한 경우이다. 이 경우에는 보충된 내용이 발행자(표의자)의 의사와 어긋나므로 착오의 한 형태이다. 그러나 백지문서의 발행인은 백지가 약정에 반하게 보충될 위험을 스스로 만들었으므로 그러한 결과를 감수해야 한다. 따라서 착오를 이유로 한 취소는 허용되지 않는다.

7. 표시기관 등의 착오 [629]

(1) 표의자는 중개자(使者(이의 의미에 대한 상세는 [690] 참조))를 통하여 표시행위를 하는 경우가 있다. 그러면 중개자가 잘못하여 표의자의 표시와는 다르게 표시 내지 전달한 경우에, 표의자는 착오를 이유로 취소할 수 있는가? 이는 중개자의 지위에 따라서 다르다.

(가) **표시기관인 경우** 　표시기관이란 표의자가 결정한 의사를 상대방에게 표시하여 그 의사표시 — 엄밀하게는 표시행위 — 를 완성하는 자를 말한다. 이의 예로는, 갑이 을에게 X물건을 100만원에 사겠다는 청약을 병에게 통지할 것을 부탁하였는데, 을이 이를 110만원에 사겠다고 말한 경우이다(그외에 갑이 電信技士에게 100만원에 청약한다고 打電할 것을 의뢰하였는데, 전신기사가 110만원으로 타전한 경우). 이때에는 표시기관에 의하여 상대방에게 전해지는 것이 표시행위가 되므로, 이는 표시 자체를 잘못한 것이 되어 표시상의 착오에 해당한다. 따라서 취소할 수 있다.

다만 위와 같은 설명은 사자가 그릇된 표시행위를 하는 점을 인식하지 않은 경우를 전제로 한 것이다. 그러면 사자가 의식적으로 표의자의 말을 달리 표시한 경우에는 어떻게 되는가? 그 표시는 사자의 독립적인 결심에 기한 것이고 표의자의 의사에 기초한 것이 아니므로, 이를 표의자의 것으로 돌릴 수는 없다. 그러나 이때에는 사자는 일종의 무권대리인과 같은 입장이므로, 무권대리의 법리에 따라 만약 표현대리의 요건이 갖추어진 때에는 본인은 표시행위에 대한 책임(결국 이에 기한 법률효과의 귀속)을 지게 될 것이다.

(나) **전달기관인 경우** 　전달기관이란 표의자가 이미 완성한 의사표시를 단순히 그대로 전달하는 자를 말한다. 전달자가 부탁받은 것과 다르게 전달한 경우로는, 예컨대 갑이 을에게 이미 작성된 문서(의사표시)를 병에게 전달하라고 하였는데 을이 문서 중 일부를 빠뜨리고 전달하여 의사표시의 내용이 달라진 경우와(예컨대 3개 면의 문서인데 마지막 면을 전달하지 않아 이의 내용이 표시되지 않은 경우). 을이 병이 아닌 정에게 전달하거나 혹은 누구에도 전달하지 않은 경우로 나눌 수 있다. 이중 후자의 경우는 착오가 아니라 의사표시의 도달의 문제가 된다. 전자의 경우에는 전달되지 않은 의사표시 부분은 의사표시로서 완성되지 않은 것이므로, 결국 표의

자의 의사와 표시가 다른 경우로서 착오와 동일하게 취급하는 것이 타당할 것이다.

[630] (2) 대리인인 경우 대리인은 스스로 대리행위를 행하는 것(즉 대리적 법률행위의 의사를 스스로 결정하고 이를 표시하는 것)이다. 그러므로 대리인이 본인으로부터 위임받은 바와 다른 의사표시를 하더라도 대리인의 의사표시만이 법률효과의 기준이 되므로 의사와 표시가 일치하는 것이 되고, 따라서 착오의 문제가 생기지 않는다. 즉 예컨대 갑이 을에게 병과 X부동산매매계약을 체결할 것을 부탁하면서 다만 대금을 5억원 이하로 하도록 하였는데, 을이 병과 매매계약을 체결하면서 대금을 6억원으로 한 경우에, 6억원의 대금을 내용으로 하는 매매계약이 체결된 것으로 되고, 갑은 그 법률행위를 취소할 수 없다. 즉 갑은 을의 불성실을 이유로 그 대리행위의 구속에서 벗어날 수 없다. 단지 내부적으로 을에게 채무불이행책임을 물을 수 있을 뿐이다.

[631] (3) 이상은 표의자가 중개자를 통하여 표시행위를 한 경우, 즉 표의자가 사자를 사용한 경우에 관한 것이다. 이와 반대로 수령인이 사자를 사용한 경우, 즉 수령인이 출타 중에 사자에게 의사표시를 수령하도록 하였는데 사자가 수령인에게 의사표시를 잘못 전달한 경우에는, 의사표시는 제대로 도달된 것으로서 따라서 표의자가 행한 표시에 따라 법률효과가 발생한다. 즉 사자에 의하여 잘못 전달되는 것에 대한 위험은 수령인이 부담해야 한다. 다만 이러한 설명은 사자가 의사표시를 수령할 지위에 있음을 전제로 한다. 따라서 만약 표의자 측에서 그러한 지위에 없는 자에게 의사표시를 전달한 경우에는 의사표시가 도달한 것으로 되지 않는다.

[632] Ⅶ. 다른 제도와의 관계

(1) 착오와 사기 사기에 의한 의사표시는 타인의 기망행위에 의하여 착오에 빠져서 한 의사표시이기 때문에, 그 착오가 「법률행위의 내용의 중요부분」인 경우에는 하나의 의사표시가 착오와 사기의 두 가지 취소사유에 해당한다. 따라서 표의자는 어느 쪽이든 요건을 입증하여 취소할 수 있다(양자의 입증상의 어려움은 후술한다([656])).[78]

[633] (2) 착오와 담보책임 매매목적물에 하자가 있음에도 매수인이 이를 모르고 매수한 경우에, 매수인은 착오를 이유로 취소할 수도 있고 하자담보책임을 물을 수도 있을 것이다(권리의 경합). 그러면 매수인은 이중 어느 것을 선택하여 행사할 수 있는가? 착오를 이유로 한 취소와 담보책임은 그 취지를 달리하는 것이므로 이론적으로는 이를 긍정해야 할 것이다. 그런데 우리 민법은 취소권의 행사기간을 3년으로 하고 있는바, 따라서 이를 긍정하게 되면 담보책임에 관하여 권리행사기간을 6월의 단기(582조)로 한 취지가

78) 대판 1969. 6. 24. 68다1749[요지 제109조, 19].

말살된다. 이런 점에서 이를 부인하는 것이 타당하다. 다수설도 위와 같은 이유 이외에도, 민법은 매도인에게 담보책임이라는 무거운 책임을 과하여 매수인의 보호를 기하므로 더이상 취소를 인정할 필요가 없다는 점, 담보책임의 요건은 취소요건보다 입증이 용이하므로 취소의 주장을 배제하더라도 매수인에게 불이익을 주지 않는다는 점 등을 이유로 선택적 행사를 부인한다.[79] 그러나 일부 견해는 매수인에게 다양한 권리구제수단을 주기 위해서 이를 인정해야 한다고 한다(보다 상세한 설명은 채권각론 [266] 참조).[80]

Ⅷ. 적용범위 [634]

1. 화해계약

(1) 화해는 법률관계의 내용에 분쟁이 있는 경우에 이의 진실한 내용이 무엇인지를 불문하고 이를 일정한 것으로 하기로 약정함으로써 분쟁을 종료시키는 것이다(창설적 효력). 그러므로 후에 진실한 법률관계의 내용이 판명되었다고 해서 화해계약을 취소할 수 있도록 하는 것은, 화해계약의 본질에 맞지 않는다. 「화해계약은 착오를 이유로 하여 취소하지 못한다」(733조 본문)고 규정한 것은 이러한 이유에서이다.

(2) 그러나 이러한 창설적 효력은 분쟁의 대상이었고 그리하여 화해의 목적이었던 사항에 관해서만 생긴다. 따라서 그외의 사항에 관해서는 착오를 이유로 한 취소를 금할 이유가 없다. 그리하여 「화해당사자의 자격 또는 화해의 목적인 분쟁 이외의 사항에 착오가 있는 때에는 그러하지 아니하다」고 규정한다(동조 단서).[81] 다만 전제사항에 착오가 있다면, 이는 화해계약을 하게 된 동기에 착오가 있는 것이다. 따라서 그러한 사항에 관하여 착오가 있은 경우에 언제나 취소가 허용되는 것은 아니고, 특별한 사유 — 대부분 공통의 착오 — 가 있어야 취소할 수 있다([612] 참조).

2. 그 외에 결함있는 의사표시에 공통되는 것으로서, [635]

(1) **가족법상의 행위** 가족법상의 행위에서는 당사자의 의사가 절대적으로 필요하므로, 이러한 행위에는 본조가 적용되지 않는다. 따라서 착오에 기한 신분행위는 무효이다. 착오로 인한 혼인행위와 입양행위가 무효임에 관해서는 명문의 규정이 있으나(815조, 883조 참조), 명문이 없는 경우에도 마찬가지이다.

(2) **단체법적 행위** 단체법적 행위에도 원칙적으로 본조가 적용되고, 단지 취

---

79) 곽윤직, 채권각론, 155면; 김기선, 채권각론, 150면.

80) 김상용, 채권각론, 210면; 이은영, 채권각론, 315면.

81) 이에 관한 대표적 예는 손해배상액의 합의의 경우인데, 이는 앞에서 살폈다. 그 외의 경우로서, 대판 1989. 8. 8, 88다카15413[집 37-2, 274](퇴직금에 대하여 합의하였으나 후에 근무기간 중의 퇴직처리 등이 무효로 판명되어 그 기간 중의 위법한 퇴직처리로 인한 퇴직금을 청구한 경우).

소의 효과는 장래에 향해서만 발생한다([841] 참조). 다만 거래의 안전을 위하여 본조의 적용 자체가 부인되는 수도 있다. 예컨대 회사성립 후에 주식을 인수한 자는 착오를 이유로 하여 그 인수를 취소하지 못한다(상법 320조 1항).

(3) **공법행위** 행정처분 등의 행정행위에는 민법상의 착오에 관한 규정이 적용되지 않는다.[82] 따라서 예컨대 국가가 위법한 귀속재산 매각행위를 취소한 경우, 이의 전득자는 제109조 2항을 근거로 취소의 효과를 부인할 수 없다.[83] 또 소송행위에도 적용되지 않는다.[84] 그러므로 예컨대 소송행위가 착오나 사기 · 강박 등 형사상 처벌받을 행위로 인하여 행하여졌다 하더라도 민법 제109조, 제110조를 적용하여 그 소송행위의 효력을 부인할 수 없다.[85]

[636] **IX. 구체적 사례**[86]

착오에 관한 판례 중에서도 중과실, 착오가 유발된 경우, 공통의 착오, 그리고 성질의 착오 중 일정한 경우(법률상 장애에 대한 착오, 공용수용될 것임을 모른 경우)에 관한 것은 관련된 부분에서 소개하였으므로, 여기에서는 그외에 일반적인 경우를 소개한다.

(a) 토지의 현황경계에 관한 착오 토지매수인이 그 토지가 경작가능한 밭으로 알고 이를 매수하였는데 실제로는 流水의 변경으로 그 토지의 일부가 하천부지로 된 경우, 이는 토지

---

82) 대판 1956. 3. 29. 4288민상448[요지 제109조, 6]; 서울고판 1984. 12. 24. 84나2211[하판집 1984-4, 276].

83) 대판 1962. 11. 22. 62다655[요지 제109조, 11](국가가 사무착오로 갑에게 매각하였던 귀속토지를 다시 을에게 매각하였고 을이 이를 병에게, 병은 정에게 매각한 경우로서, 국가가 을에게의 매각행위를 취소한 데 대하여 병 · 정 등이 민법 제109조 2항에 기하여 취소의 효과를 대항할 수 없다고 항변하였는데, 판결은 위 행위는 행정행위이므로 민법 동조가 적용되지 않는다고 하였음).

84) 소송행위에는 소송절차의 안정과 명확성이 요청되므로 특별한 규정 기타 특별한 사정이 없는 한 민법상의 법률행위에 관한 규정이 적용되지 않고, 따라서 그것이 사기 또는 착오로 인하였다 하더라도 취소할 수 없다고 한다. 대판 1964. 9. 15. 64다92[집 12-2, 민 98]; 대판 1970. 6. 30. 70후7[집 18-2, 행 27]; 대판 1983. 4. 12. 80다3251[공 705, 808]; 대판 1997. 10. 24. 95다11740.

85) 대판 1984. 5. 29. 82다카963[집 32-3, 43]. 이의 사안은, 갑이 자신의 토지를 처 을의 명의로 명의신탁등기를 하여 두었다. 그런데 갑 · 을 간에 불화가 생기자, 갑은 변호사 병에게 소송을 위임하여 명의신탁 해지를 원인으로 하여 위 토지의 소유권이전등기를 제소하였으며, 토지에 관한 처분금지 가처분신청을 하여 이의 등기를 마쳤다. 그런데 그 후 을이 갑을 형사고소하여 갑이 구속되자 을은 갑의 형 정 및 병의 사무원 무와, 아직 자신의 명의로 되어 있는 위 토지를 처분하기로 공모하였다. 이에 기하여 갑이 을에게 위 가처분신청을 취소하도록 승낙하였다고 기망하여 그 등기를 말소시키고, 이를 기에게 양도하였다. 그 후 을은 횡령죄로 유죄판결을 받았으며, 갑은 위 가처분금지의 말소는 기망행위에 기하여 병이 착오에 빠져 행한 것이라고 주장하여, 토지의 기에게의 이전등기 말소를 구하였다. 판결은, 소송행위가 사기 · 강박 등 형사상 처벌받을 행위로 인하여 행하여졌다 하더라도, 소송행위에 대하여는 민법 제109조, 제110조가 적용될 여지가 없으므로, 그러한 이유로 소송행위를 부인할 수 없다고 한다.

86) 판례의 상세는, 김학동, 법률행위의 착오에 관한 판례분석, 한봉희박사 화갑기념논문집(1994), 807면 이하 참조.

의 현황경계에 관한 착오로서 법률행위의 중요부분에 관한 착오가 된다.[87] 또 公路로 통하는 도로의 경계를 잘못 알고 도로에 접한 토지소유자의 담장신축에 동의한 경우에도, 그러한 착오는 중요부분의 착오로 된다.[88]

(b) 채무의 존재에 관한 착오 채무의 존재에 관한 판례 중 중요한 것은 자신 혹은 피용인이 불법행위로 인한 손해배상책임이 있다고 생각하고 손해배상의 합의 혹은 보증계약을 체결하였는데, 실제로는 불법행위책임이 없는 경우이다. 이 경우는 손해발생원인에 관한 착오의 예로서 소개하였다([486]).

(c) 신용상태에 관한 착오 신용보증기금이 금융기관으로부터 갑에게 연체이자가 없다는 거래확인서를 받고 갑의 금융기관에 대한 대출금채무에 관하여 신용보증을 섰는데 실제로는 갑에게 연체이자가 있었던 경우, 갑의 신용상태에 관한 기금의 착오는 동기의 착오에 불과하다고 하면서도, 기금은 금융기관의 거래확인서에 기하여 보증계약을 선 것이므로 위 착오는 보증계약의 중요부분을 이룬다고 하여 취소를 인정한다.[89] 이는 동기의 착오이지만, 상대방에 의하여 유발된 경우이므로([604]) 그러한 결과는 타당하다.

(d) 동일성에 관한 착오 사람의 동일성에 관한 것으로서, 소비대차에서는 채무자의 동일성에 관한 착오는 중요부분의 착오이다.[90] 근저당권계약에서의 채무자가 누구인가 하는 점은 일반적으로는 중요부분의 착오이나, 근저당권설정자가 계약 당시에 채무자가 다른 사람인 것을 알았다 하더라도 그 계약을 맺었을 것이라고 보여지는 특별한 사정이 있으면 중요부분의 착오로 되지 않는다.[91] 물건의 동일성에 관한 것으로서, 매도인이 중개인에게 X점포의 매각을 의뢰하였는데, 중개인이 Y점포를 목적물로 가리켜 매수인이 Y점포를 매매목적물로 안 경우에, 그러한 착오는 법률행위의 내용의 중요부분에 착오가 있는 것이고, 또한 착오에 중과실이 없다고 한다.[92]

(e) 소유권에 관한 착오 매매목적물의 소유권에 관한 착오,[93] 임차목적물의 소유권에 관한 착오[94] 등은 중요부분의 착오가 아니다. 그 외에 온천여관의 매매에서 온천수를 공급하는 溫泉孔을 독점사용한다고 착각한 경우 역시 중요부분의 착오가 되지 않는다.[95]

(f) 그 외에 토지의 평수에 관한 착오,[96] 時價에 관한 착오[97] 등은 동기의 착오에 불과하다.

---

87) 대판 1968. 3. 26. 67다2160[집 16-1, 민 177]. 동지: 대판 1974. 4. 23. 74다54[공 488, 7841](4필지의 토지를 매입하였는데 그 중 1필지가 상당부분 하천부지였던 경우, 판결은 다른 3필지의 매매계약은 그대로 유효하다고 하였다); 서울민지판 1988. 7. 27. 87가합6286[하판집 1988-3, 199].

88) 대판 1989. 7. 25. 88다카9364[집 37-2, 241].

89) 대판 1989. 1. 17. 87다카1271[집 37-1, 4]; 대판 1987. 7. 21. 85다카2339[집 35-2, 284]; 대판 1992. 2. 25. 91다38419[공 918, 1141]. 그러나 대판 1987. 11. 10. 87다카192[집 35-3, 229]은 반대.

90) 조고판 1932. 12. 23. 민집19, 281[총람 제109조, 7].

91) 대판 1986. 8. 19. 86다카448[집 34-1, 124].

92) 대판 1997. 11. 28. 97다32772,32789.

93) 대판 1959. 9. 24. 4290민상627[총람 제109조, 19]. 동지: 조고판 1928. 7. 24. 민집15, 213[총람 제109조, 6].

94) 대판 1975. 1. 28. 74다2069[공 508, 8297].

95) 대판 1987. 4. 14. 86다카1065[공 801, 796].

96) 대판 1956. 2. 23. 4288민상558,559[총람 제109조, 17]; 대판 1969. 5. 13. 69다196[총람 제109조, 27]; 대판 1976. 4. 27. 75다1218[총람 제109조, 41].

97) 대판 1959. 1. 29. 4291민상139[집 7, 민 19]; 대판 1984. 4. 10. 81다239[집 32-2, 61]; 대판 1985. 4. 23. 84다카890[공 754, 780](이는 강릉시로부터 토지를 매수하면서 매매대금을 강릉시의 시가감

나아가 갑이 하급심판결에서 패소판결을 받고 상고심에서도 역시 패소하리라고 예상하여 상대방과 계약을 맺었는데 상고심에서 승소한 경우 갑에게는 착오가 존재하지 않는다.[98]

제5항 사기 · 강박에 의한 의사표시

[637] ### Ⅰ. 의 의

이는 표의자가 타인으로부터 사기 또는 강박을 받아 행한 의사표시이다. 사적자치의 원칙상 의사표시는 표의자의 자유로운 의사결정에 기한 것이어야 한다. 따라서 만약 의사표시가 타인의 부당한 간섭에 의하여 형성된 것이라면 표의자를 그 의사표시에 매이도록 할 수는 없다. 이런 이유에서 민법은 표의자에게 사기 또는 강박에 의한 의사표시를 취소할 수 있도록 한 것이다(110조). 따라서 이는 표의자의 의사결정의 자유를 보호하려는 것이다.

전술한 비진의표시 · 통정허위표시 · 착오 등의 경우에는 표시에 해당하는 내심의 효과의사가 없는 것이지만, 사기나 강박에 의한 의사표시의 경우에는 표시에 해당하는 내심의 효과의사는 존재하고, 다만 그 의사결정이 자유롭게 행해지지 않은 것이다.

일반적으로 사기 · 강박은 민 · 형 양법상의 효과를 일으킨다. 형법은 사기 · 강박을 한 자를 벌하여 사회의 해악을 제거하는 데 힘쓰는 것이며, 민법은 사기 · 강박을 받은 자를 위하여 그의 정당한 이익의 보호를 꾀하는 것이다. 그리고 민법은 이러한 목적을 위하여 한편으로는 사기나 강박을 불법행위로 인정하여 피해자로 하여금 가해자에 대하여 그로 인한 손해의 배상을 청구할 수 있도록 하며, 다른 한편으로는 피해자로 하여금 사기나 강박에 의한 의사표시를 취소하여 그의 구속에서 벗어나도록 하는 두 가지 수단을 인정하고 있다. 다만 형법의 처벌과 민법의 손해배상청구 및 취소라는 세 가지 효과는 각각의 목적을 가지는 것이므로 그 요건을 달리하며, 따라서 사기나 강박이 반드시 언제나 세 가지 효과를 일으키는 것은 아니다. 민법총칙이 연구하는 것은 이중 오직 의사표시의 취소의 문제이다. 그리고 의사표시의 취소와 관련해서는 피해자의 입장뿐만 아니라 상대방 및 일반거래의 안전까지도 고려해야 한다. 그리하여 한편으로는 제3자가 사기 · 강박을 하였는데 상대방이 그러한 사정을 알 수 없었던 경우에는 취소를 인정치 않으며, 다른 한편으로는 취소의 효과를 제3자에 대하여는 대항할 수 없도록 하거나 일정한 행위(예: 주식인수)에는 취소 자체를 제한한다.

정의뢰에 따른 감정가격에 따라 정했는데 그 매매대금이 시세보다 훨씬 비싼 경우로서, 그 타당성이 의심된다); 대판 1991. 2. 12. 90다17927[공 892, 984] 등 다수.

98) 대판 1970. 3. 28. 71다2193[집 20-1, 민 160].

Ⅱ. 사기에 의한 의사표시 [638]

사기에 의한 의사표시는 타인의 기망행위(사기)로 인하여 착오에 빠져 행한 의사표시이다. 이하에서 먼저 기망행위를 살피고, 다음으로 사기를 이유로 의사표시를 취소하기 위한 요건을 살핀다.

1. 기망행위

기망행위란 허위의 사실을 알림으로써 상대방에게 실제와 다른 관념, 즉 착오(그릇된 표상)에 빠지게 하거나 그러한 관념을 강화 또는 유지하게 하는 행위를 말한다.

(1) 기망행위는 허위의 사실을 알리는 것이어야 한다.

(가) 이는 적극적으로 허위의 사실을 진술하는 형태로 행해지는 것이 보통이지만(작위), 소극적으로 진실을 말하지 않는 형태로도 행해질 수 있다(부작위, 침묵). 후자의 경우에 취소 가부에 관해서는 위법성과 관련하여 살핀다.

(나) 기망행위는 일정한 사실에 대하여 허위의 진술을 하는 것이 대부분이지만, 어떠한 사정에 대하여 주관적인 의견이나 평가를 진술하는 것일 수도 있다. 다만 후자의 경우에는 그것이 객관적으로 검증될 수 있는 사정에 대한 의견 · 평가이어야 한다. 그러므로 예컨대 골동품의 眞僞에 대한 평가는 기망행위가 될 수 있으나, 주가의 동향에 대한 의견은 기망행위로 되지 않는다.

(2) 기망행위는 허위의 진술 등으로 상대방을 착오에 빠뜨리는 것(그릇된 표상을 가지게 하는 것)이어 [639]
야 한다. 기망행위에는 그 진술로 인하여 상대방에게 처음으로 착오가 생긴 경우뿐만 아니라 이미 그릇된 표상을 가진 상대방에게 그러한 표상을 계속 유지케 한 경우도 포함된다. 착오는 의사표시의 중요부분에 관한 것일 필요가 없을 뿐만 아니라, 의사표시의 내용에 관한 것인가 여부도 문제되지 않는다. 단순한 동기의 착오라도 상관없다.

일부 학설은 사기에 의한 의사표시에서의 착오는 언제나 동기의 착오라고 한다.[1] 판례도 「사기에 의한 의사표시란 타인의 기망행위로 말미암아 착오에 빠지게 된 결과 어떠한 의사표시를 하게 되는 경우이므로 거기에는 의사와 표시의 불일치가 있을 수 없고, 단지 의사의 형성과정 즉 의사표시의 동기에 착오가 있는 것에 불과하」다고 한다.[2] 그러나 기망의 대상이 법률행위의 내용에 관한 것인 때에는 법률행위의 내용의 착오가 되는 것이 아닌가(물론 내용의 착오의 경우에는 사기에 의한 취소가 아니라 착오를 이유로 취소하는 것이 간편할 것이지만)? 그러므로 이러한 견해는 의문이

---

1) 박경양, 사기에 의한 의사표시, 김형배교수 화갑기념논문집(1994), 150면 이하, 151면; 김현태, 309면; 김용한, 303면; 이태재, 263면; 이영준, 446면.

2) 대판 2005. 5. 27. 2004다43824.

다(앞의 판례의 사안은 바로 타인의 기망에 의하여 이행보증보험약정서를 신원보증서로 잘못 알고 서명한 경우로서, 이는 법률행위의 내용의 착오에 해당하는 경우이다).

[640] ## 2. 취소요건

사기를 이유로 의사표시를 취소하기 위해서는 다음과 같은 요건이 갖추어져야 한다.

(1) 사기자의 고의　　사기자는 위와 같은 기망행위를 통하여 상대방으로 하여금 의사표시를 하게 하려는 의사를 가졌어야 한다. 즉 사기자는 기망행위에 의하여 상대방(표의자)을 착오에 빠뜨리겠다는 고의, 그리고 그러한 착오에 빠져 의사표시를 하도록 하겠다는 고의, 즉 2중의 고의를 가졌어야 한다.

(가) 과실만으로는 부족하다. 따라서 예컨대 일정한 사항을 잘못 알고 과실로 그 사항에 관하여 잘못된 진술을 한 경우에(예: 기계의 특수한 기능이나 가동비용 등에 관한 그릇된 진술), 피기망자는 이에 기하여 의사표시를 하였더라도 사기를 이유로 취소할 수 없다. 다만 이때에는 동기가 상대방에 의하여 유발되었다는 점에서, 착오를 이유로 취소할 수 있을 것이다(그 외에 매수인은 하자담보책임을 물을 수 있다).

(나) 사기자의 기망의 동기는 문제되지 않는다. 특히 사기자가 그에 의하여 스스로의 혹은 타인의 이익을 취할 의사는 요건이 아니다. 왜냐하면 본조는 표의자의 재산의 보호가 아니라 그의 의사형성의 자유의 보호를 목적으로 하는 것이기 때문이다. 그리고 이런 점에서 피기망자의 재산상의 손해는 취소의 요건이 아니다. 다만 사기자가 오직 피기망자의 이익을 위하여 기망행위를 한 경우에, 과연 이를 사기에 의한 의사표시로서 취소를 인정할지 여부는 문제이다. 이 경우에 비록 사기자의 행위는 비난할 수 없을지라도, 표의자는 의사형성에 부당한 간섭을 받은 것이므로 취소를 인정함이 타당하지 않을까?[3)]

(다) 이와 관련하여 문제되는 것은 신문에 사실이 아닌 기사를 게재하는 것이다. 신문상의 날조기사는 착오에 빠뜨리려는 고의는 있을지라도 이에 기하여 의사표시를 하게 하려는 고의는 없으므로, 그 기사로 말미암아 착오를 일으켜서 의사표시를 한 자는 신문사의 사기를 이유로 취소할 수는 없다. 그러나 생명보험계약을 체결함에 있어서 기존의 질병에 관하여 허위의 사실을 알리는 경우에는 이러한 고의가 인정될 수 있을 것이다.[4)]

[641] (2) 인과관계　　표의자가 기망행위에 기하여 착오에 빠지고, 이에 기하여 의사표시를 하였어야 한다. 즉 기망행위 · 착오 · 의사표시 간에 인과관계가 있어야 한다.

3) 독일의 판례에는 이를 부인(BGH LM Nr. 9 zu §123)한 것이 있으나, 이를 긍정하는 학설도 있다(Brox, Rn. 405).

4) 대판 2007. 4. 12, 2007도967은, 특정 질병을 앓고 있는 사람이 보험회사에게 이를 고지하지 않고 보험계약을 체결한 후 그 질병을 사유로 보험금을 청구한 사안에서 사기죄에서의 기망행위 내지 편취의 범의를 인정할 수 있다고 한다.

(가) 이러한 인과관계는 주관적인 것에 불과하더라도 상관없다. 즉 일반인이라면 그러한 기망행위에 의하여 착오에 빠지지 않았으리라고 혹은 의사표시를 하지 않았으리라고 판단되더라도, 그 표의자는 그로 인하여 착오에 빠지고 의사표시를 하였다면 인과관계는 존재하는 것이다. 반대로 일반인이라면 착오에 빠졌을 경우이지만 표의자가 실제의 사실을 알고 있었던 경우에는 인과관계는 존재하지 않는다. 표의자가 실제의 사실을 알지는 못했으나, 거래상 그에게 요구되는 주의를 다 하였다면 이를 알 수 있었던 경우(즉 과실로 알지 못한 경우)에는 역시 인과관계가 존재하지 않는다고 할 것이다.

(나) 표의자의 착오가 기망행위에 의하여 비로소 야기된 경우뿐만 아니라, 그가 이미 그릇된 표상을 가졌는데 그것이 기망행위로 인하여 계속 유지된 경우에도, 기망행위와 착오 간의 인과관계가 인정된다.

(다) 인과관계의 존부는 계약의 목적에 따라 달라질 수 있다. 예컨대 월세의 임차인이 있는 건물의 소유주가 그 건물을 매각함에 있어서 양수인에게 그 임차인이 무자력함에도 자력있는 것으로 말한 경우에, 만약 양수인이 이를 계속하여 임대하여 차임을 받으려는 목적이었다면 인과관계가 긍정될 것이나, 양수인이 그 주택을 헐고 새로운 건물을 신축할 목적인 경우에는 인과관계가 부인된다.[5)]

(3) 위 법 성 기망행위를 이유로 취소할 수 있기 위해서는 그것이 위법해야 한다. [642]

(가) 위법한지 여부는 구체적 경우에 즉응하여 거래관념과 신의성실의 원칙을 고려하여 판단해야 한다. 문제되는 경우를 살펴보면,

(a) 매수인이 목적물의 시가를 숨기고 허위로 시가보다 저렴한 액을 시가라고 한 경우에, 이는 매도인의 의사결정에 불법한 간섭을 한 것이 아니다.[6)]

(b) 상품에 관한 어느 정도의 과대선전 혹은 물건의 상태에 대한 주관적인 의견이나 평가 역시 위법성이 없는 경우가 많을 것이다. 판례도 「상품의 선전 광고에 있어서 거래의 중요한 사항에 관하여 구체적 사실을 신의성실의 의무에 비추어 비난받을 정도의 방법으로 허위로 고지한 경우에는 기망행위에 해당한다고 할 것이나, 그 선전 광고에 다소의 과장 허위가 수반되는 것은 그것이 일반 상거래의 관행과 신의칙에 비추어 시인될 수 있는 한 기망성이 결여된다」고 한다.[7)]

---

5) 판례에 의하면 일반공매입찰에 응하는 갑이 입찰의 의사가 없는 을과 담합하여 을이 더 싼 값으로 입찰하는 것처럼 가장하였다 하더라도, 입찰가격이 공매예정가격을 상회하는 이상 낙찰에 의한 매매의 의사표시를 기망으로 인한 것이라고 할 수 없다고 한다(대판 1968. 5. 21. 68다464[집 16-2, 민 58]).

6) 대판 1959. 1. 29. 4291민상139[집 7, 민 19].

[643] (나) 단순한 침묵도 위법성을 가지는가? 사회생활에서는 어느 정도까지 타인의 不知나 착오를 이용하는 것이 허용되므로, 침묵은 법률상 혹은 신의성실의 원칙상 진실을 고지할 것이 요구되는 경우(告知義務)가 아니면 위법성을 결하여 기망행위로 되지 않는다. 고지의무는 거래 상대방이 일정한 사정에 관한 고지를 받았더라면 그 거래를 하지 않았을 것임이 경험칙상 명백한 경우에 인정되며, 따라서 이는 법령의 규정뿐만 아니라 널리 계약상·관습상 또는 조리상의 일반원칙에 의해서도 인정될 수 있다.[8] 고지의무의 존부는 행위의 종류 및 당사자 간의 관계 등과 관련을 가진다. 예컨대 투기행위에서는 고지의무는 거의 인정되지 않고, 반대로 조합계약과 같이 당사자 간에 특별한 신뢰관계가 존재하는 경우에는 광범하게 인정될 것이다.[9]

[644] ### 3. 구체적 사례[10]

(1) 먼저 과장광고에 관한 것으로,

(a) 기망행위라고 한 것으로는, 백화점이 종전에 출하한 일이 없던 신상품에 대하여 첫 출하 시부터 종전가격 및 할인가격을 비교표시하여 막바로 세일에 들어가는 것처럼 하는 이른바 변칙세일,[11] 체형보정용 속옷이 고혈압·다이어트·허리디스크·피부질환 등 각종 질병 치료에 효과가 있다고 광고한 경우,[12] 「녹동달오리골드」라는 제품이 오리·하명·누에·동충하초·녹용 등 여러가지 재료를 혼합하여 제조·가공한 것으로서 당뇨병·관절염·신경통 등의 성인병 치료에 특별한 효능이 있다고 광고하여 고가에 판매한 경우,[13] 식육식당을 경영하는 자가 음식점에서는 한우만을 취급한다고 오인시킬 만한 상호를 사용하고 광고한 경우[14] 등이 있다.

(b) 기망행위가 아니라고 한 것으로는, 아파트 혹은 연립주택을 분양함에 있어 평형의 수치를 다소 과장하여 광고한 경우,[15] 상가를 분양하면서 그 곳에 첨단 오락타운을 조성하고 전문경영인에 의한 위탁경영을 통하여 일정 수익을 보장한다는 취지의 광고를 한 경우,[16] 상가의

---

7) 대판 2001. 5. 29. 99다55601,55618. 동지: 대판 2008. 11. 27. 2008다56118; 대판 2009. 3. 16. 2008다1842(이들 판례의 사안은 뒤에서 소개한다).

8) 대판 2006. 10. 12. 2004다48515; 대판 2007. 6. 1. 2005다5843.

9) 대판 1971. 5. 24. 70다2878[총람 제110조, 21]은 토지의 매매에 있어서 토지의 일부가 도시계획선에 걸려 있음에도 불구하고 가격조절을 한 흔적이 없는 점을 보아 매도인이 그러한 사실을 고지하였다고 인정하기 어렵다고 하여, 매도인은 토지가 도시계획선에 걸려 있다는 점을 고지할 의무를 진다는 점을 인정한다. 대판 1967. 12. 5. 67다1875는, 피용인에게 손해배상책임이 발생한 사실을 숨기고 신원보증계약의 기간을 갱신하는 계약을 체결한 경우, 역시 고지의무를 인정하여 그 계약을 사기에 기한 것이라고 한다.

10) 사기 및 강박에 관한 판례에 관해서는 엄동섭, 하자 있는 의사표시에 관한 판례분석, 사법연구(청헌법률문화재단) 6집(2001), 295면 이하 참조.

11) 대판 1992. 9. 14. 91도2994.

12) 대판 2008. 11. 27. 2008다56118. 특이 이 판결은 다단계판매업자는 다단계판매원에 대한 사용자라고 하여 제756조의 책임을 인정한다.

13) 대판 2004. 1. 15. 2001도1429.

14) 대판 1997. 9. 9. 97도1561.

15) 대판 1991. 6. 11. 91도788; 대판 1995. 7. 28. 95다19515,19522.

16) 대판 2001. 5. 29. 99다55601, 55618. 판결은 나아가 용도가 특정된 특수시설을 분양받을 경우 그

점포를 분양함에 있어서 점포의 전용면적 · 위치 · 당해 상가에 특정 학원이 입점하는지 여부 등에 관하여 실제와 다르게 말한 경우[17] 등이 있다.

(2) 주관적 예상이나 의견에 불과하다고 하여 기망행위를 부인한 것으로는, 분양회사의 분양담당직원이 "대지면적 등의 문제로 인해 이 사건 인접토지에 5층 이상 건물이 들어서기는 어려울 것이다"라는 취지의 말을 한 경우가 있다.[18]

(3) 고지의무를 인정한 것으로는, 아파트 단지 인근에 쓰레기 매립장이 건설예정인 사실,[19] 아파트 단지 인근에 공동묘지가 조성되어 있는 사실[20] 등이 있다.

Ⅲ. 강박에 의한 의사표시 [645]

강박에 의한 의사표시는 표의자가 타인의 강박행위에 의하여 공포심을 가지게 되고, 그리하여 그 해악을 피하기 위하여 한 의사표시이다.[21] 이하에서 먼저 강박행위를 살피고, 다음으로 강박을 이유로 의사표시를 취소하기 위한 요건을 살핀다.

1. 강박행위

강박행위란 상대방에게 일정한 해악을 고지하여 그로 하여금 공포심을 일으키게 하는 행위를 말한다.

(1) 강박행위가 되기 위해서는 상대방에게 일정한 해악을 고지해야 한다.

㈎ 만약 구체적인 해악의 고지없이 단지 각서에 서명 · 날인할 것을 강요하였다면, 이는 강박행위라고 할 수 없다.[22] 그러나 해악을 고지하였더라도, 그러한 해악의 실현이 피강박자의 시각에서 볼 때 강박자의 의사에 매이는 것이어야 한다. 왜냐하면 그렇지 않은 경우에는 해악의 고지와 공포심 간에 인과관계가 인정되지 않기 때문이다.

㈏ 강박행위의 형태나 해악의 종류에는 제한이 없다. 그로써 타방에게 공포심을 생기게 하는 것이면 족하다. 침묵도 강박행위로 될 수 있는 점(예: 이미 위험에 빠져 있는 자를 구조하지 않는 것), 그러나 위법성이 부인되는 경우가 많다는 점은, 사기에서와 마찬가지이다.

(2) 해악을 고지함으로써 공포심을 일으키게 해야 한다. 공포의 정도가 표의자가 자유를 완전히 잃을 정도로 강한 경우에는, 그러한 강박행위는 여기에서의 강박에 해당하 [646]

운영을 어떻게 하고 그 수익은 얼마나 될 것인지와 같은 사항은 투자자들의 책임과 판단하에 결정될 성질이라고 한다.

17) 대판 2009. 3. 16. 2008다1842.

18) 대법원 2010. 4. 29. 선고 2009다97864.

19) 대판 2006. 10. 12. 2004다48515.

20) 대판 2007. 6. 1. 2005다5843.

21) 대판 1975. 3. 25. 73다1048도, 법률행위 취소의 원인이 될 강박이 있다고 하기 위해서는 상대방이 표의자로 하여금 외포심을 생기게 하고 이로 인하여 법률행위 의사를 결정하게 할 고의로서 불법으로 장래의 해악을 통고하였어야 한다고 한다(이의 사안은 [650] 주 30).

22) 대판 1979. 1. 16. 78다1968[공 608, 11758].

지 않는다. 이때에는 의사표시의 성립 자체가 부인되며, 따라서 전적으로 무효가 된다.[23)]

[647] ## 2. 취소요건

(1) **강박자의 고의** 강박자는 강박행위에 대한 고의뿐만 아니라, 상대방로 하여금 공포심에 기하여 의사표시를 하게 하려는 고의, 즉 2중의 고의를 가졌어야 한다.

[648] (2) **인과관계** 강박행위로 인하여 표의자가 공포심을 가지고, 이에 기하여 의사표시를 하였어야 한다. 즉 강박행위 · 공포심 · 의사표시 간에 인과관계가 있어야 한다.

(가) 예컨대 강박행위가 있었으나 피강박자가 공포심 때문이 아니라 강박자의 사정이 딱하여 그가 요구하는 의사표시를 한 때에는, 인과관계가 없으므로 취소할 수 없다. 임차인이 임대인에게 차임을 내릴 것을 폭력으로 강박하자, 임대인이 이 난폭한 임차인과 마주하는 것을 피하기 위하여 건물을 매각한 경우에, 임차인의 강박은 임대인의 매각의 결심에 원인이 되기는 하였으나, 임대인은 임차인의 강박을 벗어나기 위하여 자유로운 의사로 매각한 것으로서 양자 간에 인과관계가 없으므로, 임대인(매도인)은 임차인이 이사간 후에 그 매각행위를 임차인의 강박으로 인한 것이라고 하여 이를 취소할 수는 없을 것이다(뿐만 아니라 임차인의 의사는 임대인으로 하여금 그러한 매매계약을 하도록 하려는데 향해진 것이 아닌 점(즉 고의가 없는 점)에서도 그러하다). 판례는 불법을 저지른 공무원이 그 조사과정에서 사직을 권유 혹은 종용받아, 사직하지 않으면 징계파면되어 퇴직금상의 불이익을 당하게 될 것 등 여러 사정을 고려하여 사직서를 제출한 경우에, 그러한 사직의 의사결정은 강요에 의한 것이라고 볼 수 없다고 하는데,[24)] 이러한 경우에는 인과관계가(뿐만 아니라 그외의 취소요건인 강박자의 고의 및 위법성 등도) 결여되었다고 할 수 있다.

(나) 강박행위 · 공포심 · 의사표시 간의 인과관계는 주관적인 것으로 족하다.

[649] (3) **위법성** 강박행위가 위법해야 한다.

(가) 위법성은 강박행위의 형태 및 강박자가 기도하는 목적을 고려하여 판단된다.

(a) 우선 신체의 상해 혹은 구금 등과 같이 강박행위 자체가 위법한 경우에는 그것만으로 위법성이 인정된다(수단의 위법). 이때에는 목적이 허용되는 것일지라도 위법성이 부인되지 않는다. 예컨대 채무불이행자를 감금하여 채무의 이행을 강제하는 경우가 그러하다.

(b) 특히 문제가 되는 것은, 그 자체는 허용되는 강박행위를 하여 일정한 행위를 강제하는 경우이다. 예컨대 갑이 불법행위를 한 을에 대하여 그 사실을 신문에 공표한다거나 혹은 형사고발한다고 위협한 경우이다. 이때에는 그 목적을 고려하여 위법 여부를

---

23) 대판 1984. 12. 11. 84다카1402[집 32-4, 166]; 대판 1974. 2. 26. 73다1143[집 22-1, 민 80].

24) 대판 1990. 11. 27. 90누257; 대판 1995. 12. 5. 95누12033; 대판 1997. 12. 12. 97누13962(이 판결은 그밖에 그러한 사직의 의사표시는 비진의표시도 아니라고 한다).

판단해야 한다(목적의 위법). 즉 갑이 정당한 이득을 얻기 위하여 그러한 행위를 한 경우에는 위법성이 부인될 것이다(그 불법행위로 인한 손해배상을 받기 위하여, 혹은 을의 채무이행을 강제하기 위하여 위협한 경우가 이에 해당할 것이다). 반면에 부당한 이득의 획득을 위하여 한 경우에는 위법성이 인정될 것이다(갑이 을의 부동산을 매수할 것을 청약하였으나 거절당하자, 을로 하여금 그 부동산을 매각하도록 하기 위하여 위협한 경우, 혹은 — 을이 이미 갑에게 이를 매각하기로 한 경우에는 — 대금을 적게 하는 등 자신에게 유리한 내용으로 계약을 맺도록 하기 위하여 위협한 경우가 이에 해당할 것이다). 판례 역시, 일반적으로 부정행위에 대한 고소 · 고발이나 언론에의 제보 등은 그것이 부정한 이익을 목적으로 하는 것이 아닌 때에는 정당한 권리행사가 되어 위법하다고 할 수 없으나, 부정한 이익의 취득을 목적으로 하거나 그 목적이 정당하다 하더라도 행위나 수단 등이 부당한 때에는 위법성이 있는 경우가 있을 수 있다고 한다.[25)]

(C) 요컨대 강박의 목적과 수단을 상관적으로 고찰하여 위법성 여부를 판단해야 할 것이다.

(나) 강박행위가 위법성이 있으면 족하고, 더 나아가 강박자의 위법성의 인식 혹은 강박자의 귀책사유 등은 문제되지 않는다. 왜냐하면 강박자에 대한 제재가 아니라 피강박자의 의사결정의 자유를 보호하는 것이 본조의 취지이기 때문이다.

3. 구체적 사례 [650]

불성실한 태도를 신문에 보도하게 하여 업무를 못하게 하겠다고 위협하는 행위,[26)] 변호사인 표의자의 잘못으로 패소하였다고 하면서 그의 사무실에서 농성하고 관계요로에 그의 非行을 진정하겠다는 등 온갖 공갈과 위협을 하면서 그의 업무를 방해하는 행위[27)] 등은 강박행위에 해당한다. 또 갑이 里長인 을에 대하여 금원을 횡령하였다고 고소하였으나 고소사실은 모두 무혐의로 불기소처분되고 단지 일부 자금의 대체지급만으로 처벌되자, 갑이 불기소처분에 대하여 항고하고 횡령금청구의 민사소송을 제기하자 을이 검사의 면전에서 위 민사소송과 항고를 취하하는 조건으로 부락민을 위하여 70만원을 변상지급한다는 각서를 작성한 행위는 강박에 기한 것이다.[28)]

그러나 채권자가 자기의 피해를 회복받고자 채무자를 고소하였는데 경찰서 보호실에 유치된 채무자가 구속영장이 신청된다는 말을 듣고 채권자에게 한 의사표시는, 설령 채무자가 불안을 느꼈다고 할지라도 이는 법의 절차에 의한 것이므로 강박에 의한 것이라고 할 수 없다.[29)] 또 고소에 의하여 끈질긴 수사를 받다가 형사고소 취하를 조건으로 행한 행위는 강박에 의한 것이 아니다.[30)] 그리고 A금융회사의 새로운 경영진이, A의 최대주주이던 갑이 A로 하여금 실질상 갑 소유인 B회사에 부실대출을 하도록 개입하였다고 판단하고, 갑에게 위 대출금채무를 연대보증하지 않으면 갑 소유의 C회사에 대한 어음대출금을 회수하여 부도를 내겠다고 위협하여 갑

25) 대판 1992. 12. 24. 92다25120; 대판 2008. 9. 11. 2008다27301,27318.

26) 대판 1957. 5. 16. 4290민상58[요지 제110조 1].

27) 대판 1972. 1. 31. 71다1688[집 20-1, 민 18].

28) 대판 1978. 4. 25. 77다2430[요지 제110조, 21].

29) 대판 1972. 11. 14. 72다1127[요지 제110조, 15]. 그 외에 대판 1981. 12. 8. 80다863[집 29-3, 민 234] 참조.

30) 대판 1975. 3. 25. 73다1048[집 23-1, 민 111].

이 위 대출금채무를 연대보증한 경우에, 연대보증을 요구하는 것은 정당한 이익을 위한 것이고 또한 그러한 위협은 갑에 대한 불법적인 해악의 고지라고 할 수도 없으므로, 갑의 위 보증은 강박에 의한 의사표시에 해당하지 않는다.[31)]

[651] Ⅳ. 사기 · 강박에 의한 의사표시의 효과

1. 취 소

(1) 타인의 부당한 간섭에 의하여 의사표시를 한 자는 보호되어야 한다. 즉 표의자로 하여금 그 의사표시의 구속에서 벗어날 수 있도록 해야 한다. 그리하여 민법은 의사표시를 취소할 수 있도록 하였다. 취소의 방법 · 효과 · 기간 등은 취소 부분에서 살핀다.

(2) 그런데 민법은 사기나 강박을 한 자가 법률행위의 상대방이냐 여부에 따라 취소요건을 달리한다. 즉 일반적으로는(실제로는 상대방이 사기 · 강박을 한 경우) 언제나 취소할 수 있도록 하면서(110조 1항), 상대방 있는 의사표시에서 제3자가 사기 · 강박을 행한 경우에는 「상대방이 그 사실을 알았거나 알 수 있었을 경우」에 한하여 취소할 수 있도록 한다(동조 2항). 그 취지는, 의사표시의 상대방이 제3자의 부당한 간섭을 알 수 없었던 경우에도 취소권을 인정한다면 상대방의 이익이 크게 훼손될 것인 바, 표의자와 상대방의 이익을 조절하기 위해서이다. 이런 점에서 민법은 제3자의 사기 · 강박의 경우에는 상대방의 신뢰(의사표시의 유효성에 대한 신뢰)를 표의자의 이익(부당한 간섭에 의한 의사표시의 구속에서 벗어나는 이익)보다 높게 평가한다고 할 수 있다.[32)] — 독일민법은 사기와 관련해서는 제3자의 사기의 경우에 상대방의 인식가능성을 취소의 요건으로 규정하지만, 강박과 관련해서는 그러한 제한을 가하지 않는다(동법 123조 1항, 2항. 구민법도 그러했다(구민법 96조 2항)). 이는 강박이 사기보다 하자의 정도가 심하고 따라서 표의자를 더 보호할 필요가 있다는 데 기한 것으로 이해할 수 있을 것이다. 그러나 우리 민법은 사기와 강박의 경우를 같이 취급한다.[33)] 양자를 달리 취급할 것인가 하는 점은 입법정책의 문제인 바, 우리 민법의 입법적 타당성 여부는 앞으로 좀 더 검토해야 할 것이다.

[652] 2. 제3자의 사기 · 강박의 경우

이 경우에는 표의자는 상대방이 그러한 사실을 인식할 수 있어야 취소할 수 있는 바, 이와 관련해서 문제되는 점을 살핀다.

(1) 선악 등의 기준시기 상대방이 제3자의 사기나 강박 사실을 「알았거나 알

31) 대판 2000. 3. 23. 99다64049.

32) Larenz/Wolf, §37 13.

33) 명순구, 325면에 의하면, 구민법이 강박의 경우와 사기의 경우를 달리 규율한 것은 전자의 경우에 더 표의자를 보호할 필요가 있다는 이유에 기한 것인데, 그에 대한 일본에서의 입법론적 비판을 수용하여 양자를 같이 취급하게 된 것이라고 한다.

수 있었」는지를 판단하는 표준시기는 의사표시를 한 때이다. 따라서 예컨대 상대방이 계약체결 당시에는 선의 · 무과실이었다면, 그 이후에 제3자의 기망사실을 알게 된 경우에도 표의자는 취소할 수 없다.

(2) 제3자의 범위 사기나 강박을 한 자는 법률행위의 당사자가 아닌 제3자이어야 한다. [653]

(가) 여기에서의 제3자는 취소의 효과가 제한되는 제3자와는 다른 것이다. 여기에서의 제3자는 사기나 강박을 한 자이나, 후자에서의 제3자는 사기 · 강박에 기하여 행해진 법률행위를 기초로 하여 새로운 이해관계를 맺은 자이기 때문이다.

(나) 그러면 법률행위의 당사자가 아닌 자는 모두 여기에서의 제3자에 해당하는가? 즉 예컨대 갑의 대리인 을이 병을 기망하여 병이 을을 통하여 갑과의 계약을 체결한 경우에, 을은 그 계약의 당사자가 아니므로 여기에서의 제3자이고, 따라서 이를 제3자의 기망으로 취급하여 병은 갑이 을의 그와 같은 기망사실을 알았거나 알 수 있은 경우에 한하여 취소할 수 있다고 할 것인가? 대리인은 본인 자신의 행위를 하는 것이므로, 대리인을 여기에서의 제3자라고 하는 것은 부당하다. 따라서 상대방의 기망으로 취급하여, 병은 갑의 그러한 인식가능성 여부를 불문하고 취소할 수 있다고 해야 한다. 판례도 상대방(취소의 상대방)과 동일시할 수 있는 자는 여기에서의 제3자에 해당하지 않는다고 하고, 따라서 대리인은 여기에서의 제3자가 아니라고 한다.[34] 반면에 상대방의 피용자 혹은 피용자는 아니더라도 상대방이 사용자책임을 져야 할 관계에 있는 자는 상대방과 동일시할 수 없으므로, 이 규정에서의 제3자에 해당한다고 한다.[35] 그외에 문제되는 것은 제3자를 위한 계약에서의 제3자(수익자)인 바, 그러한 자는 법률행위의 효과로서 발생하는 권리를 취득하는 것이므로 당사자와 동일시할 수 있고 따라서 여기에서의 제3자가 아니라고 해야 한다. 그러므로 예컨대 을이 처 갑을 위하여 병과 보험계약을 체결함에 있어서 갑의 病歷을 숨긴 경우에, 비록 갑이 그러한 사정을 알지 못하였더라도 병은 사기를 이유로 그 계약을 취소할 수 있다.[36]

(3) 적용범위 위 규정은 「상대방 있는 의사표시」라고 하므로, 소유권의 포기와 같은 단독행위에는 적용되지 않는다. 그러면 상대방이 불특정 다수인인 경우(예컨대 을의 사기로 [654]

34) 대판 1999. 2. 23. 98다60828,60835(은행의 출장소장이 은행을 기망한 경우).

35) 대판 1998. 1. 23. 96다41496. 이의 사안은 갑이 을회사의 주식을 매수하기 위하여 상호금고(병)로부터 금전을 대출받음에 있어서, 병의 기획감사실 과장(A)이 그 기망행위에 가담한 경우인데, 판결은 A는 제3자(즉 A의 기망은 제3자의 사기)라고 하고, 그런데 병은 A의 기망사실을 모른 데 과실이 있다고 하여 을의 취소를 인정하였다.

36) 동지: 김상용, 489면; 이영준, 463면.

(갑이 불특정 다수인에게 현상광고를 한 경우)에도 적용된다고 할 것인가? 이를 부인할 이유가 없다. 따라서 표의자는 개별적으로 제3자의 사기 · 강박 사실을 알 수 있었던 상대방과의 관계에서는 취소할 수 있다고 하는 것이 타당하다. 물론 이에 의하면 하나의 의사표시가 상대방에 따라서 효력이 달라지게 되는 문제가 생긴다. 그러나 이의 적용을 부인하여 표의자는 상대방이 제3자의 사기 · 강박 사실을 알 수 있었느냐 여부를 불문하고 취소할 수 없다고 하게 되면, 표의자는 타인의 부당한 간섭에 기해서 의사표시를 하였음에도 여기에서 벗어나지 못하게 되어 부당하다. 또 이와 달리 이의 적용을 부인하면서 상대방의 인식가능성 여부를 불문하고 취소할 수 있다고 하는 것은, 그러한 점을 취소요건으로 요구한 법의 취지에 반하게 된다. 다만 이의 적용을 긍정하더라도 실제로는 제3자의 간섭사실을 알 수 있는 상대방은 있기 어려우므로, 취소할 수 있는 경우는 거의 없을 것이다.

[655] 3. 제3자에 대한 관계

(1) 하자를 이유로 한 취소 역시 착오에서와 마찬가지로 선의의 제3자에 대하여 대항하지 못한다(110조 3항). 이 규정의 취지 및 「선의」·「제3자」[37] ·「대항하지 못한다」의 의미, 그리고 입증책임 등은 허위표시 및 착오에서와 동일하다.[38]

(2) **시간적 경계** 여기에서의 「제3자」는 표의자의 취소의 의사표시 이전에 상대방과 법률관계를 맺은 자에 한정되는가? 취소는 소급효를 가지므로, 취소가 행해진 이상 그 이전에 법률관계를 맺은 자의 지위와 그 이후에 이를 맺은 자의 지위 간에 아무런 차이가 없다. 그러므로 제3자의 범위를 그와 같이 제한할 근거가 없다. 따라서 취소 후에 상대방과 법률관계를 맺은 자도 포함된다고 해야 할 것이다.[39] 판례 역시 이와 마찬가지 입장이다.[40] — 그런데 판례는 해제에 관한 제548조 1항 단서에서의 「제3자」는

37) 제3자에 관한 판례로서 대판 1997. 12. 26. 96다44860을 소개하면, 甲과 乙이 각기 자신의 X임야와 Y건물의 교환계약을 체결하였다가, 위 Y건물을 타에 처분하여 그 대금으로 취득할 부동산을 甲에게 귀속시키기로 합의하였으며, 이에 기해서 乙과 丙이 Y건물과 Z토지의 교환계약을 체결하였다. 그 후 甲이 乙로부터 양도받게 된 Z토지를 丁에게 채무담보를 위하여 양도하고 이전등기를 경료하였다. 그런데 丙이 乙과의 Z토지에 관한 위 교환계약을 사기를 이유로 취소하고 丁에 대하여 위 이전등기의 말소를 청구하였다. 이에 대해서 판결은 정은 본조에서의 제3자에 해당한다고 하여, 병의 청구를 배척하였다.

38) 대판 1969. 12. 9. 69다1818[요지 제110조, 8]은 법률행위가 강박에 의한 것임을 입증할 책임은 표의자에게 있다고 하고, 대판 1970. 11. 24. 70다2155[집 18-3, 민 323]은 제3자의 악의의 입증책임은 표의자에게 있다고 한다.

39) 김상용, 490면; 이영준, 464면.

40) 대판 1975. 12. 23. 75다533[집 23-3, 민 144]. 즉 취소의 소급효로 인하여 법률행위의 시초부터 무효로 되는 것이요 취소한 때부터 무효로 되는 것이 아니므로, 취소를 주장하는 자와 양립되지 아니하는 법률관계를 가졌던 것이 취소 이전인가 이후인가를 가릴 필요없이 제3자에 대하여 그 의사표시의 취소를 대항하지 못한다고 보아야 할 것이고, 이는 거래안전의 보호를 목적으로 하는 제110조

원칙적으로 취소의 의사표시 이전에 상대방과 법률관계를 맺은 자라고 한다.[41] 양 규정에서의 제3자의 범위를 이와 같이 달리 하는 것이 타당한지 의문이다(해제에 관한 판례의 문제점은 채권각론 [140] 참조).

Ⅴ. 다른 제도와의 관계 [656]

(1) 착오와의 관계 전술한([632]) 바와 같이 사기에 의한 의사표시는 착오에 의한 의사표시의 요건도 충족하는 경우가 있다. 이때에는 표의자는 양자의 어느 쪽을 선택하여 취소할 수 있다.[42] 착오를 이유로 취소하는 경우에는 법률행위의 중요부분이라는 점을 입증하는 것이 어려운 점일 것이고, 사기를 이유로 취소하는 경우에는 상대방의 고의를 입증하는 것이 어려운 점일 것이다.

(2) 담보책임 매매목적물에 권리상 혹은 물질상의 하자가 있음에도 매도인이 이를 속인 경우에, 본조의 요건과 담보책임의 요건이 모두 충족될 수 있다. 이 경우에 양자의 관계는 어떠한가? 본조는 제109조와는 달리 담보책임 규정에 의하여 배제되지 않는다고 해야 한다. 왜냐하면 착오의 경우는 표의자 스스로 착오에 빠진 것이나 사기의 경우는 타인의 부당한 간섭에 의하여 결함이 생긴 것으로서, 따라서 본조의 보호법익인 표의자의 의사결정의 자유는 보호되어야 하기 때문이다. 따라서 표의자(매수인)는 양자 중 하나를 선택하여, 사기를 이유로 의사표시를 취소하거나, 이를 취소하지 않고 단지 담보책임을 물을 수 있다. 이러한 점은 특히 담보책임의 행사기간을 경과한 경우에도 사기를 이유로 취소할 수 있는 점에서(물론 취소기간이 경과하지 않아야 한다) 실익이 있다. — 그런데 판례는, 타인의 권리의 매매를 유효로 규정한 제569조는 선의의 매수인의 신뢰를 보호하기 위한 것이므로, 「만일 타인의 물건인줄 알았더라면 매수하지 아니하였을 사정이 있는 경우」에는 매수인은 사기를 이유로 취소할 수 있다고 한다.[43] 그러나 제569조의 취지를 그와 같이 이해하는 것은 의문이다. 이 규정은 의사주의 하에서는 원래 허용되지 않 [657]

제3항의 취지에도 합당하다고 한다.

41) 대판 1985. 4. 9. 84다카130, 131.

42) 그런데 대판 2005. 5. 27. 2004다43824(이의 사안은 [626] 주 76 참조)은 제3자의 기망에 의하여 착오에 빠진 경우에 관하여, 일응 착오를 이유로 한 취소만이 허용될 뿐 사기를 이유로 한 취소는 허용되지 않는 듯하게 판시한다. 그러나 이는 제3자의 기망사실을 상대방이 알 수 없어서 표의자가 사기를 이유로 해서는 취소할 수 없는 사안에서(그리하여 원심은 사기를 이유로 한 취소를 배척), 착오를 이유로 한 취소를 허용하려는 취지에 기한 것으로 이해된다. 이런 점은 판결이 취소원인이 착오임을 밝히지 않았더라도 착오를 이유로 자신의 법률행위의 효력을 처음부터 배제하려고 한다는 의사가 드러나면 족하다고 하여, 원심이 단지 원고가 사기를 이유로 한 취소를 구하는 취지로 본 것은 석명을 다하지 않은 것이라고 하였다.

43) 대판 1973. 10. 23. 73다268.

을 「타인의 물건의 매매」를 예외적으로 허용하는 규정이기 때문에 창설적 의미를 가질 것이지만(의사주의에서는 매매계약만으로 소유권이 이전되므로, 만약 타인의 물건의 매매를 인정한다면 매도인은 타인의 소유물을 매수인에게 이전하는 것이 된다. 그리하여 의사주의의 전형인 프랑스민법은 이를 인정하지 않는데, 일본민법은 — 시대의 진전으로 「타인의 권리의 매매」를 인정할 실제적 필요성에 직면하여 — 이를 인정하는 규정을 두었던 것이다(동법 560조). 채권각론 [206] 참조), 형식주의를 취하는 현행민법 하에서는 타인의 물건의 매매가 당연히 허용되므로 위 규정은 특별한 의미를 가지지 않는 당연한 규정일 뿐이다. 그러므로 이 규정의 취지를 선의의 매수인을 보호하기 위한 것이라고 하는 것은 타당치 않을 것이다. 그렇다면 사기를 이유로 취소하기 위한 요건으로 위와 같은 점을 요구할 필요는 없지 않을까?

[658] (3) 불법행위 기망행위나 강박행위가 불법행위의 요건을 갖춘 때에는, 표의자는 본조에 기해서 의사표시를 취소할 수도 있고 불법행위를 이유로 손해배상을 청구할 수 있을 것이다. 그리고 양자는 선택적인 관계가 아니므로, 양자를 함께 주장할 수 있다.[44] 물론 취소하지 않고 단지 손해배상을 청구할 수도 있다.[45]

그외에 불법행위 문제는 아니지만, 기망을 받고 사기의 의사표시에 의해 건물을 명도해 준 경우에, 이는 건물의 점유를 침탈당한 것이 아니므로 피해자는 점유회복청구권을 가지지 않는다.[46]

[659] Ⅵ. 적용범위

1. 결함있는 의사표시에 공통되는 것으로서, 가족법상의 행위, 단체법적 행위 공법행위 등에는 본조가 적용되지 않는다.

2. 적용범위에 관한 판례를 소개하면,

㈎ 소송법에서는 소송절차의 명확성과 안정성을 기하기 위해 표시주의 · 외관주의가 관철되어야 하기 때문에, 소송행위에 대해서는 사기 · 강박을 이유로 하는 취소가 허용되지 않는다.[47] 그리고 소송행위가 형사상 범죄행위를 구성하는 사기 · 강박행위에

---

44) 대판 2007. 4. 12. 2004다62641. 이의 사안은 갑이 증권회사 을의 직원 병과 이른바 포괄적 일임매매 약정을 체결하고 병을 통하여 주식거래를 하였다가 손실을 보았으며, 그리하여 갑이 을에 대하여 위 약정을 취소한다고 하고, 아울러 을 및 병에 대하여 손해배상을 청구한 경우이다. 그런데 병이 갑과 위 약정을 체결함에 있어서 부분적으로 허위사실을 말하기는 하였으나 자신이 독자적으로 선물옵션거래를 한 것은 아니므로 병이 갑을 기망하였다고 인정하기 부족하다고 하여, 갑의 취소 주장을 배척하였다. 그러나 병은 과대한 위험성을 수반하는 거래를 적극적으로 권유한 것은 고객에 대한 보호의무를 저버려 위법성을 가진다고 하여, 손해배상책임(그리고 을의 사용자책임)을 인정하였다.

45) 대판 1998. 3. 10. 97다55829.

46) 대판 1992. 2. 28. 91다17443.

47) 대판 1964. 9. 15. 64다92; 대판 1979. 12. 11. 76다1829; 대판 1983. 4. 12. 80다3251(이상은 소취하의 경우); 대판 1997. 10. 10. 96다35484(소송위임행위의 경우).

의해 행해진 경우에도 민사소송법 제422조 제1항 제5호를 유추적용하여 그 소송행위의 효력을 부인할 수 있을 뿐이다.[48)]

(나) 공법상의 행위에도 본조는 적용되지 않는다.[49)] 따라서 본조 제3항도 적용되지 않는다.[50)]

(다) 어음행위에는 본조가 적용된다.[51)]

제 4 절 의사표시의 효력발생

Ⅰ. 서 설 [660]

1. 의사표시는 일련의 과정을 거쳐 행해진다. 그러한 점은 특히 서면에 의한 의사표시의 경우에 분명히 나타난다. 즉 먼저 표의자가 의사를 서면에 적고(表白), 이어서 이를 발송하고(발신), 상대방에게 배달되어 상대방이 이를 수령하고(도달, 수령), 마지막으로 상대방이 이를 읽고 그 내용을 알게 된다(了知).

이와 같이 의사표시는 상당한 과정을 거쳐 진행되므로, 이러한 과정 중에 생각하지 않았던 사정이 생길 수가 있고, 이때에는 과연 이를 어떻게 처리할 것인가 하는 문제가 생긴다. 갑이 을에게 편지를 발송한 경우를 예로 해서 다음과 같은 사정이 생긴 경우에 발생하는 문제점을 살펴본다.

ⓐ 갑이 발송한 위 편지가 통상적인 경우보다 늦게 을에게 도달하거나 혹은 아예 도달하지 않은 경우에, 과연 그 불이익을 누가 감수해야 하는가? 이는 특히 그 편지가 일정기간 안에 도달해야 하는 경우에 중요한 의미를 가진다.

ⓑ 갑이 편지를 발송한 후 이의 도달 전에 사망한 경우에, 그 의사표시는 유효한가?

ⓒ 편지의 수신인인 을이 미성년자인 경우에, 갑은 의사표시의 효력을 주장할 수 있는가?

ⓓ 갑이 문서를 완성하기는 하였으나 좀 더 재고하고자 이를 발송치 않고 있는데, 갑의 부인이 그 문서를 발견하고 이를 발송한 경우에, 그 의사표시는 유효하고 따라서

48) 대판 1979. 5. 15. 78다1094; 대판 1984. 5. 29. 82다카963.

49) 서울고판 1996. 6. 13. 96나2608(신고납세에서 신고행위에 하자가 있은 경우).

50) 대판 1959. 10. 1. 4292민상174[집 7, 민 233]. 이 판결은 귀속재산 불하행위에 관한 것이다. 그러나 국유 잡종재산의 매각행위는 그 성질이 사법상의 행위에 지나지 아니하므로 위 규정이 적용된다고 한다(대판 1970. 6. 30. 70다708[집 18-2, 민 120]).

51) 대판 1996. 7. 30. 95다6861; 대판 1997. 5. 16. 96다49513.

갑은 이에 구속되는가?

ⓔ 그외에 갑이 의사표시의 상대방이 누구인지 알지 못하거나 혹은 그의 주소를 알지 못하는 경우에, 어떠한 방법으로 의사표시를 할 수 있는가?

[661] 2. 총칙의 의사표시에 관한 절에서 민법은 이와 같은 문제들에 대한 해결방법을 규정한다(111조~113조). 이하에서 민법의 규정들을 차례로 살펴본다. 다만 ⓓ의 문제에 관해서는 아무런 규정을 두고 있지 않다. 그런데 이 문제는 의사표시의 성립 문제로서 이의 효력발생 문제에 선행하는 것이다. 따라서 이 문제를 먼저 고찰한다.

의사표시의 효력발생에 관한 제111조~제113조는 모든 법률행위에서 공통되는 사항에 관하여 원칙적 규정을 두는 것이다. 그러므로 개별적 의사표시에 특유한 문제, 즉 예컨대 의사표시를 어느 기간 안에 해야 하는가, 그 의사표시는 그 기간 안에 발송되면 되는가 아니면 도착되어야 하는가 하는 문제, 그리고 의사표시는 언제 효력이 생기는가 등은 관련된 의사표시 부분에서 개별적으로 규정하고 있다. 예컨대 취소의 의사표시의 기간은 제146조, 승낙기간의 정함이 없는 경우의 승낙기간은 제529조가 규정한다. 그리고 무능력자 상대방의 최고에 대한 확답에 관한 제15조, 제3자를 위한 계약에서의 제3자의 승낙 여부의 확답에 관한 제455조 등은, 그 확답의 의사표시는 일정기간 안에 발송함으로써 족하다는 점을 규정한다. 또 제531조는 승낙의 통지를 발송한 때 계약이 성립한다고 함으로써 승낙이라는 의사표시의 효력발생시기에 관한 특칙을 규정한다. 따라서 각 의사표시의 효력발생과 관련해서는 이러한 개별적인 규정이 함께 고려되어야 한다.

[662] Ⅱ. 의사표시의 성립시기

1. 표백시 혹은 발신시

(1) 의사표시의 효력발생은 의사표시의 존재를 전제로 한다. 그러면 의사표시는 언제 성립함으로써 그 존재를 가지게 되는가? 상대방 없는 의사표시(예: 유언)에서는 의사표시의 표백에 의하여 성립된다. 상대방 있는 의사표시에서는 의사표시의 표백만으로는 부족하고, 표의자가 그의 의사에 기하여 이를 발송함으로써 비로소 성립된다. 표의자는 의사를 표백하였더라도 여전히 이를 유보할 수 있으며, 그러한 한 그는 자신의 의사를 아직 종국적으로 표명한 것(즉 의사표시에 효력을 부여한 것)은 아니기 때문이다.[1)]

(2) 상대방 있는 의사표시에서는 발신시에 의사표시가 성립한다는 의미는, 이때 의사표시가 행해지는 것이라는 것이다. 따라서 표의자의 권리능력 · 행위능력의 존부, 의사표시의 착오나 사기 · 강박의 존부, 선의 · 악의나 어떤 사정의 인식 여부 등은 이 시

1) 이에 대하여 다른 견해는 상대방의 유무를 불문하고 의사표시의 성립시기를 판단한다. 즉 이영준, 468면은 도달시를 효력발생시기로 보는 제111조 1항은 동시에 이 시기를 의사표시의 성립시기로 보는 것이라고 한다. 이와 달리 김상용, 492면은 표시에 의하여 성립한다고 한다.

점을 기준으로 하여 결정된다. 이러한 점과 발신 후의 사정변경을 규정하는 제111조 2항과의 관계는 뒤에서 살핀다([674]).

2. 의사에 기하지 않은 발신 [663]

그러면 앞의 ⓓ의 예에서와 같이 표의자가 문서에 의사를 표백하였으나 아직 발송하지 않았는데, 그러한 사정을 모르는 타인이 그 문서를 발송한 경우에, 의사표시는 성립한 것이 되고 따라서 효력이 발생하는가? 이 문제는 외부적으로는 표시가치를 가지는 행위(표시행위)가 있으나 그에 상응하는 내심의 의사가 없는 경우로서, 따라서 의사표시가 성립하기 위한 주관적 요건으로 표시의식이 필요한가 하는 문제와 관련된다. 본서는 이를 요건으로 하지 않으므로, 표의자에게 과책성이 있는 한 의사표시가 된다고 할 것이다([426] 이하). 다만 표의자로서는 표시에 상응하는 내심의 의사를 전혀 가지지 않은 것이므로 비진의표시에 해당하고, 따라서 상대방이 그러한 점을 알았거나 알 수 있었던 경우에는 무효가 될 것이다(의사표시의 성립을 부인하였던 제9판에서의 견해를 바꾼다).[2)]

Ⅲ. 의사표시의 효력발생시기 [664]

「상대방 있는 의사표시는 그 통지가 상대방에 도달한 때로부터 그 효력이 생긴다」(111조 1항).

1. 도달주의의 원칙

(1) 의사표시의 효력발생시기와 관련해서는 의사표시의 과정인 표백 · 발신 · 도달(수령) · 요지의 어느 단계를 효력발생시기로 할 것인가 하는 점을 둘러싸고 입법례가 나뉘어지는데, 위 규정은 도달주의를 취한 것이다.[3)]

㈎ 민법이 도달주의를 취한 것은, 그것이 당사자 쌍방의 이익을 가장 잘 조화하기 때문이다. 그외에도 객관적으로 확정가능하고 표의자가 통상 예상할 수 있는 시점을 효

---

2) 동지: 곽윤직, 427, 428면. 이에 대하여 이영준, 471면은 「통지」에 의하여 의사표시가 성립하는데, 이 경우는 통지가 없다고 하여 의사표시의 성립을 부인한다(다만 표의자가 후에 이를 알고 지체없이 이의하지 않는 경우에는 통지의 결여가 치유된다고 한다). 독일의 통설 · 판례는 결과에서는 일응 후자와 같은 입장인 바(Larenz/Wolf, §26 6면; Flume, §14 2; Brox, Rn. 150; BGHZ 65, 13, 14), 이는 우리 민법 제107조와는 달리 독일민법 제116조가 내심을 숨기지 않은 경우(즉 戱言의 의사인 경우)에는 무효로 하는 입법적 차이(전술 [564] 참조)에서 설명될 수 있지 않을까?

3) 이영준, 467, 468면은, 이 규정은 의사표시의 효력발생시기를 규정한 것이 아니라 의사표시의 성립요건을 규정한 것이라고 한다. 그러나 만약 도달을 성립요건이라고 한다면, 예컨대 표의자가 의사표시의 발신 후 사망한 경우에도 의사표시의 효력은 영향 없다고 하는 규정을 설명할 수 없다. 왜냐하면 도달되지 않아 성립하지도 않은 의사표시가 효력을 발생한다는 셈이 되어 논리적으로 부당하기 때문이다. 더욱이 상대방없는 의사표시에서는 발신할 상대방도 없는데 도달해야 의사표시가 성립한다고 하는 것은 모순이다.

력발생시기로 함으로써 법률관계를 간단 · 명료하게 하기 위해서이다.

(나) 위 규정은 임의규정이다. 따라서 당사자들이 도달이 없더라도 의사표시의 효력이 발생하는 것으로 합의한 때에는 적용되지 않는다.[4)]

(다) 제531조는「격지자 간의 계약은 승낙의 통지를 발송한 때에 성립한다」고 규정한다. 이는 승낙의 의사표시는 그것이 도달한 때가 아니라 발송한 때 효력이 발생하도록 한 것으로서, 따라서 이 규정은 도달주의 원칙에 대한 특칙이 된다. — 이에 의하면 승낙의 통지를 하였으나 그것이 도달하지 않은 경우에 이미 성립한 계약의 효력을 어떻게 할지가 문제된다. 이 문제는 계약 부분에서 규율한다(528조, 529조).

[665] (2) 적용범위 위 규정은「상대방 있는 의사표시」라고 하여, 대화자 간의 경우와 격지자 간의 경우를 구별치 않는다. 따라서 도달주의는 양 경우에 모두 적용된다. 구민법은 격지자 간의 의사표시에 관하여 도달주의를 규정하였었기 때문에 대화자 간에는 어떠한가 하는 점이 문제되었었는데, 민법은 이러한 문제를 해소하기 위하여「상대방 있는 의사표시」라고 규정한 것이다.[5)] 상대방 있는 의사표시는 다시 계약과 상대방 있는 단독행위로 나뉘는데, 양자 모두 상대방의 수령이 요구되므로 동조가 적용된다.

(가) 위 규정은「상대방 있는 의사표시」에 관한 것이므로, 유언이나 소유권의 포기 등과 같은 상대방 없는 의사표시에는 동조가 적용되지 않는다. 뿐만 아니라 상대방 없는 의사표시는 상대방의 수령을 요하지 않으므로 여기에는 동조가 적용될 여지가 없다. 이러한 의사표시에서는 성질상 의사표시가 외부로 표백된 때 그 효력이 발생한다고 할 것이다.[6)]

(나) 관념의 통지나 의사의 통지와 같은 이른바 준법률행위에도 동조를 유추적용해서 상대방에게 도달한 때 효력이 생긴다고 할 것이다(도달의 시기가 문제되는 대표적 경우는 채권양도의 통지에서인데, 이는 바로 관념의 통지이다).

(다) 위 규정은 사법상의 의사표시에 관한 것이지만, 행정처분과 같은 공법적 행위에서도 상대방의 수령이 있어야 효력이 발생한다고 해야 할 것이다. 그러므로 공법적 행위에도 동조가 유추적용된다.[7)]

---

4) 동지: 대판 2008. 1. 10. 2006다41204(채무자가 채권자와 사이에서 주소 등의 변경이 있을 때에는 서면으로 이를 신고하고 신고를 게을리하여 (채권양도)통지가 도달하지 아니한 경우에는 보통 도달하여야 할 때 도달한 것으로 보아도 이의하지 않기로 약정한 경우, 그러한 합의는 유효하다).

5) 구민법(즉 일본민법) 제97조 1항 뿐만 아니라 독일민법 제130조 1항 역시 격지자 간의 의사표시에 대해서만 도달에 의해 그 효력이 발생한다고 규정하고 있으며, 그리하여 대화자 간의 의사표시에서는 상대방의 了知(知覺, Vernehmung)에 의해서 효력이 발생한다고 하는 견해가 적지 않다(Münchener/Einsele, §130, Rn. 27f. 참조). 엄동섭, 의사표시의 도달에 관한 판례분석, 서강법학연구 7권(2005), 105면 이하, 112면은, 제111조 1항을 제한적으로 해석하여 대화자 간의 의사표시에는 적용이 없다고 봄이 타당하다고 한다.

6) 박영식, 민법주해 Ⅱ, 604면.

2. 도달의 의미 [666]

「도달」이라 함은 의사표시가 상대방의 영역(지배권) 내에 들어가 사회통념상 일반적으로 알 수 있는 상태가 생겼다고 인정되는 것을 의미한다.[8] 예를 들면 우편이 수신함에 투입된 때 또는 동거하는 가족이나 고용인이 수령한 때에는, 상대방은 이를 알 수 있으므로 이로써 도달이 된 것이다. 상대방이 이를 보았느냐 여부는 문제되지 않는다.

(1) 여기에서의 도달이란 의미는 순수히 장소적인 것은 아니다. 예컨대 수령인의 주소와 거리가 먼 우체국의 사서함을 수령장소로 한 경우에는 사서함에 투입됨으로써 도달이 된 것이다. 뿐만 아니라 상대방의 주소(영업소) 혹은 사서함에 투입되더라도 그것만으로 언제나 도달이 있다고 할 수는 없다. 예컨대 편지가 영업소의 영업시간이 지나서 혹은 통상적으로 사서함을 수거하는 시간이 지나서 도달된 경우에는, 상대방이 이를 요지하는 것이 기대되지 않는다. 이때에는 거래관행상 상대방의 요지가 기대되는 때(다음날 영업개시시)에 비로소 도달이 된다고 할 것이다.[9] — 이러한 점은 특히 그 의사표시를 일정한 기간까지 해야 할 경우에 중요한 의미를 가진다. 예컨대 그 기간의 마지막 날 밤늦게 표의자가 편지를 투입하였다면, 그것은 비록 그 날자에 도착하였으나 법적으로는 그 다음날 통상적으로 영업을 개시하는 시각에 비로소 도달된 것으로 될 것이다. 다만 수령인이 사실상 그보다 일찍 이를 요지한 때에는 이로써 도달된 것으로 된다.[10]

(2) 도달은 민사소송법상의 송달과는 다르며, 이보다 탄력적인 개념이다.[11] 또한 우편법 소정의 규정에 따라 우편물이 배달되었다고 하여 언제나 도달이 되었다고 볼 수는 없다.[12]

---

7) 행정처분에 관한 사례로서, 귀속재산의 매매계약을 관재당국이 취소한 경우, 취소의 의사표시가 매수자에게 도달하여야 비로소 취소의 효력이 발생한다(대판 1961. 8. 30. 62누57; 대판 1969. 9. 23. 69다1217). 그외에 행정청의 인사발령통지(대판 1989. 9. 26. 89누4963 — 이의 내용은 후술([670] 주 19)), 병무청의 입영통지(대판 1990. 7. 10. 90도966) 등이 있다.

8) 대판 1983. 8. 23. 82다카439[집 31-4, 민 59]는, 「도달이라 함은 사회관념상 채무자가 통지의 내용을 알 수 있는 객관적 상태에 놓여 졌다고 인정되는 상태」를 지칭한다고 한다(이의 내용은 후술한다).

9) 이에 대하여 이영준, 474면 이하는 「도달」 자체는 단지 「상대방 영역에의 진입」에 의한다고 한다.

10) 쌀의 매도인이 낮에 트럭으로 주문받은 쌀을 송부하였는데 운전기사가 휴게소에서 잠을 자는 바람에 밤 12시 경에 이르러 비로소 매수인의 가게에 도착한 경우에는 그 날 인도되었다고 할 수 없다(대전지법 강경지판 1998. 3. 23. 87가합104의 예).

11) 대판 2010. 4. 15. 2010다57. 이의 사안은, 임차인 A가 B에 대한 임차보증금반환채권을 C에게 양도하고 채권양도통지서를 내용증명우편으로 B의 주소지인 '서울 광진구 노유1동 ○○번지'에 있는 △△빌딩 5층으로 송부하였는데(A는 위 빌딩의 401호를 임차한 것임), 위 빌딩의 2층에서 B가 경영하던 회사의 직원 D가 위 통지서를 수령한 경우로서, 판결은 채권양도 통지는 민사소송법상의 송달장소에 전달되지 않았더라도 도달이 있은 것으로 인정하였다.

12) 대판 1997. 11. 25. 97다31281(이의 내용은 후술한다([670] 주 18)).

[667] ### 3. 도달이 문제되는 경우

(1) 이른바「숨겨진 의사표시」 이는 표의자가 상대방이 쉽게 알 수 없게 의사표시를 하는 경우이다. 예컨대 슬그머니 수령자의 주머니 속에 편지를 넣은 경우, 혹은 매도인이 소유권을 유보한다고 하는 표시를 거의 알아 보기 어렵게 상품송부서의 귀퉁이에 조그맣게 기재한 경우이다. 이때에는 상대방이 이를 알 것이 기대되지 못하므로 도달이 부인될 것이다.[13]

[668] **(2) 전달자가 수령한 경우** 이는 예컨대 갑이 을에게 의사표시를 하고자 그의 주소에 갔는데 을이 부재중이어서 그 가족 혹은 동거인(전달자)에게 이를 전달토록 한 경우이다. 이 경우에 도달 여부는 그 전달자의 지위, 즉 그에게 수령할 권한이 있는가 여부에 따라 달라진다. 우선 전달자가 대리인인 경우에는 이로써 도달된 것으로 인정된다. 대리인이 아니고 단지 수령을 맡은 자(使者)(가족 혹은 통상적으로 그 집에 동거하는 자는 이에 속한다 할 것이다)인 경우에도, 통상적으로는 역시 이로써 도달된 것으로 인정된다. 따라서 사자가 이를 늦게 을에게 전한 경우 혹은 전달하지 않은 경우에, 그러한 전달의 지체 · 탈락의 위험은 수령인 을이 진다. 다만 예컨대 밤에 영업소에 갔는데 숙직 중인 점원이 이를 수령한 경우에는, 통상적으로 수령인에게의 전달이 기대되는 때(즉 다음날 영업 개시시) 도달이 있는 것으로 된다. 그러나 전달자가 수령권한을 가지지 않는 자인 경우에는 이로써 도달된 것이 아니고, 실제로 그가 이를 을에게 전달한 때 비로소 도달된 것으로 된다. 따라서 전달의 지체 · 탈락의 위험은 표의자가 부담한다.

다만 전달자의 수령권한의 존부는 객관적 시각(상대방이 주위 사정을 고려하여 신의칙에 따라 판단할 때의 시각)에 의하여 판단된다. 즉 실제로는 수령권한을 가지지 않는 자이더라도 객관적으로 이를 가진 것으로 보여지면 이를 가진 것으로 된다.

[669] **(3) 도달장애** 이는 수령인이 수령을 거절하는 경우 혹은 주소이전 등의 사유로 도달이 지체된 경우를 말한다.

먼저 수령거절의 경우에는, 그 거절이 정당한가 여부에 의하여 결정된다. 정당한 거절인 경우(예컨대 우표를 붙이지 않아 혹은 수령인이 불명하여)에는 불도달로 된다. 그러나 정당치 않은 거절의 경우에는 도달로 된다.

도달지체의 경우에는, 그 지체가 신의칙과 당사자 간의 구체적 관계를 고려할 때 수령인에게 책임을 돌릴 수 있는 사정으로 인한 것인가 여부에 의하여 결정된다. 예컨대 을이 갑에게 청약한 후 이사하고는 이를 갑에게 알리지 않아 갑의 승낙의 의사표시가 을에게 늦게 도달된 경우, 이는 수령인 을에게 책임있는 도달지체로서 따라서 을은

13) 곽윤직, 430면. 이영준, 477면도 결과에 있어서는 동지.

그 지체를 주장할 수 없다(즉 예컨대 승낙기간 이후에 도달되었으나 통상적으로는 그 기간 내에 도달할 수 있게 발송된 경우에는, 그것이 기간을 넘은 것으로 주장할 수 없다). 반면에 예컨대 임차인 을이 여름휴가를 가면서 휴양지의 주소를 임대인 갑에게 알려 주었는데 갑이 을의 원래의 주소로 편지를 송달한 경우에는, 을에게 책임없는 수령지체이고, 따라서 을은 도달의 효과를 부인할 수 있을 것이다.

4. 도달 여부의 판단 [670]

(1) 의사표시가 도달되었는지 여부는 결국 의사표시의 해석에 의하여 판단될 것이다. 그리고 도달의 사실은 일반원칙에 따라 도달을 주장하는 자 즉 표의자가 입증하여야 한다. 이는 도달의 시점에 관해서도 마찬가지이다. 즉 일정한 기간 내에 의사표시가 행해져야 하는 경우에 그 기간 내에 의사표시가 상대방에게 도달하였다는 사실은 이를 주장하는 자가 입증하여야 한다. 판례는 의사표시를 내용증명 등의 등기우편으로 발송한 때에는 그 의사표시가 도달된 것으로 추정하지만,[14] 이는 경험칙에 기초한 사실상의 추정에 불과하고 법률상의 추정은 아니다. 따라서 특별한 사정이 인정되는 경우에는 추정이 번복될 수 있다.[15]

(2) 도달 여부에 관한 판례를 살펴보면,[16]

(가) 채권양도 통지서가 들어 있는 우편물을 채무자의 가정부가 수령한 직후 한 집에 거주하고 있던 채권양도 통지인이 그 우편물을 바로 회수해 버린 경우에는, 가정부가 그 우편물의 내용이 무엇이었는지를 알고 있었다는 등의 특별한 사정이 없었던 이상 도달되지 않은 것이다.[17] A로부터 임차보증금채권을 양수받은 B가 전세계약서에 기재된 임대인 C의 주소로 채권양도통지서를 보냈으나 반송되어 다시 전세계약서에 기재된 C의 연락처 전화번호로 전화하여 그 수신인이 알려준 C의 사무소(우편물 수신처)로 다시 위 통지서를 발송하였는데, 위 사무소는 종래 C의 동업자의 사무소이나 당시에는 동업관계가 해소되어 C와 무관한 것인 경우에, 비록 우편집배원이 위 사무소에서 C의 직원이라고 칭하는 자에게 신원을 확인한 후 채권양도통지서를 교부하였다 하더라도 도달되었다고 할 수 없다.[18]

---

14) 대판 1969. 3. 25. 69다2449[집 17-1, 민 371]; 대판 1980. 1. 15. 79다1498[공 627, 12542]. 다만 등기우편이 아닌 통상의 우편에는 이러한 추정을 인정하지 않는다(대판 1977. 2. 22. 76누263. 이에 의하여 보통우편에도 추정을 인정하였던 대판 1968. 3. 19. 67누21이 폐기). 따라서 관청이 A의 운전면허를 취소하고 그 취소통지서를 통상우편의 방법으로 발송하였는데 그 얼마 후 A가 사고를 낸 경우에, 당해 관청이 위 사고일 이전에 위 통지서가 A에게 도달하였음을 입증하지 못하는 이상 A는 무면허운전이라고 할 수 없다. 대판 1964. 10. 30. 64다65[요지 제111조, 3]는, 신문에 게재한 의사표시의 공고는 상대방에게 도달되었다는 입증이 없는 한 상대방이 그 공고를 알았다고 인정할 수는 없다고 한다.

15) 동지: 엄동섭, 전게서(주 5), 128면(이 글은 대판 1980. 12. 23. 80다2003을 이의 예라고 한다).

16) 이에 관한 판례의 상세는 엄동섭, 전게서, 105면 이하 참조.

17) 대판 1983. 8. 23. 82다카439[집 31-4, 민 59]. 그 외에 대판 1964. 7. 14. 63다1107[요지 제111조, 2]는, 소장에 의하여 계약해지의 의사표시를 하였는데 그 부본이 송달되지 않은 때에는, 변론기일에서 이를 진술한 때에 계약해지의 효력이 발생한다고 한다.

18) 대판 1997. 11. 25. 97다31281. 그러나 이 판결의 타당성은 의문이다(엄동섭, 전게서, 130, 131면도

(나) 행정처분의 경우로서, 공무원인 갑에 대한 정부의 인사발령통지를 갑의 처가 갑의 주소지에서 수령하였다면, 비록 그때 갑이 구치소에 수감 중이었고 처분청 역시 그와 같은 사실을 알고 있었다거나 갑의 처가 위 통지서를 갑에게 전달하지 않고 폐기해 버렸더라도 갑의 처가 위 통지서를 수령한 때 도달이 있은 것으로 된다.[19]

[671] ### 5. 도달주의의 효과

(1) 일반적 효과로서, 의사표시는 도달한 때 그 효력을 발생한다. 따라서 예컨대 무능력자의 상대방이 무능력자 측에게 1개월 내에 취소 여부를 확답하라고 최고한 경우에, 그 최고의 의사표시는 그것이 무능력자에게 도달한 때 발생한다. 따라서 최고기간 1개월의 산정 始期는 그 최고가 도달한 때가 된다(그리고 이 경우에 무능력자는 그 후 1개월 안에 확답을 「발」하면 된다).

이와 같이 도달에 의하여 효력이 발생하므로, 일정한 법률행위의 요건으로 효력발생시에 일정한 사항이 존재해야 하는 경우에는, 그러한 요건이 도달시에 갖추어져야 그 행위가 유효하게 된다. 그러한 예로서, 처분행위에서는 처분자가 이의 효력발생시에 처분권을 가져야 하는바([438] 참조), 따라서 도달시에 처분권을 상실하였다면 그 처분행위는 무효가 된다.

[672] **(2) 의사표시의 불착 · 연착의 불이익** 도달주의를 취하는 결과 의사표시가 발송되었으나 어떤 사유로 도착하지 않은 경우 혹은 늦게 도착한 경우, 그 不着 · 延着의 불이익은 표의자가 부담해야 한다. 이것이 도달주의의 실제적인 의미이다. 앞([660])의 사례 ⓐ에서, 표의자가 그 불이익을 부담한다.

[673] **(3) 의사표시의 철회** 의사표시는 상대방에게 도달함으로써 비로소 효력이 생기므로, 표의자는 발신 후라도 도달 전에는 그 의사표시를 철회할 수 있다(철회는 법률행위의 효과가 확정적으로 발생하기 이전에 그 행위가 없었던 것으로 하는 의사표시이므로([864] 참조)). 그러나 철회의 의사표시는 늦어도 먼저 발신한 의사표시와 동시에 도달해야 한다. 따라서 만약 이미 도달해 버리면, 비록 상대방이 이를 읽기 전이라도 철회할 수 없다.

[674] ### 6. 발송 후의 사정변경

(1) 상대방 있는 의사표시는 상대방에게 도달해야 비로소 효력이 생기므로, 표의자가 의사표시를 발송한 후 그 도달 전에 사망하거나 행위능력을 상실한 경우에 그 의사표시의 효력은 어떻게 되는가 하는 점이 문제된다. 이에 관하여 민법은 그러한 경우에도 의사표시의 효력에 영향을 미치지 않는다고 규정한다(111조 2항).

(가) 권리능력 · 행위능력은 의사표시의 성립시에 요구되는 요건이다. 그리고 상대방

이에 대하여 비판을 가한다).

19) 대판 1989. 9. 26. 89누4963.

있는 의사표시의 성립시기는 발송시이다. 따라서 권리능력 등은 발송시에 존재하면 된다. 본조는 이러한 점에 기한 것이고, 따라서 당연한 규정이다. 법문이 사망 등의 경우에도 「의사표시의 효력에 영향을 미치지 않는다」고 한 것은 이러한 이유일 것이다. — 학설 중에는 의사표시의 성립시기에 관하여 서로 다른 입장을 취하면서, 위 규정은 「통지를 발송」한 때를 표의자의 권리능력이나 행위능력과 같은 주관적 요건의 기준시기로 규정한 것이라고 한다.[20] 이러한 견해는 그와 같은 요건은 당연히 의사표시의 성립시에 필요한 것임을 간과한 것이 아닐까?

(나) 이 규정은 발신이 요구되는 상대방 있는 의사표시에만 적용되고, 상대방 없는 의사표시에는 적용되지 않는다(이는 동조가 「통지를 발한 후」라고 하는 점에서도 나타나지만, 권리능력 등의 기준시기의 법리에 기해서도 그러하다). 후자의 경우에 의사표시의 성립시기는 표백시이므로, 이때 표의자가 행위능력 등을 가졌다면 그 이후에 이를 상실하더라도 의사표시의 효력은 영향받지 않을 것이다.

(2) 앞([660])의 사례 ⓑ의 경우에, 갑의 권리능력 상실에도 불구하고 그의 의사표시는 유효하다. 따라서 갑·을 간에는 — 갑의 승낙통지시에(531조) — 계약이 성립하게 된다. 다만 그 계약상의 권리의무가 갑의 상속인에게 승계되는가 하는 문제는 이의 상속성 유무에 의하여 결정된다. 즉 갑·을 간의 계약이 「주는 급부」를 목적으로 하는 것인 때에는 그 계약에 기하여 발생하는 채권채무는 상속성이 있고 따라서 갑의 상속인이 이를 승계하지만(예컨대 그 계약이 매매계약이었다면 갑의 상속인(병)은 대금지급의무를 지고, 따라서 예컨대 매매목적물의 가격이 내린 경우에도 대금지급을 거절할 수 없다), 그것이 「하는 급부」를 목적으로 하는 것인 때에는 그렇지 않다(예컨대 갑이 을에게 일정한 노무를 제공하기로 하였던 경우에는, 수임인 혹은 피용인의 권리의무는 상속성이 없으므로 갑의 상속인은 노무제공 의무를 지지 않는다). [675]

7. 의사표시의 공시송달 [676]

(1) 의사표시를 해야 할 상대방을 알 수 없거나 또는 상대방은 알고 있더라도 그 소재를 알지 못하는 경우에는(이러한 경우에 실제상 어려움을 겪는 것은 예컨대 공유물분할의 소와 같이 다수의 당사자 전원을 상대방으로 해야 하는 경우이다(특히 아파트상가의 소유자에 대한 의사표시)), 통상적 방법으로는 그 상대방에게 의사표시를 발송할 수 없고 따라서 의사표시를 할 수 없다. 이러한 불편을 제거하기 위하여 인정되는 것이 공시의 방법에 의한 의사표시 즉 公示送達에 의한 의사표시이다(113조).

(2) 요 건　　의사표시의 공시송달을 하기 위해서는 다음의 두 가지 요건이 갖추어져야 한다.

(가) 상대방 혹은 소재의 不知　　상대방을 알지 못하거나 또는 상대방의 소재를 알지 못하여야 한다. 상대방을 알지 못한다고 하는 것은, 예컨대 상대방이 사망하여 상

20) 김상용, 495면; 이영준, 481면. 양 견해의 의사표시 성립시기에 관한 입장은 [662] 주 1 참조. 그 외에 곽윤직, 433면은 이 규정을 도달주의의 효과로 보는 듯한 설명을 한다.

속인이 누구인지 불분명한 때 또는 백지위임장을 발행하였는데 수임자가 누구인지 불분명한 때와 같이, 일정한 법률행위의 당사자가 누구인지 알 수 없음을 의미한다. 소재를 알지 못한다고 하는 것은, 상대방이 누구인지는 알고 있으나 그가 현재 있는 곳을 알 수 없음을 말한다.

(나) **표의자의 무과실**　그러한 부지에 관하여 표의자에게 과실이 없어야 한다. 과실이 없다는 것은 선량한 관리자의 주의를 다하였음에도 불구하고 알지 못했음을 말한다. 무과실의 입증책임은 표의자 자신에게 있다.

(3) 공시의 방법은 민사소송법의 공시송달의 규정(민소법 179조~181조)에 의한다.

(4) 공시송달에 의한 의사표시는 게시한 날로부터 2주일이 경과한 때에 그 효력이 생긴다(민소법 196조).

공시송달의 방법은, 법원사무관 등이 송달할 서류를 보관하고 그 사유를 법원의 게시판에 게시하는 것이다(민소법 195조. 그밖에 대법원규칙이 정하는 방법에 따라서 할 수 있다(동조 2문)).

구민법(동법 97조의 2)은 공시송달절차의 관할과 공시비용의 예납에 관하여 규정을 두고 있었는데, 민법은 이를 규정하지 않는다. 따라서 관할과 비용예납은 결국 해석에 맡겨져 있다고 하겠는데, 구민법의 규정과 같이 해석하는 것이 타당하다고 생각한다.[21] 따라서 (가) 그 관할에 관해서는, 상대방을 알지 못하는 경우에는 표의자의 주소지를, 그리고 상대방의 소재를 알 수 없는 경우에는 상대방의 최후의 주소지를 각각 관할하는 지방법원(단독판사)의 관할에 속하며(구민법 97조의2 4항 참조), (나) 법원은 표의자로 하여금 공시에 관한 비용을 예납케 해야 한다(구민법 97조의2 5항 참조).

[677] Ⅳ. 의사표시의 수령능력

「의사표시의 상대방이 이를 받은 때에 무능력자인 경우에는 그 의사표시로써 대항하지 못한다. 그러나 법정대리인이 그 도달을 안 후에는 그러하지 아니하다」(112조).

1. 의의 및 취지

(1) 수령능력이란 타인의 의사표시를 수령한 자가 이의 내용을 이해할 수 있는 정신능력을 뜻한다. 행위능력과 같이 스스로 의사표시를 하기 위하여 요구되는 정신능력이 아니다. 그런데 위 규정에 의하여 행위무능력자는 수령능력도 제한된다.

(2) 수령능력은 단지 소극적으로 타인에 의하여 이미 행해진 의사표시의 내용을 이해할 수 있는 능력이므로, 적극적으로 의사를 결정하고 표시할 능력인 행위능력보다 정도가 낮아도 좋다고도 할 수 있다. 그러나 무능력자에게 수령능력을 인정하면 그의 수령으로 인하여 의사표시의 효력이 발생되고, 무능력자는 이에 구속받게 된다. 이런 점에서 무능력자의 보호를 위하여 그의 행위능력뿐만 아니라 수령능력도 제한한 것이다.

21) 이영섭, 329, 330면; 곽윤직, 357면; 김용한, 310면.

다만 뒤에서 보는 바와 같이 무능력자가 의사표시를 수령하였더라도 무능력자 측에서 수령의 효과(즉 의사표시의 효력발생)를 주장할 수는 있다. 이런 점에서 위 규정은 무능력자의 수령능력 자체를 제한 내지 배제한 것(즉 행위무능력자는 동시에 수령능력도 없다고 하는 것)이라고는 할 수 없다.

2. 구체적 효과 [678]

(1) 무능력자가 의사표시를 수령한 경우에, 표의자는 「그 의사표시로써 대항하지 못한다」(즉 그 의사표시의 효력을 주장할 수 없다). 그러면 그러한 경우에 무능력자가 의사표시의 효력(발생)을 주장하는 것은 가능한가? 위 규정의 취지는 어디까지나 무능력자의 보호에 있기 때문에, 만약 무능력자가 수령한 의사표시의 효력발생을 원하는 경우에는 그러한 제한을 가할 필요가 없다. 또한 이의 문언은 그 의사표시로써 「대항하지 못한다」고 한다. 그러므로 이를 긍정해야 할 것이다.

(2) 법정대리인이 의사표시의 도달을 안 때에는 더이상 무능력자 보호를 위한 조치를 취할 필요가 없다. 단서는 이러한 점에 기한 것이다. 따라서 이때에는 표의자는 의사표시의 효력을 주장할 수 있다.

3. 적용범위 [679]

(1) 무능력자가 예외적으로 단독으로 행위할 수 있는 경우에는 수령능력도 요구할 필요가 없다. 그러므로 예컨대 미성년자가 부모의 동의를 얻어서 행하는 행위 혹은 허락받은 영업에 관한 행위에는 본조가 적용되지 않고, 따라서 표의자는 무능력자에게의 도달에 의하여 이의 효력을 주장할 수 있다. 수령능력의 정도를 행위능력보다 높게 요구할 이유는 없기 때문이다.

(2) 본조는 상대방 없는 의사표시에는 적용되지 않음은 당연하다.

(3) 수령인이 무능력자는 아니나 수령 당시 의식을 상실하였거나 정신장애에 있었던 경우에, 본조는 적용되지 않는다. 그러나 본조의 취지를 유추해서 수령인은 그러한 점을 입증하여 의사표시의 효력발생을 부인할 수 있다고 해야 할 것이다.

(4) 이 규정이 규율하는 것은 의사표시의 상대방이 무능력자인 경우, 그런데 표의자가 그 무능력자에게 의사표시를 한 경우이다. 능력자인 상대방에게 의사표시를 발송하였는데, 예컨대 그의 가족인 무능력자가 이를 수령한 경우는 본조가 규율하는 것이 아니다. 이런 경우는 도달의 문제가 된다. 다만 이 경우에 본조의 취지를 고려해서, 표의자는 그 의사표시가 상대방에게 도달하였음을 주장하지 못한다고 하는 것이 타당하지 않을까?

제 5 절 대　　리

제 1 관 총　　설

[680] Ⅰ. 대리의 의의 및 사회적 작용

1. 대리의 의의

(1) 대리란 타인(대리인)이 본인을 대신해서 본인의 이름으로 법률행위(의사표시)를 하거나 또는 의사표시를 수령함으로써 그 법률효과가 직접으로 본인에게 생기는 제도를 말한다. 예컨대 갑이 집을 매수함에 있어서 이에 관하여 경험이 많은 을에게 이를 부탁하여, 을이 갑을 대신하여 갑의 이름으로 매도인 병과 매매계약을 체결하고 그 매매계약의 효력을 갑에게 귀속시키는(따라서 갑이 매수인이 되는) 것이다. 따라서 마치 본인 스스로 그 법률행위를 한 것과 동일한 효과가 생기게 된다.

일반적으로 법률행위의 효과는 행위자에게 생기는 것인데, 대리는 행위자 아닌 자(본인)에게 그 효과가 생긴다는 점, 따라서 의사를 결정하고 표시하는 행위자와 그 행위에서 발생하는 법률효과의 귀속자가 분리된다는 점에 특색이 있다.

[681] (2) 대리를 흔히 타인이 「본인을 위하여」 행위하는 것이라고 한다. 그런데 「본인을 위하여」라는 의미는 본인을 대신해서 본인의 이름으로 행위하고 그럼으로써 그 행위의 효과를 본인에게 귀속시킨다는 뜻이지, 본인의 경제적 이익을 위하여 행위한다는 뜻이 아니다. 즉 대리는 「지위의 대리(Stellvertretung)」이지 「이익의 대리(Interessenvertretung)」가 아니다. 달리 말하면 이는 법률적 의미이지 경제적 의미가 아니다. 대리법에서는 대리인의 행위가 누구의 이익을 위한 것이냐, 즉 그 행위가 본인에게 실질적으로 이익을 주느냐 손해를 주느냐 하는 점은 문제되지 않는다. 대리는 본질상 사회경제적인 이득이나 손실 등과는 무관한 無色의 중성적인 것이다. 대리행위가 본인에게 귀속되느냐 여부는 그것이 본인에게 이익이 되느냐 여부를 불문하고 오로지 그것이 대리권에 가한 것인가 하는 점에 매이는 것은 이러한 이유 때문이다(예컨대 법인의 대표자가 자신의 개인적 용도로 사용하기 위하여 법인의 이름으로 금전을 차용한 경우에 원칙적으로 유효한 대리행위(대표행위)가 되는 것을 상기하라. 대리권 남용의 문제가 생기는 것은 그렇기 때문이다).

대리에서의 「본인을 위하여」라는 의미는 행위의 경제적 이익과는 무관한 것이라는 점은, 대리권은 대리인의 경제적 이익을 위하여 주어질 수 있다는 점에서 가장 잘 나타난다. 즉 예컨대 을에 대하여 채무를 부담하는 갑이 부동산을 매각하여 그 대금으로 채무를 변제하려는 경우에, 갑은 — 스스로 부동산을 매각하여 그 대금을 을에게 지급하는 대신에 — 을에게 부동산 매각에 관한 대리권을 수여하여 을이 수령한 매매대금을 자신의 채무에 충당토록 할 수 있다. 이 경우에 대리인 을은 자신의 이익을 위하여 대리행위(매매계약의 체결)를 하지만, 이의 법률효과는 본인 갑에게 귀속되는 점에서 유효한 대리관계가 되는 것이다. — 이와 같이 대리권이 대리인의 경제적 이익을 위하여 주어진 경우에는, 본인은 수권행위를 철회하지 않는다는 특약이 있은 것으로 해석될 것이다([736] 참조). 다만 그러한 특약이 본인에게 특히 불이익이 큰 경우에는, 그 특약은 자유로운 의사를 심히 억압하는 것으로서 반사회적행위로 무효가 될 수 있다.

대리라는 용어는 넓게는 타인을 위하여 행위하는 경우를 총칭한다. 그러나 우리 민법에서의 대리는 본인의 이름으로 법률행위를 하고 그 효과를 본인에게 직접 귀속시키는 것만을 뜻한다. 타인을 위하여 행위하지만 대리는 아닌, 즉 대리와 유사한 제도에 관해서는 후술한다([689] 이하). 대리의 범주를 어떻게 할 것인가 하는 점은 실정법에 의하여 결정되는 것으로서, 우리 민법과 달리 영미법은 타인을 위하여 행위하는 경우를 모두 대리(Agency)의 범주에 포함시키고 있다.

2. 사회적 작용 [682]

(1) 사적자치의 확장 오늘날 거래관계가 복잡해지면서 각 개인은 자신의 거래행위를 모두 스스로 행할 수 없게 되었다. 이러한 점은 특히 기업주에서 그러하다. 즉 기업의 거래활동이 전국적 · 전세계적으로 확대되고 업무가 전문화 · 분업화됨으로써, 기업주는 거래의 상당부분을 타인에게 맡겨 그로 하여금 기업의 거래행위를 담당케 하지 않을 수 없게 되었다. 이와 같이 타인에게 자신의 행위를 맡기고 그 행위를 자신의 행위로 삼을 수 있게 하는 것이 바로 대리제도이다. 이런 점에서 대리는 개인의 활동범위를 확대(사적자치의 확장)시키는 기능을 한다.

(2) 사적자치의 보충 무능력자는 스스로는 유효한 법률행위를 할 수 없고, 타인의 법률행위를 통하여 비로소 권리를 획득할 수 있다. 무능력자를 위하여 법률행위를 하여 그로 하여금 권리를 획득케 해 주는 것이 바로 대리제도이다. 이런 점에서 대리는 무능력자의 활동을 보충(사적자치의 보충)하는 기능을 한다.

Ⅱ. 대리법의 기본원칙 [683]

1. 대리제도는 경제활동의 확대와 함께 발달된 것으로서, 오늘날의 대규모적 그리고 전문적인 기업조직과 활동에 있어서 불가결한 것이다. 그러나 대리의 특색인 행위자와 법률효과 귀속자의 분리는 대리법에 매우 어려운 문제를 던진다. 그 문제의 하나는,

어떤 자(본인)가 타인(대리인)의 행위에 의하여 구속받는 것은 사적자치의 원칙에 반하지 않는가 하는 점이다. 다른 하나는, 대리의 효과가 발생하기 위해서는 대리인에게 대리권이 존재해야 하는데 그 존부의 판단은 어렵고 그렇다고 상대방이 일일이 본인에게 이를 문의 · 확인하는 것을 기대하거나 요구할 수도 없는바, 대리인이라고 칭하는 자와 거래한 상대방이 그 대리권의 존재 혹은 범위에 관하여 가졌던 신뢰를 어떻게 그리고 어느 정도 보호할 것인가, 그리하여 어떻게 상대방으로 하여금 대리인과 안심하고 거래할 수 있도록 할 것인가 하는 점이다. 이중 전자는 법리적 문제임에 반하여, 후자는 거래안전 그리고 대리제도의 원활한 전개 · 이용과 직결되는 실제적 문제이다. 이러한 문제를 해결하기 위하여 19세기의 독일법학은 대리 및 대리권 개념을 특이하게 구성하고, 이러한 개념에 기초하여 대리법을 구축하였다(물론 우리 민법도 기본적으로 이를 수용하였다). 그리하여 대리법은 극히 기술적인, 일반인의 통상적인 관념과는 괴리된 모습을 가지고 있다. 이런 점에서 대리법의 기초에 있는 기본원칙과 이에 기한 특이한 개념의 이해는 대리관계에서의 구체적인 문제의 해결에 필수적이다. 이하에서 대리법에서의 기본원칙과 특이한 개념을 살펴본다.

[684] **2. 대리와 위임의 준별**(무인성 원칙)[1)]

(1) 실제거래에서는 대리권은 본인이 타인에게 일정한 일을 맡겼는데(위임 · 고용 등과 같은 내부적 법률관계의 성립), 타인이 그 일을 수행함에 있어서 대외적으로 제3자와 거래(법률행위)를 할 필요가 있는 경우에, 그 대외적 거래를 할 수 있도록 하기 위하여 주어진다. 이와 같이 대리는 위임과 같은 내부적 법률관계에 기초하여, 그 법률관계상의 대외적 업무수행을 위하여 주어된다. 그러한 내부적 법률관계 없이 대리권만이 주어지는 경우는 없다. 이런 점에서 대리권은 업무수행을 위한 수단이고, 위임과 대리는 실제로는 불가분의 관계에 있다. 그리하여 종래에는 대리와 위임을 동일한 것의 양면으로 파악하였었다(프랑스민법이 이러한 입장이다). 단지 내부적 법률관계가 존재하는 경우에 언제나 대리권이 주어지는 것은 아니라는 점에서 양자가 분리될 수 있을 뿐이었다.

(2) 그런데 19세기 독일법학은 한편으로 이와 같이 대리권을 수반치 않는 위임이 존재하고(예컨대 가옥의 수리를 맡긴 경우와 같이 수임인에게 맡긴 일이 단순한 사실행위이고, 그리하여 그가 제3자와 거래행위를 할 필요가 없는 경우가 그러하다) 다른 한편으로 위임 이외의 법률관계에서도 대리권이 주어질 수 있다는 점에서, 위임과 대리는 서로 분리될 수 있는 별개의 제도임을 깨달았다. 그리고 나아가 위임은 위임인(본인)과 수임인(대리인) 간의 내부적 관계로서 권리의무를 내용으로 하는 것임에 반하여, 대리는 대리인의 제3

---

1) 이에 관한 이론적 발전과정에 관하여는 김학동, 독일에서의 수권행위무인성론, 안이준박사 화갑기념논문집(1986년), 51면 이하 참조.

자에 대한 외부적 관계로서 단순한 법적 가능 · 자격 · 권능을 내용으로 하는 것으로서, 따라서 양자는 개념상 구별된다는 것을 깨달았다.

19세기의 독일법학은 대리와 위임이 별개의 제도라는 점에 착안하여 양자의 법률적 운명을 단절 내지 絕緣시켰다. 즉 양자가 개념상 구별되는 별개의 존재 내지 제도라면 대리권의 성립 · 범위 · 존속 등은 마땅히 위임 등 내부관계의 그것에 의존하지 않아야 한다고 하면서, 양자를 峻別하였다(즉 대리와 위임의 차이를 근거로 양자의 법률적 운명을 단절시켰다). 그리하여 대리권은 — 위임계약이 아니라 — 대리권의 수여를 목적으로 하는 독립한 법률행위(수권행위)에 의하여 성립하고, 따라서 대리권의 범위는 이 수권행위에 의하여 결정되고, 대리권의 존속 여부는 위임계약의 그것에 의존하지 않게 되었다(즉 위임계약은 존속하면서 대리권만을 소멸시킬 수도 있고, 반대로 위임계약만을 소멸시킬 뿐 대리권은 존속시킬 수 있다). 이와 같이 대리권의 발생 · 범위 · 소멸 등은 위임관계의 그것에 의존하지 않고 이와 무관하게 결정된다고 하는 것이 소위 대리권의 無因性 原則(Die Abstraktionsprinzip der Vertretungsmacht)이다. 독일민법이나 우리 민법이 위임은 계약 부분에서, 대리는 총칙 부분에서 규정한 것은 양자의 개념적 차이에 기해서 전개된 무인성 원칙을 입법화한 것이라고 할 것이다.

3. 대 표 설 [685]

사법의 근본명제인 사적자치의 원리에 의하면, 각인은 오직 자신의 의사에 기한 자기결정에 의해서만 스스로 권리의무를 진다. 그런데 대리에서는 본인은 대리인이 결정하고 표시한 의사에 구속되므로, 대리제도는 타인(대리인)의 행위에 의하여 권리의무를 지는 것이다. 그리하여 19세기 들어 거래가 확대되어 대리제도의 승인이 강하게 요구되면서, 대리제도를 일반적으로 승인하는 것이 사적자치의 원리와 조화되는가 하는 문제가 제기되었다(18세기까지는 대리제도가 허용되지 않았으며, 다른 제도를 통하여 사회적 수요를 채워 왔었다).

이 문제에 관하여 사뷔니는 — 자신의 의사에 기해서만 권리의무를 진다는 사적자치 원칙을 중시하여 — 대리행위에서의 대리인의 독자적인 의사결정에는 아무런 구성적 의미를 부여치 않고, 수권행위에서의 본인의 의사결정만을 본질적인 것으로 보았다. 즉 대리행위의 효과가 본인에게 귀속되는 근거를 본인의 의사(대리인의 행위를 자기에게 귀속시키도록 하는 의사)에서 구하였다. 그리하여 대리에 있어서의 행위자는 오직 본인이고, 대리인은 본인의 단순한 기관으로서의 지위를 갖는다(본인행위설)고 하였다.

이렇게 함으로써 사뷔니는 대리제도를 사적자치의 원리와 조화시키고 대리제도의 일반적 승인에 결정적 역할을 하였다. 그러나 본인을 행위자로 보는 것은 실제와 반하고 구체적인 점에서 많은 문제가 있음이 드러났다. 그리하여 이 견해에 대신하여 소위 대표설(Repräsentationstheorie)이 등장하였다. 이 견해는 대리행위상의 법률효과를 의욕하고 표시하는 것은 대리인이라는 점을 直視하여, 대리행위에서의 행위자는 어디까지나 대리인이라고 하고, 대리인은 본인을 表象(vorstellen) 내지 대표(repräsentieren)하는 지위에 있는 자로서, 본인의 지위를 대신하는 제2의 본인으로서 그러한 행위를 하는 것이라고 하였다. 그리고 대리인은 이와 같이 본인의 지위를 대신하는 것이므로 그는 특별한 제한이 없는 한 본인이 할 수 있는 행위 모두를 대신할 수 있다고 하였다. 이 이론은 대리행위의 효과가 본인에게 귀속하는 근거를 본인의 수권의사 및 법률에 의한 대리제도의 승인에서 구하는 한편, 대리행위를 하는 자는 어디까지나 대리인이라고 하여, 행위가 원인과 결과의 면에서 분열된다는 점, 즉 행위자와 법률효과 귀속자가 분리된다는 점이 대리의 특색임을 분명히 하였다.

독일민법 및 우리 민법은 이러한 대표설에 입각하고 있다. 대리행위의 하자의 기준은 대리인이 된다고 하는 규정(116조)은 바로 대리행위에서의 행위자는 대리인이라는 대표설을 기초로 한 것이다.

[686] ### 4. 기본원칙의 완화

앞서 말한 기본원칙을 정리한다면, 우선 무인성 원칙은 (i) 대리는 제3자에 대한 대외적 관계로서 그 기초에 있는 위임 등 내부적 법률관계와는 별개라는 것, (ii) 따라서 대리권은 내부관계와는 절연된 단순한 지위 · 권능이라고 하는 것, (iii) 그리고 대리권은 위임계약과는 별개의 대리권의 수여를 목적으로 하는 행위(수권행위)에 의하여 발생하고 그 범위도 오로지 수권행위에 의하여 정해진다는 것이다. 그리고 대표설은 대리에서는 대리인이 본인을 대신해서 스스로 법률행위적 의사를 결정하고 이를 표시하는 것이고, 본인은 단지 그 법률효과를 귀속받을 뿐이라는 것이다.

이러한 무인성 원칙 및 대표설은 우리의 대리법에서 여전히 기본원칙을 이루고 있다. 다만 오늘날에는 구체적인 문제와 관련하여 예외가 인정되면서 그 의미가 축소 내지 완화되고 있다. 이하에서 그러한 예를 살펴본다.

(1) 거래보호와 표현대리제도 대리와 위임의 준별, 그리고 이로부터 나온 무인성 원칙은 궁극적으로 대리권의 발생 · 범위 등이 제3자가 쉽게 알기 어려운 본인 · 대리인간의 내부관계에 의하여 영향받지 않게 함으로써 거래보호를 도모하려는 목적에 기한 것이다. 즉 위임계약이 무효 · 취소되더라도 수권행위는 이로 인하여 영향받지 않게 함으로써, 또 위임계약에서 본인이 대리인에게 준 지시나 기타 위임계약상의 의무는 대리권의 범위를 제한하는 것이 아니라고 함으로써, 무효인 위임계약에 기하여 행해지거나 또는 위임계약상의 의무에 반하여 행해진 대리행위도 유권대리행위라고 하

여 상대방 및 거래를 보호하고자 한 것이다.

그러나 이러한 대리와 위임의 준별 내지 무인성 원칙만으로는 대리적 거래에서의 다양한 거래보호의 수요를 감당할 수 없다. 이를 위해서는 외관을 신뢰한 자를 보호하는 포괄적인 거래보호제도가 요구된다. 그리하여 독일민법은 우리 민법 제125조의 표현대리에 상응하는 규정(동법 171조, 172조)을 두었으며, 이를 발판삼아 판례와 학설은 또 다른 표현대리 유형으로서 소위 묵인대리(Duldungsvollmacht) 및 외관대리(Anscheinsvollmacht)을 발전시켰다.[2] 그런데 우리 민법은 여기에서 더 나아가 대리권의 성립 · 범위 · 존속 등에 대한 신뢰를 보호하기 위한 규정(125조 · 126조 · 129조)을 두었다. 그리하여 이제 대리적 거래에서의 거래안전 보호의 중심적 역할은 표현대리제도가 담당하게 되었다. 즉 예컨대 을이 경력을 속여 갑이 이를 믿고 을에게 일을 맡겼다가 을의 미숙한 일처리에 위임계약을 취소한 경우에, 무인성 원칙에 의해서 위임계약의 취소에도 불구하고 수권행위는 유효하므로 대리인이 이미 행한 행위는 유효한 것이 되지만, 그외에 비록 수권행위가 무효로 되어(예컨대 갑이 무능력 혹은 착오를 이유로 수권행위 자체를 취소한 경우가 그러하다) 대리행위 역시 무권대리로 되더라도, 제125조의 요건이 갖추어지면 대리행위의 효력을 인정할 수 있게 된다. 또 예컨대 수임인이 위임인의 지시에 위반하여 대리행위를 한 경우에, 무인성 원칙을 철저히 하면 지시는 대리권을 제한하는 것이 아니므로 그 대리행위는 대리권의 범위 내의 행위로서 유효하게 되지만, 무인성 원칙을 완화해서 지시는 대리권을 제한하는 것이라고 하더라도(개별대리권의 경우에서 그러하다([711] 참조)) 이를 넘은 대리행위는 제126조에 의하여 유효하게 될 수 있다. 그리하여 무인성 원칙이 의도했던 거래보호라는 기능은 크게 퇴색되고, 표현대리제도가 이를 담당하게 되었다.

2) 독일민법 제171조는 「본인이 제3자에 대한 개별적 통지 혹은 공고에 의하여 타인에게 대리권을 수여하였음을 고지한(kundgeben) 경우에, 그 타인은 위 제3자(개별적 통지의 경우에는 특정의 제3자, 공고에 의한 경우에는 모든 제3자)에 대한 관계에서 대리권이 있다」고 규정한다(1항. 그리고 2항은 이러한 대리권은 고지가 같은 방법으로 철회될 때까지 존속한다고 규정한다). 동법 제172조는 「본인이 대리인에게 위임장(Vollmachtsurkunde)을 교부하고 대리인이 이를 제3자에게 제시한 경우에는, 전조에서 본인이 제3자에 대하여 개별적 통지를 한 경우와 同視된다」고 규정한다(1항. 그리고 2항은 위임장이 본인에게 반환되거나 실효로 선언될 때까지 대리권이 존속한다고 규정한다). 다음으로 묵인대리는 타인이 자신의 대리인이라고 칭하고 행동하는 것을 본인이 알면서도 묵인하는 경우에, 그 타인에게 대리권이 있는 것으로 인정하는 것이고, 외관대리는 그러한 자칭대리인의 행동을 몰랐지만 거래상 요구되는 주의의무를 다하였다면 알 수 있고 또 저지할 수 있는 경우에 위와 동일한 효과를 인정하는 것이다. 전2자는 본인이 일정한 외부적 행위를 통하여 적극적으로 타인에게 대리권이 있음을 표명한 경우임에 대하여, 후2자는 본인이 타인의 행동을 묵인(Dulden)하거나 또는 방관(Nichtstun)함으로써 그 타인에게 대리권이 있는 것과 같은 외관을 발생시킨 경우, 즉 묵인 혹은 방관에 의하여 소극적으로 타인에게 대리권이 있는 것으로 표명한 경우이다. 독일에서의 표현대리제도에 관한 상세는 김학동, 독일에서의 표현대리, 김증한교수 화갑기념논문집(1981), 74면 이하 참조.

[687] **(2) 기본원칙의 완화** 기본원칙에 대해서는 다음과 같이 예외가 인정되면서, 이의 절대성이 퇴색되고 있다.[3)]

(가) 대리권 남용의 법리 대리권은 위임관계에서의 의무와는 차단된 단순한 지위이므로, 대리인이 본인과의 위임계약상의 의무에 위반하여 자신의 이익을 위하여 대리행위를 한 경우에도, 그것이 대리권의 범위 내에 속하는 한 유효하게 된다. 그러나 그러한 결과는 실제적으로 부당하다. 그리하여 이를 수정하기 위하여 대리권 남용의 법리가 출범하게 되었다(상세는 [729] 이하 참조).

(나) 대리권과 대리행위와의 단절 및 가교 대리권은 실제적으로는 대리인에게 일정한 법률행위(대리행위)를 하도록 할 목적에서 주어진다. 그런데 대리와 위임의 준별은 이러한 대리권과 대리행위와의 관련성을 단절시켰다. 즉 수권행위는 오직 대리권 수여를 목적으로 하는 독립한 법률행위라고 함으로써, 그것이 실질적으로 일정한 법률행위의 수행을 목적으로 행해진다는 점을 그로부터 捨象시켰다. 그리하여 예컨대 미성년자가 예외적으로 단독으로 할 수 있는 대리행위를 위하여 타인에게 대리권을 수여하는 경우에, 그러한 점이 고려되지 못하고 따라서 미성년자는 단독으로 수권행위를 하지 못하게 된다(또 방식이 요구되는 법률행위를 위하여 대리권을 수여하는 경우에, 수권행위 자체에서는 그와 같은 목적이 고려되지 못하고 따라서 그러한 방식이 요구될 수 없게 된다. 그러므로 방식을 요구하는 취지가 신중을 기하도록 하려는 것인 때에도, 경솔히 수권행위를 할 수 있게 한다). 근래 이러한 문제점을 해결하고 수권행위에서 대리행위의 내용을 고려하는 이론이 전개되고 있다(이의 구체적 예는 [705], [706] 등 참조).

(다) 그외에도 대표설에 의하면 대리인이 행위자이므로 그 하자 등은 대리인을 표준으로 해야 하지만, 그에 대한 예외로서 본인을 표준으로 하는 경우가 상당히 많아졌다([747] 이하 참조).

[688] Ⅲ. 대리가 허용되는 범위

(1) 대리는 대리인이 스스로 법률행위를 하고 그 법률효과를 본인에게 귀속시키는 제도이므로, 대리가 인정되는 범위는 법률행위에 한한다. 법률행위 이외의 행위, 예컨대 사실행위나 불법행위에 관하여는 대리는 인정되지 않는다. 다만 준법률행위 가운데 의사의 통지 및 관념의 통지는 의사표시와 유사한 것이므로, 여기에는 대리가 인정된다.

(2) 대리인이 본인을 위하여 일정한 일을 함에 있어서 때로는 사실행위를 대신 하거나 불법행위를 범하는 수가 있다. 그런데도 대리는 법률행위에만 인정된다고 하는 의미

---

3) 이러한 기본원칙에 대하여 전반적인 문제점을 지적하고, 대리와 위임 그리고 특히 수권행위와 대리행위 등을 관련시켜 고찰할 것을 주장한 대표적인 학자가 Müller-Freienfels교수이다(Die Vertretung beim Rechtsgeschäft(1955) 참조).

는, 대리인이 행한 법률행위만이 본인 자신의 행위로 되고, 법률행위 이외의 행위는 본인의 행위로 되지 않는다는 뜻이다. 즉 예컨대 대리인이 본인으로부터 위임받은 행위를 수행하는 과정에서 타인에게 불법행위를 가하거나 또는 본인의 물건(본인이 맡긴 것이건 대리행위에 기하여 제3자로부터 인도받은 것이건)을 점유하는 경우에, 그것은 대리인 자신의 불법행위 또는 사실행위가 될 뿐이고 본인의 행위가 되지 않는다(따라서 그 행위로 인한 법률효과(손해배상의무 · 점유의 취득)가 직접 본인에게 귀속되지 않는다). 그러나 대리와는 별개의 제도에 의하여 대리인의 그러한 행위로 인한 법률효과가 본인에게 귀속되는 것과 흡사한 상태로 된다. 즉 대리인이 수임받은 일을 수행하는 과정에서 불법행위를 범한 경우에, 대리인은 본인의 피용자이므로 본인은 사용자책임에 의하여 그 불법행위로 인한 손해배상의무를 진다. 또 대리인이 물건을 점유한 경우에, 대리인은 본인의 점유매개자(점유보조자인 경우도 있을 수 있다)이므로 본인은 간접점유를 가지게 된다.

(3) 대리는 법률행위에 인정되는 것이나, 모든 법률행위에 대리가 인정되지는 않는다. 대리는 대리인의 의사결정에 본인이 구속되는 것이므로, 본인 스스로의 의사결정이 절대로 필요한 행위에서는 대리는 허용될 수 없다. 그러한 행위를 「대리에 친하지 않는 행위」라고 한다. 친족법상의 행위 및 상속법상의 행위는 대부분 이에 해당한다.

Ⅳ. 유사 제도와의 구별 [689]

1. 간접대리

간접대리는 위탁매매업(상법 101조)과 같이, 타인의 계산으로 그러나 자기의 이름으로 법률행위를 하고, 그 효과는 행위자 자신에게 귀속하는 제도이다. 즉 예컨대 갑으로부터 물건의 판매를 위탁받은 을이 자신의 이름으로 물건을 팔고(따라서 자신이 매도인이 된다) 그로부터 생긴 경제적 이득을 갑에게 돌려주는 경우이다. 이는 간접대리인 자신의 이름으로 행위하고, 그리하여 그 법률효과가 직접 간접대리인에게 귀속되는 점에서(따라서 여기에서는 간접대리인이 취득한 권리를 타인(계산의 주체)에게 이전하는 문제가 남는다), 본인의 이름으로 행위하고 따라서 그 법률효과가 직접 본인에게 귀속되는 대리와 다르다. 간접대리에 대하여 본래의 대리를 「직접대리」라고도 한다.

대리와 간접대리를 비교하면 각각 다음과 같은 장단점이 있다. 즉 대리는 법률효과가 우선 행위자(대리인)에게 귀속하는 迂路를 피하고 곧바로 그것이 종국적으로 귀속되어야 할 본인에게 발생하는 점에서 기술적 · 경제적 장점이 있으나, 그 반면으로 대리인과 거래한 제3자가 대리권의 존재와 범위에 대한 신뢰를 배반당할 위험이 있다는 단점이 있다. 간접대리는 제3자가 간접대리인의 권한에 마음조릴 필요가 없는 점에서 장점을 가지나, 반면에 그 거래에서 취득한 권리를 대리인이 우선 가지게 되므로 본인은 그 권리가 본인의 재산으로 이전되기까지의 위험을 부담하게 된다(이러한 문제점을 해결하기 위하여 상법 103조는 위탁판매로 인하여 취득한 물건 등을 위탁자의 소유로 본다고 규정한다). 간접대리는 본인이 표면에 나타나지 않는 것이 유리한 경우 또는 대리인으로 하여금 자기의 이름으로 거래하게 하는 것이 기술적으로 합목적적인 경우에 그 기능을 발휘한다.

[690] 2. 사　　자

使者란 본인이 결정한 효과의사를 이의 수령자에게 전달하거나 표시함으로써 표시행위의 완성에 협력하는 자를 말한다. 여기에는 본인이 완성한 의사표시를 그대로 전달하는 경우(전달기관)와, 본인이 결정한 의사를 상대방에게 표시하여 그 의사표시를 완성하는 경우(표시기관)의 두 가지가 있다. 그 중에서 후자가 특히 대리와 유사하다. 그러나 이때에도 효과의사는 본인이 결정하는 것이므로, 대리인 자신이 효과의사를 결정하는 대리와는 다르다. 그러므로 사자에서는 본인이 행위능력을 가져야 하고, 또 착오 기타 의사표시의 결함에 관해서는 본인의 의사를 기준으로 하여(즉 사자의 표시와 본인의 의사와를 비교하여) 결정하게 된다. 즉 예컨대 갑이 을에게 X물건을 100만원에 사겠다는 청약을 부탁하였는데, 을이 이를 110만원에 사겠다고 청약한 경우에, 갑의 의사와 을의 표시가 다르므로 표시상의 착오가 된다([629] 참조). 그러나 실제상 의사표시의 보조자가 대리인인가 사자인가의 판단은 곤란한 경우가 있다. 생각건대 보조자가 본인이 결정한 효과의사를 표시하였는가, 아니면 보조자 자신이 결정한 효과의사를 표시하였는가에 따라서 구별하는 수밖에 없을 것이다(후자인 때에는 보조자는 대리인이 되지만, 본인이 그에게 대리권을 준 바 없다면 그는 무권대리인이 된다).

[691] 3. 대　　표

대표란 법인의 대표기관이 법인의 행위를 대신하는 관계를 말한다. 대표와 대리는 실제적으로 행위자와 그 법률효과의 귀속자가 다르다고 하는 점에서 같다. 그러나 대리인은 본인과는 별개의 인격자임에 반하여, 대표기관은 법인의 기관 즉 내부 구성부분에 속한다. 이런 점에서 양자는 다음과 같은 점에서 차이가 있다. 즉 대리에서는 대리행위는 어디까지나 대리인의 행위이고 단지 그 법률효과가 본인에게 귀속되는 것인데 대하여, 대표에서는 대표기관의 행위는 바로 법인 자신의 행위인 것이다. 그리고 이러한 점 때문에 대리는 법률행위에만 인정되나, 대표는 불법행위 및 사실행위에도 인정된다. 즉 대표기관의 불법행위는 법인 자신의 불법행위이고(35조 참조), 대표기관의 점유는 곧 법인의 점유이다.

[692] 4. 중개인 · 주선인

이는 타인 간의 계약의 체결을 위하여 중간에서 알선하거나 준비하는 자이다. 토지를 팔고자 하는 자와 토지를 사고자 하는 자 간에서 계약내용을 흥정하고 만남을 주선하여 양자 간의 매매계약 체결을 중개하는 부동산중개사가 그 예이다. 이는 단지 사실행위로서의 중개 · 주선을 할 뿐 스스로 어느 일방을 위하여 법률행위를 하지는 않는 점에서 대리와 구별된다.

타인이 물건을 사실상 지배하고 그 효과인 점유권을 본인이 가지게 되는 경우를 구민법은 「대리점유」라고 하였었다. 그러나 점유는 의사표시가 아니므로 대리와는 본질적으로 다르며, 따라서 이를 대리점유라고 부르는 것은 타당치 않다. 그리하여 민법은 그러한 용어를 사용치 않고, 이를 간접점유라고 부른다(194조).

5. 피 용 자 [693]

(1) 피용자란 타인으로부터 맡은 일을 수행하는 자를 뜻한다(391조, 756조 참조. 그외에 고용계약에서 사용자의 지시에 따라 노무를 제공하는 자는 「노무자」로 칭해지는데(657조 이하), 노무자도 여기에서의 피용자에 해당한다). 그런데 임의대리인도 본인으로부터 맡은 일을 수행하는 자이므로 피용자에 해당한다. 다만 피용자라는 용어는 그 맡은 일이 법률행위이건 사실행위이건 불문하고 사용되는 것이나, 대리인이라는 용어는 그것이 법률행위인 경우에 사용되는 것이다. 따라서 동일인이 타인(본인 혹은 사용자나 채무자)을 위하여 법률행위하는 경우에, 그는 피용자이고 동시에 대리인이다.

(2) 피용자는 또한 채무이행에 필요한 행위를 하는 때에는 이행보조자(391조)가 된다. 또 그가 불법행위를 하는 때에는, 사용자책임에서의 피용자(756조)가 된다. 즉 예컨대 갑이 을에게 지방의 부동산의 관리와 처분을 맡겼으며, 을이 병에게 부동산 일부를 매각하는 계약을 체결한 경우에, 앞에서 말한 것과 같이 을은 피용자이나 동시에 대리인이다. 그런데 을은 그외에도 그 부동산의 관리를 위하여 병과 접촉하여 상담하고 나아가 병과의 매매계약을 이행하기 위하여 병에게 부동산을 인도하고 등기서류를 교부하는 등 갑과의 위임계약의 이행을 위하여 필요한 행위를 하게 되는데, 이 경우에 을은 갑의 채무이행을 돕는 이행보조자가 된다(그리하여 만약 을이 과실로 병에 대한 갑의 채무를 이행하지 않았다면, 을의 과실은 곧 갑의 과실이므로(391조) 갑이 채무불이행책임을 진다). 또 만약 을이 그러한 행위를 하는 과정에서 타인에게 불법행위를 행하였다면(예컨대 병과의 약속장소에 가다가 운전과실로 정을 상해한 경우), 을은 갑의 사용자책임에서의 피용자가 된다.

Ⅴ. 대리의 종류 [694]

1. 임의대리 · 법정대리

(1) 이는 대리권이 본인의 의사에 기하여 발생하였느냐 여부에 의한 구별이다. 임의대리는 대리권이 본인의 의사에 기하여 발생한 경우이다. 민법은 이를 「대리권이 법률행위에 의하여 수여된 경우」라고 칭한다(120조, 128조 참조. 구민법은 이를 「위임에 의한 대리」라고 칭하였으나(구민법 104조, 111조 참조), 그러한 용어는 대리와 위임을 혼

(동할 우려가 있기 때문에 수정하였다). 법정대리는 대리권이 본인의 의사에 기하지 않고 발생한 경우이다. 본인의 의사에 기하지 않은 한, 본인 아닌 다른 사람에 의하여 수여된 경우도 법정대리가 된다([708] 참조). 양자의 구별 실익은 대리권의 범위, 특히 복임권의 차이에 있다.

(2) 민법은 친족 · 상속 편에서 각 법정대리에 특유한 규정을 많이 두고 있다. 그러한 규정이 없는 경우에는 총칙 편의 대리에 관한 규정이 적용된다. 즉 총칙 편의 대리규정은 반대규정이 없는 한(예컨대 120조, 121조, 128조는 임의대리에만, 122조는 법정대리에만 적용되도록 규정되어 있다) 임의대리와 법정대리에 모두 적용된다. 법정대리에는 임의대리와는 다른 특수한 점이 있지만, 「본인을 대신하여 법률행위를 하고 이의 법률효과를 본인에게 귀속시킨다」는 대리의 본체적인 점에서는 양자가 일치하기 때문이다. 단 법정대리의 특수성 때문에 구체적인 적용에 있어서 차이가 있음을 주의해야 할 것이다(특히 문제되는 것은 117조 및 126조인바, 관련된 부분에서 상론한다).

[695] ### 2. 능동대리 · 수동대리

대리행위가 상대방에게 의사표시를 행하는 것인가, 상대방으로부터 의사표시를 수령하는 것인가에 의한 구별이다. 전자의 경우가 능동대리(114조 1항), 후자의 경우가 수동대리(동조 2항)이다. 일정한 사항에 관하여 능동대리권을 가진 자는 특별한 사정이 없는 한 동일한 사항에 관하여 수동대리권도 갖는다고 할 것이다.

[696] ### 3. 유권대리와 무권대리

대리행위가 대리권에 기한 것인가 여부에 의한 구별이다. 대리권에 기한 경우를 유권대리, 대리권에 기하지 않은 경우를 무권대리라고 한다. 대리행위가 본인에게 귀속되는 효과(대리효과)는 대리권 때문이므로, 유권대리만이 대리효과를 발생한다. 무권대리는 대리효과를 발생치 않는다. 다만 표현대리가 성립되는 경우에는 대리효과를 발생한다.

[697] ## Ⅵ. 대리에서의 3면관계

대리에서는 본인 · 대리인 간, 대리인 · 상대방 간 및 상대방 · 본인 간의 3면의 관계가 생긴다. 즉 대리인이 본인의 행위를 대신할 수 있는 권한을 가진다는 관계(대리권), 그러한 대리인이 본인을 위하여 상대방과 법률행위를 하는 관계(대리행위), 그리고 그 결과 상대방과 본인 사이에 권리변동이 생기는 관계(법률효과) 등이 있다. 이들 세 관계 중 대리관계에서 본체를 이루는 것은 본인과 대리인 간의 관계이다. 즉 대리인이 대리행위를 하는 것은 대리권을 가지고 있기 때문이고, 대리행위의 결과 상대방 · 본인 사이에 권리변동이 생기는 것 역시 대리인에게 대리권이 있기 때문이다. 따라서 후 2자의 관계는 대리권의 실현과정 및 그 결과인 것이다. 다음에 이들 3면관계를 차례로 설명하고, 이어서 대리에서의 특수한 경우로서 복대리와 무권대리를 설명한다.

제2관 대리권(본인 · 대리인 간의 관계)

Ⅰ. 대리권의 개념 [698]

1. 대리권은 대리인이 제3자에 대한 외부적 관계에서 본인을 대신해서 그의 행위를 할 수 있는 형식적인 자격 · 지위(Legitimation)이다.

(1) 대리권은 위임 기타 내부적 법률관계를 기초로 해서 수여된다. 그러나 위임 등은 대리인(수임인)과 본인(위임인)간의 내부적 관계에 관한 것인데 대하여, 대리는 대리인의 제3자에 대한 외부적 관계에 관한 것이다.[1)]

(2) 수임인(대리인)은 위임 등 내부적 법률관계에서 여러 가지 권리와 의무를 진다. 예컨대 수임인은 위임사무의 처리상황을 보고할 의무(683조), 위임사무의 처리로 인하여 받은 물건을 위임인에게 인도할 의무(684조) 등을 지고, 반면에 보수를 청구할 권리를 가진다(686조). 그러므로 위임 등은 권리와 의무를 내용으로 한다. 이에 반하여 대리권은 대리인이 제3자와의 외부적 관계에서 본인을 대신해서 그의 행위를 할 수 있다는 지위 내지 자격이다. 그러므로 대리권은 권한 · 법적 힘(Macht) · 법적 가능(rechtliches Können)을 내용으로 하는 것이다(따라서 대리권은 권리가 아니며, 이런 점에서는 대리「권」이라고 하는 것보다는 대리「권한」이라고 하는 것이 더 정확하기는 하다. 대리권의 성질이 권리가 아니라는 점은, 권리는 생활상의 이익의 향유를 내용으로 하는데, 대리인이 대리권을 행사하더라도 그 법률효과는 본인에게 귀속될 뿐이므로 대리인은 이에 의해서 아무런 생활상의 이익도 향유하지 않는다는 점을 생각하면 명백히 될 것이다).

2. 대리권의 위와 같은 본질에 기해서, 대리권은 대리행위의 법률효과를 직접 그 본인에게 귀속시킨다. 즉 대리권이 대리행위의 효과(본인에게의 귀속)를 발생시키는 것이다. 그러므로 대리행위가 본인에게 귀속되기 위해서는 그것이 대리권의 범위에 속해야 하고, 그러한 한 그것이 본인과의 위임계약상의 의무에 위반하는 것이더라도 대리효과가 발생한다. 즉 예컨대 갑이 을에게 부동산의 처분을 맡기면서 이를 일정한 가격 이상으로 팔도록 지시하였음에도 을이 이에 위반하여 병에게 그보다 낮은 가격으로 판 경우에, 을은 그 부동산의 매각에 관한 대리권을 가지므로 병과의 대외적관계에서 그 대리행위는 유효하다(다만 이 경우 을의 대리권의 범위가 「그 부동산의 매각」인지 아니면 「그 부동산의 일정 가격 이상으로의 매각」인지가 문제될 수 있다. 이는 후술한다([710], [711])). 다만 을은 갑과의 내부관계에서 위임계약상의 의무를 위반하였으므로 갑에 대하여 채무불이행책임을 질 뿐 [699]

1) 대리권을 대리인의 「본인에 대한」 법률상의 지위라고 설명하는 견해가 있으나(예컨대 곽윤직, 450면), 이는 의문이다. 대리는 본인에 대한 내부적 관계인 위임과는 달리 제3자와의 관계에서 본인의 행위를 대신하는 것이므로 대리권은 「제3자」에 대한 지위가 아닐까?

이다.

[700] ## Ⅱ. 대리권의 발생원인

1. 임의대리권

(1) 수권행위 대리권은 위임계약 기타 내부적 법률관계를 설정하는 법률행위(원인계약)에 의하여 수여된다고 할 것인가, 아니면 그러한 원인계약과는 별개의 「대리권 수여를 목적으로 하는 독립한 법률행위」(授權行爲)에 의하여 수여된다고 할 것인가? 소수설은 전자로 해석한다(융합계약설)(원인계약 속에 내부적 법률관계의 설정 및 대리권의 수여가 융합되어 있다는 의미에서 그와 같이 칭하는 듯하다).[2] 그러나 통설은 후자로 해석한다.

융합계약설의 근거는 현실적으로 본인·대리인 간에 원인계약 없이 단지 대리권만을 수여하는 경우는 생각할 수 없는바, 그렇다면 대리권 발생을 위하여 원인계약 이외에 그와는 별개의 법률행위를 인정할 실질적인 필요가 없으며, 수권행위를 독립한 법률행위로 보는 것은 거래보호를 위한 관념적 기교라는 점 이외에는 하나의 허구에 불과하다는 점 등이다. 그러나 대리권이 어떤 법률행위에 의하여 수여된다고 할 것이냐 하는 문제는 논리의 문제가 아니고 입법정책의 문제이다. 원인계약과 별개의 수권행위를 인정하는 것이 관념적 기교이더라도, 민법이 그와 같은 법적 구성을 취하였다면, 해석론은 이를 토대로 하지 않을 수 없을 것이다. 그런데 법은 임의대리권을 「법률행위에 의하여 수여된 대리권」(120조, 128조)이라고 하고, 나아가 그 법률행위를 「수권행위」(128조)라고 칭한다. 이는 대리와 위임을 준별하고 대리권은 위임과는 별개의 법률행위에 기하여 수여된다는 것을 전제로 하는 것이다. 따라서 통설과 같이 원인계약 이외에 이와는 별개로 대리권 수여를 목적으로 하는 수권행위를 인정하고, 대리권은 이러한 수권행위에 의하여 수여된다고 하는 것이 타당하다. 이에 의하면 예컨대 갑이 을에게 일정한 대외적 업무를 위임하는 경우에, 여기에는 위임계약과 수권행위가 함께 존재하는 것이다. 즉 사실적으로는 1개의 행위이나, 법률적으로는 2개의 행위가 행해진 것이다.

[701] (2) 수권행위의 법률적 성질

(가) 단독행위 여부 수권행위는 단독행위이냐 계약이냐? 즉 수권행위는 본인의 의사표시만으로 성립하는가, 아니면 그에 대한 대리인의 승낙이 필요한가? 양 견해의 차이는, 대리인의 의사표시에 어떤 흠이 있는 경우에(예: 대리인의 무능력, 착오나 사기·강박 등) 그에 의하여 수권행위의 효력이 좌우되느냐, 따라서 이미 행한 대리행위가 무권대리로 되느냐 하는 점이다.

일부 견해는, 단독행위가 되기 위해서는 법률의 규정이 필요한데 그러한 명문규정

2) 김용한, 341면.

이 없기 때문에 수권행위는 계약으로 보아야 한다고 한다(무명계약설).[3] 그러나 통설은 거래의 안전 그리고 제117조를 이유로 단독행위라고 한다(단독행위설). 이 견해는 대리인의 의사표시에 흠이 있더라도 대리권의 성립이 긍정되어 거래안전을 기할 수 있다는 점, 만약 수권행위를 계약으로 보면 대리인이 무능력인 때에는 이 수권계약이 후에 무능력을 이유로 취소될 수 있게 되어, 대리인은 능력자임을 요하지 않는다고 한 제117조가 실효성을 잃게 된다는 점 등을 근거로 한다.

우선 단독행위로 보기 위해서는 법률의 규정이 있어야 한다고 하는 점은, 단독행위가 상대방에게 불이익을 주는 경우에 타당할 뿐이다([439] 참조). 그런데 수권행위는 상대방(대리인)에게 의무를 발생시키는 것이 아니고 단지 지위 · 권능을 줄 뿐이다. 이런 점에서 소수설의 근거는 타당치 않다. 거래의 안전 및 제117조에 비추어 볼 때 단독행위설이 타당하다. 그 외에도 대리권은 대리인에게 단지 지위 내지 자격을 줄 뿐이고 아무런 의무나 부담도 주지 않으므로, 본인의 의사표시만으로 발생한다고 하더라도 대리인에게 아무런 불이익을 주지 않는다는 점에서도 그러하다.[4] 이에 의하면 수권행위의 효력은 본인의 의사표시상의 흠에 의해서만 영향을 받는다.

(나) 無因性 여부 수권행위는 원인계약의 유효성에 의존하느냐? 즉 원인계약이 대리인의 무능력 혹은 의사표시의 흠으로 무효 또는 취소된 경우에, 수권행위도 이에 영향받아 소급하여 그 효력을 잃게 되느냐? 이에 관해서는 견해가 대립된다. [702]

(a) 다수의 견해는 대리와 위임을 구별하는 민법의 체계 및 입법취지에 비추어, 수권행위는 원인계약의 법률적 운명에 의존하지 않는 무인적인 것이라고 한다(무인설).[5] 이에 대하여 일부 견해는 당사자의 통상의 의사 혹은 제128조 1문을 근거로, 전자는 후자의 운명에 의존한다고 한다(유인설). 즉 수권행위를 무인적인 것으로 보는 것은 지나치게 추상적인 개념논리이고 당사자의 통상의 의사해석과 거리가 멀고, 따라서 이를 무인행위로 보는 특별규정이 없는 한 당사자의 통상의 의사해석상 수권행위는 원인계약과 유인관계에 서는 것으로 보아야 한다고 하거나,[6] 또는 임의대리권은 원인된 법률관계의 종료에 의하여 소멸한다는 제128조 1문의 규정은 수권행위의 유인성을 명백히 표시하고 있다고 한다.[7] 그 외에 제3의 견해로서, 소위 내부적 수권과 외부적 수권을 구별

3) 김기선, 287면. 앞에서의 소위 융합계약설도 일종의 계약설에 해당하지만, 여기에서의 무명계약설은 대리권이 위임계약 자체가 아니라 수권행위라는 독립한 법률행위에 의하여 수여된다고 하는 점에서, 양 견해는 차이가 있다.

4) 곽윤직, 453면; 이영준, 525면 이하 등. 판례도 동지(대판 1962. 5. 24. 4294민상251,252).

5) 김주수 · 김상용, 363면; 장경학, 537면.

6) 곽윤직, 453면.

7) 고상용, 484면.

하여(이의 의미는 뒤에 서 말한다([703])), 전자에서는 수권행위가 유인성을 가지나 후자에서는 무인성을 가진다는 견해도 있다(2원설).[8)]

(b) 생각건대 법문에 따른 해석이라고 할 때의 법문은 명문규정만이 아니고, 법이 기초하고 있는 원리도 포함된다고 해야 한다(민법의 해석에 관한 [46] 참조). 민법은 수권행위의 개념을 인정하는데 그치고 이의 성질을 직접 규율하지는 않지만, 이 개념은 대리와 위임을 준별함으로써 대리권의 성립 여부(따라서 대리행위의 효력)를 원인계약의 효력에 의존시키지 않으려는 입법적 의도에 기하여 만들어진 것이다([684] 참조). 그렇다면 수권행위의 무인성을 인정하는 것이 법문에 부합할 것이다. 또 원인계약과는 별개의 수권행위라는 개념(그리고 이를 단독행위로 이해하는 것)을 인정한 것은 이를 원인계약의 법률적 운명과 단절시키기 위해서인데, 수권행위의 개념을 인정하고 나아가 이를 단독행위로 이해하면서 — 그러한 입장의 궁극적 귀착점인 — 무인성을 부인하는 것은 앞뒤가 맞지 않을 것이다.

그외에 유인설의 논거를 살펴보면, 우선 민법은 거래안전이라는 목적을 위해서 일반인으로서는 통상 一體로 생각하는 위임과 대리를 분리시키고 당사자는 전혀 의식치 않는 수권행위라는 개념을 창안하였는 바, 따라서 대리권이나 수권행위라는 개념 자체가 전문적 · 법기술적 개념이다. 그럼에도 — 이와 같은 개념구성이 거래안전을 위한 합목적적 방법인가 하는 입법학적 논의가 아니고 — 현행법이 규정하는 개념의 성질을 살피는 해석학에서, 이의 형식논리성 또는 당사자의 통상의 의사 등을 문제삼는 것이 과연 적합한지 의문이다. 만약 그러한 점을 문제삼는다면 — 앞의 융합계약설과 마찬가지로 — 위임과 대리의 구별을 전제로 하는 「수권행위」라는 개념 자체를 부인하고, 나아가 대리권이라는 개념도 달리 구성해야 하지 않을까? 더 근본적인 문제로서, 당사자의 의사 내지 일반인의 법감정과 부합해야 하는 것은 전문적 · 기술적인 법개념 자체가 아니라 구체적 사안에 그러한 개념을 적용함으로써 얻어지는 결과이다. 그런데 수권행위를 무인행위로 삼느냐 여부에 따라서 달라지는 실제적 결과는, 원인계약이 대리인의 무능력이나 의사표시상의 결함으로 인하여 소급적으로 효력을 잃게 된 경우에 그로 인하여 이미 행해진 대리행위의 효력이 영향받게 되는가 하는 점이다(즉 무인설을 취하면 그 대리행위는 유권대리행위로서 그대로 유효하나, 유인설을 취하면 무권대리가 되어 효력을 잃는다). 그리고 일반인의 법감정 그리고 거래안전을 고려할 때 대리행위의 효력은 영향받지 않는다고 하는 것이 타당하다. 그렇다면 수권행위를 무인행위로 구성한 법기술은 당사자의 의사에 반한다고 할 수 없을 것이다(유인설은 위와 같은 결과를 회피하기 위하여 원인계약이 무효가 되더라도 수권행위는 장래에 향해서만 무효가 된다고 한다. 이의상세와 문제점은 후술한다. [753]).

다음으로 제128조 1문은 단지 대리권의 소멸에 관한 것인데, 대리권의 소멸이 원인

---

8) 이영준, 531, 532면.

관계의 소멸에 의존한다는 점이 대리권의 성립도 원인관계의 성립에 의존한다는 점을 당연히 이끌어 내는지 의심스럽다.[9] 끝으로 2원설을 살펴보면, 내부적 수권과 외부적 수권은 단지 수권행위의 상대방에 차이를 가지는 것인데, 이러한 차이에 따라 수권행위의 성질이 달라진다고 하는 것이 타당한지 의문이다.

(3) 수권행위의 상대방 수권행위의 상대방은 대리인에 한정되는가 아니면 [703]
제3자에게도 행해질 수 있는가?

㈎ 우선 수권행위를 계약으로 보는 입장에서는 전자로 해석할 것이다. 그러나 이를 단독행위로 보는 입장에서는 후자로 해석할 수 있다. 그런데 단독행위설 중에서도 일부 견해는 대리인만이 그 상대방이 될 수 있다고 한다.[10] 그러나 대리권은 대리인의 제3자에 대한 외부적 관계에서의 지위라는 점에서 볼 때, 대리인과 거래할 제3자도 이의 상대방이 될 수 있다고 하는 것이 타당하지 않을까?[11] 이에 의하면 예컨대 갑(본인)이 을(대리인)을 통하여 병과 계약을 체결하고자 하는 경우에, 갑은 을에 대해서뿐만 아니라 병에 대해서도 수권행위를 할 수 있다.

㈏ 제3자에 대한 수권행위(외부적 수권행위)에 관해서 살펴보면,

ⓐ 위의 예에서 병에 대하여 「을에게 대리권을 준다」는 효과의사를 표시하는 경우 이외에, 그에 앞서 먼저 을에게 대리권을 주고 나서 그 이후에 병에게 그러한 사실을 알리는 경우, 즉 「이미 을에게 대리권을 주었다」고 하는 것도 제3자에 대한 수권행위가 되는가? 수권행위는 대리권의 수여라는 법률효과에 향해진 것이므로 이의 성질은 의사표시인데, 후자는 대리권수여의 사실을 알리는 것으로서 따라서 관념의 통지이다. 그러므로 이론적으로는 이를 부인하는 것이 타당할 것이다.[12] 그러나 이 경우에는 제125조에 의하여 표현대리가 성립하므로([780]), 외부적 수권행위가 행해진 것과 동일한 효력을 가진다. 그러므로 실제적으로는 이를 외부적 수권행위와 같이 취급하는 것이 타당하지

9) 특히 이 견해는 위 법조에 해당하는 독일민법 제168조 1문에 기하여 독일에서도 유인설이 지배적이라고 말하는데, 이는 매우 의심스럽다. 필자의 이해로는 독일민법은 대리와 위임의 준별을 기초로 하므로 대리권의 성립 · 범위 · 존속 등은 당연히 위임의 그것에 의존치 않을 것이지만, 위임관계를 소멸시킬 때에는 대리권도 소멸시키려는 것이 통상적이므로 소멸에 관해서는 예외로 양자를 의존시키도록 하는 것이 타당하다고 판단하여, 예외규정으로서 위의 규정을 둔 것 — 즉 대리권의 성립 및 범위가 위임의 그것에 의존하지 않는 것은 당연한 것이니까 명문규정을 둘 필요가 없지만 이의 소멸은 예외적으로 위임의 그것에 의존하므로 명문규정을 둔 것(즉 예외이니까 명문규정이 필요) — 으로 안다(Staudinger/Coing, Vor §164 Rn. 10, §167 Rn. 1 a; MünchKomm., §164 Rn. 89).

10) 고상용, 479면.

11) 동지: 이영준, 527면.

12) 이영준, 527면은 이와 반대로, 대리인에 대한 수권행위(내부적 수권행위)가 있음을 제3자에게 표시하는 것만을 외부적 수권행위라고 한다.

않을까?

(b) 외부적 수권행위가 있은 때에는 대리권의 범위는 그 수권행위의 해석에 의해서 결정되고, 대리권의 소멸을 제3자에게 알려야 비로소 그러한 효력이 생긴다고 할 것이다.

[704] (4) 수권행위의 방식

(가) 원칙적으로 수권행위에는 아무런 방식도 필요치 않다(不要式行爲). 따라서 묵시적으로도 행해질 수 있다. 실제로는 대리인에게 위임장을 주는 것이 관례이다. 그리고 위임장은 본인(갑)이 대리인(을)에게 대리권을 수여하였다는 점(즉 을이 자신의 대리인이라는 점)을 제3자에게 알리기 위하여 발행 · 교부하는 것인 바, 따라서 위임장의 발행 · 교부는 실제적으로 외부적 수권행위가 된다.

수권행위는 원인계약과는 구별된다고 하나, 이는 수권행위와 원인계약이 언제나 별개의 행위로 행해져야 한다는 것을 의미하는 것은 아니다. 그런데 수권행위는 원칙적으로 불요식행위이므로, 양자는 대부분 외형상 하나의 행위로 합체되어서 행해질 것이다. 그러므로 구체적 경우에 과연 수권행위가 있었느냐 여부 — 그리고 나아가 어떠한 범위의 대리권을 수여하였는가 — 는 그때 그때의 법률행위를 해석하여 결정하는 수밖에 없다(과연 대리권도 수여하였는가 여부에 관한 판례는 126조의 표현대리 부분에서 살펴 본다([794] 참조)).

[705] (나) 그러나 수권행위는 일정한 대리행위를 수행토록 하기 위하여 주어지는 것이므로, 그 대리행위가 요식행위인 경우에는 방식을 요구하는 취지를 고려하여, 필요한 때에는 수권행위시에도 방식을 필요로 한다고 해야 할 것이다. 방식이 행위자에게 신중을 기하도록 하려는 취지에 기한 경우가 그러하다. 왜냐하면 그러한 방식을 수권행위시에 요구해야 방식을 요구하는 취지가 달성되기 때문이다. 반면에 방식이 법률행위의 내용을 확실하게 하거나 법률행위의 존재를 증명하기 위한 것이라면, 그러한 방식은 대리행위시에 갖추어짐으로써 충분할 것이다.

위임장의 특수한 것으로서 白地委任狀이라는 것이 있다. 이는 수임인을 특정하지 않고 이를 백지로 하여 위임장을 발행하고, 위임장이 전전 유통된 후에 최후의 취득자가 수임인으로서 자기 이름을 기입하는 것이다. 이는 주주총회에서의 의결권 행사, 주식의 명의개서 등을 위한 위임장에 이용된다. 그런데 때로는 대리인에게 부당한 권한을 수여케 하는 수단으로 이용되는 경우도 적지 않다(예: 가등기담보를 위한 제소전화해에 쓰기 위하여 담보권자가 담보권설정자의 대리인의 표시를 백지로 하는 백지위임장을 받아 두었다가 임의로 보충할 수 있도록 약정하는 경우). 이러한 경우에 그 효력은 뒤에서 살핀다([722]). 그러나 이러한 특별한 사정이 없는 한, 이의 작성자는 이의 작성에 의하여 위임계약의 청약 및 수권행위를 한 것이고, 최후의 취득자가 백지에 자기 이름을 수임인으로 기입함으로써 양자 간에 위임계약이 성립하고 또 그 수임인에 대한 수권행위가 완성됨으로써 대리권이 성립하게 된다고 할 것이다. 그리고 만약 수임인이 위임인(백지위임장 작성자)과의 약

정에 위반하여 백지를 보충한 경우에는 대리권남용 이론에 의하여 해결할 것이다.[13)]

(5) 수권행위도 법률행위의 일종이므로 이의 일반적인 유효요건을 갖추어야 한다. 따라서 예컨대 본인이 착오로 원인계약을 체결하고 아울러 수권행위를 한 경우에, 그 원인계약과 함께 수권행위를 취소할 수 있다(이때에는 취소 전에 이미 행해진 대리행위는 무권대리행위로 된다. 다만 125조의 적용 여부가 문제될 것이다). [706]

이와 관련해서 문제되는 것은, 미성년자(혹은 한정치산자)가 수권행위를 함에는 언제나 법정대리인의 동의를 얻어야 하는가 하는 점이다. 대리권은 일정한 법률행위를 하도록 하기 위하여 주어지는 것인 바, 따라서 미성년자가 예외적으로 단독으로 할 수 있는 법률행위를 대리케 하기 위하여 대리권을 수여하는 경우에는 동의를 요구할 필요가 없다. 따라서 이러한 경우에는 단독으로 수권행위를 할 수 있다고 해야 할 것이다.[14)]

(6) 본인은 대리권을 수여한 이후에도 그 대리권이 목적으로 하는 행위를 스스로 행할 수 있다. 즉 대리권의 수여에 의하여 본인의 권한이 제한되지는 않는다. 제한된다고 한다면 사적자치의 원칙에 반하기 때문이다. 그리고 이러한 점은 특히 철회불가한 대리권의 경우에도 마찬가지이다.[15)] [707]

이와 같이 대리권의 수여로 본인의 권한이 제한되지 않으므로, 대리인과 본인이 동일한 행위를 서로 상반되게 행할 수 있다. 그러면 그러한 경우에 그 효력은 어떠한가? 만약 양 행위가 같이 행해졌다면 권리주체인 본인의 행위가 우선한다고 해야 할 것이다. 양 행위가 서로 각기 행해진 경우에는, 양행위의 관계는 일반원칙에 의하여 정해진다. 즉 단순한 채권행위인 경우에는 두 행위 모두 유효하고 양자는 서로 평등한 관계에 있으며, 물권행위인 경우에는 먼저 행해진 것이 우선한다. 다만 무권리자로부터의 선의취득이 인정될 수 있다. 즉 예컨대 갑이 X물건의 매각을 을에게 의뢰하면서 이를 인도하였는데, 그 후 갑이 병에게 이를 먼저 매각하고 반환청구권 양도의 방법으로 인도하였으며, 그런데 그러한 사정을 모르고 을이 그 후 이를 정에게 팔고 인도한 경우에, 병이 일단 이의 소유권을 취득하게 되나, 정이 선의취득의 요건을 갖추었다면 정이 새로이 이의 소유권을 취득하게 된다.

2. 법정대리권의 발생원인 [708]

(1) 법정대리권이 발생하는 경우는 세 가지로 나눌 수 있다.

---

13) 이영준, 전게부분.

14) 이러한 해석은 수권행위와 대리행위와의 관련성을 고려하여야 한다는 점에 기초한 것으로서, Müller-Freienfels, 전게서([687] 주 3)에 의하여 제시된 것이다.

15) 독일의 다수설(Soergel, §168 Rn. 30; Staudinger/Coing, §168, Rn. 12 b; Flume, §53 6; Tempel, Die Stellvertretung (in: Grundlagen des Vertrags und Schuldrechts), 1974, 245면 및 판례(BGHZ 3, 354; 20, 363; NJW 70, 468). 다만 반대설 있음(Müller-Freienfels, 전게서, 125면 이하).

(i) 본인에 대하여 일정한 신분상의 지위를 가지기 때문에 법률상 당연히 법정대리권이 발생하는 경우(예: 911조에 의한 친권자, 932조~934조에 의한 후견인, 1095조에 의한 유언집행자)

(ii) 본인 이외의 私人의 지정에 의한 경우(예: 931조에 의한 후견인, 1093조 · 1094조에 의한 유언집행자)

(iii) 법원의 선임에 의한 경우(예: 22조 · 23조에 의한 부재자 재산관리인, 936조에 의한 후견인, 1023조 · 1040조 · 1044조 · 1047조 · 1053조 등에 의한 상속재산관리인, 1096조에 의한 유언집행자)

(2) 위의 각 경우에 법정대리권의 발생원인은, (i)의 경우에는 법률의 규정, (ii)의 경우에는 지정권자의 지정, (iii)의 경우에는 법원의 선임행위이다.

그 밖에 대리권을 발생시키는 법규상의 근거가 없는 경우에는 법정대리권은 발생하지 않는다.

[709] Ⅲ. 대리권의 범위

대리권의 범위는 법률의 규정 혹은 수권행위에 의하여 정해진다.

1. 임의대리권의 범위

(1) 수권행위의 해석 임의대리권의 범위는 원칙적으로 수권행위에 의하여 정해진다(다만 상법은 거래안전을 위하여 특정한 유형의 대리인에 관하여 대리권의 범위를 법정한다. 상법 11조, 15조, 16조 참조). 따라서 대리인이 어떠한 범위의 대리권을 가지느냐는 수권행위의 해석에 의하여 정해진다. 법률행위의 해석은 법률행위제도의 운영에 있어서 언제나 중요한 의미를 가지지만, 이러한 점은 수권행위의 해석에 있어서 특히 그러하다. 왜냐하면 대리권의 범위는 대리행위의 상대방 및 일반 제3자에게 영향을 미치기 때문이다.

수권행위는 대리인에게 행해질 수도 있고 제3자에게 행해질 수도 있는데, 후자의 경우에는 제3자의 시각에서 대리권의 범위를 해석해야 함은 자명하다. 뿐만 아니라 대리인에게 행해진 경우에도 대리인의 신뢰를 보호할 필요는 없으므로, 대리인의 시각에서가 아니라 객관적 시각에서 해석해야 한다(즉 수권행위에 대한 대리인의 이해(가능성)가 아니라 일반인의 이해(가능성)을 고려해서 해석).

대리권의 범위에 관한 판례를 살펴보면, 매매계약의 체결을 위한 대리권을 가진 자는 그 매매계약을 해제할 대리권까지 가지는 것은 아니다.[16] 또 錢主를 위하여 금전소비대차계약과 그 담보를 위한 담보권설정계약을 체결할 대리권을 수여받은 사채알선업자는 그러한 계약이 체결된 후에 이를 해제할 권한까지 당연히 가지지는 않는다.[17] 임의대리권은 그 원인인 법률관계의 종료에 의하여 소멸하는 것이므로, 특별한 사정이 없는 한 부동산을 매수할 권한을 수여받은 대리인에게 그 부동산을 처분할 대리권까지 있다고는 볼 수 없다.[18] 그러나 부동산을 매각

16) 대판 1987. 4. 28. 85다카971[집 35-1, 304].

17) 대판 1997. 9. 30. 97다23372.

18) 대판 1991. 2. 12. 90다7364[집 39-1, 137]. 동지: 대판 1957. 10. 21. 4290민상461, 462[총람 제126

할 대리권을 수여받은 대리인은 중도금이나 잔금을 수령할 권한을 가지며, 매매계약의 체결과 이행에 관하여 포괄적으로 대리권을 수여받은 대리인은 특별한 다른 사정이 없는 한 상대방에게 약정된 매매대금지급기일을 연기하여 줄 권한도 가진다.[19] 자기의 부동산을 담보로 금전을 차용해 줄 것을 부탁한 경우에는, 그 담보의 형식 혹은 차용의 형식이 무엇이든 그 금액의 범위에서 차용 및 담보설정의 대리권을 준 것이다.[20] 경매입찰의 대리권은 경락허가결정 후에 채권자의 강제경매신청 취하에 동의할 권한을 포함하지 않는다.[21] 교회의 당회장은 그 교회가 소속된 장로회의 헌법에 따라 그 교회를 대표하여 그 소유부동산에 관한 소송을 제기 · 수행할 권한을 가진다.[22] 종중의 門長은 당연히 종중의 재산권을 처분할 권한을 가지지는 않는다.[23]

(2) 대리권의 유형과 본인의 지시 본인이 대리인에게 일을 맡기면서 그 내 [710]
용이나 상대방 등에 관하여 일정한 제한을 가하거나 일정한 지시를 하는 경우가 많다(예컨대 매각대금을 일정액 이상으로 하도록 하거나, 특정인에게 매각하도록 하는 경우). 그러한 제한 혹은 지시는 우선 본인과의 내부관계에서 대리인에게 의무를 부과하는 것이다. 그러면 더 나아가 그러한 지시 등은 대리권의 범위도 제한하는가?

(가) 일반론으로서, 대리는 권리의무를 내용으로 하는 위임과는 별개의 형식적 지위 · 자격을 본질로 한다는 점에서 볼 때에는, 이를 부인하는 것이 타당할지 모른다. 더욱이 대리와 위임의 준별의 취지가 대리권의 범위를 제3자로서는 알 수 없는 내부관계상의 지시에 의하여 영향받지 않도록 하려는데 있는 점에서 볼 때 더욱 그러하다. 그러나 대리권의 범위는 수권행위에 의해서 정해지는 바, 그러한 지시를 하는 수권자(본인)의 의사가 이로써 대리권의 범위를 제한하려는 것인 때에는 이를 긍정해야 할 것이다. 그러므로 이는 의사표시의 해석에 의하여 정해진다. 그런데 대리권은 특정한 법률행위에 관해서만 주어질 수도 있고(개별대리권), 일정한 종류의 행위 전반에 관하여(종류대리권) 혹은 본인이 할 수 있는 모든 행위에 관하여 포괄적으로(포괄대리권) 주어질 수도 있다. 또 본인은 대리인에게 수권행위를 할 수도 있고, 제3자에게 수권행위를 하거나 혹은 수권사실을 알릴 수도 있다. 따라서 수권행위의 해석에서는 대리권의 유형, 수권행위의 상대방 등이 고려되어야 할 것이다.

(나) 이하에서는 이중에서 대리권 유형에 따른 대리권 범위의 차이를 살펴본다. [711]

(a) 개별대리권의 경우에는, 그러한 지시를 하는 본인의 의사는 일반적으로 그에 의

조, 19]; 대판 1987. 4. 28. 85다카971[집 35-1, 304] 등.

19) 대판 1992. 4. 14. 91다43107.

20) 대판 1987. 9. 8. 86다카754; 대판 1989. 1. 17. 87다카1698[공 843, 286]; 대판 1991. 1. 15. 90다10605.

21) 대판 1983. 12. 2. 83마201[집 31-6, 민 51].

22) 대판 1985. 11. 26. 85다카659[집 33-3, 187].

23) 대판 1978. 5. 23. 78다570[집 26-2, 민 94].

하여 대리권의 범위를 한정하려는 것이다. 그러므로 지시는 대리권을 제한하는 것이라고 해야 한다. 이에 의하면 그러한 지시를 위반한 경우에 이는 대리권의 범위를 넘은 무권대리가 되고, 따라서 제126조의 표현대리가 성립해야 대리의 효과가 생길 것이다. 판례 중에는 상대방을 특정하여 대리권을 수여하였는데 대리인이 다른 자와 대리행위를 한 경우,[24] 혹은 본인으로부터 부동산을 일정 가격으로 매도할 것을 위임받은 대리인이 그 금액보다 저렴한 가격으로 매도한 경우에 표현대리가 성립한다고 한 것이 있는바,[25] 따라서 판례도 이러한 입장이다. 그러나 개별대리권의 경우에도 만약 제3자에게 수권행위를 하면서 제3자에게 그러한 점을 알리지 않은 때에는, 그러한 지시는 대리권의 범위를 제한하지 않는다고 해야 한다(예컨대 갑이 을에게 부동산 매각에 관한 위임장을 교부하였으나, 그 위임장에 지시내용이 기재되지 않은 경우).

(b) 이와 달리 종류대리권 혹은 포괄대리권의 경우에는, 그러한 제한이나 지시는 대리권의 범위에 영향을 주지 않는다고 해야 할 것이다. 우선 상법은 이러한 점을 명언한다. 즉 상법은 지배인의 권한범위로서 「영업주에 갈음하여 그 영업에 관한 재판상 또는 재판외의 모든 행위를 할 수 있다」고 규정한다(상법 11조 1항. 상법 11조 3항은 나아가 「지배인의 대리권에 대한 제한은 선의의 제3자에게 대항하지 못한다」고 규정하나, 여기에서 살피는 내부적인 제한이나 지시 등은 이 규정에서 말하는 「대리권의 제한」에 해당하지 않는다). 또 회사의 대표이사에 관하여 「회사의 영업에 관하여 재판상 또는 재판외의 모든 행위를 할 권한이 있다」고 규정한다(상법 209조 1항, 389조에 의한 준용. 여기에서도 209조 2항은 「전항의 권한에 대한 제한은 선의의 제3자에게 대항하지 못한다」고 하는 규정을 두나, 이의 의미는 앞에서 말한 바와 동일하다). 다음으로 부분적 포괄대리권을 가진 사용인은 「이에 관한 재판 외의 모든 행위를 할 수 있다」고 하고(상법 15조 1항), 물건판매점포의 사용인은 「그 판매에 관한 모든 권한이 있는 것으로 본다」고 규정한다(상법 16조 1항). 전2자는 포괄대리권에 해당하고, 후2자는 종류대리권에 해당한다. 그리고 이와 같이 대리권의 범위가 법정되어 있는 때에는 대리인에 대한 제한 · 지시는 단지 내부적 효력을 가질 뿐이고 따라서 대리권의 범위에 영향을 미치지 않는다고 해야 한다.

문제되는 것은 그와 같은 명문규정이 없는 경우이다(교회의 당회장, 종중의 대표자(門長) 등이 이에 해당할 것이다). 생각건대 포괄대리권 혹은 종류대리권을 주는 것은 대리인에게 대리행위에 관하여 폭넓은 재량권을 주기 위해서이다. 따라서 이런 경우에 내부적인 제한 · 지시는 단지 내부적 지침 내지 참고사항일 뿐이고 대리권 자체를 제한하려는 의사는 아니라고 하는 것이 타당할 것이다. 이런 점에서 명문규정이 없는 포괄 혹은 종류대리인의 경우에도 동일하게 해석하는 것이 타당할 것이다.

(c) 대리권의 유형, 즉 개별대리권이냐 종류 혹은 포괄대리권이냐 하는 점의 판단에서는, 대리의 본질이 제3자와의 법률행위를 위한 것이라는 점에서 볼 때, 객관적 시각

---

24) 대판 1968. 6. 18, 68다694.

25) 대판 1971. 10. 22, 71다1921[요지 제126조 三, 나 45].

에 의해야 할 것이다(규범적 해석). 따라서 예컨대 대리인에게 특정한 일을 단지 1회적으로 맡기는 것이 아니고 일정한 종류의 일을 상당 기간 맡기는 경우에는(예컨대 본인의 부동산의 관리 운영을 대리인에게 장기간 맡긴 경우) 종류대리권에 준하여 취급하는 것이 타당할 것이다.

(3) 제118조　「권한을 정하지 아니한 대리인은 다음 각호의 행위만을 할 수 있다. 1. 보존행위 2. 대리의 목적인 물건이나 권리의 성질을 변하지 아니하는 범위에서 그 이용 또는 개량행위」(118조). 이 규정은 대리권이 수여되었음은 긍정되지만 그 범위가 수권행위 해석에 의해서도 명백히 되지 않는 경우에, 그에 관하여 보충적인 규정을 둔 것이다(즉 이 규정은 당사자의 통상적 의사를 추측한 것이 아니고, 공평한 규율을 위한 것이다([482]). [712]

㈎ 관리행위　여기에서 보존행위 및 재산의 성질을 변경시키지 않는 이용행위·개량행위를 총칭하여 관리행위라고 한다. 이하에서 각 행위의 내용을 살핀다.

(a) 보존행위　보존행위는 물건이나 권리의 사용가치나 교환가치를 현상대로 유지하고 이의 감소를 방지하기 위한 행위이다. 건물의 수선·소멸시효의 중단 등이 이의 대표적 경우이다. 그 외에 미등기 부동산의 등기도 보존행위에 해당한다. 그러나 대물변제·경개 등은 새로운 이익의 교환이 있으므로 보존행위에 속하지 않는다.

보존행위인가 여부는 재산 전체에서 보아 실질적 각도에서 판단되어야 한다. 따라서 예컨대 기한이 도래한 채무를 변제하는 행위, 부패하기 쉬운 물건을 처분하는 행위 등은 형식적으로는 처분행위이나, 실질적으로는 이의 가치를 현상대로 유지하는 것이므로 보존행위에 속한다.

일부 견해는, 보존행위라고 하기 위해서는 그러한 행위를 할 필요성이 있어야 한다고 하고, 따라서 긴급을 요하는 경우에 한하여 보존행위를 할 수 있다고 한다.[26] 그러나 그러한 제약은 위임계약상의 의무에 불과하고, 그것이 단순한 지위·자격인 대리권의 범위를 한정하는 것은 아니다. 따라서 필요 없는 보존행위를 한 경우에도 그 행위는 대리권의 범위 내의 행위로 되고, 다만 대리인은 본인에 대하여 위임계약상의 의무위반으로 인한 책임을 질 뿐이다.

(b) 이용 및 개량행위　이용행위는 물건이나 권리를 사용·수익하는 행위이다. 건물을 임대하거나 금전을 이자부로 대여하는 행위가 그것이다. 개량행위는 물건이나 권리의 사용가치나 교환가치를 증대시키는 행위이다. 무이자대여를 이자부대여로 바꾸거나, 소유권에 설정된 담보물권을 제거하는 행위가 그것이다.

이러한 이용행위 및 개량행위는 물건이나 권리의 성질을 변경시키지 않는 범위에서 할 수 있을 뿐이다. 성질을 변경시키는지 여부는 궁극적으로 거래관념에 의하여 결정된

26) 김용한, 주석 민법총칙(하), 339면.

다. 예금을 주식으로 바꾸거나 은행예금을 개인에게 대여하는 행위는 성질을 변경하는 것이라고 볼 것이다.

[713] (나) 본조의 적용에서 유의할 점이 있다.

(a) 판단의 抽象性 어떠한 행위가 위에 말한 보존행위, 이용 · 개량행위에 속하는가 여부는 추상적으로 행위의 종류에 의하여 판단된다. 그 행위가 실제적으로 본인에게 이익을 주었는가 하는 점은 이의 판단에 영향을 미치지 않는다. 따라서 ① 예컨대 추상적으로 개량행위에 속하는 행위(예컨대 이자부대여)를 하였는데 차용인의 파산으로 실제적으로는 본인에게 불이익을 주었더라도, 그 행위는 대리권의 범위 내의 행위가 된다. 이 경우에 대리인은 선관주의의무를 다하지 않아 책임을 질 가능성이 있지만, 이는 어디까지나 내부관계상의 문제이다. ② 반대로 성질을 변경시키는 이용행위(예컨대 예금을 주식으로 전환)를 한 경우에는, 비록 그로 인하여 본인에게 이익을 주었더라도, 그 행위는 대리권을 넘은 행위가 된다. 다만 본인이 그 결과를 바라면 추인을 할 것이다.

(b) 비록 수권행위 자체에서는 대리권의 범위가 명확히 표시되지 않았으나, 대리인의 지위에 일정한 범위의 대리권이 수반된다고 일반적으로 인식되는 경우, 즉 대리권의 범위가 사회관념상 定型化된 경우에는, 그러한 범위의 대리권이 수여된 것으로 해석될 것이므로, 본조는 적용되지 않는다. 그 외에 법률에 특별한 규정이 있으면 본조가 적용되지 않음은 물론이다(그러한 특별규정으로는 앞서 소개한 상법 11조 1항, 15조 1항, 16조 1항).

[714] 2. 법정대리권의 범위

법정대리권의 범위는 법률의 규정에 의하여 결정된다. 이중 무능력자의 법정대리인의 권한에 관해서는 전술하였으므로([162] 이하), 재산관리인의 권한을 간단히 살핀다.

법률은 대부분의 재산관리인의 대리권을 관리행위에 한정시키며, 이를 넘은 행위를 하는 경우에는 법원의 허가를 얻도록 한다(25조, 1023조 2항, 1047조 2항, 1053조 2항, 1101조). 더 나아가 직무상 각종의 의무를 부가함으로써 계속해서 대리인을 감독한다(24조, 1023조 2항, 1047조 2항, 1053조 2항, 1100조, 1106조).

[715] Ⅳ. 각자대리 · 공동대리

1. 각자대리의 원칙

「대리인이 수인인 때에는 각자가 본인을 대리한다. 그러나 법률 또는 수권행위에 다른 정한 바가 있는 때에는 그러하지 아니하다」(119조). 수인의 대리인이 각자 대리하는 것을 各自代理라 한다. 법이 이를 원칙적인 것으로 규정한 것은 편의를 위해서이다.

각자대리의 경우에는, 어느 한 대리인이 대리행위를 하였더라도 다른 대리인의 권한에는 영향이 없다. 따라서 다른 대리인이 그 후 동일한 업무에 관해서 행한 대리행위도 유효하다. 양 대리행위가 동일한 목적을 가진 경우에 양자의 관계는 일반원칙에 의한다(예컨대 본인의 물건을 매각할 대리권이 갑 및 을에게 주어진 경우에, 갑이 매매계약을 체결한 후에도 을은 다시 매매계약을 체결할 수 있으며, 그 경우에 두 개의 매매계약은 평등한 관계에 있고, 먼저 소유권이전등기를 받은 상대방이 소유권을 취득한다).

2. 공동대리 [716]

(1) 총 설 법률(부모가 공동으로 친권을 행사하도록 하는 909조는 이의 한 예이다) 혹은 수권행위에서 수인의 대리인이 공동으로 본인을 대리하도록 정한 때에는 수인이 공동으로만 대리행위를 할 수 있다. 이를 共同代理라고 한다. 이는 대부분 종류대리권 혹은 포괄대리권의 경우에 인정된다.

(가) 공동대리의 취지는 대리행위를 함에 있어서 수인의 대리인이 함께 의사를 결정하고 서로 견제하도록 함으로써 대리행위의 적절성을 기하려는 것이다. 그러므로 어떤 공동대리인이 다른 공동대리인에게 포괄적으로 의사결정권한을 위임하는 것은 공동대리의 취지를 말살시키는 것으로서 허용되지 않는다.[27)]

(나) 공동대리는 대리권을 제한하는 것이다. 다만 통상적인 대리권 제한은 대리행위를 할 수 있는 범위에 관한 양적 제한이나, 공동대리는 행위하는 방법에 관한 제한이라는 특성을 가진다.

(다) 공동대리에서는 수인이 함께 대리인이 되는 것이므로, 언제나 수인을 대리인으로 표시해야 한다. 다만 공동대리의 취지 및 실제의 편의를 고려할 때, 의사결정을 공동으로 한 때에는 그에 기한 실행행위는 어느 1인이 하여도 된다고 할 것이다(즉 공동대리인이 함께 의사결정을 내린 후에, 어느 한 사람이 공동대리인 전원의 이름으로 대리행위를 하면 된다).[28)] — 이 문제는 공동의 범위라는 문제로 논해지기도 한다. 그리고 단지 의사결정을 공동으로 하면 족하다는 견해와 표시행위를 공동으로 해야 한다는 견해가 대립된다고 소개하기도 한다.[29)] 그러나 공동대리에서는 수인 전부가 대리인이므로, 전자의 견해에 의하더라도 현명주의의 원칙상 대리인 전원의 이름을 표시해야 하는 점은 당연하다. 그러므로 그와 같은 학설의 구별은 의문이다.

(2) 효 과 [717]

(가) **1인에게 존재하는 사정 등** 공동대리인 중 1인의 의사흠결은 대리행위 자체의 효력을 잃게 한다. 즉 제116조에서의 의사흠결, 知 · 不知, 과실 등을 고려함에 있어서는 공동대리인의 어느 1인에게 그와 같은 사정이 있는 것만으로 족하다. 예컨대 1인

27) 공동대표를 두고 있는 주식회사에서 1인의 대표이사가 다른 1인의 대표이사에게 대표권행사를 일반적 · 포괄적으로 위임하는 것은 허용되지 않는다(대판 1989. 5. 23. 89다카3677[집 37-2, 134]).

28) 고상용, 494면; 김용한, 350면; 이영준, 565면; 장경학, 547면.

29) 예컨대 이영준, 565면; 이은영, 617면.

에게 과실이 있는 경우에는 대리행위 전체가 이의 영향을 받는다.[30]

(나) **위반의 효과** 공동대리에 위반한 경우에 그 행위의 효력은 어떠한가? 위반의 형태로는 표시는 공동명의이나 의사결정을 단독으로 한 경우와 양자 모두 단독으로 한 경우(즉 단독으로 의사결정을 하고 나아가 자신만을 대리인으로 표시한 경우)가 있다. 이중에서 표시도 단독 명의로 한 경우에 무권대리가 됨은 의문이 없다. 문제는 단지 의사결정만을 단독으로 한 경우이다. 의사결정방법은 내부적 사항이라는 점에서 보면, 그 위반행위는 무권대리가 아니게 된다(따라서 단지 대리권 남용의 법리에 의하여 대리효과를 부인할 수 있을 뿐이다). 그러나 공동대리는 대리권의 행사방법에 대한 제한으로서, 따라서 그 위반행위는 대리권을 넘은 무권대리로서 무효라고 해야 할 것이다. 다만 제126조의 표현대리가 성립할 여지가 많다(그러나 법인에서의 공동대표에서는 이를 정관에 기재하고 등기해야 하며, 위반행위의 효력과 관련해서는 126조는 배제되고 등기의 대항력에 관한 60조에 의하여 규율될 것이다). 다만 공동대리가 법률의 규정에 기한 경우에는(미성년자의 부모가 그 대표적 예이다(909조 2항 본문)), 이는 강행규정으로서 따라서 그 위반행위는 무효라고 해야 할 것이다.

[718] (3) **수동대리의 경우** 상법 제12조 2항(회사에서의 공동대표에 관해서는 동법 208조 2항 및 이를 준용하는 389조, 562조 4항)은 受動代理의 경우에는 공동대리가 적용되지 않음을 규정하고 있다. 그러면 민법에서는 수동대리의 경우에 그러한 예외가 인정되지 않는가? 일부 견해는 법률의 근거가 없다는 이유로 반대한다.[31] 그러나 상호간의 견제를 통하여 대리행위의 적절성을 기한다고 하는 공동대리의 취지를 고려할 때, 대리인이 의사결정을 하지 않는 수동대리의 경우에는 공동을 요구할 필요가 없다고 하는 것이 타당하다. 뿐만 아니라 수동대리의 경우에도 공동을 필요로 한다면 상대방은 모든 공동대리인에게 의사표시를 해야 비로소 그 효력이 생기게 되는 바, 따라서 본인의 이익을 위한 공동대리로 인하여 상대방인 표의자가 불이익을 입게 되는 부당성이 생긴다. 따라서 본인의 이익을 위한 수동대리에는 공동대리는 적용되지 않는다고 해야 한다.[32]

[719] V. 자기계약 · 쌍방대리의 금지

1. 의 의

「대리인은 본인의 허락이 없으면 본인을 위하여 자기와 법률행위를 하거나 동일한 법률행위에 관하여 당사자 쌍방을 대리하지 못한다. 그러나 채무의 이행은 할 수 있다」(124조). 여기에서 「본인을 위하여 자기와 법률행위」를 하는 것이 自己契約이고, 「동일한 법률행위에 관하여 당사자 쌍방을 대리」하는 것이 雙方代理이다. 즉 자기계약은

---

30) Tempel, 전게서([707] 주 15), 272면; RGZ 53, 231; 110, 146; OLG Hamburg BB 50, 770.

31) 곽윤직, 461면.

32) 고상용, 495면; 김용한, 351면; 이영준, 567면; 장경학, 548면.

예컨대 갑으로부터 부동산 매각의 위임을 받은 을이 한편으로 갑을 대리하여 이를 자신에게 매각하는 대리행위를 하고 다른 한편으로 스스로의 자격으로 이를 매수하는 경우와 같이 대리인이 동시에 본인(대리행위의 상대방)이 되는 것이고, 쌍방대리는 위의 예에서 을이 한편으로 갑을 대리하여 이를 병에게 매각하고 다른 한편으로 병을 대리하여 갑으로부터 이를 매수하는 경우와 같이 대리인이 동시에 쌍방을 대리하는 것이다. 자기계약 및 쌍방대리는 대부분 계약에서 성립하지만, 상대방 있는 단독행위에서도 성립할 수 있다. 예컨대 대리인이 본인의 이름으로 자기 자신에 대하여 단독행위를 하는 경우에도 자기계약으로 된다(이 때에는 엄격히는 자기「계약」은 아니다).

위 규정은 자기계약 · 쌍방대리를 원칙적으로 금지한다. 따라서 이에 의하여 대리권이 제한된다.

2. 금지의 취지(본조의 근거) [720]

(1) 대리에 있어서 본인 · 대리인 · 상대방의 3면의 관계가 생긴다고 하는 것은, 현실로 3인의 인격자를 필요로 한다는 의미는 아니고 법률상 3주체를 필요로 한다는 의미이다. 따라서 이론상 자기계약 · 쌍방대리도 대리로서 유효하게 성립할 수 있을 것이다. 그러나 이를 원칙적으로 허용한다면, 대리인은 본인의 이익보다는 자신의 이익을(자기계약의 경우) 혹은 본인 중 어느 일방의 이익을(쌍방대리의 경우) 도모함으로써, 본인의 이익이 부당하게 침해될 우려가 있다. 이런 점에서 위 규정은 본인의 이익을 보호하기 위한 정책적 이유에서 자기계약 등을 금지한 것이다. 이러한 점은 채무이행의 경우에는 자기계약 등을 허용하는 점에서 잘 나타난다. 왜냐하면 이 경우에는 새로운 이해관계가 형성되는 것이 아니고 이미 성립한 이해관계의 결제에 지나지 않아 본인의 이익을 침해할 우려가 없기 때문이다.[33]

(2) 제124조가 자기계약을 금지하는 취지가 본인의 이익보호에 있다면, 금지되는 행위를 자기계약 혹은 쌍방대리 전반으로 할 것이 아니라 — 제64조나 제921조에서와 같이 — 본인과 대리인 간에 「이해가 상반되는 행위」로 한정하는 것이 합목적적일 것이다. 그럼에도 자기계약 등을 일반적 · 전반적으로 금지한 이유는 무엇인가? 대리는 본질

33) 통설. 이영준, 557면은, 계약은 2인 이상의 자가 그의 의사결정에 의하여 하나의 법적 규율을 형성한다고 하는데 본질이 있는데, 자기계약 등의 경우에는 「계약」이라는 형식 속에 단순히 1인에 의한 법적 규율이 존재하고 있을 뿐이므로, 이러한 계약은 비록 대리라는 형식을 빌린다 하더라도 계약이 아니며, 따라서 자기계약 등은 이론상 불가능한 것이라고 하면서, 법은 이러한 점에서 이를 금지한 것이라고 한다. 그런데 이 견해는 다시 민법이 자기계약 등을 금하는 이유는 본인과 대리인 간의 이해충돌을 막기 위한 것이라고 하면서, 이해충돌 여부를 자기계약 허용의 기준으로 삼고 있다(558면). 따라서 이 견해의 진의는 모호하다.

상 사회경제적인 이득이나 손실 등과는 무관한 無色의 중성적인 것이다([681] 참조). 그러므로 대리행위가 본인에게 이익이 되느냐 하는 점을 기준으로 이의 허용 여부를 규율하는 것은 대리법 자체와 모순된다. 이런 이유로 위 규정은 오로지 행위의 형식을 기준으로 해서 본인과 대리인 간의 이익이 충돌될 가능성이 있는 자기계약 및 쌍방대리에 관하여 일반적으로 대리행위를 금지한 것이다(그리고 그렇기 때문에 이해충돌의 위험이 없는 채무이행에 관해서는 다시 이를 허용하는 우로를 취할 수 밖에 없었던 것이다). 이런 점에서 오히려 본인과 대리인 간의 「이해상반」을 기준으로 대리권을 제한하는 제64조 · 제921조는 대리권의 본질에 반하는 것으로서 입법론적으로 타당성이 문제된다는 점은 전술하였다([164] 및 [308] 참조).

[721] 3. 금지되지 않는 경우

(1) 제124조는 「본인의 허락」이 있는 경우 혹은 「채무의 이행」의 경우에는 자기계약이 허용됨을 명언한다.

(가) 본조는 본인의 이익을 보호하기 위한 것이므로, 본인 스스로 자기계약 등을 허락한 경우에는 이를 제한할 필요가 없다. 자기계약 등으로 인하여 본인이 불이익을 받더라도 본인은 이를 스스로 감수해야 한다. 이때의 허락은 명시적인 것임을 요하지 않는다. 묵시적인 허락도 가능하다.

(나) 채무이행의 경우에 자기계약을 허락한 이유는, 이때에는 새로운 이해관계의 교환이 없기 때문이다. 따라서 채무이행이더라도 예컨대 대물변제, 기한 미도래의 채무 혹은 다툼 있는 채무 등의 변제와 같이 새로운 이해관계를 생기게 하는 경우에는 자기계약이 금지된다고 할 것이다. 이에 반하여 상계는 허용된다 할 것이다.[34)]

(다) 위와 유사한 규정으로, 상법은 다른 사원 과반수의 결의(합명회사 · 합자회사의 경우) 혹은 이사회의 승인(주식회사 · 유한회사의 경우)이 있으면 회사와 거래할 수 있다고 한다(동법 199조, 398조, 564조 3항. 이때에는 민법 124조가 적용되지 않는다고 규정하나, 이는 당연하다). 이는 자기거래를 인정할 실제적 필요를 고려한 것이다.

[722] (2) 소송대리 갑이 을의 부동산에 가등기를 하고 이를 담보로 금전을 대출함에 있어서 장차 갑과 을 간의 법률분쟁시에 을은 소송대리인 선임을 갑(혹은 갑의 대리인 A)에게 위임한다는 합의를 하고(그리하여 을은 소송대리인 선임에 관하여 백지위임장을 작성 교부한다), 이에 기해서 갑이 을의 소송대리인으로 B를 선임하고, 그리하여 을을 대리한 B가 갑과의 사이에서 행한 提訴前和解에 의하여 위 부동산에 관하여 갑에게 이전등기를 경료한 경우, 달리 말하면 가등기담보를 위한 제소전화해에 쓰기 위하여 담보권자가 담보권설정자의 대리인의 표시를 백지로 하

---

34) 김용한, 352면은, 위의 요건 이외에 「본인을 해치는 것」도 요건으로 추가함이 타당하다고 하나, 법률이 규정치 않는 그러한 점을 요건으로 하는 것은 적절치 않고, 단지 본조의 취지를 고려하여 구체적 경우에 있어서 그러한 사정이 없는 때에는 자기계약을 허용하는 것이 타당할 것이다.

는 백지위임장을 받아 두었다가 임의로 보충한 경우에, 판례는 이는 일응 쌍방대리이지만 을이 소송대리인의 선임을 갑에게 의뢰하였으므로(쌍방대리의 승락) 무효가 아니라고 한다.[35] 이러한 판례는 이론적으로는 타당해 보인다. 대리행위가 채무의 이행에 관한 것인 점에서도 그러하다. 그러나 소송대리인은 상대방과의 법적 분쟁에서 의뢰인의 이익을 옹호해줄 지위에 있는 자이다. 그런데 1방이 타방의 소송대리인을 선임한 경우에, 타방의 소송대리인이 타방의 이익을 위하여 노력하기를 기대하기는 어려울 것이다. 그외에도 1방의 소송대리인이 타방의 소송대리인을 선임하는 것은 변호사의 윤리에도 맞지 않을 것이다. 이런 점에서 위의 판례의 타당성은 의문이다.[36][37]

4. 본조적용의 확대 및 제한 [723]

(1) 적용확대 본조는 형식상 자기계약 · 쌍방대리에 해당하는 행위만을 금지한다. 그러나 본조가 본인의 이익을 보호하기 위한 것이라면, 형식적으로 자기계약 등에 해당하지 않더라도 본인의 이익을 보호할 필요가 있는 때에는 본조의 적용을 때로는 확대해야 할 것이다. 예컨대 대리인이 처분의 위임을 받은 본인의 물건을 자기의 처에게 양도하는 경우,[38] 혹은 대리인이 복대리인을 삽입시켜 그로 하여금 본인과 자기 간의 계약을 체결토록 하는 경우 등에는, 비록 형식적으로 자기계약에 해당하지 않으나 본조를 유추적용하여 그 행위를 무효로 함이 타당할 것이다(이러한 경우는 회피수단을 사용한 탈법행위로서, 유추적용이 아니라 본조를 직접적으로 적용할 수도 있을 것이다).

(2) 적용제한 채무이행의 경우에 자기계약을 허락한 이유를 고려할 때, 비록 채무의 이행에 속하지 않더라도 새로운 이해의 교환이 없는 행위에 대하여는 자기계약 등이 허용된다고 함이 타당할 것이다. 사채알선업자의 경우에 쌍방대리를 허용한 것은 이러한 취지에 기한 것이다.[39] [724]

---

35) 대판 1969. 6. 24. 69다571. 동지: 대판 1979. 12. 26. 79다1851; 대판 1990. 12. 11. 90다카27853.

36) 일본의 판례 중에는, 家主가 임차인과 사이에서 장래 분쟁이 일어난 경우에 화해하기 위하여 그 대리인을 선정하는 권한을 미리 자기에게 수여시킨 계약을 무효로 한 것이 있다(일대판 소화 7(1932). 6. 6. 민1115면). 또 채무자가 변제하지 않을 경우에 채권자가 공정증서를 작성하기 위하여 백지위임장을 받아 둔 경우에, 손해금의 최고한도나 공정증서의 형식에 관하여 미리 합의가 있는 경우에 한하여 유효하다고 한 것이 있다(일대판 소화 7(1932). 6. 30. 민1464면; 일대판 소화 17(1942). 4. 13. 민362면).

37) 이영준, 538면은, 제124조를 확대해석하거나, 제103조 또는 제104조에 의하여 무효라고 한다.

38) 국가재산을 관리하는 공무원이 국가재산을 처의 이름으로 매수한 대판 1997. 5. 16. 96다43799은 이와 同視할 수 있을 것이다(이의 사안은 [500] 주 25 참조).

39) 대판 1979. 10. 30. 79다425[공 623, 12334]. 그리고 판례는 따라서 채무자가 사채알선업자에게 변제한 때에는 채권자에 대하여 변제한 것으로 효력이 생긴다고 한다(대판 1981. 2. 24. 80다1756[공 654, 13733]).

문제가 되는 경우는 회사설립행위나 결의 등과 같이 동일한 방향의 의사표시인 경우, 혹은 무색적 성질을 가지는 어음행위의 경우이다. 전자의 경우에는 여전히 이해대립의 가능성이 있으므로 자기계약이 금지된다고 함이 타당할 것이다.[40] 어음행위에 관해서는, 어음행위는 금전지급을 위한 수단적 행위이며 새로운 이해관계를 발생시킬 여지가 없다는 점에서 본조의 적용을 부인하는(즉 자기대리 등이 허용된다는) 견해도 있지만,[41] 지배적 견해는 어음행위는 무인행위로서 이에 의하여 채무자는 새로운 채무(어음채무)를 부담하게 되므로 이를 순수히 수단적 성질만을 가진다고 할 수 없고, 또한 어음행위로 인하여 본인에게 새로운 이해관계가 생길 수 있다는 이유에서, 본조의 적용을 긍정한다. 판례 역시 이러한 입장이다.[42]

[725] ## 5. 위반행위의 효과

본조에 위반하여 행해진 자기계약·쌍방대리행위는 무권대리가 된다. 그러면 여기에 표현대리 규정의 적용을 인정할 것인가? 일부 견해는 이를 긍정한다.[43] 생각건대 본조는 본인의 허락에 의하여 적용이 배제될 수 있다는 점에서는 임의규정의 성질을 가지지만, 법률이 본인의 보호를 위하여 대리권을 제한한 것이므로 이런 점에서 강행규정 위반의 경우와 마찬가지로 표현대리의 성립을 부인하는 것이 법의 취지에 부합할 것이다. 다만 본인의 승낙이 있으면 자기계약이 허용되는 점에서, 본인의 추인(쌍방대리에서는 양측 본인의 추인이 있어야 함)이 있는 경우에는 대리효과가 생긴다고 할 것이다. 그외에 제135조의 적용을 부인하는 견해가 있으나,[44] 이를 부인할 근거는 없지 않을까?

[726] ## 6. 적용범위

(1) 이 규정은 대리권의 범위가 포괄적으로 법정된 경우(예: 지배인의 지배권의 경우, 상법 11조 1항 참조)에도 적용된다. 왜냐하면 대리권 범위의 *法定*은 대리권의 물적 경계에 관한 것이나, 자기계약 금지는 대리권의 인적 경계에 관한 것이기 때문이다.

(2) 이 규정은 임의대리·법정대리 모두에 적용된다. 다만 법정대리의 경우에 특별

---

40) 독일의 판례는 본조 적용을 긍정한다(RGZ 127,105; BGHZ 41,104,107 — Tempel, 전게서([707] 주 15) 257면 참조). 또 미성년자와 법정대리인이 함께 참여하는 조합계약에서는 법정대리인은 미성년자를 대리할 수 없다고 한다(RGZ 67,61; 127,105; BGHZ 55,267=NJW 71,1268 — Tempel, 전게서, 259면 참조).

41) 서돈각, 상법강의(하), 1985, 73.

42) 대판 1966. 9. 6. 66다1146(따라서 회사의 이사가 발행한 회사의 약속어음에 대하여도 이사회의 승낙을 얻어야 한다); 대판 1978. 3. 28. 78다4.

43) 김용한, 354면. 손지열, 민법주해 Ⅲ, 86면은 이론상 성립을 긍정하면서, 논의의 실익이 없다고 한다.

44) 손지열, 86면은 무권대리인의 책임을 물을 여지는 없다고 한다.

규정이 있다(921조).

(3) 자기계약에 관한 것은 단독행위에도 적용된다.

(4) 본조는 자기계약 혹은 쌍방대리라는 대리의 형식을 금지하므로, 이에 속하지 않는 이상 본조의 적용을 받지 않는다. 따라서 예컨대 본인으로부터 그의 채무담보를 위하여 저당권설정 혹은 보증계약의 위임을 받은 대리인이 자신의 채무를 담보하기 위하여 저당권을 설정시키거나 보증계약을 맺은 경우에는 자기계약이 아니므로 본조가 적용되지 않는다(이러한 행위는 무권대리이며, 표현대리에 의하여 유효가 될 수 있다).

7. 유사 규정 [727]

(1) 제921조　　이 규정은 친권자와 子 사이에 이해상반되는 행위에 관하여 법정대리권을 제한한다. 그런데 동조가 규율하는 행위는 본조에서의 자기계약 혹은 쌍방대리에 해당한다. 따라서 본조와 제921조와의 관계가 문제된다. 대리는 무색한 것이므로 이해상반이라는 실질적 내지 사회경제적 요소를 기준으로 대리행위를 금지하는 것은 대리법의 본질에 맞지 않으나, 그럼에도 불구하고 제921조는 이해상반이라는 실질적 기준에 의하여 대리권을 제한함으로써 본인보호의 실을 거둘 수 있도록 하려는 취지에 기한 것으로서, 따라서 제921조는 제124조에 대한 특별규정이다.[45] 즉 제921조는 본조의 적용요건을 보다 제한하여 자기계약 혹은 쌍방대리 중에서도 이해상반되는 경우에 한해서만 대리권을 제한하는 것이다(달리 말하면 자기계약에 해당하더라도 이해가 상반되지 않으면 자기계약이 허용된다). 그러므로 제921조에 의하여 금지되는 행위의 범위는 때로는 제124조보다 좁게 되고(예컨대 친권자가 자녀를 대리하여 자녀에게 증여하는 경우에는 921조가 적용되지 않는다), 때로는 본조보다 넓게 된다(친권자가 자녀를 대리해서 자신의 채무에 관하여 채권자와 보증계약을 체결하는 경우에는 921조가 적용된다. [164]).

(2) 제64조　　이 규정은 제921조와 유사하게 법인과 이사 간에 이해상반되는 사항에 관하여 이사의 대표권을 제한한다. 그런데 제64조는 대표(대리)의 본질에 반할 뿐만 아니라, 제921조에서와 같이 거래안전의 희생 하에 법인의 이익을 보호하는 것은 부당하다([308]). 그렇다면 이 규정은 구속력을 가지지 않는 것으로서, 따라서 동조와 제124조의 관계를 논할 실익이 없다.[46]

Ⅵ. 제3자의 동의 등 [728]

(1) 대리인이 대리행위를 함에 있어서는 제3자의 동의 혹은 허가를 얻어야 하는 경우가 있다. 이는 본인의 의사에 의해서 행해질 수도 있지만(예컨대 갑이 을에게 X부동산의 처분을 위임하면서, 다만 현재 이를 점유하는 병의 동의를 얻도록 한 경우), 대부분은 법률의 규정에 의해서 행해진다. 후견인이 피후견인의 부동산 처분

45) 동지: 김용한, 355면; 손지열, 86면.

46) 김용한, 355면; 손지열, 87면은 제64조도 본조의 특별규정이라고 한다.

기타 일정한 행위를 함에 있어서는 친족회의 동의를 얻어야 하는 경우(950조), 부재자의 재산관리인이 처분행위를 함에 있어서 법원의 허가를 얻어야 하는 경우(25조), 법인의 대표자가 일정한 행위를 함에 있어서 사원총회의 의결 혹은 주무관청의 허가를 얻어야 하는 경우(59조. 이는 특히 특별법에서 많이 나타난다(학교법인의 경우)) 등이 그 예이다.

(2) 그러면 대리인이 동의나 허가 없이 행한 행위의 효력은 어떻게 되는가? 동의 등을 요구하는 것은 대리권의 행사에 관하여 제한을 가하는 것이므로, 동의 없이 행한 행위는 대리권(대표권 혹은 대리권에 유사한 지위 포함)을 넘은 것으로서 따라서 무권대리가 된다. 그러면 표현대리에 관한 제126조의 적용을 인정할 것인가? 이는 그러한 제한이 법률규정에 기한 경우에 문제되는데, 그러한 규정이 강행규정인 때에는 이를 부인해야 할 것이다(그외에 후견인의 위반행위에 관해서는 [165] 참조, 부재자재산관리인의 위반행위에 관해서는 [212] 참조). — 이상은 동의없이 행한 행위의 효력에 관한 것이다. 그외에 아직 동의를 얻지 못한 상태에서의 효력이 문제될 수 있는데, 이는 뒤에서 살핀다([844] 이하).

[729] Ⅶ. 대리권의 남용

1. 의 의

(1) 대리권 남용이란 대리인이 자기의 이익을 위하여 대리권의 범위에 속하는 대리행위를 한 경우이다. 즉 대리인이 私利를 위하여 권한을 남용하여 행한 背任的인 대리행위이다. 예컨대 갑으로부터 금전차용에 관한 대리권을 수여받은 을이 자신의 개인적 용도로 사용하기 위하여 갑의 이름으로 금전차용의 대리행위를 하는 경우이다. 많은 경우에 이는 법인의 대표자가 권한을 남용하는 대표권 남용으로 나타난다. 즉 예컨대 학교법인의 대표자가 개인적 사업에 사용하기 위하여 법인의 이름으로 금전을 차용하는 경우,[47] 혹은 갑 회사와 을 회사 등은 모두 실질적으로는 A가 운영하는 기업군에 속하는데, 갑 회사의 대표자 B가 A의 지시에 따라 을 회사(이의 대표자는 A의 아들)가 병 은행으로부터 금전을 차용함에 있어서 연대보증을 서는 경우이다.[48]

(2) 이러한 대리권 남용행위는 위임 등 내부적 계약관계상의 선관주의의무 · 충실의무 등에 위반한 것으로서, 대리인은 본인과의 내부관계에서 채무불이행책임을 질 것이다. 그러나 대리와 위임은 별개의 것으로서, 따라서 대리행위가 위임계약상의 의무에 위반하는 것이더라도 그것이 대리권의 범위에 속한다면 유권대리로서 유효하게 된다. 그러면 이러한 대리와 위임의 준별에 따른 결과를 그대로 수용할 것인가? 대리인이 상대방과 공모하여 그와 같은 남용행위를 하였음에도 혹은 상대방이 대리인의 남용 의도

47) 이는 대판 1969. 8. 26. 68다2320의 사안이다.

48) 이는 대판 1987. 10. 13. 86다카1522의 사안이다.

를 알고도 그와 거래하였음에도, 위와 같은 이론적 귀결에 따라 그 대리행위를 유효하게 하고, 그리하여 상대방으로 하여금 대리효과를 주장할 수 있도록 하는 것(위의 예에서 본인에게 차용금의 반환을 청구할 수 있다고 하는 것)은 일반인의 법감정에 반할 것이다. 그리하여 — 대리와 위임을 준별하는 독일민법이 시행되고 얼마 후부터 독일법학에서 — 이의 효력을 부인하기 위한 시도가 다각적으로 행해졌다. 그리고 이러한 현상은 우리 민법 하에서도 마찬가지이다. 그런데 무엇을 근거로 대리권 남용행위를 무효로 하느냐에 따라서 무효의 요건에 차이가 생긴다. 이하에서 무효의 근거와 요건을 나누어 살핀다.[49]

2. 무효의 근거 [730]

(1) 먼저 학설을 보면,

(가) 다수의 견해는 대리권 남용행위는 대리인이 본인을 위하여 행위하는 것으로 표시하였으나 내심으로는 자신의 이익을 위하여 행위한 것이므로 이는 非眞意表示라고 하고, 따라서 제107조 1항 단서의 (유추)적용에 의해서 무효라고 한다(비진의표시설).[50] 이에 대하여 일부 견해는 대리권 남용은 권리의 남용이라고 하고, 따라서 그것이 신의칙에 비추어 용인될 수 없는 경우에는 제2조에 의해서 무효라고 한다(권리남용설).[51] 근래에는 대리권 남용은 대리권을 넘은 무권대리라는 이유로 무효라는 견해가 제기되고 있다(무권대리설).[52] 다만 그 내용에는 차이가 있다. 판례는 신의칙 위반을 근거로 무효라고 한 것도 있지만,[53] 대부분은 비진의표시임을 이유로 무효라고 한다.[54][55]

(나) 우선 비진의표시는 표시된 바에 상응하는 내심의 효과의사가 없는 것이다. 그리고 대리행위에서 「본인을 위하여」라는 의미는 본인의 경제적 이익을 위한다는 것이 아니라 이의 법률적 효과를 본인에게 귀속시킨다는 것이다([681] 참조). 그런데 대리권 남용의 경우에 대리인은 비록 자신의 경제적 이익을 위해서 대리행위를 하지만, 그 대리행위의

---

49) 대리권의 남용에 관해서는 김학동, 대리권의 남용, 이호정교수 회갑기념논문집(1998), 299면 이하; 손지열, 대표권의 남용, 민사판례연구 11권(1989), 1면 이하; 하경효, 대리권 남용시의 대리효과 부인의 근거와 요건, 이영준 박사 화갑기념논문집 I (1999), 129면 이하 참조.

50) 곽윤직, 465면); 김상용, 544면; 김용한, 330면; 장경학, 556면; 정기웅, 447면.

51) 고상용, 501면; 명순구, 448면; 홍성재, 268면.

52) 김주수/김상용, 372면; 백태승, 465면; 이영준, 553면; 손지열, 전게서, 1면 이하.

53) 대판 1987. 10. 13. 86다카1522; 대판 1990. 3. 13. 89다카24360.

54) 대판 1988. 8. 9. 86다카1858; 대판 1996. 4. 26. 94다29850; 대판 2005. 7. 28. 2005다3649; 대판 2011. 12. 22. 2011다64669(법정대리인이 미성년자를 대리하여 그의 토지를 매각한 경우) 등 다수. 이러한 입장이 처음 나타난 것은 대판 1975. 3. 25. 74다1452에서이다. 그 외에 대판 1990. 3. 13. 89다카24360은 일응 양자를 모두 근거로 하는 듯하다.

55) 그 외에 표현대표이사에 관한 판례에 관해서는, 김학동, 표현대표이사에 관한 판례분석, 판례월보 261호(1992.6.), 22면 이하 참조.

효과를 본인에게 귀속시키려는 의사를 가졌던 것이다. 그러므로 대리권 남용은 비진의 표시가 아니다. 따라서 이 견해는 우선 이론상 부당하다(이 견해 중 일부가 107조의 적용이 아니라 이의 「유추적용」이라고 하는 것은 이러한 문제점 때문이다. 그러나 유추적용도 이러한 문제점을 해소하지는 못한다). 뿐만 아니라 이 견해에 의하면 상대방에게 단순한 과실(경과실)이 있는 경우까지 대리효과가 부인되는데, 그와 같이 무효가 되는 경우를 광범하게 하는 것은 실제적으로 부적절할 것이다.

다음으로 권리남용설은 이론적으로는 문제가 없을 것이다(대리권이 권리가 아닌 점이 이론적으로 문제라고 비판하기도 하지만, 권리남용은 반드시 「권리」의 행사인 경우뿐만 아니라 「법적 지위」의 행사에도 적용되므로([98] 참조), 그러한 점은 문제되지 않을 것이다). 그러나 권리남용 금지 혹은 신의칙은 권리행사 혹은 의무이행이 정의와 형평의 이념에 반하는 경우에 이를 수정하는 최후의 보루가 되는 기준 내지 원리인 바, 그렇다면 그에 앞서 가능한 한 다른 근거에 의하여 대리권 남용의 효력을 배제하는 길을 모색하는 것이 타당할 것이다. 특히 대리권 남용행위가 원칙적으로 유효가 되는 것은 대리법의 특수한 개념과 원리 때문인 바, 그렇다면 대리법 안에서 문제를 해결하는 것이 타당할 것이다.

[731] (2) 생각건대 대리와 위임을 준별하여 비록 위임계약상의 의무에 위반하였더라도 대리권의 범위 내에서 행해진 대리행위는 유효라고 하는 이론은, 법기술적으로 대리와 위임의 준별을 통하여 거래보호를 기하려는 취지에 기한 것이다. 따라서 대리인과 상대방이 공모한 경우는 물론, 상대방이 대리인의 권한남용 사실을 알았거나 쉽게 알 수 있었던 경우에까지 대리와 위임의 준별을 고수하여 대리효과를 인정하는 것, 그리하여 그러한 상대방까지 보호하는 것은, 대리와 위임을 준별한 취지를 벗어나는 것이다. 대리와 위임의 준별은 절대적인 것이 아니고 이의 근본취지로부터 일정한 한계가 그어져야 할 것이다. 이런 점에서 대리권은 단순한 지위에 불과한 것이지만, 이는 무제약적인 것이 아니고 본인이 대리권을 수여한 목적에 반하지 않아야 한다는 內在的 限界를 가진다 — 마치 권리가 그에게 권리를 인정한 목적에 반하지 않아야 한다는 내재적 한계를 가지는 것처럼 — 고 해야 할 것이다. 그리하여 대리권 남용행위는 이러한 대리권의 내재적 한계를 넘은 것으로서 무권대리가 된다고 하는 것(무권대리설)이 타당할 것이다.

대리권 남용을 무효로 하는 것은 이와 같이 대리와 위임을 준별하는 대리법의 무인성 원칙에 대한 중대한 예외이다. 그리하여 독일에서도 처음에는 무효의 근거를 신의칙 위반에서 구함으로써 대리법의 기본원칙을 손상시키지 않고자 하였었다. 그러나 무효의 근거를 대리법 밖에서 구하는 것은 적절치 않다는 점, 무인성 원칙의 엄격한 유지에 대한 의문 등에 기하여, 그 근거를 대리권의 내재적 한계를 넘은 것이라는 점에서 구하는 이론이 지배적으로 되었다. 그리고 상대방에 관한 요건으로 초기에는 단지 공모의 경우에 무효라고 하였으나, 점차 확대하였다.

3. 요 건 [732]

(1) 객관적 요건 대리행위가 일응 대리권의 범위 내에 속하나, 본인의 경제적 불이익으로 대리인의 이익을 취하는 배임적인 것이어야 한다.

(2) 주관적 요건 이는 대리행위가 배임적인데 대한 상대방의 인식 정도에 관한 것이다. 즉 상대방이 대리인의 배임행위에 공모하였어야 하느냐(共謀), 단지 알았으면 되느냐(惡意), 아니면 알 수 있었으면 되느냐(過失) 하는 문제이다. 이는 무효의 근거를 어디에 두느냐에 따라서 달라진다. 즉 비진의표시를 근거로 하는 입장에서는 제107조 1항 단서에 따라서 알았거나 알 수 있은 경우에 무효가 된다고 한다(과실설). 이에 반하여 신의칙 위반을 근거로 하는 입장에서는 상대방이 대리인의 배임사실을 알았던 경우에 한하여 무효가 된다고 한다(악의설). 이러한 점은 판례도 명확히 한다.[56)]

먼저 대리인과 상대방이 공모한 경우에 그 대리행위를 무효로 함은 당연하다. 또한 그러한 공모가 없더라도 상대방이 대리인의 배임적 의사를 안 경우(즉 악의의 경우)에도 그 행위를 무효라고 하는 것도 쉽게 수긍될 것이다. 문제는 상대방에게 단지 과실이 있는 경우에도 무효라고 할 것인가 하는 점이다. 만약 과실의 경우까지 무효로 한다면 상대방으로서는 대리인에게 배임적 의사가 있는지를 주의깊게 관찰하지 않으면 행위의 효과를 부인당하게 되는바, 따라서 거래의 원활을 해친다. 이런 점에서 과실로 알지 못한 경우에는 무효가 되지 않는다고 하는 것이 타당할 것이다. 다만 선의 · 악의라는 주관적 · 관념적 용태는 입증이 극히 어려운바, 따라서 단지 악의의 경우에 한하여 무효가 된다고 한다면, 대리행위가 대리인 자신의 이익을 도모하는 것임을 쉽게 알 수 있는 경우에도 대리효과를 부인하기 어렵게 되는 불합리한 결과가 생길 수 있다. 이런 점에서 배임적 의사가 명백한 경우, 즉 상대방이 重過失로 알지 못한 경우에도 무효가 된다고 함이 타당할 것이다.[57)]

---

56) 즉 비진의표시를 근거로 하는 판례들은 일치해서 상대방이 알 수 있었던 때에도 무효가 된다고 한다. 이와 달리 신의칙 위반을 근거로 하는 대판 1987. 10. 13. 86다카1522은, 원심이 중대한 과실이 있는 상대방에 대하여도 대표권 남용으로 대항할 수 있다고 한데 대하여, 상대방이 중대한 과실로 알지 못하였을 때에도 회사가 상대방에 대하여 그 행위의 효력을 부인할 수 있는 것처럼 설시한 부분은 잘못이라고 하여, 오직 악의의 상대방에 대하여서만 회사는 남용행위의 무효를 주장할 수 있다는 점을 명백히 하였다. 상대방이 악의인 경우에 한하여 남용행위의 무효를 주장할 수 있다고 한 판결은 이미 대판 1987. 3. 24. 86다카2073에서도 나타났었다.

57) 앞에서 소개한 무권대리설의 대부분(김주수/김상용, 372면; 백태승, 465면. 그외에 이영준, 554면은 「정당한 이유」가 없을 때라고 하여 그 의미는 잘 이해되지 않으나, 대체로 이 입장으로 이해된다)은 본서와는 달리 악의 혹은 경과실을 요건으로 주장한다.

[733] Ⅷ. 대리권의 소멸

대리권의 소멸원인에는 임의대리 · 법정대리에 공통한 것과, 양자에 각각 특유한 것이 있다. 이중 총칙 편의 대리 부분에서는 공통의 소멸원인(127조) 및 임의대리에 특유한 소멸원인(128조)을 규정한다. 법정대리에 특유한 소멸원인은 각 법정대리의 발생원인을 규정하는 곳에서 함께 규정한다(22조 2항, 23조, 924조, 925조, 927조, 937조, 939조, 940조, 957조 등).

1. 공통의 소멸원인

(1) 본인의 사망 본인이 사망한 때에는 대리인은 상속인의 대리인으로 되는 것이 아니라, 대리권이 소멸한다.

(가) 그렇게 한 이유는, 법정대리에서는 대리의 필요가 없게 되는 일이 많을 뿐만 아니라, 그렇지 않은 경우에도 상속인을 위하여 다시 따로 조치를 취하는 것이 적당하기 때문이다. 그리고 임의대리에서는 본인이 신임하는 대리인을 그대로 상속인의 대리인으로 인정하는 것은 부적당하기 때문이다. 그러나 수권행위에서 이와 다르게 정할 수는 있다.

(나) 이에는 다음의 예외가 있다.

(a) 임의대리에 수반하는 대내관계(기초적 법률관계)가 본인의 사망에도 불구하고 존속하는 때(예컨대 위임의 691조 참조)에는, 그 범위에서 대리권도 존속한다. 예컨대 갑이 사망하였으나 그의 이익을 위하여 그의 수임인 을이 긴급히 일정한 조치를 취해야 하는 경우에, 갑 · 을 간에 위임관계가 존속할 뿐만 아니라 그 조치를 위한 대리권도 존속한다. 그렇게 해석하지 않으면 대내관계의 존속을 인정하는 취지가 몰각되기 때문이다. 법정대리에서도 위임에 관한 제691조가 준용되는 경우(919조, 959조, 1103조)에는 임의대리에서와 마찬가지로 대리권이 존속한다.

(b) 상법 제50조는 이 원칙을 배척한다. 상행위의 대리는, 본인과 대리인 간의 개인적 신임관계라기보다는 오히려 기업중심의 신임관계로서, 본인의 기업을 상속하는 상속인을 위하여 계속하여 대리인으로 되는 것이 적당하기 때문이다. 현명주의를 배척한 것(상법 48조)과 더불어, 상법상의 대리가 민법상의 대리에 대하여 가지는 특성이다.

(c) 그외에 부재자의 재산관리인 기타의 재산관리인의 대리권에 관해서는, 제도의 취지에 비추어 볼 때 본인의 사망에 의하여 대리권이 당연히 소멸하지는 않는다고 할 것이다. 또 소송대리에 있어서는 민소법 제95조에 의하여 본인의 사망에 의하여도 소송대리권은 소멸하지 않는다.

(2) 대리인 측의 사정 [734]

(가) 대리인의 사망 대리에서는 대리인의 개성이 중요성을 가지기 때문에, 대리인이 사망한 경우에 그 상속인을 대리인으로 하는 것은 법정대리에서나 임의대리에서나 마찬가지로 부적당하다. 이런 점에서 대리인의 사망을 양자에 공통한 소멸원인으로 규정하였다.

다만 제691조가 적용되는 경우에는 본인의 사망의 경우와 마찬가지로 대리권이 존속한다. 또 대리권이 대리인의 이익을 위하여 수여된 경우에는 대리권(다만 임의대리권에 한정됨)이 존속한다고 할 것이다.[58]

(나) 대리인의 금치산 또는 파산 금치산자는 단독으로 유효하게 법률행위를 할 수 없으므로,[59] 대리인이 금치산선고를 받은 때에는 그를 계속 대리인으로 하는 것은 부적절하다. 대리인이 파산선고를 받은 때에도 재산관리상의 신뢰를 잃게 된다. 이런 점에서 파산도 대리권의 소멸사유로 규정한 것이다.

(3) 제127조는 임의규정이다. 따라서 위의 사유에도 불구하고 대리권이 존속한다고 하는 특약은 유효하다. 다만 법정대리에서는 그러한 특약이 존재할 여지가 없다.

2. 임의대리에 특유한 소멸원인 [735]

(1) 원인관계의 소멸 임의대리권은 그외에 「그 원인된 법률관계의 종료에 의하여 소멸한다」(128조 1문). 대리권은 그 원인관계(기초적 법률관계)와는 별개의 독립한 지위이므로, 원인관계가 소멸하더라도 이에 따라 대리권이 당연히 소멸해야 하는 것은 아니다. 그러나 대리권은 원인관계의 수단으로 주어진 것이므로, 그러한 관계가 소멸된 경우에는 대리권을 더 이상 존속시킬 필요가 없다. 따라서 대리권을 수여한 자의 통상적 의사는 원인관계가 소멸하면 대리권도 소멸시킨다는 것이었을 것이다. 위 규정은 바로 이러한 점에 기한 것이다. 그리고 따라서 이 규정은 임의규정이며, 본인은 원인관계 종료 후에도 대리권을 존속시킬 수 있다.

(2) 수권행위의 철회 원인인 「법률관계의 종료 전에 본인이 수권행위를 철 [736]
회한 경우에도 같다」(동조 2문).

(가) 수권행위의 철회는 본인의 단독행위이다. 이는 명시적으로도 묵시적으로도 행해질 수 있다. 철회의 의사표시의 상대방 역시 대리인에 한하지 않고, 대리행위의 상대방에 대하여 행해질 수 있다(다만 수권행위를 상대방에게 한 때에는 철회도 상대방에게 해야 한다).

---

58) 동지: 김용한, 360면.

59) 제117조는 대리인은 행위능력자임을 요하지 않는다고 규정하여, 금치산자 역시 대리인이 될 수 있는지가 다투어지는데, 본서는 이를 부인한다(후술 [750] 참조).

(나) 위 규정은 임의규정으로서, 기초적 법률관계의 종료 전에는 수권행위를 철회하지 않는다는 특약(철회금지의 특약)은 원칙적으로 유효하다. 특히 대리권이 대리인의 경제적 이익을 위하여 주어진 경우에는([681] 참조), 그러한 특약이 있는 것으로 보아 본인은 수권행위를 일방적으로 철회할 수 없다고 할 것이다.

그 외에 본인의 파산을 독립한 임의대리권의 소멸원인이라고 하는 견해가 있다.[60] 그러나 이는 위임관계의 종료원인이므로(690조 참조), 이를 독립한 종료사유로 하지 않고 단지 제128조 전단의 「원인된 법률관계의 종료」에 의한 대리권소멸로 취급하면 족할 것이다.[61]

제 3 관 대리행위

[737] ## Ⅰ. 현명주의

1. 현명주의 원칙

제115조 본문은 「대리인이 본인을 위한 것임을 표시하지 아니한 때에는 그 의사표시는 자기를 위한 것으로 본다」고 규정한다. 따라서 대리인의 행위가 대리행위로 되기 위해서는, 대리인이 「본인을 위한 것임을 표시」(115조)해야 한다. 그러한 표시를 顯名이라고 하고, 현명해야 대리행위로서 대리효과를 인정하는 것을 현명주의라고 한다.

(1) 현명의 의의 등 「본인을 위한 것임을 표시」한다는 의미는, 그 행위가 대리인 자신의 행위가 아니고 본인의 행위라는 점을 표시하는 것이다.

(가) 본인을 위한다는 의미는 어디까지나 법률상의 의미이지 경제상의 의미가 아니다([681] 참조). 즉 그 행위가 본인의 행위이므로 본인에게 이의 법률적 효과가 귀속된다는 의미이지, 그것이 본인의 경제적 이익을 위한 것이라는 의미가 아니다. 따라서 대리인이 본인을 위한 것임을 표시하고 행한 이상, 실제로는 그것이 공익 혹은 대리인 자신의 이익을 위한 것이더라도, 그 행위는 대리행위로서 본인에게 효력이 귀속된다(다만 대리권 남용의 경우에 대리효과가 부인될 수 있다(전술 [729] 참조)).

(나) 현명주의의 취지는 대리인이 행하는 법률행위의 주체(당사자)가 누구인지를 알려 상대방의 불편 내지 불이익을 막기 위해서이다. 즉 만약 대리인이 현명 없이 대리행위를 하였다면 상대방은 그 행위가 대리인 자신의 행위로 생각할 것이다. 그럼에도 이의 대리적 효과를 인정한다면, 상대방은 예상치 못한 자로부터 이행을 청구받게 되어

60) 김용한, 362면.
61) 동지: 곽윤직, 464면; 김현태, 346면.

과연 그에게 의무를 이행해야 할지 몰라 당황스러울 수도 있고, 때로는 그것이 본인의 행위라면 그와 거래하지 않았을 것임을 후회할 수도 있을 것이다. 현명주의는 그와 같은 상대방의 뜻밖의 불편 혹은 불이익을 막기 위한 것이다.

(다) 현명은 대리인의 행위가 본인을 위한 것임을 알리는 것이므로, 이의 본질은 관념의 표시이다.[1] 이와 달리 일부 견해는 이를 의사표시라고 한다. 즉 현명에서의 대리인의 의사를 「그 행위의 법률효과를 본인에게 귀속시키려고 하는 의사」라고 하고, 따라서 그 표시행위의 성질은 대리적 효과의사를 표시하는 것이라고 한다. 그리고 대리행위의 법률효과가 직접 본인에게 귀속하는 근거는 바로 이 대리인의 대리적 효과의사라고 한다.[2] 그러나 이 견해는 위와 같은 현명의 의의 그리고 현명주의의 취지에 맞지 않을 뿐만 아니라, 이에 의한다면 대리권 없는 자가 본인을 위한 것임을 표시하고 대리행위를 한 경우에도 이의 법률효과가 본인에게 귀속된다고 하지 않을 수 없게 되는 모순이 생길 것이다. 대리행위가 대리효과를 발생하는 근거는 대리권, 보다 정확히는 대리인에게 그러한 대리행위를 할 권한을 수여한 본인의 자기결정(수권행위), 그리고 이러한 자기결정에 대한 법질서의 승인(임의대리인 경우, 법정대리에서는 대리권을 부여한 법률 등)에 있는 것이다.

(2) 현명의 방법 현명의 방법으로는 대리인의 법률행위가 본인을 위한 것이 [738]
라는 점(즉 그 행위가 대리행위라는 점)을 표시하면 족하다. 그러한 표시는 반드시 명시적일 필요는 없으며, 묵시적으로도 행해질 수 있다. 즉 「갑의 대리인 을」이라고 표시하거나, 본인의 위임장을 제시하고 계약당사자를 본인의 이름으로 하는 경우가 많겠으나(이는 명시적 표시의 예), 대리인임을 표시하지 않았더라도 구체적 사정으로부터 그 행위가 본인의 행위로서 한 것임이 드러나면 족하다(예컨대 영업소 안에서 피용자가 현명 없이 본인의 행위를 행하는 경우).[3] 다만 현명주의의 취지가 상대방의 보호에 있으므로, 현명이 있었는가 여부는 상대방의 시각에서 판단해야 한다(즉 상대방이 인식할 수 있었던 사정만을 고려하여 판단해야 한다).

본인의 이름이 반드시 밝혀져야 하는가? 우선 본인의 이름이 명기되지 않더라도 주위의 사정으로부터 본인이 누구인지를 알 수 있으면 된다(예컨대 단지 회사에서의 직위만을 적고 행해진 혹은 일정한 영업소 내에서 행해진 피용자

1) 동지: 이영준, 574면. 다만 이 견해는 현명의 성질을 의사의 통지라고 한다.

2) 곽윤직, 465면. 이 견해가 그와 같이 해석하는 이유는, 대표설을 「대리에 있어서 본인에게 직접 효과가 생기는 것은, 본인을 위해서 하려고 하는 대리인의 효과의사에 기한 것」이라고 이해하기 때문인 것 같다. 동, 그러나 필자의 이해로는, 대표설은 대리인의 효과의사를 대리효과의 근거라고 하지 않는다([685] 참조).

3) 대판 1973. 12. 26. 73다1436은 어음의 배서란에 「갑회사 이사 김용식」이라는 명판과 인장만을 날인하고 대표이사의 표시와 날인이 없은 경우에도 본인을 위하여 하는 어음행위임을 인식할 수 있다고 하여 현명을 인정하였다. 동지: 대판 1984. 4. 10. 83다카316. 또 1968. 3. 5. 67다2297은 계약서에 갑 주식회사 광주영업소장 을이 물품을 공급한다고 기재되었을 뿐 을이 갑회사를 대리한다는 기재가 없었으나 대리행위로 인정하였다.

(의 행위는, 당해 회사나 영업주를 위한 것으로 해석된다). 본인의 이름을 의도적으로 밝히지 않는 경우에는 어떠한가? 그 행위가 타인을 위한 것임이 나타난 이상 현명은 있은 것이므로, 대리효과가 인정된다 할 것이다(상대방이 계약당사자의 이름을 알고자 할 때에는 이를 밝힐 것을 요구할 수 있고, 그럼에도 이를 밝히지 않는 경우에는 계약체결을 거부할 수 있으므로, 계약을 체결한 이상 대리효과는 인정되는 것이다).

[739] (3) 서명대리의 경우 대리인이 자기의 이름은 전혀 표시하지 않고 본인의 이름만을 표시하거나 본인의 인장을 찍어, 외관상 마치 본인 자신이 행위하는 것과 같이 보이는 경우가 있다. 이를 署名代理라고 할 수 있다. 그러면 그러한 행위는 대리인이 본인의 이름을 현명하여 한 대리행위라고 할 것인가? — 여기에서 살피는 것은 행위자가 명의자(본인)에게 행위의 효과를 귀속시키려는 의도로 직접 명의자 이름으로 행위한 경우, 즉 예컨대 갑으로부터 X물건의 매수를 위임받은 을이 마치 자신이 갑인 것처럼 갑의 이름으로 병과 매매계약을 체결한 경우이다. 이와 달리 행위자가 타인의 이름을 모용하여 혹은 차용하여 자신의 행위를 한 경우는 이와 구별된다. 후자의 경우에 누구를 당사자로 볼 것인가 하는 점은 전술하였다([487] 이하).

대리효과의 발생근거를 대리인의 대리의사에 두는 견해는, 이 경우에도 대리의사가 있다는 이유로 이를 유효한 대리행위로 인정한다.[4)] 그러나 이 경우에는 대리행위라는 점이 전혀 나타나지 않는다. 따라서 원칙적으로는 — 그 행위를 누구의 행위로 볼 것이냐 하는 점은 별론으로 치고 — 이를 대리행위로 볼 수는 없을 것이다. 다만 현명은 묵시적으로도 행해질 수 있으므로, 주위 사정에 의하여 대리인의 현명이 있었다고 인정되는 경우에 한하여 대리행위로 볼 수 있을 것이다(예: 부모가 자녀를 위하여 그 자녀의 이름으로 거래하는 경우).[5)] 이에 의하면 을이 병과 X물건의 매매계약을 체결한 앞의 괄호의 예에서, 주위 사정으로 을이 갑의 대리인임을 병이 알았다고 볼 사정이 없는 한, 이는 갑을 위한 대리행위로 인정되지 않는다.

그러면 그 행위는 누구의 행위로 볼 것인가? 이는 의사표시의 해석에 의하여 판단될 것이다. 상대방이 그 행위가 행위자 아닌 자(명의자)의 행위라는 점을 안 경우에는, 그 행위는 명의자(본인)의 것이 된다(이때에는 표시와 진의가 불일치하나, 상대방이 표의자의 진의를 안 것이므로, 이는 소위 falsa demonstratio([459] 참조)의 한 예이다). 그러나 상대방이 그 행위가 행위자의 것이라고 이해한 경우(즉 명의자=행위자로 이해한 경우)에는, 그 행위는 행위자(대리인)의 것이 된다(즉 상대방이 표시된 명의를 곧 행위자의 이름으로 이해한 때에는, 그 행위자에게 계약의 효과를 주장할 수 있다). 그 외에 이의 해석

4) 곽윤직, 466면. 장경학, 557면도 이와 동지.

5) 대판 1982. 5. 25, 81다1349, 81다카1209[공 685, 609]은, 매매계약서에 대리관계의 표시없이 자신의 이름을 기재하였다고 해서 그것만으로 그 자신이 매도인으로서 타인물을 매매한 것이라고 볼 수는 없다고 하나, 이는 대리인이 매매위임장을 제시하고 매매계약을 체결한 경우이다. 대판 1963. 5. 9, 63다67[집 11-1, 민 298]은 대리인은 반드시 대리인임을 표시하여 행위하여야 하는 것은 아니고 본인 명의로도 할 수 있다고 하여, 서명대리를 일반적으로 대리행위로 보는 듯한 태도를 보인다.

에 있어서는, 계약당사자가 누구인가 하는 점이 중요한 의미를 가지는지 여부, 표시의 외관이 중시되는지 여부 등이 고려되어야 한다. 그리하여 예컨대 주택의 임대차의 경우에는 원칙적으로 행위자의 행위로 해석될 것이다.[6] 반면에 어음행위의 경우에는 명의자의 행위로 인정될 것이다.[7] 그 외에 특히 상대방이 행위자와의 거래를 꺼리므로 이를 회피하기 위하여 타인의 명의를 사용한 경우에는, 그 행위는 명의자의 것이 된다.

(4) 수동대리의 경우 수동대리에서는 상대방 측에서 본인에게 대한 의사표 [740]
시임을 표시해야 한다. 이 경우에는 대리인 측에서 현명하여 수령하는 것은 불가능하고 또 불필요하기 때문이다. 제114조 2항은 이러한 뜻을 규정한 것이다.

2. 현명하지 않은 행위 [741]

(1) 「대리인이 본인을 위한 것임을 표시하지 아니한 때에는 그 의사표시는 자기를 위한 것으로 본다」(115조 본문). 그러므로 예컨대 대리인이 본인을 위한 것임을 표시하지 않고 매매계약을 맺은 경우에는, 대리인이 계약의 당사자가 된다(따라서 스스로 대금지급의무를 부담하거나 혹은 물건이전의무를 부담하게 된다).

(가) 「본다」라고 규정하기 때문에, 대리인은 자신을 위하여 할 의사가 아니었음을 주장할 수 없다. 더 나아가 그러한 결과는 자신의 진의와 다르다는 점을 내세워 錯誤를 이유로 취소할 수 없다. 왜냐하면 본조의 취지는 단순히 불명확한 의사를 일정한 것으로 추단하려는 것이 아니고, 현명이 없음으로 인하여 상대방이 행위자(대리인)를 계약당사자로 알고 거래한 경우에 그러한 상대방의 신뢰를 보호하고, 그리하여 후에 전혀 예상치 못했었던 자를 계약당사자로 맞이해야 하는 불이익 혹은 계약의 효력상실(상대방이 착오를 이유로 하여 취소하는 경우)을 방지하기 위해서이기 때문이다.

(나) 이 규정은 대리행위이나 현명하지 않은 경우에 관한 것이다. 그러면 반대의 경우, 즉 대리인이 자기를 위하여 행위하였으나 객관적으로는 본인을 위한 것임을 표시한 것으로 해석되는 경우에, 본조를 유추적용하여 대리인의 착오의 주장을 금지할 것인가? 현명주의의 취지는 상대방이 알 수 없었던 타인을 계약당사자로 삼는 것을 방지하려는 데 있다. 이러한 현명주의의 취지를 고려할 때, 위의 경우에는 착오의 주장을 허용함이

6) 대판 1974. 6. 11. 74다165[공 492, 7911]은, 임차인 갑이 마치 자기가 을인 것같이 행세하여 을의 이름으로 임대차계약을 맺었다면, 이에 관하여 대리에 관한 원칙을 적용할 수 없다고 한다. 또 대판 1974. 4. 9. 74다78[공 488, 7838]은, 이러한 경우에 표현대리의 성립을 부인한다. 반대로 대판 1972. 5. 9. 72다266,267[집 20-2, 민 17]은, 어떤 자가 제3자의 명의를 모용하여 은행에 예금한 경우에, 예금채권자는 그 명의 여부를 불문하고 예금한 본인이라고 한다. 그외에 대판 1990. 6. 26. 89다카15359는 토지매매계약에 있어서 대리인이 자신의 이름을 매도인으로 기재하였고 상대방이 대리인을 매도인으로 안 경우에 관하여, 대리행위임을 부인하였다.

7) 대판 1965. 9. 28. 65다1052[요지 114조, 17].

타당할 것이다. 뿐만 아니라 본조는 의사표시의 일반원칙에 대한 예외적 규정이므로 규정이 명언하지 않는 경우에는 적용치 않는 것이 타당할 것이다.[8)]

[742] (2) 「그러나 상대방이 대리인으로서 한 것임을 알았거나 알 수 있었을 때」에는 대리효과가 발생한다(동조 단서). 상대방의 신뢰가 없거나 정당치 않은 경우에는 그를 보호할 필요가 없기 때문이다. 단서의 이러한 규정은 본문의 취지가 대리인을 당사자로 믿은 상대방의 신뢰를 보호하려는데 있음을 보여주는 것이다. 상대방이 「알았거나 알 수 있었다」는 점에 대한 입증책임은 대리인이 부담한다.

[743] (3) 앞서 본 바와 같이 *受動代理*에서는 제115조의 현명주의가 적용되지 않고 상대방 측에서 자신의 행위가 본인에게 대한 것임을 표시해야 하므로, 현명하지 않은 경우에 관한 위의 규정도 적용되지 않는다. 따라서 상대방이 본인에 대한 것임을 현명하지 않고 대리인에게 표시한 경우에는, 의사표시의 해석 및 의사표시의 도달의 문제로 해결할 것이다. 따라서 객관적으로 볼 때 그 행위가 본인에 대한 것으로 해석되는 때에는, 비록 대리인이 이를 달리 생각하였더라도 도달이 있는 것으로 될 것이다.

[744] 3. 현명주의의 예외

(1) 상법은 *商行爲*에 관하여 현명주의의 원칙을 취하지 않는다(상법 48조). 이는 상거래의 비개인적 성격에 기한 것이다.

(2) 민법상의 법률행위에서도 거래의 상대방이 누구이든 조금도 상관없는 거래(예컨대 특정한 개인을 상대로 하는 것이 아니라 특정한 영업주를 상대로 하는 거래)에서는 현명주의의 예외를 인정할 것인가? 다수의 견해는 법률규정의 흠결 및 거래안전을 이유로 이를 부인한다.[9)] 그러나 현명주의의 취지는 대리행위의 상대방이 불측의 자로부터 계약이행을 강요당하지 않도록 하는데(즉 상대방의 보호) 있는바, 위와 같은 거래에서는 상대방에게 그와 같은 위험이 없다. 상법이 현명주의의 예외를 인정한 것도 이러한 이유에서이다. 실제적으로 보더라도 본인이 대리인보다 자력이 있는 경우가 대부분인데, 위 견해에 의하면 상대방은 본인에 대하여 대리효과를 주장할 수 없게 되어 오히려 불이익을 입을 우려가 있다(또한 본인은 직접 상대방에 대하여 권리를 행사하지 못하게 되어, 대리인이 받은 급부물을 다시 이전받는 번거로움과 자칫 대리인의 횡령의 위험을 부담해야 하므로, 본인의 불이익도 크다). 그럼에도 법률문언에 매여 모든 당사자에게 불이익을 주는 것이 타당한지 의문이다. 현명주의 및 그 예외의 취지뿐만 아니라 당사자 모두의 이익을 위해서도, 위와 같이 당사자 개인에 치중하지 않는 거래에서는 현명주의의 예외를

8) 이에 대하여 이영준, 579면은, 행위자가 타인의 계산에 의하여 행위한 경우와 행위자가 자기의 이름으로 자기계산 하에 행위하거나 또는 실제 본인 이외의 다른 자를 위하여 행위한 경우를 나누어, 전자의 경우에는 유추적용을 인정하고 후자의 경우에는 이를 부정한다.

9) 곽윤직, 467면; 김용한, 331면; 김현태 349면; 이영준, 583면.

인정하는 것이 타당할 것이다.[10)]

Ⅱ. 대리행위의 하자 [745]

1. 원칙: 대리인을 표준

(1) 「의사표시의 효력이 의사의 흠결, 사기, 강박 또는 어느 사정을 알았거나 과실로 알지 못한 것으로 인하여 영향을 받을 경우에 그 사실의 유무는 대리인을 표준으로 하여 결정한다」(116조 1항). 즉 예컨대 갑의 대리인 을이 농담으로 병에게 물건을 증여하겠다고 한 경우에, 대리인에게 의사의 흠결이 있으므로 이는 비진의표시가 된다. 그리고 매매목적물에 하자가 있더라도 매수인이 이를 알았거나 알 수 있었던 때에는 담보책임을 물을 수 없는바(580조 1항 단서), 갑의 대리인 을이 병으로부터 매수한 물건에 하자가 있으나 을이 그 하자를 알았거나 알 수 있었던 때에는, 갑은 병에게 담보책임을 물을 수 없다. 이와 같이 대리인을 표준으로 의사의 흠결 등을 결정하는 것은, 대리행위에서의 행위자는 대리인이고, 본인은 단지 그 효력의 귀속자라는 점에 기한 것이다.

(2) 문제되는 점을 살펴보면, [746]

(가) 대리인이 착오에 기하여 대리행위를 한 경우에, 착오 여부 및 중과실 유무는 행위자인 대리인을 기준으로 판단한다. 그러나 착오가 법률행위의 중요부분인지 여부는 그 행위의 귀속자인 본인을 기준으로 판단해야 한다.[11)]

(나) 의사표시에 결함이 있는 경우에 무효 혹은 취소를 선의의 제3자에게 대항하지 못하는데(107조 2항, 108조 2항, 109조 2항, 110조 3항 등), 본인은 결함있는 법률행위에 기하여 새로운 법률관계를 맺은 자가 아니고 단지 그 행위의 귀속자에 불과하므로, 여기에서의 제3자에 해당하지 않는다. 따라서 예컨대 갑의 대리인 을이 갑을 위하여 병으로부터 물건을 구입하였는데 병이 착오를 이유로 그 매매계약을 취소한 경우에, 갑은 제3자가 아니므로 선의이더라도 병은 취소의 효과를 갑에게 대항할 수 있다(을이 이를 인도받아 갑에게 인도한 경우에, 갑에 대하여 이의 반환을 청구할 수 있다).

(다) 대리인(을)과 상대방(병)이 본인(갑)을 기망하기 위하여 가장행위를 한 경우는 허위표시가 아니라 대리권 남용에 해당하므로, 그에 따라 해결함이 타당할 것이다. 따라서 그 행위는 본인에게 대하여 무효라고 할 것이다.[12)] 다만 제3자에 대한 관계에서는 허위표시에 관한 제108조 2항을 유추적용함이 타당할 것이다.

(라) 그외에 대리인은 제3자의 사기 · 기망에서의 제3자에 해당하지 않음은 전술하였

10) 동지: 장경학, 560면.

11) 이영준, 593면.

12) 결과에서는 이영준, 593면; 장경학, 561면도 이와 동지. 이에 대하여 김용한 333면은 본인보호를 위하여 본인과의 관계에서는 유효라고 한다.

다([653]).

[747] ## 2. 예외: 본인을 표준

(1) 「특정한 법률행위를 위임한 경우에 대리인이 본인의 지시에 좇아 그 행위를 한 때에는 본인은 자기가 안 사정 또는 과실로 인하여 알지 못한 사정에 관하여 대리인의 不知를 주장하지 못한다」(116조 2항). 즉 갑의 대리인 을이 병으로부터 하자있는 물건을 매수한 위의 예에서, 만약 갑이 그 물건에 하자가 있음을 알면서 을에게 이를 매수하도록 지시한 경우에는, 비록 을이 하자있음을 몰랐더라도 갑은 을의 부지를 주장하여 담보책임을 물을 수 없다.

(가) 이러한 예외를 인정한 취지는, 앞의 원칙에 의한다면 본인이 악의인 경우까지 본인을 보호하게 되고, 그렇게 되면 악의인 본인이 선의의 대리인을 중간에 삽입시켜 그를 도구로 하여 자신의 악의의 결과를 회피하는 사악한 본인까지 보호하게 되는 바, 이러한 부당한 결과를 방지하기 위해서이다.

(나) 위 규정은 본인의 사정이 기준으로 되기 위한 요건으로, 첫째 특정한 법률행위를 위임하였을 것, 둘째 본인이 대리인에게 일정한 지시를 주었고 대리인은 이러한 지시에 좇아 대리행위를 하였을 것을 요구한다.

[748] (2) **적용의 확대** 그런데 그와 같은 예외를 인정한 취지에서 볼 때 법문의 요건은 지나치게 좁다. 이 예외규정은 대리행위와 본인과의 밀접한 관련성을 고려하지 않고 있다. 이런 점에서 볼 때 위 규정은 보다 넓게 해석하는 것이 타당할 것이다.

(가) 우선 법문은 「특정한 법률행위」를 위임한 경우만을 규정한다. 그러나 일정한 종류의 행위에 관해서 대리권을 준 경우(종류대리권) 혹은 모든 행위에 관해서 대리권을 준 경우(포괄대리권)에도, 예컨대 대리인이 모르는 일정한 사정을 본인이 알았던 경우에는, 본인은 대리인에게 문제되는 행위를 하지 않도록 지시할 수 있었다. 따라서 그럼에도 본인이 그러한 지시를 태만히 함으로써 대리인이 그 행위를 한 경우에는, 본인은 대리인의 부지를 주장하지 못한다고 해야 할 것이다.[13)]

(나) 다음으로 법문은 본인이 「지시」한 경우만을 규정한다. 그러나 이미 앞의 예에서 보는 바와 같이 본인이 적극적으로 지시한 경우뿐만 아니라 소극적으로 지시를 태만히 한 경우에도 위와 같은 예외를 인정해야 할 것이다. 그밖에 독일민법도 우리의 위 규정과 유사한 규정을 가졌는데(동법 166조 2항), 판례는 본인이 대리인의 행위를 야기한 경우,[14)] 대리권이 이미 일정한 방향의 행위로 나아가도록 되어 있는 경우,[15)] 본인이 대리인의

13) Staudinger/Coing, §166 Rn. 16.

14) RGZ 161, 161(독일의 판례는 Tempel, 전게서([707] 주 15), 247면에서 재인용하였음).

계약체결에 동참하였으며 여기에서 대리인의 행위를 반대하지 않은 경우,[16] 나아가 수권행위시에는 본인이 어떠한 사정을 알지 못하였으나 그후 이를 알게 되었고 따라서 대리인이 일정한 행위를 하지 않도록 대리행위에 관여할 수 있었는데 대리인이 행위하는 것을 그대로 둔 경우[17] 등에도 지시한 것과 동일하게 취급하여 대리인의 부지를 주장하지 못한다고 한다. 이러한 해석은 우리에게도 좋은 참조가 될 것이다.

(다) 법문은 일정한 요건이 갖추어진 경우에 본인은 「자기가 안 사정 또는 과실로 인하여 알지 못한 사정」에 관해서만 대리인의 부지를 주장하지 못한다고 규정한다. 즉 지 · 부지 혹은 과실 유무에 관해서만 본인을 기준으로 하고, 동조 제1항이 규정하는 「의사의 흠결, 사기 · 강박」에 관해서는 언급하지 않는다. 문제되는 경우를 살펴보면,

(a) 본인의 통정허위표시 본인과 상대방이 통정허위표시를 하였는데 대리인이 이를 알지 못한 경우에는, 비록 본인이 대리인에게 아무런 지시를 하지 않았더라도, 본조 2항을 유추적용하여 그 행위는 무효라고 할 것이다.

(b) 본인의 사기 · 강박 본인이 대리인 모르게 상대방을 사기 · 강박한 경우에도 역시 상대방은 의사표시를 취소할 수 있다. 대리인은 고의 없이 객관적으로 진실에 반하는 진술을 하였는데(즉 대리인은 그것이 진실에 반한다는 점을 알지 못하였는데) 본인이 그러한 사정을 알고 있은 경우에도, 본조 2항을 유추적용하여 상대방은 취소할 수 있다.

(c) 제3자의 사기 · 강박 제3자가 대리행위의 상대방을 사기 · 강박한 경우에, 대리인이 이를 알거나 알 수 있었다면 상대방이 이를 취소할 수 있음은 당연하다. 문제는 대리인은 모르나 본인이 아는(혹은 알 수 있는) 경우이다. 본인은 그 행위의 귀속자로서 상대방이 그러한 사정 하에 행위한 사실을 알고 있는 한, 그 행위의 결과를 박탈당할 수 있다(즉 상대방은 취소할 수 있다)고 하는 것이 정당할 것이다.[18]

(d) 상대방의 사기 · 강박 상대방이 본인을 기망 혹은 강박한 경우에, 이에 기하여 본인이 대리인의 행위에 관여하지 않은 이상 그 대리행위는 제1항에 의하여 취소할 수 없다.

(3) 법정대리의 경우 제116조 제1항이 법정대리에 적용됨은 의문의 여지가 없다. 그러면 제2항도 법정대리에 적용되는가? 법정대리에서는 본인은 무능력자 혹은 부재자 · 파산자 · 유언자 등으로서, 이들은 법률상 의미 있는 의사를 표시할 수 없거나 [749]

15) RG JW 1916,317. ZUST. BGHZ 38, 65, 68.

16) BGHZ 51,141,145; OLG Hammburg 30, 350; Soergel/Schultze-v.Lasaulx, §166 Rn. 20; Lehmann-Hübner, §35 IV 3 b.

17) BGHZ 50, 364; OLG Hammburg 30, 350. 다만 이 경우에 관하여는 Flume, §52 6는 반대.

18) 동지: 이영준, 594면.

사실상 표시할 수 없다. 따라서 본인의 知 혹은 과실은 법률상 고려될 여지가 없다. 그러므로 원칙적으로 제2항은 법정대리에는 적용되지 않을 것이다. 그러나 무능력자가 스스로 단독으로 법률행위를 할 수 있는 경우에는 예외적으로 법정대리에도 제2항이 적용된다 할 것이다.

그 외에 법의 취지를 고려할 때, 어떠한 사정을 알고 있는 법정대리인이 제921조, 제928조 등에 기하여 그러한 사정을 알지 못하는 자를 특별대리인 혹은 후견인으로 임명토록 한 경우에도 제2항이 적용된다 할 것이다.

[750] Ⅲ. 대리인의 능력

1. 대리행위를 위한 능력

(1) 「대리인은 행위능력자임을 요하지 아니한다」(117조). 따라서 무능력자인 대리인이 법정대리인의 동의없이 단독으로 대리행위를 하였더라도, 본인은 무능력을 이유로 그 대리행위를 취소하지 못한다. 즉 예컨대 갑이 미성년자 을에게 X 등 다수의 물건의 보관과 처분을 맡겼는데 을이 X물건을 병에게 판 경우에, 갑은 을의 무능력을 이유로 병과의 대리행위를 취소할 수 없다.

(가) 행위능력을 요하는 취지는 판단능력의 부족으로 자기에게 불리한 거래행위를 하여 손해를 입는 것을 방지하려는 데 있다. 그런데 대리행위에서는 그 법률효과가 본인에게 귀속하므로, 판단능력의 부족으로 무능력자에게 불이익이 돌아올 우려가 없다. 위 규정은 이러한 점에 기한 것이고, 따라서 위 규정이 없더라도 마찬가지로 해석되었을 것이다. 다만 대리행위가 유효하기 위해서는 대리인에게 행위능력은 없더라도 의사능력은 있어야 한다.

(나) 그러면 禁治産者도 대리행위를 할 수 있는가? 제117조의 문언대로 한다면 긍정해야 할 것이다(무능력자 중에는 금치산자도 포함되므로). 그리하여 일부 견해는 이를 긍정한다.[19] 금치산자를 대리인으로 선임한 자는 그로 인한 불이익을 감수해야 한다는 점에서 보면, 그러한 해석은 정당한 것으로 생각할 수 있다. 그런데 민법은 금치산자는 일정한 신분행위를 제외하고는 법정대리인의 동의를 얻어서도 법률행위를 할 수 없도록 하고 있다. 이런 점을 고려할 때 금치산자는 단독으로 대리행위를 할 수 없다고 하는 것이 타당할 것이다.[20]

[751] (2) 법정대리에의 적용 여부 임의대리에서는 본인이 스스로 무능력자를 선임한 것이므로, 대리인의 판단능력 부족으로 손해를 입는 것을 스스로 감수해야 한다.

19) 곽윤직, 462, 470면; 김상용, 565면.

20) 이영준, 590면은, 금치산자가 대리인인 경우에는 후견인이 대리행위를 해야 한다고 한다.

그러나 법정대리에서는 본인은 대리인 선임에 관여한 것이 아니다. 따라서 여기에서는 본인이 불이익을 받는 것을 정당화시키는 근거가 없다. 그러면 법정대리의 경우에는 본조가 적용되지 않는가? 법률에 무능력자는 법정대리인이 될 수 없다고 하는 규정이 있는 경우(937조, 964조, 1098조 등)에는 문제가 없다. 그러한 규정이 없는 경우에 문제가 된다.

이에 관해서 다수의 견해는 본인 보호를 근거로 이를 부인한다.[21] 생각건대 법률규정이 없어서 이러한 문제가 생기는 경우는 법원이 법정대리인을 선임한 경우와 제3자가 선임한 경우가 있다([708] 참조). 우선 어느 경우이건 무능력자를 법정대리인으로 선임하였다면 실제로 그럴 만한 부득이한 사정이 있었을 것이다(예컨대 보다 적절한 자가 없는 경우). 다음으로 법원이 선임한 경우에 법원은 선임 후에도 계속하여 그를 감독하므로, 법정대리인이 무능력자라는 점 때문에 본인에게 불이익이 생길 염려는 극히 적다. 제3자가 선임한 경우에 제3자는 필요한 때에는 일단 지정했던 관리인을 개임할 수 있다(918조 3항 참조). 이런 점에서 설령 본조의 적용을 긍정하더라도 실제로는 무능력자에게 손해가 생길 우려가 별로 없다. 또한 법이 무능력자가 법정대리인이 될 수 없는 경우를 개별적으로 규정하는 것은 위와 같은 점을 고려한 것이 아닐까? 더우기 본조의 적용을 부인한다면, 만약 법원이 무능력자를 선임한 경우에 복잡한 법률문제를 낳는다. 이런 점에서 본조는 법정대리에도 적용된다고 함이 타당할 것이다.[22]

2. 원인계약의 취소와 대리행위의 효력 [752]

제117조는 단지 대리인이 무능력자이더라도 본인은 이를 이유로 이미 행한 대리행위를 취소하지 못한다는 것을 뜻한다. 본인은 대리인의 무능력을 이유로 수권행위 자체 혹은 원인계약(위임)을 취소할 수 있느냐, 취소할 수 있다면 이미 행한 대리행위의 효력은 어떻게 되느냐 하는 문제는 제117조가 규정하는 바가 아니다. 이 문제는 일반원칙 특히 수권행위의 성질에 의해서 결정될 것이다.

(1) 수권행위의 효력 우선 그러한 이유로 원인계약을 취소할 수 있음은 의문의 여지가 없다. 그러면 수권행위도 취소할 수 있는가? 또 원인계약의 취소로 수권행위의 효력은 어떻게 되는가? 우선 수권행위에 관한 단독행위설에 의하면, 수권행위에는 아무런 흠도 존재하지 않으므로(왜냐하면 수권행위는 본인의 행위인데 무능력은 대리인의 사정이므로) 수권행위 자체를 취소할 수는 없다. 다음으로 그러나 단독행위설을 취하더라도 수권행위의 효력은 그것이 원인계약의 효력에 의존한다고 하느냐 하는 점에 따라 달라진다. 즉 무인설에 의하면 수권행위의 효력은 영향받지 않지만, 유인설에 의하면 수권행위는 소급적으로 무효가 될 것이다

21) 고상용, 578면; 곽윤직, 470면; 김용한, 335면; 장경학, 565면.

22) 김준호, 331면; 이영준, 590면.

([702] 참조).[23)]

[753] (2) 대리행위의 효력 그러므로 무인설 · 유인설에 따라 원인계약이 취소되기에 앞서 대리인이 이미 행한 대리행위의 효력이 달라지게 된다. 즉 무인설에 의하면 그 대리행위는 유권대리로서 유효하지만, 유인설에 의하면 이는 무권대리가 될 것이다. 거래안전을 고려할 때 무인설이 타당함은 물론이다. 반대로 유인설에 의하면 거래안전이 크게 침해될 뿐만 아니라, 대리인의 행위능력을 요구하지 않는 제117조가 무의미해진다.

이러한 문제점을 고려해서 종래 유인설은 거래의 안전을 근거로 혹은 제117조를 원용하여, 비록 원인계약이 취소로 인하여 소급적으로 소멸하더라도 수권행위는 단지 장래에 향하여 소멸할 뿐이라고 하였다.[24)] 이에 의하면 유인설과 무인설은 — 그 근거나 과정에는 차이가 있지만 — 결과에서는 동일하게 된다. 그러나 유인설은 수권행위의 법률적 운명은 원인계약의 그것에 매인다는 이론인데, 그럼에도 다시 원인계약의 소급적 소멸에도 불구하고 수권행위는 단지 장래에 향해서면 소멸된다고 한다면 이는 바로 수권행위와 원인계약의 법률적 운명을 분리시키는 것으로서, 따라서 유인설의 본체를 부정하는 것이 될 것이다. 이런 점을 고려해서인지, 근래 유인설 중에는 원인계약의 취소시 수권행위의 소급적 소멸을 긍정하면서, 제129조를 유추적용해서 이미 행해진 대리행위의 효력을 인정하는 견해가 있다.[25)] 그러나 제129조는 대리권이 있었으나 소멸된 경우에 관한 것이다. 그런데 유인설에 의하면 수권행위가 소급적으로 효력을 잃게 되므로 이러한 요건이 갖추어지지 않게 된다. 이 견해가 제129조를 「유추적용」한다고 한 것은 이러한 문제점 때문이 아닌가 생각된다. 그러나 이에 의해서 문제점이 해소될지는 의문이다. 결국 유인설에 의하는 한 논리적 왜곡 없이 이미 행해진 대리행위의 효력을 인정하기 어렵다. 이는 유인설의 한계를 보여주는 것이 아닐까?

제4관 대리의 효과(본인 · 상대방 간의 관계)

[754] Ⅰ. 대리효과 일반

1. 법률행위의 효과

대리인이 본인의 이름으로 한 의사표시는 「직접 본인에게 대하여 효력이 생긴

23) 그외에 계약설을 취하는 김기선, 289면은, 대리인이 무능력자인 경우에는 수권계약은 대리인에게 아무런 불이익도 주지 않으므로 무능력을 이유로 취소할 수 없다고 한다(제5조 참조).
24) 곽윤직, 470면; 김용한, 336면; 이영섭, 356면.
25) 이영준, 591면(이 견해는 내부적 수권에 관해서는 유인설을 취함); 이은영, 594면.

다」(114조).

(1) 「직접」이라는 의미는, 한번 대리인에게 효력이 생겼다가 뒤에 다시 본인에게 그 효력이 이전되는 것이 아니라, 처음부터 본인에게 효력이 생긴다는 것이다. 이는 대리인은 본인의 법률행위를 대신한 것으로서, 따라서 그의 법률행위는 본인의 법률행위이기 때문이다.

(2) 대리행위가 직접 본인에게 효력이 생기므로, 대리행위로부터 생기는 모든 효과가 본인에게 귀속한다. 즉 효과의사의 내용을 이루는 의사표시의 중심적 효과(대리인이 가옥을 산 경우에, 가옥의 소유권이전(등기)청구권 · 인도청구권 등) 뿐만 아니라, 담보책임 · 취소권과 같이, 의사표시 제도의 목적을 완전히 달성시키기 위하여 법률이 특히 인정한 이른바 비법률행위적 효과도 본인에게 생긴다. 즉 예컨대 갑의 대리인 을이 갑을 위하여 병으로부터 X물건을 매수하였는데 여기에 하자가 있는 경우에, 하자담보에 기한 손해배상청구권 혹은 해제권도 갑에게 귀속한다(또 을이 착오에 빠지거나 사기당한 경우에 그 취소권도 갑에게 귀속된다). — 따라서 대리인이 그러한 권리를 행사하기 위해서는 그에 관한 대리권을 가졌어야 한다. 그러면 원래의 매매계약에 관한 대리권의 범위는 그 계약의 해제권 혹은 취소권에도 미치는가? 이에 관한 판례는 앞에서 소개하였다([709]).

2. 법률행위 이외의 행위의 효과 [755]

(1) 대리인이 본인을 위한 사무의 처리과정에서 불법행위나 사실행위를 행한 경우에, 그러한 행위의 법률효과는 본인에게 귀속되지 않는다. 다만 본인은 다른 법제도에 의하여 그러한 법률효과의 귀속을 받는 것과 유사한 상태에 놓일 수 있다(예컨대 사용자책임 혹은 점유보조자 제도에 의하여([688] 참조)).

(2) **계약체결상의 과실책임** 대리인이 계약체결과정에서 고의나 과실로 상대방에게 손해를 준 경우에, 그로 인한 계약체결상의 과실책임 역시 직접 본인에게 귀속되는가 아니면 대리인이 전적으로 혹은 본인과 함께 책임을 지는가? 즉 예컨대 갑의 대리인 을이 병과 매매계약을 체결하였는데 그것이 착오를 이유로 취소되거나 목적물이 계약 전에 소실되어 무효로 된 경우에, 누가 병에 대하여 계약체결상의 과실책임을 진다고 할 것인가? 일부 견해는 이 책임의 성질은 불법행위책임이므로 대리인 스스로 이에 대하여 책임을 진다고 한다.[1] 그러나 이 책임은 순수한 불법행위책임이 아닐 뿐만 아니라 순수한 계약책임도 아니다. 굳이 말한다면 양자의 중간에 위치한 것이라고 해야 한다(이의 성질에 관해서는 채권각론 [44] 참조). 뿐만 아니라 이 책임의 성질을 기준으로 하여 언제나 어느

---

1) 이영준, 599면 이하. 다만 본인은 제3자와의 계약협상 개시로 충실의무 · 보호의무 등을 부담하는 채권관계에 진입하므로 제391조에 의하여 본인도 아울러 책임을 진다고 하여, 양자 모두에게 책임을 인정하는 것으로도 보인다.

한쪽에게만 이에 대한 책임을 인정하는 것은 타당치 않다. 구체적 사정 특히 대리인의 사회적 기능을 고려하여 책임의 주체를 판단해야 할 것이다. 그리하여 대리인의 행위는 본인을 위한 것이라는 점에서 일반적으로는 본인이 책임을 지나(본인은 내부관계에서 대리인의 의무위반을 이유로 손해배상을 받을 것이다), 대리인이 계약체결에 관하여 독자적인 경제적 이익을 가지는 경우에는 본인 및 대리인 모두가 책임을 진다고 할 것이다. 그리고 나아가 대리인 자신의 전문지식이나 공연한 신임적 지위에 기한 행위(예컨대 중고차 판매를 위임받은 중고차 판매상의 행위)에 대해서는 대리인만이 책임을 진다 할 것이다.

[756] Ⅱ. 본인의 능력

(1) 본인은 스스로 대리행위를 하는 것이 아니므로, 그가 의사능력 및 행위능력을 가질 필요는 없다. 다만 대리인의 행위에 의하여 권리의무를 취득하므로 권리능력은 가져야 한다(따라서 외국인이 향유할 수 없는 권리는 한국인을 대리인으로 해서도 취득할 수 없다).

(2) 그러나 본인이 수권행위를 함에 있어서는 행위능력이 있어야 한다. 단 무능력자인 본인이 예외적으로 단독으로 할 수 있는 행위를 대리시키기 위하여 대리권을 수여하는 경우에는, 역시 단독으로 수권행위를 할 수 있다([706]).

제5관 복 대 리

[757] Ⅰ. 총 설

1. 복대리인의 의의

민법상의 복대리인은 대리인이 자기의 이름으로 선임한 본인의 대리인이다.

(1) 대리인은 업무를 수행함에 있어서 업무의 방대함 때문에 혹은 스스로 업무를 수행하기 곤란한 장애 때문에, 타인으로 하여금 그 업무를 대신 행하도록 할 필요가 생긴다. 이러한 필요에 기해서 대리인이 「자기의 이름으로」 선임한 「본인의 대리인」이 복대리인이다. 여기에서 대리인이 자기의 이름으로 선임한다는 의미는 대리인이 스스로의 판단에 기해서 선임한다는 것이고, 본인의 대리인이라는 의미는 본인의 행위를 대신 행한다(즉 본인의 이름으로 행위한다)는 것이다.

(2) 대리인은 맡은 업무를 수행함에 있어서 위에서 말한 복대리인 이외에도 다양한 형태의 업무보조자를 선임할 수 있다. 그러한 예로는, (i) 대리인이 스스로의 판단에 기해서 자신의 일 중 일부를 맡겨 그로 하여금 자신(대리인)의 이름으로 행위하도록 하는

경우(대리인의 대리인), (ii) 대리인이 맡은 일 중 단지 사실행위만을 맡기는 경우(使者), (iii) 그리고 그밖에 대리인이 본인으로부터 또 다른 대리인의 선임을 부탁받아 「본인의 이름으로」 대리인(병렬대리인)을 선임하는 경우 등이 있을 것이다.

이러한 업무보조자들을 모두 복대리인으로 칭할 수도 있을 것이다. 그런데 예컨대 (i)에서의 대리인은 대리인이 임의로 자기 책임 하에 선임할 수 있으며, 반대로 (iii)에서의 병렬대리인은 본인의 개별적인 수권이 있는 때에만 선임할 수 있으므로, 복대리에 관한 규정(120조, 121조)은 여기에 적용되지 않는다. 그외에 (ii)에서의 사자는 법률행위를 대리하는 자가 아니므로, 복대리에 관한 규정이 적용될 여지가 없다. 결국 복대리에 관한 민법규정은 오직 앞에서 말한 민법상의 복대리인에만 적용되므로, 여기에서는 복대리인이라는 용어를 그것에 한정하기로 한다.

2. 복대리인의 성질 [758]

(1) 복대리인도 역시 대리인으로서, 스스로 의사를 결정하고 표시하는 자이다. 따라서 대리인의 단순한 使者는 복대리인이 아니다.

(2) 복대리인은 대리인이 자신의 의사에 기하여, 따라서 자기의 이름으로 선임한 자이다. 이러한 점에서 복대리인은 대리인의 지휘 · 감독을 받으며, 그 권한이 대리인의 권한범위 내에 한정되며, 대리인의 권한이 소멸하면 복대리권도 소멸하게 된다. 즉 복대리인의 권한은 대리인의 권한에 기초하는 것이다.

이러한 점에서 복대리인은 대리인이 자신의 의사가 아니라 본인의 위임(다른 대리인 선임의)을 받아서 선임한 자, 따라서 본인의 이름으로 선임한 자(병렬대리인)와 구별된다. 후자와 같은 대리인의 선임행위는 본인의 위임에 따른 대리행위이므로 본인의 이름으로 하는 것이다. 그리고 이렇게 선임된 병렬대리인은 원대리인의 권한에 기초한 것이 아니고 본인의 수권의사에 기초한 것이므로, 원대리인의 지휘 · 감독을 받지도 않고, 그의 권한범위에 한정되지도 않는다. 그의 지위나 권한은 본인의 수권의사에 의하여 결정된다.

(3) 복대리인은 본인의 대리인이므로, 「본인을 대리한다」(123조 1항 참조). 즉 복대리인은 대리인의 대리인이 아니다.[1)]

1) 이영준, 602면은, 이론적으로 복대리인에는 본인의 대리인과 대리인의 대리인이 있다고 한다. 이는 독일민법에서의 이론인데, 독일민법에는 복대리인은 「본인을 대리한다」는 규정이 없다. 따라서 이러한 이론이 우리 민법에 타당한지 의문이다.

[759] Ⅱ. 복대리인의 선임 및 책임

1. 총 설

민법은 임의대리와 법정대리를 구별하여 대리인이 복대리인을 선임하기 위한 요건과 그에 대한 책임을 규율한다. 이의 내용을 살피기에 앞서 복대리인 선임과 관련된 총론적 문제를 살핀다.

(1) 복임권 대리인의 복대리인을 선임할 수 있는 권한을 復任權이라고 한다. 이의 성질에 관하여 「법률상의 일종의 권능」이라고 하는 견해와,[2] 이는 대리권의 내용 자체이고 이와 별개의 권능은 아니라는 견해[3]가 대립한다. 이러한 견해대립은 복임권에 관한 규정의 성질 그리고 이에 위반한 경우의 효력 문제와 관련될 것이다. 그런데 위 견해는 이 문제에 관하여 언급하지 않으므로, 각 견해의 당부는 생략하고 그러한 문제를 살피고자 한다.

생각건대 대리인은 맡은 업무의 처리를 위하여 필요한 경우에 복대리인을 선임할 수 있다고 해야 하고, 이런 점에서는 복임권은 대리권의 한 내용을 이룬다고 할 것이다. 그러나 본인 혹은 법률(때로는 제3자)은 당해 대리인에게 일을 맡긴 것이므로, 대리인이 임의로 복대리인을 선임할 수는 없다고 해야 한다. 그러므로 본인이 수권행위에서 복임권을 달리 정할 수 있다는 점에서는 이들 규정은 임의규정이지만, 특약이 없는 한 이들 규정은 공평의 견지에서 대리인의 권한의 한계를 정한 보충규정이고 따라서 강행성을 가진다(왜냐하면 이는 사적자치에 소급하는 것이 아니고, 공평에 입각한 법률상의 지시에 소급하는 것이기 때문이다([482] 참조))고 하는 것이 타당하지 않을까? 그렇다면 이에 위반한 행위는 뒤에서 보는 바와 같이 무효가 될 것이다. 이는 마치 대리권의 범위가 불명확한 경우에 118조는 대리권의 한계를 정한 것이고 따라서 그 범위를 넘으면 무권대리로서 원칙적으로 무효가 되는 것, 혹은 부재자의 재산관리인이 25조에 위반하여 법원의 허가 없이 한 처분행위는 강행규정을 위반하여 무효로 되는 것과 같은 이치가 아닐까?

[760] (2) 복임행위 복대리인을 선임하는 행위를 복임행위 혹은 복수권행위라고 할 수 있다.

(가) 대리인은 복대리인을 선임한 뒤에도 본래의 자기의 대리권을 잃지 않는다.

(나) 이런 점에서 복임행위는 대리권의 양도가 아니다. 복임행위의 성질을 둘러싸고 견해가 대립하지만,[4] 위와 같은 점에 관해서는 모든 견해가 일치한다. 그러므로 이러한

---

2) 곽윤직, 473면.

3) 이영준, 604면.

견해대립은 실제적으로 의미가 없다.

2. 임의대리인의 복임권 [761]

(1) 요 건 임의대리인은 「본인의 승낙이 있거나 부득이한 사유가 있는 때가 아니면 복대리인을 선임하지 못한다」(120조).

(가) 임의대리의 경우에 민법이 위와 같은 특별한 사정이 있는 경우에 한하여 복임권을 인정한 것은, 임의대리인은 본인의 신임에 기하여 선임된 자라는 점, 그리고 임의대리인은 스스로 대리행위를 할 수 없는 경우에는 언제든지 사임할 수 있다는 점 때문이다.

(a) 따라서 여기에서 「부득이한 사유」는, 예컨대 본인의 소재불명 등 때문에 본인의 승낙을 얻거나 사임할 수 없는 사정이 있는 것을 의미한다고 해석해야 한다.

(b) 본인의 승낙은 명시적으로도 묵시적으로도 행해질 수 있다. 승낙이 있었는지 여부는 법률행위의 해석에 의하여 판단된다. 판례는 대리의 목적인 법률행위의 성질상 대리인 자신에 의한 처리가 필요하지 아니한 경우에는, 본인이 복대리 금지의 의사를 명시하지 아니하는 한 복대리인의 선임에 관하여 묵시적인 승낙이 있는 것으로 보는 것이 타당하다고 한다.[5)]

본인은 일단 행한 승낙을 철회할 수 있는가? 수권행위를 임의로 철회할 수 있는 것처럼, 이의 승낙도 철회할 수 있다 할 것이다. 다만 철회는 장래에 향하여만 효력을 가진다.

(c) 당사자는 특약으로 이와 달리 정할 수 있으므로(예컨대 사전에 미리 포괄적인 승낙을 주거나 혹은 반대로 부득이한 사정이 있더라도 승낙없이는 복대리인을 선임할 수 없도록 하는 것), 위 규정은 임의규정이다. 또 법률에 이와 다른 규정이 있는 경우에는 그에 의한다(예: 상법상의 지배인(11조 2항) 및 선장(773조 2항)은 언제든지 복임권을 가진다). 그러나 이는 당사자의 통상의 의사를 고려하여 규정한 것이 아니라 당사자 간의 공평한 규율을 위하여 규정한 것이므로 보충규정임은 전술하였다.

(나) **위반의 경우** 다른 특약이 없이 위의 규정에 위반하여 복대리인을 선임한 [762]

---

4) 복임행위의 성질에 관한 학설로는 설정적 양도행위설(장경학, 572면), 병존적 · 설정적 양도행위설(곽윤직, 473면), 병존적 설정행위설(김용한, 389면; 이영준, 603면) 등이 있는다.

5) 대판 1996. 1. 26. 94다30690. 이 판결은 오피스텔의 분양업무를 위임받은 자가 그 업무 일체를 제3자(복대리인)에게 다시 맡긴 사안으로서, 판결은 오피스텔 분양업무는 성질상 대리인 자신에 의한 처리가 필요한 경우에 해당된다고 하여 복임행위의 효력을 부인한다. 대판 1999. 9. 3. 97다56099 역시 아파트의 분양업무를 위임받은 자가 제3자에게 그 업무를 맡긴 사안에서 동일하게 판시한다. 다만 전자는 후에 본인의 추인이 있었음을 이유로 복대리인의 행위의 효력을 인정하였으나, 후자는 추인이 없었다고 하여 그 효력을 부인하였다. 그런데 대판 1993. 8. 27. 93다21156은 채권자를 특정하지 아니한 채 부동산을 담보로 제공하여 금원을 차용해 줄 것을 위임한 경우에, 그러한 본인의 의사에는 「복대리인 선임에 관한 승낙」이 포함되어 있다고 한다. 과연 그러한 의사표시의 해석이 타당한지 의문이다.

경우에, 그 복임행위의 효력은 어떠한가? 이 문제는 그러한 경우에 복대리인에게 대리권이 존재하느냐, 따라서 복대리인이 월권행위를 한 경우에 제126조의 표현대리가 성립할 수 있느냐 하는 점과 관련된다. 판례는 갑이 을에게 저당권을 설정시켜 금원을 차용할 것을 위임하면서 등기서류를 교부하였는데, 을이 갑의 허락없이 병에게 그 일을 위임하면서 등기서류를 넘겼으며, 그런데 병이 등기서류를 이용하여 위 부동산를 양도한 경우에 표현대리의 성립을 인정한다.[6] 또 대리인이 대리권 소멸 후 복대리인을 선임한 경우에도 표현대리의 성립을 인정한다.[7] 이는 위와 같은 복임행위는 유효하다는 것을 전제로 하는 것이다.[8] 그런데 이는 복대리인이 법률의 규정에 위반하여 선임된 자라는 점에는 아무런 의미를 부여치 않고, 위와 같은 경우를 대리인 스스로 월권행위를 한 경우와 전적으로 동일하게 취급하는 것이 된다. 거래안전의 측면에서만 본다면, 그리고 대리인이 자신에게 맡겨진 일을 제3자에게 다시 맡긴 경우에는 그러한 대리인에게 신임을 주었던 본인이 그 결과에 대해서 책임을 지는 것이 타당하다는 점에서 본다면, 판례의 태도는 정당하다고도 할 수 있다. 그러나 이러한 해석에 의하면 제120조는 아무런 실제적 의미도 가지지 않게 된다. 앞서 말한 바와 같이 본조는 당사자 간의 공평한 규율을 위하여 만들어진 보충규정으로서, 따라서 특약이 없음에도 본조에 위반하여 행한 복임행위는 무효라고 하는 것이 타당하지 않을까?[9] 이에 의하면 제120조에 위반하여 선임된 복대리인은 대리권을 가지지 않으므로, 제126조의 표현대리는 성립하지 않을 것이

6) 대판 1962. 7. 26. 62다243[집 10-3, 민 185](다만 이의 사안은 복대리인이 부동산을 양도한 것이 아니라 그 부동산에 자신의 채무에 대한 담보를 설정한 경우이다); 대판 1966. 6. 28. 66다872[총람 제126조, 122]; 대판 1967. 11. 21. 66다2197; 대판 1979. 11. 27. 79다1193[공 625, 12403]; 대판 1998. 3. 27. 97다48982(다만 이 판결은 결과에서는 표현대리의 성립을 부인한다).

7) 대판 1998. 5. 29. 97다55317. 이의 사안은, 갑이 토지를 처분할 것을 자신이 대표로 있는 A회사에게 위임하고, A회사는 주거래은행인 B에게 위 토지의 처분을 위임하였는데, B은행이 을(토지개발공사)에 위 토지의 처분을 재위임하였으며, 그런데 갑이 사망한 이후에 을이 위 토지를 병에게 처분한 경우로서, 병이 갑의 상속인에 대하여 이전등기를 청구하였다. 원심은 을이 B은행으로부터 처분을 재위임받기 전에 이미 갑이 사망하여 A회사와 B은행의 대리권이 모두 소멸하였으므로 대리권 소멸 후의 표현대리가 성립할 수 없다고 하였으나, 대법원은 대리인이 대리권 소멸 후 직접 상대방과 사이에 대리행위를 하는 경우는 물론, 대리인이 대리권 소멸 후 복대리인을 선임하여 복대리인으로 하여금 상대방과 사이에 대리행위를 하도록 한 경우에도, 상대방이 대리권 소멸 사실을 알지 못하여 복대리인에게 적법한 대리권이 있는 것으로 믿었고, 그와 같이 믿은 데 과실이 없다면 민법 제129조에 의한 표현대리가 성립할 수 있다고 판시하여 원심을 파기환송하였다.

8) 다만 집합건물의 분양업무를 위임한 경우에 관한 전술의 94다30690; 97다56099은 이와 다른 입장이라고 할 수 있다.

9) 판례 중에는 제120조가 보충규정이라고 하면서도 이에 위반한 행위는 유효하다고 한 것이 있다. 즉 앞의 66다2197은, 제120조는 본인과 대리인과의 위임관계가 불명확한 경우에 있어서의 임의대리인의 복임권에 관한 보충규정일 뿐 복임권 없는 대리인에 의하여 선임된 복대리인의 대리행위는 어떠한 경우를 막론하고 소위 초과행위(권한을 넘는 표현대리)가 될 수는 없는 성질의 행위라는 취지까지를 정한 것이 아니라고 한다.

다. 다만 제120조에서의 승낙은 묵시적으로도 행해질 수 있는바, 따라서 본인이 복대리인의 행위를 알면서 묵인한 경우에는 승낙이 있은 것으로 되고, 따라서 제125조의 표현대리가 성립하게 것이다.[10] 그외에 본인이 복대리인의 행위를 추인한 경우에 그 행위가 유효하게 됨은 물론이다.[11]

(2) 책 임 임의대리인은 본인의 승낙에 기하여 혹은 부득이한 사유로 인하여 복대리인을 선임한 것이므로, 대리인에게 무거운 책임을 지우는 것은 적절치 않다. 그리하여 민법은 대리인의 책임을 가볍게 하고 있다. 즉, [763]

(가) 원칙적으로 단지 「그 선임 · 감독에 관한 책임」을 진다(121조 1항). 즉 부적당한 자를 선임하거나 또는 그의 감독을 게을리한 경우에 한하여 책임을 진다.

(나) 그러나 대리인이 「본인의 지명에 의하여 복대리인을 선임한 경우」에는 더욱 책임이 경감되어, 그 자가 「부적임 혹은 불성실함을 알고 본인에게 대한 통지나 해임을 태만히 한 때가 아니면 책임이 없다」(121조 2항).

3. 법정대리인의 복임권 [764]

(1) 법정대리인은 「그 책임으로 복대리인을 선임할 수 있다」(122조 1문). 즉 전적으로 책임이 부과되지만, 언제든지 복임권을 가진다. 일반적으로 법정대리인의 권한은 광범하고 그 사임도 용이하지 아니하며, 본인에게 승낙의 능력이 없는 일이 많고, 더구나 원래 본인의 신임을 받아서 대리인이 된 자가 아니기 때문이다.

(2) 그러나 그 반면으로, 복대리인의 행위에 대해서 모든 책임을 진다. 즉 선임 · 감독에 관하여 과실이 있든 없든 불문하고 책임을 진다. 위 규정이 「그 책임으로」 복대리인을 선임할 수 있다고 한 것은 이를 뜻하는 것이다. 그러나 복대리인 선임이 「부득이한 사유로 인한 때」에는 책임은 경감되어, 임의대리인의 책임과 동일하게 된다(122조 단서).

Ⅲ. 복대리인의 지위 [765]

1. 복대리인의 지위는 대리인에 대한 관계, 상대방에 대한 관계, 본인에 대한 관계 등으로 나눌 수 있다. 이중에서 법률의 규정이 있는 후2자는 뒤에서 살피고, 여기에서

---

10) 참고로 이에 관한 일본의 판례를 소개하면, 본인으로부터 백지위임장 기타 서류를 교부받은 자가 이를 다시 제3자에게 교부하여 그 제3자에 의하여 무권대리행위가 행해진 경우에는, 비록 필요한 서류가 전부 제시되었다 하더라도 본인의 수권통지가 없었다고 하여 표현대리의 성립을 부인한다(日 最高判 昭 39(1964). 5. 23. 민집 18. 4. 621. 判例時報 379, 26). 또 등기서류가 구비되었더라도 표현대리의 성립을 부인하는 경우가 적지 않다(東京地判 昭 50(1975). 9. 429. 判例時報 802, 80; 東京地判 昭 57(1982). 7. 19. 判例時報 1067, 62 등)).

11) 앞서 소개한 94다30690 참조.

는 그 외의 점을 살핀다.

(1) 대리인에 대한 관계 복대리인은 대리인의 대리권에 기하여 선임된 것이므로, 대리인의 감독을 받을 뿐만 아니라, 그 대리권의 범위는 대리인의 대리권보다 더 넓을 수 없다. 또 대리인의 대리권이 소멸하면, 복대리인의 대리권도 소멸한다([758]. 다만 소송대리에 있어서는 소멸하지 않는다). 그러나 복대리인의 선임으로 대리인의 대리권이 소멸하는 것은 아니다. 따라서 대리인과 복대리인 모두 본인을 대리하게 된다.

(2) 복대리인의 복임권 복대리인도 임의대리인과 동일한 조건 하에 다시 복대리인을 선임할 수 있다고 할 것인가? 실제의 필요성을 고려할 때 이를 긍정해야 할 것이다(통설). 뿐만 아니라 이는 제123조 2항의 규정에도 맞는다.

[766] 2. 제123조 2항

복대리인은「본인이나 제3자에 대하여 대리인과 동일한 권리의무가 있다.」이는 복대리인의 본인 및 상대방에 대한 관계를 규정하는 것인데, 이 중에서 실제적 의미를 가지는 것은 본인에 대한 것이다.

(1) 본인에 대한 관계 복대리인은 대리인에 의하여 선임된 자로서 따라서 본인과 복대리인 간에는 아무런 계약도 체결되지 않았으므로, 양자 간에는 이론상 아무런 내부적 법률관계도 생길 수 없다. 그러나 본인은 복대리인의 대리행위에 의하여, 대리인의 대리행위에 의한 것과 마찬가지의 법률효과를 받는다. 따라서 복대리인에 대하여도 대리인에 대한 것과 마찬가지의 내부관계를 인정하는 것이, 본인에게도 복대리인에게도 편의하다. 이러한 이유 때문에, 위 규정은 본인 · 복대리인간에도 본인 · 대리인 간에서와 동일한 권리의무가 있다고 한 것이다. 따라서 예컨대 본인과 대리인 간에 위임관계가 존재하는 경우에는 본인과 복대리인 간에도 위임관계가 존재하며, 그리하여 이에 기하여 여러 가지 권리의무를 진다.

(2) 상대방에 대한 관계 복대리인은 본인의 대리인이므로, 제3자에 대한 관계에서는 전혀 대리인과 다르지 않다. 즉 본인의 이름으로 대리행위를 하고, 그 밖에 제115조 · 제116조 등의 적용을 받는다. 다만 복대리행위의 하자에 관해서는 제116조 2항의 적용에 있어서 특이성을 가진다. 즉 악의의 본인이 지시(직접 혹은 대리인을 통하여)한 경우뿐만 아니라, 악의의 대리인(본인은 선의이나)이 지시한 경우에도 위 규정이 적용된다.

[767] Ⅳ. 복대리관계의 소멸

(1) 복대리권은 대리권의 일반적인 소멸사유(127조, 128조)에 의하여 소멸함은 당연하다.

(2) 그 외에 복대리권은 원대리인의 대리권에 기한 것이므로, 다음과 같은 사유에 의하여 소멸한다.

(가) 원대리인의 대리권의 소멸

(나) 원대리인 · 복대리인 간의 원인관계의 소멸 혹은 원대리인의 철회 이는 임의대리권의 소멸사유인 제128조의 복대리관계에의 적용이다. 복대리인은 수권자인 원대리인과의 관계에서는 임의대리인과 유사하므로, 원대리인과 복대리인 간의 위임 기타 원인관계가 종료된 경우에는 그로써 복대리권도 소멸한다고 함이 타당하다. 또 수권자(원대리인)는 그러한 원인관계의 종료 전이라도 언제든지 수권행위를 철회할 수 있다 할 것이다.

제6관 무권대리

제1항 총 설

Ⅰ. 의 의 [768]

무권대리란 대리권 없이 행해진 대리행위, 즉 대리행위의 다른 요건은 갖추고 있지만 대리권만이 없는 행위를 말한다.

원래 대리행위가 본인의 행위로 되는 까닭은 대리권 때문이다. 따라서 대리권 없이 행해진 대리행위는 본인의 행위가 될 수 없다. 그러나 다른 한편으로는 그 행위는 본인을 위하여 행해진 것이기 때문에, 대리인 스스로의 행위가 될 수도 없다. 그렇다면 결국 상대방은 단지 대리인에게 불법행위책임을 물을 수밖에 없을 것으로 된다.

그러나 대리권은 관념적인 것으로서 그의 존재나 범위는 제3자가 쉽게 알 수 없다. 따라서 무권대리를 단순히 대리인의 불법행위의 문제로 삼는 것은 거래의 안전을 해할 뿐만 아니라, 대리인과 거래하는 자의 지위를 매우 위험하게 만든다. 그래서 민법은 본인의 이익을 부당히 침해하지 않으면서 대리제도에 따르는 위험을 최소한도로 막는 방법으로서, 다음과 같은 길을 마련하였다.

첫째 대리인에게 대리권이 있으리라고 믿을 만한 외관이 있고 본인에게도 그에 대하여 책임의 일부가 있다고 생각되는 특별한 사정이 있는 경우에는, 본인에게 그 행위에 대한 책임(대리적 효과의 수용)을 지움으로써 본인의 희생 하에 상대방을 보호한다. 둘째 위와 같은 사정이 없는 경우에도 당연히 무효로 하지 않고 본인에 의한 추인의 여지를 인정하고, 그러한 추인이 없는 경우에는 대리인에게 무거운 책임을 부과한다. 이중 전자가 표현대리이고, 후자가 협의의 무권대리이다. — 무권대리행위는 이와 같이 그 효과가 본인에게 귀속될 가능성이 있으므로, 이는 전적으로 무효인 것이 아니고, 일응 그 효력 유무가 확정되지 않은 상태에 놓이게 되는 것이다.

[769] **무권대리의 체계** 무권대리는 이와 같이 대리적 효과 유무에 따라서 표현대리와 협의의 무권대리가 나뉘어진다. 따라서 일반적으로 무권대리는 양자를 포괄하는 개념으로 이해된다. 그런데 근래 표현대리의 효과로서 대리적 효과 이외에 협의의 무권대리의 효과(특히 135조의 무권대리인의 책임)도 인정해야 한다는 견해가 제기되면서, 그러한 견해 중 일부가 그와 같은 점을 설명하기 위하여 무권대리의 체계를 통설과 달리 구성해야 한다는 주장한다. 즉 표현대리는 대리적 효과라는 특수한 효과 이외에 무권대리의 일반적 효과도 가지므로, 표현대리는 무권대리의 특수한 경우라고 한다. 이에 의하면 통설이 말하는 협의의 무권대리가 무권대리의 일반적 경우이고, 그 특별한 경우가 표현대리가 된다(즉 표현대리와 협의의 무권대리를 특별·일반의 관계로 본다).[1] 그러나 표현대리의 효과로서 무권대리의 일반적 효과를 인정할 것인가 하는 점은 별론으로 하고, 이 문제와 무권대리의 체계를 관련시키는 것이 어떤 의미가 있는지 이해되지 않는다. 본서에서는 종래의 이론에 따라 무권대리를 분류한다.

[770] Ⅱ. 요건 일반

무권대리는 대리권 없이 행해진 대리행위이므로, 이의 요건으로는 대리권이 없는 자가 대리행위를 하였을 것이 요구된다. 이하에서 각 요건과 관련된 문제들을 살핀다.

1. 대리권의 흠결

(1) 대리권이 없는 것이 아니고 목적물에 대한 소유권이 없는 경우에는 무권대리가 아니다. 즉 예컨대 갑으로부터 부동산 처분을 위임받은 을이 병에게 이를 처분하였으나 그 부동산이 갑의 소유가 아닌 경우에, 이는 무권대리가 아니다. 따라서 병이 비록 그것이 갑의 소유라고 믿었더라도 병은 표현대리에 의하여 보호받지 못한다. 왜냐하면 무권대리는 「대리권의 존재」를 신뢰한 경우에 관한 것인데, 이 경우는 「소유권의 존재」를 신뢰한 것이기 때문이다. — 소유권에 대한 신뢰의 보호는 공신의 원칙이 담당한다. 그런데 우리 민법은 부동산에 관해서는 공신의 원칙을 인정하지 않으므로, 이에 의해서도 병의 신뢰는 보호되지 않는다(그러나 동산의 경우에는 선의취득이 인정되므로, 위의 예에서 목적물이 동산인 때에는 병은 선의취득에 의하여 이의 소유권을 취득한다). 그 외에 대리인이 본인의 물건을 자기 물건인 것처럼 속여서 판 경우는 뒤에서 살핀다.

[771] (2) 그외에 문제되는 경우로서,

(가) 대리인이 의사표시를 하였는데 그것이 상대방에게 도달하기 전에 대리권이 소

---

1) 김용한, 385, 386면.

멸된 경우에는, 의사표시는 발신에 의하여 완성되었고 그런데 이 때 대리권이 존재하였으므로, 이는 유권대리가 된다.

(나) 대리행위의 일부에 관해서 대리권이 없는 경우에는, 그 부분은 무권대리가 된다. 다만 이는 대리권을 넘은 것으로서 표현대리가 문제로 되고, 이의 성립이 긍정되면 대리행위 전체가 유효하게 된다. 만약 표현대리 성립이 부인되면 일부무효가 되어, 일부무효의 법리(137조)에 의하여 전체 대리행위의 효력이 결정될 것이다.

(다) 대리행위에 제3자의 동의가 필요한데 동의를 얻지 않고 한 경우에, 이는 이론적으로는 무권대리와 구별되나 이와 동일하게 취급해야 한다([728]).

2. 대리행위 [772]

(1) 대리인이 대리행위를 하였어야 한다. 그러므로 대리인이 본인으로부터 매각을 위임받은 물건을 마치 자기 물건인 것처럼 속여서 판 경우에는 무권대리가 아니다(을이 부동산의 소유권은 그대로 두고 갑을 대리해서 위 부동산을 병에게 매각한 경우에 무권대리가 되는 것이다). 즉 예컨대 갑이 을에게 소유부동산에 저당권을 설정하여 금전을 차용할 것을 의뢰하면서 등기서류를 교부하였는데, 을이 그 등기서류를 이용하여 부동산을 자기 명의로 이전등기한 후 이를 병에게 매각한 경우에, 을은 대리행위를 한 것이 아니므로 무권대리가 되지 않는다.[2] — 앞의 [770]의 경우와 이 경우는 상대방의 입장에서는 「소유권의 존재」를 오신한 점(따라서 표현대리에 의하여 보호되지 않는다는 점)에서는 동일하지만, 전자에서는 소유권의 결여가 본인(갑)에게 있는 것이고, 후자에서는 그 결여가 대리인(을)에게 있는 점에서 차이가 있다.

(2) 대리인이 실제로는 대리행위로서 행위한 경우에도, 그러한 점을 밝히지 않고 자신의 이름으로 한 경우에는 대리인 자신의 행위로 되므로 무권대리가 아니다. 또 대리인이 스스로가 본인인 것처럼 행위한 경우(서명대리)에도, 그것이 대리인 스스로의 행위로 인정되는 경우에는 무권대리가 아니다. 다만 상대방이 대리행위임을 알았거나 알 수 있었을 때에는 대리행위로 인정되고, 이때 만약 그것이 대리권 없이 행해진 경우에는 무권대리로 된다.[3] [773]

판례는 부동산을 상속받은 갑으로부터 부동산 등기절차를 취해주겠다고 하면서 등기서류를 교부받은 을이 마치 자신이 갑인 것처럼 행세하여 병에게 위 부동산을 처분한 사안에서, 대리행위의 표시를 하지 않고 자기를 위하여 단지 본인의 성명을 모용하여 자기가 마치 본인인 것

2) 대판 1972. 5. 23. 71다2365[집 20-2, 민 40]; 대판 1991. 12. 27. 91다3208. 을이 병에게 자기의 이름으로 저당권을 설정한 경우에도 마찬가지이다(대판 1981. 12. 22. 80다1475).

3) 다만 어음에 자신이 본인인 것처럼 서명날인하여 어음인수를 한 경우에는 무권대리가 아니고 어음위조가 된다(김광년, 주석 민법총칙(하), 442면). 따라서 추인에 의하여 본인에게 효력이 생길 수 없다.

처럼 기망하여 본인 명의로 직접 법률행위를 한 경우에는 제126조를 적용할 수 없다고 한다.[4] 판례가 제126조의 적용을 부인한 것은 이의 적용 여부가 쟁점이 되었기 때문이고(원심은 126조의 표현대리의 성립을 긍정하였음), 이론적으로는 그에 앞서 병의 행위는 대리행위가 아니므로 무권대리가 되지 않고, 따라서 표현대리도 성립될 여지가 없다. 어려운 문제는, 본인으로부터 일정 권한을 수여받은 대리인이 특정 행위에 관해서 권한을 넘어 행위하면서 자신을 마치 본인인 것처럼 가장한 경우이다. 이런 경우에 제126조의 유추적용에 의해서 표현대리의 성립을 긍정한 판례가 있다.[5]

제2항 표현대리

[774] Ⅰ. 총 설

1. 의의 및 요건

표현대리란 외관상 대리행위가 대리권에 기하여 행해진 것으로 보여지고, 그리하여 상대방이 이를 대리권에 기한 것으로 신뢰한 경우에, 그 행위가 마치 대리권에 기한 것과 같은 효과(대리효과)를 인정하는 것이다. 따라서 표현대리가 성립하기 위해서는 대리권 존재의 외관, 외관에 대한 상대방의 신뢰 등이 요구된다. 이하에서 개별적인 표현대리 유형의 고찰에 앞서서, 이러한 요건을 개관한다.

(1) 대리권 외관　　우선 대리인에게 대리권이 없음에도 불구하고 마치 있는 것과 같은 外觀이 존재해야 한다. 외관의 형태는 대리권의 성립에 관한 것, 대리권의 범위에 관한 것, 대리권의 존속에 관한 것 등으로 나눌 수 있다. 표현대리에 관한 제125조, 제126조, 제129조는 이러한 각 외관의 형태에 따른 것이다. 즉 제125조는 대리권이 수여되지 않았으나 마치 수여된 것과 같은 외관, 제126조는 대리권의 범위를 넘었으나 마치 이의 범위 내인 것과 같은 외관, 제129조는 대리권이 소멸하였으나 마치 여전히 존속하는 것과 같은 외관이 존재하는 경우이다. 이와 같이 민법은 대리권 외관의 형태에 따라 별개의 규정을 두고 있으나, 이들은 모두 공통의 사상과 취지에 기한 것이므로, 각 규정은 서로 다른 규정과 관련시켜 고찰되어야 한다.

[775] (2) 정당한 신뢰　　상대방이 대리권 외관에 기하여 대리인에게 대리권이 있다고 신뢰하였어야 한다. 다만 신뢰하였더라도 언제나 보호받는 것은 아니고, 그 신뢰가

4) 대판 1974. 4. 9. 74다78. 그외에 대판 2002. 6. 28. 2001다49814은, 처가 제3자를 남편으로 가장시켜 관련 서류를 위조하여 남편 소유의 부동산을 담보로 금원을 대출받은 경우에 남편에 대한 제126조 소정의 표현대리책임을 부정한다.

5) 대판 1993. 2. 23. 92다52436. 이는 갑으로부터 아파트에 관한 임대 등 일체의 관리권한을 위임받은 을이 마치 자신이 갑인 것처럼 가장하여 병에게 아파트를 임대하였는데, 그후 을이 다시 자신을 갑으로 가장하여 임차인 병에게 아파트를 매도한 경우로서, 제126조의 유추적용을 긍정한다.

정당한 것이어야 한다. 상대방의 「선의 · 무과실」(125조, 129조) 혹은 「정당한 이유」(126조)를 요구하는 것은 이러한 점에 기한 것이다.

상대방의 신뢰의 정당성을 판단함에 있어서 특히 중요한 점은 외관의 信賴價値, 즉 외관이 일반인으로 하여금 어느 정도 대리권의 존재를 신뢰하게 만드는가 하는 점이다. 예컨대 본인이 상대방에게 타인을 대리인으로 삼았다고 명언한 경우(125조의 경우)에는, 누구라도 그 타인을 대리인이라고 믿을 것이므로 이의 신뢰가치는 매우 높다. 반면에 단지 대리인이 상당히 오래 전에 대리권을 가졌었다는 사정(129조) 혹은 극히 한정된 범위에 관하여 대리권을 가지고 있다는 사정(126조의 경우)은 위의 경우보다 신뢰가치가 낮다(즉 합리적인 사람이라면 그러한 사정만으로 대리권의 존재를 믿지 않을 것이다). 상대방의 신뢰의 정당성의 판단에 있어서는 이러한 외관의 신뢰가치를 고려해야 할 것이다. 그리하여 전자의 경우에는 상대방이 그 말을 그냥 믿고 더이상 대리권의 존재를 확인치 않았다 하더라도 그의 신뢰는 정당하다고 할 수 있으나, 후자의 경우에는 그러한 사정만으로 현재의 혹은 당해 행위의 대리권 존재를 믿었다면 그의 신뢰는 정당하다고 할 수 없을 것이다. 또 후자의 경우 중에서도 대리인이 단지 특정한 행위에 관하여 대리권을 가진 경우(개별대리권)와, 본인의 사업 전반 혹은 일정 부분에 관하여 광범한 대리권을 가진 경우(포괄 혹은 종류대리권)에, 문제된 행위에 관하여도 대리권을 가졌다고 믿을 만한가 하는 점에 차이가 있다. 나아가 이전의 대리권이 현재의 행위와 동종의 것인가 하는 점도 신뢰가치에 차이를 가져온다.

이와 같이 외관의 신뢰가치는 각 경우에 따라 다른바, 상대방의 신뢰의 정당성을 판단함에 있어서는 이러한 점을 고려하여야 한다.

(3) 본인의 과책성 통설과 판례는 표현대리의 요건으로 위의 두 요건만을 요 [776]
구하고, 그 밖에 본인의 過責性(Zurechenbarkeit), 즉 본인에게 외관에 대한 책임 내지 그로 인한 상대방의 신뢰에 대한 책임을 지울 만한 사정은 요구되지 않는다고 한다. 그러나 표현대리가 대리권의 외관을 믿고 거래한 상대방을 보호하기 위한 제도이지만, 외관이 본인이 지배 내지 통제할 수 없는 영역에서 형성된 경우에도 본인에게 그 외관에 대한 책임을 부과하는 것은 타당치 않다. 표현대리는 거래안전을 위한 제도이지만, 거래의 이익은 본인의 이익과 조화되는 한도에서 보호되어야 하기 때문이다. 따라서 표현대리의 성립요건으로 본인의 과책성이 필요하다고 해야 할 것이다. 본인의 과책성은 본인이 외관의 형성에 기여하였거나 혹은 적어도 외관이 본인이 지배 내지 통제할 수 있는 영역에서 형성된 경우에 인정될 것이다. 이는 특히 제126조와 관련하여 문제되므로, 상론은 뒤로 미룬다([799]).

[777] ## 2. 표현대리의 성질

(1) 표현대리는 대리인에게 당해 행위에 관하여 대리권이 없는 경우에 성립하는 것이다. 그러므로 이는 무권대리이다. 그런데 이는 대리인에게 마치 대리권이 있는 것과 같은 외관이 존재하고 상대방이 이를 신뢰한 경우에 거래안전을 보호하기 위하여 본인에게 책임을 과하는 것이다. 따라서 이는 외관책임이며, 법정책임(의사표시에 기한 것이 아니고 법률이 거래보호를 위하여 인정한 책임)이다(통설). 제125조, 제126조가 「책임이 있다」라고, 제129조가 「선의의 제3자에게 대항하지 못한다」라고 한 것은 이러한 점에 기한 것이다.

다만 제125조는 「제3자에 대하여 타인에게 대리권을 수여함을 표시」한 경우라고 하는데, 그러한 표시는 제3자를 상대방으로 하는 수권의 의사표시이므로 이에 의하여 대리권이 성립한다. 이런 점에서 제125조는 유권대리, 즉 의사표시에 의하여 진정하게 성립된 대리권에 기하여 대리적 효과가 발생하는 경우(의사표시책임)라고 할 수 있다. 그러나 위 규정은 「수여하였음을 표시」한 경우에도 적용되는데, 그러한 표시는 의사표시가 아니다. 그러므로 이 규정은 무권대리이나 외관책임을 인정한 표현대리의 경우에도 적용된다. 더욱이 동조는 본인에게 「책임이 있다」고 할 뿐만 아니라, 「제3자가 『대리권 없음』을 알았거나 알 수 있었을 때」에는 그렇지 않다고 하여, 입법자는 동조를 무권대리로서의 표현대리의 경우로 파악하였음을 보여준다. 그러므로 이하에서는 동조도 표현대리의 한 경우로 설명한다.

[778] (2) 학설 중에는 표현대리 전반에 걸쳐 이를 외관책임이 아니라 의사표시책임이라고 하는 견해가 있다.[1] 이는 표현대리는 수권사실을 제3자에게 표시한 경우에 성립하는데, 그러한 행위는 의사표시인 외부적 수권행위에 해당한다고 하는데 기한 것이다([703] 참조). 이 견해는 표현대리를 외관책임으로 보는 경우에는 거래보호에 편중된다는 문제점을 지적하고, 이를 의사표시책임으로 봄으로써 보다 더 본인보호를 기해야 한다고 한다.[2] 우리 학설과 판례가 표현대리의 해석 운영에 있어서 거래보호에 지나치게 기울어져 있고, 이러한 점은 시정되어야 한다는 점은 찬성한다. 그러나 표현대리를 의사표시책임으로 보는 것은 법문과 부합하지 않을 것이다. 이를 외관책임으로 보는 경우에는 거래보호에 편중될 수 밖에 없다는 것은 외관책임을 오해한 것이 아닐까? 필자의 이해로는, 외관책임제도는 외관의 존재뿐만 아니라 외관출현에 대한 본인의 과책성을 책임의 요건으로 삼음으로써 거래보호와 본인보호의 조화 · 균형을 기한다. 그런데 우리의 학설 · 판례가 이를 간과하고, 단지 외관(및 상대방의 신뢰의 정당성)의 존재만을 요건으로 삼음으로써

1) 이영준, 615면 이하.
2) 이영준, 612면 참조.

거래보호에 편중할 뿐이다.[3] 따라서 위와 같은 문제의 시정은 표현대리를 의사표시책임이라고 함으로써가 아니라 외관책임의 올바른 이해와 운영(즉 표현대리의 성립요건으로 본인의 과책성을 요구하는 것)을 통하여 이루어져야 할 것이다.

Ⅱ. 제125조의 표현대리 [779]

1. 의　　의

본조는 본인이 타인에게 대리권을 실제로는 주지 않았음에도 제3자에게 이를 주었다고 표시함으로써 야기된 외관(대리권 성립의 외관)이 존재하는 경우에 관한 것이다. 예컨대 갑이 을에게 병과의 일정한 거래를 맡길 생각으로 병에게 그러한 점을 말했으나 후에 을이 신용이 없이 행동하자 그에게 대리권을 주지 않은 경우이다.

본인이 대리권수여사실(혹은 수권표시)을 상대방에게 명시적으로 표시한 경우에는 외관의 신뢰가치는 매우 높다. 즉 상대방은 다른 사정을 고려할 필요 없이 그 말을 믿어도 된다 할 것이다. 따라서 본조의 운영에 있어서는 이러한 점을 고려하여야 한다.

2. 요　　건 [780]

(1) 수권의 통지　　본인이 제3자에 대하여 타인에게 대리권을 수여한다고 혹은 수여하였다고 표시하였어야 한다.

㈎ 많은 견해가 본조를 「타인에게 수여하였음」을 제3자에게 표시한 경우로 설명한다.[4] 그러나 법문은 「수여하였음」이 아니라 「수여함」을 표시한 경우로 규정한다. 그러므로 양 경우를 나누어 살펴본다.

ⓐ 본인이 타인에게 대리권을 「수여하였음」을 표시한 경우에는, 그 표시는 수권행위가 아니라 수권행위가 있었다는 사실을 알리는 것이므로 그 성질은 관념의 통지이다. 그리고 이에 의해서는 타인에게 대리권이 수여되지 않으므로 그 타인의 행위는 무권대리가 되고, 따라서 본인의 책임은 외관책임이 된다. 본조가 그러한 표시를 한 자에게 「책임이 있다」고 하고, 다만 제3자가 그 타인에게 「대리권 없음」을 알았거나 알 수 있었을 때에는 그렇지 않다고 한 것을 보면, 입법자는 이 경우를 본조의 주된 적용례로 보고 있다.

ⓑ 제3자도 수권행위의 상대방이 될 수 있는바([703]), 본인이 제3자에 대하여 「타인에게 대리권을 수여함을 표시」하는 것은 그 타인에게 대리권을 수여한다는 법률행위적 의사를 제3자에게 표시하는 것이므로, 이는 의사표시가 된다(만약 대리인만이 수권행위의 상대방이 된다고 한다면, 위와 같은 표

3) 이에 관하여는 김학동, 신뢰책임의 체계, 저스티스 20호(1987), 50면 이하 참조.

4) 곽윤직, 479면 이하; 김용한, 373면; 김주수/김상용, 409면.

(시 역시 기존의 수권사실 혹은 장차의 수권예정을 알리는 것에 불과하고, 따라서 관념의 통지 혹은 의사의 통지라고 하게 된다). 그리고 이에 의해서 그 타인에게 대리권이 주어지므로, 그 타인의 대리행위는 유권대리가 된다.[5)]

[781] (나) 표시의 방법에는 제한이 없다. 서면으로 하든 구두로 하든 상관없다. 또 표시는 명시적인 것이라도 묵시적인 것이라도 상관없다. 타인이 대리인으로 행위함을 알면서 이를 묵인한 경우에는 묵시적인 표시가 있다고 할 것이다. 표시는 특정한 상대방에 대하여 행해질 수도 있고 불특정다수인에 대하여 행해질 수도 있다. 수권표시의 방법 중 많이 행해지거나 혹은 수권표시 여부가 문제되는 경우로는 위임장을 교부하는 경우, 자신의 명의를 사용하도록 하는 경우, 그리고 부동산에 관한 등기서류를 교부하는 경우(물론 이 경우에도 위임장이 교부되지만, 일반적 거래에서의 위임장 교부와는 구별된다) 등이 있는데, 이러한 경우는 별도로 살피고(다만 후자는 126조에서 살핀다), 여기에서는 먼저 그외에 일반적으로 문제되는 점을 살핀다.

(a) 본인이 직접 그러한 표시를 한 것이 아니고 대리인이 본인으로부터 그러한 표시를 위임받았다고 하면서 표시한 경우에도 본조가 적용되는가? 다수의 견해는 이를 긍정한다.[6)] 그러나 본조는 본인의 수권통지를 믿은 상대방을 보호하는 것이다. 또한 이를 긍정한다면 본인이 전혀 모르는 가운데 대리인이 무단히 그와 같은 표시를 한 경우(즉 본인에게 과책성이 없는 경우)에도 쉽게 표현대리의 성립이 인정될 우려가 있다. 그러므로 이를 부인하는 것이 타당할 것이다. 이러한 해석은 위임장의 성립이 진정한 경우에 한해서 본조의 적용을 긍정하는 것과 부합할 것이다. 다만 본인이 대리인의 그러한 행위를 알면서 묵인한 경우에는 본인의 묵시적인 통지가 있은 것이 되므로, 본조가 적용될 것이다.

(b) 표시의 철회는 가능하지만, 표시와 동일한 방법으로 행해져야 철회의 효력이 생긴다(예컨대 위임장을 교부한 경우에는 그 위임장을 회수해야 하며, 신문광고에 의하여 표시한 경우에는 다시 신문광고에 의하여 이를 알려야 한다).

[782] (다) **위임장의 교부** 가장 일반적으로 행해지는 표시방법은 위임장(이는 일정한 자에게 대리권을 수여하는 문서이므로 授權證書라고 함이 정확하나, 일반적으로 위임장이라 칭해진다)을 교부하는 것이다.[7)] 이 경우에 위임장은 진정하게 성립한 것이어야 한다(통설). 즉 자칭대리인이 무단히 위임장을 작성하여 이를 거래상대방에게 제시한 경우에는, 본인의 수권통지가 존재하지 않으므로 본인의 책임은 인정되지 않는

---

5) 본조에서의 표시의 성질을 대부분의 견해는 표시의 내용(「수여하였음」을 표시하였느냐 「수여함」을 표시하였느냐)을 구별하지 않고, 관념의 통지(앞의 주 4)나 의사의 통지(김상용, 594면. 이 견해는 이를 아직 대리인에게 대리권을 수여하지는 않았으나 장차 이를 수여할 것이라는 표시라고 이해) 혹은 의사표시(이영준, 620면)라고 하는데, 표시의 내용에 따라 표시행위의 성질을 구별해야 할 것이다.

6) 곽윤직, 480면; 김상용, 593면; 장경학, 538면.

7) 위임장의 교부와 관련해서도 그 성질(관념의 통지이냐 의사표시이냐)이 논의되지만, 본조는 대리권을 「수여하였음」을 표시하는 경우와 「수여함」을 표시하는 경우를 다 포함한다고 보는 한 이러한 논의는 실제적 의미를 가지지 않을 것이다.

다. 위임장이 진정하게 성립하였으나 그 내용이 권한없이 변경된 경우에도, 역시 그러한 내용에 관하여 본인의 수권통지가 없었으므로 마찬가지로 취급해야 할 것이다. 다만 백지위임장에서의 백지부분이 본인과의 약정과 달리 보충된 경우에는 그렇지 않다.

그러면 진정하게 성립된 위임장이 도난 기타의 방법으로 본인의 의사에 반하여 대리인의 점유 하에 놓인 경우에는 어떠한가? 의사표시가 성립하기 위해서는 의사의 표백만으로는 부족하고 그것이 표의자의 의사에 기하여 발송되어야 하는 것([663])과 마찬가지로, 단순히 위임장의 작성만으로는 부족하고 이를 교부함으로써 비로소 본인이 책임져야 할 외관이 완성된다고 할 것이다. 따라서 이러한 경우에는 본인의 책임은 부인될 것이다.[8] 다만 의사표시에서 표의자에게 표시의식은 없었더라도 과책성이 있는 한 의사표시로 인정되는 것과 마찬가지로([428] 참조), 본인에게 과책성이 있는 때에는 책임이 인정된다고 할 것이다.

(라) **명의사용의 묵인** 본인이 대리인에게 자신의 명의 혹은 대리인임을 뜻하는 직함을 사용하도록 허락한 경우, 사용을 허락하지는 않았으나 사용을 알면서 묵인한 경우 혹은 묵인한 것으로 보이는 경우에는 본조의 표시가 있은 것이다(본인이 실제로 허락하였거나 묵인한 때에는 대리권을 수여한 것이고, 단지 묵인한 것으로 보이는 경우는 수권사실을 통지한 것이 된다). — 상법 제24조는 타인에게 자기의 성명이나 상호의 사용을 허락한 자의 책임을 인정한다.[9] 이론적으로는 이 경우는 그 타인에게 대리권을 수여하였으므로, 이는 외관책임이 아니다. 그런데 판례는 이를 외관책임(및 금반언 원칙)에 근거한 것으로 이해한다.[10] 이는 제125조를 표현대리로 이해하는 것과 궤를 같이하는 것이다. [783]

판례에서의 명의사용 묵인의 예를 살펴보면, 관청공사의 도급에 관하여 수급인의 자격이 있는 자가 그 자격이 없는 자에게 자기의 명의를 대여한 경우,[11] 수급인이 하수급인에게 자기의 명의를 사용하여 공사를 할 것을 허용한 경우,[12] 자신의 영업 일체를 양도하면서 상호도 그대로 사용하도록 한 경우,[13] 호텔이 호텔시설이용 우대회원을 모집하는 자에게 자신의 판매점·총대리점 또는 연락사무소 등의 명칭을 사용하여 회원모집 안내를 하고 입회계약을 체결하는 것을 승낙 또는 묵인한 경우[14]에 수권통지가 있었다고 한다. 또 읍이 읍 명의로 허가된 도선사업을 대행하는 자에게 「도선사무소장」이라고 표시하는 것을 묵인하였다면 도선업무에 관하

---

8) 위임장에 관한 이상의 이론에 관해서는, Staudinger/Coing, §171 · 172 Rn. 5 · 6; MünchKomm, §172 Rn. 3; Gotthardt, Der Vertrauensschutz bei der Anscheinsvollmacht im deutschen und im französischen Recht, 1970, 45면 이하.
9) 이에 관한 판례는, 김학동, 명의대여자책임에 관한 판례분석, 사법행정 377호(1992.5.), 44면 이하.
10) 대판 1987. 3. 24. 85다카2219.
11) 조고판 1938. 8. 16. 민집 25, 361.
12) 대판 1964. 11. 27. 64다1020.
13) 대판 1987. 3. 24. 86다카1348.
14) 대판 1998. 6. 12. 97다53762.

여 읍을 대신하여 사법상의 행위를 할 수 있는 권한이 있음을 표시한 것이라고 한다.[15] 그러나 자신의 무인이 찍혀있는 매매계약서 용지를 (자칭)대리인에게 교부한 것,[16] 타인간의 거래에서 단지 세무회계상의 필요로 자기의 납세번호증을 이용하게 한 것만으로는 대리권 수여의 표시 혹은 명의의 대여가 있었다고 볼 수 없다고 한다.[17] 또 노래방기기의 제조회사가 신문에 어떤 대리점을 자사 제품의 전문취급점 및 A/S센터 전국총판으로 기재한 광고를 한 번 실은 것도 마찬가지이다.[18]

[784] (마) **수권행위의 무효** 본조가 적용되는 주된 경우는, 본인이 타인에게의 수권사실을 제3자에게 통지하였으나 실제로는 그 타인에게 대리권을 수여하지 않은 경우이다. 그러면 이와 달리 그 타인에게 대리권을 수여하였으나(그리하여 대리행위가 행해졌으나) 그후 그 수권행위에 결함이 있어서 무효 또는 취소된 경우에도 적용되는가? 즉 예컨대 갑이 을에게 대리권을 수여하고 그러한 사실을 병에게 통지하여 을이 병과 대리행위를 하였으나 후에 갑이 착오 혹은 무능력을 이유로 을에게의 수권행위를 취소한 경우에도 본조가 적용되는가? 이 경우에는 수권행위가 취소로 인하여 처음부터 무효로 되므로, 이미 행해진 대리행위가 무권대리가 된다. 따라서 본조의 적용을 긍정하여 거래안전을 기해야 한다.[19] — 이 경우와 구별할 것은, 대리인 자신의 착오 또는 무능력을 이유로 원인계약이 취소된 경우이다. 이 경우에는 의사표시의 결함이 단지 상대방에게 있으므로, 수권행위를 단독행위라고 하게 되면 수권행위 자체는 취소될 수 없고 단지 원인계약이 취소될 수 있을 뿐이다. 그러면 원인 계약이 취소된 경우에, 이미 행해진 대리행위의 효력은 어떻게 되느냐 하는 문제가 생기는데, 그 내용은 앞에서 살폈다([753] 참조).

[785] (바) 수권통지에 관한 판례 중 유형화할 수 있는 것은 앞에서 살폈다(그외에 부동산등기서류의 교부에 관해서는 [794]). 여기에서는, 특히 주목할 것으로서 보증계약에 관한 것을 소개하면, 갑이 같은 마을에 살면서 평소 친하게 지내던 A(채무자)로부터 연대보증 부탁을 받고 일응 이를 승낙한 후 A의 집에서 채권자 을에게 보증의사를 표명한 사안에서, 보증은 이를 부담할 특별한 사정이 있을 경우에 이루어지는 것이므로 보증의사의 존재는 이를 엄격하게 제한하여 인정하여야 한다고 하고, 갑이 A를 위한 보증계약 체결의 교섭과정에서 을에게 보증계약을 체결할 의사를 밝힌 것만으로는 아직 을에 대하여 보증의사를 확정적으로 표시한 것으로 보기는 어렵고, 따라서 위와 같은 언동을 가지고 갑이 을에 대하여 A에게 보증계약 체결의 대리권을 수여하는 표시를 한 것이라고 단정할 수 없다고 한다.[20]

---

15) 대판 1961. 12. 28. 4294민상204[집 9, 민 141].

16) 대판 2001. 8. 21. 2001다31264.

17) 대판 1978. 6. 27. 78다864[집 26-2, 민 179].

18) 대판 1999. 2. 5. 97다26593.

19) 대판 1962. 3. 22. 4294민상483[요지 제126조 一, 2]은, 수권행위가 무효인 경우 혹은 취소된 경우에도 본조가 적용된다고 한다.

20) 대판 2000. 5. 30. 2000다2566. 이의 사안을 좀더 소개하면, A가 을에게 교부했던 액면금 1억 5,000

(2) 상대방에 관한 요건 이는 두 가지 점에서 문제된다. [786]

(가) 통지받은 상대방 본조는 「그 타인과 그 제3자간의 법률행위」에 대하여 책임이 있다고 한다. 따라서 본인은 대리인이 위의 통지를 받은 상대방과 한 대리행위에 대해서만 책임을 진다. 그러므로 예컨대 갑이 병에 대하여 을에게 대리권을 주었다고 통지했는데, 이를 옆에서 우연히 들은 정이 을과 거래행위를 한 경우에는 본조가 적용되지 않는다. 그러나 백지위임장이 발행된 경우에는, 비록 본인이 특정인만을 수임인으로 할 의사일지라도 일반적인 효력이 생긴다.[21] 또 불특정다수인에 대하여 통지한 경우에는 모든 자가 이의 상대방이 된다.

(나) 상대방의 선의·무과실 「제3자가 대리권 없음을 알았거나 알 수 있었을 때」에는 책임을 지지 않는다(동조 단서). 따라서 본조의 적용요건으로는 상대방의 선의·무과실이 요구된다. [787]

(a) 이러한 요건은 정당한 신뢰만을 보호한다는 취지에 기한 것으로서, 일응 정당하다. 그러나 본인의 명시적인 통지가 있은 경우에는 외관의 신뢰가치가 높다. 따라서 이 때에는 대리권 발생을 의심케 하는 특별한 사정이 없는 한 본인의 말에 따라 그대로 그 타인의 대리권 존재를 믿어도 된다고 할 것이다. 이런 점에서 그 통지가 명시적인 경우에는 과실의 인정에 신중하여, 실제로 중과실에 해당하는 경우에 한하여 본인의 책임을 부인하는 것이 타당할 것이다. — 제125조에 대응하는 구민법 제109조에는 이와 같은 단서규정이 없었다. 그런데 이를 신설한 취지에 관해서는 아무런 설명도 없다.[22] 입법론적으로 표현대리에 관한 다른 규정과 비교할 때 신뢰가치가 높은 제125조에 관하여 실제로 다른 경우와 동일한 요건을 둔 것이 타당한지 검토할 필요가 있지 않을까?

(b) 상대방의 과실 여부를 판단함에 있어서는 외관의 신뢰가치 이외에 대리행위의 내용도 고려되어야 할 것이다(이러한 점은 125조뿐만 아니라 126조·129조의 표현대리에서도 마찬가지이다). 즉 예컨대 보증계약 혹은 본인에게 특히 부담이 큰 행위에 대한 대리에서는 상대방은 특히 믿을 만한 자료가 없는

만원의 당좌수표가 부도처리되어 A가 을로부터 그 부도수표를 회수하려는 과정에서 을로부터 보증인을 세울 것을 요청받았는데, 그 후 갑이 A의 부탁으로 을과 보증계약의 체결 여부를 교섭하는 과정에서 A의 구체적인 주채무액을 알지 못한 상태에서 보증할 의사가 있음을 표하였다. 그후 갑은 사용목적란이 보증용으로 기재된 지방세세목별과세증명서를 발급받아 자신의 인장을 지참하여 A의 집으로 갔다가, 보증할 주채무액이 1억원을 넘는다는 말을 듣고 A에게 보증의사를 철회하였는데, 그 날 갑이 A의 집에서 술을 마시다가 위 서류와 인장이 담긴 봉투를 빠뜨리고 가자 A가 이를 가지고 있다가 다음날 을에게 찾아가 갑을 대리하여 보증계약을 체결한 것이다. 판결은 본문과 같이 갑의 수권표시를 부인하는 외에, 나아가 갑의 위와 같은 언동만으로 수권표시가 있은 것으로 볼 여지가 있다 하더라도, 을에게 과실이 있으므로 제125조의 표현대리가 성립하지 않는다고 한다.

21) 대판 1959. 7. 2. 4291민상329[요지 제125조, 2].

22) 단지 종래 해석상 인정되어 오던 것을 명문화한 것이라고 한다(민법안심의록 상, 82면).

한 본인에게 수권의사 유무를 확인할 것이 요구되고 따라서 이를 확인하지 않은 때에는 과실이 있다고 해야 할 것이다.[23)]

[788] (다) 법문의 형태에서 볼 때 그리고 표현대리의 성질에 비추어 볼 때, 전자 즉 수권통지에 관한 주장 입증책임은 상대방에게 있고, 후자 즉 상대방의 선의 · 무과실에 관한 주장 입증책임은 본인에게 있다. 즉 상대방이 본인의 수권통지 사실(그리고 자신도 그 통지에서의 상대방이라는 사실 및 대리행위가 표시된 대리권의 범위에 속한다는 점 등)을 입증한 데 대하여, 본인이 상대방의 악의 혹은 과실을 입증하지 못하면 책임을 면하지 못한다.

[789] 3. 적용범위 등

(1) 본조는 원칙적으로 임의대리에 한하여 적용된다. 법정대리는 본인이 대리권을 수여하는 것이 아니므로, 본인이 어떤 사람에게 대리권을 주었다는 통지가 있을 수 없기 때문이다.[24)]

(2) 본조는 대리권이 있는 자로 통지된 자가 「그 대리권의 범위 내」에서 대리행위를 한 경우에 적용되는 것이다. 따라서 그 통지에서 표시된 대리권의 범위를 넘은 경우에는 본조만에 의해서는 표현대리가 성립하지 않는다. 그러나 이는 대리권을 넘은 경우이므로, 본조와 제126조와의 중복적용에 의하여 표현대리가 성립하게 된다([792] 참조).

[790] Ⅲ. 제126조의 표현대리

1. 의 의

본조는 대리인이 대리권의 범위를 넘은 행위를 하였으나, 상대방이 대리인에게 그 행위에 관한 대리권을 가진다고 믿은 경우에 관한 것이다. 대리인이 어떠한 행위에 관해서 대리권을 가지는 경우에, 상대방은 그가 현재 행하는 행위에 관해서도 대리권을 가지리라고 믿게 될 개연성이 크다. 예컨대 을이 갑의 부동산의 관리 일체를 맡아 처리하는 경우에, 제3자는 을에게 그 부동산에 저당권을 설정하거나 이를 임대할 권한이 있으리라고 믿기 쉽다. 본조는 이러한 경우를 규율하는 것이다.

---

23) 앞의 2000다2566은 이러한 예로 이해할 수 있다. 즉 이의 사안은 갑이 A 그리고 나아가 을에게 일응 보증의 의사를 표명한 경우로서, 따라서 외관의 신뢰가치는 상당히 높다. 그럼에도 판결은, 보증계약에 의하여 이익을 얻는 것은 전적으로 주채무자(A)이므로 A가 대리권이 있는 것으로 가장할 위험성이 있으며, 특히 주채무액이 1억원 이상인 점에서 볼 때, A가 위임장도 인감증명서도 소지하지 않았음에도 을이 갑에게 전화 등의 방법으로 A의 대리권 유무를 확인하지 않았다고 하여, 과실을 인정한다.

24) 대판 1983. 2. 8. 81다카621[집 31-1, 민 66]은 이행지체가 있으면 즉시 강제집행을 하여도 이의가 없다는 강제집행 수락의 의사표시는 소송행위이므로, 여기에는 표현대리규정이 적용(또는 유추적용)될 수 없다고 한다.

본조에서의 외관의 신뢰가치는 본인의 수권통지가 있은 경우보다 낮다. 더욱이 대리인이 개별대리권만을 가지고 있고, 문제되는 행위가 그 대리권의 내용과는 무관한 경우에는 특히 그러하다. 이런 경우에는 대리인이 다른 사항에 관하여 대리권이 있다고 하는 점만으로 현재의 행위에 대한 대리권도 존재하리라고 믿는 것은 성급한 추단이다. 따라서 본조의 운영에서는 대리인이 가지는 권한이 개별적인 것인가 포괄적인 것인가, 대리권의 내용이 현재의 행위와 관련성이 있는가 하는 점들을 고려하여 신중히 본조의 표현대리의 성립 여부를 판단해야 한다.

2. 요 건 [791]

(1) 대리권을 넘을 것 본조는 「대리인이 그 권한 외의 행위를 한 경우」라고 한다. 그러므로 본조의 요건으로는 먼저 대리인이 어떤 사항에 관하여 대리권을 가졌어야 하고(기본대리권) 다음으로 그 범위를 넘는 대리행위를 하였어야 한다(월권행위). 이하에서 양자를 나누어 살핀다.

(가) 기본대리권 대리인이 어떤 사항에 관하여 대리권을 가졌어야 한다. 이러한 대리권을 기본대리권이라고 한다. 이 요건은 본인보호를 위한 최소한의 요건이다. 즉 전혀 아무런 권한도 없는 자가 무권대리행위를 한 경우까지 제3자의 신뢰를 보호하게 되면 본인의 이익이 크게 손상될 우려가 있으므로, 본인의 보호(정적 안전의 보호)를 위한 최소한의 요건으로 이를 요구하는 것이다.

그러면 단지 사실행위의 위임을 받은 자(使者)가 월권의 대리행위를 한 경우에는 본조의 적용을 전적으로 부인할 것인가? 객관적으로 볼 때 수임인이 단순히 사실행위의 위임을 받은 것으로 인정되는 경우에는 이를 부인하는 것이 당연하다.[25] 그러나 기본대리권을 요건으로 삼은 취지에서 볼 때, 수임인이 맡은 일이 대외적 행위의 수행을 예상하는 것인 때에는 본조의 적용을 긍정해야 할 것이다. 판례도 「표현대리법칙은 거래의 안전을 위해서는 어떠한 표현적 사실을 야기하는데 원인을 준 자는 그 표현적 사실을 믿음에 있어 정당한 이유가 있다고 인정되는 자에 대하여는 책임이 있다는 일반적인 權利表見理論에 그 기초를 두고 있는 것이므로, 대리인이 아니고 사실행위를 위한 사자라 하더라도 외관상 그에게 어떠한 권한이 있는 것 같은 표시 내지 행동이 있어서 상대방이 그를 믿었고 또 그를 믿음에 있어 정당한 이유가 있었다면 표현대리의 법리에 의하여 본인에게 책임지워 상대방을 보호하여야 할 것이다」고 하여, 이를 인정한다.[26] 그

25) 예컨대 단순히 매매의 중개를 부탁받은 자(대판 1970. 2. 24. 69다2011), 증권회사에서 고객의 유치, 투자상담 및 권유 등 사실행위를 위임받은 투자상담사(대판 1992. 5. 26. 91다32190) 등.

26) 대판 1962. 2. 8. 4294민상192[집 10-1, 민 87]. 이는 본인을 위하여 현금의 수령 · 청산을 보조하였

외에 사실행위의 위임을 받은 자가 본인의 거래행위를 처리해 왔고 본인이 사자의 그러한 행위를 알고도 방치하여 온 경우에는, 본인은 묵시적으로 그 자에게 대리권을 수여하였음을 표시한 것이므로 제125조에 의한 표현대리의 성립이 인정될 것이다.

[792] (나) 기본대리권과 관련하여 특히 문제되는 점을 살펴보면,

(a) 法定代理權도 본조의 기본대리권에 포함되는가? 이는 본조의 적용범위의 문제로서 고찰한다([802]).

(b) 公法行爲를 위한 대리권도 본조의 대리권에 포함되는가? 이는 특히 인감증명의 신청을 위하여 대리권을 준 경우에 문제가 되는데, 판례는 인감증명서가 사법상의 거래에서 가지는 의의·작용에 비추어 대리권의 수여가 있었다고 인정한다.[27)]

(c) 복임권 있는 자가 선임한 복대리인의 권한(複代理權)이 여기에 포함됨은 당연하다. 문제는 임의대리인이 제120조에 위반하여 복대리인을 선임한 경우이다. 판례는 그러한 복대리인이 권한을 넘어 행위한 경우에도 본조의 표현대리 성립을 긍정한다([762] 주 6 참조). 그러나 이는 제120조와 조화되지 않는 바, 따라서 본인이 복대리인의 행위를 알고도 묵인함으로써 복대리인 선임에 관하여 묵시적인 승락이 있다고 인정되는 때에 한하여 이를 인정하는 것이 타당할 것이다([762]).

(d) 소위 表見代理權, 즉 수권사실의 통지가 있었으나 실제로는 대리권을 수여받지 못한 자 혹은 반대로 과거에 대리권을 가졌던 자의 대리권도 이에 포함된다(이러한 자는 실제로는 대리권을 가지지 않으므로, 이를 표현대리권이라고 하는 것이). 즉 본조는 대리권을 가진 자가 그 범위를 넘어 행위한 경우인데, 만약 수권통지에서 표시된 대리권 혹은 과거의 대리권을 넘어 행위한 경우에는 본조와 제125조 혹은 제129조가 중복적용됨으로써 표현대리가 성립한다고 해야 한다. 왜냐하면 표현대리에 관한 3개조는 단지 외관의 형태에 따라 나뉘어진 것이고, 그 본질이나 취지는 동일하므로 그러한 중복적용을 인정해야 하기 때문이다. 판례 역시 이러한 입장이다.[28)]

[793] (다) **越權行爲** 대리인이 대리권의 범위를 넘어 행위하였어야 한다.

을 뿐 본인을 위하여 어음의 발행 기타 법률행위를 한 일이 없는 사자가 본인 명의의 수표를 발행하여 금원을 차용한 데 대하여 본조의 적용을 긍정한 것이다. 그외에 대판 1998. 5. 29. 97다55317도 이와 같은 취지.

27) 대판 1957. 4. 4. 4290민상21[총람 제126조, 115]; 대판 1965. 3. 30. 65다44[요지 제114조, 15]; 대판 1978. 3. 28. 77다1669[집 26-1, 민 229] 그 외에 구청에 대한 영업허가신청(대판 1965. 3. 30. 65다44), 회사의 이사취임등록절차(대판 1965. 10. 5. 65다1542[요지 제125조, 8]), 공장허가신청(대판 1974. 8. 20. 74다976[요지 126조 一, 26]) 등을 위임하고 아울러 그 일을 위하여 인장을 교부한 경우에도 대리권의 수여가 있었다고 한다.

28) 대판 1970. 2. 10. 69다2149[요지 제126조 一, 17]; 대판 1979. 3. 27. 79다234[공 611, 11903](본조와 129조와의 중복적용).

이 요건과 관련해서 문제되는 것은, 그 월권대리행위는 기본대리권과 同種의 혹은 유사한 것이어야 하는가 하는 점이다. 판례는 이를 부인한다.[29] 그러나 부인한다는 의미는 양자가 동종의 것이 아니더라도 본조가 성립할 수 있다는 의미일 뿐이고, 양자가 동종인가 하는 점은 전혀 문제되지 않는다는 의미는 아닐 것이다. 양자가 유사성을 가지지 않는 경우에는 그만큼 외관의 신뢰가치가 약하고, 따라서 기본대리권의 존재가 긍정되더라도 정당이유가 부인될 가능성이 클 것이다. 이러한 점은 판례에서도 확인된다. 즉 판례를 보면(정당이유에 관한 것이지만 여기에서 소개하면), 대리인이 위임받은 행위와 동종의 행위를 한 경우에는 정당이유가 쉽게 인정된다.[30] 또 대리인이 이전부터 동종의 행위를 해온 경우,[31] 대리인이 일정한 종류의 업무에 관하여 대리권을 가지고 월권대리행위가 그러한 대리권의 범위 내로 여겨지는 경우[32] 등에도 정당이유가 쉽게 인정된다.

(라) 기본대리권이 존재하는가 여부에 관한 판례를 살펴보면, [794]

(a) 일정한 행위의 위임과 관련하여 인장이 교부된 경우에는 대부분 기본대리권을 긍정한다.[33] 그러나 일정한 행위의 위임없이 인장이 교부된 경우에는 그렇지 않다.[34] 또 인감증명서만이 교부된 경우에는 기본대리권이 부인된다.[35]

(b) 부동산 처분의 월권행위에 있어서 등기서류와 위임장을 교부한 경우가 기본대리권이 인

29) 대판 1963. 11. 21. 63다418[집 11-2, 민 246]은 임야불하에 관한 동업계약을 맺을 대리권을 수여받은 자가 본인 소유의 부동산을 매도한 경우에, 대판 1978. 3. 28. 78다282,283[집 26-1, 민 257]은 등기신청의 대리권을 가진 자가 대물변제를 한 경우에 관하여 표현대리의 성립을 긍정한다. 그 외에 대판 1969. 7. 22. 69다548[집 17-2, 민 340].

30) 예컨대 부동산의 매도위임을 받은 대리인이 본인으로부터 위임받은 금액보다 저렴한 가격으로 매도한 경우(대판 1971. 10. 22. 71다1921[요지 제126조 三, 나 45]), 갑이 을의 채무에 대한 연대보증을 승낙하고 도장 기타를 교부하였는데, 을이 병의 채무를 위하여 갑을 보증인으로 하는 계약을 체결한 경우(대판 1991. 4. 23. 90다16009[공 898, 1459]; 대판 1991. 12. 27. 91다30668[공 915, 774]) 등.

31) 예컨대 대리인이 이전부터 본인 명의의 수표를 발행해 온 경우(대판 1989. 5. 23. 88다카22626[공 852, 995]; 대판 1991. 6. 11. 91다3994[집 39-3, 36]), 물품을 계속하여 본인 명의로 주문해 온 경우(대판 1991. 3. 27. 90다7173[공 896, 1254]) 등. 다만 대리인이 본인의 토지를 관리해 오던 중 이를 매각한 경우(대판 1965. 3. 2. 64다1008[요지 제126조 三, 8])에는 부인되었다.

32) 예컨대 郡 축산협동조합의 사업부장이 조합 명의로 차용행위를 하고 조합 명의의 수표를 발행한 경우(대판 1963. 8. 31. 63다326[집 11-2, 민 91]), 회사의 경리담당 상무이사가 차용행위를 하고 회사 명의의 어음을 발행한 경우(대판 1969. 9. 30. 69다964[집 17-3, 민 141]). 이에 대하여 소위 「부금상무」(회사의 상무의 직함을 가지고 그 회사의 명의로 건설공사 도급계약을 체결하나, 실은 독자적인 계산과 책임 하에 공사를 수행하고 공사금의 1할을 회사에 지급하는 자)가 그러한 직위를 알 수 있는 상대방에게 회사 명의로 어음의 배서를 한 경우에는 정당이유를 부인하였다(대판 1990. 4. 10. 89다카19184[공 873, 1042] — 특히 이 사안에서는 부금상무가 이전에도 그러한 행위를 수차례 해 왔고, 회사도 이를 묵인하여 왔었음에도 불구하고 정당이유가 부인되었다).

33) 대판 1968. 8. 30. 68다1051[집 14-2, 민 364].

34) 대판 1974. 5. 14. 73다148[요지 제130조, 18].

35) 대판 1978. 10. 10. 78다75[집 26-3, 민 104].

정되는 대표적인 경우이다.[36] 더 나아가 판례는 본인이 인장만을 교부하였는데 대리인이 그 외의 서류를 위조 혹은 도용하여 월권행위를 한 경우에도 표현대리의 성립을 긍정한다.[37] 다만 인감증명서만을 교부한 경우에 이를 부인한 것이 있다.[38]

(c) 그 외에 개별적인 경우로서, 어떤 자가 본인의 수표를 이용하여 여러 번 사채융통에 대한 알선행위를 한 일이 있는 경우에는 그 자에게 금전소비대차에 관하여 대리권이 주어진 것이라고 한다.[39] 이에 반하여 전혀 안면이 없는 자들 사이의 금전대차에 있어서 원금의 수수, 이자의 전달, 원금의 변제 등의 행위를 한 자에 대하여는 기본대리권이 부인되었다.[40] 또 군청의 토목계장이 공사부담금을 감액해 준다고 하였더라도 그에게는 그러한 대리권이 없으므로 표현대리가 성립될 수 없다고 하였다.[41] 父가 부동산을 매수하여 이를 미성년자인 아들의 명의로 등기한 경우에는 특별한 사정이 없는 한 그 아들은 그 부동산에 대한 관리권한을 그 父에게 묵시적으로 위임한 것으로 추정된다고 한다.[42] 건축공사 도급인이 현장대리인을 정하여 그 취지를 신고하고 현장대리인이 공사현장에서 대리인으로 행세한 경우에도 본조가 적용된다고 한다.[43] 또 농협의 예금취급소장,[44] 회사의 경리과장[45] 등의 월권대리행위에도 본조의 적용이 긍정되었다.

[795] **(2) 상대방의 정당한 신뢰** 본조는 「제3자가 그 권한 있다고 믿을 만한 정당한 이유가 있는 때」 표현대리가 성립한다고 규정한다.

---

36) 대판 1966. 1. 25. 65다2210[요지 제125조, 7]; 대판 1963. 6. 13. 63다191[집 11-2, 민 6] 등 다수. 65다2210은 구민법에 의하여 매매계약만으로 소유권을 취득한 매수인이 이전등기를 하지 않은 경우에 등기부상의 소유자(매도인)는 전혀 처분권한이 없는 것이 아니므로, 이러한 매도인이 등기서류를 교부하였다면 수권통지가 있었다고 한다.

37) 대판 1967. 5. 23. 67다621,622[집 15-2, 민 31](대리인이 본인에게 회사에 취직하는데 보증인을 세움에 필요하다고 속여서 그로부터 인장과 인감증명을 받아내고, 나아가 본인 모르게 등기필증을 훔쳐내어 본인의 부동산에 근저당권을 설정하고 돈을 차용한 경우). 그외에 대판 1969. 11. 25. 69다905[총람 제126조, 100](신원보증계약에 필요한 서류); 대판 1970. 4. 28. 69다2148[총람 제126조, 105](비료구입자금의 차용을 위한 서류. 이 판결도 이때 그 서류가 위조된 것이라는 점은 본조의 적용에 영향을 주지 않는다고 한다). 특히 대판 1966. 6. 28. 66다845[집 14-2, 민 117]은 대리인이 본인의 인장을 위조하여 월권의 대리행위를 한 경우에, 그 인장의 위조나 행사가 범죄행위가 된다 하여도 권한을 넘는 표현대리를 인정할 수 있다고 한다.

38) 대판 1978. 10. 10. 78다75은, A가 父 B에게 취직하는 데 필요하다고 거짓말하여 B로부터 인감증명서를 교부받은 후 이를 이용하여 B의 인장을 조각하고 나아가 위임장과 매도증서 등을 위조하여 이들 서류를 이용하여 B를 대리하여 그의 부동산을 매각한 사안에서, 인감증명서는 인장사용에 부수해서 그의 확인방법으로 사용되며 인장사용과 분리해서 그것만으로서는 어떤 증명방법으로 사용되는 것이 아니어서 인감증명서 그것만의 교부가 일반적으로는 어떤 대리권을 부여하기 위한 행위라고 볼 수 없다고 하였다. 그외에 대판 1982. 4. 13. 81다408[공 682, 495](본인이 부동산소개업자에게 「가옥이전용」의 인감증명만을 교부하여 부동산매매의 알선을 부탁하였는데, 위 소개업자가 詐僞의 방법으로 인감을 교부받은 경우).

39) 대판 1962. 4. 4. 4294민상387[집 10-2, 민 40].

40) 대판 1965. 6. 22. 65다545[요지 제125조, 6].

41) 대판 1965. 3. 2. 64다1938[요지 제126조 一, 5].

42) 대판 1970. 10. 30. 70다1177[집 18-3, 민 243].

43) 대판 1971. 5. 31. 71다847[집 19-2, 민 86].

44) 대판 1972. 8. 22. 72다929[요지 제126조 二, 16].

45) 대판 1972. 8. 29. 72다1060[요지 제126조 二, 17].

(가) 정당한 이유란, 무권대리가 행해질 당시 상대방이 알았거나 알 수 있었던 사정을 주의깊게 관찰할 때 대리인에게 당해 행위에 관한 대리권이 있다고 믿을 만하다는 것을 뜻한다(통설). 달리 말하면 대리행위시의 사정 중 상대방이 선량한 관리자의 주의를 다하였다면 알 수 있는 사정을 토대로 하여, 그러한 사정에 기하여 신의칙에 따라 판단한다면 대리권의 존재를 믿을 만하였다는 것을 뜻한다. 즉 정당이유의 판단에서 고려될 사정은 대리행위시에 존재했던 사정 중에서 상대방이 알았거나 알 수 있었던 사정이고, 정당이유의 판단기준은 일반인(통상적인 판단능력을 가진 것으로 기대되는 상대방)이 된다. 따라서 이는 실질적으로 선의·무과실을 뜻한다.

이러한 통설에 대하여 일부 견해는, 정당한 이유의 판단기준은 보통인이 아니라 이성인이며, 판단의 기준시점도 대리행위시가 아니고 사실심의 변론종결시 즉 재판에서 정당한 이유를 판단할 때까지 존재한 일체의 사정이라고 한다. 즉 법관이 변론종결 당시까지 존재하는 제반사정과 자료를 종합하여 판단할 때 대리권의 존재가 「명백」하다고 할 수밖에 없는 경우에 한하여 정당이유를 인정할 것이라고 한다.[46] 생각건대 행위 이후의 사정도 고려하여 판단해야 한다는 등의 견해는 기본적으로 우리 판례가 표현대리의 성립을 너무 쉽게 긍정하는 점 내지 거래보호에 지나치게 편중된 점에 대한 비판적 시각에 기한 것으로 보인다. 그러나 제3자가 전혀 알 수 없었던 사정까지 고려한다면, 이 요건은 — 뒤의 판례([796] 주 50의 70다1812)가 보여주는 바와 같이 자칫 제3자로서는 알 수 없는 대리인의 월권행위 이후의 사정까지 고려함으로써 — 제3자의 대리권 존재에 대한 「신뢰」의 정당성이 아니라 대리인의 「월권행위」의 적절성을 판단하는 것으로 될 수 있다. 표현대리 운영에서의 그와 같은 문제점을 시정하는 것은 이 요건과는 별개인 본인의 과책성에 맡기고, 신뢰의 정당성의 요건에서는 이것이 제3자에 관한 요건이므로 오로지 그가 행위 당시에 알 수 있었던 사정을 기초로 그의 신뢰의 정당성을 판단하는 것이 타당할 것이다.

(나) 판례는 「정당한 이유의 존부는 자칭대리인의 대리행위가 행하여질 때에 존재하 [796]
는 제반 사정을 객관적으로 관찰하여 판단하여야」 한다고 하여, 일응 통설과 같은 입장을 취한다.[47] 그리하여

ⓐ 대리인이 대리행위시에는 대리권을 증빙할 만한 서류나 인감도장을 제시하지 않았으며 잔금 수령시에 비로소 본인 명의의 등기서류를 제시한 경우에, 정당이유의 판

46) 이영준, 634면 이하.

47) 대판 1987. 7. 7. 86다카2475[집 35-2, 253]. 대판 1987. 11. 10. 87다카1325[집 35-3, 242]. 동지의 판례로서, 대판 1997. 6. 27. 97다3828(이는 뒤([797] ⓒ)에서 소개한다); 대판 2009. 2. 26. 2007다30331; 대판 2009. 11. 12. 2009다46828.

단기준시점인 대리행위시에는 대리인이 대리권을 증빙할 문서를 소지하지 않았다는 이유로 정당이유를 부인한다.[48]

(b) 월권대리행위로 차용한 대금을 어떠한 용도로 사용하였는가 하는 점에 관하여 상대방이 주의를 기울이지 않은 점은 정당이유 판단에 영향을 주지 않는다고 한다.[49] — 다만 이와는 반대로, 처가 남편의 부동산을 적정가격으로 매도하고 그 대금을 남편의 입원비 · 생활비 등에 지출하였다면 이러한 사유는 객관적으로 보아 대리권이 있다고 믿을 만한 「정당한 이유」가 된다고 판시함으로써, 대리행위 이후의 사정까지 정당이유 판단의 자료로 삼는 듯한 태도를 취한 것이 있다.[50]

[797] (다) 정당한 이유의 존부에 관한 판례를 살펴보면,[51]

(a) 정당이유가 인정되는 가장 대표적인 사례는 부동산에 관하여 등기서류를 구비한 대리인이 월권의 처분행위를 한 경우이다. 즉 이때에는 — 그 등기서류가 본인에 의하여 교부되었는지 절취되었는지를 불문하고 — 대리권을 의심케 하는 특별한 사정이 없는 한 정당이유를 긍정하는 것이 판례의 기본적인 태도이다.[52] 부동산처분의 월권행위에서 정당이유가 부인된 경우로는, 행위시에 대리인이 등기서류를 완비치 못한 경우,[53] 부동산을 관리해 오던 자가 이를 처분

48) 대판 1981. 8. 20. 80다3247[집 29-2, 민 277]; 대판 1981. 12. 8. 81다322[공 674, 169].

49) 대판 1987. 11. 10. 87다카1325(夫 갑이 해외취업 중 처 을에게 공장경영을 위임하여 을이 공장운영자금을 조달하기 위해서라고 하면서 갑 소유의 부동산에 가등기를 설정하고 병으로부터 금전을 차용한 사안에서, 가등기설정 당시 을이 갑의 인감을 소지하고 있는 것을 병이 보았다면 정당이유가 인정되고, 을이 대여받은 금원을 차용용도에 따라 사용하였는지 여부가 밝혀지지 않았다고 하여 정당이유가 없다고 할 수 없다).

50) 대판 1970. 10. 30. 70다1812[집 18-3, 민 256]. 그 외에 대판 1989. 6. 27. 88다카23490은 갑으로부터 소유 부동산을 담보로 추가대출을 받아 그 일부로 종전의 연대대출금을 상환하라는 취지의 추가대출 및 담보권설정의 대리권을 수여받은 을이 갑의 허락없이 자기 앞으로 소유권이전등기를 한 후 다시 병 은행에 근저당권설정등기를 하여 대출받은 사안에서, 그 대출금으로 종전의 연대대출금을 모두 변제하고 그 담보이던 저당권설정등기도 말소하였다는 점을 고려하여 이 등기가 유효하다고 하였는 바, 이 역시 대리행위 이후의 사정을 고려한 예이다(다만 여기에서는 제126조의 표현대리가 문제됨이 없이 곧바로 그 등기가 유효하다고 하였음).

51) 이에 관해서는 김학동, 월권표현대리에서의 정당한 이유에 관한 판례분석, 사법행정 1993. 12., 64면 이하/1994. 1., 39면 이하 참조.

52) 대판 1968. 11. 26. 68다999(갑이 A에게 등기절차를 위임하면서 권리문서 및 인감증명서를 교부하였는데, A가 다시 B에게 위임하여 B가 갑의 처를 속여 그 외에도 인감도장을 교부받아 근저당권을 설정한 경우); 대판 1967. 5. 23. 67다621,622(A가 갑에게 보증을 부탁하여 그로부터 인장과 인감증명을 받아내고, 나아가 갑이 모르게 등기필증을 훔쳐내어 을과 근저당권설정계약을 체결한 경우); 대판 1971. 8. 31. 71다1141[총람 제126조, 114] 외 다수. 부인된 예는 대판 1989. 4. 11. 88다카13219[공 849, 750]; 대판 1992. 2. 25. 91다490[공 918, 1113](물품공급계약상의 채무를 연대보증한 경우로서, 대리인이 본인이 직접 발급받은 보증용 인감증명서와 재산세 납부증명서를 소지하고 있었다는 사실만으로는 갑에게 을을 대리할 권한이 있었다고 믿을 만한 정당한 이유가 없다) 등 극히 소수가 있을 뿐이다.

53) [796] (a)에서 소개한 판례(주 48의 80다3247; 81다322) 이외에도 대판 1976. 3. 23. 73다1549[집 24-1, 민 169]. 그러나 대판 1967. 9. 5. 67다1394은, 인장을 교부받은 대리인이 이를 부정 사용하

한 경우,[54] 본인과 대리인이 부부관계인 경우(이에 관하여는 후술([802]) 참조) 등이 있다.

(b) 근래에는 정당이유가 부인되는 사례가 상당히 많은데, 이를 유형화한다면, (i) 상대방인 은행이 대출시 채무자 기타 관계자로 하여금 직접 서명날인하도록 하는 내부규정에 위반한 경우,[55] (ii) 본인에게의 확인 등 대리권의 조사가 용이한 경우,[56] (iii) 대리행위가 매우 이례적인경우[57] 등이 있다.

(c) 그 외에 주목할 판례를 소개한다.

대판 1997. 6. 27. 97다3828 [사안] 갑은 정신병원에 강제입원되고, 1989. 11. 28. 한정치산선고를 받았다. 갑의 동생 을이 후견인으로 선임되었는데, 을은 갑의 X부동산을 관리하다가, 1990.11.2. 병에게 처분하였다. 그후 을의 신청에 기해서 법원으로부터 친족회원이 선임되었고(1990. 12. 7.), 갑의 X · Y 등의 부동산 매각을 위하여 1990. 12. 22.에 친족회를 소집한다는 법원의 심판을 받았다. 그러나 을은 실제로는 친족회를 개최함이 없이 부동산 매도결의의 취지가 적힌 친족회 의사록을 허위로 작성하여 이를 이용해서 X부동산의 이전등기를 경료하는 한편, 나아가 위 서류를 이용하여 Y부동산을 정에게 매도하고, 1991. 10. 10. 이전등기를 경료하였다. 갑은 1992. 6. 5.경 정신병원에서 퇴원하였으며, 퇴원 후 을이 위와 같이 부동산을 무단처분한 사실을 알게 되자 1992. 6. 21.경 을 및 이에 관여한 친족회원을 형사 고소하였으나, 후에 이를 취소하였다. 1994. 10. 4. 갑에 대한 한정치산선고가 취소되었다. 갑은 1996. 8. 27. 을의 X · Y부동산 처분은 친족회의 동의없이 행해진 것으로서 취소한다고 하면서, 병 · 정에 대하여 이전등기의 말소를 소구하였다.

[판지] 1) 정에게의 Y부동산의 처분 — 민법 제126조의 표현대리 규정은 거래의 안전을 도모하여 거래상대방의 이익을 보호하려는 데 있으므로, 법정대리에도 적용된다. 따라서 한정치산자의 후견인이 친족회의 동의를 얻지 않고 피후견인의 부동산을 처분하는 행위를 한 경우에도,

---

여 위임장과 인감증명서를 갖추었을 뿐 등기권리증을 소지하지 않은 경우임에도 정당이유를 긍정하였다.

54) 대판 1965. 3. 2. 64다1008[요지 제126조 三, 8]; 대판 1965. 8. 24. 65다981[집 13-2, 민 79]; 대판 1969. 10. 14. 69다1384[집 17-3, 민 195]. 다만 대판 1966. 12. 23. 66다1755[총람 제126조, 124]은 대리인이 본인의 전체 재산을 관리해 오던 경우에 관하여 정당이유를 긍정하였다.

55) 대판 1976. 7. 13. 76다1155[집 24-2, 민 224]. 이는 갑이 을의 요청에 따라 을에게 그의 채권자인 은행 병에 대한 차용금채무의 변제기일 연장에 필요한 서류작성에 사용하라고 인감증명과 인감을 교부하였는데, 을이 이를 이용하여 새로운 채무부담을 위한 근저당권을 설정하고 갑을 연대보증인으로 하는 계약을 맺은 사안인데, 과거에 갑이 을의 금전차용시 을을 연대보증한 적이 있었으며 이 계약에서 을이 갑의 인감도장과 인감증명을 소지하고 있었음에도, 판결은 본문과 같은 이유로 정당이유를 부인하였다. 그 외에도 대판 1982. 7. 13. 82다카19[공 689, 804]; 대판 1990. 1. 23. 88다카3250[집 38-1, 26] 등 다수.

56) 대표적인 예가 종중재산을 매수하는 경우로서, 판례는 종중재산인 토지를 매수하려는 자는 약간의 주의를 기울여 규약과 처분관계서류를 대조 · 조사하였더라면 서류 자체로서도 종중대표자가 위 처분에 관한 종중규약 소정의 절차를 밟지 않았음을 쉽게 알 수 있었을 것이라고 하여, 종중재산의 매수인에게는 정당이유가 없다고 하였다(대판 1980. 2. 26. 79다1160[공 631, 12687]; 대판 1985. 7. 23. 83다카419[공 760, 1174]).

57) 그 행위가 본인에게 이익이 없고 반면에 채무가 중대한 경우(대판 1987. 12. 8. 85다카2340[총람 제126조, 208]; 대결 1976. 12. 21. 75마551[집 24-3, 민 470]), 지방은행의 예금취급소장이 거액의 개인수표를 지급보증한 경우(대판 1980. 8. 12. 80다901[공 641, 13084]), 식품업을 하는 회사의 지점 경영자가 매수부동산대금의 지급을 위하여 매도인에게 위 회사명의의 어음을 배서한 경우(대판 1984. 7. 10. 84다카424, 425[집 32-3, 147]) 등.

상대방이 친족회의 동의가 있다고 믿은 데에 정당한 사유가 있는 때에는 한정치산자에게 그 효력이 미친다. 사실관계가 위와 같다면 매매 당시 이미 Y부동산에 관하여 친족회원의 선임 및 친족회의 소집에 관한 법원의 심판이 있었고 그에 따른 동의의 뜻이 담긴 친족회 의사록을 구비하고 있었던 이상, 매수인인 정으로서 을이 갑의 후견인으로서 갑 소유의 위 부동산을 처분함에 있어서 친족회의 동의를 받았다고 믿을 만한 정당한 이유가 있었다고 할 것이다.

2) 병에게의 X부동산의 처분 — 병이 X부동산을 매수할 당시에는 친족회원도 선임되지 않고 친족회 의사록도 구비되지 않았으며, 등기신청시에 비로소 허위로 작성된 친족회 의사록을 첨부하여 이전등기를 경료하였는바, 사정이 이와 같다면 을이 갑의 후견인으로서 상당기간 갑의 재산을 관리하여 왔다고 할지라도 후견인을 상대로 중요한 재산적 가치를 가지는 한정치산자의 부동산을 매수하는 병으로서 친족회의 동의가 있었는지 여부를 확인하였어야 할 것인데도, 막연히 부동산 중개업자를 통하여 을이 후견인으로 선임된 후 1년 이상 이 사건 부동산의 관리를 전담하여 온 사실만을 확인하였을 뿐 친족회의 동의에 관하여는 전혀 확인하지 아니한 이상, 병은 후견인을 상대로 거래하는 매수인으로서 마땅히 해야 할 주의를 다하지 못한 과실이 있다고 하지 않을 수 없다. 또한 권한을 넘은 표현대리에 있어서 정당한 이유의 유무는 대리행위 당시를 기준으로 하여 판정하여야 하고 매매계약 성립 이후의 사정은 고려할 것이 아니므로, 병이 위 매매로 인한 소유권이전등기를 경료하기에 앞서 그 거래에 관한 친족회원의 선임 및 친족회의 소집에 관한 법원의 심판을 받았고 그에 따라 작성된 친족회 의사록을 교부받았다고 할지라도 이로써 을이 매매 당시 친족회의 동의를 받았다고 믿을 만한 정당한 이유가 된다고 볼 수 없다.[58)]

[798] (3) 입증책임 기본대리권의 존재에 관한 입증책임은 상대방이 진다는 점은 자명하다.[59)] 그러면 정당한 이유에 관한 입증책임은 누구에게 있는가? 학설은 상대방에게 있다는 견해와,[60)] 본인에게 있다는 견해가 대립된다.[61)] 전자는 법문의 형태, 즉 정당이유를 본조의 일반적 요건으로 규정하는 점을 근거로 하고, 후자는 다른 표현대리 경우와 달리 취급할 이유가 없다는 점을 근거로 한다. 법문의 형태로 보면, 전설에 타당

58) 본문에서는 표현대리의 성립 여부에 대한 판단만을 소개하였다. 그런데 판례에서 병은 그외에, 갑의 취소권 행사는 제척기간이 경과한 후 행사되었다는 점, 갑은 형사고소 취소로 을의 무단 처분행위를 추인하였다는 점 등을 주장하였다. 이 점에 대한 판단도 소개하면, 1) 취소권의 제척기간 — 민법 제146조에서의「추인할 수 있는 날」은 취소의 원인이 종료한 후를 의미하므로, 피후견인이 스스로 그 법률행위를 취소함에 있어서는 한정치산선고가 취소되어 피후견인이 능력자로 복귀한 날로부터 3년 내에 그 취소권을 행사하여야 한다. 갑은 1994. 10. 4. 한정치산선고 취소심판을 받고 1996. 8. 27.에 취소하였으므로, 그 취소는 적법하다. 위 기간이 갑이 1992. 6. 5.경 정신병원에서 퇴원하여 을의 매각행위를 안 때로부터 진행하는 것이 아니다. 2) 추인 여부 — 갑은 고소취소장을 작성하여 제출할 때에도 아직 한정치산선고를 취소받기 전이므로 여전히 한정치산자로서 독립하여 추인할 수 있는 행위능력을 가지고 있지 못하였을 뿐만 아니라, 고소취소는 어디까지나 수사기관 또는 법원에 대하여 고소를 철회하는 의사표시에 지나지 않고, 또 고소취소장에 기재된 문면의 내용상으로도 갑이 병에 대하여 가지는 매매의 취소권을 포기한 것으로 보기 어렵다.

59) 판례도, 대리권이 있다는 점에 대한 입증책임은 그 효과를 주장하는 상대방에게 있다고 한다(대판 1994. 2. 22. 93다42047).

60) 이영섭, 366면; 김현태, 374면.

61) 곽윤직, 488면; 장경학, 593면, 김용한, 378면.

할 것이다. 그러나 법문은 단지 제3자에 관한 요건을 다른 형태의 표현대리에서와 달리 「신뢰의 정당성」으로 하려는데 중점을 둔 것이고, 나아가 이에 관한 입증책임까지 달리 하려는 것은 아니지 않을까? 그렇다면 정당이유가 실질적으로 선의 · 무과실에 해당하므로 다른 표현대리 경우와 달리 취급할 이유가 없을 것이다. 또한 실제적으로 보더라도 대리인 측의 사정인 기본대리권과 상대방 측의 사정인 정당이유에 관한 입증책임을 한 쪽에 지우는 것은 타당치 않다고 생각된다. 따라서 후설에 찬동한다. 즉 상대방은 월권대리행위에 대하여도 대리권이 있다고 믿게 된 기반으로서의 기본대리권의 존재를 입증해야 하고, 이에 대하여 본인은 상대방이 주의했더라면 월권대리에 관하여 대리권이 없었음을 알 수 있었다는 점을 입증하지 못하면 책임을 면하지 못한다.

(4) 본인의 과책성 본조의 표현대리가 성립하기 위해서는 이러한 요건 이외 [799]
에 본인에게 그러한 외관에 대하여 책임을 지울 만한 사정, 즉 過責性이 있어야 하는가? 외관이 본인의 과실이나 행위로 인하여 나타나게 된 때에는 그러한 과책성이 인정되므로, 이 문제는 주로 본인의 과실이나 행위가 표현대리의 요건인가(즉 그러한 점이 외관의 출현 혹은 상대방의 신뢰의 원인이 되었어야 하는가) 하는 각도에서 논의된다. 예컨대 대리인이 등기서류를 소지하였고 그리하여 상대방이 그에게 대리권이 있다고 믿었다는 점 이외에, 본인이 그 등기서류를 교부하였거나 혹은 적어도 주의의무를 다 하지 않아 대리인이 이를 소지하게 되었어야 표현대리가 성립한다고 할 것인가? 이러한 문제는 다른 표현대리 유형에서도 문제되지만, 실제로는 월권의 표현대리에서 주로 문제된다.

(가) 통설은 이러한 요건을 부인한다. 그 근거에 관해서는 언급이 없지만, 제126조가 이를 요건으로 하지 않는 점, 외관책임은 외관의 존재와 그에 대한 상대방의 정당한 신뢰가 있는 경우에 인정되는 책임이라는 이해가 근거로 작용한 것이 아닌가 추측된다. 그리하여 통설은 법정대리에도 본조가 적용된다고 한다. 판례 역시 법정대리에 본조의 적용을 긍정하고([802] 참조), 더욱이 대리인이 등기서류를 훔쳐 소지한 경우에도 상대방의 신뢰의 정당성을 긍정하는 점([797] (a)의 주 52 참조)에서 볼 때, 이와 같은 입장이다. 다만 본인의 과책성을 고려한 것이라고 할 수 있는 것도 보인다.[62)]

(나) 그러나 외관이 본인이 알 수 없는 혹은 지배할 수 없는 영역에서 출현하였음에 [800]
도 불구하고 본인에게 그 외관으로 야기된 결과(상대방의 신뢰)에 대하여 책임을 지우는 것, 혹은 본인이 대리인의 월권행위를 방지하기 위하여 필요한 주의와 감독을 다하였음에도

62) 대판 1972. 11. 28. 72다36[총람 제125조, 16]은, 본인과 대리인이 개인적으로 절친한 관계이고, 대리인이 본인의 인장을 위조하여 수차례 본인 명의의 수표를 발행한 것이 아무 탈없이 결제되어 왔다는 사정이 있음에도, 본인이 대리인의 자신 명의의 수표발행을 막기 위하여 필요한 조치를 다하였다는 점을 고려하여 본인의 책임을 부인하였다.

대리인의 행위에 대하여 책임을 지우는 것은, 본인에게 너무 가혹하다. 표현대리제도가 동적 안전 · 거래이익을 위한 것이라 하더라도, 이것은 정적 안전 · 본인의 이익과 조화되어야 한다. 후자를 고려치 않고 전자만을 강조하는 것은 공평에 반한다. 그외에도 법정대리에 제126조의 적용을 긍정하는 것은 적절치 않다(이 점은 다음에 서 살핀다([802])). 이런 점에서 표현대리의 제3의 요건으로 본인의 과책성을 요구하는 것이 타당할 것이다.

뿐만 아니라 민법상의 표현대리제도는 우리 민법(혹은 그외에 일본민법)에 특유한 것이지만, 이는 권리외관책임제도의 한 내용이라고 할 수 있다. 그런데 한편으로 권리외관책임은 법률행위책임 내지 사적자치원리를 보충하는 기능을 하는 것으로서, 따라서 이는 법률행위책임이 인정되는 경우와 균형 · 조화되게 인정되어야 한다. 다른 한편으로 법률행위책임은 표의자에게 적어도 그 표시행위에 대하여 과책성이 있어야 인정된다([428] 참조). 즉 비록 상대방으로서는 표의자의 행위가 의사표시로 이해되더라도, 또 그러한 행위를 하게 된 연유를 상대방으로서는 알 수 없었다 하더라도, 표의자가 자신의 행위가 의사표시로 이해되리라는 것을 알 수 없었던 때에는 그 행위는 의사표시로 인정되지 않는다(즉 그 표시행위에 대하여 법률행위책임이 성립하지 않는다). 그렇다면 표현대리 즉 대리법에서의 권리외관책임에서도 상대방으로서는 그 외관에 기하여 정당하게 대리권의 존재를 신뢰하였더라도, 또 비록 상대방으로서는 외관의 출처를 알 수 없다 하더라도, 본인이 그 외관의 출현에 잘못이 없고 이의 출현을 전혀 방지할 수 없었던 때에는 외관에 대한 책임을 부인해야 할 것이다.

본인의 과책성을 표현대리의 요건으로 삼는 해석은 법률의 근거가 없는 것으로서 부당한가? 생각건대 이러한 요건은 법률이 입법정책적 시각에서 결정할 문제가 아니다(마치 의사표시의 요건으로 표시의식을 요구할 것인가 여부의 문제처럼). 이 문제는 법제도의 적절한 운영을 위하여 해석학이 판단해야 할 문제이다. 따라서 본인의 과책성을 요구하는 명문규정이 없더라도 이를 요건으로 해석하는 것은 결코 법을 넘은 해석이 아니다.

근래 일본의 판례와 이론은 상대방의 신뢰의 정당성이라는 요건에서 상대방의 과실을 쉽게 긍정함으로써 동적 거래의 보호에 신중을 기하고 있다. 즉 우리 민법 제126조에 해당하는 일본민법 제110조에서의 정당한 이유의 의미는 동법 제109조, 제112조와는 다른 의미라고 하고(동법 112조는 우리 민법 129조에 해당한다. 동법 109조는 우리 민법 125조에 해당하는데, 일본민법은 우리 민법 125조의 단서규정을 가지지 않고 있으나, 우리와 유사하게 해석한다), 그리하여 동조의 신뢰의 정당성의 판단에서 본인측의 사정까지 고려한다. 그리고 상대방에게 대리권 존부의 조사확인의무를 보다 넓게 인정한다.[63] 특히 일부 견해는 정당성의 판단에 있어서는 상대방이 알 수 없었느냐 여부를 불문하고 객관적으로 존재하였던 모든 사정을 고려하여 판단할 것을 주장한다.[64] 이와 같이 표현대리에서 동적 이익의 보호에 신중을 기하는 것 자체는 정당하나, 상대방의 신뢰의

63) 橫濱辯護士會, 表見代理の理論と實務, 1984, 31면 이하.

64) 長尾治助 · 福永禮治, 權限踰越の表見代理, 判例タイムズ 430, 14면 이하. 일본에서의 이러한 이론은 제126조의 정당이유에 관한 일부 견해(이영준, 634면 — [795] 주 46 참조)와 흡사한 점이 있다.

정당성이라는 요건의 엄격한 운영을 통하여 이를 기도하는 것은 정당치 않을 것이다. 이의 문제점은 전술하였다([795]). 그 외에도 상대방의 조사확인의무를 강화하는 것은 거래의 원활에 중대한 지장을 줄 뿐만 아니라, 이에 의해서는 본인에게 책임질 만한 사정(대리권외관 발생에 관한) 유무가 본인의 책임 여부에 중요한 관건이 되지 않는다. 즉 그에 의해서 동적안전 보호에 신중을 기하게 되기는 하지만, 이는 본인보호와의 조화를 통한 것이 아니다. 본인보호의 正道는 단순히 상대방의 신뢰의 정당성이라는 요건의 엄격한 운영을 넘어 본인의 과책성을 요건으로 삼는 것이 아닐까?

(다) 그러면 어떤 경우에 본인에게 과책성이 있다고 할 것인가? 외관이 본인의 행동 [801]
에 기한 경우(등기서류를 본인이 교부한 경우) 혹은 본인의 행동에 기하지는 않았으나 외관출현에 관하여 본인에게 과실이 있는 경우(등기서류의 보관에 소홀한 경우)에는 과책성이 인정된다 할 것이다. 다만 특히 거래안전이 요구되는 분야(예: 상거래)에서는, 본인에게 과실이 없더라도 그 외관이 본인의 지배영역에 속하는 범위에서 출현한 경우에는, 과책성이 인정된다 할 것이다.

본인의 과책성이 문제되는 대표적 경우는, 법정대리 및 등기서류나 위임장이 대리인에 의하여 위조 혹은 도용된 경우이다. 판례는 이런 경우에 표현대리의 성립을 긍정하나([797] 주 52, [802] 주 65,66), 본인의 과책성을 요건으로 삼는 입장에서는 표현대리의 성립을 부인할 것이다.

3. 적용범위 [802]

(1) 法定代理 본조는 법정대리에도 적용되는가? 통설은 이를 긍정한다. 판례 역시 처가 무단히 夫의 부동산을 처분한 경우[65] 및 후견인이 친족회의 동의 없이 한정치산자의 부동산을 처분한 경우에,[66] 법정대리권을 기본대리권으로 인정하여 표현대리의 성립을 긍정한다. 이 문제는 본인의 과책성을 요건으로 삼을 것인가 하는 문제와 관련되는데, 그러한 점을 요건으로 해야 한다는 점에서 뿐만 아니라, 다음과 같은 이유에서도 이를 부인하는 것이 타당하다. 즉 먼저 후자의 경우에 표현대리의 성립을 긍정하는 것은 거래보호를 위하여 무능력자의 보호를 후퇴시키는 것으로서, 이는 우리 민법의 가치판단([148] 참조)에 반하는 것으로서 부당하다(상세는 [165] 참조). 다음으로 전자의 경우에 기본대리권인 일상가사대리권은 대리권의 범위가 「日常家事」로 한정되어 있으므로, 그 월권대리가 대리권의 범위를 넘은 것임은 누구나 알 수 있다. 따라서 이를 기본대리권으로 인정하더라도 상대방의 신뢰의 정당성이 인정될 여지가 없다. 그럼에도 이러한 대리권을 넘은 경우에도 제126조의 적용을 긍정하는 것은 실제를 고려하지 않은 지나친 형식논리가 아닐까?

65) 대판 1970. 10. 30. 70다1812; 대판 1981. 6. 23. 80다609[공 662, 14080].
66) 대판 1997. 6. 27. 97다3828(이의 사안은 [797] (c) 참조).

부부 중 일방이 타방을 대리한 경우에 관한 판례를 살펴보면, 부인이 등기서류 일체를 구비하여 남편의 부동산을 무단히 처분한 경우에 관하여 「일반 사회통념상 남편이 아내에게 자기 부동산을 처분하거나 담보로 제공케 하고 그로 인한 등기절차를 함에 필요한 대리권을 수여하는 것은 異例에 속한다」고 하여, 대부분 — 통상적으로는 등기서류를 모두 구비한 경우에 정당이유를 긍정한 것([797] 주 53 참조)과는 달리 — 정당이유를 부인하여 표현대리의 성립을 부인한다.[67] 표현대리의 성립이 긍정된 경우는 대부분 남편이 장기간 외국 혹은 지방에 체류하여 부인에게 살림의 일체를 맡긴 경우이다.[68] 그러나 이런 경우에는 남편은 단순한 일상가사를 넘어 부동산의 관리 등에 관하여 대리권을 주었을 것이고, 따라서 표현대리의 성립을 위하여 굳이 일상가사대리권을 끌어들일 필요가 없을 것이다. 판례에서 일상가사대리권을 내세워 표현대리의 성립을 긍정한 대표적인 예는, 남편이 정신병원에 있고 입원비 · 생활비 등이 부족하자 부인이 무단히 부동산을 매각하여 이를 입원비 등에 사용한 경우이다.[69] 이 경우에는 남편이 부인에게 대리권을 주었다고 인정할 사정이 없기 때문에 부득이 일상가사대리권을 끌어들여 표현대리의 성립을 인정한 것이다. 그러나 앞서 지적한 바와 같이 부동산 처분을 「일상가사」에 속한다고 믿은 것을 정당하다고 하는 것은 넌센스이다. 그보다는 본인의 입원 등 특수한 사정에 기하여 일상가사의 내용 자체가 확대된다고 하는 것(즉 긴급의 일상가사대리권에 기한 것으로서 따라서 유권대리라고 하는 것)이 타당하지 않을까(그 외에 이 판결은 월권행위로 취득한 금원의 사용용도라는 대리행위 후의 사정을 정당이유의 판단에서 고려하는 바([795] 참조), 이러한 점도 이 사안을 표현대리에 의하여 해결하는 것은 正道가 아님을 보여주는 것이 아닐까)?

[803] **(2) 소송행위** 판례는 소송행위에는 표현대리 규정이 적용되지 않는다고 한다. 즉 예컨대 갑의 대리인이라고 칭하는 을이 병으로부터 금전을 차용하면서 그 담보로서 병에게 갑 명의의 약속어음을 발행하면서 「위 약속어음금의 지급을 지체할 때에는 즉시 강제집행을 받더라도 이의가 없다」는 내용의 공정증서를 작성한 경우에, 그러한 공정증서는 대리권에 기한 것이 아니므로 무효이고 그와 같은 강제집행 수락의 의사표시는 소송행위이므로 여기에는 민법상의 표현대리 규정이 적용 또는 유추적용되지 않는다고 한다.[70] 그러므로 무권대리인의 촉탁에 의하여 작성된 공정증서는, 채권자는 물론 합동법률사무소나 공증인이 대리권이 있는 것으로 믿은 여부나 믿을 만한 정당한 사유의 유무에 관계없이 채무명의로서의 효력을 가지지 못한다.[71]

67) 대판 1968. 11. 26. 68다1727,1728[집 16-3, 민 249]; 대판 1969. 6. 24. 69다633[집 17-2, 민 249]; 대판 1971. 1. 29. 70다2738[집 19-1, 민 43] 등 다수. 특히 대판 1997. 4. 8. 96다54942은 그러한 문언에 앞서 「부부간에 서로 일상가사대리권이 있다고 하더라도」라고 함으로써, 일상가사대리권만으로는 표현대리의 요건이 충족되기 어렵다는 점을 말한다.

68) 대판 1964. 12. 22. 64다1244[요지 제126조 三, 25]; 대판 1967. 8. 29. 67다1125[집 15-2, 민 267]; 대판 1982. 9. 28. 82다카177[공 693, 1010]; 대판 1984. 11. 27. 84다310,84다카1283[공 744, 69]. 그외에 대판 1995. 12. 22. 94다45098은 가출한 부인이 월권행위를 한 사안이지만, 표현대리의 성립 이외에 본인(남편)의 추인도 인정된 점에서 볼 때 남편이 대리권을 준 적이 있는 것으로 보인다. 특히 판결 역시 「일상가사대리권 외에 별도의 기본대리권이 있는 처」가 등기서류 기타를 소지하는 점에서 「남편이 처에게 대리권을 수여하였다고 믿게 할 특별한 사정까지 있었다면」 정당이유가 긍정된다고 한다.

69) 대판 1970. 10. 30. 70다1812[집 18-3, 민 256].

70) 대판 1983. 2. 8. 81다카621. 동지: 대판 1994. 2. 22. 93다42047.

71) 대판 1984. 6. 26. 82다카1758. 그외에도 무권대리에 의한 공정증서작성 촉탁행위에 대한 추인의

(3) 그외에 강행법규 위반의 경우에는 표현대리의 성립이 인정되지 않는다는 점은 전술하였다([165], [303]).

Ⅳ. 제129조의 표현대리 [804]

1. 의 의

본조는 「대리권의 소멸은 선의의 제3자에게 대항하지 못한다. 그러나 제3자가 과실로 인하여 그 사실을 알지 못한 때에는 그러하지 아니하다」고 규정한다. 이와 같이 본조는 제125조 · 제126조와 같이 본인은 일정한 경우에 「책임을 진다」고 규정하는 것이 아니라 대리권 소멸을 선의의 제3자에게 「대항할 수 없다」고 규정하나, 학설은 일치하여 본조를 대리권 존속의 외관에 대한 표현대리 규정으로 이해한다. 이에 의하면 본조는 대리인이 이전에 대리권을 가졌다는 점에 기하여 현재에도 대리권이 있으리라고 믿은 신뢰를 보호하기 위한 규정이다. 즉 대리권 존속의 외관에 대한 신뢰에 대하여 본인에게 책임을 지운 것이다.

이전에 대리권을 가졌다는 사정은 현재에도 대리권을 가지리라고 믿게 만들기에 불충분하다. 따라서 본조의 외관은 제125조의 그것에 비하여 신뢰가치가 낮다. 또 과거의 대리권이 개별적인 경우와 포괄적인 경우에 따라서 신뢰가치에 차이가 있다. 본조의 운영에 있어서는 이러한 점이 고려되어야 한다.

2. 요 건 [805]

(1) **대리권의 소멸** 과거에는 대리권을 가졌으나, 대리행위시에는 대리권이 소멸하여 존재하지 않았어야 한다.

㈎ 대리권이 있었으나 소멸하였으면 족하고, 상대방이 대리권 소멸 전에 그 대리인과 거래한 적이 있음을 요하지는 않는다.

㈏ 대리인이 대리권이 소멸한 후 그 범위를 넘는 대리행위를 한 경우에는 본조와 제126조의 중복적용에 의하여 표현대리가 성립할 수 있다.[72] 이런 점에서 볼 때, 과거의 대리권은 표현대리행위를 포함하는 것임을 요하지 않는다.

(2) **상대방의 선의 · 무과실** 상대방이 대리권의 소멸을 몰랐으며, 선량한 관리자로서의 주의를 다 하였더라도 알 수 없었어야 한다. 즉 상대방이 대리인의 대리권 [806]

의사표시는 공증인에 대하여 할 것이므로, 본인이 무권대리에 의한 위 공증사실을 알았으면서도 상대방에게 아무런 이의를 제기한 바 없다는 소극적 태도만으로 본인이 무권대리행위를 추인한 것이라고 볼 수 없다(전술 81다카621; 대판 1991. 4. 26. 90다20473).

72) 대판 1993. 2. 23. 92다52436.

이 존속한다고 믿었고 그 신뢰가 정당해야 한다.

과거의 대리권의 존재와 상대방의 신뢰 간에 인과관계가 있어야 하는가? 즉 상대방이 과거의 대리권을 인식(그 대리인과 거래하였을 것은 필요치 않더라도)하고, 이에 기하여 현재도 대리권을 가진다고 믿었어야 하느냐? 일부 견해는 이를 부인한다. 즉 과거의 대리권의 인식 유무는 어디까지나 과실 유무의 판단에서 고려될 자료에 불과하고, 이러한 인과관계를 독립적인 요건으로 삼을 필요는 없다고 한다.[73] 그러나 본조 단서는 대리권 소멸을 「알지 못한 때」라고 하는 데, 이는 과거의 대리권을 알고 있음을 전제로 하는 것이다. 뿐만 아니라 표현대리의 기초인 외관책임 내지 신뢰책임은 단순히 외관이 존재한다는데 대한 책임이 아니라 외관에 기하여 그에 상응하는 권리나 지위가 존재한다고 신뢰한데 대한 책임이다. 이러한 외관책임의 본성에 비추어 볼 때에도 이를 긍정하는 것이 타당할 것이다.[74]

[807] (3) 그 외에

(가) 본인의 과책성을 요건으로 해야 한다는 점은 다른 표현대리 유형에서와 동일하다. 이에 의한다면, 본인이 대리인과 거래하였을 가능성 있는 제3자에게 대리권 소멸을 알린 때에는 대리권 외관의 제거를 위하여 할 수 있는 바를 다 한 것이므로, 본인의 책임은 인정되지 않는다. 특히 수권사실을 제3자에게 통지하였던 때에는, 그와 동일한 방법으로 대리권의 소멸을 알린 경우에 마찬가지로 취급해야 할 것이다.

(나) 입증책임과 관련해서, 본조는 「선의」에 관해서는 본문이 규정하고, 「과실」에 관해서는 단서가 규정하므로, 법문대로 한다면 상대방은 대리권의 소멸 이외에 선의에 관해서 입증책임을 지고, 본인은 상대방의 과실에 관해서 입증책임을 지게 된다(즉 상대방의 위 입증에 대하여 본인이 상대방의 과실을 입증하지 못하면 책임을 지게 된다).[75] 따라서 다른 표현대리에서와 차이가 생긴다. 그런데 실제로는 대리권의 소멸 즉 과거에는 대리권이 존재하였다는 사실을 입증하면 현재도 대리권이 있으리라 생각하게 되므로, 상대방은 대리권의 소멸 이외에 선의를 별도로 입증할 필요가 없다. 그러므로 — 비록 문언상의 차이는 있지만 — 표현대리의 다른 유형에서와 마찬가지로, 상대방은 과거의 대리권 존재사실을 입증하면 되고, 이에 대하여 본인은 상대방이 대리권 소멸사실을 알았거나 알 수 있었음(즉 악의 또는 과실)을 입증해야 한다고 하는 것이 타당할 것이다.[76]

73) 김용한 380면; 이영준, 644면.
74) 동지: 곽윤직, 491면; 김상용, 612면; 황적인, 236면.
75) 이영섭, 367면; 이영준, 643면.
76) 동지: 곽윤직, 491면; 김용한, 381면.

3. 적용범위 등 [808]

(1) 적용범위

(가) 법인의 대표자는 등기사항이므로, 퇴임등기가 된 대표자의 행위는 등기의 효력에 의하여 정해지고 따라서 본조가 적용되지 않는다는 점은 전술하였다([296]).

(나) 본조는 임의대리 · 법정대리 모두에 적용된다.[77]

(2) 본조에 관한 판례를 보면, 상무이사였던 자가 서류를 위조하여 회사부동산에 근저당권을 설정한 경우,[78] 대리권 소멸 후에도 소지하고 있던 등기서류 등을 이용하여 대리행위를 한 경우,[79] 이전에 차용행위를 대리하였던 자가 대리권 소멸 후에도 보관 중이던 도장을 이용하여 관계문서를 위조하여 차용행위를 한 경우,[80] 대리권을 수여받아 매매계약을 체결하고 대금 일부를 수령하였으나 그 대리권이 철회된 자가 잔금을 수령한 경우,[81] 상호신용금고(갑)의 차장 A의 권유에 따라 을이 갑과 신용부금계약을 맺었는데, A가 1회 불입금은 갑에 입금하였으나 그 후 갑을 사직하고서도 자신이 맡아 있던 신용부금계약증서를 이용해서 을의 사무실 등에서 그 이후의 불입금을 교부받아 이를 횡령한 경우[82] 등에 있어서 본조의 표현대리 성립을 긍정하였다. 그러나 보증계약에 관한 대리권은 개개의 보증계약을 체결할 때마다 수여하는 것이지 일반적으로 수여된다고 보기 어려우므로, 종래 갑이 을로부터 금전을 차용함에 있어서 병이 갑에게 보증계약 체결의 대리권을 수여해 왔다고 하더라도 현재의 보증계약에 관해서 표현대리의 성립을 인정할 수는 없다.[83] 또 퇴직한 물건판매점포의 사용인(상법 16조)이 점포 외에서 물건의 외상대금을 수령한 경우에는 표현대리의 성립을 부인하였다.[84] [809]

V. 표현대리의 효과 [810]

1. 대리효과 발생

표현대리가 성립하면 그 대리행위는 대리권에 기한 것이 아님에도 유권대리와 마찬가지로 대리의 효과가 발생하여 본인의 행위로 된다. 제125조나 제126조가 본인은 그 행위에 대하여 「책임이 있다」고 하는 것은 그러한 의미이다.

---

77) 대판 1975. 1. 28. 74다1199[집 23-1, 민 14].

78) 대판 1962. 3. 29. 4394민상444[요지 제129조, 4].

79) 대판 1962. 10. 18. 62다535[집 10-4, 민 81].

80) 대판 1970. 2. 10. 69다2141[집 18-1, 민 19]; 대판 1970. 3. 10. 70다83[요지 제129조, 13].

81) 대판 1971. 9. 28. 71다1428[요지 제129조, 17].

82) 대판 1986. 8. 19. 86다카529. 이 판결은, 을이 다른 거래관계로 갑의 사무실에 자주 드나들었고 그 때마다 A가 그 자리에 없었다 하더라도, 갑은 그 사이 을에 대하여 불입금의 지급독촉이나 약관에 따른 부금계약의 해제조치 등도 없이 그대로 방치해두었고 A는 을에게 한 것과 같이 고객에게 부금가입을 권유하거나 수금을 하기 위하여 자주 자리를 비우는 자였다면 을이 A의 사직 사실을 모른데 대해 과실이 있다고 보기 어렵다고 하였다.

83) 대판 1967. 9. 5. 67다1355.

84) 대판 1971. 3. 30. 71다65[요지 제129조, 16].

[811] ## 2. 무권대리의 효과 문제

그러면 표현대리는 원래 무권대리이므로, 위와 같은 효과 이외에 무권대리의 효과도 아울러 생긴다고 할 것인가? 우리의 학설은 모두 이를 긍정한다. 다만 제135조의 적용 여부, 즉 무권대리인의 책임을 인정할 것인가 하는 점을 둘러싸고 견해가 나뉜다.

(1) 다수의 견해는 이를 부인한다.[85] 즉 상대방은 표현대리를 주장하여 본인의 책임을 물을 수도 있고 무권대리임을 이유로 그 행위를 철회할 수도 있으나, 무권대리인에게 제135조의 책임을 물을 수는 없다고 한다. 이 견해의 근거는, 표현대리가 성립함으로써 상대방이 유권대리와 똑같은 보호를 받게 되면 소기의 목적을 달성할 수 있게 되므로, 그 외에 무권대리인의 책임을 물을 필요가 없다는 것이다. 이에 대하여 소수의 견해는, 표현대리의 성립을 위한 입증 특히 소송 전에 당사자가 그 성부를 예측한다는 것은 일반적으로 곤란하고, 더욱이 본인이 재빨리 추인하는 경우에는 제3자는 무권대리인의 책임을 물을 수 없게 될 위험조차 있기 때문에, 상대방의 두터운 보호를 위하여 제135조도 적용된다고 한다.[86] 이 견해에 의하면 상대방은 표현대리의 주장 혹은 철회 이외에, 무권대리인의 책임을 물을 수도 있다(3자 중 선택)(이 견해는 이를 위하여 무권대리의 체계를 수정하고자 한다는 점은 전술하였다([769])).

[812] (2) 표현대리가 성립하는 경우에는 그 대리행위는 전적으로 유권대리와 동일한 효과를 발생하므로, 상대방은 원래 그 행위에서 기도하였던 결과를 얻게 된다. 따라서 상대방은 그것으로 충분히 보호받는다. 상대방에 대한 보호는 그것으로 족하고, 또 그것에 그쳐야 한다. 만약 다른 무권대리의 효과도 인정한다면, 그는 우연히 무권대리인과 거래하였다는 점에 의하여, 만약 대리인이 대리권을 가졌더라면 얻지 못하였을 효과까지 얻게 됨으로써 지나친 이익을 보게 되는 부당성이 생긴다. 즉 표현대리의 효과로서 철회권을 인정한다면 상대방은 우연히 무권대리라는 점에 기하여 자신의 약속을 파기할 수 있게 되어, 계약정의에 반한다. 또 무권대리인의 책임을 물을 수 있다고 한다면, 상대방은 본인과 거래하려는 의사였음에도 불구하고 본인에게 자력이 없는 경우에 무권대리인에게 책임의 화살을 돌릴 수 있게 되어, 역시 계약정의에 반한다. 이런 점에서 표현대리의 효과로는 단지 본인의 책임만이 생기고, 그 외의 무권대리 효과는 생기지 않는다고 함이 타당할 것이다.[87] — 이상은 표현대리의 성립이 인용된 경우를 전제로 한 설명이다. 그러나 이의 인용 여부가 불확실한 단계에서는, 표현대리의 성립을 주장하는 한편, 그러한 주장이 배척되는 경우를 대비해서 무권대리의 효과를 주장할 수도 있다.

85) 곽윤직, 484면; 김현태, 368면; 장경학, 580면.

86) 김용한, 385면.

87) 동지: 이영준, 645면 이하. 다만 이 견해는 그 근거의 하나로 표현대리가 유권대리라는 점을 드나, 이 점은 필자와 다르다.

만약 위의 견해 대립이 이러한 경우에 관한 것이라면, 제135조의 효과를 배척할 이유가 없을 것이다. 이런 점에서 본다면 소수설이 타당하다고 할 수 있다. 그러나 그러한 점은 너무나 당연한 것이므로, 위와 같은 견해대립이 생기지 않았을 것이다. 요컨대 위와 같은 견해의 대립의 실제적 의미를 알 수 없다.

제3항 협의의 무권대리

Ⅰ. 총 설 [813]

1. 협의의 무권대리란 대리인이 대리권 없이 대리행위를 한 경우 중에서 표현대리가 성립하지 않는 경우이다. 즉 광의의 무권대리에서 표현대리의 경우를 뺀 것이다. 그러나 표현대리의 요건을 갖춘 경우에도 상대방이 이를 주장하느냐 않느냐는 그의 자유이므로, 만일에 표현대리를 주장하지 않는 경우에는 그것은 협의의 무권대리가 된다.

2. 대리행위가 대리효과를 발생하는 근거는 대리권이므로, 대리권 없이 행해진 무권대리는 본인에게 그 효과가 생기지 않는다. 그런데 무권대리행위는 본인의 이름으로 행해진 대리행위이므로, 대리인에게도 이의 효과가 생기지 않는다.

이와 같이 무권대리는 원래는 누구에게도 효과를 발생시키지 않을 것이지만, 때로는 무권대리가 본인에게 유리한 것이어서 본인이 이의 효력발생을 원할 수도 있고, 때로는 상대방이 그 행위를 없었던 것으로 하기를 원할 수도 있다. 또 이러한 특수한 사정이 없는 경우에는 상대방은 그 무권대리행위로 인하여 손해를 입게 되는 바, 이 문제를 해결할 필요가 있다. 그리하여 민법은 무권대리의 경우에 여러 가지 효과를 인정한다. 이하에서 무권대리행위가 계약이냐 단독행위이냐에 따라서 그 효과를 살핀다.

Ⅱ. 계약의 무권대리 [814]

1. 본인의 추인(및 거절)

(1) 의의 등 무권대리행위의 추인이란 무권대리인이 행한 대리행위에 대하여 본인이 그 행위의 효과를 자기에게 직접 발생하도록 하는 의사표시이다.[1] 즉 무권대리행위에 대하여 대리효과를 발생시키는 의사표시이다.

(가) 이의 취지는, 무권대리행위는 본인에 대하여 효력을 미치지 않을 것이지만, 그러한 행위이더라도 본인에게 유리하거나 본인이 그 행위의 결과를 원할 수 있다. 이러

1) 대판 1982. 1. 26, 81다카549.

한 경우에 그 행위의 효과를 본인에게 귀속시킨다면, 상대방으로서도 원래 기도했던 바대로 되므로 이익이다. 이런 점에서 본인의 추인권을 인정한 것이다.

(나) 추인은 본인의 단독행위이다. 또한 효력이 없던 행위가 추인이라는 일방적 행위에 의하여 효력이 발생케 되므로, 추인권은 형성권이며, 사후의 대리권의 수여가 아니다.

(다) 무권대리행위는 추인이 있으면 대리효과가 발생하므로, 이는 무효이기는 하지만 무효가 확정적인 것은 아니다. 이런 점에서 예컨대 반사회적 행위와 같이 무효가 확정적인 것과 다르다.

(라) 추인은 무권대리행위에 대해서뿐만 아니라 취소할 수 있는 행위 및 무효인 행위에 대해서도 인정되는 바, 이들을 비교하면, 무권대리행위의 추인은 아무런 효력도 발생하지 않던 행위에 대하여 효력을 발생시키는 것인 점에서, 취소할 수 있는 행위의 추인과 다르다. 또한 무효행위의 추인은 새로운 법률행위로 보므로(139조) 장래에 향해서 그 법률행위를 유효로 할 뿐이나, 무권대리의 추인은 무효가 확정되지 않은 행위에 대하여 처음부터 효력을 발생시키는 것으로서 소급효를 가진다.

[815] (2) 추인권자 및 상대방

(가) 추인권자는 원칙적으로 본인이다. 다만 부재자의 경우에는 그의 재산관리인이 추인권자가 된다.[2)]

(나) 추인의 상대방에는 제한이 없다. 즉 무권대리인이나 무권대리행위의 직접의 상대방뿐만 아니라, 그 무권대리행위로 인한 권리 또는 법률관계의 승계인에 대하여도 할 수 있다.[3)] 그러나 상대방에게 한 경우에는 추인은 완전한 효력을 발생하나, 그외의 경우에는 그 추인을 「상대방에 대항하지 못한다. 그러나 상대방이 그 사실을 안 때에는 그러하지 아니하다」(132조). 즉 추인을 무권대리인에게 한 경우에는 상대방이 추인 있음을 알 때까지 상대방에 대하여 추인의 효과를 주장하지 못한다. 따라서 예컨대 갑의 무권대리인 을이 병과 대리행위를 하였는데 갑이 병에 대하여 추인의 의사표시를 한 때에는 그때부터 병은 을과의 행위를 철회할 수 없으나, 만약 갑이 을에게 추인의 의사표시를 하였다면 병은 여전히 철회할 수 있다. 다만 병이 갑의 을에게의 추인 사실을 안 때에는 그렇지 않다(물론 그 인식은 갑 측에서 입증해야 할 것이다). 그러나 갑은 병에게 추인의 효과를 「대항하지 못」할 뿐

2) 대판 1982. 12. 14. 80다1872,1873[집 30-4, 민 115]은, 부재자의 母 A가 권한없이 부재자 소유의 부동산을 갑에게 매각하였는데, 그후 부재자의 재산관리인으로 선임된 을이 위 매매계약에 기한 소유권이전등기를 위하여 자기의 인감증명서를 갑에게 교부한 경우에, 을은 위 매매계약을 추인한 것으로 본다고 한다.

3) 대판 1981. 4. 14. 80다2314[집 29-1, 민 158].

이므로, 상대방이 추인이 있었음을 주장할 수는 있다. 따라서 만약 갑이 추인 이후 태도를 바꾸어 추인을 거절하려는 경우에는, 병은 추인을 입증하여 추인의 효과를 주장할 수 있다.

(3) 추인의 요건 등 [816]

(가) 추인이 유효하기 위해서는, 첫째 추인의 대상인 행위가 무권대리임을 알고 하였어야 한다. 둘째 추인의 의사, 즉 그 행위의 효과를 자기에게 발생시키고자 하는 효과의사를 가져야 한다. 셋째 그러한 의사를 외부에 표시해야 한다. 따라서 단지 본인이 무권대리행위 사실을 알고도 이의를 하지 않는 것만으로는 추인이 되지 않는다. 다만 이러한 요건의 존부는 객관적으로 판단된다.

(나) 추인은 원칙적으로 불요식행위이다. 즉 추인에는 아무런 방식도 요구되지 않는다.

(a) 수권행위에 방식이 요구되는 경우([705] 참조)에도 추인에는 방식이 필요치 않다. 왜냐하면 추인은 사후의 대리권 수여가 아니기 때문이다.

(b) 추인은 명시적으로도 묵시적으로도 행해질 수 있다. 특히 묵시적 추인을 인정하기 위해서는 본인이 그 행위로 처하게 된 법적 지위를 충분히 이해하고 그럼에도 진의에 기하여 그 행위의 결과가 자기에게 귀속된다는 것을 승인한 것으로 볼 만한 사정이 있어야 하며, 이를 판단함에 있어서는 여러 사정을 종합적으로 검토하여 신중하게 해야 한다.[4)]

(다) 추인은 무권대리행위 전부에 대하여 행해져야 한다. 만약 일부에 대하여 추인하거나 변경을 가하여 추인하려는 경우에는, 상대방의 동의가 있어야 한다.[5)]

(4) 추인의 의사표시 유무에 관한 판례를 살펴보면, 본인이 무권대리인으로부터 무권대리행위인 매매계약의 대금을 전부 혹은 일부 수령한 경우,[6)] 부동산을 무단히 처분한 무권대리인으로부터 손해배상금조로 금원을 교부받은 경우,[7)] 무권대리인이 설정한 근저당권의 피담보채무를 변제하도록 금원을 교부한 경우,[8)] 무권대리인이 차용한 차용금의 지급유예를 요청한 경 [817]

4) 대판 2009. 9. 24. 2009다37831. 이의 사안은 부부인 갑과 을이 토지를 1/2씩 공유하는데, 을이 교회 병의 담임목사의 권유로 위 토지 전부에 관하여 병에게 이전등기를 경료하였으며, 그리하여 갑이 자신의 지분에 관해서 이전등기의 말소를 청구한 경우로서, 병은 갑이 위 토지가 넘어간 사실을 알고도 아무런 조치를 취하지 않았으므로 이를 용인한 것이라고 항변하였으나, 판결은 본문과 같이 판시하면서 항변을 배척하였다.

5) 대판 1982. 1. 26. 81다카549[집 30-1, 민 39].

6) 대판 1963. 4. 11. 63다64[집 11-1, 민 245]. 더 나아가 그 수령한 돈으로 다른 부동산을 매수한 경우(대판 1974. 6. 11. 73다1871[요지 제130조, 19]; 대판 1979. 12. 28. 79다1824[공 626, 12497]).

7) 대판 1977. 1. 11. 76다2214[요지 제130조, 21].

8) 대판 1974. 11. 26. 74다911[요지 제130조, 20].

우[9] 등에는 추인이 있은 것으로 인정된다.[10]

본인이 상당기간 동안 무권대리행위에 대하여 이의를 하지 않은 경우 중에서도, 子가 등기서류를 위조하여 父의 부동산을 매도하고 이를 인도하였음에도 父가 10여 년간 아무런 이의를 제기하지 않은 경우,[11] 母가 아들의 재산을 그의 허락없이 매도하였는데 아들이 군에서 돌아와 이를 알고 모를 나무라기는 하였으나 10여년 간 매수인에 대하여 이의를 하지 않은 경우[12] 등에는 추인이 인정된다. 또 무권대리인이 상호신용금고로부터 금원을 대출받은 사실을 그 직후에 알고도 그로부터 3년이 지나도록 위 금고에 아무런 이의를 제기하지 아니하였으며, 그 동안 4회에 걸쳐 어음을 개서하여 지급의 연기를 구하고, 자신의 이익을 위하여 직접 채무의 일부를 변제하기까지 한 경우에는, 그 대출을 추인한 것으로 인정된다.[13] 이에 반하여 처가 夫의 중요재산인 부동산을 임의로 매각하고 그 매매대금으로 부의 채무를 변제하였는데 부가 10년간 이의하지 않은 경우,[14] 본인이 무권대리행위를 알고도 장기간 동안 형사소추나 민사소송을 제기하지 않고 있는 경우[15] 등에는 추인이 부인된다. 그 외에 본인이 무권대리인이 한 계약을 해제할 것을 요구한 일이 있다 하더라도 추인이 있다고 할 수 없다고 한다.[16] 또 母가 아들의 부동산에 무단히 가등기하고 금원을 차용한데 대하여 아들이 차용금을 갚아 주겠다고 하면서 등기의 말소를 요청한 경우,[17] 본인이 변론기일에 불출석하여 매매사실에 관하여 의제자백한 것으로 간주되는 경우[18] 등에서는 추인이 부인된다. 위조된 여러 약속어음 중 일부에 대해서만 공증인사무소에 이의를 제기하고 위조자를 고소한 경우에, 그러한 이의가 없었던 나머지 어음에 대해서는 추인이 부인된다.[19] 증권회사 직원의 조언을 받아 주식거래를 하던 고객이 자신의 위임 없이 자신의 예탁금으로 주식을 임의 매수한 직원을 탓하였으나 그후에도 계속해서 그 직원의 조언을 받고 주식거래를 한 경우에, 고객은 직원의 임의매수를 추인한 것으로 인정되지 않는다.[20] 그러나 처가 남편의 인감과 관계서류를 위조하여 남편 소유의 부동산을 매도한 데 대하여 남편이 처의 제3자에 대한 채권 등을 양도받고 처와 이혼하는 한편 처의 위 처분행위와 이에 따른 사문서위조행위를 불문에 붙이기로 합의하였다면 남편은 처의 위 무권대리행위를 추인한 것으로 인정된다.[21]

[818] **(5) 추인의 효력** 「추인은 다른 의사표시가 없는 때에는 계약시에 소급하여 그 효력이 생긴다. 그러나 제3자의 권리를 해하지 못한다」(133조). 즉 추인이 있으면 무권

9) 대판 1973. 1. 30. 72다2309,2310[집 21-1, 민 62].
10) 그 외에 주 2의 80다1872,1873
11) 대판 1981. 4. 14. 81다151.
12) 대판 1966. 10. 4. 66다1078[집 14-3, 민 124]. 동지: 대판 1981. 4. 14. 81다151[공 657, 13903].
13) 대판 1991. 1. 25. 90다카26812.
14) 대판 1965. 1. 19. 64다1100[요지 제130조, 5].
15) 대판 1967. 12. 18. 67다2294,2295[집 15-3, 민 384].
16) 대판 1955. 3. 31. 4287민상379[요지 제130조, 1]; 대판 1986. 3. 11. 85다카2337[집 34-1, 129].
17) 대판 1974. 5. 14. 73다148[요지 제130조, 18].
18) 대판 1982. 7. 13. 81다648[집 30-2, 민 193].
19) 대판 1982. 6. 22. 81다카804[공 687, 684].
20) 대판 2002. 10. 11. 2001다59217.
21) 대판 1991. 3. 8. 90다17088.

대리행위는 처음부터 유권대리행위였던 것과 마찬가지의 효과를 발생한다. 다만 추인의 소급효에는 두 가지의 예외가 있다.

(가) **다른 의사표시** 다른 의사표시는 본인만의 의사표시로 족하냐, 상대방의 동의를 요하느냐? 원래 상대방은 처음부터 효력이 있다고 생각하고 계약한 것이므로, 그것을 본인의 의사만으로 장래에 대해서만 효력을 발생시킬 수 있다고 해서는 상대방의 의사에 반한다. 따라서 상대방의 동의를 요한다고 할 것이다.

(나) **제3자의 권리** 추인으로 인하여 제3자의 권리를 해하여서는 안 된다. 이 규정은 무권대리행위가 행해진 후 그것이 추인될 때까지의 사이에 행해진 행위가, 추인의 소급효의 결과 무효로 되는 것을 막으려는 취지에 기한 것이다. 그런데 그 적용에 관하여는 주의를 요한다.

(a) 무권대리행위에 의하여 상대방이 취득한 권리와 제3자가 취득한 권리가 모두 배타적 효력이 없는 경우에는 본조가 적용될 여지가 없다. 예컨대 갑의 무권대리인 을이 갑의 가옥을 병에게 팔았는데, 갑이 그후 위 가옥을 정에게 팔았으며, 그런데 병과 정 모두 아직 등기하지 않은 경우가 그러하다. 왜냐하면 이러한 경우에는 병과 정은 모두 채권을 가질 뿐이므로 서로 대등한 지위에 있기 때문이다. 이 경우에 양자 중 어느 편이 우선하느냐는 오로지 어느 편이 등기를 먼저 하느냐에 의하여 결정된다. 또 양자의 권리 중 하나만이 배타적 효력을 가지는 경우, 즉 위의 예에서 병이나 정 중 한 사람만이 이미 등기를 한 경우에는 그 자의 권리가 우선하므로, 역시 본조의 적용이 없다.

(b) 따라서 본조는 상대방의 권리 및 제3자의 권리가 모두 배타적 효력이 있는 경우에 비로소 적용된다. 즉 예컨대 무권대리인과 본인이 동일한 채권을 각기 상대방 및 제3자에게 양도하고 양자 모두 대항요건을 갖춘 때에는 본조의 규정에 의하여 제3자가 우선하게 된다(위의 예에서 병과 정이 모두 이전등기를 경료한 경우에도 적용되겠지만, 실제로는 그러한 예는 생길 가능성이 없다).

(6) 추인거절 본인은 추인을 거절할 수도 있다. 원래 무권대리행위는 본인이 [819]
그대로 내버려 두면 본인에 대하여 아무런 효력도 미치지 않는 것이므로, 특히 추인을 거절하는 실익은 적다. 다만 이에 의하여 무권대리행위는 본인에게 효력을 발생하지 않는 것으로 확정되고, 상대방은 철회할 필요도 없어지므로, 법률관계를 확정한다는 실익이 있을 뿐이다.

거절의 의사표시의 상대방 및 방법은 추인과 마찬가지이다(132조).

(7) 상속과 추인 등 상속에 의하여 무권대리인과 본인의 지위가 동일인에게 [820]
귀속되는 경우에, 무권대리인은 자신이 행한 행위가 무권대리임을 이유로 무효를 주장할 수 있는가? 이는 상속인이 추인을 거절할 수 있는가 하는 문제로 논의된다. 두 경우로 나누어 본다.

(가) **무권대리인이 본인을 상속한 경우** 이는 예컨대 을이 무단히 갑을 대리하여 부동산을 병에게 매각하였는데 그후 을이 갑의 상속인이 된 경우이다. 이 경우에 을은 자신의 위 대리행위가 무권대리로서 무효라고 주장(그리하여 병에게의 이전등기의 말소를 청구)할 수 있는가? 무권대리행위를 한 을 스스로 자신의 행위가 무권대리임을 내세워 이의 무효를 주장하는 것은, 특별한 사정이 없는 한 신의칙에 반하여 허용될 수 없을 것이다. 판례 역시 구체적 사정을 고려해서 그러한 주장이 신의칙에 반하는 때에는 이를 배척한다.[22] 이와 같이 을 측에서 무권대리임을 주장하지 못하는 때에는 대리행위는 유권대리와 마찬가지가 되어 병은 원래 기도했던 효과를 거두게 된다. 상대방의 보호는 그와 같은 대리효과의 인정으로 충분하므로, 이 때에는 상대방 역시 무권대리의 효과(거절 혹은 손해배상청구)를 주장할 수 없다고 하는 것이 타당할 것이다. 그러므로 무권대리인의 무권대리 주장이 신의칙에 반하는 때에는, 무권대리행위는 유효가 된다고 할 것이다.[23]

22) 대판 1994. 9. 27. 94다20617의 사안은, 갑이 아들 A의 실종기간 중에 그의 부동산을 을에게 매각하였고 을은 다시 병에게 매각하여 이전등기가 경료되었는데, 후에 실종선고가 내려져 A의 상속인이 되자 갑이 자신의 을에게의 부동산 매각이 무권대리로서 무효임을 주장하여 병에게 이전등기의 말소를 청구한 사안으로서, 판결은 갑은 무권대리인으로서 민법 제135조 제1항의 규정에 의하여 을에게 이전등기를 이행할 의무가 있는데, 그러한 지위에 있는 갑이 원래 자신의 매매행위가 무권대리행위여서 무효였다는 이유로 병 앞으로 경료된 이전등기의 무효를 주장하는 것은 금반언의 원칙에 반하여 허용될 수 없다고 한다. 그외에 대판 1965. 4. 20. 65다296,297[요지 제2조 三, 10]. 이는 피후견인(본인)이 후견인의 동의만 얻고 친족회의 동의를 얻지 않은 채 자신의 토지를 처분하였는데 후에 후견인이 본인의 상속인이 된 경우에, 후견인은 후견인의 지위에서 그 처분행위를 동의한 이상 신의성실의 원칙상 이를 취소할 수 없다고 한다. 그러나 대판 1992. 4. 28. 91다30941은, A의 부동산을 아들 갑이 자신 명의로 이전등기하고자 그 방법을 을과 상의하였는데, 을이 일단 자기 앞으로 등기를 마쳤다가 이를 넘겨 가라고 권유하여 갑이 무단히 A의 인장을 이용해서 을 명의로 이전등기를 마쳤는데(다시 병에게로) A가 사망하자 갑이 을·병을 상대로 이전등기의 말소를 청구한 사안에서, 판결은 우선 을이 갑에게 그 대리권이 없음을 알았다고 보이므로 을 및 병에게로의 이전등기는 무효라고 하면서, 무효인 등기가 경료된 데 대하여 갑에게도 책임이 있지만, 갑이 등기의 말소를 청구하는 것이 금반언의 법칙에 어긋나는 것이라고 단정할 수는 없다고 한다.

23) 동지: 김용한, 368면; 곽윤직, 497면. 다만 그 근거에는 차이가 있다. 즉 전자는 본서와 마찬가지로 신의칙을 근거로 하며, 후자는 설령 거절한다 하더라도 제135조에 의한 책임을 지므로 처음부터 거절할 수 없도록 하는 것이 간명한 해결이라고 하는 점을 근거로 한다. 이에 대하여 강용현, 민법주해 Ⅲ, 220면; 백태승, 532면 등은, 상대방은 여전히 무권대리의 효과를 주장할 수 있다고 한다. 그외에 근래 많은 문헌이 본서와 같은 입장을 유효가 된다는 견해(제1설)로 분류하면서, 그 이외에 공동상속의 경우에 관한 설명을 덧붙이는 견해(고상용, 544면. 그리고 김준호, 352면; 송덕수, 415면; 정기웅, 487면)(제2설), 혼동은 일어나지 않고 다만 추인거절이 신의칙에 반하는 경우에 단지 추인거절의 항변이 허용되지 않는다는 견해(이영준, 659면. 그리고 김상용, 618면 및 앞에서 소개한 강용현, 전게서, 220면; 백태승, 532면)(제3설) 등을 구별한다(다만 각 견해의 구체적 내용에는 약간씩 차이가 있음). 그러나 제1설은 본인과 무권대리인의 지위 간에 혼동이 생긴다는 주장이 아니며, 유효라고 하는 것은 무효의 주장 혹은 추인거절이 허용되지 않으므로 결과적으로 유효가 된다는 의미이다. 다음으로 제1설(제3설도 마찬가지)은 공동상속의 경우에 당연히 무권대리인의 상속분을 전제로 하는 것이다. 이는 앞의 91다30941의 판시문언에서도 나타난다. 그러므로 위와 같은

(나) 본인이 무권대리인을 상속한 경우 이는 예컨대 을이 채무담보를 위하여 자기 부동산뿐만 아니라 자녀 갑의 부동산에 갑의 동의 없이 무단히 갑을 대리해서 저당권을 설정하였는데 그후 갑이 을의 상속인이 되자, 갑이 을의 위 대리행위가 무권대리로서 무효라고 주장하는 경우이다. 이 경우에도 본인(갑)은 추인을 거절할 수 없다고 하는 견해가 있다.[24] 그러나 이 경우에는 본인이 스스로 무권대리행위를 한 것이 아니므로 추인을 거절하는 것은 신의칙에 반하지 않는다. 뿐만 아니라 본인이 결국 제135조에 의하여 책임을 지므로 거절을 인정할 필요가 없다고 하나, 그러한 책임은 상대방이 악의인 경우 혹은 선의이지만 과실 있는 경우에는 배제된다. 더욱이 그러한 경우에 거절권을 행사할 수 없다고 하게 되면 보호받을 가치없는 상대방을 보호하는 결과가 된다. 따라서 이러한 경우에는 본인은 여전히 추인을 거절할 수 있다고 하는 것이 타당하지 않을까?[25] 판례 중에는 이와 유사한 사안에서 추인의 거절이 신의칙에 반한다고 한 것이 있지만,[26] 이는 여러 가지 사정을 고려한데 기한 것으로서, 따라서 단순히 위와 같은 경우에 추인을 거절할 수 없다고 하는 것은 적절치 않을 것이다.

(8) 무권리자의 처분에의 유추적용 우리 민법은 무권대리행위에 대한 추인 [821]
만을 규정한다. 따라서 어떤 자가 타인의 물건을 자기 물건인 것처럼 하여 처분한 경우에는, 그 행위는 무권대리행위가 아니므로([772] 참조) 추인의 대상이 아니다. 그러나 그러한 경우에도 본인이 그 행위의 효과를 원하는 경우에 이에 대한 추인을 인정하는 것은 본인이나 상대방 모두에게 이익이 될 것이다. 이런 점에서 무권대리행위에 대한 추인 규정을 유추적용하여, 위와 같은 경우에도 추인에 의하여 그 행위가 소급적으로 유효하게 된다고 함이 타당할 것이다. 판례도 이를 인정한다.[27] 그리고 이러한 추인도 묵시적인

학설의 분류가 적절한가 혹은 각 견해를 올바로 이해하고 설명하는 것인가 하는 의문이 든다. 소견으로는 단지 무권대리인의 무효 주장이 신의칙에 반하는 경우에, 그럼에도 상대방은 대리효과를 버리고 철회 혹은 손해배상청구를 할 수 있는가 하는 점에 관해서만 견해가 나뉠 뿐이다.

24) 곽윤직, 497면(전자의 경우와 동일한 근거); 김용한, 368면.

25) 강용현, 전게서, 220면; 김상용, 619면; 김준호, 352면; 이영준, 659면; 정기웅, 487면.

26) 대판 1994. 8. 26. 93다20191. 이의 사안은 경영난을 겪고 있던 회사의 대주주 갑이 은행으로부터 금전을 대출받음에 있어서 자신과 가족들의 주식을 담보로 제공하기로 약정하고 자신 명의의 주식뿐만 아니라 처 을 및 아들 병 명의의 주식에 이들의 동의없이 담보를 설정하였는데 그후 갑이 사망하고 을 · 병 등이 갑을 상속한 경우인데, 판결은 갑이 을 · 병 등의 주식을 보관하면서 주주권을 행사하였으며, 을 · 병은 자신들의 주식을 담보로 제공하는 데 아무런 이의를 제기할 여지가 없었으며, 그 결과 은행으로부터 거액의 금융지원을 받아 회사의 정상화에 상당한 도움을 받았다는 점, 을 · 병 등은 갑의 사망 이후 상당기간 동안 위 담보설정에 대하여 아무런 이의를 제기하지 않아 은행이 위 담보설정이 유효하다고 신뢰하였다는 점 등을 이유로, 을 · 병이 은행에 대하여 위 담보설정계약의 이행(주식인도)을 거절하는 것은 신의칙에 반한다고 하였다.

27) 대판 1981. 1. 13. 79다2151[공 651, 13577]; 대판 1992. 2. 28. 91다15584; 대판 1992. 9. 8. 92다15550. 그 외에 판례는 본인의 명의를 모용한 경우(따라서 그 행위자의 행위로 인정되는 경우)에도

방법으로도 가능하며, 무권대리인이나 그 상대방 어느 쪽에 하여도 무방하다.[28)]

다만 이는 제3자가 타인 소유의 물건을 무단히 처분한 이후에 소유자가 그 처분행위의 효력을 인정(추인)하는 경우에 관한 것이다. 이와 달리 소유자가 미리 제3자에게 처분권을 수여할 수 있음은 앞에서 말하였다([438]).

[822] **2. 상대방의 최고권 및 철회권**

무권대리로서 행해진 계약의 상대방은 본인의 추인이 있으면 계약의 효력이 발생하고 본인의 추인이 없으면 효력이 발생하지 아니하는 불확정한 상태에 놓여서 매우 불리하므로, 민법은 이를 구제하기 위하여 최고권과 철회권을 주었다.

(1) 최고권(131조) 催告는 본인에 대하여 무권대리행위를 추인하느냐 여부의 확답을 촉구하는 행위이며, 무능력자의 상대방이 가지는 최고와 동일한 성질을 가진다([193] 참조).

(가) 이 경우의 최고는 ① 본인에 대하여, ② 상당한 기간을 정하여, ③ 문제의 무권대리행위를 추인하느냐 여부를 확답하라는 뜻을 표시하여 한다.

(나) 본인이 최고에 표시된 기간 내에 확답을 발하지 않은 때에는 추인을 거절한 것으로 본다.

[823] **(2) 철회권**(134조) 철회는 상대방이 무권대리인과 체결한 계약을 확정적으로 무효로 하는 행위이며, 이에 의하여 본인은 추인할 수 없게 된다.

(가) 상대방이 계약 당시에 대리인에게 대리권이 없음을 알고 있었던 때에는 철회할 수 없다. 그러한 상대방은 불확정한 상태에 놓이는 것을 각오해야 하기 때문이다.

(나) 철회는 본인이 추인하기 전에 해야 한다.

(다) 철회의 의사표시는 본인 또는 무권대리인의 어느 편에 대해서나 할 수 있다.

[824] **3. 무권대리인의 책임**

「타인의 대리인으로 계약을 한 자가 그 대리권을 증명하지 못하고 또 본인의 추인을 얻지 못한 때에는 상대방의 선택에 좇아 계약의 이행 또는 손해배상의 책임이 있다」(135조 1항).

일반원칙에 의한다면 무권대리행위는 어디까지나 대리행위이므로 대리인에게 그 효과가 귀속되지 않고, 따라서 무권대리인은 대리행위상의 의무를 부담하지 않을 것이다. 또 무권대리인은 상대방과 채권관계를 가지는 것이 아니므로 단지 불법행위의 요건

무권대리의 추인에 관한 규정의 준용을 인정한다(대판 1979. 11. 27. 79다1622[요지 제130조, 22]).

28) 대판 2001. 11. 9. 2001다44291.

이 갖추어진 경우에 그로 인한 손해배상의무를 질 것이다. 그런데 민법은 상대방의 선택에 따라 계약의 이행 또는 손해배상책임을 지도록 하였다.

(1) 책임의 본질 통설은 본조가 무권대리인에게 이와 같이 무거운 책임을 부과한 것은, 대리인이라 칭하는 자와 거래하는 상대방을 두텁게 보호하여 안심하고 그와 거래하도록 하고 그리하여 대리제도의 신용을 유지하기 위해서 라고 한다.[29] 달리 말한다면, 대리권을 가진다는 무권대리인의 주장에 대한 「상대방의 신뢰」를 보호함으로써 거래안전을 기한다는 것이다. 그런데 근래 책임의 근거를 상대방의 신뢰의 보호 이외의 점에서 구하는 새로운 견해가 제기되어 있다. 이하에서 그러한 견해를 살펴본다.

(가) 일부 견해는, 대리인으로서 현명하는 행위 속에는 「대리권을 가지고 있다는 묵시적 주장」이 내포되어 있다고 하고, 따라서 본조의 책임은 그러한 주장 즉 대리권 존재의 표시에 따른 책임이라고 한다(표시책임설).[30] 이 견해는 무권대리인의 책임내용이 이행 혹은 이행이익의 손해인바, 따라서 책임의 근거를 대리인의 주장 내지 표시에서 구함으로써 그 근거를 사적 자치의 원칙으로부터 도출하고자 하는 것이다. 또 다른 견해는, 통설은 신뢰의 보호로 말미암아 왜 대리인이 책임을 져야 하는지를 충분히 설명하지 못한다고 하면서, 그 책임의 근거로서 대리인은 자신에게 대리권이 없음으로 인하여 발생할 손해의 危險源에 접근되어 있고 따라서 그러한 손해발생의 위험을 상대방보다 더 잘 방지할 수 있는 지위에 있다는 점을 제시한다(위험귀속설).[31]

(나) 이러한 새로운 견해는, 무권대리인에게 이행책임 등과 같은 무거운 책임을 지우는 근거를 통설과 같이 상대방의 신뢰라는 무권대리인 자신과는 전혀 무관한 사정에서만 구하는 것은 불충분하다고 보고, 그 근거를 대리인 혹은 대리행위 자체에서 구하고자 하는 것으로 이해된다. 그러나 통설이 말하는 상대방의 신뢰는 자신이 대리권을 가진다는 무권대리인의 주장에 대한 것이므로, 그 근거 속에는 단지 「상대방의 신뢰」라는 요소만이 아니라 무권대리인의 「대리권을 가진다는 주장」이 담겨져 있는 것이다. 그

29) 고상용, 561면; 곽윤직, 498 면; 김주수/김상용, 401면.

30) 이영준, 663면; 이은영, 658면. 특히 후자의 견해는, 대리인은 대리행위시에 보충적으로 만약 본인 · 상대방 간의 계약이 성사되지 않을 경우에는 대리인 · 상대방 간의 계약이라도 성립시켜 자신이 스스로 계약책임을 지겠노라는 묵시적 의사표시를 하는 것이라고 하고, 본조의 책임은 바로 이러한 의사표시에 기한 책임이라고 한다.

31) 양창수, 무권대리인의 책임: 민법 제135조의 연혁에 소급하여, 서울대 법학 31권 3 · 4호(1990), 182면 이하=민법연구 1(1991), 133면 이하, 169면. 다만 이 견해는 책임의 근거를 여러 경우로 나누어 달리 주장한다. 즉 무권대리인이 스스로 대리권이 없음을 알면서 이를 상대방에게 알리지 않은 경우에는 본인의 추인을 얻을 것에 관하여 「자기 위험부담 아래」 행위한 것이라는 점을 책임근거라고 하고, 무권대리인이 대리권 흠결을 모른 경우 중에서도 그것이 과실로 인한 경우에는, 그러한 과실이 책임근거라고 한다. 본문에서 말하는 책임근거는 모른 데 과실이 없는 경우에 관한 것이다. 강용현, 전게서, 238면는 이러한 구별 없이 본문에서 말하는 바를 근거로 삼는다.

러므로 우선 통설에 대한 비판적 견해는 통설에 대한 오해에서 출발한 것이 아닌가 추측된다. 다음으로 이러한 견해의 구체적 문제점을 살펴보면, 자신에게 대리권이 있다는 주장은 말 그대로 대리권의 존재에 관한 것일 뿐이고, 그것이 사실이 아닌 경우에 스스로가 그 행위의 당사자가 되어 이행을 책임지겠다는 것은 아니다. 그럼에도 대리권 존재의 주장을 그와 같은 의사표시로 파악하는 것은 부적절할 것이다. 실제로 보더라도 무권대리인이 본조의 무거운 책임을 지게 되는 경우 중에는, 스스로 대리권이 없음을 알면서 그러나 장차 본인의 추인을 받을 것을 예상하고 일단 대리행위를 행한 경우도 있겠지만, 반대로 개인적 이익을 위해서 그러한 행위를 한 경우도 적지 않을 것이다. 그러므로 이 견해는 실제와도 맞지 않을 것이다. 다음으로 위험분배는 이익분배와 함께 모든 입법정책적 판단에서 공통되는 고려요소일 것이다. 그렇다면 위험분배를 특히 본조의 무권대리인의 무거운 책임의 근거라고 하는 것이 타당한지 의문이다. 그밖에 이러한 책임근거에 대한 재검토는 무권대리인의 책임이 지나치게 무거운 것이 아닌가 하는 생각에서 나온 것인지는 알 수 없으나, 만약 그렇다면 책임근거의 문제가 아니라 이의 요건, 특히 무과실책임 여부를 재검토하는 것이 적절하지 않을까?[32]

32) 독일민법은 우리 민법과는 달리 대리인이 대리권의 흠결을 알고 대리행위를 한 경우와 모르고 한 경우를 나누어 책임 내용을 달리한다([829] 참조). 그런데 책임근거에 관한 새로운 견해는 이러한 독일민법에서의 이론에 영향받은 것이 아닌가 추측된다. 즉 대리권의 흠결을 알고 대리행위를 한 경우(동법 제179조 1항이 적용되는 경우)에 무권대리인에게 이행책임(혹은 이행이익의 손해배상책임)을 부과하는 근거를, 동법 제정 초기에는 묵시적 보증약속(일반적으로 본인의 추인을 받을 것 또는 대리권이 존재하는 것에 대한 보증약속(Garantieversprechen)이 묵시적으로 포함되어 있다)에서 구하기도 하였으나, 점차 이는 의제에 불과하다고 하여 배척되고, 무권대리인이 스스로 대리권이 없음을 알면서 이를 상대방에게 알리지 않은 경우에는 본인의 추인을 얻을 것에 관하여 「자기위험부담 아래」 행위한 것이라는 점을 책임근거로 삼는다(Mugdan Ⅰ, S.487f. 그외에 독일민법의 제정과정에 관한 요지는 양창수, 전게서, 145면 이하 참조). 그러나 오늘날에도 예컨대 Flume, §47 3 a(S.801f.)은, 입법과정에서 제기되었던 보증약속이 의제라는 것을 인정하면서도, 여전히 무권대리인의 책임을 보증책임(Garantenhaftung)이라고 한다. 즉 대리인은 자신이 대리권을 가진다고 주장하였으므로, 대리권 존재에 대한 보증책임을 져야 한다는 것이다. 우리의 표시책임설은 독일민법 제정 초기의 책임근거 혹은 위와 같은 견해와 유사하다. 그러나 독일민법은 대리인이 대리권 흠결을 안 경우에 한하여 이행책임을 부과하고, 이를 모른 때에는 단지 신뢰이익의 배상책임을 부과한다. 이러한 입법 하에서의 책임근거와 무권대리인의 대리권 흠결에 대한 지·부지를 불문하고 이행책임을 인정하는 우리 민법에서의 책임근거를 동일하게 설명하는 것은 무리가 아닐까? 다음으로 위험귀속설은 앞에서 소개 바와 같이 대리인이 대리권 없음을 안 경우와 알지 못한 경우를 구별하여 책임근거를 달리 한다. 그러한 설명 역시 대리권 흠결에 대한 지·부지를 불문하고 동일하게 규정하는 우리 민법에 적절한지 의문이다. 요컨대 독일민법과는 달리 무권대리인의 지·부지를 불문하고 모든 경우에 동일한 책임을 부과하는 우리 민법에서 책임근거를 통설보다 더 적절하게 혹은 더 구체적으로 설명하는 것은 어쩌면 불가능한 것일지도 모른다. 이런 점에서 책임의 근거에 관한 논의보다는, 책임의 내용 — 요건 및 효과 특히 손해배상책임의 범위 — 에 관한 논의에 보다 무게를 두는 것이 타당하지 않을까?

(2) 책임의 요건 [825]

(가) 일반적 요건

(a) 대리권의 입증이 없을 것 일반원칙에 의하면 어떤 권리를 주장하는 자가 그러한 권리의 발생에 관한 입증책임을 진다. 그런데 위 규정은 대리인이라고 칭한 자가 대리권이 있었음을 스스로 증명하지 못하는 한 책임을 진다고 규정한다. 즉 상대방은 그 책임을 묻기 위하여 대리인에게 대리권이 없음을 스스로 증명할 필요가 없다. 이는 입증책임에 관한 예외를 인정한 것이다.

(b) 추인이 없을 것 무권대리인이 본인의 추인을 얻지 못하였어야 한다. 본인이 추인을 하면 상대방은 예기했던 효과를 거둘 수 있으므로 대리인에게 책임을 물을 여지가 없다.

그러면 본인이 추인도 추인거절도 하지 않은 동안에는 무권대리인의 책임이 발생하지 않는가? 일부 견해는 그런 상태에서는 대리행위의 효력이 유동적이라는 점을 근거로, 이를 긍정한다. 그리고 본인의 추인거절시에 비로소 그러한 책임이 발생한다고 한다.[33] 그러나 효력 유무가 불확실한 유동적 무효의 경우([844])와는 달리 무권대리행위는 그 행위시부터 무효이고, 다만 그것이 확정적이지 않을 뿐이다. 그러므로 상대방은 그 대리행위시부터 무권대리인의 책임을 물을 수 있고, 다만 대리인은 추인을 받아 그 책임을 면할 수 있을 뿐이라고 하는 것이 타당할 것이다.[34]

(c) 표현대리의 불성립 표현대리가 성립하는 경우에도, 추인이 있는 경우와 마찬가지로, 상대방은 예기했던 효과를 거둘 수 있기 때문이다.

(d) 철회가 없을 것 상대방이 무권대리인과의 계약을 철회한 때에는 무권대리인에 대하여도 책임을 물을 수 없다.

(나) **무과실책임 여부** 일반원칙에 의하면 손해배상책임은 과실을 요건으로 한다. 그러면 무권대리인의 책임요건으로 무권대리인의 과실이 필요한가? 통설은 제135조의 입법취지는 무권대리인에게 무거운 책임을 지움으로써 상대방을 두텁게 보호하고 대리제도의 신용을 유지하려는데 있다고 하여, 이를 부인한다. 그리고 이와 같이 무과실책임을 규정한 입법을 긍정적으로 평가한다. [826]

그러나 무권대리행위로 되는 경우 중에는, 대리인이 그 행위에 관하여 본인으로부터 대리권을 수여받았다고 믿을 만한 사정이 있고 그리하여 대리인은 본인의 이익을 위하여 최선의 노력을 한 경우도 있을 수 있다. 더욱이 본인의 수권행위가 있었고 대리인

33) 강용현, 전게서, 241면.
34) 동지: 이은영, 660면.

이 이에 기하여 대리행위를 하였으나, 그 수권행위(원인계약 이 아님)가 본인 측의 사정으로 무효 혹은 취소되어 대리권이 소급적으로 소멸된 경우도 있을 수 있다(물론 그러한 경우에는 표현대리가 성립될 가능성이 많으나, 상대방은 표현대리를 주장하지 않고 직접 무권대리인의 책임을 물을 수 있다). 이런 경우까지 무권대리인에게 무거운 책임을 지우는 것은 타당치 않다. 대리법에서는 특히 상대방의 보호 내지 거래안전의 필요성이 크지만, 그러한 점은 무권대리인에게 무과실의 책임을 지우는 근거로서 충분치 않다. 법규정을 보더라도 제135조는 단지 책임의 내용을 규정할 뿐이고, 무과실책임임을 명언하지 않는다. 뿐만 아니라 어디에도 무권대리인의 책임에 관해서 과실책임의 원칙에 대한 예외를 인정하는 듯한 규정은 보이지 않는다. 이런 점에서 일반원칙에 따라서 과실을 요건으로 하는 것이 타당하지 않을까(본서도 제9판까지는 통설과 마찬가지로 무과실책임으로 보았으나, 견해를 변경한다)?

[827] (다) **책임이 부인되는 경우** 제135조 2항은 다음의 두 경우에 무권대리인의 책임을 부인한다.

(a) 무권대리인이 무능력자인 경우 이는 무능력자에게 무거운 책임을 과하는 것은 부적당하다는 취지에 기한 것이다. 그러나 무능력자가 법정대리인의 동의를 얻어서 무권대리행위를 한 때에는 책임이 있다고 해석해야 할 것이다.

(b) 상대방이 악의 또는 과실인 경우 상대방이 대리인이라고 칭하는 자에게 대리권이 없음을 알았거나 알 수 있었다면, 그러한 상대방을 보호할 필요는 없기 때문이다. 상대방의 고의나 과실에 대한 입증책임은 무권대리인에게 있다.[35)]

[828] **(3) 책임의 내용** 상대방의 선택에 좇아서, 계약의 이행 또는 손해배상의 책임을 지는 것이다.

(가) 이행의 책임을 진다는 것은, 무권대리행위가 마치 무권대리인 자신과 상대방 사이에 성립한 것과 마찬가지의 책임을 지는 것을 말한다. 따라서 예컨대 무권대리인이 본인을 위하여 상대방의 물건을 매입하는 계약을 맺은 경우에는, 상대방은 무권대리인과 그 매매계약을 체결한 것과 마찬가지로 무권대리인에 대하여 매매대금을 청구할 수 있다(물론 상대방은 동시에 그 물건의 이전의무를 진다).

(나) 손해배상책임을 묻는 경우에 그 배상의 범위는, 이 책임이 이행책임과 同列의 선택관계에 있는 점을 고려할 때, 계약이 유효하지 않았던 것으로부터 생기는 적극 · 소극의 모든 손해에 미친다고 할 것이다. 즉 신뢰이익의 손해에 그치지 않고 이행이익의 손해까지도 포함한다.

(다) 무권대리인은 상대방의 선택에 좇아서, 이 두 책임 중 어느 하나를 부담해야 한다. 상대방의 선택에 관해서는 選擇債務에 관한 규정(380조 이하)이 적용된다.

---

35) 대판 1962. 4. 12, 4294민상1021[집 10-2, 민 87].

(라) **소멸시효** 우선 시효기간은 대리행위 자체에서 생긴 권리의 성질에 의해서 결정된다. 즉 예컨대 을이 갑의 대리인이라고 칭하면서 병이 생산한 물건을 구입한 경우에, 그로 인한 병의 대금채권은 3년의 소멸시효에 걸리므로(163조 6호) 위 행위가 무권대리인 경우에 병의 제135조에 기한 이행청구권 및 손해배상청구권도 3년의 소멸시효에 걸린다. 다음으로 기산점은 선택권을 행사할 수 있는 때로부터 진행하고, 선택권을 행사할 수 있는 때라고 함은 대리권의 증명 또는 본인의 추인을 얻지 못한 때이다. 즉 예컨대 갑의 (자칭)대리인 을이 갑 소유의 토지를 병에게 팔아 병이 매매대금을 완불하고 이전등기절차의 이행을 요구하였으나, 을이 그 이행을 하지 못하고 있던 중에 갑이 위 부동산을 타인에게 매도하고 이전등기를 경료한 경우에, 병의 손해배상청구권은 병에게의 이전등기가 경료된 때부터 진행한다.[36)]

(4) 무권대리인의 책임에 관한 독일민법을 살펴보면, [829]

(가) 먼저 법규정을 소개하면,

[제179조] ① 대리인으로서 계약을 체결한 자는, 본인이 계약의 추인을 거절하는 때에는, 대리권을 증명하지 못하는 한 상대방에 대하여 그의 선택에 따라 이행 혹은 손해배상의 의무를 진다.

② 대리인이 대리권의 흠결을 알지 못한 경우에는, 상대방에 대하여 그가 대리권을 믿음으로 인하여 입은 손해를 배상할 의무를 진다. 그러나 배상액은 계약이 유효함으로써 상대방이 얻었을 이익액을 넘지 못한다.

③ 상대방이 대리권의 흠결을 알았거나 알았어야 했던 경우에는, 대리인은 책임을 지지 않는다. 대리인이 제한적 행위능력을 가지는 경우에도 마찬가지이다. 다만 법정대리인의 동의를 얻어 행위한 때에는 그렇지 않다.

(나) 독일민법의 내용을 우리 민법 제135조와 비교한다면,

(a) 우선 무권대리인의 책임이 탈락되는 상대방 측의 요건에는 차이가 없다. 반면에 무권대리인의 책임요건과 내용에는 차이가 있다. 즉 우리의 동조 제1항은 독일의 동조 제1항과 흡사하지만, 우리 민법은 독일의 동조 2항에 상응하는 규정을 두지 않음으로써 책임의 요건과 내용이 크게 달라진다.

(b) 독일민법에서의 무권대리인의 책임요건을 보면, 2항이 대리인이 대리권 흠결을 알지 못한 경우를 규정하므로, 1항은 대리인이 이를 안 경우에 적용되게 된다. 그리고 2항은 대리권의 흠결을 알지 못한 경우를 규율하므로, 이 규정은 — 일반적인 계약체결상의 과실책임에서와는 달리 — 무권대리인의 과실 여부를 불문하고 적용되는 것으로 된다. 이와 같이 독일민법은 입법적으로 책임요건을 명료히 한다.[37)] 다음으로 책임의 내용을 보면, 이행책임은 대리인이 대리권

36) 대판 1965. 8. 24. 64다1156. 그 외에 대판 2000. 5. 12. 98다23195.

37) 그런데 예컨대 Flume, §47 3 c)(807f.)은, 비록 대리인의 과실은 책임의 요건이 아닐지라도, 대리권의 흠결이 대리인이 인식하거나 판단할 수 있는 범위 밖에서 생긴 때에는, 법률문언과 입법자의 의사에 반하지만, 대리인의 책임을 부인해야 한다고 한다. 그리고 그러한 경우의 하나로서, 수권행위가 의사의 흠결로 취소된 경우를 든다. 이에 대하여 예컨대 Larenz/Wolf, §49 2는 책임을 인정해야 한다고 한다.

흠결을 알지 못한 경우에 한하여 인정되고, 손해배상책임은 대리인이 이를 알았는지 여부에 따라 이행이익 혹은 신뢰이익을 범위로 하게 된다.

(c) 이와 달리 우리 민법은 대리인이 대리권 흠결을 알지 못한 경우를 별도로 규정하지 않으므로, 책임의 요건(즉 대리인이 대리권의 흠결을 안 경우에 한하여 인정되는가 여부)이 불분명하다. 그리고 책임의 내용으로서, 이행과 손해배상을 동열에 둘 뿐이고 별도로 신뢰이익의 배상책임을 인정하지 않으므로, 오로지 이행이익을 내용으로 하는 손해배상책임만이 인정된다.

(d) 아무리 대리적 거래에서 상대방의 신뢰를 보호할 필요가 크다 하더라도, 우리 민법에서와 같이 대리인이 대리권의 흠결을 알았는지 여부를 불문하고 동일한 책임을 인정하는 것이 타당한지 의문이다. 그런데 이러한 입법적 문제는 우리 민법 제135조가 그에 상응하는 독일민법 제179조와 대체로 유사하나 단지 그 2항이 빠져있다는 점에 기인한다.[38] 혹시 이는 입법적 오류는 아닐까? 그렇다면 법의 개정이 시급히 요청된다. 특히 이 규정은 예외규정이므로 그 규정을 넘는 해석을 하는데 특히 신중해야 하기 때문에 더욱 그러하다.

[830] ### 4. 본인과 무권대리인 간의 관계

본인이 무권대리행위를 추인한 경우에는, 양자 간에 사무관리가 성립할 것이다. 그러나 본인이 추인하지 않는 한 그 행위는 본인에 대하여 효력이 생기지 않으므로, 이때에는 본인과 대리인 사이에는 아무런 법률관계도 생기지 않는다. 다만 무권대리행위로 인하여 본인에게 손해가 생긴 때에는 불법행위가 문제되고, 대리인이 부당한 이득을 얻은 때에는 부당이득이 문제될 것이다. 그러나 이러한 점들은 일반원칙에 기한 것이고, 특히 무권대리의 효과는 아니다.

[831] ## Ⅲ. 단독행위의 무권대리

1. 원 칙

(1) 단독행위는 무권대리인이 행한 것이나 무권대리인에 대하여 행해진 것이나 모두 원칙적으로 무효이다. 따라서 본인의 추인이 있더라도 아무런 효력이 생기지 않는다.

(2) 이러한 원칙은 상대방 없는 단독행위에는 예외없이 적용된다. 상대방 없는 단독행위에 관해서는 상대방을 보호할 여지가 전혀 없을 뿐만 아니라, 만일에 본인의 추인권을 인정한다면 본인은 아무런 제한없이 자유로이 무권대리행위의 효과를 좌우할 수 있게 되어 너무나 본인의 이익에 편중되기 때문이다.

[832] ### 2. 예 외

그러나 상대방 있는 단독행위에서는, 예컨대 상대방이 무권대리인에게 대리권이 있

38) 우리 민법 제135조는 구민법(따라서 일본민법) 제117조를 토대로 한 것으로서, 양창수, 전게서, 137면은 일본민법 제117조의 입법과정을 소개한다. 이에 의하면 일본의 위 규정은 독일민법 제179조를 모범으로 한 것이라고 한다. 그러나 왜 이의 2항을 입법화하지 않았는지에 관해서는 언급이 없다.

다고 믿은 때에는 이를 보호할 필요가 있으며, 또한 본인은 무권대리행위의 효력이 자기에 대하여 발생하는 것이 편리한 수도 있다. 따라서 민법은 다음과 같은 예외를 인정한다.

(1) 능동대리에서는, 상대방이 자칭대리인의 대리권 없는 행위에 동의하거나 또는 그 대리권을 다투지 아니한 때에는, 계약의 경우와 마찬가지의 효과를 발생한다(136조 전단). 여기서 「대리권을 다투지 아니한 때」라 함은, 대리권 없음을 알면서 다투지 않았든 또는 알지 못하여 다투지 않았든 불문한다. 단독행위가 있은 후에 지체없이 이의를 제출하면 다툰 것이 된다.

(2) 수동대리에서는, 무권대리인의 동의를 얻어 행위를 한 때에 한하여 계약과 마찬가지의 효과가 생긴다(136조 후단).

제 6 절 무효와 취소

제1항 서 설

Ⅰ. 총 설 [833]

1. 의 의

법률행위의 요건이 미비되거나 또는 의사표시에 결함이 있는 경우에, 이는 기도했던 효력을 발생하지 못한다. 그런데 민법은 이를 전적으로 효력이 발생하지 않는 것과 일단 효력이 발생하고 후에 누군가의 주장에 의하여 비로소 효력이 상실되게 하는 것으로 나눈다. 전자가 무효이고, 후자에서 효력을 상실시키는 행위가 취소이다.

즉 무효나 취소는 모두 법률행위의 효력이 발생하지 못하게 하는 점에서 동일하나, 취소에서는 일단 그 법률행위의 효력이 발생하고 후에 특정인이 취소를 해야만 효력이 상실되는 데 반하여, 무효에서는 어느 누구의 주장도 기다리지 않고 처음부터 효력이 발생하지 않는 점에서 차이를 가진다. 이것을 대비하면 다음과 같다.

무효 ① 특정인의 주장을 필요로 하지 않고 당연히 처음부터 효력이 없다.
② 누구든지 처음부터 효력이 없는 것으로 다루게 된다(전혀 무효).
③ 방치하여 두어도 효력에 변경이 없다(시간의 경과로 인하여 무효는 補正되지 않는다).

취소 ① 특정인(취소권자)의 주장(취소)이 있어야 비로소 효력이 없게 된다. 그러나 취소되면 처음부터 효력이 없는 것으로 된다(취소의 소급효).
② 취소가 없는 동안은 일단 효력이 있는 것으로 다루게 된다(일단 유효).
③ 방치하여 두면 무효로 할 수 없게 된다(취소권의 소멸).

[834] 2. 구별 기준

법률행위의 요건이 결여된 경우에 그 법률행위를 무효로 할 것이냐 취소할 수 있는 것으로 할 것이냐는, 궁극적으로는 입법정책에 의하여 결정된다. 다만 이의 결정에 있어서는 다음과 같은 점이 고려된다.

(1) 법질서 전체의 이상에서 보아서 개인의 의사를 묻지 아니하고 당연히 효력을 부인할 만한 객관적 이유가 있는 때에는 무효로 한다. 강행법규에 반하는 행위 · 반사회적 행위 등을 무효로 한 것은 이러한 이유에 기한 것이다. 그 외에 의사능력이 없는 자의 행위 역시, 비록 명문의 규정은 없으나, 이러한 이유에서 무효라고 할 수 있다.

(2) 효력의 부인을 특정인의 의사에 의하여 좌우하게 하는 것이 타당하다고 여겨지는 경우에는 취소할 수 있는 것으로 한다.

(가) 특정인의 보호를 목적으로 하는 경우는 그 한 예이다(무능력자의 행위, 착오로 인한 행위, 사기 · 강박에 의한 행위 등).

(나) 법규위반의 행위에 관하여도, 그 위반이 다만 절차에 관한 것일 뿐이고 행위의 내용에 관한 것이 아닌 때(결의에 그 예가 많다. 친족회의 결의에 관한 972조는 이 취지이다. 상법 376조 이하의 주주총회의 결의취소의 소도 이의 예이다), 또 행위의 내용이 위법이지만 그 위법이 비교적 경미한 것인 때에는 이를 단지 취소할 수 있는 것으로 하는 경우가 있다(위법한 혼인 · 입양의 취소가 그 예이다(816조 이하, 884조 이하)).

[835] 3. 법률행위 이외의 효과

무효 혹은 취소의 경우에 그 법률행위의 효력이 발생하지 않는다. 그러나 여기에서 「법률행위의 효력이 발생하지 않는다」는 것은, 그 행위가 전혀 없었던 것으로 된다(따라서 아무런 법률효과도 발생하지 않는다)는 의미는 아니다. 단지 그 법률행위에서 기도한 법률효과가 발생하지 않는다고 하는 의미이다. 따라서 그 이외의 효과가 생기는 것은 별문제이다. 특히 법률행위가 무효 혹은 취소되었음에도 그 행위에 기한 의무가 이미 이행된 경우에는, 이의 결제로서 부당이득 반환의무가 생긴다. 또 사기 · 강박으로 의사표시를 취소하더라도 불법행위의 요건이 갖추어진 경우에는 손해배상의무가 발생한다. 그 외에도 계약의 경우에는 그 계약이 유효하게 성립하였다고 믿음으로 인하여 생긴 손해에 대하여 배상책임(계약체결상의 과실책임)이 발생한다(민법은 불능을 목적으로 하는 법률행위에 관해서만 이를 규정하나(535조) 다른 사유로 무효 또는 취소가 된 경우에도 인정된다(착오를 이유로 한 취소에 관해서는 [618] 참조)).

Ⅱ. 무효 · 취소 원인의 경합 [836]

어떠한 법률행위에 무효원인과 취소원인이 함께 존재하는 경우가 있다(예: 의사무능력자의 행위는 의사무능력으로 인하여 무효가 될 수도 있고, 행위무능력으로 인하여 취소할 수도 있다). 또 수개의 취소원인이 존재하는 경우가 있다(예: 사기에 의한 의사표시의 경우에, 착오를 이유로 한 취소와 사기를 이유로 한 취소). 이런 경우에 당사자는 어느 쪽을 주장할 수도 있다. 즉 각각의 요건을 증명하여 무효를 주장하거나, 취소를 주장하거나 할 수 있다([632], [656] 참조).

제2항 무 효

Ⅰ. 총 설 [837]

1. 의 의

여기에서 살피는 무효, 즉 「무효와 취소」라는 절에서 규정하는 무효는, 다음과 같은 사유로 인하여 법률행위가 성립 당초부터 확정적으로 효력을 발생하지 않는 것을 말한다.

(a) 법률행위의 내용이 선량한 풍속이나 사회질서에 반하는 경우(103조) 혹은 불공정한 경우(104조).

(b) 강행법규에 위반하는 경우. 경제적 약자를 보호하기 위한 규정에 위반한 행위, 물권법이 규정하지 않는 종류나 내용의 물권을 창설하는 행위 등이 이의 대표적 경우이다. 법이 법률행위에 일정한 방식을 구비할 것을 규정하는데(요식행위) 그러한 방식을 결한 행위도 이에 해당한다. 그외에 친족법상의 규정에 위반한 행위도 이에 해당하는 경우가 많을 것이다.

(c) 당사자가 표시된 바와 같은 법률효과의 발생을 의욕하지 않은 경우, 즉 통정허위표시(108조) 및 비진의표시 중 상대방이 그러한 사정을 안 경우(107조 1항 단서)

(d) 법률상 의미 있는 의사에 기한 것이라고 할 수 없는 경우, 즉 의사무능력자의 행위 및 표의자가 자유를 완전히 잃을 정도로 공포의 정도가 강한 강박에 기한 행위.

(e) 원시적 불능을 목적으로 하는 행위(535조).

2. 구 별 [838]

(1) 「무효」라는 용어는 넓게는 법률행위가 효력을 발생하지 않는 경우를 칭하기도 한다. 그런데 그러한 무효는 다음과 같이 구분할 수 있다.

(i) 법률행위라고 할 수 있기 위하여 요구되는 최소한의 외형적 · 형식적 요건이 결여된 경우. 예컨대 법률행위의 주체가 없거나 누구인지 알 수 없는 경우, 의사표시라고 할 만한 것이 없는 경우 등이 이에 해당한다. 법률행위로서의 최소한의 외형적 요건을 성립요건이라고 한다([432]).

(ii) 법률행위로서 요구되는 최소한의 외형적 요건은 다 갖추어졌으나 법률행위의 내용과 관련해서 법이 요구하는 요건을 갖추지 않음으로써(즉 내용상의 결함으로) 효력이 생기지 않는 경우. 후자의 요건은 법률행위 자체에 내재하는 것이며, 이는 모든 법률행위에 공통하게 요구되는 것이라는 점에서 일반적 효력요건이라고 한다([433] 참조).

(iii) 개별적인 법률행위에서 요구되는 특수한 요건을 갖추지 않음으로써 효력이 생기지 않는 경우. 예컨대 법인설립행위에서 주무관청의 허가 혹은 등기가 없는 경우, 대리행위에서 대리권이 없는 경우, 정지조건부 법률행위에서 조건이 성취되지 않은 경우 등이 이에 해당한다. 여기에서의 요건은 법률행위 자체가 아니라 이의 외부에 존재하는 것이며, 이는 특별한 법률행위에서만 요구된다는 의미에서 특별효력요건이라고 한다([433] 참조). 이 경우는 단지 법률행위의 요건 중 일부가 미비되어 아직 법률행위로서의 효력이 발생하지 못하는 것으로서, 따라서 장차 요건을 완비함으로써 혹은 다른 방법(예: 무권대리에서의 추인)을 통하여 효력이 발생할 수 있다.

(2) 3자의 관계를 살피면,

(가) 본절에서 말하는 무효는 (ii)의 경우이다. 따라서 본절에서의 무효에 관한 규정은 원칙적으로 이러한 무효의 경우에 적용된다.

(나) (iii)의 경우는 후에 미비된 요건을 갖춤으로써 효력이 발생할 수 있으므로 무효가 확정적인 것이 아니고, 따라서 이런 점에서 (ii)의 무효와 구별된다. 이 경우를 불확정적 무효 혹은 유동적 무효라고도 하지만, 이러한 용어는 일반적으로 사용되는 것은 아니고 따라서 경우에 따라 그 내용에 차이가 있기도 하다(뒤에서 살피는 유동적 무효의 개념도 이와 조금 다르다([844])).

(다) (i)의 경우를 무효와 구별하여 「불성립」이라고 한다.

[839] Ⅱ. 무효의 효과 일반

1. 원칙적 효과

(1) 법률행위가 무효이면 처음부터 그 법률행위의 내용에 따른 법률효과가 생기지 않는다.

(2) 무효는 단지 그 법률행위에서 기도했던 법률효과가 생기지 않는다는 의미이고, 그외에 그러한 행위가 행해졌다는 점 자체에 기해서 다른 법률효과가 생길 수 있다. 즉

예컨대 무효인 법률행위에 기해서 이미 급부가 행해진 때에는 이는 법률상 원인 없이 행해진 것이므로, 수령자는 이의 반환(부당이득반환)의무를 진다. 다만 무효원인이 반사회성 때문인 때에는 불법원인급여의 법리에 의하여 급부자는 이의 반환을 청구하지 못한다(746조).

(3) 무효의 위와 같은 효력은 처음부터 확정적인 것이므로, 이러한 무효의 효력을 주장함에 있어서 어떤 특별한 행위나 절차를 필요로 하지 않는다. 또 누구에 대해서도 주장할 수 있다. 그런데 법은 특수한 경우에 이러한 일반적 · 원칙적 효과를 제한한다. 그리하여 이러한 원칙적 효과가 인정되는 경우와 그렇지 않은 경우를 나누어 무효의 종류를 구분한다. 그외에도 일정한 유형의 법률행위에 관해서는 이론에 의하여 무효의 소급효를 제한하는 경우가 있다. 이하에서 항을 나누어 무효의 효과가 제한되는 경우를 살핀다.

2. 효과의 제한과 무효의 종류 [840]

위와 같은 무효의 원칙적 효과가 때로는 제한되는 바, 그 제한 여부 및 내용에 따라 무효는 다음의 두 종류로 구별된다. — 무효의 종류로는 이외에 확정적 무효 · 불확정적 무효, 전부무효 · 일부무효 등의 구별이 있으나, 이는 구별기준이 다르므로 여기에서 함께 다루지 않는다.

(1) 절대적 무효 · 상대적 무효 무효는 원래 누구에게 대해서나 또 누구에 의해서나 무효를 주장할 수 있는 것이며, 이런 점에서 이를 절대적 무효라고 한다. 그런데 민법은 특정인(예: 선의의 제3자)에 대하여 무효를 주장할 수 없도록 규정하는 경우가 있다. 비진의표시 및 허위표시의 무효가 그 예이다(107조 2항, 108조 2항). 이를 상대적 무효라고 한다. 상대적 무효의 실제적 의미는 취소의 경우에 잘 나타나므로, 이의 설명은 취소 부분으로 미룬다([869] 참조).

(2) 당연무효 · 재판상 무효 무효는 원래 효력을 부인함에 있어서 어떤 특별한 행위나 절차를 필요로 하지 않으며, 이런 점에서 이를 당연무효라고 한다. 그런데 무효의 결과가 일반 제3자에게 중대한 영향을 미치는 때에는, 재판에 의한 무효선고를 기다려서 비로소 효력이 없게 되는 것으로 하는 수가 있다. 예컨대 회사설립의 무효(상법 184조) · 회사합병의 무효(상법 236조)는 訴에 의해서만 이를 주장할 수 있도록 한다(이러한 소에서는 原告適格과 出訴期限이 제한되어 있다). 이러한 무효를 「재판상 무효」라고 한다. 재판상 무효는 그 원인은 무효원인에 해당되나, 효력에 있어서는 취소와 다르지 않다.

[841] ### 3. 소급효의 제한

일정한 법률행위에서는 위와 같은 무효 — 그리고 취소 — 의 원칙적 효력을 인정해서는 법률관계가 너무 번잡해지거나 거래안전이 크게 침해되는 등 참기 어려운 불이익이 생기게 된다. 그리하여 이러한 불이익을 막기 위한 실제적 필요에 기해서 원칙적 효력인 소급효를 제한하는 이론이 전개되었다. 이하에서 그러한 경우를 살핀다(이는 무효와 취소에 공통된 것이다).

(1) **단체적 행위** 예컨대 사단설립에 참여한 자 중 1 인이 무능력자인 경우에, 그의 의사표시의 취소를 이유로 그 사단설립행위 전체가 효력을 잃는다고 한다면, 그 사단은 소멸하고 이에 참여하였던 다른 자는 다시 설립행위를 반복해야 하는 번거로움을 겪는다. 더욱이 그 사단이 이미 활동을 개시한 경우에는 사단이 제3자와 맺은 법률관계가 뒤엎어지게 되어, 제3자에게 커다란 불이익을 준다. 이러한 문제점을 해소하기 위한 방법으로, 일부 견해는 사단(법인)설립행위는 합동행위라고 하고, 합동행위에는 법률행위의 결합에 관한 규정이 적용되지 않는다고 한다([256] 참조).[1] 그러나 그렇게 하게 되면 무능력자가 자신의 행위에서 벗어나지 못하게 되어 법이 허용하는 구제를 받을 수 없게 되는 부당성이 생긴다. 그러므로 법률행위의 결함에 관한 규정의 적용을 긍정하면서, 그로 인한 무효 · 취소의 소급적 효력을 제한하는 것이 타당할 것이다. 즉 위의 예에서 무능력자는 자신의 의사표시를 취소할 수 있으며, 다만 이미 사단이 활동을 개시한 때에는 취소의 소급효가 제한되어 단지 장래에 향하여 그 행위의 효력을 상실시킨다고 하는 것이다. 이에 의하면 이미 행해진 사단설립행위의 효력은 영향받지 않고(즉 그 사단은 유효하게 성립), 따라서 또한 사단이 그간 제3자와 행한 법률행위 역시 그대로 유효하게 된다. 그리고 무효 · 취소원인 있는 자는 탈퇴의 형식으로 그 사단으로부터 벗어날 수 있다.

[842] (2) **근로계약** 근로계약에 기해서 이미 사실상 근로가 행해졌는데 그 계약에 무효 · 취소원인이 있는 경우에, 근로계약이 처음부터 무효이므로 이미 급부한 것에 관하여 부당이득반환의무를 진다고 하게 되면, 근로자는 한편으로 이미 수령한 임금을 반환하고 다른 한편으로 이미 행한 근로의 가치를 평가하여 이를 반환받게 될 것이다. 그런데 이미 행해진 근로의 가치를 평가하는 것은 극히 번거롭고 분쟁의 소지도 많다. 또한 만약 실제로 이미 행한 근로의 가치가 대체적으로 이미 수령한 임금과 대등하다면, 굳이 근로계약이 소급적으로 소멸한다고 하여 이미 급부한 것에 관하여 반환의무를 인정할 필요가 없을 것이다. 이런 점에서 근로계약에 기해서 이미 사실상 근로가 행해진

---

1) 고상용, 184면; 곽윤직, 239면; 김기선, 141면; 김상용, 219면; 김용한, 157면; 김주수/김상용, 174면; 김현태, 170면; 방순원, 98면; 이영섭, 184면.

경우에는 무효 혹은 취소의 효력은 단지 장래에 향하여 발생한다고 함이 타당할 것이다. 이에 의하면 이미 행해진 근로는 유효한 계약에 기한 것으로 되어 그에 대하여 지급된 급부 즉 임금은 반환할 필요가 없게 되고(만약 아직 임금이 지급되지 않은 경우에는 임금청구권을 가진다), 단지 장래에 향하여 근로의무(및 임금청구권)가 소멸하게 된다.

(3) **계속적 계약관계** 근로계약에 관하여 말한 바는 일반적인 계속적 계약관계에서도 대체로 타당하다. 계속적 계약관계에는 소급효 있는 해제가 아니라 소급효가 없는 해지를 인정하는 것(550조)은 이러한 취지에 기한 것이며, 이러한 취지는 무효 및 취소의 경우에도 확장되어야 할 것이다. 따라서 이러한 계약관계에서도 그의 소급효를 제한하여, 단지 장래에 향하여 계약관계를 소멸시킨다고 함이 타당할 것이다. [843]

Ⅲ. 소위 유동적 무효 [844]

1. 총 설

(1) 유동적 무효(불확정적 무효)(schwebende Unwirksamkeit)란 법률행위의 효력을 발생하기 위해서는 제3자(개인 혹은 국가)의 동의나 허가를 받아야 하는데 그러한 동의나 허가를 받지 않아 효력이 생기지 않는 것이다. 이 경우에도 효력이 생기지 않는 점에서는 무효이지만, 장차 동의 등을 받음으로써 효력이 생기게 되므로 현재의 무효는 확정적인 것이 아니라는 점에서, 그와 같이 칭하는 것이다. — 통설은 무효의 종류로서 확정적 무효와 유동적 무효를 구별한다. 그런데 유동적 무효는 이와 같이 법률행위가 완성되지 않아서 아직 효력이 생기지 않는 것이므로, 이는 본 절이 규율하는 무효([837]. 즉 법률행위는 완성되었으나 그 내용에 결함이 있어 처음부터 확정적으로 효력이 생기지 않는 경우)가 아니다. 그러므로 양자를 동일 평면에서 구별하는 것이 적절한지 의문이다. 이런 점에서 본서는 유동적 무효를 별개로 다룬다.

(2) 법률행위에 제3자의 동의나 허가가 요구되는 경우는 다양한데, 각 경우의 구체적 효과 — 예컨대 철회가능성 혹은 표현대리규정의 적용 여부 등 — 에 차이가 있다. 특히 유동적 무효이론은 독일민법이 제한능력자가 법정대리인의 동의 없이 단독으로 행한 행위를 무효로 하고 다만 추인에 의하여 효력이 생기도록 하므로, 이 경우를 중심으로 발전된 것인데, 우리 민법은 그러한 행위의 효력을 단지 취소할 수 있는 것으로 한다. 그래서인지 우리의 민법학이나 판례는, 농지개혁법이 농지매매에서 규정하는 소재지 관서의 증명 혹은 사립학교법이 차용행위시에 요구하는 감독청의 허가 등을 받지 않고 행한 행위에 관해서 유동적 무효의 이론을 전개치 않았었다(이에 관한 판례는 [499] (2) 참조). 그런데 일정 지역의 토지거래에 관하여 관할관청의 허가를 받을 것을 요건으로 규정하는 (구)국토이용관리법(1978. 12. 5. 개정 21조의 3)이 시행되면서, 판례는 그러한 허가를 받지 않은 행위의 효력

을 유동적 무효라고 하였다.[2] 따라서 이하에서는 허가 없는 토지거래행위에 관한 판례상의 유동적 무효의 내용을 소개한다. — 일부 견해는 유동적 무효의 예로서 무능력자의 행위를 드는데,[3] 이는 무능력자의 행위의 효력에 관한 우리 민법과 독일민법과의 차이를 간과한 설명이다.[4]

[845] 2. 국토법상의 허가 없는 토지거래행위

(1) 먼저 판례의 태도를 살핀다.

ⓐ 허가 없이 행한 토지거래계약은 물권적 효력은 물론 채권적 효력도 발생하지 아니하여 무효이다. 다만 그 거래계약이 처음부터 허가를 배제하거나 잠탈하는 것인 때에는 확정적으로 무효가 되나, 허가받을 것을 전제로 한 것인 때에는 허가를 받으면 그 계약은 소급하여 유효한 계약이 된다. 그러므로 허가를 받기까지는 유동적 무효의 상태에 있는 것이다.

ⓑ 이와 같이 허가받기 전에는 거래계약의 채권적 효력도 전혀 발생하지 않으므로, 당사자들은 그 계약내용에 따른 권리의무를 가지지 않는다. 즉 예컨대 매수인은 매도인에 대하여 목적토지에 대한 이전등기청구권을 가지지 않으며, 따라서 매도인이 매매대금을 전액 수령하고도 매수인에게 이전등기를 해 주지 않더라도, 매수인은 이전등기의 이행을 청구할 수 없을 뿐만 아니라 이행지체를 이유로 손해배상을 청구할 수 없다.[5] 또한 계약내용에 따른 채무의 불이행을 이유로 계약을 해제할 수 없다.[6] 그리고 그 계약이 유동적 무효 상태인 한 매수인은 이미 지급한 계약금을 부당이득으로서 반환청구할 수 없다.[7] 다만 토지매매계약 체결시 당사자 일방의 계약 위반으로 인한 손해배상액을 약정한 경우에, 그 약정은 유효하다(그러므로 협력의무를 위반한 경우에 이에 기해서 손해배상을 청구할 수 있다).[8]

ⓒ 그러나 당사자 사이에서는 그 계약이 효력 있는 것으로 완성될 수 있도록 서로 협력할 의무가 있으므로, 당사자는 공동으로 관청의 허가를 신청할 의무가 있고, 이러한 의무에 위반하는 당사자에 대해서는 협력의무의 이행을 소구할 이익이 있다.[9] 다만

---

2) 대판(전) 1991. 12. 24. 90다12243.
3) 이영준, 688면.
4) 그 외에 이 견해는 조건부 혹은 기한부 법률행위도 유동적 무효의 예로 설명한다. 그러나 이에 의하면 유동적 무효의 의미가 불명료해지므로, 양자를 구별하는 것이 타당할 것이다.
5) 대판 1994. 1. 11. 93다22043; 대판 1997. 7. 25. 97다4357,4364; 대판 2000. 1. 28. 99다40524.
6) 대판(전) 1991. 12. 24. 90다12243; 대판 1992. 7. 28. 91다33612; 대판 1995. 1. 24. 93다25875; 대판(전) 1999. 6. 17. 98다40459.
7) 대판 1996. 11. 22. 96다31703.
8) 대판 1995. 12. 26. 93다59526; 대판 1998. 3. 27. 97다36996; 대판 2007. 11. 30. 2007다30393.
9) 대판(전) 1991. 12. 24. 90다12243.

협력의무 불이행을 이유로 일방적으로 유동적 무효의 상태에 있는 거래계약을 해제할 수는 없다.[10)]

(d) 그 외의 판례 내용을 소개하면,

(i) 다른 토지거래규제법(사립학교법, 농지개혁법 또는 외국인토지법)에서의 허가를 받지 않은 경우와 달리 국토이용관리법에서의 허가를 받지 않은 행위를 유동적 무효라고 하는 이유는, 이 법이 토지거래에 관청의 허가를 요구하는 취지는 투기 목적의 토지거래계약 자체를 규제하기 위하여 규제지역 내에서의 개인 간 토지거래에 관할 관청이 직접 개입하여 그 거래내용이 위 법의 투기거래방지 목적에 저촉되는지 여부를 검토한 후 허가를 하게 함으로써 이러한 허가 없이는 당사자를 구속하는 계약의 효력이 발생하는 것을 금지하려는 데 있기 때문이다.[11)]

(ii) 토지거래허가구역 내의 토지가 중간생략등기의 합의 아래 허가 없이 전전 매매된 경우에, 최초의 매도인과 최종의 매수인 사이에 매매계약이 체결된 것은 아니므로 최종 매수인은 최초 매도인에게 직접 허가신청절차에의 협력을 청구할 수 없으며, 설사 최종 매수인이 자신과 최초 매도인을 매매당사자로 하는 토지거래허가를 받아 이전등기를 경료하더라도 그 등기는 적법한 토지거래허가 없이 경료된 등기로서 무효이다.[12)]

(iii) 관청의 불허가처분이 있을 때뿐만 아니라, 당사자 쌍방이 허가신청협력의무의 이행거절 의사를 명백히 표시한 때에도 계약관계는 확정적으로 무효가 된다.[13)] 그리고 거래계약이 확정적으로 무효가 된 경우에는, 무효로 됨에 있어서 귀책사유가 있는 자라고 하더라도 그 계약의 무효를 주장할 수 있다.[14)]

(iv) 토지거래허가구역으로 지정된 토지에 대한 거래계약이 유동적 무효인 상태에서 그 토지에 대한 허가구역 지정이 해제되거나 허가구역 지정기간이 만료되었음에도 허가구역 재지정을 하지 아니한 경우에, 그 토지거래계약은 확정적으로 유효로 된다.[15)]

(2) 이러한 유동적 무효에 관한 판례이론은, 예컨대 토지매수인이 거래 후 토지가 액이 기대한 만큼 상승하지 않자 매도인 측의 태도를 문제삼아 채무불이행을 이유로 계약을 해제하는 등 거래관계를 해소시키고자 하는 경우에, 그러한 부당성을 막는 점에서는 유익할지 모른다. 그러나 그 반면으로 거래 후 토지가격이 크게 오른 경우에 매도인에게 의무이행을 태만히 하는(즉 매수인의 이행청구 혹은 손해배상청구를 거절하는) 빌미를 줄 부당성이 있다(물론 매도인에게 허가를 신청할 협력의무가 있고, 또 허가를 받은 후에는 손해배상을 받을 수 있으므로 사후적 · 이론적으로는 이러한 부당성을 막을 수 있지만, 협력의무의 이행을 거쳐야 한다는 것 자체가 迂路이다). 또 거래행위의 채권적 효력도 발생하지 않는다고 하면서 협력의무를 인정하는 것이 이론적으로 타당한지 의문이다.[16)] 더욱이 판례는 협력의무에 위반하는 때에는 이 의무의 이행을 소구할 수 있다 [846]

10) 대판(전) 1999. 6. 17. 98다40459.

11) 대판(전) 1991. 12. 24. 90다12243.

12) 대판 1996. 6. 28. 96다3982; 대판 1996. 7. 26. 96다7762; 대판 1997. 11. 11. 97다33218.

13) 대판 1997. 7. 25. 97다4357,4364; 대판 1998. 3. 27. 97다36996; 대판 2007. 11. 30. 2007다30393.

14) 대판 1997. 7. 25. 97다4357,4364.

15) 대판(전) 1999. 6. 17. 98다40459; 대판 1999. 7. 9. 97누11607; 대판 2010. 3. 25. 2009다41465.

16) 독일에서도 유동적 무효인 상태에서 일정한 사전적 효력(Vorwirkung)이 발생할 수 있다고 하고,

고 하는 바, 그렇다면 이러한 의무는 급부의무에 해당하는데, 채권계약이 무효라고 하면서 급부의무를 인정할 수 있는지 의문이다. 그리고 판례이론에 의하면 투기목적이 아닌 정상적인 거래인 경우에도 허가 이전에는 무효가 되는 바, 그렇게 하는 것이 입법취지에 맞는지 의문이다.

요컨대 독일민법에서 제한능력자가 단독으로 행위하였다면 그 행위에 결함이 있으므로, 이를 무효라고 하는 것은 정당하다. 그런데 제3자의 동의를 요하는 토지거래행위를 동의없이 행한 경우에는 그 행위에 결함이 있는 것이 아니다.[17] 그럼에도 전자의 경우에 관한 이론을 차용하여, 그러한 행위를 무효라고 하는 것이 적절한가 하는 의문이 든다.

[847] Ⅳ. 일부무효의 법리

「법률행위의 일부분이 무효인 때에는 그 전부를 무효로 한다. 그러나 그 무효부분이 없더라도 법률행위를 하였을 것이라고 인정될 때에는 나머지 부분은 무효가 되지 아니한다」(137조).

1. 의의 및 문제점

(1) 법률행위의 전부에 무효원인이 있는 경우가 전부무효이고, 법률행위의 일부에만 무효원인이 있는 경우가 일부무효이다.

(2) 전부무효의 경우에 법률행위 전부가 무효임은 당연하다. 그러면 일부무효의 경우에 법률행위 전체가 무효로 되는가, 아니면 무효인 부분만이 무효로 되고 따라서 그 법률행위는 나머지 유효한 부분을 내용으로 하여 효력을 가지는가? 예컨대 갑이 을에게 물건을 팔면서 담보책임을 전적으로 배제하는 특약을 맺었는데 그 특약이 무효인 경우에, 갑 · 을간의 매매계약이 전적으로 무효로 되는가 아니면 그 특약부분만이 무효로 되고 이를 제외한 다른 내용의 매매계약은 유효로 되는가? 위 규정은 이를 규율하는 것으로서, 원칙적으로 전부가 무효로 되나, 「그 무효부분이 없더라도 법률행위를 하였을 것이라고 인정될 때」에는 나머지 부분은 무효로 되지 않는다(즉 나머지 부분을 내용으로 하는 법률행위로 된다)고 한다.

그 내용으로서 당사자들은 서로 허가를 얻기 위하여 필요한 모든 것을 할 의무, 그리고 허가에 방해되는 행동을 하지 않을 의무를 지고, 유효요건의 발생시까지 자신의 행위를 철회할 수 없는 구속을 받는다고 한다(다만 후자의 효력은 각 경우에 따라 다를 수 있다)(Larenz/Wolf, §44 47ff, 51). 그러나 허가 없는 동안에는 채권적 효력도 생기지 않는다고 하지는 않는다.

17) 만약 위 법이 적용되는 토지거래에서는 거래에 앞서 먼저 허가를 받아야 한다면 허가 없는 거래행위는 결함이 있는 것이 되지만, 판례는 먼저 거래행위를 하고 사후에 허가를 받으면 된다고 한다(대판(전) 1991. 12. 24, 90다12243).

이하에서 먼저 위 규정이 규율하는 일부무효의 의미(즉 위 규정이 적용되는 일부무효의 범위)를 살피고, 다음으로 위 규정이 적용되기 위한 요건(일부무효임에도 나머지 부분의 법률행위로서 유효하기 위한 요건)을 살핀다.

2. 적용범위 [848]

본조는 1개의 법률행위의 내용 중 일부가 무효인 경우(위의 담보책임 배제의 특약의 경우)뿐만 아니라, 수개의 법률행위가 행해졌는데 이들 중 일부가 무효인 경우에도 적용되는가? 당사자가 수개의 법률행위를 「하나의 통일적인 법률행위」로 생각한 경우, 즉 수개의 법률행위가 일체를 이루는 경우에는 이를 긍정해야 한다.[18)]

(1) 구체적으로 어떠한 법률행위들이 하나의 통일적인 법률행위로 생각되었는가는 법률행위의 해석에 의하여 결정된다. 해석에 있어서는 수개의 법률행위가 동시에 행해졌는가 혹은 하나의 문서에 의하였는가 하는 점, 그 외에 수개의 법률행위가 경제적 관련성을 가지는가 하는 점 등이 참조될 것이다. 그리하여 예컨대 1회의 시기에 수개의 물건의 매매계약을 함께 체결한 경우, 부동산매매계약서에 매매계약과 아울러 매도인이 이를 당분간 점유하기로 하는 임대차계약을 기재한 경우, 금원을 차용하면서 채무의 지급을 담보하기 위하여 타인을 연대채무자로 세운 경우 등에는, 각기 독립한 법률행위인 수개의 물건의 매매계약 · 부동산매매계약과 임대차계약 · 소비대차계약과 연대채무계약 등이 하나의 법률행위로 인정될 것이다.

(2) 수개의 법률행위가 당사자를 달리하는 경우에도, 당사자의 의사가 이를 통일적인 것으로 생각한 경우에는 본조가 적용된다. 그러한 예로는 갑으로부터 물건을 매수한 을이 매매대금의무를 담보하기 위하여 병을 연대채무자로 하는 경우가 있을 것이다(앞의 예 중에서 후자 즉 금전차용시 연대채무자를 세우는 경우도 이에 해당한다). 판례도 이를 인정한다.[19)]

3. 일부유효로 되기 위한 요건 [849]

(1) 당사자의 가상적 의사　　당사자가 그 무효부분이 없더라도 그 법률행위를 하였을 것이라고 인정되어야 한다.

(가) 이러한 당사자의 의사는 실제의 의사가 아니라 「假想的 意思」이다(물론 당사자가 일부가 무효인 경우에 대비하여 법률행위의 효력을 약정한 경우에는 「실제의 의사」이나, 이때에는 본조가 적용될 여지없이 특약에 따른 효과가 발생한다).[20)] 따라서 이 규정은 법률행위의 보충적

---

18) 이영준, 704면.

19) 대판 1996. 2. 27. 95다38875(복수의 당사자 사이에 중간생략등기의 합의를 한 경우에, 그 합의는 전체로서 일체성을 가진다고 하여 본조를 적용); 대판 2010. 3. 25. 2009다41465(토지매매계약을 체결하면서, 수인이 이중 1인이 대리권을 가지지 않더라도 이의를 제기하지 않으며 나아가 아무런 책임도 묻지 않겠다는 합의서를 작성한 경우).

20) 대판 1996. 2. 27. 95다38875; 대판 1998. 2. 10. 97다44737; 대판 1999. 3. 26. 98다56607; 대판 2002. 9. 4. 2002다18435; 대판 2002. 9. 10. 2002다21509.

해석의 예가 된다.

(나) 당사자가 그러한 의사를 가졌을 것인지 여부를 판단함에는 — 보충적 해석에서와 같이 — 거래관행 · 행위 당시의 구체적 사정, 그리고 특히 신의칙 등이 고려되어야 한다. 즉 그러한 점을 고려할 때, 일부가 무효이더라도 나머지 부분이 당사자에게 가치를 가지고 따라서 당사자는 그러한 일부의 효력을 원하였을 것이라고 인정되는 경우에, 그 부분은 유효한 것으로 되는 것이다.

문제가 되는 경우는, 당사자 쌍방의 이해관계가 서로 충돌하여 나머지 부분을 유효로 할 것인가 하는 점에 관하여 의사가 상반된다고 여겨지는 경우이다. 일부유효는 가상적 의사에 기한 것이고, 가상적 의사의 판단에서는 신의칙이 중요한 역할을 한다. 그러므로 그러한 경우에도, 예컨대 일부유효를 반대하는 것이 신의칙에 반하는 경우에는, 일부유효를 인정해야 할 것이다.[21)]

(다) 본조는 법관에게 법률행위를 형평에 맞게 수정할 수 있는 권한(예: 398조 2항)을 부여한 것은 아니다. 즉 법관은 일부무효의 경우에 전부무효로 하든가 나머지 부분만을 유효로 하든가 어느 하나의 효과만을 택할 수 있을 뿐이다. 나아가 그 택일이 형평에 반한다고 하여 절충적인 해결을 하여서는 안 된다.

[850] (2) 분할가능성 일부유효가 되기 위해서는, 무효인 부분을 제거하고 남는 것이 그 자체로도 여전히 독립된 법률행위로 존속할 수 있는 것이어야 한다. 이러한 요건을 「분할가능성」이라고 한다. 예컨대 하자담보책임 배제의 약정이 무효인 경우에는 매매계약의 내용들이 이미 정해져 있기 때문에 일부유효로 될 수 있다. 그러나 예컨대 문화재인 물건의 매매계약의 경우에는 양도할 수 없는 물건을 목적물로 하는 매매계약은 유효하게 성립할 수 없으므로, 이때에는 일부유효를 인정할 수 없다.

수개의 법률행위가 통일적으로 하나의 법률행위로 인정되는 경우에는 쉽게 분할가능성이 인정될 수 있을 것이다. 그러한 예로는, 목적물인 수개의 물건 중 일부가 현존하지 않는 경우(다만 물건 전체에 대하여 가격이 계산된 경우에는 그렇지 않다)(내용상의 가분), 수인 중 1인에게 의사표시상의 결함이 있는 경우(당사자의 가분), 계속적 채권관계에서 그 기간의 과도한 장기성으로 기간이 무효로 된 경우(시간상의 가분) 등이 있다.

[851] 4. 법률의 규정이 있는 경우

(1) 법률이 유효요건을 규정하면서 동시에 일부무효의 효과를 명언하는 경우(예: 385조, 591조 1항, 651조 1항, 이자제한법 2조) 또는 법률이 무효인 약정의 내용을 스스로 수정하는 경우(예: 584조)에는 본조

21) 이영준, 709면도 이와 유사한 입장이다.

가 적용될 여지가 없다. 뿐만 아니라 실제생활에서는 서로 견연성을 가진 것이나, 법률이 특별한 목적에서 그 의존성을 절연시킨 경우에도 본조가 적용되지 않는다. 소비대차계약과 이에 기한 어음행위, 원인계약과 수권행위, 채권계약과 물권계약 등과 같은 무인적 행위가 이에 해당한다(다만 이의 유인성을 주장하는 견해에 의하면 그렇지 않음).

(2) 법률에 일부무효의 효과에 관해서 아무런 규정도 두지 않는 경우에는 원칙적으로 제137조가 적용될 것이나, 강행규정을 둔 취지를 고려할 때 나머지 부분을 무효로 한다면 법의 취지에 반하는 결과가 초래되는 경우에는 나머지 부분까지 무효가 된다고 할 수 없다.[22]

5. 전부무효 원칙의 완화 [852]

(1) 본조가 일부무효의 경우에 원칙적으로 전부가 무효로 된다고 하는 것은, 당사자는 그 법률행위의 법률효과를 모두 발생시키려는 의도에서 그 법률행위를 한 것이며, 따라서 그 일부의 법률효과만을 발생시키는 것은 당사자의 원래의 의사에 맞지 않으리라는 점에 기한 것(사적자치 원칙의 존중)으로 추측된다. 그러나 당사자의 의사는 경우에 따라 다를 수 있으므로, 법률행위의 효력을 판단함에는 관련 당사자 간의 법률관계를 타당하게 규율하도록 해야 한다. 이런 점에서 볼 때 일부무효의 경우에 전부무효를 원칙으로 할 것이 아니라, 우선 무효인 부분을 법률규정 · 관습 · 조리 등을 통하여 합리적인 내용으로 해석 · 보충하고, 다음으로 그러한 내용을 강제하는 것이 당사자의 목적에 분명히 반하는 경우에 한해서만 전부를 무효로 하는 것이 타당할 것이다. 그러므로 거꾸로 일부유효를 원칙으로 하고, 다만 무효인 부분을 제외하고는 계약을 맺지 않았으리라고 생각되는 경우에만 전부가 무효로 된다고 함이 타당할 것이다(스위스채무법 20조는 그와 같이 규정한다).

(2) 본조는 당사자의 통상의 의사를 추측해서 둔 것이므로, 본조를 악용하는 것은 허용되지 않는다. 그러므로 일부무효가 있자 이를 기화로 하여 본조를 원용하여 전부의 무효를 주장하는 것이 신의칙에 반하는 경우에는, 본조는 적용되지 않는다(즉 전부가 무효로 되지 않는다)고 해야 한다. 즉 예컨대 제과점을 임차하면서 임차인은 이의 종료 후에 경업을 하지 않을 것을 약정하였는데 그 임대차계약에 무효사유가 있는 경우에, 임차인이 임대차계약 종료 후에 본조를 원용해서 임대차계약이 전부 무효이므로 그 한 부분인 경업금지약정 역시 무효라고 주장하는 것은 신의칙에 반하므로 단지 임대차계약만이 무효라고 해야 할 것이다.[23] 이와 반대로 무효인 부분을 제외시키고 남은 부분으로 법률행위를 존속시

22) 대판 2004. 6. 11. 2003다1601; 대판 2007. 6. 28. 2006다38161,38178. 이들의 내용은 뒤에서 소개한다([853] 주 30, 31).

23) 이는 독일에서의 소위 제과점사건(Bäkereifall)에 관한 판례(RGZ 153, 59)이다. 이의 다른 예로는

키는 것이 오히려 그 행위를 무효로 한 취지에 반하는 경우에는, 원래는 무효가 될 부분의 내용이 고려되어야 한다.[24)]

[853] 6. 일부무효의 법리에 관한 판례를 살펴 보면,[25)]

(1) 주식투자와 관련된 것으로서, 고객(갑)이 증권회사(을)의 직원(병)과의 사이에서, 갑이 병에게 주식투자를 일임하면(일임매매약정) 병은 그 투자금에 대하여 최소한 투자원금에 고율의 이자를 더한 수익을 보장(그리고 거래관계가 종료되는 경우에는 그 익일부터 원금과 보장수익에 고율의 지연손해금을 더한 금액을 지급)한다는 약정(투자수익보장약정)을 하고, 이에 기해서 갑이 을에게 투자금(예탁금)을 맡기면서 을과 주식매매거래계좌설정약정(계좌설정약정)을 체결하였다. 이에 따라 병이 위 예탁금으로 주식거래를 실시했는데 주식시장의 침체로 투자원금의 손실이 발생하자 갑은 주식거래를 중단하고, 병에 대하여 위 수익약정금의 지급을 청구하는 한편, 을에 대하여 갑과 병 간의 위 투자수익보장약정 및 일임매매약정이 무효라면 갑과 을 간의 위 계좌설정약정도 무효가 되므로 을이 받은 예탁금은 법률상 원인없이 받은 것이 된다고 하면서, 예탁금 상당액의 부당이득 반환을 청구하였다. 이에 대하여 판결은 우선 투자수익보장약정은 증권거래법상의 강행규정에 위반하여 무효이나(따라서 갑의 병에 대한 수익약정금 청구를 배척), 일임매매약정은 비록 증권거래법에 위반되지만 무효가 되지는 않는다고 하였다. 다음으로 투자수익보장약정은 갑과 병 간에서 행해진 것이고, 일임매매약정 및 계좌설정약정은 갑과 을 간에서 행해진 것이지만, 3자는 전체가 경제적 · 사실적으로 일체라고 하고, 그런데 갑은 이전에도 주식투자 경험이 있어서 투자수익보장약정이 무효임을 알았거나 알 수 있었고, 그럼에도 일임매매약정 및 계좌설정약정을 하였으므로 전자의 약정이 무효라고 후자의 약정까지 무효가 된다고는 할 수 없다고 하여, 갑의 을에 대한 부당이득반환청구를 배척하였다.[26)]

(2) 개별적인 경우로서, 채권담보의 목적으로 소유권이전등기를 한 경우에는 그 채권의 일부가 무효라고 하더라도 나머지 채권이 유효한 이상 그 등기는 유효하다.[27)] 임야 중 매매계약이 무효로 되는 부분이 地籍이 정비되어 있지 않다 하더라도 그 임야부분을 특정할 수 있는 것이라면, 그 부분에 관한 소유권이전등기의 말소등기가 불가능하다고 볼 이유가 없다.[28)] 조건부 법률행위에서 조건의 내용 자체가 불법적인 것이어서 무효일 경우 또는 조건을 붙이는 것이 허용되지 아니하는 법률행위에 조건을 붙인 경우에, 그 조건만을 분리하여 무효로 할 수는 없고 그 법률행위 전부가 무효로 된다고 보아야 한다.[29)] 상호신용금고의 담보제공약정이 효력규정인 상호신용금고법에 위반하여 무효라고 하더라도, 그와 일체로 이루어진 대출약정까지 무효로

무효인 양도담보사건(RG JW 16, 390)이 있다. 이는 갑으로부터 신용으로 물건을 매수한 을이 자신의 대금채무를 담보하기 위하여 갑에게 자신의 타인에 대한 채권을 양도하였는데, 그 양도(양도담보)가 무효로 되자 신용매매도 무효라고 주장한 경우이다.

24) 독일의 판례는 변호사와의 성공사례 약정은 무효라고 하는데, 실제 소송변호를 위하여 지출한 금액이 성공사례액보다 고액인 경우에, 무효인 성공사례 약정을 고려해서 의뢰인은 성공사례금의 범위에서만 채무를 진다고 한다(BGHZ 18, 340).

25) 일부무효의 경우뿐만 아니라 무효 혹은 취소의 경우 전반에 관한 판례로서, 김천수, 법률행위의 무효와 취소에 관한 판례분석, 사법연구(청헌법률문화재단) 8집(2003), 205면 이하.

26) 대판 1996. 8. 23. 94다38199.

27) 대판 1970. 9. 17. 70다1250[집 18-3, 민 20].

28) 대판 1967. 12. 26. 67다2405[집 15-3, 민 429].

29) 대결 2005. 11. 8. 2005마541.

되지는 않는다.[30] 회사가 직원들을 유상증자에 참여시키면서 퇴직시 출자 손실금을 전액 보전해 주기로 약정한 경우에, 직원들의 신주인수의 동기가 된 위 손실보전약정이 주주평등의 원칙에 위배되어 무효라는 이유로 신주인수까지 무효로 보아 신주인수인들로 하여금 그 주식인수대금을 부당이득으로서 반환받을 수 있도록 한다면 이는 사실상 다른 주주들과는 달리 그들에게만 투하자본의 회수를 보장하는 결과가 되어 오히려 강행규정인 주주평등의 원칙에 반하는 결과를 초래하게 될 것이므로, 위 신주인수계약은 유효하다.[31]

그 외에 갑이 을의 기망에 속아 돈을 차용하고 그 담보로서 근저당권을 설정하였다가 사기를 이유로 근저당권설정계약을 취소한 경우에, 근저당권설정계약과 금전소비대차계약은 경제적 · 사실적으로 일체로서 행해진 것이고 또한 기망행위는 금전소비대차계약에도 미쳤으므로, 법률행위의 일부무효이론과 궤를 같이 하는 법률행위의 일부취소의 법리에 따라 근저당권설정계약의 취소는 소비대차계약에도 미친다.[32] 자신의 토지가 공원지구로 지적되자 그곳에 휴게소를 설치하고 이를 운영하기 위하여 시 공무원의 회시공문에 따라 휴게소건물 및 그 부지뿐만 아니라 법률상 기부채납의무가 없는 그외의 토지도 기부채납한 경우에, 전자를 제외한 나머지 부분의 토지에 대한 기부채납은 착오에 기한 것으로서 취소할 수 있다.[33][34]

V. 무효행위의 전환 [854]

1. 의 의

「무효인 법률행위가 다른 법률행위의 요건을 구비하고 당사자가 그 무효를 알았다면 다른 법률행위를 하는 것을 의욕하였으리라고 인정될 때에는 다른 법률행위로서 효력을 가진다」(138조). 이를 무효행위의 전환이라고 한다. 즉 A행위로서는 무효이지만 B행위로서의 요건을 갖추고 있는 경우에, 무효인 A행위를 B행위로서 그 효력을 인정하는 것이다. 본조는 이러한 무효행위의 전환이 허용되기 위한 요건을 규정하는 것이다.

2. 요 건 [855]

(1) 다른 법률행위의 요건 구비 원래의 행위가 다른 법률행위의 요건을 구비하고 있어야 한다.

(가) 원래의 행위가 반사회성 때문에 무효로 된 경우에는 전환이 인정될 여지가 없다. 원래의 행위가 강행법규 위반 때문에 무효로 된 경우에는, 전환으로 탈법행위가 되

30) 대판 2004. 6. 11. 2003다1601; 대판 2004. 6. 25. 2004다2199.
31) 대판 2007. 6. 28. 2006다38161,38178.
32) 대판 1994. 9. 9. 93다31191(을이 지능이 박약한 갑을 꾀어 돈을 빌려주어 유흥비로 쓰게 하고 실제 준 돈의 두 배 가량을 채권최고액으로 하여 자기 처 앞으로 근저당권을 설정한 경우).
33) 대판 1990. 7. 10. 90다카7460.
34) 그 외에 대판 1998. 2. 10. 97다44737은, 市가 토지를 매수함에 있어서 그 가격을 감정가격에 의하기로 하였는데 감정사가 그 토지에 있던 공법적 제한을 간과하고 이를 감정하였고 그리하여 이를 기준으로 대금을 정하였다가, 후에 그러한 오류를 발견하고 새로이 제시된 감정가격에 따라 대금을 수정한 사안에서, 이를 일부취소의 경우로 취급한다. 그러나 이 경우는 공통의 착오의 경우로서, 의사표시의 해석에 의해서 대금을 정한 것에 불과하지 않을까?

지 않는 경우에 한하여 전환이 인정될 것이다(예컨대 연금수급권을 담보로 하는 것이 무효이자 이를 추심을 위하여 양도한 것으로 전환하는 것은 허용되지 않는다. 반면에 질권을 설정하고 목적물을 질권설정자의 수중에 남겨 두기로 약정하였는데, 그러한 약정이 무효로 되자 이를 양도담보로 전환하는 것은 허용된다). 판례 중에는 매매계약이 약정된 매매대금의 과다로 말미암아 불공정한 법률행위에 해당하여 무효인 경우에도 무효행위의 전환에 관한 제138조가 적용될 수 있다고 한 것이 있다.[35)]

(나) 문제가 되는 것은 要式行爲로의 전환이다. 이의 허용 여부는, 각종의 요식행위에 관하여 그 방식을 완화하여도 요식행위로 한 입법의 취지에 반하지 않느냐 여부를 검토하여 결정해야 할 것이다. 대체로 일정한 방식 자체를 필요로 하는 것(어음과 같은 것)으로의 전환은 인정할 수 없으나, 확정적인 의사를 서면에 나타내기 위하여 방식을 요구한 것(認知·入養과 같은 것)으로의 전환은 일반적으로 인정하여도 무방하다고 생각한다(유언은 법률상 엄격한 요식행위이기는 하지만(1065조 이하), 1071조는 법률상 전환을 인정하고 있는 한 예이다).[36)]

(다) 유효한 것으로 인정되는 다른 법률행위는 그 법률효과에 있어서 원래 무효인 법률행위보다 「작은 것」으로서 이에 내포될 수 있는 것이어야 한다는 견해가 있다.[37)] 이는 법이 요구하지 않는 것일 뿐만 아니라, 이를 요건으로 하는 경우에는 구체적 경우에 전환을 허용할 필요가 있음에도 불구하고 전환을 막을 우려가 있지 않을까?

[856] (2) 가상적 의사 당사자가 그 무효를 알았더라면 다른 법률행위를 할 의사를 가졌으리라고 인정되어야 한다. 그러한 의사를 가졌을 것인지 여부는 법률행위의 해석에 의하여 판단된다. 그리고 여기에서의 당사자의 의사도 실제의 의사가 아니라 「假想的 意思」이므로, 이는 보충적 해석이다. 판례도 이러한 점을 명언한다.[38)]

만약 당사자의 실제의 의사를 알 수 있고, 이에 의하면 전환을 원하지 않는 경우에는, 설령 합리적인 사람이라면 전환을 원했으리라고 평가되더라도 전환은 허용되지 않는다. 이를 허용하는 것은 해석의 한계를 넘은 것이고, 당사자에 대한 후견인 것이다.

주의할 것은 당사자가 의사와 다르게 표시행위를 한 경우(예: 임대차를 사용대차로 표기한 경우)에 이를 의사에 맞게 해석하는 것은 전환이 아니다. 이는 단지 규범적 해석의 결과일 뿐이다.[39)]

35) 대판 2010. 7. 15. 2009다50308(이는 소위 알박이사건으로서 불공정행위에 관한 [524] (2)에서 소개하였음). 그외에 대판 1971. 12. 21. 71다1731[요지 제138조, 1]은, 농지개혁법 제27조에 위반하여 自耕하지 않는 농지를 매매한 경우에 그 행위는 강행규정에 위반하여 무효인바, 그 후 위 농지가 대지화되었다 하여도 무효인 매매계약이 유효한 다른 계약으로 전환될 수는 없다고 한다. 다만 후술 주 51의 72다488 참조.

36) 대판(전) 1977. 7. 26. 77다492은 이러한 점을 명언한다(이의 내용은 주 41에서 소개한다).

37) 이영준, 717면.

38) 대판 2010. 7. 15. 2009다50308(알박이사건). 이 판결은 그러면서 나아가 「가정적 의사에 기한 계약의 성립 여부 및 그 내용을 발굴·구성하여 제시하게 되는 법원으로서는 그 『가정적 의사』를 함부로 추단하여 당사자가 의욕하지 아니하는 법률효과를 그에게 또는 그들에게 계약의 이름으로 불합리하게 강요하는 것이 되지 아니하도록 신중을 기하여야 한다」고 한다.

39) 이영준, 716면.

3. 무효행위의 전환의 대표적 사례는, 혼인외의 출생자를 혼인중의 출생자로 출생신고한 경우이다. 즉 이 경우에 그 신고는 친생자 출생신고로서는 무효이지만 認知 신고로서는 그 효력이 있다.[40] 그 외에 타인의 子를 자기의 子로 출생신고한 경우에 입양의 효력이 있다.[41] 그러나 구민법 시행 당시 입양신고가 이루어졌으나, 입양자가 그 후 실종선고 심판의 확정으로 위 입양일자 이전에 사망한 것으로 간주됨으로써 입양신고가 무효가 된 경우에는, 입양 당시 입양자가 호주의 장남에 불과하여 사후양자 선정의 실질적 요건을 갖추지 못하였으므로 무효행위 전환에 의한 사후양자 신고로서의 효력을 인정할 수 없다.[42] 직권해임, 직권휴직 및 징계해임은 모두 근로자에게 불리한 신분적 조치를 규정한 것으로서 각 사유 및 절차를 달리하므로, 어느 한 처분이 정당한 사유나 절차의 흠결로 인하여 무효인 경우에 다른 처분으로서 정당한 사유 및 절차적 요건을 갖추었다 하더라도 다른 처분으로서의 효력을 발휘할 수 없다.[43] 상속재산 전부를 공동상속인 중 1인에게 상속시킬 방편으로 나머지 상속인들이 법정기간 경과 후에 상속포기신고를 한 경우에, 재산상속포기로서의 효력은 생기지 않으나 상속재산에 관한 협의분할의 성립으로 볼 수 있다.[44] [857]

Ⅵ. 무효행위의 추인 [858]

「무효인 법률행위는 추인하여도 그 효력이 생기지 아니한다. 그러나 당사자가 그 무효임을 알고 추인한 때에는 새로운 법률행위로 본다」(139조).

1. 의 의

(1) 무효행위의 추인이란 무효인 법률행위를 유효한 것으로 하는 것이다.

(2) 무효인 법률행위는 처음부터 그리고 누구의 무효주장 없이 당연히 효력을 발생하지 않는 것이므로, 원칙적으로 무효행위의 추인은 허용되지 않는다. 그러므로 위 본문은 당연한 것을 규정한 것이다. 실제로 의미를 가지는 것은 예외적으로 추인을 허용하는 단서 규정이다.

2. 예외적 허용 [859]

(1) **비소급적 추인** 만약 이의 추인을 전적으로 부인한다면, 당사자가 그 행위를 다시 원하는 경우에는 동일한 행위를 반복해야 하는 불편이 있다. 이런 점을 고려하여 단서는 예외적으로 추인을 허용한 것이다.

---

40) 대판 1971. 11. 15. 71다1983[집 19-3, 민 103].

41) 대판(전) 1977. 7. 26. 77다492[집 25-2, 민 211]. 이는 타인의 子를 入養함에 있어서 입양신고 대신 친생자로 출생신고한 경우인데, 판결은 입양신고는 당사자의 입양에 관한 합의의 존재와 그 내용을 명백히 하여 실질적 요건을 갖추지 아니한 입양을 미리 막아 보려는데 목적이 있는 것이므로, 당사자 사이에 양친자관계를 창설하려는 명백한 의사가 있고 나아가 기타 입양의 성립요건이 모두 구비된 경우에는 입양의 효력이 있다고 한다. 대판(전) 2001. 5. 24. 2000므1493도 동지.

42) 대판 2002. 6. 28. 2000므1363.

43) 대판 1993. 5. 25. 91다41750.

44) 대판 1989. 9. 12. 88누9305; 대판 1991. 12. 24. 90누5986.

(가) 요 건

(a) 당사자가 무효임을 알고 추인하였어야 한다. 이론상으로는 무효의 인식뿐만 아니라, 나아가 당사자에게 추인의 의사표시, 즉 새로운 법률행위를 할 의사가 있음을 필요로 할 터이다. 그러나 민법은 이 점에 관한 다툼을 막기 위해서 「그 무효임을 알고 추인한 때에는 새로운 법률행위로 『본다』」고 규정하므로, 그러한 의사의 유무를 불문한다(무권대리의 추인과 차이가 있다).[45)]

(b) 그 외에 추인이 효력을 발생하기 위해서는 새로운 행위로서의 요건을 갖추어야 한다. 뿐만 아니라 법률행위의 일반적인 유효요건을 갖추어야 한다. 따라서 반사회적 행위[46)] 혹은 강행법규 위반의 행위[47)]는 추인에 의하여도 효력을 발생하지 않는다.

(나) 효 과 추인은 「새로운 법률행위」로 보므로, 추인에는 소급효가 없으며 단지 장래에 향하여 그 법률행위를 유효로 할 뿐이다.

[860] (2) 소급적 추인 그러면 민법이 허용하는 비소급적 추인 이외에, 당사자의 합의에 의하여 무효인 법률행위를 처음부터 효력을 가지는 것으로 하는 소급적 추인을 허용할 것인가?

(가) 채권적인 소급적 추인 우선 당사자의 합의에 의하여 단지 당사자 간에서만 처음부터 유효한 것으로 하는 추인은 허용된다고 할 것이다. 이러한 추인을 허용해도 제3자에게는 아무런 불이익을 주지 않기 때문이다(통설).

(나) 물권적인 소급적 추인 그러나 모든 사람에 대한 관계에서도 처음부터 유효한 것으로 하는 추인은, 제3자에게도 영향을 미치므로 원칙적으로 허용되지 않는다. 그러나 제3자에 대한 관계에서도 제3자의 이익을 해하지 않는 범위 내에서는 소급적으로 추인할 수 있다고 해석하는 것도 좋을 것이다. 예컨대 갑 소유의 승용차를 을에게 假裝양도하고 등록도 을 앞으로 이전하였는데, 후에 갑과 을이 위의 양도행위를 추인하여 처음부터 유효였던 것으로 하고 자동차세도 을이 내기로 한다면, 이것은 제3자에게 불

45) 대판 2007. 1. 11. 2006다50055은, 무효등기의 유용에 관한 합의 내지 추인은 묵시적으로도 이루어질 수 있으나, 위와 같은 묵시적 합의 내지 추인을 인정하려면 무효등기 사실을 알면서 장기간 이의를 제기하지 아니하고 방치한 것만으로는 부족하고, 그 등기가 무효임을 알면서도 유효함을 전제로 기대되는 행위를 하거나 용태를 보이는 등 무효등기를 유용할 의사에서 비롯되어 장기간 방치된 것이라고 볼 수 있는 특별한 사정이 있어야 한다고 한다.

46) 대판 2002. 3. 15. 2001다77352,77369은, 갑 명의의 부동산에 관하여 을의 취득시효가 완성된 후 제3자 병이 적극 가담하여 갑이 이를 병에게 양도한 경우에, 병에게의 양도는 반사회적인 것으로서 무효이고, 따라서 그후 갑이 그 무효행위를 추인하더라도 여전히 무효가 된다고 한다. 그 외에 대판 1994. 6. 24. 94다10900(불공정한 법률행위로서 무효인 행위를 추인한 경우).

47) 대판 2000. 9. 5. 2000다2344(사립학교법에 위반하여 무효인 학교법인 재산의 취득·처분행위나 의무부담행위를 추인한 경우); 대판 1993. 8. 24. 93다22074(주무장관의 허가 없는 사찰재산의 처분행위를 추인한 경우).

이익을 주지 않으므로 금해야 할 이유가 없다.[48)]

3. 무효행위의 추인에 관한 판례를 보면, [861]

(1) 농지개혁법에 위반하여 무효인 농지매매에 관한 것으로서, 상환이 완료되지 않은 농지를 매매하면 무효이므로 추인하여도 유효로 되지 않으나, 상환완료 후에 매도인이 추인하면 그 때부터 유효로 된다.[49)] 또한 매수인의 상환완료 후 상당기간 동안 매수인의 점유경작에 이의를 하지 않은 경우에는 그러한 추인이 인정된다.[50)] 갑이 비자경농지를 을에게 매각한 행위가 농지개혁법 위반으로 무효이더라도, 그 후 위 토지가 대지화된 이후에 소유권이 다시 자신에게 환원된 위 토지의 등기서류를 을에게 교부하여 이전등기해 주었다면, 갑은 매각행위의 무효를 알면서 이를 추인한 것이라고 볼 수 있다.[51)]

(2) 무효인 혼인에 관한 것으로서, 혼인신고가 한쪽 당사자가 모르는 사이에 이루어진 무효인 경우에도, 그 후 양당사자가 그 혼인에 만족하고 그대로 부부생활을 계속한 경우에는 그 혼인을 무효로 할 것이 아니다.[52)] 그러나 일방적인 혼인신고 후 혼인의 실체 없이 몇 차례의 육체관계로 자를 출산하였다 하더라도 무효인 혼인을 추인하였다고 보기 어렵다.[53)]

(3) 무효인 토지매매의 경우로서, 임야가 타인(소유자의 형)에 의하여 무단히 처분되고, 필지에 따라서는 수차례 전전매매된 상태에서, 소유자가 특별한 이의를 제기하지 않은 채 선대 분묘를 타처에 이장하기까지 하였다면, 소유자의 그러한 행위는 무단의 처분행위를 추인하였다고 평가될 소지가 충분하다.[54)] 그외에 하천으로서의 용도폐지가 있기 전에 토지를 매도하였으나 후에 위의 폐지처분이 있은 경우에도 추인을 인정한다.[55)] 그러나 국유농지에 대하여 재무부장관의 농림부장관에게의 인계절차없이 한 분배처분이 당연무효인 이상, 재무부장관의 사후인계절차가 있었다 하더라도 이로써 무효인 분배처분이 당연히 유효하게 되거나 또는 그 하자가 치유되는 것이라고 할 수 없다.[56)]

(4) 그 외에 개별적인 경우로서, 쌍무계약에 위약의 경우에 대한 실효의 약관이 있더라도, 어느 당사자가 위약하였음에도 불구하고 당사자 사이에 그 계약상의 채무를 모두 이행한 경우에는 실효된 계약을 추인한 것으로 봄이 타당하다.[57)]

---

48) 곽윤직, 510면; 이영준, 702면.

49) 대판 1959. 10. 29. 4292민상250[요지 제139조, 3]. 그 외에 동지의 판례 다수.

50) 대판 1967. 10. 10. 67다1915[요지 제139조, 10].

51) 대판 1972. 7. 11. 72다488[집 20-2, 민 136].

52) 대판 1965. 12. 28. 65므61[집 13-2, 민 306].

53) 대판 1993. 9. 14. 93므430. 그 외에 신분행위의 당사자 간에 무효인 신고행위가 있었고, 그 후 그에 상응하는 신분관계가 실질적으로 형성되지 아니하고 또 앞으로도 그럴 가망이 없는 경우에, 무효인 신분행위에 대한 추인의 의사표시만으로 무효행위의 효력을 인정할 수 없다고 한 경우로 대판 1983. 9. 27. 83므22(혼인의 경우); 대판 1991. 12. 27. 91므30(입양의 경우).

54) 대판 1993. 7. 13. 93다19146.

55) 대판 1977. 9. 28. 76다2763[요지 제139조, 24].

56) 대판 1971. 9. 28. 71다1153[요지 제139조 15].

57) 대판 1962. 8. 2. 62다268[요지 제536조, 25].

제3항 취 소

[862] ### Ⅰ. 총 설

1. 의 의

제140조 이하가 규정하는 취소는 일단 유효하게 성립한 법률행위의 효력을 무능력 또는 의사표시의 결함(착오, 사기 · 강박)을 이유로 행위시에 소급하여 소멸케 하는 특정인의 의사표시를 말한다.

취소할 수 있는 법률행위는 취소가 있을 때 비로소 그 효과가 소멸하고, 그 때까지는 일응 법률효과를 발생한다. 따라서 취소권자가 취소권을 포기(추인)하거나 또는 취소권이 소멸하면 그 행위는 효력을 잃지 않는 것으로 확정된다. 이런 점에서 무효인 법률행위와 차이를 가진다.

취소는 이와 같이 일방적 의사표시에 의하여 법률관계의 변동(법률행위 효력의 소급적 소멸)을 생기게 하는 것이므로, 취소할 수 있는 지위는 취소권이라고 하는 권리이며, 그 성질은 형성권이다.

[863] #### 2. 기타의 취소

(1) 제140조 이하의 취소를 원칙적 취소 혹은 협의의 취소라고 한다. 그런데 민법은 그 밖에도 여러 곳에서 취소라는 용어를 사용하고 있다. 이를 광의의 취소 혹은 기타의 취소라고 할 수 있다. 여기에는 제140조 이하의 규정이 적용되지 않는다. 그러한 취소로는 다음과 같은 것이 있다.

(가) **재판 또는 행정처분의 취소** 법률행위가 아니라 국가의 행위에 대한 것으로서, 한정치산선고와 금치산선고의 취소(11조, 14조) · 실종선고의 취소(29조) · 부재자 재산관리에 관한 명령의 취소(22조) · 법인설립허가의 취소(38조)

(나) **유효한 법률행위의 취소** 법률행위이지만 아무런 흠결 없이 완전히 유효한 행위를 취소하는 것으로서, 영업허락의 취소(8조 2항) · 사해행위의 취소(406조) · 부부간의 재산계약의 취소(828조)

(2) **가족법상의 법률행위의 취소** 가족법상의 법률행위도 흠결이 있는 때에는 취소할 수 있다. 혼인의 취소(816조 이하) · 이혼의 취소(838조) · 친생자 승인의 취소(854조) · 입양의 취소(884조) · 인지 취소(861조) · 부양관계의 취소(978조) · 부담부 유증의 취소(1111조) 등이 이에 해당한다. 이러한 취소는 의사표시에 결함이 있는 경우에 인정되는 것이고, 그 효

과로서 대부분 소급적으로 무효가 되므로, 총칙상의 협의의 취소와 흡사하다. 그러나 가족법상의 법률행위에서는 본인의 의사가 중시되어야 하고, 따라서 거래안전을 목적으로 하는 총칙상의 규정, 예컨대 취소를 선의의 제3자에게 대항하지 못한다는 제109조 2항 · 제110조 3항 등은 여기에 적용되지 않는다. 그러므로 가족법상의 취소도 총칙상의 취소와는 다른 것(즉 기타의 취소)이다. 민법이 가족법상의 행위에 관하여 개별적으로 취소할 수 있음을 규정한 것은 그 때문이다(그러므로 예컨대 사기로 혼인의 의사표시를 한 경우에, 110조가 아니라 816조에 의하여 취소할 수 있다).

3. 유사제도 [864]

일방적 의사표시에 의하여 법률행위를 소급적으로 소멸시키는 것으로는 취소 이외에도 철회 및 해제가 있다. 그러나 양자는 취소와 다음과 같은 차이를 가진다.

(1) 철 회 이는 이미 의사표시를 한 자(표의자)가 그 이후에 그에 기한 법률효과의 발생을 원하지 않는 경우에, 그 법률효과가 확정적으로 발생하기 이전에 그 의사표시를 없었던 것으로 하는 표의자의 단독행위이다. 철회는 아무런 결함이 없는 의사표시에 대하여 행해지는 점 및 법률행위의 효과가 확정적으로 발생하기 전에 행해지는 점에서 취소와 차이를 가진다. 이러한 철회에는 의사표시가 상대방에게 도달하기 전, 따라서 의사표시의 효력이 발생하기 전에 하는 것과(의사표시는 상대방에게 도달한 때 비로소 효력이 생기기 때문이다. 그러므로 철회가 유효하기 위해서는 그것이 이미 행한 의사표시보다 먼저 혹은 늦어도 동시에 도달해야 한다), 그 이후에 하는 것이 있다. 전자가 원래의 철회이고, 이는 법률의 근거가 없더라도 당연히 허용된다. 후자는 예컨대 무능력자 혹은 무권대리인과 계약을 맺은 상대방이 법정대리인 혹은 본인이 추인하기 전에 그 계약을 없었던 것으로 하는 것이다(16조 1항, 134조). 이는 법률의 규정이 있는 경우에 한하여 허용된다. 이 경우의 철회는 원래는 의사표시의 효력이 발생한 후에 하는 것이지만, 법이 철회에 의하여 이의 효력을 배제할 수 있도록 하기 때문에, 이러한 철회에서도 의사표시의 효력이 확정적으로 발생하지 않은 것이 된다.

(2) 해 제 이는 전적으로 유효하게 성립한 「계약」을, 채무불이행 기타 계 [865]
약성립 이후의 사정을 이유로 처음부터 없었던 상태로 복귀시키는(소급해서 소멸케 하는) 의사표시이다. 즉 해제는 법률행위를 처음부터 없었던 것으로 백지화시킨다는 점에서 취소와 공통하나, 그 법률행위가 아무런 흠결 없이 성립하였음에도 그 이후의 사정을 이유로 이를 백지화시킨다는 점에서 취소와 차이를 가진다. 다만 해제의 효과로서 계약 자체를 소급적으로 소멸시킨다고 하는 견해와(직접효과설=소급적소멸설) 단지 계약관계를 청산관계로 전환시킬 뿐이라고 하는 견해(청산관계설)가 나뉘는데, 전자의 견해에 의하면 해제는 취소와 마찬가지로 법률행위 자체를 소급적으로 소멸시키는 것이 되지만, 후자의 견해에 의하면 해제는 법률행위 자체를 소급적으로 소멸시키지는 않는다는 점에서 취소와 차이를 가지게 된다. 그러나 이 견해에 의하더라도 해제와 취소는 모두 마치 법률행위가 없었던 상태로 되돌아가도록 하는 것이라는 점에서 공통점을 가진다. 그 외에 취소는 법률행위 전반에 관한 것이나 해제는 계약에 관한 것이라는 차이도 있다.

[866] Ⅱ. 취소권자 등

1. 취소권자

제140조는 「취소할 수 있는 법률행위는 무능력자, 하자 있는 의사표시를 한 자, 그 대리인 또는 승계인에 한하여 취소할 수 있다」고 하여, 취소권자를 명언한다. 이중에서 전2자는 표의자 본인이고, 후2자는 그외의 자이다. — 본조가 규정하지 않는 자는 취소권을 가지지 않는다. 그러므로 예컨대 보증인은 취소권자가 아니다(통설).[1]

(1) 표의자 본인 표의자 본인이 취소할 수 있음은 당연하다. 문제되는 점을 살피면,

(가) 무능력자 본조는 대리인과 별도로 「무능력자」를 취소권자로 규정하므로, 무능력자는 독자적인 취소권자가 된다. 즉 무능력자는 법정대리인의 동의없이 단독으로 취소할 수 있으며, 그러한 취소는 취소할 수 있는 법률행위로 되지 않는다. 이는 만약 취소를 다시 취소할 수 있는 것으로 한다면 법률관계가 극히 복잡해지고 상대방이 매우 불리한 지위에 빠지게 된다는 점, 그리고 무능력자가 단독으로 한 행위를 취소하여 무효로 만드는 것은 원래 있어야 할 상태를 회복하는 것이라는 점 등을 고려한 것이다.

(나) 하자표의자 본조는 「하자 있는 의사표시를 한 자」라고 하는 바, 이는 착오에 의하여 의사표시를 한 자(109조) 및 사기 · 강박에 의하여 의사표시를 한 자(110조)를 뜻하는 것이다. — 「하자있는 의사표시」는 강학상으로는 사기 · 강박에 의한 의사표시를 의미하지만, 본조는 이 용어를 위의 둘을 모두 가리키는 것으로 사용한다. 그러므로 이 용어를 단지 사기 · 강박에 의한 의사표시의 의미로 사용하는 것은 혼란을 일으킬 우려가 있어 부적절하다(140조는 구민법 120조와 동일한데, 구민법은 착오에 의한 의사표시를 무효로 하였으며, 그리하여 구민법 120조에서의 하자있는 의사표시는 착오에 의한 의사표시를 포함하지 않는 것이었다. 그리고 그렇기 때문에 강학상으로도 사기 · 강박에 의한 의사표시를 하자있는 의사표시로 칭하였던 것이다. 140조가 이러한 수정 내용을 알고도 「하자있는 의사표시」라는 용어를 그대로 둔 것인지는 모르겠으나, 현행민법상으로는 이를 사기 · 강박에 의한 의사표시에 한정할 근거가 없으므로 착오에 의한 의사표시도 포함하는 것으로 해석하는 것이 타당할 것이다).

[867] **(2) 표의자 이외의 자** 본조는 대리인 및 승계인을 취소권자로 인정하나, 그 범위에 관해서는 문제가 있다.

---

1) 다만 이영섭, 385면은 반대.

(가) 대 리 인 법문은 「대리인」이라고 하는바, 그러면 임의대리인이나 법정대리인 모두 취소권을 가지는가? 법정대리에서는 본인이 취소할 수 없을 뿐만 아니라, 법정대리권은 본인 스스로 수여한 것이 아니므로 취소권도 본인이 수여할 수 없다. 그러므로 법정대리에서는 이를 긍정해야 한다. 그러나 임의대리에서는 본인이 취소할 수 있을 뿐만 아니라, 임의대리권은 본인이 수여한 것이므로 취소에 관해서도 본인으로부터 대리권을 수여받아야 비로소 취소권을 가진다고 할 것이다.

(나) 승 계 인 법문에서의 「승계인」은 위의 (1)에서의 취소권자의 승계인이다. 승계인에는 포괄승계인과 특정승계인의 두 종류가 있는데, 이중 전자가 취소권을 가짐은 당연하다. 반면에 특정승계인은 원래의 취소권자의 법률상의 지위를 승계받은 자만이 취소권을 가진다. 왜냐하면 취소권은 취소에 의하여 보호하려는 법률상의 지위를 떠나서 독립하여 존재할 수는 없는 것이기 때문이다. 즉 예컨대 갑이 자신의 토지상의 법률적 장애를 감추고 을에게 이를 매각하였으며 병이 을의 권리를 양수한 경우에, 만약 병이 을의 매수인으로서의 지위를 양수하였다면 병은 을의 취소권의 승계인으로서 따라서 을의 매수의 의사표시를 취소할 수 있다. 그러나 병이 단지 을의 토지이전채권 기타 을의 개별적 권리만을 양수하였다면 병은 여기에서의 승계인이 아니고 따라서 취소할 수 없다. 승계인의 취소에서는, 취소권의 소멸기간의 산정에 있어서 승계인과 그 전주(원래의 취소권자)와의 기간을 합산한다.

2. 취소권의 행사 [868]

(1) 취소는 취소권자의 단독의 의사표시에 의하여 행해진다. 취소의 의사표시에는 원칙적으로 아무런 방식도 필요치 않으며, 명시적으로도 묵시적으로도 행해질 수 있다. 즉 의사표시 해석에 의하여 취소라고 인정될 수 있는 행위가 있으면 된다. 취소의 결과를 주장하는 행위는 보통으로 취소의 의사표시를 포함한다고 해석된다. 예컨대 매매계약에 의하여 행해진 소유권이전등기의 말소를 청구하거나, 채권증서의 반환을 청구하는 경우에는 취소의 의사표시가 인정될 것이다. 뿐만 아니라 상대방의 청구에 대한 이행의 거절도 때로는 취소의 의사표시로 해석될 수 있을 것이다.

다만 취소의 경우에도 무효에서와 마찬가지로([840] (2) 참조) 소에 의해서만 취소할 수 있는 경우가 있다(회사설립 취소의 소(상법 184조)).

(2) 취소의 상대방이 확정되어 있는 경우에는, 취소의 의사표시는 그 상대방에 대하여 해야 한다(142조). 여기에서의 상대방이란 취소할 수 있는 행위의 상대방을 말한다. 따라서 취소된 계약에 의하여 취득된 권리가 다시 타인에게 이전되었더라도, 취소는 원

래의 계약상대방에 대하여 해야 하고, 전득자에 대하여 할 것은 아니다. 상대방이 수인인 경우에, 수인 모두에 대하여 법률행위를 무효로 하기 위해서는 모든 상대방에 대하여 취소의 의사표시를 해야 한다.[2] 상대방이 확정되어 있지 않은 경우에는, 취소의 의사를 적당한 방법으로 외부에 객관화시키면 된다.

[869] Ⅲ. 취소의 효과

1. 소 급 효

(1) 원 칙 취소에 의하여 그 법률행위는 「처음부터 무효인 것으로 본다」(141조). 따라서 취소는 소급효를 가진다. 즉 예컨대 갑이 착오에 의하여 을에게 부동산을 팔고 이전등기를 마쳤는데 갑이 위 매매계약을 취소한 경우에, 갑과 을 간의 매매계약이 소급적으로 무효가 된다.

그러면 을에게 이전되었던 소유권은 당연히(즉 이전등기를 말소하지 않더라도 취소만으로) 갑에게 복귀하느냐? 이는 물권행위의 무인성의 인정 여부, 즉 물권행위의 효력이 채권행위의 그것에 의존한다고 할 것이냐(즉 취소로 인하여 매매계약(채권행위)이 효력을 잃으면 그에 기해서 행해진 소유권이전행위(물권행위)도 효력을 잃는다고 할 것이냐) 하는 점에 매인다. 유인설은 이를 긍정한다. 따라서 취소로 인하여 당연히(즉 이전등기를 말소하지 않아도) 소유권이 갑에게 복귀되어, 갑은 처음부터 이의 소유권을 그대로 보유하였던 것으로 된다. 그러나 무인설은 이를 부인한다. 이에 의하면 매매계약이 취소됨으로써 소유권이전행위는 법률상 원인 없이 행해진 것이 되고, 따라서 을이 그 소유권을 부당이득으로서 반환한 때 즉 그 이전등기를 말소한 때 갑에게 복귀하게 된다(다만 이러한 설명은 매매계약에만 취소사유가 있는 경우를 전제로 한 것이다. 이와 달리 갑이 착오상태에서 매매계약뿐만 아니라 소유권이전행위까지 한 때에는 물권행위 자체에도 흠결이 있는 것이므로 취소되고, 따라서 결과적으로 유인설과 같아진다).

이와 같이 을이 부동산을 그대로 보유하는 때에는, 어느 견해에 의하든 갑은 이를 반환받을 수 있으며 다만 반환청구의 근거에 차이가 있을 뿐이다(즉 유인설에 의하면 그 근거가 소유권에 기한 물권적 청구권이 되고, 무인설에 의하면 부당이득반환청구권이 된다). 그런데 을이 매매목적물을 제3자 병에게 양도한 때에는 견해에 따라 갑의 반환청구 가부가 달라진다. 즉 유인설에 의하면 취소로 인하여 소유권이 처음부터 갑에게 복귀하므로 을은 타인의 소유물을 처분한 것이 되어 무효가 되고, 따라서 갑은 병에 대하여 소유권에 기한 물권적청구권을 행사하여 이의 반환을 청구할 수 있다. 그러나 무인설에 의하면 취소하더라도 소유권은 그대로 을이 보유하므로 을의 병에게의 양도는 유효하고, 그런데 갑은 단지 을에 대하여 채권에 불과한 부당이득반환청구권을 가질 뿐이므로, 갑은 병에게 이의 반환을 청구할 수 없다.

[870] (2) 제 한 그런데 민법은 착오나 사기 · 강박을 이유로 취소한 경우에 취

2) 이영준, 726면.

소를 「선의의 제3자에게 대항하지 못한다」고 규정한다(109조 2항, 110조 3항). 이는 제3자에 대한 관계에서 취소의 효력을 제한하는 것이다. 이 규정에 의하여 유인설 · 무인설에 따른 제3자에 대한 반환청구의 가부의 차이는 배제된다. 다만 무능력을 이유로 취소한 경우에는 그러한 규정이 없으므로, 여기에서는 취소의 효력을 누구에게나 주장할 수 있다. 이런 점에서 무능력을 이유로 한 취소는 절대적이고, 착오나 사기 · 강박을 이유로 한 취소는 상대적이라고 할 수 있다. — 취소의 효력을 제한하는 위와 같은 규정이 없다면 무효 · 취소의 경우에 거래안전이 크게 훼손될 것이다. 물권행위의 무인설은 원래는 그러한 폐단을 막기 위하여 독일민법학이 창안한 이론이다. 즉 채권행위와 물권행위는 이론적 · 관념적으로 별개라는 점에서 출발하여 양자의 법률적 운명을 단절시킴으로써 매매계약이 무효이더라도 소유권이전행위는 유효하다고 하고, 그리하여 매수인으로부터 이를 전득한 자가 취소로 인하여 소유권을 잃지 않도록 한 것이다(마치 원인계약은 무효이더라도 대리권수여행위는 유효라고 하여, 이미 행해진 대리행위는 유권대리로서 유효라고 한 것과 흡사). 그런데 우리 민법은 위와 같이 무효 · 취소의 제3자에 대한 효력을 제한하는 규정을 둠으로써 거래안전을 기하고 있다. 따라서 우리 민법에서는 물권행위의 무인설은 그 실제적 의미가 크게 축소되고, 나아가 이의 타당성이 비판받게 되었다(제3자는 선 · 악을 불문하고 보호된다는 문제점, 실제로 거래보호가 문제되는 주된 경우는 타인의 부동산을 무단히 처분한 경우인데, 무인설은 그러한 경우에 아무런 역할도 하지 못한다는 문제점 등이 그 예이다. 참고로 부언한다면, 후자의 경우에 거래보호는 공신의 원칙이 담당한다). 그러나 그러한 규정이 없는 무능력을 이유로 한 취소의 경우에는 여전히 무인설 여부에 따라 거래보호에 차이가 생긴다(다만 무인설에 의하더라도 매매계약뿐만 아니라 소유권이전행위 당시에도 같이 무능력이었던 때에는 물권행위 자체도 취소되어 효력을 잃게 되므로 유인설과 동일한 결과에 이른다).

(3) 그 외에 단체적 행위나 근로계약 · 계속적계약관계 등에서는 취소의 소급효가 제한될 수 있다([841] 이하).

2. 부당이득반환의무 [871]

(1) 법률행위가 취소되면 그 법률행위에 의하여 발생했던 의무가 소급적으로 소멸한다. 따라서 그 의무를 이행하지 않은 경우에는 이제 이행할 필요가 없게 되고, 이미 이행한 것이 있으면 이를 반환해야 한다. 이 반환의무의 성질은 부당이득반환의무이다. 따라서 그 반환의 범위는 원칙적으로 제748조에 의한다.

(2) 그런데 민법은 무능력자의 반환범위와 관련하여 「그 행위로 인하여 받은 이익이 현존하는 한도에서 반환할 책임이 있다」(141조 단서)고 규정한다.[3] 이는 무능력자의 보호를 위하여 반환범위에 관하여 둔 특칙으로 이해된다. 그런데 선의 수익자의 부당이득반환범위는 「그 받은 이익이 현존한 한도」(748조)이므로, 결국 위의 반환범위는 부당이득

3) 이에 관한 판례로는 대판 2005. 4. 15. 2003다60297,60303,60310,60327. 이의 내용은 [156]의 주 4에서 소개하였다.

에서의 일반적인 반환범위와 일치한다. 즉 제141조 단서의 취지나 문언에서 볼 때에는 이는 반환범위에 대한 특칙으로 규정된 것 같으나, 실제로는 일반원칙과 동일하다(물론 무능력자의 경우에는 선·악을 불문하고 현존이익의 한도로 된다는 점에서는 특칙이라고 할 수도 있지만). 그러므로 이는 입법의 오류가 아닐까?[4)] 그렇다면 무능력자 보호를 위하여 반환범위를 실제적으로 경감하는 법률개정이 필요할 것이다. 다만 개정이 있기까지는 「받은 이익이 현존」한다는 의미를 보다 제한적으로 해석함으로써 본조의 취지를 반영하도록 해야 할 것이다. 그 한 예로서, 무능력자가 취소된 법률행위에 기해서 얻은 급부물을 소비해 버린 경우에, 그것이 금전이 아닌 한(왜냐하면 금전은 그 자체 소비를 전제로 하는 것이므로) 현존하지 않는 것으로 취급하는 것이다(부당이득의 법리에 의하면 비록 급부물을 소비한 경우에도, 그것이 예컨대 급부물을 필요한 비용에 충당함으로써 소비한 것이라면, 그러한 소비로 인하여 다른 재산이 소비될 것을 면하였기 때문에 이익이 변형된 형태로 현존하는 것이 되어 반환해야 한다(채권각론 [733] 참조)). 현존하는 이익이 없다는 점의 입증책임은, 일반원칙에 따라 무능력자가 진다고 하는 견해와(일반원칙에 의하면 반증이 있을 때까지는 이익이 현존하는 것으로 추정되므로),[5)] 무능력자 보호의 취지를 고려해서 상대방이 진다고 하는 견해(즉 상대방이 무능력자에게 이익이 남아 있음을 입증해야 반환을 청구할 수 있게 된다)[6)]가 대립된다. 입증책임은 무능력자 보호라는 취지가 아니라 사실관계를 고려해서 판단될 문제이다. 그런데 소비하였느냐 현존하느냐 하는 점은 무능력자의 생활영역에 속하는 것이므로, 그러한 점까지 상대방에게 입증토록 하는 것은 실제상 부적절할 것이다. 이런 점에서 전설이 타당하지 않을까? 판례도 결과에서는 동지이다.[7)]

(3) 부당이득에 관한 위 규정은 행위자가 의사무능력자인 경우에도 적용됨은 물론이다. 다만 행위무능력자와는 달리 특별한 사정이 없는 한 현존이익이 없는 것으로 취급하는 것이 타당할 것이다.[8)]

---

4) 그러나 대판 2009. 1. 15, 2008다58367은, 이 규정은 무능력자의 보호를 위해 그 선의·악의를 묻지 아니하고 반환범위를 현존 이익에 한정시키려는 취지라고 하여, 제748조에 대한 특칙으로 이해한다. 그런데 특히 이 사안은 행위자가 의사무능력자인 경우인 바, 과연 그러한 자에 관하여 선의와 악의를 구별하는 것이 의미가 있는지 의문이다. 그외에도 일응 제748조에 대한 특칙을 규정한 것으로 이해되면서도 실제로는 그 내용이 동조와 동일한 것으로 제29조 2항이 있다([229]). 이런 점에서 볼 때 본조와 제29조 2항은 모두 입법상의 오류가 아닌가 여겨진다(아마도 오류는 이들 규정이 아니라 부당이득 반환범위에 일반규정인 제748조가 아닐까 생각된다).

5) 고상용, 664면; 곽윤직, 520면; 김현태, 408면; 이홍권, 무능력자의 부당이득의 반환 범위, 대법원판례해설 79호(2009), 22면 이하, 27면.

6) 김용한, 402면; 이영준, 729면.

7) 앞의 2008다58367 참조.

8) 2008다58367은 제141조가 의사무능력자의 경우에도 유추적용된다는 점을 명언한다. 다만 반환범위에 관해서는 위와 달리 판단한다. 우선 이 판결의 내용을 보면, 의사무능력자(갑)가 타인(을)과 함께 금융기관(병)에 가서 금전을 차용(을이 갑을 대리해서 대출계약을 체결하였음)한 후, 그 차용금을 을에게 교부하여 을이 이를 자신의 아들의 사업자금으로 사용하였으며(을이 한 동안 그 이자를 지급하였음), 이에 갑이 병을 상대로 대출계약이 무효라고 하면서 채무부존재확인(및 그 담보로 설정된 근저당권등기의 말소청구)소송을 제기하였다(이에 대하여 병은 대출계약이 무효라 하더라도 현존이익으로서 대출금 전액의 반환을 청구하였다). 판결은, 우선 취득한 것이 금전인 때에는 금전은 소비 여부를 불문하고 현존하는 것으로 추정된다는 점에 기해서, 무능력자가 이익이 현존하

Ⅳ. 추 인 [872]

1. 의 의

(1) 여기에서의 추인은 취소할 수 있는 법률행위를 취소하지 않겠다는 의사표시이다. 즉 이는 취소권의 포기이다. 취소권자는 결함있는 법률행위의 효력을 원치 않는 경우에는 이를 취소할 수 있으며, 이를 원하는 경우에는 이를 추인할 수 있는 것이다.

(2) 「추인 후에는 취소하지 못한다」(143조 1항). 따라서 추인에 의하여 그 법률행위는확정적으로 유효하게 된다.

(3) 일반적으로 추인이라 하면 「사후의 동의」를 말하며, 민법이 규정하는 것은, ① 무권대리행위의 추인, ② 무효행위의 추인, ③ 취소할 수 있는 행위의 추인의 세 가지이다. 3자 모두 일방의 의사표시에 의하여 법률행위의 효력을 발생시키는 점에서 공통하나, 추인이 법률행위의 효력을 새롭게 발생시키는가(전2자의 추인), 아니면 이미 발생했던 효력을 확정적인 것으로 만드는가(후자의 추인) 하는 점에서 차이를 가진다.

2. 추인의 요건 및 방법 [873]

(1) 추인권자 「취소할 수 있는 법률행위는 제140조에 규정한 자가 추인할 수 있」다(143조 1항). 따라서 추인할 수 있는 자는 앞의 취소권자와 같다.

(2) 추인의 요건

(가) 추인은 「취소의 원인이 종료한 후」에 하여야 한다(144조 1항). 그러나 이 규정은 「법정대리인이 추인하는 경우에는 적용하지 아니한다」(동조 2항).

그러므로 무능력자는 능력자가 된 후에, 착오나 사기 · 강박에 의한 의사표시를 한 자는 그러한 상태를 벗어난 후에 추인하여야 한다. 그렇지 않으면 추인은 무효이다.[9] 취소할 수 있는 추인으로 되는 것이 아니다. 다만 미성년자와 한정치산자가 법정대리인의 동의를 얻어 행한 추인은 유효하다. 금치산자가 행한 추인은 그렇지 않음은 당연하다.

(나) 추인이 유효하기 위해서는 추인권자가 문제된 행위가 취소할 수 있는 것임을 알고 추인하였어야 한다. 추인은 취소권의 포기인바, 취소권을 가지고 있다는 것을 알아야 이를 포기하는 것도 가능하기 때문이다.

지 아니함을 주장 입증해야 한다고 하였다. 다음으로 위 대출계약은 무효이나 대출로 받은 이익이 병에 대한 대여금채권의 형태로 현존하므로, 병은 대출금 자체의 반환을 구할 수는 없더라도 현존이익인 위 채권의 양도를 구할 수 있다고 하였다. 이에 대하여 이준현, 의사무능력자의 법률행위, 인권과 정의 404호(2010. 4), 94면 이하, 107면은, 의사무능력자의 경우에도 행위무능력자와 동일하게 이익이 현존하는 것으로 추정하는 것은 부적절하다고 비판한다.

9) 대판 1982. 6. 8. 81다107[집 30-2, 민 96].

(3) 추인의 상대방은 취소에서와 마찬가지로 법률행위의 상대방이다(143조 1항에 의한 142조의 준용).[10]

(4) 추인에는 취소와 마찬가지로 아무런 방식도 요구되지 않으며, 명시적 · 묵시적으로 행해질 수 있다. 주의할 점은 취소할 수 있는 법률행위가 요식행위라 할지라도 추인은 이러한 방식을 요하지 않는다.[11] 추인은 단지 취소권의 포기이기 때문이다.

[874] Ⅴ. 법정추인

1. 의의 등

(1) 법정추인은 사람들이 일반적으로 추인이라고 인정할 만한 일정한 사실이 있는 경우에, 취소권자의 의사 여하를 불문하고 법률이 추인한 것으로 보는 것이다(145조).

(2) 이의 취지는, 법률행위의 취소 여부가 취소권자에게 달려 있으므로 상대방은 불안정한 지위에 놓이는 바, 이러한 불안정으로부터 상대방을 구제해 주는 데 있다(뒤에 말하는 취소권의 단기소멸([877] 이하)도 역시 같은 취지의 제도이다).

(3) 따라서 법정추인의 성질은 추인의 일종이 아니라, 법률의 규정에 의한 취소권의 배제라고 할 것이다.[12] 당사자에게 추인의 의사가 있었는지를 불문하는 것은 이러한 점 때문이다.

(4) 법정추인의 요건이 갖추어지면 「추인한 것으로 본다」(145조 1문). 따라서 추인에서와 마찬가지의 효과가 생기고,[13] 취소권자는 자신의 행위가 추인의 의사에 기한 것이 아님을 이유로 이를 뒤집을 수 없다.

[875] 2. 법정추인의 사유 및 요건

(1) 사 유 취소할 수 있는 행위에 관하여 다음 사실 중의 하나가 존재해야 한다. 그런데 각 사유에서 공통으로 문제되는 점은, 취소권자가 적극적으로 이를 행한 경우에 한하여 법정추인으로 되느냐 여부이다. 이는 그 사유가 취소권자와 그 상대방의 협력으로 비로소 가능한 것이냐, 아니면 오로지 어느 1인의 행위로 완료되는 것이냐 하는 점을 고려해서 판단된다.

(i) 전부나 일부의 이행 취소권자가 상대방에게 이행한 경우와 상대방의 이행

---

10) 대판 1997. 6. 27, 97다3828은, 자신의 부동산을 무단히 처분한 자에 대하여 제출했던 고소의 취소는 추인의 의사에 기한 것으로 볼 수 없을 뿐만 아니라, 상대방이 아니라 단지 수사기관에 대한 것이므로 추인이 아니라고 한다(이의 내용은 [797] 주 58).

11) 이영준, 733면.

12) 이영준, 735면.

13) 이영준, 738면은 일부의 이행이나 일부의 청구의 경우에는 일부의 법정추인이 있을 수 있다고 하나, 의심스럽다.

을 수령한 경우를 포함한다.

(ii) 이행의 청구 취소권자가 하는 경우에 한한다.

(iii) 경 개 취소할 수 있는 행위에 의하여 생긴 채권 또는 채무를 소멸시키고 그에 갈음하는 채권 또는 채무를 성립시키는 것을 경개라고 말하는데(500조 이하), 취소권자가 채권자로서 하는 경우이거나 채무자로서 하는 경우이거나 상관없다.

(iv) 담보의 제공 취소권자가 채무자로서 물적 담보 또는 인적 담보를 제공한 경우뿐만 아니라, 채권자로서 그 제공을 받은 때도 포함한다고 해석해야 한다. 「제공」이라는 문구에 의하면 뒤의 경우는 포함되지 않는 것 같이 보이지만, 앞의 경우와 마찬가지로 법정추인으로 인정하는 것이 적당하기 때문이다.

(v) 취소할 수 있는 행위로 취득한 권리의 전부나 일부의 양도 취소권자가 양도한 때에 한한다. 이와 달리 해석한다면 선의의 제3자를 보호하기 위한 규정(109조 2항, 110조 2항)이 무의미해질 것이다. 양도에는 취소할 행위로 취득한 권리 위에 제한적 권리(제한물권·임차권)를 설정하는 것도 포함된다. 그러나 취소함으로써 비로소 발생하게 될 장래의 채권의 양도는 포함되지 않는다.

(vi) 강제집행 취소권자가 채권자로서 집행한 때뿐만 아니라, 채무자로서 집행을 받은 때도 포함한다고 해석된다. 뒤의 경우에는 채무자로서 소송상 이의를 제기할 수 있음에도 불구하고 이를 하지 않은 것이므로, 법정추인으로 보아도 좋은 것이다.

(2) 요 건 [876]

(가) 위에 든 여러 행위가 「추인을 할 수 있은 후」에, 즉 취소의 원인이 종료한 후에 행해졌어야 한다. 그러나 법정대리인 자신이 이러한 행위를 한 때(144조 2항) 및 미성년자 또는 한정치산자가 법정대리인의 동의를 얻어서 이러한 행위를 한 때에는, 취소의 원인이 종료하기 전에 한 것이더라도 법정추인이 된다.

(나) 취소권자가 위의 행위를 함에 있어서 「異議를 保留」하지 않았어야 한다(145조 단서). 이의를 보유한 때에는 법정추인으로서의 효력이 생기지 않는다. 예컨대 취소할 수 있는 행위에 의하여 부담한 채무에 관하여 강제집행을 받은 경우에, 이것을 면하기 위해서 일단 변제는 하지만 추인은 아니라는 점을 표시하는 것은 이의를 보유한 예가 된다.

(다) 취소권자에게 추인의 의사가 있을 것을 필요로 하지 않을 뿐만 아니라, 취소권의 존재를 알고 있을 필요도 없다. 본조는 법률관계를 안정시키는 것을 목적으로 하는 것이기 때문이다.

[877] ## Ⅵ. 취소권의 행사기간

1. 제146조

(1) 취소권은 다음의 기간 내에 행사해야 한다.

(가) **추인할 수 있는 날로부터 3년** 추인할 수 있는 날이란 취소의 원인이 종료한 때이다. 따라서 예컨대 사기 · 강박의 경우에 기산점은 사기를 발견한 때 혹은 강박상태에서 벗어난 때이다(독일민법 124조는 이를 명언한다).[14)]

(나) **법률행위를 한 날로부터 10년** 이 기간의 기산점과 관련해서, 무능력자의 법정대리인에 관해서는 무능력자가 법률행위를 한 때가 아니라 법정대리인이 그의 행위를 안 때로부터 위 기간을 기산해야 한다는 견해가 있다.[15)] 그러나 제척기간은 법이 규정하는 권리의 존속기간인데, 어떤 사실을 안 때부터 기간이 진행한다는 것은 이러한 제척기간의 성질에 반하는 것이 아닐까?

(다) 위의 두 기간 중 어느 한 편이 만료하면 취소권은 소멸한다.

(2) 이러한 행사기간을 둔 취지는, 취소할 수 있는 행위를 오랫동안 불확정한 상태에 놓이게 하는 것은 상대방이나 일반 제3자의 상태를 불안정하게 하는바, 이러한 점을 어느 정도 해소하기 위해서이다. 이에 의하여 그 기간 내에 취소하지 않으면 취소권은 추인 또는 법정추인이 없어도 소멸하게 된다.

(3) 구민법은 취소권의 행사기간을 규정함에 있어서 「시효로 인하여 소멸한다」고 하였었기 때문에(구민법 126조), 이 기간의 성질이 소멸시효기간이냐 제척기간이냐 하는 점을 둘러싸고 견해가 대립하였다. 그러나 본조는 그와 같은 문자를 사용치 않는다. 취소권의 성질이 형성권이므로, 이 기간은 제척기간이다(통설 · 판례).[16)] 즉 이 기간은 취소권이라는 권리에 관하여 법이 예상하는 존속기간이다.

(4) **입법론적 고찰** 민법은 취소사유가 무엇인지를 불문하고 취소기간을 동일하게 규정한다. 따라서 우선 무능력을 이유로 취소하는 경우와 예컨대 실수로 내심의

---

14) 대판 1997. 6. 27. 97다3828(한정치산자의 경우에는 한정치산선고가 취소된 때. 이의 내용은 [797] 주 58 참조). 대판 1992. 8. 14. 91다29811[공 929, 2651]은, 1980. 8. 29. 비상계엄 선포 직후 계엄사령부 산하 합동수사본부 소속 수사관들에 의하여 불법연행 · 감금된 자가 가혹한 신문을 받고 외포상태에서 강요에 의하여 사직서를 제출하거나 재산을 국가에 헌납한 사건(소위 국보위 사건)에서, 피강박자가 1987. 6. 29.의 이른바 6 · 29선언 때까지는 취소권을 행사하여 복직을 위한 법적 조치를 취하는 것이 사실상 기대할 수 없었으므로 위 선언시부터 취소기간이 개시된다고 주장한 데 대하여, 이를 배척하고 피강박자의 취소권의 제척기간은 이미 만료되었다고 한다.

15) 김주수/김상용, 459면; 이영준, 740면.

16) 대판 1964. 3. 31. 63다214[집 12-1, 민 7]; 대판 1996. 9. 20. 96다25371.

의사와 다른 표시행위를 한 착오의 경우에 취소기간이 동일한 바, 그러한 결과가 무능력자 보호를 거래안전 보호에 우선시키는 민법의 가치관과 조화되는지 의문이다. 다음으로 착오의 경우와 사기 · 강박의 경우는 의사표시에 결함이 있는 점에서는 동일하지만, 양 경우에 표의자 혹은 상대방의 지위에는 상당한 차이가 있다. 즉 전자는 표의자 스스로의 실수로 인한 것이나, 후자는 타인의 부당한 간섭으로 인한 것이다. 또한 착오에서의 상대방은 아무런 잘못도 없을 뿐만 아니라 표의자의 착오사실조차 모르는 경우가 대부분이나, 사기 · 강박에서의 상대방은 부당한 간섭을 한 자이거나 혹은 제3자의 부당한 간섭 사실을 알 수 있는 자로서 보호받을 가치가 적다. 이런 점에서 볼 때 우리 민법이 양 경우의 취소기간을 동일하게 한 것이 입법론상 타당한지 매우 의문이다(특히 착오의 경우에 관한 취소기간의 문제점은 전술하였다([616])). 독일민법은 양자의 취소기간을 달리하는 바(착오의 경우에는 착오에 빠졌음을 알고 지체없이(동법 121조), 하자 있는 의사표시의 경우에는 그러한 상태에서 벗어난 후 1년 이내(동법 124조)), 우리 민법도 취소사유에 따라 취소기간을 달리 규정하는 것이 타당하지 않을까?

2. 부당이득반환청구권의 행사기간 [878]

(1) 취소권을 행사한 경우에, 만약 이미 그 법률행위에 기해서 이미 급부한 것이 있으면 그에 관하여 부당이득반환청구권이 생기게 된다. 그러면 이 청구권은 언제까지 행사해야 하는가? 즉 앞의 취소권의 행사기간 내에 이러한 청구권도 아울러 행사해야 하는가, 아니면 이러한 청구권에 관해서는 별개의 권리행사기간이 적용되는가? 다수의 견해는 취소권을 빨리 소멸시켜 법률관계를 확정하려는 본조의 취지를 고려해서, 전자로 해석한다. 즉 제146조는 취소권 자체뿐만 아니라 이의 행사로 인한 부당이득반환청구권의 행사기간도 아울러 규정한 것으로 보아, 위 기간 내에 이러한 청구권까지 행사해야 한다고 한다.[17] 그러나 본조가 취소권에 단기의 권리행사기간을 둔 취지는 취소를 둘러싼 법률관계 전체를 빨리 확정하려는 것이 아니고, 단지 취소 여부의 미확정으로 인한 상대방 등의 불안정 상태를 가능한 속히 해소하기 위해서 이다. 그렇다면 그 기간 내에 취소권을 행사하면 그 취지는 달성된다. 뿐만 아니라 취소권과 이의 행사로 인하여 생기는 부당이득반환청구권은 별개의 권리인데, 전자에 관한 권리행사기간의 규정을 후자에 적용하는 것은 일반적 법원리에도 맞지 않는다. 그러므로 후자로 해석해야 할 것이다(판례 중에는 취소권 이외의 형성권에 관한 제척기간과 관련하여 이와 동일하게 해석한 것이 있다([921]의 주 30)).

(2) 그러면 부당이득반환청구권의 행사기간의 성질과 그 기간 및 기산점 등은 어떠한가? 이는 채권이므로 소멸시효에 해당하고, 따라서 그 기간은 10년이다(162조 1항). 그리

17) 고상용, 623면; 곽윤직, 525면; 김상용, 660면; 김용한, 416면; 백태승, 557면; 이영준, 739면.

고 이는 취소에 의하여 발생하는 것이므로 그 기산점은 취소한 때가 된다(형성권 전반에 관한 고찰은 [921] 이하 참조).[18)]

제 7 절 조건과 기한

제1항 총 설

[879] ### Ⅰ. 총 설

1. 의 의

(1) 조건이란 당사자의 의사에 의하여 법률행위의 효력의 발생 또는 소멸을 「장래의 불확실한 사실의 발생 여부」에 매이게 하는 것이며, 기한이란 법률행위의 효력의 발생 또는 소멸을 「장래 도래하는 것이 확실한 사실의 발생」에 매이게 하는 것이다. 예컨대 「네가 K회사에 입사하면 양복을 하나 해 주겠다」고 하는 것이 조건이고, 「A씨가 사망하면 이 집을 너에게 주겠다」고 하는 것이 기한이다. 즉 양자는 모두 법률행위의 효력을 장래의 사실에 매이게 하는 점에서 공통하나, 조건은 그 매이는 사실의 발생 여부가 불확실한 것임에 대하여, 기한은 그것이 확실한 것이다. 그리고 조건 혹은 기한이 부가된 법률행위를 조건부 혹은 기한부 법률행위라고 한다.

조건 및 기한은 당사자의 의사에 의하여 법률행위 효력의 발생 또는 소멸을 일정한 사실에 매이게 하는 것이므로, 양자 모두 효과의사의 내용을 이루는 것이다. 그리고 사적자치의 원칙상 그 의사대로의 효과가 생기도록 하는 것은 당연하다.

(2) 조건 혹은 기한을 붙이는 취지는 여러 가지이나, 가장 일반적으로는 장래의 사정을 고려하여 사정의 전개에 맞추어 법률행위의 효력을 결정하도록 하기 위하여 붙여진다(예컨대 어떤 물건을 사고 싶으나 현재 돈이 없는 경우에, 장래 어떤 사실의 발생으로 돈이 생기게 되면 이를 사기로 하는 경우). 그 외에 특히 조건은 이로 인하여 이익을 얻게 될 자의 행동에 영향을 미치게 하기 위하여 붙여지기도 한다(예컨대 K회사에 입사하도록 유인하기 위하여, 그렇게 하면 무엇을 주기로 하는 경우).

[880] #### 2. 유사제도와의 구별

(1) 동 기 조건은 법률행위의 내용을 이루는 점에서 동기와 구별된다. 법률행위를 하게 된 연유 내지 동기는 여러 가지일 수 있다. 예컨대 토지 주변에 고속도

18) 이은영, 714면.

로가 개설되기 때문에 그 토지를 살 수도 있고, 그 토지 지하에 온천수가 지나기 때문에 이를 살 수도 있다. 이때 토지 주변에 「고속도로가 개설된다는 사실」은 그 매매계약을 하게 된 연유를 이루는 것으로서, 동기에 불과하다. 따라서 그러한 사실이 실현되지 않은 때에도 법률행위의 효력은 영향받지 않는다.

그런데 통상적으로는 동기에 해당되는 사실이더라도 당사자가 법률행위의 효력을 이에 매이게 한 경우에는, 이는 조건으로 된다. 예컨대 토지매매계약을 체결하면서, 만약 그 토지 주변에 「고속도로가 개설되지 않는다면 계약을 실효시킨다」고 약정한 때에는, 이는 조건이 되고 따라서 그러한 사실이 실현되지 않은 때에는 법률행위의 효력이 소멸된다.

(2) 예 약 현재로서는 계약을 체결하기 곤란한 사정이 있으나 후에 계약체결을 확보하려는 경우에(예컨대 X물건을 사고 싶으나 현재는 자력이 부족하고, 그러나 장차 그 물건의 구입을 확보하려는 경우), 조건부 매매계약을 체결할 수 있으나, 그밖에 예약을 할 수도 있다. 양자의 차이는, 전자에서는 현재 매매계약이 체결되고 단지 그 효력발생이 장래의 사실에 매이나, 후자에서는 장차 예약권자가 예약(완결)권을 행사한 때 비로소 매매계약이 성립(체결)하는 것이다. 그 외에 예약에서는 예약권자가 계약체결 여부를 다시 결정할 수 있으나, 조건부 법률행위에서는 그럴 여지가 없이 일정한 사실이 생기면 당연히 법률행위의 효력이 발생한다(채권각론 [192]).

Ⅱ. 부 관 [881]

(1) 의 의 附款(Nebenbestimmung)은 넓은 의미로는 법률행위에 부수하는 약관 내지 조항, 즉 법률행위의 내용의 일부를 이루지만 전체에 대하여 부수적 지위에 서는 것이다. 이에 대하여 좁은 의미로는 그러한 부관 중에서 법률행위로부터 통상적으로 발생하는 효과를 제한하기 위하여 부가된 약관만을 뜻한다. 조건 및 기한은 후자에 속한다. 전자에 속하는 것으로는 부담 · 환매약관 · 담보약관 · 면책약관 · 이자약관 등이 있다. 양자는 법률행위의 효력의 발생 혹은 소멸 자체에 관한 것이냐 하는 점에서 차이가 있지만, 모두 법률행위(효과의사)의 내용을 이루는 것이라는 점에서는 동일하다.

(2) 광의의 부관 중에서 負擔을 살펴보면, 이는 무상의 출연행위에 덧붙여 표의자가 그 상대방(수익자)에게 그에 따르는 특별한 의무를 지우는 의사표시이다. 이는 부담부 증여(56조), 부담부 유증(1088조)에서 나타난다. 이러한 부담이 붙여진 경우에도 법률행위 자체의 효력(이의 발생 혹은 소멸)이 제한되지는 않는 점에서 조건 등과 구별된다. 부담은 특히 행정행위에서 실제 많이 행해진다(도로 혹은 하천의 사용을 허가하면서 점용료 · 사용료의 지급을 명하거나 그 사용방법에 특별한 제한을 가하는 경우).

[882] Ⅲ. 동의 · 허가

1. 동 의

(1) 조건 · 기한과 유사하게 법률행위의 효력발생에 영향을 주는 것으로서 동의(Zustimmung, Einwilligung)가 있다. 무능력자가 단독으로 한 행위에 대한 법정대리인의 동의(5조 1항. 그 외에 재산처분 혹은 영업의 허락(6조, 8조)도 이와 동시된다), 사단법인에서의 정관변경 혹은 해산 등의 결의에 대한 사원총회의 동의(42조 1항, 78조), 미성년자의 약혼이나 혼인 등과 같은 가족법상의 행위에 대한 친권자 등의 동의(801조, 808조, 835조, 871조 등), 후견인이 피후견인에게 중요한 행위를 대리하거나 동의를 주는 경우에 그에 대한 친족회의 동의(950조) 등이 그 예이다(그 밖에 136조, 그리고 상법 204조, 731조 등).

(2) 법은 동의 없이 행해진 법률행위의 효력을 취소할 수 있는 것으로 하는 경우가 있다(5조 2항, 816조 1호, 884조 1호, 950조 2항. 이 중에서 무능력자에 관한 5조 2항에서의 취소만이 140조 이하에서의 취소에 해당한다는 점은 전술하였다([863])). 이 때에는 동의없이 행해진 법률행위도 일단 효력이 발생한다. 그러나 그러한 규정이 없는 때에는 동의 없이 행해진 법률행위는 법률효과가 발생하지 않으며, 후에 동의가 있은 때 비로소 법률행위의 효력이 발생한다. 그러므로 동의 없는 동안에는 무효이나, 그 무효가 확정적인 것이 아니고 유동적이다.

(3) 동의가 있어야 비로소 법률행위의 효력이 발생하는 경우에,

(가) 동의는 제3자가 당사자 간의 법률행위를 보완하여 이의 법률효과가 발생하도록 한다. 동의는 그 대상인 법률행위에 대한 인허 내지 시인의 의사표시이다.

(나) 동의는 아직 법률효과를 가지지 않는 법률행위에 대하여 법률효과가 발생토록 해 주는 것인 점에서, 즉 법률행위의 사후에 이의 효력을 부여하는 점에서, 추인과 유사하다. 그러나 추인은 원래 당사자가 법률행위의 효력발생요건을 모두 구비할 수 있는 것임에도 그 요건을 결여한 경우에 행해지는 것인 점에서, 원래부터 당사자의 법률행위만으로는 법률효과가 발생하지 못하는 것에 대하여 행해지는 동의와 차이를 가진다.

[883] 2. 허 가

(1) 동의와 마찬가지로, 당사자의 법률행위만으로는 이의 법률효과가 발생하지 못하는 경우에 제3자가 이를 보완하여 법률효과가 발생토록 하는 것으로, 허가 혹은 인가가 있다. 민법에서의 법인의 성립 및 정관변경(32조, 42조 2항), 그리고 국토의 계획 및 이용에 관한 법률(동법 118조) · 사립학교법(동법 8조) 등에서의 허가가 그 예이다. 그밖에 농지개혁법상의 증명(동법 8조)도 그 실질은 허가이다. 동의는 사인이 행하는 것이나, 허가는 행정기관이 행하는 것이다. 그러나 허가도 사법상의 법률행위의 효력을 발생시키는 점에서, 동의와

같이 취급할 수 있다.

(2) 허가가 요구되는 법률행위에서는 허가가 없는 동안에는 법률효과가 발생하지 않으며, 후에 허가가 있어야 법률행위의 효력이 발생한다. 그러므로 허가 없는 동안의 무효는 확정적인 것이 아니고 유동적이다. 판례는 국토이용관리법(구)상의 허가 없는 토지거래행위에 관하여 유동적 무효 이론을 전개하는 바, 그 내용은 앞에서 살폈다([844]).

제2항 조 건

Ⅰ. 총 설 [884]

1. 의 의

(1) 조건은 법률행위의 효력의 발생 또는 소멸을 장래의 불확정한 사실의 발생 여부에 매이게 하는 부관이다.

㈎ 조건은 법률행위의 효력의 발생 또는 소멸에 관한 것이다. 즉 현재는 법률행위의 효력이 생기지 않고 장차 조건사실이 실현되면 법률행위의 효력이 발생하도록 하는 것이거나(예: 합격하면 시계를 주겠다), 반대로 현재 법률행위의 효력이 생기나 장차 조건사실이 실현되면 법률행위의 효력이 소멸하도록 하는 것이다(예: 낙제하면 학비를 더 이상 지급하지 않겠다). 전자를 「정지조건」, 후자를 「해제조건」이라고 한다.

㈏ 조건이 되는 사실은 「장래의 불확실한 사실」 즉 객관적으로 발생 여부가 불명한 것이어야 한다. 따라서,

ⓐ 과거의 사실(예: 어제 뉴욕에 비가 왔느냐 여부)은 비록 당사자가 모르고 있는 경우라도, 객관적으로는 기정의 사실이므로 조건이 아니다.

ⓑ 장래의 사실이라도 도래할 것이 확실한 것은 기한이지 조건은 아니다. 이와 같이 조건과 기한의 차이는 이론적으로는 명료하지만, 실제로는 구별이 상당히 곤란한 경우가 있다. 문제되는 경우는 항을 나누어 살핀다.

(2) 조건은 당사자가 임의로 정한 것으로서, 효과의사의 내용을 이루는 것이다. 따라서 예컨대 법률에 의하여 부가된 조건(법정조건)은 여기에서의 조건에 아니다. 이와 같이 조건에 유사하나 엄밀히는 조건이 아닌 경우는 뒤에서 살핀다([886]).

2. 조건 여부의 판단 [885]

법률행위의 효력(혹은 소멸)을 장래의 불확실한 사실에 매이게 하는 경우에, 그것이 조건

인가 기한(불확정기한)인가 하는 점은 당사자의 의사에 의하여 정해진다. 그런데 이의 구별이 실제로 곤란한 경우가 있다. 이때에는 결국 의사표시의 해석에 의할 것이다.

(1) 추상적으로 말한다면, 만약 효력을 발생시키기는 하지만(즉 예컨대 상대방에게 어떤 권리를 발생시키기는 하지만) 그 시기를 장래의 어떤 사실이 생긴 때로 하는 의사인 때에는, 이는 기한이 된다. 그러므로 이때에는 그러한 사실이 일어나지 않더라도 효력은 발생하고, 그 시기는 그러한 사실이 일어나지 않음이 확실해진 때가 된다. 반면에 효력의 발생 자체를 미정으로 하는 때(즉 효력의 발생 자체를 장래의 불확실한 사실에 매이게 하는 때)에는, 이는 조건이 된다.

(2) 구체적 예로서,

(가) 「성공한 때 지급한다」고 하는 소위 出世給의 특약이 있는 경우에, 그것이 성공하지 않을 때에는 지급하지 않겠다는 의미이면 조건이다. 그러나 결국은 지급하지만 성공할 때까지 이를 유예한다는 의미이면, 기한이다. 후자의 경우에는 그 부관의 내용은 「성공시 또는 성공 불능시」의 의미로 되는 것이다.

(나) 이미 채무를 자는 자가 그 변제에 관하여 부관을 붙인 경우, 즉 예컨대 차용인이 가옥이 매각되면 차용금을 지급한다고 한 경우에, 그 부관인 사실만을 떼어서 보면 실현 여부가 불확실하더라도, 이는 기한(불확정기한)으로 보아야 한다. 따라서 그 사실의 실현가능성이 없게 되면 그 때 기한이 도래한 것이 된다. 다만 채무자가 전 재산을 정리함에 즈음하여 정해지는 부관은 조건으로 보아야 할 경우가 많을 것이다. 자기도 자력이 없어서 한정승인을 한 상속인이 자기 채무에 관하여 후일 자력이 생기면 지급한다고 약속한 경우가 그 예일 것이다.

(3) 조건인지 그외의 특수한 약정인지가 문제된 판례로서, 토지의 매매계약에서 목적토지 중 공장부지에 편입되지 아니할 부분은 매도인에게 원가로 반환한다는 약정을 한 경우에, 이 계약은 토지가 공장부지로 사용되지 않기로 확정된 때에는 그 부분의 매매는 해제되어 원상태로 돌아간다는 일종의 해제조건부 매매라고 봄이 상당하고, 그 환원에 당사자의 의사표시를 요하는 조건부 환매계약이라고 볼 수 없다.[1] 건축허가를 필할 때 매매계약이 성립하고 건축허가신청이 불허되었을 때에는 이를 무효로 한다는 약정은, 건축허가신청의 불허가를 해제조건으로 하는 매매계약이다.[2] 토지의 매수인이 그 지상에 신축된 건물의 소유권이전등기를 마쳐주면 이를 담보로 대출을 받아 토지대금을 지급하겠다는 약정을 한 경우에, 그러한 약정은 정지조건이 아니다.[3] 정리회사의 관리인이 직원에게 회사정리계획 인가결정이 나면 퇴직금을 지급하겠다고 한

---

1) 대판 1981. 6. 9. 80다3195[집 29-2, 민 99].

2) 대판 1983. 8. 23. 83다552[공보 714, 1416]. 그 외에 사찰 등의 동산 · 부동산의 대여 · 양도계약에 있어서 관리청의 허가를 받는 것을 조건으로 한 경우, 별다른 사정이 없는 한 그 계약 당시에 관리청의 허가가 없었다는 사유만으로 이를 무효로 할 수는 없다(대판 1981. 9. 22. 80다2586[집 29-3, 민 66]).

3) 대판 2000. 10. 27. 2000다30349.

경우에, 이는 기한에 해당하고 따라서 정리계획인가를 받을 수 없음이 확정된 때 퇴직금을 청구할 수 있다.[4)]

3. 조건에 유사한 것 [886]

(1) 가장조건 일반적으로는 널리 법률행위의 효력의 발생 여부를 어떠한 사실에 매이게 하는 경우에 이를 조건이라고 한다. 그러나 민법상의 조건은 그것이 당사자의 의사에 의하여 부가된 것이어야 하고, 또 법률행위의 효력을 좌우하는 사실이 장래의 사실이어야 한다(왜냐하면 과거의 사실이라면 그 사실이 법률행위의 효력발생에 영향을 주지 않기 때문이다). 따라서 다음과 같은 것은 조건과 유사하고 또 조건이라고 칭해지지만, 민법상의 조건이 아니다. 이러한 것을 假裝條件이라 한다.

㈎ 법정조건 이는 법률이 법률행위의 효력발생을 위하여 필요하다고 규정한 조건(요건)이다. 예컨대 재단법인의 정관의 보충에서의 설립자의 사망(44조), 상속 혹은 유언에서의 당사자의 사망 등(법인설립행위에서의 주무관청의 허가도 법에 의해서 부가되었다는 점에서 이의 한 예라고 할 수 있다). 이는 당사자의 의사에 의하여 부가된 것이 아니므로 민법상의 조건이 아니다. 다만 그러한 법정조건을 조건으로 삼는 것은 가능하다.[5)] 법정조건에 관해서는, 성질이 반하지 않는 범위 내에서 민법의 조건에 관한 규정을 유추적용하는 것이 타당하다(유추적용되는 대표적 규정은 조건부 권리에 관한 148조 · 149조 등이다).[6)] 판례도 이와 마찬가지 입장이다.[7)]

㈏ 기성조건 이는 법률행위 당시에 이미 실현되었으나 당사자들이 단지 주관적으로 알지 못하는 사실에 법률행위의 효력을 매이게 하는 것이다. 민법은 이러한 기성조건이 부가된 경우에, 그 조건이 정지조건이면 조건없는 법률행위로 하고, 해제조건이면 그 법률행위는 무효로 한다고 규정한다(151조 2항). 법률행위시에 부가되었던 법정조건이 후에 법령의 개정으로 탈락된 경우도 이와 동일하게 취급하면 될 것이다.[8)]

4) 대판 2003. 8. 19. 2003다24215.

5) 예컨대 주무관청의 처분허가를 조건으로 사찰소유재산을 매매하는 경우(대판 1967. 12. 26. 67다1112[집 15-3 민 410]); 귀속재산을 매수한 자가 소유권 취득을 정지조건으로 하여 매각한 경우(대판 1969. 12. 9. 69다1785[집 17-4, 민 172]). 그러나 대판 1966. 9. 20. 66다1145[집 14-3, 민 44]는, 미상환 농지의 상환완료를 정지조건으로 하는 매매계약은 현실적으로 토지를 인도하지 않은 경우에 유효한 것이고, 그 정지조건 성취 전에 매수인에게 그 농지를 인도하여 경작케 하는 내용의 매매계약은 무효라고 한다. 다만 상환완료 후에 행할 작업을 위하여 인도한 경우에는 그 매매계약의 효력은 영향받지 않는다고 한다(대판 1966. 4. 6. 66다329[집 14-1, 민 197]).

6) 곽윤직, 529, 530면; 이영준, 749면.

7) 대판 1962. 4. 18. 4294민상1603[집 10-2, 민 134]). 이는 농지매매에 관하여 요구되는 소재지관서의 증명서는 농지매매의 효력발생요건이며 일종의 법정조건이라고 할 수 있는 것이어서, 농지개혁법에 배치되지 않는 한 민법의 조건규정을 유추적용해야 한다고 한다.

8) 가격통제령에 의한 가격인가를 정지조건으로 하여 매매계약을 맺었는데 그 통제령이 폐지된 경우에는 가격인가를 필요치 않게 되어 정지조건 없는 매매계약으로 된다(대판 1963. 1. 24. 62다783[요지 제147조, 7]).

(2) 그 외에 조건이라고 칭해지나 법적으로는 무효인 것으로 다음과 같은 것이 있다.

(가) **불법조건** 이는 선량한 풍속 기타 사회질서에 위반하는 것을 내용으로 하는 조건이다. 불법조건이 붙어 있는 법률행위는 무효이다(151조 1항). 즉 조건이 없는 행위로 되는 것이 아니라, 그 행위 자체가 무효로 된다.[9] 불법행위를 하지 않을 것을 조건으로 하는 것도 역시 불법조건이다(구민법 132조 참조).

(나) **불능조건** 이는 객관적으로 실현이 불가능한 사실을 그 내용으로 하는 조건이다. 불능조건이 정지조건으로 되어 있는 법률행위는 무효이고, 불능조건이 해제조건인 때에는 조건 없는 법률행위가 된다(151조 3항).

[887] Ⅱ. 조건의 종류

1. 정지조건 · 해제조건

이는 조건의 가장 기본적인 구별이다. 정지조건은 법률행위의 효력의 발생을 장래의 불확실한 사실에 의존케 하는 것, 즉 현재는 법률행위의 효력이 생기지 않고 장차 조건사실이 실현되면 법률행위의 효력이 발생하도록 하는 것이다. 해제조건은 법률행위의 효력의 소멸을 그에 의존케 하는 것, 즉 현재 법률행위의 효력이 생기나 장차 조건사실이 실현되면 그 효력이 소멸하도록 하는 것이다.

[888] 2. 기타의 구별

조건은 그밖에 조건인 사실의 모습에 따라 다음과 같이 구별할 수 있다.

(1) **적극조건 · 소극조건** 조건이 되는 사실이 현상의 변경에 있는 경우(내가 모씨와 결혼한다면)에 이를 적극조건이라 하고, 현상의 불변경에 있는 경우(네가 회사에서 퇴사하지 않으면)에 이를 소극조건이라고 한다. 이 구별은 법률상 특별한 실익은 없다.

(2) **수의조건 · 비수의조건** 이는 조건이 되는 사실이 당사자의 의사와 어떤 관계에 있느냐에 의한 구별이다.

(가) **隨意條件** 조건의 성부가 당사자의 일방적 의사에만 의존하는 조건이다. 이에는 다시 두 가지가 있다.

(a) 순수 수의조건 예컨대 「내 마음이 동하면 이것을 주겠다」, 「이 물건이 마음에 들면 사겠다」(시험매매의 경우)고 하는 바와 같이, 법률행위의 구속력 자체가 당사자의 일방의 의사에만 매이는 경우의 조건을 말한다. 이러한 조건을 과하는 때에는 아직 확정

9) 대판 1966. 6. 21, 66다530[집 14-2, 민 73](부부생활의 종료를 해제조건으로 하는 증여계약이 행해진 경우, 그러한 조건은 불법조건이고, 따라서 해제조건이 붙지 않은 증여계약으로서의 효력을 가지는 것이 아니고 증여계약 자체가 무효라고 한다).

적으로 법률효과를 발생시키고자 하는 의사의 표시(즉 효력표시 (Geltungserklärung))가 없은 것이고, 따라서 법률행위 자체가 완료된 것이 아니다. 따라서 이러한 것은 엄밀히는 조건이라고 할 수 없지 않을까? 왜냐하면 조건은 법률행위의 「효력발생」에 영향을 주는 것이므로, 「성립」한 법률행위에 부가하는 것이기 때문이다.[10] 그러나 그러한 조건을 과하는 것 자체는 사적자치의 원칙상 허용된다.

(b) 단순 수의조건 예컨대 「내가 외국에 가면 사진기를 사주겠다」고 하는 것과 같이, 당사자의 의사에 매이지만 그 의사가 법률행위 자체에 관한 것이 아니고 다른 행위에 관한 것인 경우의 조건을 말한다. 이것은 유효한 조건이다. 소유권유보부 매매는 이러한 조건의 한 예이다.

(나) **非隨意條件** 조건의 성부가 당사자의 일방적 의사에만 의존하는 것이 아닌 조건이다. 이에는 다시 두 가지가 있다.

(a) 偶成條件 예컨대 「내일 비가 온다면」이라는 것과 같이, 조건의 성부가 당사자의 의사와는 관계가 없는 경우, 즉 자연의 사실 혹은 제3자의 의사나 행위에 의하여 그 성부가 결정되는 조건이다.

(b) 混成條件 예컨대 「네가 갑과 동업한다면」이라는 것과 같이, 조건의 성부가 당사자의 일방의 의사뿐만 아니라, 그 밖에 제3자의 의사에 의해서도 결정되는 경우이다.

Ⅲ. 조건부 법률행위 [889]

이는 조건이 부가된 법률행위를 말한다. 이와 관련하여 문제되는 점을 살펴본다.

1. 법률행위의 성립

(1) 조건부 법률행위에서는 비록 그 효과의 발생 혹은 존속이 불확정적이기는 하지만, 당사자들은 그 행위시에 자신이 그 법률행위를 위하여 행할 바를 다한 것이다. 따라서 그 행위시에 법률행위 자체는 완전히 성립한다.

(가) 따라서 법률행위의 유효성에 영향을 미치는 사항은 이때, 즉 법률행위의 성립시기를 표준으로 하여 판단된다. 즉 예컨대 그 행위가 반사회적인가, 강행법규에 위반하는가 하는 점 그리고 당사자의 행위능력 유무, 일정한 사실에 대한 지 · 부지나 과실 여부는 법률행위를 한 때를 기준으로 하여 판단한다.

(나) 정지조건부 법률행위에서는 조건의 성취 전에는 법률행위 자체의 효력이 발생하지 않지만, 이는 그 법률행위가 조건성취 전까지는 아무런 효력도 낳지 않음을 뜻하

10) 이영준, 754면은, 이것도 조건이라고 한다. 이에 대하여 곽윤직, 528면은 그러한 조건은 무효라고 한다.

는 것은 아니다. 즉 법률행위에서 기도했던 법률효과는 발생하지 않지만, 완성된 법률행위가 존재한다는 점에 기하여 여러 가지 효력이 생긴다. 다만 이의 구체적 내용은 조건부 법률행위의 효력 부분에서 살핀다([894] 이하).

(2) 조건성취 전의 불능　정지조건이 부착된 계약에서 조건의 성취 전에 불능이 된 경우에(혹은 始期가 부착된 계약에서 기한의 도래 전에 불능이 된 경우) 위험부담의 법리가 적용되는가? 위험부담은 이미 발생한 급부의무가 소멸한 경우에 관한 것인데, 정지조건부 계약에서 계약체결시에는 계약이 성립할 뿐 이의 효력이 생기지 않고 조건의 성취(혹은 시기의 도래)시에 비로소 그 효력이 생기고 그때부터 급부의무가 발생하므로(그 효력은 소급하지 않는다), 이론상으로는 위의 경우에는 위험부담의 문제가 생기지 않는다고 해야 할 것이다. 그러나 이러한 계약에서 당사자들은 계약의 체결로서 할 바를 다한 것이고, 단지 그 효력발생을 일정한 사실에 매이게 하였을 뿐이다. 그러므로 불능으로 된 후에 조건이 성취된 경우에는, 이미 발생한 급부의무가 불능으로 된 경우와 동일하게 취급하여 위험부담의 법리를 적용하는 것이 타당할 것이다. 이렇게 해석하게 되면 급부의무의 불능이 채무자의 책임사유로 인한 것인 때에는 채무자는 채무불이행책임을 지게 되는바, 이런 점에서도 이러한 해석이 타당하다.

[890] 2. 조건을 붙일 수 없는 법률행위

(1) 법률행위에 조건이 붙여지면 법률효과의 발생 또는 존속이 불확정하게 되므로, 법률효과를 확정적으로 발생하도록 하거나 존속시켜야 할 법률행위에는 조건을 붙이는 것이 허용되지 않는다. 그러한 행위를 「조건에 친하지 않는 행위」라고 한다. 조건을 허용하지 않는 이유는 두 가지로 나누어진다.

(가) 公益上의 불허용　조건을 붙이는 것이 강행법규 또는 사회질서에 반하는 결과로 되는 경우에는, 조건을 붙이는 것은 절대로 허용되지 않는다. 혼인 · 입양 · 인지 · 상속의 승인 또는 포기 등이 그 예이다. 그 외에 외관에 따라 신속히 행해져야 할 행위에도 조건은 허용되지 않는다. 어음의 배서에 붙인 조건은 기재하지 않은 것으로 보는 것(어음법 12조 1항, 77조 1항 1호, 수표법 15조 1항)은 이러한 취지를 표현한 것이다.

(나) 私益上의 불허용　단독행위에 조건을 붙이는 것은 상대방의 지위를 매우 불리하게 할 염려가 있다. 따라서 단독행위에는 일반적으로 조건을 붙일 수 없다. 상계에는 명문규정(493조)이 있으나, 그 외의 단독행위 예컨대 해지 · 해제, 취소, 추인, 환매(590조), 선택채권의 선택(382조) 등에도 역시 조건을 붙일 수 없다. 그러나 단독행위에 조건이 허용되지 않는 것은 상대방을 보호하기 위한 것이므로, 상대방의 동의가 있든가 또는 내용이 그 때문에 상대방을 특히 불리하게 만드는 것이 아닌 때에는 조건이 허용된

다(예: 1주일 내에 이행하지 않을 때에는 해제의 효과가 생긴다고 하는 조건부 해제).

(2) 위반의 효과 조건을 붙일 수 없는 행위에 조건을 붙인 경우에는 그 조건은 효력을 가지지 못한다. 그러면 법률행위 자체의 효력은 어떠한가? 특별한 규정이 있으면 그에 의하며(어음법 12조 1항 — 어음의 배서에 조건을 붙인 경우에는 조건만이 무효이고, 그 어음행위는 유효하다), 그러한 규정이 없으면 일부무효의 법리에 의할 것이다. 따라서 반대의사를 인정할 특별한 사정이 없는 경우에는 그 법률행위는 무효이다.

Ⅳ. 조건의 성취 여부 [891]

1. 의 의

(1) 적극조건에서 그 사실의 발생(실현)이 확정되는 것, 소극조건에서 그 사실의 불발생이 확정되는 것을 「조건의 성취」라고 한다. 그 반대의 경우를 「조건의 불성취」라고 한다.

(2) 구체적인 경우에 조건이 성취되었는가 여부는 반드시 명료하지 않다. 이것 역시 법률행위의 해석에 준하여 판단된다. 특히 문제가 되는 경우는 관련기관의 승인 등을 조건으로 하였는데, 수정조건을 붙여 승인된 경우이다. 이 경우에는 조건이 성취되었다고 할 수 없을 것이다.[11)]

(3) 조건의 성취는 조건의 성취로 이익을 받을 자가 입증해야 한다.[12)]

2. 신의칙 위반의 경우 [892]

(1) 조건의 성취로 불이익을 받을 당사자는 부당한 방법에 의하여 조건의 성취를 방해할 우려가 있다. 그러한 경우에 그 자에게 조건의 불성취의 법률효과를 향유케 하는 것은 타당치 않다. 조건의 성취로 이익을 받을 자가 부당하게 조건을 성취시킨 경우도 마찬가지이다. 그리하여 민법은 그러한 경우에 상대방은 조건이 성취된 것으로 혹은 불성취된 것으로 주장할 수 있도록 하였다(150조 1항 및 2항).

(2) 본조 적용의 요건

㈎ 당사자의 행위 조건의 성취로 불이익 혹은 이익을 받을 당사자의 행위에 의한 것이어야 한다. 여기서 「당사자」라고 함은 조건성취로 직접 불이익을 받거나 조건불성취로 이익을 받게 되는 자를 의미한다. 따라서 해제조건부 「제3자를 위한 계약」에 의하여 이익를 취득하는 제3자는 여기의 당사자에 해당되나, 해제조건부 행위로 권리를

---

11) 대판 1962. 6. 14. 4294민상1359[요지 제147조, 6](은행총재의 승인을 조건으로 매매계약이 성립하였으나 은행총재가 수정조건을 붙여 승인한 경우).

12) 대판 1983. 4. 12. 81다카692[집 31-2, 민 74].

취득한 자의 채권자는 이에 해당되지 않는다.[13)]

(나) **인과관계** 당사자의 행위로 「인하여」 조건이 불성취 혹은 성취되었어야 한다. 즉 양자 간에 인과관계가 있어야 한다.

(다) **신의칙에 반할 것** 「신의성실에 반하여」 조건의 성취를 방해하거나 조건을 성취하였어야 한다. 방해행위가 고의나 과실에 기하였을 필요는 없으며, 신의칙에 비추어 그에게 기대되는 행위를 하지 않음으로써 족하다. 따라서 예컨대 관청의 허가를 요하는데 당사자가 허가의 신청을 하지 않은 경우에도 신의칙에 반한다고 판단될 수 있다(다만 신청이 있었다면 허가가 나왔으리라고 인정될 수 있어야 한다).[14)]

다만 조건의 성취 여부가 당사자의 자유로운 의사에만 매이는 경우(예: 자기가 금년 중에 결혼하면 시계를 주겠다고 약속한 경우)에는, 그가 의식적으로 이를 성취시키지 않았더라도 신의칙에 반한다고 할 수 없다.

(3) **효 과** 조건의 성취로 인하여 이익을 받을 당사자(혹은 불성취로 인하여 이익을 받을 당사자)는 그 조건이 성취된 것으로(혹은 불성취된 것으로) 주장할 수 있다.

(가) 따라서 그러한 당사자는 이를 주장할 권리를 가지는 것이며, 권리의 성질은 형성권이다.

(나) 성취 · 불성취로 의제되는 시점은, 신의칙에 반하는 행위가 없었더라면 조건이 성취 혹은 불성취되었을 시점이다. 다만 그러한 시점을 확정하기 불가능한 때에는 조건의 성취 · 불성취가 방해된 시점이다.[15)]

(다) 상대방의 행위는 뒤에서 말하는 조건부 권리의 침해가 되는 경우가 많다. 이때에는 조건성취로 인하여 이익을 받을 자는 이러한 권리의 침해로 인한 손해배상청구권과 조건성취로 보는 권리를 선택적으로 행사할 수 있다.

[893] 3. 조건의 성취 여부에 관한 판례를 살펴보면,

(1) 일정량의 立木을 일정한 가격으로 매수함에 있어서 주무관청의 처분허가를 정지조건으로 하였는데 주무관청의 처분허가가 약정된 입목의 양 및 대금액에 훨씬 미달하는 경우에는 정지조건이 성취되었다고 할 수 없다.[16)] 갑이 을에게 수출한 제품에 하자가 있어 그에 대한 손해배상의 약정에 있어서 을이 앞으로도 갑과 거래를 계속한다는 조건으로 갑이 일정량의 제품을 을에게 무상지급하기로 하였다면, 그 후 을이 임의로 갑과의 거래를 중단하여 위 약정을 위배한 이상 을은 무상지급에 대한 손해배상책임을 갑에게 물을 수 없다.[17)] 부부가 협의이혼을 하

13) 곽윤직, 532면; 이영준, 767면.
14) 대판 1967. 12. 5. 67다2231[요지 제150조, 1].
15) 이영준, 770면.
16) 대판 1967. 12. 26. 67다1112[집 15-3, 민 410].
17) 대판 1978. 2. 28. 77다2209[요지 제147조, 14].

기로 하면서 이혼시의 재산분할에 관하여 약정하였으나 협의이혼이 성립하지 않고 재판상 이혼을 하게 된 경우에, 위 재산분할약정은 조건의 불성취로 인하여 효력이 발생하지 않는다.[18)]

(2) 신의칙에 의한 조건 성취 여부에 관한 것으로서, 하수급인이 일정 시기 내에 공사를 완료하면 그때부터 일정 기간 내에 공사비를 지급하기로 약정하였는데 건물주와 수급인이 공사현장에 전기를 공급하지 않고 출입도 봉쇄하여 하수급인이 약정기간에 공사를 완료하지 못한 경우에, 이는 신의칙 위반으로 조건이 불성취된 것으로서 따라서 하수급인은 조건의 성취를 주장할 수 있다.[19)] 소송대리인(변호사)을 선임하면서 의뢰인이 소를 취하하는 경우 승소한 것으로 간주하여 성공보수를 지급하기로 한 경우에, 승소의 가능성이 있는 소송을 부당하게 취하하여 변호사의 조건부 권리를 침해하는 경우에 한하여 제150조가 적용되는 것이고, 승소의 가능성이 전혀 없어 소송비용을 절약하고 부당소송행위의 책임을 면하기 위하여 부득이 소송을 취하하는 경우에는 적용될 수 없다.[20)]

Ⅴ. 조건부 법률행위의 효력 [894]

조건의 成否가 확정되기 이전과 그 이후를 나누어 조건부 법률행위의 효력을 살핀다.

1. 확정 전의 효력

(1) 조건부 법률행위는 그 행위시에 성립하는 것이므로, 이러한 점에 기해서 다음과 같은 효력이 생긴다.

(가) 당사자들은 행위시부터 자신의 의사표시에 구속되어 철회할 수 없다.

(나) 상대방의 이익을 침해하지 않을 신의칙상의 의무를 진다. 위에서 살핀 제150조는 이러한 점에 기한 것이다.

(다) 민법은 이러한 효력 이외에도 조건부 법률행위에 의하여 권리를 취득할 자의 보호를 위하여 조건부 권리의 침해금지(148조) 및 조건부 권리의 처분(149조) 등에 관한 규정을 두고 있다. 이러한 효력은 독립한 항으로서 살핀다.

(2) 조건부권리의 침해금지 「조건있는 법률행위의 당사자는 조건의 成否가 [895]
미정한 동안에 조건의 성취로 인하여 생길 상대방의 이익을 해하지 못한다」(148조). 이는 조건부 권리자의 이익을 보호하기 위한 것이다. 그러면 조건부 법률행위의 당사자(조건부 의무자)가 이 규정에 위반하여 조건부 권리를 침해한 경우에 어떠한 효과가 생기는가? 그리고 제3자가 당사자의 이익을 침해한 경우에는 어떠한가? 이의 해석에서는 본조의 위와 같은 취지를 충분히 살리도록 해야 할 것이다.

(가) 당사자가 침해한 경우 당사자(조건부 의무자)가 이 규정에 위반하여 상대방(조건부 권리자)의 이익을 침해한 경우, 즉 예컨대 갑이 일정한 사실이 발생하면 X물건을 을에게 주기

18) 대판 2000. 10. 24. 99다33458.

19) 대판 1998. 12. 22. 98다42356.

20) 대판 1979. 6. 26. 77다2091.

로 하였는데 갑이 이를 멸실시키거나 혹은 제3자(병)에게 매각한 경우에, 다음과 같은 효과가 생긴다.

(a) 손해배상청구권 우선 조건부 권리자는 조건부 의무자에 대하여 손해배상청구권을 가진다. 다만 손해는 조건이 성취된 때 비로소 현실적으로 발생하므로, 이때 비로소 손해배상을 청구할 수 있다. 즉 손해배상청구권의 발생 역시 조건의 성취에 의존한다. 일부 견해는 손해배상청구권의 근거를 불법행위라고 하나,[21] 당사자 간에 이미 법률행위가 성립하였으며, 손해배상청구권은 조건이 성취된 때(즉 예컨대 계약의 효력이 발생한 때) 현실적으로 발생한다는 점에서 볼 때, 이는 채무불이행에 기한 것이라고 함이 타당할 것이다.[22]

(b) 處分權의 制限 당사자의 목적물에 대한 처분권이 제한되어, 당사자가 조건부 권리의 목적물을 처분한 경우에 그 처분행위는 조건부 권리를 침해하는 범위에서 효력이 없다. 다만 여기에서도 그 처분행위가 무효가 되는 것은 정지조건이 성취된 때이다. 즉 갑이 조건부로 X물건을 을에게 이전한 위의 예에서 갑이 조건의 성취 전에 X물건을 병에게 매각하였는데 후에 조건이 성취된 경우에, 갑은 그에 대한 처분권 없이 이를 처분한 것이 되어 무효가 되고 따라서 병은 이의 소유권을 취득하지 못한다(왜냐하면 처분권은 법률행위의 효력이 발생하는 시점에 존재해야 하는데, 조건부 법률행위에서 그 효력이 발생하는 시점은 법률행위시가 아니라 조건이 성취된 때이다. 그런데 갑은 조건의 성취로 인하여 이 시점에 그 물건에 대한 처분권을 잃게 되기 때문이다). 그러나 목적물이 부동산인 경우에는 조건을 등기한 때에 한하여 그와 같은 효력이 인정된다(부등법 3조 단서는 정지조건이 있는 경우에 가등기를 할 수 있다고 규정함). 즉 예컨대 갑과 을이 정지조건부 부동산매매계약을 체결하고 매수인 을이 조건부 권리에 기해서 부동산에 관하여 가등기를 하였는데, 갑이 이를 병에게 다시 팔고 이전등기를 경료하였고 그후 조건인 사실이 실현된 경우에, 을은 가등기를 본등기로 고침으로써 그 부동산을 취득하게 되고 따라서 병은 소유권을 잃게 된다(이는 을이 부동산에 관하여 매매의 예약을 하고 가등기한 경우도 마찬가지이다). 목적물이 동산인 경우에는, 비록 조건부 권리의 법리에 의하여 갑의 병에게의 처분이 무효가 되더라도, 병은 선의취득에 의하여 이의 소유권을 취득할 수 있다.

(나) 제3자가 침해한 경우 제148조는 당사자 간에서만 침해금지의 의무를 부과하지만, 조건부 권리를 보호하는 민법의 정신에서 볼 때 제3자가 조건부 권리를 침해하는 경우에 이는 불법행위가 된다고 하는 것이 타당할 것이다. 다만 제3자가 조건부 권리를 과실없이 모른 경우에는 불법행위의 요건이 결여되므로, 불법행위가 성립하지 않는다.

21) 곽윤직, 534면. 다만 이 견해는 조건부 권리의 침해자가 상대방인가 제3자인가를 구별하지 않고 단지 불법행위에 의한 손해배상책임을 진다고 한다.

22) 동지: 이영준, 772면.

그 외에 조건부 권리가 가등기된 때에는 제3자가 그 물건에 대하여 행한 처분적 행위(예컨대 강제집행 혹은 가압류)는 무효가 된다(독일민법 161조 1항 2문은 이러한 점을 명언한다).[23] 예컨대 위의 조건부 권리의 목적물에 관하여 조건부 매도인의 채권자가 압류하여 강제집행을 하더라도 조건부 권리자에게 대항하지 못한다. 다만 이러한 효력 역시 조건부로 발생한다.

(3) **조건부 권리의 처분** 「조건의 성취가 未定한 권리의무는 일반규정에 의 [896]
하여 처분, 상속, 보존 또는 담보로 할 수 있다」(149조).

(가) 따라서 예컨대 갑이 일정한 사실이 발생하면 X물건을 을에게 주기로 한 경우에, 을은 X물건을 취득할지 여부가 미정이지만 그 불확실한 권리 — 장차 어쩌면 취득할 X물건에 대한 소유권 — 를 병에게 처분할 수 있다. 그리고 만약 조건성취 전에 을이 사망하면 병이 그러한 권리를 승계한다. 이 규정도 조건부 권리자의 보호를 위한 것이다. 그리고 여기에서 「일반규정에 의하여」라고 한 것은, 그 성취로 인하여 취득하는 권리와 동일한 방법으로 라는 의미이다.

(나) 원래 처분행위(물적 담보의 설정도 이에 해당한다)는 목적물에 관한 법적 상태, 즉 목적물에 대한 귀속관계를 직접 변경시키는 것이므로, 단순한 의무부담행위에서와는 달리 목적물이 특정되고 현존해야 한다. 즉 타인의 물건 혹은 현존하지 않는 물건에 관하여 단지 이전의무를 발생시키는 행위(채권행위, 의무부담행위)는 유효하지만, 직접 그러한 물건을 이전하는 행위(물권행위, 처분행위)는 무효이다. 그런데 위 규정은 아직 발생 여부가 미확정한 권리의무도 처분할 수 있도록 하는 것으로서, 처분행위의 요건에 대한 중대한 완화라고 할 수 있다. 그리고 이에 의해서 처분 혹은 상속할 수 있는 것은 반드시 「권리」로 확정된 것에 한하지 않고 「일정한 지위」도 포함되게 되며, 이런 점에서 이 규정은 단순히 조건부 권리를 보호하기 위한 규정이라는 의미를 넘어 법률행위의 객체에 대한 중대한 진전을 뜻하는 것이 아닐까?

(4) **조건부 권리자의 지위**(=기대권) 조건의 成否가 확정되기 전에도 조건부 [897]
권리자는 조건의 성취로 인하여 권리를 취득할 기대를 가진다. 뿐만 아니라 그의 이러한 기대는 위에서 본 바와 같이 상대방의 각종의 의무(철회할 수 없는 의무, 조건성취 방해 금지의무, 손해배상의무 등) 및 처분권의 제한 등에 의하여 상당히 공고히 된다. 더욱이 그 자체로 처분이 가능하며(149조 참조), 조건부 권리로서 이미 재산적 가치를 가진다. 따라서 그의 이러한 기대 · 지위는 그 자체로서 일종의 권리로 인정될 수 있다. 학설은 이를 기대권이라고 칭한다.

기대권의 법적 성질에 관해서는 의견이 일치하지 않으나, 취득될 권리의 「前段階

---

23) 동지: 이영준, 773면.

(Vorstufe)」[24]라고도 하며, 취득될 권리와 「본질적으로 동일한 것」으로서 그의 「亞種(aliud)」이 아니라 단지 그보다 「적은 것(minus)」[25]이라고도 한다. 그러나 이의 구체적 내용은 각 기대권에 따라 다르다(기대권은 조건부 권리 이외에도, 소유권유보부 매매에서의 매수인 및 부동산을 양수하고 이전등기를 마치지 않은 자의 지위에 관하여도 사용되는데, 전자의 지위는 후자의 지위에 비하여 크게 소유권의 상태에 접근되어 있다). 여기에서의 조건부 권리자의 기대권은 그것이 목표로 하는 권리의 귀속을 확보하기 위한 것일 뿐이고, 스스로 물건에 대하여 작용을 가할 권리 내지 지배적 권능을 내용으로 하는 것은 아니다. 이런 점에서 이는 소유권 자체 혹은 축소된 소유권이라기 보다는, 취득될 권리의 전단계라고 하는 것이 타당하다.

[898] 2. 확정 이후의 효력

(1) 조건의 성취 혹은 불성취가 확정되면 법률행위의 효력도 확정된다. 즉 정지조건부 법률행위에서는 조건이 성취하면 그 효력이 발생하며, 만약 불성취하면 무효가 확정된다. 해제조건부 법률행위에서는 조건이 성취되면 효력이 소멸하며, 불성취임이 확정되면 효력의 불소멸이 확정된다.

(2) 이러한 효력은

(가) 「조건이 성취된 때로부터」(147조 1항·2항) 발생한다. 즉 조건성취의 효력은 소급효를 가지지 않는다.

(나) 그러나 「당사자가 조건성취의 효력을 그 성취 전에 소급하게 할 의사를 표시한 때에는 그 의사에 의한다」(147조 3항). 즉 당사자의 의사에 의하여 소급효를 가질 수 있다. 법률행위의 효과의 발생을 조건에 매이게 하는 당사자의 의사를 존중한 이상, 그 효과의 발생시기에 관한 당사자의 의사도 존중함이 당연하기 때문이다. 따라서 언제까지 소급시킬 것인가 하는 점도 당사자가 자유로이 정할 수 있다고 할 것이다. 다만 당사자의 의사에 따라 소급효가 생기는 경우에도, 그에 의하여 제3자의 권리를 해할 수는 없다.[26]

24) Raiser, Dingliche Anwartsschaften, 1961, 6면 이하; 김증한, 물권적 기대권, 민법논집(1978), 182면 이하.

25) Enneccerus/Nipperdey, §197 II 4; BGHZ 28, 16, 21.

26) 곽윤직, 535면; 이영준, 771면.

제3항 기 한

Ⅰ. 총 설 [899]

1. 의 의

(1) 기한은 법률행위의 당사자가 그 효력의 발생·소멸 또는 채무의 이행을 장래에 발생하는 것이 확실한 사실에 매이게 하는 것이다. 기한과 조건의 차이, 그리고 기한(특히 불확정기한)과 조건의 구별은 실제에 있어서 곤란한 경우가 있으며 이는 결국 법률행위의 해석에 의하여 결정된다는 점은 전술([885])하였다.

(2) 원래 조건과 기한은 법률행위의 효력의 발생(혹은 소멸) 자체를 장래의 사실에 매이게 하는 것인데(총칙의 기한 부분에서는 이러한 의미로 사용된다), 第387조·第388조 등은 그밖에 채무의 이행을 장래의 사실에 매이게 하는 것도 기한이라고 한다. 전자에서는 그 법률행위에 기한 권리의무 자체는 발생(또는 소멸)하지 않으나, 후자에서는 그러한 권리의무는 발생하고 단지 그 의무(채무)의 이행기가 도래하지 않는 것이다. 이런 점에서 양자는 이론상 차이가 있으나, 전자에서도 기한인 사실의 발생이 확실한 것이므로 실제적으로 그 권리의무가 발생한 것과 차이가 없다. 민법은 이런 점에서 양자를 모두 기한으로 한 것으로 여겨진다. 특히 이행기에 관한 불확정기한은 원래의 기한과 흡사하다.

2. 종 류 [900]

(1) **시기·종기** 법률행위의 효력의 발생 혹은 채무의 이행을 장래의 사실에 매이게 하는 기한을 「始期」라고 하고, 법률행위의 효력의 소멸을 장래사실에 매이게 하는 기한을 「終期」라고 한다. 예컨대 모씨가 사망한 때 X물건을 이전하기로 하는 것이 전자이고, 현재 Y물건을 주면서 모씨가 사망하면 이를 반환하기로 하는 것이 후자이다.

(2) **확정기한·불확정기한** 기한의 내용이 되는 사실이 언제 일어나는지가 확정되어 있는 것이 확정기한이고, 그것이 확정되어 있지 않는 것이 불확정기한이다. 예컨대 내년 1월부터 법률효과가 발생한다고 하는 것이 전자이고, 모씨가 사망한 때부터 법률효과가 발생한다고 하는 것이 후자이다.

3. 기한을 붙일 수 없는 법률행위 [901]

조건이 붙은 행위는 법률효과의 발생 또는 존속 자체가 불명확하나, 기한이 붙은 행위는 법률효과의 발생·소멸의 시기만이 불명확할 뿐이다. 따라서 기한을 붙일 수 없는 행위의 범위는 조건에서보다 좁다.

(1) 법률행위에 始期가 붙여지면 효력이 곧 발생하지 않게 되므로, 효과가 곧 발생함을 필요로 하는 것에 관해서는 시기를 붙이는 것이 허용되지 않는다. 혼인 · 입양 등이 이에 해당한다. 그러나 시기는 조건과는 달라서 효력이 발생하는 것만은 확실하므로, 어음행위에는 조건은 허용되지 않지만 시기는 허용된다.

(2) 소급효가 있는 행위에 관하여 始期를 붙이는 것은 무의미하다. 상계에 기한을 붙이는 것을 허용하지 않는 것은 이 때문이다(493조). 그러나 그 외의 단독행위는 조건은 허용되지 않으나 시기는 허용된다.

(3) 종기를 붙이는 것이 허용되지 않는 범위는 해제조건에 있어서와 대체로 마찬가지일 것이다.

[902] ## Ⅱ. 기한의 도래

(1) 기한의 내용이 되는 사실은 장래 발생할 것이 확실한 사실이므로, 기한은 반드시 도래한다.

(2) 기한이 기일 또는 기간에 의하여 정해져 있는 때에는, 그 기일의 도래 또는 기간의 경과로 기한은 도래하며, 특별한 문제가 없다. 그러나 언제 발생할지 알 수 없는 사실을 기한으로 한 경우(불확정기한)에는, 언제 기한이 도래한 것으로 되느냐 하는 점이 문제될 수 있다. 이는 특히 기한인 사실이 장기간에 걸쳐 발생하지 않은 경우에 그러하다. 이 경우에는 그 사실이 불발생할 것으로 확정된 때 기한이 도래한 것으로 해석해야 한다.

(3) 기한의 이익이 포기 혹은 상실되면, 그때 기한이 도래한 것으로 된다.

[903] ## Ⅲ. 기한부 법률행위의 효력

1. 기한도래 전의 효력

(1) 기한부 권리자의 지위는 조건부 권리자의 그것에 비하여 한층 더 확실하므로, 최소한 조건부 권리자가 받는 보호는 받아야 할 것이다. 제154조가 조건부 권리의 침해금지에 관한 제148조 및 조건부 권리의 처분 등에 관한 제149조를 기한부 법률행위에 준용하도록 한 것은 이러한 취지에서이다.

(2) 위의 설명은 원래의 기한이 붙은 법률행위에 관한 것이다. 이와 달리 단지 채무의 이행에 기한이 붙은 경우에는 채권 · 채무가 이미 발생하고 있으므로, 기한부 권리를 문제삼을 필요가 없다. 여기에서는 단지 이행기 전의 채권의 효력이 문제될 뿐이다.

(3) 시기부 법률행위와 정지조건부 법률행위와의 차이 중 하나는, 장래의 사실의 발생 전에 법률행위에 기해서 발생할 채무를 변제한 경우에 부당이득을 이유로 그 반환을 청구할 수 있느냐 하는 점이다. 조건의 경우에는 채무의 발생 자체가 불확실하므로 채무는 아직 발생하지 않은 것이고, 따라서 채무없음을 알고 변제한 경우에 해당하지 않는 한 그 반환을 청구할 수 있다고 할 것이다(742조 참조). 그러나 기한의 경우에는 채무의 발생이 확실하므로 채무가 이미 발생한 것과 동일하게 취급할 수 있을 것이다. 따라서 이 경우에는 단지 이행기 전에 변제한 것으로서, 부당이득을 이유로 그 반환을 청구할 수 없다(743조).

일부 견해는 원래의 기한이 붙은 법률행위(시기부 법률행위)와 채무이행에 기한이 붙은 법률행위의 차이로서, 기한의 도래 전에 변제한 경우에 부당이득반환청구 가부를 든다. 즉 후자의 법률행위에서는 채무는 이미 발생한 것이므로 이행기 전의 변제는 단지 변제기 전의 변제인데, 채무는 원칙적으로 이행기 전이라도 이행할 수 있으므로 부당이득을 이유로 급부물의 반환을 청구할 수 없다고 하고(743조), 반면에 시기부 법률행위에서는 기한의 도래(즉 기한인 사실의 발생) 전에는 채무 자체가 아직 발생하지 않았으므로 — 앞에서 말한 정지조건부 법률행위에서 조건성취 전에 채무를 이행한 경우와 같이 — 기한의 도래 전의 변제는 변제기 전의 변제가 아니고, 따라서 채무없음을 알고 변제한 경우에 해당하지 않는 한 그 반환을 청구할 수 있다고 한다(742조 참조).[1] 그러나 기한에서의 사실은 발생이 확실한 것이므로, 시기부 법률행위의 경우에서도 기한의 도래 전이라도 채무가 발생한 것과 동일하게 취급하여 반환청구를 부인하는 것이 타당하지 않을까(제9판에서의 견해를 수정한다)?

2. 기한도래 후의 효력 [904]

(1) 법률행위에 始期를 붙인 경우에는, 그 법률행위는 「기한이 도래한 때로부터」 효력을 발생한다(152조 1항). 終期 있는 법률행위는 기한이 도래한 때부터 그 효력을 잃는다(152조 2항).

(2) 이와 같이 기한의 효력에는 조건과 마찬가지로 소급효가 없다. 뿐만 아니라 이것은 조건과는 달리 절대적이며, 당사자의 특약에 의해서도 소급효를 인정할 수 없다. 기한에 소급효를 인정하는 것은 기한을 붙이는 것과 모순되기 때문이다.

Ⅳ. 기한의 이익 [905]

1. 의 의

(1) 기한의 이익이란 기한이 존재함으로써 즉 시기(혹은 채무의 이행기) 또는 종기가 도래하지 않음으로써 당사자가 받는 이익이다.

---

1) 이영준, 778면.

(2) 이러한 기한의 이익이 당사자 중 누구에게 있느냐는 각 경우에 따라 다르다.

(가) 채권자만이 이를 가지는 경우도 있고(예: 무상임치),

(나) 채권자 · 채무자 쌍방이 가지는 경우도 있다(예: 이자있는 정기예금).

(다) 그러나 채무자만이 가지는 경우가 가장 많다. 그래서 민법은 당사자의 특약이나 법률행위의 성질상 반대의 취지가 존재하지 않는 한 「기한은 채무자의 이익을 위한 것으로 추정」한다(153조 1항).

[906] 2. 기한이익의 포기

「기한의 이익은 이를 포기할 수 있다. 그러나 상대방의 이익을 해하지 못한다」(153조 2항).

(1) 기한의 이익이 당사자의 일방만을 위하여 존재하는 경우에, 그 자가 임의로 그것을 포기할 수 있는 것에 관해서는 의심이 없다. 예컨대 무이자의 차주는 언제든지 반환할 수 있고, 무상임치인은 언제든지 반환을 청구할 수 있다. 이자가 생기는 경우에도 채무자만의 이익을 위한 기한이면 변제시까지의 이자를 붙이면 된다. 그러나 이 경우에도 상대방이 손해를 입을 때에는 이를 배상해야 한다고 할 것이다(601조 단서 참조).

(2) 기한의 이익이 상대방을 위해서도 존재하는 경우에는 포기는 허용되지 않는가? 이 경우에도 역시 상대방의 손해를 배상하고 포기할 수 있다고 하는 것이 실제에 적합할 것이다(통설). 예컨대 이자부 소비대차의 차주는 이행기까지의(변제시가 아님) 이자와 함께 기한 전에 변제할 수 있다고 할 것이다.[2)]

[907] 3. 기한이익의 상실

(1) 기한의 이익을 채무자에게 주는 것은 채무자를 신용하여 그에게 이행의 유예를 주는 것이다. 그러므로 만약에 채무자에게 그 경제적 신용을 위태롭게 할 만한 사유가 발생한 경우에는 채무자로 하여금 기한의 이익을 주장하지 못하게 하는 것이 당연하다. 법률은 그러한 기한이익의 상실사유로서 다음과 같은 것을 규정한다.

(i) 채무자가 담보를 손상하거나 감소 또는 멸실케 한 때(388조 1호)

(ii) 채무자가 담보제공의 의무를 이행하지 않은 때(388조 2호)

(iii) 채무자가 파산한 때(파산법 16조)

(2) 민법은 위와 같은 경우에 채무자는 「기한의 이익을 주장하지 못한다」고 한다. 그러므로 위와 같은 사유가 있는 경우에 당연히 기한(이행기)이 도래하는 것은 아니고,

2) 대판 1982. 12. 14, 82다카861[집 30-4, 민 141]은, 대금지급으로 받은 어음이 부도될 것으로 예상되더라도 이행기 전에 이행지체를 원인으로 한 계약해제는 상대방의 기한이익을 침해하는 것으로서 허용되지 않는다고 한다.

단지 채권자가 채무이행을 청구한 경우에 채무자는 기한이 도래하지 않았음을 이유로 이행을 거절하지 못할 뿐이다. 그러므로 만약 채권자가 이행청구를 하지 않은 때에는, 위와 같은 사유에도 불구하고 아무런 효과도 생기지 않는다(상세는 채권총론 [154] 이하 참조).

제5장 기　간

Ⅰ. 총　설 [908]

1. 기간이란 어느 시점에서 어느 시점까지의 계속된 시간을 말한다. 바꾸어 말하면 두 시점 사이의 시점의 흐름을 계속적으로 본 것이 기간이다.

기간은 이른바 「기일」과는 구별된다. 기일이란 시간의 경과에 있어서의 어느 특정의 시점을 가리키는 것으로서, 계속의 관념이 없다. 그러나 기일이 반드시 순간을 의미하는 것은 아니다. 기일은 보통은 「일」로서 표시된다. 다만 이때의 1일은 시간의 계속으로서가 아니라 통일된 불가분의 한 단위로서 생각되는 것이다.

법률사실로서의 기간(시간의 경과)은 이른바 「사건」에 속한다. 그런데 기간만이 법률요건이 되는 경우는 없고, 다른 법률사실과 결합해서 법률요건을 이룬다. 예컨대 성년 · 최고기간 · 실종기간 · 기한 · 시효 등이 그 예이다.

2. 민법은 기간의 계산방법을 규정한다(155조). 그러나 이것은 보충적규정으로서, 법령이나 재판상의 처분 또는 법률행위에 의하여 기간의 계산방법이 정해진 경우에는 그에 의하고, 그러한 정함이 없는 경우에 비로소 본조가 적용된다. 본조는 사법관계뿐만 아니라 공법관계에도 적용된다.

Ⅱ. 기간의 계산방법 [909]

1. 기간의 계산방법에는 두 가지가 있다. 하나는 순간으로부터 순간까지 계산하는 방법이다. 전혀 인위적인 가감을 하지 않으므로, 이것을 자연적 계산법이라고 한다. 다른 하나는 暦에 좇아서 계산하는 방법이며, 이것을 역법적 계산법이라고 한다. 전자는 정확하지만 긴 기간에서는 불편하며, 후자는 편리하지만 부정확하다. 그래서 민법은 전자를 짧은 기간에 쓰고, 후자를 긴 기간에 쓴다.

(1) 시 · 분 · 초가 단위인 경우　기간을 시 · 분 · 초(1시간, 30분, 15초 등)로 정한 때에는, 즉시로부터 기산한다(156조). 그리고 기간의 만료점은 그 정하여진 시 · 분 또는 초가 종료한 때이다. 이것이 자연적 계산법이다.

(2) 일 · 주 · 월 · 년이 단위인 경우

(가) 기 산 점

(a) 「초일은 산입하지 아니한다」(157조 본문). 예컨대 월요일 아침에 책을 빌려서 1주일 동안 대본한다고 한 때에도, 그 날은 벌써 24시간은 안 되므로, 이를 1일로 계산하지 않는다. 따라서 日의 端數(1이 안 되는 우수리)를 넣지 않는 것이 원칙이다.

(b) 그러나 예외로서,

(i) 기간이 오전 0시부터 시작하는 때(내년 1월 1일부터 3개월이라 함과 같이)에는 초일을 산입한다(157조 단서).[1)]

(ii) 연령계산에서는 출생일을 산입한다(158조). 그 외에 일상생활에 관계가 깊은 것으로서, 가족관계등록법 제37조 1항은 「신고기간은 신고사건 발생일부터 기산한다」고 규정한다(종래 호적법 42조 1항은 모든 호적상의 신고기간의 계산은 초일을 산입한다고 정하였다).

(나) 만 료 점

기간 말일의 종료로 기간이 만료한다(159조).

(a) 기간이 월 또는 년으로 정해진 때에는, 이를 일로 환산하지 않고, 역에 좇아서 계산한다(160조 1항. 동조가 週를 넣고 있는 것은 무의미하다). 따라서 월이나 년의 일수의 장단은 문제삼지 않는다.

(b) 월 또는 년의 처음으로부터 기간을 기산하지 않은 때에는, 최후의 월 또는 년에서 그 기산일에 해당하는 날의 전일로 기간이 만료한다(160조 2항. 예컨대 1970년 1월 6일에 지금부터 3년이라고 하면, 기산일은 1월 7일이므로 3년을 경과한 1973년의 기산일 해당일인 1월 7일의 전일 즉 1월 6일이 말일로 된다. 그러나 연령계산에 있어서는 출생일을 산입하므로, 1951년 9월 3일 출생이면, 성년에 달하는 것은 1971년의 기산일인 9월 3일의 전일 즉 9월 2일 오후 12시이다).

(c) 위의 계산을 함에 있어서 최종의 월에 해당일이 없을 수 있다(예컨대 1월 30일에 「지금부터 1개월」이라고 하고, 또는 윤년의 2월 29일에 「지금부터」 1년이라고 하는 경우). 그 경우에는 그 월의 말일(2월 28일)로 기간이 만료한다(160조 3항).

(d) 말일이 토요일 혹은 공휴일에 해당하는 때에는, 기간은 그 익일로 만료한다(161조). 그러나 토요일 혹은 공휴일에 거래를 하는 관습이 있는 때에는, 법률행위의 해석상 반대의사가 명백하지 않은 한 관습에 의할 의사라고 해석하여야 하며(106조), 따라서 이때에는 제161조가 적용되지 않는다.

제161조의 취지는 기간의 만료일이 공휴일에 해당함으로써 발생할 불이익을 막고자 하는 것이므로, 기간 기산의 초일이 공휴일인 경우에는 동조가 적용되지 않는다.

[910] 2. 민법의 기간계산의 방법은, 기산일로부터 장래로 향하여 계산하는 경우에 관한 것이다. 그러나 기산일로부터 거꾸로 소급하여 계산되는 기간(예컨대 총회의 1주간 전(71조), 소멸시효기간 만료전 6개월(179조) 등)에도 민법의 규정을 준용하여야 할 것이다. 예컨대 3월 15일에 행하여지는 총회에 관하여 1주간 전에 통지한다고 할 때에는, 14일이 기산일이며, 이때부터 거꾸로 계산하여 8일이 말일이 되고, 기간은 그 날의 시작으로 만료하므로 7일 중에 발신함을 — 도달주의이면 7일 중에 도달함을 — 필요로 한다.

---

1) 대판 1970. 11. 30. 70다1967[집 18-3, 민 350](「농지개혁법 시행령 제32조에 의한 종람공고기간의 초일은 0시부터 시작되는 것이다」).

제6장 소멸시효

제1절 총 설

Ⅰ. 시효제도 일반 [911]

1. 시효제도의 의의

시효란 일정한 事實狀態(예컨대 어떤 사람이 채권을 행사하지 않는 사실상태, 또는 어떤 사람이 소유자인 것 같은 사실상태 등)가 오래 계속된 경우에, 그 상태가 진실한 권리관계와 합치하느냐 여부(과연 채권이 있느냐, 과연 소유자이냐)를 묻지 않고, 그 사실상태를 그대로 존중하여 이것을 권리관계로 인정하는(채권이 없는 것으로 또는 소유권이 있는 것으로 하는) 제도이다.

이와 같이 사실상태가 법률관계를 움직이는 제도로는 시효제도 이외에도 다음과 같은 것이 있다.

(가) 제1은 慣習法이다. 관습법은 오래 계속한 사실상태가 객관적인 법률 그 자체를 움직이는 것이며, 시효에 있어서 영속한 사실상태가 주관적인 권리를 변경시키는 것과 대응한다.

(나) 제2는 占有이다. 점유는 사실상태를 일단 정당한 것으로 보고 이를 보호하려고 하는 것이다. 시효는 사실상태가 상당기간 계속된 경우에 관한 것이나, 점유는 단지 현재의 상태만을 기초로 하는 것이다. 시효가 종국적으로 권리관계를 변경시키는데 대하여, 점유는 정당한 권리관계가 증명 주장될 때까지 일단 보호를 주는 점에서 다르다.

2. 시효제도의 존재이유 [912]

원래 법률은 정당한 權利關係와 다른 사실상태가 존재할 때에는, 정당한 권리관계에 기하여 이 사실상태를 뒤집으려고 힘쓰는 것이다. 그런데 시효제도에서는 그와 반대로 사실상태를 존중하여 이것을 권리관계로 높이려고 한다. 이러한 제도의 존재이유는 무엇인가?

(1) 일정한 사실상태가 오래 계속된 때에는, 사회는 이것을 정당한 것이라고 신뢰하고 이를 기초로 하여 여러 가지의 법률관계를 구축한다. 따라서 후일에 이르러 이를 뒤집어서 정당한 권리관계를 회복시키는 것은, 그 위에 구축된 사회의 법률관계를 모두 뒤집는 결과가 된다. 시효제도의 취지는 사회의 법률관계의 안정을 위하여 그러한 결과를 막으려는데 있다. 즉 시효제도의 근본적인 존재이유는 일정한 기간 계속한 사실상태

를 그대로 법률관계로 인정함으로써 사회의 법률관계의 안정을 기하려는데 있다.

(2) 일정한 사실관계가 오래 계속된 경우에, 그것이 과연 정당한 법률관계와 합치하느냐 여부를 확실한 증거에 의하여 판단하는 것은 극히 곤란하다. 오히려 사실관계가 오래 계속되었다면 그것이 진실에 적합할 개연성이 많을 것이다. 왜냐하면 정당한 권리를 가진 자라면 오랫동안 그와 다른 사실상태를 방치하지 않았을 것이기 때문이다. 이런 점에서 증거보전의 곤란 내지 입증의 곤란을 구제하는 것, 그리고 사실상태가 진실에 맞을 개연성이 많다는 점도 시효제도의 또 하나의 중요한 존재이유이다.

(3) 이 밖에 「오랜 세월 동안 자기의 권리를 주장하지 아니한 자는 권리 위에 잠자는 자로서, 법률의 보호를 받을 가치가 없다」고 하는 것을 시효제도의 존재이유의 하나로 드는 학자가 많다.[1] 권리의 구제는 권리자가 스스로 주장하지 않으면 부여되지 않으므로, 이러한 의미에서 스스로 권리를 주장하지 않는 자는 법률의 보호를 받을 수 없다고 할 수는 있다. 그러나 그러한 자는 법률의 보호조차 받을 가치가 없다고 하는 것은 부당하다. 권리는 권리자의 의사에 맡겨진 힘으로서 의사는 권리의 불가결의 요소인 바, 따라서 권리의 행사는 권리자의 자유로운 의사에 맡겨진 것이기 때문이다([57] 참조). 뿐만 아니라 만약 위와 같은 점을 시효제도의 존재이유라고 한다면, 시효제도는 태만하고 교활한 채무자를 보호하는 부도덕한 제도로 여겨질 수 있다. 시효제도로 인하여 채무자가 채무를 면하거나 권리자가 권리를 잃게 되는 경우도 있지만, 이는 시효제도가 바라는 바가 아니고 법률관계의 안정이나 입증곤란의 구제 때문에 부득이 생기는 결과일 뿐이다. 이런 점에서 시효제도는 일종의 必要惡인 것이다.[2] 권리자는 스스로 권리를 행사해야 법의 보호를 받을 수 있다는 것과, 권리자가 오랫동안 권리를 행사하지 않으면 법의 보호를 받을 가치가 없다는 것은 전혀 다른 것이다. 법이 스스로 권리를 주장하지 않는 자에게 보호를 주지 않는 것은, 그가 보호받을 가치가 없기 때문이 아니고 그를 보호해줄 수 없었기 때문일 뿐이다.

[913] Ⅱ. 시효의 특질

시효제도는 로마법 이래로 모든 입법례가 인정하는 것이며, 그 근본취지에 있어서

1) 곽윤직, 545면; 김기선, 383면; 김상용, 685면; 김용한 446면; 김주수/김상용, 486면; 장경학, 692면.

2) 「권리 위에 잠자는 자는 법률의 보호를 받을 가치가 없다」고 하는 표현은 다른 나라의 문헌에는 보이지 않고 오로지 일본의 문헌에 보일 뿐이다. 아마도 이는, 일본민법 제정자들이 소멸시효의 효과를 다른 입법례와는 달리(후술 [914] 참조) 『실체법상의 권리 자체의 소멸』로 구성하면서, 그러한 효과를 정당화시키는 근거로서, 그리고 그러한 효과를 行爲責任으로 구성하려는 의도에서 제기된 것으로 보인다(松久三四彦, 時效制度(星野榮一, 民法講座 I 수록), 昭 59년(1984), 555면 참조). 그러나 소멸시효제도를 행위책임으로 구성하려는 의도 자체가 잘못된 것이다.

는 같은 것이지만 그 내용에 있어서는 입법례에 따라서 차이가 있다.

1. 모든 입법례에 공통한 시효제도의 특질은 다음과 같다.

(1) 시효는 일정한 사실상태가 계속됨을 요건으로 한다. 따라서 이 사실상태가 그치면 시효는 중단되고, 사실상태를 방해하는 사정이 있으면 시효는 정지된다. 이 점에서 권리의 제척기간과 구별된다([916] 참조).

(2) 시효는 사실상태가 일정한 기간 계속됨을 요건으로 한다. — 공신의 원칙에 의한 이른바 선의취득(249조 이하)은 순간시효라고 불리는 일이 있다(그리하여 프랑스 민법은 이 제도를 시효의 장에 규정한다(2279조)). 그러나 이는 시간의 경과를 요건으로 하지 않는 것이므로, 이를 시효의 일종으로 볼 수는 없다.

(3) 시효제도는 財産權에 관한 것이다. 신분관계는 사실상태에 기하여 법률관계를 변경하는 것이 적당치 않기 때문이다(독일민법 194조 2항은 친족법상의 청구권은 원칙적으로 소멸시효에 걸리지 않음을 명언한다). 그러므로 신분관계가 시효로 인하여 취득되는 경우는 전혀 없을 것이다. 혼인신고 없이 사실상 동거하는 이른바 內緣關係에서는, 사실상태를 존중하여 법률상태에 가까운 효과를 인정하려고 하는 점에서, 근본취지에 있어서 시효제도와 공통한 점이 있다. 그러나 이러한 경우에도 개개의 법률효과에 관하여 그러한 것이고, 신분관계 그 자체의 시효취득을 인정하는 것은 아니다. 다만 신분관계가 시효로 인하여 소멸하는 경우는 극히 재산적 색채가 강한 것에 다소의 예외가 있을 따름이다. 재산상속의 승인이나 포기에 대한 취소권 등이 그 예가 될 것이다(1024조 2항 단서 참조). 그러나 이것은 이론적으로 말하면 뒤에 말하는 제척기간이다.

2. 시효제도의 입법례 [914]

소멸시효와 취득시효를 통일적으로 규정하느냐 여부, 어떠한 권리에 관하여 시효가 인정되느냐, 시효의 효과는 권리 자체의 소멸 또는 취득이냐 여부 등은 입법례에 따라서 차이가 있다.[3)]

(1) 소멸시효와 취득시효를 통일적으로 규정하느냐 여부에 관하여는 다음의 세 가지 형태가 있다.

(가) 양자를 구별하지 않고, 동일한 사실로부터 일어나는 양면의 효과라고 생각하는 입법. 프랑스민법(동법 2219조 이하)이 이에 해당한다. 예컨대 갑의 소유물을 을이 30년간 점유하면, 갑의 반환청구권이 소멸시효에 걸리는 동시에, 을은 소유권을 시효취득하는 것이다.

(나) 양자를 구별하되, 동일한 장에 규정하는 입법. 구민법(따라서 일본민법)(동법 144조 이하)과 필리핀

3) 입법례에 관한 상세는, 김증한, 소멸시효완성의 효과, 서울대학교 법학 1권 2호(1959), 249면 이하; 소멸시효론, 서울대 박사학위논문(1967) 참조.

민법(동법 1106조 이하)이 이에 해당한다.

(다) 양자를 다른 제도로 보고 각각 다른 곳에 규정하는 입법. 독일민법은 소멸시효를 총칙편에서 청구권의 소멸원인으로 규정하고(동법 194조 이하), 취득시효를 물권편에서 소유권취득의 원인으로 규정한다(동법 900조, 937조~945조). 스위스법은 소멸시효는 채무법에서 채권의 소멸원인으로 규정하고(동법 127조 이하), 취득시효는 민법의 물권편에서 규정한다(동법 661조, 662조, 728조). 그 외에 그리스민법, 이탈리아민법도 대체로 독일민법과 같다. 이러한 입법례가 소멸시효와 취득시효를 별개의 제도로 생각하는 주요한 이유는, 전자는 청구권만에 관한 것임에 반하여(단 이탈리아 민법은 예외) 후자는 물권에 관한 것이고, 전자는 상대방(의무자)에게 항변권을 발생시킬 뿐이고 권리 그 자체를 소멸시키는 것이 아님에 반하여 후자는 권리 그 자체를 취득시킨다는 점에 있다. 구민법은 (나)의 입장을 취하였는데, 민법은 이러한 입장을 취한다.

(2) 소멸시효에 걸리는 권리는, 프랑스민법에서는 訴權이고, 독일 · 그리스 양 민법에서는 請求權이다. 스위스민법에서는 債權이라고 하나 해석상은 독일 · 그리스에서와 마찬가지로 청구권만이 소멸시효에 걸린다고 하는 것이 통설이다. 이와는 달리 이탈리아민법은 권리의 종류를 제한함이 없이 모든 권리는 소멸시효에 걸리는 것으로 규정하고 있다(동법 2934조).

취득시효로 인하여 취득할 수 있는 권리는, 독일민법에서는 소유권과 용익권에 한하고, 스위스 · 그리스 양 민법에서는 소유권과 지역권에 한한다. 프랑스민법에는 명문의 규정은 없으나, 대체로 물권에만 국한되는 것으로 해석되고 있다.

우리 민법은 채권뿐만 아니라 물권도 소유권을 제외하고는 소멸시효에 걸릴 것으로 하고 있고(162조 2항), 취득시효로 인하여 취득될 수 있는 권리도 「재산권」이라고 할 뿐이고 특별한 제한은 없다.

(3) 시효의 효과는 무엇이냐? 취득시효에 관해서는, 독일 · 스위스 · 그리스의 민법들은 물권이 확정적으로 취득될 것으로 규정하고 있고, 프랑스민법에서도 그와 같이 해석되고 있다. 이에 반하여 소멸시효에 관해서는 입법례가 구구하다.

(가) 독일 · 그리스의 양 민법은 청구권의 상대방에게 항변권이 생길 뿐이라고 규정한다(독일민법 214조 1항, 그리스민법 272조 1항).

(나) 스위스채무법은 「소멸시효에 걸린다」고 할 뿐인데, 해석상은 독일 · 그리스에서와 마찬가지로 항변권을 발생시킬 뿐이라고 한다.

(다) 프랑스민법은 소권이 소멸시효에 걸린다고 할 뿐인데, 해석상은 소송상의 방어방법으로서 항변권이 생길 뿐이고, 채무자는 시효를 원용함으로써 비로소 채무를 면하

는 것이라고 하는 것이 통설이다. 이와 같이 대부분의 입법례에서 명문상 또는 해석상 청구권의 상대방(채무자)에게 항변권이 발생할 뿐이라고 한다.

(라) 일본민법은 한편에서는 권리가 「소멸한다」고 규정하고(동법 167조 이하), 다른 편에서는 「시효는 당사자가 이를 원용하지 아니하면 재판소는 이에 의하여 재판을 할 수 없다」(동법 145조)고 규정한다. 그런데 양 규정은 서로 모순되는바, 양자를 어떻게 조화적으로 해석하느냐에 관해서는 학설이 갈린다.

Ⅲ. 소멸시효의 존재이유 [915]

(1) 시효제도 일반의 존재이유는 소멸시효에도 물론 타당하다. 즉 소멸시효제도도 법률관계의 안정 및 입증곤란의 구제를 존재이유로 한다. 다만 소멸시효에서는 사실상태가 오래 계속되지 않았음에도 소멸시효가 완성하는 것으로 하는 단기소멸시효제도가 있는 바, 이러한 단기소멸시효는 빈번히 발생하는 채권에 관하여 법률관계를 신속히 확정하려는데 그 존재이유가 있다.

(2) 다수의 견해는 소멸시효의 존재이유 중 법적 안정성 혹은 거래관계의 조속한 처리를 중시하여, 소멸시효제도를 공익적 목적을 위한 것이라고 한다.[4] 그러나 소멸시효는 아울러 입증의 곤란을 구제하기 위한 것으로서, 이런 점에서 동시에 사익의 보호도 목적으로 하는 것이다. 즉 오랫 동안 침묵하다가 뒤늦게 권리를 행사한 경우에는, 실제로는 그 권리가 발생하지 않았거나 혹은 발생하였더라도 이미 변제 등으로 소멸되었을 가능성이 높다. 소멸시효는 그럼에도 의무자가 시간의 경과로 그러한 증거(특히 변제를 증명할 증거)가 逸失되어 이를 입증하지 못하고 따라서 2중변제(혹은 실제로 존재하지 않는 의무의 변제)를 강요당하는 부당한 결과를 방지하려는 목적도 가지는 것이다(다만 단기소멸시효제도에서는 그렇지 않다).[5]

(3) 소멸시효제도의 목적이 무엇이냐 하는 문제는, 이 제도의 운영의 엄격성 정도에 영향을 미친다.[6] 즉 법률관계의 안정이 주된 목적이라면 이 제도는 엄격히 운영되어야 하고 따라서 경직될 수밖에 없다. 그러나 이 제도가 선량한 의무자의 보호도 목적으로 한다면, 이의 운영에 있어서 어느 정도의 탄력성을 꾀할 수 있을 것이다.

종래에는 시효의 기산점을 객관적으로 권리를 행사함에 있어서 법률상의 장애가 없는 때라고 하여 권리자의 주관적 사정을 고려하지 않았으며, 시효원용이 신의칙에 반한다고 판단하는데 극히 소극적이었다. 그러나 근래 시효의 기산점과 관련해서 권리자의

4) 곽윤직, 544면; 김기선, 364면; 김상용, 684면; 김용한, 445면; 이영준, 783면.

5) 고상용, 656면; 윤진수, 민법주해 Ⅲ, 390면; 장경학, 694면. 그 외에 김주수/김상용 486면도 이러한 입장이라고 할 수 있다.

6) 이영준, 783면은, 제도의 공익적 목적으로부터 시효규정의 엄격한 해석이 요구된다고 한다.

주관적 사정을 고려하고([933] 참조), 시효의 원용이 신의칙에 반한다고 하는 경우([981] 참조)가 증대하고 있다. 그외에도 소멸시효의 중단사유를 적절한 범위에서 넓게 인정한다([950] 이하). 이러한 해석은 시효제도는 공익적 목적뿐만 아니라 사익보호도 목적으로 한다는 점을 보여주는 것이 아닐까?

[916] Ⅳ. 소멸시효와 다른 제도와의 관계

1. 제척기간

(1) 의 의 권리의 제척기간(Ausschluß-fristen) 또는 예정기간이란 일정한 권리에 관하여 법률이 예정하는 존속기간이다.[7] 따라서 제척기간이 경과한 권리는 더이상 행사할 수 없다. 그러므로 제척기간은 어떤 권리에 관해서도 인정된다(독일민법에서는 소멸시효는 오직 청구권에 관해서만 인정되는 점에서 제척기간과 중요한 차이를 가진다). 법률이 제척기간을 두는 이유는, 권리관계를 속히 확정하려는 데 있다. 이 점에서 소멸시효제도의 존재이유의 하나인 사회의 법률관계의 안정이라는 점과 공통한 바가 있다. 그러나 소멸시효의 또 다른 존재이유인 입증곤란의 구제 및 선량한 의무자의 보호라는 점은 제척기간에는 없다. — 이런 점에서 보면 제척기간에서는 당사자가 책임질 수 없는 사유로 그 기간을 준수하지 못하였는가 하는 점은 문제되지 않을 것이다.[8] 그런데 한정승인에 관해서는 상속채무의 초과사실을 중과실로 알지 못하여 원래의 기간(3월) 내에 한정승인을 하지 못한 경우에는,[9] 그러한 사실을 안 날로부터 3월 내에 한정승인을 할 수 있도록 한다(1019조 3항).[10] 이는 제척기간의 의미에서 볼 때에는 예외규정이다.

제척기간은 불변기간과는 구별된다. 후자는 전자와 달리 소송법상의 개념으로서, 소송절차의 질서있는 진행을 기하고자 소송관계인으로 하여금 법정된 기간 내에 소송행위를 행하도록 하는 것이다. 따라서 만약 이 이간을 도과하면 이후에 당해 소송행위를 하지 못하게 되는 失權의 효과가 생긴다. 항소기간(민소법 396조)·특별항고기간(동법 449조)·재심기간(동법 456조) 등과 같이 절차의 종결에 대한 불복신청에 관한 것이 많으나, 제권판결에 대한 불복의 소(동법 491조)와 같은 출소기간에 관한 것도 있다. 불변기간은 법원이 재량에 의하여 신축할 수는 없지만(동법 172조 1항), 일정한 조건

---

7) Larenz/Wolf, §16 41은, 제척기간은 계약당사자 간의 합의에 의해서도 성립할 수 있다고 하고, 그 외에 청약에서 지정된 승낙기간(독일민법 제148조)도 제척기간이라고 한다.

8) 판례도 제척기간을 지난 후에는 당사자가 책임질 수 없는 사유로 그 기간을 준수하지 못하였더라도 추후에 보완될 수 없다고 한다(대결 2003. 8. 11. 2003스32).

9) 상속인이 무능력자인 경우에, 여기에서의 중과실 유무의 판단기준은 법정대리인이다(대판 2012. 3. 15. 2012다440).

10) 이 규정은 헌재 1998. 8. 27. 96헌가22, 97헌가2·3·9, 96헌바81, 98헌바24·25 결정이, 민법 제1026조 제2호은 헌법에 합치되지 않으므로 개정이 없으면 적용이 중지된다고 한데 기해서 신설(2002. 1. 14.)된 것이다.

하에 「소송행위의 추완」이 허용된다(동법 160조).

(2) 소멸시효와의 차이점 제척기간은 소멸시효와의 위와 같은 존재이유의 [917]
차이 때문에, 다음과 같은 차이를 가진다.

(가) 소멸시효의 효과는 당연히 권리를 소멸시키는 것이 아니고 단지 의무자에게 항변권을 낳을 뿐이나(다만 이에 관해서는 견해 대립이 있음. [975] 참조), 제척기간은 당연히 권리소멸의 효과를 낳는다.[11)]

(나) 소멸시효는 당사자의 援用이 있어야 재판의 기초로 삼을 수 있음에 반하여, 제척기간은 당연히 권리를 소멸시키기 때문에 당사자의 원용이 없어도 법원은 직권으로 이를 고려하여야 한다(이설 없음).[12)] 그러므로 소멸시효가 완성된 권리도 당사자가 원용하지 않으면 행사될 수 있으나, 제척기간이 경과한 권리는 그렇지 않다.

(다) 제척기간에는 中斷은 인정되지 않는다.[13)] 그 이유는, 소멸시효는 권리 존부의 입증곤란을 구제하기 위한 것이므로 권리의 존재를 확인할 만한 사실이 있으면 소멸시효의 진행이 중단되는 것이 당연하나, 제척기간은 그러한 점을 존재이유로 하지 않고 오직 일정기간 내에 권리행사를 할 것을 요구하는 것이기 때문이다. 또 소멸시효는 의무불이행이라는 사실상태의 계속을 전제로 하는 것이므로 이러한 사실상태가 그치면 마땅히 소멸시효가 중단되어야 할 것이나, 제척기간은 주로 권리에 대응하는 의무가 존재하지 않는 형성권에 관한 것이므로 의무불이행이라는 사실상태라는 것이 있을 수 없고(그렇기 때문에 형성권에는 소멸시효라는 것이 있을 수 없다), 따라서 사실상태의 탈락이라는 중단의 원인이 있을 수 없기 때문이다.

그러면 停止도 인정되지 않는가? 다수설은 전적으로 부인한다.[14)] 그러나 정지사유 중에서, 기간의 만료를 앞두고 천재 기타 피할 수 없는 사정이 있을 때에는 제182조를 유추적용하여야 할 것이다. 왜냐하면 그러한 경우에도 유예기간을 인정하지 않는 것은 권리자에게 가혹하며, 이를 인정하더라도 그 유예기간은 한정되어 있어서, 권리관계를 빨리 확정하려고 하는 제척기간의 취지를 깨뜨리는 것으로는 되지 않기 때문이다.[15)]

(라) 제척기간에 의한 권리의 소멸에는 遡及效가 없으며, 장래에 향하여 소멸할 뿐

11) Larenz/Wolf, §16 52 ff.은, 소멸시효는 당사자의 원용이 없으면 법원이 직권으로 고려할 수 없는 항변권(Einrede)을 발생시키나, 제척기간은 법원이 직권으로 고려할 수 있는 異議權(Einwendung)을 발생시킨다고 한다. 항변권과 이의권의 구별은 [67] 참조.

12) 대판 1993. 2. 26. 92다3083(제999조의 상속회복청구권); 대판 1994. 9. 9. 94다17536(제839조의2 제3항에서의 재산분할청구권); 대판 1996. 9. 20. 96다25371(제146조에서의 취소권); 대판 1999. 4. 9. 98다46945(공공용지의취득및손실보상에관한특례법 제9조의 환매권).

13) 대판 2003. 1. 10. 2000다26425.

14) 곽윤직, 550면; 김기선, 360면; 김용한, 487면; 방순원, 339면; 이영섭, 432면.

15) 고상용, 663면; 김주수/김상용 489면; 장경학, 702면.

이다. 그러나 소멸시효에 의한 권리소멸에는 소급효가 있다(167조).

(마) 소멸시효에서는 시효완성 후의 시효이익의 抛棄가 허용되나(184조), 법률관계의 조속한 확정을 목적으로 하는 제척기간에서는 그러한 이익의 포기는 인정될 수 없다(물론 제척기간이 경과하였음에도 불구하고 상대방이 권리자의 권리행사를 인정하기로 합의할 수는 있지만, 이는 이익의 포기가 아니다).

(바) 그 외에 소멸시효제도는 선량한 의무자의 보호도 목적으로 하는 것이므로, 시효의 원용에도 신의칙이 적용될 것이다. 그러면 권리관계의 조속한 안정을 목적으로 하는 제척기간에는 신의칙이 적용되지 않는다고 할 것인가? 신의칙이 실정법의 경직성을 보완하는 기능을 한다면, 이를 긍정해야 할 것이다. 다만 시효의 경우보다는 그 운영에 신중을 기해야 할 것이다.[16)]

[918] (3) **제척기간 · 소멸시효기간의 판별** 판별의 기준은 條文의 文句 및 權利의 性質이다. 즉 조문에 「시효로 인하여」라고 되어 있는 경우에는 그것은 일응 소멸시효기간이고, 조문에 그러한 문구가 없으면 제척기간이다. 현행 민법은 어떤 기간이 제척기간이냐 소멸시효기간이냐를 신중히 고려하여 법조문을 만들었으며, 이러한 점에서 조문의 문구는 판별의 중요한 기준이 된다. 그러나 이것이 절대적인 기준은 아니며, 그 이외에 권리의 성질도 함께 고려하여 판단해야 한다. 그리하여 의무불이행이라는 사실상태가 있을 수 없는 形成權에 관한 행사기간은 언제나 제척기간이라고 할 것이다.[17)] 이에 반하여 請求權에 관한 기간은 원칙적으로 소멸시효기간이며, 다만 특히 일정한 기간이 지나면 청구권 자체가 소멸한다는 취지인 경우에 한하여 그 기간은 제척기간이 된다. 그러한 예로는 제204조 3항, 제205조 2항 · 3항의 점유보호청구권에 관한 기간 및 상법 제45조, 제870조 등이 있다.[18)]

[919] (4) **권리행사방법** 다수의 견해는 제척기간 내에 권리를 재판상 행사(소의 제기)해

16) Larenz/Wolf, §16 25ff., 52도 이를 긍정한다.

17) 곽윤직, 550면; 김기선, 370면, 김상용, 691면; 김용한, 497면; 이영준, 787면. 이런 점에서 제1024조 2항의 기간은 형성권인 취소권에 관한 것으로서 제146조의 특별규정이므로, 이는 제척기간이라고 할 것이다. 이에 대하여 이영섭, 396면은, 「시효로 인하여」라는 조문의 문구에 충실하게 이를 소멸시효기간으로 본다.

18) 그 외에 「시효로 인하여」라는 문구가 없는 경우로서 기간의 성질에 관하여 다툼이 있는 것이 적지 않다. 선의취득과 관련하여 盜品 등의 반환청구권에 관한 제250조의 2년을 다수설은 제척기간으로 보지만, 본서는 소멸시효기간으로 본다(물권법 [177] 참조). 매수인의 하자담보책임에 기한 손해배상청구권 등에 관한 제582조의 6월을 다수설은 제척기간으로 보지만, 본서는 소멸시효기간으로 본다(채권각론 [250] 참조). 불법행위에 기한 손해배상청구권에 관한 제766조 중 2항의 10년을 다수설은 제척기간으로 보지만, 본서 및 판례는 소멸시효기간으로 본다(채권각론 [906]. 그 외에 동조 1항의 3년에 관해서는 「시효로 인하여」라는 문구가 있으므로 소멸시효기간으로 보는 데 학설이 일치한다). 그 외에 사용대차 혹은 임대차에서의 貸主의 손해배상청구권 및 借主의 비용상환청구권에 관한 제617조의 6월에 관하여 학설은 일치해서 제척기간으로 본다(채권각론 [409]).

야 한다고 한다.[19] 즉 제척기간을 出訴期間으로 본다. 그 이유는 단지 재판 외의 행사만으로도 권리가 보존된다고 한다면, 권리관계를 속히 확정하려는 취지가 달성되지 못한다는 데 있다. 그러나 그러한 제한은 법률의 근거 없는 제한이다. 더욱이 제척기간 내에 소를 제기해야 한다고 한다면, 예컨대 제142조가 취소권은 단순히 「상대방에 대한 의사표시」로 한다고 한 것과 배치된다. 따라서 법률이 특히 재판상의 권리행사를 요구(예: 406조, 847조 1항)하지 않는 한, 원칙적으로 재판 외의 행사만으로 족하다고 할 것이다.[20] 다만 청구권에 관한 권리행사기간이 제척기간으로 해석되는 경우에는, 법률의 취지를 고려하여 재판상의 권리행사를 해야 한다고 할 것이다(점유보호청구권에 관한 204조 · 205조가 그 예이다). 그러면 채권양도의 통지만으로 제척기간 준수에 필요한 「권리의 재판외 행사」가 이루어졌다고 볼 수 있는가? 통지는 단지 양도인이 채권양도 사실을 채무자에게 알리는 것이고 권리의 행사는 아니므로, 부인된다.[21]

(5) **제척기간의 규정이 없는 형성권** 청구권이나 지배권에는 소멸시효가 적 [920]
용되므로 권리가 무제한으로 존속하지는 않는다. 반면에 형성권은 성질상 소멸시효에 걸리지 않으므로, 법률이 그의 제척기간을 규정하지 않는 경우에는 권리가 무제한으로 존속할 수 있다. 그러나 그러한 결과는 부당하므로, 통설은 비록 명문규정이 없더라도 제척기간을 인정해야 한다고 한다. 다만 그 기간에 관해서 일부 견해는 10년이라고 하고,[22] 일부 견해는 20년이라고 한다.[23] 판례는 전자의 입장이다.[24]

그러나 제척기간이 법률이 예정하는 권리의 존속기간이라면, 법률이 명언하지 않음에도 제척기간을 인정하는 것이 타당한지 의문이다. 그러면 그런 경우에 형성권은 언제까지나 존속하게 되는가? 우선 형성권은 일정한 채권(관계)의 존재를 전제로 하는 바, 그 채권관계가 시효로 소멸하면 형성권도 더 이상 행사할 수 없게 될 것이다. 예컨대 법정해제권은 채무불이행의 효과로 생기는 것이므로, 본래의 채권(혹은 이와 동일성을 가지나 변형물인 손해배상채권)이 시효로 소멸하면 더 이상 해제권을 행사할 수 없게 될 것이다(이에 관해서는 [922]에서 살핀다. 그 외에 제3자의 수익의 의사표시는 제3자를 위한 계약에 기하여 발생한 낙약자의 채무를 전제로 하는 것이므로, 그의 채무가 시효로 소멸하면 제3자는 더 이상 수익의 의사표시를 할 수 없게 될 것이다(채권각론 [91] 참조)). 다음으로 형성권은 실효의 원칙이 적용되는 주된 영역인바, 지체된 권리행사는 이 원칙에 의하여 허용되지 않을 것이다. 이렇게 볼 때 법률이 예정하는 권리존속기간이라는 제척기간의 성질에 반하

19) 곽윤직, 548면; 김상용, 689면; 김용한, 495면; 이영준, 786면.

20) 동지: 김기선, 390면. 판례도 이러한 입장이다(대판 1993. 7. 27. 92다52795[공953, 2397]; 대판 1993. 9. 14. 93다13162[공 955, 2767]).

21) 대판(전) 2012. 3. 22. 2010다28840.

22) 곽윤직, 557면; 김상용, 692면; 이영섭, 462면.

23) 윤진수, 428면.

24) 이는 주로 예약완결권에서 나타난다(아래의 주 25 참조).

게 법률규정이 없음에도 제척기간을 인정할 필요는 없지 않을까? 그것이 법에도 충실하고 법개념에도 부합하지 않을까?

형성권의 제척기간 인정 여부와는 약간 다른 문제이지만 실제로 이와 밀접하게 관련되는 것은, 어떤 권리가 형성권이냐 하는 점이다(왜냐하면 형성권이라고 하게 되면 통설에 의하면 10년의 제척기간이 적용되나, 형성권이 아니라고 하게 되면 소멸시효가 적용되어, 특히 시효의 기산점 및 중단에 관해서 차이를 가지므로). 그러한 문제의 대표적 예는 예약완결권이다. 판례는 이를 형성권이라고 하고, 10년의 제척기간을 인정한다.[25] 따라서 당사자 사이에서 매매의 예약을 하면서 이의 완결권을 행사할 수 있는 始期를 약정한 경우에도, 이의 기산점은 — 그 약정한 시기가 아니라 — 완결권이 발생한 때라고 한다.[26] 또한 여기에서는 중단이 있을 수 없다고 한다.[27] 그러나 예컨대 예약완결권을 언제까지는 행사하지 못한다고 약정하였음에도 그 시점보다 앞서 행사기간이 진행한다고 하는 것은 우선 예약권자에게 심히 불이익할 뿐만 아니라, 당사자들의 약정을 무시하는 것으로서 사적자치의 원칙에 반한다. 이와 같이 예약완결권을 형성권이라고 하고 여기에 제척기간을 인정하게 되면 실제적으로 부당한 결과를 낳게 된다. 이와 관련해서 검토할 문제는, — 명문규정이 없는 경우에 제척기간을 인정할 것인가 하는 문제와는 별개로서 — 이론적으로 볼 때 예약완결권을 형성권이라고 하는 것이 타당한가 하는 점이다. 왜냐하면 이는 독립해서 양도할 수 있고 또한 가등기할 수 있는데, 이러한 점은 형성권에는 인정되지 않는 것이기 때문이다(상세는 채권각론 [196]). 예약완결권의 성질을 청구권으로 이해한다면 위와 같은 문제점이 해소되지 않을까?

[921] **(6) 후속권리의 행사기간** 형성권을 행사하는 경우에 그 효과로서 부당이득반환청구권 · 소유권이전등기청구권 등과 같은 권리가 발생하는 경우가 있다. 그러면 이러한 후속 권리의 행사기간은 어떠한가? 즉 형성권의 행시기간 내에 이러한 권리도 행사해야 한다고 할 것인가, 아니면 이러한 권리에 관하여 새롭게 독자적인 소멸시효를 인정할 것인가?

㈎ 다수의 견해는 형성권의 행사기간 내에 이러한 권리도 행사해야 한다고 한다.[28] 이는 취소권을 중심으로 한 것으로서, 제척기간을 정한 취지가 법률관계를 속히 확정시

---

25) 대판 1990. 1. 12. 88다카25342[집 38-1, 1]; 대판 1992. 7. 28. 91다44766,44773[공 928, 2552](이의 사안은 채권각론 [197] 주 18에서 소개); 대판 2003. 1. 10. 2000다26425.

26) 대판 1995. 11. 10. 94다22682,22699.

27) 대판 2003. 1. 10. 2000다26425. 이의 사안은, A가 1979. 8. 23. B 등 3인에게 토지를 매각하기로 하는 매매예약을 체결하고 9. 7. B 앞으로 가등기를 경료하여 주었으며, A가 1989. 7. 28. B 등 3인에게 위 토지에 대한 그들의 지분을 인정하는 합의각서를 작성하여 준 경우로서, 판결은 위 합의각서와 무관하게 1989. 8. 23.이 경과함으로써 그 제척기간이 경과하였다고 한다.

28) 곽윤직, 558면; 김상용, 696면.

키려는 데 있다는 점을 근거로 한다. 그러나 속히 확정시키려는 것은 단지 취소 여부의 미정으로 인한 불안정한 상태일 뿐이므로, 그 기간 내에 취소 여부를 확정하면 그 취지는 달성된다. 더 나아가 — 일반론으로서 — 형성권과 그의 행사로 인하여 발생하는 권리는 별개의 것인데, 형성권의 행사기간에 관한 규정을 후자의 권리에 적용하는 것은 타당치 않을 것이다. 따라서 후자의 권리에 관해서는 형성권의 행사로 권리가 발생한 때로부터 독자적인 소멸시효를 인정하는 것이 타당할 것이다(취소권에 관해서는 [878]).[29] 판례도 이러한 입장이다. 즉 징발재산정리에관한특별조치법 제20조 소정의 환매권은 일종의 형성권이므로 그 존속기간(상환종료일부터 5년(동법 20조))은 제척기간이라고 하고, 환매권의 행사로 발생한 소유권이전등기청구권은 제척기간과는 별도로 환매권을 행사한 때로부터 일반채권과 같이 민법 제162조 소정의 10년의 소멸시효기간이 진행되는 것이지, 위 제척기간 내에 이를 행사해야 하는 것은 아니라고 한다.[30]

(나) 그러면 해제권에 관해서도 위와 동일하게 해석할 것인가? 해제권에 관하여 행사기간의 규정을 두는 경우와 그렇지 않은 경우를 나누어 살펴 본다. [922]

(a) 우선 전자의 경우로서, 담보책임에서의 해제권에 관한 단기의 권리행사기간(573조, 582조)을 다수설과 같이 제척기간이라고 한다면(그러나 본서는 이를 소멸시효기간이라고 한다(채권각론 [250] 참조)), 위와 동일하게 해석해야 할 것이다. 즉 그러한 단기의 권리행사기간을 둔 취지는 시간이 지나면 하자의 존재 자체의 판단이 어렵다는 점에 기한 것이므로 그 기간 내에 하자의 존재를 입증하여 해제권을 행사하면 족하고, 해제로 인하여 발생하는 원상회복청구권과 같은 권리에 관해서는 이때부터 새롭게 일반적인 소멸시효가 진행한다고 할 것이다.

(b) 후자의 경우로서 가장 문제되는 것은 채무불이행을 이유로 한 일반적인 법정해제권이다. 통설은 한편으로 이러한 법정해제권에 관하여 독립한 제척기간(10년)을 인정하고, 다른 한편으로 — 취소권의 행사로 생기는 부당이득반환청구권에 관해서와 마찬가지로 — 해제권의 행사로 인하여 발생하는 원상회복청구권에 관하여 독립한 소멸시효를 인정하지 않고 해제권의 행사기간 내에 원상회복청구권도 행사해야 한다고 한다(즉 예컨대 1995. 5. 1.의 이행기에 채무를 이행하지 않은 경우에, 이때부터 채무불이행을 이유로 한 손해배상청구권의 소멸시효 및 해제권의 제척기간이 각기 진행하고, 다만 해제권 행사에 의해서 발생할 원상회복청구권은 해제권의 제척기간 내에 행사해야 한다고 하게 된다). 그러나 제척기간의 명문규정이 없는 한 이를 인정하지 않는 본서에 의하면, 우선 법정해제권에 관하여 독립한 제척기간을 인정하지 않고, 단지 해제권은 손해배상청구권과 함께 채무불이행의 효과로 생기는 것이므로 손해배상청구권을 행사할 수 있는 동안 행사해야 한다고 하게 된다(그러므로 실제적으로 해제권의 행사기간은 통설과 동일하게 된다). 그러면 해제권 행사에 의해서 발생할

29) 윤진수, 428면.

30) 대판 1991. 2. 22. 90다13420; 대판 1992. 4. 24. 92다4673.

원상회복청구권의 행사기간은 어떠한가? 해제권은 그 자체가 목적이 아니라 계약을 해소시켜 원상으로 회복시키기 위한 수단으로서의 의미를 가질 뿐이다. 또한 이에 관하여 별도로 10년의 소멸시효를 인정한다면 불확실한 법률관계가 심히 오래 계속될 뿐만 아니라, 다같이 해제의 효과로 발생하는 손해배상청구권과 원상회복청구권의 행사기간이 달라지는 불합리가 생긴다. 그러므로 해제권의 행사기간 내에 원상회복청구권도 아울러 행사해야 한다고 하는 것이 타당할 것이다. 결국 통설이나 본서 모두 동일하게, 채무불이행으로 인하여 발생하는 손해배상청구권 및 법정해제권, 그리고 해제권 행사로 인하여 생길 원상회복청구권의 행사기간은 채무불이행시부터 10년이 된다(일반채권의 경우. 다만 채무가 단기의 소멸시효기간의 적용을 받는 것인 때에는, 본서에 의하면 손해배상청구권과 해제권이 모두 단기로 되나, 통설의 논리대로 한다면 해제권은 손해배상청구권과는 달리 10년이 된다고 해야 한다). 그리고 이러한 해석은 해제의 효과로 발생하는 권리인 손해배상청구권과 원상회복청구권의 행사기간을 동일하게 규율하는 점에서도 타당하다(채권각론 [158]).

[923] 2. 실효의 원칙

(1) 失效의 原則([91] 이하)은 상당한 기간 권리의 불행사가 있는 경우에 그 권리를 더 이상 행사할 수 없게 하는 점에서 소멸시효와 유사하다. 그러나 소멸시효는 기간의 경과 자체에 중점이 있는 반면, 실효의 원칙은 의무자가 권리자의 상당 기간의 권리 불행사로 인하여 이제 더 이상 권리행사가 없으리라고 신뢰한 경우에, 신의칙에 기초하여 의무자의 그러한 신뢰를 보호하는데 중점이 있는 것이다. 그러므로 소멸시효(및 제척기간)에서는 그 기간이 고정적임에 반하여, 실효제도에서는 고정적인 기간이 없고 권리자의 태도 및 그에 대한 의무자의 신뢰의 정도를 고려하여 탄력적으로 기간이 정해진다(전자에서도 중단 · 정지 등과 같이 「탄력성」을 기하는 제도가 있으나, 이는 단지 시효의 완성을 늦출 뿐이다).

(2) 그 외에 양자 간에는 다음과 같은 차이가 있다.

(가) 소멸시효는 형성권에는 적용되지 않고 제척기간은 법률의 규정이 있는 경우에 비로소 적용되는데 반하여, 실효제도는 권리의 종류를 불문하고 그리고 법률의 규정과는 무관하게 적용된다. 따라서 실효제도는 소멸시효나 제척기간의 적용이 없는 권리, 특히 제척기간에 관한 법률규정이 없는 형성권에 관하여 중요한 기능을 한다.

(나) 소멸시효기간은 일반적으로 너무 길다. 실효제도는 이러한 단점을 보완한다. — 물론 소멸시효의 기간을 단축한다면 실효제도의 필요성이 감소될지도 모른다. 그러나 그렇게 하더라도 개개의 경우의 구체적 사정을 고려하는 것을 본질로 하는 실효제도의 필요성은 계속 남는다.

(다) 소멸시효의 효과는 권리를 소멸시키지만, 실효제도는 신의칙에 기하여 권리의

행사를 불허하는 것이다. 그러므로 실효의 효력은 권리 자체의 존재에는 영향을 주지 않고 단지 이의 기능만을 마비시킬 뿐이다.

제 2 절 소멸시효의 요건

제1항 서 설

Ⅰ. 총 설 [924]

소멸시효는 권리를 행사할 수 있음에도 불구하고 이를 행사하지 않는 상태가 일정한 기간 동안 계속된 경우에 권리를 소멸케 하는 것이다. 따라서 소멸시효의 요건으로 「권리의 불행사」 및 「일정기간의 경과」가 필요하다. 그런데 소멸시효는 모든 권리에 인정되는 것이 아니다. 그러므로 소멸시효의 요건으로 먼저 문제된 권리가 「소멸시효에 걸리는 권리」일 것이 필요하다. 이하에서 각 요건을 나누어 살핀다.

Ⅱ. 소멸시효에 걸리는 권리 [925]

1. 소유권 이외의 재산권

(1) 어떠한 권리가 소멸시효에 걸리느냐는 입법례에 따라서 다르지만([914] 참조), 채권 내지 청구권이 소멸시효에 걸린다고 하는 점에는 예외가 없다. 그러나 우리 민법은 채권뿐만 아니라, 「소유권 이외의 재산권」은 소멸시효에 걸린다고 규정한다(162조 2항). 이 점은 우리 민법의 하나의 특징이라고 할 수 있다. 따라서 채권 이외에도 소유권을 제외한 물권(제한물권), 무체재산권, 사원권 등이 소멸시효에 걸린다.

(2) 위 규정에 의하여 다음의 권리는 소멸시효에 걸리지 않는다. 그러나 이는 당연한 것이다.

(가) **비재산권** 소멸시효의 목적이 되는 권리는 「재산권」에 한한다. 그러므로 가족권(신분권)이나 인격권과 같은 비재산권은 소멸시효의 목적이 되지 않는다.

(나) **소 유 권** 소유권이 소멸시효에 걸리지 않는 것은, 소유권은 「항구성」을 가지기 때문이다(물권법 [350]). 따라서 소유자가 아무리 오랫동안 소유권을 행사하지 않고 방치하여도 소멸시효에 걸리는 일은 없다. 다만 타인의 취득시효에 의하여 소유권을 상실

할 수는 있다.

(3) 그러면 그외의 권리는 모두 소멸시효에 걸리는가? 권리의 성질상 소멸시효에 걸리지 않는 것이 있다. 그리고 개별적 권리에 관해서 과연 소멸시효에 걸리는가 하는 점이 문제되는 것이 있다. 이하에서 이를 살핀다.

[926] 2. 소멸시효에 걸리지 않는 권리

(1) 성질에 의한 것 　다음의 권리는 권리의 성질상 소멸시효에 걸리지 않는다.

(가) 점 유 권 　점유권은 일정한 사실상태가 있으면 언제나 존재하고 그 사실상태가 소멸하면 당연히 소멸하는 것이므로, 소멸시효에 걸릴 여지가 없다.

(나) 담보물권 　담보물권은 일정한 채권을 담보하기 위한 것이므로, 피담보채권과는 별도로 그 자체로서 소멸시효에 걸리지 않는다. 즉 피담보채권이 존속하는 한 담보물권만이 소멸시효에 걸리는 일은 없다.

(다) 형 성 권 　형성권은 권리자의 일방적 의사표시에 의하여 단지 권리관계를 변동시키는 권리이고, 또한 형성권에는 그에 대응하는 의무가 존재하지 않는다. 따라서 형성권은 비록 이를 행사하지 않더라도 권리불행사 또는 의무불이행이라는 사실상태가 계속된다고 할 여지가 없다. 이런 점에서 형성권은 소멸시효에 걸리지 않는다.

(라) 법률관계에 수반되는 권리 　일정한 법률관계가 존재하는 경우에 반드시 이에 수반하여 존재하는 권리는, 그 법률관계가 존속함에도 독립해서 소멸시효에 걸리지 않는다. 물권적청구권이 그 대표적인 것이고(이는 뒤([929])에서 상세히 살핀다), 그 밖에 상린권(216조 이하. 즉 예컨대 어떤 토지에 관하여 216조에 기한 隣地사용청구권이 인정되는 경우에, 그 요건이 계속되는 한 이 청구권이 독립해서 소멸시효에 걸리지 않는다), 공유물분할청구권(268조)도 이에 해당한다(공유물분할청구권은 형성권이라는 점에서도 소멸시효에 걸리지 않게 된다).

(마) 지분적 채권 　계속적 계약관계에 기해서 발생하는 지분적 채권(매달 지급하기로 하는 이자채권, 매달 지급하기로 하는 차임채권 등)도 독립해서 소멸시효에 걸리지 않는다.

[927] (2) 문제가 되는 권리 　다음과 같은 권리는 과연 소멸시효에 걸리는가 하는 점이 문제된다.

(가) 등기청구권 　등기청구권이 소멸시효에 걸린다고 할 것인가? 즉 예컨대 부동산매수인이 매매계약 후 10년이 지나면 그의 등기청구권이 시효로 소멸된다고 할 것인가? 이 문제는 일단 등기청구권의 성질에 관한 견해에 따라 달라진다. 즉 이를 채권적인 것이라고 하면 소멸시효에 걸린다고 하게 되고, 물권적인 성질도 가진다고 하면 걸리지 않는다고 하게 된다. 이의 성질에 관한 논의는 물권편으로 미루고(물권법 [131]), 여기에서는 판례의 태도를 살펴본다.

(a) 판례는 등기청구권을 채권적 청구권이라고 하면서도, 매수인이 이미 목적부동산을 인도받아 사용 · 수익하는 경우에는 매수인은 권리 위에 잠자는 자가 아니라는 점, 이러한 경우에는 매수인의 사용 · 수익상태를 더 보호해야 한다는 점 등을 근거로, 소멸시효에 걸리지 않는다고 한다.[1] 그리고 많은 판례가 이러한 입장을 취함으로써, 이는 판례법으로 정립되었다고 할 수 있다. 이러한 판례법에 대한 평가는 분분하여, 소멸시효에 걸리지 않는다고 하는데 대하여 비판적인 견해도 있고,[2] 결과에서는 판례에 찬동하면서 단지 소멸시효에 걸리지 않는다고 하는 근거를 다른 점에서 구하는 견해도 있다.[3] 본서 역시 양수인이 부동산을 인도받은 경우에는 그의 등기청구권은 물권적 성질을 가진다고 하므로(물권법 [131] 참조), 소멸시효에 걸리지 않는다고 하는 근거를 달리 한다.[4] 이러한 판례의 태도에서 특히 주목할 점은, 단순히 매매계약을 맺은 상태의 부동산매수인과 이를 인도받아 점유하는 상태의 매수인의 법적 지위를 달리 취급한다는 점이다.

(b) 판례가 이와 같이 매수인이 부동산을 인도받아 점유하는 경우에 한하여 그의 등기청구권은 소멸시효에 걸리지 않는다고 하므로, 매수인이 그 후 점유를 상실하면 어떻게 되는가 하는 점이 문제된다. 이에 대하여 판례는, 매수인이 단순히 점유를 상실한 경우에는 그때부터 등기청구권의 소멸시효가 진행하지만,[5] 매수인이 부동산을 처분하여 그 전득자가 점유를 승계함으로써 점유를 상실한 경우에는 소멸시효가 진행하지 않는다고 한다.[6] 이러한 판례에 대하여 학설 중에는 찬성하는 견해도 있지만,[7] 반대하는 견

1) 이의 최초의 판례는 대판(전) 1976. 11. 15. 76다148[집 24-3, 민 277](김포사건)이고, 대판 1980. 1. 15. 79다1799; 대판 1987. 10. 13. 87다카1093; 대판 1990. 12. 7. 90다카25208; 대판 2010. 1. 28. 2009다73011 등 다수의 판례가 이를 따르고 있다.

2) 예컨대 곽윤직, 554면은, 매수인이 목적물을 인도받아 점유하고 있다 하더라도 이로써 매수인이 등기청구권을 행사하고 있는 것으로는 도저히 인정될 수 없다고 하여, 판례의 태도를 비판한다. 다만 이 견해는 그러한 매수인의 보호는 로마법상의 「매각되어 인도된 물건의 항변」에 의하여 해결하면 된다고 한다(물권법(1993), 179면 이하).

3) 예컨대 윤진수, 416면은 금반언을 제시하고, 이영준, 801면은 실효의 원칙을 제시한다.

4) 정옥태, 등기청구권의 소멸시효, 고시계 1990. 1., 67면 이하; 김상용, 698면도 이와 동지. 이은영, 물권법(2006), 103면은 이러한 미등기매수인을 「사실상 소유자」라고 하는 바, 이것도 실제로 같은 입장이라고 할 수 있다.

5) 대판 1992. 7. 24. 91다40924. 이의 사안은, 갑이 부동산을 매수하고 인도받아 점유하던 중에 공무원이 나와 그 부동산은 귀속재산이므로 이를 점유 사용해서는 안된다고 하면서 갑의 점유를 침탈하여 이를 A로 하여금 경작케 함으로써 갑이 위 부동산의 점유를 상실한 경우로서, 갑의 이전등기청구권의 소멸시효는 위 점유상실시부터 진행한다고 한다(이 판결은 뒤의 98다32175에 의하여 폐기되지 않았음).

6) 대판(전) 1999. 3. 18. 98다32175. 이 판결에 앞서서는 매수인이 현재 점유하지 않는다는 점 때문에 소멸시효의 진행 여부를 둘러싸고 판례가 충돌하였으나, 이 판결로 입장이 정리되었다. 이의 사안은, A가 1970. 3. 11. 갑으로부터 임야를 매수하고 인도받고, 1971. 12. 29. 위 임야를 미등기인 채로 을에게 전매 및 인도하였으며, 을이 그 후 10년이 지나 A를 대위하여 갑을 상대로 이전등기를 청구한 경우로서, 갑은 A의 점유상실로 인하여 그의 이전등기청구권이 시효로 소멸되었다고 항변하였으

해도 있다.[8] 부동산을 매수하고 이를 인도받아 점유 사용(이런 경우는 상식적으로 볼 때 매매대금도 완납되었을 것이다)함으로써 이미 탈락된 소멸시효가 그 후의 사정으로 인하여 다시 소생한다는 것이 법리상 타당한지 의문이다.

판례는 그러나 명의신탁이 부동산등기실명법에 위반하여 무효이나 명의신탁자가 신탁부동산을 계속 점유 · 사용하여 온 경우에, 그의 명의수탁자에 대한 부당이득반환청구권에 기한 등기청구권은 소멸시효가 진행한다고 한다.[9] 왜냐하면 그러한 점유 사용은 부당이득반환청구권 자체의 실질적 행사가 아닐 뿐만 아니라, 소멸시효가 진행하지 않는다고 하게 되면 위 법에 위반한 명의신탁자의 권리를 보호해 주는 결과로 되어 법의 취지에 맞지 않기 때문이다.

[928] 위와 같은 판례가 나오게 된 과정을 소개하면, 민법은 물권변동에 관하여 의사주의에서 형식주의로 전환하면서, 구민법 하에서 부동산을 취득하였던 사람들에게 6년(처음에는 3년이었다가 2차례 연기하였음(민법개정 경과에 관한 [23] 참조))의 유예기간을 두어 현행 민법에 따라 등기할 것을 촉구하였다. 그리고 그 유예기간이 지난 1967년 이후에 비로소 양수인이 이전등기를 청구한 사안에서, 등기청구권은 채권으로서 위 유예기간이 만료된 1967. 1. 1.부터 시효가 진행한다고 하여, 그 청구를 인용하였다.[10] 그런데 그후 등기청구권의 시효기간(10년)이 경과된 1976년에 들어서 제기된 등기청구사건에서, 판결은 위에서 본 바와 같이 매수인이 이미 목적부동산을 인도받아 점유 사용하는 경우에는 등기청구권이 소멸시효에 걸리지 않는다고 하여, 역시 그 청구를 인용하였던 것이다. 판결은 위의 경

나, 판결은 부동산 매수인이 그 부동산을 인도받은 이상, 이를 사용 · 수익하다가 부동산에 대한 보다 적극적인 권리행사의 일환으로 이를 타인에게 처분하고 그 점유를 승계하여 준 경우에 그 이전등기청구권의 행사 여부에 관하여 그가 스스로 부동산을 계속 사용 · 수익하는 경우와 특별히 다를 바 없으므로 두 경우 모두 이전등기청구권의 소멸시효는 진행되지 않는다고 보아야 한다고 하여, 갑의 항변을 배척한다.

7) 엄동섭, 부동산매수인의 등기청구권의 소멸시효, 서강법학연구 2권(2000), 87면 이하; 이은영, 미등기매수인의 처분과 등기청구권의 대위행사, 법률신문 2778호(1999. 4.), 14면. 그외에 이 판결 전의 문헌으로, 양창수, 소멸시효에 걸리는 권리, 고시연구 17권 6호(1990. 6.), 41면 이하; 윤진수, 점유를 상실한 부동산매수인의 등기청구권의 소멸시효, 인권과 정의 261호(1998. 5.), 124면 이하 등도 이러한 입장으로 이해된다. 다만 등기청구권의 소멸시효를 부인하는 범위나 그 근거에 관해서는 각 견해마다 차이가 있다.

8) 권용우, 부동산매수인의 미등기전매와 등기청구권의 시효소멸, 판례월보 348호(1999. 9.) 19면 이하; 이기용, 부동산이 이전등기없이 양도된 경우의 등기청구권과 소멸시효, 성균관법학 13권 1호(2001), 253면 이하; 최성경, 등기청구권의 소멸시효, 민사법학 53호(2011. 3.), 227면 이하; 홍성재, 부동산매수인의 등기청구권과 시효소멸 여부, 성균관법학 제11호(1999), 52면 이하. 이의 근거는 대체로 10년 이상 등기하지 않은 매수인을 보호하는 것은 형식주의를 취한 민법의 체계와 맞지 않는다는 점, 부동산의 점유는 등기청구권의 행사가 아니라는 점 등이다.

9) 대판 2009. 7. 9. 2009다23313.

10) 대판 1973. 2. 13. 72다2323. 그 밖에 아직 시효기간이 만료하지 않아 시효로 소멸하지 않았다고 한 것으로는 대판 1966. 9. 20. 66다1151; 대판 1970. 2. 24. 69다2069 등. 특히 대판 1969. 1. 21. 68다1789; 대판 1970. 2. 24. 69다2144 등의 사안은 매수인이 점유를 이전받은 경우임에도 시효에 걸린다고 판시하였다. 76다148의 김포사건 이전의 판례 및 이 판례에 대한 평석 등은 이기용, 전게서, 257면 이하 참조.

우에 소멸시효에 걸리지 않는다고 하는 근거로서, 위에서 든 것 이외에, 만약 소멸시효에 의하여 소멸한다고 한다면 단지 매도인의 등기이전의무가 소멸하는데 그치는 것이 아니라 이미 매수인에게 인도까지 완료된 목적물이 매도인에게 환원되어야 하는 결과가 되는데 이는 우리의 부동산거래의 현 실정에 비추어 심히 불합리하다는 점 등을 든다.

이상은 매수인의 등기청구권에 관한 것인 바, 다른 원인에 기한 등기청구권에서의 점유상실과 소멸시효에 관한 판례를 살펴보면, 점유취득시효 완성을 원인으로 하는 소유권이전등기청구권은 점유자가 점유를 계속하는 한 소멸시효가 진행하지 않는다고 한다.[11] 그리고 점유취득시효기간 만료로 소유권이전등기청구권을 취득한 점유자가 그후 목적부동산을 양도한 경우에 관해서는, 시효완성 후 점유를 상실하더라도 이를 시효이익의 포기로 볼 수 있는 경우가 아닌 한, 이미 취득한 소유권이전등기청구권은 소멸되지 않는다고 한다.[12]

매수인의 등기청구권이 소멸시효에 걸리지 않는다 하더라도 이전등기가 경료되기 전에는 부동산소유권은 매도인이 보유하는 바, 그러면 매도인은 매수인을 상대로 소유권확인청구소송을 제기할 수 있는가? 판례는, 매수인은 등기청구권이 소멸시효에 걸리지 않아 언제든지 매도인을 상대로 그 소유권이전등기절차의 이행을 청구할 수 있는 지위에 있으므로, 매도인이 매수인을 상대로 그 소유권이 자신에게 있음의 확인을 청구하는 소를 제기하는 것은 신의성실의 원칙에 위배되어 허용되지 않는다고 한다.[13)]

(나) 물권적청구권 이는 물권의 내용의 실현이 타인에 의하여 침탈 또는 방해당 [929]
하고 있는 경우에 물권자가 그 타인에 대하여 이의 반환 또는 방해의 제거를 청구하는 권리이다(213조 이하, 204조 이하 등). 따라서 이 권리는 타인의 방해가 계속되는 한 계속해서 그 물권으로부터 분출되는 것이다. 그러므로 이는 앞서 말한 일정한 법률관계에 수반되는 권리로서, 따라서 그 자체만이 소멸시효에 걸리지는 않는다. 단지 이의 근원인 물권 자체가 소멸시효에 걸려 소멸하면 물권적청구권도 발생하지 않게 될 뿐이다.

물권적청구권은 그 자체 소멸시효에 걸리지 않는다는 점은, 그의 근원이 소유권인 경우에는 이론이 없다. 왜냐하면 소유권 자체도 소멸시효에 걸리지 않기 때문이다. 그런데 소유권 이외의 물권에 기한 물권적청구권에 관해서는, 일응 소멸시효에 걸린다는 견해[14]와 걸리지 않는다는 견해[15]가 대립된다. 그러나 전자의 견해도 물권적청구권의

11) 대판 1990. 11. 13. 90다카25352[공 887, 93]. 이의 사안은 점유자가 점유취득시효기간 중 그 점유하던 토지의 일부를 해수욕장 주차장의 진입로로 제공한 경우인데, 판결은 그러한 통행의 편의제공만으로는 그 토지 부분에 대한 점유를 상실하지 않는다고 한다.

12) 대판(전) 1995. 3. 28. 93다47745. 이의 사안은, B가 1956. 11. 8. A소유의 임야를 매수하고 등기하지 않은 채 인도받아 점유해 왔는데, 갑이 1967. 11. 6. 위 임야에 관하여 이전등기를 경료(등기원인은 불명)하였으며, 그 후 을이 1986. 2. 16. B로부터 위 임야를 매수하고 인도받은 후 B를 대위하여 갑에 대하여 이전등기할 것을 청구한 경우이다. 그 외에 전술의 90다카25352도 이와 동지.

13) 대판 1991. 8. 13. 91다11261. 김상용, 실효의 법리의 채용, 민사판례평석(1)(1995), 5면 이하는, 이 경우를 실효의 원칙의 적용례라고 하나, 여기에서는 양수인이 오랫동안 이전등기를 경료하지 않아 양도인이 이제 더이상 양수인이 이전등기를 경료하지 않으리라고 신뢰한 것이 아니다. 따라서 이러한 설명은 실효의 원칙을 오해한 것이다.

14) 고상용, 677면; 곽윤직, 556면; 김용한, 459면; 김주수/김상용 496면.

근원인 물권 자체가 소멸시효에 걸리기 때문에 그로부터 유출하는 물권적청구권도 시효에 걸린다고 하는 것이지, 물권적청구권 자체가 독립적으로 소멸시효에 걸린다고 하는 것은 아니지 않을까? 이렇게 이해한다면 두 견해는 대립하는 것이 아니라고 할 수 있을 것이다.

[930] (3) 소멸시효에 걸리는지가 문제된 판례를 살펴보면,[16]

(a) 물권적청구권에 관한 것으로서, 부동산매도인이 매매계약에 기하여 이전등기를 경료하였으나 매수인의 대금지체로 계약을 합의해제한 경우에, 매도인의 등기말소청구권(원상회복청구권)은 소유권에 기한 물권적청구권이므로 소멸시효에 걸리지 않는다.[17] 부동산 소유자가 자신의 부동산에 양도담보를 설정하였다가 후에 피담보채무의 변제로 양도담보가 소멸된 경우에, 양도담보설정자의 양도담보권자에 대한 소유권이전등기청구권은 물권적청구권이므로 소멸시효에 걸리지 않는다.[18] 명의신탁자가 명의신탁관계를 해지함으로써 발생한 신탁자의 수탁자에 대한 소유권이전등기청구권 역시, 해지로 인하여 취득한 소유권에 기한 것(즉 소유권에 기한 물권적청구권)이므로 소멸시효에 걸리지 않는다.[19] 그 외에 진정한 명의의 회복을 구하는 소유권이전등기청구권, 즉 등기부가 멸실되었는데 그 부동산에 관하여 매도인의 상속인 명의로 이미 소유권보존등기가 되어 있는 경우에 매수인(또는 그 상속인)이 위 매도인의 상속인을 상대로 — 원래 해야 할 — 멸실회복등기에 대신하여 소유권이전등기의 이행을 청구하는 권리는 소멸시효에 걸리지 않는다고 하는바,[20] 이는 그 권리가 소유권에 기한 물권적청구권이라는 점에 기한 것이다.

(b) 피용인이 사용자의 의원면직처분이 무효라고 하여 자신이 사원임을 확인하는 청구는 임금청구권 · 퇴직금청구권 등과 같은 고용계약상의 권리의 확인을 구하는 것이 아니라 이들 권리의 전제가 되고 또한 이들이 파생되어 나오는 기본적인 고용에 관한 법률관계 그 자체의 확인을 구하는 것이어서, 이러한 법률관계가 제162조 1항이 규정하는 채권이 될 수 없는 것이고 따라서 소멸시효의 대상이 되지 않는다.[21] 조세부과권 · 조세징수권은 소멸시효에 걸린다.[22]

[931] Ⅲ. 권리의 불행사

소멸시효가 진행하기 위해서는 권리자가 권리를 행사할 수 있음에도 이를 행사하지 않았어야 한다(162조). 그리고 그 불행사가 있은 때부터 소멸시효가 진행한다(166조 1항). 그러

15) 이은영, 756면; 김준호, 420면.

16) 보다 상세한 판례의 소개는 오종근, 소멸시효에 관한 판례 분석, 사법연구(청헌법률문화재단) 1집(1992), 279면 이하 참조

17) 대판 1982. 7. 27, 80다2968.

18) 대판 1979. 2. 13, 78다2412; 대판 1987. 11. 10, 87다카62; 대판 1993. 12. 21, 91다41170.

19) 대판 1980. 4. 8, 80다173[공 633, 12780]. 이전의 판례 중에는 위의 등기청구권은 해지로 인한 신탁관계 종료에 기한 것으로서 소멸시효에 걸린다고 한 것(대판 1975. 8. 19, 75다273[공 522, 8628])이 있다.

20) 대판 1993. 8. 24, 92다43975.

21) 대판 1990. 8. 28, 90다카9619[공 882, 2018].

22) 대판(전) 1984. 12. 26, 84누572[공 747, 272]. 이전의 판결에는 이를 부인한 것이 있다(대판 1973. 10. 23, 72누207; 대판 1980. 9. 30, 80누323 등).

므로 권리의 불행사는 소멸시효의 요건이고, 동시에 소멸시효의 기산점이다. 먼저 권리를 행사하지 않는다는 의미를 살피고, 다음으로 구체적인 기산점을 살핀다.

1. 불행사의 의미

(1) 권리를 행사하지 않는다는 의미는, 이행기의 미도래 · 정지조건의 미성취 등과 같이 법률상 권리를 행사할 수 없게 하는 사유가 없음에도 불구하고 이를 행사하지 않는다는 것을 뜻한다.[23] 따라서 단지 권리자의 주관적 · 개인적 사정으로 인하여, 혹은 권리의 존재를 알지 못하거나 채무자가 부재하여 사실상 권리를 행사할 수 없는 경우는 이에 해당하지 않는다. 전자와 같이 법률상 권리를 행사할 수 없게 하는 사유를 「법률상의 장애」라고 하고, 후자와 같이 사실상 권리행사를 행사할 수 없게 하는 사유를 「사실상의 장애」라고 한다.

그러므로 예컨대 권리자가 질병이나 장기간의 외유로 권리를 행사할 수 없는 경우 혹은 법률적 지식의 부족 등으로 권리의 존재나 행사가능성을 알지 못한 경우에도 시효가 진행한다. 또 권리행사가 제3자의 행동으로 방해되고 있는 경우에도 마찬가지이다(의무자의 행동으로 방해되는 경우에도 원칙적으로는 마찬가지이다. 다만 이러한 경우에는 신의칙상 시효완성을 주장하는 것이 허용되지 않을 가능성이 있다). 이러한 사실상의 장애가 권리자의 과실에 기하였는가 여부는 문제되지 않는다.[24]

(2) 따라서 권리의 행사를 어렵게 만드는 사정이 법률상의 장애인가 단지 사실상의 장애인가 하는 점은 실제상 중요한 의미를 가진다. 양자의 구별에 관한 판례를 살펴보면, [932]

(가) 단지 사실상의 장애의 예로서, 납세의무자로부터 소득세법 소정의 신고가 없어서 과세관청이 양도사실을 모른 경우에, 과세관청의 양도소득세 부과징수권의 소멸시효는 진행한다.[25] 과세처분의 하자가 중대하고 명백하여 당연무효인 경우에 그에 기해서 납부한 오납금에 대한 납세의무자의 부당이득반환청구권은 그 납부시부터 소멸시효가 진행되며, 이때 그 하자가 중대하고 명백하여 당연무효인지 여부를 당사자로서는 현실적으로 판단하기 어렵다거나, 당사자에게 처음부터 과세처분의 취소소송과 부당이득반환청구소송을 동시에 제기할 것을 기대할 수 없다고 하여도 이러한 사유는 법률상 장애사유가 아니라 사실상의 장애사유에 지나지 않는다.[26] 병원에 장기간 입원치료받던 환자가 병원을 상대로 의료과오를 이유로 한 손해배상청구소송을 제기하여 그 소송이 종결된 후 비로소 치료비청구를 한 경우에, 환자의 위 소송제기는 병원의 치료비청구를 하는데 법률상 장애가 아니므로 병원의 치료비채권은 그 치료시부터 진행한다.[27] 대법원이 전원합의체의 판결로 종전의 견해를 변경함으로써 비로소 피해자가 손해배상청구권 혹은 보험금액 직접청구권을 행사할 수 있게 되었더라도, 종전의 판결은 법률상 장애에

---

23) 대판 1982. 1. 19. 80다2626; 대판(전) 1984. 12. 26. 84누572(이의 내용은 주 25 참조) 등.

24) 앞의 84누572.

25) 대판(전) 1984. 12. 26. 84누572.

26) 대판(전) 1992. 3. 31. 91다32053. 이의 사안은 뒤에서 소개함([941]의 주 55)

27) 대판 2001. 11. 9. 2001다52568.

해당하지 않으므로 위 권리의 소멸시효가 변경된 대법원판결시로부터 기산된다 할 수 없다.[28] 구청의 변상금 부과처분에 대한 취소소송이 진행중이라도 그 부과권자로서는 위법한 처분을 스스로 취소하고 그 하자를 보완하여 다시 적법한 부과처분을 할 수도 있는 것이어서 그 권리행사에 법률상의 장애사유가 있는 경우에 해당한다고 할 수 없고, 따라서 그 처분에 대한 취소소송이 진행되는 동안에도 그 부과권의 소멸시효가 진행된다.[29]

(나) 법률상의 장애의 예로서, 군 복무 중 상해를 입은 자가 국가를 상대로 손해배상을 청구하는 경우에, 국가배상법 제 2 조 1항 단서에 따라서 다른 법령에 의해 보상받을 수 있는 때에는 동법에 의한 손해배상청구권을 행사할 수 없으므로 그러한 사정은 법률상 장애이고, 따라서 다른 법령에 의해서 보상받을 수 없음이 판명된 때에는 그때부터 국가배상법상의 손해배상청구권의 소멸시효가 진행한다.[30] 법률에 기해서 면직처분받았는데 그 후 그 법률이 헌법재판소에 의하여 위헌으로 결정되고 위헌결정의 소급효로 인하여 면직처분이 당연무효가 되어 그 면직처분이 불법행위에 해당하게 된 경우에, 그로 인한 손해배상청구권은 위헌결정이 있기 전까지는 법률 규정의 존재라는 법률상 장애로 인하여 행사할 수 없었던 것이므로, 이의 소멸시효의 기산점은 위헌결정일로부터 진행한다.[31] 건물에 관한 소유권이전등기청구권에 있어서 그 목적물인 건물이 완공되지 아니하여 이를 행사할 수 없었다는 사유는 법률상의 장애사유에 해당한다.[32]

[933] (3) 이상의 판례에서 알 수 있는 것처럼, 판례는 「법률상의 장애」를 오로지 법률 자체로 인하여 권리행사를 할 수 없는 경우로 본다. 그리하여 권리가 존재하나 당사자가 이를 알지 못한 경우에는, 전문적인 법률가조차도 권리의 존부를 쉽게 알 수 없거나 법원의 확정판결에 의하여 비로소 결정되는 경우에도 이를 사실상의 장애라고 한다. 이는 법률상의 장애의 의미를 시효제도의 취지에 대한 고려 없이 오로지 형식적 시각에서 해석하는 것이 아닌가 하는 의문이 든다.

그런데 근래의 판례 중에는 권리의 발생이 객관적으로 분명하지 않아 권리자가 과실없이 이를 알 수 없는 경우에, 권리자가 권리발생을 알았거나 알 수 있었던 때로부터 소멸시효가 진행한다고 한 것이 있다. 이는 법률상 장애의 의미를 탄력적으로 해석한

28) 대판 1993. 4. 13. 93다3622; 대판 2010. 9. 9. 2008다15865.

29) 대판 2006. 2. 10. 2003두5686.

30) 대판 1998. 7. 10. 98다7001. 이의 사안은, 군 복무 중 상해를 입은 갑이 국가를 상대로 손해배상을 청구하였으나 국가배상법 제2조 1항 단서에 의해 다른 법령(국가유공자예우등에관한법률)에 의해 보상받을 수 있다는 이유로 패소하고 그 판결이 확정되었다. 그리하여 갑이 위 유공자예우법에 따른 보상을 신청하였으나 결국 보훈처에서 보훈수혜 대상자가 될 수 없다고 하여 보상을 받지 못하였다. 그리하여 갑이 다시 국가를 상대로 종전의 확정판결상의 청구와 동일한 내용의 손해배상청구소송을 제기한 경우이다. 판결은 먼저 후소가 전소의 확정판결의 기판력에 저촉되는 것이 아니라고 하고, 나아가 본문과 같이 판시하여 갑의 국가에 대한 손해배상청구권의 소멸시효가 완성되지 않았다고 하였다.

31) 대판 1996. 7. 12. 94다52195. 이의 사안은 국가보위입법회의법 부칙 제4항 후단에 의해 면직처분을 받은 경우이다. 판결은 위와 같은 법리는 그 법률이 위헌결정 당시에는 실효되었다 할지라도 그 법률 규정으로 인한 면직처분의 효력이 그대로 지속되는 경우에는 타당하다고 하였다.

32) 대판 2007. 8. 23. 2007다28024,28031.

것으로서, 뒤에서 보는 바와 같이 신의칙에 기해서 시효완성의 주장을 배척하는 것([981] 참조)과 함께, 시효제도를 탄력적으로 운영하는 예이다(시효제도의 탄력적 운영은 선량한 의무자의 보호를 시효제도의 중요한 존재이유로 보는데 기한 것임은 전술하였다([915])).

법률상 장애의 의미를 탄력적으로 해석한 선도적 판례는 교통사고 운전자를 잘못 알고 보험금청구를 늦게 한 경우에 관한 것이다. 즉 A와 B가 타고 있던 트럭이 사고로 전복되어(1988. 3. 11.) A가 사망하였는데, 검찰이 그 사고가 B의 운전과실로 인한 것으로 알고 B를 기소하였으며, 그런데 법원에서 B가 운전한 것이 아님이 드러나 무죄선고를 받고, 그리하여 A의 부모 갑이 보험회사 을에 대하여 보험금청구소송을 제기하였다(1990. 11. 23.). 이에 대하여 乙은 갑의 보험금청구권의 소멸시효(2년: 상법 662조)가 보험사고 발생일인 1988. 3. 11.부터 진행하므로 이미 소멸시효가 완성되었다고 항변하였다. 판결은 원칙적으로 보험금액청구권의 소멸시효는 보험사고가 발생한 때로부터 진행한다고 하면서, 「그렇지만 보험사고가 발생한 것인지의 여부가 객관적으로 분명하지 아니하여 보험금액청구권자가 과실없이 보험사고의 발생을 알 수 없었던 경우에도 보험사고가 발생한 때로부터 보험금액청구권의 소멸시효가 진행한다고 해석하는 것은, 보험금액 청구권자에게 너무 가혹하여 사회정의와 형평의 이념에 반할 뿐만 아니라 소멸시효제도의 존재이유에 부합된다고 볼 수도 없으므로, 이와 같이 객관적으로 보아 보험사고가 발생한 사실을 확인할 수 없는 사정이 있는 경우에는, 보험금액청구권자가 보험사고의 발생을 알았거나 알 수 있었던 때로부터 보험금액청구권의 소멸시효가 진행한다고 해석하는 것이 타당하다」고 하여, 을의 항변을 배척하였다.[33]

그밖에 경매목적물인 토지가 경락허가결정 이후 하천구역에 편입됨으로써 경락인이 소유자가 지급받게 되는 손실보상금에 대하여 대상청구권을 가지게 되었으나, 소유자의 보상금청구의 방법과 절차를 규정하는 법규가 상당 기간 후에야 제정되어 늦게서야(시효기간이 경과한 후에 비로소) 위 권리를 행사한 경우,[34] 약관 등에 의하여 보험금액청구권의 행사에 특별한 절차를 요구하는 경우[35] 등에도 위와 같이 해석하였다. 그런데 판례는 나아가 법인과 체결한 매매계약이 이사회의 결의 없이 행해진 것이어서 무효임이 드러나 법인에 대하여 매매대금 상당의 부당이득반환을 청구한 사안에서, 이사회의 결의 여부는 법인의 내부적인 법률관계로서 상대방이 그러한 청구권의 발생 여부를 객관적으로 알기 어렵다고 하면서, 따라서 이사회결의부존재확인판결의 확정과 같이 객관적으로 청구권의 발생을 알 수 있게 된 때로부터 소멸시효가 진행된다고 한다.[36] 과연 이러한 경우까지 위와 같은 법리를 적용하는 것이 타당한지 검토해볼 여지가 있다.

(4) 근래 법률상의 장애와 사실상의 장애를 구별하고 전자의 경우에만 시효가 진행하지 않는다고 하는 판례이론은 계약상의 채권에 관해서만 타당하고, 불법행위로 인한 손해배상채권에는 타당하지 않다고 하는 견해가 제기된다.[37] 이 견해는 그 근거로서, [934]

33) 대판 1993. 7. 13. 92다39822. 이와 유사하게 교통사고의 책임자를 잘못 안 사례로는 대판 2001. 4. 27. 2000다31168.

34) 대판 2002. 2. 8. 99다23901.

35) 대판 2006. 1. 26. 2004다19104.

36) 대판 2003. 4. 8. 2002다64957,64964.

37) 김제완, 국가권력에 의한 특수유형 불법행위에 있어서 손해배상청구권의 소멸시효, 인권과 정의 368호(2007. 4), 50면 이하.

소멸시효제도는 채무자 측에서 볼 때 이중의 변제에 관한 입증곤란에 있으며([915] 참조), 또 기본적으로 채권자의 권리불행사에 대하여 불이익을 주는 것이라는 이 제도의 존재이유를 제시한다. 그리고 판례의 내용을 보더라도 법률행위에 기한 채권을 염두에 두고 있으며,[38] 실제 사안에서도 법률행위에 기한 채권에서는 소멸시효의 항변을 인용한 것이 거의 없으며 그러한 항변이 인용된 것은 거의 모두 불법행위와 관련된 경우라고 하고, 따라서 이러한 해석은 판례의 태도와 충돌되지 않는다고 한다.

이러한 주장은 특히 권위주의 정권에서의 국가기관에 의한 불법행위가 권력에 의하여 조직적으로 은폐된 사건을 중심으로 전개된 것으로서,[39] 따라서 이는 우리의 역사의 한 단계에서 단편적으로 생기는 문제이기는 하다. 그러나 이는 가해자가 피해자를 억압하거나 청구원인이 되는 사실관계를 왜곡한 경우(기망적 은폐)에는 피해자는 그 사실관계를 알거나 알 수 있었던 때부터 소멸시효가 진행된다고 하는 영미법에서의 discovery rule[40]에 기초한 것으로서(이 견해는 이 제도에서 시사받은 것임을 명언한다), 이러한 원리는 우리 법에서도 수용해야 할 것이고,[41] 더욱이 소멸시효제도가 기망적 은폐까지 범한 가해자의 책임을 면탈시키는데 이용된다면 이 제도의 존재의미가 의심스러워 질 것이다. 이런 점에서 이 견해에 찬동한다. 불법행위에 기한 손해배상채권의 기산점을 손해 등을 「안 날」(766조 1항)로 한 것은 이러한 채권에서의 소멸시효의 특수성을 고려한 것이라고 할 수 있다. 다만 일반론으로서 불법행위에 기한 손해배상채권에서는 사실적 장애(즉 불법행위 사실을 알지 못한 것)가 있으면 시효 내지 제척기간(즉 동조 2항)이 진행하지 않는다고 할 것인가 하는 점은 좀 더 검토하기로 한다.

[935]
2. 기 산 점

「소멸시효는『권리를 행사할 수 있는 때』로부터 진행한다」(166조 1항). 이와 같이 소멸시효가 진행하기 시작하는 때를 起算點이라고 한다.

---

38) 이 글은 판례가 법률상의 장애의 예로서 이행기 미도래, 정지조건 미성취 등을 드는 것([931] 주 23의 80다2626; 84누572 등)을 이의 근거로 제시한다.

39) 이 글이 다룬 사건은 삼청교육대 사건(대판(전) 1996. 12. 19. 94다22927 및 대판 2001. 7. 10. 98다38364), 수지 김 사건(서울지판 2003. 8. 14. 2002가합32467), 최종길 교수 사건(서울고판 2006. 2. 16. 2005나27906), 거창 사건(부산고판 2004. 5. 7. 2001나15255. 이에 대한 상고심 판결은 대판 2008. 5. 29. 2004다33469) 등이다.

40) 이러한 원칙이 적용되는 주된 경우는, 의사 · 변호사 등 전문직의 과실로 인한 손해배상, 미성년자가 피해자인 경우, 공해 사건과 같이 장기 · 잠복형 손해 유형의 경우 등이다.

41) 베트남전 고엽제 사건(서울고판 2006. 1. 26. 2002나32662)에서, 판결은 고엽제 피해자들에게는 객관적으로 고엽제 제조회사들을 상대로 고엽제 피해와 관련된 손해배상소송을 제기할 것을 기대하기 어려운 사정이 존재하였다고 보아, 고엽제 제조회사들이 피해자들의 손해배상청구권 행사에 대하여 소멸시효의 완성을 주장하는 것은 신의성실의 원칙에 반하여 허용될 수 없다고 판시하였는바, 이 글은 이 판결이 고엽제 제조자를 상대로 한 제조물책임을 묻는 사건이기는 하나 우리나라에서 이 원리의 적용가능성을 높여준 것이라고 한다.

(1) 이행기의 형태 이행기의 형태에 따라 기산점을 살펴보면,

(가) 기한부 채권 기한의 정함이 있는 채권에서는 채권자는 기한의 도래시부터 채무이행을 청구(권리행사)할 수 있으므로, 그 기산점은 기한의 도래시이다. 이는 기한이 확정기한인지 불확정기한인지를 불문한다. 유념할 점으로,

(a) 확정기한 있는 매매대금채권은, 소유권이전등기청구권과 동시이행의 관계에 있더라도 그 변제기부터 진행한다.[42)]

(b) 불확정기한의 경우에, 채무자가 기한이 도래한 것을 알았거나 몰랐거나를 불문한다. 예컨대 출세급채무([885] 참조)는 출세한 때로부터 소멸시효가 진행을 개시한다. 따라서 채무자의 지체책임이 생기는 시기와는 차이가 있다(387조 1항 단서 참조).

(나) 기한 없는 채권 이러한 채권에서는 채권자는 채권의 성립 후 언제든지 이행을 청구할 수 있으므로(채권총론 [147]), 채권성립시부터 진행한다. 따라서 이러한 채권에서도 채무자의 지체책임이 생기는 시기와 소멸시효의 기산점이 달라진다.

(a) 따라서 예컨대 반환의 시기를 정하지 않은 소비임치계약에서는, 임치인은 임치계약 후 언제나 반환을 청구할 수 있으므로(698조 단서 참조), 그 반환청구권의 소멸시효는 계약의 성립시부터 진행한다.

(b) 기한 없는 채권 중에는 반환최고 또는 해지통고를 한 후 일정한 기간 또는 상당한 기간이 경과한 후에 비로소 반환 등의 청구를 할 수 있는 것이 있다(603조 2항, 635조, 659조, 660조). 따라서 여기에서는 해지통고 등이 있으면 그로부터 위 기간이 경과한 때로부터 채권을 행사할 수 있고, 채무자는 지체에 빠지게 된다. 그러면 해지통고 등이 없으면 그 채권의 소멸시효는 진행하지 않는다고 할 것인가? 이러한 경우에도 채권이 성립하고 위와 같은 일정한 기간 또는 상당한 기간이 지난 후에 소멸시효는 진행을 개시한다고 해석해야 할 것이다. 왜냐하면 이와 달리 현실적으로 해지통고 등이 없는 동안은 소멸시효가 진행하지 않는다고 해석할 때에는, 채권성립 후 해지통고를 하지 않고 따라서 채권을 전혀 방치하는 경우에는 소멸시효는 진행하지 않는 결과로 되기 때문이다. 또 이론적으로도 채권자는 계약성립 후에는 언제든지 반환최고 또는 해지통고를 할 수 있으므로, 계약의 성립시부터 채권자는 채권을 행사할 수 있는 상태에 있기 때문이다. 채권성립 후 일정기간 후에 시효가 개시한다고 한 것은, 법이 허용한 유예기간의 이익을 주기 위해서이다.

(2) 특수한 채권 [936]

(가) 부작위채권 「부작위를 목적으로 하는 채권의 소멸시효는 위반행위를 한 때로부터 진행한다」(166조 2항). 예컨대 2층 건물의 건축을 하지 않겠다는 채무와 같은 부작

42) 대판 1991. 3. 22. 90다9797[공 896, 1244].

위채권에서는, 채무자의 위반행위가 없는 이상 채권자는 특히 적극적으로 권리를 행사할 수 없는 것이므로, 채무자의 위반행위가 있을 때가 기산점이 된다.

(나) **정지조건부채권** 정지조건부 법률행위에서는 조건의 성취시에 비로소 법률행위의 효력이 발생하므로(147조 참조), 이에 기해서 발생하는 채권도 조건성취시에 시효가 진행한다. 즉 정지조건부 권리에서는 조건 미성취의 동안에는 권리를 행사할 수 없으므로 소멸시효가 진행되지 않는다.[43)]

(다) 그 외에 무권대리인에 대한 제135조에 기한 이행청구권 혹은 손해배상청구권에 대한 선택권의 소멸시효 기산점은 전술하였다([828]).

[937] (3) **문제되는 경우** 기산점이 언제인가가 문제되는 경우를 살펴보면,

(가) **기한이익 상실의 특약** 분할급채무에 관하여 「1회라도 변제를 게을리 하면 기한의 이익을 상실하고 곧 전부의 반환을 청구할 수 있다」고 하는 특약이 있는 경우에, 채무자가 1회의 변제를 해태한 때에는 나머지 채무 전액에 관하여 그때부터 시효가 진행하는가? 판례는 우선 기한이익 상실의 특약은 그 상실사유(1회의 불이행)가 발생하면 채권자의 청구 없이 당연히 기한의 이익이 상실되어 이행기가 도래하는 것(정지조건부 기한이익 상실의 특약)과, 채권자의 청구를 기다려 비로소 이행기가 도래하는 것(형성권적 기한이익 상실의 특약)의 두 가지로 나눌 수 있다고 한다. 그리고 형성권적 특약의 경우에는 그 특약은 채권자의 이익을 위한 것으로서 기한이익의 상실사유가 발생하였다고 하더라도 채권자가 나머지 전액을 일시에 청구할 것인가 또는 종래대로 할부변제를 청구할 것인가를 자유로이 선택할 수 있으므로, 이와 같은 특약이 있는 할부채무에서는 1회의 불이행이 있더라도 각 할부금에 대해서 그 각 변제기의 도래시마다 그때부터 순차로 소멸시효가 진행하고 채권자가 특히 잔존채무 전액의 변제를 구하는 취지의 의사를 표시한 경우에 한하여 전액에 대하여 그때부터 소멸시효가 진행한다고 한다.[44)] 그리고 특약이 양자 중 어느 것에 해당하느냐는 당사자의 의사해석의 문제이지만, 일반적으로 그 특약이 채권자를 위하여 둔 것인 점에

---

43) 대판 1992. 12. 22. 92다28822; 대판 2006. 12. 7. 2005다2102; 대판 2009. 12. 24. 2007다64556.

44) 대판 1997. 8. 29. 97다12990. 이의 사안은 갑이 A의 채무를 물상보증하였는데, A가 타인의 채무에 관하여 연대채무를 지기로 하면서 그 채무액을 1989. 4. 1.부터 1992. 4. 30.까지 나누어 지급하기로 하되 본문과 같은 특약을 부가하였으나 A가 1989. 4.의 분할금부터 지급치 않았다. 그리하여 그의 채권자 을이 임의경매를 신청하여 1995. 1. 27. 경매개시결정이 내려졌으며, 이에 갑이 A의 채무는 시효(단기시효 3년)로 소멸되었다고 하면서 을의 근저당권 말소를 청구하였다. 판결은 위 특약은 형성권적 기한이익 상실의 특약인데 을이 1992. 4. 30. 이전에 채무 전부의 변제를 구하는 의사표시를 하지 않았으므로 대금 전부에 대한 채무의 소멸시효는 1989. 4. 1.부터 진행하는 것이 아니라고 하여, 갑의 청구를 배척하였다(즉 을이 대금 전부의 변제를 청구하지 않았으므로 원래대로 각 분할금채무마다 별개로 소멸시효가 진행되고, 그런데 을의 권리행사시에는 이의 일부가 아직 시효가 완성되지 않아 채무 일부가 존재하므로 을의 근저당권은 유효하게 존속한다는 것이다).

비추어 볼 때 명백히 전자로 볼 만한 특별한 사정이 없는 이상 후자로 추정된다고 한다.[45] 이에 의하면 예컨대 갑이 2005. 5. 5. 을로부터 물건을 사고 그 대금을 6. 1.부터 2006. 5. 1.까지 12개월에 걸쳐 매달 초에 지급하기로 하면서 「1회라도 변제를 게을리 하면 기한의 이익을 상실하고 곧 전부의 반환을 청구할 수 있다」고 하는 특약을 하였는데, 7. 1.에 갑이 분할금을 지급치 않은 경우에(그리고 갑의 대금채무가 3년의 소멸시효에 걸리는 것인 경우), 을이 7. 1. 이후에 잔금 전부의 이행을 청구하지 않은 이상 7. 1.에 당연히 잔금채무 전부에 관하여 이행기가 도래하지 않는다. 따라서 단지 원래대로 각 분할채무의 변제기마다 개별적으로 소멸시효가 진행할 뿐이다. 이러한 판례는 이론적으로는 타당성이 의문스럽다. 왜냐하면 기한이익 상실의 특약을 한 취지는 1회의 지체가 있으면 곧바로 전부에 대한 이행의무를 부과함으로써 채무이행을 확보하려는 취지에 기한 것인데, 그럼에도 1회의 지체에도 불구하고 당연히 전부에 대한 이행기가 도래하지는 않는다고 한다면 그러한 취지가 무의미해지기 때문이다.[46] 그런데 그렇게 해석하지 않으면 1회의 지체시에 채무 전부에 관한 소멸시효가 진행하게 되어 오히려 채권자에게 불이익하게 된다. 이런 점에서 실제적으로 판례의 태도가 채권자에게 유리하므로, 이에 찬성한다.

(나) **계속적 채권** 계속적인 거래관계로부터 생기는 외상대금채권은 각 채권이 발생한 때부터 개별적으로 진행하는가, 아니면 거래종료일부터 진행하는가? 특약이 없는 한 전자가 된다. 즉 예컨대 주류도매업자가 소매업자에게 계속해서 주류를 외상으로 공급하다가 그 거래를 종료한 경우에, 그 외상대금채권의 소멸시효는 그 거래종료시부터 전체로서 진행하는 것이 아니라 매번 주류를 공급한 때부터 개별적으로 진행한다.[47] 또 병원에 입원하여 치료를 받은 경우에도 개개의 진료가 종료될 때마다 각 진료비에 관한 소멸시효가 진행한다(퇴원시부터 전 진료비에 관한 소멸시효가 진행하는 것이 아니라).[48] [938]

(다) **채무불이행으로 인한 손해배상채권** 채권자의 이행(급부)청구권의 소멸시효 기산점은 이행기의 형태에 따라 차이가 있음은 전술하였다([935]). 그러면 채무불이행으 [939]

---

45) 대판 2002. 9. 4. 2002다28340. 정지조건부 기한이익 상실의 특약으로 인정된 경우로는 대판 1999. 7. 9. 99다15184으로서, 이 경우에는 그 특약에 정한 기한이익 상실 사유가 발생하면 기한의 이익을 상실케 하는 채권자의 의사표시가 없더라도 채무자는 그때부터 이행지체의 상태에 놓이게 된다고 한다.

46) 판례이론에 대한 비판으로는, 엄동섭, 기한이익상실약관과 소멸시효의 기산점, 법률신문 2697호 (1998. 5.), 14–15; 김상배, 기한이익상실의 특약 있는 할부채무에서 소멸시효의 진행시기, 재판과 판례(대구판례연구회) 8집(1999), 91면 이하. 그 외에 최진갑, 기한이익상실 특약이 있는 할부지급채무의 소멸시효 기산점, 판례연구(부산판례연구회) 11집(2000), 1면 이하.

47) 대판 1978. 3. 28. 77다2463; 대판 1992. 1. 21. 91다10152[공 916, 877]; 대판 2007. 1. 25. 2006다68940.

48) 대판 1998. 2. 13. 97다47675; 대판 2001. 11. 9. 2001다52568.

로 인한 손해배상채권의 소멸시효는 언제부터 진행하는가? 이는 본래의 채권과는 별개의 것이 아니라 그와 동일성을 가지고 다만 이의 변형물에 지나지 않지만, 급부청구권과 손해배상청구권은 그 내용을 달리하는 것이므로 각자에 관해서 별개의 소멸시효를 인정하는 것이 실제적으로 타당할 것이다. 그리고 손해배상채권은 채무불이행에 의하여 발생하는 것이므로, 채무불이행이 있은 때부터 진행한다고 해야 할 것이다. 판례도 이행불능으로 인한 손해배상채권은 불능으로 된 때부터 진행한다고 한다. 즉 예컨대 갑이 을로부터 부동산을 매수하였는데 을이 이를 병에게 2중으로 양도한 경우(2중매매)에, 을의 이행불능으로 인한 갑의 전보배상청구권의 소멸시효는 을이 병에게 이전등기를 경료함으로써 그의 갑에 대한 이전등기의무가 이행불능으로 된 때부터 진행한다.[49] 또 타인의 부동산의 매매의 경우에는, 매매계약 체결시가 아니라 매도인이 이를 취득하여 이전등기해 줄 수 없는 객관적인 사정이 도래할 때(즉 예컨대 매도인이 소유명의자를 상대로 한 소송에서 패소판결이 확정한 때)부터 진행한다.[50]

매매계약 등에 기해서 목적물을 이전(급부)하였는데 그 계약이 의사표시의 결함으로 무효 혹은 취소된 경우에, 매도인은 매수인으로부터 급부물을 반환받을 수 있으나, 그것이 이미 제3자에게 이전된 때에는 매도인이 이를 반환받지 못할 수도 있다(그 원인은 선의 제3자의 보호규정(107조 2항, 108조 2항 등) 때문일 수도 있고, 제3자가 취득시효 등 다른 소유권취득원인을 가지기 때문일 수도있다). 그러면 이러한 경우에 매도인의 매수인에 대한 손해배상채권의 소멸시효는 언제부터 진행하는가? 판례 중에는 이러한 채권도 채무불이행으로 인한 것으로 보아, 반환이 불능으로 된 때부터 소멸시효가 진행한다고 한 것이 있다. 즉 갑이 을의 강박에 기해서 소유부동산을 을에게 증여하였고 병이 을로부터 이를 양수하여 이전등기가 순차 경료되었는데, 그 후 갑이 강박을 이유로 증여계약을 취소하고 이에 기해서 병을 상대로 이전등기의 말소를 구하는 소송(진정명의회복을 원인으로 한 소유권이전등기청구소송)을 제기하였으나 병의 등기부취득시효로 인하여 갑이 그 부동산을 반환받지 못하게 되었고(갑의 패소판결 확정), 그리하여 갑이 을에 대하여 손해배상을 청구한 사안에서, 일반론으로서 소유권이전등기 말소의무의 이행불능으로 인한 전보배상청구권의 소멸시효는 말소의무가 이행불능 상태에 돌아간 때로부터 진행한다고 하고, 이 사안에서 갑의 취소에 따른 을의 소유권이전등기 말소의무는 갑의 병에 대한 소송에서 갑의 패소판결이 확정됨으로써 이행불능이 되었으므로 이때부터 손해배상채권의 소멸시효가 진행한다고 하였다.[51] 매매계약에 기하여 급부한 물건의 반환이 불능으로 된 경우와 매매계약에 기한 급부의무가 불능으로 된 경우는 비록 형식적으로는 매수인의 의무(이전등기의무 혹은 말소등기의무)를 위반한 것으로서 동일하지만, 전자는 급부자

49) 대판 1973. 10. 10. 72다2600; 대판 1990. 11. 9. 90다카22513; 대판 2002. 12. 27. 2000다47361 등.

50) 대판 1975. 8. 29. 75다740; 대판 1995. 6. 30. 94다54269; 대판 2005. 1. 14. 2002다57119 등.

51) 대판 2005. 9. 15. 2005다29474. 이의 사안도 80년대 군부독재시절에 계엄사령부 소속 합동수사본부에 의하여 이루어진 강압에 의한 이른바 부정축재재산 헌납사건의 하나이다. 그런데 이 사안에서 갑(원고)의 소송대리인이라고 칭하는 변호사 A와 을(피고, 국가)의 소송수행자가 행한 제소전화해에 기해서 이전등기가 행해졌는데, 갑은 변호사 A에게 제소전화해에 관하여 소송대리를 위임한 사실이 없었다. 이러한 점에 기해서 행해진 준재심에서 갑의 승소판결이 확정되어 을 명의로 남아 있던 토지에 관해서는 소유권이전등기가 말소되었으나, 병 등 제3자에게 넘어간 토지에 대한 소유권이전등기말소청구소송에서 갑이 패소하자, 갑이 을에 대하여 손해배상을 청구한 것이다.

(매도인)에게 복귀된 소유권에 기한 물권적청구권이 침해된 경우이고(물권행위에 관하여 유인설을 취하는 입장에서 뿐만 아니라, 무인설을 취하더라도 무효 혹은 취소원인이 물권행위 자체에도 존재하는 때(이 사안이 이에 해당한다)에는 마찬가지가 된다), 후자는 단지 순수한 채권이 침해된 경우이다. 그럼에도 그로 인한 손해배상채권을 동일하게 취급하는 것이 타당한지 의문이다.[52)]

(라) **불법행위로 인한 손해배상채권** 이는 피해자가 「손해 및 가해자를 안 날」로 [940]
부터 시효가 진행한다(766조 1항). 소멸시효는 객관적으로 권리를 행사할 수 있을 때부터 진행하는 것이므로, 당사자가 그러한 사정을 알았는지 여부는 원칙적으로 기산점에 영향을 주지 않을 것이다. 이런 점에서 이는 특수한 규정이다. 그외에 상속회복청구권은 상속권자가 「침해를 안 날」로부터 시효가 진행한다고 한 것도 마찬가지이다(999조 2항). 그 취지는, 이러한 청구권도 관념적으로는 그것이 발생한 때부터 행사할 수 있지만(즉 기한 없는 채권이다), 위와 같은 사실을 알기 전에는 실제로 권리를 행사할 수 없기 때문에, 이를 안 때부터 시효가 진행하도록 한 것이다. 다만 안 날로부터 진행하는 소멸시효만을 인정한다면 권리자가 장기간 이를 알지 못한 경우에 법률관계가 오랫동안 불안정해질 우려가 있기 때문에, 그와 아울러 그러한 청구권이 발생한 때(즉 위의 불법행위 내지 침해행위가 있은 날)부터 일정 기간(10년)이 지나면 더이상 권리행사를 할 수 없도록 한다. 그리고 이런 점에서 후자의 기간은 제척기간이 된다.[53)]

(a) 이와 같이 불법행위로 인한 손해배상채권의 시효 기산점에 관하여 특수한 규율을 한 취지에서 본다면, 단순히 피해자가 불법행위 사실 등을 모른 경우가 아니라 가해자가 사실관계를 은폐함으로써 알 수 없었던 경우에도 불법행위시부터 10년이라는 제척기간의 제한을 인정하는 것은 부적절할 것이다. 이 문제는 불법행위 부분에서 다시 검토하기로 한다.

(b) 개별적인 것으로서, 불법행위 당시에는 예견할 수 없었던 후유증이 발생한 경우에, 그러한 사유가 판명되었을 때 비로소 후유증으로 인한 손해의 발생을 알았다고 보아야 하므로, 이때 그로 인한 손해배상채권이 진행한다.[54)] 사용자가 손해배상금을 지급한 경우에 피용자에 대하여 가지는 구상금채권은 피해자의 가해자에 대한 손해배상채권과는 별개의 권리이므로, 이의 시효는 사용자가 피해자에게 배상금을 지급한 날로부

52) 김제완, 계약취소시 소유권이전등기 말소의무의 이행불능으로 인한 전보배상청구권의 소멸시효 기산점, 민사재판의 제문제 15권(2006) 92면 이하도, 이러한 문제점을 지적한다. 그리고 나아가 을의 강박행위시에 불법행위로 인한 손해배상채권이 발생하나 이의 소멸시효는 완성하였다고 하면서, 그러나 을(국가)의 소멸시효 원용은 신의칙에 반한다는 점을 근거로 판결과 같은 결과를 취하는 것이 바람직하다고 한다.

53) 그러나 대판(전) 1996. 12. 19. 94다22927은 이를 소멸시효라고 한다.

54) 대판 1981. 7. 7. 80다2150[공 663, 14152]; 대판 1986. 12. 13. 86다카536; 대판 1988. 12. 27. 87다카2005; 대판 1992. 5. 22. 91다41880; 대판 2001. 9. 14. 99다42797; 대판 2010. 4. 29. 2009다99105.

터 진행한다.

[941] (마) 행정행위의 하자와 부당이득반환청구권 법률행위를 취소 혹은 해제한 경우에, 만약 그 법률행위에 기해서 이미 급부한 것이 있다면 부당이득 혹은 원상회복으로서 그 급부물의 반환을 청구할 수 있는 바, 이러한 반환청구권의 행사기간에 관해서는 전술하였다([878], [921]). 여기에서는 행정행위가 그 하자로 인하여 무효(확인) 또는 취소된 경우에 그 행정행위에 기해서 급부한 것의 반환청구권에 관하여 살펴본다.

판례는 행정행위 예컨대 과세처분의 하자가 명백하고도 중대하여 무효인 경우와 하자가 단순하여 취소된 경우에 그 기산점을 달리한다. 즉 전자의 경우에는, 납부자는 처음부터 납부할 의무 없는 것을 납부한 것이므로 오납금에 대한 부당이득반환청구권은 그 납부시부터 생기고, 따라서 이의 시효 기산점은 오납한 때가 된다(그리고 당사자가 하자가 중대하고 명백하여 당연무효인지 여부를 판단하기 어렵다 하여도, 그러한 사유는 사실상의 장애사유에 지나지 않으므로 시효진행을 방해하지 않는다).[55] 반면에 후자의 경우에는 과세처분은 공정력 또는 집행력이 있어서 그것이 적법하게 취소되기까지는 유효하고(즉 처음부터 무효로 되는 것이 아니므로), 과세처분이 취소된 때 비로소 오납금에 대한 부당이득반환청구권이 발생한다. 그러므로 이의 시효 기산점은 그 과세처분을 취소하는 행정소송의 판결이 확정된 때이다.[56] 이러한 판례이론에 의하면 하자가 경미한 경우보다 하자가 중대한 경우에 오히려 시효 기산점이 앞서게 되고 따라서 납세자는 오납금을 반환받지 못할 가능성이 커져 더 불이익한 상태에 놓이게 되는 모순이 생긴다. 판례는 뒤에서 보는 바와 같이 처분의 취소를 구하는 소송을 제기한 때 반환청구권의 시효가 중단된다고 하여([952]) 이러한 모순을 완화하나, 이에 의하여 위와 같은 모순이 해소되지는 않는다. 물론 무효와 취소의 차이로 인한

55) 대판(전) 1992. 3. 31. 91다32053[공 920, 1407]. 이의 사안은, 갑회사 등 4개의 교과서회사의 간부들이 치안본부에 불법 감금되어 강압적 수사를 받은 끝에 위 회사들이 일정 기간 동안 탈세하였다는 확인서 등을 작성하였으며, 국세청이 이를 기초로 1984. 6. 1. 갑 등 회사에게 법인세 등을 부과하였다. 갑 등은 1984. 6. 15. 일단 세금을 납부한 후 위 과세처분의 취소소송을 제기하였으며, 1990. 7. 27. 승소판결이 그대로 확정되었다. 이에 갑이 1990. 9. 1. 위 과세처분에 기해서 납부한 세금(오납금)에 관하여 부당이득반환을 소구한 것이다. 판결은 우선 위 과세처분은 강압에 기하여 자유로운 의사에 반하여 작성된 과세자료(확인서 등)에 기초한 것이므로 당연무효라고 하고, 따라서 납세자는 처음부터 납부하지 않아도 될 것을 납부한 것이므로 그의 부당이득반환청구권은 납부시에 발생하고, 따라서 이의 소멸시효는 이때부터 진행한다고 한다. 그리고 나아가「과세처분의 하자가 중대하고 명백하여 당연무효에 해당하는 여부를 당사자로서는 현실적으로 판단하기 어렵다거나, 당사자에게 처음부터 취소소송과 부당이득반환청구소송을 동시에 제기할 것을 기대할 수 없다고 하여도, 이러한 사유는 법률상 장애사유가 아니라 사실상의 장애사유에 지나지 않는다」고 한다. 다만 판결은 갑의 행정소송 제기에 의하여 부당이득반환청구권의 소멸시효가 중단되었다고 하여, 갑의 청구를 인용한다(후술 [952] 주 5 참조). 그 외에 대판 2004. 4. 27. 2003두10763은, 과세관청이 오납금의 반환청구권에 관하여 소멸시효 완성을 주장하는 것은 권리남용에 해당하지 않는다고 한다.

56) 대판 1986. 3. 25. 85다카748[공보 776,695]; 대판 1987. 7. 7. 87다카64[공 807, 1309].

문제점은 사법상의 법률행위에서도 문제되지만, 여기에서는 취소의 소급효로 인하여 취소의 경우와 무효의 경우에 차이가 생기지 않으므로 위와 같은 모순 내지 불합리는 눈에 잘 띄지 않는다.

(4) 변론주의 소멸시효의 기산일에 관해서는 변론주의가 적용된다. 그러므 [942]
로 당사자가 주장하는 기산일이 본래의 기산일과 다른 경우에도 법원은 전자를 기준으로 소멸시효를 계산해야 한다.[57]

(5) 그 외에 기산점에 관한 판례를 살펴 보면, 채권의 이행기일이 도래한 후에 채권자가 채무 [943]
자에 대하여 기한을 유예한 경우에, 유예시까지 진행된 시효는 포기한 것으로서 유예한 이행기일로부터 다시 시효가 진행된다.[58] 갑과 건설회사 을은 1993. 12. 31. 갑이 을에게 투자했던 금원의 대가로 당시 을이 신축중이던 다세대주택 중 일부 세대를 분양받기로 합의하였으며, 위 주택은 1995. 9.경 완공된 경우에, 갑의 위 주택에 관한 소유권이전등기청구권의 소멸시효 기산점은 건물이 완공된 때이다.[59] 양도담보설정자의 정산금청구는 처분정산의 경우에는 담보부동산이 환가되어야 비로소 그 권리행사가 가능한 것이므로 정산금청구권은 담보부동산의 환가시부터 소멸시효가 진행된다.[60]

Ⅳ. 소멸시효기간 [944]

소멸시효가 완성하려면 권리의 불행사가 일정 기간 계속되어야 한다. 그 기간을 소멸시효기간이라고 한다.

1. 일반소멸시효

일반적인 소멸시효기간은 권리의 종류에 따라 다르다.

(1) 보통의 채권 보통의 채권은 10년이다(162조 1항). 이 규정은 민법 또는 다른 법령의 특별규정(예컨대 상행위로부터 생긴 채권에 관한 상법 64조)에서 10년보다 짧은 기간을 규정한 경우를 제외한 모든 채권에 적용된다. 채권의 소멸시효기간을 다른 재산권보다 짧게 한 것은, 채권은 행사가 용이한 권리이고 또 일상적으로 많이 생기는 것이므로, 속히 법률관계를 확정하려는 이유에서이다.

(2) 기타의 재산권 채권 및 소유권을 제외한 재산권(지상권 · 전세권, 인격권 등)은 20년이다(동조 2항).

---

57) 대판 1971. 4. 30. 71다409; 대판 1983. 7. 12. 83다카437; 대판 1995. 8. 25. 94다35886; 대판 2009. 12. 24. 2009다60244. 이는 당사자가 본래의 기산일보다 뒤의 날짜를 기산일로 하여 주장하는 경우는 물론이고, 특별한 사정이 없는 한 그 반대의 경우에 있어서도 마찬가지이다.

58) 대판 1992. 12. 22. 92다40211. 그 외에 대판 2006. 9. 22. 2006다22852,22869.

59) 대판 2007. 8. 23. 2007다28024,28031.

60) 대판 1994. 5. 24. 93다44975.

[945] ## 2. 단기소멸시효

민법은 그 밖에 3년과 1년의 단기소멸시효를 규정한다. 그 취지는, 이러한 채권은 일상 빈번하게 생기는 데다가 액도 많지 않은 것이 보통이고, 또 수령증서도 교부되지 않는 일이 많고, 또한 교부되어도 그다지 오랫동안 보존되지 않는 것이 보통이므로, 단기의 소멸시효에 의하여 법률관계를 신속히 확정하여 분쟁을 억제하기 위해서이다. 유념할 것은, 단기소멸시효기간의 적용을 받는 채권이라도 이에 관하여 준소비대차가 체결된 경우에는 일반시효기간의 적용을 받는다.[61)]

단기소멸시효를 규정한 취지는 타당하다. 그러나 채권자가 소액의 채권에 관하여 번잡한 재판절차를 이용하는 것은 매우 곤란할 뿐만 아니라, 이러한 채권자 중에는 자력이 없어서 다액의 비용을 요하는 재판절차에 호소하는 것이 불가능한 자도 적지 않다. 따라서 통상의 소송절차와 달리 보다 간이한 절차에 의하여 용이하게 권리를 보호받을 길이 인정되어야 한다. 이러한 점을 고려하여 「소액사건심판법」이 제정되어, 소액(訴價 2천만원 이하)의 민사사건을 간이한 절차에 따라 신속하게 처리하는 길이 열렸다. 이러한 제도가 없으면 단기 소멸시효제도는 결국 파행적인 제도로 되고 말 염려가 있다.

(1) 3년의 소멸시효에 걸리는 권리 다음의 7종이 있다.

(가) 이자, 부양료, 급료, 사용료 기타 1년 이내의 기간으로 정한 금전 또는 물건의 지급을 목적으로 하는 채권(163조 1호). 1년 이내의 기간으로 정한 채권이란 1년 이내의 정기로 지급되는 채권이라는 뜻이고, 변제기가 1년 이내의 채권이라는 뜻은 아니다.[62)] 변제기 이후에 지급하는 지연이자는 금전채무의 이행을 지체함으로 인한 손해배상금이지 이자가 아니고, 또 민법 제163조 제1호 소정의 1년 이내의 기간으로 정한 채권도 아니므로, 단기소멸시효의 대상이 되지 않는다.[63)]

(나) 의사, 조산사, 간호사 및 약사의 치료·근로 및 조제에 관한 채권(동조 2호). 의사가 아니라 종합병원 혹은 의료법인과 사이에 의료관계가 성립한 경우에도 이에 해당한다(입원의 경우 진료비청구권의 기산점은 앞에서 소개하였음([938])).

(다) 도급받은 자, 技師 기타 공사의 설계 또는 감독에 종사하는 자의 공사에 관한 채권(동조 3호)[64)]

---

61) 대판 1981. 12. 22. 80다1363[공 674, 170].

62) 대판 1996. 9. 20. 96다25302(이자채권도 1년 이내의 정기에 지급하기로 한 것이 아닌 이상 이 규정이 적용되지 않는다); 대판 2007. 2. 22. 2005다65821(집합건물의 관리비채권은 이에 해당한다); 대판 1975. 2. 16. 64다1731; 대판 1966. 9. 20. 65다2506[집 14-3, 민 30].

63) 대판 1989. 2. 28. 88다카214. 그 외에 금융리스에서의 리스료는 여기에 해당하지 않는다(대판 2001. 6. 12. 99다1949).

64) 건축물의 설계에 관한 우수현상광고에서 우수작으로 판정된 당선자가 광고주에 대하여 가지는 (기본 및 실시)설계계약 체결청구권, 그리고 그 계약이 체결되었을 경우에 취득하게 될 계약상의 권리

(라) 변호사, 변리사, 공증인, 공인회계사 및 법무사에 대한 직무상 보관한 서류의 반환을 청구하는 채권(동조 4호). 다만 변호사가 받은 서류의 소유권이 의뢰인에게 속하고, 의뢰인이 그 소유권에 기하여 반환청구를 하는 때에는, 이 반환청구권은 위에 말한 바와 같이 소멸시효에 걸리지 않으므로([929] 참조), 본조의 적용범위 외로 된다.

(마) 변호사, 변리사, 공증인, 공인회계사 및 법무사의 직무에 관한 채권(동조 5호)

(바) 생산자 및 상인이 판매한 생산물 및 상품의 대가(동조 6호)[65]

(사) 수공업자 및 제조자의 업무에 관한 채권(동조 7호)

(2) 1년의 소멸시효에 걸리는 채권 다음의 4종이 있다.

(가) 여관, 음식점, 貸席, 오락장의 숙박료, 음식료, 貸席料, 입장료, 소비물의 대가 및 替當金의 채권(164조 1호). 체당금이란 뒤에 돌려받기로 하고 타인을 위하여 채무변제로서 대신 지급하는 금전을 뜻한다. 체당금은 이러한 영업자가 체당한 경우에 한한다. 제3자가 체당하여 지급한 경우는 포함되지 않는다.

(나) 의복, 침구, 葬具 기타 동산의 사용료의 채권(동조 2호)[66]

(다) 노역인, 연예인의 임금 및 그에 공급한 물건의 대금채권(동조 3호)

(라) 학생 및 수업자의 교육, 의식 및 유숙에 관한 교주, 塾主, 교사의 채권(동조 4호)

3. 특별법에 기한 권리 [946]

(1) 상법(동법 64조 — 5년) · 예산회계법(동법 96조 — 5년) · 지방재정법(동법 69조 — 5년) 등은 각기 그 법의 적용을 받는 권리에 대하여 별도의 소멸시효기간을 규정한다. 이러한 규정은 민법상의 시효기간 규정에 대한 특별법이므로, 각 특별법상의 권리에는 이러한 규정이 적용된다.

(2) 그러면 특별법상의 권리가 민법상의 단기시효기간의 적용을 받는 것인 때에도 「특별법 우선의 원칙」에 의하여 특별법상의 시효기간 규정이 적용되는가? 즉 예컨대 생산물을 판매한 생산자가 상인인 경우에, 그의 대금채권에는 민법상의 단기시효기간

는 여기에서의 「설계에 종사하는 자의 공사에 관한 채권」에 해당하고, 따라서 위의 설계계약 체결의무의 불이행으로 인한 손해배상청구권의 소멸시효에도 이 규정이 적용된다(대판 2005. 1. 14. 2002다57119). 하도급받은 공사를 시행하던 도중에 폭우로 인하여 침수된 지하 공사장과 붕괴된 토류벽을 복구하는 데 소요된 복구공사대금채권은 여기에 해당한다(대판 1994. 10. 14. 94다17185).

65) 여기에서의 「상인이 판매한 상품의 대가」란 상품의 매매로 인한 대금 그 자체의 채권만을 말하는 것으로서, 상품의 공급 자체와 등가성 있는 청구권에 한한다. 그런데 위탁매매에 있어서 위탁자의 위탁상품 공급으로 인한 위탁매매인에 대한 이득상환청구권이나 이행담보책임 이행청구권은 위탁자의 위탁매매인에 대한 상품공급과 서로 대가관계에 있지 아니하여 등가성이 없으므로, 이에 해당하지 않는다(대판 1996. 1. 23. 95다39854).

66) 대판 1967. 6. 27, 67다767[요지 제164조, 3](영화필름 사용료채권은 동산인 필름의 사용료채권으로서 여기에서의 기타 동산의 사용료채권으로 볼 수 있다).

에 관한 규정(163조 6호, 1년)이 아니라 상법의 적용을 받는가(따라서 5년. 그 외에 예컨대 국가기관에 판매한 물품의 대금채권에는 민법 163조 6호(3년)가 아니라 예산회계법 96조(5년)가 적용되는가)? 단기소멸시효를 둔 취지는 빈번히 발생하고 금액도 크지 않은 채권에 관해서는 법률관계를 신속히 확정하는 것이 타당하다는데 기한 것이다. 이러한 취지에서 볼 때 그와 같은 특성을 가진 채권인 한 당사자가 누구이건(즉 채권자 혹은 채무자가 상인이건 혹은 국가 또는 지방자치단체이건 불문하고) 이러한 규정을 적용하는 것이 타당할 것이다. 그러므로 민법상의 단기소멸시효기간이 특별법상의 일반적 시효기간보다 단기인 때에는 민법의 규정이 적용된다고 할 것이다.[67] 상법 제64조 단서는 「다른 법령에 이보다 단기의 시효의 규정이 있는 때에는 그 규정에 의한다」고 규정함으로써 이러한 점을 명언한다. 그러나 이러한 명문규정이 없더라도(앞서 말한 예산회계법 · 지방재정법 등이 그러하다) 마찬가지로 해석해야 할 것이다

[947] 4. 판결 등으로 확정된 권리

(1) 「판결에 의하여 확정된 채권은 단기의 소멸시효에 해당한 것이라도 그 소멸시효는 10년으로 한다」(165조 1항).

(가) 소송을 제기하면 소멸시효는 중단되지만, 확정판결이 내려지면 그 권리에 관해서 다시 소멸시효가 진행한다(178조 2항). 그런데 이때에는 그 권리가 단기의 소멸시효에 걸리는 것이었더라도 소멸시효기간이 10년으로 된다(여기에서의 단기의 소멸시효에 걸리는 권리에는 163조 혹은 164조의 적용을 받는 것(즉 시효기간이 1년 혹은 3년)만이 아니고, 상법 혹은 예산회계법 등의 적용을 받는 것(즉 시효기간이 5년)도 포함되고, 그리하여 이들의 시효기간이 모두 10년으로 된다). 이는 판결로 인하여 채권의 성질이 변하는 것은 아니지만, 단기의 소멸시효로 할 이유가 없다는 점에 기한 것이다. 판례도 그 취지를 위와 같이 판시한다.[68]

(나) 그 밖에 파산절차에 의하여 확정된 채권, 재판상의 화해 · 조정 기타 판결과 동일한 효력을 가지는 것(청구의 포기 또는 認諾의 조서에의 기재(민소법 206조) · 지급명령의 확정(민소법 445조) 등)에 의하여 확정된 채권도, 원래는 단기의 소멸시효에 해당한 것이라도 그 기간은 10년으로 된다(165조 2항).

(다) 그러나 「판결확정 당시에 변제기가 도래하지 아니한 채권」에는 위의 규정은 적용되지 않는다(165조 3항). 따라서 예컨대 단기의 소멸시효의 적용을 받는 기한부 채권에 관하여 기한이 도래하기 전에 확정판결을 얻은 경우에는 여전히 단기의 소멸시효가 적용된다(이러한 예는 채무의 이행기가 도래하지 않아 채권자가 이행청구의 소가 아니라 채무존재확인의 소를 제기한 경우에 생길 것이다).

[948] (2) 위의 규정의 적용범위와 관련하여 문제가 되는 점으로,

(가) 우선 인적 범위로서, 판례는 위 규정은 판결 등의 당사자 사이에 관한 것이고,

67) 대판 1966. 6. 28. 66다790(상인이 판매한 생산물의 대가); 대판 1967. 7. 4. 67다751[집 15-2, 민 143](국가에 대한 차임청구권); 대판 1977. 12. 13. 77다1048[집 25-3, 민 360](지방자치단체와 체결한 공사금채권); 대판 1980. 6. 24. 80다943(지방자치단체와 체결된 공사계약에 따른 인건비 및 공사감독비).

68) 대판 2006. 8. 24. 2004다26287,26294.

따라서 채권자와 주채무자 사이의 판결에 의하여 채권자와 보증인 사이의 채권의 소멸시효기간은 영향을 받지 않고 여전히 종전의 소멸시효기간에 의한다고 한다. 즉 제440조는 제169조에 대한 예외를 인정한 것으로, 이는 보증채무의 부종성에 기인한 당연한 법리를 선언한 것이 아니라 채권자보호를 위하여 마련한 특별조항인바, 따라서 제440조의 해석에서는 가급적 문언에 충실해야 한다. 그런데 이의 문언상 의미는 주채무자에 대한 시효중단의 사유가 발생하였을 때는 그 보증인에 대한 별도의 중단조치가 이루어지지 아니하여도 동시에 시효중단의 효력이 생기도록 한 것에 불과하고, 중단된 이후의 시효기간까지 당연히 보증인에게도 그 효력이 미친다고 하는 취지는 아니라는 것이다. 이에 의하면 예컨대 은행 갑이 을회사에게 금전을 대출하였고(변제기는 1974. 4. 30.이고, 을이 상인이므로 소멸시효기간은 5년) 병과 정이 을의 채무를 연대보증하였는데, 을이 대출금을 지체하자 갑이 을 및 병을 상대로 가집행선고부 지급명령을 받은 경우에(1975. 5. 7. 확정되었음), 제165조는 단지 갑의 을 및 병에 대한 채권에만 적용되고, 따라서 그의 정에 대한 채권의 시효기간은 여전히 5년이 된다.[69]

그 외에 유치권의 피담보채권의 소멸시효기간이 확정판결 등에 의하여 10년으로 연장된 경우에, 유치권이 존재했던 부동산을 매수한 자는 비록 지급명령의 당사자가 아니지만, 그에 따른 시효기간 연장의 효과를 부정하고 종전의 단기소멸시효를 원용할 수 없다고 한다.[70]

(나) 물적 범위로서, 위 규정은 단기소멸시효기간의 적용을 받는 권리에 관하여 적용될 뿐이고, 그보다 장기의 소멸시효기간을 10년으로 단축한다는 뜻은 아니다.[71]

---

69) 대판 1986. 11. 25. 86다카1569(본문의 사례는 이의 사안임); 앞의 2004다26287,26294(이 판결의 내용으로는 그 외에 [962] 주 32 참조). 이러한 판례에 대한 비판으로서, 양창수, 주채무자에 대한 판결의 확정과 보증채무의 소멸시효기간, 판례월보 201호(1987. 6.), 55면 이하; 이공현, 확정판결에 의한 주채무의 소멸시효기간의 연장과 보증채무의 시효기간, 민사판례연구 10권(1988), 36면 이하 등은, 제440조의 취지에서 볼 때 시효의 중단뿐만 아니라 시효기간의 연장도 보증인에게 미치도록 하는 것이 타당하다고 한다.

70) 대판 2009. 9. 24. 2009다39530. 이의 사안은, 갑이 건물의 보수공사를 시행하여 하수급인 을이 갑에 대하여 공사대금채권을 가지게 되었고 을이 이 채권에 관하여 지급명령을 받았는데, 그후 위 건물에 설정되었던 저당권이 실행되어 그 경매절차에서 병이 위 건물의 소유권을 취득하고 건물 내 현장사무실에서 숙식하고 있던 을의 직원을 강제로 쫓아내고 을의 건물출입을 막았다. 이에 을이 병을 상대로 점유회수의 소를 제기하여 승소판결을 받고 병으로부터 위 건물의 점유를 반환받았다. 그러자 병이 다시, 을의 물품대금채권은 단기의 시효기간(제163조 6호에 의하여 3년)의 경과로 소멸시효가 완성되었다고 하면서 이를 담보하기 위한 유치권의 부존재확인소송을 제기한 것이다. 이에 대하여 판결은 본문과 같이 판시하여, 병의 주장을 배척하였다.

71) 대판 1980. 6. 24. 80다943[집 28-2, 민72].

제2항 소멸시효의 중단

[949] ### I. 총 설

1. 중단의 의의

소멸시효의 중단이란 소멸시효가 진행을 멈추고, 이미 경과된 소멸시효기간이 전혀 효력을 잃게 되는 것이다. 이는 소멸시효의 기초인 사실상태와 맞지 않는 사실이 생긴 경우에 일어난다. 시효의 중단은 다음에 설명하는 시효의 정지와 더불어, 시효완성의 장해라고 불린다.

이러한 시효의 중단은 소멸시효에 한하지 않고 취득시효에 관해서도 있게 된다. 민법은 제168조 이하에서 소멸시효의 중단을 상세히 규정하고, 이것을 취득시효에 준용하고 있다(247조 2항). — 그러나 소멸시효의 중단사유가 취득시효에 전적으로 그대로 타당하지는 않다. 예컨대 전자에 속하는 것 중에서도 파산절차참가 · 지급명령 · 임의출석 · 압류 및 가압류 등은 취득시효의 중단사유가 아니다. 그리고 취득시효에 고유한 중단사유도 있다(자주점유의 상실 · 등기명의의 상실 등).

[950] #### 2. 중단사유 총설

민법은 소멸시효 중단의 사유로서, (i) 청구, (ii) 압류 · 가압류 또는 가처분, (iii) 승인의 셋을 들고(168조), 청구에 속하는 것으로서 6가지를 들고 있다(170-176조). 이러한 행위가 소멸시효 중단의 효력을 가지는 근본이유는, 청구자에 의하여 진실한 권리가 주장되거나((i), (ii)), 또는 의무자에 의하여 진실한 권리가 확인됨으로써((iii)), 소멸시효의 기초였던 「사실상태의 계속」이 깨뜨려졌기 때문이다.

중단사유의 이러한 취지, 그리고 소멸시효제도는 사회질서의 안정뿐만 아니라 선량한 의무자의 보호도 그 존재이유로 한다는 점을 고려할 때, 중단사유에 관한 규정을 적당한 범위에서 확장해석함이 타당할 것이다. 판례 역시 이러한 점을 명언한다.[1)]

---

1) 대판 1975. 7. 8. 74다178; 대판 1995. 5. 12. 94다24336 등은, 「소멸시효제도 특히 시효중단제도는 그 제도의 취지에 비추어 볼 때 이에 관한 기산점이나 만료점은 원권리자를 위하여 너그럽게 해석하는 것이 상당하다」고 한다. 이 판결의 구체적 내용은 최고 부분에서 소개한다([961]의 주 27, 28 참조).

Ⅱ. 청 구(168조 1호) [951]

청구란 권리자가 소멸시효로 인하여 이익을 얻는 자에 대하여 그 권리내용을 주장하는 재판상 및 재판외의 행위를 총칭하는 것이다. 그러나 중단의 효력을 발생하기 위해서는 각각 일정한 요건이 필요하다.

1. 재판상의 청구(170조)

(1) 재판상의 청구는 보통으로는 소를 제기하는 것을 뜻한다. 그러나 중단사유로서의 재판상 청구에는 후술하는 바와 같이 상대방이 제기한 소에 응소하는 것도 포함되는 경우가 있다. 따라서 정확하게 말한다면, 재판에서 권리의 존재를 주장하는 것을 뜻한다고 할 것이다.

㈎ 제기되는 소의 종류는 묻지 않는다.

ⓐ 이행(급부)의 소 · 확인의 소 · 형성의 소의 어느 것이든지 좋다. 매도인이 매수인에 대하여 제기한 대금지급청구의 소, 피해자의 가해자에 대한 손해배상청구의 소 등과 같은 이행의 소가 가장 보통이다. 그러나 권리자가 그 권리를 행사할 수는 없어도 권리의 확인을 구할 수 있는 경우에(예컨대 채권 위에 질권이 설정된 경우에, 채권자는 채권을 행사(청구)하지는 못하나 채권존재의 확인의 소를 제기할 수는 있다), 이 확인의 소도 중단의 효력을 가진다. 또 형성의 소에 의하여도 중단의 효력이 생긴다. 예컨대 경계확인의 소를 제기하면 그것에 의하여 소유권의 존재 자체가 확정되는 것은 어니지만, 이 소를 제기함으로써 상대방(인접지 소유자)의 취득시효를 중단하게 된다.

ⓑ 소는 본소이든 반소이든 묻지 않는다.

㈏ 중단되는 권리 자체를 행사하는 소에 한하지는 않고, 그것을 당연한 기초로 하는 것에 확정하여 해석함이 타당할 것이다. 판례도 시효취득에 준용되는 시효중단사유인 제168조, 제170조의 재판상 청구에는 시효취득의 대상인 목적물의 인도 내지는 소유권존부확인이나 소유권에 관한 등기청구소송은 말할 것도 없고, 소유권 침해의 경우에 그 소유권을 기초로 하여 제기하는 방해배제 및 손해배상 혹은 부당이득반환청구소송도 이에 포함된다고 한다.[2] 즉 예컨대 갑 명의의 토지를 을이 장기간 점유하여 취득시효를 주장하는 경우에, 갑이 그 이전에 을에 대하여 점유로 인한 부당이득반환을 청구한 바 있으면 이에 의하여 을의 시효가 중단된다.[3]

---

2) 대판 1979. 7. 10. 79다569; 대판 1995. 10. 13. 95다33047; 대판 1997. 4. 25. 96다46484.

3) 대판 1997. 3. 14. 96다55211. 이는 갑의 토지를 市가 오래 전부터 도로로서 점유 사용해 왔으며 그리하여 市가 시효취득을 주장한데 대하여, 갑이 市에 부당이득반환청구소송을 제기함으로써 시효가 중단되었다고 하였다.

(다) 채무의 이행기 이전 즉 소멸시효가 진행을 개시하기 전부터 채권이 소송에 係屬되어 있는 경우에는, 소송 중에 이행기가 도래하여도 확정판결까지는 중단된다고 할 것이다(단지 시효가 진행되지 않는 것이 아님).

[952] (2) 문제되는 경우 시효중단의 효력이 있는지 다투어지는 경우를 살펴보면,

(가) 行政訴訟 등 행정소송이나 행정소원은 행정청 또는 그 소속기관의 위법한 행정처분의 취소 또는 변경을 구하는 것을 직접의 목적으로 하는 것이고 사법상의 권리의 행사는 아니므로, 중단사유가 되지 않는다.[4] 그러나 과세처분의 무효확인 또는 취소를 구하는 행정소송은 그 무효인 과세처분에 따라 납부한 잘못된 세금(誤納金)에 대한 민사상의 부당이득반환청구권의 소멸시효를 중단하는 효력이 있다. 왜냐하면 과세처분 취소의 소는 오납한 조세에 대한 부당이득반환청구권을 실현하기 위한 수단이기 때문이다.[5] 그리고 파면처분 무효확인의 소는 보수금채권을 실현하는 수단이므로, 그러한 소의 제기에 의하여 보수금채권에 대한 시효가 중단된다.[6]

[953] (나) 應 訴 권리자가 소를 제기한 경우가 아니라, 소멸시효에 의하여 이익을 얻을 자(대부분 의무자)가 제기한 소에 응소하여 권리를 주장하는 경우에도 시효중단의 효력을 가지는가? 일부 견해는 응소에도 일반적으로 중단의 효력을 인정함이 타당하다고 한다.[7] 그러나 응소 자체가 권리의 주장을 의미하지는 않고, 또한 소의 제기도 문제되는 권리의 행사에 관한 것만이 중단사유로 되는 점에 비추어 볼 때, 일반적으로는 응소에

4) 대판 1979. 2. 13. 78다1500,1501[집 27-1, 106]; 대판 1987. 7. 7. 87다카54[공 807, 1309].

5) 대판(전) 1992. 3. 31. 91다32053[공 920, 1407]. 이 판결은 그외에 그 소송물이 객관적인 조세채무의 존부확인으로서 실질적으로 민사소송인 채무부존재 확인의 소와 유사하다는 점, 과세처분의 유효 여부는 그 과세처분으로 납부한 조세에 대한 환급청구권의 존부와 표리의 관계에 있으므로 양자는 실질적으로 동일당사자인 조세부과권자와 납세의무자 사이의 양면적 법률관계라고 볼 수 있다는 점 등도 그 근거로 제시한다. 동지 판례로는 대판 2010. 9. 30. 2010다49540.

6) 대판 1978. 4. 11. 77다2509; 대판 1994. 5. 10. 93다21606. 77다2509의 사안은 교육공무원인 갑이 파면처분을 받고 이의 무효확인의 소를 제기하였으며, 여기에서 승소판결이 확정되자 다시 위 파면처분시부터 지급받지 못했던 보수금의 지급을 구하는 소를 제기한 경우이다. 판결은 보수금채권은 고용관계의 존재를 전제로 하여 발생하는 것이고, 파면처분 무효확인의 소는 고용관계라고 하는 기본적 법률관계로부터 발생하는 보수금채권을 실현하는 수단이라는 성질을 가진다는 이유에서 이를 긍정한다. 그러나 대판 1990. 8. 14. 90누2024[공 881, 1972]은, 파면처분의 무효확인의 소는 퇴직급여청구권의 소멸시효의 중단사유가 되지는 않는다고 한다. 이 판결은 그러한 소는 퇴직급여금청구권의 전제가 되는 공무원 신분의 소멸과는 정반대로 그 신분의 존속을 주장하는 것이므로 이는 퇴직급여청구권을 행사하기 위한 전제가 되거나 이를 실현하는 수단이 되지 않는다는 점을 근거로 한다. 그러나 이는 의문이다. 보수금채권과 퇴직금채권은 모두 파면처분의 무효로 인하여 발생하는 것으로서, 동일하게 취급해야 하지 않을까? 최정수, 파업처분 무효 확인청구의 소가 퇴직급여청구권에 대한 소멸시효중단사유에 해당되는지 여부, 대법원판례해설 14호(1991), 403면 이하도 이 판결에 대하여 비판적이다.

7) 김주수/김상용 510면; 장경학, 722면; 윤진수, 민법주해 Ⅲ, 500면.

시효중단의 효력을 인정하지 않고, 채무자(원고)의 채권부존재 확인의 소와 같이 소극적 확인소송에서 채권자(피고)가 권리의 존재를 주장한 경우에 한하여 이를 인정하는 것이 타당할 것이다.[8] 판례도 이러한 입장이다.[9] 다만 단순히 응소만으로 시효중단의 효과가 발생하는 것은 아니고, 변론주의 원칙상 응소행위로서 시효가 중단되었다고 주장하였어야 한다.[10] 그 외에 판례는 물상보증인[11] 혹은 제3취득자[12]와 같이 직접 의무를 부담하지는 않는 자가 권리자를 상대로 제기한 소송에서 권리자가 권리를 주장하는 응소행위는 시효중단의 효과가 없다고 한다.[13] 그러나 이는 의문이다. 이 경우에는 권

8) 김용한, 465면. 고상용, 691면도 이와 같은 입장이라고 할 수 있다.

9) 대판(전) 1993. 12. 21. 92다47861. 이의 사안은, 갑이 을로부터 금전을 차용하고(변제기 1976. 12. 11.) 그 담보로서 X부동산에 근저당권을 설정하였는데, 1981년에 갑이 을을 상대로 피담보채권인 대여금채권의 부존재를 이유로 위 근저당권설정등기의 말소를 소구하였으며, 이에 을이 적극적으로 응소하여 대여금채권의 존재를 주장하여 결국 1982. 12. 14. 갑의 패소판결이 확정되었다. 그런데 1991. 11. 21. 을이 위 근저당권의 실행으로 X부동산에 대한 경매를 신청하자, 갑이 다시 을을 상대로 대여금채무의 부존재확인 및 이를 전제로 한 근저당권설정등기의 말소 등을 소구하였으며, 이에 을은 앞의 소송에서의 응소행위에 의하여 소멸시효의 진행이 중단되었다가 원고패소판결이 확정된 1982. 12. 14.부터 새로이 그 시효(기간 10년)가 진행된다고 항변하였다. 이에 대하여 판결은 「권리자가 시효를 주장하는 자로부터 제소당하여 직접 응소행위로서 상대방의 청구를 적극적으로 다투면서 자신의 권리를 주장하는 것은 자신이 권리 위에 잠자는 자가 아님을 표명한 것에 다름 아닐 뿐만 아니라, 계속된 사실상태와 상용할 수 없는 다른 사정이 발생한 때로 보아야 할 것」이라고 하여, 을의 항변을 받아들였다. 취득시효에 관한 대판 1997. 2. 28. 96다26190; 대판 2003. 6. 13. 2003다17927,17934 등도 이와 같은 취지이다.

10) 대판 1997. 2. 28. 96다26190; 대판 2003. 6. 13. 2003다17927,17934.

11) 대판 2004. 1. 16. 2003다30890. 이의 사안은, 갑이 채무자 A의 채권자 을에 대한 채무를 담보하기 위하여 자신의 부동산에 근저당권을 설정하였는데, 그 후 5년이 지나 갑이 피담보채무가 시효로 소멸하였음을 이유로 근저당권등기의 말소를 청구한 경우로서, 판결은 물상보증인은 피담보채권의 소멸에 의하여 직접 이익을 받으므로 소멸시효의 완성을 주장할 수 있지만, 채권자에 대하여는 아무런 채무도 부담하고 있지 아니하므로, 물상보증인이 제기한 이 소송에서 을이 청구기각의 판결을 구하고 피담보채권의 존재를 주장하였다고 하더라도 이로써 직접 채무자에 대하여 재판상 청구를 한 것으로 볼 수는 없으므로 중단사유인 청구에 해당하지 않는다고 하였다.

12) 대판 2007. 1. 11. 2006다33364. 이의 사안은 A 소유의 부동산에 갑 명의의 담보가등기가 경료되어 있는데, 을이 이를 취득하고 갑을 상대로 위 가등기가 허위의 매매계약에 기하여 마쳐진 것이라는 이유로 이의 말소를 구하는 소송을 제기하였으며, 갑이 이에 응소하여 위 가등기는 자신의 C에 대한 대여금채권을 담보하기 위한 것으로서 C에 대한 채권이 존재한다고 주장하여 승소하였다. 그런데 을은 그후 갑의 C에 대한 대여금채권이 소멸시효 완성으로 소멸되었음을 이유로 갑에 대하여 가등기(및 가등기에 기하여 경료된 본등기)의 말소를 청구하는 소를 제기하였으며, 이에 대하여 갑이 이전의 응소행위에 의하여 소멸시효가 중단되었다고 항변하였다. 판결은 갑의 항변을 배척하였다.

13) 그 외에, 취득시효에 관한 것이지만, 응소에 중단의 효력을 부인한 것으로 대판 1978. 4. 11. 76다2476[총람 1-2A, 334-16]. 이는 토지소유자 갑이 점유자 을을 상대로 임료 상당의 부당이득반환청구를 구한 소에서 을이 취득시효가 완성되었다고 항변한 경우에, 그 항변은 단지 방어를 함에 그치는 것이고 이로써 취득시효로 인한 소유권이전등기청구권을 행사한 것으로는 볼 수 없으므로, 을의 취득시효 항변이 소멸시효 중단사유인 재판상 청구에 해당한다고 볼 수 없다고 하였다. 또 취득시효에 관한 것으로는 대판 1979. 6. 12. 79다573(이는 원고가 취득시효를 주장하여 소유권이전등기를 구한 소송에서 피고가 원고의 주장사실을 부인하고 목적부동산이 피고의 소유라고 주장한 경우).

리의 존부 자체가 분쟁의 초점이고, 또한 중단사유의 취지인 권리의 행사가 있었으므로, 시효중단의 효력을 인정하는 것이 타당하지 않을까? 특히 이는 기판력이 당사자 이외에도 미친다고 하는 판례와 균형이 맞지 않는 것이 아닐까?

[954] (다) **일부청구** 채권자가 채권의 일부만을 재판상 청구한 경우에, 채권의 나머지 부분에도 중단의 효력이 미치는가? 판례는 원칙적으로 이를 부인하고,[14] 다만 청구취지로 보아 채권 전부에 관하여 판결을 구하는 것으로 해석되는 경우에는 그 전부에 관하여 중단의 효력이 미친다고 한다.[15] 실제로 후자와 같이 전부에 관하여 중단의 효력을 인정한 경우는 불법행위로 인하여 상해를 입은 자가 일정액의 손해배상청구소송을 제기하면서, 앞으로 시행될 법원의 신체감정결과에 따라 청구액을 확장할 뜻을 표시한 경우이다. 이에 대하여 일부의 청구에 의하여 권리의 존재는 밝혀진 것이므로, 중단사유의 취지를 고려할 때 이를 긍정하는 것이 타당하다는 견해가 있다.[16] 그러나 일부청구임에도 채권 전부에 대한 시효중단을 인정하게 되면 권리의 존부를 시험하기 위하여 일부청구를 한 자에게 과도한 보호를 주는 것이 아닐까? 따라서 판례와 마찬가지로 채권 전부의 내용을 알지 못하여 부득이 일부청구를 하는 경우에 한하여 이를 인정하는 것이 타당하지 않을까?[17]

[955] (3) 중단의 시기 및 탈락

(가) 재판상의 청구가 중단의 효력을 발생하는 시기는 소를 제기한 때이며, 訴狀이 상대방에게 송달된 때가 아니다(민소법 265조). 왜냐하면 소의 제기가 있으면 권리의 행사가 있었다고 보아야 할 뿐만 아니라, 송달을 요한다고 하면 법원의 사무지연 때문에 중단의 시기를 잃을 염려가 있기 때문이다. 그리고 응소행위가 시효중단의 효력을 가지는 경우에는, 그 효력은 원고가 피고를 상대로 채무부존재확인의 소(보험계약에 기한 원고의 피고에 대한 보험금지급채무가 존재하지 아니한다는)를 제기한 때로 소급하여 발생하는 것이 아니고 피고가 현실적으로 권리를 행사하여 응소한 때 발생한다.[18]

(나) 소의 각하(소송요건의 흠결을 이유로 한다), 기각(청구가 이유없는 경우에 행해진다) 또는 취하(취하로 간주되는 경우(민소법 268조)를 포함한다)의 경우

14) 대판 1975. 2. 25. 74다1557[집 23-1, 민 79면]. 이는 물품대금채권 중 일부액만의 지급을 소구한 경우이다.

15) 대판 1992. 4. 10. 91다43695; 대판 1992. 12. 8. 92다29924; 대판 2001. 9. 28. 99다72521; 대판 2006. 1. 26. 2005다60017,60024.

16) 윤진수, 505면.

17) 이국성, 손해배상청구소송에서의 일부청구와 시효중단, 인천법조(인천지방변호사회) 창간호(1993), 149면 이하는 판례의 결과에는 찬성하면서, 다만 이러한 판례이론은 일부청구의 경우에 소송물이 채권의 전부인가 아니면 일부인가 하는 소송물 논쟁이라고 비판하고, 시효제도의 취지에서 이 문제를 해결하는 것이 타당하다고 한다.

18) 대판 2005. 12. 23. 2005다59383,59390.

에는, 재판상의 청구는 시효중단의 효력이 생기지 않는다(170조 1항). 그러나 이러한 경우에도, 6개월 이내에 다시 재판상의 청구, 파산절차참가, 압류 또는 가압류 · 가처분을 한 때에는, 최초의 재판상 청구가 있었던 때에 소급하여 시효중단의 효력이 발생한 것으로 본다(170조 2항). 이는 각하 · 기각 · 취하된 소의 제기에 대하여 후술하는 재판 외의 청구인 최고로서의 효력을 인정하는 것이다. 이러한 규정을 둔 이유는, 예컨대 화해 기타의 방법으로 당사자 간의 다툼을 해결하기 위하여 소송을 취하하였으나, 그 방법으로는 원만히 해결되지 않기 때문에 부득이 재차 소를 제기한다든가, 파산절차에 참가한다든가 하는 경우 등을 고려하였기 때문이다.

(4) 재판상 청구의 시효중단에 관한 그 외의 판례를 보면, 기존채권의 지급확보의 방법으로 [956]
수표가 수수된 경우에, 수표금채권과 기존채권은 표리관계에 있으므로, 전자 권리의 소송상 청구는 후자 권리의 소멸시효 중단의 효력이 있다.[19] 그러나 기존채권에 대한 소의 제기는 수표금채권에 대한 소멸시효의 중단사유가 되지 않는다.[20] 양도금지 채권의 양수인은 그 채권을 행사할 권능을 가지지 않으므로, 그에 의한 재판상 청구는 채권의 소멸시효를 중단하지 않는다.[21] 채권의 양수인이 채권양도의 대항요건을 갖추지 못한 상태에서 채무자를 상대로 재판상의 청구를 한 경우에, 그가 비록 채무자에 대하여 채권양도사실(즉 자신이 이제 채권자라는 점)을 대항하지 못한다고 하더라도 이에 의하여 소멸시효가 중단된다.[22] 피해자가 가해자를 상대로 고소하거나 그 고소에 기하여 형사재판이 개시된 경우에, 그 고소나 형사재판은 시효중단사유가 되지 않는다.[23]

2. 파산절차참가(171조) [957]

(1) 이는 채권자가 파산의 배당에 가입하기 위하여 채권을 신고하는 것이다(파산법(구) 201조, 통합도산법 447조). 채권자가 이를 취소하거나 참가의 청구가 각하된 때에는 중단의 효력이 없다.

(2) 민법은 파산절차참가에 관해서는 시효중단의 효력을 명언하면서(그 외에 통합도산법 32조 2호), 파산선고의 신청이 중단의 효력을 가지는지에 관하여 규정하지 않는다. 그러나 이것도 권리의 실행행위인 점에서 파산절차참가와 구별할 이유가 없으므로 긍정해야 한다.

(3) 그 외에 회생절차참가 혹은 개인회생절차참가도 중단의 효력이 있다(통합도산법 32조 1호, 3호. 종래 화의법 41조에 의한 화의절차참가)

(4) 민사집행법에 의한 배당청구도 파산절차의 참가와 동일하게 보아야 하므로, 마찬가지로 중단사유가 된다고 할 것이다.

19) 대판 1961. 11. 9. 4293민상748[집 9, 민 72]; 대판 1999. 6. 11. 99다16378.
20) 대판 1967. 4. 25. 67다75[집 15-1, 민 342]; 대판 1999. 6. 11. 99다16378.
21) 대판 1963. 11. 28. 63다654[총람 179조, 2].
22) 대판 2005. 11. 10. 2005다41818.
23) 대판 1999. 3. 12. 98다18124.

[958] ### 3. 지급명령(172조)

지급명령은 이른바 독촉절차이며(민소법 432조 이하 참조), 보통의 소송절차에 의하지 않고 간이 · 신속하게 채권자로 하여금 그의 권리를 행사케 하기 위하여 인정된 간이한 절차이다. 지급명령이 중단의 효력을 발생하는 시기는 신청한 때(즉 지급명령신청서를 관할법원에 제출한 때)이다. 다만 지급명령이 채무자의 주소불명 등의 이유로 송달되지 않은 경우에는 중단의 효력이 발생하지 않는다(따라서 송달되는 것을 해제조건으로 하여 신청시에 효력을 발생하는 것이다).

지급명령은 채권자가 법정기간 내에 가집행의 신청을 하지 아니함으로 인하여 그 효력을 잃는 때에는 시효중단의 효력이 없다고 규정한다(172조). 이 규정은 구 민사소송법의 독촉절차에 관한 제440조, 제441조의 규정[24)]과 대응하는 것이었는데, 이 조문들이 1990년의 동법의 개정으로 삭제되어 지급명령에 가집행선고를 붙이지 못하게 되었다. 따라서 위 규정은 이제 사문화되고 말았다.

[959] ### 4. 화해를 위한 소환(173조 2문)

(1) 화해(민소법 385조)를 신청하면 소멸시효는 중단된다. 그러나 이 신청을 받은 법원이 화해를 권고하기 위하여 상대방을 소환하였으나 상대방이 출석하지 않거나 또는 출석하더라도 화해가 성립되지 않은 경우에, 화해신청인이 1개월 내에 소를 제기하지 않으면 중단의 효력은 생기지 않는다(173조 전단). 소를 제기하면, 화해를 신청한 시점을 기준으로 하여 시효중단의 효력이 생긴다.

(2) 조정은 재판상의 화해와 같은 효력이 있으므로, 조정신청도 화해신청과 마찬가지로 시효중단의 효력이 있다고 하여야 한다.

[960] ### 5. 임의출석(173조 2문)

제173조 2문은 「임의출석의 경우에 화해가 성립하지 아니한 때에도 그러하다」고 규정하고 있다. 따라서 화해를 위한 소환과 마찬가지로, 임의출석에 의해서도 시효가 중단된다. 또 화해가 성립하지 않을 경우에는 중단의 효과는 부정되나, 1개월 내에 소를 제기함으로써, 출석한 시점을 기준으로 하여 중단의 효력이 인정된다.

임의출석이란 미리 소를 제기함이 없이, 따라서 기일의 지정을 받지도 않고서, 당사자 쌍방이 임의로 법원에 출석하여 소송에 관한 변론을 함으로써 소를 제기하는 방식을 말한다. 민사소송법은 구민사소송법에 있던 이 임의출석제도를 폐기하였으나(그리하여 한때 민법의 본 규정이 사문화되었음), 소액사건심

---

24) 제440조【가집행의 선고】① 채무자가 지급명령의 송달된 날로부터 2주일 내에 이의를 신청하지 아니한 때에는 법원은 채권자의 신청에 의하여 지급명령절차의 비용액을 부기하고 가집행선고를 하여야 한다. 단 그 선고 전에 이의신청이 있는 때에는 예외로 한다.
제441조【지급명령의 실효】채권자가 가집행신청을 할 수 있는 때로부터 30일 내에 신청하지 아니한 때에는 지급명령은 그 효력을 잃는다.

판법이 임의출석에 의한 소의 제기를 인정하고 있다(동법 5조). 또 법원조직법 제34조 1항 2호는 순회판사에게 화해사건에 관한 심판권을 주고 있기 때문에, 임의출석으로 화해기일의 개시를 구할 수 있게 되었다.

6. 최 고(174조) [961]

(1) 최고는 채무자에 대하여 이행을 청구하는 채권자의 의사의 통지이다. 위에 말한 다섯 가지의 청구는 어느 것이나 최고적 성질을 포함하는 것이지만, 민법은 다시 아무런 형식도 갖추지 않는 재판외의 최고를 중단사유로 한다. 이는 우리 민법의 특색이다(독일 · 스위스 · 프랑스의 어느 민법도 인정하지 않는다). 그러나 최고의 중단의 효력은 약하다. 즉 최고 후 6개월 이내에 위에 말한 다섯 가지의 청구 중의 어느 하나 또는 뒤에 말하는 압류 · 가압류 혹은 가처분을 하지 않으면, 중단의 효력이 없다. 최고는 시효기간의 만료가 가까워져서 강력한 중단방법에 호소하려는 경우에 그 예비행동으로서 실익이 있다.

(가) 어떠한 행위가 최고로 인정되느냐? 이것은 결국 해석의 문제이다. 다만 최고는 후일 다시 재판상 청구 기타 명료한 중단사유가 생기는 것을 전제로 하므로, 넓게 해석하는 것이 타당하다. 이런 점에서 일부의 청구, 일부의 상계가 있는 때에도 전부에 대한 최고로 봄이 타당할 것이다. 또 청구의 의사만 나타나면, 상대방이 지체로 되지 않는 경우에도 중단의 효력이 있다고 할 것이다. 예컨대 상대방이 동시이행의 항변권을 가지는 경우에, 자기의 채무의 제공을 하지 않고서 하는 최고도 중단의 효력을 가진다(536조, 460조 참조). 같은 이유로, 어음을 제시하지 않고 하는 최고(어음법 38조)도 중단력이 있다고 할 것이다.

(나) 최고를 여러 번 거듭하다가 재판상 청구를 한 때에는, 최초의 최고를 한 때가 아니고 재판상 청구시에서 제일 가까운 최고를 한 때에 시효중단의 효력이 생긴다(라서 최초의 최고시에는 아직 시효기간이 만료하지 않았으나 마지막 최고시에는 이미 시효기간이 만료한 때에는 소멸시효가 완성된 것으로 된다). 즉 예컨대 갑이 을에 대하여 이행기가 각기 1976. 3. 21.(A) 및 동년 2. 27.(B)인 채권(소멸시효기간은 모두 5년)을 가지고 있는데 갑이 두 채권에 관하여 1981. 1. 29.에 최고를 하고 다시 그해 3. 20.과 7. 25.에 최고를 한 후 1981. 8. 13 본소를 제기한 경우에, 본소제기시로부터 소급하여 6월 이내인 1981. 3. 20.에 한 최고시에 시효중단이 발생하므로 A채권은 이 최고에 의하여 시효중단의 효력이 발생하나, B채권은 그렇지 않다.[25)]

(2) 판례에 나타난 최고의 사례로는, 채권자가 민사소송법 소정의 재산관계 명시신청을 한 경우,[26)] 피해자가 국가배상심의회에 손해배상을 신청한 경우,[27)] 군부대가 사용하던 토지의 소

25) 대판 1970. 3. 10. 69다1151,1152[집 18-1, 189]; 대판 1983. 7. 12. 83다카437[집 31-4, 민 27](본문의 사례는 이 판결 내용임).

26) 대판 1992. 2. 11. 91다41118[공 917, 1003].

27) 대판 1975. 7. 8. 74다178[집 23-2, 민 179].

유자(갑)가 군부대의 철수로 환매의 의사표시를 하였는데(1982. 3. 12.), 이에 기한 이전등기청구소송(1992. 7. 20.)에 앞서서 국방부장관에게 위 토지를 반환해 달라는 취지의 진정서를 제출(1991. 11. 5.)한 경우[28] 등이 있다.[29]

[962] Ⅲ. 압류 · 가압류 · 가처분(168조 2호)

1. 의의 · 효력 등

(1) 압류는 확정판결 기타의 채무명의(집행명의)에 기하여 하는 강제집행행위이며(민집법 24조, 56조, 61조 이하), 가장 강력한 권리의 실행행위이다. 가압류와 가처분은 강제집행이 불능 또는 심히 곤란하게 될 염려가 있는 경우에, 집행기관이 강제집행을 보전하기 위한 수단으로 행하는 것이므로(민집법 276조 이하, 300조 이하), 마찬가지로 권리의 실행행위이다. 그리고 압류 · 가압류 · 가처분은 반드시 재판상의 청구가 있었음을 전제로 하는 것은 아닐 뿐더러, 판결이 있어도 그때부터 다시 새로이 시효가 진행하므로, 이러한 사유를 따로 중단사유로 할 의미가 있는 것이다. ― 강제집행의 한 방법으로 행해지는 강제경매(민집법 83조)에서 뿐만 아니라 담보권 실행을 위한 경매(종래 경매법에 의한 소위 임의경매)에서도 경매개시결정과 동시에 압류명령이 행해지는 바(동법 268조에 의한 83조의 준용), 경매가 시효중단효력을 가지는 것은 위의 규정에 의한 것이다.

(2) 이러한 사유가 중단의 효력을 발생하는 시기는 언제이냐? 집행행위를 하였을 때라고 하는 견해와,[30] 명령을 신청한 때라고 하는 견해가 있다.[31] 위에서 말한 바와 같이 소나 지급명령이, 어느 것이나 송달을 필요로 함에도 불구하고 신청시에 중단력이 생기는 것과 마찬가지의 이유에서, 압류 및 가압류 · 가처분도 명령을 신청한 때 효력을 발생한다고 할 것이다.

(3) 「압류, 가압류 및 가처분은 권리자의 청구에 의하여 또는 법률의 규정에 따르지 아니함으로 인하여 취소된 때에는 시효중단의 효력이 없다」(175조). 채무자의 주소불명 등으로 압류 등의 절차에 착수하지 않은 경우에는 중단의 효력이 생기지 않는 것은 당연하지만, 압류절차를 개시한 이상 비록 압류할 물건이 없기 때문에 집행불능으로 그치더라도 중단의 효력은 생기는 것으로 해석하여야 한다(이설 없음).[32]

---

28) 대판 1995. 5. 12. 94다24336(피고(국가)가 갑의 소 제기가 진정서 제출 후 6월이 지난 시점이므로 중단의 효력이 없다고 주장한데 대하여, 민법 제174조 소정의 6월의 기간은 위 진정에 대한 회신이 있을 때까지는 진행하지 않는다고 한다).

29) 그 외에 대판 2001. 8. 21. 2001다22840; 대판 2003. 5. 13. 2003다16238(이는 압류 부분에서 소개한다).

30) 김기선, 413면; 방순원, 334면.

31) 곽윤직, 575면; 김용한, 472면; 이영섭, 438면; 이영준, 826면.

32) 그 외에 사망한 자를 채무자로 한 처분금지가처분결정은 무효이므로(대판 2002. 4. 26. 2000다

2. 채무자 아닌 자에 대한 압류 등 [963]

「압류, 가압류 및 가처분은 시효의 이익을 받은 자에 대하여 하지 아니한 때에는 이를 그에게 통지한 후가 아니면 시효중단의 효력이 없다」(176조).

(1) 채권자는 권리의 실현을 위하여 채무자 아닌 제3자의 재산을 압류할 수도 있다. (저당)채권자가 물상보증인이 제공한 저당부동산에 경매신청을 하는 경우가 그 대표적 예이다. 그런데 이에 의하여 채무자의 채무가 당연히 시효중단된다고 하게 되면, 채무자는 모르는 가운데 시효중단의 불이익을 받게 되고 때로는 채무의 소멸 등을 주장할 기회도 가지지 못하게 된다. 이 규정은 이러한 채무자의 불이익을 해소하기 위하여 채무자에게 압류사실을 「통지」할 것을 요구한 것이다. 따라서 예컨대 갑이 을에 대한 채권의 담보로서 병의 부동산에 설정해 두었던 저당권을 실행하여 위 부동산에 임의경매를 신청한 경우에, 을에게 압류사실이 통지되어야 을에 대하여도 중단력을 발생한다.

(2) 원래 중단의 효력은 중단행위의 당사자와 그 승계인에게만 미칠 뿐이다. 이런 점에서 이 규정은 중단의 상대적 효력에 대한 예외를 인정한 것이라고도 할 수 있다. 그 취지는 압류 등은 가장 강력한 권리의 실행행위이라는 점에 있다.[33] 그 외에도 이러한 절차는 채무자 아닌 자의 재산에 행해질 여지가 많다는 점도 고려되었을 것이다.

(3) 본조는 「시효의 이익을 『받은』 자」라고 하나, 아직 시효가 완성되지 않은 상태에서 행해지는 것이므로 『받을』이라고 하였어야 한다.[34] 시효이익을 받을 자는 시효의 원용권자와 그 범위가 일치한다.

본조의 또 다른 적용예로는, 채권자(갑)가 채무자(을)의 제3채무자(병)에 대한 채권을 압류한 경우가 있다. 그런데 이 경우에 본조에 의해서 시효중단의 효력이 생기는 것은 갑의 을에 대한 채권에 관해서이고, 을의 병에 대한 채권에 관해서는 확정적인 시효중단의 효력이 생기지 않는다. 다만 갑이 을을 상대로 한 승소판결의 확정에 기하여 그 채권의 실현을 위하여 을의 병에 대한 채권에 관하여 압류 및 추심명령을 받아 그 결정이 병에게 송달되었다면 소멸시효 중단사유인 최고로서의 효력이 인정된다.[35] 채권자가 가분채권의 일부분을 피보전채권으로 주장

30578), 이러한 무효의 가압류는 소멸시효의 중단사유인 가압류에 해당하지 않는다(대판 2006. 8. 24. 2004다26287,26294 — 이의 내용은 전술하였음([948] 주 68). 그 외에 신의칙에 관한 판단은 [981] 주 22 참조.

33) 대판 1990. 1. 12. 89다카4946[집 38-1, 20]). 이런 취지에서 볼 때 여기에서의 「통지」는 압류사실을 채무자가 알 수 있도록 경매개시결정이나 경매기일 통지서가 교부송달의 방법으로 행해졌어야 하고, 단지 우편송달(발송송달)이나 공시송달의 방법에 의하여 채무자에게 송달됨으로써 채무자가 압류사실을 알 수 없었던 경우에는 압류사실이 채무자에게 통지되었다고 볼 수 없다. 동지로서, 대판 1994. 11. 25. 94다26097.

34) 양창수, 물상보증인이 제공한 저당부동산의 임의경매와 피담보채권의 시효중단, 판례월보 244호(1991. 1.), 30면 이하=동, 민법연구 1(1991), 173면 이하.

35) 대판 2003. 5. 13. 2003다16238.

하여 채무자 소유의 재산에 대하여 가압류한 경우에, 그 피보전채권 부분에 한해서 시효중단의 효력이 미친다.[36)]

[964] Ⅳ. 승 인(168조 3호)

1. 의의 등

(1) 승인이란 시효의 이익을 받을 당사자가 시효로 인하여 권리를 잃을 자에 대하여 그 권리가 존재하는 것을 인정한다는 뜻을 표시하는 것이다. 그러한 표시가 있는 때에는 권리관계의 존재가 분명하게 되므로, 이것을 중단사유로 한 것이다.

(2) 승인의 법률상의 성질은 이른바 관념의 통지이다. 따라서 중단하려는 효과의사는 필요치 않다.

(3) 중단사유인 승인은 시효완성 전에 행해지는 것이다. 완성 후에 하는 승인은 시효이익의 포기가 된다. 완성 후에 변제하려는 의사를 표시하는 것이 그것이다. 그러나 시효이익의 포기로서의 승인은 단순한 관념의 통지가 아니라 의사표시이다. 따라서 양자의 성립요건에는 차이가 있다. 즉 전자에서는 단지 권리가 존재한다는 사실을 표시하면 족하나, 후자에서는 나아가 시효이익을 포기한다는 효과의사가 있어야 한다. 그러므로 시효완성 후의 변제를 시효이익의 포기로 해석하기 위해서는 단지 권리의 존재를 인정하는 것으로는 부족하고, 나아가 시효완성사실을 알고 그럼에도 그로 인한 이익을 포기하는 의사로 볼 만한 사정이 있어야 한다(상세는 [986] 참조).

[965] 2. 승인의 방법 등

(1) 승인에는 특별한 방식은 필요치 않다. 따라서 명시적으로 하는 것은 물론 묵시적인 승인도 중단의 효력이 있다. 묵시적 승인의 가장 대표적인 것은 채무자가 채권자에게 이행기를 연기해 달라고 부탁하는 경우(지급유예의 부탁)이다. 그외에 제89조의 최고도 승인으로 된다. 그러나 승인은 채무자가 그 채무의 존재 및 액수를 인식하고 있음을 전제로 하는 것이므로, 묵시적 승인이 있다고 하기 위해서는 채무자가 상대방으로 하여금 자신이 그 채무를 인식하고 있음을 추단케 하는 표시행위가 있어야 한다.[37)]

(2) 승인으로 되기 위해서는 원칙적으로 권리자에 대하여 행해져야 한다. 즉 채무자가 시효의 당사자가 아닌 제3자에 대하여 승인하였다 하여도 이로써 중단의 효력은 생기지 않는다.[38)] 이는 권리자에 대하여 행해진 승인이 있어야만 비로소 권리자의 권리

---

36) 대판 1976. 2. 24. 75다1240.

37) 대판 2005. 2. 17. 2004다59959; 대판 2007. 1. 25. 2006다68940; 대판 2007. 11. 29. 2005다64552; 대판 2010. 4. 29. 2009다99105.

38) 대판 1960. 5. 5. 4292민상672; 전술의 2009다99105.

의 불행사를 시인할 수 있기 때문이다. 이런 의미에서 채무자가 2번 저당권을 설정하는 것은 1번 저당권을 가지는 채권자에 대한 승인이 되지는 않는다.

(3) 「시효중단의 효력 있는 승인에는 상대방의 권리에 관한 처분의 능력이나 권한 있음을 요하지 아니한다」(177조). 즉 그 권리를 처분할 권한 또는 능력이 없는 자의 승인도 중단의 효력이 있다. 이는 승인은 단지 권리의 존재를 인식하여 표시하는 행위이며, 승인자가 시효중단의 불이익을 받는 것은 그의 효과의사에 기한 것은 아니기 때문이다. 이 규정의 반대해석으로 관리의 능력 또는 권한이 없는 자는 승인할 수 없다고 해석해야 할 것이다.[39]

(4) 소멸시효의 중단사유로서 채무자에 의한 채무승인이 있었다는 사실은 이를 주장하는 채권자 측에서 입증하여야 한다.[40]

3. 승인 여부에 관한 판례를 살펴보면, 갑이 행정소송에서 을측 증인으로 출석하여 「을로부 [966]
터 금 3,500만 원을 차용한 사실이 있다」고 진술하였다면 이는 소멸시효중단사유인 채무의 승인에 해당한다.[41] 市(채무자)가 두 차례에 걸쳐 각 일간지에 게재한 청산금 수령 안내공고는 시효이익을 받을 당사자인 채무자가 그 시효의 완성으로 권리를 상실하게 될 자 또는 그 대리인에 대하여 그 권리가 존재함을 인식하고 있다는 뜻을 표시한 것이 아니므로 채무의 승인이라고 볼 수 없다.[42] 당사자 간의 계속적 거래관계(대리점계약관계)에서 단순히 물품을 추가로 주문하고 공급받은 행위는 기왕의 채무의 존부 및 액수에 대한 인식을 묵시적으로 표시하였다고 볼 수 없다.[43] 채무자가 채무 전액에 못미치는 금액을 채무의 일부로 변제한 경우에는 채무 전부에 대하여 승인을 한 것으로 된다.[44] 그리고 면책적 채무인수는 채무의 승인에 해당한다.[45]

39) 대판 1965. 12. 28. 65다2133[집 13-2, 민 321]은, 일반적으로 회사의 경리과장 · 총무과장 또는 출장소장 등은 회사가 부담하고 있는 채무에 관하여 중단사유가 되는 승인을 할 수 없다고 한다. 또 대판 1970. 3. 10. 69다401[집 18-1, 민 187]은, 국가의 채무승인은 이를 할 권한있는 자가 적법한 절차에 의하여 한 것만이 효력을 가진다고 하여, 논산훈련소의 참모장이 피해보상을 해 주겠다고 언약한 것만으로는 국가가 채무를 승인한 것이라고 볼 수 없다고 한다.

40) 대판 2002. 5. 17. 2002다14624; 대판 2005. 2. 17. 2004다59959.

41) 대판 1992. 4. 14. 92다947.

42) 대판 1995. 9. 29. 95다30178. 이 판결은 나아가 승인으로 인한 시효중단의 효력은 그 승인의 통지가 상대방에게 도달하는 때 발생한다고 하고, 따라서 市가 청산금채권자(원고)에게 발송한 청산금 수령 안내문은 그 승인의 통지가 원고에게 도달된 바가 없으므로 승인으로 인한 시효중단의 효력이 발생하지 않는다고 한다.

43) 앞의 2004다59959 및 2006다68940. 그리고 앞의 2009다99105는, 불법행위에 따른 손해배상청구권의 소멸시효 완성 전에 가해자의 보험자가 피해자의 치료비를 자동차손해배상보장법에 따라 의료기관에 직접 지급한 경우에, 보험자가 피해자에 대한 손해배상책임이 있음을 전제로 그 손해배상채무 전체를 승인한 것으로 봄이 상당하다고 한다.

44) 대판 1980. 5. 13. 78다1790[집 28-2, 민 1].

45) 대판 1999. 7. 9. 99다12376. 그 외에 이 판결은 면책적 채무인수는 인수자(갑)가 종래의 채무자(을)와 지위를 교체하는 것으로서, 갑이 새로이 채무관계에 들어서서 을과 동일한 채무를 부담하고 동시에 을은 채무관계에서 탈퇴하여 면책되는 것이므로, 개인이 상사시효의 적용을 받는 채무를 면책적으로 인수한 경우 인수채무의 소멸시효기간은 상사시효의 적용을 받는다고 한다.

[967] ## V. 중단의 효력

1. 상대적 효력

(1) 「시효의 중단은 당사자 및 그 승계인간에만 효력이 있다」(169조). 즉 예컨대 채권자(갑)가 연대보증인(겸 물상보증인)(병) 소유의 담보부동산에 대하여 임의경매를 신청하여 그에 대한 시효가 중단되었더라도, 주채무자(을)에 대하여 시효중단의 조치를 취하지 않은 이상 — 병에 대한 시효중단사유가 있다 하여 — 을의 주채무까지 시효중단되지는 않는다.[46] 그 외에 — 취득시효의 예이지만 — 갑의 소유지를 을 · 병이 공동으로 점유하여 시효취득할 것 같은 때에, 갑이 을에 대해서만 청구를 하면 병에 대하여는 중단의 효력이 없다. 또 갑 · 을의 공유지를 병이 점유하여 시효취득할 것 같은 때에, 병이 갑에 대하여 승인을 하여도 을에 대한 관계에서는 중단으로 되지 않는다.

(가) 당사자라 함은 중단행위에 관여한 자이다. 승계인은 포괄승계인과 특정승계인을 포함한다.

(나) 이 중단의 상대적 효력은 제3자에게 이익을 주지도 불이익을 주지도 않는다.

(2) 그러나 특수한 법률관계에 관해서는 이러한 원칙적 효력에 예외가 인정되는 경우가 있다. 예컨대 어느 연대채무자에 대한 이행청구는 다른 연대채무자에게도 효력이 있는바(416조 참조), 따라서 갑이 연대채무자 을 · 병 중 단지 을에 대해서만 이행청구를 한 경우에, 병에 대하여도 중단의 효력이 있다(그 외에 보증에 관한 440조, 지역권에 관한 295조 2항 등 참조).

> 채권자(갑)의 신청에 의한 경매개시결정에 따라 연대채무자 1인(을)의 소유 부동산이 압류된 경우에, 압류에 의한 시효중단의 효력은 단지 을에게만 미칠 뿐이고 다른 연대채무자(병)에게는 미치지 않으므로, 경매개시결정에 의한 시효중단의 효력을 병에 대하여 주장할 수 없다. 다만 을의 부동산에 대한 갑의 경매신청은 최고로서의 효력을 가지고, 그런데 연대채무자에 대한 이행청구는 다른 연대채무자에게도 효력이 있으므로, 갑이 위 경매신청 후 6월 내에 병을 상대로 재판상 청구를 한 경우에는 병에 대한 채권의 소멸시효도 중단된다.[47]

[968] ### 2. 중단 후의 시효

(1) 시효가 중단된 후에 그 시효의 기초가 되는 사실상태가 다시 계속하는 때에는, 소멸시효는 다시 진행한다. 그러나 이때의 소멸시효는 전혀 새로운 것이므로 기간도 따로 새롭게 계산해야 한다(즉 중단까지에 경과한 시효기간은 산입되지 않고, 새로이 10년 · 20년 등의 시효기간이 지나야 한다).

46) 대판 1994. 1. 11, 93다21477. 다만 이 사안은 갑이 병의 부동산에 임의경매를 신청하면서, 그에 기한 경매개시결정 · 경매기일통지서 등(압류사실)을 을에게 교부송달하지 않고 단지 우편송달한 경우이다. 만약 갑이 압류사실을 을에게 교부송달하였다면, 제176조에 의하여 을에게 시효중단의 효력이 생길 것이었다.

47) 대판 2001. 8. 21, 2001다22840.

(2) 중단한 소멸시효가 다시 진행을 개시하는 시기는 「중단사유가 종료한 때」이다(178조 1항). 즉 ① 재판상의 청구는 재판이 확정된 때(동조 2항), ② 압류 · 가압류 · 가처분은 그 절차가 종료한 때(전부명령은 채권이 존재하는 한, 민집법 227조 2항의 절차가 행하여진 때, 경매절차는 경매대금을 수령한 때), ③ 승인은 승인이 도달한 때이다.

제 3 항 소멸시효의 정지

Ⅰ. 의 의 [969]

1. 소멸시효의 정지란 소멸시효가 완성할 무렵에 권리자가 중단행위를 하는 것이 불가능하거나 또는 대단히 곤란한 사정이 있는 경우에, 소멸시효의 완성을 유예하는 것을 말한다. 정지사유가 종료하고 나서 일정한 유예기간이 경과되면 소멸시효는 완성하므로, 중단과 같이 이미 경과한 기간이 무효가 되는 것은 아니다.

2. 민법은 소멸시효의 정지를 중단과 마찬가지로, 소멸시효에 관하여 규정한다. 그런데 소멸시효의 중단에 관한 규정은 이를 취득시효에도 준용한다는 명문의 규정을 두고 있으나(247조 2항 참조), 소멸시효의 정지에 관한 규정에는 그러한 규정을 두지 않고 있다. 그러나 시효정지제도의 취지를 생각할 때, 취득시효에 한해서만 이것을 배척할 아무런 이유도 없으므로, 소멸시효의 정지에 관한 규정은 취득시효에 유추적용된다 할 것이다(이설 없음).

Ⅱ. 정지사유 [970]

1. 무능력자의 경우

(1) 소멸시효의 기간만료 전 6개월 내에 무능력자의 법정대리인이 없는 때에는, 그가 능력자가 되거나 또는 법정대리인이 취임한 때로부터 6개월 내에는 소멸시효가 완성하지 않는다(179조).

(2) 재산을 관리하는 부 · 모 또는 후견인에 대한 무능력자의 권리는, 그가 능력자가 되거나 또는 후임의 법정대리인이 취임한 때로부터 6개월 내에는 소멸시효가 완성하지 않는다(180조 1항). 무능력자가 이러한 자에 대하여 가지는 권리를 행사하는 것은 극히 곤란하기 때문에 이를 보호하려는 것이다.

2. 부부간의 권리 [971]

부부 일방의 타방에 대한 권리는 혼인관계가 종료한 때로부터 6개월 내에는 소멸시효가 완성하지 않는다(180조 2항). 혼인관계가 계속하고 있는 동안에는 소멸시효 중단의 절차를 밟는 것이 곤란하다는 데 기한 것이다. 혼인관계의 종료에는 이혼은 물론 일방 배우자의 사망이나 혼인의 취소 등도 포함된다.

[972] 3. 상속재산에 관한 권리

상속재산에 속하는 권리나 상속재산에 대한 권리는 상속인의 확정 · 관리인의 선임 또는 파산선고가 있는 때로부터 6개월 내에는 소멸시효가 완성하지 않는다(181조). 본조의 취지는, 상속으로 인하여 권리주체가 변경되는 경우에 누구를 상대로 하여 시효중단의 조치를 취할 것인가가 어렵다는 데 있다.

[973] 4. 천재 · 사변

天災 기타 事變으로 인하여 소멸시효를 중단할 수 없을 것이 요건이다. 기타 사변이란 천재에 비할 수 있는 외부의 장애, 예컨대 폭동 · 전란 등이며, 권리자의 질병 · 부재 등의 주관적인 이유는 포함되지 않는다. 정지의 효과로서, 그 사유가 종료한 때로부터 1개월 이내에는 소멸시효가 완성하지 않는다(182조). 따라서 천재 · 사변이 소멸시효를 정지하는 효력을 가지는 것은, 소멸시효의 완성이 가까워져서 이러한 사유가 생긴 때이다.

제 3 절 소멸시효의 효과

[974] Ⅰ. 소멸시효 완성의 효과

1. 총 설

소멸시효는 권리자가 일정한 기간 권리를 행사하지 않으면 더이상 권리행사를 할 수 없게 하는 제도로 발달한 것이고, 그리하여 소멸시효가 완성하면 채무자는 「급부를 거절할 권리를 가진다」고 규정하거나(독일민법 214조 1항, 그리스민법 272조 1항) 혹은 해석에 의하여 그와 같은 효과를 인정한다(스위스법, 프랑스민법). 그런데 구민법(즉 일본민법)은 「…권은 …년간 이를 행사하지 아니함으로 인하여 소멸한다」(동법 167조)고 규정함으로써, 소멸시효의 효과로서 권리 자체가 소멸한다고 하였다. 민법은 이러한 규정을 삭제하였으나, 소멸시효의 효과를 명확히 규정하지 않은 채 단지 「소멸시효가 완성한다」(162조)고 한다. 이와 같이 소멸시효의 효과에 관하여 민법이 명확한 태도를 취하지 않음으로써, 소멸시효의 효과를 둘러싸고 견해가 대립된다. 즉 다수의 견해는 — 구민법에서와 마찬가지로 — 권리가 당연히 소멸한다고 하고(절대적 소멸설),[1] 이에 대하여 일부 견해는 권리가 당연히 소멸하지는 않고 다만

1) 곽윤직, 581면 이하; 김기선, 387면; 김주수/김상용, 522면; 방순원, 321면; 이근식, 201면; 이영

의무자에게 「권리의 소멸을 주장할 권리」(권리부인권)라는 항변권이 생길 뿐이라고 한다(상대적 소멸설).[2] 다만 이러한 항변권을 행사하면 권리가 소멸한다고 하는 점에서, 대부분의 외국의 이론과는 여전히 차이를 가진다.[3]

구민법은 한편으로는 소멸시효의 효과로서 권리가 소멸한다는 점을 명확히 규정하였으나(동법 167조), 다른 한편으로는 「시효는 당사자가 이를 원용하지 아니하면 재판소는 이에 의하여 재판할 수 없다」(동법 145조) 고 규정하였었다. 소멸시효에 의해서 권리가 소멸한다면 법원은 당사자의 원용이 없더라도 당연히 이를 고려해서 재판해야 하므로, 양 규정은 서로 충돌되는 것이었고, 그리하여 양 규정을 어떻게 조화적으로 해석할 것인가 하는 점을 두고 견해가 분분하였다. 그런데 민법은 한편으로 소멸시효로서 권리가 「소멸한다」는 표현을 없애고 「소멸시효가 완성한다」라고 하고(162조), 다른 한편으로 원용규정을 삭제하였다. 그러나 이번에는 민법규정이 불명확한 점과 더불어 구민법상의 두 규정을 수정 내지 삭제한 취지가 불확실한 점 때문에, 다시 견해가 나뉘게 된 것이다.

소멸시효의 효과에 관한 구민법, 따라서 일본민법의 입법과정을 보면, 우선 일본의 구민법은 프랑스민법을 모범으로 하여 소멸시효를 訴權에 관한 것으로 규정하였었으나, 현행의 일본민법은 독일민법 제1초안을 참조하여 소멸시효를 실체법상의 권리에 관한 것으로 수정하였다. 그런데 독일민법은 민법에 잔존해 있던 소권적 구성을 완전히 씻어버리고 민법을 완전히 실체적 권리의 체계로 구성하였으며, 이러한 과정에서 請求權이라는 새로운 개념을 만들어내고, 소멸시효를 청구권에 관한 것으로 하였다. 그러나 일본민법 제정자는 독일민법을 받아들임에 있어서, 실체법적 구성에서의 소권과 실체적 권리의 연결고리인 청구권 개념을 채용치 않은 채, 소멸시효에 의하여 권리 자체가 소멸한다고 규정하였던 것이다(즉 프랑스민법이 「소권」이 「소멸」된다고 한 것에 대하여, 일본민법은 단지 「소권」을 「권리」로 바꾸고는 그 외의 규정(즉 원용규정)은 그대로 답습한 것이다). 그리하여 일본민법은 다른 입법례에서는 찾아볼 수 없는 특이한 — 어찌 보면 기형적인 — 규정을 가지게 된 것이다.[4]

2. 권리의 소멸 여부 [975]

(1) 먼저 각 견해의 내용과 근거를 살펴보면,

(가) 절대적 소멸설 이는 소멸시효 완성의 효과로 권리가 당연히 소멸한다고 하

섭, 420면; 이영준, 834면; 장경학, 730면 이하.

2) 김상용, 722면; 김용한, 482면; 이태재, 388면; 윤진수, 480면 이하; 최종길, 소멸시효완성과 시효의 원용, 법조 17권 7호(1968. 7.), 51면 이하. 그 외에 고상용, 764면은 원칙적으로 이 입장에 서면서, 단기소멸시효의 경우에는 권리가 절대적으로 소멸한다고 한다.

3) 그 외에 이중 어느 견해에도 속하지 않는 견해가 있다. 그 하나는, 시효완성은 하나의 증거방법에 불과하고, 따라서 모든 소송법상의 증거와 같이 소송에서 소송당사자가 이것을 제출 원용하여야만 법원은 이를 증거로 하여 재판할 수 있다고 하는 것이고(정범석, 286면), 다른 하나는, 소멸시효의 완성으로 말미암아 청구권 소멸의 법정증거가 성립하여, 그것을 청구권에 대한 항변권으로서 행사하기 위해서는 원용이 있어야 한다고 한다(최식, 민법총론, 369면). 전자는 소멸시효의 완성으로 권리소멸의 법정 증거가 성립하는 것으로 보는 점에서 절대적 소멸설에 가깝고, 후자는 원용이 있어야 한다고 하는 점에서 상대적 소멸설에 가깝다.

4) 川島武宜, 民法總則, 昭40년(1965), 432면. 일본민법의 입법과정에 관해서는 김학동, 소멸시효에 관한 입법론적 고찰, 민사법학 11 · 12호(1995), 61면 이하.

는 견해이다. 이 견해는 우선 법적 근거로서, 민법이 구민법에서의 시효원용에 관한 규정을 삭제한 것을 든다. 즉 민법도 구민법에서와 같이 소멸시효로 인하여 권리가 소멸한다고 보았기 때문에, 이와 충돌되는 원용규정을 삭제한 것이라는 것이다. 또 제369조 · 제766조 1항, 그리고 특히 「…권리는 본법의 규정에 의하여 … 소멸한 것으로 본다」라고 규정하는 부칙 제 8 조 1항 등에서도 민법이 소멸시효의 효과로 권리가 소멸한다고 보고 있음이 나타난다고 한다. 그 외에도 입법 당시의 한 자료에 나타난 입법자의 의도,[5] 소멸시효에 대응하는 취득시효에 관한 제245조 · 제246조 등이 「소유권을 취득한다」고 규정하고 있는 점 등도 근거로 든다. 다만 이 견해도 민사소송법상의 변론주의를 근거로, 법원은 당사자의 원용이 있어야 이에 따라 재판할 수 있다고 한다. 그 외에 상대적 소멸설이 이 견해의 문제점으로 지적하는 시효완성 후의 변제 혹은 시효이익의 포기 등에 대한 설명은 뒤에서 살핀다.

(나) **상대적 소멸설** 이는 소멸시효 완성의 효과로 단지 의무자에게 권리의 소멸을 주장할 수 있는 항변권이 생기고, 이를 원용함으로써 비로소 권리가 소멸된다고 하는 견해이다. 이 견해는 우선 법적 근거로서, 민법이 소멸시효의 효과로서 「권리가 소멸한다」는 규정을 두지 않는 점을 든다. 즉 민법은 소멸시효의 효과로서 권리가 소멸하는 것이 아니라고 보았기 때문에 구민법에서의 그와 같은 규정을 삭제한 것이라고 하고, 그럼에도 구민법에서와 동일하게 해석하는 것은 입법의 변화를 무시하는 것이라고 한다. 나아가 민법이 구민법에서의 원용규정을 삭제한 것은 오히려 상대적 소멸설을 뒷받침하는 것이라고 한다. 왜냐하면 구민법에서는 소멸시효의 효과로서 「권리가 소멸한다」고 규정하였기 때문에 원용규정이 필요했으나(왜냐하면 소멸시효의 효과로서 권리가 소멸한다고 하게 되면, 원용규정이 없으면 원용이 없더라도 법관이 소멸시효를 직권으로 고려해야 하므로 이를 방지하기 위하여 원용규정이 필요했던 것이다), 민법은 소멸시효의 효과로서 권리가 소멸하는 것이 아니라 단지 항변권이 발생할 뿐이라고 보았기 때문에 원용규정이 불필요해져 이를 삭제한 것이기 때문이다. 또한 민법은 소멸시효의 장에서 「시효로 인하여 소멸한다」라는 문자를 쓰지 않고 있는데, 그 외의 부분에서 그와 같은 용어를 쓴 몇 개의 규정들을 소멸시효 효과의 근거되는 표현으로 삼는 것은 부당하고 한다(이는 마치 제척기간에 관하여는 「시효」라는 문자를 쓰지 아니할 방침을 취하였는데, 1024조 2항이 이러한 방침에서 벗어난 표현을 사용하였다고 하여 이를소멸시효규정이라고 보는 것이 부당한 것과 마찬가지이다). 그 외에도 입법자료 중에는 상충되는 것도 보이므로 입법자의 의사는 불분명하다는 점,[6] 취득시효의 규정을 소멸시효의 효과와 관련

5) 민법안심의록, 상권, 103면은, 「현행법에는 일면 시효의 결과로서 권리의 得喪을 生한다고 규정하고(현행법 제162조, 제163조, 제169조), 동시에 시효의 원용을 요한다는 旨를 규정한 결과(현행법 제145조), 종래 시효의 원용에 관하여 각종의 학설이 발생하였는바, 초안은 이를 정리하여 원용에 관한 규정을 삭제함으로써 시효에 관하여서는 금후 절대적 소멸설이 확정되고 따라서 원용은 하나의 항변권으로 화하게 한 것이다」라고 한다.

6) 민법안심의록은 민법안이 국회에 제출된 후에 민법초안에 관여하지 않았던 분들의 손으로 만들어

지우는 것은 양자를 별개의 제도로 삼은 민법의 태도에 반한다는 점 등을 근거로 든다.

이 견해는 이러한 법적 근거 이외에, 절대적 소멸설에 의하면 법원은 원용 없이도 직권으로 시효를 고려할 수 있게 될 뿐만 아니라, 시효로 인하여 직접 이익을 받는 자뿐만 아니라 모든 자를 시효원용권자로 인정해야 하는 점에서 실제적으로 부당하다는 점, 특히 시효완성 후의 변제 혹은 시효이익의 포기를 설명할 수 없는 이론적 결함이 있다는 점 등을 근거로 제시한다. 그리고 채무자가 奸計를 써서 신의칙에 반하는 방법으로 채권자의 시효중단을 방해한 경우에도 절대적 소멸설에 의하면 그러한 채무자에게 시효이익을 귀속시킬 수밖에 없는데, 이는 사회 일반의 정의관념에 반한다고 한다.

(다) 판례는 시효완성의 사실로서 채무는 당연히 소멸된다고 하고, 나아가 절대적 소멸설과 마찬가지로 변론주의의 원칙상 소멸시효의 이익을 받을 자가 그 이익을 받겠다는 뜻의 항변을 하지 않은 이상 그 의사에 반하여 재판할 수 없다고 한다.[7)]

(2) 검　토　민법의 규정을 보면 소멸시효의 효과로서 권리가 소멸한다고 [976]
보지 않는 입장에 기한 것도 있지만, 반대되는 것도 있다. 그러므로 이의 해석에서는 양 견해의 이론적 · 실제적 면을 살펴보아야 할 것이다.

(가) 뒤에서 살피는 바와 같이 법원은 당사자의 원용이 있어야 시효완성을 고려할 수 있다고 하는 것은 절대적 소멸설과 모순된다([977]). 더욱이 이 견해에 의한다면 누구든지 시효를 원용할 수 있다고 해야 하는데, 이는 실제의 운영과 맞지 않는다([978]). 또한 절대적 소멸설은 시효완성 후의 시효이익 포기에 의하여 어떻게 이미 소멸했던 권리가 계속 부활 내지 존속하게 되는지, 그리고 더욱이 그 부활이 소급효를 가지는지를 설명할 수 없다([985]).

(나) 의무자가 신의칙에 반하는 행동에 의하여 소멸시효를 완성시킨 경우, 즉 예컨대 채무자가 고의로 채권자의 시효중단을 방해하였다든가 또는 채권자의 소송제기가 채무자에게 속하는 사정 때문에 지연된 경우에는, 비록 소멸시효가 완성되더라도 채권자의 시효완성의 주장은 권리남용으로서 허용되지 않는다고 함이 타당하다([981]). 그런데 시효완성으로 권리가 절대적으로 소멸된다고 하게 되면, 그러한 결과에 달할 수 없다. 시효가 완성하는 것만으로는 권리가 소멸하지 않는다고 해야 위와 같은 결과에 달

진 것인 만큼 起草者의 취지를 판단할 근거로서 박약할 뿐만 아니라, 반면에 법전편찬위원회의 민법전편찬요강은 총칙의 13에서 「소멸시효 완성의 효과는 권리를 소멸시킬 수 있는 일종의 항변권을 발생하도록 할 것」이라고 한다(명순구, 423면). 이와 같이 입법자의 의도를 추단케 하는 자료가 서로 상충되고 있으므로, 입법자의 이 문제에 대한 의도는 불분명하다고 할 수밖에 없다.

7) 대판 1979. 2. 13. 78다2157[집 27-1, 민 114]. 그런데 대판 1966. 1. 31. 65다2445는 신민법 아래서는 당사자의 원용이 없어도 시효완성의 사실로서 채무는 당연히 소멸한다고 한다.

할 수 있게 된다.

(다) 이런 점에서 볼 때 이론적으로나 실제적으로 절대적 소멸설은 타당치 않다. 그렇다면 민법이 소멸시효의 효과로서 권리가 소멸한다는 점을 명백히 규정하지 않은 이상(물론 절대적 소멸설은 그러한 명문규정이 있다고 하나, 이는 소멸시효에 관한 중심적 규정이 아니라 주변적 규정에 위치하며, 더욱이 이는 일응 입법적 오류로 보인다), 이 제도의 본질이나 유래에 따라 상대적 소멸설을 취하는 것이 타당할 것이다.

[977] Ⅱ. 소멸시효의 원용

1. 의의 등

(1) 소멸시효의 원용이란 소멸시효가 완성하였음을 주장하는 것이다.

(2) 원용 要否 시효가 완성하면 법원은 당사자의 원용이 없더라도 시효 완성(즉 그로 인한 권리의 소멸)을 고려하여 재판할 수 있는가?

(가) 이는 시효완성의 효과에 대한 견해에 따라 달라질 것이다. 즉 상대적 소멸설은 단지 시효완성으로 항변권이 생긴다고 하므로, 원용이 없으면 당연히 법원은 시효를 고려할 수 없다고 한다. 절대적 소멸설은 시효완성으로 당연히 권리가 소멸한다고 하므로, 원용이 없더라도 고려해야 한다고 해야 할 것이다. 왜냐하면 권리의 存否는 법원이 고려할 사항이기 때문이다. 그런데 이 견해는 辯論主義를 근거로 원용없이는 법원이 이를 고려할 수 없다고 한다. 따라서 결과에서는 양 견해에 차이가 없다.

(나) 그러면 변론주의가 원용의 근거로서 타당한가? 변론주의는 주요사실의 존부 및 그 증거자료 등 사실문제에 관한 것일 뿐이고, 법규의 인식 및 적용과 같은 법률문제 — 즉 그러한 사실이 있다면 적용될 법이 무엇이고 이의 적용 결과 문제된 권리가 존재하는가 여부 — 에 관한 것이 아니다. 그런데 소멸시효의 효과로서 권리가 소멸한다고 하게 되면, 소멸시효에 걸렸는가 여부는 권리의 존부에 관한 것으로서 따라서 법률문제가 된다. 다른 각도에서 보면, 널리 「항변」이라고 부르는 것 중에는 권리부정의 항변(異議)(Einwendung)과 협의의 항변(Einrede)이 나뉘어지는데, 전자는 상대방의 권리가 발생하지 않았거나 혹은 발생하였으나 이미 소멸하였다고 주장하여 권리 자체를 부인하는 것이고, 후자는 실체법상의 항변권을 행사하는 것(즉 상대방의 권리의 존재를 승인하면서 그 작용을 저지시키는 것)이다. 이중에서 당사자가 주장하지 않는 한 법원이 직권으로 고려하지 못하는 것은 후자에 한정되고, 전자는 당사자가 이를 주장하지 않더라도 법원이 직권으로 이를 고려해야 한다([67] 참조). 그런데 시효로 권리가 「소멸」한다고 한다면 권리소멸의 주장은 권리부정의 항변임에 틀림없고, 따라서 법원은 이를 직권으로 고려해야 할 것이다. 그러므로 절대적 소멸설을 취하면서 원용없이는 직권으로 시효를 고려하지 못한다고 하는 것은 모순이다. 그 외에도 절대적

소멸설이 소멸시효의 효과를 권리의 소멸이라고 한다면, 이는 제척기간의 효과와 동일하고, 따라서 이 견해에 의한다면 제척기간 역시 당사자의 원용이 있어야 법원이 이를 고려할 수 있다고 해야 한다. 그러나 이 견해는 제척기간에 관하여는 법원이 직권으로 이를 고려할 수 있다고 설명한다([917] (나) 참조). 이 역시 이 견해의 모순을 보여 주는 것이다.

(3) 상대적 소멸설에 의하면 시효완성으로 시효의 이익을 받을 자에게 권리의 소멸을 주장할 권리, 즉 권리부인권이 생긴다. 이의 법적 성격은 항변권이며, 이 권리의 행사가 바로 소멸시효의 원용이다. 그리고 시효의 원용이 있음으로써 비로소 소멸시효로 인한 권리소멸의 효과는 확정적으로 생긴다. 원용이 없는 동안에는 권리는 소멸하지 않는다(즉 권리는 존속된다). 원용권자는 원용권을 행사할지 여부를 자유로이 결정할 수 있으며, 이를 포기함으로써 시효의 이익을 받을 것을 거부할 수도 있다. 이때에는 그 권리는 소멸시효가 완성되었음에도 확정적으로 존속하게 된다.

2. 원용권자 [978]

(1) 시효의 원용권자도 일응 시효완성의 효과에 관한 견해에 따라 달라질 것이다. 즉 절대적소멸설에 의하면 시효 완성으로 권리 자체가 소멸하였으므로, 이는 누구든지 원용할 수 있다고 해야 할 것이다. 또 원용의 근거를 변론주의에서 구하는 입장에서 본다면, 시효완성 사실이 반드시 그로 인하여 이익을 받을 당사자에 의하여 주장될 필요는 없으며, 어느 당사자에 의해서든지 일단 주장되기만 하면 이를 고려해야 한다고 할 것이다. 반면에 상대적 소멸설에 의하면 시효를 원용할 수 있는 자는 시효이익을 받을 자에 한정된다. 판례는 절대적 소멸설을 취한다고 하면서도, 후자와 같은 입장을 취한다.

(2) 판례 및 상대적 소멸설에 의하면,[8] 원용권자는 소멸된 권리에 대응하는 의무를 지는 자와 소멸시효로 인하여 직접 이익을 받는 자(직접 수익자), 즉 소멸시효로 직접적으로 의무를 면하거나 권리의 확장을 받는 자이다.[9] 즉 예컨대 갑에 대하여 을이 대출금채무를 지고 병이 그에 관하여 보증채무를 지는데 갑의 을에 대한 채권이 소멸시효에 걸린 경우에, 을뿐만 아니라 병도 의무자이므로 시효를 원용할 수 있다. 나아가 만약 정이 을의 채무의 담보로서 자신의 부동산에 저당권을 설정한 때에는(물상 보증인), 정도 — 의무자는 아니지만 자신의 부동산에 존재했던 저당권이 소멸됨으로써 직접적으로 권리가 확장되므로 — 시효를 원용할 수 있다. 저당부동산의 제 3 취득자도 마찬가지이다. 판례도 물상

8) 이에 관한 상세한 고찰로는, 김문희, 소멸시효 완성의 효과를 원용할 수 있는 자의 범위, 판례연구(부산판례연구회) 20집(2009), 669면 이하; 김정만, 소멸시효 원용권자의 범위, 사법연수원 논문집 제5집(2008), 39면 이하 참조.

9) 대판 1995. 7. 11. 95다12446; 대판 2007. 11. 29. 2007다54849.

보증인뿐만 아니라,[10] 담보가등기가 경료된 부동산을 양수하여 소유권이전등기를 마친 제3자(당해 가등기담보권의 피담보채권의 소멸에 의하여 직접 이익을 받는 자이므로),[11] 가등기 이후에 부동산의 소유권을 취득한 제3자[12] 등도 시효를 원용할 수 있다고 한다.[13] 그러나 을에 대하여 채권을 가진 자는 — 비록 을의 채무소멸로 그의 재산이 증가하는 이익을 보지만 이는 간접적인 이익에 불과하므로 — 시효를 원용할 수 없다. 따라서 그는 단지 채권자대위권의 요건이 갖추어진 경우에, 을을 대위해서 소멸시효를 원용할 수 있을 뿐이다.[14]

다만 법률관계의 안정이라는 시효제도의 공익적 목적을 고려할 때, 위와 같은 수익자의 범위는 좀더 탄력적으로 해석 운영해도 좋을 것이다.[15] 이런 점에서 표현상속인으로부터 상속재산을 양수받은 자도 시효를 원용할 수 있다고 하는 것이 타당할 것이다. 판례는 그 외에 사해행위 취소소송의 상대방인 사해행위의 수익자도 원용권을 가진다고 한다.[16]

(3) 채무자 아닌 직접 수익자의 소멸시효 원용권은 채무자의 소멸시효 원용권에 기초한 것이 아닌 독자적인 것이므로, 채무자를 대위해서만 시효이익을 원용할 수 있는 것이 아니다. 또한 채무자가 시효이익을 포기하더라도 그 포기는 상대적 효과를 가질

---

10) 대판 2004. 1. 16. 2003다30890.

11) 대판 1995. 7. 11. 95다12446. 이의 사안은, A 소유의 점포 중 각 일부에 관하여 B 혹은 C 명의의 담보가등기가 경료되어 있는데, 갑(원고)이 위 점포들을 경락받아 이전등기를 경료하였다. 그 후 B와 C는 A를 상대로 가등기에 기한 본등기청구소송을 제기하여 승소확정판결에 기해서 본등기를 마치고, 위 점포를 을(피고)에게 임대하였다. 이에 갑이 B · C의 위 담보가등기의 피담보채권이 시효로 소멸하였으므로 이에 기해서 행해진 본등기는 무효이고 따라서 위 점포는 자신들의 소유라고 주장하면서 을 등을 상대로 점포의 명도를 청구하였으며, 이에 대하여 을은 갑이 시효소멸을 독자적으로 원용할 수 없으며, 더욱이 이미 A와 채권자(B · C)들 사이에 가등기담보권의 실행으로 점포에 관하여 소유권이전등기가 이루어졌으므로 A의 시효이익 원용권은 소멸되었으므로 갑이 대위행사할 원용권이 존재하지 않는다고 항변하였다. 판결은 직접 수익자의 소멸시효 원용권은 채무자의 소멸시효 원용권에 기초한 것이 아닌 독자적인 것으로서 채무자를 대위해서만 시효이익을 원용할 수 있는 것이 아니라고 판시하면서, 갑은 가등기담보권의 피담보채권에 대한 소멸시효가 완성된 이상 그 피담보채권의 시효소멸을 원용할 수 있고, 가사 위 가등기에 기한 본등기 경료가 채무자의 채권자에 대한 시효이익의 포기로 볼 수 있다고 하더라도, 그 시효이익의 포기는 상대적 효과를 가질 뿐이므로 갑으로서는 여전히 독자적으로 시효를 원용할 수 있다고 한다.

12) 대판 1991. 3. 12. 90다카27570[공 895, 1178](가등기에 기한 소유권이전등기청구권이 시효의 완성으로 소멸된 경우).

13) 그 외에 대판 2009. 9. 24. 2009다39530(이의 내용은 [948] 주 70 참조)은, 유치권이 존재하는 부동산의 매수인은 원용권자라고 한다.

14) 대판 1979. 6. 26. 79다407[공 615, 12038].

15) 김용한, 490면; 김용희, 497면.

16) 대판 2007. 11. 29. 2007다54849(왜냐하면 그는 만약 사해행위가 취소되면 사해행위에 의하여 얻은 이익을 상실하고 사해행위 취소권을 행사하는 채권자의 채권이 소멸하면 그와 같은 이익의 상실을 면하는 지위에 있으므로, 그 채권의 소멸에 의하여 직접 이익을 받는 자이므로).

뿐이므로 수익자는 여전히 독자적으로 시효를 원용할 수 있다.[17)]

3. 원용의 방법 [979]

(1) 원용의 장소 법원에서 소송상의 방어방법으로서 할 수 있는 것은 물론이지만, 재판 외에서 하는 것도 유효하다.

(2) 원용의 시기 사실심의 변론종결 전에 하여야 한다. 상고심에서는 변론이 열리더라도 할 수 없다. 원용은 시효에 걸린 권리의 소멸을 확정시키는 의사표시이며, 따라서 실체법상의 권리관계를 확정시키는 행위이기 때문이다.

시효를 원용하지 않고 판결이 확정된 경우에, 후에 소멸시효를 원용하여 뒤집을 수 있는가? 소멸시효제도의 취지에 비추어 부인하여야 할 것이다.[18)]

(3) 원용은 철회할 수 있는가? 원용은 시효에 걸린 권리의 소멸을 확정시키는 것이므로, 부인하여야 할 것이다.

4. 원용의 상대적 효력 [980]

(1) 원용의 효과는 상대적이다. 즉 원용권자가 수인인 경우에, 그 1인의 원용 · 불원용은 다른 자에게 영향을 미치지 않는다. 예컨대 보증인이 원용하더라도 그 효력은 주채무자에게 영향을 미치지 않으며, 따라서 주채무자는 시효이익을 포기할 수 있다. 왜냐하면 시효의 결과를 받느냐 여부는, 각 당사자가 독립으로 그 의사에 의하여 결정하도록 하는 것이 시효제도의 취지에 적합하기 때문이다.

(2) 그러나 원용의 상대효는 보증채무에서는 부종성 때문에 제한될 수 있다. 즉 보증채무자에게만 중단사유를 취한 때에는 그 효력은 주채무자에게는 미치지 않는다. 그런데 그 후 주채무의 시효가 완성하면, 보증채무의 부종성으로 인하여 — 시효중단으로 아직 존속하던 — 보증채무도 소멸하게 된다.[19)]

---

17) 전술의 95다12446.

18) 김용한, 490면; 김용희, 498면.

19) 대판 2002. 5. 14, 2000다62476. 이의 사안은 을이 한편으로 갑(신용금고)으로부터 금전을 차용하고, 다른 한편으로 병의 갑에 대한 채무를 연대보증하였는데, 갑이 을에 대해서는 (따라서 을의 위 차용금채무 및 연대보증채무에 관해서) 시효중단조치(가압류)를 취하였으나 병에 대해서는 (즉 을이 연대보증했던 병의 주채무에 관해서) 아무런 조치를 취하지 않아 소멸시효가 완성되었다. 그런데 갑이 을에 대해서 차용금채무 및 연대보증채무의 이행을 소구한 경우이다. 판결은, 비록 을의 연대보증채무의 시효가 중단되었더라도 이로써 병의 주채무의 시효가 중단되는 것은 아니므로, 병의 주채무가 시효 완성으로 소멸된 경우에는 그에 대한 을의 연대보증채무도 — 그 채무 자체에 대한 시효중단에도 불구하고 — 부종성에 따라 당연히 소멸된다고 하여, 갑의 연대보증채무의 이행청구를 배척하였다.

[981] ## 5. 시효원용과 신의칙

(1) 의무자가 신의칙에 반하는 방법으로 권리자의 권리행사 혹은 시효중단을 방해한 경우에도 시효의 원용을 허용하는 것은 일반인의 정의감에 반할 것이다. 그러나 소멸시효는 선량한 의무자의 보호와 함께 법률관계의 안정이라는 공익적 목적도 가진 제도이므로, 의무자가 시효를 원용하는 것이 신의칙에 반한다고 하여 이를 배척하는 데는 신중을 기해야 한다. 그리하여 판례는 시효원용이 신의칙에 반한다고 하기 위해서는 「채무자가 시효완성 전에 채권자의 권리행사나 시효중단을 불가능 또는 현저히 곤란하게 하였거나, 그러한 조치가 불필요하다고 믿게 하는 행동을 하였거나, 객관적으로 채권자가 권리를 행사할 수 없는 장애사유가 있었거나, 또는 일단 시효완성 후에 채무자가 시효를 원용하지 아니할 것 같은 태도를 보여 권리자로 하여금 그와 같이 신뢰하게 하였거나, 채권자보호의 필요성이 크고, 같은 조건의 다른 채권자가 채무의 변제를 수령하는 등의 사정이 있어 채무이행의 거절을 인정함이 현저히 부당하거나 불공평하게 되는 등의 특별한 사정」이 있어야 한다고 한다.[20]

(2) 그러나 실제로는 판례는 신의칙 위반의 인정에 매우 인색하였다. 그 한 예로서, 항해 중 행방불명된 선원의 유족(갑)이 사고조사 후 공제금 지급을 청구하라는 공제사업자(을)의 요청이 있어서 시효중단조치를 취하지 않았다가 늦게서야 소를 제기한 경우에, 을의 시효원용은 신의칙에 반하지 않는다고 하여 갑의 청구를 배척하였다.[21] 또 6·25 전쟁 중 학도의용군으로 참전·복무하였던 자(갑)가 위와 같은 사실을 주장하였음에도 다시 현역으로 입대·복무하여 만기 제대하였는데(1959. 8. 1.), 국가(을)가 1999. 3. 11.에야 비로소 위와 같은 사실을 공식 확인하여 갑이 늦게서야 불법행위로 인한 손해배상을 청구한 사안에서, 국가의 소멸시효 원용은 신의칙에 반하지 않는다고 하였다.[22] 신의칙 위반을 긍정한 판례로는, 상대방(을)의 불법행위로 손해를 입은 자(갑)가 을과의 계약시 약정한 분쟁해결절차에 따라 구제절차를 밟았으나 그 구제절차가 늦게 종료됨으로써 시효기간을 도과해서 손해배상청구소송을 제기한 경우가 보일 뿐이다.[23][24]

---

20) 대판 2005. 5. 13. 2004다71881; 대판 2006. 8. 24. 2004다26287,26294 등 다수. 그 외에 같은 취지의 판례로서 대판 1994. 12. 9. 93다27604; 대판 1999. 12. 7. 98다42929 등.

21) 대판 1998. 3. 13. 97다52622.

22) 대판 2005. 5. 13. 2004다71881. 그 밖에도 중대한 하자가 있는 과세처분을 한 과세관청이 오납금의 반환청구권에 관하여 소멸시효 완성을 주장하는 경우(대판 2004. 4. 27. 2003두10763); 상속인이 피상속인에 대한 사망신고를 게을리 함으로써 채권자가 사망한 자를 상대로 가압류를 하게 된 경우(대판 2006. 8. 24. 2004다26287,26294) 등에서도 시효원용이 신의칙에 반하지 않는다고 한다. 그 외에 대판 1997. 2. 11. 94다23692; 대판 1999. 12. 7. 98다42929 등 참조. 판례의 전반적 검토로는 박종훈, 소멸시효의 원용과 권리남용, 판례연구(부산판례연구회) 18집(2007), 65면 이하.

23) 대판 1997. 12. 12. 95다29895. 이의 사안은 갑이 주한미군(을)의 휴양시설에 물품을 판매하기로

그런데 근래 업무로 인하여 상해를 입은 자(갑)가 근로복지공단(을)에 요양급여를 신청하였으나 불승인처분을 받자, — 요양급여신청이 받아들여지지 않은 상태에서는 휴업급여청구가 받아들여지지 않던 당시의 판례를 고려하여 — 먼저 위 불승인처분에 대한 취소소송을 제기하여 승소확정판결을 받았으나, 이 취소소송절차로 인하여 휴업급여청구소송이 늦어진 사안에서, 을의 시효항변은 신의칙에 반하여 허용될 수 없다고 하였다.[25] 이는 신의칙 위반의 판단을 보다 탄력적으로 하였다는 점에서는 타당하고, 이러한 태도는 기산점 내지는 권리의 불행사에 관한 해석의 변화([933] 참조)와 궤를 같이하는 것이라고 할 수 있다. 그러나 이 사안에서는 의무자 측에서 신의칙에 반하여 권리자의 권리행사를 방해하는 사정은 보이지 않고, 단순히 권리자가 판례를 고려해서 권리행사를 늦게 하였을 뿐이다. 그렇다면 이는 신의칙 문제가 아니라 기산점 문제로 해결하는 것이 타당하지 않을까?[26]

Ⅲ. 소멸시효의 구체적 효과 [982]

1. 소 급 효

「소멸시효는 그 기산일에 소급하여 효력이 생긴다」(167조). 따라서 시효가 완성된 권리는 처음부터 없었던 것으로 된다.

(1) 소멸시효가 완성한 권리의 효력이 확정되는 것은 소멸시효의 원용이 있은 때이지만, 원용을 하면 그 효력은 소멸시효기간의 개시시 즉 그 기산일에 소급하여 발생하는 것이다. 이는 소멸시효는 그 기간 중 계속한 사실관계를 그대로 보호하려고 하는 제도라는 점에 기한 것이다. 따라서 예컨대 갑이 을에 대한 채권 및 그 담보로서 을의 부동산에 설정된 저당권에 기해서 그 부동산에 관하여 경매가 행해져 병이 이를 경락받았는데, 그 근저당권에 기한 경매개시결정 이전에 그 피담보채권의 소멸시효가 완성된 경

하는 계약을 체결하였는데 그 물품은 면세가 되지 않는 것임에도 을측의 계약담당자가 면세된다고 하여 면세가격으로 위 물품을 판매하였다가 손해를 입은 경우이다.

24) 이상은 대법원의 판례를 중심으로 한 설명이고, 하급심 판례 중에는 서울지판 2003. 8. 14. 2002가합32467(수지 김 사건), 서울고판 2006. 2. 16. 2005나27906(최종길 교수 사건) 등이 시효원용을 권리남용이라고 하였다(이 판례에 대해서는 상소가 없어서 확정되었다).

25) 대판(전) 2008. 9. 18. 2007두2173.

26) 근래 소멸시효 완성을 주장하는 것이 신의칙에 반하는가 하는 점이 문제된 판례가 봇물 터지듯 나온다고 해도 과언이 아닐 정도이다(대판 2010. 6. 10. 2010다8266; 대판 2011. 1. 13. 2009다103950; 대판 2011. 1. 13. 2010다53419; 대판 2011. 6. 30. 2009다72599; 대판 2011. 9. 8. 2009다66969; 대판 2011. 10. 13. 2011다36091; 대판 2011. 10. 27. 2011다54709 등). 그리고 대부분은 신의칙에 반한다고 한다(위의 판례 중 반하지 않는다고 한 것은 2011다54709). 시효 원용과 권리남용 여부에 관해서는, 권영준, 소멸시효와 신의칙, 재산법연구 26권 1호 (2009. 6.), 1면 이하; 박종훈, 전게서 참조.

우에는, 그로 인하여 채권 그리고 근저당권이 처음부터 없었던 것으로 되므로 이는 무효인 근저당권에 기해서 경매가 행해진 것이 되어 — 비록 시효의 원용이 경매개시결정 이후에 있었어도 — 병은 경매목적물의 소유권을 취득할 수 없다.[27)]

(2) 소급효의 결과와 관련하여 다음의 점들을 주의하여야 한다.

(가) 소멸시효 완성 전에 연체되었던 利子債務도 면하게 된다. 지분권으로서의 개개의 이자채권은 아직 소멸시효에 걸리지 않았더라도, 그 개개의 이자채권을 발생시킨 기본적 채권이 처음부터 존재치 않았던 것으로 되기 때문이다.

(나) 소멸시효가 완성된 채권이 그 완성 전에 相計할 수 있었던 것이면, 그 채권자는 상계할 수 있다(495조). 대립하는 채권을 가진 당사자 쌍방은, 그 대립하는 채권이 상계적상에 있게 된 때에는 당연히 상계된 것으로 생각하여 권리를 행사하지 않는 것이 통상이므로, 이러한 신뢰를 보호하기 위하여 둔 특별규정이다.

[983] ### 2. 종된 권리에 대한 효력

「主된 권리의 소멸시효가 완성한 때에는 從된 권리에 그 효력이 미친다」(183조). 예컨대 원본채권이 소멸시효에 걸리면 이자채권도 역시 소멸시효에 걸린다. 이 조항이 실익을 나타내는 것은 주된 권리의 소멸시효가 완성하였으나 종된 권리의 시효는 아직 완성하지 않은 경우에 관해서이다.[28)]

[984] ## Ⅳ. 소멸시효 이익의 포기

1. 시효완성 전의 포기

(1) 포기의 금지 「소멸시효의 이익은 미리 포기하지 못한다」(184조 1항). 왜냐하면 소멸시효의 이익은 이로 말미암아 이익을 받을 자의 의사에 의하여 향수시켜야 하는 것인데, 소멸시효 완성 전에 미리 소멸시효의 이익을 포기하는 것을 인정하는 것은 이 취지에 적합하지 않으며, 또 영속한 사실상태를 존중하려고 하는 시효제도의 목적이 개인의 의사에 의하여 미리 배척되어서는 부당하기 때문이다. 특히 이를 허용하면 채권자가 채무자의 어려운 상태를 틈타서 미리 소멸시효의 이익을 포기시키는 부당한 결과가 생

---

27) 대판 1978. 10. 10. 78다910[공 602, 1151]. 그 외에 국가의 조세부과권도 시효가 완성되면 당연히 소멸하므로, 시효완성 후에 한 조세과세처분은 납세의무 없는 자에 대하여 행해진 것으로서 그 하자가 중대하고 명백하여 당연무효이다(대판 1985. 5. 14. 83누655[집 33-2, 175]).

28) 대판 2008. 3. 14. 2006다2940은, 금전채권의 원금 일부가 변제된 후 나머지 부분에 대하여 소멸시효가 완성된 경우에, 시효완성의 효력은 시효가 완성된 원금 부분으로부터 그 완성 전에 발생한 이자 또는 지연손해금에는 미치나, 변제로 소멸한 원금 부분으로부터 그 변제 전에 발생한 이자 또는 지연손해금에는 미치지 않는다고 한다.

기기 때문이다.

다만 시효완성 후의 포기는 유효하므로, 시효기간 진행 중의 시효이익의 포기는 이미 경과한 기간의 포기로서는 유효하다.

(2) 가중 또는 경감의 특약 「소멸시효는 법률행위에 의하여 이를 배제, 연장 또는 가중할 수 없으나 이를 단축 또는 경감할 수 있다」(184조 2항).

(가) 소멸시효의 배제나 기간의 연장, 요건의 가중 등과 같은 특약은 소멸시효의 완성을 곤란하게 하는 것이다. 민법은 시효완성 전의 포기를 금지한 것과 같은 취지에서 이러한 특약을 허용하지 않는 것이다.

그러면 이 규정에 대한 예외는 허용되지 않는가? 예컨대 매도인은 매매목적물의 무흠결성을 보증하기 위하여 제582조보다 장기의 기간 동안 하자담보책임을 지겠다는 특약을 한 경우에, 이는 위 규정에 위반하여 무효라고 할 것인가? 제184조 2항은 단지 당사자의 이익만을 위한 것 — 혹은 합리적인 의사를 고려한 것 — 이 아니라 공공의 이익을 위한 것이기도 하므로, 이는 강행법규에 해당한다고 할 것이다. 그러나 담보책임의 행사기간을 장기로 하는 특약은 단순한 시효의 연장이 아니라 매도인이 목적물의 품질을 보증하기 위한 것이고, 매수인은 이를 믿고 목적물을 매수하게 된다. 이런 점에서 위 규정에 대한 예외를 허용하여 위와 같은 특약을 유효라고 하는 것이 타당하지 않을까(채권각론 [252] 참조. 독일민법 443조 1항(개정 전의 477조 1항 2문)은 이러한 점을 명언한다)?

(나) 시효기간을 단축하거나 시효요건을 경감하는 특약은 유효하다. 이는 이러한 특약은 오히려 채무자에게 이익이 되며 법률관계의 안정에도 도움이 되기 때문이다.[29]

2. 시효완성 후의 포기 [985]

(1) 의의 · 유효성 등 이는 시효가 완성된 후에 시효의 이익을 받지 않겠다고 하는 의사표시이다. 이에 의하여 소멸시효가 완성된 권리는 소멸하지 않고 그대로 존속하게 된다.

(가) 이러한 시효이익 포기는 제184조 1항의 반대해석상 유효하다. 이는 시효제도에서의 사회적 입장과 개인의 의사를 조화시키는 것일 뿐만 아니라, 시효완성 전의 포기와 같은 폐단을 수반하지 않는 점에서도 그러하다. 그리고 이러한 취지에서 볼 때, 시효기간 진행 중의 시효이익의 포기는 이미 경과한 기간의 포기로서만 유효하다고 할 것이다.

29) 은행 갑이 회사 A가 발행하는 회사채에 관하여 사채보증계약을 체결하면서, 갑은행에 대한 보증채무의 이행청구를 할 수 있는 기간을 위 사채의 상환기일로부터 3개월 이내로 하고, 그 기간 내에 이행청구가 없으면 위 보증채무는 소멸하는 것으로 한다는 약정을 한 경우, 그러한 약정은 제184조 제2항에 의하여 유효하다(대판 2006. 4. 14. 2004다70253).

(나) 상대적 소멸설은 소멸시효의 완성만으로는 권리가 소멸하지 않고 단지 권리소멸의 항변권이 생길 뿐이라고 하므로, 시효이익의 포기는 이러한 항변권의 포기에 불과하다. 그리고 따라서 시효가 완성한 권리는 처음부터 소멸함이 없이 그대로 존속을 계속하게 된다. 이와 같이 상대적 소멸설에 의하면 시효이익의 포기, 특히 이의 遡及效는 간단히 설명된다. 그러나 절대적 소멸설에 의하면 시효완성과 더불어 권리소멸이라는 효과는 절대적으로 발생하였으므로, 「시효의 이익을 받지 않겠다는 의사표시」라는 것은 있을 수 없다. 이것은 어디까지나 이미 받은 이익을 포기하는 것이라고 하지 않으면 안 된다. 그런데 이에 의하면 포기의 효력은 장래에 향해서만 효력을 가지게 된다. 그러나 이것이 부당함은 명백하다(왜냐하면 채무자가 시효 완성 후에 시효이익을 포기하고 채무를 변제한 경우에, 만약 포기의 소급효를 인정하지 않는다면 그 변제는 원래의 채무의 변제가 될 수 없기 때문에). 그러면 어떻게 소급효를 인정할 수 있는가? 즉 이미 소멸된 권리가 어떻게 다시 처음부터 소멸되지 않은 것으로 된다고 할 수 있는가? 절대적 소멸설은 이러한 시효이익의 포기의 소급효를 설명할 수 없다.

[986] **(2) 포기의 성질 · 요건 등** 시효이익의 포기는 시효의 원용권자가 시효의 이익을 받지 않겠다는 의사를 표시하는 것이다.

(가) 따라서 이는 — 채무의 승인과는 달리 — 의사표시이고, 상대방의 동의를 필요로 하지 않는 점에서 단독행위이다.

(나) 시효이익을 포기함에는 처분의 능력 또는 권한을 필요로 한다(중단으로서의 승인과는 다르다(177조 참조)). 그 포기로 인하여 의무를 면하거나 또는 권리의 확장을 받을 수 있는 지위를 상실하게 되기 때문이다.

(다) 포기는 여러 형태로 행해진다. 대표적인 형태는 채무의 변제이지만, 그밖에 단순한 채무의 승인 혹은 기간유예의 요청 등도 이에 해당할 수 있다.

(라) 포기가 있었느냐 여부는 의사표시 해석에 의하여 판단된다. 그리고 이러한 의사표시가 있었다고 하기 위해서는 객관적으로 볼 때 채무자(원용권자)가 채무의 존재뿐만 아니라 시효완성 사실을 알았으며, 나아가 그럼에도 그로 인한 이익을 받지 않겠다는 의사를 표시하였다고 할 수 있는 표시행위가 있어야 한다(즉 마치 그러한 의사가 있은 것으로 추단할 수 있는 행위, 즉 추단적 의사가 있어야 한다).[30)]

그런데 판례는 구체적으로 어떤 사실로부터 채무자의 포기의사를 추단하였는가 하는 점을 적시하지 않고, 단순히 시효완성 후에 채무를 승인한 때에는 시효완성의 사실을 알고 그 이익을 포기한 것이라고 추정할 수 있다고 한다.[31)] 또 채무자가 소멸시효가

30) 삼청교육대 사건인 대판(전) 1996. 12. 19. 94다22927은, 대통령이 소위 삼청교육과 관련한 사상자에 대하여 신고를 받아 피해보상을 하겠다고 한 시국관련특별담화(1988. 11. 26.)는 국가의 손해배상채무의 승인이나 시효이익의 포기가 아니라고 한다.

31) 대판 1967. 2. 7. 66다2173[집 15-1, 민 89]; 대판 1992. 5. 22. 92다4796; 대판 2001. 6. 12. 2001다

완성된 후에 그 기간의 유예를 요청하였다면 시효의 이익을 포기하는 취지로 볼 것이라고 한다.[32] 이와 달리 채무자가 시효완성 사실을 알지 못하였다는 주장·입증을 받아들인 사례는 보이지 않는다.[33][34] 의사표시 해석의 법리에서 보면, 이러한 판례의 태도는 해석의 이름 하에 공정한 규율을 도모하려는 것으로서 부당하다고 할 수 있다. 그러나 실제적으로 보면 채무의 변제 혹은 승인 등이 있는 경우에는 더이상 시효를 원용할 수 없도록 하는 것이 타당하다. 이런 점에서 이를 입법적으로 해결하여, 시효완성 후 변제를 한 채무자는 급부물의 반환을 청구할 수 없으며, 승인이나 담보제공을 한 경우에도 마찬가지라고 규정하는 입법례도 있다(독일민법(구) 222조 2항, 스위스채무법 63조 2항 등). 입법론으로서 우리 민법도 그와 같은 규정을 두는 것이 적절할 것이다. 그러나 그러한 입법이 없는 현재로서는, 채무자가 시효완성 사실을 모르고 변제하였거나 혹은 승인이나 기한유예 요청을 한 경우에 무리한 의사표시 해석에 의하여 포기의 의사표시가 있다고 하는 것보다는 신의칙에 기해서 시효를 원용할 수 없다고 하는 것이 타당하지 않을까?[35]

그 외에 시효이익의 포기에 관한 판례를 살펴보면, 수표법상 소구권이 시효로 인하여 소멸된 후에 수표상 채무를 승인한 경우,[36] 소멸시효가 완성된 채무를 피담보채무로 하는 근저당권이 실행됨에도 채무자가 아무런 이의를 제기하지 않은 경우,[37] 갑의 을에 대한 대여금채무의 시효

3580.

32) 대판 1965. 12. 28. 65다2133[집 13-2, 민 321].

33) 다만 대판 1988. 1. 19. 87다카70은, 소멸시효완성 이후에 있은 과세처분에 기하여 세액을 납부하였다 하더라도 이를 들어 바로 소멸시효의 이익을 포기한 것으로 볼 수 없다고 한 것이 있으나, 이의 사안에서 납세자는 이를 납부하지 아니하면 재산을 압류하고 중가산금을 징수한다는 독촉장을 발부받자, 과세처분의 집행성(실효성)을 감안하여 일단 이를 납부한 것으로서, 따라서 그 납부가 자발적 의사에 기한 것이 아니라는 특수성이 있다.

34) 이상은 소멸시효 완성 후의 기한유예 혹은 승인에 관한 것으로서, 소멸시효에 관해서는 시효이익의 포기를 쉽게 인정하나, 취득시효 완성 후에 점유자의 매수제의에 관해서는 시효이익의 포기로 인정하지 않는다(대판 1978. 9. 12. 78다1098; 대판(전) 1983. 7. 12. 82다708,709 등, 물권법 [222] 참조). 이러한 해석이 서로 조화되는지 의문이다. 양창수, 시효이익의 포기와 보증관계, 민법연구 3(1995), 359면 이하, 362면도 같은 취지이다.

35) 윤진수, 555면; 노영빈, 시효이익의 포기와 승인, 법정 19권 1호(1964. 1.), 71면 등도, 당사자가 시효완성 후에 채무를 승인한 경우에는 이는 오히려 시효완성의 사실을 모르고 한 것이 통상적일 것이고 시효완성의 사실을 알면서도 승인한다는 것은 이례적이라고 보아야 할 것이라는 점에서, 위 판례가 경험칙에 어긋난다고 비판한다. 그러면서 이론적으로는 신의칙에 의한 해결방법이 타당하다고 한다. 김세진, 시효이익의 포기에 관한 판례분석과 그 이론구성에 관한 시론, 재판과 판례(대구판례연구회) 5집(1996), 21면 이하도 이와 같은 입장이다. 양창수, 전게서, 368면도 마찬가지이다. 참고로 일본의 판례도 종래에는 시효완성을 모르고 승인하였다는 입증을 받아들이지 않고 이를 알고 승인한 것으로 추정하였으나, 그러한 추정은 통상의 경험에 맞지 않는다고 하는 비판을 받아들여, 최고재판소(대법정) 1966. 4. 20. 판결[민집 20, 702]은, 채무승인을 한 이상 시효완성 사실을 모르고 한 경우에도 그 후에 완성된 시효를 원용하는 것은 허용되지 않는다고 하였다.

36) 대판 1965. 11. 30. 65다1966.

37) 대판 2001. 6. 12. 2001다3580.

기간이 도과하였으나, 을이 갑에 대한 채권을 A에게 양도한다는 내용의 채권양도서를 작성함에 있어서 갑이 입회인으로 위 문서에 서명날인한 경우[38] 등에서는 시효이익을 포기한 것으로 본다. 이에 반하여 시효가 완성한 후 채권자가 채무자에게, 현재 자신이 소송제기를 준비 중인데 이를 위하여 6개월간 기간차단을 연장해 달라고 요청한 데 대하여 채무자가 이를 동의한 경우,[39] 시효완성 후의 과세처분에 기하여 세액을 납부한 경우[40] 등에서는 시효이익을 포기한 것으로 보지 않는다.

[987] ### 3. 포기의 상대적 효력

시효완성 후의 시효이익의 포기의 효과는 상대적이다. 즉 포기할 수 있는 자가 다수인 경우에, 1인의 포기는 타인에게 영향을 미치지 않는다. 위에 말한 원용의 효과가 상대적인 것과 동일한 취지이다. 예컨대 주된 채무자의 포기는 보증인,[41] 저당부동산의 제3취득자, 연대보증인 등에 영향을 미치지 않는다.

---

38) 대판 1992. 5. 22. 92다4796.

39) 대판 1977. 2. 8. 76다606[요지 제184조, 8].

40) 대판 1988. 1. 19. 87다카70[공 820, 447].

41) 대판 1991. 1. 29. 89다카1114. 주채무가 시효로 소멸한 때에는 보증인도 그 시효소멸을 원용할 수 있으며, 주채무자가 시효의 이익을 포기하더라도 보증인에게는 그 효력이 없다.

조문색인

판례색인

사항색인

ㄱ

ㄴ

■ 김증한(†)

경성제대 법학과 졸업
법학박사(서울대)
미국 튜레인대학, 독일 쾰른대학에서 각 1년 연구
서울대학교 행정대학원장, 법과대학장
문교부 차관 역임
서울대학교 법과대학 교수
서울대학교 대학원장

저 편 서

법학통론, 서양법제사(2종)
민법대의, 주관식 민법
민법총칙[민법강의 I], 물권법[민법강의 II]
채권총론[민법강의 III], 채권각론[민법강의 IV]
민법논집, 법률학사전(책임편집위원)
주석 민법(상 · 하)(편집대표), 주석 민법총칙(편집대표), 주석 채권총칙(편집대표), 주석 채권각칙(편집대표)

역 서

미국의 헌법과 정치
영미법의 정신
영국민법휘찬

■ 김학동

서울대 법대 졸업
법학박사(서울대)
독일 프라이부르크대학, 미국 버지니아대학에서 연구
현 서울시립대학교 법학과 교수

저 서

주석 물권법(한국사법행정학회 간)(공저)
물권법(공저)
채권총론(공저)
채권각론(공저)
로스쿨 민법총칙 · 물권법 · 채권총론(공저)

제10판
민법총칙

초판발행	1958년 3월 10일
제10판 인쇄	2013년 6월 5일
제10판 발행	2013년 6월 15일
지은이	김증한 · 김학동
펴낸이	안종만
편 집	김선민 · 나경선
표지디자인	김지은
기획/마케팅	박광서
제 작	우인도 · 고철민
펴낸곳	(주) 박영사
	서울특별시 종로구 13-31번지
	등록 1959.3.11. 제300-1959-1호(倫)
전 화	02)733-6771
f a x	02)736-4818
e-mail	pys@pybook.co.kr
homepage	www.pybook.co.kr
ISBN	978-89-6454-930-8 93360

정 가 34,000원